日本建築学会賞受賞建築作品集|1950-2013

日本の名建築167

日本建築学会編

技報堂出版

日本建築学会賞受賞建築作品集1950-2013
日本の名建築167

2014年4月20日　1版1刷発行
ISBN 978-4-7655-2567-1 C3052

編者　一般社団法人日本建築学会

発行者　長滋彦
発行所　技報堂出版株式会社
〒101-0051 東京都千代田区神田神保町1-2-5
電話　営業｜03-5217-0885
編集｜03-5217-0881
FAX｜03-5217-0886
振替口座　00140-4-10
URL　http://gihodobooks.jp/
日本書籍出版協会会員
自然科学書協会会員
工学書協会会員
土木・建築書協会会員

印刷・製本　昭和情報プロセス

Printed in Japan
定価はカバーに表示してあります。
落丁・乱丁はお取り替えいたします。

日本建築学会賞受賞建築作品集|1950-2013

日本の名建築167

※1　受賞作品名には、実際の施設名や作品としての発表名称とは異なるもの、複数の作品をまとめたもの、また受賞後名称が変更されたものもあるが、本書は、日本建築学会賞(作品)を受賞した当時の資料を基にしているため、そのまま掲載している。
※2　現存しないことが確認されている作品には、†印を付した。

目次

序文　**日本建築学会賞受賞建築作品集1950-2013｜日本の名建築167の刊行にあたって**｜尾﨑勝——6

article I　**時代と建築とわたくしと**｜鈴木博之——8
works I
03｜1952年｜**リーダーズ・ダイジェスト東京支社†**｜アントニン・レーモンド——16
17｜1966年｜**山口銀行本店**｜圓堂政嘉——18
28｜1977年｜**フロム・ファーストビル**｜山下和正——20
32｜1981年｜**生闘学舎**｜高須賀晋——22
56｜2005年｜**プラダ ブティック青山店**｜ジャック・ヘルツォーク／ピエール・ド・ムーロン／株式会社竹中工務店設計部——24
62｜2011年｜**犬島アートプロジェクト「製錬所」**｜三分一博志——26

article II　**時代の中の住宅**｜植田実——28
works II
06｜1955年｜**一連の住宅**｜清家清——36
23｜1972年｜**「未完の家」以後の一連の住宅**｜篠原一男——38
31｜1980年｜**住吉の長屋**｜安藤忠雄——40
38｜1987年｜**目神山の一連の住宅**｜石井修——42
39｜1988年｜**雑居ビルの上の住居**｜山本理顕——44
46｜1995年｜**塔の家から阿佐谷の家に至る一連の都市型住宅**｜東孝光——46

article III　**公共性をめぐる言説の変遷**｜五十嵐太郎——48
works III
09｜1958年｜**倉吉市庁舎**｜岸田日出刀／丹下健三——56
16｜1965年｜**大石寺†**｜横山公男——58
26｜1975年｜**最高裁判所**｜岡田新一——60
40｜1989年｜**KIRIN PLAZA OSAKA（キリン・プラザ・大阪）†**｜高松伸——62
46｜1995年｜**関西国際空港旅客ターミナルビル**｜レンゾ・ピアノ／岡部憲明——64
58｜2007年｜**茅野市民館**｜古谷誠章——66

article IV　**うつろう建築家像と作品像**｜倉方俊輔——68
works IV
03｜1952年｜**日活国際会館†**｜小林利助——76
05｜1954年｜**愛媛県民館†**｜丹下健三／坪井善勝——78
14｜1963年｜**大分県庁舎**｜九州地方建設局営繕部　代表者　安田臣／協力者　流政之——80
27｜1976年｜**新宿三井ビル**｜株式会社日本設計事務所——82
33｜1982年｜**名護市庁舎**｜株式会社象設計集団＋株式会社アトリエ・モビル——84
39｜1988年｜**一連のコーポラティブ住宅**｜中筋修／安原秀／小島孜——86

article V　**建築論・建築意匠論の視点から——作品・理論・批評**｜小林克弘——88
works V
14｜1963年｜**日本26聖人殉教地記念建築**｜今井兼次——96
20｜1969年｜**親和銀行本店**｜白井晟一——98
27｜1976年｜**群馬県立近代美術館**｜磯崎新——100
38｜1987年｜**田崎美術館**｜原広司——102
52｜2001年｜**熊本県立農業大学校学生寮**｜藤森照信——104
60｜2009年｜**神奈川工科大学KAIT工房**｜石上純也——106

article VI　**名建築誕生の背景・証言で綴る**｜中谷礼仁——108
戻りえぬ故郷をつくること｜藤村記念堂建設の経緯｜中谷礼仁——110
村野建築の極意｜広島の世界平和記念聖堂｜石丸紀興——112
東京文化会館｜つくり、守り、育てることの先に｜松隈洋——114
アテネフランセ校舎｜〈不連続的統一体〉と〈愛〉｜齊藤祐子——116
レム棟、クールハース棟｜日埜直彦——118
金沢21世紀美術館｜鷲田めるろ——120
works VI
01｜1950年｜**藤村記念堂**｜谷口吉郎——122
07｜1956年｜**広島世界平和記念聖堂**｜村野藤吾——124
13｜1962年｜**東京文化会館**｜前川国男——126
14｜1963年｜**アテネフランセ校舎**｜吉阪隆正——128
43｜1992年｜**レム棟、クールハース棟**｜レム・クールハース——130
57｜2006年｜**金沢21世紀美術館**｜妹島和世／西沢立衛——132

article VII　**座談会｜未来へのメッセージとしての学会賞**｜古谷誠章（監修）鈴木博之 植田実 五十嵐太郎 大森晃彦——134

timeline　**1950-2013｜受賞167作品総覧**——146

編集後記　**日本建築学会賞作品の60年**｜古谷誠章——274

謝辞——276
監修者・担当者・執筆者——277

※ 各worksの頭の数字は、日本建築学会賞の回数と受賞年を示す。

日本建築学会賞受賞建築作品集 1950-2013 ―日本の名建築167の刊行にあたって

尾﨑勝

日本建築学会では、その表彰制度において、優れた「作品」「論文」「技術」「業績」に対し、日本建築学会賞を贈呈しています。日本建築学会にはこの他、「大賞」「文化賞」「奨励賞」「作品選奨」「教育賞」があり、2012年にはこれに「著作賞」が、2013年には「作品選集新人賞」が加わりました。中でも「作品賞」は、建築文化として後世に残る独創的な作品や新たな建築の可能性を示唆する作品の顕彰として、戦後まもなくの1949年に設置され以来半世紀を超えて毎年催され、2013年の時点で167作品を数えるに至っています。
これらの作品は、いずれも卓越した統合性と確たる先進性を備え、設計され建設された時々の時代背景を強く反映しながら、建築界に新たな展開を切り開く道標となって鮮やかな光芒を放ってきました。その足跡からは、デザインの変遷、計画・研究の進展、構造・設備技術の発展などの観点で、日本の現代建築の確かな足取りを読み取ることができるうえに、建築家の設計思想や社会との関わり方を探り、更には、審査し評価する側の視点が時代と共に変化してきた様相を知ることにもなります。
これらの作品を総覧する、日本の戦後近代建築史の貴重な資料となるはずの書物、アーカイブが、実はこれまで出版されることがありませんでした。本書はこうした企画を初めて実現し、今日的な視点を加えて世に出すものです。ちなみに、1985年2月に一度、『建築雑誌』での特集（Vol.100、No.1230）があり、1950年から84年に亘る35年分約80作品の再録がなされましたが、今回はそれ以降の、いわば「折り返し後」の29年分約80作品も合わせた、64年分167作品を通観する企画となります。

この企画のきっかけは、2011年7月に建築会館ホールで催された、日本建築学会賞（作品）受賞者記念講演会のパネルディスカッションにおいて、受賞者の一人、大野秀敏先生から出た鋭い指摘に始まります。作品が物語る社会的な意義と評価する視点の経年的な変化の記録を、学会内、建築界に閉じることなく、広く社会へ発信することに努めるべきである、との指摘でありました。その後この講演会当日の担当副会長として自ら発起人を任じ、講演会のパネリストの一人でもあった古谷誠章先生に全体監修をお願いし、2012年2月の建築学会刊行委員会の承認を経てこの企画がスタートしました。

本書の企画にあたっては、設計側、選考側双方の視点の変化を年譜的に検証することが当初から意図されていました。選考側の動向については、毎年のように募集要領（賞の対象と審査の対象）の変更が続いてきた記録が残されています。募集要領に関するこうした議論に幾度となく現れる、「時代を画する」「時代を切り開く」「時代を先取りする」などの審査の要諦は、その時代を語る時に欠かせない作品であるという一種の「普遍の明示」であろうと考えられます。逆に言えば、選考に関するそれ以外の詳細は時々の選考委員会が全て引き受け続けてきたのであり、167作品が初めて一堂に会する今回、その「引き受ける自負と覚悟」の継承こそが、「今日の到達点であり未来への起点（としての転換点）」を見極めようとする一貫した矜持となって、改めて浮かび上がってくるのではないでしょうか。

この60余年は凄まじい速度での変化の時代でした。既に「歴史」の仲間入りをしている感のあるできごとも実はついこの間のできごとで、その「できごとの切片」が社会の様々な断面に思わぬ痕跡を残していたりします。東日本大震災もこうした転換点の一つとして、日常と非日常、自立と共生などを新たに捉え直すべき未来へと、社会と建築の関係もこれから大きく変化していくように思われます。
本書は、個々の作品の歴史的な意義を辿るに留まらず、作品群の時代変化と社会的なできごとの変化の速度とを対比しながら、「社会から建築を観る」という双方向的な視野で戦後日本建築界全体の動向を総体的に明らかにする試みとなっています。167作品を時間軸を縫ってテーマ毎に層別し、その中から改めて「テーマを具現し、時代を画する」作品群を抽出し、社会性、時代性との相互関係を縦横に論評し、その素顔を画像によって鮮明に再現し、関連史料を可能な限り再録する、という重層的な全体像の中から、幾つかの「転換点」を再発見することで、今後の進むべき未来が観えてくることを期待するものです。本書が、多くの建築家や建築関係学科の学生たちのみならず、建築に興味を持つ一般の人びとからも高い関心を寄せられ、ひいては建築文化の向上に資することを願ってやみません。

終わりに、本書の執筆、編集にあたって御尽力頂いた、古谷誠章、鈴木博之、植田実、五十嵐太郎、倉方俊輔、小林克弘、中谷礼仁、大森晃彦他の諸先生方、技報堂出版（株）の石井洋平さん、学会事務局の方々に深甚なる感謝の意を表し、序文とさせて頂きます。

2013年12月

article I

時代と建築とわたくしと

鈴木博之

1950年代

日本建築学会作品賞受賞作品の流れをたどりながら、時代の変遷をたどろうとするとき、それがほとんどわたくし自身の、生まれてから現在にいたる時代の流れに重なることに気づく。学会の作品賞制度は第二次世界大戦後の時代が生み出したもののようであり、敗戦の年に生まれたわたくしの人生は、まさしくそこに重なるのである。

作品賞の歴史がわたくしの人生に重なるということは、その前半はわたくしと建築とが結びつく以前の出来事であることを意味する。けれども、建築を学びはじめる前に、当然のことながら建築というものの存在は意識しはじめていた。そうした建築体験のなかで、はじめに意識した同時代の建築がリーダーズ・ダイジェスト東京支社（1951年竣工、第3回｜1951（昭和26）年度学会賞受賞）だった。皇居の近く、わりあい周囲が開けた場所にぽつんと立っている建物であった。横長で、記憶が定かではないのだが、褪せたような緑色、いわばアボカド・グリーンのような色の建物ではなかったか。

神戸アメリカ総領事館（ミノル・ヤマザキ、1954年）
（撮影｜村沢文雄）

付近にあったであろうほかの建物の印象はほとんどないので、余程この建物が際立った存在だったのであろう。『リーダーズ・ダイジェスト』はアメリカの雑誌だから、この建物もアメリカ系のものだろうと感じた。というより、ここにはアメリカが存在しているという印象を受けたのだった。その意味で、この建物は戦後という時代を感じさせるのだった。設計者がアントニン・レーモンドという外国人であることを知ったのは、ずっと後のことだ。

こうした時期、つまり、建築を学びはじめる以前に印象深く記憶された同時代建築は、もうひとつあった。それは神戸のアメリカ総領事館（1954年竣工、第8回｜1956（昭和31）年度学会賞受賞）の建物である。繊細な建物で、床が地面からわずかに浮き上がったような構成をもち、ガラスのカーテンウォールが周囲を外装する低層の建物だった。設計はミノル・ヤマザキ。神戸に旅行したのは大学の後半だったと記憶するから、すでに建築を学びはじめていたのかもしれないが、この建物にも繊細で精緻な美しさがあり、それがわたくしの意識のなかではアメリカと結びついていた。

戦後、1950年代の日本には、アメリカという存在が確固として輝いていた。それは政治的・軍事的存在でもなければイデオロギーとしての存在でもなく、豊かさの象徴というのでもなく、曖昧さのない、緻密で輝かしい存在のあり方を見せつけてくれるものとしてのアメリカだった。当時紹介されていた『ブロンディ』という漫画に出てくる、アメリカ人家庭を取り巻く世界に見出される物事の精度だといってもよいかもしれない。

リーダーズ・ダイジェスト東京支社の建物も、神戸のアメリカ総領事館の建物もすでに取り壊されてしまった。アントニン・レーモンドもミノル・ヤマザキも外国籍の建築家である。外国籍とはいえ、日本にゆかりのある彼らが日本で活動し、「アメリカ」を日本にもたらした時代が戦後であり、1950年代だった。しかしながら彼らがもたらした建物が消え去ってしまったのと同様、時代も過ぎ去ってしまった。そして輝いていたアメリカ像も、いまや失われてしまった。

これに関連して、ひとつの体験がある。サンフランシスコでひとつの建物を探していたときのことだ。1930年代の建築だったのだが、それを訪ねようと考えて、「これこれの特徴をもつ戦前の建物を知らないか」と聞いた。返って来た答えは「フィッチ・ウォー?」だった。われわれは第二次世界大戦後、戦争を経験していないから、戦前・戦後という時代区分を使い続けている。しかしアメリカは第二次世界大戦後も、幾度となく戦争を行っている。ベトナム戦争、イラク戦争、湾岸戦争など、前後も定かではないくらい、多くの戦争を行ってきたのがアメリカである。戦後などといわれても何時のことやら解らないのだった。アメリカはそうした過程のなかで輝きを失っていった。

日本はアメリカに比べれば、はるかに穏やかな時代区分を経てきたといえるのかもしれない。半世紀以上経っても、戦前・戦後という区分が使えるのは、それだけ平和が続いているからだといえよう。

しかし、果たして本当にそうか。リーダーズ・ダイジェスト東京支社も神戸のアメリカ総領事館も取り壊された。それは戦争によってではなかったが、それにも勝る激しさで進行した経済成長という名の開発戦争によるものだった。

パレスサイド・ビル（日建設計、1966年）
（撮影｜村井修）

リーダーズ・ダイジェスト東京支社が取り壊され、その後にはパレスサイド・ビル（1966年竣工、設計｜日建設計）が建てられた。この建物は名建築として評価が高いが、リーダーズ・ダイジェスト東京支社の墓碑銘として建てられたという見方も、できなくはないのである。ここにはいまなお、リーダーズ・ダイジェストが透けて見える。プロポーションといい、ルーバーや車寄せへのこだわりといい、リーダーズ・ダイジェスト東京支社は、パレスサイド・ビルの中に生きている。

しかしながら1951年に建てられ、1967年には壊されてしまった現実のリーダーズ・ダイジェスト東京支社の建物は、成人式も迎えられずに消え去ったのだ。1950年代生まれの建物には、このような薄命の嘆きをかこつ例が多い。戦後が急速に遠ざかり、経済成長が都市を様変わりさせてゆく勢いがそこにあった。
建築物が文化財として登録や指定の対象となる場合、建設後50年を経ていることが、現在の基準となっている。50年の年月を経てなおかつ存在し、評価を受けているとするならば、それは歴史的評価が定まったということだとするわけである。50年を経なければ歴史的評価は定まらないのか、50年を経れば評価は収斂するのかなど、議論はさまざまに分かれるが、少なくとも現実には、50年という時間が建築の評価を定めるとされている。
1950年代に建設された建築は、いまや築後60年以上の年月を経たことになる。それらの多くは、すでに耐用年限を過ぎたとされて取り壊され続けている。リーダーズ・ダイジェスト東京支社や神戸のアメリカ総領事館は氷山の一角で、その背後では無数の同時代建築が音もなく消え続けているのである。日本建築学会賞作品賞だけが時代を示す建築ではないわけであり、作品賞の対象となった建築は、時代を考える際の必要条件ではあっても、十分条件ではないのである。われわれは広く目を見開いて、評価の定まっていないとされる建築群を見据えなければならない。

アメリカからの自立と回帰

1960年代は、戦後を脱した数多くの建物によって彩られていった。
建築はスケールを拡大してゆき、多様化してゆき、そして精緻化していった。リーダーズ・ダイジェストを消し去って出現したパレスサイド・ビルは、そうした1960年代を象徴する建築のひとつといってよいであろう。
しかしながら1960年代はダイナミックに時代が変貌を遂げた時期であり、1960年の安保闘争にはじまり、1969年の東大安田講堂籠城事件にいたる10年間は、戦後からの脱却にはじまり、近代の終焉を意識させる時代にいたるものだったのである。したがって、この時代を、どこで切り取るかによって現れてくる建築の位相はまるっきり異なったものになってゆく。

東大安田講堂（1969年、封鎖解除時）
（撮影｜amana images）

個人的なことを加えるならば、この60年代はわたくしが建築を学びはじめた時期に一致するので、基本的建築界の構図を学習した時期に一致する。それは常識的な近代建築史観に基づくものであったようだが、本人にとっては新鮮な体験であった。わたくしにとってそこでの基本的問題は、機能主義といわれる理論に立脚する建築と、形式、様式、装飾といった要素との関係だった。時代は機能主義建築の成長期ではあったが、機能主義に立つ決定論によってはたしてほんとうに建築がつくり上げられるものなのか、疑問は膨らんだ。1960年代は、実は多様性に富んだ時代だったと思う。
ここで採り上げたいのは山口銀行本店（第17回｜1965（昭和40）年度学会賞受賞）である。下関市に建つこの建築は圓堂政嘉の設計。一階の営業室の壁面には、エコール・デ・ボザールに学んだ中村順平の手になるレリーフが飾られている。圓堂は緻密であると同時に整然たる建築を求めて、いわゆる機能主義的で即物的な建築表現とは一線を画する建築を求めていった。
山口銀行本店には、ミース・ファン・デル・ローエのシーグラム・ビル（1958年竣工）を思わせる外装の方立て配置が見られるが、同時に平面計画にも天井伏にも整然としたパターンを追究する、一種の唯美主義的な情熱が感じられる。

シーグラム・ビル（ミース・ファン・デル・ローエ）
（撮影｜Yukio Futagawa）

圓堂政嘉はのちに建築家の職能の確立を目指して活動を行うが、比較的早く亡くなったこともあって、純粋に1960年代的精神を伝える建築家として名を残すことになった。誤解を避けるために述べておくなら、ここでいう1960年代的というのは、機能主義が即物的荒さを脱しながらも、60年代末になって陥ってゆくポストモダニズム的デカダンスへの傾斜はまだ見出されないという性格のことである。圓堂政嘉は唯美的なデカダンスを内に秘めながらも、ぎりぎりのところで機能主義的表現の倫理性を保ち続けていたように思う。しかしながらこれもまた、大きく見るならば戦後の日本建築がアメリカ的な技術力に裏付けられた精緻さを追い求めた結果であろう。
しかし同時にそこには、アメリカ一辺倒ではない美意識を求める気持ちも存在していたように思われる。圓堂政嘉が中村順平のエコール・デ・ボザール流の様式観を評価したのは、その現れであろう。わたくしは一度、圓堂政嘉が司会をする中村順平の講演会を聴いたことがある。老境に達していた中村は、ある意味では天真爛漫に、ヨーロッパにおける近代以前の建築の存在感を説いた。
「フィレンツェにパラッツォ・ピッティという建物がある、この壁面の石積みの存在感たるや圧倒的であり、日本の建築学校にはこの石を石膏で型取りしたものを置いておくとよい。」
こんな話を彼はしてくれた。中村がいかにもフランス仕込みらしく、「パラッツォ・ピッティ」を「パレ・ピッティ」と呼ぶのがおもしろかったのを記憶している。たしかにパラッツォ・ピッティの粗石積みの石材は巨大であるから、その原寸大の石膏モデルを据えたなら、ルネサンス建築のスケール感が実感されるであろう。それを説く天真爛漫な中村順平を、圓堂政嘉はまるっきり役者子供を扱うようにして演壇に上げ、ワイアレス・マイクのコードをひょいと中村の肩に掛けていた。
圓堂政嘉の個性に関してはさまざまな意見もあるようだが、彼の建築が唯美主義的な機能主義と、そうした表現に対する傲岸なまでの自信を溢れさせていたことは事実だった。それがわたくしには1960年代の精神と映るのである。だがそうした60年代はその後、音を立てて崩れていった。
圓堂政嘉の作風から、わたくしは確たる根拠もなしに、機能主義的近代建築の黄昏を嗅ぎ取るのである。彼が求めた精緻で、規則的で、装飾性につながる建築は、フランスのボザール流の建築に連なり、アメリカならマッキム・ミード・アンド・ホワイト事務所のアメリカン・ボザール建築に、イギリスであればエドウィン・ラッチェンス的建築に連なってゆくものであるように思われるのである。
圓堂政嘉は、60年代が経験する建築のターニング・ポイントを、精緻さと装飾性という、一見相反するような性格が併存する作品のなかに先駆的に示したと思われるのだ。

多様性のなかの豊かさと貧しさ

1970年代になると、時代相は複雑怪奇となっていった。少なくともわたくしにとっては、そうであった。1970年の大阪万博が、メタボリズムやメガロポリス構想などをかたちに示すチャンスとなったらしいことは誰の目にも明らかであったけれど、そうした構想が本当に持続的に成立するものなのか否かははっきりしなかったし、おそらくはメタボリズムもメガロポリスも構想通りには存続しないだろうと、誰もが意識下では感じていた。
オイルショックが起き、エネルギーが有限であり、エネルギー支配の構造が世界のパワーポリテックスを決定していることを思い知らされる。日本はその中でどのように生きてゆくのか。皆、考えざるをえなくなる。60年代末の近代批判、パリ五月革命の影響、全共闘運動のなごりなどは、創造性には結びつかず、一種の空白の意識が漂う。
そうした時代の中に山下和正の設計によって生まれたフロム・ファーストビル（第28回｜1976（昭和51）年度学会賞受賞）は、南青山という上り坂のファッショナブル・エリアに出現した、ショッピング施設の複合ビルである。機能的な動線計画ではなく、複雑で自由な回遊性のあるビル構成は、機能主義による初期近代建築が確実に終焉したことを示すものであった。
フロム・ファーストビルに見られた、新しい時代の兆候は二面的なものである。ひとつが、いま述べたように、機能主義的計画による建築の終焉であり、他のひとつが、建築の主題としての、商業建築の登場である。
初期の近代建築には、あきらかに理想の社会に対する憧憬の念、あるいは理想の社会追究の意志があった。そこでは建築のジャンルについての倫理的序列意識が存在していた。社会政策の主題となり得る建築ジャンル、具体的には住宅、教育施設、福祉施設、文化施設などが建築の主題となり得るジャンルであり、民間企業のオフィスや商業建築などは建築理論の対象とはされてこなかった。建築計画学は住宅、教育施設、福祉施設、文化施設を主題としていたのである。それはヒューマニズムに基づく建築の方法論と見えたが、極めて体制的な政策学としての建築理論でもあった。社会に手厚く政策を繰り広げる大きな政府の時代にあっては、建築計画学は力をもったが、やがて規制緩和、小さな政府という時代になってくると、建築計画手法は活躍の場を失ってゆく。
フロム・ファーストビルが、複合商業建築として登場し、機能主義的動線計画によらない建築構成を採用したことは、近代建築のひとつのエポックであった。この後、多くの複合商業施設がさまざまな建築家によって試みられ、複雑な構成、迷路性が魅力となってゆく。福岡のキャナル・シティ博多（1996年竣工）から六本木ヒルズ（2003年竣工）に至る複合開発の原型がここにあったといえるであろう。これらの開発にあっては、迷路性、回遊性が当然の主題となっている。倫理的な理想からはなれて、商業主義を前面に据えた建築の登場が、フロム・ファーストビルによって印象づけられたのである。
フロム・ファーストビルは、都市的なスケールにおいても特徴のある存在となった。これまでの商業施設の立地は、鉄道のターミナル周辺、商店街的な街路沿いなどを中心としていた。しかしながらフロム・ファーストビルはビルの存在によって、通りやエリアが商業化してゆくという流れの起爆剤となったのだった。南青山といえば東京屈指のファッショナブル・エリアであり、洗練された商業集積が見られることで知られるが、そうした都市のあり方を生み出してゆく流れの源流こそ、このビルだといえるからである。
時代がバブルに突入してゆくと、建築の表現はポストモダニズムの百花繚乱に突き進んでゆくが、建築構成それ自体を見る限りは、ポストモダニズムが開拓したものはそれほど大きくない。ポストモダニズムが様式的モチーフ中心の表現であったことが、いま振り返ることによって改めて理解される。

表層に現れるポストモダニズムのモチーフが比較的短命にあったのに対して、その底流に流れるコマーシャリズムは、それ以後の建築の基盤として現在にいたるまで、生き続けている。フロム・ファーストビルの建つ南青山から青山通りにかけて、さまざまな話題作が建ち続けてゆくが、それらはすべて、コマーシャリズムを大前提として成立するものなのだ。表現の違い、表層の現れ方の多様性を越えて、すべてはコマーシャリズム、マーケット世界の上に浮かんでいるのである。

生闘学舎という衝撃

1980年度の日本建築学会賞作品賞を受けた生闘学舎（第32回｜1980（昭和55）年度学会賞受賞）は、衝撃的な作品であった。伊豆七島の三宅島に建設されたこの建物は、巨大な切り妻屋根をもつ建物であり、その構成材料は鉄道の枕木、建設はこの施設を使おうとするグループであった。つまりこれは鉄道廃材を用いた自力建設のプロジェクトと考えられたのである。三宅島に生み出されるユートピア建設の試み。
ここには近代の終焉に対して、自分たちの場所を自分たちでつくり上げようとする、当時の言葉を用いるならば自力更生の思想があった。社会から排除される弱者たちが、自分たちの力を振るって、自らの場所であり、表現であるところのものをつくり上げようとしていた。いまではすでに見ることもなくなってしまったが、かつて鉄道線路には栗材の枕木がびっしりと敷き詰められていたものだった。それらは耐用年限を過ぎると取り替えられ、新しい枕木が敷設されるのだが、廃材とされた枕木も、けっして腐ってぼろぼろになっているわけではなかった。材木としては十分な強度をもち、再利用に耐え得る材料だったのである。事実、古い枕木は、線路沿いの柵などに用いられていた。私鉄の枕木よりも、当時の国鉄の枕木の方がはやいサイクルで交換されるので、良質な廃材が得られるといわれていた。
枕木がプレキャスト・コンクリート製の部材に替わり、交換のサイクルも栗材の枕木の時代とはまったく変わってしまった現在、生闘学舎の建築的発想は生れようがないだろう。
栗材を用いた枕木を建築材料にしたところに、生闘学舎の発想のすべてがあった。枕木は人の力でも運搬できるし、組み上げることも不可能ではない。三宅島に大量の枕木を運び込めば、後は何とか自力建設が可能になるのであった。
設計者の高須賀晋は、規格材である枕木を一種の校倉のように組み上げて、巨大な切り妻の小屋を構成した。そこにはアルカイックな存在感を持つ、建築の原型があった。
この建築を生み出したものは、高須賀晋の構想力と、この施設を建設しようとしたグループのエネルギーだった。彼らは遅れてきた全共闘というべきユートピア集団であり、ハンディキャップを負った人びとの集団でもあった。
高須賀晋は枕木建築家というわけではなかったから、彼が枕木という素材を選択したのは、この生闘学舎を発注した人びとが自力建設を目指していたからであったし、生闘学舎の人びとは枕木による建築がどれほど特異なものであるかの自覚をもたずに、いわば所与の前提として枕木を受け入れたのであった。そこにこの建築成立の大きな原動力があり、その後の誤解の源もあったのだ。
生闘学舎の自力建設の思想は、敗者復活をめざす弱者の集団による、自らの場所の建設にあった。考えてみれば1960年代末のパリ五月革命、スチューデント・パワー、全共闘などの運動が、流れ流れてここにたどり着いていたのだった。周回遅れの全共闘、100年遅れのウィリアム・モリス主義ともいうべき集団は、枕木を対象として、ユートピアに挑んだ。建設の場所が三宅島であったのは、首都圏からもっとも近い辺境がここであったからだった。1969年のはじめに陥落した、砦としての東大の安田講堂は、ここによみがえったのかもしれない。
かくして生闘学舎は、設計され、建設されてゆく。これは当たり前のプロセスのようであるが、生闘学舎の場合、そうではなかった。設計の意味、建設の意味が、建物の誕生の全過程を通じて問われることになるのである。
設計は建築家による建物の構成の構想立案であり、建物のあらゆる部分はこの設計行為によって定められる。建設は設計によって生み出された建物の構想を実現するプロセスであり、定められた筋道をたどる作業である。生闘学舎より後のことであるが、建築家の石山修武がコルゲート板を用いた開拓者の家（1986年竣工）を設計し、クライアントが自ら忠実にその設計を施工してゆくという例があった。その行為は建築家、クライアント双方にとって創造性を試される行為であったようである。
生闘学舎も同じような創造性が両者によって体験されるはずであった。事実、建設活動を通じて生闘学舎の人びとは、充実した時間を体験したのだった。しかしながらこの建物が日本建築学会賞作品賞を受賞することになったとき、生闘学舎の人びとの間に違和感が広がった。この賞は建築物に対して与えられるものであり、それを受けるのは当然のことながら、我々であると彼らは考えたのである。建築物が建築家の創作物であり、その価値に対する栄誉を受けるのは建築家なのだというロジックは、そこでは通じなかった。自力建設というユートピアへの夢は、建築は自分たちの創造物だという位置づけの上に成り立っている。それが結局は建築という専門家たちの世界の中に取り込まれてしまい、審査員と受賞者たちが自分たちの世界の中で評価し合っているのは、理解できない行為と映ったのである。
生闘学舎の出現と、その評価と、評価の帰趨をめぐるトラブルは、建築の本質を考えさせてくれる印象に残る出来事であった。わたくしはその経緯を詳しく知っているわけではない。作品賞の審査に当たる委員会の委員を務めていた高橋靗一氏らが奔走して、その後、三宅島の火山噴火によって建物がダメージを受けるという歴史は、不可能を夢みたこの建物の軌跡として、まことにそれらしいものであったように思われる。ごく最近行われた高須賀晋の建築図面展に、生闘学舎の設計図もひっそりと展示されていたが、いまもなおこの建物は誰の創造物であり、誰のものだったのかという、建築のあり方をめぐる根源的な問いを問いかけているようであった。

ふたたび南青山へ

2005年の日本建築学会賞作品賞の受賞作品プラダ ブティック青山店（第56回｜2005年学会賞受賞）は、フロム・ファーストビルが建つ南青山に誕生した商業建築である。ジャック・ヘルツォーク、ピエール・ド・ムーロンの設計、日本側のパートナーが竹中工務店設計部であった。特に構造設計に関しては日本側の力量が大いにものをいったといわれるものである。ダイアゴナルのパターンを描いて駆られるガラスのパネルが建物をくるむプリズムのような建物は、21世紀の東京にふさわしい派手やかなシンボルであると受け止められた。
プリズム形の建物は、周囲に空地をもち、そこには植物を貼り付けた地下入り口の構造物が配されていて、都市内の建築が備えるべき公共性、環境への配慮などがきちんと考えられていた。しかしながらこの建物の魅力は公共性、環境への配慮などではなく、排他的と感じられるほどの先端的表現にあった。文字通りプラダのブティックは尖っていたのである。この建物ができたばかりの頃、建物の中を見ようとしていながら気圧されてしまい、周囲をうろうろしている野暮ったい建築学生の姿がしばしば見られたものである。
この建物は東京の新しい建築軸とでもいうべき、道に沿って建っている。日本建築学会賞作品賞は、わが国の建築デザインの最先端を示すものと考えられてきた。それだけにそうした作品が存在する場所は、環境に恵まれた公共建築用地であったり、都市の目抜き通り、すなわちハイ・ストリート沿いであったりした。しかしながら先ほど見たフロム・ファーストビルやこのプラダの建物が建つ通りは、東京のハイ・ストリートと呼ぶには多少ためらいを感じる通りである。東京のハイ・ストリートといえば、銀座通り、日比谷通り、霞ヶ関周辺などであろうし、プラダのビル付近であれば青山通りであろう。1964年の東京オリンピックを機に、電柱の地中化が進められたといわれるこの青山通りは、東京を代表する、よく整備された大通りである。しかしながらプラダのビルはそれに直交する表参道の通りの延長上に建っていて、道幅も狭く、親密な雰囲気の漂う道路に面しているのである。けれどもこの道路、青山通りに直交する表参道こそ、第二次世界大戦後のわが国の建築デザインの最高峰の集積が見られる、現代史そのものというべきエリアを形成している。
それは表参道を外れて、明治神宮の脇に聳える代々木のオリンピック・プール（国立屋内競技場、第16回｜1964（昭和39）年度学会賞特別賞受賞）にはじまり、表参道の原宿よりの端に建つ先駆的マンションであったコープ・オリンピア（1965年竣工、設計施工｜清水建設）、そしていまは亡き原宿セントラルアパート（1958年竣工）が建っていた明治通りとの交差点を経て、安藤忠雄の表参道ヒルズ（2006年竣工）、そして青木淳のルイ・ヴィトンの店舗（ルイ・ヴィトン表参道ビル、2002年竣工）、伊東豊雄のTOD'S表参道ビル（2004年竣工）や妹島和世のDior表参道（2003年竣工）、丹下健三の（これもいまは亡き）ハナエ・モリ・ビル（1978年竣工）などを経て青山通りに出る。そこを越えると出会うのがこのプラダのビルであり、フロム・ファーストビルなのである。この先にはふたたび安藤忠雄のコレッツィオーネ（1989年竣工）などがあり、最後に隈研吾の根津美術館（2009年竣工）が現れる。

代々木国立屋内競技場（丹下健三）
（撮影｜新建築社写真部）

この、青山通りと直交する軸線の周囲には、青山通りに沿って黒川紀章の青山ベルコモンズ（1976年竣工）、槇文彦のスパイラル（1985年竣工）などが見出され、これらは皆同じコマーシャリズムの海に漂う船団なのだ。その核をなすのがプラダのビルであり、フロム・ファーストビルなのだ。いまも直径1kmの範囲内に、これらの高度に商業的なビル群が、同じ船団を組んで浮かび続けているのだ。そうした船団の中にあって、作風や方法論の違いなどは、本質的差異とはならない。代々木のオリンピック・プールから根津美術館にいたる一筋の道を歩くことによって、都市的文化のポテンシャルの高さを体感できることこそ、重要なのである。

ならば、個々の作品を評価する作品賞とは一体何なのかという疑問も生じるだろう。確かにその通りで、プラダのブティックは、いまでは急速にその新鮮さを失い、陳腐化している。ジャック・ヘルツォーク、ピエール・ド・ムーロンの建築は、建物の外装の材料選定とその仕上げによって特徴を生み出すものが多いように思うのだが、プラダのブティックのガラス外装は、はじめて目にしたとき、そのインパクトが大きいだけに、その後急速に既視感が強くなってゆくのである。表層的建築の宿命というべきであろうか。
日本建築学会賞作品賞のことを、建築界の芥川賞であるなどという見方が一時期はやった。その一時期とはわたくしと同世代の建築家たちがこの賞をとりはじめていた頃のことなのだが、それは、学会の作品賞は一瞬の輝きを評価されるものであり、持続性、成熟度、安定性などの指標はさほど重視されず、先端性、実験性、前衛性などが重んじられると考えられたのである。実際その頃の受賞作品には、一瞬のうちに頂点を極めた作品が多かった。プラダは確かに頂点を極めて輝いていた。その輝きは何物にも代えられない、時代の輝きだったのである。

産業遺産という人工の廃墟

2011年の日本建築学会賞作品賞には、三分一博志による犬島アートプロジェクト「精錬所」(第62回|2011年学会賞受賞)が含まれていた。この作品は瀬戸内海に浮かぶ犬島に残されていた、廃墟となった精錬所を生かして、新しいアートスペースとして、さまざまな展示スペースとする試みであった。
瀬戸内海にはすでに、直島を舞台にした美術館群が設けられている。安藤忠雄が建築家として展示施設、宿泊施設(ベネッセハウス|1992年竣工、地中美術館|2004年竣工)を設計し、さらには直島の既存の集落のなかの民家を改造して、さまざまなアーティストたちの作品展示施設とするプロジェクト(家プロジェクト|1998年〜)も行われている。
犬島でのプロジェクトは、直島《なおしま》にはじまるアートプロジェクトを周辺の島に拡大してゆく試みで、犬島以外に豊島《てしま》でも同様の施設づくり(豊島美術館|第63回|2012年学会賞受賞|2010年竣工|西沢立衛)が行われている。直島、犬島、豊島を巡る芸術巡礼は、いまや人気の回遊コースとなった。瀬戸内トリエンナーレなどの企画も行われ、活発なアート展示、アート・イベントが繰り広げられている。島の間を巡回する船のタイムテーブルをよく調べて、効率よく巡回するのも楽しみのひとつであろうし、予定など立てずに行き当たりばったりに島に上陸して、船便がなくなればそこで泊まるというのも一興であろう。
犬島には、精錬所の跡地が広がっている。崩れた煙突、煉瓦の壁体の廃墟、ほとんど自然に還ってしまったレンガの擁壁、それらがロマン主義的廃墟の魅力を漂わせて眼前に広がる。
船着き場から黒く塗られた木造のビジター・センターに寄り、そこから海岸沿いの道を伝って展示施設に向かう。そこには時を経て、時に打ち捨てられた産業施設の廃墟がある。
瀬戸内海は風光明媚な日本の地中海であり、タコやタイなどの豊かな海産物に恵まれた豊かな海であると考えられてきた。北木島などからは花崗岩が採れ、小豆島ではオリーブ、井口島などでは柑橘類の栽培が盛んで、そこにも豊かな自然の存在が感じられた。沿岸では入り浜式の塩田による製塩業が盛んであり、サトウキビから採る砂糖の生産も盛んだった。讃岐うどんも自然の豊かさがもたらす食べ物だった。
しかしながら瀬戸内海は、中国地方や四国から隔離された産業施設の島が点在する海でもあった。別子銅山をもつ四国からは精錬を必要とする銅鉱石が産出されていた。犬島はこうした産業施設を備えた精錬所の島であり、同じように直島にも四阪島《しさかじま》にも精錬所が建てられ、豊島には産業廃棄物が山積みされていった。
けれども経済成長の歪みが意識されるようになり、環境問題が強く意識されるようになると、高度経済成長期を通じて形成されていった、このような負の遺産を、新しい価値をもった場所に生まれかわらせようとする試みが生まれてくる。安藤忠雄が提唱した瀬戸内オリーブ基金は、汚染された土壌をよみがえらせてゆこうとする植樹運動であるし、ベネッセによる直島での美術館建設も、負の遺産からの脱却と新しい価値創出の試みだった。
直島では、実はベネッセによるプロジェクトの開始の遥か以前に、当時の直島町長三宅親連によるまちづくりがあった。直島小学校(1970年竣工)、幼稚園(1974年竣工)、中学校(1979年竣工)、そして町役場(1982年竣工)と、町長主導による事業として順次公共建築を整備していくなかで、直島には建築的な個性が生まれていった。東京大学の建築計画研究室であり、学校建築を研究し続けてきた吉武研究室に所属する石井和紘がそれらすべてを担当し、直島は石井和紘の建築ランドのおもむきを呈するにいたった。
ベネッセのプロジェクトは三宅町長時代から、新たな時代への変化を示す出来事であり、建築家としては石井和紘から安藤忠雄への交代を意味した。
こうした流れを経てきた直島には、妹島和世と西沢立衛の手になるフェリー・ターミナル海の駅なおしま

直島小学校(石井和紘)(撮影|S.Okamoto)

(2006年竣工)がつくられ、直島における現代建築の幅が広がっていった。そうした流れは、アートプロジェクトが直島を越えて犬島、豊島へと広がってゆくとき、さらに多くの建築家たちの作品の誕生につながってゆく。
犬島アートプロジェクト「精錬所」は、これまでの瀬戸内海での芸術活動を、ふたつの意味で越え出てゆこうとするものだった。そのひとつは建築家の選択の広がりである。安藤忠雄に代わる建築家が登場し、新しいコンセプトの建築が展開をはじめたのである。
そして、そこに生まれた建築的テーマもまた、これまでの芸術活動を越え出るものだった。それまでの建築的テーマは、自然との対峙であった。安藤忠雄は地形や眺望を組み込んだ建築をつくり出し、アーティストたちもその場に臨んでサイト・スペシフィックな作品制作を行なった。ところが犬島では、すでにそこに営まれてきた産業施設の廃墟がテーマになり、廃墟のなかの現代建築が未来を示すシンボルに位置づけられる。
歩いてみる犬島は、圧倒的に廃墟の存在感が強かった。存在感のある壁体、擁壁、煙突、ダムらしき構造体など、自然の中に廃墟は点在し、静かにその存在を示していた。
重厚長大は20世紀の二次産業によるマシン・エイジの象徴であったけれど、情報化時代がはじまり、素朴な機能主義の時代が終わったときに、そうした重厚長大は過去の遺物に成り下がったはずであった。しかしながら、犬島に存在する過去の遺物は、けっしてその存在感を失っていなかった。手で積まれた煉瓦は、自然と対峙し得るだけのスケールをもち、重量感を持つにいたっていた。
現代建築がエフェメラルな非存在を目指すのではなく、確固たる存在感を示す前世紀の遺物と切り結ぶ姿が、ここにはあった。それがこの作品を日本建築学会賞作品賞に押し上げたのである。過去と対話することによって未来を示しているのがこの建築群であった。
だが、廃墟と対峙するというテーマは、18世紀のロマン主義時代から19世紀のリヴァイヴァリズムを通じて、何度となく試みられてきたものだった。そうした過去の例に比べて、犬島のプロジェクトはどのような個性を示しているであろうか。
むろん21世紀のプロジェクトは、近代化遺産、産業遺産、さらには何らかの回路を経て環境問題にもつながる問題意識というカテゴリーのなかでの計画であり、ロマン主義的色彩は薄い。しかしながらこの場所を歩くひとびとは、廃れた工業施設の圧倒的存在感を感じながら、現代芸術の世界に入ってゆくのだ。
精錬所などの施設にゆくとしばしば目にするものに、スラグ(鉱滓)を固めた大型の煉瓦、カラミ煉瓦と呼ばれるものがある。銅の精錬の際に出てくるクズを固めたもので、意外なところで見られたりする。生野の銀山や別子銅山の近くで目にしたことがあるが、これはまあ、当たり前である。一度、東京の王子神社の参道に敷かれているのを見たことがあり、どうしてこんなところにと思ったのだが、しばらくしてこれは、足尾の銅山から運ばれてきたものではないかと思いいたった。足尾から東京に入って来るとき、王子を通っている岩槻街道は標準的ルートのひとつだからである。
で、犬島にもこのカラミ煉瓦が散見される。また、崩れた煉瓦の構造物もそこここに見られる。建築家はこうした風景の中に建築物を点在させると同時に、新しく人工の廃墟的構造も配した。一種の迷路のように煉瓦の壁体を積み、それがギャラリーへのアプローチの背景になるのだ。歩いていて、それが気になった。
新しく積まれた煉瓦の構造体は、あまりに厚みがないのである。一般に煉瓦の壁体は、煉瓦2枚半ほどの厚みをもって積まれる。間仕切り壁などのような薄い壁であっても、煉瓦2枚が普通であり、煉瓦1枚半というのはぎりぎりの厚さである。
しかしながら犬島の新規の煉瓦壁は1枚半から1枚ほどの厚みしかもたない。構造的な耐力を必要としない単なる壁だから、薄い厚みでもかまわなかったのだろうが、それでは廃墟にもなれない。実際、薄く積まれた煉瓦壁は、はやくも崩れはじめていた。本物の廃墟の存在感とはまるっきり異なる薄っぺらな存在にしかなっていない。

現代の建築が、技術一辺倒ではなく、過去との対話を試みるようになったことは喜ばしいが、そのときに建築家がつくり出したものが、薄い存在でしかなければ、過去との対話は成立しない。建築が位置している現在は、どこまで時間の厚みを意識したものになっているのか、ふと不安がよぎるのだった。
建築学会賞作品賞に現れた時代意識の中には、正直な歴史認識が現われていると思われる。10年先、20年先になって、現在の受賞作品がどのように再認識されるのか、できることなら見てみたいのだが。

works I —— 1
03｜1952年

リーダーズ・ダイジェスト東京支社†

アントニン・レーモンド

リーダーズ・ダイジェスト東京支社†

設計｜レーモンド建築設計事務所
構造設計｜ポール・ワイドリンガー（計画）
レーモンド建築設計事務所
設備設計｜レーモンド建築設計事務所
施工｜竹中工務店
竣工｜1951年
所在地｜東京都千代田区

東京竹橋のお堀端に建てられた戦後を象徴する建築であった。皇居にあまりにも近いこの場所に建物が建てられたのは、アメリカ系の出版社だったからであったという。水平性の強い建築の姿は、周囲に対してまさに颯爽とした佇まいであった。日本の中に建つアメリカ、という印象を与える建築であった。20年を経ずして取り壊されたのは、それがやはり終戦直後の建築だったからであろう。この時期の建物、岸記念体育館、紀伊國屋書店なども、早々と建て替えられていった。そこに時代の精神があったのだが。　（鈴木博之）

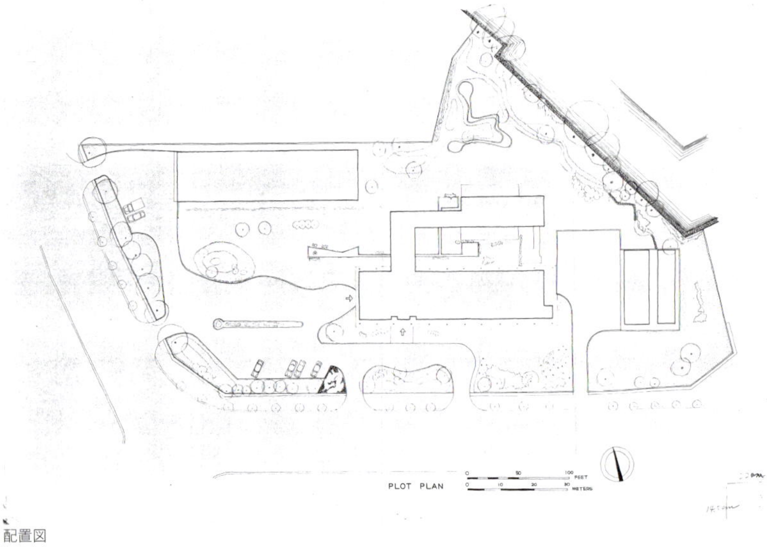

配置図

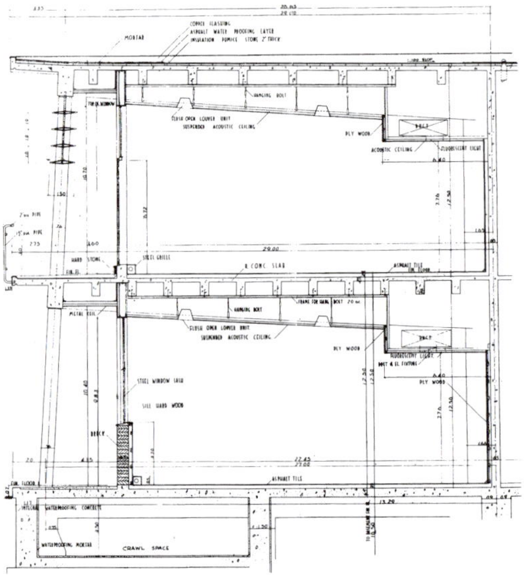

断面詳細図

全景（撮影｜村沢文雄）

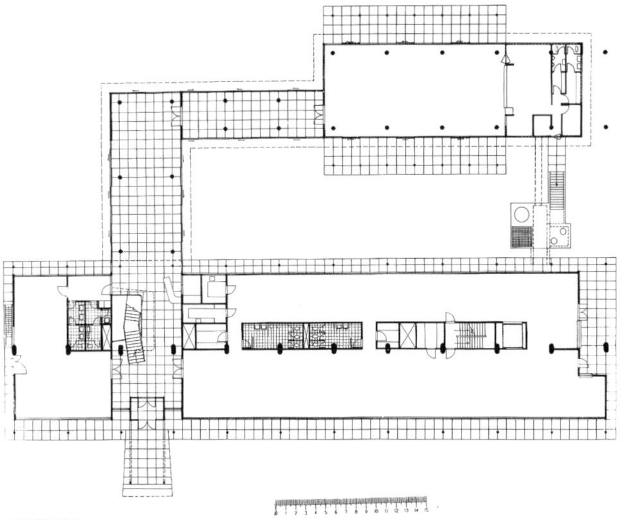

1階平面図

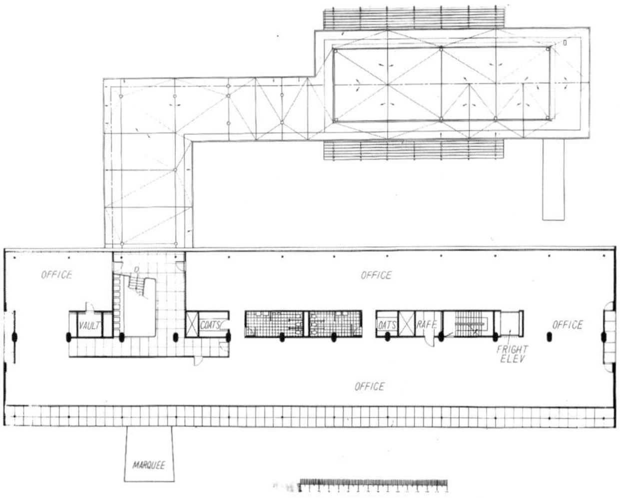

2階平面図

works I —— 2

17｜1966年

山口銀行本店

圓堂政嘉

山口銀行本店

設計｜圓堂政嘉／圓堂建築設計事務所（現名称：株式会社エンドウ・アソシエイツ）

構造設計｜後藤啓成／圓堂建築設計事務所

設備設計｜鹿野康男／圓堂建築設計事務所

施工｜清水建設

竣工｜ 1962 年

所在地｜山口県下関市

本作品および佳松園、新宿京王百貨店の一連の作品で圓堂政嘉が「芸術選奨」を受賞

北東からの俯瞰。奥は下関港（撮影｜Yoshio Takase）

下関市に建つこの建物は、超高層ではないので、全体のプロポーションは鈍重なものにならざるを得なかったが、そのなかで、できるだけ精緻で均質な建築を実現しようとする意欲に溢れていた。それはミース・ファン・デル・ローエを日本にもたらそうとする試みであると考えられるし、もっと唯美主義的な構成意欲の発露が見られるとも考えられる。

比較的はやく亡くなった設計者圓堂政嘉が、長寿を保ったなら、どのような建築を生み出していったであろうかと考えることがある。そうした未来への期待を感じさせる建築が、ここにあるのだ。（鈴木博之）

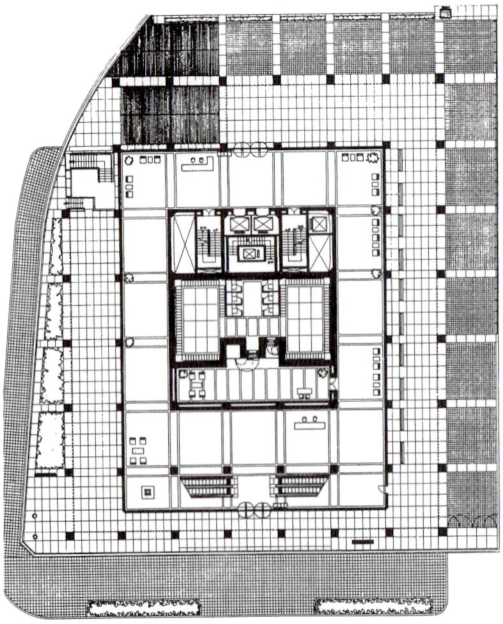

1階平面図

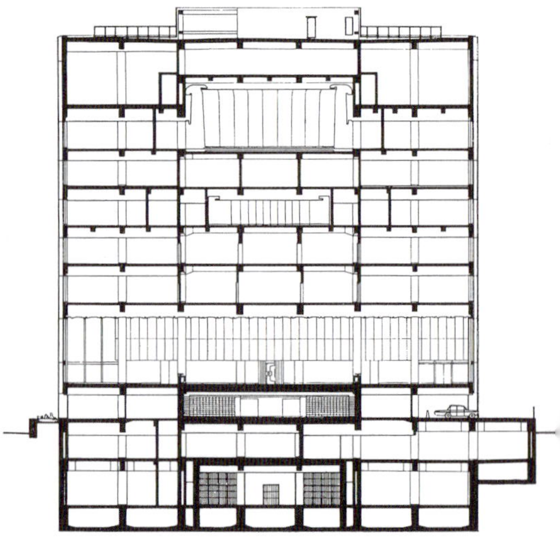

断面図

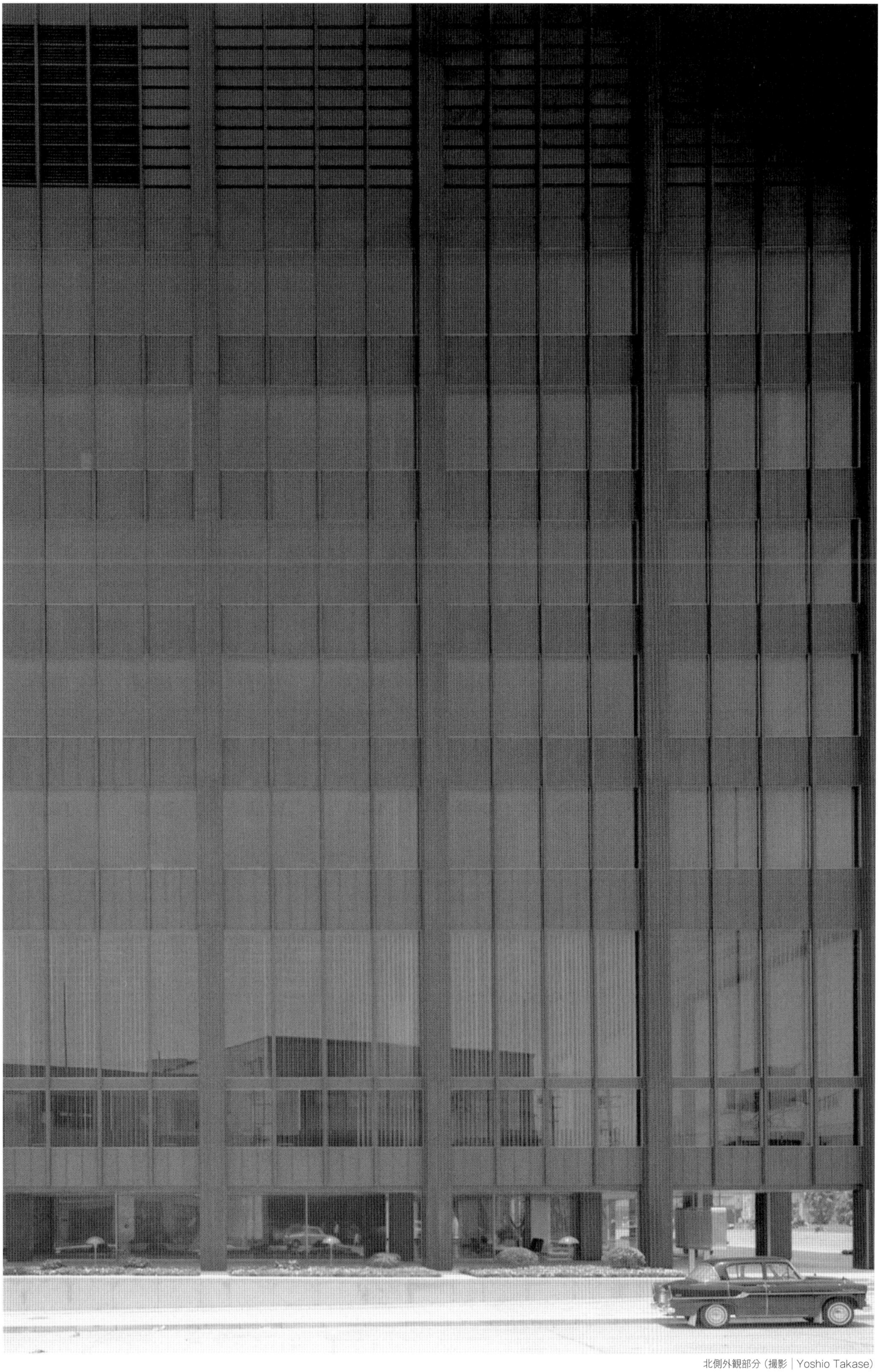

北側外観部分（撮影｜Yoshio Takase）

works I —— 3

28 | 1977年

フロム・ファーストビル

山下和正

フロム・ファーストビル

設計 | 山下和正建築研究所

構造設計 | サン構造建築事務所

設備設計 |

[給排水衛生空調] 内山技術士事務所

[電気] 松本設備設計事務所

[プラザの照明] 石井幹子デザイン事務所

施工 | 竹中工務店

竣工 | 1975年

所在地 | 東京都港区 (外部排気口周り一部変更)

ポストモダニズムを先取りするかのような、迷路的回遊性と懐古的な表情の外装をもつ商業建築である。洞窟的で謎めいた内部の構成は、機能主義による計画理論とは無縁のものだった。この建物の出現によって、禁欲的で理想主義的な近代建築の時代は終焉した。大資本のデパートや伝統的な老舗を支える意識とは異質の、新しいコマーシャリズムが、以後、建築の表面に立つ主題として認められるようになった。そして同時にこの建物の出現は、銀座でもなくターミナル駅周辺でもない商業エリアの集積のはじまりをも、宣言したのだった。　(鈴木博之)

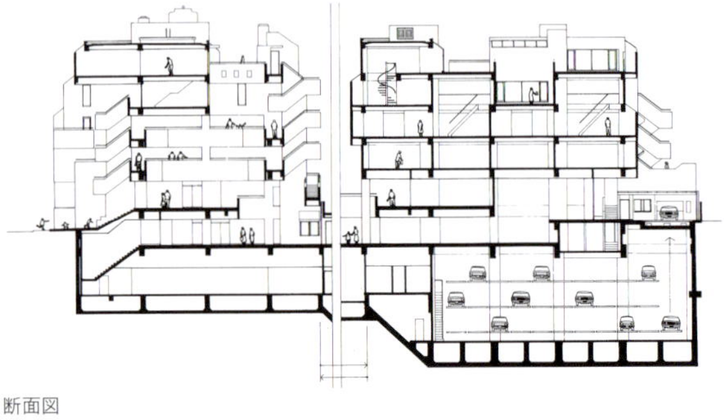

断面図

街路側外観（撮影｜門馬金昭）

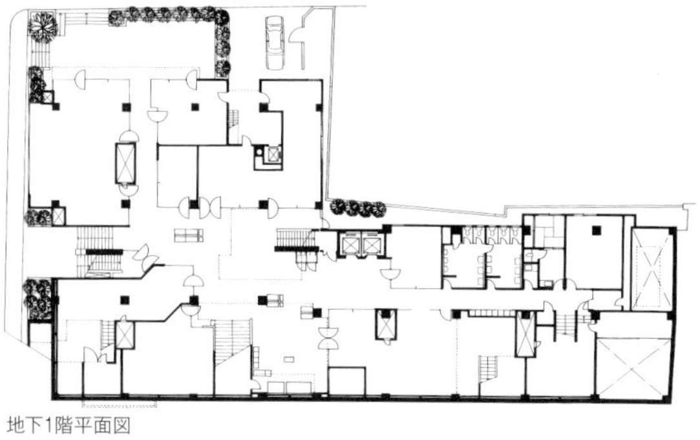

地下1階平面図

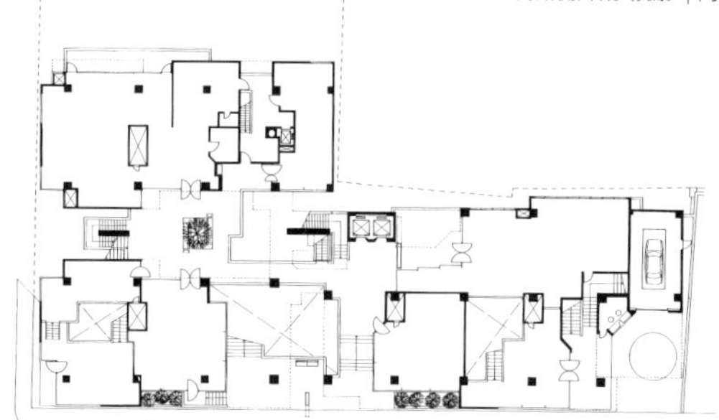

1階平面図

works I —— 4

32 | 1981年

生闘学舎

高須賀晋

生闘学舎

設計｜高須賀晋一級建築士事務所

構造設計｜高須賀晋一級建築士事務所

設備設計｜北側電気設備

施工｜生闘學舎

竣工｜ 1980 年

所在地｜東京都三宅島

外観（撮影｜アトリエR 畑亮）

この建物の衝撃は忘れられない。枕木という素材のもつ重量感のある存在感、切り妻屋根に包まれた単純な構成が発する建築の存在感、そして自力建設をベースにした建設プロセスが示す結果ではなく過程が重要であるというテーゼの重い存在感。実際それらは圧倒的なちからで襲いかかってきた。この建物が学会賞を受賞したとき、建設した生闘学舎の人びとはそれを、自分たちに与えられた賞だと考えた。それが実際には設計者に対するものだと知ったとき、建築とは誰のものかという根源的な問いが現われてきた。

設計、建設、評価、以後の変遷、それらのすべてがドラマチックであり、根源的な問いを含むものであった。

（鈴木博之）

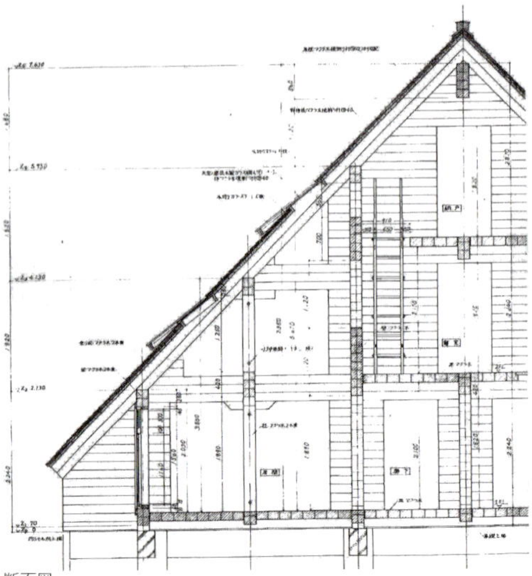

断面図

内観（撮影｜アトリエR 畑亮）

works I —— 5

56｜2005年

プラダ ブティック青山店

ジャック・ヘルツォーク／

ピエール・ド・ムーロン／

株式会社竹中工務店設計部

プラダ ブティック青山店

設計｜

［デザインアーキテクト］ヘルツォーク&ド・ムーロン

［アソシエイトアーキテクト］竹中工務店

施工｜竹中工務店

竣工｜ 2003年

所在地｜東京都港区

1階店舗。右上部にチューブ構造の試着室（撮影｜新建築社写真部）

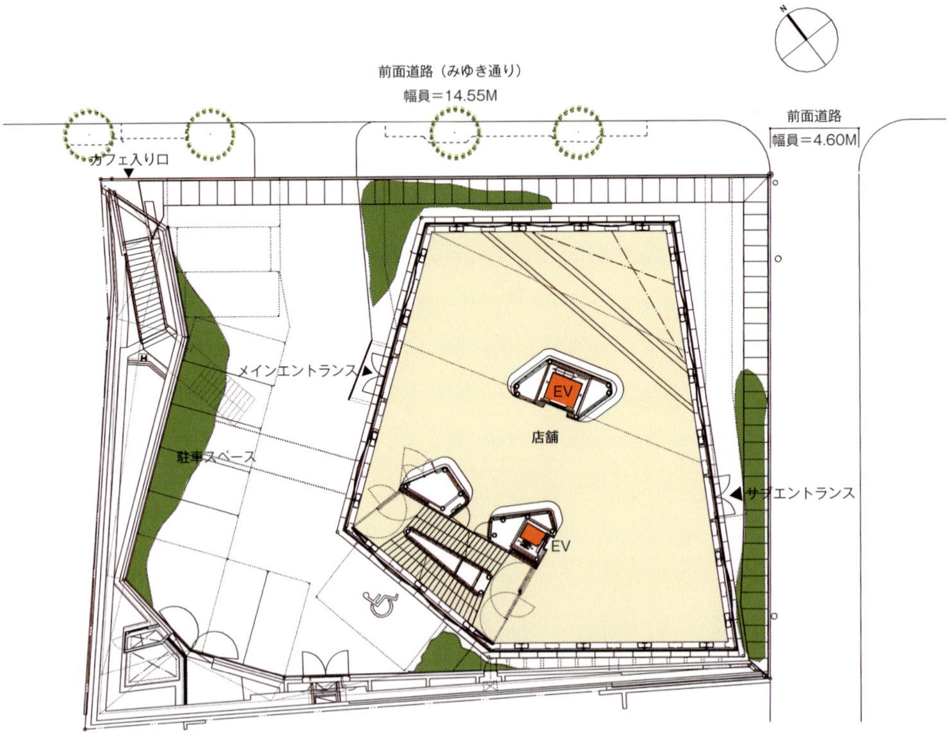

配置平面図

フロム・ファーストビル以来集積されてきた、南青山の商業的ポテンシャルの高さの頂点をなした建築。外国人建築家と日本のゼネコン設計部の力が合体して、斬新なアイデアと精密な施工精度を両立させた。しかしながらこのエリアの建築が経験してゆく時間の早さは、あっという間にこの建物を場所の中に埋没させていった。今見ると、建物は斬新でありつづけながらも、ひっそりと佇んでいるように見える。東京を流れる時間の速度を知るには、ここに立ってみるのがよいであろう。

（鈴木博之）

北側ファサード全景（撮影｜ナカサ&パートナーズ）

works I —— 6

62｜2011年

犬島アートプロジェクト「製錬所」

三分一博志

犬島精錬所美術館

設計｜三分一博志
アート｜柳幸典
構造設計｜ Arup
環境設計｜ Arup
設備設計｜山口衛調　ICM
施工｜大本組
竣工｜ 2008 年
所在地｜岡山県岡山市
企画運営｜公益財団法人福武財団
2013 年 3 月 20 日より『犬島アートプロジェクト「精錬所」』から名称変更

直島にはじまって、瀬戸内海に展開するアートプロジェクトの拠点のひとつである。廃墟となった製錬所を背景に、現代芸術の展示施設が展開していく。直島での建築的主題は、自然との関係性の構築であったが、ここでは近代を生み出してきた産業遺産の廃墟との関係性の構築である。近代化のプロセスを相対化する作業がそこでは要求される。未来を見据えて建築を創るのではなく、過去を見返って未来を展望することがここでは求められた。過去の時間の結晶である廃墟が、現在を未来へとつないでいく媒介となる。

（鈴木博之）

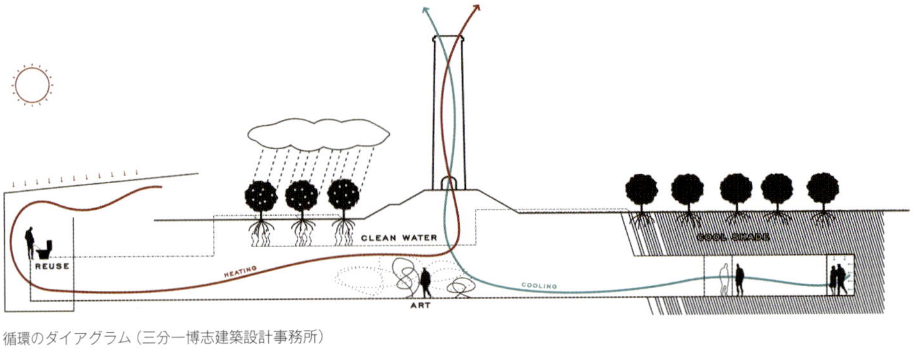

循環のダイアグラム（三分一博志建築設計事務所）

東側から俯瞰（撮影｜新建築社写真部）

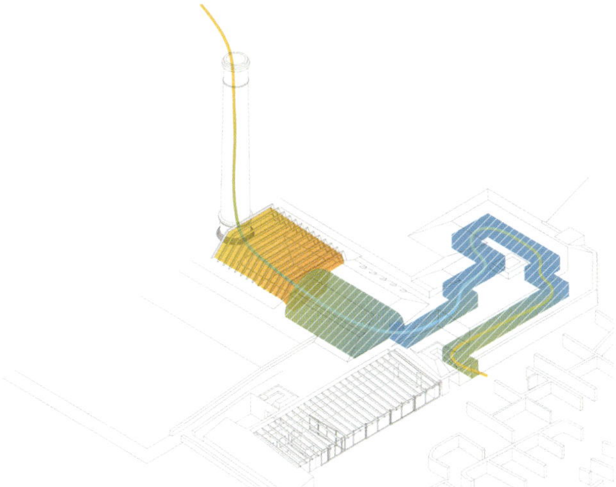

アースギャラリーを利用したクーリングシステム（三分一博志建築設計事務所）

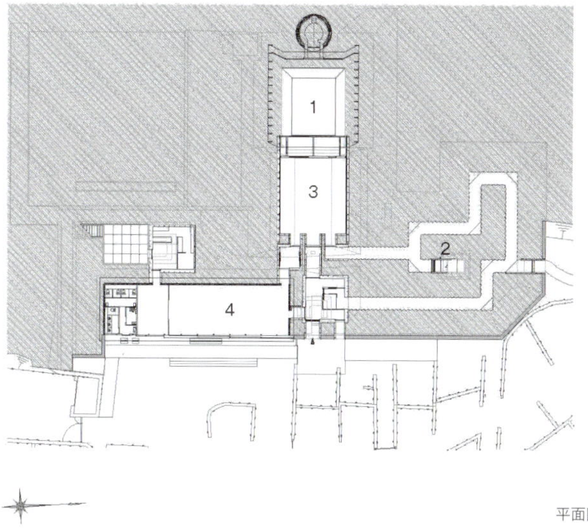

1 Chimney Hall
2 Earth Gallery
3 Energy Hall
4 Sun Gallery

平面図

article II

時代の中の住宅―植田実

学会賞推薦理由の意味するところ

学会賞作品賞の歴史をまず知りたかったので、1949年第1回学会賞技芸賞（当時は規程には作品賞と呼称したが「選考対象の多様性を考慮し、包括的に」こう改めた、とある）が、正会員谷口吉郎君の「慶応義塾大学校舎『四号館·学生ホール』および藤村記念堂」を選んだ際の「表彰理由」から始めて、2013年作品賞「選定理由」と「受賞の言葉」まで、ほぼ60年間の記録にざっと目を通した。

学会賞作品賞の対象として考えるとき、住宅とそれ以外の建築とを同格に評価するのはむずかしい。後者の場合は1棟完結にとどまらずコンプレックスもありキャンパス全体に及ぶこともあるのに対して、住宅はただ1軒が基本である。同じ住宅でも集合住宅はまた違う。住宅はただ1軒によってこそ時代を画すことになるのだし、その局面で他の建築と並んでいる。だから部門内容をさらに狭めた建築賞（例えば住宅賞とか）や、ある方向性というか偏向がひとつの主張となっているような建築賞より、学会賞の方が建築評価の潜在力を呼びおこすような気がするし興味がある。デザインだけではない多角的総合的（つまりは経験への）評価を大前提とし、同時に時代の動きの先端を常に純粋に白紙として見るという、評価軸の相反性を内包していることが逆に学会賞への信頼につながっているとも思える。

その記録をたどってみての印象を端的にいえば、やはり1軒の住宅に限りながらの評価の集約はなかなか大変そうだ。それで住宅を対象とした初めての受賞が清家清の「一連の」という複数作品を指す表現が使われ（6回／1955）★1、その後も篠原一男「『未完の家』以後の一連の住宅」（23回／1972）、林雅子「一連の住宅」（32回／1981）、石井修「目神山の一連の住宅」（38回／1987）、村上徹「阿品の家をはじめとする一連の住宅」（45回／1994）、東孝光「塔の家から阿佐谷の家に至る一連の都市型住宅」（46回／1995）、というように、時期や場所や形式に絞りこみながら「一連の」複数作品を受け入れている。その表現を用いなくても山本理顕の「雑居ビルの上の住居」（39回／1988）があり、一方、集合住宅においても中筋修・安原秀・小島孜「一連のコーポラティブ住宅」（39回／1988）や早川邦彦「用賀Aフラットをはじめとする一連の集合住宅」（45回／1994）が続く。また別の見方をすれば、坂本一成「House F」（41回／1990）は受賞者による「長年の『家』という概念の追求の成果という点で評価を受け」、一連の住宅とするか否かで議論がなされたが前作との時間があいているために「House F」の新鮮さが「単独に」評価してよいことになった。坂本はそれにたいして「いわゆる一連の住宅を経て、『祖師谷の家』をつくって以来、7年ぶりの実作」であり、「建築の図像性に関する研究」の論文をまとめてまもなくの作品であることを自ら位置づけている。

逆に、高く評価されながら受賞を逃した作品については、例えば難波和彦「箱の家−22『T邸』」（54回／2003年の候補作品）をそれとなく対象にしながら、規程では一作品のみを対象とするが、ローコスト住宅への工夫は「一連のシステム、メソッドであり、一作品で評価できない深みがある」（石野久彌）の指摘があり、あるいは直接名指して「『箱の家』は、かつての『一連の作品』という枠を超えて『一作品だけで評価せよ』

★1 ――括弧内は学会賞回数と受賞年、以下同様。

という学会賞の限界を問いかけている」（小嶋一浩）の見解もみられる。
こうした枠に加えて評価の方向性としての「時代を画する」重みも次第に増してきている。ということは2年ごとに審査委員が交替するという基本まで考えると、1作品として総合的見地から評価すると同時に「時代を画する」局面を見通すことは二律背反的にさえなりかねない。だがそこにこそ学会賞の大きな意味があり、例えば岸和郎「日本橋の家」（47回／1996）などはそうした焦点にぴったり合っていたとも思える。岸による他の一連の住宅の中でも上の作品はとくに抜きん出た位置にあり、推薦理由の一文も格別な響きをもつ。商業建築群の狭間にある間口2.5m、4階建てのこのビルについて、原広司の線対称住居、安藤忠雄の「住吉の長屋」、東孝光の「塔の家」などを引き合いに出しながら、「矮小化と風化に晒された都市そのものを丸ごと背負いつつ、その侵食力に敢然と拮抗する建築的原理を受胎している」のでもなく、そこにあるのは「すべては詩の処方である」とまで謳いあげている。この「詩」にひとつの評価軸、そして時代が表れている。
「一連の」と「時代を画する」は、住宅というジャンルにおいてもっとも端的に表れているというか、その作品を引き裂かんばかりの方向性を表しているが、その根底にもうひとつ、建築家の「自邸」という無視できない、このジャンルの特性を際立てる要因がひそんでいる。例えば伊東豊雄「シルバーハット」（37回／1986）の推薦理由には、「自邸という条件がもたらす可能性と危険性とを十分に意識した作者が、自己の建築設計の方法的実験を果敢に試みていること」がまず挙げられ、「自然との交感を、ノスタルジックな表現あるいは伝統回帰的な技法によらず達成していることは、この作品が現代建築の可能性を拡張したことを意味している」と評するところに学会賞選定の表現的方法がみられる。
住宅といわれるジャンルの受賞作品のなかから、ここでは「時代を画する」発見性と、「一連の」持続性と、問題をかかえこんだままの作品をとくに意識して選んだが、その中には建築家の自邸が4件入っている。ここから日本の戦後から現在に至る住宅設計史の特性が浮かびあがってくる。ひいては建築家が戸建て住宅の設計をすることとは何かが自ら問われている。そこに都市的背景としての、日本の見渡すかぎりの住宅の光景が不離不即の関係で見えてくる。

岸和郎「日本橋の家」（写真｜平井広行）

清家清　「一連の住宅」1955年（1954年度）**受賞**

「齋藤助教授の家」と「宮城教授の家」を初めて訪ねたのはちょうど50年前のことだが、いちばん思いがけなかったのは、この2軒が清家自邸すなわち「私の家」からすぐのところで、しかも隣り合っていたことである。建築家と時代という概念の流れを超えて、戦後住宅史がオーナーとその家族が住む場所としてにわかに現れてきたのである。この訪問は当時私が所属していた建築誌で清家清特集の企画にあたってのことだが、両家の関係を配置・平面図に表れるように清家に依頼し、また写真家の牧直視に、とにかく1枚の写真に2軒が一緒に見えるように撮ってほしいと注文をつけたことを覚えている★2。
清家の作品賞受賞者としてのコメントの中に「それぞれの作品はtry and errorの連続で、住んでいる先生方にはお気の毒でなりません」とあるのは清家一流のおかしみを含めた挨拶だが実感でもあったのだろう。続けて「被験者のようなつもりで住んでもらっているようなものです」と書いている。しかし、推薦理由のほうを見ると「わが国古来の住宅建築にみられるすぐれた伝統を豊富にとり入れ」、「現代に活きる日本趣味ともいうべきものが、新しい平面計画や諸設備とよく調和を保ちながら、巧みに表現されており、『日本には日本の家』という願望がよく満たされている」と、実験的試行的色合いよりは新しい日本趣味、日本の家という評価が強く印象づけられる。
「一連の住宅」は1950～54年に完成した住宅を指すようで、上に挙げた3軒に先行して「竹田教授の家」、「森博士の家」があり、「私の家」とほぼ同時期に「数学者の家（三村邸）」がある。その展開を追っていくと、さらにその後の方向性までが感じられる。清家自身の言葉を借りれば「構造、計画をしっかりしておいて悪いはずはない。住宅の平面計画には構造計画が大きなファクターを占めている。整頓された柱と梁と壁の配置は、住機能と矛盾しない」★2。だから住宅が小規模建築だからといって構造を蔑ろにしてはいけない。むしろ小さいからこそ構造が生活空間に生きてくる、と教えているのだが、これらの住宅は平・断面図を見るだけでも構造の整合性、完結性が強く感じられ、それぞれの解の切り換えも明快だ。「一連の」という表現がいかにも相応しい。そして現在の時点からもそうした清家の住宅はすっきりと見通せる。一方、「日本趣味」といった形容ではいささか見えにくい。
だがそこに戦後初期の時代が消し難く記録されている。当時、伝統的な日本住宅が、例えば封建的といった直截な表現でいかに排除されたか。その中で障子や襖や畳の部屋を住まいに有効な要素として事もなげに使った清家は挑戦的とも思われた。1954年はスタイルを超えた彼の発想の全体像が次第に見えてきた時期ではないのか。推薦理由にあえて「日本趣味」などと表現したのは選考委員の、時代へのそれなり

★2——『建築』1962年11月号

の挑戦でもあったのだろう。
「森博士の家」を訪ねたのはその後しばらくしてからだったと思う。構造計画が分かりやすいそれ以降の住宅に比べて、中央に二間続きの畳の部屋を置き、西端の広めな玄関から畳の部屋の前を廊下を抜けて東端の台所・食堂に至るプランをどう理解してよいのか迷って清家に訪ねると、「なぜだか知らないけれどこういう間取りが好きなんですよ」と答えにならない答えが返ってきて「その前につくった家（「竹田教授の家」）の1階も同じ間取りでね」と、つけ加えられた。感銘を受けたのは、玄関寄りの六畳間である。奥に左右いっぱいの浅い踏込板が敷かれている。床《とこ》とは思えないほどだが下地窓が付き、花の壷もあって歴とした床の間である。ところがその左右の襖が実は開き戸になっていて、右手は押し入れ（布団が入っていた）、左手は戸棚（本がぎっしり詰まっていた）になっているのだ。この開閉で部屋の性格ががらりと変わる。日本の住宅は季節や時間に応じて融通無碍に使うのが基本といわれるが、これほど劇的に変化する和室はほかに知らない。建築が日本的というより、住まい手が日本人であることを清家は深く読んでいたのではないか。そのような立居振舞が自然な日本人自体が少なくなり、趣味としての和室や障子が逆に多く求められている現在とは隔たっている。
住宅を対象とする学会賞作品はこれが初めてである時期を考えても「一連の住宅」は順当だろう。スタイルの展開でも技術の展開でもなく、一建築家の、多様にして即物的でもあり、つねに思いがけない発想がディテールに満ちみちている設計への評価は、これに続いて日本の建築家たちが住宅こそ基本あるいはすべてといった考えに大きく、継続的に影響してきたといえる。現在の眼では1作品に絞ることもありうるのか。としたら、やはり「私の家」をためらいなく挙げる。整然とした、だがシンメトリーを避けた屋内の構造壁がつくり出しているある意味で複雑な一室空間、室内と庭の連続、居間・書斎・寝室に対応して必要なモノを収納した、可視的な生活断面ともいうべき扉のない棚、等々がおどろくべき密度で5m×10mの小住宅を構成している。その密度は全体を統合したり反復されたりすることのない、いわばすべて中断した構成要素の集中から生じている。天井の長手方向の半分だけに架けられたハブマイヤトラスや扉のない便所、宙に浮く飾り棚など、それらはウィットや遊びのデザインに見せながら、一般の家から遠い、しかし紛れもない生活の場をつくりあげている。その視野からは「一連の」をシリーズと解釈するのとは逆の方向に、清家の住宅、とくに「私の家」は位置している。

篠原一男　「『未完の家』以後の一連の住宅」1972年（1971年度）**受賞**

坂本一成「House F」

篠原一男「茅ヶ崎の家」

清家清の「一連の住宅」は学会賞作品賞が住宅に与えられた最初である。賞制度が戦後に復活して6年目だった。篠原の受賞はその17年後、さらに9年後に林雅子の「一連の住宅」、それから10年後に坂本一成「House F」が受賞している。坂本の作品についても、さきに触れたように本来は「一連の住宅」として評価されるべきだという意見があったらしい。
作品賞受賞リストを住宅の分野に限ってみると、清家から端を発するスクールの流れが歴然としている。ほかに例がない。それは住宅の設計を中心としているからというより、いずれも住宅とは何かを生涯的なスパンで考え抜いた果てにそれぞれが相反するとさえいえるほどに独自の方向を見出し、現実の設計に反映させている結果となっているのだ。
篠原一男の住宅作品と数多くの論考は、とくにその流れを強く感じさせつつ突出している。彼の住宅に接するとき、彼の言葉に依拠しながら対象を読み解くほかはないほど、見たままのものは何ひとつない。そんな気持ちにまず襲われたのが「茅ヶ崎の家」（1960年竣工）で、ほかの戦後小住宅からどこか大きく外れている。でもその正体がわからない。この頃の彼の主張の言辞そのものは至って平明で、「住宅は芸術である」、「住宅は広ければ広いほどよい」などは人から人へと容易に伝えられていた。「茅ヶ崎の家」はある意味ではそれに当てはまらなくもない。しかし、そう理解してしまったらこの住宅の不穏ともいえる不思議さ、肝心の奇妙さが消えてしまう。いったい何なのだろうと、彼よりやや年配の建築家に訊いてみたことがある。「あの人のやっていることはね」としばらく間をおいて「退廃なんだな」。それが讃辞であることはすぐ分かった。しかも先を越された、俺だってそれが分かっていたはずなんだという口惜しさみたいな気持がその口調に滲んでいたから尚更である。
あまりにも昔のことで、その建築家と交わした短い会話は再現しようがない。「退廃」も幻聴だったのかもしれない。だがその瞬間、建築という世界が突然開かれたという体感はまちがいなく残っている。つまり建築の見方にある余裕が生まれたというか、面白いといっても構わない気持ちになったというか。
現在から見ると、いや当時でも篠原の仕事を退廃と形容するのは相応しくはなく、住宅を見るうえでの一瞬有効な反語だったというべきだろう。ただひとつの作品が現実表現の枠を引き裂くように広げる。そのときは誰も気がつかない。のちにそれが平たくいえば時代を画する作品だったというケースは、むしろ文学や美術や音楽のジャンルにおいて際立って歴史の節目になってきた結果、現代はすぐには見えにくい作品への受容が過剰なまでに意識されている。新しい表現を感知できなかったことを恐れているのだ。
「茅ヶ崎の家」が出現した頃は、まだそれほどの神経過敏な反応は全体としてあまり感じられなかった。個人的な特異な論であり設計であると見なしてすませるほどに技術の追求のリアリティが強く支配していた。それは住宅の設計は条件が悪いほど力が発揮できるといった裏返しのリアリティにまで連動していた気配がある。「茅ヶ崎の家」については篠原自身も意図が十全に伝わる作品とは思っていなかったかも知れない。だが戦後15年という時点で建築の伝統と現代という問題を、技術や形態を超えて一住宅に誰よりも広く深く、少なくとも予感のレベルで捉え切ったという確信はあったにちがいない。それだけは伝わった。その予感にリアリティを与えるための試行はその後次々に実現していく作品の水面下できわめて多角的多方向的だったことがうかがわれるが、ここでは初期の一住宅の記憶にこだわって、ひとりの建築家のいわば反時代的な思考力の紛れもない感触を思い出そうとしている。彼はまだ既成の建築家でもなかった。
学会賞作品賞の対象は「未完の家」以後の、と枠づけされての「一連の住宅」である。それ以前とを画する「基本的差異」は「空間構成には多くの独創的試みがあり、奔放であると同時に、住む方、使う方の側の自由に任された領域の広いことを一つの特長としている」と推薦理由にある。さらには「古典的木造の手法から現代的R.C.の手法への転換」が「材質感への依存を離脱」し、「空間独自にかかわる住宅の居住性」を本質的に厳密に求め、それは内部空間から屋外まで一体的であり、「建築の集合的構成のための基礎要素となりうる個性空間としての性格を強め」、以前の「孤独な独立住居とは自ら一線を画している」。この引用はかなりショートカットしているのでぜひ原文に当たっていただきたいのだが、じつに興味深い推薦理由になっている。建築評価の、ある姿勢を教えている。篠原の住宅における見えにくい局面（予感としての建築）を洗い流して実際の住まい――まちなみに連結するまでの文脈を際立てている。つまり篠原の住宅が見えるかぎりにおいて成立する場に誘い出している。
受賞対象作品のひとつである「同相の谷」を篠原に連れられて訪ねたときの私の印象もある意味でそれに近かった。階段を昇り切った先にまったく同じ階段を見たときの、形而上的な抽象とでもいうしかない、建築の絶対的な面積規模がつくり出せる（と、そのときはそう思った）虚構が立ち上がってくるようなシーン。それはまさに自分が見たままに見えたと信じられた。だから結局は、見えたものが内面化してしまう。ならば「未完の家」以前と以後は等質である。そのきわどい通過の一瞬を、健全な（!）総合性において、学会賞作品賞は手練の技で引き上げられたのだった。

安藤忠雄　「住吉の長屋」1980年（1979年度）受賞

この受賞作に至るまで、安藤は12の住宅（うち3軒は計画にとどまるが）を手がけている。「住吉」とそれ以降は引き続き現れる住宅は一変する。打ち放しコンクリートの極度にシンプルな形を変えなくなったのだ。安藤の仕事から日本の現代建築を見始めた世代には、当時の建築家たちがそれに気付きはじめたときの驚きは実感しにくいかもしれないが、どの住宅も同じで構わない、一見そう思える印象が新しい発見のように、当時、彼について話し合われることがよくあった。
もちろん打ち放しコンクリートはすでに定着していたし、それが日本の特性として表れてもいた。それにこだわり続ける建築家たちも多くいた時代である。だが同時にそこでは打ち放しコンクリートの多様な表現の可能性が追求されていた。それぞれの住宅あるいは建築には個性がある。その表情は外観にも表れる。建て主の意向や立地や規模に応じて木造なりRC造なりS造なりで最適の解答を出すのが設計であるという考えと、それはある意味で同じである。
安藤は違う。多様な対応に頓着せず、シンプルな形だけを平然とつくり続ける。それでもちゃんと建築家の仕事になっている。誰もがそんなふうに注目した。建築家としての自己主張の強さというより、若い世代の割り切りのよさ、大学の建築教育に煩わされていない軽快さが感じられたとも思える。だが「住吉」以前の作品は対極的に形態の表れが強く、要塞と化したドームだったり、ボックス型でもそれが割れて階段や通路が外に溢れ出ていたり、あるいは瓦屋根の洋館風だったり、木製の壁と床パネルをカードのように組みたてた線対称プランの家だったり。内部の部屋構造は複雑に入り組んでいて、まちの路地裏を凝縮したかのようで部屋は分断されたかと思うと別のところで出会ったり、家々の隙間のような高みに採光窓が見えたり、思いがけないところで廊下がブリッジに変わったり、全体が動的で人を誘い込むような構成はむしろ商店建築に近いともいえた。兄弟の建て主のためにつくられた相似の2棟がブリッジによって連結された「双生観」（1975年竣工）、また「住吉」の直前に計画された「Twin Wall」（1975年）は、「住吉」にもっとも近い。だが屋上に目を惹くシリンダー状のスカイライトや銃口のように突き出た小さな採光窓はまだ残っている。家を表象するこれらの要素を取り除いた瞬間、それまでとはまったく異なる「住吉の長屋」

が現れた。
推薦理由で指摘されている「平面構成上の中心的な位置を占めていると同時に生活の中心ともなっている」光庭がこの家の評価に不可欠なことは確かだが、それに加えてこの細長い平面が3等分されていること、いい換えれば手前と奥の部屋がそれぞれ光庭と同じ面積であることが同様に、安藤の建築となるに不可欠だった。シリンダー状のスカイライトも突き出した窓もなくなったが、ただシンプルな外観になったのではない。むしろ新たに加えられているものがある。外から見えるのは長屋1軒分の間口しかない正面ファサードだけで、打ち放しコンクリートの壁面以外の要素といえば玄関ポーチだけである。ドアさえ見えない。しかしその小さなニッチの同じコンクリートの壁面、外壁のラインからわずかにはみ出しているポーチ床、そこを照らす頭上の小さな吹き抜け、なによりもそのポーチの位置が中心軸を暗示していること。それが造形的な家の表象よりはるかに「家」を直截に語っている。その原則が実にさまざまに、しかも沈黙のうちに、その後の住宅群に適用されている。
「家」は例えば内・外の関係を、単なる建物と庭ではなく地面に埋められた姿で語られる。あるいは敷地の四周を2層分の壁で囲い、その2分の1を中庭としてしまい、残る住棟の2階ではさらにテラスとして屋外に明け渡す形で語られる。あるいは内部での部屋々々を繋ぐ動きが、道路側ファサードの壁面の一部を大きく切り抜いた開口部で語られる。
こうした内・外の関係や部屋を繋ぐ動きを、自由な造形ではなく、全体を例えば2分の1に、さらにその残りを2分の1に、といった居住空間としては極限的な寸法（ある意味では快適な）にまで幾何学的に分割・編成していく中で、建築は植物の細胞組織のような有機体に近づき、部屋と部屋、部屋と通路、部屋と屋外がさらに密接な関係をもつようになる。ル・コルビュジエのいう「建築的プロムナード」に近い構成ともいえるが、体験的シークエンスとしては家の中を動いていくと同じ部屋が次々と向きを変えていくような楽しさがある。それを最大の効果で見せているのが「レス イズ モア」ともいいたくなる極度にシンプルな外観である。
それには打ち放しコンクリートの質感が決定的だろう。安藤の言葉を借りれば★3、
• できるだけ軽く扱いたい。重く見せたいという意識はほとんどない。
• 仕上がりは等質にしたい。1枚ずつのパネルが語りかけない。そのためには壁と床、壁と天井を相対的に問題にしなければならない。
• コンクリートはその裏側に潜んでいる量の効果、奥行きを感じられることのできる素材であり、体験を通して心理的に働きかけてくる素材である。
• 自分の建物にはモデュールはほとんどない。そこに経済性や機能からの作用はほとんど働いていない。体験的に覚え込んできた感性のなかで決定している。
安藤の建築については常識ともいえるコメントで、今更という気もするが、「住吉」はその後、建築家の心情的な像にあまりにも偏らせて語られてきた。この時代をあらためて振り返ると彼の仕事は「一連の」というより「同一の」持続と呼んでいいほどの確信的な展開が、この受賞作からはじまろうとしていた。

石井修　「目神山の一連の住宅」1987年（1986年度）受賞

この作品は学会賞リストおよび推薦理由の項では「目神山の一連の住宅」となっているが、受賞者の言葉および作品資料を掲載した頁では「目神山の家々」に変えられている。変更の事情は知らないが、9軒もの住宅（86年当時）が小さな場所に集中して次々に実現されてきた稀な事例をいい表わすには「家々」がまだ相応しいように思える。
それは家並みとも呼べない。9軒を統一する共通項は歴然としているのにその光景を見渡すことはできないから、これまでの家並みに約束されていると私たちが思いこんできた可視性にむしろ逆らっている。家々は山中に沈むようにひそんでいる。あるいは山そのもののような石の擁壁の陰に垣間見えている。11番坂、12番坂と呼ばれる道にそれらの家々のアクセスが繋がれているので、その道だけが家並みを幻視させ、ほかのどこにもない特異な場所が形成されている。
もともと親しい人たち同士が話し合って、ひとつところに新たな住環境を形成した、あるいは自然と建物との関係の理想的な全体計画が徐々に実現されてきたというような例なら他にもあり得なくはない。けれども目神山の家々は計画概念を超えた展開となった。
石井と友人が土地を購入した当時は「電気や水道はもちろんのこと道路さえも計画だけでまだついていない」★4状態だった。建具がついたのは一室だけ、台所も便所も使用できない未完成の家に引越して、毎日を大工や職人たちと付き合いながら家というよりは山の中での日々を送った。こうして「目神山の家」1、2が地鎮祭から約1年後に完成。これだけでもほかには滅多にない果敢な家づくりだが、さらに驚かされる

★3 ──安藤忠雄：『家』（住まいの図書館出版局、1996年）、高口恭行との対談より要約
★4 ──石井修、西澤文隆、出江寛、水谷頴介：『家家』、「山あいに住む」学芸出版社、1984年より

のはそれに続いて石井に設計を依頼してきた人々である。少々しつこいようだが具体的に繋がりをたどりたい。

・石井邸工事のため、木材置場として斜め向かいの土地を借りていた。その敷地の所有者——目神山の家3

・以前設計した宝塚の家の施主の紹介で事務所を訪ねてきた人が、すでに確保していた土地を売ってここに住むことになる——目神山の家4

・その隣地の所有者から土地の売却を相談されて心あたりの知人を紹介——目神山の家5

・散歩の途中に石井邸の前を通ったのが縁で設計を依頼してきた——目神山の家6

・その近くの土地所有者からも設計の依頼がある——目神山の家7

・その真向かい、道沿いの細長い敷地（間口70m余、奥行1.2～8m弱）——目神山の家8

・目神山の家3の裏手にあたる。長い石段とトンネルの先、道路からもっとも奥まった敷地に建つ——目神山の家9

その後も「目神山の家」が増えていったことはよく知られている。私が訪ねたのは15、16（1992）までで、それももう20年前のことであるが、それぞれに工夫を凝らして、どの建て主にとっても「一連の住宅」の1項目ではなく、まるごと自分の家を設計してもらったという満足感が伝わってきたのだった。

「目神山の家々」は「けわしい自然の地形を十分に生かしながら、むしろその対応によって各々の個性ある空間を創出している」と推薦理由にあるし、そのいくつかの家の具体的な説明も丁寧になされているので、建築作品そのものについてここで言及する必要はない。代わりにこれらの家の建て主が石井への設計依頼を通して、結果としてひとりの建築家の自然観と住むことの思想を「家々」として具現してしまった不思議さをいわないわけにはいかない。

そのなかには石井の友人知人がいた。また、先にここの土地を所有しながらよほど乱暴な整地でもしない限り家は建たないと迷っている中でひとつの解答を身をもって示した建築家を信頼してすべてをまかせた人々がいた。ひとつの場所に自然と一体化した家々が集中している理由をそのように考えることもできるが、そうした理想的な住環境の形成は例えば東京ではあり得ない気がする。せいぜい住民協定による景観上の統一があやうく守られている程度だろう。そこで自然が重んじられるにしてもせいぜい緑（生垣、植木、並木）という狭い枠の中でしか働かないという限界がある。

目神山は関西にある。とくに阪神間の高級住宅地の光景が思い出されるのだが、石井も「自然」と書くとき、そのあとに「（土、石、水）」と付記することが多い。目神山の家々の緑はもちろん豊かであり、森といってもいいくらいだが、その基底としての自然に土、石、水を据えている。それが住宅地の成り立ちを変えている。ほかの阪神間の住宅景観と重なって見えてくる。

そして石井の建築設計そのものがモダニズムの抽象美というよりは、どこかこってりしているというか演出的な面白さがあり、ときには俗ともいえる親しみやすさを平気で見せる。それは妥協ではなく、むしろ自然の非情なまでの力に対抗する知恵の設計である。多くの建て主が石井の設計を受け入れる所以であり、その総体的特性が関西の伝統的な住宅だと、目神山の家々は気づかせてくれたのではないか。

これほどの理想を体現しながら「目神山の家々」はマイノリティである。訪ねるごとに山はどこにでもある住宅街の様相が顕著になり、石井も学会賞受賞の時点ですでに「開発という名で二度とかえらぬ美しいこの土地の自然が破壊されてゆくのを目の当たりにし」★5と嘆き怒っている。賞の推薦理由は自然との共生の達成よりも、進行している自然破壊をこれを機に本気で考えたいとする含意が強いように思える。

——

山本理顕 「雑居ビルの上の住居」1988年（1987年度）**受賞**

——

石井修受賞の翌年に、目神山とは対極的な、横浜市内を突き抜ける巨大な通過幹線道路・国道1号に面してそれぞれ近くに建つ、2棟の「雑居ビルの上の住居」（「GAZEBO」1986,「ROTUNDA」1987）が受賞対象となった。ついでに書き添えておくと、この年度から『建築雑誌』上の学会賞第2部（作品）発表に際して、総括的な推薦理由に加えて各審査委員の「見解」コメントが初めて併記されることになった。第三者にはうれしい配慮だ。建築作品にたいしてはそれを見る建築関係の専門家たちの評価は決してすっきりとひとつに収まるはずがない。その評価の振れが私たちに教えてくれる建築観の広さに比べれば賞の最終的決定はそれがどれほど重いとしても、投票数の結果という二次的な表れにしか思えないくらいだ。

その10人の審査員のコメントを読んでみると、限られた文字量の中で複数の受賞作品、場合によっては候補作品にまで言及しなければならないので、それほど突っ込んだ批評にまで至っていないのは仕方ないが各審査員の評価軸は見えてくる。しかもこの年度のほかの2受賞作品（都住創の「一連のコーポラティブ住宅」と渡辺豊和の「龍神村民体育館」）も設計者の個性がひときわ強く、審査員の評価の傾斜面もはっきりしていて、

★5——学会賞受賞者コメントより

審査過程の全体が立体的に表れている。
しかもただ建築家の個性だけではなく、そこには重要な都市と地域の問題が建築と不可分に内包されている。いや、建築に収まりきれず剥き出しになっている。住民参加による集合住宅、地域における公共建築、そして山本においては都市のあり方と住む場所との背反を、建築的解決によって逆に際立たせている。
山本は「雑居ビル」なるものを「巨大幹線道路に面して建物を建てるときの、一般的な形式」として「1階に駐車場と店舗」、「2階に貸事務所、3階が貸アパート、そして最上階がオーナーの住居」という構成になることを説明し、その多くは民間ディベロッパーが関わる経済原則によって本来的な「住む」ことの「原則の欠如が、無秩序な町並みを作り出しているはず」だという。こうした「都市的な原則と『住む』ことの原則を明瞭に分ける」、その方向で「都市的なものを『人口の台地』に見立て」、「その上に『住む』」★6ことを建築化する、つまり解決しているのだが、それまで十分に意識されていなかったこと、あるいは関わりを避けていたことを摘出したためにさらに厄介な問題に真正面から向かい合う建築となって出現したともいえる。だがその姿はそれまで山本の手がけてきた住宅の中でももっとも建築らしいスタイルとして認定されるという興味深い結果となった。
住居は脚元に雑居ビル、頭上にテントというふたつの要素によって住む場所を二重に規定・可視化している。ばらばらに分散した部屋をまとめて見せるにはひとつの要素の方が強いという見方からすればトートロジカルなデザインともいえるが、現実にはそのどちらを欠いてもこのパンチ力のある建築にはならないのが面白い。審査員も「雑居ビルを切り離す評価方法にひっかかりは残る」、「雑居ビルの扱いには、一抹の物足りなさが残る」。あるいは「テントが単なる広告塔になり果てないで住居と有機的なつながりをもち、夾雑物なしの狙いがシャープな点では『ガゼボ』を採る」といった見解をそれぞれに示している。
いい換えれば各要素が複合した建築全体としては「抜群の造形力」、「現代的な詩情」、「魅力的な景観形成」といった最大級の讃辞を与えながら一方では各要素を分解して見ようとする傾向を生み出す、それがこの作品の問題提起性だろう。
そして肝心の住居そのもの、とくに山本の独創ともいえる平面構成について触れた見解はない。ただ長谷川堯は着想と表現の魅力を指摘しながら「それ以上の何か」に触れ、「この注目すべき建築家は、もう一歩も二歩も奥行きのある仕事で、将来賞をとるチャンスがいくらでもあったはずなのに、と惜しい気がする」と審査員見解を述べている。このすぐあとの、住宅建築の枠そのものを解体してしまうような「HAMLET」（1988年竣工）の出現を予見しているかに思える指摘だが、この問題作は学会賞間違いなしかというと、また分からない。「雑居ビルの上の住居」はそのコンセプトを表現とその展開の可能性においてその後も「一連の」作品を十分に期待できる安定感をもっていた。上に各審査員の見解をあえて断片的に抜き出したのはこの作品の特性を端的に伝えたかったからで、総合的な推薦理由の項ではより多角的に、さらには住居部分についても解析しながら、この作品が「街並み形成のための建築モデル、住居モデルとしての原型たりうる概念を提起している」と懇切に説いていることをお断りしておく。
で、山本の住宅は、その全作品を通してみて、「一連の」と呼べる契機を内包しているのかを私としてはずっと自問してきている。というのも70年代終わりに一挙に発表された彼の最初期の住宅5軒★7を見たときの驚きがいまだに続いているからだ。ひとりの建築家が5軒ともまったく新しい空間の配列で（住まいの歓びそのものであるような）、しかも5軒ともまったく違うスタイルで（建て主の注文に応じて和風でもモダンでもスパニッシュでもなんでもござれ的器用さとは正反対の、自然な成り立ちであるような）、そして5軒とも一貫してそこに未知の家族が出現したような建築の力を感じる、そんな設計展開がどうして起こりえたのかが分からない。それを建築家の天性や経験には帰因できない。なにかの折に設計することの意識の底が抜けてしまったような事件に飛んでもない可能性がある、一瞬の夢を忘れえないだけだ。そういう可能性に与えられる賞はあるのだろうか。

山本理顕「HAMLET」

東孝光　「塔の家から阿佐谷の家に至る一連の都市型住宅」1995年受賞

突然それが出現したその後は、現在に至るまで、「塔の家」の時代や建築家世代にいかに必然であったかはくりかえし言われてきたが、1960年代後半とか30代前半の年齢とかが建築をつくったわけではなく、結局は建築家の着想力なのだが、それが納得できるまでには説明されていない。車が頻繁に往き来する表通りに面した4坪足らずの建築面積に6層の部屋を重ねた一戸建てとは、どう考えても特異である。だが特異のまま建築へと続いてはいない。誰の目にもそれはソリューションと見えた。そしていつのまにか特殊解ですらなくなった。この住宅はその影響力の浸透において際立っているが、狭小の土地に垂直に住居を構成するアイデアを誰もが自分のものとして使えるようになったからだ。狭小だけではなく面倒で半端な敷地や立地ほど面白い住宅ができるといった考えかたの流れにまで、それはずっと及んできている。

★6 ――学会賞受賞者コメントより
★7 ――『新建築』1978年8月号に「山川山荘」（1977年）、「新藤邸」（1977年）、「窪田邸」（1978年）、「石井邸」（1978年）の4作品が掲載。

わが家族の住まいを実現できるのはここしかないと決断したのは、都市状況への抵抗でも否定でもなく、ただ「馴染めない」という気持ちだったようだ。郊外住宅地に馴染めない、都心の集合住宅にも馴染めない。どこにも自分の住みたい場所がない。で、仕事の関係である程度親しんできた街に土地を探した。彼が住まいと考えたのは小さいけれどその街そのものだった。これって異邦人の住まいづくりではないか。石井修による目神山の一連の住宅や安藤忠雄による住吉の長屋をはじめ一連の住宅には、例えば東京とは違う西の建築家や建て主の気質や考えかたを感じる。それは漠然とした印象ではあるが地域や風土を確立している。対して東孝光はまだ自分の住宅作品をもたぬまま、いわば徒手空拳で東京にやって来ていきなり自分の住まいをつくり、それだけで、西から来た建築家というアイデンティティを示した。「塔の家」に初めて接したときの衝撃をそう説明するしかない。つまり東京に住んでさまざまな住宅を手がける余裕のある建築家にはこういう住宅は思いつかないとしみじみ思ったのだ。彼のその後の住宅には西の背景がゆるやかに立ち上がってきたように思えるが、そこにも出発点の発見的解答がずっと作用している。
「塔の家」において、狭小敷地は思いがけない部屋構成をもたらしただけではない。すべてが切りつめられているために部屋の間仕切もドアもない、内外とも打ち放しコンクリート、垂直の一室空間であり、床も階段の踏板もビニールシートを置いただけ、台所の大理石の甲板や寝室の鏡が唯一異なる輝くような素材として強く意識されるまでにコンクリートの肌が迫っている。きっちりつくり付けられた収納棚、台所の甲板を食卓に兼用できる広さをとるためにシンクを縦使いにはめ込んだやりくりなど、身体寸法とぎりぎりのせめぎ合いをしている一方、家の核となる吹き抜けを確保し、四方に(実際には五角形と六角形平面を重層させた形)採光・通風の窓を周到にとっている。「隙間の家」でもあるのだ。
精密とノンシャランが一体となった。住宅を住宅たらしめる基本的な形式というタガが外れて建築家は自由になってしまった。同時に部屋という単位まで壊されて、躯体から家具、生活機器まで一分の隙も許されない稠密なひと続きの空間を設計し、生活することになった。これは建築作品と呼べるのだろうか。
メディアにおける扱いにその反映がみられる。最初に紹介したのは『新建築』の小さな記事のなか、すぐあとに一般向けの総合誌『太陽』で作品として取り上げられ、つづいて『建築』でも作品紹介のかたちになる。『新建築』は作品としての選択を主体とする編集方針を守り、総合誌は建築より住まいかたに重点がおかれ、『建築』は作品的基準にあまりこだわらなかったというべきか。その後はすごい勢いで女性誌、週刊誌、新聞、テレビまでが街中に住む建築と生活について建築家とその家族を取材することになる。学会賞はそれからほぼ30年後、阿佐谷の住宅の完成を機に「都市型住宅」という位置づけで一連の住宅を評価する結果となる。
「遅きに失した感」、「とっくの昔に賞されている気がしていた」と審査員の見解にあり、より率直に「最後の到達点という位置づけで、ただ一つの現地審査の対象となった住宅は」、「中途半端」に思えて推さなかったという立場もある。そして藤森照信の「日本の前衛的住宅作家の宿命を実物で見せていただいた気がして、頭が下がった」は、さまざまな記憶と解釈を誘い出す見事に微妙なコメントである。
いい換えれば「塔の家」に残る前衛の火種はその後の作品にも消えることがなく、それが学会賞的評価におけるノイズとなっているがそこにこそ日本の住宅設計とは何か、の課題が見えてくる。その意味で時機を得た受賞だろう。推薦理由には「日本の住宅の形をスタイルに依存することなく確立してきた」と穏やかに述べられているが、「スタイルに依存することなく」どこに向かうのか。日本に進行している住宅全現象を見ると、スタイルへの依存はむしろ悪しき表れとなっている。推薦理由はポンピドーセンターで「5分の1モデルが展示された」ことにも触れ、「その固有の家の形は」、「今、世界にアピールしはじめている」。1986～87年の「前衛芸術の日本」展は約4,000m^2の会場、芸術のあらゆるジャンルにわたる700点以上の展示作品によるもので、知識はあっても国内では実物を見る機会のなかった作品や資料にパリで初めて接するような内容だった。これほどの大規模な歴史の回顧の中で前衛の西欧と日本との関係は、評価される以上に検証されるのだろう。「塔の家」のモデルはたしかにそこにあった。

works II —— 1

06｜1955年

一連の住宅

清家清

竹田教授の家

設計｜清家清

施工｜吉永吉蔵

竣工｜1950年

所在地｜東京都文京区

森博士の家

設計｜清家清

施工｜吉永一良

竣工｜1951年

所在地｜東京都文京区

齋藤助教授の家†

設計｜清家清

施工｜中野組　白島治三郎

竣工｜1952年

所在地｜東京都大田区

宮城教授の家†

設計｜清家清

施工｜吉田建設　長谷川清一

竣工｜1953年

所在地｜東京都大田区

数学者の家（三村邸）

設計｜清家清

施工｜大平建設　岡岩治

竣工｜1954年

所在地｜東京都目黒区

私の家

設計｜清家清

構造設計｜佐藤正巳

施工｜大平建設　岡岩治

竣工｜1954年

所在地｜東京都大田区

坪井教授の家

設計｜清家清

構造設計｜東京大学坪井研究室

施工｜小俣組　小川勉

竣工｜1955年、1967年増築

所在地｜東京都世田谷区

森博士の家（撮影｜平山忠治）

森博士の家（写真提供｜デザインシステム）

竹田教授の家（写真提供｜デザインシステム）

これらは断固として新しかった。戦後初期、日本の若い世代がそれぞれに新しい素材や構成に挑戦してめざましい住宅をつくり出していたが、清家清の一連の住宅に対比すると、どうしてもスタイルとして見えてしまう。清家のそれを新日本風とか積極的な折衷とか呼ぼうとしても言葉足らずになるわけで、障子や棟持柱の使い方がスタイルを超えているからだ。しかも完結した構造の追及はただ住まいの場をつくることをひ弱に思わせてしまう。近年そのいくつかは取り壊しの止むなきに至ったが、戦後初期住宅としてもっとも長寿を保ってきている。そこから同時代のほかの建築家の仕事を見返すことにもなる。　　　　（植田実）

齋藤助教授の家（撮影｜平山忠治）

齋藤助教授の家（写真提供｜デザインシステム）

宮城教授の家（写真提供｜デザインシステム）

坪井教授の家（写真提供｜デザインシステム）

宮城教授の家（撮影｜平山忠治）

私の家（写真提供｜デザインシステム）

数学者の家（写真提供｜デザインシステム）

数学者の家（写真提供｜デザインシステム）

works II —— 2
23 | 1972年
「未完の家」以後の一連の住宅
篠原一男

直方体の森（撮影｜村井修）

未完の家
設計｜篠原一男
構造設計｜木村俊彦構造設計事務所
施工｜バウ建設
竣工｜1970年
所在地｜東京都杉並区

篠さんの家
設計｜篠原一男
施工｜バウ建設
竣工｜1970年
所在地｜東京都練馬区

直方体の森
設計｜篠原一男
構造設計｜木村俊彦構造設計事務所
施工｜バウ建設
竣工｜1971年
所在地｜神奈川県川崎市

同相の谷
設計｜篠原一男
構造設計｜木村俊彦構造設計事務所
施工｜バウ建設
竣工｜1971年
所在地｜東京都大田区

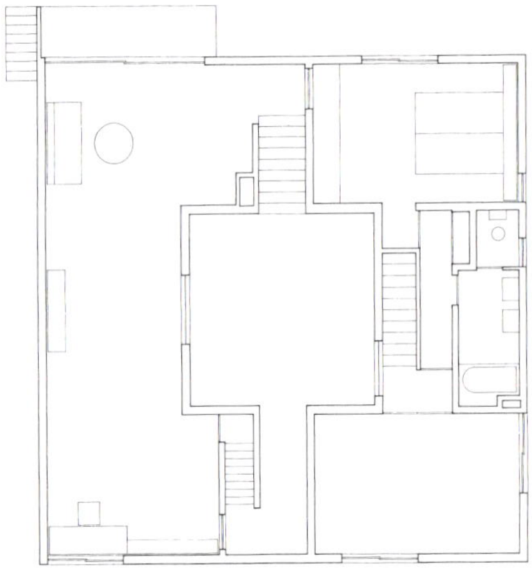
未完の家　1階平面図

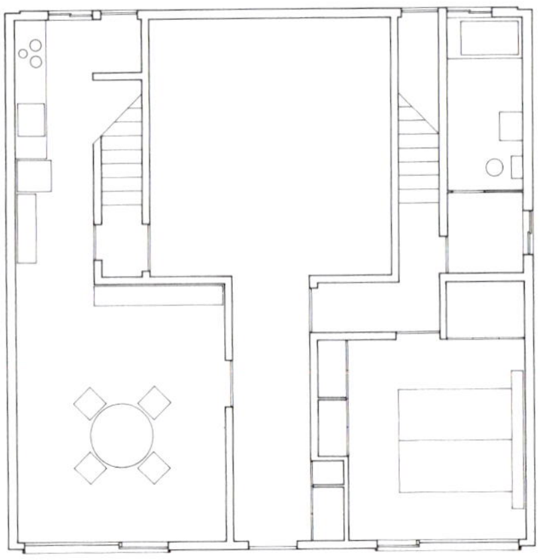
篠さんの家　1階平面図

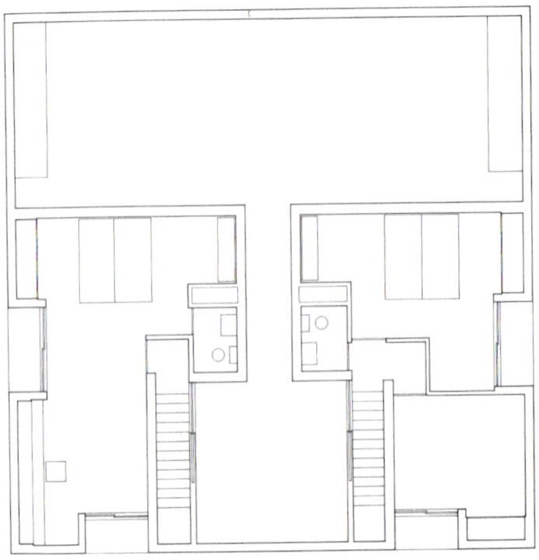
直方体の森　1階平面図

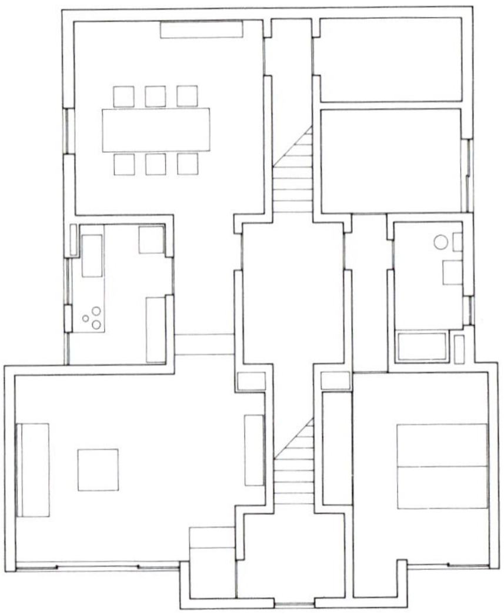
同相の谷　1階平面図

篠原一男にとって、メディアにおける住宅建築がとくに強く意識された時期の作品群である。多木浩二の写真による『新建築』誌での発表は、それを美しいと見る前に、専門誌の読者を戸惑わせ反発さえ引き起こした気配がある。だが考えてみれば住宅という今日では私領域になりきった建築は、実体はなくメディア上にだけ存在するともいえる。外部の眼から隠されているというだけではなく、そこに住む者にとっても建築実体を見ているわけではない。ほかの建築にはない表れを篠原は意識させたといっていい。住宅作品はいわゆる竣工写真では伝えられないという考えが、この辺から建築家のあいだに高まっていった。　（植田実）

未完の家　中央の広間（撮影｜村井修）

works II —— 3
31 | 1980年
住吉の長屋
安藤忠雄

住吉の長屋
設計｜安藤忠雄
構造設計｜アスコラル構造研究所
施工｜まこと建設
竣工｜1976年
所在地｜大阪市住吉区

完成時（撮影｜安藤忠雄）

大阪市内。住吉大社の裏手にあるむかしながらの長屋の１戸分を通し梁ごと切り取り、その後に新しいコンクリートの箱をはめ込んだ。それほど唐突ではない。どこの家並み、街並みの中でも規模の大小、またビルディングタイプの如何を問わず、安藤の建築は他の誰の建築と比べても表情を消している。開口部は建物から遠いところに不意にあるといった印象で、それは彼の建築に一貫する同一性と内外の多様性を端的に示している。住吉の長屋にはすでにそのすべてが備わっていた。最近はここの長屋の各住戸がみな一戸建て化し、安藤のコンクリートの箱は凝縮したスケールと正面性をさらに強めている。（植田実）

建替え前（撮影｜安藤忠雄）

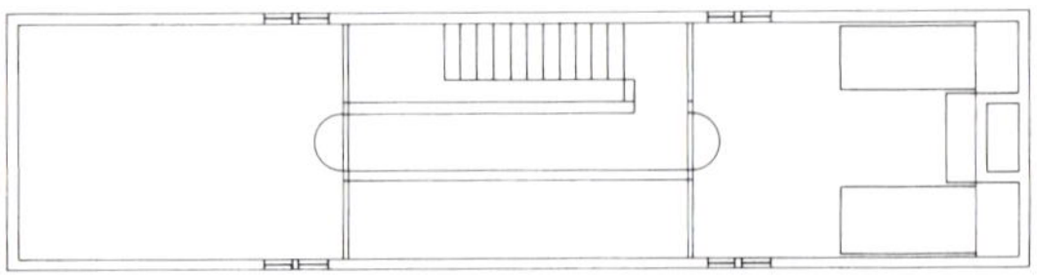
2階平面図

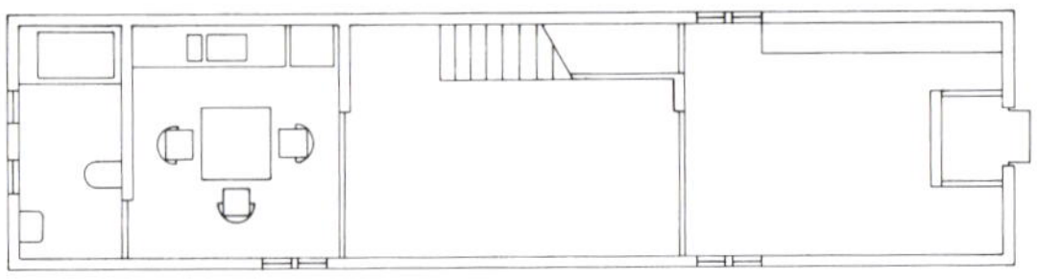
1階平面図

中庭（撮影｜安藤忠雄）

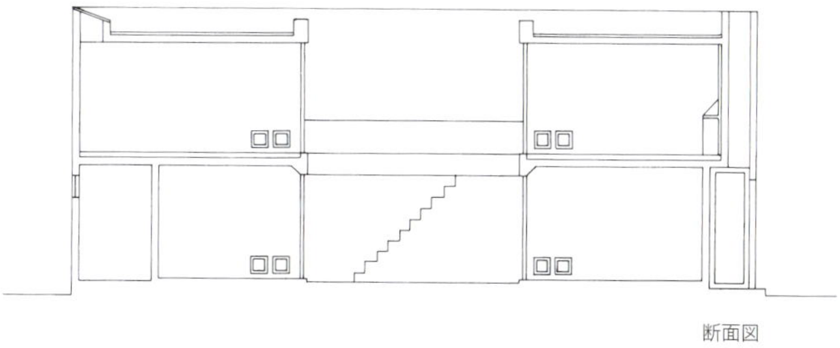
断面図

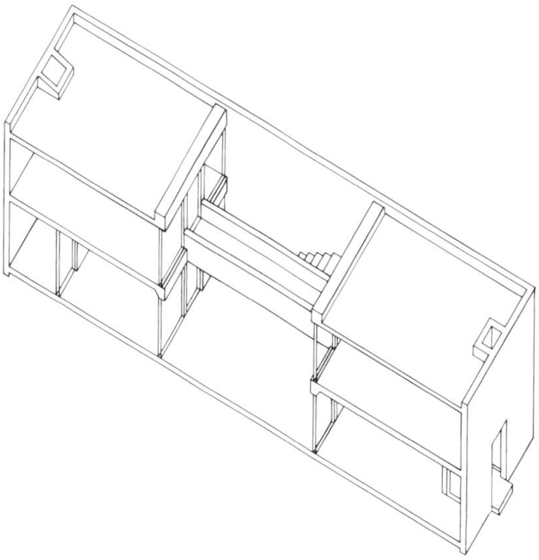
アクソメ図

works II —— 4

38 | 1987年

目神山の一連の住宅

石井修

目神山の一連の住宅

設計｜石井修　美建・設計事務所
構造設計｜①②③④⑤⑥⑦⑨松原建築研究所　⑧キンキ構造設計
設備設計｜石井修
施工｜①②③④⑤⑥⑦中野工務店　⑧モリタ建設　⑨佐渡建設
竣工｜①②1976年　③1978年　④⑤⑥1980年　⑦1981年　⑧1983年　⑨1987年
①増築
⑧第12回吉田五十八賞
所在地｜兵庫県西宮市

目神山の一連の住宅の配置図

目神山の家① 居間（撮影｜多比良敏雄）

その最初の２軒ができた当初は、周囲の地形や樹々に触れ合うような佇まいではあるが、家全体がよく見えた。室内には外の樹木がそのままの姿で遠慮なく入ってきたみたいなおおらかさがあった。そしてたちまち緑が家を屋根まで埋めつくし、建築は光景としては断片化し、体験的シークエンスが圧倒的に豊富化される。続く家々ではさらに岩や土や水まで組み込まれ、「目神山の一連の住宅」独自の見え隠れする天地が形成されてゆくが、それは多くの建築家が繰り返し提唱してきた、緑化され統一されるべき郊外住宅計画などとは一線を画する野生の導入である。しかも別荘地ともまったく異なる「家々」となった。　　　（植田実）

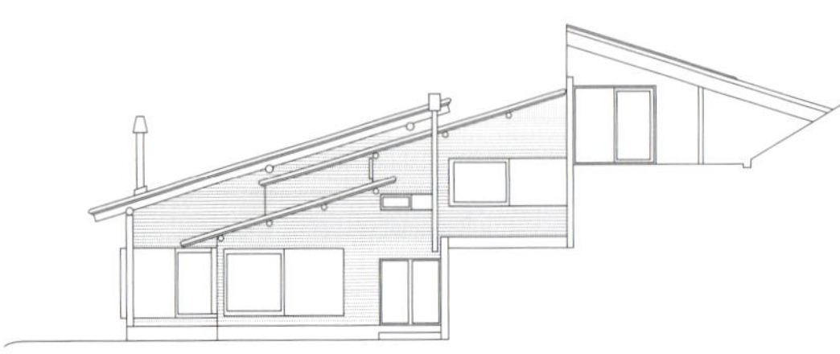

目神山の家① 北立面図

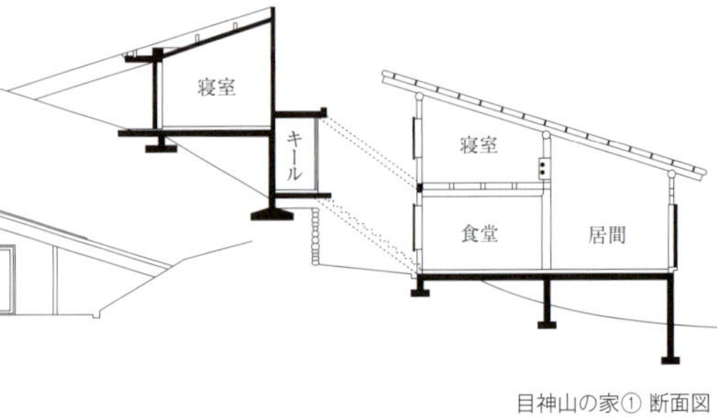

目神山の家① 断面図

目神山の家①（撮影｜多比良敏雄）

目神山の家②（撮影｜多比良敏雄）

works II —— 5

39 | 1988年

雑居ビルの上の住居

山本理顕

GAZEBO

設計 | 山本理顕設計工場　山本理顕

構造設計 | 小嶋建築構造事務所

設備設計 |

[空調] 連合設備

[給排水・衛生] 日宝工業

[電気] 日宝工業

施工 | 青木建設

竣工 | 1986年

所在地 | 神奈川県横浜市（一部改築）

ROTUNDA

設計 | 山本理顕設計工場　山本理顕

構造設計 | 小嶋建築構造事務所

設備設計 |

[空調] 団設備設計事務所

[給排水・衛生] 協和建設工業

[電気] 三誠電気

施工 | 青木建設

竣工 | 1987年

所在地 | 神奈川県横浜市（一部改築）

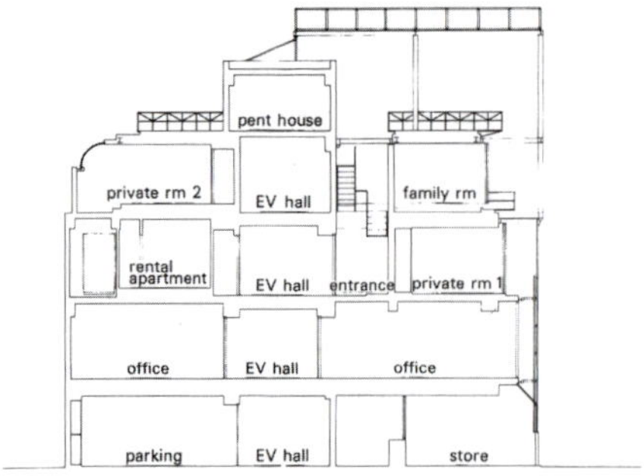

GAZEBO断面図

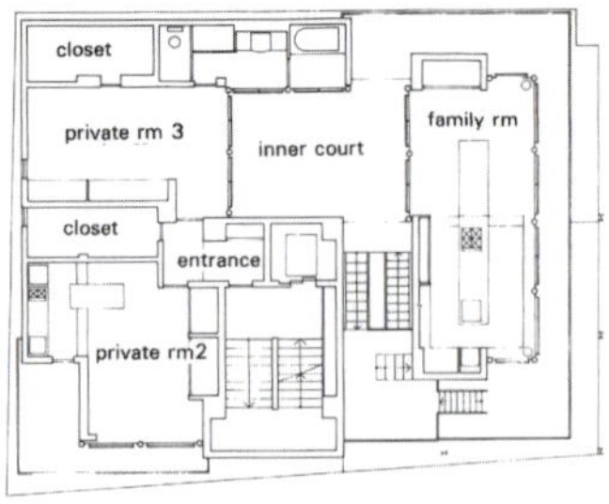

GAZEBO4階平面図

ROTUNDA4階平面図

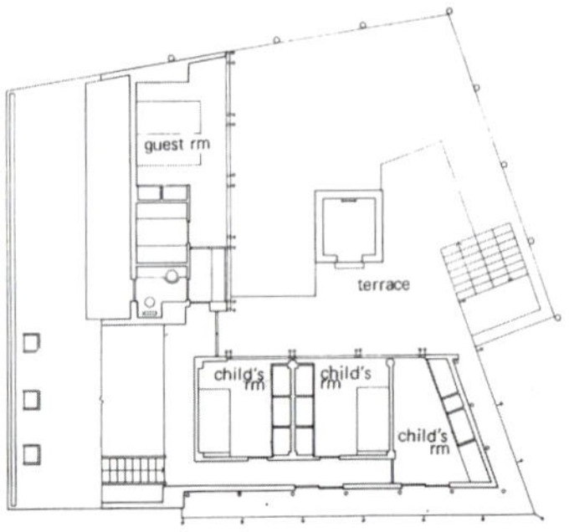

ROTUNDA5階平面図

GAZEBO4階　inner courtより見る（撮影 | 新建築社写真部）

ROTUNDA4階　テラスより見上げる（撮影 | 新建築社写真部）

日本の都市における通過幹線道路沿いに建つ複合ビル。こうしたアナーキーな環境に対して、すっきりとモダンな規範を示すなり、いやむしろ四周の都市表象を建築に転写するなり、建築家たちは意欲的な解答を出してきたが、そのなかで山本理顕の解答はまず対象への冷静な分析が際立つ。複合ビルを「雑居ビル」と呼び、最上階は住まいであることを指摘する。「GAZEBO」は彼の自邸であり、ビルのオーナーの立場でもありうる意識から、その領分を明示するテントあるいはルーフが彼のデザイン登録のように確固としていると同時に、アジア的スケールの中での自前建築物の無名性の光景に連続している。　（植田実）

GAZEBO外観（撮影｜新建築社写真部）

ROTUNDA外観（撮影｜新建築社写真部）

works II —— 6

46｜1995年

塔の家から阿佐谷の家に至る一連の都市型住宅

東孝光

塔の家
設計｜東孝光
竣工｜1966年

大阪探検基地（赤塚邸）
設計｜東孝光
竣工｜1969年

粟辻邸
設計｜東孝光
竣工｜1971年

ワット・ハウス
設計｜東孝光
竣工｜1977年

ピアノの家
設計｜東孝光
竣工｜1978年

大宮の家
設計｜東孝光
竣工｜1981年

岡畑邸
設計｜東孝光
竣工｜1981年

羽根木の家
設計｜東孝光
竣工｜1982年

大原のアトリエ
設計｜東孝光
東利恵
竣工｜1988年

雲井町の家
設計｜東孝光
竣工｜1988年

小野路の家
設計｜東孝光
竣工｜1989年

Kフラット
設計｜東孝光
東利恵
竣工｜1991年

阿佐谷の家
設計｜東孝光
東利恵
竣工｜1993年

塔の家（撮影｜村井修）

「塔の家」は建築家とその家族の住まいであり、東京都心の幹線道路に面して建っている様子は端的に都市型住宅と呼べるだろう。しかしこのふたつの特性の重なり方は当時、ほかに例がなかった。日本の住宅設計史において建築家の自邸は特別な位置を占める。ある意味では自分の理想を、それが時代を画するものであれ逆に時代性の面倒から解放されるものであれ、徹底して試行の場となり得るからだ。これに対して東の自邸は家らしい家の構えを捨ててとりあえず住みつく形、住む街の朝晩を見ることができる場所で決定された。「阿佐谷の家」に至る30年近くの実作全体を彼は予感的に「ポリフォニックな」と呼び変えた。

（植田実）

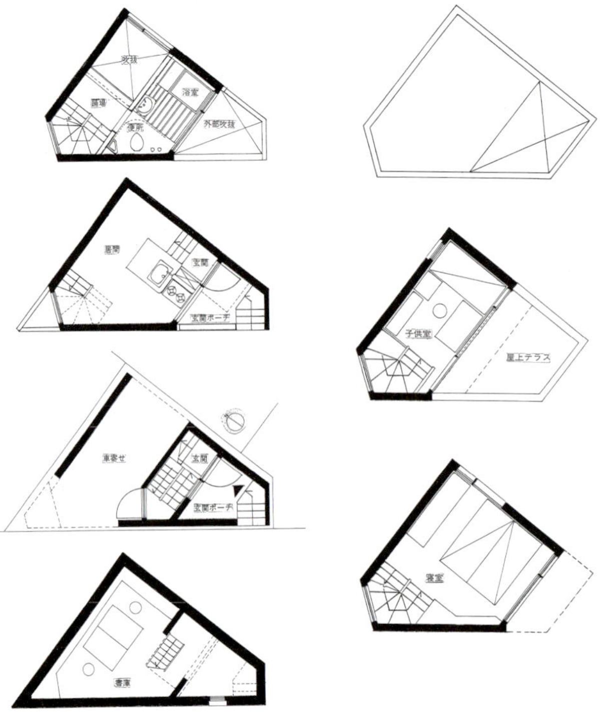

塔の家平面図

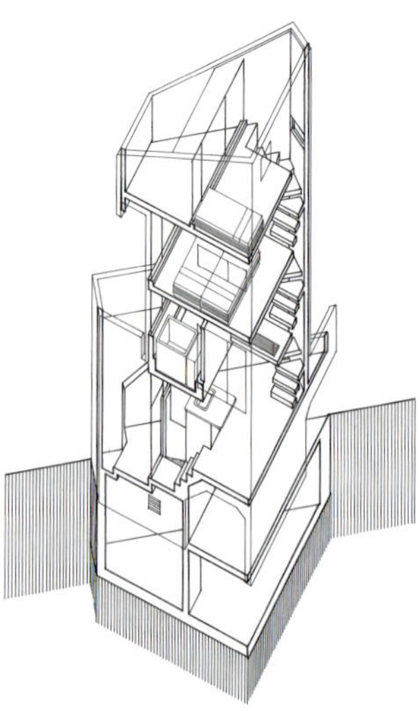

アクソメ

塔の家（撮影｜村井修）

塔の家（撮影｜村井修）

阿佐谷の家（撮影｜栗原宏光）

article III

公共性をめぐる言説の変遷

五十嵐太郎

1958年（1957年度）―倉吉市庁舎：戦後公共建築のかたち

現在、日本でもっとも権威のある建築デザインの賞とされる日本建築学会賞（作品）は、1949年に設置された。第一回から半世紀以上が経ち、折々に選ばれてきた建築は、結果的に時代を映しだす鏡になっている。そこで本稿は、いくつかのトピックを設定しながら、公共的な建築をめぐる言説の行方を見ていく。また作品を選択する形式としては、各節で異なるタイプの施設をとりあげつつ、各ディケイドごとに一作品を選ぶ。

1950年代は、1950年6月に勃発した朝鮮戦争を背景に特需景気が続いた時代だった。浜口隆一の『ヒューマニズムの建築』（1947年）は、モダニズムを民主主義の建築とみなしたが、戦後にこうした施設が本格的に登場したのが50年代である。

丹下健三は、岸田日出刀と協同で設計した倉吉市庁舎（1956年）によって、1957年度の日本建築学会賞を受賞している。同年に旧東京都庁舎が竣工したほか、当時の彼は1950年代に広島平和会館原爆記念陳列館（1952年）、愛媛県民会館（1953年）、清水市庁舎（1954年）、伝統的な表現が注目された香川県庁舎（1958年）、今治市庁舎（1958年）、倉敷市庁舎（1960年）など、破竹の勢いで公共施設を手がけた。後に歴史化された広島や香川の作品ではなく、倉吉市庁舎で学会賞を受賞したのは興味深いが、いずれにしろ、どれも透明性が高いモダニズムである。一連の建築作品は、戦後の公共建築のイメージを形成した。

倉吉は岸田の出身地であることから設計を依頼されたものだが、丹下はこう記している。

「ここは、わたくしがイメージしていたほどには山陰らしくなかった。……昔の家並も残っている。これとても、ほかの土地のものと、さほどの違いはないように思われた。……このせまい日本でローカリティがだんだんなくなってゆくことは淋しいことにも思われるが、それにこだわるのもよくないようにも思われる」（『建築文化』1957年7月号）。

すでに地域らしさが失われていることを指摘しているが、まだ駆けだしだった写真家の二川幸夫が日本各地をまわって、生きられた民家を撮影していた時代である。倉吉市庁舎の水平線や柱梁を強調したデザイン、手摺や階段まわりの空間などは、日本的な建築を意識したものだ。岸田は「倉吉という山陰の一地方都市の特殊な環境に、よく調和することができたのではあるまいか」という（「表彰作品　倉吉市庁舎について」

『建築雑誌』1958年)。一方、丹下は、都会と田舎の違いが激しいとしつつも、「(これが)田舎向きであって、都会向きでないともいえない。……これは広島のときに本館で試みたコンクリート架構をそのままむきだしにしたような建築である」(『新建築』1957年7月号)。「このような公共建築、とくに市庁舎といったもののなかに、いままでの日本の市庁舎ではあまり考慮されていなかったパブリック・スペースを積極的に導入してくるという方法である。これは都庁舎や、清水市庁舎の線をここでも踏襲している」(『新建築』1957年7月号)。いわば、50年代の丹下の代表作を受け継ぎ、30年代の帝冠様式による庁舎とは違う、戦後公共建築のかたちを示したものだ。彼は、いわゆる普通の建築が「日本ではとくに地方にとってはまだ10年の歴史しかない。鉄やコンクリートの建築が日本に定着してゆくためにはまだまだ、いろいろとその可能性を発掘してゆかねばならないのではないか」という(『建築文化』同上)。

ただし、丹下は「正直にいって、どのようなかたちがいいのか、市民にとってこのましいのか、またそのようなものができたとして、これからそれがどのように使いこなされてゆくのか、確固たるかんがえが、わたくしにあるわけではない。この問題は、わたくしの建築設計のいつの場合にも、一つの大きな実験的要素である」(『新建築』同上)とも述べている。倉吉市庁舎は市民ホールなどの開かれたプログラムをもつが、藤森照信は、とくに香川県庁舎の造形を戦後民主主義のイメージを的確にとらえた県庁舎と評した。「平面計画における"ピロティ"、"高層+低層"、表現における"打放しコンクリート"、"柱梁"、"勾欄付きヴェランダ"は、戦後民主主義にふさわしいものとして全国の自治体庁舎の定番と化していく」という(『丹下健三』新建築社、2002年)。

当時の建築学会賞の候補作品を見ると、庁舎が多い。例えば、1960年度は小阪秀雄の外務省庁舎、丹下の香川県庁舎、信岡竜二の福山市庁舎、増田友也の尾道市庁舎、坂倉準三の羽島市庁舎、佐藤武夫の岩岡市庁舎が挙っていた(『建築雑誌』1960年7月号)。前川国男も、世田谷区民会館(1959年)や弘前市民会館(1964年)を手がけ、京都会館(1960年)と東京文化会館(1961年)は二年連続の建築学会賞の受賞となった。後者は上野公園の歴史を振り返ると、前川のモダニズム案が敗れ、帝冠様式が勝利した1931年の東京帝室博物館のコンペに対し、戦後のリベンジを印象づけた。実際、彼は京都会館の受賞に際して、こう記した。「もしも30年前のあの不吉な日本の激動期に於いて今日の京都会館が建てられたとするならば、その当時所謂日本趣味建築で私達を苦しめられた諸氏はこの建物にどんな批判を与えられたであろうか。それを知りたい気持ちにかられる次第であります」(『建築雑誌』同上)。もっとも、受賞理由は、京都という地域性に応えたモダニズムであることが評価され、「京都会館は禅寺が昔の社会の精神的道場としての造形を持っていたのに対し、近代市民生活の共同の場としての造形を打ち出すのに成功」したという。つまり、かつての寺院に代わる新しい公共の場としての市民会館である。

丹下や前川が水平線のモダニズムだとすれば、同時期の1959年に学会賞を受賞した佐藤武夫の旭川市庁舎(1958年)は、塔状の要素をもつ異なる系譜だろう。「市庁舎の建築は公務を行うのに必要な態度を満足すべきことは当然であるが、Public Serviceの場として市民に親しみを感ぜしむる建築であることが最も重要なことであろう」と受賞理由に記されたように、足元は公共空間である。やや線は太いものの、丹下に通じる日本らしさを意識したモダニズムの系譜だが、大きく異なるのは、9階建ての高層部をもつことだ。

佐藤は、以下のように構成を説明する。「旭川の市街は……大雪山の英峰が晴れた日には眼をよろこばせます。曇った日や、冬の間は平坦な低い家並みの市街ではスカイラインの愉しさがありません。思いきり高い建築を水平に伸びた市街地の中央に聳立させることだ。そう決めました」(「表彰作品　旭川市庁舎」『建築雑誌』1960年7月号)。彼は旭川の特性から説明するが、長野市民会館(1961年)、福岡文化会館(1964年)、新潟県民会館(1967年)、大津市庁舎(1967年)などでも、塔状の要素が存在したことを考えると、彼好みの造形といえる。また彼は、かつて旭川で過ごした日々を思い出しながら(設計を依頼されたのも、その縁故による)、灰色の空と雪の世界で煉瓦造の建物を見ると嬉しかったことに触れて、旭川市庁舎ではコンクリートと煉瓦を交錯させたと述べている。塔と同様、ここにも丹下のモダニズムとは違う、北方的なロマンティックな感覚が入っている。

1965年(1964年度)一大石寺:宗教建築とシンボル性

布野修司は座談会「学会賞作品賞を考える」の席で、その選定において「アレルギーがあるのは宗教建築」だと指摘している(『建築雑誌』1993年1月号)。なるほど、近代以前は建築の前衛をリードした宗教建築が、60年以上続く学会賞の歴史においてわずか二例の受賞しかない。1964年度の横山公男による「大石寺」と、1976年度の山崎泰孝の善光寺別院願王寺である。丹下の東京カテドラルも受賞していない。善光寺別院願王寺は特別な経緯によってユニークな宗教建築がワンチャンスで実現したものだ。一方、大石

寺は、新宗教の創価学会という共同体の発展とともに、同じ建築家が一連の施設の設計を担当し、継続的に伽藍配置の整備に関与したプロジェクトとして興味深い。戦後、宗教が抑圧された状況が終わり、新宗教は新しい自由の時代とともに急速に成長していた。

受賞理由はこうだ。大石寺は「創価学会の誕生以来、そのメッカとして今日の隆盛をみるに至った。寺の建築は10年ほど前の宝蔵から、……信者の増大とともに着実に普請が続けられてきた。昨年の大客殿、今年の六壷など寺の主要な建物はほとんど出来上り、大石寺の総合建設計画は一応完了した。……これらの設計を担当してきたのは横山公男君である。今日のような工業主義、合理主義の時代にあって、宗教建築を手がけることには相当な困難があったはずであるが、……一作ごとに真摯に宗教性を追求することで、これほど息の長い仕事をしてきたのは他にちょっと例をみない。……よってこれら一連の作品に対し、日本建築学会賞を贈る」（『建築雑誌』1965年8月号）。

横山は、戸田城聖と池田大作の2代の会長にわたって仕事を続け、宝蔵（1955年）、モダニズムの大講堂（1958年）、大化城（1960年）、中空の六角形をした納骨堂（1960年）、二枚のシェルを合成した大客殿（1963年）、主体部分のコンクリートと表現材としての木造を組み合わせた六壷（1965年）、そしてダイナミックな正本堂（1972年）などを手がけた。知事や市長が代わると方向性が変わったり、年度単位で予算を消化する行政の仕組みでは、長いスパンの計画を続けることは難しいが、いまも宗教建築に可能性があるとすれば、ヴィジョンをもって、一貫したプログラムを長期的に進められることだろう。また大客殿の構造を担当した青木繁は、空間と形態が求める構造的なダイナミクスが宗教建築のモニュメンタリティを導いたという風に、現代における記念碑性の表現が特徴になるはずだ。

かつて宗教建築は公共の場を提供し、新宗教も信者にとっての公共的な空間が求められる。そして横山は大石寺において「単に宗教のために使われる空間という範疇を超えて、われわれがひとりひとりの人間がほんとうにほっとしていることを建築創造のテーマ」に拡大して考えたという（「宗教的建築空間の意味」『新建築』1964年5月号）。

学会賞を受賞した1965年、次なる巨大プロジェクトとして正本堂の計画が発表された。そのために横山は世界各地で建築の視察を行っている。大石寺正本堂は、新宗教としては珍しく、建築の概説書に登場する。例えば、日本建築學會編『新訂版 近代建築史図集』（1976年）では、近代建築の機能主義に対する反省から、構造技術の可能性を利用した「表現性と記念性」をかねそなえる動向に正本堂と宝蔵が位置づけられた。

横山は学会賞の受賞に際して、こう述べている。「現代の民衆の中に生きている宗教のための建築としては、使用者にとって使い易く、拝み易いということが積極的に解決されなければならないでしょう。……瞑想的な静寂な空間というものも寺院というもののイメージとしてあると思います。……人間不在が問題化している都会生活者にとっては説得力のあるイメージです。しかし私達は、宗教というものの存在価値はそのように逃避的な意味においてあるとは考えません。またいろいろな会合に解放するいわば公民館的な性格に重点を置く、いわゆる多目的寺院というのも、社会問題として一見正当性がある様に錯覚され勝ちですが、それは任務分担が違うのだといわざるをえません」（『建築雑誌』1965年8月号）。近代以降の言説において、神社とは対照的に、寺院は公共的な性格をもつ施設であることが語られるようになったが、横山はここを社会と隔離した瞑想の場でもなく、かといって単に公民館的な場とも違う、信者の空間とみなしたのである。

ところで、大石寺の諸施設は取り壊され、現存しない。正本堂を撤去した理由は、日蓮が日本国民に与えたという本尊、すなわち礼拝の対象である曼陀羅を移動し、施設が宗教的な存在意義を失ったからだという。この背景には創価学会と日蓮正宗のあいだにきしみが入ったことが挙げられる。その後、新しくつくられた六壷や大客殿はモダニズムを嫌い、和風化し、あからさまにデザインの路線が変更した。一般の公共施設よりも長く残ると思われた宗教建築でさえ、こうした事情により消えることが起きるのである。

1975年（1974年度）—最高裁判所：国家建築をどう表現するか

岡田新一の最高裁判所（1974年）は、コンペによって設計者が選ばれた国家の建築である。そして1974年度の学会賞に選ばれた。戦前のコンペは、どのような様式を採用するかといった外観の意匠に焦点が置かれたり、選ばれたのとは違う案や建築家がそのまま採用されないことさえあったのに対し、戦後の公開コンペは、広島平和記念公園および記念館（1949年）や仙台市公会堂（1949年）など、民主化の象徴として歓迎されるようになった。開かれたコンペというプロセスも、建築の公共性につながるものである。その後、1960年に入り、国立劇場（1963年）、国立京都国際会館（1963年）、最高裁判所（1969年）など、国家レベルのコンペが開催され、著作権の確立やゼネコン設計部の応募をめぐって、さまざまな議論が行われた（『建築知識』1984年2月号）。
当時、槇文彦チームの一員として最高裁判所のコンペに関わった長島孝一は、以下のように批判的に回想している。コンペの要項の前書きに「法と秩序を象徴する正義の殿堂として、この地位にふさわしい品位と重厚さを兼ね備える」と記されており、新憲法の民主主義的な社会よりも、国家の権威という重厚性が求められた、と（「最高裁判所1968年」『建築雑誌』1992年3月号）。地方自治体よりもさらに上位にある国家の「正義」を審判する場所ゆえに、権威を表現すべきか、あるいは戦後の民主主義にふさわしい開かれた公共の場とするか。最高裁判所をめぐる議論が起きていた。反国家の運動や異議申し立てのカウンターカルチャーが興隆した60年代であれば、なおさらそうした雰囲気は強かっただろう。
実際、最高裁判所の花崗岩を貼った外壁は、戦後の公共建築としては異例のモニュメンタルな表現だが、一方で全体のヴォリュームは注意深くシンメトリーを崩し、モダニズム以降のデザインを反映している。ただし、内部に入ると、皇居側の広場－正面階段－玄関－大ホール－大法廷と続く、明快な中心軸をもつ。完成後の建築家による評価には厳しいものがあった（『新建築』1974年7月号）。例えば、菊竹清訓は、日本の文化を継承し、発展させるという問題をなおざりにして、外来技術の折衷合成によってシンボル性を取り繕ったという印象だと述べ、林昌二は、裁判所ではなく劇場にふさわしい空間だという。しかし、建築史家の村松貞次郎は、異なる意見を寄せている。「この建物への拒絶反応は、宗教のない権威というものの存在を知らぬ国民の、子供じみたアレルギー症状に過ぎない。権威否定時代に、この権威の建築を設計し得た岡田新一の高貴な腕力を讃える」。
公共性に関わる言葉としては、以下のように説明している。岡田は抽象的な空間の原型や光の効果などに触れた後、「都市には広場がある。広場は、それを取り囲む多くの建物の外壁によってつくられ、公共の場となる。都市のなかの居間である。小さな都市にもなぞらえられる複合した構成のなかで、大ホールは最高裁の建物のなかの意味でもある。多くの人の出会う場である」（「最高裁判所のデザインに存在する建築の思想」『建築文化』1974年7月号）。つまり、都市の見立てであり、広場としての大ホールだ。ここは古典的な外観から予想がつかないSF的な宗教空間である。天井には宇宙船のようなアルマイト仕上げの巨大な円筒がたれ下がる。そして奥の大法廷の上には、30m以上の円筒が立ち上がり、天井から光を注ぐ。崇高な吹抜けと、奥の扉が自動的に開き、そこから裁判官が出入りするという機械仕かけの合体である。懐かしい未来のイメージを引きずりつつ、最高裁判所は宗教的な空間を生みだす。ここは正義という信仰の場なのだ。
また岡田が受賞に寄せたテキストを引用しよう。「最高裁判所にはかなり豊かな公共部分――法廷、ホール、公衆控室、玄関およびそれらを連結させる空間――がとられている。花崗岩の壁によって都市騒音から遮断されたこれら静寂な空間には、スカイライトからの陽光が差しこみ照明を必要としないほどの明るさに満ちている。……公共建築は都市の生活空間として基本的な核を形成し、それらが互に連繋うることによって「幹となる空間」をつくってゆくと考えている。それら幹空間の構成を明瞭にとらえデザインしてゆくこと、それはまた、新たな意味をもった都市生活空間のモニュメントともいえよう。とくにそれが生活と即して有効に使われるためには、使い方に関するきびしい教育と訓練が必要とされるように思うのである」（『建築雑誌』1975年9月号）。もっとも、最高裁判所は本当の広場とは異なり、自由に出入りができる場所ではない。また皇居に隣接するという場所柄ゆえに、用事がない人がふらっと立ち寄るようなロケーションでもない。広報によれば、勝訴などの紙をもって、事件の支援者が正面の階段を降りることもないという。敷地内は撮影禁止だからである。また中央の階段を使うのは、裁判官や団体の見学者であり、劇的な中心軸をもちながら、市民が使う空間としては活用されていない。

1989年（1988年度）―キリン・プラザ・大阪：ポストモダンと商業施設

商業施設の学会賞も多くない。團紀彦はこう指摘している。「ジャンルのことですが、仮に同じ実力であったら商業建築ではなくて公共建築にしようというような体質がどうしてもあると思うんです。商業的なジャンルの仕事をやったということが商業主義に毒されたことに実はまったくならなくて、むしろそういうなかであるからこそ、新しい考え方のもとにいいスペースをつくろうと努力してきた方もいると思うんです」（「学会賞作品賞を考える」『建築雑誌』1993年1月号）。確かにグローバル資本主義が強大になった現在から振り返ると、1954年に受賞した村野藤吾の丸栄百貨店のほか、山下和正のフロム・ファーストビル（第28回／1977年）、バブル期の高松伸によるキリン・プラザ・大阪（第40回／1989年）、ゼロ年代のブランド建築ブームで生まれたヘルツォーク&ド・ムーロンのプラダ ブティック青山店（第56回／2005年）、坂茂のニコラス・G・ハイエックセンター（第60回／2009年）など、誰でも入れる商業施設の受賞はわずかだ。
名古屋の丸栄百貨店は、戦前に2階までつくられた躯体に増築したものだ（その後1984年にも増築）。村野は、受賞のコメントで商業施設の難しさに触れている。「百貨店の経営者は吾々によくこんなことを云ふ。建築7分に経営3分、私はその反対だと思ふが、その意味は投下資本の使ひ方ではなく、顧客大衆が自分の店へ、つまり、自分の建物に、どんな関心を寄せるかと云ふ点を吾々に期待した言葉である。……あらゆる意味で商業建築のむつかしさと云へば云へないこともない点はその辺の気持ちを呑み込むことであろう。へたをすると、莫大な資本を無駄費ひして経営に致命的な打撃を与へることにもなるから甘い考へで設計は出来ない。戒心を要する点である。……やはり、大衆心理は掴みどころのない点もあって、百貨店の設計には、きわどいところまで考へることもあって、通り一遍の建築論などでは割り切れぬところもある」（『建築雑誌』1954年7月号）。

公共建築でありながら、設計者も商業宣伝的であることを認めた渡辺豊和の龍神村民体育館は、1987年度の学会賞の決定にあたって大きく評価が割れた。彼は商業主義の倫理を囲い込みながら、神殿的な世界の展開を狙ったという（『建築文化』1987年6月号）。実際、合理的なモダニズムでは説明できない、象徴的な表現、テーマ性、装飾性、ハイブリッドの構造をもつポストモダンのデザインである。審査を担当して受賞に反対した宮脇檀は、構造のあり方をきびしく批判し、シンボル性が強い造形を「村長の墓」に過ぎないという（『建築雑誌』1993年1月号）。建築史家の中川理は、モダニズムの公共施設が求心性を失い、テーマに依存し、商業施設との境界が曖昧になる現象をディズニーランダゼイションと命名したが、広義の意味ではポストモダンの公共施設もこれに当てはまる。

戦後生まれの建築家の初の受賞になったのが、1989年の高松伸によるキリン･プラザ･大阪（1987）だった。審査員の見解を読むと、単に奇抜なファサード建築である、表層的なデザイン、基本的な建築の要素が欠如しているなど、疑問視する声が少なくなかった（『建築雑誌』1989年7月号）。だが、審査委員長の長谷川堯は都市の中におけるファサードの重要性から評価し、原広司はきわだった特性ゆえに「あれこれの議論を超えている」と述べ、木島安史は銀座の三愛ビルに匹敵する現代都市の象徴的な存在と位置づけた。高松自身、これがいわゆる建築とは違うことを認めている。例えば、「スケールをなくしてしまおう」、「基本的にはオブジェなんです、僕の建築は。いわゆる物体、というか。建築が本来的に要求される美しさとか、要求される機能とか、そういうものとは関係のないところで成立する」、「巨大な宝飾品をデザインするようなつもり」だという（『建築文化』1988年1月号）。また受賞コメントでは、以下のように述べている。「未だかつて歴史上類を見ない過度の集積を遂げつつある日本の様々な都市を考えてみても、おそらくこの建築が建つことになった街角ほど過列な都市性に浸された場所を私はほかに知りません。……場所性への過度な拘泥が場所の固有性そのものを捨て去ってしまう造形にたどりついてしまった」（「都市性にむけて」『建築雑誌』1989年7月号）。すなわち、彼の言葉を借りると、「都市がなんらかの象徴を生むのではなく、シンボルの強度こそが都市を生産する」わけだ（『新建築』1988年1月号）。

こうした考えは、逆に強烈なデザインをもつ建物こそが新しい場所性を生む、いまのアイコン建築に通じるかもしれない。実際、キリン・プラザ・大阪がめざしたのは、採算や集客という直接的な経済性よりも、大企業のCI戦略の一環だった。メカニックな神殿のようにも見える建築である。後に筆者が関わった現代アートの展示プログラムをキリンビール社がここで始めたのも、好感度やイメージを上げるための広報のとりくみとして位置づけられていた。中筋修は、こう発言している。「今度の高松さんの作品も、少なくとも半世紀くらいは、あの界隈をシンボライズする建物として残っていくと思う。そういう意味で、学会賞が商業施設に与えられたことは、画期的なことではなかったかと、ぼくは評価している」（『建築雑誌』1993年1月号）。

キリン・プラザ・大阪は道頓堀の風景になり、リドリー・スコット監督の映画『ブラックレイン』（1989）でも重要な建物として使われた。商業施設とはいえ、誰もが知っているきわめて公共性が高い場所に立つことで、結果的に公共性を帯びたのである。そしてポストモダンは目立つことが求められる商業施設と相性が良かった。もっとも、キリンビール社の方針が変わり、土地を手放すことと連動して、2008年に建物も解体されている。学生のとき、初めて購入した建築家の作品集がキリン・プラザ・大阪を表紙にした高松伸の本だったから個人的には思い入れが深い建物だった。が、一般の人にとっては、さらに建築的ではない斜向いのグリコの走る人の巨大看板の方が圧倒的に強かったのも事実だろう。

1995年―関西国際空港：交通施設が担う公共性

建築学会賞の歴史のなかで、公共的な性格をもちながら、意外に少ないのが、交通施設である。日本ではなかなか建築家が駅を設計する機会がないのも、その一因だろう。国鉄時代のモダニズムの駅舎にはなかなか良いものもあると個人的に思うが、さすがに学会賞になるほどの突出した作品ではない。現在までに3つの施設が学会賞を受賞している。1964年度の東海道新幹線旅客駅、1995年の関西国際空港、そして2010年の岩見沢複合駅舎だ。興味深いことに、いずれもそれぞれの時代性をよく反映している。
東京オリンピックの開催直前である1964年10月1日に東海道新幹線は開通した。鉄道の新設とは複数の駅が同時に出現することを意味している。当時、このためにデザイン・ポリシーを導入しながら、東京から新大阪までの全12駅を5年という短期の工事で完成させた。オリンピックと連動してはじまったプロジェクトである。一方、代々木競技場（正式名称 国立代々木屋内総合競技場。学会賞としては特別賞が授与された）や大阪万博の施設は、作品賞を受賞していない。すなわち、現在から振り返ると、国鉄設計グループによる東海道新幹線旅客駅が1960年代の高度成長期を象徴する国家プロジェクトと直接的に結びつく受賞作になっている。
東海道新幹線旅客駅は、従来の国鉄の規格とは違い、鉄道技術研究所で研究され、本社の計画を現場で忠実に実行するという中央集権のシステムがとられた（『建築雑誌』1965年8月号）。設計チームは車両の長さ25mに基づき、ホーム上屋の柱割を12.5mに設定するなど、スマート、シンプル、スタンダード化という3S主義の標準設計をめざした。その結果、受賞理由は、「現代建築の基調である合理的な設計態度を貫きながら、個々の作品の水準を高く維持した点、称賛に値しよう」と記されている。ちなみに、新幹線の駅は、滞在を想定せず、通過のための駅とみなし、二次的な施設はなるべく簡略化している。つまり、人が溜まるターミナルとしての終着駅ではなく、通路の一部でしかない。いまはエキナカ時代だが、新幹線は人が流れていくスピードという明快な機能がもっとも尊重されたのだ。
1995年の建築学会賞は、関西国際空港旅客ターミナルビル（1994）を手がけたレンゾ・ピアノと岡部憲明に贈られた。初期のアントニン・レーモンド以降では、1992年のネクサスワールドのレム・クールハース棟や1994年のトム・ヘネガンによる熊本県草地畜産研究所に続く、外国人建築家の受賞である。国際コンペの結果とはいえ、バブル期に多くの海外建築家が日本で設計ができた帰結のひとつだろう。日本の国際空港としては、東京羽田の1931年、大阪の1939年、成田の1978年オープンに続くもの。グローバリズムの時代を迎え、世界標準といえる本格的なハイテク系のデザインによる国際的な空間が関西に出現した。そして「わが国の空港にはなかったスケールの大きな発想を先端技術を使いこなしながら結実させている点、すなわち、技術と芸術との統合を見事に成し遂げている」ことが高く評価され、学会賞を受賞した（『建築雑誌』1995年8月号）。
磯崎新や黒川紀章らが審査員をつとめたコンペのとき、ピアノが提出したコンセプトは明快だった。「ターミナルそれ自体は、移動のためのひとつの器にすぎないが、その内側は、溢れる光とみなぎる自然に囲まれたふたつの谷にみたてることができよう。ひとつは陸への玄関側に、そしてひとつは空への玄関側に」（『新建築』1989年2月号）。断面を幾何学的に変移させるジオメトリーや空気の流れによって全体のフォルムを制御しつつ、大屋根の下の動線を整理する。竣工後に岡部憲明は、こう述べた。「ターミナルビルという巨大なマシンの中で、旅客は流れていくわけです。移動ということが空港の重要な象徴的特徴です。……ごつごつとしたメカニックの、大きな工場の中に飛び込んで道を探すということではなくて、柔らかく覆われたシェルターの中に空間があって、人間はその中である種の自然な世界を感じながら動いている」（『新建築』1994年8月号）。
むろん、ただ人が行き交うだけではない。空港は都市の顔である。日本の場合、外国と陸路でつながっていないから、なおさら重要な玄関だ。しかし、これ以前の成田空港は、そうした顔をもたない。パリ、北京、ワシントン、ニューヨークなどとは違い、旅立ちの期待感を高揚させたり、逆に日本を訪れる外国人に新鮮な第一印象を与えるデザインではなかった。こうした意味において、関西国際空港の誕生は重要だった。国際コンペによってイタリアを代表する建築家が選ばれたことも、設計の国際化を進めたプロジェクトとして評価できるだろう。なお、関西国際空港は「旅客ターミナルビルのプロジェクト推進と設計監理」としても、1995年の日本建築学会賞（業績）を受賞している。
空港は独立した存在になりがちだが、それだけで都市的なスケールをもつ巨大な施設である。世界のハブ空港ともなれば、24時間稼働のショッピングモールを抱えるようなプログラムになるだろう。人工島に建設された関西国際空港は、そこまでの商業空間を備えているわけではないが（後の中部国際空港や羽田の東京国際空港は、テーマパーク的な商業エリアをもつ）、人々が出入りするエントランスに忘れがたい豊かな公共的空間を提供した。学会賞の受賞理由にもこう記されている。「被膜から構造へという発想を貫くことによって、威圧感を感じさせることのない柔らかな雰囲気のシェルターの下で、一つの「共同体」を創り出している」（『建築雑誌』1995年8月号）。
2010年の受賞作品、岩見沢複合駅舎（2009年）は、まさに新しい公共に向かう交通施設といえる。そもそも日本では建築家が駅の設計を手がけることは少ないが、ここでは駅舎として日本初の一般公開コンペが行われ、ワークヴィジョンズの西村浩が設計者に選ばれた。これは合理的な人の流れではなく、住民参加とまちの記憶がテーマになっている。数多くのワークショップとイベントが開催され、刻印レンガや古レールがデザインに組み込まれた。新幹線のような右肩上がりの時代における未来志向の国家的なプロジェクトから、まちの歴史を引き受けながら、少子高齢化時代の地方を再生させる小さな駅へ。学会賞の作品から時代の変化がうかがえる。西村は学会賞の受賞所感において、「岩見沢のプロジェクトは新しく生まれた現代建築を介して、過去とのゆるやかな連続性を回復し、未来へとつなぐ時のデザインなのです」と記した(『建築雑誌』2010年8月号)。
そもそもコンペの趣旨文において、これはただの駅ではなく、まちの顔として地域交流の拠点になることや地域の活性化をはかることが求められていた。通過点ではなく、公共施設としての駅のイメージである。JR北海道地域計画部主幹の倉谷正は、こう述べている。「駅づくりの過程で、どんどん市民が参加してきたことは、何よりの財産だと思う。これからの地方都市の拠点駅は、市民を巻き込み、町づくりに貢献するような駅であるべきだ」と(『日経アーキテクチュア』2010年10月12日号)。また学会賞の選定理由では、以下のように記されていた。「岩見沢複合駅舎建設の意義は、全国の鉄道駅周辺の空洞化に対し、街の核となる駅の復権とその周辺の整備をめざしている点にあり、この作品はその実績として今後の大きな規範になるであろう」(『建築雑誌』2010年8月号)。

2007年─茅野市民館:新しい透明な公共空間

ゼロ年代には、岩見沢複合駅舎と同様な性格をもつ新しい公共空間が出現した。ここでは3つの建築をとりあげよう。伊東豊雄が審査員長をつとめたコンペで選ばれた山本理顕の公立はこだて未来大学(2000年)、1995年のコンペで古谷誠章のラディカルなプログラムの案が敗れ、伊東が勝利したせんだいメディアテーク(2000年)、そして岩見沢のコンペの審査員を担当した古谷の茅野市民館(2005年)である。三人の建築家に共通するキーワードは開放性や透明性だろう。丹下らもモダニズムにおいて構造の透明性を追求したが、21世紀の公共施設では、ガラスやシステムの透明性、プログラムへの問いかけ、地域に開かれていること、そしてワークショップを通じた住民参加などが特徴となる。
2002年に学会賞に選ばれた公立はこだて未来大学は、新しい理念のもとにつくられた教育施設である。大学の開学計画策定専門委員会のメンバー、美馬のゆりは、こう語っていた。「単なる従来型の情報系の大学にはしたくなかった。つまり、教養は教養、専門は専門で分けたり、社会とのつながりがどうなっているのか全然分からなかったりと。いろいろな意味で大学の中には仕切りというものが存在します。……これら仕切りを取り払う学習環境デザインのなかに建築もあったわけです」(『建築文化』2000年9月号)。使用者の教員サイドの強い支持があって、山本の大胆なデザインは可能になったのだ。
山本理顕は社会の情報化が進むほど、表情や雰囲気を直に知る人と人の直接的な出会いが重要になると考え、「情報のネットワークとは人のネットワークである」というコンセプトを打ちだした(『建築雑誌』2002年8月号)。かくして全体が一体となった大空間、ネットワークをつくるスタジオ、ガラス張りの研究室や教室が出現した。学会賞の推薦理由も、以下の通りだ。「未来への確かな展望を切り開く大学教育の革新的プログラム、PC大空間の技術的、建築デザイン的達成、構造からサイン、家具に至るまで巧みに総合化した環境的建築表現が結晶している」。山本は古谷との対談で、こう語る。公共施設は「隠すことで成り立っていると思うんですよ。管理のシステムにうまく乗るように出来ている。その一番典型的な管理の方法が、外と区画して隔離することなんですよね。それだけはやめたいと思った。まず外に対しては徹底的にオープンにしたい。……内側に関しても区画の理由は実はないはずだ」(『INAX REPORT』184号、2010年10月号)。大学の教育理念とも共通した開放性であり、透明性への信仰にも思想が明確に表明されている。
2003年の学会賞に選ばれたのが、せんだいメディアテークである。推薦理由を以下に引用しよう。「Ubiquitous Environmentが建築になった、そんな印象である。せんだいメディアテークは近未来のユビキタス環境をわかりやすく具現化している。時代の先取り建築である。主役が建物から人へ完全に移っている。……今現在多くの利用者に愛されているが、これからのユビキタス時代において公共建築の規範となる潤いのある建物として存在し続けることを確信させられる」(『建築雑誌』2003年8月号)。すなわち、21世紀の情報化時代を象徴する新しい公共建築として評価された。また斬新なデザイン以外に、空間をどう使うかをスタッフが繰り返し議論したことも特筆されるだろう。
審査員の岡部憲明は、せんだいメディアテークと同年に受賞した密度の高いワークショップを通じてつくられた阿部仁史と計画学の小野田泰明による苓北町民ホール、富永譲のひらたタウンセンターとあわせて、次の講評を記している。「3つの作品が開いてくれた方向は、今後の日本の公共建築のあり方にとって、きわめて貴重な財産となってくれたと考える。3つの公共建築作品に共通している点は、建築プログラムを成立させていくプロセスについての関わりが、より利用者や地域、時代の潜在的社会性を取り込んでいった点にあり、それゆえ新たな公共建築の形を提示し得たことだろう」。単純に造形や技術としての完成度や新しさ以外に、設計のプロセスという視点が重視されるようになったのだ。
伊東と古谷の対談「建築は誰のためにつくるのか」は、公共性をめぐる興味深い議論である(『新建築』2010年1月号)。1995年のせんだいメディアテークのコンペ以降、古谷はアジアで建物の使われ方を調査し、列車が来ない間だけ線路上が市場になるタイのレイルウェイ・マーケットなどの事例を集め、伊東はせんだいを契機に「そうしたルーズな建築の方が気持ちのよい空間になると感じるようになった」。ともに従来の機能主義的な計画とは違う可能性を模索している。また古谷は、ヨーロッパでは都市や国の価値を皆で守ろうという感覚をもつが、「日本やアジアではそうした公共性の感覚が稀薄」であるため、「言葉を尽くして議論を繰り返すしか方法はない」という。「みんなで議論し、その上ででき上がった建築がよいものとなれば、人びとの認識も変わってくる」のだ。
これに対し、伊東は「でも計画段階で見慣れない建築を提案すると、それだけで市民から拒絶されてしまうことはありませんか?　僕は「せんだい」の設計中による一部の新聞や市民から反対されてかなり苦労したので、市民参加による設計については慎重」になってしまうと述べている。古谷は「そうした不安に対して模型や図面だけではなく、むしろ誰もがイメージできる言葉で説明するように心掛けています。空間のかたちではなく、コンセプトのようなものを共有」するという。古谷による中里村新庁舎(2000年)でも市民とのワークショップを行っているが、2007年の唯一の学会賞となった茅野市民館は、記録に残っているだけでも143回という驚くべき量のワークショップが開催された。
茅野市民館は各方向に対して異なる表情をもつ。その結果、地方の公共施設にありがちな、ひとつのイメージに集約される形骸のシンボル性をもたない。また茅野駅のホームと直径する細長いガラスの図書室をもち、駅の延長のような建築である。エキナカ感覚ともいえるかもしれない。茅野市民館は図書室の他に2つのホールとギャラリーを備え、交通の結節点となる駅のように、様々な人が行き交う。古谷は多様な機能が混ざりあう空間をめざした。例えば、2階のホールに向かうとき、ギャラリーの展示がちらりと見える。あるいはギャラリーに入るとき、空中のブリッジを渡り、ホールに向かう出演者が見える。マルチホールは客席をさまざまに変化でき、中庭との一体化も可能だ。各機能を分離させるのではなく、異なるものが遭遇する場としての建築である。各施設の配置は明快だが、複雑な動線を組み込むことで、にぎわいの相乗効果を生む。彼がせんだいメディアテークのコンペで惜しくも2等になったときのシャッフルされた複合施設のイメージが実現されている。
学会賞の選定理由は以下の通り。「現在、公共投資の削減の流れのなかで公共施設のあり方が問われ、建築というハードに対する批判は強い。だからこそ私たちは公共の場、公共のあり方について、あるいは共有すべき価値観の形成について積極的に考え、かかわらなければならない……地域に根ざした多くの人々が自己啓発され、活動を重ねていける、豊かな質を有する「場」が生活の身近に必要とされている。本計画はその課題に対して正面から的確に応えている。また、その事業プロセスも注目に値する」(『建築雑誌』2007年8月号)。古谷はハコの造形よりも、人びとの活動をデザインしたのである。そのためにワークショップを重ね、市民と施設の使い方を考え、必要とされる空間を確認しながら設計を進めた。新しい公共の姿と密度の高い地域固有のデザインを実現するために、建築家がなすべき方法論を具体的に提示した作品である。21世紀には、1950年代の啓蒙型の公共建築にはなかった住民参加のプロセスが、着実に根づく時代を迎えたのだ。

※　なお、本稿は2012年度後期の東北大学の大学院の講義において、学会賞の受賞作品を考えるプログラムを組み、学生らの発表と彼らと討議した結果を反映したものである。

works III——1

09｜1958年

倉吉市庁舎

岸田日出刀／丹下健三

倉吉市庁舎

設計｜岸田日出刀　丹下健三

協力｜光吉健次　田良島昭

構造設計｜奥田勇　温品鳳治

施工｜大林組岡山支店　是永亀雄

竣工｜1956年

所在地｜鳥取県倉吉市

西側外観（正面入口）（撮影｜村沢文雄）

市民ホール　階段上に本館入口がある（撮影｜村沢文雄）

戦後は、市民に開かれた民主主義のための公共建築が模索された。倉吉市庁舎は、1階には中庭を囲む、なるべく大きくとった市民ホール（展示場）や公会堂兼用の議場（映画の上映も行う）、そして地階の食堂や売店など、開かれたプログラムをもつ。また2階以上には、一部に移動間仕切りがある事務空間が並び、3階に市長室や応接室などが入る。意匠的に見ると、水平線を強調したデザイン、柱梁の構造をくっきりとあらわした表現、手摺や階段まわりの空間は、日本の伝統的な木造建築を意識したものといえよう。同時期の丹下の香川県庁など、一連の作品は戦後の市庁舎建築のプロトタイプを形成した。　　　（五十嵐太郎）

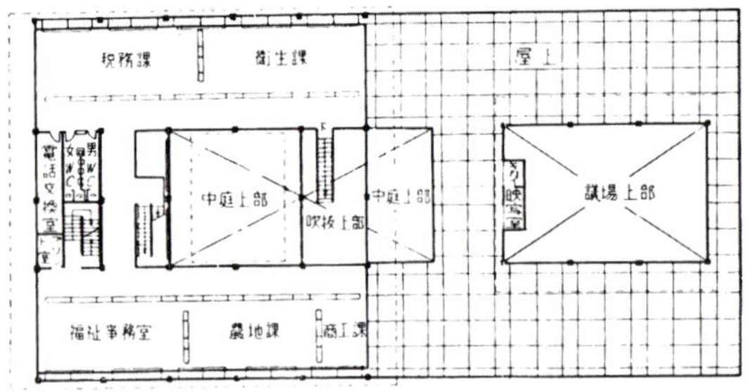

2階平面図

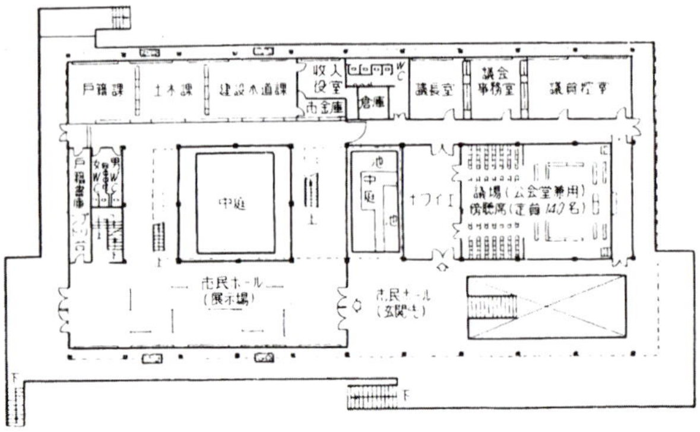

1階平面図

東北右面外観（撮影｜村沢文雄）

works III——2

16｜1965年

大石寺†

横山公男

大石寺奉安殿（奉安殿）†

設計｜横山公男

構造設計｜古田武

施工｜中野組

竣工｜1955年

大石寺大講堂

設計｜横山公男

構造設計｜笹目栄三

施工｜中野組

竣工｜1958年

大石寺大化城†

設計｜横山公男

構造設計｜青木繁

施工｜中野組

協力｜田中昇（壁画）

竣工｜1960年

大石寺大坊

設計｜横山公男

構造設計｜青木繁

施工｜中野組

協力｜田中昇（壁画）

竣工｜1962年

大石寺大客殿†

設計｜横山公男

構造設計｜青木繁研究室

設備設計｜桜井建築設備研究所

施工｜大成建設

協力｜加山又造（壁画）
　　加藤唐九郎（陶版）

竣工｜1963年

第06回BCS賞

大石寺奉安殿（撮影｜彰国社）

大石寺大講堂（撮影｜彰国社）

大石寺大化城

近代に生まれた宗教団体の創価学会が、大石寺（静岡県富士宮市）に造営した一連の施設のデザインによって、横山公男は建築学会賞（作品）を受賞した。彼は、宝蔵（1955年）、大講堂（1958年）、大化城（1960年）、納骨堂（1960年）、大客殿（1963年）を手がけている。保守的なデザインに陥ることなく、同じ建築家が長期にわたって、宗教共同体の空間を形成した。とくに大客殿は、1階に広場、持ち上げられた2階に玄関や下足、3階に内陣と客殿を設け、凹面と凸面の二枚のシェルを合成した構造によって、軒の出10mの大屋根を実現した。学会賞の後も、横山は大石寺において六壺（1965年）や巨大な正本堂（1972年）などを担当している。　（五十嵐太郎）

大石寺大坊（撮影｜さとうつねお）

大石寺大客殿（撮影｜村井修）

大石寺大客殿内部（撮影｜村井修）

works III──3
26｜1975年
最高裁判所
岡田新一

最高裁判所
設計｜岡田新一設計事務所
構造設計｜岡田新一設計事務所
協力｜武藤構造力学研究所
設備設計｜岡田新一設計事務所
施工｜鹿島建設
竣工｜1974年
所在地｜東京都千代田区
建築業協会賞
第16回BCS賞

主玄関を入るとまず大ホールがある。コンペでは要求されなかった空間で、内外が融合する国民の裁判広場を創る。広場には屋根はなく、上部天空光に溢れる空の表現である。大ホールを通って小法廷、大法廷に入る（写真提供｜岡田新一設計事務所）

大法廷の中心にはシリンダーを通して天空光が降り注ぐ。下部の花崗岩による法廷は20m×20m、ヨーロッパの裁判の場も中世の原初には黒い森の樹を20m×20m伐り出し、天空光の降り注ぐ森の空間をつくり、裁判を行った。江戸時代（大岡越前等）にも裁判は天空光の注ぐ白州で行われ、決して室内で裁くことはなかった（写真提供｜岡田新一設計事務所）

コンペによって設計者が選ばれた国家建築である。皇居に面するという特殊な敷地にあって、そのデザインは親しみやすいモダニズムとは異なる方向性が打ち出された。開口が少ない石積みの表現による外壁や古典的な威厳をもったヴォリュームの構成は、きわめてモニュメンタルである。また大法廷の上部にある円筒状の吹抜けは、宗教的な荘厳性さえ感じさせるだろう。一方、プランニングは近代的である。設備や動線、サービスの機能を与えられた「スペースウォール」と呼ぶ細長い空間を随所に並行して配置し、法廷棟や裁判官棟などの分散された各エリアをつなぎ、中心軸には広場的な大ホールを据える。　（五十嵐太郎）

花崗岩割肌仕上のスペースウォールによって大空間をつくる。4mピッチのステンレスの帯がスケールを現わし夕日に映える(写真提供|岡田新一設計事務所)

A AOYAMA STREET
B MIYAKEZAKA INTERSECTION
C UCHIBORI STREET
D NATIONAL THEATER
E NATIONAL LIBRARY

1 MAIN ENTRANCE HALL
2 MAIN HALL
3 MAIN COURTROOM
4 PUBLIC WAITING ROOM
5 NORTH ENTRANCE
6 JUDGE'S OFFICE WING
7 JURIDICAL OFFICE WING
8 JUDICIAL AND ADMINISTRATIVE WINGS
9 MAIN PLAZA
10 COURTYARD
11 FRONT GARDEN
12 PLAZA
13 PARK
14 EAST GATE
15 WEST GATE
16 SOUTH GATE

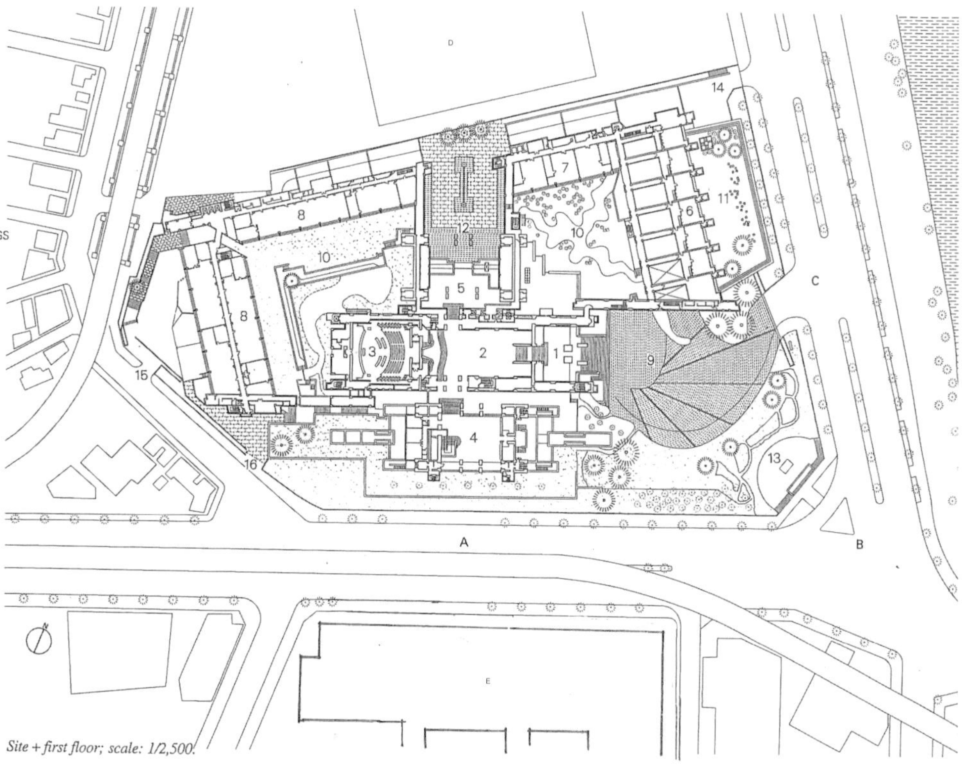

Site + first floor; scale: 1/2,500.

配置・1階平面図

works III──4
40｜1989年
KIRIN PLAZA OSAKA（キリン・プラザ・大阪）†
高松伸

キリンプラザ大阪†
設計｜高松伸建築設計事務所
構造設計｜山本・橘建築設計事務所
設備設計｜建築環境研究所
施工｜大成建設
竣工｜1987年
所在地｜大阪府大阪市
大阪まちなみ賞（大阪都市景観賞）

ファサード ディテール（撮影｜ナカサ＆パートナーズ）

エレベーターホール見上げ（撮影｜ナカサ＆パートナーズ）

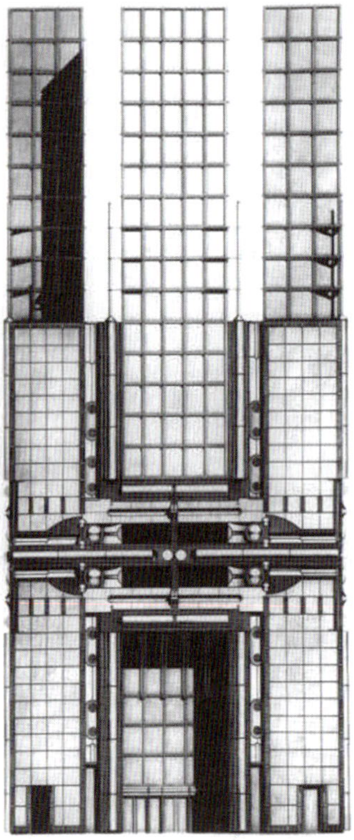
立面図

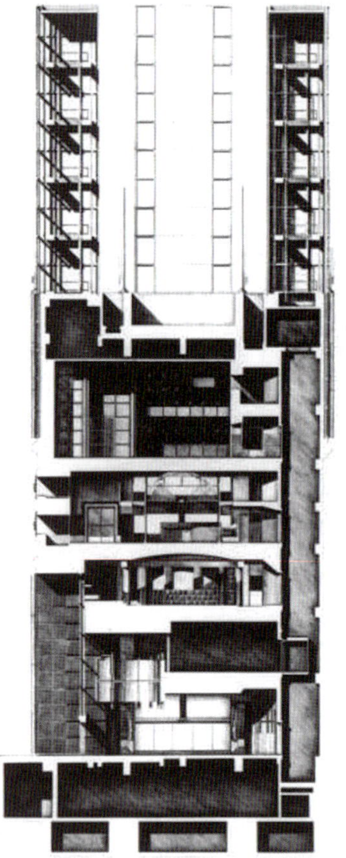
断面図

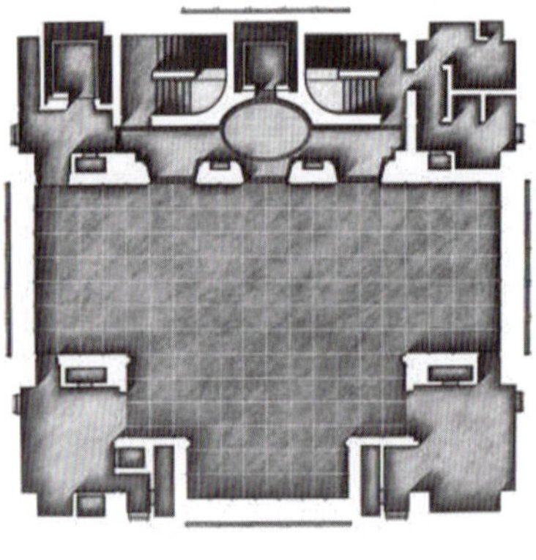
6階平面図

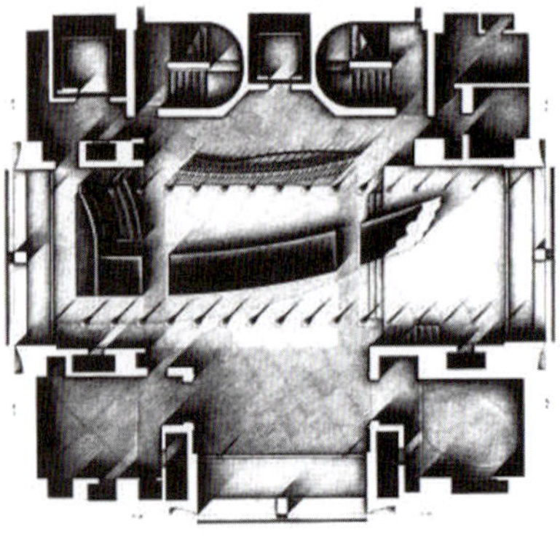
4階平面図

キリン・プラザ・大阪は、ど派手な看板や電飾が集中する道頓堀に、まわりの環境とは一線を画した背筋がピンとするようなデザインをまといながら、気高く起立していた。上下左右のシンメトリー、発光する四本の塔、メタリックな装飾、そして硬質なファサード。機能や空間から導く造形ではなく、希有な強度をもったオブジェ的な存在の建築である。商業施設というよりも、現代の神殿、あるいは墳墓的なモニュメントにも見えなくない。学会賞の選定では委員の意見が分かれた問題作だが、こうした華やかな建築は大阪の道頓堀に似つかわしく、また良い意味においてバブル期だから実現できる時代を象徴する建築だった。（五十嵐太郎）

全景（撮影｜ナカサ&パートナーズ）

works III――5

46｜1995年

関西国際空港旅客ターミナルビル

レンゾ・ピアノ／岡部憲明

関西国際空港旅客ターミナルビル

設計｜

［国際設計競技優勝案］ レンゾ・ピアノ・ビルディング・ワークショップ・パリ（レンゾ・ピアノ＋岡部憲明） オーヴ・アラップ&パートナーズ・インターナショナル・リミテッド（ピーター・ライス+トム・バーカー）（協力）

［基本設計／実施設計］ レンゾ・ピアノ・ビルディング・ワークショップ・ジャパン（レンゾ・ピアノ+岡部憲明） オーヴ・アラップ&パートナーズ・インターナショナル・リミテッド（ピーター・ライス） 日建設計（薬袋公明） パリ空港公団（ポール・アンドリュー） 日本空港コンサルタンツ（松本操）

構造設計｜オーヴ・アラップ&パートナーズ・インターナショナル・リミテッド 日建設計

設備設計｜オーヴ・アラップ&パートナーズ・インターナショナル・リミテッド 日建設計

施工｜

［北工区］ 関西国際空港ターミナルビル北工区建築共同企業体（大林組、清水建設、フルーア・ダニエル・ジャパン、戸田建設、奥村組、鴻池組、西松建設、間組、佐藤工業、不動建設）

［南工区］ PTB・S-10建設共同企業体（竹中工務店、鹿島建設、大成建設、オーバーシーズ・ベクテル・インコーポレーテッド、フジタ、銭高組、淺沼組、松村組、東急建設、飛鳥建設）

竣工｜1994年

所在地｜大阪府泉佐野市

第5回日経BP技術賞大賞（1995年）

第37回BCS賞特別賞

国際コンペによって選ばれた外国人建築家による、日本初の本格的なデザインによる国際空港である。全長1.7kmに及ぶ細長いターミナルの上に、しなやかにうねる羽根のような覆いをかぶせる。空から俯瞰すると、人工島に軽い銀色の布をふわりと置いたかのようだ。この造形は壮大な円の幾何学というべきデザインのルールに基づき、地下に半径16.4kmの大きな円の中心を想定し、地表から出た部分を切り取ったラインが、屋根の曲線になる。室内は天井を走るリズミカルなトラスによって、なるべく柱を減らし、開放的な大空間をつくる。単純なプランと明快な構造ゆえに、迷うことがない交通施設だ。　（五十嵐太郎）

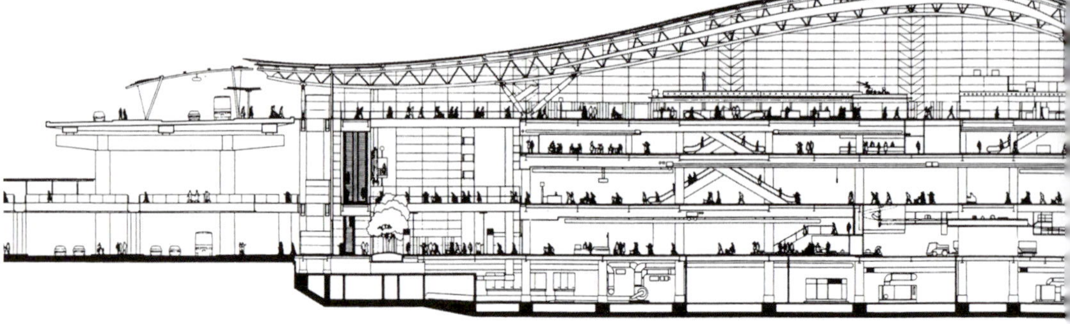

メインターミナルビル断面図

ターミナルビル全景（撮影｜村井修）

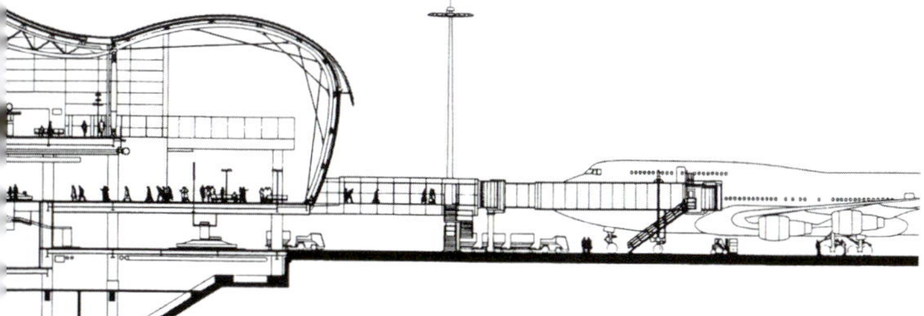

メインターミナルビル夜景（撮影｜畑祥雄）

works III——6
58｜2007年
茅野市民館
古谷誠章

茅野市民館
設計｜古谷誠章／ナスカ・茅野市設計事務所協会設計監理共同企業体
構造設計｜田中彌壽雄／田中構造研究所
設備設計｜設備計画
施工｜清水建設・丸清建設共同企業体
竣工｜2005年
所在地｜長野県茅野市
日本建築学会作品選奨
日本建築家協会賞
第48回BCS賞
グッドデザイン賞
IALD Radiance Award

現地を訪れると、茅野駅のホームと隣接しつつ、平行して150m以上も続く、ガラスのファサードの細長い図書室が印象的である。この施設は駅の東西通路に直結し、冬は通学する高校生が待合室代わりに、階段状の図書室で本を読みながら過ごす。またマルチホールは客席をさまざまに変化できるだけではなく、ときには中庭と一体化が可能である。それぞれの機能を完全に分離させるのではなく、異なるものが遭遇し、にぎわいの相乗効果を生む。そしてまちのゲートのような大きなコの字型フレームが、全体に統一感を与える。膨大な回数のワークショップを経て、使い方とプログラムが綿密に計算された建築である。（五十嵐太郎）

図書スペース（撮影｜淺川敏）

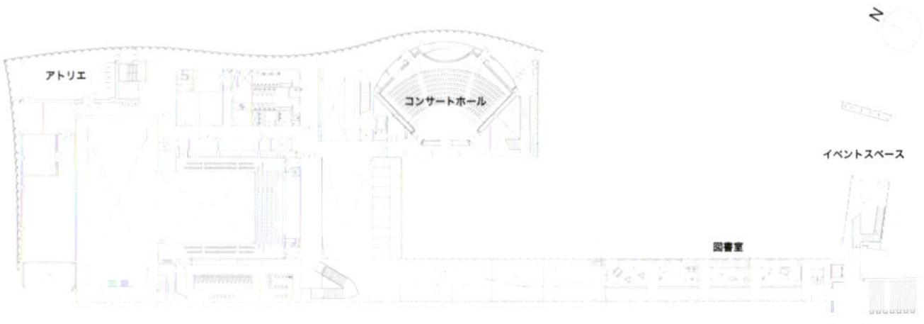

2階平面図

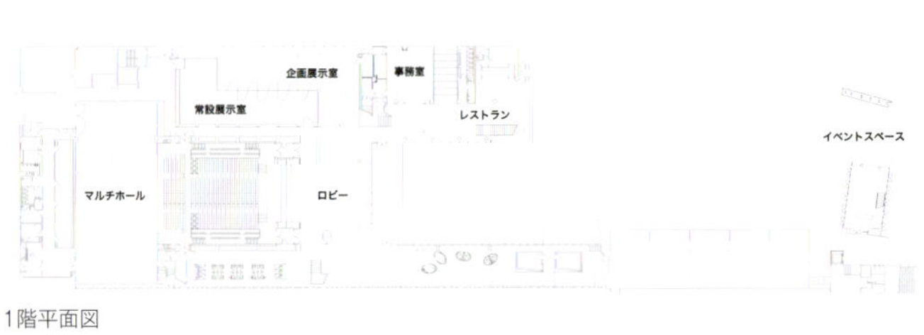

1階平面図

JR茅野駅プラットフォームから見る（撮影｜淺川敏）

中庭からロビーを見る（撮影｜淺川敏）

article IV

うつろう建築家像と作品像

倉方俊輔

日本建築学会賞作品部門（以下、作品賞）は、第二次世界大戦後の日本に生まれた賞である。このことの意味を深めていきたい。もうひとつの部門である日本建築学会賞論文部門（以下、論文賞）も同じ1949年の創設だが、これには前身として、1937年に創設され、1943年度を最後に休止となった「学術賞」がある。しかし、作品賞のほうは、それまでの日本の建築界になかった性格で新たに始まっている。

どんな性格か。建築物を「作品」とみなし、「作家」としての設計者に賞を授与するという性格である。論文賞などと違って、一連の対象ではないから個人の業績の顕彰ではないし、ここにおいて建築物は設計者の名前と切り離せない「設計されたもの」として客体の扱いであるから、実は建築物そのものが受賞の主体でもない。その代わりに「作品」という、優れた建築物を「作家」としての個人の才能が恵まれた外的条件の下で発現したものとみなし、固有性と時代性と普遍性が三位一体になったものとする概念がある。これは作品賞の持つ基本的な設定であって、基本設定であるから今もその範疇にある。文学賞や美術賞になぞらえられるのも、このような作品賞の性格ゆえである。戦前にも建築物が「作品」と呼ばれることはあったが、建築界・建設業界を広く包含する日本建築学会が戦後に作品賞を創設したことは、建築を「作品」とみなす上で大きな影響力を持ち、呼称の一般化を決定づけたとみてよいだろう。

しかし、「作品」に対する賞であるから唯美的で英雄主義的なのかというと、一考の余地がある。賞の新設を後押ししたのは、個人の資質が社会全体を前進させるのだから建築界を挙げて顕彰しようという、敗戦の反省に立った戦後民主主義的な責任感と考えられる。「作品性による前進」という敗戦後の基本設定は時代の変化に寄り添いながらも不変で、受賞したスター設計者の名前たちが、それに対応するものとしてもっぱら語られてきた。

しかし、虚心に受賞者リストを見てみると、思いのほか、意外なものが入っているのに気づく。英雄的な個人名というよりは組織や集団に属するもの、あるいは芸術的側面より技術的・社会的側面が強いのではないかと思わせるものである。これも戦後民主主義のもうひとつのあり方ではないだろうか。戦前のように個人の創造性だけに頼らない建築を、芸術性に偏重しない建築をという、いわば「非作品性」の系譜をも、作品賞は映し出しているのだ。
「作品」賞の中に「非作品性」があるというのだから、これはアポリアである。この建築そのものの存在に関わるアポリアを、本稿では「建築家とは誰か?」という問いを軸に、6つの作品に託して論じてみたい。タイトルを「うつろう建築家像と作品像」とした。うつろうとは──方向の変容を意味しない。過去の揺れ動きの中から、今も未解決な問題が浮かび上がるに違いない。

日活国際会館─ゼロからのスタートではない戦後

創設から3年目の1952年に、初めて木造ではない建築物が作品賞を受けた。それが1951年4月竣工のリーダーズ・ダイジェスト東京支社と、1952年3月竣工の日活国際会館である。終戦から6年あまりを経て、ようやく鉄筋コンクリート造の本格建築が建てられるようになった世相を反映している。
リーダーズ・ダイジェスト東京支社に関しては、設計者アントニン・レーモンドの名を挙げて、採り上げない戦後建築史はないと言って良い。これに対して日活国際会館を語る記事は極めて少ない。だが、リーダーズ・ダイジェスト東京支社が鉄筋コンクリート造で、地上2階、地下1階、延床面積3,101m^{2}なのに対して、日活国際会館は鉄骨鉄筋コンクリート造で、地上9階、地下4階、塔屋3階、延床面積48,331m^{2}と、はるかに巨大だ。しかも、この建築物が反映している時代背景も幅広いのである。
日活国際会館は、戦後に経営多角化を推進した日活によって複合商業施設として建設された。東京都千代田区の外堀通りに面した1階に銀行3行と航空会社を収め、地下が商店街、2～5階が日活本社を含む貸事務室となっていた。6～9階は日活直営の日活国際ホテルで、開業後は1954年に来日したマリリン・モンローとジョー・ディマジオが宿泊したり、1962年に石原裕次郎夫妻の結婚式が行われたりと、高度成長期を代表する最先端のホテルとして話題を振りまいた。地上9階建てという建物の規模は戦前にも見られ、延床面積は2ブロック隣に位置して竣工時にはまだGHQ本部として使われていた第一生命館(1935年竣工)とほぼ同じである。ただし、地下2～4階を活用した150台収容の駐車場は戦前に例がない。さまざまな機能を詰め込んだ各階を8台のエレベータが結び、エレベータを備えた最初の作品賞となった。
設計と施工は竹中工務店が行った。「建築全重量60,000瓲　潜函体重量25,000瓲　使用コンクリート全量5,000立坪　仮枠面積60,000坪　使用鋼材6,300瓲(型鋼3,300屯)」(瓲・屯は共にキロトンの意)とは、当時の建築雑誌の記事である★1。重厚長大ぶりが誇らしげに示されていて印象深い。中でも聞き慣れないのは「潜函体」という表現だが、これは同社が誇る「竹中式潜函工法」に関連する。
地下部分の「函」(ケーソン)を地上部分でつくり、「潜」らせていくから、「潜函工法」である。「オープンケーソン工法」とも言う。オープンと付いているのは沈下させていくのが完全なボックスではなく、底が空いているためだ。日活国際会館の場合は、最初に地下4層分の躯体を構築するが、地上にあるのは3階までであり、しかも1階(将来の地下3階)の床はつくらずに柱と梁のみにしておく。地下には、将来地下4階の外壁となる壁体を刃のように斜めに切り欠いてつくる。その後、中央部の土砂を取り除いて、この「潜函体」をじわじわと沈めていくのである。先ほど地下3階の床をつくらなかったのは、土砂を取り除く作業の邪魔になるからで、地下4階外壁が刃のような形であるのは、地盤に貫入するエッジとして機能させるためだ。土や部材の状態、左右の傾斜などを確かめながら、潜函体を次第に沈下させていく。その間、地上部分には最上階までの鉄骨を立ち上げてしまう。最後に最深部の地盤に基礎をつくり、そこに地下4階の柱を取りつけ、地下4階の柱や地下3階の床をコンクリートで打設すれば潜函工程は終了である。
原理が単純なだけにかえって、それでうまく行くのかとにわかには信じがたいのだが、竹中工務店は昭和戦前期から潜函工法の研究を行い、小規模な実践を積み重ねて、地層の性質との関係や沈下の際の補強材の入れ方などのノウハウを蓄積していた★2。1939年には「地下建造物沈下工法」として特許を取得し、「竹中式潜函工法」と通称した。この工法の利点としては、工期の短縮や工費の削減、それに敷地いっぱいまで建築物が建設可能なことが挙げられる。日活国際会館では地下部分で敷地面積の97%、地上部分では95%の建築面積を確保した。潜函工法は1919年から続く絶対高さ制限の下、競合他社に対して優位な工法として開発され、設計施工一貫を打ち出す竹中工務店の設計部が、それを活かした設計を行ったわけである。
「復して興す」という本義を考えれば、日活国際会館こそが戦後日本の「復興」にぴったり見合った建築に思える。潜函工法、設計施工一貫、軒高31m内に9層を収める計画、鉄骨鉄筋コンクリート構造と、戦前の日本が多分にオリジナルに発展させた設計・施工技術の継承と展開が随所に見られる。
これが当時も重要な建築物として認識されていたことは、「日活国際会館の地下構築施工」が日本建築学会賞施工部門を同時受賞し、竹中工務店日活国際会館工事所長(後に同社取締役)の大内二男が賞を受

★1──『建築文化』1952年6月号、p.3
★2──竹中工務店70年年史編纂委員会編:『竹中工務店七十年史』竹中工務店、p.74、1969年

けた事実からもうかがえる。施工部門は論文部門・作品部門以外の第3の部門として新設されたもので、1963年からは業績部門として総称されるが、ひとつの建築物が複数の賞を受けたのは、極めてまれである。このことは私たちに、戦前との連続性と、戦前との断絶性の両方に気づかせてくれる。連続性とは、設計施工一貫の下で戦前から蓄積されてきた技術がきちんと顕彰されているということであり、断絶性は、なぜひとつの建築物がふたつの賞に分散されたかを考えた時、そこに設計と施工の分離、個人業績の顕彰といった西欧型の建築家像がプリズムのように置かれていることを推測せざるを得ず、作品賞の成立に、敗戦の反省と再出発という戦後思想の刻印を確認できることである。

戦後が決して「ゼロからのスタート」ではなかったことは、日活国際会館の意匠からも窺える。建物は1970年に日活の手を離れて日比谷パークビルと名称が変わった後、2004年に取り壊された。私の記憶の中にある日活国際会館は「街のようなビル」である。理由を探ると、跡地に現在建つ超高層ビルとは違って敷地いっぱいに建つことによる壁面線の連続や寡黙で均整のとれた意匠が、周囲から屹立するようなモダニズム建築とは異なる意志を感じさせたことが、まずある。

加えて、コーナーのデザインも都市との連続性を示す大きな要因だった。外堀通りに面した隅部が直線的なのに対して、有楽町側のコーナーは円を描いている。控えめな外観の中で、ほぼ唯一の特徴的なデザインである。これが建物に、異なるふたつの地域に接続した二面性を与えている。直線的な隅部が折り目正しい戦前からのオフィスビルの印象に連なるのに対し、丸いコーナーはストリームラインのイメージを付与して、遊興的なホテルにふさわしい。直線的なコーナーが連続しているのは近隣の第一生命館だけではない。このビルが建った当時は、空襲で焼け残っていた帝国劇場（1911年竣工）、東京會舘（1922年竣工）、明治生命館（1934年竣工）といった昭和戦前期の建物が、皇居に向き合った外堀通りの景観を構成していた。堅牢な意匠は、そうした堂々たる並びに対して適切である。これに対して、軽やかにカーブしたコーナーは、通りの先に当時あった日本劇場（1933年竣工）や南に進んだ場所の東京宝塚劇場（1934年竣工）に特徴的な曲面と呼応して映る。そうした戦前の曲面よりもさらに日活国際会館のガラスはキラキラと輝き、大衆の好奇心を誘惑しただろう。その奥に位置するのは「スタア」が宿泊するスイートルームである。こうして日活国際会館のデザインは、昭和戦前期にあった生産のモダニズムとしてのオフィスビルと、消費社会のモダニズムとを同時に彷彿とさせるものとなっている。これは次に述べるような、先人がいない振りをした戦後モダニズムではなく、過去と街に接続した戦後「復興」のモダニズムといってよい。

さまざまな都市的な機能をひとつの建物に収めていたことも、「街のようなビル」という形容につながっている。こうした複合商業施設の一般化は戦後になってからであるから、日本建築学会は今の私たちも見逃しがちな時代の「普通」をつくるような建築物にも正しく作品賞を与えていることになる。そのデザインはオフィスとホテルという異なる機能を統合し、皇居沿いと有楽町・日比谷との境にあるという地域性を秘かに反映している。機能や地域の「らしさ」を継承しているのだ。ここには戦後と戦前の連続性と、建築物と周辺環境の連続性とが確認できる。日活国際会館は、日本の戦後建築がまったくの焼け野原からのスタートではなかったことを理解させる。

では、「ゼロからのスタート」は後世の単なる誤解なのかというと、そうでもなさそうだ。それは敗戦国の人びとがつくり上げた機能的な神話として捉えられる。建築というジャンルにおいて、そのスタートに最もふさわしい存在が、同時受賞のリーダーズ・ダイジェスト東京支社だろう。「勝者」として舞い戻ったアントニン・レーモンドは最新の構造技術を手に、敷地を気に留めないように伸びやかで、斬新な建築を成立させた。目の前の敷地に数年前まで存在した神話的な国家元首に代わって降臨した「アメリカ」である。それは嫉妬の的であり、勇気をくれる目標となった。当時の人びとは良くも悪くも戦前からのさまざまな継承があることを知っているがゆえに、諦念と希望に満ちた「焼け野原」のイメージを胸に抱いた。ゼロスタートという偽りのイメージは戦後日本の創造性のひとつの大きな源泉だった。建築界も例外ではない。作品賞はそれを映し出している。明解な「作品性」を持ったリーダーズ・ダイジェスト東京支社の陰に隠れがちだが、日活国際会館は戦前と戦後の連続性と断絶性をむしろ濃厚に教え、ひるがえって私たちの立ち位置を再考させる歴史的な受賞作であるといえよう。

最後にもう1点、「作品性による前進」という戦後思想を内在させた作品賞の基本設定と、戦前の日本から継承したものとのズレを、受賞者名に見ていこう。雑誌発表時の設計者（担当者）名は竹中工務店の小林利助、伴野三千良、添野耕一の連名であり、中でも伴野の貢献が大きかったと言われるが、作品賞は東京支店設計部長の小林を受賞者としている★3。個人性の高い「作品」としての顕彰が、建築物に対してどの程度適切であるかは、今も未解決の問題だ。

それにしても、リーダーズ・ダイジェスト東京支社と日活国際会館という対照的ともいえる両者に初の非木造としての作品賞が同時に与えられたことに対して、ある種のバランス感覚をみないわけにいかない。作品賞の決定は日本建築学会の機関誌である『建築雑誌』のリーダーズ・ダイジェスト東京支社特集（1951

★3──石田潤一郎＋歴史調査WG：『16人の建築家　竹中工務店設計部の源流』井上書院、p.54, pp.118-120、2010年

年11月号）での批判から始まった、いわゆる「リーダイ論争」の最中だった。リーダーズ・ダイジェスト東京支社だけに戦後復興を代表させたくないという思いがあったとしても不思議ではない。事実その通りなのである。

——

愛媛県民館―アカデミック・アトリエ建築家の誕生

——

複数の受賞者名が記された作品賞は、第5回1954年の愛媛県民館（1953年竣工）が最初である。意匠と構造という異なる立場から設計に関わった丹下健三と坪井善勝が連名で賞を受けた。

丹下は竣工時に40歳で、1946年以来、東京大学工学部建築学科の助教授を務めていた。坪井は年齢も東京大学（当時は東京帝国大学）卒業年次も丹下の6年上であり、1942年から東京帝国大学第二工学部建築学科教授（1949年からは東京大学生産技術研究所教授）の地位にあった。ふたりの出会いと協働の始まりは愛媛県民館よりわずかに早く竣工した広島子供の家（1953年竣工）だった。ここで坪井は、丹下が考案した上部の開いた朝顔型の形態をシェル構造として成立させた。続くシェル構造作品が愛媛県民館と駿府会館（1957年竣工）であり、その後のコンビネーションによって香川県庁舎（1958年竣工）、国立屋内総合競技場（1964年竣工）、東京カテドラル聖マリア大聖堂（1964年竣工）、大阪万博お祭り広場（1970年竣工）といった代表作が生まれたことは良く知られている。

愛媛県民館は丹下にとって初めての作品賞受賞作だが、先に挙げた「代表作」に比べると影が薄く、1996年に取り壊されて姿を消した。改めて写真を見ると、その軽快さが新鮮である。構築的というよりは、頭の中に描いた原初的な理想がふわっと実現したかのような印象を受ける。ここには「重い丹下」ではなく、「軽い丹下」がいる。

全体を規定しているのは、1枚の円形シェルである。シェルは20本の柱によって地面から持ち上げられ、天井となって体育コートと1,400名収容の観客席を覆う。台形状のロビー部分が付属しているので、平面はまさに貝殻（シェル）のようだ。ロビー部分から渡り廊下が伸びて、事務棟に続いている。こちらの平面は正円で、「広島子供の家」と同様に、朝顔型のシェルが緑蔭（木立のかげ）をつくり出している。

「緑蔭」や「貝殻のように」というと、ふわふわした印象である。もし今の若手建築家が口にしたら軽薄さが非難されそうだが、これらは当時の丹下自身が用いた言葉だ。広島子供の家について「まるい建物をボツボツ建てたらおもしろいなあと（中略）屋根は何かシェルでできないかというふうに考えて（中略）坪井先生に伺いまして、それから話が始まったと思います」と述べ、雑誌発表時には「緑蔭が建築に成長したものとも云えるであろう（中略）子どもたちの心と体の成長の場所となるであろう」と記して、それに対応した木陰と朝顔型シェルの可愛らしいスケッチを載せている★4。続く愛媛県民館では「最初は何かふくらんだかっこうでシェルの基本的な貝殻みたいなやつができないかということで、ご相談を持ちかけていって、だんだん具体的に、ディスカッションをしながら設計をまとめていくうちに、いまのようなかっこうになったわけです」と語る★5。

要するに丹下が描いたのは論理的根拠の薄い、イメージとしてのシェルだった。しかし、坪井はこれを無下に退けなかった。広島子供の家に関して、坪井は「どの位まで冒険的なことをやれるか」と述べて、技術的可能性から自らがスパンを左右したことを示唆している★6。愛媛県民館では円形シェルであれば可能だとし、丹下は平面の工夫で当初のいびつなイメージを残すことで満足した。坪井が乗ってこなければ、丹下のアイデアは単なる絵であり、丹下がいなければ、坪井がシェル構造の世界を前進させることはなかっただろう。それにしても、戦前に「冒険」という言葉を公言する構造技術者がいただろうか。ふたりは協働して、新たな形態の冒険に挑んだ。このような挑戦を試みる建築設計者が「建築家」と呼ぶにふさわしいとすれば、坪井に対しても構造設計者ではなく「構造家」という呼び名が妥当だろう。対等な個人としての丹下と坪井の受賞は、「構造家」が戦後日本の新たな存在として誕生したことの象徴といえる。

何がこうしたことを可能にしたのだろうか。まずは戦後に海外から流入した新しい建築からの刺激と対抗心が、大きく影響しているだろう。この点において愛媛県民館はリーダーズ・ダイジェスト東京支社（同名のアメリカ雑誌の日本語版が編集されていた）の翻訳版である。

だが、それだけではないだろう。最初に愛媛県知事から相談を受けた時には、戦時中に使っていた格納庫の鉄骨の払い下げを受けて体育館を建てる計画があり、「本当に格納庫を改造するくらいの予算しかなかった」と丹下は述べている。続けて「シェルであればおそらく安くいくだろうという見当をつけ」て、坪井に相談を持ちかけたという★7。まだ見ぬ形が平野に建ち上がる様を脳裏に描くことのできる、英雄的な幻視者としての丹下の才を伝えるエピソードだが、それは優秀な型枠職人が低い労賃で使え、県の建築物であっても冒険が許容された1950年代当時の風土の上に成り立っていた。

さらに思い至るのは、英雄的なふたりの個人名の裏にある、より多くの協働である。ゼロからのスタート

★4――『新建築』1954年7月号、p.27
★5――丹下健三・坪井善勝（対談）：「古い構造を『流行』に仕立てる」『国際建築』1954年7月号、p.21
★6――同上
★7――同上

のように屹立するモダニズムであり、建築家レーモンドと構造家ワイドリンガーの「アメリカ」に一矢を報いた快作である愛媛県民館は、夢のようなイメージを抑圧せずに、新たな形態の実現に対して通常必要とされるものをはるかに超えた労力を注ぐという、メタボリズム世代に手渡され、現在の日本人建築家にも引き継がれた戦後日本建築の熱情につながっている。火をつけたのは、市中で建築設計事務所を自営する村野藤吾や前川国男ではなく、大学教員である丹下と坪井だった。
もちろん、個人的な才能がなければ、丹下や坪井が戦後日本の「建築家」の快進撃を先導することはなかった。そうであっても、設計業務以外で俸給を得て、無償の(しかも国に選抜されて優れた)労働力を投入できることが「建築家」の標準的なありようなのだろうか。しかも、これは国家的な機関から建築設計者の養成がスタートし、その後も大学や営繕組織に属する者が兼業として設計を行うことで、少なからずフリーアーキテクトの自立を阻んできた戦前からの日本近代建築史の延長上にあって、背景としては意外にもゼロスタートではない。もし、これを標準と見た時には、厳しい労働条件が珍しくなく、多くがアカデミックポストを得ている現在の「アトリエ建築家」像も違和感がなく思えてしまう。こうした日本の「建築家」の本音と建前も未解決の問題であり、そのベンチマークをつくった丹下と坪井という見方もできそうだが、そうした事を忘れさせてしまうほどに、その作品は魅力的であり、だから問題なのだ。

大分県庁舎―忘却される「公共建築」

「建築家」とは誰だろうか? 建築設計事務所を主宰するフリーアーキテクト、それと混同されることが多いが、先の丹下研究室に代表されるような大学教員、組織事務所に所属する設計者、総合建設業の中の設計者……もうひとつ、官庁営繕の系譜を忘れるわけにはいかない。郵政省の設計者は、東京逓信病院高等看護学院(第2回/1951年、小坂秀雄)と東京空港郵便局(第8回/1957年、薬師寺厚)で作品賞を受けている。日本電信電話公社は、関東逓信病院(第10回/1959年、国方秀男)、中国電電ビルディング(第10回/1959年、大沢秀行、三宅敏郎)、日比谷電電ビル(第13回/1962年、国方秀男)などで、国鉄は、国鉄川崎火力発電所(第9回/1958年、馬場知己)でやはり受賞している。官庁営繕系の受賞作は現在の「建築家」イメージからは陰に隠れがちだが、作品賞を捉える上で無視できない。
中でも、第14回1963年に受賞した大分県庁舎は、建築設計者ではないアーティストに作品賞が与えられた嚆矢でもある。受賞者名には「建設省九州地方建設局営繕部代表者 安田臣 協力者 流政之」とある。中央省庁の技官が県の庁舎を設計し、そこに個人名が現れ、著名な彫刻家との協働が成し遂げられた。ここにもまた時代性が刻印され、同時に戦前から現在へと伸びる「問題」が見い出せる。現在は当たり前のように用いられている「公共建築」という言葉を補助線にして考察したい。
1911年生まれの安田臣は、1937年に早稲田大学理工学部建築学科を卒業した後、同潤会技師となり、住宅営団などを経て、戦後の1948年に設立された建設省で設計業務に従事した。1957年、同省営繕部の職員を中心に営繕協会(現・公共建築協会)が設立されたが、安田はこれに尽力し、機関誌『公共建築』の創刊号から第3号まで編集長を務めた。創刊号に「公共建築を解剖する」と題された座談会が掲載されている。司会を務めた安田は、創刊の意図を次のように説明している。
「〈公共建築〉という開き直ったような雑誌を、今度出すことになりました。これはいってみれば〈営繕〉ということの近代的翻訳ともいえましょう。国又は地方公共団体が建設する建築を、公共的に社会的に理解し、理解されたいという意味もございまして、この雑誌ではいわゆる官庁の営繕を公共建築と言い換えたのです。そこで公共建築を私達の理解している言葉で述べてみましょう。第1に国又は地方公共団体の支弁にかかる建築、第2に公共性を有する建築ということです。」★8
安田は第2号の座談会「再び公共建築をかたる」でも、日活国際会館の設計者である伴野三千良、小坂秀雄(郵政省)、丹下健三(東京大学)、河合正一(横浜国立大学)、斉藤寅郎(朝日新聞)といった論者を、さまざまな立場から集めた。開始早々に「もっとも厳しいのは誰かというと……丹下さん、あなたひとつ」と東京都庁舎を竣工させたばかりの丹下をけしかけ、「この雑誌を見ると営繕の同人雑誌的な色彩がずいぶんあるでしょう。だから本来的な公共建築の概念からすれば、これは内容をそれへもっていくか、あるいは内容を変えないとすれば標題を変えるかしないと(中略)建築省の営繕というのは、いちばん納得しにくい例で、何もお役所でなくともできる」と、建設省が国の建築の設計を手掛けることへの批判を引き出している★9。安田は『公共建築』の発刊を通じて、建設省を初めとする官の営繕に関わる職員の組織化と、批判をも通じた営繕職員の設計者意識の高揚を企図したのだと私は思う。
大分県庁舎は、安田が九州地方建設局営繕部で設計を統括した。これにともなって1959年に『公共建築』の編集を退いている。石田潤一郎の研究によれば、建設省の手による都道府県庁舎は、1968年竣工の長野県庁舎を除くと1959～62年の竣工期間に集中している★10。1962年竣工の大分県庁舎は、その

★8――「座談会 公共建築を解剖する」『公共建築』第1号、p.29、1958年4月
★9――「座談会 再び公共建築をかたる」『公共建築』第2号、p.34、1958年7月
★10――石田潤一郎:『都道府県庁舎 ― その建築史的考察』思文閣出版、p.372、1993年

ピークに相応しい質を有している。
訪れると、打ち放しコンクリートの躯体が確固とした動線を構築している。半世紀ごときでは揺らがない存在感である。戦前の優れた庁舎と同様に、官員の耐久消費財などではなく、地域をつくり、「公」を維持するという気概に満ちている。とはいえ、同年に竣工した高知県庁舎（岸田日出刀／岸田建築研究所）などとは異なり、デザインに様式主義の残滓があるわけではない。揺るがない存在感は、様式主義のように威風堂々とした外観で来訪者の足をすくませるのではなく、機能的な構成を通じて来訪者が味わう空間体験によって生まれている。打ち放しコンクリートに施された流政之制作の文様「恋矢車」まで、建築物と都市を一体で捉えながら新たな地域性を創出する意図が貫徹されていて、戦後モダニズムの庁舎が考察に値するビルディングタイプであることに気づかせてくれる。
もちろん、これは明治以降の都道府県庁舎がそうであったように、中央から地方へと施された施設である。丹下健三が批判したように、コンペなどを経ないで「お役所」の中で設計された建築物だ。安田はそうした自らの立場に意識的な設計者だった。『公共建築』第2号の座談会では、先に引用した丹下の発言に加えて、河合正一も「一般が〈公共建築〉と聞いて（中略）官から金が出ているもの、というふうにはなかなかとり得ないと思いますね」と指摘している。当時の「公共建築」には、単に〈公共の建築〉という意味があった。そうした中で安田は、「官庁営繕」をあえて「公共建築」と呼び変えることで、それを公共の建築にしなければいけないという緊張感を付与しようとしたのだった。しかし、実際にはそうした意図は忘れられ、「公共建築」という言葉は「官庁営繕」の無自覚な言い換えに留まってしまった。今、私たちが再び建築の公共性について考えようとした時、こうした安田らの官庁営繕系の系譜も意識し、その現在的な姿がいかなるものかを考察する必要があるのではなかろうか。
忘却から救われるべきは、設計作品も同様である。安田は1959年竣工の島根県庁舎を初めとして、生まれ故郷である島根県の官庁街の整備に長年関わった。1968年竣工の島根県民会館は独立後の仕事である。これらは「島根県庁周辺整備計画とその推進」として、1971年に島根県が業績賞を受けている。こうした地方官庁街の整備も、戦後の建築的・都市的な蓄積として、もっと光が当てられて良いだろう。作品賞としての大分県庁舎はその代表である★11。

新宿三井ビル—アメリカの影

『建築雑誌』1993年1月号で「日本建築学会賞受賞作品を解析する」という特集が組まれた。その中で山口廣は個人名で受賞していないものとして「三井ビルの日本設計と象設計集団」に特に言及し、これに対して池田武邦は「学会事務局から『個人名でなく組織名で』といわれたとき、それは設計チームの一人一人に賞が与えられることと同じ意義があると認識し承諾の返事をしました」と受賞の経緯を詳らかにした★12。確かに受賞者に個人名がまったく入っていないのは、この2作品だけである。例えば、第16回1965年受賞の東海道新幹線旅客駅が「国鉄設計グループ」であったとしても、その後に個人名は但し書きされている。第27回1976年受賞の新宿三井ビルと、第33回1982年受賞の名護市庁舎は、建築物だけを見ると対照的だが、このように従来の建築家像に対する懐疑において共通している。
見上げると新宿三井ビルは美しい。黒光りして硬質で、プロポーションもいい。ただ、それはわざわざ見上げた時の話だとも言える。55階建ての超高層棟は北側に寄せて配置されている。敷地の約半分は広場を中心にした低層の店舗ゾーンになっていて、自由に立ち入ることができる。広場は地下1階レベルにあって、新宿駅西口から伸びる通路に自然に連続している。煉瓦タイルに覆われ、人工の滝と植栽で彩られた温かな空間だ。単体の建築物に入ったというよりも、都市の一部のような印象を受ける。連続的・体感的であって、自律的で視覚的な超高層棟の存在感とは別物なのだ。もちろん、この広場は超高層化によって初めて設計可能になったものであり、逆に広場がオフィスの価値を高めている。今では超高層ビルの数が増し、広場も周辺環境に溶け込んでいるために、わざわざ見上げないと意識しづらいが、こうした対比を構成している設計の確かさは約40年を経ても不動である。
受賞者名は「日本設計事務所」（現・日本設計）とだけ表記されている。同社は、わが国の組織設計事務所の中で独特の成り立ちを持っている。日本初の本格的な超高層ビルである霞が関ビルディング（1968年竣工）の設計チームを中心に、1967年に約100名の設計者が山下寿郎設計事務所（現・山下設計）から離脱して創設された。その組織をスポークスマンとして代表するのが池田武邦であり、美しい響きと毅然とした国家観を備えた名前には、海軍軍人だった父親の願いが込められている。彼もまた海軍兵学校を終えて職業軍人となった。沖縄海戦などに出撃して九死に一生を得た後、海軍大尉として敗戦を迎え、大学を卒業して建築の道に転じた★13。
池田の目に映った建築界は前近代的で、合理的な海軍にはるかに劣るものだった。人間を活かし、時に

★11——中野茂夫：「官庁街という前現代の都市・建築遺産～島根県庁周辺整備計画を事例に～」『前現代都市・建築遺産計画学的検討［若手奨励］特別研究委員会 報告書』日本建築学会、2013年
★12——建築雑誌、Vol.108、No. 1343、p.74、1993年6月号
★13——池田武邦：『大地に建つ 200年後の建築家と子どもたちへ』ビオシティ、p.10、1998年

荒れ狂う大自然に倒されずに新たな大海原に漕ぎ出すには、組織の近代化・合理化が重要であると考えた。山下寿郎設計事務所を離れて新たな組織を立ち上げたのも、そうした仕組みの確立のためと説明される。新宿三井ビルの設計期間中に池田は「ワンマン的リーダーのもとにピラミッド型に構成された集団」ではなく、「創造する設計組織をつくり上げることに挑戦することは、設計行為に関与するものにとって避けられない共通の課題」と主張している★14。

新宿三井ビルの完成度は、そうした組織づくりが成功した証なのかもしれない。時代背景として、特に高度成長期において建築生産体制というテーマが多く取り沙汰されたことを想起させてもくれる。それでも全体に感じるのは、やはり「アメリカ」である。凛としたビルの外観は、歪みのない映り込みを実現するための精緻な技術的検討といった日本的な改善によって生み出されているが、その精確さもプロポーションも、ミース・ファン・デル・ローエのシーグラムビルを連想しないわけにはいかない。大きく取られた広場はシーグラムビルと同じく建築物を美麗に見せるセットバックであると同時に、1960年代のアメリカの都市デザインの潮流が咀嚼されている。それは破綻のない折衷である。明治以降、軍艦を建造するまでに至った日本が、終戦後に再び目の前に現れたお手本を学び、立ち止まることのなかった時代の終わりに新宿三井ビルは毅然と建っている。しかし、目標とすべき「敵」がいなくなった時に、創造性が保てる組織とはいかなるものなのだろうか。同年の受賞作が磯崎新の群馬県立近代美術館であることは時代を象徴して感慨深いが、この問いは、そうした時流の変化によって解消されてはいない。建築界の建築界の言説の後景に退いてしまっただけである。

名護市庁舎―なめらかな建築家とその敵★15

1972年にアメリカから返還された沖縄県に、名護市庁舎が初の作品賞をもたらした。設計者は1979年に二段階公開コンペ（設計競技）を経て決定された。コンペが持つ思想は、前年に名護市が発表した応募要綱中に、次のように示されている。

「本競技を公開にすることの意義は、『沖縄における建築とは何か。』『市庁舎はどうあるべきか。』という問いかけに対して、それを形姿として表現し、実体化しうる建築家とその案を広く求めることにある。（中略）主催者は、今回の競技において、沖縄の風土を確実に捉え返し、地域の自治を建築のなかに表現し、外に向かって『沖縄』を表明しうる建築をなしうる建築家とその案を求めるものである。」

「設計者」でも、ましてや「設計業者」でもない、われわれは「建築家」を求めるのだと明確にうたっている。これは移りゆく建築家像の定義としても読めるだろう。まだ現れていない「沖縄の建築」を形あらしめる。そんな構想力を持つものを「建築家」と呼ぶに等しい。

308の応募案の中からTeam Zoo象設計集団が選ばれた。発注者とコンペ審査員と当選者による議論を経て、実施設計が進められた。1981年に竣工した建物は、翌年に作品賞を受けた。受賞者名は象設計集団とアトリエ・モビルの連名となっている。

英雄的な個人名に背を向けているのは先の日本設計と同様でも、作品性は大きく異なる。設計チームの性格に対照性なありようが凝縮されている。日本設計が目指すのは優れた「組織」であり、Team Zoo象設計集団はその名の通りに「集団」だ。前者の理想像が、機械や人体のように各部が違った役割を持ちながら全体として永続性を保つものであるのに対し、後者は全体像や役割が固定化されていない。彼らが自分たちの活動を説明する際に用いる「あいまいもこ」というキーワードがぴったりだろう。

Team Zoo象設計集団という名称からして、輪郭が固定的ではない。象設計集団は、吉阪隆正を囲む設計チームであるU研究室に1960年代半ばから参加したメンバーが中心となって、1971年に設立された。Team Zooの名前は、さらにアトリエ・モビル、いるか設計集団、アトリエ・熊、鰐、胡猿といった協力チームを加えた時に用いられる、穏やかなまとまりである。

境界が明確でないのは、調査研究と設計と遊びの関係も同様である。スケールに関しても、その対象は都市や建築やプロダクトをゆるやかに架橋する。ここにはわが国のアカデミック「建築家」の系譜が、丹下研究室とはまた異なった形で展開されているだろう。

「組織」というものは、たとえその内部がいかに可変的で柔らかいものであっても、メンバーであるか否かを切り分ける境界が歴然とある。目的を持った機能体であるから、対象となる行為やスケールを峻別する方向に向かいやすい。象設計集団は、このように内外を隔てる「膜」を疑い、新たな設計活動のありようを提出した。

これに説得力を与えているのは、何よりも「作品」の質である。多様性を包含した全体性によって、名護市庁舎は沖縄の建築と市庁舎のそもそものあり方を求めた主催者に応えた。新宿三井ビルを振り返ってみれば、それは精確でありながら折衷的で、目の前にある戦後社会とアメリカを丸飲みにした大人の巨艦だっ

★14 ――同上、pp.80-90
★15 ――鈴木健：『なめらかな社会とその敵』勁草書房、2013年

た。両者はやはり対照的である。
優れた質で固定化されるべきはアウトプットであって、「個人」や「組織」ではない。象設計集団は名護市庁舎を通じて、あいまいもことした「集団」が物としてのアウトプットという一点で統合された時に、いかに強い力を持つかを見せ付け、新たな建築家像を出現させた。さらに創造性が保てる集団とはいかなるものか。その後のコミュニケーションの発達や個別の価値の高まりを思えば、実に今日的な課題として浮上してくるのではないか。

一連のコーポラティブ住宅—作品とプロジェクト

1988年に受賞した「一連のコーポラティブ住宅」をどう捉えるかは、いまだに難しい問題に思える。
受賞者の中筋修、安原秀、小島孜は、1975年に都住創（都市住宅を自分達の手で創る会）を設立して、コーポラティブ方式による住宅設計をスタートさせた。受賞の時点で、第1号の都住創松屋町住宅（1977年竣工）から第13号のスパイヤー（1987年竣工）までの13棟が完成している。特筆すべきは、どれも大阪の中心部に位置することで、立地は直径4kmの円内にすべて収まる。階数は6階から11階の間で、敷地面積は広いものでも100坪（330m^2）程度。都住創はその名称に掲げた新しい「都市住宅」の創出を、かつての一戸建ての敷地規模に建つ中高層の共同住宅という形式によって打ち出したのである。
「都市に住む」という言葉の他に、都住創は当初から「共同建設を行う」と「住宅の質を高める」という目標を掲げていた[★16]。これらのスローガンは「都市に住み続ける」意志として要約できるだろう。複数のユーザーが建設組合を結成して都市を購入し、コーディネイトならびに設計管理委託、工事発注から完成後の建物の維持管理に至るすべてのプロセスを共同で行なうコーポラティブ方式によって、仮住まいではない、自分の城を都市に築こうというのである。しかし、これは難問だ。コーディネーターとして資金面のやりくりもしないといけないし、ユーザーそれぞれの住空間への願望を満足させながら相互に調整する設計力と人間力も必要となる。伝統的な設計者の領域から踏み出した建築家像の先駆けとしての意義が、都住創にはある。
前年には業績賞にまわされて落選しながらも[★17]、「一連のコーポラティブ住宅」が作品賞を受けたのは、プロジェクト的な側面だけでなく、「都市に住み続ける」意志が集約された「作品」として受け取ることが比較的容易であるからだろう。こうしたデザイン性は、選考委員が現地審査で訪れた作品である第10号から第13号に特に目立つ。従来からの複雑な立体構成に加えて、家型や多様な素材が内外に用いられて独立性と垂直性を強めた外観は、住み手とつくり手双方の素朴な喜びを感じさせる。所有し、自分たちの領域を確保し、住み続けること。顔の見えるユーザーと向き合い、ひとつひとつの空間を、手で創るということ。そんな「人間性」回復へのプロジェクトは、乗り越える障害が大きければ大きいほど、美しいドラマとして竣工作品に結晶化されるだろう。一見すると均整がとれてはいない都住創の共同住宅は、確かにそんな美学の産物として捉えられる。
ここには「作品からプロジェクトへ」という現在の潮流を予告する要素と、古典的な建築家像と作品像への回帰とが混在している。当然ながら、個別の住まいを竣工時点に最適化するほど、移りゆく人間と社会との乖離は拡大傾向をはらむ。また、それは結局のところ、個々の一戸建ての夢の集積に過ぎず、むしろ、高度成長期までのアメリカの姿に基礎付けられた戦後日本のアーバニズムの欠落を体現していると見ることも可能だろう。都市の中の「自由」は、現在であれば、シェアハウスとリノベーションによって解消されたのかもしれない。
こうした潮流の中でもアナクロニズムに陥らず、21世紀にも作品賞が時代を反映することは可能なのだろうか。本稿では、戦後日本の底に持続してきた「建築家とは誰か?」という問いの響きに耳をそばだててきた。過去の作品賞の「作品」性は思うほど単純でなく、そこには「作品」性に至る多様な回路と建築家像の揺れ動きがある。今後も同様に、過去の受賞作品の意味を捉え直す批評性を備えた選考が行われるのであれば、作品賞は存続するに違いない。

★16——都住創事務局：「都住創松屋町住宅の経緯にいるコーポラティブ方式の解析」『新建築』1978年7月号、p.198
★17——中筋修：『都住創物語　コーポラティブハウスの冒険』住まいの図書館出版局、p.15、1989年

works IV——1
03｜1952年
日活国際会館†
小林利助

俯瞰（写真提供｜竹中工務店）

日活国際会館†
設計｜竹中工務店
施工｜竹中工務店
竣工｜1952年
所在地｜東京都千代田区
現在はペニンシュラ東京（2007年竣工 設計｜三菱地所設計　施工｜大成建設）
建物は日比谷パークビルと改称、旧ホテル部分はオフィスに改築して2003年まで使用。その後解体建て替え

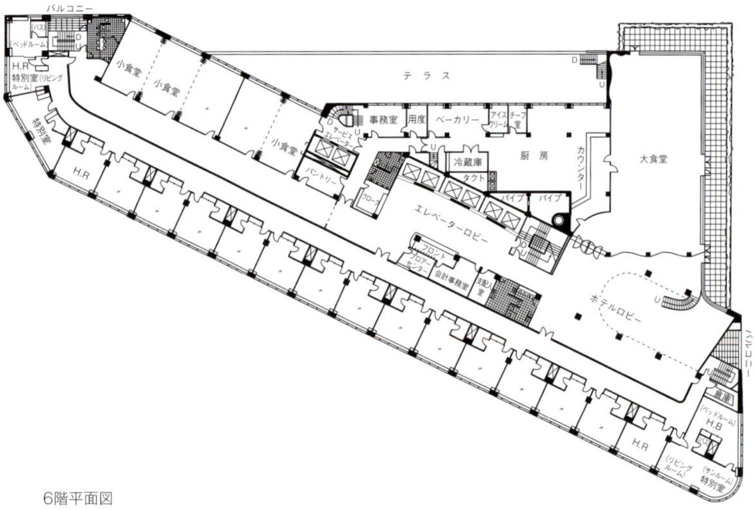

6階平面図

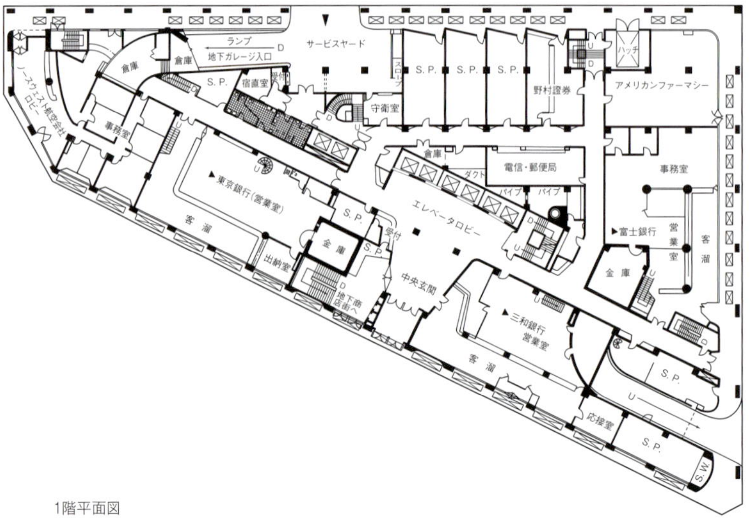

1階平面図

第二次世界大戦後に建設されたものとしては当時最大級の複合商業ビルとして、東京・日比谷に1952年3月に竣工した。竹中工務店東京支店設計部の伴野三千良と添野耕一が設計を担当し、設計部長の小林利助が設計を取りまとめた。平面図から、敷地いっぱいに大規模な地下駐車場、地下店舗、事務室、ホテルを収める苦労が窺える。同時に受賞したアントニン・レーモンドの「リーダーズ・ダイジェスト東京支社」の影に隠れがちだが、戦後建築の特色の一つである複合商業施設の一般化やゼネコン設計部の躍進、技術的工夫などを象徴しており、見るべき点が多い。2004年に取り壊され、跡地に現在、超高層の「ザ・ペニンシュラ東京」が建つ。　　　（倉方俊輔）

6階ホテル・ロビー（写真提供｜竹中工務店）

6階大食堂（写真提供｜竹中工務店）

東南面外観（写真提供｜竹中工務店）

works IV——2

05｜1954年

愛媛県民館†

丹下健三／坪井善勝

愛媛県民館†

設計｜丹下健三

構造設計｜坪井善勝

施工｜大林組

竣工｜1953年

所在地｜愛媛県松山市

南からの俯瞰（撮影｜平山忠治）

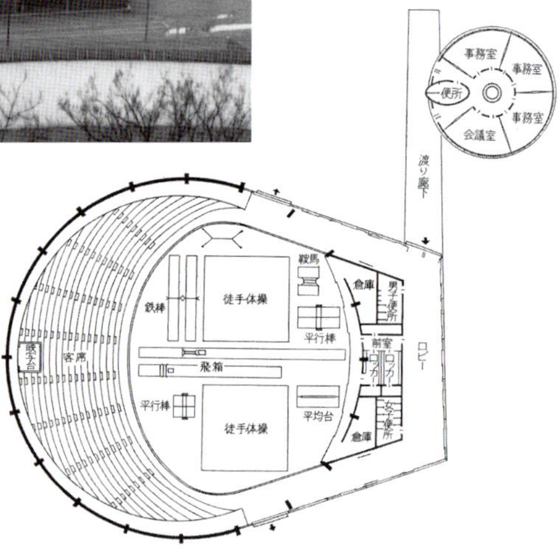

平面図

愛媛県・香川県・徳島県・高知県を開催地とした四国国体の屋内競技場として計画が始まったが、当時の松山には公会堂も音楽堂も無かったために、スポーツ以外の映画、音楽、演劇、演説などでの利用も想定された多目的ホールとして設計され、1953年10月に旧松山城郭内に竣工した。客席を片側に寄せているのはそのためであり、目的に応じて補助席をアリーナに並べるようになっている。受賞は丹下健三と、シェル構造を実現させた坪井善勝との連名であり、作品賞が複数人に与えられるのは初めて。丹下が受けた初の作品賞であるばかりでなく、戦前に実作を生み出していない設計者が受賞した嚆矢でもあって、「構造家」の登場や新世代の躍進といった戦後建築界の性格を物語る。1996年に取り壊され、跡地に「愛媛県美術館」が建設された。

（倉方俊輔）

ホール全景（撮影｜平山忠治）

西側外観（撮影｜平山忠治）

works IV──3

14｜1963年

大分県庁舎

九州地方建設局営繕部

代表者　安田臣　協力者　流政之

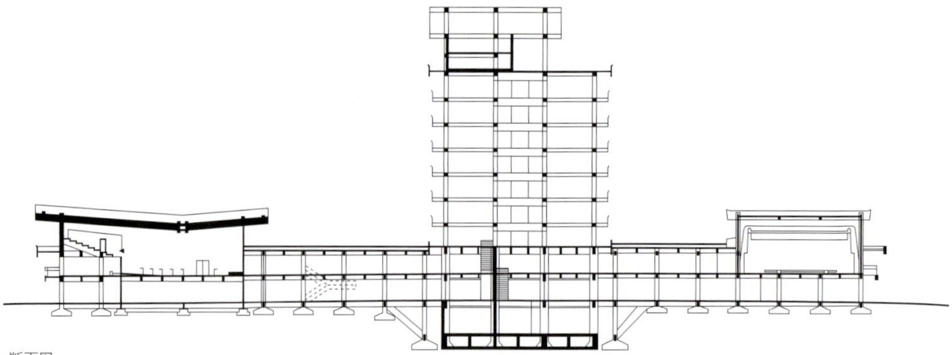

断面図

大分県庁舎

設計｜建設省九州地方建設局営繕部

施工｜梅林建設

竣工｜1962年

所在地｜大分県大分市

平成27年5月まで免震工事中

全日本技術協会全建賞

1998公共建築100選（建設省）

1962年6月に大分城址公園の南隣に竣工した県庁舎。建設省九州地方建設局営繕部が設計を担当した。長く伸びるのは鉄骨鉄筋コンクリート造9階建の事務棟で、それを3階建の議会棟と厚生棟がはさむような平面構成をとる。議会棟の妻側の壁には、コンクリート型枠の内側に凹凸を付けた矢絣状の文様が刻み込まれている。「東光園」（菊竹清訓、1964年竣工）の作庭なども手掛けた彫刻家・流政之のデザインで、協力者として作品賞を受けた。昭和30年代の建築界で称揚された芸術家との協働の反映を見ることができる。受賞者名に組織名が入った最初であり、九州初の学会賞作品ともなった。現在までのところ、都道府県庁舎の受賞はこれだけであり、東京都庁舎（丹下健三、1957年竣工）や香川県庁舎（同、1958年竣工）も与え漏らしていることから、一連の戦後庁舎を代表する意味が込められていると思われる。　　　　（倉方俊輔）

俯瞰（写真提供｜大分県土木建築部施設整備課）

全景（写真提供｜大分県土木建築部施設整備課）

works IV──4

27｜1976年

新宿三井ビル

株式会社日本設計事務所

新宿三井ビルディング

設計｜三井不動産　日本設計事務所

武藤構造力学研究所

施工｜鹿島建設・三井建設共同企業体

竣工｜1974年

所在地｜東京都新宿区

第17回BCS賞

BELCA賞

空気調和・衛生工学会賞

軽金属協会建築賞

SDA賞

商業空間デザイン賞

妻側見上げ（撮影｜川澄建築写真事務所）

広場（滝）（撮影｜川澄建築写真事務所）

新宿副都心地区のほぼ中央に建つ地上55階、高さ約210m、延床面積180,368.24m^2（公式面積）の超高層オフィスビルであり、1974年9月に竣工した。1969年に業績賞を受けた「霞ヶ関ビル」と同じ設計チームが、高さ100mを越える本格的な超高層として初の作品賞を獲得したことになる。敷地面積14,449m^{2}の約4分の3をサンクンガーデンと低層部にあて、地区計画と連携した緑豊かな広場を実現させた。これに対して「巨大建築に抗議する」と題した批評を神代雄一郎が『新建築』1974年9月号に発表し、郭茂林、林昌二、池田武邦、村松貞次郎らが反駁した「巨大建築論争」でも知られる。作品賞の推薦理由や受賞者の言葉にも、応酬が滲み出ているかのようであり、戦後建築界とジャーナリズムのさまざまな変容を映し出している。（倉方俊輔）

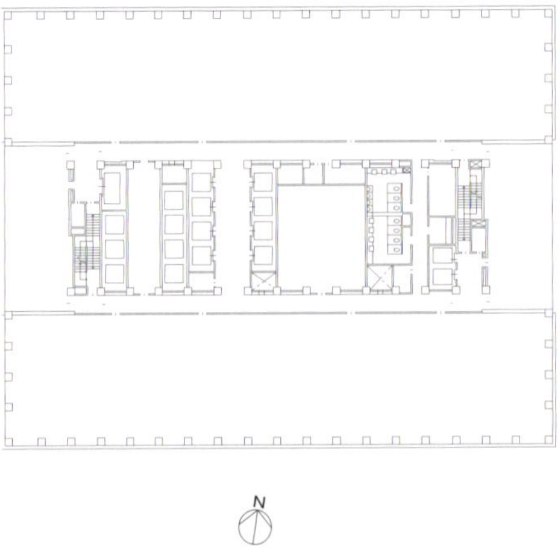

基準階平面図

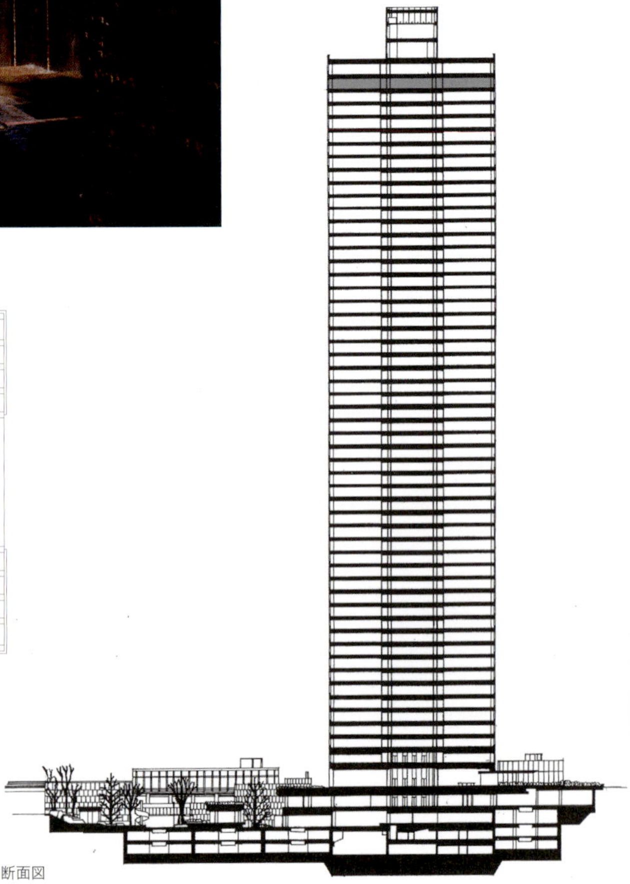

断面図

全景（南面）（撮影｜川澄建築写真事務所）

works IV——5

33｜1982年

名護市庁舎

株式会社象設計集団+株式会社アトリエ・モビル

名護市庁舎

設計｜象設計集団+アトリエ・モビル
構造設計｜早稲田大学理工学研究所田中研究室
設備設計｜岡本章　山下博司+設備研究所
施工｜仲本工業・屋部土建・阿波根組共同　企業体（建築）　名護水道・友屋設供共同企業体（設備）　名護電気工業・北部電工共同企業体（電気）
竣工｜1981年
所在地｜沖縄県名護市

アサギテラスに架けられた屋根（撮影｜新建築社写真部）

沖縄県北部の中核都市の庁舎。1978～79年に行われた二段階公開コンペによって設計者が選ばれ、1981年4月に竣工した。1969～71年に実施された「箱根国際観光センター」コンペ（計画中止）以来、久しぶりの大型公開コンペで選出された案だったこともあり、完成前から大きな注目を集めた。沖縄の気候風土に対する解答として、事務室の周囲にアサギテラスを配し、建物を貫く風の道を設けた。また、地域の表情を写し出す素材として、コンクリート花ブロックやシーサーなどを採用している。設計者である象設計集団は、1971年の結成直後から沖縄に入り込み、名護市総合計画・基本構想（1973年）をはじめとする地域計画や「今帰仁村中央公民館」（1975年竣工）などの実作に携わった。現地での活動を通じて獲得した手法が結実している。（倉方俊輔）

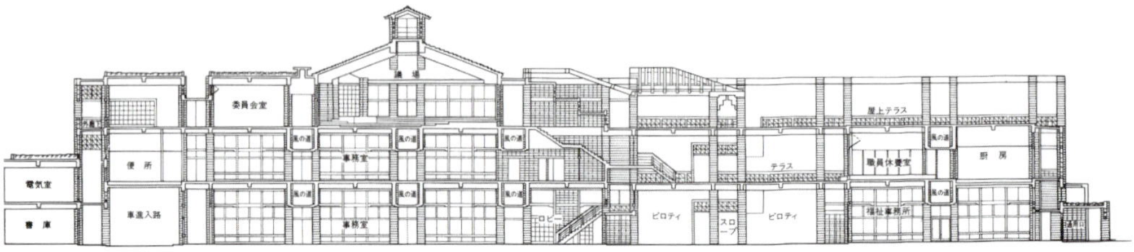

断面図

アサギテラス（撮影｜新建築社写真部）

さまざまなシーサー（撮影｜新建築社写真部）

works IV——6

39｜1988年

一連のコーポラティブ住宅

中筋修／安原秀／小島孜

松屋町住宅

設計｜安原中筋建築研究所　高原研究室

構造設計｜谷口構造事務所

設備設計｜ BE 設備事務所

施工｜松村組

竣工｜ 1977 年

都住創釣鐘町

設計｜ヘキサ　スタジオ A2

構造設計｜谷口構造研究所

設備設計｜岡本設備研究所

施工｜モリタ建設

竣工｜ 1984 年

都住創清水谷

設計｜ヘキサ　スタジオ A2

構造設計｜谷口構造研究所

設備設計｜ ASK 設備設計事務所

施工｜谷安組

竣工｜ 1985 年

都住創内淡路町

設計｜ヘキサ　シンタックス

構造設計｜谷口構造研究所

設備設計｜ ASK 設備設計事務所

施工｜モリタ建設

竣工｜ 1986 年

都住創スパイヤー

設計｜ヘキサ　スタジオ A2

構造設計｜谷口構造研究所

設備設計｜ ASK 設備設計事務所

施工｜モリタ建設

竣工｜ 1987 年

日本におけるコーポラティブ方式の住宅は、1968 年に完成した「コーポラティブハウス千駄ヶ谷」が最初と言われる。第一次のブームを迎えていた 1975 年に設立された「都住創」（都市住宅を自分達の手で創る会）が、第 1 号の「都住創松屋町住宅」（1977 年竣工）から第 13 号の「スパイヤー」（1987 年竣工）に至る「一連のコーポラティブ住宅」によって作品賞を受けたことで、コーポラティブ住宅の理解は新たな段階に達した。大阪中心部という立地や規模に大きな変化は無いものの、10 年の間に外観デザインはより個別性を強調したものに変化している。　（倉方俊輔）

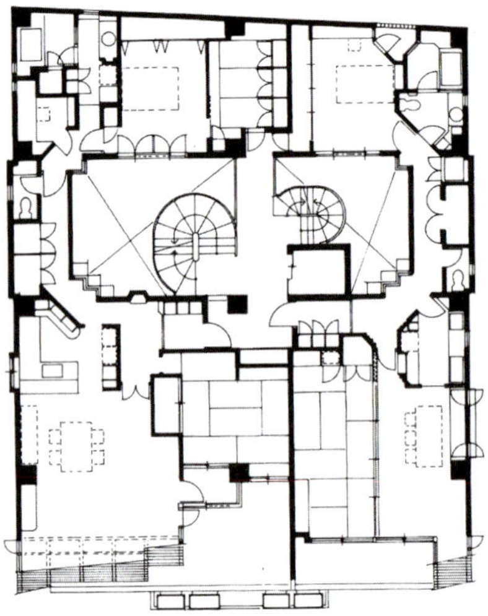

7階平面図

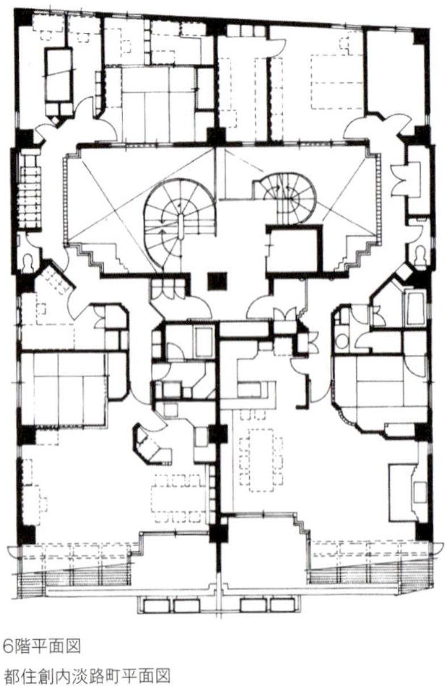

6階平面図

都住創内淡路町平面図

都住創釣鐘町（左）とスパイヤー（右）の南面外観（撮影｜新建築社写真部）

article V

建築論・建築意匠論の視点から——作品・理論・批評

小林克弘

作品賞は、建築作品の作品性や造形性、建築家の作家性をどのように評価してきたのだろうか。また、受賞建築家達は、自らの造形や創作理論をどのように説明してきたのだろうか。それらの理論は作品賞審査ではどのように考慮されたのだろうか。建築意匠論・建築論の視点からは、こうした建築家の作家性、建築作品の作品性、造形性、創作理論という建築の核心部分が、これまでの作品賞においてどのように評価されてきたか、という点が極めて興味深い。

作品賞の受賞理由は、建築批評の貴重な記録である。ちなみに、作品賞の主旨には「近年中、国内に竣工した建築（庭園・インテリア、その他を含む）の単独の作品であり、社会的、文化的見地からも極めて高い水準が認められる独創的なもの、あるいは新たな建築の可能性を示唆するもので、時代を画すると目される優れた作品を対象とする」と記されているが、当然ながら、建築は、デザイン、技術、社会への貢献の総合的存在であるので、作品賞の主旨は自ずと広範囲に渡り、換言すれば、漠然としたものにならざるを得ないので、作品性、造形性に関する評価基準は、明確化されていない。

そこで、これまでの作品賞の受賞理由の内、とりわけ、作品性、作家性、造形性、創作理論、デザインの可能性·批評性などが強く全面に押し出されている作品に関して、受賞理由の該当部分を詳細に検討·考察してみたい。どの受賞理由でもこうした側面に触れてはいるが、あくまで、こうした側面が受賞の大きな理由と判断されるもの、あるいは、受賞理由に明確に述べられているものを対象とする。また、住宅作品については、他のarticleで扱われるので、ここでは対象に含めないこととする。受賞理由の全文に関しては、巻末に添えられた資料を見ていただきたいが、受賞理由の引用の後に、回（受賞年度）、受賞作品名、受賞者を記すと共に、とくに注目すべき記述や表現には下線を引いて強調し、やや批判的な内容はイタリックすることで、受賞理由の分析的読解の一助とすることを試みた。

上記の視点に立って、受賞理由を読み通して見ると、その傾向が大きく4期に分けられるように思える。時代を追いながら、それぞれの時期の受賞理由や内容の特色を整理しつつ、併せて、それぞれの時代における建築家自身の造形理論、創作論、建築論がいかなるものであったかという点を含めて考察したい。

1949～1960年代前半　作家的建築家に対する素朴な信頼感と印象的批評

この時期、作品性、造形性が評価の前面に押し出され受賞理由は比較的少ない。概して、受賞理由は短文であり、作家的建築家の作品に関しては、作家性への純朴ともいえるような信頼感が述べられている。代表的な例として、次の二つの受賞理由を見てみよう。

世界平和記念聖堂（撮影｜多比良敏雄）

「作者村野藤吾氏がこの建築に求めた「平和的表現」も、この略々完成された堂塔の上によく現れているように思われる。大きな会堂、百五十尺の高塔、記念聖堂と洗礼堂等の大小高低のヴォリュームが快よい比例の中に、美しい調和と照対との妙をかもし出しており、村野氏の清新にして滋味溢れる作風を最もよく示している代表作としていいであろう。鉄筋コンクリートの健康な肌をそのまま露わしているフレーム・ワークは、その全体を貫く造形上の主調であるが、それは日本人にとり親しみやすい風味を出している。」（第7回（1955年度）世界平和記念聖堂　村野藤吾）

「近時工業的規格風を思わせるデザインが目立って来た今日、この大多喜町役場のような作家的個性の充溢した建築制作は、むしろ珍らしいというべきである。形づけにしても、プラニングにしても、材料と色彩の効果にしても、設計者の作家的な心遣いが建築のすみずみまで行きわたっている点が、個性的であり、しかも現代建築としての感覚の点では、洗練を重ねた独自の解決を示され、効果をあげられたところ多く、小規模ではあるが、近来もっとも充実した作品である。味わい深き、作家精神の充実した建築が環境の田園風趣とよくマッチして温かい作家の息吹きを感じ取らせる快い作品である。」（第11回（1959年度）大多喜町役場　今井兼次）

ここには作家精神、作家の個性に対する素直な賛美が読み取れる。また、作品性や造形性を評価する言葉は極めて印象評価的であり、わかりやすいが、やや概説的である。この時期の受賞作品である、次の2作品の受賞理由に関しても同様の傾向が指摘できるだろう。

「その主要壁面は作者発案のフェニクス・モザイクによって仕上げられていて、全体においても誠に特異な立派なものである。建築内容の持つ精神的な意義はもとより、それをこれだけ高い水準の造形的な表現に盛り上げたことは刮目に値する。」（第14回（1962年度）日本26聖人殉教地記念建築　今井兼次）

出雲大社庁の舎（撮影｜新建築社写真部）

「伝統的な神社建築とコンクリート造の新しい造形の建物とを巧に調和せしめたのは作者のすぐれた手腕を示すものである。」（第15回（1963年度）出雲大社庁の舎　菊竹清訓）

ちなみに、今井兼次は、建築論・建築意匠論の視点から見た場合、海外建築家に関する作家論に関してはこの時期を代表する研究者であった。また、菊竹清訓は、建築創作論に関しては、有名な「代謝建築論　か・かた・かたち」（彰国社、1969年）を表わしている。ここで、両者の作家論と創作論を見ておこう。

今井兼次は、20世紀前半の建築家に関して、多くの紹介文や論説を残している。日本26聖人記念館においてガウディの影響を如実に示しており、ガウディに関してこう語る。

「ガウディの建築芸術における独創は、単なる外面的な新奇性を追うものではなかった。この聖堂建設においても、建築芸術の伝統を、そのよきものは素直に継承していった。そこには、伝統に根を持たないものは儚いものであるという彼の芸術感があったからである。しかしひとたび彼自身の方法や造形を用いる場合には、度重なる実験の後、確信を得た時にのみ始めて建築の中に取り入れたのである。この独創に対する彼の態度は、決して臆病や疑いから生じたものではない。したがって、独創性の外面的な評価から彼の芸術を理解しようとしても、それは不可能なのである。激しさの中に判断と批判を秘めて制作されたガウディの芸術は、内面からの理解なくしては到底正しい評価は得られないのである。彼における独創とは、極言すれば歴史的様式を自己のうちに消化してとりいれたところにあるといえる。彼の判断と感覚は、伝統を超えて働いていたのである。」★1

興味深いのは、外面的な評価では、建築家が目指したものは理解することができないという点である。入江正之は、こうした今井の建築家論に関して次のように分析している。

「ここには建築作品の個々の分析的評価はみられない。それよりも建築家がどのように生き、作品にどのような思いを込め、社会の構成員としてそのようにその生涯を貫きとおしたか、そういう背景に依拠した創作の姿勢や態度に力点が込められている。作品は建築家とともに生きたものであり、作品は建築家の生涯の中で捉えなければならないのである。……人と作品というのはそれらの生きた集積なのである。このような深いところから、今井は建築家の人柄に深い愛情と信頼を置き、その人間性という視点から、建築家の人と作品を捉え、紹介するのである。今井の作家研究は、建築家という一人の人間の「私」を通して「私」という総合を通じて建築作品の在り様を追求するところにある。」★2

作品の分析的な評価ではなく、建築家・作家という人間としての生きざまを大切にするという視点は、これまで見てきた作品賞受賞理由とも相通じるものであり、ひとつの時代における建築家像が読み取れよう。

★1――今井兼次：『芸術家の論理』今井兼次著作集第3巻、p.16、中央公論美術出版、1994年

★2――入江正之：「考現学の今和次郎、作家研究の今井兼次、有形学の吉阪隆正の思索を掘り下げる」日本近代における建築論・建築意匠論のルーツを探る、1999年度日本建築学会大会（中国）建築歴史・意匠部門研究協議会資料

主体としての作者と作品の安定した結びつきに対する素朴な信頼感を感じ取ることができる。
一方、菊竹清訓は、ダイナミックな造形を続ける中で、建築の本質を探究するという模索を行った建築家であり、次のような独自の創作論を記している。
「〈かたち〉の認識プロセスは、このような段階を経て、三段階で進むと言える。言い換えれば、〈かたち〉を現象として感覚する段階から、〈かたち〉のなかにある普遍的技術あるいは法則性を理解する第二の段階へ、そして最後に〈かたち〉の原理とでもいうべき本質的問題をあつかう第三の思考の段階へという三段階である。……それは〈かたち〉から個別的独自性をもつと考えられる〈ち〉を取り除いた〈かた〉、さらに普遍性をもつと思われる〈た〉を引いて残る〈か〉という三つの段階の設定である。……認識のプロセスは、〈かたち〉→〈かた〉→〈か〉の三段階ですすみ、実践のプロセスは逆に〈か〉→〈かた〉→〈かたち〉とすすむ。」★3
こうした菊竹の創作論について、作品賞の受賞理由は一切触れていない。時間的な経緯で見ると、菊竹が「代謝建築論　か・かた・かたち」において自らの創作方法をまとめて示す前に、出雲大社庁の舎が完成しており、創作方法にまで触れることができなかったと考えることができるが、この時期の作品評価は個々の創作論にまで踏み込むレベルには至っていなかったともいえるだろう。

1960年代後半～70年代　より建築的かつ客観的な評価へ

この頃から、受賞理由はより長い文章になり、建築的な説明が詳細になる。併せて、審査員による評価や解釈が記されるようになり、その中には、作品に対する疑問点や問題点なども記されることになる。
この時期、磯崎新が10年空かずして、大分県立大分図書館と群馬県立近代美術館で重賞しているが、それらの受賞理由を見ると、建築的な説明が詳細になることと作品性や造形性の評価がより具体的に述べられていることがわかる。これらの受賞理由の中で、大分県立大分図書館の外観と内部の構成の合致をゴシック建築に例える記述や、群馬県立近代美術館にセセッション、バウハウスの精神、エスプリ・ヌーボーの継承を見る記述は、今からするとやや唐突な感がないわけではないが、当時の審査員が磯崎の新たなデザイン手法を歴史的視点も交えて評価しようとしている姿勢が垣間見えて興味深い。曰く、
「この建築の外観は、大きい版と長大梁の線が強調されており、それらの梁の切口、垂直、水平の版の作りだす箱形の大小の穴がのぞき、コンクリート打ち放しの面と線の陰影の交錯する特異な差の印象をみせている。それは、建築内部空間の構成とそれを創り出す構造方式とが、この外観構成の主役を演じるものとして表出したものであり、内部と外部との一致と調和を示すものであろう。それはバットレスが強調されているゴシックの教会の内部と外部のように。
色彩計画についてもあえていうなら、明るさと色との交響詩のような美しさがあり、空気が色で匂っているような空間が与えられている。とまれユニークな新鮮な取扱が密度高くされた建築の一つとして高く評価できるものであろう。」（第18回（1966年度）大分県立大分図書館（現・アートプラザ）　磯崎新）

大分県立大分図書館
（©高知県、石元泰博フォトセンター）

「従来より磯崎　新君の作品はその奔放な独創的造型力をもって知られていたが、この群馬県立近代美術館をはじめ最近の作風は、正六面体・立方体あるいは正方形などのきわめて形式化された格子状の枠に、その卓抜した生来の造型力を嵌め込んで、そのエネルギーを制御する術を獲得されたかに見える。また鉄筋コンクリート構造に対する深い理解によって計画された構造設計に基づく正方形の枠を利用しながら、その枠を超克する芸術的な演出は見事である。
さらに全体計画においても自然環境と人工環境の調和を図り、文化施設としての美的水準を高めるなど、従来からの同君の作品にも増して優れた設計といえる。
このように本作品は現代建築の原点であるセセッションやバウハウスの精神、あるいはエスプリ・ヌーボーを継承しながら、それに磯崎君の独創的エネルギーを、巧みに制御して展開したものである。」（第27回（1975年度）群馬県立近代美術館　磯崎新）
この時期の受賞理由の内、白井晟一の作品性をどのように評価すべきかという苦悩めいたものが感じられる下記の受賞理由も興味深い。
「今日における建築の歴史的命題を背景として白井晟一君をとりあげる時、大いに問題のある作家である。社会的条件の下にこれを論ずる時も、敢て疑問なしとしない。
しかし、建築を人間との深い相関関係において見つめる時、殊に人の心や魂に語りかける何物かに建築を昇華せしめることをもって建築の究極の到達と認める時、白井君はわが国における数少ない出色の作家である。
建築によって構成された空間は個有で独自であり、この建築に使用された石も金属も、白井君の情熱と執念ともいわるべき努力の傾倒によって人間界に生命を得て、歌を唱い、楽を奏でているようである。

★3――菊竹清訓：『代謝建築論　か・かた・かたち』p.9、p.10、p.14、彰国社、1969年

この成果はひとり白井君の光栄であるばかりでなく、「建築の本質」が保有する最も輝かしい側面であって、時と所を超えて賞揚せらるべきものと考え、ここに日本建築学会賞を贈る所以である。」（第20回（1968年度）親和銀行本店　白井晟一）

白井晟一の受賞理由にも、冒頭から疑問点が記されているが、下記の受賞理由でも、同様に疑問点等も含めた建築批評を見ることができる。

所沢聖地霊園の礼拝堂と納骨堂
（撮影｜彰国社写真部）

「当作品は建築成果の中で、いわばbonne etudeとも称さるべき小作品であり、前述の如き好個の手腕は、*果たして、より巨大な大プロジェクトの正攻法的展開においても充全して発動し得るや否や、一抹の疑念を感じない訳ではないが、*徒に空しい建築の形骸を追い求めて事足れりしとし、機能の解明や、工学技術の駆使にのみ傾斜しがちな今日の建築活動中にあって、人間と自然との中に建築のあるべき正当な位置付けを踏まえた当作家の真摯な姿勢と努力に敬意を捧げ、今後の一層の発展を祈念して、日本建築学会賞を贈るゆえんである。」（第25回（1973年度）所沢聖地霊園の礼拝堂と納骨堂　池原義郎）

無論、疑問点はあるものの、総じて作品賞に値するという文脈で読むべきではあるが、見方を変えれば、前の時期の素朴な評価から、より客観性・公平性を持って、作品性を評価するという視点が求められるようになったと考えられる。

この時期、磯崎新によって建築論の新たな地平が切り開かれる。まず、先ほどの受賞理由との関連でいうと、磯崎新が『新建築』1968年2月号に「凍結した時間のさなかに裸形の観念とむかい合いながら一瞬の選択に全存在を賭けることによって組み立てられた《晟一好み》の成立と現代建築のなかでのマニエリスト的発想の意味」という長いタイトルを持つ白井晟一論を書いている。それが、『空間へ』★4の中のあとがき「年代記ノート」の冒頭に記された「すくなくともぼくのイメージする建築家にとって、最小限度に必要なのは、彼の内部だけに胚胎する《観念》である」という、当時の若い世代に大きな影響を与えた言葉に展開する。更に『建築の解体』（1975年）の中で展開される、近代建築の革命が終わり、建築家は主題の不在と向き合わねばならず、自ずとデザインは多様化の道を辿るという発言に発展していく★5。

磯崎の国内における極めて影響力を持った建築論は、海外における建築理論や新たな建築デザインの潮流を背景にしたものであった。『建築の解体』においては、ハンス・ホライン―観念の触手で環境を捕獲する、アーキグラム―建築を情報に還元する、チャールス・ムーア―伝達メディアとしてのポップ建築、セドリック・プライス―システムのなかに建築を消去する、クリストファー・アレグザンダー―環境を生成する普遍言語を探る、ロバート・ヴェンチューリ―現代マニエリスムとしての混成品建築、スーパースタジオ アーキズーム―概念建築による異議申し立て、『建築の解体』症候群、といった目次立てで、海外の新たな建築理論や建築デザインの考え方がキラ星のように紹介された。これらによって、日本における建築理論へ関心は、1970年代に一緒に高まりを見せることとなった。

1980年代～1990年代前半　造形の多様化と建築論・建築意匠論構築の試み

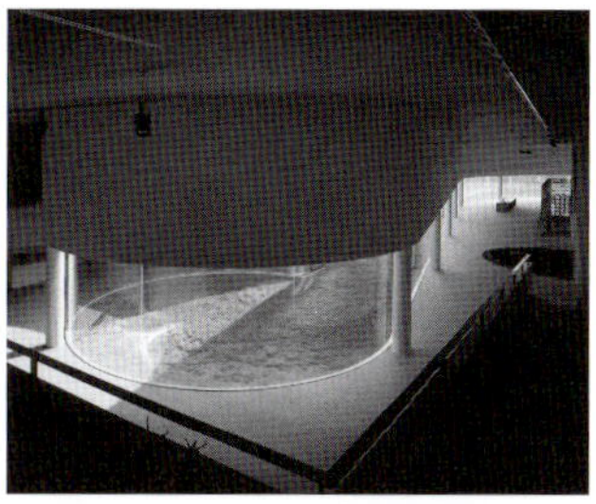

資生堂アートハウス（撮影｜中川徹）

前期に述べた海外での建築論と建築デザインの多様化を受けて、日本国内においても、この時期、造形はますます多様化し、独特の造形性によって選ばれる作品が増えてくる。それに対応し、評価の視点をより明確に示すことが求められるようになり、疑問点や問題点についても、より具体的な表現が用いられるようになる。以下、そうした作品群への受賞理由を列挙してみよう。

「建築形態はすべての材料が同一平面上におさまる単純なディテールによって、平滑、無彩色、ヒューマンスケールの消去等々、抽象化の方向に収斂されている。明快な設計意図は全体に反映し、豊かな構成、美しい比例は設計者の並々ならぬ資質を感じさせる。*私たちは一方で、その構造、材料、工法等々について、定着性に対する懸念からくる困惑を感じながらも、*これからの建築の進む方向を探る新しい芽としてこの建築を評価し、ここに日本建築学会賞を贈るものである。」（第31回（1979年度）資生堂アートハウス　谷口吉生、高宮真介）

釧路市湿原展望資料館（撮影｜新建築社写真部）

「この2つの建築は以上のごとく、作者の強固な意図と意味づけによって組み立てられたものである。また、作者の宇宙観や体質ともいうべき造型感覚によって、新たな、そして極めて個性的で特異な形質を現代建築に賦与することにも成功しており、そこに、作者が建築をこれまで模索してきた一貫した姿勢と修錬の成果を読みとることができる。なお、*この2つの建築に見る上記のごとき設計姿勢や方法あるいは作法は、ともすれば設計者の独善や観念の独り歩きを招く。*しかし、作者は作者固有の言語としての建築を探し求め、それを育み、この建築という言葉で作者は市民に語り掛け続けてきたのである。そしてこのたび、釧路の大地のイメージを建築の造型と空間に凝縮させたものとして、この2つの建築が市民の共感を広範に呼び起こすまでの境地に到達したことは高く評価される。」（第36回（1984年度）釧路市博物館・釧路市湿原展望資料館　毛綱毅曠）

★4――磯崎新：『空間へ』美術出版社、1972年
★5――磯崎新：『建築の解体』美術出版社、1975年

「展示空間の性格が強すぎ、作品の鑑賞を妨げるのではないかとの意見がないわけではなかったが、本来芸術作品の鑑賞は無色透明の空間のなかで行われるものとは言えず、田崎美術館の空間は設計者の理念を込めたものでありこそすれ、決して展示作品を損なうものではないと考えられる。

造型表現においてもこの建物は過去の建築モチーフに依存したり、既存のイメージを流用したりすることなく、あくまでも設計者の独自性を追究している。これは設計者のこれまでの幅広い建築研究の賜物と称してよく、本作品はわが国の建築史上に確固たる存在感を示している。」（第38回（1986年度）田崎美術館　原広司）

ちなみに、原広司は、海外の集落調査を通じて近現代建築の限界を突き崩そうと模索し、『空間〈機能から様相へ〉』（1987年）をまとめる。その中で、近代建築＝物理的機能を脱却し、現代建築＝人間意識への訴えかけへの挑戦を理論的に解明しようとする。その作品としての表明が、田崎美術館であった。また、原は、言葉の重要性についても意識的であり、一連の作品や文章は、多くの若い建築家や学生に影響を与えた。曰く、

「白い山々が夕日映えるような状態を何と言いあらわすのが適当なのか。前書『建築に何が可能か』（学芸書林、1967年）を出して以来、その言葉を探してきた。それが〈様相〉であると気づくのにほぼ20年かかってしまったのである。でもこの言葉にきづいたために、ようやく本書をまとめることができた。前書が〈関係〉の論であるなら、本書は〈様相〉の論である。この対比は「機能から様相へ」によって示す通り、そのまま近代建築と現代建築の差異をあらわしている。……（中略）……所詮、設計は、言葉と空間の鬼ごっこなのだ。だから、見出した言葉には愛着がある。〈はじめに閉じた空間があった〉〈住居に都市を埋蔵する〉〈離れて立つ〉等々である。けれども、こうしたメタフォリカルな言いまわしより、建築の展開を共有していくうえでは〈均質空間〉〈部分と全体〉といったより一般的な概念、あるいは〈境界をあいまいにする〉〈オーバーレイ／重ね合せる〉といった具体的な方法の概念の方が有効なのであろう。」（原広司「空間〈機能から様相へ〉」1987年）★6

東京武道館（撮影｜新建築社写真部）

さて、他の受賞理由の考察に戻り、独創的な造形、個性的な造形を評価する様を見てみよう。

「設計者が……複雑な与条件をまとめあげたのは、才能というよりは設計に投入されたエネルギーの結果であろう。そしてそのエネルギーを生み出した源は「武道は芸術である」と断定した若い設計者の執拗なテーマ性の追求である。

武道という歴史性を、日本風という伝統の様式ではなく、武道というものの記憶を埋蔵した一つの表象形で表現しようというのが狙いであったという。その成果としての菱形のユニットの装飾的なパターンで外部から内部に至るまで建物の隅からすみまでを埋め尽くし、えてして競技専用の大型空間だけにとどまってしまうこの種の施設に武道館らしい緊張感を生み出している。」（第42回（1991年）東京武道館　六角鬼丈）

「ダリの象やスターウォーズの象形戦車をしのばせるこの建築離れした塔の印象により、あたりの光景がにわかにシュールリアルな様相を呈しはじめ、どこか月世界とか未来の光景をのぞいているような感にうたれる。

リアスアーク美術館（撮影｜Swifty 菅原）

いずれのデザインも見た目にはきわめて強い癖を持つが、実際に接してみると実用性をよく満たしているのがわかる。そうした癖の強い個々のデザインは、下手をすると全体のバランスを崩す危険があるが、設計者は個々の暴れを強力無類のデザイン力でよくコントロールし、にぎやかでありながら統一と落ちつきのある空間を生み出している。」（第46回（1995年）リアスアーク美術館　石山修武）

こうした作品性＝個性的な表現という状況が強まる中にあって、次の受賞理由は、他とはニュアンスをやや異にする。

「設計者の建築造形に関する理知的な直観力と繊細で豊かな感性と技巧が、この作品では遺憾なく発揮され、さしたる破綻もなくこのような大プロジェクトを大きなスケールでまとめていることは、その秀でた力量の充実を示すものと言わねばならない。空間構成、素材の選択やディテール、装飾の工夫においても、劇場建築に相応しく多種多様な引用が行われているが、それらは機知に溢れしかも抑制が利いている。ともすれば華やいだ「あだ花」的な作品が芸術としてもてはやされるなかで、「花」を支える建築の組立の「格」の大切さに目を向けさせるものであって、高く評価すべき作品である。」（第47回（1996年）彩の国さいたま芸術劇場　香山壽夫）

香山は、1980年代後半に、東京大学において、長年開講されていなかった「建築意匠」なる講義を再開することによって、現在の建築意匠論の基礎を築いた。その講義をまとめた著作の中で、建築意匠を端的に表現した以下のような件がある。

「「意匠」とは「工夫をこらす」という意味の古い言葉で、明治以降、日本で西欧的な建築教育が行われるようになった時、「デザイン」を意味する言葉として、改めて用いられるようになった。心の中にあるイメージ（意）を、形に作り上げる（匠）、という美しい言葉だと思う。建築設計の本質を示す、見事な言葉だと言っ

★6——原広司：『空間〈機能から様相へ〉』岩波書店、1987年

てもいい。
しかし、いつしか「建築意匠」という講義科目は、日本の大学の教育においてあまり重視されなくなってきた。1960年代、私が学生だった頃は、すでにそのような状況だったと言える。その直接の理由は、日本における「建築意匠」の教育が、日本になじみのなかった西洋建築のスタイルや装飾法を、急務として始められたものであったからと言えよう。したがって、近代建築が様式的建築から離れて独自の道を歩み始めた時、「建築意匠」、表面的な形のみを問題にする内容の乏しい科目と考えられるようになったのである。
しかし私には、その理由はもっと深いところにあり、「形」の問題を表面的なものとして軽視し、精神あるいは本質は、もっと深い問題であって、形とは関係のない別な問題だとする態度にあるように思われる。形と本質を別にして考える時、すべての芸術論の内容は空しくなる。そして、同時に、その論は、人間の行為、現実の創作活動に、何の力も与えないものになる。神ならぬ人間にとって形なくして精神はない。形そのものに、人間の本質の現れを見ようとするのが「建築意匠」なのである。」（香山壽夫『建築意匠講義』1996年）★7

要は、建築のデザインに焦点をあてながらも、その根底にある人間、文化、社会、環境などとの繋がりや広がりを考察できるか、その方法を問うこと自体が、建築意匠論の根本の問題意識として存在している。この意味で建築意匠論は、固定化した学問体系というよりは、建築のデザインにかかわる人間が、自らの設計行為の意味を問い続けるための思考のヒントを提供し続ける開かれた枠組みということになる。
この時期に、原広司と香山壽夫のように方向性こそ違えど、基本的な志向としては、建築を総合性において、本質において論理的に捉えようとする建築思考が現れたことは重要な点である。それらは、建築に関する具体的かつ分析的な言語を確立し、建築批評言語を発展させる点においても重要な役割を果たすことになる。

1990年代後半～　先鋭化・私小説化と創作論

建築デザインは多様化という域を超えて拡散の相を呈するようになるが、それぞれの方向において先鋭化の道を辿る。また、前期に見られたような独特の形態や表現の強さを備えた作品が減り、むしろ、表層、素材、身体性、軽快さを志向するようになる。建築論においても、総合化や本質の志向ではなく、既に前期末に見られた、伊東豊雄の主張する「風のように軽快な建築」「衣服のように疲れない建築」という説明★8や、安藤忠雄のようにより自然や人間生活に密着した説明が増える。こうした状況にあっては、受賞理由は前期にも増して、作品を丁寧に説明し評価の視点を詳細に述べざるをえなくなる。疑問点はあるものの評価できるという論調が基本ではあるが、受賞理由自体が、見事な作品解説となり、細やかな建築批評となっていく。本稿では、主題に即した箇所しか引用することができないので、これまでの項以上に原文をお読みいただくことをお勧めしたい。
ひとつの大きな特徴として、評価には、新しさ、新しい空間、新たな可能性、という言葉が目立つようになる。つまりは作品の先鋭化、新進性が評価の大きな軸になる。このことと比較的若い世代の建築家の受賞が相次ぐようになるというこの時期の傾向は、密接に関係しているといえるだろう。こうした特徴や傾向を具体的に見ていこう。
「このように、この施設は登米町と建築家の夢と心意気がつくりだした地域文化活動の拠点である。また、作品としての社会性・芸術性・機能性・経済性の評価のみならず、自然・文化との共生を視野に、地方都市の町づくりに新しい価値観を提起することとなるであろう。」（第48回（1997年）登米町伝統芸能伝承館　隈研吾）

登米町伝統芸能伝承館

ここにも新しいという表現が入っているが、この場合は空間の新しさではなく、町づくりに対する新たな価値観という評価である。隈は、多くの著書において自らの建築観を語る。いくつかを取り上げてみると、「負ける建築」（2004年）★9 では、これからの建築は、強く堂々たる表現で周囲の環境を支配し続ける20世紀型の「勝つ建築」ではなく、もっと弱く，環境等の諸条件を受け入れる「負ける建築」でなければならないと主張する。「自然な建築」（2008年）★10 では、20世紀建築の主要な素材であるコンクリートは場所と素材との関係性を断ち切り、自然を画一化するものであり、水、石、木、竹、土、和紙などの自然素材を、それぞれの場所に活かす試みを主張する。極めてわかりやすい論調であり、このわかりやすさがこの時期の建築論の大きな特徴ということもできる。総合的な建築論というより、客観性を装った私的な創作論といってもよい。
「新しい空間」、「新たな可能性」が評価のより中心に据えられたいくつかの作品の受賞理由のいくつかに眼を向けてみよう。

★7——香山壽夫：『建築意匠講義』東京大学出版会、pp.249-250、1996年
★8——伊東豊雄：『風の変様体』青土社、1989年
★9——隈研吾：『負ける建築』岩波書店、2004年
★10——隈研吾：『自然な建築』岩波新書、2008年

国際情報科学芸術アカデミー
マルチメディア工房
（撮影｜新建築社写真部）

潟博物館（水の駅 ビュー福島潟）
（撮影｜新建築社写真部）

ビッグパレットふくしま（撮影｜新建築社写真部）

「この爽快で美しい建築は、見慣れた建築的ボキャブラリーを消した構成によって、今までの建築が持っていた空間の中心と周辺、表裏、主従といった二項対立的、また纏まり、確かさ、安定性といった確固たる階層的な秩序を根底から揺さぶる空間として成立しており、ヒエラルキーのない等価な世界をもたらしている。またこのことで、制度的に硬直化した既成の建築空間を相対化して、建築空間の新しい可能性を示している。近年、新たな建築の空間が様々模索されるが、その多くは必ずしも成功していない。そうしたなかで、この建築ほど新たな建築の空間を獲得し、また建築の空間としての挑発力をもったものはなかったのではないかと思われる。」（第49回（1998年）国際情報科学芸術アカデミー マルチメディア工房　妹島和世、西沢立衛）

「ここでは、動線空間こそが目的空間であるという、反転したユニークな発想から構成された点にある。……しかし、最も評価すべきことは、動線空間の組み合わせで構成しようという設計者の強い意志から生まれたこの建築が、既成の建築空間とは異なる新しい可能性を獲得することに成功しているという点である。」（第50回（1999年）潟博物館（水の駅 ビュー福島潟）　青木淳）

「近代建築における全体の整合性とディテールの階層的な関係に替わって、この建築では部分組織が全体組織のありように自己主張をしている。部分が全体であり全体が部分である。……*その具体的な手法には独裁者的なところも見受けられるが*、近代建築のリニアな発想に対する挑戦が感じられる建築である。未来への方向性と新しい感性を感じさせる建築である。」（第51回（2000年）ビッグパレットふくしま（福島県産業交流館）　北川原温）

しかしながら、しばしば「新しさ」は代償を伴うといっても過言ではない。次の2作品に対しては、新しさが強調されると同時に、疑問点も詳細に述べられている。

「*ただ、期待して見に行った割には、材料の見本市的なフィニッシュ、外部やいろいろなところに見える配管など、ディテールに関する不満は最後まで残った。しかしながら、それらのことは設計者が今後の仕事の中で解決できるであろう。*施主との関係、材料の使い方、ディテール、完成度、寿命などを経験の中で詰めていくことを期待したい。それよりも、彼が逆にその若さで突破し、見せてくれた新しい空間は私的美術館のプロトタイプとしても、新しい空間としても、日本建築学会賞選考委員会運営規程……に照らしても、十分賞に値すると判断した。」（第57回（2006年）富弘美術館　ヨコミゾ マコト）

「2年の設計期間の大半は柱の配置や断面太さ、向き等のスタディに費やされた。……そして最終的に1/20、1/3、原寸大の模型により確認、決定していったという。こうした過剰ともいえる執拗な検証を通して、柱の多さに対する関係者の懸念を解消しつつ、自己の追求する空間を徹底的に実現しようとした努力と執念には感嘆させられる。

*その反面、森をイメージしたというが外界と内部とが環境的に隔絶していること。FIXガラスやトップライトの熱負荷対策が皆無に近く、加工作業に伴う粉塵や臭気に対する空調換気設備が万全と思えないこと。計画として機能を省きすぎたため、建築よりも環境アートに近づいていること等、建築としてのトータリティを欠き過ぎていないかという懸念が最後まで残った。また設計者が狙った“霧のように濃度の変化する場”は、“柱が無数にある”という支配的知覚に回収され、顕在化していなかった。*しかしながら、ここには空間の根本的性格と架構体のあり方を全く同一化しつつ、建築空間を初めて“密度”のみによって思考、実現するという驚くべき試みがある。この試みは今後の建築空間の新たなあり方へ多大な貢献を果たすに違いない。」（第60回（2009年）神奈川工科大学KAIT工房　石上純也）

『石上純也｜ちいさな図版のまとまりから建築について考えたこと』★11、『石上純也　建築のあたらしい大きさ』★12などの著書・作品集を見ると、様々なスケールの図面、文章、写真が混在し、一体となって、曖昧な不思議な像をつくり出しており、受賞作品と相通じる点が感じられる。

この時期、ユニークなのは、藤森照信に対する受賞理由である。ここでは、それまでの審査に見られた作家性に対する評価が健在であるようにも思わせる。作家性を評価するには、ある程度の数の実績が必要であるが、藤森照信に対する受賞理由ではそうした点にも触れているので、少々長くなるが引用しよう。

「建築史家として、また路上観察家として名を知られる藤森照信君の建築作品は、発表されるたびに話題になり、そして物議をかもす。それは大量生産・少量注文生産を問わず、現代の主流となっている20世紀的工業製品の精度や材質感・テクスチュアを基盤とした美意識とは、ほとんど対極ともいえるほどかけ離れた建築観が具体的に提示されるからである。ガラスとアルミの建築に対するアンチテーゼとして、土と木の建築が提示される。均質と精度に対して、手触りとばらつきが提示される。ツルツルに対して、毛深さが提示される。

これ以前に発表されたものは、……たとえそれが建築の主流的美意識に棹差すものであっても、その私性や非日常性によって、深刻な問題になり得ない枠組みのものであったと言える。

今回の建物はそれらと違って、大学校の学生寮という、価値観も思いも異なる多数の若者や関係者が

★11――『石上純也｜ちいさな図版のまとまりから建築について考えたこと』INAX出版、2008年
★12――豊田市美術館監修：『石上純也　建築のあたらしい大きさ』豊田市美術館監修、青幻舎、2010年

四六時中生活をする「日常的」施設である。ごく一部の好事家を満足させればすむ類の建築ではない。また、短時間の面白体験をめざせばすむものでもない。これまでの例とは大いに違う、いわば日常的大規模構築物において、動線計画など計画面での難点の指摘はあったものの、藤森イズムの空間やデザインが豊かな建築を作り得る可能性があることを証明し得たことの意義はまことに大きいと言わざるを得ない。」（第52回（2001年）熊本県立農業大学校学生寮　藤森照信）

藤森自身多くの著作を著わし、素材などに関する独特の主張を行っているが、建築全体の構成の論理のような大きな問題に触れるというより、より個人的な「好み」に基づく創作論であるといってよい。その意味では、私小説的ともいえる。受賞理由に見え隠れする作家性の評価も、そうした私小説性が、公共の建築にも通用することを示したことを評価するというスタンスである。

このように、改めて作品賞の受賞理由を読み返すと、様々な変化が見えてくる。作家性をめぐっては、主体としての創作者に対する素朴かつ総合的な信頼から、むしろ特段にユニークであることを作家性とする視点への変化が見られる。作品の評価も、全面的な評価というより、新しさは評価できるが、様々な疑問点も挙げ連ねざるを得ないという変化がある。それは、視点を変えれば、評価そのものが大きく変わるということでもあろう。こうした変化自体は、決して嘆くべきことではないにせよ、作品評価や作品批評が大変難しい時期を迎えていることは確かであろう。また、建築家自身の理論も海外の建築論の学習から、建築の在り方をめぐる総合的理論に変わり、最近ではより断片化した形での創作論に変わりつつあることも見てとれる。60年の作品賞の歴史は、建築作品・理論・批評をめぐって、日々の微分的な変化の中では見落としがちな様々な大きな変化を改めて考える貴重な機会を提供してくれる、極めて豊かな蓄積なのである。

works V──1
14｜1963年
日本26聖人殉教地記念建築
今井兼次

日本26聖人記念館・日本26聖人記念聖堂（聖フィリッポ教会）
設計者名｜今井兼次
構造設計｜猪野勇一
設備設計｜井上宇一
施工｜大成建設
竣工｜1期 1961年11月
2期 1962年8月
所在地｜長崎県長崎市

聖堂遠望（撮影｜大橋富夫）

記念館「殉教の柱」と記念碑裏面（撮影｜大橋富夫）

記念碑側面（撮影｜大橋富夫）

本作品は、キリシタン迫害によって長崎で処刑された日本26聖人を記念する施設であり、双塔を備えた聖堂、神父館、展示館、記念碑から成る。今井兼次のガウディへの尊敬の念は、双塔の造形やフェニックス・モザイクと名付けられた壁面デザインに遺憾なく表現されている。また、合理性と技術を前面に出したモダニズム建築に対する批判的表現は、作家的建築家である今井の立場を明確に示している。なお、今井は、大多喜町役場にて第11回（1960年）作品賞を受賞しており、2度目の作品賞受賞であった。
（小林克弘）

聖堂の東側（撮影｜大橋富夫）

works V――2
20｜1969年
親和銀行本店
白井晟一

親和銀行本店
設計｜白井晟一研究所
施工｜竹中工務店九州支店
竣工｜1967年
所在地｜長崎県佐世保市

正面（撮影｜レトリア 高瀬良夫）

1階第1営業室（撮影｜レトリア 高瀬良夫）

白井晟一は、建築を設計するためには哲学を学ぶ必要があるという信念から、ベルリン大学のカール・ヤスパースに師事するという特異な経歴を持つ建築家である。この作品は、佐世保を本拠地とする親和銀行の本店であり、白井の代表作というべき有名な高層のコンピューター棟である懐霄館(1975年)はまだ完成していないので、第一期と第二期を対象とした受賞である。独特の形態、光の演出、素材感に対する思い入れなど、マニエリスム的空間、哲学的空間と評されることが多い。白井自身の原爆堂計画（1955年）を原型としていることが、自らの受賞の言葉の中にも述べられている。

（小林克弘）

（撮影｜村井修）

works V——3
27｜1976年
群馬県立近代美術館
磯崎新

群馬県立近代美術館
設計｜磯崎新
構造設計｜川口衞構造設計事務所
設備設計｜日本環境技研
施工｜井上工業
竣工｜1974年
所在地｜群馬県高崎市
1994年ハイビジョンセンター・カフェ増築
1997年現代美術棟増築
2008年本館改修

“群馬の森” 公園ゲートよりの眺め（©高知県、石元泰博フォトセンター）

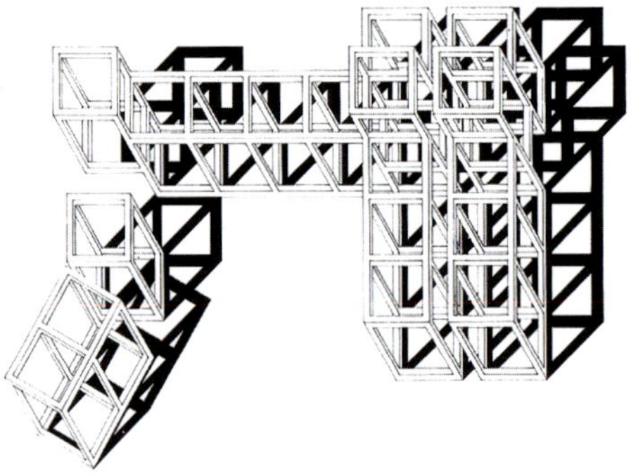
構造

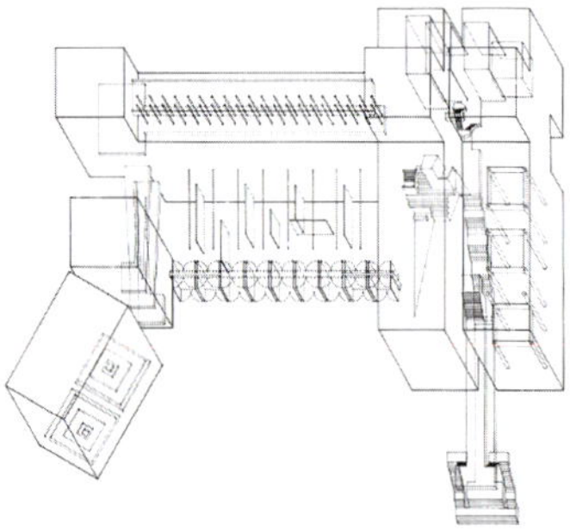
二次構造アクソメ

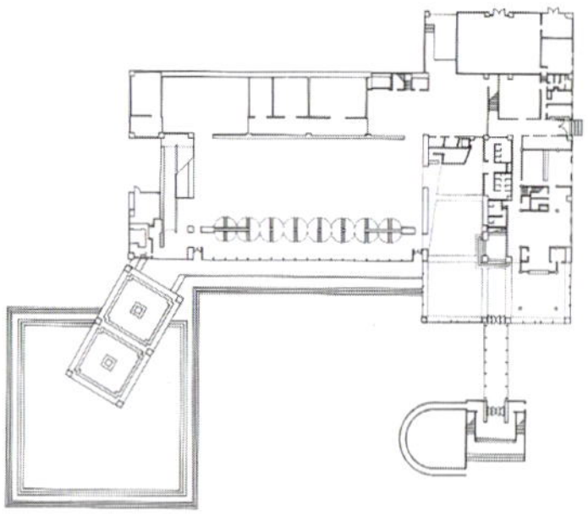
1階平面図

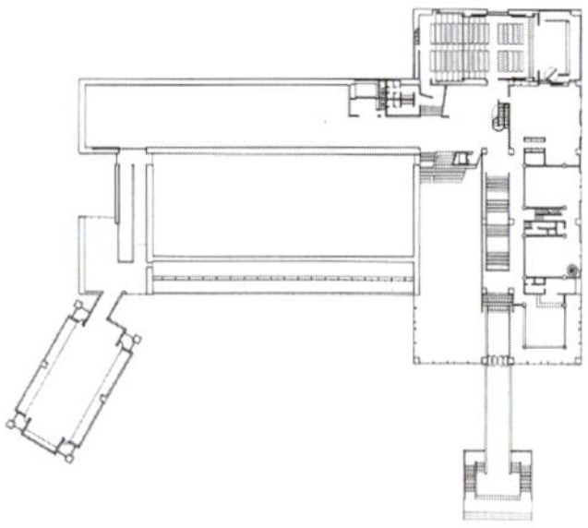
2階平面図

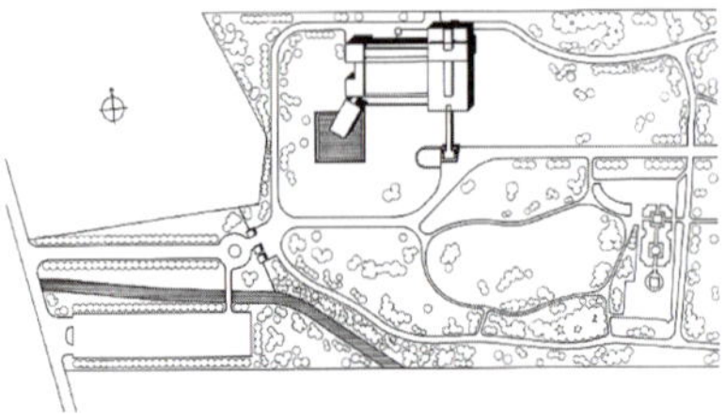
配置図

群馬の森の公園内に建つ美術館であり、1970年代の磯崎の純粋幾何学の嗜好、フォルマリズム的アプローチを遺憾なく発揮した作品である。抽象的な立方体格子の中に、古典的な大階段、逆遠近法のオブジェ、スーパーグラフィックス、アルミニウムによる当時としては極めて斬新な仕上げなどの視覚的な演出や仕掛けも行われ、全体として、当時の世界の建築界が試みていた、あるいは試行していたことを極めて高度なレベルで一挙にまとめ上げた作品である。磯崎自身の受賞の言葉にも、この達成感が誇らしげに述べられている。作品賞が、新しい建築表現を評価することのきっかけとなった作品ということもできるだろう。

（小林克弘）

エントランスホールから日本美術展示場をみる（撮影｜新建築社写真部）

works V——4
38｜1987年
田崎美術館
原広司

田崎美術館
設計｜原広司　アトリエ・ファイ建築研究所
構造設計｜佐野建築構造事務所
設備設計｜愛住設計
施工｜北野建設
エイト・デザイン（サイン・装飾金物）
竣工｜1986年4月
所在地｜長野県北佐久郡

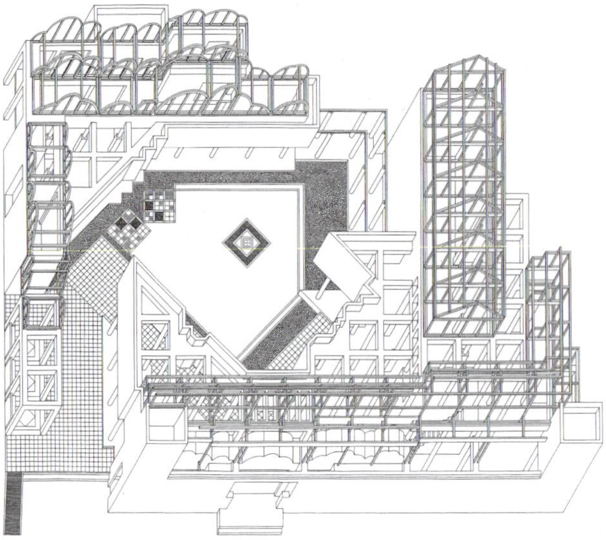
構造アクソメ図

雲形屋根（撮影｜大橋富夫）

軽井沢に建つ田崎広助画伯の作品展示のための美術館である。個人の常設展示美術館であることと軽井沢の自然の中に立地し、冬季は閉館する等の条件下で、閉じた空間ではなく周囲の自然と視覚的に重なり合う独特の空間が生み出されている。独特の形態群を伴った「視覚的な重ね合せ（オーバーレイ）」、「境界をあいまいにする」、「様相の建築」、など原広司の建築思考が遺憾なく表現されている。原が、集落研究、空間の数理的研究等に手がかりを得て、モダニズムを乗り越えるための創作理論を築き上げるというきわめて貴重な実践を試みた建築家であることを、改めて確認しておきたい。
（小林克弘）

ガラスへの映り込み（撮影｜大橋富夫）

中庭と資料展示室を見下ろす（撮影｜大橋富夫）

works V——5

52 | 2001年

熊本県立農業大学校学生寮

藤森照信

熊本県立農業大学校学生寮

設計｜藤森照信　入江雅昭　柴田真秀
西山英夫
構造設計｜草場建築構造計画
（草場基成）
設備設計｜小路設備設計事務所
（小路和彦、河野耕平）
施工｜
［建築］冨坂建設　三和建設
生田工務店　七城建設　日動工務店
［電気］日建電設　藤原電工
西日本電工　建栄テック
［機械］西部管工土木　千代田工業
西山商会　蘇陽施設産業
竣工｜2000年
所在地｜熊本県菊池郡

アプローチ（撮影｜増田彰久）

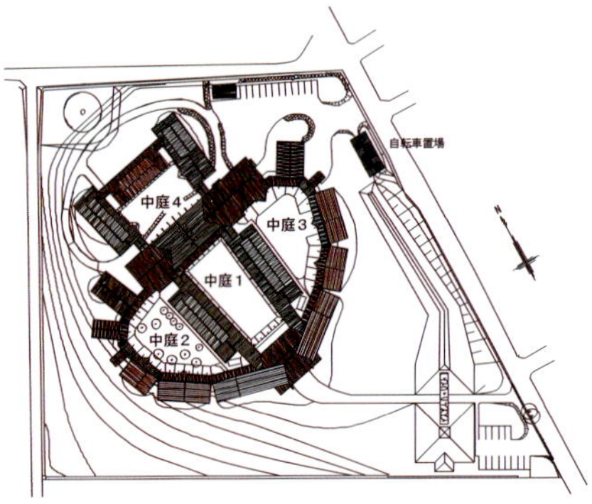

配置図

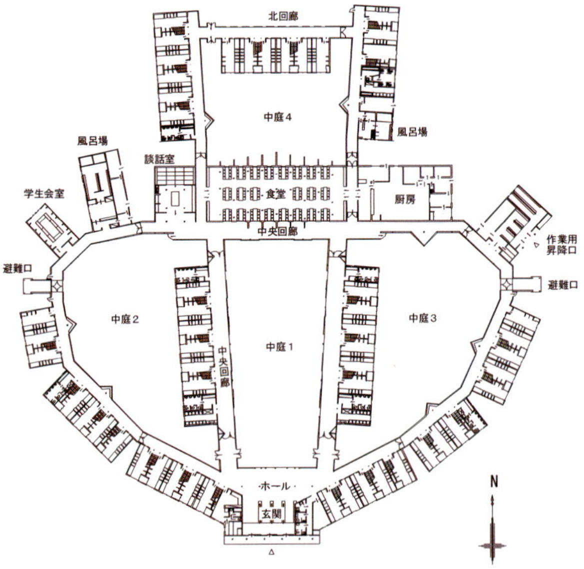

1階平面図

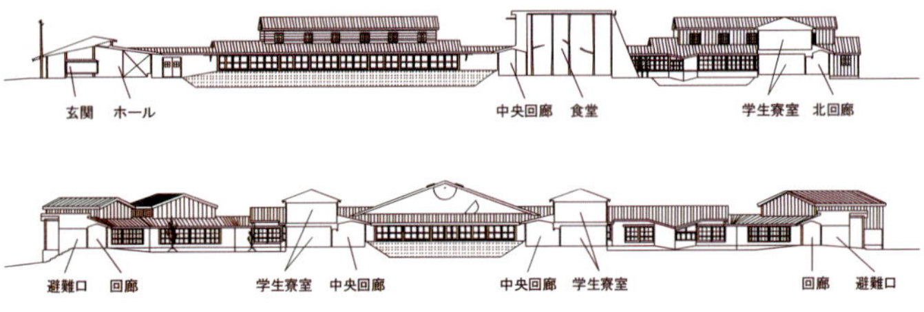

断面図

くまもとアートポリス・プロジェクトの作品である。それぞれのテーマをもつ４つの中庭の周囲をめぐる回廊型の平面計画がなされ、寮としての共同体の深化が意図されている。２階の個室へのアプローチを階段室型とすることで、否応なく回廊が使用されることになるという意図が強化されている。構造は木造とすることが条件であったが、設計者がこだわったのは、独立柱を強調することであり、玄関ホールや食堂などの大空間では赤松の柱をシンボルとして内部空間が構想されている。（小林克弘）

食堂（撮影｜増田彰久）

works V——6
60｜2009年
神奈川工科大学KAIT工房
石上純也

神奈川工科大学 KAIT工房
設計｜石上純也建築設計事務所
構造設計｜小西泰孝建築構造設計
設備設計｜環境エンジニアリング
施工｜鹿島建設
竣工｜2008年
所在地｜神奈川県厚木市
contractworld.award 2009 最優秀賞
Bauwelt Prize 2009 最優秀賞
第50回BCS賞特別賞

約 45m 角の平屋のガラスで覆われたワンルーム空間であり、学内の開かれた工房としての機能を持つ。異なった断面をもつ 305 本の柱の不規則な配列によって、空間内における密度感の変化を生み出し、ひいては、距離感や領域感を曖昧にするという、その 1 点だけが目指されている。尋常ではない執念の産物であろう。建築というよりは、空間演出装置や環境アートに近いものであるが、逆の見方をすると、建築はこのようにもなりうるという意識を喚起する作品である。

（小林克弘）

内観（写真提供｜石上純也建築設計事務所）

断面図

名建築誕生の背景・証言で綴る

中谷礼仁

いうまでもなく建築は、建築主の発意、設計者による未知かつ的確な提案、実現化に向けての施工者の努力、そして完成後の作品に愛着をもち、維持していこうとする使用者たちの営みの出来事の総体である。
これら総体の比重や構成は、第二次大戦後の日本の近代建築において如実に変化していった。このトピックは以上のような建築実現とその変化を、複数の視点、証言から構成しようとするものである。
このトピックでは以下の基本的な考え方によって、とくに論じる作品を選定させていただいた。

1. 上記意味における建築総体の関与者の行為が明瞭に時代を反映しているもの、またはその画期となったこと。
2. 加えて近年、リノベーションや保存活用工事を行った場合は、その際の証言も加味できるもの。
3. 「証言で綴る」という基準については、以下のいずれかの方法に従った。
   - 3-1　証言レベルの資料が残されていること
   - 3-2　近傍の証言者が生存していること
   - 3-3　使用者の証言がとれること

また他にも論じるべき作品があったが、他トピックとの重複を避けるために割愛した。重複した作品については各論で紹介している場合がある。
建築を出来事の総体として考えること。これは建築学会50周年を記念し昭和24年より再開された（注：昭和13年に一回、作品賞の前身の「技藝賞」が選出されたが、その後途絶えていたのである）日本建築学会の作品賞に選ばれた作品を分析、論じていくことに、貴重な視点をもたらしてくれる。
それは、作品賞を選出する本学会、要は審査側がその作品に込めた建築への期待とでもいうべきものをも検討しうるからである。建築主、設計者、施工者、使用者に加えて、当時の学会の審査員たちの真摯な評価の内実をも検討することになるだろう。本イントロダクションではこの点について特に触れながら、論じる作品を紹介したい。

——

まず藤村記念堂（1949年度、谷口吉郎設計）は記念すべき戦後再開となった作品賞の第1回受賞作である（当時の呼称は「技藝賞」であった）。

藤村記念堂は同設計者による慶應義塾大學校舎四號館と合わせての受賞となった。慶應義塾大學校舎四號館（現存せず）は、木造二階建ての二棟が向かい合わせられ、谷口が得意とした建築構成とその余白としての庭が純度高く展開されたものであった。同記念堂はそのような谷口の手法の延長線にありながら、発注主と施工者が同一の村落共同体という特異な建築であった。小村の記念堂建設の熱意に応えて設計者が介入したのであり、村人たち自身が建てたのである。慶應義塾大學のみならず小作品としての藤村記念堂をも受賞作とした点は、当時の審査員たちが、建築をつくりあげる共同体の力を同作に見ていたからに他ならないであろう。

——

世界平和記念聖堂（1955年度、村野藤吾）は今なお私たちを魅了してやまない故村野藤吾の代表作の一つである。当初設計競技が催されたが、該当作なしとして、審査員の一人であった村野藤吾が設計の重責を担ったものである。いわば四面楚歌になりかねない中で、村野藤吾は普遍的となりうる他はない作品をつくらねばならなかった。当時の審査においても、発注主が求めたカソリック的であり、普遍的でもあり、そして日本的表現をも加味されているというきわめて困難な注文をこなしたことに、賞賛を送っている。設計競技の経緯、朝鮮戦争の物資の値上がりによる工事の中断など複雑な経緯をたどった作品であり、その証言は多方面に残されている。

——

東京文化会館（1961年度、前川国男）もまた複数の修復を重ねつつ、いまだに愛用されている日本を代表する音楽ホールである。テクノロジカル・アプローチを標榜した当時の前川の主張に呼応するように、審査評においても、複雑な要求を巧みにまとめた平面計画、構造学・音響工学との高度な統合が強調されている。前川は前年にも同様の施設である京都会館において作品賞を受賞しており、連続受賞となった。京都会館の審査評もまた、文化会館同様の前川の技術的統合性をもって高く評価されていた。

——

アテネ・フランセ校舎（1962年度、吉阪隆正）は、フランス語教育を中心とした自由な雰囲気を持つ語学学校を母体として様々な意欲的試みが現在までも継続し、建築もまた健在である。後期コルビュジエの弟子でもあった吉阪隆正の体質ともいえるマッシブな表現が特徴である。審査評においても、その自由闊達なコンクリートの彫塑表現が評価されている。数少なくなった吉阪の現存作品であるが、この作品の射程は、それまでのモダニズムの理解を拡張したものとして、その後の日本近代建築に少なからず影響を与えている。

——

NEXUS香椎　レム棟、クールハース棟（1992年、レム・クールハース）はバブル期の先取的デベロッパーとコミッショナー的建築家と指名建築家による建築展覧会的様相をおびた開発であった。それは日本のバブル経済を象徴し、またその中での建築家の役割が大きく変質した。その意味で同開発はやはり出来事総体としての建築の時代的画期にふさわしいものであった。当時の受賞理由も、従来には見られなかった痛烈な批判からはじまるが、その中からレム棟、クールハース棟の先取性を高く評価している。その先見性は評価されるべきであろう。

——

金沢21世紀美術館（2006年、妹島和世／西沢立衛）は新しいタイプの市民に開かれた美術館を目指し、実現化したものである。しかしながら審査評においては、むしろ新しいプログラムをすら、自らの表現へと徹底的に昇華させたその作品的完成度が中心となって語られている。現在においてこの美術館は金沢の公共建築を代表する存在となり、意欲的な試みや市民参加も活発である。本報告においては現在進行形の美術館として同作品を語ることが不可欠と感じた。

——

以上に、選定作品とその作品にたいする当時の学会の審査評を簡単に紹介した。各トピックにおいては、その作品論にもっとも適当な人材を配し、そのドキュメントを生き生きと語っていただくことに配慮したつもりである。

戻りえぬ故郷をつくること 藤村記念堂建設の経緯

中谷礼仁

旧中山道と馬籠（まごめ）のはじまる四つ辻に立つと、眼下に美しい宿場の並びが眼に入ってくる。今は交通も整備され、気楽に赴くことができるが、眼を水平に近づけると空ばかりが見える険しい土地である。その傾斜を徒歩で往路した昔の山の暮らしの苦労はいかばかりであったかと思う。

さて、事のはじまりは第二次世界大戦中であった。馬籠出身の島崎藤村が昭和18年に大磯で没した後のことである。当時30代を中心とした馬籠村の有志が藤村の記念になるものを藤村の生家跡に建立しようとしたことが発端であった。島崎藤村の生家は本陣であったが、すでに明治29年の大火で焼失してしまった。当時その場所は果樹のなる畠地となっていた（写真1）。ぽっかりと家並から外れていた。

当初、何をするかうまくまとまらなかったが、昭和20年の秋の頃、馬籠村の鈴木儀助と原穣が、ちょうど島崎藤村の生家の奥の隠居所に疎開していた翻訳家・作家の菊池重三郎（1902～81年）に相談を持ちかけたことから話が急に具体化することになった。

写真1　藤村記念堂建設前の馬籠旧本陣跡と奥の隠居所
（出典｜菊池重三郎『木曽馬籠』）

晩年の島崎と懇意にしていた菊池は、戦中、疎開先の馬籠と東京とを行き来するうちに、自らも藤村の生家をふくめた馬籠周辺を文学公園とすべきという提言を『文芸』誌上で発表していた★1。菊池の彼の思いを後押ししたのがその編集者、野田宇太郎であった。詩人でもあった野田宇太郎は菊池に、知己の建築家・谷口吉郎を紹介した。この経緯の中で、菊池は谷口の設計協力を得たのだった。谷口吉郎もベルリン出張を経て、教授職を得、不惑の時代に移行しつつあった。そして野田宇太郎は後に文化財保護運動へと乗り出し、明治村創設に奔走することになった。共同体の思いと風土に関心を持つ文化人ネットワークの思いがシンクロする瞬間であった。

昭和21年中頃にこうして菊池重三郎を会長とした「ふるさと友の会」が馬籠で結成された。当初は9名で構成されたが、翌22年の2月17日、藤村の誕生日に行った発起会では協賛者を含め村の男女96人の構成員にまで拡大した。

谷口が2名の助手とともに馬籠に上ってきたのは3月3日のことであった。現地測量が済み、設計図が送られてきたのは早くも3月下旬であったという。

「島崎藤村記念事業馬籠本陣跡設計図」と記されたその図面の内訳は5枚。一、敷地配置図、二、表門及塀詳細図、三、記念館平面及立面図、四、正面土塀、記念館室内展開図及屋根伏図、五、記念館詳細図であった。主設計者を谷口とし、他に4名の製図者の名前が記されていた。工事の落成式は同年11月15日と定められた。

図面名が「本陣跡設計図」となっていることは興味深い。これは谷口の美学による独自の提案であった。彼の当時の言には以下のような一節がある。

「記念事業としては、その跡に、昔の建築を再興したいという案もあったが、私は、焼け跡はそのまま残すことが、かえって記念となるのではなかろうかと考えた。」（谷口吉郎「馬籠の記念堂」『新建築』1949年3月号）

以前、ベルリン出張中に日本庭園の設計をまかされた谷口は、現地で一つも野石が見つからず、いっそのことコンクリート製にしてはどうかという某人の提案に対して「しかし、庭というものはそんなものだろうか。もちろん、日本の庭は、人間が『自然』を模したものであることを特色とするが、そんな自然の剥製であろうか。そんな模型細工のようなものだろうか」★2と反応する。そして日本から石が届かなかったら、「いっそのこと、石の無い庭にしてしまおうか」とまでいうのであった。谷口が安易に本陣の復原事業とせず、本陣跡としたのには以上のような「つくりもの」に対する疑念があった。

「そのために本陣跡の畠地を整理して、村の川から砂を運び、焼け跡を清浄な砂地とした」（「馬籠の記念堂」）。すると「畠の中からは焼けた土台石も出て、それが庭石のように、その砂地に静かな風情を添えた」のであった。谷口にとっての「つくりもの」への疑念とは、安易な復原では回復しない決して戻れぬ時間＝ふるさとがあることを肯定することであった。戻りえぬこと、それがふるさとの本質でもある。このような建築観が後の保存学の学徒に間接的に与えた影響は大きいと思われる。さらに谷口の設計は異形の特徴があった。それは妻幅が短く逆に平入の長い、極端に細長い建物であったということである。谷口がいうに「隣地との境界には、奥行7尺長さ13間半という細長い建物を建て、その中に、藤村と『ゆかり』のある人々の作品を並べて、『藤村記念堂』とした」のであった。
その理由は推測するしかないが、そのひとつには施工者が村人たち自身であったということが挙げられる。記念堂の構造は古代的ともいえる素朴な架構を反復したものであった。その突き当たりの藤村像に向かって、建てられたそれぞれの柱間に、さまざまな建築的装置がしつらえられた。それら開口の詳細については谷口自身が孤蓬庵との類似性を指摘しているが、もうひとつには、それなりの腕をもっているがしょせんは村の素人大工たち(農夫)の力を、反復的な作業を多くすることによって、もっともよくその美徳を発揮させるための工夫であったと考えることもできるからである。田植えの繁忙期である6月前にまず冠木門が建てられた(写真2)。工事は農作業の合間を縫って進められたのだった。
「9月11日
馬籠　鈴木儀助から大磯へ★3
……落成式をば十一月十五日にやることになったので、そんなら、あとふたつきしかないで、よっぽどがんばらにゃ駄めだと思います。日を切られるくらい、えらいこたないけど、そいでもきめたからにゃ、おらやたの面目にかけても、やり上げならんと、りきんでいます。……用がすみしだい、早よ帰って来んなんしょ。それまでには工事もうんと進めておきます。」
落成式の一ヶ月前、馬籠への夜道を進んでいた菊池は、峠の裏、遠くから人声を聞いた。それもリズムに乗った掛け合いのような調子であった。数十歩進んでみた光景は、松明が山道を延々と続く光景であった。友の会の人々が、記念堂の建設資材を運び上げているのだった。「その有様を夜の闇の中にみていると、わたしには彼らの姿が、材木の翼を生やした天使に思えた」と菊池は後に記している。「この農民を見よ！」それは誰しもが心動かされる光景であったに違いない。

11月6日、ようやく建築許可がおりた。落成式まで10日もみたない時であった。同11日谷口が到着、細部の指示を出した。11月15日、落成式は無事挙行された。当日のプログラムは以下の通りであった。この建設作業が地域とそれに賛同したさまざまなネットワークによって成立していたことがよくわかる内容である。
プログラム(第一部)
管弦楽ー演奏ー東京室内楽団
前奏曲ー作曲式ー大中寅二

写真2　村人たちによる冠木門の建立(出典｜菊池重三郎『木曽馬籠』)

あいさつー菊池重三郎
あいさつー谷口吉郎
あいさつー島崎家
祝辞ー佐藤春夫
祝辞ー朝日新聞社代表
祝辞ー各社代表
間奏楽「精霊の踊り」(グルック作曲歌劇オルフェウスより)
朗読「夜明け前」序の章ー有島生馬
朗読「初恋」(若菜集より)ー野田宇太郎
独唱「椰子の実」(大中寅二作曲)ー畑中良輔
独唱「初恋」(大中寅二作曲)ー内田るり子

式は滞りなく終わり、友の会代表の菊池はその後11年、この地を訪れることはなかった。この建築の総体の主役は村の人にあったことをよく知っていたからであろう。谷口もその思いは同様だったと思われる。
藤村記念堂の設計時の思い出を助手が語った一節が『建築雑誌』に残されていた。
「私が先生に深く接していたのは戦後の数年で、藤村の記念堂を設計していた時期であった。……一週間かかって書いた図面を全部書き直しされたり、徹夜しながら設計を決めてゆく先生の筆先を、そばで見ながら、形を造ることの厳しさを学んだ。……私の先生の思い出は、たびたび二人だけで歩いたこの木曽路行にある。当時はバスもなく、中央線の落合駅から馬篭まで数キロ歩いた。早春に芽ぶくあさ緑の基礎の山脈を前に立たれ、先生は『自然は美しいね』とよくつぶやいた。」(青木志郎「藤村記念堂のころ」「谷口吉郎先生を偲んで」『建築雑誌』1979年4月)
無用な介入を慎み、たった一回足を運び、その状況を徹底的に観察して、実現可能な「戻りえぬふるさと」をつくること。そのために短期間で設計図を練り上げ速やかに現地に渡すこと。それが設計者としての谷口の襟持であった。藤村記念堂は慶應義塾大學校舎四號館とあわせて、戦後初の、事実上「學會最初の技芸賞★4に値するものとして」選ばれたのであった。

参考文献
菊池重三郎：『木曽馬籠』中央公論美術出版、1977 年
谷口吉郎：「馬籠の記念堂」、『新建築』新建築社、1949 年 3 月号
青木志郎：「藤村記念堂のころ」、『建築雑誌』日本建築学会、1979 年 4 月

★ 1──『文芸』1945 年 2 月
★ 2──「凍てつく日　ベルリンの庭石」、『雪明かり日記』新潮社、1947 年
★ 3──菊池重三郎の当時の居住先
★ 4 ──後の作品賞のこと

村野建築の極意
広島の世界平和記念聖堂

石丸紀興

丹下設計の平和記念資料館とともに

戦後直後といえる時期に被爆都市広島において、平和を記念する施設として相次いでコンペが実施され、結果的に村野藤吾と丹下健三という、その後の日本を代表するように活躍する建築家によって設計され、竣工したのが世界平和記念聖堂（以下記念聖堂あるいは聖堂と略称することあり）と平和記念資料館（コンペそのものは広島平和記念公園でその中心的建築が通称原爆資料館）であった。共に逼迫する建設費や建設資材に苦しみ、長期にわたる建設過程を経てようやく姿を現したのであり、戦後日本の代表的な建築が相次いで出現したことになる。両建築は2006（平成18）年、同時に戦後建築として初の国の重要文化財として指定された。

広島を訪れたある見学者は「丹下の軸線はよく考え込まれている」といい、ある見学者は「村野のやり方は魅力的だ」と述べる等、好対照を見せているのである。

聖堂の建設の決意とコンペまで

カトリック教会として明治期に広島で活動を始め、中国地方のセンター（司教区）となった幟町教会は、1945年8月爆心地から約1,200mの所で被爆した。その時司祭館にいたフーゴ・ラサール神父（後に帰化して愛宮《えのみや》真備《まきび》）は被爆し重傷を負ったが、命を取り留め回復した後、「私はこれから世界中を廻ってこの被爆者のために、その霊を慰める聖堂を建てたい」[★1]と決心し、さらに「平和のために神に祈る空間を構想した」というのである。そして世界的な規模で呼び掛けた結果、多くの人たちからの厚意と支援が集まりつつある中で、実現に向けて1948年3月聖堂設計のコンペ募集要項[★2]の発表、同年6月締切のコンペが実施された。戦後早期に、広島という今次大戦終結の象徴的な場所で実施されたコンペは、建築界の大きな反響を呼び、混乱期の短期コンペにも関わらず応募案は177点となった[★3]。

コンペの詳細は省くが、審査員は教会関係者と建築家の今井兼次、村野藤吾ら8名で、8月の審査結果発表では二等に井上一典案、丹下健三案の2点を選出したものの「一等該当なし」としたことが物議を醸すこととなった。その理由については教会関係者が応募案の中に満足できる案がなかったとし、建築分野の審査員でも一致して一等入選案を決定できなかったこととされている。

その後の問題として、審査員の一人である村野に実施設計が依頼され、結果的に村野が引き受けたことであった。ルール違反ともいえるこの結果は、たびたびコンペ史上で批判の対象となるのであった。

村野の設計、そして施工

そのような状況に追い込まれて、村野・森建築事務所で実施設計を引き受け、所員の近藤正志を担当者として設計を進めた。村野はコンペの応募者に課した募集要項の趣旨を今度は自らに課さなければならなかった。それは、「日本的性格を尊重し、健全なモダン・スタイルで同時に宗教的、記念的に調和するもの」[★4]という極めて難解な条件であった。

ここでどうしても言及しておく必要があることは、村野が「ボナッツによった」と記述しているようにドイツの建築家ポール・ボナッツのデザインを参考にし、ある作品を引用したことである。詳細は省くがボナッツが設計したシュツットガルト近郊のコルンベストハイム市庁舎・給水塔のデザインであることを指摘しておく。塔の全体的な形や柱と梁に囲まれ嵌め込まれるように納めた壁面の扱い等、共通するのであるが、しかし村野は単純に引用しているわけではなく、壁面等のディテールのデザインにこだわり最終的には村野流を見事に表現している[★5]。

かくして設計された記念聖堂は、鉄筋コンクリート造で屋根高23m、天井高18mのバシリカ式の聖堂本体と高さ45mの鐘塔によって構成される大規模なものとなった。内陣の上部にドームが載せられた。村野の設計は建設中であっても変更が加えられ、細部は度々その現場で決定されるのであった。

施工は清水建設が請負い、菊池辰弥が現場主任となったが、建設費が全額用意されて建設が始まったのではなく、募金活動を前提としての見切り発車であったため苦労の連続であった。1950年8月定礎式、10月起工式によって建設開始されたものの、幾度かの工事中断により4年余という歳月を経てようやく竣工し、1954年8月献堂式を迎えた[★6]。

奇跡のように建てられ存在する

着工以後、強度のインフレによる建設資材の高騰・逼迫や基礎工事の設計変更等による建設費の高騰に悩まされ、さらには募金活動の停滞などにより度々工事が中断した。この間の関係者の苦悩は筆舌に尽くせないほどであった。村野は「ラサール神父が募金活動のためにその長い体を折り曲げるようにして夜行列車に乗っているのを見た」[★7]と語り、菊池は、「今思い出しても背筋が寒くなるほどの状況であった」[★8]というように会社の営業方針と現場施工担当者の立場との間で苦しみ、現場で可能な施工を工夫して実施するなど、並大抵ではない苦労を重ねた。ラサール神父も完工式の際「どうやら建ちました。よくもまあ建ったものです」[★9]と語ったといわれる。
構造計画を担当した内藤多仲は限られた予算しか見込めない中、杭打ち無しの独特の構造システムを編み出し採用した。
また、聖堂にとって必需といえる装置や聖具、装飾などもその多くを海外から寄贈されるのを待たねばならなかった。塔に吊るされた平和の鐘はボーフム市のボフメル・フェライン社から、パイプオルガンはケルン市からの寄贈であったが、敗戦国であった当時の西ドイツの状況を考えれば、いかに過酷な負担であったかに思いを馳せねばなるまい。多大な窮状と困難を乗り越えての聖堂建設に至る過程であった[★10]。

——

受賞理由と村野の意図したもの

——

多くの美談やエピソードに包まれて完成に至った聖堂であるが、建築空間の評価は、別にきっちりなされるべきであろう。
この聖堂に1955年度の建築学会賞（作品）が贈られた。その受賞理由は学会審査員の審査評から読み解けば、「作者村野藤吾氏がこの建築に求めた『平和的表現』も、この略々完成された堂塔の上によく現れているように思われる」とし、大小高低のヴォリュームの快よい比例や美しい調和と照対との妙、あるいは清新にして滋味溢れる作風などが評価されたのである。「鉄筋コンクリートの健康な肌をそのまま露わしているフレーム・ワーク」、「壁面の灰色の煉瓦は、全体として穏かで平和な感じを出すのに役立つ」との評価のもとに、「新しい時代に適応する新しい手法の宗教建築」と結んでいる[★11]。コンペ問題で建築界を揺るがした記念聖堂であったが、学会賞の審査員は、村野がコンペの条件をクリアしたと評したことになる。
確かに村野の建築には独特の暖かさがあり、ディテールからも様々な

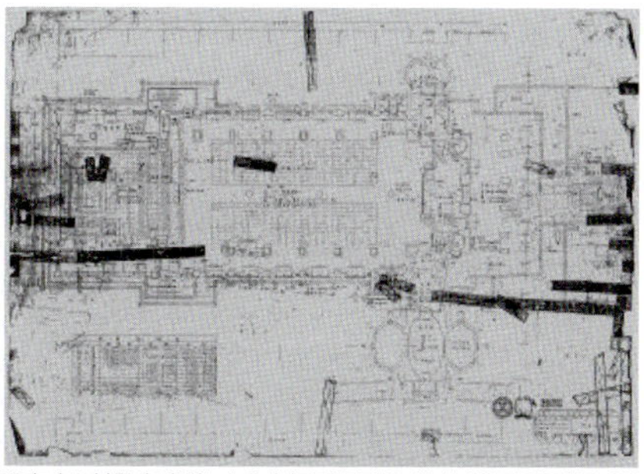

現存する村野事務所による当初平面図面（1/100平面図昭和25年7月4日付）（出典｜文献2、pp.38-39掲載図と一連の図面）

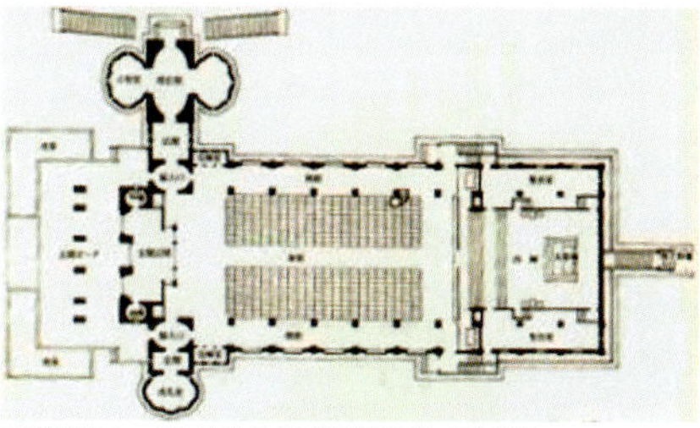

最終図をトレースしたもの（天地は逆になっている）

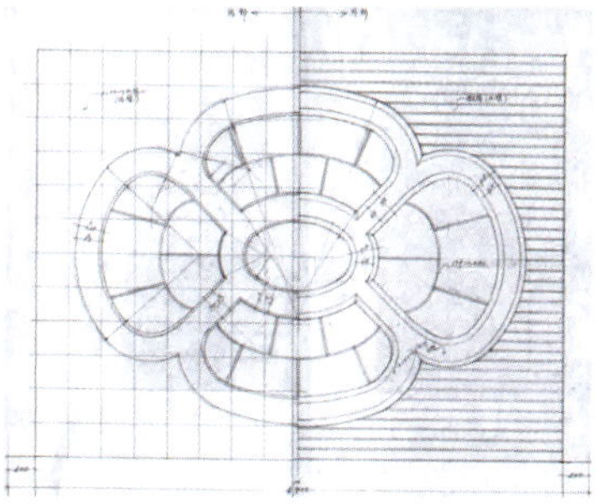

鐘塔6階吹抜窓コンクリートブロック施工図
原図縮尺1/10

現在の記念聖堂

建設当時の記念聖堂の正面

記念聖堂の内部、とくに内陣や開口部の状況

ヴォリュームの側からも、自然に読み込めるような奥の深いデザインの技が見出される。このように対話できることが村野建築の真髄といえる。村野事務所で書かれた図面（1/100平面図昭和25年7月4日付）を見れば、ボロボロに破れて補修され、まさに無数の試行錯誤の跡と人間味の暖かさを感じさせる。年代を刻む外壁とその目地のデザイン、州浜型等日本的な趣のある各種開口部をみれば、確かに村野事務所の図面と一貫するものが窺われるであろう。
とはいえ、この記念聖堂の将来について懸念がないわけではない。時間とともに魅力が増す建築といってもやはり劣化は避けられず、大きな補修は既に3度実施されているものの、更なる定期的な補修・メンテナンスは欠かせない。そして大地震の襲来となれば、地盤の脆弱性や主要構造の老朽化による被害の恐れがあり、その技術的対応と費用負担にも備えなければならない。
このように世界平和を祈り希求する場として建設された大規模な記念聖堂であるが、教会本来の役割を果たすことが望まれると共に、さらに教会活動と矛盾しない範囲でより多方面に利用されてよいであろう。平和も様々な活動と無関係ではなく、聖堂という場が利用されることによって、そこで関わる人たちに平和に関連する何かを吹き込むことにもなろう。

★1——石丸紀興：『世界平和記念聖堂—広島にみる村野藤吾の建築』相模書房、1988年（以下文献1とする）、p.34
★2——1948年4月6日付『朝日新聞』
★3——文献1、p.70
★4——文献1、p.71
★5——レンガの出し入れや凹凸の構成、荒い目地仕上げ等
★6——献堂50周年記念誌部会編：『世界平和記念聖堂献堂50周年記念誌』カトリック広島司教区発行、2005年（以下文献2とする）、pp.52-57
★7——村野藤吾：「聖堂の建築」、『建築雑誌』1956年6月号、p.17／文献1、p.222
★8——文献1、p.132
★9——1954年8月6日付『朝日新聞』／文献1、p.175
★10——文献2、pp.48-51、pp.58-59
★11——「昭和30年度日本建築学会賞経過報告」、『建築雑誌』1956年6月号、pp.1-3

東京文化会館
つくり、守り、育てることの先に
松隈洋

東京文化会館は、2011年3月に開館50周年を迎えた。これに合わせ、数多くの記念コンサートに加えて、11月には、「前川国男と東京文化会館」と題された記念展と舞台裏などを見学するバックステージツアーも開催された。また、記念誌『響きあう感動50年 音楽の殿堂 東京文化会館ものがたり』(東京新聞 2011年)の刊行や記念切手の発売など、祝祭する出来事が続いた。それにしても、半世紀に及ぶその歴史には何が刻まれてきたのだろうか。記念誌の巻頭言に、2012年5月に亡くなった音楽評論家の吉田秀和(1913〜2012年)の次のような回想がある。

「上野の東京文化会館が創立五十周年を迎えるという。アッという間の出来事のような気もするが、実はこれはクラシックの音楽界にとって大変に意義深い歳月だった。五十年前の日本では全国隈なく探してもスタインウェイのコンサートグランドピアノが何台あったろう? ちゃんとした条件を具えた演奏会場は東京のどこにあったか? 日比谷公会堂などもとはといえば演説会のために建てられたのだ。
東京文化会館はそんな状況の中である日忽然として出現したのだった。それも千人二千人の聴衆を収容できる大ホールというだけでなく、前川国男という大建築家の設計になる、晴れ晴れと鳴り響く音楽の城と呼ぶにふさわしい建造物としてである。ホールの内部だけでなく、ロビーだってゆったりとした余裕のある空間として造型され、全体として祝祭的な品格をそなえていて、交響管弦楽から室内楽に及ぶ音楽の演奏会場として世界のどんな施設に比べても恥ずかしくない大建築物である。
その誕生から五十年の間に、私たちはここで数えきれないほどの音楽に出会い、とても簡単には言いつくせないほどのさまざまな美しい時を過ごした。私個人としていえば、ここで過ごした時間は生涯で一番充実したものだったかも知れない。」

この吉田の言葉にもあるように、東京文化会館は、日本で最初の本格的な劇場として、東京都の開都500年記念事業によって建設された。記念誌によれば、企画が動き出したのは、1952年7月、都知事に提出された東京商工会議所会頭の藤山愛一郎の「コンサートホールの建設に関する意見書」からだという。日本が前年に調印されたサンフランシスコ講和条約の発効を受けて占領から解放された直後のことだった。その後、藤山の強いリーダシップによって、翌1953年4月には、都知事を含む「ミュージックセンター設立懇話会」が設立され、建設用地の確保や財政難を乗り越えて実現へと踏み出していく。そして、4年間の企画検討を受けて、1957年7月、神奈川県立音楽堂(1954年)の実績を認められた前川国男(1905〜86年)が設計者に選ばれ、設計がスタートする。こうして、延6万時間に及ぶ膨大な設計作業を経て、1958年4月に着工、約3年を費して、建物は1961年3月に竣工する。前川は竣工直後に次のように記している。

「終戦直後の悲惨な上野のありさまに悲しいつらい思い出をもつ私が、東京文化会館の設計をおひきうけしたというめぐり合わせはわれながら感慨無量なものがあります。」(『朝日ジャーナル』1961年5月14日号)

続いて次のような言葉も記されている。

「建築は他の工場生産品とちがって、試運転もなしに使われるのです。(中略)都民と管理者と私ども設計にたずさわったものと、おたがいに意見を出し合って、完全なものに育てていかねばならないことはわかり切った話です。
ただこのさい大切なことは、管理の側において、都民の生活に対する信念と確信にもとづいた、しっかりした見通しをもっていてもらいたいということです。会館を上野に建てるんだと決意された当事者の胸中には、あの終戦直後のわい雑な上野の環境を文化的に開発するんだという意気のあったこと(中略)つまり文化的な橋頭堡をつくるんだという覚悟をもった当事者の初志を忘れてはならないと思います。」

前川は、「当事者の初志」を忘れることなく、「完全なものに育てて」いくことを強く願ったのである。そして、12年後に行われた次のインタビューの発言からは、この思いを自ら実践していたことが読み取れる。

「ぼくら自分の建てた建物について話しておかしいが、たとえば埼玉県の市民会館・文化センター・博物館・東京文化会館ああいう建物を建てた竣工の日を記念して毎年集まっているのだ。建築家、役所関係の人、施工関係の、こういうエンジニアが毎年集まっている。(中略)毎年いっしょになって見て、あそこが悪い、ここが悪いと当局に建言して、今のうちに手を打ちなさいとか、何とか、そういうチャンスを、自分が少なくとも責任をもった建物に関しては一年に一ぺんぐらいは健康診断して建物をかわいがっていくという気分が建築家になければダメという気がする。それがあとは野となれ山となれ式だから荒廃が早いんですよ。ぼくは宮内がいつか言った『建築というのはできたときが作品ではなくて、使ってだんだん作品に成長していくんだ』という意味のことを何かに書いていたが、あれはほんとうに至言だと思う。」(『建築雑誌』1973年10月号)

こう前川が語ったように、東京文化会館は、竣工後も約10年刻みで適切な改修工事が施されていく。それは、新リハーサル室増築（1983年）を最後に見届けて亡くなった前川の没後にも継続される。そして、館長の遠山一行（1922年～）が計画し、次の三善晃（1933年～）が実行に移した初の大規模リニューアル（1999年）においても、設計担当者が記録にまとめたように、前川の願いと「当事者の初志」を忘れることなく、建物を守り、育てようとする思いが結集されて、見事に改修されたのである（島義人「東京文化会館のリニューアル―38年間、共に生きてきた人々の思いを反映―」『劇場演出空間技術』33号、1999年）。
しかし、50周年を最良の形で迎えた東京文化会館は例外中の例外であることを忘れてはならない。6件という史上最多の日本建築学会賞を受賞した前川建築のうち、日本相互銀行本店（1952年度）と「蛇の目ビル」（1965年度）が、2008年と2009年に相継いで再開発のために姿を消した。さらに、現在、戦後復興の象徴として建設された京都会館（1960年度）が解体中である。1961年、京都会館が学会賞を受賞した際、前川は次のような言葉を記していた。

「一人二人の建築のスターをもてはやすことは比較的容易な事ではないでしょうか。然し大切な事は矢張り数多くのよい建築家によい建築をひとつでも多くつくってもらう事ではないかと思います。（中略）よい建築はそれを生み出す好い条件がその企画から設計から施工に到るまで備わっていないとどんなすぐれた建築家といえども手の施しようもないという事に思いをいたす時、大切な事はどうしたらそうした建築にとって好ましい環境が生み出せるかという点にもう少し熱心な議論がつくされてもいいような気がするのです。」（『建築雑誌』1961年7月号）

京都会館が東京文化会館と明暗を分けた理由とは何だったのだろうか。それは、京都会館を「市民の生活道場」とするとの信念を抱いた京都市長の高山義三ら「当事者の初志」を忘れてしまったこと。同時に、前川が記したように、どうしたら「好ましい環境を生み出せるのか」という問題意識をもって、建物の行く末を見定めようとする努力を、京都市も建築界も、市民とのコミュニケーションを通して蓄積してこなかったからなのだと思う。前川は、こうした事態を予見していたのだろうか。1962年、東京文化会館が学会賞を受賞した際、次のように記している。

「むごたらしい戦災都市の瓦礫の山を取り片づけるだけで恐らく20年の歳月を要するであろうという予測報告を、深い感慨をもって読んだのは、つい昨日のことの様に思われたけれど、終戦以来すでに17年、遥かな将来と思われた戦後20年もどうやら目前に迫っている。
幸いなことに灰燼の裡から立ち上った日本の建築も世界的な評価を享受しているといわれる。（中略）然し事態は果たしてそれ程楽観に値するものかどうか。私自身にのしかかる悔恨とおかした誤謬から、後に続く世代がまもられているという保証は遺憾乍らどこにも見あたらない。（中略）日本の建築界の現状が新しい才能の育成と開花に適した風土であるかどうかという点に、私達は予想外に大きな根強い問題点をはらんでいると思われるからである。
建築家協会・建築士会・建築学会の鼎立に象徴される日本の建築界、よくいわれる日本人社会の竪割の人間関係がここでも又親分子分・学閥、そして労組までがいりみだれて、余りにも日本的な複雑なパターンを織り出している。こうした窮屈な日本の建築界にどうして真に孤独なそして強靭な建築家が育ち得るだろうか。（中略）最大の関心と最大の勇気をもって、こうした問題に立ちむかわねばならない時期が来ている。」（『建築雑誌』1962年7月号）

前川の言葉は、50年後を生きる現代の私たちへの希望の問いかけなのだと思う。東京文化会館のいきいきとした、しかしどこか孤高の姿はその象徴にも見える。今こそ、前川の提示した問題に立ち向かうことが求められている。

アテネ・フランセ校舎〈不連続的統一体〉と〈愛〉

齊藤祐子

水道橋からお茶の水へと坂を上がっていくと、右側にアテネ・フランセ校舎の紫の塔と鮮やかなピンクの外壁が目を惹く。1962年の完成時、吉阪隆正は、「自分らの設計の根底にある流れは何だろうと考えてみると、二つの傾向に集約できそうだと今は考えている。そのひとつは〈不連続的統一体〉と学生たちが命名したもの。もうひとつは〈愛は対象を得て大胆に行動する〉とでも表現できようか。」★1と記している。
前者〈不連続的統一体〉は、「個人の尊重であったり、民主主義であったりする。それはプランの上でも、デザインの上でも、あるいは予算の配分の上でも、誰かを、どこかの犠牲の上に一方だけよくするということのないようにしたいという気持ちに発する」。機能性や経済性だけを優先させずに、シンボル性など、様々な矛盾する条件を満たすべく合理的思考プロセスで形を求めると、〈吉阪流の不思議な〉と形容される、一見非合理な世界と思われる形に行き着く。
後者について、「恋愛と同じように、対象の人を獲得するためにはどんな犠牲でさえあえて行おうという気持ちになり、それが得られないなら死んでしまう方がと思いつめる。この建物が生きるか死ぬかはこの点の解決にあると思い定めた時、私たちはどうしてもそれをなさずにはいられない衝動にかられているらしい。途中でどんな人びとが誹謗しようとも、これを死守しようとする」と設計姿勢を語っている★1。
当時のお茶の水周辺は、まだ木造の住宅も多く、坂の左側には、〈日仏会館〉を望むことができた。そこに出現した紫とピンクに仕上げられた校舎は、大きな衝撃を与えたはずだ。雑誌『建築』編集長の平良敬一氏には「反美的ともいえる〈醜〉の相貌の方がやや優勢なところに、どうもこの建物の魅力が存在するらしい、といっても私の独断ではなかろう。ともかく吉阪研究室（筆者註：現 U研究室）の作品でなければ見られないオリジナルなものがあることは間違いない。それが私をつよく捕えていた。私はそれをみて、何かえらくユーモラスな感情が湧いてくるのを覚え愉快でたまらなかった」★1と評された。
〈不連続的統一体〉は社会のしくみの提案として大きな核をなす吉阪思想である。ピラミッド型の意思伝達組織を、それぞれ自立した個人が自分で考え判断して行動する社会ネットワークへと改変する提案でもある。吉阪の組織論であり、設計論であり、造形論である。
「お茶の水、日仏会館のすぐ近く、そして敷地も日仏会館をもう少し難しくしたような崖の上に建てられる。内容は特殊学校のため、少人数から大人数、さまざまな教室が要求されている。（中略）その後、既存建物の屋上に講堂、準備室、研究室等、1階分を増築する必要が生じた。鉄骨構造として、古い建物の上に軽やかにのせることを考えた。玄関横の階段室は、最上階の鉄骨ののびやかな屋根に対して、塔のイメージを強調して建物のシンボルになることを意図した。」★2
敷地条件も経済的条件も厳しい中で設計が進められたというアテネ・フランセ校舎では、地形、シンボル、触覚的ディテール、つくり続ける時間など、吉阪建築の特質がギュッと凝縮して詰まっている。

三者一体

アテネ・フランセは1913年（大正2年）東京帝国大学講師ジョゼフ・コットが、東京・神田の東京外国語学校（現東京外国語大学）内でフランス文学の講義をはじめた、わが国でもっとも古い外国語教育専門の学校である。語学教育とフランス文化の紹介、普及に貢献した。多くの文学者、芸術家が学んでいる。吉阪も初代校長のジョゼフ・コットに学び、二代目校長の松本悦治とは、パリ留学仲間でもあった。
「ひとつのよい建物ができるときにはほとんど例外なく、深い理解を持った注文主があり、その意図をよく体して創作意欲に燃えて設計ができ、感激を持って工事をやってくれる人々があって、その三者が一体となっているようだ」★3と、日本建築学会作品賞を受賞時に寄稿している。構造設計は松井源吾、設備は井上宇市、施工は戸田建設。
「この時期までは、サッシなどの工業製品でも部分的な工夫はかなり自由にオーダーすることができて、製作の可能性がどんどん広がる気分だった」と、吉阪のパートナーであった大竹十一は語っている。
また、U研究室創設メンバーの一人、松崎義徳は、吉阪に設計を依頼した発注者の生き方を〈パイオニアワーク〉と題して語っている。独自の世界観をもち、既存の枠組みから飛び出し、新たな夢を実現するために必要な建築の力を、共同作業でつくる。〈大学セミナー・ハウス〉の飯田宗一郎氏、黒部立山アルペンルートをひらいた佐伯宗義氏、山岳スキー協会の森いずみ氏と小林銀一氏、そして町の財政を教育のために賭けた富山県呉羽町。アテネ・フランセの松本悦治氏につい

（撮影｜北田英治）

ても、次のようなインタビューが残されている。
「アテネは、いろいろな年齢層の方々がいらして、交際の輪が広がります。これからも学校法人にするつもりはなく、あくまで自由に、それでいて誇り高いアテネ・フランセとしてがんばっていきたい」★4と。

地形を生かす

起伏のあるお茶の水の崖に建つアテネ・フランセ校舎は、道路側はコンクリートが彫塑的な表情をつくる、塔と地上4階建て。崖側では地下3階まで増築したファサードが、開放的にリズムを刻む全く違った表情をみせている。傾斜地を積極的に活用して建つ建築は、ほかに、〈海星学園〉〈日仏会館〉〈樋口邸〉そして〈八王子の大学セミナー・ハウス〉があげられる。
長崎の斜面に建つ〈海星学園〉の既存校舎群は等高線に沿って建てられているが、吉阪は斜面に直角に、突き刺すように高等部の校舎を配置して、各階に直接屋外からアプローチできるように計画した。起伏のある地形を生かしながら、造成することなく建物の計画をしたのが、〈大学セミナー・ハウス〉。計画案に長崎の〈南山小学校〉がある。
平坦な敷地に計画するよりも、崖地や傾斜地に積極的に魅力を感じるのは、登山家である吉阪と山好きが集まったアトリエU研究室の大きな特徴である。自然のもつ力、美しさをそこなわずに、地形を読みながら、地形を生かす設計手法が独特の形につながっている。

シンボルと肌に近い触覚的なディテール

外壁のテクスチャーをつくりだしている、アテネの文字とマークをモチーフにしたコンクリートのレリーフと色の主張は、アテネ・フランセのシンボルともいえる。「この壁はアテネ・フランセの壁です」★5とマークすることが大切だと吉阪は語る。きびしい予算の中で、型枠を使い回してコンクリートを打設することにしたので、外壁は塗装仕上げに決めた。経済的条件から、そこに、レリーフと色の発想が生まれていく。
アテネ・フランセの設計が始まったのが1960年。その年、吉阪は北米大陸横断、マッキンレー登頂。翌61年から2年間、アルゼンチン国立ツクマン大学に教鞭をとるために滞在。ほかの建築の設計と同様、ここでも吉阪は最初のスタートと、最後の仕上げ段階だけを見ることになる。最終の色決めでは、アルゼンチンにいる吉阪から「アンデスの夕陽が映える色がいい」と手紙が来たと、鈴木恂氏は振り返る。紫から茜までいくつもの色を選んでやり取りをした。
「自然の色を建築に持ってくる吉阪の感覚はすごい」と滝沢健児氏。「心配だった。紫もピンクも光と影で変わる難しい色だったね」と現場を振り返る。内部の廊下や壁もグラフィカルに鮮やかな色で塗り分けた。原寸で検討した階段や塔の手摺、建具の押手などのディテールは手触りのある、身体の記憶に残る形である。また、塔の頂きから周囲を見わたす〈フクロウの風見〉を担当したのは樋口裕康氏。

つくり続け、使い続ける、建築の時間

1952年に、フランス政府給費留学生としてル・コルビュジエのアトリエで2年間の設計活動を終えて帰国した吉阪にとって、アテネ・フランセ校舎は10年目の節目の仕事であった。
竣工してから1981年までの約20年の間に、9期に及ぶ増改築工事を実施し、第1期工事のRC造地下1階地上3階の校舎は、4階に鉄骨造で文化ホールを増築、RC造の塔と地下への増築、改装と、限られた敷地の中で、メンテナンスをしながら必要な機能を満たしていった。第9期1981年には外装全面点検修復、化粧再生工事を実施。その後も、エントランスホール、学生ホールのカフェを改装し、2010年には耐震補強工事を行った。
同じお茶の水に建つ〈日仏会館〉が1995年に解体され、〈呉羽中学校〉も2005年に取り壊しが始まる。老朽化という名目で建て替えが行われていくが、実際は土地活用や補助金など、経済的理由で解体されていくのが現実である。公共性の強い建物ほど、寿命が短く、同時期に建てられた、個人の住居や民間の施設がきちんと手を入れて使われ続けている現実に、わが国の公共性の欠如と矛盾が見えてくる。
短期間で設計し建設することを問題視し、建物もまちも時間をかけて少しずつ、必要な要素を発見しながらつくっていくべきだ。また、〈形を変えながら、生き続けることが建築の本来の姿である〉というのが、吉阪の持論であった。築50年、アテネ・フランセはこれからもしっかりと時間を重ねていこうとしている。

（撮影｜北田英治）

★1――『建築』1962年6月
★2――『建築』1971年1月
★3――『アテネ』1963年6月号
★4――『KANDA ルネッサンス』24号 1993年1月、神田学会
★5――『吉阪隆正対談集　住民時代―君は21世紀に何をしているか』新建築社、1979年

レム棟、クールハース棟
日埜直彦

タイポロジーの挑戦

ネクサス・ワールドのレム棟およびクールハース棟は、磯崎新がコーディネーターを務めて内外の建築家がそれぞれ集合住宅の設計を担当した開発プロジェクトの一部であり、1992年の建築学会賞を受賞した。レム・クールハースによるこの二つの棟はかなり特色あるものだが、その特徴の大部分はこの集合住宅の断面構成に由来している。二つの棟の平面形がそれぞれグリッド状に12のユニットへ分割され、そのユニットがそのまま三層および二層の2タイプの住戸となっている。結果として、いわゆる板状集合住宅を横倒しにし、地面に伏された共用廊下部分をそのままアクセス階としたような断面構成である。中層集合住宅程度の密度が求められる状況における住宅のタイポロジーとしてこれは特徴あるものといってよいだろう。

（写真提供｜OMA）

外部のデザインはこの開発地区内を縦断する道路と、以降に建設されるはずだった2本のタワーによって条件づけられている。クールハースが担当した敷地を道路がちょうど二分していることから、この計画にはこの開発区域全体の門としての姿が期待された。このため計画初期には基壇状の低層部の上に4本の高層部が対称をなしてこの道路を挟む案が検討されていたという。だが計画過程で磯崎新設計による2本のタワーがこの道路に対称をなして敷地北側に迫り建つこととなりこの案が廃され、むしろこのタワーに対して二つの棟をそれぞれの柱礎として、建築家のいい方によれば“SOCKLE”（礎石）として見立てる現在の姿の原型がここに生まれる。この棟全体がタワーの基壇として位置づけられたことで、この建物の外部は開口部をもたないマッシブな塊としてデザインされ、その仕上げも量塊としての表情を強調することとなる。その後の計画の頓挫によりタワーの建設は中止され、柱礎としてのこの建物だけが実現した。
先に述べたように地上階はまるごとアクセスのための階となり、上部のマッスに収められたユニットに対してそれぞれ下方から入ることになる。敷地背面から前面に向けて昇る斜路がこの各戸へのアクセスを提供し、そのことでもち上げられたアクセス階の前面下部に地下駐車場が確保されている。このやや複雑な動線をつくり出す斜路によって、このアクセス階は上階をもち上げた単なるピロティではないものとなっている。そしてその上部に二層分の住戸本体であるマッスが差し上げられており、グリッド状に密集した住戸の採光は基本的にすべて上部から確保される。マッスの上に緩やかにたゆたうような軽快な屋根が室内に光を導き、またそれは背後に迫るはずだったタワーからの視線を切っている。田の字型をなす住戸平面の1/4を占める光庭と部分的に二重化された戸境壁が上部から光と風を諸室に提供し、またアクセス階に自然光を導く。こうした構成は全体として、ル・コルビュジエのサヴォア邸を前後左右に並べたものとイメージすることもできなくはない。主階に上がる斜路と車の動線が相まってヴォリュームが浮かぶような表情を生んでいること、そしてその上部のヴォリュームは硬質でストイックな表情でありながら内部は流動的に連携するプラン、その上部に柔らかい形態が乗せられていることもまたその連想を補強する。

これからの都市居住

もちろん広い敷地に恵まれた裕福な邸宅であるサヴォア邸とこの集合住宅が同じであるわけはない。だがそれでも日本の住宅という彼にとってエキゾティックな状況と、彼の出自である西欧の都市居住のタイポロジーの間で、クールハースはこのプロジェクトの可能性を考えていた。彼自身はこういっている。
「日本で建築を創るチャンスに出会った時、西洋の建築家は1つのジレンマに直面する。彼のプロジェクトは、"出来る限り西洋的"であるべきなのか？（中略）それとも日本に建築するという事実を反映すべきなのか。」
古典的な都市像が今も生きており、そのまわりにコントロールされた郊外が広がる西欧的な住環境と、日本の促成栽培的な都市環境とその周辺に広がる茫漠たるスプロールのギャップに意識的な彼は、さらにこうもいう。
「ネクサス・ワールドプロジェクトの場合、このジレンマは敷地の性格によって一層強められた。建物は福岡に位置するものの、敷地周辺のコンテクストは、典型的な日本の都市に比べるとより秩序立っていて渾沌は少ない。おそらく磯崎氏のマスタープランの中で唯一“日本的”

な側面とは、高さが120mもある1対の超高層ビルが、それらがなければほとんどヨーロッパ的ともいえる周辺の低層の建物群の中心に計画されていることだろう。」
つまり、このプロジェクトに参加した他の建築家が多かれ少なかれ実際そうしたように、西洋的な文脈において彼らが通常そうしているような設計を行うことが可能な環境が用意されており、またそのこと自体がこの開発プロジェクトの訴求力となると考えられている、そうしたあてがいぶちのシチュエーションにどのような緊張感をもって答えるべきかこの建築家は意識せざるを得なかった。
開発主体である福岡地所において、このことはどう考えられていただろうか。先の建築家の言葉はこの開発プロジェクトの第1期完成にあたり刊行された『NEXUS WORLD 1991』という箱入り8分冊のバブル景気の時代を感じさせる豪華本から引いたものだが、この本の冒頭のプロジェクト紹介には次のようにある。
「ネクサス・ワールドの計画にあたり、私達は新たな開発手法を模索しました。まず、作り手のそれまでの既成概念を一度、すべて白紙に戻すことにし、『これからの都市居住はどうあるべきなのか。』をテーマにし、かねて面識のあった建築家、磯崎氏に相談を持ちかけました。(中略)都市居住というテーマは、先進諸国の共通のテーマでもあり、世界中に呼びかけ、都市居住の歴史が長い海外から、伸び盛りの建築家を招待し、一定の敷地の中で都市の集合住宅のありかたの提案をさせたら面白いのではないかというものでした。」
こうした企画の先行事例として1987年のベルリンIBAが参照され、「都市居住の歴史が長い海外から」建築家を集めるこのプロジェクトが出発する。クールハースがいうところのヨーロッパ的なマスタープランというのは、その実態においてはおよそ、南面平行配置の単調な版状住宅のための敷地割りでないこと、そしてスケールにおいて中低層の範疇に抑えること、といい換えられるだろう。だがスキームを見る限り、5haほどのL型の開発区域のうち第1期で外周部を開発し、その残りを第2期に回すことがリニアな団地型の開発をそもそも困難にしており、そうした条件が定型的な集合住宅とは異なる柔軟な発想を求めざるをえない素因となっているのもまた事実だろう。
こうして整理してみると、クールハースが考えていた日本と西洋という対比はかなり複雑な構図の中に見えてくる。一方で確かに招聘された外国人建築家として、その独自性の根拠としての西洋的なバックグラウンドから涵養された現代的な都市住居の提案を行うことが求められていた。だが同時にそれは建築家にとって、当時既に一風独特の成熟を遂げていたものとして世界に広く知られていた日本の住宅建築の文脈からは切り離されたところで日本における住環境を考えるということであった。そしてその開発プロジェクトとしての根拠は、いわゆる都市居住というよりも、都市中心部から相応に離れた土地における住宅地開発であり、またその開発プロジェクト特有の事情において、定型的な団地開発を超えた手法が求められているということにある、というわけだ。
こうした与条件の中でクールハースがここで提示した「これからの都市居住」としての集合住宅の構成は、大胆なものではあるが都市居住の解法として一定の系譜に属する普遍性を備えている。低層の面的な建築物に外部との複雑な関係を編み込み、豊かな建築環境と密度の確保を両立させようとするありかたは、アリソン・スミッソンが70年代に提案したマット・ビルディングといわれる類型に連なるものである。あまり耳慣れない言葉かもしれないが、チーム・テンの建築家が多くこうした試みに注力し、一時代を画したものだ。そこで類型化されたなかには大高正人の坂出人工地盤や黒川紀章の農村都市計画も含まれるが、そう考えてみると稠密な戸建住宅地を主体とする日本の都市郊外のあり方を問うひとつの問題系がここに本質的な問題として見えてくるだろう。いわゆる団地開発のそれをべつとすれば、集合住宅のタイポロジーは等閑視されおざなりにルーチン化されてきた問題ではないだろうか。そのなかで集合住宅の既成概念をあらためて掘り下げオルタナティブな可能性を見いだそうとするクールハースの地道な試みは、それ自体として問題提起的でありその意義こそが日本建築学会賞として評価されたように思われる。単なる著名建築家を集めた開発プロジェクトということであれば、今では世界中に存在する。しかしその機会を捉え、ひとつの可能性の提示にまで高めた事例は多くはない。建築家は次のように語っている。
「全世界が密接に関与し合うようになったという事実を考えると、果てしないハイブリッド化が進行する中で、異なる建築文化の遺伝子を継ぎ、合成するという巨大な実験の出発点に私たちは立っているのだということがわかります。」
さまざまな文脈がここで交わり、ひとつの建物として結実している。そしてまたこの建物のあとにこのタイポロジーを応用し派生的な可能性を具現化している事例もいくつか現れた。その後のそうした事例の起点をなす、そのような作品でもあった。

(写真提供｜OMA)

金沢 21 世紀美術館
鷲田めるろ

2004年に竣工、開館した金沢21世紀美術館の建築は、2006年、第58回日本建築学会賞作品賞を受賞した。「推薦理由」では、建物の中に街路空間を設けフレキシブルなゾーン分けを実現し、新しい美術館の空間形式を示している点、コンセプトを抽象化したデザインを施工のディテールまで貫徹している点などが評価された。また、作品の展示空間としては、「建築が白一色に統一され色も形も極限まで抽象化されることによって展示作品は純粋に鑑賞者の感覚に訴えかけてくる」と評されている。一方、地下のギャラリーの存在には批判的であった★[1]。

極限まで抽象化された展示空間

この建築の誕生の背景として、まず、建築主側であると同時に、直接の使用者であるキュレーター、エデュケーターなどの学芸課スタッフと、設計者のコラボレーションが比較的早い段階から実現したことは特筆すべきである。金沢21世紀美術館は、設計プロポーザルにより1999年3月に設計者を妹島和世+西沢立衛／SANAA（以下、SANAAと表記）に決定し、同年5月より1年間をかけて基本設計、翌2000年6月より2001年10月にかけ実施設計が行われた。基本設計初期の1999年8月には美術館建設事務局に学芸課が設置され、スタッフが採用された。私もこの時、「アシスタント・キュレーター」として学芸課に着任した。
学芸課スタッフの早期着任により、第一に、展示空間の設計に学芸課スタッフの要望が反映された。設計プロポーザルの段階で、SANAAの提案書には、自然光を展示室に取り入れること、大きさの違う展示室を用意する提案はあった。ただし、この時点では、「水平・垂直面で自然光のコントロールが行われ」るとされ、トップライトによる採光とともに、中庭に面した展示室の壁一面を透明なガラスとし、様々なフィルムやスクリーンで展示室に入る自然光を調節するという提案も含まれていた。また、展示室の詳細な大きさに関しては「学芸員の方と打ち合わせで決める」とある。学芸課スタッフは、着任後すぐの1999年9月、約3週間にわたり、ヨーロッパを中心に美術館建築の調査を行った。この調査を踏まえ、多様な展示室のサイズとプロポーション、トップライトにより半透明のガラスを透過させる採光方法、コンクリートの床仕上げなどを決定し、建築主の要望として設計者に提出した。また、学芸課スタッフより、アーティストに対し、理想の展示室について聞き取りを行い、そこから展示室の着想を得たものもある。例えば、光庭に突き出した、天井も壁もすべてガラスの展示室は、マシュー・バーニーのアイデアによるものである★[2]。可動壁のシステムでは、天井高を低く抑えなければならず、壁を吊り下げるための複雑な機構が天井に現れる。可動壁を用いず、様々なサイズの展示室を用意する方法は、「極限までに抽象化」された空間の達成に大きな役割を果たしている。

コミッションワークと託児室

学芸スタッフの早期着任によって第二に、建物と一体化した大規模なコミッションワークが複数実現した。中でも「レアンドロのプール」は、参加交流型という美術館のコンセプトを象徴する作品として、現在も人気の高い作品である。これらの作品は、アーティストと施工者の直接的なコラボレーションによって実現した。「作品」以外の建物は、建築主である金沢市から施工者に発注される。しかし、作品部分は、アーティスト自身が施工したり、アーティストの代理人である画廊などから施工者に発注されたりした。
第三に、開館前の友の会の準備活動によって、市民のボランティアスタッフの形成を早期にはじめることができた。託児室は、コンテンポラリーアートに関心をもって積極的に美術館に関わるようになった若い世代が、子育てによって美術館との関わりが途切れてしまわないようにという思いを込めて、基本設計段階で盛り込まれたものである。ボランティアで関わってくれるような人たちをターゲットとしている★[3]。

建物の中の街路空間

一方、設計者から建築主に対し、コンセプトの変更を迫るような大胆な提案があり、受け入れられたケースもある。その最大のものは、展示施設である「現代美術館」と市民の交流施設である「芸術交流館」の二つの建物をつくるという建築主の条件に対し、設計プロポーザルで両者を一体化させる提案をSANAAが行ったことであろう。西沢はその意図について、「別々に建ててしまうと、交流館に来た人は美術館に行かないのではないかと思い、合体させることで両プログラムの交流が起こるのではないかと考えた」★[4]と説明している。また、各展示室が独立し、間に廊下がある構成もSANAAからの提案による。基本設計の途中で出されたこの提案に対しては、学芸課スタッフ間でも意見が分かれた。各部屋の独立性が強いことにより、部屋全体を使ったインスタレーション作品には都合がよいが、例えば、複数の展示室を使って一人の作家の多くの作品を時系列で見せる回顧展のような場合には、見る人の集中力を削ぐという懸念もあった。最終的に分散的な展示室が採用され、部屋をフレキシブルに組み合わせることで展覧会を構成する方式が実現した。この方式は、来館者が主体的に見る順路を設定できることにも繋がった。

貸し出し用のギャラリー

美術館の使用者として、他に、施設借用者が挙げられる。金沢21世紀美術館には、1,500m^2の「市民ギャラリー」があり、様々な団体や個人に貸し出されている。地上と地下に分かれており、推薦理由で批判されていた地下のギャラリーは、この市民ギャラリーに当たる。日本の他の公立美術館にも「市民ギャラリー」はあるが、ここまで大きな面積を有する美術館は珍しい。これは、公募展・団体展の盛んな土地において、美術館の主催する展覧会を行う展示室と貸し出し用の展示室を分けた結果である。この面積を確保したことにより、様々な市民の展覧会、団体の展覧会、大学の卒業制作展などと美術館主催の展覧会を同時に開催することができた。開館以来、ほとんど空きが無いほど活用されており、多くの来館者に繋がっている。

コンセプトを貫くディテール

施工者の開発の努力の結果、実現したこともある。建物の外周がすべて透明のガラスであることは、この建築の最大の特徴であるが、1枚1,500キロにもなるガラスを118枚、同じゆるい曲率で曲げて合わせるというのは「世界初だった」という[★5]。厚みが19mmのガラスを2枚合わせ、樹脂フィルムで圧着する方法が取られた。また、約3mの各ガラスの幅は、それぞれ微妙に変えられている。それは、ガラスとガラスの繋ぎ目の位置を廊下の壁の延長線上や柱との関係で決めたためである[★6]。推薦理由の「コンセプトが施工のディテールにまで貫徹している」のは、こうした施工者の繊細な努力に支えられてのことである。

参加のプラットホーム

金沢21世紀美術館は開館後、毎年150万人ほどの入館者数がある。想定よりも多くの来館者に恵まれたことから、総合案内カウンターの拡張やコインロッカーの増設、ショップエリアの拡張など、一部の変更を開館後行っているが、その他の機能とデザインは変わってはいない。来館者のうち、チケットを購入して美術館主催展覧会に入場する人は約3分の1程度に過ぎず、人々が様々な目的で美術館を利用していることが分かる。海外を含む多くのアーティストが展示を行ってきたが、建築が展覧会を行う動機になっていることも多い。例えば、2012年に個展を開催したス・ドホは、2005年に金沢21世紀美術館のグループ展に参加して以来、この建築こそが自分の作品を展示するのにふさわしい空間だと考え、展示を空想していたという[★7]。また、開館以来、多くの市民参加型プロジェクトを行ってきた。これらは、美術館のボランティアスタッフがコアメンバーとして参加し、ワークショップなどの開催を通じて、一般参加者も募るものである。参加型プロジェクトでは、無料ゾーンの廊下から直接入ることができる扉を持った展示室が使われることが多い。

金沢21世紀美術館の建築は開館後9年を経た現在も様々なアクティヴィティが同時多発的に起こり、様々な目的で来館する来館者、施設借用者、ボランティアを含む美術館スタッフ、そしてアーティストと作品が行き交うプラットホームとして機能している。

★ 1──『建築雑誌』Vol.121、No.1550（2006年8月号）
★ 2──長谷川祐子：「21世紀の美術館とは？」、『21世紀のミュージアムをつくる』美術出版社、p.87、2004年
★ 3──黒澤伸：「人の動きをつくり出す透明な美術館」、『21世紀のミュージアムをつくる』美術出版社、p.120、2004年
★ 4──西澤立衛：「自作について」http://www.tozai-as.or.jp/mytech/05/05_ryuei07.html
★ 5──岩井伸久：「まるびぃをつくったひとたち：ガラス」、『zawart993：金沢21世紀美術館友の会zawart活動のあゆみ』金沢21世紀美術館友の会zawart、p.129、2006年
★ 6──関塚良和：「まるびぃをつくったひとたち：建物」、『zawart993：金沢21世紀美術館友の会zawart活動のあゆみ』金沢21世紀美術館友の会zawart、p.123、2006年
★ 7──「ス・ドホ：パーフェクト・ホーム」プレスガイダンスでの発言、2012年11月22日

works VI──1

01｜1950年

藤村記念堂

谷口吉郎

藤村記念堂

設計｜谷口吉郎

竣工｜1947年

所在地｜岐阜県中津川市

表門と障壁（撮影｜平山忠治）

記念堂外観（撮影｜平山忠治）

障壁と記念堂玄関（撮影｜平山忠治）

works VI――2

07｜1956年

広島世界平和記念聖堂

村野藤吾

世界平和記念聖堂

設計｜村野藤吾　近藤正志（村野・森建築事務所）

構造設計｜内藤多仲

施工｜清水建設

竣工｜1954年

所在地｜広島県広島市

改修部分あり

　1983年 第1次聖堂補修工事

　1989年 第2次聖堂補修工事

　2001年 第3次聖堂補修工事

　2002年 告解室と地下聖堂改修

　2003年 香部屋（聖堂南側）改修

　2004年 パイプオルガン改修、聖堂玄関ホール（内部）脇の倉庫改修、内陣冷暖房設備工事

　2013年春 耐震調査予定

重要文化財（文化庁指定）（2006年）

第1回BELCA賞ロングライフ部門（1991年）

西側正面外観の検討図（京都工芸繊維大学美術工芸資料館蔵）

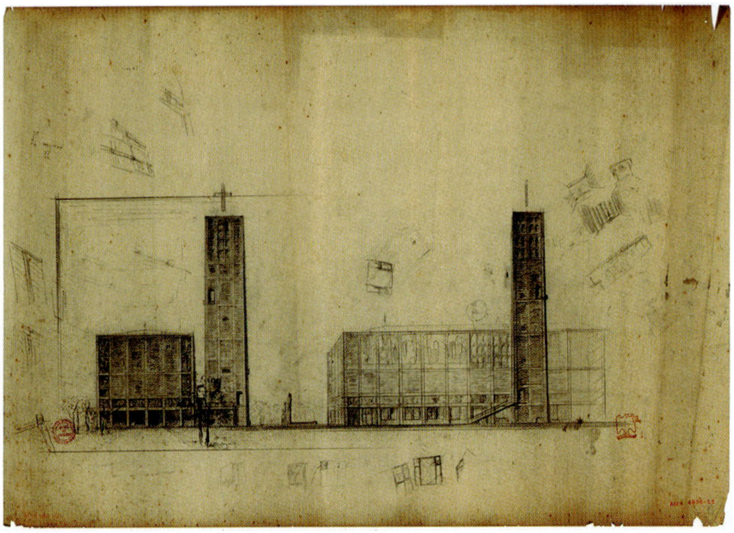

西側正面外観の検討図（京都工芸繊維大学美術工芸資料館蔵）

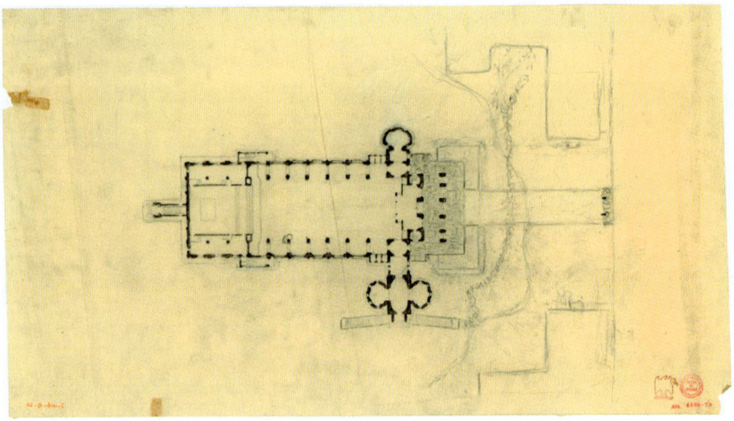

1階平面図（京都工芸繊維大学美術工芸資料館蔵）

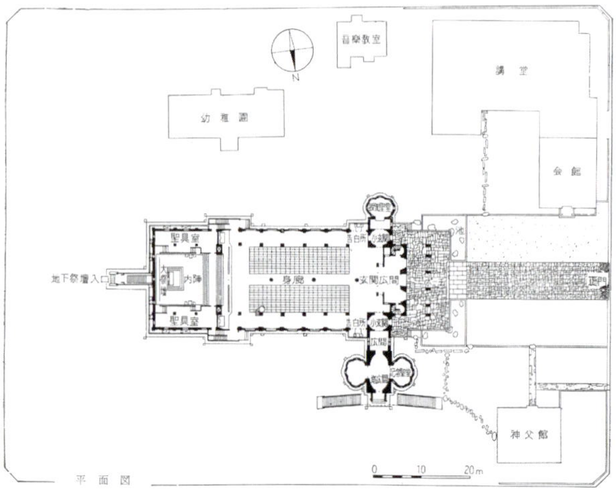

東側外観（撮影｜多比良敏雄）

works VI──3

13｜1962年

東京文化会館

前川国男

東京文化会館

設計｜前川国男建築設計事務所

構造設計｜横山建築構造設計事務所

設備設計｜前川国男建築設計事務所

施工｜清水建設

竣工｜1961年

所在地｜東京都台東区

1985年 リハーサル棟増築

1999年 大規模改修（劇場機能改善、他）

建築業協会賞

BELCA賞ロングライフ部門（1994年）

外観全景 西洋美術館より（撮影｜渡辺義雄）

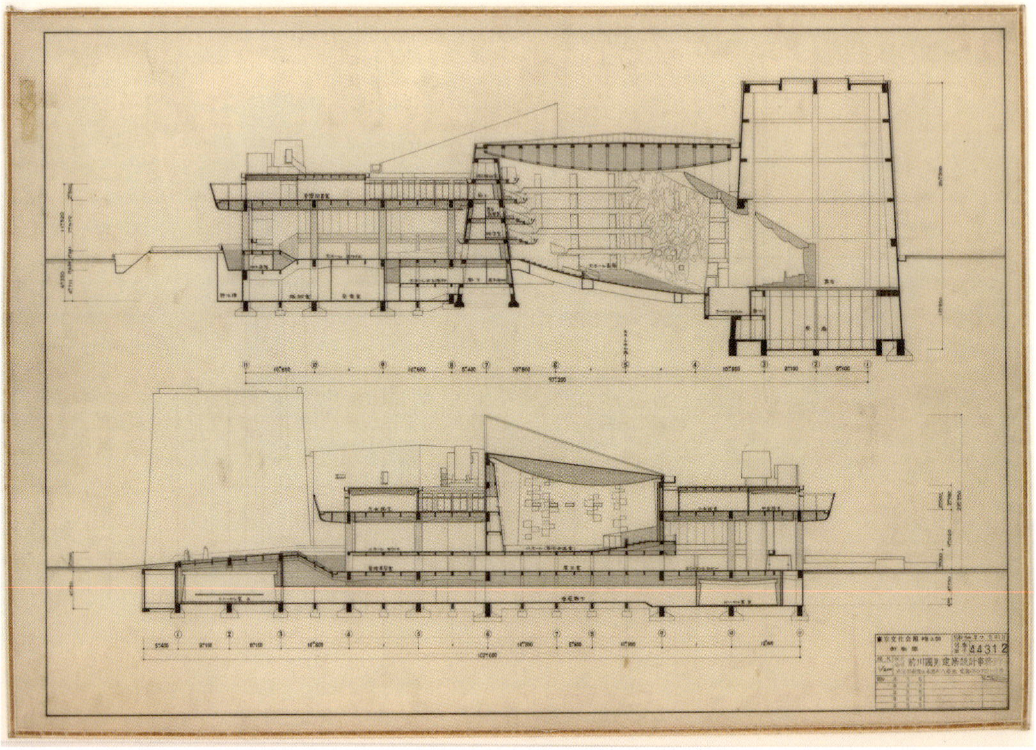

断面図

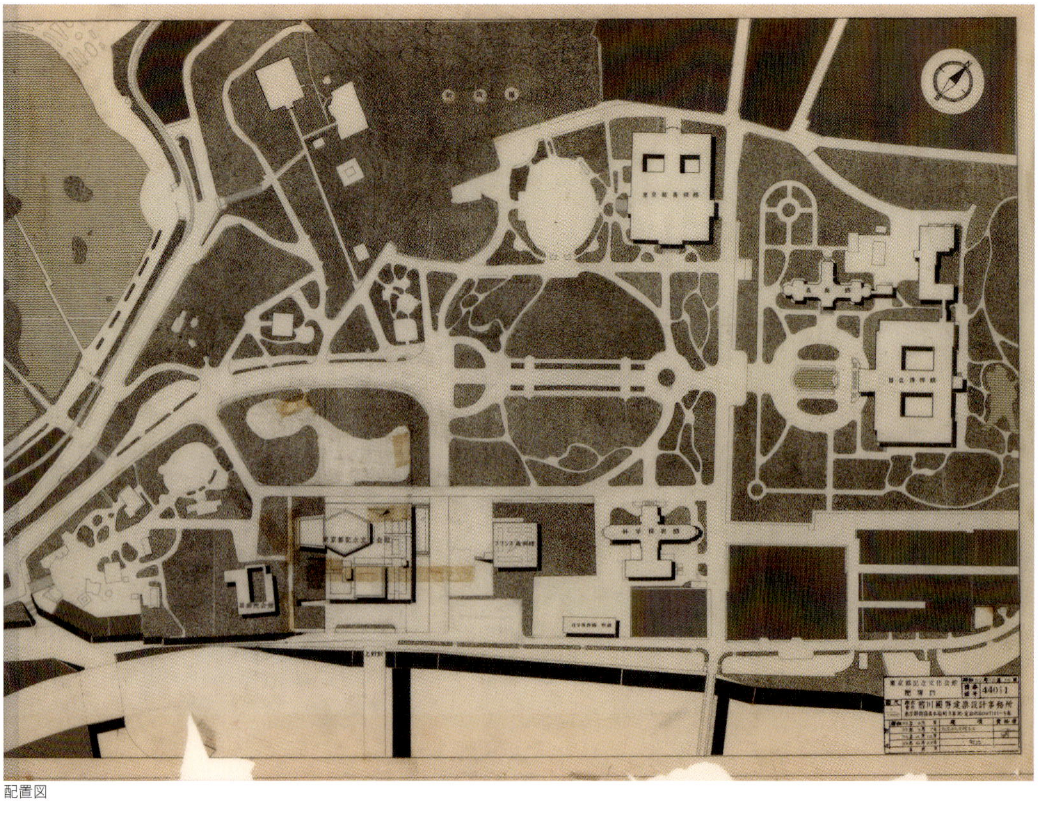

配置図

ホワイエ（撮影｜渡辺義雄）

works VI——4

14｜1963年

アテネフランセ校舎

吉阪隆正

アテネ・フランセ校舎

設計｜吉阪研究室（1954年早稲田大学建築学科内に創設）（吉阪隆正　大竹十一　城内哲彦　滝沢健児　松崎義徳　山口堅三）

構造設計｜松井研究室（松井源吾　徳広育夫　竹田寛次）

設備設計｜井上研究室（井上宇一）

施工｜戸田組

竣工｜1962年

所在地｜東京都千代田区

1963～1981年までの間に8期増改築

2010年 耐震補強工事および改修工事（EV設置）

2013年 室内塗装および建具改修工事

外観（撮影｜山田脩二）

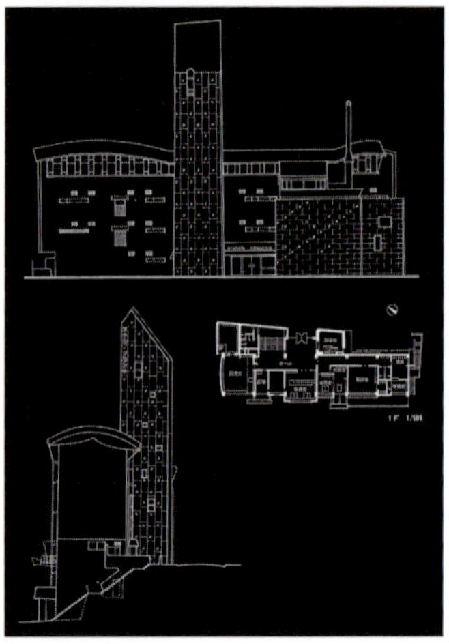

立面図と1階平面図

（撮影｜山田脩二）

遠景（撮影｜山田脩二）

works VI——5
43｜1992年
レム棟、クールハース棟
レム・クールハース

各住戸と3列の屋根のフォルム（写真提供｜OMA）

レム棟・クールハース棟
設計｜Rem Koolhaas ／ OMA
　　　前田建設工業
施工｜前田建設工業
竣工｜1991年
所在地｜福岡県福岡市

2階平面図

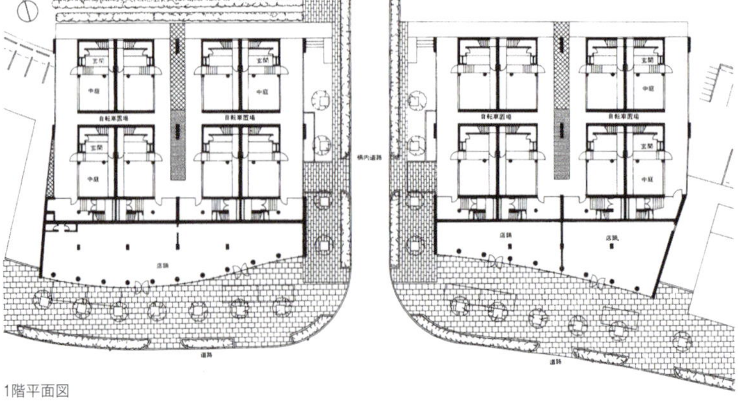
1階平面図

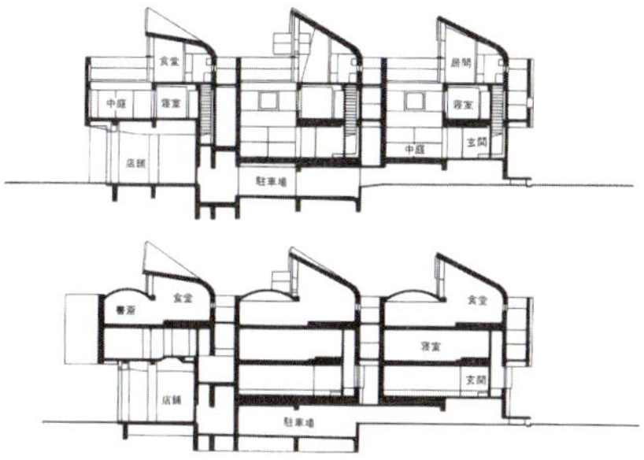

断面図

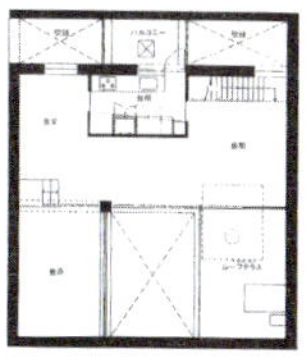

住戸最上階平面図

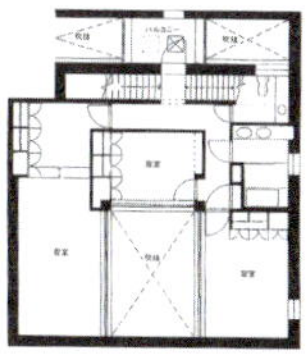

住戸中間平面図

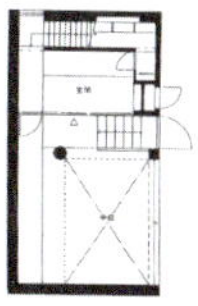

住戸階下平面図

外壁詳細（写真提供｜OMA）

works VI——6
57｜2006年
金沢21世紀美術館
妹島和世／西沢立衛

金沢21世紀美術館
設計｜
[建築]妹島和世　西沢立衛／SANAA
[構造]佐々木睦朗構造計画研究所
[設備]イーエスアソシエイツ
[電気]森村設計
施工｜
[建築]竹中・ハザマ・豊蔵・岡・本陣・日本海特定建設工事企業体
[空調]大気社・村井設備工業・松下管工業特定建設工事企業体
[衛生]アムズ・日栄・池端特定建設工業企業体
[電気] 住友・米沢・成瀬特定建設工事企業体
竣工｜2004年
所在地｜石川県金沢市

配置図

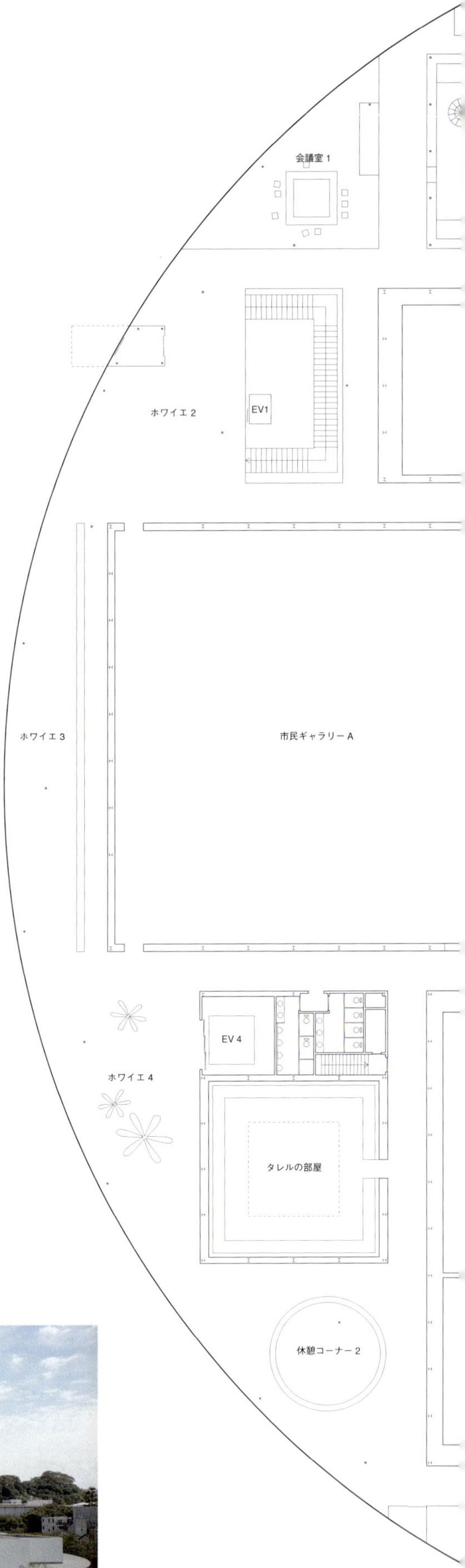

俯瞰（©SANAA）

総務事務室
学芸・交流スタッフ室
シアター21
長期インスタレーションルーム
情報ラウンジ
展示室 11
休憩コーナー 3
光庭 2
展示室 8
ミュージアムショップ
デザインギャラリー
展示室 12
展示室 10
展示室 9
展示室 7
カフェ
憩コーナー 4
光庭 3
展示室 14
光庭 1
ホワイエ 1
EV3
EV2
展示室 1
展示室 13
展示室 5
展示室 6
カプーアの部屋
レクチャーホール
光庭 4
展示室 4
休憩コーナー 5
展示室 3
展示室 2
休憩コーナー 1
アートライブラリー
図書ラウンジ
託児室
キッズスタジオ

1階平面図

article VII

座談会―未来へのメッセージとしての学会賞―古谷誠章(監修)・鈴木博之・植田実・五十嵐太郎・大森晃彦

刊行の経緯

古谷(司会)｜本日はお集まりいただきまして、ありがとうございました。歴代の日本建築学会賞(作品)(以下、学会賞)の受賞作品をまとめた本書の全体の監修をさせていただいた古谷です。
そもそもこの出版のきっかけは、2011年の受賞者記念講演会パネルディスカッションでの、大野秀敏さん(「東京大学数物連携宇宙研究機構棟」で受賞)のお話でした。歴代の受賞作品には、作品が物語る社会的な意義があるはずであり、それを評価した時代の視点がある。その膨大な記録を、学会の中の資料として残しておくのではなく、社会に向けて公開し、学会賞を通して建築の文化やその意義、価値を社会に喚起する必要性があるのではないか、という非常に鋭い指摘に始まっています。
調べたところ特別賞を含めて、すでに167(複数作品を対象とするものを含む受賞数)の学会賞受賞作品があります。受賞当時の審査経過、選評、受賞者の言葉は、各年の『建築雑誌』に収録されていますが、それを一望することはなかなか難しい。そこで、「それらをすべて網羅して、選ばれた理由、社会的な背景も含めて1冊の本にまとめよう」ということが、この作品集のテーマでした。
ただ一方で、重要な資料ではあっても、その資料が経時的に淡々と並んでいるだけではなく、それを今の時点から読み解き、1冊の本として投げかけるメッセージが必要だと思いました。そこで社会から建築を見る視点として6つのテーマを設定しました。それを、1. 社会の映し鏡としての建築=各年代から見えるもの、2. 時代の中の住宅=時代を先駆けた住宅、3. 新たな公共の変遷=新しい公共性、4. うつろう建築家像=個人・チーム・組織、5. 建築論・建築意匠論=作品と評論、6. 名建築誕生の背景=証言で綴る、という6章にして、今日お集まりの担当者を含めた6人の担当者に、各章の執筆とそこで採り上げる作品の選定をお願いしました。
各担当者にはそれぞれ6作品を選んでいただきましたが、これはあくまで167作品の中のさらに優秀な作品ということではなくて、各担当者の方々の独自の視点に基づいて、物語るにふさわしい題材を選んでいただいたということだと思います。

ムーブメントとしての学会賞

古谷｜学会賞も大きなヒストリーになりました。今日は全担当者にそろっていただいているわけではないので、必ずしもご自分のところだけでなくてもいいですが、それぞれの担当の立場から、あらためて167作品を振り返ってみて、感じられたことについてまず伺いたいと思います。
鈴木｜学会賞についてはごく平均知識しかなかったものですから、timelineと書いてある167作品を一望する資料（pp.146-273）を拝見して、あらためて、学会賞自身がひとつのムーブメントである、という気がしました。

この作品群は、賞として選ばれたことによって自立した存在になり、これから10年、20年、100年後にさまざまに分析される対象になっていくのだろうという気がします。その中で私は、時代を象徴する作品をピックアップするという仕事をさせていただいて、建築がその時代に対して持つ意味を振り返ることができました。

私は自分が審査員になったときの印象を非常に強く持っていて、興奮しながら議論をした記憶があります。そのとき「厳選寡少」という言葉をたたき込まれました。要するに「厳選して少ない数でやれ。大盤振る舞いはしない」という意味ですが、その意味で見直してみると、いちばん最初の頃は1、2作品だったことに気がつきます。それが次第に増えていって、多い年は5作品選ばれるようになり、1990年代末には再び3作品以内に（1998年に表彰規程が改定され、表彰件数が5点から3点に）なったのですが、本来でしたら年に1作品選んで、それによって時代の軌跡が浮かび上がるというあり方が、学会賞としては理想的なのかなという気がしています。

本来学会賞は、その年の成果として最も重要な作品を選ぶもので、「学会賞を取らないとうまくないから、そろそろこの人にも賞を」というものではないはずです。作品には作家の方法が表れます。その作家を評価するということと、時代を評価するというふたつの側面が学会賞にはあって、そのふたつのバランスの中でもがきながら審査が進んでいくことになり、その意味では「妥協の産物」というと変ですが、3作、5作でバランスを取りながら時代を描いてきたのが学会賞なのかなという思いです。その分、ちょっと時代の問題意識がぼやけてしまうというところもあったのではないかという気がしています。

ですから、あらためて167作品を見て、その作家の方法がここで浮かび上がったという側面と、この時代においてこういう作品が成立したという、ふたつの興味で読み解けるという感慨を抱きました。最初の印象はそんなところです。

古谷｜鈴木先生には「社会の映し鏡としての建築」という大きな枠組みでお願いして、まさに今おっしゃられたように、作品と作品が成立した背景、あるいは作品を生み出した社会との対応関係から、その社会によって建築家が育てられ、社会に要請されて解を生み出すというところを見ていただきました。ところで選ばれた6作品について少しお聞かせせいただけますか。

鈴木｜時代的に括っていこうということで、あっちに振れ、こっちに振れて進んできた戦後の日本を象徴するものを選んだつもりです。

まさに日本の戦後を意識させた1950年代のリーダーズ・ダイジェスト東京支社（03｜1952年）★1、1960年代の精神を象徴する山口銀行本店（17｜1966年）、複合商業施設として登場したフロム・ファーストビル（28｜1977年）、生闘学舎（32｜1981年）は遅れてきた全共闘みたいなところもある。

——

公共建築の限界

——

鈴木｜その後は、本当のことをいうと現代の建築は「どうでしょうね」というちょっとシニカルな見方もありました。圧倒的なコマーシャルの力と、建設技術が不思議に組み合わさって今の建築を生んでいるという側面がありますが、プラダ ブティック青山店（56｜2005年）は日本の技術と世界の先端的なメッセージ力の組み合わせという意味で、やはりある時代を示したものではないか。犬島アートプロジェクト「精錬所」（62｜2011年、現名称は犬島精錬所美術館）もまた、なるべく最近の作品を選ぼうという中で、過去の建築遺産をどう読み替えるかという仕事であるいう意味において選んだわけです。

古谷｜それこそ生闘学舎までの、日本が戦後の復興から発展して高度成長を続けていた時代は、いろいろな側面があって、公共性もあるし、商業性もあるし、民間企業もだんだん活力を生んでいき、一方で学生運動のようなものがあるという、まさに社会がたどった道のりが見えていると思います。

プラダから後の2000年以降の話になってくると、社会そのものがかなり変容してきて、価値観も大きく多様化しています。僕もプラダが面白いと思ったのは、青山通りを挟んで表参道側はもともと商業ポテンシャルが高かったんですが、反対側の根津美術館（今井兼次・内藤多仲、1954年竣工）の方向に関しては、そこまでの商業的な集積がないところに、フロム·ファーストビルの手前にあれがポンと来たことで、民間のたったひとつのお店であるのに、建築がまちに対して、大げさにいえば都市に対して大きな影響を与えたという側面があったという感じがします。

犬島の方は、これも21世紀を迎えてからつとにいわれている、急速な開発で壊された環境を修復するには建築をつくることで価値をもういちど再生することが可能ではないか、というひとつの考え方が表れているのが犬島だと思います。そういう意味では、鈴木先生のセレクションの2000年以降のものは、ひと

★1 ——作品名の後の括弧は、（受賞回｜受賞年）。

つの建築が周辺や環境に大きな影響を与えているものが選ばれているのかなと感じたのですが。

鈴木｜ただ、犬島のプロジェクトは、ものすごく薄い煉瓦で積んでいます。組積造は非常に難しいもので、目のつけどころはいいけれど、今の建築家は伝統的な技術に対して少し甘く見ているかなという気もしました。それも含めて、面白かったですけど。

植田｜これを選ばれるにあたって、場所について意識されたのでしょうか。まずリーダーズ・ダイジェスト東京支社は皇居の近くですね。それから時間を隔てて今度は青山がふたつで、かなり接近したところにあり、あとは地方都市と島です。この場所の選び方に感心したんですが。

鈴木｜そうですね。話が脱線してしまうけど、何かのときに建築を感じられるツアーができないかといわれて、代々木のオリンピックプール（国立屋内総合競技場、16回｜1965年特別賞）から表参道をずっと歩いて根津美術館まで行けば、だいたい戦後の建築が綴れる。その意味で、場所のもっているポテンシャルというのは、それぞれいろいろなところにあると思います。

五十嵐｜選ばれたのはいずれも民間の建物ですね。

鈴木｜誤解を招くかもしれませんが、公共建築は「社会の映し鏡」たるものとしては、ちょっと限界があるんじゃないでしょうか。

時代の中の住宅

古谷｜主に住宅の側面から「時代の中の住宅」を担当していただいた植田さんにお話をお願いします。

植田｜僕は167作品の記録を読ませていただく前から、学会賞に対してある信頼を置いているところがありました。デザインだけではなくて、構造や設備などの専門分野の研究なり体験が集積されたものも、学会としてきちんと評価しているのだろうと。しかし、全作品の推薦理由をひと通り読んでも、そこまで見えてきません。実際は単純に、限られた文字数の問題だと思いますが、賞を決めるまでの関係者の大変な努力がなかなか伝わってこないな、という感じがしましたね。もっと厚みのある記録であってほしかったという気がしました。

さて時代の中の住宅ですが、学会賞の方向として、時代をいかに画した作品であるかということと、建築家の体験の上にある作品としての重みの、ふたつを求めていることの矛盾を鈴木先生はお話になりましたが、それを住宅に求めると、さらに矛盾してしまうような気がするんですね。つまり時代を画するということに関しては、住宅の場合は、作品としての重みにかかわらず必ず出てきます。しかし、おそらく日本の住宅史は、そういうふうには辿れないでしょうね。

鈴木｜そもそも学会賞の中で、住宅はすごくハンディキャップを負っているところがあります。選考にあたっては、「一連の」というのはあまりよろしくないといわれた記憶があります。できるだけひとつの作品で完成度の高いものを選びなさいといわれると、住宅はなかなか難しい。

植田｜「一連の」というと、住宅設計に対する建築家としての持続力みたいなものが評価されますが、さっきもお話に出たみたいに、これは人に対する功労賞ではなくてあくまで作品賞なのだとすれば、「一連の」という名前をつけるのは矛盾している。

僕が選んだのはふたつの矛盾する方向の作品で、あえてできるだけ「一連の」という受賞作を拾ってみたのですが、それは結局何なのか。たとえば清家清さんにとっての「一連の」と、林雅子さんにとっての、あるいは篠原一男さんにとっての「一連の」は全然違うのではないかとも思えます。

自分の主張というよりも、選考委員の皆さんの推薦理由を読みながら、その辺をまとめたという感じです。僕としては、167作品の全記録であるtimelineを皆さんに読んでもらいたい。かなり小さい字ですが、「あきらめないで読むとおもしろいよ」というガイダンスとして文章を書いています。ですから私の場合は推薦理由からの引用が非常に多い。それもひとつのやり方であろうと思いまとめてみたわけです。

「一連の」意味／先が見えないところでの評価

古谷｜これまでも「一連の」に対するいくつかの議論がありましたが、あえてここでは安藤忠雄さんと山本理顕さんという対極的なふたつの個性派住宅以外は、意識的に一連の住宅を選ばれています。それぞれ「一連とはいってもこれですよね」と思える代表作品が含まれていますね。

代表作一作を選ぶことと、それを含めた「一連の」作品を選ぶことの、意味合いの違いはどういうことにあるのでしょうか。たとえば東孝光さんでいえば、「塔の家」といわないで「一連の」ということに、どういう意味が出てくるのでしょうか。

植田｜建築家によって、「一連の」の意味の与え方が全然違うような気がします。たとえば安藤忠雄さんは、受賞したのは1作品対象（住吉の長屋、31｜1980年）でも、明らかに、徹底して一連の安藤さん独自の主張がこもった住宅をこれからつくり続けるであろうという予感がちゃんと入っているような気がします。その後のことは、この瞬間は見えなかったわけですから、受賞は適切だったという以上に、彼の場合1作品が全作品でもあるといった独特の見え方があったのではないでしょうか。

鈴木｜1995年に、東孝光さんに、塔の家から阿佐谷の家に至る一連の都市型住宅（46｜1995年）として賞を与えているのは、明らかに最初に与え損ねてしまったということではないですか（笑）。

五十嵐｜ちなみに「一連の」というときは、現地審査はどうしているんですか。

植田｜たとえば東さんの場合、現地審査はいちばん最後の阿佐谷の住宅だけです。はるかに洗練されているし、住みやすいし、改良が加えられていますが、やはりちょっと違っている。だから他の作品を見ていない選考委員の方で、阿佐谷の住宅を見て票を抜いた人がいたようですね。その感じは非常によくわかりました。東さんが出している作品は、No.1の塔の家（1966年竣工）から、No.13の阿佐ヶ谷の家（1993年竣工）まで、10軒以上あって、そのいくつかは都市型ではない。受賞者の言葉は、塔の家より後に彼が主張していたポリフォニックな世界についてであって、第三者から見ると「一連の都市型住宅」の説明としてはちょっとわかりにくいかもしれません。

一方、山本理顕さんの雑居ビルの上の住居（39｜1988年）は、「一連の」とは入っていないけれども、雑居ビルの上の住宅2件で一応「一連の」になっていますね。山本さんのいちばん重要な部分は、プランニングそのものにあったと思います。プランニングの骨格が非常に明快であって、外形がどんな形になろうと、彼の主張はちゃんと通っています。ところが学会賞は、それを都市環境的あるいは景観的な文脈に乗せたところで、つまり雑居ビルの上に画期的な気持ちのいいビルをつくるという文脈において、評価しています。都市や景観という要素が入っていることで賞をあげやすかったんじゃないかと思いますね。でも山本さんのその後の仕事を見ていくと、「GAZEBO」は自邸であるにもかかわらず、ちょっと横道に入ってしまっているように思えるのかな。実際に、その後雑居ビルは彼自身もあまりつくっていないし、あれに影響を受けて雑居ビルをつくった人もいないでしょう。

先が見えないところで評価しなければいけないので、そういうことがどうしても出てきます。

篠原一男さんも、ある意味でいちばん篠原さんらしくないともいえる、一見非常に素直な「同相の谷」あたりで受賞されています（未完の家｜1970年竣工、篠さんの家｜1970年竣工、直方体の森｜1971年竣工、同相の谷｜1971年竣工が挙げられている）。先が見えないところで、どう理由をつけるかというあたりの苦心が、timelineを読んでいて本当によく伝わってきます。

鈴木｜見る方だって、こっちがボンクラだといわれればそうだけど、ひとつだけ見てもわからなくて、いくつか住宅の軌跡を見てきて、ああ、この人はこれがやりたかったんだなというのが徐々に見えてくる部分もありますね。

古谷｜今は要綱上も、「一連の」というのは原則としていけませんと排除する方向になっているんですが、さきほど鈴木先生がおっしゃったように、住宅の抱えている規模なども含めた特性からすると、あるテーマで何作か繰り返してきたり、あるいはそれぞれ違っていたにせよ、何らかの経緯があって建築的価値をもっているものは、住宅に関していえば確かにあり得るわけですね。

植田｜石井修さんは、目神山の一連の住宅（38｜1987年）で受賞していますが、実感として、あれは「一連の住宅」ではなくて「家々」だという感じがします。

古谷｜目神山の場合は、まさに空間的にもつながりがありますね。

僕自身が選考委員をやった2年間は、2年とも住宅が入っています。1年目は北山恒さんと金田勝徳さんの洗足の連結住棟（61｜2010年）で、2年目は椎名英三さんと梅沢良三さんのIRONHOUSE（62｜2011年）でしたが、3作品選べるなら1枠は住宅でもいいかなという心理も働くんですね。これがひとつだけ選べといわれると、たぶん小選挙区制みたいになってしまう。3つ選ぶのであれば、住宅がその一角を占めていていいように感じたところもあります。

戦後住宅史を語れるか

植田｜時代の中の住宅を語るものとして今回6点を選んでいますが、話題となった住宅を探せばもっと数が多いわけですね。だからこの数で、この作品で、日本の戦後住宅史がちゃんとつながるように語られるのかどうかが非常に気になりながら見ました。できれば、学会賞を受賞した作品をたどって戦後の住宅史が描ければいちばんいいのですが、見ているとどうしても、菊竹清訓さんのスカイハウス（1958年竣工）が抜けているじゃないかとか、原広司自邸（1974年竣工）は田崎美術館（38｜1987年）より良かったんじゃないかと思ってしまうわけです（笑）。

たまたま去年北京大学で、日本の建築家の設計した日本住宅史をしゃべってくれといわれたんですが、持ち時間が30分でした。しかもよく聞いてみると、向こうの学生はそもそも住宅の授業はまったく受けていないらしい。

古谷｜単体の住宅がありませんしね。

植田｜いきなり集合住宅でしょう。卒業して仕事についても、打ち合わせの相手はマンションのオーナーであって、住もうという人との打ち合わせの時間がまったくないわけです。だから、そういう人のために、どう話したらいいのかと悩んだわけです。戦後というのは日本には大事件だけど、国際的にはどの時代がわかりやすいのかよくわからないので、結局1912年から100年にしたんですね。ちょうど明治から大正に変わった、明治天皇崩御から100年目で、その頃から庶民住宅が提唱されるようになるということで、ヴォーリズから始めて、最後は西沢立衛さんの森山邸（2005年竣工）あたりまで、100年間を30分で語りました。時間的にも建築家の名前を出す余裕もなく、削りに削ってやってみると、日本の住宅史は、背景となる家族とかいろいろな問題があるけれども、学会賞作品レベルではそういう説明は難しくなってくる。相当時間をかけないと、篠原さんがどういう人だったのかという話は、簡単にはできません。

古谷｜今お話に出た中国や韓国、あるいは欧米の国々でも、都市部では戸建て住宅はほとんどありません。日本の都市住宅というのは世界の建築の中でも大きな特質をもっていると思うんですね。ですから集合住宅は別として、単体の、しかも別荘ではなくて都市型の住宅のもっている意味とか価値に光を当てて、発信するものであってほしいという思いがありますね。

公共性の変遷

古谷｜では次に五十嵐さんに伺います。この間に公共性というものがずいぶん変化しているのではないかという観点から、五十嵐さんには、公共は、単に昔の公共建築物、公共施設イコール公共というものからずいぶん様変わりしているというところを見ていただきました。結果として、ちょうど鈴木先生と反対で、公共建築物をかなりここで拾っていただいた感じになりますが、ほかのところも見ながら、振り返ってどうでしょうか。

五十嵐｜全体からいうと、学会賞自体はそもそも客観的にアーカイブ化されることを狙って毎回選んでいるわけではないけれども、結果的に60年ぐらい歴史が経って、改めてこうやって並べると、それはそれで大きな厚みをもっており、今われわれが見るといろいろなことが読み取れるという意味で、面白い経験をしました。

ただ先ほど植田さんの話でも出たように、こういうものはあれが漏れている、あれがなかったというのがどうしても見えてしまって、戦後日本の近現代建築史を語るときに、普通は入っているだろうというものがときどきないですね。

それが逆に面白いという読み方にもなるし、もちろんわれわれがその後の歴史を知っているから、あの作品は重要だったということがわかってしまうのに対して、そのときに生きて、そのときに選んだ人は、その先の時代の歴史の流れを知らない状態で選ぶので、やはり非常に大変で、とくに住宅は若いときに前衛的なものをつくれば、選ぶ方もたぶん相当な勇気が要るだろうということを思いました。

もらったお題の中で機械的に各ディケードごとに無理やりでもひとつずつ選び、同時にいくつかテーマを各セクションで振り分けようと考え、初期の頃、庁舎建築がものすごく集中して多いのは事実なので、モダニズム建築が戦後民主主義のイメージを出してきたということで、まずひとつ目は丹下健三さんの倉吉市庁舎です（09｜1958年、岸田日出刀／丹下健三）。worksとして選んではいませんが、同時期の異なる系譜として入れたかった、佐藤武夫さんの旭川市庁舎（11｜1960年）も、最初の50年代のところで触れています。次の大石寺（16｜1965年、横山公男）は、普通は公共には入れないんですが、私が宗教建築に非常に関心があったということもあって、市民全員の公共ではないけれども、信者に対する公共の場であるという考え方で入れています。もうひとつ、かつて座談会（「学会賞作品賞を考える」『建築雑誌』1993年1月号）で布野修司さんが宗教建築が学会賞の中に意外にないといわれていましたが、確かにそうでした。なので、これもひとつの公共空間の原型だろうということで選びました。

最高裁判所（26｜1975年、岡田新一）は、モニュメンタルな表現として、むしろ国家の表象にまでつながってしまいますが、それで70年代からひとつです。

80年代は、普通に考えると商業ビルになるものを入れました。この時代はポストモダンで、この前後ぐらいに渡辺豊和さんの龍神村民体育館（39｜1988年）も選ばれていて、当時、非常に商業的な衣装をまとった公共建築みたいないわれ方をしています。

一方で高松伸さんのKIRIN PLAZA OSAKA（40｜1989年）は、商業ビルではあるけれども、大阪の誰もが知っている場所の風景をある意味でつくっていることでの公共性ということで選びました。これが学会賞で選ばれたとき、相当審査員がもめていて、それぞれのコメントを読んでいると面白いですね。
90年代から選んだのは関西国際空港旅客ターミナルビル（46｜1995年、レンゾ・ピアノ／岡部憲明）ですが、交通施設をひとつ入れたかったからです。これと対比させているのは東海道新幹線旅客駅（16｜1965年、国鉄設計グループ（福岡博次／小栗正満／熊谷泰／沢健一／十楽寺義彦／高木毅／竹内正光／春山一郎／松島勇雄）／設計事務所グループ（太田和夫／佐野正一／山崎兌））です。「一連の」というか、同時にできた複数の駅ですが、駅舎建築も基本的にはあまり学会賞に選ばれていないんですね。
60年代のオリンピック施設が別枠（16｜1965年特別賞、オリンピック代々木競技場および駒沢公園の企画設計ならびに監理｜岸田日出刀／芦原義信／井上宇市／神谷宏治／小場晴夫／高山英華／丹下健三／坪井善昭／中山克巳／堀内亨一／村田政真）で学会賞に入っているのに、今回初めて僕も気がついたんですが、むしろ学会としては新幹線の国鉄の駅を合理的なシステムでつくったことを評価していたということと、90年代のある種のグローバリズムの中で、日本の空港には顔がないといわれていますが、海外の建築家がある顔としての空港を設計したということで挙げています。
最後は古谷誠章先生の茅野市民館（58｜2007年）です。このあたりは前後して、ワークショップを通じて、どういうプロセスで公共空間をつくるかということを重視した作品が受賞しています。駅舎でいえば岩見沢複合駅舎（61｜2010年）とか、苓北町民ホール（54｜2003年）とか、山本理顕さんはワークショップではないけれども、クライアントとの関係がとても密接な北海道の公立はこだて未来大学（53｜2002年）とか、50年代の啓蒙主義的な「これが戦後民主主義の形の建築だ」というときから50年経って、だいぶ公共のつくり方が変わったということが対比的に出るような形で選びました。

現代の公共性とは

古谷｜五十嵐太郎さんのarticle IIIは、公共性の変遷を、10年ごとに概観するという形式になっていますが、まさに本当だったら香川県庁舎（1958年竣工、丹下健三）がいちばん相応しいかもしれない民主主義を体現するための庁舎建築というところから始まったものが、宗教、そして近代国家の体裁をつくっている最高裁からコマーシャリズム、グローバリズム、市民参加という方向に流れていったという図式でしょうね。それが現代になると、それぞれの地域や風土に根差したとか、それぞれの市民参加でとか、とにかく答えが千差万別になってきます。
最初の頃は、本当に公共施設がたくさんありますが、それらが日本の戦後建築をリードしてきた側面はありますね。
五十嵐｜初期に前川国男さんや丹下健三さんが続けて取っているのが、ある型をつくった感じはします。僕も想像でしかいえませんが、学会賞が評価することで、それがモデルとして機能したような、そんな印象は受けました。最終的に選ばれていなくても、当時のノミネート作品を見ているだけでも、庁舎建築がすごく多い。
古谷｜功罪が両方あると思いますが、戦後瞬く間に日本中に公共施設の量産をしなければならなかった時代の牽引役になっていたんですね。お手本というか、模範解答みたいな感じで示されて、そういう役割を果たしていたと思います。
五十嵐｜東海道新幹線旅客駅では、いかに同じ規格のものを同時に効率的につくったかという、そこが最大の評価ポイントになっていました。
鈴木｜あの時期は、システムとしての建築が建築の未来をひらくという評価がありましたね。
学会が考えている公共性という点では、もう時効だからいいと思いますが、僕が公共性で記憶に残っているのは、僕が審査員だったときに両国国技館（1984年竣工）が出てきたので、「歴史に残る建物だから、ちゃんと見に行ったほうがいいんじゃないですか」といったら、「ああいうのはポピュラーで、自分で生きていける建物だから、学会賞をあげなくてもいいんだよ」みたいな（笑）。ちょっと極端ないい方ですが、そういうこともありました。だから先ほどのKIRIN PLAZA OSAKAのような商業性とか、そういうものはBCS賞に任せればいいみたいなところがあった。
植田｜五十嵐さんの選択はうまいですね。挑戦的だし。たぶん僕らより上の世代がもっている公共のイメージは、もっと品がいいものというか（笑）、鬼頭梓さんの図書館とか、ああいう感じできれいに埋まるべきところを全部切り替えています。庁舎と裁く建物と宗教という、非常に穏やかならぬ感じをもっている公共を選ぶという意味で、五十嵐さんの項目もtimelineを読みたくなるような構成になっていると思います。
鈴木｜受賞一覧を見ると、学会賞の初期は年がら年中前川国男先生が取っていて（4、6、7、12、13、17回に受賞、第19回にあたる1968年に第1回日本建築学会賞大賞を受賞）、その後重賞を避けるという時期に入るわけですね。だから作品史的に、必ずしもその時代を代表する作品が入るとは限らず、その設計者がもう取っていれば取れません。学会賞が本当にある概念を示しうるのか、ということですが、だんだん、この時代にこの作家が出てきた、この建築家がこれで登場したという歴史にならざるを得なくなってしまう。という中で、五十嵐さんは苦労してすばらしいストーリーをつくられたと思います。

古谷｜誌面と時間の関係があるので、今日は残りの3人の方にはお集まりいただいていないんですが、倉方さんにはarticle IV「うつろう建築家像」というところで、個人、あるいは国家を体現するような丹下さんに始まる建築活動から、官庁営繕部的な官の側の組織のもの、それから本当に大きな組織事務所のもの、あるいは最後には集団として設計するものまで、建築家のスタイルが変遷してきたところを見ていただきました。

それからarticle Vで小林さんには、「建築論・建築意匠論」の立場から、比較的作家性の強い、今井兼次さんから始まる方々を選んでいただきました。最後は石上純也さんになるので、作家像もだいぶ揺らいでいるという感じになっていると思います。

そして時代を画した名建築というのがありますが、中谷さんに見ていただいたarticle VIは、ほかのところとは少し毛色が違います。ちょうど最初に鈴木先生がおっしゃったように、時代がある建築を生み出す、時代の社会が生み出すという、その背景が名作を生んだのではないかという観点からトピックとして拾っていただきました。

現存せず

古谷｜確かにこうやって振り返ってみると、戦後日本建築史の中では外せないものが、学会賞を受賞していないというケースがたくさんありますね。ただ、誰が何で受賞したのかというところを紐解くと、その設計者にとっては、その方の人生の中で転換点というか、さらに上に上がっていくひとつの起点となるような作品が選ばれていることが多いと思います。また作家にとっての価値以上に、設計者を代表するような何かというのは、当時の社会にも当然某かの価値を生み出していると考えられます。

ところが近年というか、眉山ホール（37｜1986年、1990年取り壊し）あたりがいちばん象徴的な出来事だったと思いますが、それなりの価値があるはずの学会賞作品で、物理的寿命を迎えたわけではないのに、経済的、社会的理由で解体される例も出てきています。実は穂積信夫先生の田野畑中学校および寄宿舎（28｜1977年）のうちの中学校もすでに解体されてしまいました。寄宿舎の方は残っていますが、廃寮になって使われていません。

そろそろ寿命を迎えるという種類のものも、更新を図らなければならないものもあり、建築としては、それはひとつの常ですが、もし時代を画していたとするならば、それは当然保存の対象になっていく可能性があるものです。

受賞作品の一覧（p.146）を見ると「現存せず」の印がかなり出ていますが、そういうところをご覧になって、保存をめぐってのご意見をいただければと思います。確か眉山ホールのときは学会でも保存要望書を出していますね。

鈴木｜全然力は及ばなかったけれども、なんとかなりませんかという動きをした記憶があります。

古谷｜眉山ホールはそういう結果になってしまいましたが、それはオーナー次第だから仕方ないと考えるのか。それとも打つべき手というか、今後に向けて何か考えておくべきことはありますか。

鈴木｜眉山ホールの場合はちょっと特殊なケースで、所有者が自分のもっている建築群を再編する中で取り壊したということで、社会的寿命が尽きたわけでもないし、物理的寿命が尽きたわけでもないですね。

ただ一般論からいうと、ここに出てきた「現存せず」のかなりが1960年代末に消えていっています。やはり高度成長期に都市再編の中で消えていったものがあるということで、いくつかの波がありますが、割に最近の波で消えたのが日活国際会館（03｜1952年、2003年まで使用）ではないかと思います。調べてみたら、竣工後20年から30年で、つまり20代で消えていく建物が結構多い。それは学会賞に関係なく、時代の波の方が強いという感じですね。

古谷｜でも今後はシュリンクする社会の中で、スクラップ・アンド・ビルドというものに社会全体で少し歯止めをかけてきますね。

鈴木｜ただ今後景気が回復していくとなると、またどうなるでしょうかね。

古谷｜一方で、たとえば今井兼次先生の大多喜町役場（11｜1960年）も受賞作品です。受賞がひとつの動機となり、町の人たちも誇りに思ってくれていて、結局、解体しないで保存しましょうという方向に決まるわけですね。最終的にはプロポーザルが行われて、千葉学さんが隣接した敷地に新庁舎を設計した。そして旧庁舎をかなりオリジナルに近い状態に戻して、引き続き庁舎として使い続けています。これは比較的幸福な方だし、これが学会賞受賞作品であったことが一定の功を奏しています。そういう事例もあるんですね。

学会賞は未来に向けたメッセージ?

植田｜歌舞伎座(2010年取り壊し)は残さなかったけれども外観を再現している。仮に前を残したとしても、後ろに高層ビルを建てた場合は、大多喜町役場とはちょっと違うものになってしまいますね。京都会館(12｜1961年)は、2012年には一部を壊しています。一部だけを新たなデザインでつくり替えて、保存建物と一体のものとする計画ですが、そこをどう考えたらいいか。京都会館はDOCOMOMO Japan 100選にも選ばれているものですね。

鈴木｜京都会館は非常にまずい例だと思います。ただ明治生命館(1934年竣工)とか三井本館(1929年竣工)みたいに、後ろに超高層を建てるのは致し方ないし、東京駅(丸の内駅舎、1914年竣工)も周りに空中権を売ったから、周りが過密になっているわけですから、そのへんの難しさです。ただこのテーマとは関係ないですが、歌舞伎座は面白いですね。あれは再現だから保存でも何でもないけれど、やはり五代目襲名(初代｜1887年｜高原弘造、二代目｜1911年｜志水正太郎、三代目｜1924年｜岡田信一郎、四代目｜1951年｜吉田五十八)という感じで、西洋で考えているオーセンティシティに対して、日本の生きている文化遺産のあり方を示す問題提起をしているんじゃないかなと。だから、あれをもう少し真面目に考えてみたいと思っています。

古谷｜今回の担当者は比較的歴史家が多いんですが、歴史家としての立場からすると、今のオーセンティシティでいえば、本物が残っていないと意味がないとする説もありますし、三菱一号館(1894年竣工、1968年取り壊し、2009年再建)に代表されるように、再現することを通して過去をもういちど知ることもできるし、レプリカといえばレプリカだけど、それを2代目と呼ぼうという考え方もあると思います。大勢としてはどちらですか。

鈴木｜僕はレプリカには歴史性は宿らないと思うし、三菱一号館は、復元と言われていますが、やはり再現建築だと思います。でも歌舞伎座は不思議で、いま揺らいでいるんだけど(笑)。

古谷｜今年はまさに伊勢神宮の遷宮の年ですけれども。

鈴木｜だから何が建築を伝えたことになるかというのは、意外に難しくて、僕は形だけ同じように再現すればいいとは思わないんですが、元の材料を全部残せば正解で、どこか変えれば不正解かというほど単純でもない。使い続けていくためには、どこかを変えなければいけないけれど、変えすぎれば別物になってしまう。その辺の難しさはすごく感じます。学会賞の作品というのは、そういうときにはひとつのよりどころになって、これは学会賞を受賞し、そのときにある評価を得ている建物だから、尊重しなければいけないという説得力をもちます。やはりわれわれは常にそういうかたちで建築を評価し続けていくべきだし、学会賞がもっている社会的な意味の非常に大きなひとつがそれだと思うんですね。

歴史的に、国宝ですといっているのではなくて、できてすぐに、これはある質を備えたものだ、という評価を下し続けてきているという重みを、これからも大事にしていただきたいと思います。

古谷｜つまり、未来に向けてメッセージを発しているということですね。

鈴木｜非常に難しいですけど。

学会賞作品の保存、リノベーション

五十嵐｜犬島アートプロジェクト「精錬所」は, これからもっと重要なリノベーションになるでしょうか。あらためて見てみると、学会賞は基本的には新築ベースでずっと選ばれてきているので、既存のものに対してこう介入したというので選ばれるとか、このやり方は非常に評価すべきだというものが、もっと出てもいいタイミングかなと思いました。

鈴木｜作品賞は新築、保存は業績賞で拾うという棲み分けになっていますが、それがもう少し交流してもいいということでしょうかね。

植田｜そう思います。優れた改築による再生で、その建築家の底力や建物の生命力を知ることもあります。

古谷｜新築に限るとこれから先、少し歪んだものになっていく可能性があるということですね。そういう意味では、今後の展望の話にもつながりますが、作品賞にリニューアルとかリノベーションに対する間口を少し広く設けて、あくまでも作品として評価できるものであれば選んでいくべきということですね。

鈴木｜ただ、僕はすごく危惧の念ももっています。アーキテクトというのはある意味では全能の主だから、こう解釈するといって、本人は良かれと思ってやっているけど、それが過去の遺産を破壊することになりかねない。そのようないじり方が一種のクリエーションだといわれることについては、僕は非常に危惧の

念をもちます。

古谷｜ただ生きた建築として使い続けていくために必要な改修、改装はされてもいいでしょう。

鈴木｜もちろん、それをしなければ緩慢なる死を迎えてしまいますから。

植田｜日本の特に戦後の住宅は、おそらく大邸宅はほとんど見られないですね。あくまで非常に小さな住宅で勝負しています。だから、空間が重要になってくる。それを実感するには、実物があるのとないのではあまりにも違う。塔の家（46｜1995年、竣工は1966年）を見ると、こうだったのかと簡単にわかる。開かれた絵本みたいなもので、建っていれば子どもでもわかって、「ああ、面白い」といえるわけです。でも微に入り細をうがってどんなに褒めた文章があっても子どもは読まないし、読んでもよくわからない。そういうことが、すべての建築に起こっています。だから江戸東京たてもの園も明治村も人気がある。それでも、全部断片化してしまっているから本来の半分もわからないわけですが。

古谷｜早稲田大学理工学部校舎（19｜1968年、安東勝男／松井源吾）は学会賞作品ですが、次々に改修が進んでいます。幸いその監修を僕にやらせてくれましたので、かなりリフレッシュするけれど、元の良さは損なわないように耐震改修するというのを今進行中です。必ずしも昔とそっくりではなくて、昔ルーバーだったものを庇にして日射をカットするように、少しデザインを変えています。元通りではないですが、エッセンスというか、肝心なところが残れば、使い続けていく建物としてはいいのかなと思っています。

鈴木｜手をつけるなというのが保存ではなくて、いかに手をかけながら継承していくかということが大事だろうと思います。

——

選考システムは有効か?

——

古谷｜では、そろそろ最後の話題として、学会賞はどうあるべきかということをお話しいただきたいと思いますが、その前に、大森晃彦さんに同席していただいているので、大森さんがまとめてくださった労作を振り返って何かありますか。

大森｜巻末のtimelineという資料編を植田実さんに見ていただきながらまとめました。timelineは『建築雑誌』に掲載された学会賞の発表記事をまとめたもので、全文字数は約62万字あります。小説なら上、中、下巻の3分冊になるくらいの量です。当初は抄録にして社会的背景も記録した年表にし、本全体に帯のように流すというアイデアでしたので、timelineという名前になっています。しかし『建築雑誌』の分厚いコピーを読み進めていくにつれ、すべて入れたい、という思いを強くし、植田さんも同様のお考えでしたので、この膨大な文字数を何とか収録する方法はないものかと考えたのです。そこで、かなり無理をして、文字サイズを普通なら平面図の室名に使うほどの大きさに切り詰める一方で、すべての作品写真が載ったページを画像として再録しました。読みづらくて申し訳ありません。

古谷｜全体を見て何か感慨があると思うので、その辺をお願いします。

大森｜鈴木先生が冒頭に、学会賞がひとつのムーブメントであるとおっしゃいましたが、同様の意味で、学会賞はメディアそのものではないかと思いました。建築の月刊誌が巻頭作品を選ぶのとはもちろん重みが違いますけれど、選考経過と推薦理由を読んでいくと、毎年、賞のクライテリアから、なぜその作品に賞を贈るのかまで、真摯な議論が交わされていることが想像できます。雑誌にたとえれば編集方針を議論しているようにも思えるのです。今日のこれまでの皆さんのお話も、ある意味その延長にあると感じました。

古谷｜学会賞の10人の選考委員は2年単位で交代していきますし、委員長は作品部会長で、作品部会長は1年ごとに交代していくので、大きな明文化された基準は共有されているかもしれませんが、微妙なところで価値観が毎年変わっているというのが学会賞のひとつの特徴だと思います。このようなシステムは今後も有効なのでしょうか?

植田｜今の選考委員は作品賞の受賞者が、その後にすぐ選考委員になられていますね。

古谷｜あまりすぐはないですが、年を取ってからいただくと、私みたいに割合すぐ来ます（笑）。それから必ずしも受賞者だけでは構成されていなくて、10人の中に必ず学会の担当理事とか副会長が入っていますし、あとは構造、環境設備から必ずひとりずつ専門家が入ります。

鈴木｜最初はアーキテクトだけでしたね。

古谷｜さっき植田さんから「専門家が総合的に判断を下しているという信頼感が学会賞にはある」というようなお話がありましたが、今はそれを目論んだ構成になっています。

植田｜たとえば坂本一成さんのHouse F（41｜1990年）に対して選考委員の川口衞先生が、「市販のスペース・フレーム部材をそのまま用いているため、柱頭のジョイントがどうしても安直になり、（他の部分のディテールに熟慮のあとが見られるだけに）何とも惜しい」と書かれていましたが、ああいう意見には本当に教えられますね。それは単純なマイナス評価として受け取るのではなく、そこから坂本さんの手法を考え直すこともできますから。
当然そういう話は、ずいぶん選考の中でされているでしょうから、これからどういう選考委員の構成で行くかということもあるだろうけど、もっと詳しい記録を発表してもらいたい。学会の『建築雑誌』も取っていないくせに、こんなことを言うのはおこがましいけど(笑)。
最近は料理でも何でもメイキングが結構流行っていますが、ああいうものはすごく啓蒙力をもつと思います。建築は非常に難しいジャンルだからか、一般誌ではあまり扱ってもらっていないですね。建築を専門的につくっていく面白さが学会から発信されるべきではないかと思います。選考委員については、建築外の人を入れたらどうかという意見もあるでしょうが、僕は逆に徹底して専門的でいいような気がします。

——

選考委員の選定は?

——

鈴木｜あまり固定化してしまうとよろしくないので、今も2年おきに交代しているんだったら、それはいいと思います。それからアーキテクトの選考委員の方は、原則的には過去の受賞者らしいけど、審査員にはならなかった人もいます。だから、誰かが選んでいるんだろうなという感じはあるけれど、誰かが好き嫌いで決めているほど選ぶ側も固定していないようだから、そういうところでしょうかということですね。
受賞作品数も厳選寡少なのか、もう少し広げた方がいいのか、ときどきいろいろな議論が起きていたようですが、それについても今後も議論すべきだと思います。10作品ぐらいに出してもいいんじゃないかという意見があるかもしれないし、もっと絞るべきだという意見もあるかもしれないので、毎回初心に帰って、真に「今年はいくつぐらい受賞がいいのか」という議論があってもいい。
大森｜選考経過を見ていると、毎年の選考委員の方は、まずそれで相当激論しているようですよ。
鈴木｜人間心理として自分が取ってしまうと、あとはできるだけこの賞は絞り込みたくなるようで(笑)、なかなか難しいけど、それを客観的な理論の中で議論していただくのはいいと思います。結果的には、学会賞の軌跡は、これを見てもある時代をずっと映してきているし、これからもそうなるから、未来に対する賭けという意識で、今はうまくやっていけているんじゃないかと思います。
古谷｜この間、今度出る『建築雑誌』の何かの記事で、賞にどういうものがあるかを簡単に述べて文章を書かなくてはならないので調べたら、たとえばプリツカー賞(1979年創設)とかUIAのゴールドメダル(1984年創設)は割合最近できたものなんですね。歴史が長いのはRIBAのゴールドメダルは1848年からで150年以上、AIAが1907年からで100年以上ありますが、今世界で建築のすごい賞といわれているものの大半は、そんなに歴史が古くなくて、その中で見ると学会賞は、すでにそれなりに歴史のある賞です。RIBAとAIAを除けばかなり長い方に入るんですね。
そういう意味からすると、僕は学会賞というのは、自分がいただいたから言うわけではないですが、間口を広げてというのではなくて……。
鈴木｜ほれ、見なさい(笑)。
古谷｜僕のときはひとりでしたから(笑)。それはさておき、ここまで来たから100年ぐらいになるまでは、厳選寡少としてあまり大きくスタイルを変えずにこのまま繋いでおいたらどうだろう。この歴史の長さの上にあるということを意識していい。2年ごとに審査員が入れ替わっているのもいいのではないかと思います。

——

プロセスの公開

——

古谷｜ただひとつだけ、気になることがあります。どの賞も同じかもしれませんが、今は最初に応募されたドキュメントは非公開で選考されて、現地審査対象の数作品が決まるまでのプロセスは、普通の人のまったく知らないところで行われているんですね。
実はやってみるとおわかりだと思いますが、最初の段階では相当玉石混交の不思議なものが応募されてきています。本当は、こういう賞は、そこに応募してくるものにある程度の水準と何かがあって、初めてその価値が存続すると思うので、このぐらいの水準でないと学会賞の応募作品たり得ないというものがもう少し見えていてもいいかなと。こんなものを出してちょっと恥ずかしかったというものが、いっぱい出ているんですね。
鈴木｜僕は、それはかまわないと思っています。建売住宅みたいなものが応募されてもかまわないし、学会賞はもっと敷居が高いんですよというのを周知すべきではなくて、初めてつくったけど、これはどうだろうと気楽に出せる。結果的には、その方は現地審査にも来ないし、落ちたんだなで済んでも、応募はできるだけ広くやるべきではないかと。むしろ生半可なことでは応募できない賞になってしまったら、逆にまずいと思います。

大森｜11回（1960年）から21回（1970年）までは、候補作品すべての作品名と設計者の一覧が発表されていましたが、応募するだけで候補として公表されることが疑問視されたようで、以降は発表されていません。

古谷｜たとえば応募作品が応募作品展になっていて、パネルのようなかたちでもいいんですが、それがホールか何かにドーンと貼ってあって、そこで審査するということができたらいいんじゃないかと思うんですね。

鈴木｜それはあってもいいかもしれないですね。

古谷｜自然にその中にある水準が生まれてくるだけで、別に水準を顕示するためにやるのではないけれど、そうすると落選した人も、俺はこういう中で落ちたのかと何となく少しわかるし、もう少しこうしようという改善の意欲につながるような気もします。まったく密室で、こういうドキュメントだけで、ただ送り返されてくるというのではなくて、今年はこんな応募があったというのを、みんなが見ることができる方がいい。

鈴木｜それがあまりお金のかからない準備でできれば、どこかで展示していただけるとありがたいですね。

大森｜応募作品をインターネットで全部公開することはすぐにでも可能ですよ。その場合、応募もインターネットからということになるでしょう。

——

作品選集、作品選奨、学会賞

——

鈴木｜『作品選集』（1989年から刊行）への掲載を前段階にして、そこで絞ってからやるべきだという議論がときどき出ていますよね。

大森｜第46回の1995年から第56回の2006年までの11年間は、直接応募と2本立てで、『作品選集』に掲載された作品が審査対象になっていました。

古谷｜それがあまりに混乱するというので、今は完全に縁が切れた形になっています。『作品選集』の掲載の選考と、その掲載作品から12作品を選ぶ作品選奨、それと学会賞は、まったく別になってしまいました。
『作品選集』への応募はあまり数が多いですから、支部選考部会が作品選集委員会に推薦する作品を決定するという支部のフィルターがかかりますが、学会賞は支部のある種のしがらみ関係がなくて、審査員に向かってダイレクトに応募できるという利点もあります。
しかし、『作品選集』への応募が学会賞の応募にもつながるということを徹底すれば、それもひとつの方法としてあります。それは選ばれたものが本になって出るし、その中から学会賞が選ばれるというスタイルはあり得ます。

植田｜プロセスを公開するということでは、ともかくもう少し審査評のボリュームを増やしてもらいたい。そうじゃないと結局悪口めいたいい方と、ただ褒めているという、抽象的なレベルの文章で終わっているんですね。この人は悪口をいっているとか、そういう興味になってしまうと、学ぶべきことがない。

五十嵐｜後で読み返して、意見が分かれているのが面白いということがあるし、そうした事例は歴史として語りやすいので、なるべくどういう選考で選ばれたかが見られるかたちになるといいと思います。
古谷さんの茅野市民館がただひとつだけ選ばれたとき（58｜2007年）、京都迎賓館（中村光男／佐藤義信）が落ちましたが、僕が『建築雑誌』の編集委員長になったときに、選考過程でどんな議論があったのかを取材したんですね。そうしたら、オフレコだと話をしてくれるのに、いざ取材に行くと、どうやら緘口令を敷かれてしまった。ただ、全部をあけすけにしゃべるというのは、その時点ではなかなかできなかった、という記録にはなったと思いますが。
作品を多く選ぶか、少なく選ぶかという話にも関係しますが、選ばれる作品が少なければ少ないほど、逆に審査員を追い込むわけですね。10個選ばれたら、みんな1個ずつ推薦するものが選ばれますが、1個だと必ずぶつかり合いが起きるので、形式上必然的に議論がヒートアップしてくることも、もちろんあると思います。
むろん、学会賞をイベント化していいのかという問題があるでしょうが、面白さがあっていいし、そこで交わされた激しい議論が、共有の知になることに意味があると思うので、もう少し可視化されて読めるようなかたちになるのが望ましい。学生の卒業設計イベントも、1位か2位かという世界ではないけれども、無理やり1位を決めるというのは、一種のイベント的に盛り上げるひとつの作戦にもなっているところがありますから。

——

重賞問題

——

大森｜その前の話ですが、先ほど古谷さんが挙げられたRIBAのゴールドメダルなどは人に贈る賞ですね。

そういう意味で学会賞は、明確に作品に与える賞です。それは大変な特徴ですから、作品に与える賞であるということが、もっと明確になった方がいいだろうと思います。

植田｜功労賞ではないからね。

大森｜そこで問題になるのは、重賞は基本的に不可という規定です。これは明確に人に贈ることが意識されていますね。逆に先ほど話題になった「一連の」問題は、要するに人を対象とすることになるから、作品賞を標榜する学会賞ではだめだという理屈です。

鈴木｜最近は、重賞もかまわなくなってきていますね。

古谷｜重賞の場合は、なるべく避けるが、受賞に値する作品がある場合は十分討議する、ということになっています。人ではなくて、作品に与えるのであるということをもう少し明確にして、どうしてこの時代背景、この時代に、この作品を選んだのかという選考経過が意味をもつというスタイルは、ひとつありうるかたちです。

鈴木｜作品賞であり、なおかつあまり重賞をしないという意味では、よく「学会賞は建築界の芥川賞」というのを聞きます。芥川賞は大きい賞だけど、新人賞みたいなものだから、1回だけで作品に対して与えるというイメージでやるという手もあるでしょう。

植田｜逆にいうと、作品に賞を与えることがいかに難しいかですね。建築家の名前がわかっていて、それと関係なく作品を選ぶというのは、相当たいへんでしょうが、それを徹底させればいいわけです。人にあげる賞だったら、その後あまりひどい作品をつくったら剥奪したくなるでしょう(笑)。

学会賞の歴史的使命

古谷｜さっきの話に戻りますが、『作品選集』に応募して、その中から作品選奨が12作品選ばれるというひとつの形式が一方にあります。ですから、学会賞の方はあまり姿を変えないで、今のように3作品程度をターゲットにしてずっとやり続けて、むしろ議論を経過も含めて公開しその時代に対するメッセージとする、という考え方はあり得ますね。

鈴木｜しかしそれでは、受賞作品を見ていけば日本の建築の歴史がわかる、ということからは、離れていく恐れもあります。毎年ある才能を見つけようということになって、きわめて先鋭的で非常に不思議な、ジャンルとしても表現としても変わっているけど、これはすごいという建物ばかりが選ばれることにならないか。要するに才能を選ぶのか、建築のプロフェッションとしての到達点を選ぶのかというのは、似ているようで全然違っていて、ディプロマについて1位、2位をつけるというのは、近代の職能教育では意味がない。全員合格点で、ドライバーのライセンスみたいなもので安全運転ができる人を出せばいい。1位、2位をつけるというのは、やはりアーチスト的なコンクール主義ですね。いま古谷さんがおっしゃったのは「ある意味ではコンクールの色彩を強める。そうすると時代の水準の客観的記録とはちょっと違う軸になる。そのバランスの中で毎回議論する」ということになるんでしょうか。

古谷｜選ばれた作品でその時代を代表することはできなくなるかもしれません。しかし、そこをめぐって行われた議論には時代が反映されているでしょう。学会賞の選考が、「その時代の批評の機会」を標榜するわけです。そういうやり方があるような気がします。いろいろな事情によって受賞作品が取り壊されたものもありますが、学会賞にかくかくしかじかの理由で選ばれたという経緯がもっと公開され、あるいは繰り返し見られるような状態になることで、社会にそれを財産として受け止めてもらえるようなものを巻き起こしていかないといけないのではないかと思います。歴史のある賞であれば、それは社会的使命と考えるべきではないでしょうか。

2013年3月30日、建築会館、日本建築学会会議室にて

timeline 1950-2013｜受賞167作品総覧

1950年(1949年度)から2013年までの、日本建築学会賞(作品)全64回を時系列で網羅している。
第1回から63回までは『建築雑誌』に掲載されている日本建築学会賞の発表内容を、第64回は日本建築学会がホームページで公開した資料を出典とした。
発表年によって項目の表記が微妙に異なるため、主な項目を、「選考経過」、「委員」、「選考理由」、「受賞者の言葉」という括りで統一した。表記の順番、箇条書きの表記方法も統一している。
受賞作品名と受賞者名は太い罫線で挟んで表示している。受賞作品名は、実際の施設名や作品としての発表名称と異なるもの、複数の作品をまとめたものがあり、また受賞後名称が変更されたものもある。
現存しないことが確認されている作品については、各年の見出しの受賞作品名に†印を付した。このページの全受賞リストも同様である。
ビジュアルイメージを伝えるものとして、『建築雑誌』の写真ページをそのまま縮小して収録した。
第11回(1960年)から21回(1970年)までは、候補作品すべての作品名と設計者の一覧が発表されているが、スペースの関係上すべてを収録できないため、作品名のみを注釈として付している。

01｜1950年｜1949(昭和24)年度
慶応義塾大学校舎「四号館・学生ホール」†および藤村記念堂｜**谷口吉郎**

02｜1951年｜1950(昭和25)年度
八勝館御幸の間｜**堀口捨己**
東京逓信病院高等看護学院†｜**小坂秀雄**

03｜1952年｜1951(昭和26)年度
リーダーズ・ダイジェスト東京支社†｜**アントニン・レーモンド**
日活国際会館†｜**小林利助**

04｜1953年｜1952(昭和27)年度
日本相互銀行本店†｜**前川国男**

05｜1954年｜1953(昭和28)年度
愛媛県民館†｜**丹下健三／坪井善勝**
大阪厚生年金病院†｜**山田守**
丸栄百貨店｜**村野藤吾**

06｜1955年｜1954(昭和29)年度
神奈川県立図書館並びに音楽堂｜**前川国男**
図書印刷株式会社原町工場｜**丹下健三**
一連の住宅｜**清家清**

07｜1956年｜1955(昭和30)年度
国際文化会館｜**坂倉準三／前川国男／吉村順三**
広島世界平和記念聖堂｜**村野藤吾**

08｜1957年｜1956(昭和31)年度
秩父セメント株式会社第2工場｜**谷口吉郎**
神戸アメリカ総領事館†｜**ミノル・ヤマザキ**
東京空港郵便局†｜**薬師寺厚**
厚生年金湯河原整形外科病院†｜**山根正次郎／杉浦克美**

09｜1958年｜1957(昭和32)年度
倉吉市庁舎｜**岸田日出刀／丹下健三**
国鉄川崎火力発電所†｜**馬場知巳**

10｜1959年｜1958(昭和33)年度
法政大学｜**大江宏**
中国電電ビルディング†｜**大沢秀行／三宅敏郎**
関東逓信病院†｜**国方秀男**

11｜1960年｜1959(昭和34)年度
中央公論ビル†｜**芦原義信**
大多喜町役場｜**今井兼次**
旭川市庁舎｜**佐藤武夫**
寿屋山崎工場｜**佐野正一**

12｜1961年｜1960(昭和35)年度
羽島市庁舎｜**坂倉準三**
京都会館｜**前川国男**

13｜1962年｜1961(昭和36)年度
日比谷電電ビル｜**国方秀男**
東京文化会館｜**前川国男**

14｜1963年｜1962(昭和37)年度
日本26聖人殉教地記念建築｜**今井兼次**
名古屋大学豊田講堂｜**槇文彦**
大分県庁舎｜**九州地方建設局営繕部**(代表者：**安田臣**／協力者：**流政之**)
アテネフランセ校舎｜**吉阪隆正**

15｜1964年｜1963(昭和38)年度
出雲大社庁の舎｜**菊竹清訓**
神戸ポートタワー｜**伊藤鉱一／仲威雄**
リッカー会館｜**鹿島昭一／高瀬隼彦**

16｜1965年｜1964(昭和39)年度
南山大学｜**アントニン・レーモンド**
倉敷国際ホテル｜**浦辺鎮太郎**
日本生命日比谷ビル｜**村野藤吾**
大石寺†｜**横山公男**
東海道新幹線旅客駅｜**国鉄設計グループ(福岡博次／小栗正満／熊谷泰／沢健一／十楽寺義彦／高木毅／竹内正光／春山一郎／松島勇雄)／設計事務所グループ(太田和夫／佐野正一／山崎兌)**
特別賞：オリンピック代々木競技場および駒沢公園の企画設計ならびに監理｜**岸田日出刀／芦原義信／井上宇市／神谷宏治／小場晴夫／高山英華／丹下健三／坪井善昭／中山克巳／堀内亨一／村田政真**

17｜1966年｜1965(昭和40)年度
山口銀行本店｜**圓堂政嘉**
蛇の目ビル†｜**前川国男**

18｜1967年｜1966(昭和41)年度
大分県立大分図書館｜**磯崎新**
大阪府総合青少年野外活動センター｜**大阪府建築部営繕課(西澤文隆／山西嘉雄／太田隆信／吉田好信)**

19｜1968年｜1967(昭和42)年度
早稲田大学理工学部校舎｜**安東勝男／松井源吾**
千葉県文化会館｜**大高正人**

20｜1969年｜1968(昭和43)年度
東京経済大学図書館・研究室｜**鬼頭梓**
親和銀行本店｜**白井晟一**

21｜1970年｜1969(昭和44)年度
大手町電電ビル別館｜**大沢弘**
木更津農業協同組合｜**岡田恭平**

日本建築学会万国博特別賞：日本万国博覧会「カナダ館」†｜**アーサー・エリクソン／ジョフレイ・マッセイ**
日本建築学会万国博特別賞：日本万国博覧会「チェコスロバキヤ館」†｜**ウラジミール・パラ／ビクトール・ルデイシ／アレス・イエンチェク**
日本建築学会万国博特別賞：日本万国博覧会「スイス館」†｜**ウイリー・ワルター**

22｜1971年｜1970(昭和45)年度
桜台コートビレジ｜**内井昭蔵**
佐賀県立博物館｜**内田祥哉／高橋靗一**

23｜1972年｜1971(昭和46)年度
「未完の家」以後の一連の住宅｜**篠原一男**
ポーラ五反田ビル｜**林昌二／矢野克巳**

24｜1973年｜1972(昭和47)年度
該当なし

25｜1974年｜1973(昭和48)年度
所沢聖地霊園の礼拝堂と納骨堂｜**池原義郎**
北海道開拓記念館｜**佐藤武夫**

26｜1975年｜1974(昭和49)年度
倉敷アイビー・スクエア｜**浦辺鎮太郎**
最高裁判所｜**岡田新一**
瀬戸内海歴史民俗資料館｜**香川県土木部建築課**(代表：**山本忠司**)

27｜1976年｜1975(昭和50)年度
新宿三井ビル｜**株式会社日本設計事務所**
群馬県立近代美術館｜**磯崎新**

28 | 1977年 | 1976(昭和51)年度
田野畑中学校†および寄宿舎 | **穂積信夫**
善光寺別院願王寺 | **山崎泰孝**
フロム・ファーストビル | **山下和正**

29 | 1978年 | 1977(昭和52)年度
成城学園の建築 | **増沢洵**
東京都立夢の島総合体育館 | **阪田誠造**
国立室戸少年自然の家 | **建設省中国地方建設局営繕部**(代表：**畑利一**)

30 | 1979年 | 1978(昭和53)年度
該当なし

31 | 1980年 | 1979(昭和54)年度
住吉の長屋 | **安藤忠雄**
資生堂アートハウス | **谷口吉生／高宮真介**
松川ボックス | **宮脇檀**

32 | 1981年 | 1980(昭和55)年度
生闘学舎 | **高須賀晋**
一連の住宅 | **林雅子**

33 | 1982年 | 1981(昭和56)年度
大阪芸術大学塚本英世記念館・芸術情報センター | **高橋靗一**
長野市立博物館 | **宮本忠長**
神戸市立中央市民病院 | **神戸市住宅局営繕部**(代表：**末岡利雄／伊藤喜三郎／青柳司**)
名護市庁舎 | **株式会社象設計集団＋株式会社アトリエ・モビル**

34 | 1983年 | 1982(昭和57)年度
新宿NSビル | **小倉善明／浜田信義**
金沢工業大学キャンパス北校地 | **大谷幸夫**
佐賀県立九州陶磁文化館 | **内田祥哉／三井所清典**

35 | 1984年 | 1983(昭和58)年度
該当なし

36 | 1985年 | 1984(昭和59)年度
佐野市郷土博物館 | **戸尾任宏**
藤沢市秋葉台文化体育館 | **槇文彦**
釧路市博物館・釧路市湿原展望資料館 | **毛綱毅曠**

37 | 1986年 | 1985(昭和60)年度
球泉洞森林館 | **木島安史**
眉山ホール† | **長谷川逸子**
シルバーハット† | **伊東豊雄**

38 | 1987年 | 1986(昭和61)年度
目神山の一連の住宅 | **石井修**
田崎美術館 | **原広司**

39 | 1988年 | 1987(昭和62)年度
一連のコーポラティブ住宅 | **中筋修／安原秀／小島孜**
雑居ビルの上の住居 | **山本理顕**
龍神村民体育館 | **渡辺豊和**

40 | 1989年
KIRIN PLAZA OSAKA (キリン・プラザ・大阪)† | **高松伸**
東京都多摩動物公園昆虫生態園 | **淺石優／白江龍三／瀬谷渉**
小国町における一連の木造建築 | **葉祥栄**

41 | 1990年
数寄屋邑 | **石井和紘**
House F | **坂本一成**
広島市現代美術館 | **黒川紀章**

42 | 1991年
沖縄キリスト教短期大学 | **真喜志好一**
東京武道館 | **六角鬼丈**
浪合学校 | **湯澤正信／長澤悟**

43 | 1992年
シャープ労働組合研修レクリエーションセンター I & I ランド | **瀧光夫**
古河歴史博物館と周辺の修景 | **吉田桂二**
レム棟、クールハース棟 | **レム・クールハース**

44 | 1993年
都立東大和療育センターおよび北多摩看護専門学校 | **船越徹**
NTSシステム総合研究所 | **水谷碩之／梅崎正彦／澤柳伸**
ダイキン オー・ド・シエル蓼科 | **室伏次郎**
海の博物館 | **内藤廣**

45 | 1994年
用賀Aフラットをはじめとする一連の集合住宅 | **早川邦彦**
熊本県草地畜産研究所 | **トム・ヘネガン／インガ・ダグフィンスドッター／古川裕久**
阿品の家をはじめとする一連の住宅 | **村上徹**

46 | 1995年
関西国際空港旅客ターミナルビル | **レンゾ・ピアノ／岡部憲明**
塔の家から阿佐谷の家に至る一連の都市型住宅 | **東孝光**
リアスアーク美術館 | **石山修武**
熊本県営竜蛇平団地 | **元倉眞琴**

47 | 1996年
日本橋の家 | **岸和郎**
植村直己冒険館 | **栗生明／有限会社プレイスメディア**
彩の国さいたま芸術劇場 | **香山壽夫**
黒部市国際文化センター (COLARE) | **新居千秋**

48 | 1997年
愛知県児童総合センター | **仙田満／藤川壽男**
千葉市立打瀬小学校 | **小嶋一浩／工藤和美／小泉雅生／堀場弘**
登米町伝統芸能伝承館 | **隈研吾**
佐木島プロジェクト | **鈴木了二**

49 | 1998年
川上村林業総合センター 森の交流館 | **飯田善彦**
国際情報科学芸術アカデミー マルチメディア工房 | **妹島和世／西沢立衛**
新国立劇場 | **柳澤孝彦**
ふれあいセンターいずみ | **武田光史**

50 | 1999年
潟博物館 | **青木淳**
高知県立中芸高校格技場 | **山本長水**
グラスハウス | **横河健**

51 | 2000年
ビッグパレットふくしま(福島県産業交流館) | **北川原温**
曼月居 | **齋藤裕**

52 | 2001年
東京国立博物館法隆寺宝物館 | **谷口吉生**
熊本県立農業大学校学生寮 | **藤森照信**
中島ガーデン | **松永安光**

53 | 2002年
公立はこだて未来大学 | **山本理顕／木村俊彦**
W·HOUSE | **渡辺明**
地下鉄大江戸線飯田橋駅 | **渡辺誠**

54 | 2003年
せんだいメディアテーク | **伊東豊雄／佐々木睦朗**
ひらたタウンセンター | **富永讓**
苓北町民ホール | **阿部仁史／小野田泰明**

55 | 2004年
国立国会図書館関西館 | **陶器二三雄**
ポーラ美術館 | **安田幸一**
福島県立郡山養護学校 | **渡部和生**

56 | 2005年
積層の家 | **大谷弘明**
プラダ ブティック青山店 | **ジャック・ヘルツォーク／ピエール・ド・ムーロン／株式会社竹中工務店設計部**

57 | 2006年
金沢21世紀美術館 | **妹島和世／西沢立衛**
北上市文化交流センター さくらホール | **野口秀世**
富弘美術館 | **ヨコミゾマコト**

58 | 2007年
茅野市民館 | **古谷誠章**

59 | 2008年
武蔵工業大学新建築学科棟#4 | **岩崎堅一**
ふじようちえん | **手塚貴晴／手塚由比**

60 | 2009年
神奈川工科大学KAIT工房 | **石上純也**
日本盲導犬総合センター | **千葉学**
ニコラス・G・ハイエック センター | **坂茂／平賀信孝**

61 | 2010年
洗足の連結住棟 | **北山恒／金田勝徳**
岩見沢複合駅舎 | **西村浩**

62 | 2011年
東京大学数物連携宇宙研究機構棟 | **大野秀敏**
犬島アートプロジェクト「精錬所」 | **三分一博志**
IRONHOUSE | **椎名英三／梅沢良三**

63 | 2012年
豊島美術館 | **西沢立衛**
真壁伝承館 | **渡邉眞理／木下庸子／新谷眞人**

64 | 2013年
該当なし

01 | 1950年 1949(昭和24)年度

慶応義塾大学校舎「四号館・学生ホール」†および藤村記念堂

——
選考経過
——
1. 経過
前に、本會は創立50周年記念事業の一つとして、建築に關しての學術、技藝の攻究發達を奬勵のため學會賞の制度が設けられた。「學術賞」は昭和13～19年まで6年間に亘つて毎年表彰が行はれ、「技藝賞」は昭和13年1回きり行はれなかつた、その後戰爭のため中絶していたが、建築復興の促進に伴つて、戰時中もたゆまず續けられた建築科學の研究は一時に開旛したかの盛觀を呈した。又作品にあつても極めて困難な事情下にも拘らず建築本來へのきびしい研鑽が秀れた作品を生みつゝある情勢に、新な意義をもつた學會賞復活の聲が起つた。
昭和24年1月、この問題に熱心な岸田會長の主宰する役員會で、學會賞制度の復活が決り、學會内に會長を委員長とする學會賞委員會が設けられた。委員會は第1部(學術關係)第2部(技藝關係)の両部に別れ夫々委員16名宛をもつて構成され、それらの全委員會によつて規程とか運用が定められ、24年度から實施することゝなつた。
委員會の構成、規程等は會誌25年1月號會告で紹介した通りであるが、各支部、研究機關、生協職場、或は會員の協力を得て一應洩れなく選考の對象は拾い上げられた。選考に上つたものを整理すると研究題目で33題、作品は20題であつたが、これらに對しては各部會共會合又は通信審議等による全委員の責任審査を行い、愼重な檢討を經た結果、「學術賞」4題、「技藝賞」1題を選定したのである。
なお規程には「論文賞」「作品賞」と呼稱したが、選考對象の多様性を考慮し、包括的に「學術賞」「技術賞」と改めたことを御諒知願いたいのである。
2. 賞狀、賞牌、賞金
イ、賞狀　曲紙、旨章浮出し、龜井安之助氏揮毫。
ロ、賞牌　前掲
ハ、賞金　各2萬圓
——
委員★1
——
第二部【建築作品賞委員會】
(部會長)堀口捨己　(幹事)丹下健三
(委員)伊藤滋　今井兼次　岸田日出刀　藏田周忠
小坂秀雄　佐藤武夫　島田藤　谷口吉郎　前川國男
村野藤吾　森田慶一　山田守　吉田鐵郎
吉田五十八

慶應義塾大學校舎「四號館・學生ホール」および藤村記念堂
谷口吉郎

——
推薦理由
——
これらの作品は、先づ慶應義塾大學校舎四號館と同學生ホールの二つの東京にある建物と、藤村記念堂と云ふ長野縣西筑摩郡神坂村馬籠にある建物で、いづれも昭和23年末から24年にかけて出來上つたものであります。
先づ慶應義塾のものは、二棟が向ひ會つて、相倚り相俟つて一つの建築的な雰圍氣を釀し出しているものであります。いづれも木造二階建、瓦葺寄棟造で、壁は鐵網モルタル塗、延坪374坪と340坪のものであります。これらの廻りは砂庭や芝庭になつて居り、四號館の前には菊地一雄氏の「青年像」があり、學生ホールには、室内に、猪熊弦一郎氏の二面の壁畫があります。これらについて、谷口博士が「藝術新潮」に書かれたものによりますと、「姉妹藝術であつた繪畫と建築は義絶してしまつた。また嘗ては輝かしい綜合藝術であつた建築も、工學的な實用物の中だけに止まらんとしたために、繪や彫刻とも無縁となり、孤立してしまつた。このやうな姉妹藝術の割據にたいして、私は新しい融和を念願した」と述べられている。そして壁畫については「建物が出來あがつた後に繪が室内に運びこまれ、しかも無用意に壁に掛けられるのでなしに、工事の始めから、建築と繪畫とが、造形的に融和した意匠に基き、その協同的な努力によつて私のこの實験的な願いを實現してみた」云とはれている。また四號館前の「青年像」については、展覧會に出たものであつたが、「學窓の思い出を印象的ならしめたい」ためと云はれている。そして「私は慶應の學生ホールを學園の青春に捧げたい。人生の青春は香り高かるべき時である。その學徒の胸に、もしこの建築が響きうるのを奏するならば……」云々と云はれている。
次に「藤村記念堂」は嶋崎藤村の生誕地に、この文豪の偉業を記念して、その生家「本陣屋敷」の焼跡に建てられたものであります。谷口博士は「工事は村人自らの素朴な手の技術によつて、營まれ、建築材料は何れも郷土に出る風土的な資材が集められた。入口は黒い冠木門、その正面に白い壁、その右手に建坪18坪の小さな記念堂、その堂内に藤村像(石井鶴三氏作)を据える。庭の木は、梅、柿、かえで、竹何れも舊來の位置と自然の姿をそのまゝ活かした」ものと述べられている。そして「この作品はさゝやかな——ふるさとの建築——である」と云はれた。
これらの二つの作品は、學會最初の技藝賞に値するものとして選んだ。
——
建築雑誌1950年7月号掲載。
——
★1|建築雑誌1950年1月号掲載。「日本建築學會賞並に委員會規程」が掲載され、そこに委員会の名簿が含まれている。
同規程にはまた、「日本人の作品で主として前年中にできたもののうちから、特にすぐれたものを選んでこの賞を贈る。ただし、日本に住んでいる外国人の作品についても選んで差し支えない」とある。
——
候補作品|20題

慶応義塾学生ホール・同大学校舎「4号館」

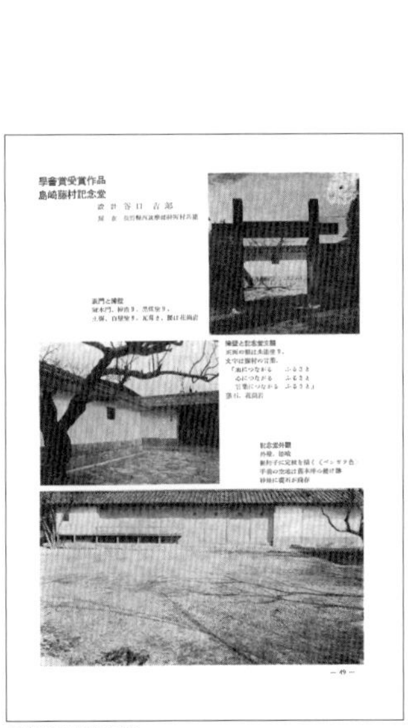
島崎藤村記念堂

02 | 1951年 1950(昭和25)年度

八勝館御幸の間／東京逓信病院高等看護学院†

——
選考経過
——
制度復活後2回目の表彰を行うため、前年同様、委員の調査によるものゝ外、廣く支部、研究機關、職場或は會員個人の協力によつて集つた擬賞候補の數は論文24題、作品27題であつた。
選考に當つた學會賞委員會は、委員長が新任の伊藤會長に交代した以外は、本年1月號會誌に掲載の通りである。委員會は1月以降、全委員會3回、第1部會と第2部會が各4回開かれ、愼重な選考を行つた。
「研究論文」の選考に際しては、殆んどが相當價値ある個人研究であつたため、十分な業績檢討を行つても採否に迷うものが多かつた。最後に殘つた7題に至つては、何れも優劣の差がつけられなかつたが、飽迄も嚴選主義を建前として、漸く4題を選ぶことができた。
「作品」にあつては、統制が解かれ一時に多種の建築が簇出したゝめ、選考の對象とした建築には、造形的にも高低の差が甚だしかつた。殊に戰後における最も大きな特徴とも見られる庶民用アパート、量產建築、最少限住宅等稍ゝ異なる角度から推薦してきたものもあつたが、これらについては今後、この制度を運用してゆく上において考究を要する問題である。本委員會としては、設計意匠を專らの選考の對象として戰後的なハンデキャプのあるにも拘らず、優れた造形的技術を示された作品2題を全委員の推擧によつて選定したのである。
——
委員
——
日本建築學會賞委員會(第2回)委員
第二部【建築作品賞委員會】
(部會長)堀口捨己　(幹事)丹下健三
(委員)伊藤滋　今井兼次　岸田日出刀　藏田周忠
小坂秀雄　佐藤武夫　島田藤　谷口吉郎　前川國男
村野藤吾　森田慶一　山田守　吉田鐵郎　吉田五十八

八勝館御幸の間
堀口捨己

東京遞信病院高等看護學院
小坂秀雄

——
推薦理由
——
昭和25年度日本建築學會賞技藝賞に値する建築作品の選定は、概ね前年度の銓衡方式によつてなされた。學會各支部及び各委員の推薦による受賞候補作品は、計27點を算へたが、これらにつき始め2回の委員會で出席委員間に熱心な意見の交換がなされ、合議による愼重な鑑査の結果11點の作品が審査の對象として殘された。鑑査に合格した11點全部につき、全委員に對し書類を以て、授賞の價値ありと認むるものに(＋)記號を、また價値なしと認むるものに(−)記號を附して返答するやう求めた。全審査員の回答を洩れなくえてその結果を集計し、(＋)記號が當該投票數の過半を占めるもの3點をえた。これら三つの作品につき、最終的に入念に檢討して堀口捨己氏の「八勝館御幸の間」と小坂秀雄氏の「東京遞信病院高等看護學院」の二つを、學會賞の技藝賞を受ける價値ある作品と認め、これを綜合審査會に諮つてその賛同をえた。
これら二つの作品については、それぞれの設計者である堀口・小坂兩氏が別項でその建築作者としての感想をこまかく述べてゐられるから、ここではそれの詳しい敍述は省略することとする。
「御幸の間」は、名古屋の旅館八勝館の廣々とした閑雅な敷地の一部に、大きな木立にかこまれ、池にのぞむ靜かに落ちついた環境の中に建つてゐる。それは瀟洒で輕妙な、いはゆる和風の建物であるが、その隨處に新しい時代の感覺に溢れた造形意匠が驅使されてをり、建築における温古知新の美しい精神がそこに濃く表出されてゐる。
高等看護學院の建物は、東京遞信病院のとなりにあり、その造形意匠は一見平凡のやうで、しかも盡きぬ清新さをもつてゐる。それは戰後全國各地に數多く建てられた郵政省關係の建物に共通してみられる獨自の作風を示してをり、作者の建築家としての非凡の才能をあますところなくよく表はしてゐる。
——
受賞者の言葉
——
八勝館御幸の間について
堀口捨己*

こんど日本建築學會賞に推された名古屋の八勝館の「御幸《みゆき》の間《ま》」は、去る秋、名古屋に開かれた國民體育大會の折に作られたもので、工事としては百坪あまりが新しく建て増されたのであつた。私がその設計に携つた所は、後頁の寫眞に出てゐる廣間十六疊敷と次の間十疊敷だけである。
この御幸の間は二部屋になつてゐるが、境の襖をはづせば、一つの大廣間になるやうになつてゐるし、外側の明障子をとれば、入側《いりがわ》も加つて來て、四十疊の一間にも出來るやうに作られてゐる。これは御幸の後に、いろいろに使はれる事を考へに入れ作られてゐるのである。この建物は庭より七八尺も下つた所に建てられてゐる。そのために床を高くせざるを得なくなつて、その姿は恰も桂離宮の如くになつて來た。これは土地そのものが谷合のやうになつた所で、おのづからに出來て來たのである。
この建物で心を使つたのは、廣間境の欄間と襖で、これは初に某氏の繪が描かれる事になつてゐた。その人の繪は、展覧會を通して最も好きなものの一つで、私の設計した座敷の床には、いつも掛けて欲しいものの一つであつた。然し建物に連ると云ふより、建物そのものの一部である欄間や襖となると、また別の含みを持つて來る。部屋を一つの纏りあるものに組立て仕上げ度いと努めるものにとつては、強い個性のあるものが入つて來る事は心重い事柄であつた。その人のこの繪を使ふと云ふ事であつたならば、それと調べを合はせる見立てに力をいたす事は出來よう。然しこの場合はさうではない。今の世の仕來りのやうに、私の仕事の後に、別の人の考で、最も目をひく襖が作られるのである。部屋を一つの調べに打ち抜かれた纏りある世界にしたいと目指したものには、力の外にあるそのやうなものには心安らかではないのである。繪が使はれるにしても、掛物の姿で、床《とこ》に納める時は、床と云ふそのために整へられた空間であるから、その間に釀されるかも知れない不調和もある程度まで整へる事が出來る。それ故に掛物では部屋にふさう繪と云ふものを考へるにしても、それを抱き容れ得る場が廣いのである。然し襖となつて來ると、もはや建物と繪との割り合ひは全くこれと異つて來る。襖や欄間が茶室のやうに無地のものであるとか、含みを持たないものの時、始めて一つの面として建築の側で思ふままに扱ひ得るのであるが、然しこれは茶室ではなく、廣間座敷であつた。今迄の仕來りから云つても、また特に御幸の間として華やかな部屋であらしめたいとする求めが、初めから示されてゐる限りに於て、それは避けない事柄であつた。それで、建築の側でもそれに答へるだけの心持を、取り掛りから、構へてかゝらなければならなかつた。
そこで、私は私の力の中で仕上げ得る工藝的な道を選んで、その畫家の畫料の幾分の一で、然もその繪が表はし出す美しさより、より部屋と溶け合ふ美しさを求めた。その企てが幸に實をむすんで、寫眞の如きものが成り立つたのである。それは新渡りの南方の切地《きれぢ》を貼つて、アップリケイの如き效果をねらつたのである。その切《きれ》は色麗しく強い地に、細かい截金《きりかね》の摺箔(印金)をしたものである。印金の切は古くから茶の世界では極めて尊ばれて來たもので、その美しさは見て直ぐわかる類のものである。それは子供にも好まれ、女にも喜ばれ、老人にも目を引く類のものであつた。特に襖に貼つた切は十一尺に八尺あまりある大さの、もめん地に、空色と紫との絞り染めとなつた上に截金の印金を施したものである。それは辻ケ花《つぢがはな》として室町時代から世に用ひられたものに似てゐる。然し文様は挿圖のやうに、トランプのダイヤの如き姿に染め分けられてゐた。見た目には奈良時代から藤原時代あたりの氣持に通ふ所があつた。云ふ迄もなくこれは高々こゝ三百年を過ぎないものであらう。然しその源は恐らくエヂプトやアッシリアにその水上を發して、西方アジア、特にペルシヤこの方、幾年月の間に鍛えられて來た造形美術の潮の表はれと見る可きものであつた。
わが国では正倉院に千年の月日を經て殘つているし、この南方では、恐らくサラセンの藝術として、ここに二三百年前までも殘つて傳つて來たものであらう。このやうな高い香を殘してゐるものは、たゞそのやうな世界の潮を考へずには解け難い類のものであつた。この切地を目白文化會で陳べた時、私の企てを聞いて、それを見た人々から、この如きものを切る事は何事ぞと云ふ烈しい叱りを受け、多くの人々の署名入りの書物まで突き付けられた。然し私は思ひ切つて、三十六の切に切つてしまつたのである。日本の座敷にはそれが全き姿で納められるやうなスケールの大さを持つてゐなかつたし、その強い異國的な見え掛りは、私の企てた日本座敷には、うつらない類のものであった。また三百年程も過ぎた切では糸も弱つているので、襖に

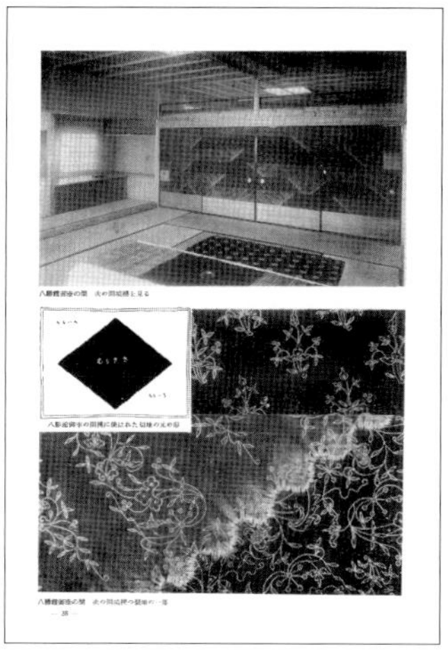

八勝館御幸の間

張ると云ふ保ち方が最も好ましい事であつた。また切つた切も全てが一部屋に使われてゐるから元の姿に返すことも出來なくはなかつた。それで私は思い切つて切つてしまつたのである。三十幾つかを一つの繪文様に組み立て直して、部屋のもつスケールに合せ、同じ好みの雰圍気の中にあるやうなモンタージュを試みたのである。

襖貼は何もこのやうな珍らしい切を、使わなくともわが國で手易く入るものでよいはずであるが、たまたま御幸と云ふやうな稀らしい事のために、特にしつらはれた部屋であつたが故にかうなつたのである。着物の古いものや、新しい服地の切でも、使い古した後に、見立て一つで、どのようにも仕上げ得るはずである。これは繪の代りになる新しい座敷飾としての一つの試みである。然し私は飾りなき建築をこゝ三十年このかた唱えて來たものである。その言擧《ことあげ》をこゝで引きこめようとするのではない。それは今でも、ありたき姿として、時わかず思いつめている。然しこゝでは、時あつて、このやうな飾つたものが必要とされた折を把んで、一つの試みをしたのである。　(*明治大學教授)

——

受賞者の言葉

——

學會賞を載くにあたりて

小坂秀雄*

市ケ谷見付のみどり濃い土堤の向ふに白く輝く山田守さんの設計になる美しい東京遞信病院の東側、坂道を隔てた隣接地にこの病院附属の看護婦養成機關が計畫された。こゝでは一學年約40名の學生が三ケ年間看護婦として必要な基本的教育を受けることになつてゐる。此の種の施設は歐米に於ては相當發達してゐるやうであるが、我が國に於ても既にいくつか建設されて居り、聖路加病院附屬のものは現在接收され、又聖母病院附屬のものは設備も仲々整つて居るが規模はやゝ小さいやうである。それ等を除いてはあまり見るべきものが無く、將來この種の施設がもつと多く建設される場合には色々の意味で參考とされるであろう。こゝの敷地は前面道路より約3米程高まつてゐるため校舍の玄關の部分だけ鐵筋コンクリート造の地階となつてゐて道路から直接入れるやうに計畫された。建物は普通教室、講堂等の他に小さい階段教室の形式をとつた看護實習室、調理實習室、化學細菌研究室、その他の特殊な室を持つた校舎一棟と二棟の寄宿舎から成つてゐて、これ等を結ぶ渡り廊下は延燒防止の目的から鐵柱と薄いコンクリートスラブから成る輕い耐火構造とした。この屋根の丸い曲線が建物全體の堅い調子を破つて多少柔かい感覺を表現してはゐるが、然し反つて全體の調和を缺いた憾みは禁じ得ない。その他の構造仕上等については最近各地に作られた一般遞信建築と何等異る處のない平凡な建物である。

戰後全國に渉る郵便局、電信局、電話局、其他の戰災復興に當つて、遞信建築は一つの明確なスタイルを持つて來た。それは誰か特定の人が、或る特定の時に決定して出來たものではなくて、その源は遠く戰前に遡るものと考へられる、戰争初期に於て、建築が一般的に木造に切り換へられた折に既に木造遞信建築の形式が初められ、戰時中にもいくつかの優れたものが作られた。

吉田鐵郎さんの設計になる大阪の高等海員養成所や鶴見の燈台寮の如きは當時發表される機會を失ひ、その素晴らしい作品が誰の眼に觸れることもなく、いつしか荒されてしまつて當初の面影もなくなつてしまつたことは何と云つても殘念なことであつた。若しこれ等の優れた木造建築がそのまゝ今日殘されてあつたとしたら、今回の看護學院の建築など到底足許にも及ばないものであつたと思ふ、それが今は見る影もなく荒廢されてゐても、その仕事と精神とは、後繼者の無力にも拘らず戰後の遞信建築の中にそのまゝ生きて來てゐるものと思はれる。今日、地方へ旅する時、車窓から眺められるさりげない一寒村の小さな郵便局にも一つの遞信建築として何か心を惹くものがあるとすれば、それはこのやうにして長い歴史の下に築かれ、又全國の遞信建築技術者のひたすらなる努力の表はれであると云ふことが出來る。

この看護學院の建物も亦云はゞ過去の仕事の積み重ねの結果であり、又歴史的に自然に作られて來た一つの平凡な作品でもある、そこには明日の建築を約束するやうな飛躍的なものもなく、又將來の技術を暗示するやうな魅惑的なものもない。牛の歩みのやうにのろいが然し一歩一歩進めてゆく極めて地味で靜かなものがあるかも知れない。特殊な人々のための、そして充分な豫算の下に營まれる數少い特異で目立つた建物のやうではないが、敗戰と社會不安の下に於けるこの貧乏國の、凡ゆる困難な制約の下に營まれる一般の人々のための、數多い普通の建築の一つのありかたを示してゐる點に於て多少の意義を持つことが或は出來るのでなからうか。

此の建物が今回名譽ある學會賞を戴いたと云ふことは、單にこの一つの極めて平凡な建物に與へられたものではなく、我が國に於て今日迄に遞信建築が果した役割と、多くの先輩の輝く功績と、そしてその精神を汲んで今日全國の地方機關に於て營々と遞信建築の設計施工技術のために、心を一にして身を捧げて居る數多くの技術者の眞摯なる態度に對してこそ與へられたものであると固く信じて居る。

(*郵政省建築部設計課長)

——

『建築雑誌』1951年6月号掲載。

——

候補作品｜27題

03｜1952年 1951(昭和26)年度

リーダーズ・ダイジェスト東京支社†／日活国際会館†

——

選考経過

——

1. 経過

26年度の事業着手に先ち、制度復活後2回実施の経験に省みて、果して所期通り行へたか、又その運用に誤りがなかつたかを十分反芻した。これと同時に、かねてから応用技術的な面に或は刊行物などで、建築技術の進歩に寄与した業績があるし、又建築事業の社会性が、公共の福祉に貢献した業績もあるので、これらをも表彰の対象にしてはとの意見がでゝいたが、この採上げ方などについて、前後3回会議を重ね検討の結果、26年度から、論文、作品以外の業績をも広く対象することゝなつたのである。

これによつて、委員会の組織、運用について定めた委員会規程と、会誌2月号に掲げた候補募集のための学会賞規程とが定められたので、直ちに募集に取りかゝつた。募集期間は短いが、秀れた業績が洩れないよう、委員も鋭意調査する一方、会誌を通じて広く会員に、又全国の支部、研究機関、官公庁、民間の主な職場等200ケ所にも夫ゝ趣旨の周知と併て応募推薦方を求めた。幸に「論文21題」「作品18題」「論文・作品以外の業績12題」の自他薦を受けたので、これらの選考のため、4月7日以降5月7日まで、僅か1ケ月の間に全委員会、部会合せて15回の会議を開いた。選考はもちろん慎重を極めたもので、部会の選定候補について中間に部会共同の総合検討を数度行い、最終選考に当つては、全委員会で選考を遂げたものに対して、更に全委員の通信審査に付すなど、すべて規程に依つて、周到に全委員の責任のもとに決定したものである。

こゝに選ばれた「論文4題」「作品2題」「施工1題」は26年度における優秀な業績として、後記の理由から表彰されたのである。

2. 各部会の選考

第2部会(作品)

漸くにして、鉄筋コンクリート造の本建築が続々竣功を見るに至つた。全く拾数年振りの現象であつて、その間の設計技術の空白を取戻し優れた恢復振りを示した数多くの作品が選考の対象に上つたことは、選考に携はる者の欲求を十分満たして呉れた思いがする。

選考に間に合つた最近竣功のものも取上げることゝして、これらを含めた18題の候補のうちには、一部完成に等しい建物及び最近のもので、委員の多くが見ていないものなど4題を次回の選考に移し、残る14題について夫ゝの設計者から資料の提出を求めて内容の検討を行つたのである。建築計画上の諸要件はもちろん、その建物のもつ社会的影響をも吟味するなど、極めて慎重に選考した結果、後掲の2作品を選定したのである。

なお表彰を受けるべき人の選定については、それが職場全体の協同によるもの或は秀れた協力者によつて生み出されたものであることは疑うべくもないが、委員会の方針に従つてその設計に実際に携はつた最高の責任者1人を選び、関係者を代表して頂く考へであつたことを諒解願いたいのである。

——

委員

——

第2部(建築作品関係)

(部会長)佐藤武夫　(幹事)生田勉

(委員)伊藤滋　市浦健　今井兼次　岸田日出刀

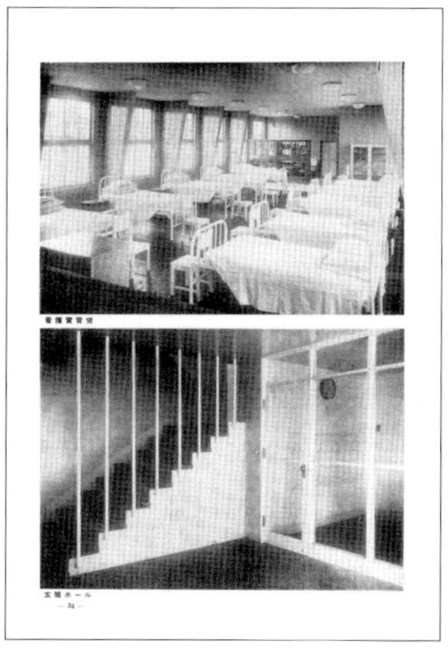

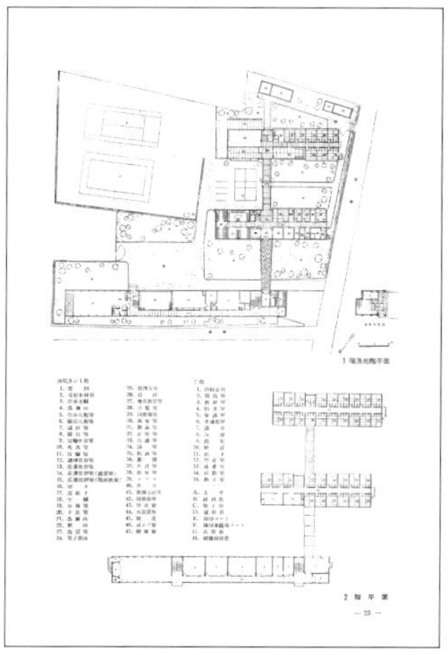

東京遞信病院高等看護学院

リーダーズ・ダイジェスト東京支社

03

リーダーズ・ダイジェスト東京支社[†]／日活国際会館[†]

蔵田周忠 小坂秀雄 谷口吉郎 丹下健三 浜口隆一
堀口捨己 前川国男 森田慶一 山田守 吉田五十八

リーダーズ・ダイジェスト東京支社
アントニン・レーモンド

——
推薦理由
——

恵まれた潤沢な敷地環境のことは暫らく問はず、そこに伸び伸びと計画された2階建のこの事務所建築は、鉄筋コンクリート構造の既成概念に把はれることなく、独自な構成方式を採り、併せて凡ゆる細部に亘り進歩的な技術を駆使して新しい解決法を示している等、建築作品として、斯界に問題と示唆を投ずるところ尠しとせず、純正な現代建築追求線上の作品として一つの方向を指し示したものと言える。
学会賞委員会は、この作品が以上の理由により昭和26年度学会賞を贈る価値あるものと認め、これを推薦したのである。

——
受賞者の言葉
——

リーダーズ・ダイジェスト支社々屋に就て
アントニン・レーモンド*

此の建物の建設と設計に関してリーダーズ・ダイジェスト社が日本的影響と米国的影響の混合を避け、簡素と直截とを求めたのは賢明であつた。しかもこの建物を何処何れの国にも有意義なものにした所以は、構造と平面計劃に対して周到な表現を与えたこと、各材料をその有する特質に応じそれを愛しつゝ取扱つたこと、建物の美を追求するのに建築士の趣味の記念物としてゞなく、「生活芸術」として之を追求したことにある。
この建築の構造は、その決定に際して三つの主要条件を考慮する必要があつた。即ち、1. 材料が高価で熟練労働力が低廉なこと。2. 耐震構造であること。3. 外壁を軽くし、開放的且つ伸縮性あるフロア・プランを要求されたこと、である。之に対する解答として採用したのが、主として混凝土を以て建築し、中央部は剛接し外端をピン接合とすることである。つまり、中央線に一列の重い鉄筋混凝土壁柱を配し、各壁柱は、それと結合して二階梁と屋根梁を成す先細の梁と共に強固なフレームを形成する。此の混凝土フレームが荷重の大部分を与える訳である。外側の柱は径5吋半の鋼管を防火のため軽いセメントモーターで包み更に其の外側に径9吋半の鋼管を被せた。この柱は混凝土梁に唯ピン接合してあるだけで、剛接してないから荷重の小部分のみを支える訳である。例えれば枝先に支柱をかつた林檎の木に似ているとでも云えようか。上の梁からはこれ等の柱に対して曲げモメントはかゝらない。柱の軸方向にかゝる荷重は二階床梁に伝わることなく柱から直ちに地盤に行く。この柱は梁にはめこんであるのである。上記のようにして得た重要結果が即ち建築主から要求された様な開放的な建物である。
又、先細梁に対して柱が90度の角度を以て傾斜しているために地震による横力に対する抵抗力を建物に附加した訳である。
外観はそう見えても此の建築は持出梁方式ではない。何故ならば、荷重の全部が中央の壁柱にかゝる訳ではないからである。若し持出梁方式にしたならば、梁の固定端の丈を更に大きく取り、壁柱を更に太くする必要があり、その結果建物のスペースを狭めると同時に工費が高くなり過ぎると云うことになろう。
梁と外側柱とのピン接合方式の細部はワイドリンガー君の機智縦横的構造設計手腕を示す好例である。此の柱は各層の梁と基礎に潤滑油を注入した円形の溝(dowl)とベヤリング鋼板組合によつて接合されている此の方法のお陰で、特殊の荷重処理の必要が充たされ、工事が容易になり、梁及柱の縮小と云う問題の生起が避けられ、又設計が優雅になつた次第である。
建物の壁体を下までおろして函の様になつた妻側と顕著な対照をなす表面は、上下二段のベランダが大膽に突出した軒によつて縁取られ、三間の間隔を以て立並ぶ柱がそれにアクセントを付けている。構造部を引立てる役をしているのが清楚な多色配合である。名工の細工とも見える打放し混凝土のドーヴ・グレー、一階腰壁煉瓦のつゝましやかな赤、鋼管柱、ルーヴァー、バルコニー欄干のツヤ消し藍など。建物のコンポジションとして壁でふさがつた妻側と、長い開放的な正面との釣合がよく取れてゆるやかなリズムを持つていることは、種々な難問題を解決した構造設計の成功の齎す必然な論理的結果である。日本の伝統である軽快と優雅とが現代の建築材料コンクリートと鋼鉄によつて表現されたのである。
プランでは此の建物は三部に分れている。即ち事務室をなす主要ウイング、之に並行する第二ウイングで、食堂、調理室及ラウンジになつているもの此の二つを結ぶと共に展示室ともなつているギャラリーである。本館では中央線に沿つて便所、コート室、暗室、エレベーター室等を壁柱間に集めたゝめ、両側に広い事務室用スペースが取れた。内部を特色あるものにしたのはその繊細な仕上である。塩地のベニヤ板、防音テックス、黒白二色のテラゾー、床のアスファルト・タイル等すべて何等の塗装を施さずそのまゝ使用した。特色ある鋼製木製家具も又建築士の設計によつて日本で造つたものである。家具も建物と同様すべて清楚を旨とし、全体を通じて何等不統一の感なく、小細工を施さず、一つ一つがすべて同一の目的に指向統一され、而も建物全体の設計に感じよく調和する様に設計され造られたものである。
*レーモンド建築設計事務所社長

日活国際会館
小林利助

——
推薦理由
——

所与の不整形の都心敷地内に、許し得られる最大限の規模と、複雑多岐な諸機能の建築的解決の妥当とによつて、よくこの建築企業上の要求に高度の解答を与えた点で注目すべきものがある。戦後今日までに数多く新築を見た一連同系の建築中、最も優れたものと言える。既成の設計技術をよく消化し、設備その他の綜合においても亦見逃されないものがある。
学会賞委員会は、この作品が以上の理由により昭和26年学会賞を贈る価値あるものと認め、これを推薦したのである。

——
受賞者の言葉
——

日活国際会館の設計について
小林利助*

1
日活国際会館建設の目的は、外国人に対し、完備したホテル、事務所その他の施設を提供して、日本の対外貿易の発展に寄与しようとするのであつた。
この計画は、昭和23年5月頃から、日活社長堀久作氏と、Northwest Airlinesの副社長D.J.King氏との間にすゝめられ、24年5月に総司令部関係当局者の内諾を得、また、工事の設計並に施工については、竹中工務店が携ることになつた。
爾来約3ケ年を経て、本年3月、会館は竣工し、営業が始められたが、図らずも、この作品について、26年度学会賞が授けられたことは、身に余る名誉と思うものである。
2
思うに、建築業者の設計部には、個人の建築家のような、はつきりとした作風というものはなく、依頼者も亦個性の強い作品はのぞまないが、業者の設計施工した一列の実例はよく見ている。そして、その実例については、作品というような目でなく、実用物として理解している。特に商業建築に於て著しい。
従つて、依頼者の、設計に対する要求は、経済的にも技術的にも、極めて切実であり、又経営企劃の内容も、敏感に世相を反映して、刻々に変つてゆくべきものである。この要求を満たせなければ、商業建築の使命は達せられないのであるが、設計、見積、施工は、そのためには、余程緊密に協力しないと、合理的な生産にならない。
3
この日活国際会館に於ては、その計画は極めて復雑であつた。営業用自動車庫、専門大店、銀行、郵便局、貸事務所、ホテル等経営の上から、各種の内容が要求され、そしてそれらの設計意匠については、専門家以外の大多数の人達が、理解出来る程度の近代感覚を取入れることなどであつた。
Planningの趣旨は、一般の商業建築の場合と変りないが、特に言えば地価の高い敷地環境であるから、出来るかぎり有効面積を沢山とれるように計画すべきでありまた経常費が、出来るだけ少くてすむよう、また建物の性質上特に設備工事には、万全を期すこと等であつた。
建築面積については、竹中式潜函工法を用いたため、地下部分に於ては、敷地面積の97%、また地上部分に於ても95%をとることができ、そして階数は、地上31mの中に9階をとつた。従つて、室の容積は比較的少くなり、冷煖房に要する経常費は大分節約できると思はれる。
大体、周囲の窓からの自然採光がとゞかない、建物の核となる部分に上下輸送関係のエレベーター、階段室、便所及び洗面所等をまとめて、光庭を設けないが、居室部分の奥行は14m位となり相当深くなるため、外壁面の窓面積は、法規上、かなり大きなものとなつた。
従つて、冷煖房に際し、硝子面からのHeat-lossが多くなるが、余り高価でない。断熱硝子等が、早く市場に出ることを希望してゐる。
次に自動車駐車場を地下2・3・4階に設け、約150台収容できるようにし、二つの楕円形の傾斜路をつくり、一方は入口専用、他は出口専用とした。
設備工事で、特に他と異る点は、冷煖房にCarrierによるConduit Systemを採用し、Duct Spaceの節減による有効面積の増大、特に天井高に関し利益する点が多かつた。
4
この建物について、今回代表者として名誉ある学会賞を授けられたのであるが、これはこの作品を、終始信頼を以て成就させられた依頼者、又設計に携つた数多くの設計部員、及び設計を生かして恥かしからぬ施工をした関係者一同のたまものと信じ、感謝する次第である。
*竹中工務店取締役設計部長

——
建築雑誌1952年6月号掲載。
——
候補作品｜18題(自他薦)

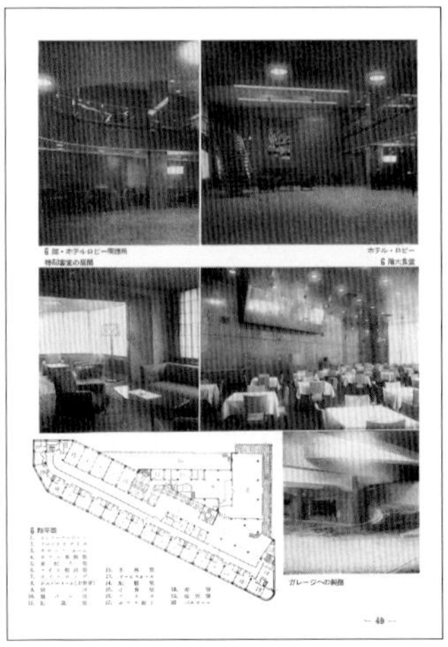

日活国際会館

04 | 1953年
1952(昭和27)年度

日本相互銀行本店†

——

選考経過

——

1. 経過

学会賞制度復活後、27年度の表彰をもつて、回を重ねること4回に及んだ。学会賞は建築界唯一の褒賞制度でもあり、これが学術技術の進歩、乃至は建築界の発展向上の指標として、広く建築界の注視を浴びていることは、学会賞の目的に鑑みてもまことに欣ばしいことである。と同時に本委員会としても、制度の運用を誤らず、いよいよ権威あるものとなすべき責任を感じる。

扨て、今期から改正規定によつて、初めて委員の半数交代が行はれたので、昨年10月には全委員会を開いて、規定や実施規程の検討を行つた。その席上この学会賞を国際的規範に即すべしとの性格論が出て、相当活潑な論議が交されたが、このことは、わが建築界の組織、延いてはわが国の社会制度機構に深く根ぎす重大な問題であり、到底一挙に解決出来得ない問題なので、将来の課題に譲つて、大体前年度の規程によつて実施することゝした。そこで本委員会は直ちに27年中の業績調査に当るほか、会誌を通じ、又は全国の支部、研究機関、主な職場195ヶ所に呼かけて、優れた業績の自薦他薦を求めた。

その結果、選考の対象にのぼつたものは、論文21題、作品32題、その他第3部に属するもの6題である。これらについて各部会が、下審査に当り、その選ばれたものを全委員の綜合検討に付し、またそれを部会が再審議して再び全委員会に計るなど、慎重且つ周到に選考を進めたのである。このため僅か1ヶ月半に会議を開くこと15回、かくして最後審査の討議に上つたものは論文5題、作品1題、著書1題であつたが、更に検討を加えた結果論文1題を割愛して、計6題に対し、栄えの27年度学会賞を贈ることに決定した。

なお、今後の選考に関して起つた諸問題の示唆により、対象とする分類の拡大明確化を期するため、規定の改正を行い、益々この制度の発展を期することゝなつたことを併せて報告する。

2. 各部会の選考

第2部会(作品)

自他薦32題は本部会が27年中の発表作品として調査した304題に含まれていた。これらを対象に第1.2次の選考を行い10作品を第3次選考ではその作品を選んだ委員の推薦理由を求め、これに対する討論を行い、あるいは実施検討を、あるいは設計関与者の説明を求めるなど、作品の計画、設計、意匠、機能、経済性等に至るまで、批判検討を加え深刻にして且つ公正な選考を加えたのである。特に表彰作品については、第1部会の構造関係委員の意見を徴して万全を期し自信をもつて候補に選定した。

この選考過程においては住宅作品の重要性を強調しこれに該当する賞の設定とか、一連の作品を通じて示された高い技術性を表彰する場合の取扱いなどが相当活潑に論議されたが、現行規程に嵌めることの無理を認め、今後かゝる方面にも表彰の途を拓き得るよう規程の改正を部会として全委員会に諮り同意を得た。

——

委員

——

第2部会『建築作品関係』

(部会長)蔵田周忠　(幹事)浜口隆一

(委員)伊藤滋　生田勉　市浦健　今井兼次

太田和夫　岸田日出刀　坂倉準三　清水一　武基雄

谷口吉郎　土浦亀城　東畑謙三　伴野三千良

吉村順三

日本相互銀行本店

前川国男

——

推薦理由

——

この作品は、設計者が世界の近代建築のオーソドックスを、日本の困難な諸条件のなかで全精魂を傾けて追求して、つくり出したものである。殊に構造計画については横山不学君の協力を得られ、全溶接の鉄骨構造、カーテンウオール等あらゆる部面にわたつて、最新の技術を採用して、建物の自重をできるだけ軽量化し、一定量の建築空間の中に最大限の使用価値を盛り込み、併て建築生産方式の近代化を熱心に試みている。

これらの綜合的努力の蓄積は、強い造形的迫力となつて、われわれの心に迫り、新鮮な近代的感覚を満喫させる。長かつた戦争の傷みから、漸く回復しつゝある日本の建築界に、この建物は建築することの深い喜びとまた強い励ましとをおくるものである。

学会賞委員会は、この作品が以上の理由により、昭和27年度の学会賞を贈る価値あるものと認め、これを推薦したのである。

——

受賞者の言葉

——

正会員　前川国男*

今回私共の設計しました日本相互銀行本店の建築に対して昭和27年度日本建築学会賞を与へられました機会に設計者としての感想を述べ得ます事を感謝致します。

400万戸と称せられた彪大な戦後の住宅不足量が終戦7年、どれ程恢復され得たかといふ事は役所の統計による他はないのでありますが、それにしても兎も角も明瞭な事実と思はれます事は、ヨーロッパに於ける交戦諸国の盛な戦後の住宅建設に比較して、戦禍の甚大であつた点に於て比較を絶する我が国のそれが意外に低調であるといふ点でありませう。

我々の狭い見聞を以てしても、ヨーロッパ諸国のいづれの地に於きましても殆んど建築界の総力を挙げて住宅復興に専心し、新しい住生活環境に対する研究並びに関心は非常に大きなものであり、それが一国の生産性との重大な関聯性が注目をひきつゝある有様であるのに比較して、我国の為政者の意外な無関心。建築界のむしろ拱手傍観とも言ひ得る現状は何としても遺憾な事実と申すより他はないと思はれます。

かうした状態の原因が何処にあるのか。所謂政治の貧困か、建築家の怠慢か、国民の貧窮か、種々の議論のある所とは思ひますが、我々の立場から当面差し当つて直ちに指摘され得る事の一つは我が国に於ける建築単価の彼等のそれに比して比較的高いといふ点でありませう。

国民の住生活がその国民所得と如何なる割合にあるべきか、今茲に論議する材料を持ち合せぬ事を恥じる次第でありますが、少くとも我国の住生活が、或は建築単価が我々より高い国民所得を維持する国々の建築単価より高価であるという事実は理由の如何を問はず、我々の最大の関心事でなければなりますまい。

かうした事実の原因は勿論国際価格を上廻はる我国の建築主要材料の価格、非能率に基づく我国建築労力の高価等々のいはば建築外の諸因子に起因する事は勿論であるけれど、一方我々の建築設計自体に内在する諸因子に大きな関係をもつ事実も之を慮外におく事は出来ないのであります。同時にそれが我々設計者にとつて最も手近かな直接的な問題の一つであるといへませう。

即ちヨーロッパと我国の建築単価の内容を比較して見て第一に目につく事は、軀体工事が建築単価に於て占めるパーセンテーヂの相違でありませう。我国の建築単価に於ける軀体工事の部分が彼等のそれに比して非常に高い原因は勿論、地震をはじめ気象その他の特殊条件に起因する事は勿論ではありますが、それ以外に見逃してならない点は即ち我が国に於ける技術の停滞性であると思はれるのであります。

近来我々はソビエット聯邦に於ける建築の現場写真を観て、たまたま20年前に眼のあたり見たモスクワの原始的な現場の状況を想起してまことに深い感慨に堪えませんでした。それにしても我が国に於て20年前の現場と今日のそれとどれ程の経程が見出されませうか。

25年前学窓にあつた我々は我が国建築の30年の後進性を示唆された先生のあつた事を思ひ出すと同時に、20年の歳月を空費したにも等しい我々自身の悔恨に身を切られる思ひであります。

然し私達は決して此の事を忘れて怠けてゐた心算はないのです。過去20年間我々の最大の関心事は、我々の建築を兎も角も一日も早く先進諸国のそれと同一のスタートラインに立たせたいといふ一事につきていたといふ事は確かだと思ひます。

日本相互銀行一聯の支店建築を通して此の本店の建築に至る過程に於て我々の努力は専ら上述の一点にその最大の焦点を合せて来た心算であります。成功した点もあり、失敗した点もあります。然し確実に一つの橋頭堡を築き得た事は私共のひそかな喜びであります。

それにつけても我々の感謝に堪えないのは此等日本相互銀行本支店一聯の建築の長い過程に示された高木社長山住副社長をはじめ銀行当路の方々の渝らぬ御理解と御激励であります。

又各施工担当者の熱意ある御協力は忘れる事の出来ないのはもとよりでありますが、構造設計に異常な熱意を示された横山不学君の御努力は私の最も感銘の深いものであり本学会賞はその大部分を同君の力によるものであると考へられ、茲に深厚な敬意を表す次第であります。

(昭和28年6月1日)

*前川国男建築設計事務所長

——

建築雑誌1953年6月号掲載。

——

候補作品|32題(自他薦)

——

同号21～25頁に「第2部会の報告　学会賞(作品)が決まるまで」と題して幹事の浜口隆一による考察を交えた審査経過が報告されている。報告されている最終選考に残った10作品は以下。(名称|設計者)

高島屋増築(東京)|村野藤吾
産経会館(大阪)|竹中工務店 小川正
レジャー・センター(仙台)|武基雄
京都駅(京都)|国鉄建築課
法政大学(東京)|大江宏
日本相互銀行本店(東京)|前川国男
米国大使館アパート(東京)|アントニン・レーモンド
北陸銀行(新潟)|吉田鉄郎
齋藤氏の住宅・森博士の住宅その他|清家清
亀井氏の住宅・秦氏の住宅その他|池辺陽

この報告の中で浜口はまた、「一連の作品という考え方」を提案している。

日本相互銀行本店

05 | 1954年
1953(昭和28)年度

愛媛県民館†／大阪厚生年金病院†／丸栄百貨店

——

選考経過

——

1. 経過

前回の27年度学会賞選考経過を報告の際に触れておいたが、住宅や一連の建築作品を作品賞の部門でどう取扱うかということの研究が、28年度の委員に引継がれていたので、規程作成のとき種々論議した。

住宅作品については、別に住宅作品賞というようなものを設けてはとの説もあつたが、作品賞の本来の目的が用途や規模に捉はれないで、純粋な立場から真に優秀ならば、表彰するものであるから、敢えてこれを区別する要はないとの結論に達した。

また、一連の作品を通じて秀れた設計意図を示しており、しかもわが建築技術の進歩に貢献するものであれば、これを表彰することは、極めて適切であるとして、既往の規程にはつきりしていなかつた点を明かにうたつた。論文やその他の業績にあつては、従来通りの規程で28年度学会賞候補の選考に当つた。

28年度の学会賞候補の調査は、いままでと同様、委員会自体が年間発表されたあらゆる論文を調べ、作品についてはすべての月刊誌を調べあげて候補の脱漏を防いだ、一方会誌に応募推薦を求める会告を掲げ、また支部、研究機関、職場等にも呼びかけて、広く諸業績が選考の対象にのぼるよう努めた。

その結果、各部会において直接選考の対象とした候補は、論文にあつては18題、作品は23題、(うち一連の作品2題) 前記のほかの業績11題である。それらに対する審査は各部会が慎重に行い、最後に残つた候補を全委員会の審議に付して論文4題、作品3題の表彰を決定したものである。

以上の選考審査のため、3月26日から5月1日までの短期間に部会、全委員会を開くこと実に17回に及んだことによつても、委員会が、学会賞の選考に傾けた努力を御諒解願えるものと思う。

2. 各部会の選考

第2部会(作品)

28年中の月刊誌に発表紹介された322作品と発表に至らない最近の作品を調査して、そのうちから23作品を部会選考の対象とした。これに検討を加えて遂次揚棄して行き、後記の10作品を残した。これらに対しては種々の角度から厳密な批判検討を行つて、3つの表彰候補作品を選んだのである。しかし3つの候補作品は何れも東京以外の地に建築されているものであるが、当初に最後に残つた作品は必ず委員の誰かゞ実物を見ていなければならないという原則の申合せがあつたので、愛媛県民館に対しては佐藤部会長が視察され、その報告に基いて再検討を行うなど慎重を期したのである。当部会が選考のために部会を8回開くに至つたが、今次の選考に際しても感じたことは、暦年の作品を主とするため勢い審査期間が短かきに過ぎて、委員の負わされる責任が過重であるとの意見もあるので、次期委員に暦年主義を再考するか、あるいは適当な選考方法を考究するよう引継ぐことにした。

厚生年金病院(東京)　(山田守君)
同(大阪)　(山田守君)
関東逓信病院・看護宿舎　(国方秀男君)
一連の住宅作品　(清家清君)
住宅の設計及び作品　(池辺陽君)
鉄骨試作住宅　(広瀬謙二君)
公庫融資による建物の設計と一団地計画(浦島ケ丘)(久米建築事務所)
八勝館中店　(堀口捨己君)
愛媛県民館(松山体育館)　(丹下健三君)
丸栄百貨店　(村野藤吾君)

——

委員

——

第2部(建築作品関係)

(部会長)佐藤武夫　(幹事)武基雄

(委員)太田和夫　郡菊夫　坂倉準三　清水一

土浦亀城　前川国男　松田軍平　東畑謙三

伴野三千良　森田茂介　薬師寺厚　山脇巖

吉村順三　吉武泰水

愛媛県民館

丹下健三／坪井善勝

——

推薦理由

——

この作品は、作者丹下君の作風を代表する野心的なものの一つで、主として体育館として使用されるほか、

05

愛媛県民館†／大阪厚生年金病院†／丸栄百貨店

他の種々の催しものにも併せ利用されるという所謂多目的の集会堂に一つの傑れた解決を与えたものである。堂内の採光、音響などに多少の弱点を残したのは惜まれるが、全体の構造に最も進歩的なシヤーレンの技術を導入、坪井君のこの方面の協力的な努力と相俟つて極めて経済性の高い且つ覇気に充ち溢れた新鮮な造形を為し遂げた点は称讃に値する。建築家が構造技術者との協働によつて勇敢に高度の新しい可能性を開拓することの出来たよい範例として取りあげてよろしかろう。
学会賞委員会は、この作品が以上のような理由で昭和28年度の学会賞を贈られるに値するものと認め、これを推薦したのである。

——

受賞者の言葉

——

丹下健三*

これは、第8回国民体育大会の屋内体操場として計画されたものであるが、同時に、公会堂として多目的に利用されることが、意図されていた。だから、松山体育館の名で出発はしたが、現在、愛媛県民館と呼ばれている。
私たちが、この設計の依頼を受けたときは、じつは、すでに古格納庫の鉄骨の下見まで行われ、それを利用した間に合わせの体育館が建設される予定になつており、そういう条件で予算も組まれていたのである。しかし、ここのように、市民や県民の集会場すらもたないところでは、それは体育ばかりでなく、その他の集会にも利用できるような多目的な空間にすることが、好ましいと考えたのである。この限られた予算では、それに対して充分ではなかつたが、そのような可能性をもつ空間として、さしあたり、国体の用に足りる最小限の施設にしようということになつたものである。であるから各種の催しに使う場合には、それぞれに応じて、尚手を加えなければならない点を残しているのである。
設計にあたつては、まづ第一には、単なる体育館ではなく、各種の催しに適応できるような空間にするということ、第二には、古格納庫の鉄骨造に匹敵するぐらい安くするということ、これらが、その出発点となつた。
私たちは、幸い、小さいものであつたが、広島の子供の家でシェル構造によるものを試みて、シェルによる鉄やコンクリートの資材の節約のことや、多少手間のか>る仮枠を用いても日本では、手間が安いために——これは不幸なことだと云わなければならないが——全体としては非常に安くゆくことを経験していたので、この場合もシェルを試みようと考えたのである。その結果は、全体を平均して、電気、給排水までを含めて、5万円台で、これをつくることができたのである。たゞ、安くできるということが、一般的にいつて建築の前進のためによいことだとは言えないのであるが、この場合には、それが大変に役に立つた。この場合には、構造体はもとより、仕上げについても安いなりに全体のバランスがとれるような質素なものを選んだが、そのために物欲しそうな安物という感じからは救われたように思つている。
設計のときは、構造との協力ということが一ばん大きな問題であつた。坪井研究室の協力をえたことは、いろいろな意味で幸であつた。まづ第一に、空間計画と構造計画の一身全体の緊密な協力の仕方を体験したことであつた。また、私たちにとつて不馴れなこのようなものの賦形にさいしては、その細部に至るまで、構造の解析力に頼らなければならなかつたのであるが、多くの場合、明快な解析が与えられたことである。またこの困難な工事の施工にあたつて、大林組の利害をこえた協力をえたことは、幸であつた、現場はもとより、本店の工務部、研究室の方々の御尽力は並々ならぬものであつた。このような場合、とくに優れた施工計画が必要であつた。コンクリートプラント、そのタワー、またコンクリート打を円滑に均一に打つためのカートの配置、さらにそれの取はづしを考慮した仮枠の組立、それらの施工計画も、このような不馴な工事をとどこおりなく進捗させるに充分、優れたものであつた。
また現場の指揮にあたつた道明栄次氏らの経験と決断は、見事なものであつた。さらに営繕課長、前神春雄氏以下課員の方々の御協力は忘れることのできないものであつた。
最後に、充分な寛容さをもつて、この計画と建設を見守り、激励して下さつた愛媛県知事久松定武氏、第8回国体準備委員会委員長野間房義氏の御厚情には、感謝にたえないものがあつた。
建築はこのように多くの人たちの相互信頼と協力によつて、できてゆくものである。無理解なオーナーをもつことは不幸なことである。そのようなとき、相互の論議につかれ果てると、つい、オーナーをだましだましして進めなければならないようなことがよくあるものである。また構造や設備の協力者のあいだに意志の疎通を欠くようなとき、論議が、つねに見事に開花するとは限らないのである。設計者と施工者との間の問題も、敵、味方の関係におしやられる場合がま>あるものである。そこにはおのづからの分担とそれぞれの責任はあるのだが、相互信頼を欠いた敵、味方の関係からは、見事な結実を期待することはできないのである。多くの場合、こうして作られた建築を使用し、利用するものとの間の問題は、さらに複雑である。しかしそれによく耐えて、はじめて建築は生命をもつものとなるのであろう。
建築は、このような社会的な結実である。
この建築が、尚まだ幾多の欠点をもつているにか>わらず、なにか学会賞に価するものがあるとするならば、それは、これら多くの方々の協力の賜である。

*東大助教授

——

坪井善勝*

殻構造の理論、即ち殻の応力は一次応力(膜応力)と二次応力(曲げ応力)の二つに大別出来るが、之等を求める解析理論は決して新らしいものではない。しかし日本では文献によつて夫等の理論は知り得ても、実際施工した例は皆無に近く、戦後漸く幾つかの例を見るようになつた。私も矢張り丹下健三氏と共同設計である一昨年広島の児童図書館は少規模であつたに関わらず、愛媛県民館への大きな踏石ともなつた。我々は理論を信頼するがそれはあく迄も一つのよりどころであり、工学的に解決しなければならない事柄を多分に内在しているのを深く認識すべきである。特にコンクリートという材料を使用するからには、特種な構造によつてコンクリートが示す特異の性質を綜合的に知る事が肝要であり、経験的に始めて可能であろう。
広島の児童図書館は一次応力で既に引張応力が殆ど全域に存在し、コンクリートの特性に反するのであるから、リング方向の鉄筋に期待し亀裂の発生を予想して設計するという、殻構造としては素直な曲面ではなかつた。しかし施工してみると先端の撓みが5mm程生じたにも関らず、コンクリートには殆ど亀裂を認め得なかつた。このことは一つの大きな収獲であり、若し亀裂を許すならばもつとフラットにしてもよいであろう。
さて愛媛県民館は、我々が朝顔形と称している広島児童図書館の殻と同一のものを、もう何等ためらうことなく附属事務室に使用し、本館の建物は直径50mの円形プランを、半径50mの球殻で覆う事にした。球は構造的に言つて最も合理的な曲面の一つであり、一次応力は殆ど全部が圧縮応力となつてコンクリートに全く適応し、解析的にも簡単な曲面である。にも関らず球面に対する完全な解法は無いのであり、これは殻構造の複雑さを物語つている。球殻の特性として周辺部に引張応力と曲げ応力が生じ、之等の応力はスパンとライズからその絶対値が与えられ、50mスパンで6.70mのライズでは引張応力の値は朝顔形のそれよりも遙かに大となり、曲げモーメントも二次応力といふ言葉が与える印象を遙かに越した値となる。従つて構造設計の第一段階は、この曲げモーメントが色々の場合(自重、温度変化、地震等)に就いてどういう値を持ち、又どういう傾向を示すかを知る事であつた。しかし従来の解法では軸対称問題に限られていたため設計上決して満足出来なかつたので、たとえ近似解法でも一般的解法の誘導といふ研究から始めねばならなかつた。
この大きな曲げ応力に耐えるためには、必然的に殻の厚みを増さなければならず、又大きな引張応力の為周辺部に非常に多くの鉄筋を必要とする。この配筋の為に厚くなるといふ副次的な原因も手伝い、更にデザイン上の要求も大きく支配して、中央部で12cmの厚みであつた球面は周辺で除々に厚くなり、遂に70cm以上になつてしまつた。このように厚みが厚くなると従来何となく厚くしていたという事が、最早漠然とした処理では許されなくなり、この影響も考えなければならなかつた。
さて殻自体の設計が完了し、考え得る最も不利な時に鉄筋の応力も1ton/cm^{2}程度に押さえてあるけれども、収縮応力などの影響も加わつて型枠除去と共に大きな亀裂が若しも生じた時、即ち殻の裾が大変形した時の処理も考えておかなければならなかつた。変形自体は殻にとつて恐れるに当らないが、この変形が下部構造即ち柱に及ぼす影響を最少にする目的で殻をローラー支持とした。しかし完全ローラー支持であると将来何等かの障害(例えば地震が考えられる)で殻と柱がズレても困る。そこでローラーではあるが、殻のコンクリート柱のコンクリートのクリアランスの部分は合計80本の22mm筋で連結し、若干の変形には支障ないようにし、型枠除去後露出した鉄筋もモルタルで被覆する事にした。
計算も図面も完了し、現場施工は着々と進んでいたが、更にもう一つ為さねばならぬ事があつた。施工を開始したといふのは解析上絶対大丈夫という自信が勿論あつての上であるが、その上少くとも型枠を除去する迄には、実物がどういう耐力を持ち変形を示すであろうかを知つておきたかつた。そこで研究室ではスパン2.50m、厚さ6mm、1/20の模型を鉄筋コンクリートの代りに針金モルタルで製作し、現場が型枠を組み出す頃実験を行つた。実験の結果、設計荷重の1.4倍、4ton迄の載荷(荷重は砂を堆積したがこれで載荷装置のほゞcapacityに達する)したが、予想された撓み及び亀裂が発生せず定量的な結論は下し得なかつた。現場に於ても矢張り同じような状態に相遇したのであるが、実験に関しては準備の都合上試験体の材齢が多かつた事、載荷方法にも欠点が無きにしもあらずであつたが、当面の目的、即ち現場施工に対する安全性の保証は充分に得たのである。
翻つて本構造の実現までには丹下研究室の真摯な努力はさること乍ら秋野(シェル部分)若林(下部構造)青木(実験)を中心とした当研究室の緊密な連絡を忘れることはできない。又現場担当の道明、秋野、河村3氏に強力な協同をとられた大林組の各位には心からの謝意を表したい。特にこれだけのスケールのコンクリート構造がhomogeneityを保つて実現されたと云うことについては現施工法が達し得る最高のものと感じる次第である。

(29.4.11)

*東大教授・工博

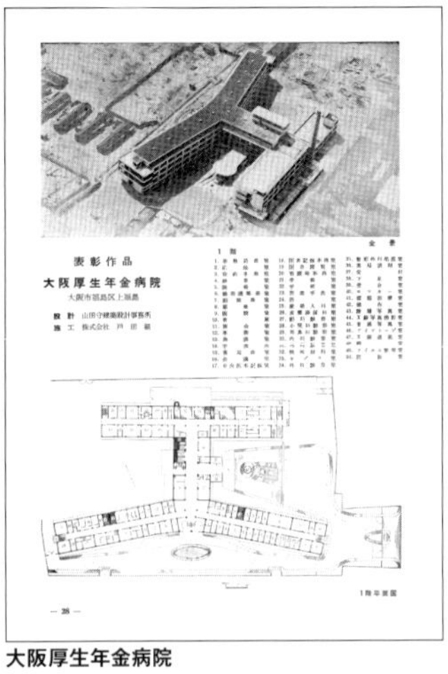

大阪厚生年金病院

大阪厚生年金病院

山田守

——

推薦理由

——

この作品は、作者が近年手懸けつ>ある一連の病院建築のうちの代表的なもので、個性の強靭さと作風の熱情的なところに特色をもつものである。
病院建築の機能解決には、近代の病院機構の進歩に伴つて特別の専門的智能を必要とする。作者は常にこの基礎的な前提を把握消化して、これを一つの特色ある建築的秩序に見事に結晶せしめる事で認められているが、本作品において特にその円熟と大成を見ることが出来よう。
学会賞委員会は、この作品に以上のような理由から昭和28年度の学会賞を贈る価値があると認めこれを推薦したのである。

——

受賞者の言葉

——

大阪厚生年金病院——設計者としての言葉——

山田守*

石や煉瓦を材料としたゴシック、ルネサンス等の歴史的様式は宮殿、美術館、公館等とした建築芸術の主流をなして来たが近世の産業革命以来ビルディング、デパート、工場等の実用建築が在来の美術建築に代つて建築の主流をなすに至つた。過去の歴史的様式が鉄、コンクリート、ガラスを以つてする新構造に対して虚偽の形体となり新機能に対して不都合なるもの

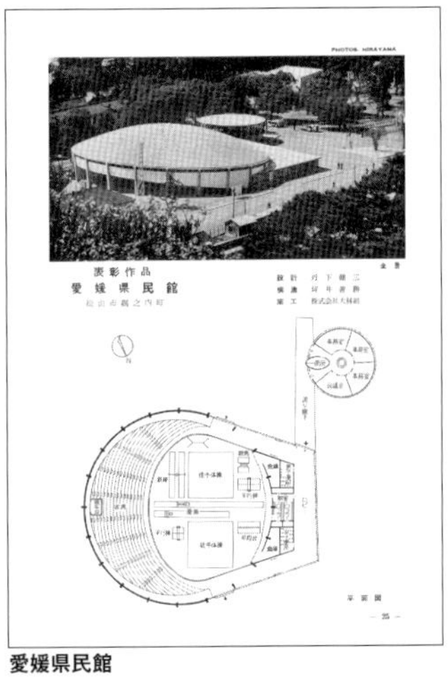

愛媛県民館

となつた。
1910年前後のセセッション建築は過去の建築様式を打破して新構造と新機能に適切なる新様式を創作せんとして建築形態の合目的性(ツウエクメーシヒカイト)を旗印として新様式を創案した。
1930年前後敗戦で貧困化した独逸を中心とし欧州に展開した合理主義建築は一層実用性を強調し即物的(ザハリッヒ)な科学性を基調として社会性経済を特徴とした規格統一、工業製品化、及び組合化によつて安く早く善き建築を得る事に努めた。第2次大戦によつて建築理念も混迷におち入つた感があるが静観すれば建築機能の進化発展は歩を止めず、これに適応する形態が新材料構造の進歩工夫によつて形成されつゝあると云えよう。
セセッションの直線平面への還元は旧様式打破の為に役立つた。また合理主義建築の経済化は単純化を要求した結果一層直線、平面、白色の特性を持つに到つた。而しながら過去の所謂合理主義は有機的形態の発達途上における極めて単純原始的なもので永く人間生活の容器として満足を与うるものではあり得ない。
四角な荷車の様なものから今日のキャデラックへと、四角な箱舟から今日の快速船へと、ライト兄弟の飛行機から今日のジェット航空機へと鳥瞰するならば更に我々は我々自身の有機的形態の事を考えればいつまでも我々の建築形態が直線直角の四角ばつた角々しいもので終るべきでないと思う。我々はたゞ今日の経済力の貧困と工作の幼稚、材料の不自由などから一足飛にこの理想の到達を企てることは無謀である。
たゞ角を丸めて清潔で柔かい日本的感覚を満足させる事やドラブインする車廻しの曲線位は実行可能の時期に入つて来ていると思う。
敗戦後の日本は病院建築においても戦勝国に甚だ後れていた。特に金のある米国では世界の学者、建築家を吸収して格段の進歩をとげていた。
しかし我々は彼を無批判に模倣する事は危険である。病院建築の場合に考えれば第一に富の程度の差(入院料の差)を考へざるを得ない。また雨風の多い事、湿度の高い事や地震火災の多い事なども考えなくてはならない。また経営方法の差もまた重大な点である。更に日本人の様な美しい自然と変化ある食物によつて育てられた趣味感覚は彼とは相当に異つている点等を考慮すれば自から日本人的国際新建築として新しい病院形態が生れて来ると思う。またこの病院の様に整形外科を中心とする社会保険病院の性格も自から出て来ると思う。また環境敷地の形状にも大いに制約される。要は一つ一つの場合の解結としてあらゆる条件に対し誠実にまた作者の自己を偽らない借物でないものでありたい。
只戦後の過渡期として機能の整理にしてもまたその表現にしても微力其意を尽し果さざりしを遺憾とし責任の重大なるを痛感するものである。

*山田守建築設計事務所

丸栄百貨店
村野藤吾

——
推薦理由
——
この作品は、作者のこれまでの数多くの傑れた作品に伍して特に異色あるものと言うに当らぬかも知れない。併しながら作者が手懸けた幾つかの百貨店建築のうちでも、これは優れた大作の一つである。この建築は既存の2階建の上部に増築されたもので、そこに幾多の拘束条件があつたであろうが、よくそれを克服しながら作者独自の奔放雄大な構想と繊細巧緻な感覚とで渾然とした建築造形に纏めあげた点では秀作とすることに誰しも異論のないところだろう。殊に作者が百貨店の商業性に深い理解をもち、これに最も忠実たらんと心掛けたあとを計画的にも意匠的にも見ることが出来るのである。
学会賞委員会は、本作品が以上のような理由で昭和28年度の学会賞を贈られるに適わしいものと認め、これを推薦したのである。
——
受賞者の言葉
——
百貨店・丸栄
村野藤吾*
百貨店の経営者は吾々によくこんなことを云ふ、建築7分に経営3分、私はその反対だと思ふが、その意味は投下資本の使ひ方ではなく、顧客大衆が自分の店へ、つまり、自分の建物に、どんな関心を寄せるかと云ふ点を吾々に期待した言葉である。経営者がほんとうにそう思ひ込んで居るのを知ると粛然として襟を正す思いがする。
あらゆる意味で商業建築のむつかしさと云へば云へないこともない点はその辺の気持を呑み込むことであろう。へたをすると、莫大な資本を無駄費ひして経営に致命的な打撃を与へることにもなるから甘い考へで設計は出来ない。戒心を要する点である。
大衆と云へば一寸捕捉し難い対照の様にも思へるが、かなりはつきりした計数も出るし、それに従つて建物の内容や機能なども計画が出来て、経営上或る程度の見透しも出来る様である。而し、何と云つても、大衆は大衆である、結論的に云へば、やはり、大衆心理の摑みどころのない点もあつて、その向背が計画の対照ともなるから、どうかすると、百貨店の設計には、きわどいところまで考へることもあつて、通り一遍の建築論などでは割り切れぬところもある。又、百貨店の人達は大低外国にも行き欧米の知名百貨店のことは勿論フオーレーやメーシーなどの新らしい店からショップフロントや芸術、流行などの事まで一通りの研究が出来て居るので、一寸した思ひつきやまねなどをすると笑はれたりすることもあつて、そこが、骨の折れるところでもあるし、又、面白いと云へば云へないこともなかろう。
日本の百貨店も一頃とは変つて来たし、戦後は、建築もそうだが、内容自体が目立つて変化して居る様である。それは、戦後に於ける経済構造の影響にもよると思ふが、大衆生活の変化が大きく作用して居る結果であると思ふ。一口に言つて、合理化の方向をたどつて、専門店風に高級化するもの、合理的な経営を反映して、大衆に徹するもの、その中間をねらうものなど国状や店風や地相などによつて建物の様子も異ることは勿論である。而し、あまり合理一偏到では、建物は、栄養不良の秀才の様に血の気のない骸骨になつて親しみにくゝもなり、人間味もアソビも取り去られて、市場の様な百貨店になるおそれがある。曾てのモスコーに於けるベスニーン作、革命初期の百貨店を見た時のことを思ひ出す。
さて、丸栄の建物は戦前清水建設の設計で、地下2階地上2階迄建てられたまま、戦争の為めストップになつたのを今度私の手で予定の如く8階建てとして完成したのである。新らしく要求によつてかなりな変更を加へたとは云ひ条、構造や附帯設備の要点に迄では及び得なかつたので、その点は私に取つて損をしたかも知れないが、又、得をした点もあろうかと思ふ。外観なども以前とは別な構想に変へたのであるが、格別取りたてゝ云ふ程の事もない。
摘記
構造　鉄筋コンクリート
坪数　約8,000坪
外装　特製タイル張り
　　　ガラスブロック窓
　　　マリオン及バンド共
　　　特製人造石ブロック
　　　全館冷暖房
将来第二期が完成すれば後方勤務部分が充実して約12,000坪となる予定。

*村野森建築事務所

——
建築雑誌1954年7月号掲載。
——
候補作品|23題

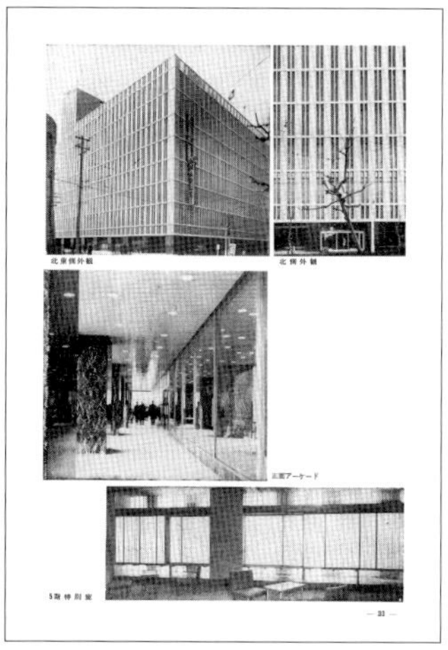
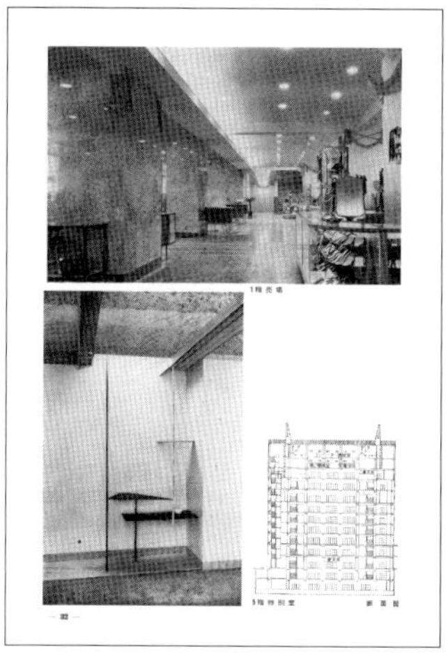
丸栄百貨店

06 | 1955年 1954(昭和29)年度

神奈川県立図書館並びに音楽堂／図書印刷株式会社原町工場／一連の住宅(清家清)

——
選考経過
——
1. 経過
学会賞制度復活後6回の回数を重ねた29年度の選考に際しては、原則として暦年の業績を対象とするため、前期委員会からの申継ぎもあり、募集を早めにして、締切りを一応1月末に繰上げ、選考期間を十分とることにして、7月30日には、第1回の全委員会を開き規程や方針を協議決定した。
そのとき新らしく方針として採上げたことは、作品の最終候補には必ず委員2名以上が実物を見、かつ調べていなくてはならないこと、行政、都市計画にあつては、予め選考の規準的なものを確立して置くべきであるとの決定が行われた。前者については直ちに実行し、また後者に関しては第3部で採上ぐべき各種の業績についても、一応の申合せ的な規準はつくられたが、枠を決めることによつて、公式的に秤量すべきでないとして、運用の巾をもたせて選考に臨んだ。
候補の応募推薦方依頼の手配は、前年よりむしろ積極的に行い、委員会自体も別個に調査して、選考に洩らすことのないように努めた。
幸に各方面の御協力を得て、論文30題、作品31題、その他の業績、19題を選考の対象にして、12月から部会毎の審査に入り、5月10日には部会における審査は終わり、直ちに全委員会の総合審査に移されて、初めて「住宅作品」「行政」等を含む別掲の11題が夫々本決定となつたのである。
特に、全委員会で決審に先つて行われた論点は、同一人の再度受賞であつたが、論文は永年の研究の蓄積が完結したときをもつて選考の対象としており、しかも各専門に亘つて毎年夥しい論文発表が行われる実情から勢い新進奨励という考えが不文律となつて、重賞は避けられているが、作品にあつては過去を考えず年間の作品を主に、優劣の比較を純粋な立場から行つており、従つて重賞も巳むなしとする見解が夫々の部会から開陳あり、これに折衷案が提議されるなど活潑な論議が交された。また第3部会から図書に関しては別賞設定の提案がなされたが、これらの検討は今期委員の任期が迫つているので次期委員会に引継ぐことゝした。
2. 各部会の選考
第2部会(作品)
当初から住宅の分離選考が論議されたが、総体的に見て、25題(公共施設5、工場4、学校2、住宅5、運動施設1、商業建築5、宗教建築1、特殊建物2)を第1次選考に残し、これを全委員の住宅分離による通信審議に付し、更に16題採択、得点2位の図書印刷原町工場を委員が現地調査するなどした。その間、住宅擬賞の可否を全員にはかり、また一連の住宅作品の視察を行つた。結局多数で住宅擬賞が決定され、更めて3題に対する全員の通信審議を経て、この3題が最終候補に決定した。
——
委員
——
記載なし

神奈川県立図書館並びに音楽堂
前川国男

——
推薦理由
——
図書館と音楽堂との間に、敷地の高低を利用した広い遊歩道を設け、これを主としてその左右に庭園と駐車場とを配し、以て後方市立公園への空間的連繫を保たしめた配置計画は、全構築物に清新強靱の主軸を附与し、特異の快適な雰囲気を醸成している。
建築各部の設計に入念の注意が払はれているのはいうまでもなく、特にオーデイトリウムは純粋の音楽堂として、その音響計画のよさは、完全に近いものがある。
更にこの建物に採用された材料とその工法とには、建築に関する日本の工業水準を引上げようとの作者の熱意と意図とが、よく現れており、それがかなり成功していることは、その造形表現の清新溌剌さと相俟つて、この建築を稀に見る傑れたものとしている。
学会賞委員会は、以上の理由から、この作品が昭和29年度日本建築学会賞を贈るに適わしいものと認め、推薦したのである。
——
受賞者の言葉

06

神奈川県立図書館並びに音楽堂／図書印刷株式会社原町工場　一連の住宅（清家清）

――

神奈川県立図書館並びに音楽堂

前川国男*

神奈川県立図書館並に音楽堂の建築に今年度の学会作品賞が与へられた事は我々の身に余る光栄であります。然し乍ら現在我々の置かれている社会的条件、建築生産の工業水準の中で作られた昭和29年度建築学会受賞作品なるものが将来どの様な価値を持ち続け得るか、此の点我々の窺知し得ないところである。我々は現代置かれている諸条件の中で一つの作品毎に何物かを掴み取らうとする。そして次の作品は前の作品の終つた点からスタートして一歩でも半歩でも前進しようとする、今度の作品も勿論この一連の歩みの中の瞬間であります。これに対して何等かの功績が認められたとすればこの様な我々の努力をねぎらわれる意味か、この様な努力が同じ道を歩む日本の建築家に同感を以て迎えられたか、その何れかであろうと解して之を御受けする次第です。

此の作品の設計の当初から完成に到る迄の設計者として意図した処については学会誌本年2月号をはじめ各専門誌に夫々の担当者から発表され之に対する批判もある程度出てしまつている今改めてここに説明を加える必要はないと考えますが、県立図書館と云う日本では未だその性格を明確に規定し得ない課題と、音楽堂の様な設計の基礎データの確立されてない課題との組合せであつたために基本的なデータを揃えるためにかなりの苦心が払われた事、建築生産の工業化、工法精度の向上に我々が幾年も続けてきた努力をこゝでも傾注した事、之等の点の成果について今後の御批判を俟つ外はないと考えます。

云ふまでもない事ですが一つの建物が健全な姿で完成するためには施主、設計者、施工業者の完全な協力の基盤がなくてはならない筈で、此の作品はこの点について極めて幸福なケースであつたといわねばならない。

先づ第一に公共の建物であるにかゝわらず設計施工の途中に於て県当局は我々に対して異例の寛容さを以て自由な設計を許容された事を挙げねばならない。このお陰で音楽堂の音響設計については生産技術研究所の渡辺要研究室に依頼して石井聖光氏指導の下に施工の途中に於ても材料、工法、室容積等について多くの調整をなす事が出来たのであります。之に関連して構造設計を担当された横山不学構造設計事務所、施工者大成建設株式会社に多大の御迷惑をおかけしたのですが欣然これに御協力願えた事は我々の深く感銘する処であります。

考えて見れば今日我々の廻りでは所謂本建築が極めて急速に数多く建てられ、一応壮観を呈しているのですが、その間に於て設計、材料、工法といつた基本的問題については何程の足固めもなされていない様に思われる。我々が常日頃念願している事は今の苦しい諸条件の中で幾分でも此等の問題を掘り下げて我々の足元を固めたい事であります。只今の段階に於て我々の手元にも或る程度の手段としての材料工法の持駒が得られている。之を使つて意匠し建築する。この作品の場合我々が果してこれを駆使してその名に価する建築をなし得たかどうか、これは大方の批判を俟つ外はありません。

*前川国男建築事務所

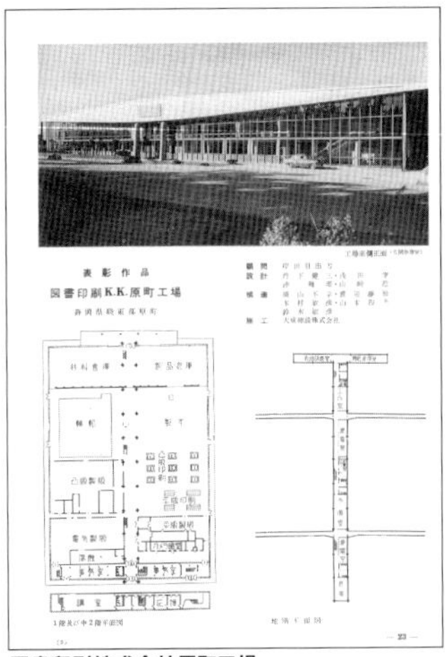

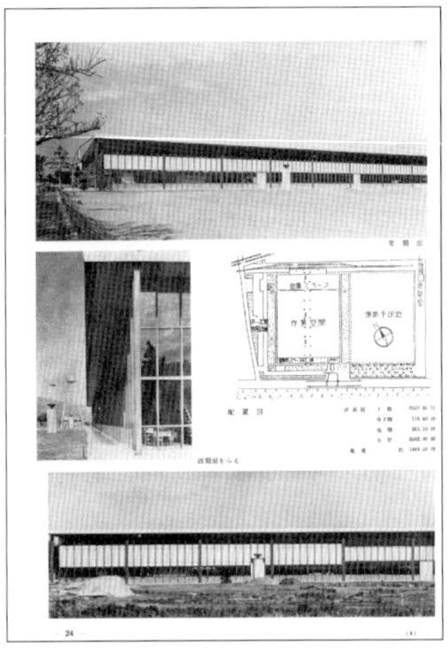

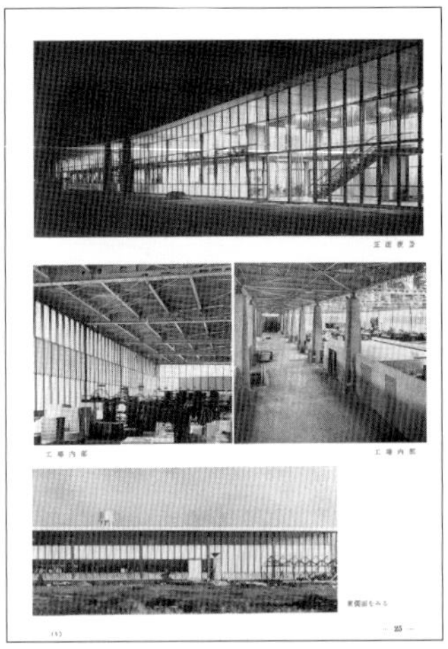

図書印刷株式会社原町工場

図書印刷株式会社原町工場

丹下健三

――

推薦理由

――

十色輪転機や自動製本機等、今日世界で最も進んだ新しい技術による印刷工場として、その作業空間が柱に制約されない巨大で自由なものをという要件に対し、その平面計画や構法材料設備等の多くの困難な課題が巧みに解決されている。

中央に主動線をとり、それに沿う柱列を中心とする翼形鉄骨小屋梁の構法は、構造力学上合理的且つ経済的であるが、そのため両翼の端部は壁部の取扱を自由ならしめ、中央柱列の基礎構造がそのまま地下道となり、更に電気・給排水・排気等の主な導線ともなつているのも巧みな計画である。

その造形は、構造形式を忠実に表現してをり、また作業空間の基本尺度をなすモデュールの格子割が、そのまま外部壁面に表されているのは、建物全体を極めて単純明快なものにしている。

学会賞委員会は、以上の理由から、この作品が昭和29年度日本建築学会賞を贈るに適わしいものと認め、推薦したのである。

――

受賞者の言葉

――

図書印刷原町工場の受賞にさいして

丹下健三*

わたくし達が設計に参加したこの工場の建築が受賞の栄をえましたことは、まことに感激にたえません。それにつけても想うことは、これには実に多くの方々が参加しているということです。この光栄は、凡てこれらの方々に負うものであります。とくに設計に際して岸田日出刀先生の御指導をえましたことは誠に幸なことでした。

これの設計の過程やこの建築そのものについては、津田孝氏、沖種郎氏が新建築3月号に詳細に報告してありますので、ここでは省略いたします。たゞ設計のあいだ、わたくし達の感じたことなど報告いたします。

この工場の建設にあたつて、図書印刷の方々、とくに社長の川口芳太郎氏の熱意と決意のほどは、誠に真剣なものでした。また殆んど連日の折衝のあいだに、その労をとられた社の山田美穂氏、宍道洋一氏その他の方々の熱意と努力は並々ならぬものでした。わたくし達は何か強い圧力を感ぜざるを得ませんでした。それはすさまじいといつてもよいものであつたと思います。

わたくし達は、グループの全員の協同によつて、さらに構造については、横山不学氏、そのオフイスの中心的メンバーである渡辺藤松氏その他の協力をえて、さらに、空気調整には川合健二氏の協力をえてこの課題に立向いました。また、施工を担当された大成建設横浜支店桜本剛氏を主任とする現場の献身的な努力はめざましいものがありました。今回の光栄が、もしそれに応えるにふさわしいところをもつているとするならば、凡てこれらの方々に負うものであります。

意欲的な事業家の計画と、わたくし達建築家の計画との対決は、真剣勝負のような、すさまじさを感じさせるものがありました。わたくし達は事業家が求めているものの枝葉にこだわらず、求められているものの本質を見ぬこうとしました。さらに印刷工場としての機能、もつと一般的に、生産空間としての本質的な機能を見出そうといたしました。事業家の側は、恐らく、わたくし達の建築計画の過程のなかから、そこで何が意図されているのか、それが事業にどう応えるものであるか、ということを常に探ぐり、また測つていたであらうと思います。このようにして、計画の過程は、まことに緊張にみちた対決であつたと言えます。この対決のなかから、末節を切りすて、のりこえながら、しだいに両者のあいだに、統一が見出されてゆきました。建築家が機能の本質をつかむ、ということは、どういうことであり、どういう方法を媒介して可能であるのか、ということは、建築家によつて、かなりニューアンスのちがいがあると思います。わたくしは、いつか新建築に「はじめに機能があるのか、はじめに空間があるのか」この機能と空間はそれぞれが独立に本質的であり、根源的であり、一義的に対応しないものである。しかしこの二つのものは、建築創造において、ひとつのものなのである。というようなことを書きました。

建築家が機能の本質をつかむということは、無媒介には不可能であつて、空間を媒介として、はじめてつかみとることができるものだと考えています。と言うのは、空間表象が、機能を担つて、建築家の発想のなかに登場してくる瞬間のことを言つているのでありまして、この発想の状態では、空間と機能は、一つになつて、イメージのなかに混沌とした可能性の状態で存在しているにすぎませんが、そこで、機能の本質的なものと、空間としての表現が同時に発見されているのである。

わたくし達の場合、はじめ、自由な作業空間をつくるために、P.S.コンクリートに取組んだのもそのような一つの発想であつたと言えましよう。3ヶ月あまり、そこから出発して、技術的なアプローチをこころみました。それにはP.S.の専門家として立たれる石川五郎氏に負うところが大きかつたのです。しかし、わたくし達の発想を、充分なリアリテイをもつて完成させることが、不可能であることを知りました。それは、わたくし達がまだ充分に、P.S.コンクリートを駆使しうるだけ、その技術をマスターしえなかつたことから来ています。設計の途上で、P.S.コンクリートを断念いたしました。設計の緊張しきつた対決の状態のなかで、新しく再出発を決意しなければならないということは、気もちの上でも非常な困難を感じました。

しかし、わたくし達は、鉄骨による新しい出発をいたしました。今できているかたちは、このときの発想によるものであります。この新しい発想から出発したアプローチは、まづ順調でした。支流が本流に合一してゆくように、作業空間と構造、構造と空気調節その他の設備が、一つの統一体にもち込まれてゆきました。その可能性がこの発想のなかにすでにふくまれていたのだと思われます。わたくしは、建築創造のばあい機

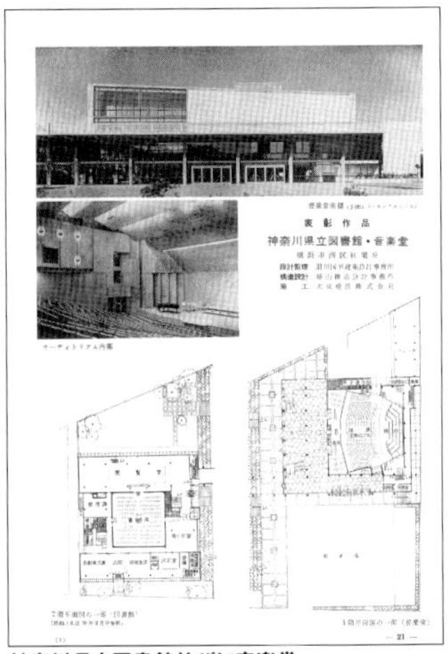

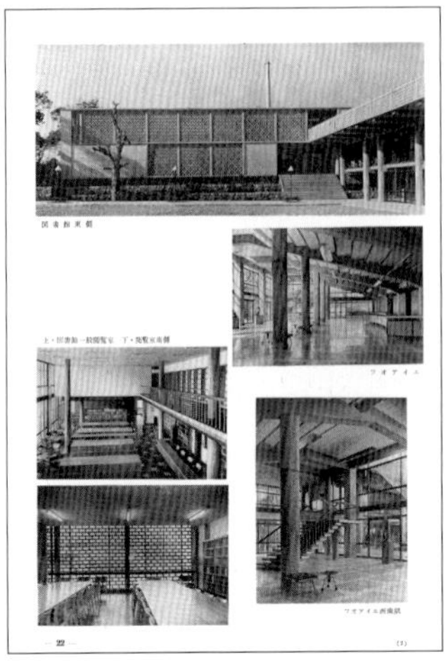

神奈川県立図書館並びに音楽堂

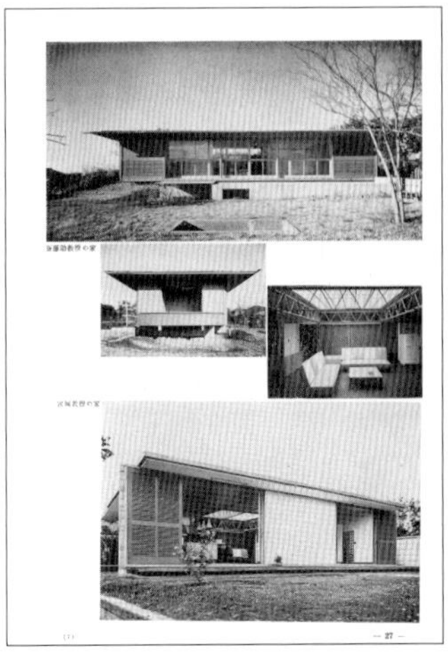

一連の住宅（清家清）

07 | 1956年 1955(昭和30)年度

国際文化会館／広島世界平和記念聖堂

能が先でも、空間が先でもなくそれらは同時に相互に媒介されたかたちで、発見されるものではないかと思つています。また、建築の発想は、依頼主と建築家、建築家と構造技術家、それらの不断の対決のなかから生れてくるものであると信じます。

*東京大学助教授

一連の住宅

清家清

——

推薦理由

——

僅か十数坪というような小住宅の建築を、建築的にすぐれた見ごたへのあるものにするということは、なかなかむづかしいことであるが、清家君の作に成る一連の住宅にはそれがみごとに達成されている。

新しい時代の生活要件に対して、これをよく満足しようとする漸新の計画が大胆に試みられているが、しかもその中にわが国古来の住宅建築にみられるすぐれた伝統を豊富にとり入れている。特にその造形には、現代に活きる日本趣味ともいうべきものが、新しい平面計画や諸設備とよく調和を保ちながら、巧みに表現されてをり、「日本には日本の家」をという願望がよく満たされている。学会賞の第二部として住宅に授賞されるのは、清家君の作を以て嚆矢とするが、それだけの価値は充分にあろう。

学会賞委員会は、以上の理由から、この作品が昭和29年度日本建築学会賞を贈るに適わしいものと認め、推薦したのである。

——

受賞者の言葉

——

一連の住宅

清家清*

この度、やつと学会賞をいただきました。ほんとうに有難うございました。教えることと、設計することのSimultaneousは1年1作がせいぜいでした。ですから私の作品はそんなにたくさんはありません。又それぞれの作品はtry and errorの連続で、住んでいる先生方にはお気の毒でなりません。被験者のようなつもりで住んでもらつているようなものです。こういうsimultaneousの機会を与えて下さつた恩師にも感謝しなければなりません。これ等の作品のかげに一生懸命努力してくれた労働者や請負業者、いろいろ教えて下さつた先生方、仲間、或は学生達にも感謝しなければならないことばかりのように思えます。

(1955.06.15)

COLORADO州ASPEN町の山荘にて

*東京工業大学助教授

——

建築雑誌1955年7月号掲載。

——

候補作品|31題

——

選考経過

——

復活第7回目に相当する30年度の学会賞制度の実施のため、昨年9月第1回の全委員会を開いた。前年度からの問題について協議したが、規程はそのままとして運用の面で更に協議すること、委員名は事前に発表しないことなどを決め、候補募集に遺憾のないよう種々打合せた。候補の募集は前例によつて、各支部・研究機関・職場・関係団体等広く、候補の推薦及び応募を求め、本年1月にこれを締切り、資料を整えて、3月7日第2回の全委員会を開催して審査に臨む態度、特にかねてから意見のあつた重賞問題について理論と実際の面から討議されたが、既往の慣例もあり劃然と規定ずける訳にはゆかず、選考の結果に対する委員会の公正妥当なる判断に委ねて決定することとした。また委員中の業績が最終選考の候補に残つた場合は、結審の際に自発的に欠席して公明を期することなどが申合された。

幸に、各方面からのご協力を得、又委員会としても独自に調査を進め選考の対象にのぼつたものは、論文29題・作品14題・その他の業績11題計54題の多くに上つた。この候補について3月初旬より各部会の選考審査が次の通り行われた。即ち、

1. 第1部会(論文)は、3月7日第1次の部会において各方面から推薦された24題に、当部会から他に5題を追加計29題(構造11、材料施工5、計画5、歴史5、都市計画・防災3)に対し、専門的に検討を深めるため新らたに4名の臨時委員を依嘱し、1題につき2名宛の下審査担当委員を決定し審査を進めた。第2次・3次の部会審議を経て8題を選定し、更に第4次の慎重・審議を重ね、6題を候補として全委員会にはかることとした。

2. 第2部会(作品)においては、推薦された候補12題と、その他の作品とを通じて各委員の通信審議により選んだ14題につき、夫々個々に討議され、第2次・第3次の部会審議を経て4題を選び、更に重賞と作品との関連について、更に作品賞の本質的な問題まで、さかのぼつて討議され、前後5回に亘る選考の結果、2題を最終候補と決定した。

3. 第3部会(その他の業績)においては、著書2、行政4、出版事業3、施工技術2の計11題について、第1次審査の結果、6題を選び、審査資料を蒐集し、2次・3次の部会審議を経て、4題に絞り、これらについては更に業績の比較検討をも行い、前後4回重ねた部会によつて、最終候補2題の決定をみた。

以上、各部会決定の候補について、5月9日全委員会開催に先立ち、部会長・幹事会を開き、各部会間の連絡調整をはかり、後緊急第1部会の開催を促した結果、第1部会候補を4題に厳選し、別記の計8題が全委員会推薦の学会賞を贈るべき優秀な業績と決定したのである。

——

委員

——

第2部会

(部会長)岸田日出刀

(幹事)丹下健三

(委員)市浦健　大江宏　久米権九郎　小坂秀雄

坂倉準三　清水一　柴岡亥佐雄　滝沢真弓　谷口吉郎

中山克巳　本城和彦　村田政真　元良勲　吉坂隆正

国際文化会館

坂倉準三／前川国男／吉村順三

——

推薦理由

——

この作品は、わが国における国際的な文化交流のための中心施設であつて、その機能がよく果されるために、事務関係諸室の他に講堂・集会室・図書室・食堂・談話室、海外からの来訪者用宿泊室等が秩序よくとられている。その設計は、坂倉準三・前川国男・吉村順三の3氏によるものであるが、これら3者の建築家としてそれぞれにちがう個性と、すぐれた才能とが、快よい調和を示すことによつて、建築のこの種協同設計における難かしさを克服して、よく3人による一つの建築設計をみごとに完成していることは、特記するに値する。

この建築の技術的な方面で注意されることは、現代的な諸種の新しい工法が自在に駆使されている点で、例えば打放しコンクリートやプレキャスト・コンクリート、更に檜の窓障子等を大胆に使用することにより、そこに独自の調和ある日本的な美しい表現を成しとげている。更に変化に富む敷地の高低や、日本風庭園とが、この建物の環境として巧みに活かしてあるのも、すぐれた配置計画というべきであろう。

よつてこの作品に対して、昭和30年度学会賞を贈るに適わしいものと認め推薦したのである。

——

受賞者の言葉

——

われわれ3人の協同設計による国際文化会館の建築に、昭和30年度日本建築学会作品賞が与えられました事はわれわれの光栄とする所で、ここに学会賞委員各位のご好意に厚く感謝の意を表する次第であります。

建築技術の進歩にともなつて工事期間がしだいに短縮される方向に向つておる事は周知の通りでありますが、逆に設計に要するエネルギーは次第に増加の傾向をたどりつつある事は私共の日頃痛感している所であります。協同設計という事もまたこの点より当然問題となつて来る事柄と信じておりましたが、たまたま同じ立場に立つわれわれ3人が協同して仕事を進めることについて、はからずも機運が熟し、ここに協同設計の形をとることになつたのであります。いらいわれわれは微力を合せて各自の短を補い、長を生かし、この建築に求められた種々の要求に協同設計という形を通じて取組んだのでありますが、とくに平面・意匠と材料及び工法の問題について、お互いの意見が一致するために各人の努力が集中されたのであります。

幸にして構造設計では横山不学構造設計事務所のご協力を得、施工者側では清水建設株式会社をはじめとする12の関係各社の犠牲をかえりみざる完成への努力に依つて、とく異な敷地条件、残存構築物の一部利用といつた様な特殊な困難を克服してこの建物が実現致しましたことは、われわれ3人の深く感銘する所でありますと同時に、この様なケースがなん等かの形で意味を持ち得れば幸であると信ずる次第であります。

広島世界平和記念聖堂

村野藤吾

——

推薦理由

——

この作品は、原爆の犠牲となつて人達の追悼と慰霊のため、世界の人々からの友愛と平和のしるしとして、広島に建てられたものである。作者村野藤吾氏がこの建築に求めた「平和的表現」も、この略々完成された堂塔の上によく現れているように思われる。大きな会堂、百五十尺の高塔、記念聖堂と洗礼堂等の大小高低のヴォリュームが快よい比例の中に、美しい調和と照対との妙をかもし出しており、村野氏の清新にして滋味溢れる作風を最もよく示している代表作としていいであろう。鉄筋コンクリートの健康な肌をそのまま露わしているフレーム・ワークは、その全体を貫く造形上の主調であるが、それは日本人にとり親しみやすい風味を出している。また壁面の灰色の煉瓦は、全体として穏かで平和な感じを出すのに役立つている。宗教建築を新しい建築手法で仕上げるということは、極めてむずかしい課題であるが、この聖堂は新しい時代に適応する新しい手法の宗教建築として、注目に値する佳作として推賞してよいであろう。よつてこの作品に対して、昭和30年度学会賞を贈るに適わしいものと認め推薦したのである。

——

受賞者の言葉

——

聖堂の建築

村野藤吾*

いうまでもなく、原爆による犠牲者を弔いかかる戦禍を二度と繰り返すことのない様に、当時広島に在住し自からも原爆の洗礼をうけ、惨悲な実状を目撃されたラサール神父祈願の聖堂である。その為め、神父は戦後直ちに世界各地を巡り平和を愛する人々に訴え、戦禍の惨状を説き、内外の識者に乞うて、或は拠金に、或は物納によつて、聖堂の建設に取りかかられたのである。もとよりそれらの計画は予定の如く進むとは限らない。此の間に於ける神父と建設関係の人々の苦心は、凡そ教職にある人の常とは云いながら、実に気の毒な位に思われたのである。その為めに神父は日夜東奔西走して真に席の温まる日がないと云ふ有様であつた。神父は自室ではいつも板張りの上に畳を二三枚敷いて寝ておられた様である。ある日、私は、神父を汽車中で見かけたことがある。あの長身をまるで、二つに折る様にして三等車の人混みのなかに腰かけながら、疲れの為めにうたた寝をして居られたが、その手から聖書が落ちそうになつておるのを見た時私は感に打たれて、もう何もいらないから神父の発願に協力してあげたいと思つたことがあつた。斯様な考えは私ばかりではない。此の建物に関係した凡ての人と云つていい位全部同じ考えであつたと思う。清水建設の蔭の力は云わずもがな、現場主任の菊池氏や私の方の長谷川君を始めとして現場事務所の人や職方の人達に至るまで聖堂の仕事を、何か、一生一代の仕事の様に思つて、ほんとうに精神的に働いて貰つたことを思えば、此の建物の隅々にまでが、美しい精神的な労働で包まれている様に思う。戦後の5年間と云えば着工の頃の物価は3倍位にも昇つていたし、工費の上の苦

表彰作品　国際文化会館

国際文化会館

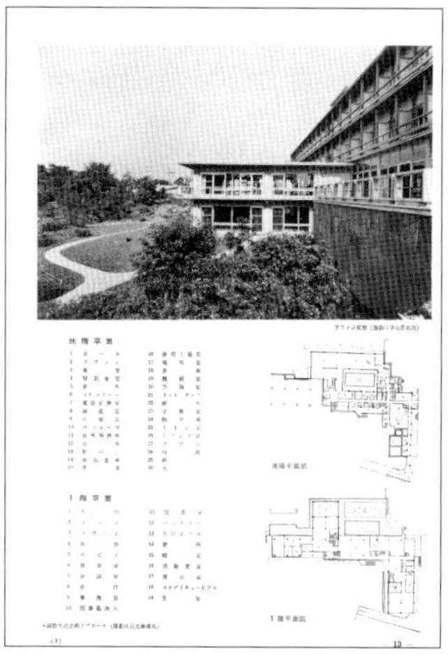

07

国際文化会館／広島世界平和記念聖堂

労はもとより、不如意勝ちななかから、菊池氏はあれこれと工夫をして、設計を生かしていただいたことなど忘れ難い思い出であり、私は今にそのことを思い出しては感謝している。だから煉瓦でも、人造石ブロックでも出来るものは大体外注しないで現場で造つた。人の高さの四五倍もありそうなローズウインドや、其の他のブロック類も全部現場で造つたものばかりである。而し、それ丈けに出来上りは何とも云えない位、手造りの味と親しみがある様に思う。

仕事を叮寧にやつて貰つたのは有難いが、芸の細かいのには閉口した。荒つぽくやつてくれと頼んでもなかなか聴いて貰えないのには弱つたが、別段悪いことをされるのではないからそれを荒つぽく善い仕事に導くのには骨が折れた。コンクリートを打つたら一切修繕無用の事、豆板があつても石ころが出ていても一切手を加えてはならぬと厳命したので現場の人達は不平だつた。人造ブロックの叩きが細かいと云つて文句をつけたりしたが、あとでは漸く私の意図が飲み込めたと見えて、荒さ加減も良くなつたので此の建物は、ところによつて出来不出来がある。面の凹凸や材料の取り合せなど設計とは少し異つて出来たところもあるが、而し、十年も経てば何ともなくなると思う。

設計上では最初は困つた。カトリックは、新教と異つたところがあることはもち論だが一種の型の様なものがある様に思えた。教会からは、天井高さを18メートルにすること、千人を入れる会堂と、記念の小聖堂を取る以外は、全く私の自由に任せられた。而し、神父さん達と話をして見ると、自由な私の考えなど以ての外であつた。変つた教会の写真を見せたりしたが全部否定された。ペレーの作品なども駄目だつた。日本に来ている神父さん達の建築観は私の様な日本の建築家に対し少し厳し過ぎるのではないかと思つた。いくつかのスケッチを見せたが、プランは、ほめられたけれど外観はどれも駄目だつたので、最後はやめる決心で持つていつたのが大体今の様な形である。私はボールボナッツが好きだつたのでそんなところに影響を受けたものと思う。それでも、150尺の塔は自分の考えで造つたのだがいささか閉口した。教会堂の塔は昔から沢山の例があり神父さん達の賛成を得られそうなものは、これ以上やり様がないので困つた。どうも、上から三分の一位のところがよくないので色々と工夫したが最後まで手こずつた。未熟のせいで自分ながらどうにも仕様がなかつた。一番似ているBaselのAntonius教会の塔も写真で見るといい形だが実際のものを見るとやはり三分の一位のところがうまくないと思つた。誰れでも塔の設計で困るところは此の辺のところだと思う。建物前面の池は、あやうく、埋められるところだつた。工費がないから止めてくれと云われたが、これを止めるなら私が金を出してもやると云い張つた。庭にころがつている有合せの石を入れて水中に配置して見ると、見ごたえがして、無理してやつてよかつたと思つた。あとで聞くと昔の教会には廻りに池があつたそうである。最近出来たMITの教会にもサーリネンは廻りに池を造つているのを見ると偶然だが同じ気持だと思う。正祭壇上のドームは最初の設計にはなかつたのが寄付者の希望でつけることになつたものである。此の形も私は少し気になるが、寄付が貰えるので無理につけることにした。ドームの頂上に宇治のホーオー堂のホーオーをつけた。これも現場の手造りである。

(*村野・森建築事務所)

——

建築雑誌1956年6月号掲載。

——

候補作品|14題

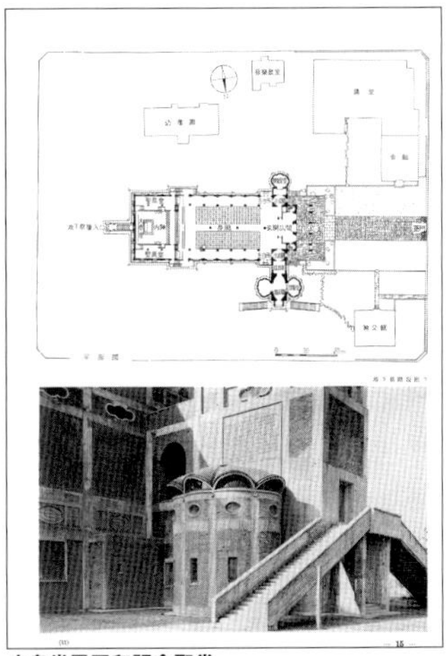

広島世界平和記念聖堂

08 | 1957年 1956(昭和31)年度

秩父セメント株式会社第2工場／神戸アメリカ総領事館†／東京空港郵便局†／厚生年金湯河原整形外科病院†

——

選考経過

——

31年度の諸業績に学会賞制度を実施すべく、10月1日に全委員会を開催して、一応規定についての改正要否をはかつた。予てから作品賞に対する審査の時期について論議があつたので、このことも必然話題にはなつたが、種々の意見があり、寧ろ審査態度にかかる問題として、従来の規定のままで、広く候補を募つたのである。一方委員会自体も調査に当り結局は論文34題・作品32題・その他15題計81題を候補に3つの部会が下審査に入つた。

第1部会は臨時に専門家を委員に依頼し、全論文を専門別に数名宛分担審査することにして、前後3回部会を開催、通信審査をも併用して審査の万全を期し、最終候補として7題を選定した。

第2部会は32題の候補作品を対象に選考会議を開くこと5回、全委員に通信審査によつて関与を求め、結局5題を残した。その中にはミノル・ヤマザキ君の「神戸アメリカ総領事館」と吉阪隆正君のヴェニスの日本館の2つが含まれていたが、現規定の解釈について全委員会にはかり、前者は規定の運用で差支えないが、後者は規定の改正を強行してまでも行うべきでないとして、見送ることにした、しかし、この問題に端を発して、学会賞制度を根本的に再検討する段階にあるとの見解の一致を見た。

第3部会は、行政関係6・文献2・施工技術5・その他2の計15題を候補に4回による部会を開いて選考を進め、あらゆる角度から検討して結局は施工技術1題を最後に残した。

全委員会は部会選考の中間連絡と、最終決定のために再度会議を催したが、各部会選出の候補数はいままでにない多数に上つた。

これを厳選の線を貫いて絞るにしても、研究者の増加と優秀論文の堆積、優秀作品の増勢とを睨合せて何時かは一挙に処理しなければならない問題であるので、来年度から新たな構想による学会賞の発足のためにも、31年度において、この問題を解決のため、上記の12の業績を表彰に決めたのである。

——

委員

——

第2部会(作品)
(部会長)堀口捨巳
(幹事)市浦健　大江宏
(委員)今井兼次　小坂秀雄　坂倉準三　清水一
清家清　谷口吉郎　丹下健三　中山克巳　長谷川大
平田重男　前川国男　村野藤吾　森田慶一

秩父セメント株式会社第2工場
谷口吉郎

——

推薦理由

——

この作品は、秩父市大野原に建設されたもので、設計は谷口吉郎氏を主設計者とした秩父セメント第2工場建設委員会でまとめられている。施工は清水建設・大成建設・戸田組・および安藤組の4社で、起工は昭和29年11月、火入式は同31年4月。敷地面積28万余平方メートル、建築延面積32,500平方メートルであつて、主体鉄骨鉄筋コンクリート造・外壁はスチールサッシュ・スレート嵌込み、屋根は長尺波型亜鉛鍍鉄板である。

本工場はそのオートメーション化された生産工程に対応して厳密に配置された、尨大な建築群をまとめ上げることに成功したものである。その配置の厳密さは、工場内を縦横に走り廻るコンベヤーの延長の節約に、1メートルの長さをも問題にする程であつたといわれ、また従来のセメント工場の塵埃の問題を、徹底した防塵装置で解決し、清潔感に溢れたセメント工場としての画期的なものとなつている。

この工場は巨大な原料置場を中心とした。スケールの全く異る複雑な建築群である。これらの建築群と、機械そのものとを、一つの統一された全体にまで纏め上げた技術は、まれに見るべき域のものであるといえよう。

よつてこの作品に対して、昭和31年度学会賞を贈るに適わしいものと認め推薦したのである。

——

受賞者の言葉

——

谷口吉郎*

このセメント工場を建設するにあたつて、まず「建設委員会」が組織された。これは生産・機械・輸送・建築の各部の専門家が集つた協議会である。そのうち生産に対しては秩父セメント工場の技術部が総合計画をたて、それに必要な機械設計をデンマークのスミス会社(F.L.Smidth&Co.)が本国で立案し、それを東京で細部検討したのである。建築は基本設計と実施設計にわかれ、とくに構造については二見秀雄・加藤六美両博士の指導を得て、その基本設計に小生が当り、その実施と管理を日建設計工務株式会社が当つた。しかし、各部門はつねに共同協議によつて設計計画を具体的に進めた。

したがつて、私たちのように大学の研究室に所属する者にとつては、この協議設計の組織は研究と実際の協力を得る点において、はなはだ有益なテスト・ケースであつた。ことにデンマークの技術者の提案は世界の各地に実施された豊富な経験にもとづくものであつた。また設備された機械もデンマーク・ドイツ・オーストリー・日本各国の最優秀の技術を取り入れて、高度のオートメーション化をはかろうとするものであつたので、私たち建築関係者もそれに呼応して、大いに張りきることを得たのはこの上もないしあわせであつた。

工場の位置は秩父市の大野原。そこは全山が石灰石だと称される武甲山が近くにそびえ、粘土山も近距離にあり、また荒川の上流が近くに流れているので工場用水をポンプアップするにも至極便利である。輸送も秩父鉄道がすぐ脇を走つているので好つごう。そんな立地条件にめぐまれた場所に総面積85,000坪の広大な土地が選ばれ、そこに第1期計画として建築面積約10,000坪の新工場が建設されたのである。工期は約9カ月の短期間。施工に当つた業者は清水・戸田・大成・安藤の四社に大正鉄筋コンクリート会社を加えた5社。まさに突貫工事だつた。昭和31年の4月に世界最長の廻転炉(長さ170m) 2基に火が入つたが、数カ月以前にはまつたく野原であつた場所が一変して、そこに巨大な建築群が並んだのである。

工場ははなはだ大規模なもので、原料置場のごときは幅30m・軒高26m・全長240mにおよぶ。またセメ

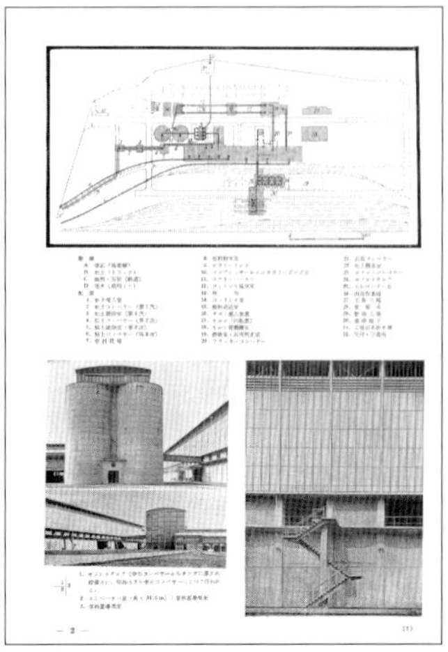

秩父セメント株式会社第2工場

08
秩父セメント株式会社第2工場／神戸アメリカ総領事館／東京空港郵便局／厚生年金湯河原整形外科病院

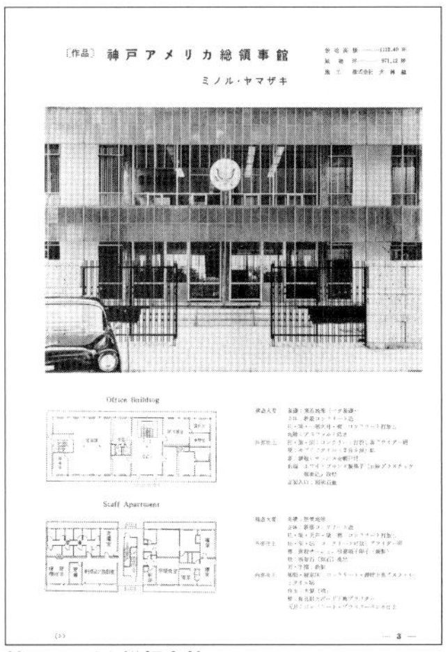

神戸アメリカ総領事館

ント・サイロは外径13m・高さ28.5mのものが6基。そのほかにスラリータンク6基。燃焼室・原料送込室・コットレル室・出荷作業場などいずれも巨大な建物で、煙突は2基を1本に合した断面ヒヨータン型とした高さ70mのもの。そのためにセメントの全使用は約23,000トンに達する大量であつた。

建築の構造は軸部が鉄筋コンクリート。外壁は鉄製サッシュに原型スレートのはめ込み。そのほかセメント・ブロックや空洞レンガの壁体を必要な個所に用い、屋根は亜鉛引き鉄板の長用物を使用し、特別な場所にはその上にショット・コンクリートを吹きつけた。

とくに工場設計において留意した点は塵埃に対する考慮である。いままでの古いセメント工場では塵埃がひどく、工場の付近一帯は全く「灰の色」であつた。そのために社会問題まで起る場合が多かつたので、この新工場においては全工場に密封式が採用された。したがつて全長240mの原料置場にも屋根が設けられ、そのほか塵埃の飛散する場所には除塵装置を完備して、塵埃処理には万全を期したのである。同時に騒音や、そのほか工場内の乱雑や非衛生など一切のごみごみしたものを払いのけ、さらに工場内の空地には緑の芝生や色彩の美しい花壇までつくり、これがセメント工場かと怪しまれるほどの、気持のいい生産環境を実現したいと、建設委員会は意気ごんだのであつた。したがつて私たちは機械時代に生きる技術者として、工場は生産能率の場であると同時に、美しい健康な生活の場であることを心がけて、そのために生産・機械・建築・施工の人々が力を合せ作つたこの上にない嬉しいことであつた。　*東京工業大学教授　工博

神戸アメリカ総領事館
ミノル・ヤマザキ

——
推薦理由
——

この作品は、アメリカ合衆国国務省が、わが国の総領事館として神戸市に建てたもので、設計者はアメリカのミノル・ヤマザキ氏である。施工は株式会社大林組。起工は昭和30年12月、竣工は翌31年11月。

建物は3棟よりなり、いずれも鉄筋コンクリート造、事務所・宿舎・傭員宿舎および自動車庫など、延3,200m²あまり。

敷地全体を石垣で囲み、中に日本風庭園が作られ、建物が配置されている。中心となる事務所は、1階床高さ地上2尺、かく階に深い庇を廻らして、その端部にホワイトブロンズの縦格子を並べ、すだれのように日除けプラスチック板を嵌込んでいる。また間近かに海を眺めることができるので窓は大きく開けられている。この建物の外部金物の主たるホワイトブロンズは、地理的に風化浸蝕に耐え得る配合率を考えて作られたものと伝えられている。

この建物は近代建築が示し馴れてきた単純な美しさを地理的な考慮のうちに生かされているところ、まことに鮮かなものがあり、日本風な庭作りと相俟つて、外国人好みがわざとらしくなく功を収めたものである。

よつてこの作品に対して、昭和31年度学会賞を贈るに適わしいものと認め推薦したのである。

——
受賞者の言葉
——

なし

東京空港郵便局
薬師寺厚

——
推薦理由
——

この作品は、東京羽田空港の一角に、空港発着の内外人の利用を目的として建てられたもので、設計監理は郵政大臣官房建築部設計課(課長薬師寺厚氏)、施工は株式会社藤田組、昭和30年3月着工、同年11月に工事完了した。

地上2階建・延面積2,350余m²の規模で、構造は鉄骨乾式構造である。すなわち、鉄骨の構造主体に、床はプレキャスト・コンクリート版を用い、外面は全面スチールサッシュ建て込みで、腰上ガラス張り、腰に石綿板とガスコンクリートのインシュライトパネルを嵌込んでいる。窓は主に引違いである。内部の間仕切壁は、部屋の融通性を持たせるために移動間仕切で、材料は蜂巣状芯サンドイッチの軽量パネルを用いている。

この建築は各部に試みられた工場生産部材の積極的使用と新しい工法が細部にまで行き渡つて考えられ、その意匠上の特徴をなして、成功を収めている。

よつてこの作品に対して、昭和31年度学会賞を贈るに適わしいものと認め推薦したのである。

——
受賞者の言葉
——

東京空港郵便局について
薬師寺厚*

今度、私が設計を担当致しました「東京空港郵便局」がはからずも学会賞を戴くことになりましたのは望外の喜びであります。

吉田・山田両氏を初め諸先輩の築き上げられた、郵政建築のよき伝統、小坂現部長のご指導同僚諸氏の構造・詳細設計・施工など万般にわたる熱心な協力によつてこの建築はでき上つたものでありまして、私個人の力によるものではありません。郵政省建築部全体に授賞されたもので、たまたま私が代表者として選ばれたものと考えております。

「東京空港郵便局」の設計上の特徴を2、3申し述べますと、骨組を露出した鉄骨ラーメン構造を採用したこと、建物の軽量化を徹底的に試みたこと、工場製品の材料を大々的に使用したことなどであります。

鉄骨造を採用したのは、軽量化のため、工期の短縮のため、将来移築が起りうるかも知れないなどの理由からであります。また未指定地域であるため骨組を露出する構造が可能で軽量化に有利でした。設計着手当時は敷地がアメリカ軍接収地であつた為、地質調査ができず、工事中の空港ビルの建築のデータから、軽量化によつて摩擦杭の基礎ですませる想定だつたのですが、設計完了後地質調査をしたところ、意外に耐力がなく、コンクリート支持杭を打たざるを得なくなつてしまいました。軽量化の為には、その他2階床はP.S.コンクリートの床板を使用、屋根もリブラス、モルタル塗の上スーパーメタロイド仕上とし、間仕切はロール合板製、外壁はガラスとインシュライトによるカーテンウォールとするなど、軽量な工場製品をできるだけ採用しました。

この建物の平面計画は航空郵便物を区分する為の作業場が1階の大部分を占め、付属の室が2階にある簡単なものです。将来の拡張・模様替が郵便物の増加により当然予想されるので、その場合は2階の中庭に屋根をかけることによつて簡単に増築できるように考えました。中庭側の壁をブロック積とし、間仕切を大部分ロール合板製の可動間仕切としたのもこの為であります。

立面は鉄骨の柱と鉄板でカバーされた梁の間に規格統一した、サッシュをはめた単純なものです。工場製品の使用上、内部の間仕切共、寸法はできるだけ統一しました。小さな公衆室を銀もみ、杉柾ベニヤで仕上げたり、前庭(今はへんな方向になつていますが、空港ビルへの主要道路が新にできると正面になります)に花崗岩の大きな砂利の間に黒松を植えたのは、近代的な手法の建物と日本固有のものとの積極的な調和を試みたつもりであります。なんら特異なデザインはありませんが、私共官庁の設計のスタッフとして、全国に多くの同種の建物を建て、完成したものの、維持・管理に当つているものとしては、一つ一つの建物が変つた設計であることより、全国の建物が、統一のある、レヴェルの揃つた、実用的なものとする事に努めています。派手ではないが建築の本道を外れない、堅実な建築への努力を積み重ねていくことによつて建築を進歩させて行き度いと考えています。現実を遊離した所謂進歩的な建築設計の態度は私共の取るところではありません。

完成後の結果からみて、この建物を鉄骨造としたこと、工場製品を多く用いたことは、工期を相当縮める効果があつたと思います。また工場製品も、施工上も使用上も大体好結果であります。しかし工場製品の使用は工費の点からは経済的でないのは、現在の日本の工業力の限界か矛盾を感じさせられます。失敗したのは、鉄骨のたわみに対する研究が不十分だつたためたわみの出た点のあつたこと。非常に風当りの強い処なので、強風雨の時サッシュから水が多少廻ることがある点です。また煖房として初めて採用した、軽油焚サーモブロックによる温風煖房は、管理が簡単で好結果を収めました。

以上思いつくままを書きつらねましたが、今回の授賞を機として、今後一層勉強して、よりよい建築をつくるよう努めていきたいと念願している次第であります。

*郵政省大臣官房建築部設計課長

厚生年金湯河原整形外科病院
山根正次郎／杉浦克美

——
推薦理由
——

この作品は、神奈川県湯河原町に建設されたもので、設計監理は日建設計工務株式会社、施工は株式会社藤田組。起工は昭和29年12月、竣工は翌30年12月。

建物は、病床数203を有する本館と、居室20を有する看護婦宿舎との2つの棟から成つており、本館は地上3階建、延面積5,857m²、看護婦宿舎は地上2階建・延面積549m²で、いずれも鉄筋コンクリート造である。

構造主体の柱・梁・耐力壁は人造石研出し仕上げ、露台手摺と、構造体でない斜路部分の外壁は、プレキャスト・コンクリートのブロックを用い、窓はスチールサッシュ引違いである。

この建物は環境の美しさと相俟つて、明るく健やかな感じに纏め上げられたもので、よく整理された平面計画と、鉄筋コンクリート構造がもつ梁と柱との組み立ての表現を素直に打ち出していることは佳作として推賞してよいであろう。

よつてこの作品に対して、昭和31年度学会賞を贈るに適わしいものと認め推薦したのである。

——
受賞者の言葉
——

山根正次郎*・杉浦克美**

出来上つた建物を見て良い建物かどうかを判断することは実にむずかしいことだ。

形や色の良さを見分けることはやさしい。

「良い形」を創り出すことは容易でない。だがそれだけでは良い建築ができないということも分り切つたことだ。

形の良さを見分けることはやさしいし、また判断する時どうしても感情的にその方に流れやすいのも事実だ。

だから観点を限定してある点についてのみその建物がすぐれていると判断することは筋が通つたやり方といえる。しかしこれを公表した場合一般社会は単純にどこから見ても良い建物なのだと解釈してしまうし、また事実ある点だけすぐれていて他の点ではまずい様な建物であればそれは本当に「良い建物」であるとはいえない。

一方、竣工当時ではどうしても具体的な判断の資料を掴めない点もある。たとえば、本当に使いやすいプランかどうか、今使い難くても将来のある時期を見透した設計だというならばその時期に使いやすくなるかどうか、維持管理費が予想以上にかからないかどうか、使用に影響する様な故障が起らないかどうか、等々。

私達の作品である湯河原病院も数年後に自分でも一度見直したいと思う。

建物が本当に良かつたかどうか、勝負はその時にきまると私は信じる。

そういう完全な良い建物を作ることはきわめて、困難なことであるし、もちろん私に設計できると自負している訳でも毛頭ない。私は今後その様な心構えで作品を創つて行きたいと思つているだけである。

(山根　記)

——

日建はいく分好奇の目をもつて見られているようである。それはいわゆるワンマンコントロールでない設計事務所で、しかも現代社会の諸要求をみたす為の設計エネルギーの増加を裏書きするかのような大規模な事務所であるがゆえかと思う。そしてこれまで取上げられるような特に著名な作品とてはなく、それでいて次第になにがしかの成果を納めつつあるという地力、その裏には当然こうした大事務所でなすべき技術の蓄積にもとづいて一体どんな設計がなされ、職場を確保する為にどんな経営がなされているかというふかしぎさ、よくいえば神秘性のゆえではなかろうか。ここには諸技術の先輩が集つていて、これを引出すのには便利であり、この力をかりて結集すれば相当大きな力になりうる素地を持つている。また若くして仕事を担当させられるということは魅力である。これは諸先輩の指導の裏づけにおいて新鮮な考えを設計に持込み得る利点がある。

東京空港郵便局

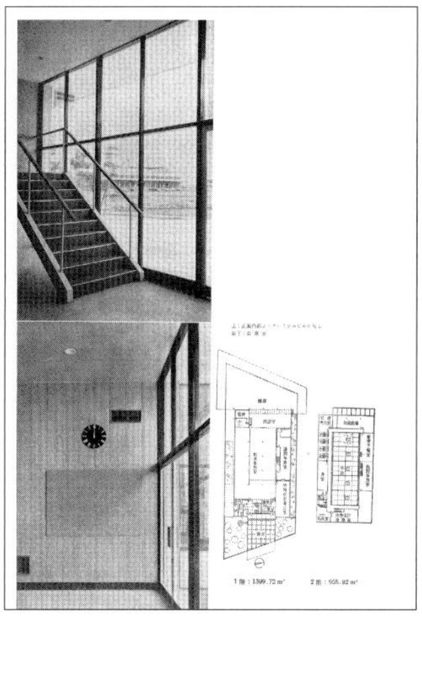

08
秩父セメント株式会社第2工場／神戸アメリカ総領事館／東京空港郵便局／厚生年金湯河原整形外科病院

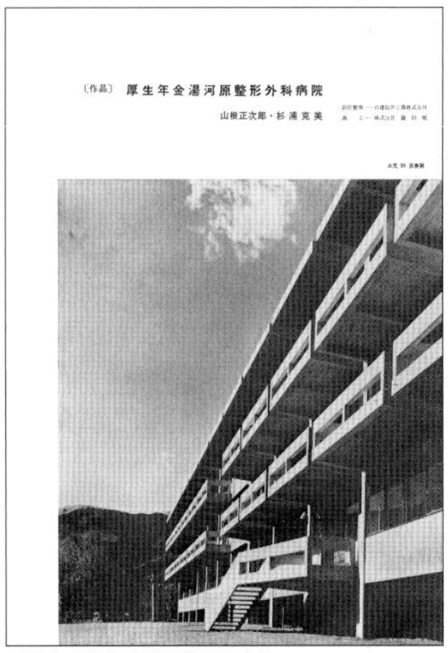

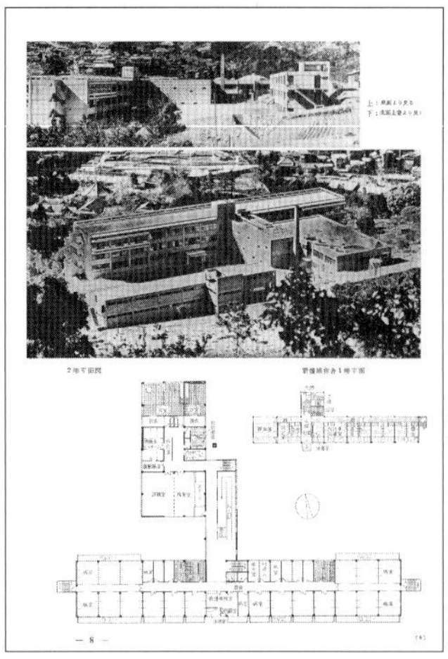

厚生年金湯河原整形外科病院

この力と若さをどのように結集しているかは日建3事務所においてそれぞれ異る方法によつている。東京の場合仕事は担当者にまかされ、基本設計をまとめた上で数人の協力者を得て実施設計に移るというきわめて普通の方法をとつている。この協力者が仕事のたびに変り、そのつど割振りされてグループを編成し設計を進める。この点大阪ではグループを固定してその中にグループの長を設け、これが設計をまとめる役割を果している。1グループ5～6名で編成しているが、1年単位くらいで編成変えをしてより充実したグループを生み出すべく努めている。現在は設計7グループ・構造2グループ・設備1グループなどとなつている。名古屋事務所の場合は基本設計をする1団がいてここでスケッチがまとめられ、基本設計のグループとは関係なしに実施設計の1団が結成されてまとめられていく。湯河原病院は東京事務所の幾分変則的な方法で設計を行つたが、そのグループについては建築文化114号にあるからご参考までに。
もちろんこれは基本線で、外の方法で仕事のなされることも常にあることだが、その成果は今後にまつ外ないとしても、実は発足いらいここ7年間は暗中モサク時代であつたといえよう。
設計事務所と、それを構成する個人との関係についてはいろいろにいわれてきた。そして結論的にはチームワークとしてなされる方向に進みたいという声が多いようだ。ほとんどの事務所がそのワンマンコントロールになやまされ押しひしがれている様子であるが、われわれの場合それはないにしても、やはり個人と団体という問題は大きい。普通の仕上で、なんのへんてつもないもの、時代の尖端をいく必要はないから間違いのない確実なもの、そういうものに大設計事務所の方針がなつていくのは自然だと思うのだが、その中にあつて、われわれが個人的には創作ということに最大の重点をおき、創作のみが意義ありと考えている点とどのように調節していくかという問題である。事務所の方針に加えて、時代のセンスはちやんとつかんで的確に表現したもの、その程度のものをわれわれは湯河原病院の設計に当つて望んだ。というのは過去の業績からみてどれだけの蓄積がわれわれにあり、またどれだけの進取性があつたかは所員が十分承知しているわけで、ごく普通のものを手早く納めるという方針の中にあつて、すでに進取性の生れるのがおかしいわけで、そうした条件を知つていてなおかつ時代の匂いをにおわすことはやはり個人的な力量にまかされている実状にある。
前述のように力を結集する設計方法をとつてはいても、かくむが夢中の時を過してきたのは、組織化が十分に行われていないからで、組織化によつて個人の力量をさらに発揮できるような、そういう団体にして、われわれの事務所を一段と魅力あるものに盛上げたいと願う次第である。　　　　（杉浦　記）

*日建設計工務計画室長
**日建設計工務東京支店

——
建築雑誌1957年7月号掲載。
——
候補作品｜32題

09 1958年 1957(昭和32)年度
倉吉市庁舎／国鉄川崎火力発電所†

——
選考経過
——
32年度の候補募集に先立ち委員の任期を延長して、規程の再検討を行つた。今までの経験やその間に出された改革論などを基に、委員閲歴者をはじめ、各支部、主な職場、機関およびジャーナリストなどに広くアンケートを求め、改正の方向を一応見極めてから、前後6回の会合を開いて検討したが結局は新たに「日本建築学会大賞」を設けることと、また審査対象を近年中のものと巾を広げるなどの新しい制度をもり込む程度に止まつた。12月には一応の改正規程、審査の暫定内規もまとめ、委員を新たにして広く候補を募つた。
一方委員会としても独自に調査を進め、選考の対象にのぼつたものは、論文関係33題・作品関係30題・その他の業績13題、計76題を候補に3つの部会に別れてそれぞれ審査に入つた。
第1部会は、全候補論文をA（構造・材料・施工関係）、B（計画・歴史・都市計画・防災関係）の2専門別に各委員がそれぞれ数名宛分担して下審査に当ることにし、その審査の結果にもとづいて前後3回部会を開催し、慎重協議をへて最終候補として4題を選定した。
第2部会は、30題の候補作品を対象に4回会合を開き、また別個に全委員に通信審査を求めて選考を重ねた結果、表彰2作品の他「ベニスのビエンナーレ日本館」「大阪建設会館」「東京都庁舎」が含まれる5作品が残つた。とくにビエンナーレ日本館については実物をよく観て来られた大岡実・河合正一両君に専門委員として参加願い、参考にスライド映写を行つて審査を尽した。また全委員が見学調査に赴くとか、あるいは、数名の委員を関西・中国地方に派遣して、つぶさに実地調査を行うなど審査に万全を期し、結局2題の最終候補作品を選定した。
第3部会は、調査・研究普及に関する業績5題、図書・映写物に関するもの4題、都市計画2題、施工技術1題および発明考案1題計13題の候補に、4回の会合により業績検討を重ね映写物は実際にこれを映写して審査に当り、また調査事業「居庸関」は第1部会の協力を求めるなど、あらゆる角度から検討を行つた結果、発明考案1題、調査事業1題計2題を最終候補として選定した。
以上の結果に対して、全委員会は協議の結果、各部会選定の8題を32年度の学会賞を贈る業績として決定した。しかし、結果として新たに設けられた「日本建築学会大賞」を贈るに相応しい業績を選ぶことはできなかつたが、論文においては、研究者の増加と共に、何れも優秀な論文で、甲乙判定に各委員は相当の苦心を払われ、また作品においてとくに造形と機能の調和も十分考察して採択の志向を示したつもりである。
第3部会の業績は、長年のたゆまざる努力が結実をみた業績であつて、何れも国の内外に対して誇り得るものであると考察して推薦した。
このようにして、建築界のあらゆる活動が数多くの候補を生みつつあることは、学会賞制度のさらに発展のため、誠によろこばしい次第である。
——
委員
——
第2部会（作品）
（部会長）堀口捨巳
（幹　事）柴岡亥佐雄　清家清
（委　員）伊藤滋　今井兼次　土浦亀城　長谷川大
平田重雄　前川国男　村田政真　村野藤吾　森田慶一
・とくに専門委員として　大岡実　河合正一

倉吉市庁舎
岸田日出刀／丹下健三

——
推薦理由
——
倉吉市は鳥取県の倉吉町から最近市になつた地方都市で、この市庁舎はその地方としての行政的な中心であるばかりでなく、文化的な中心とも見られるものである。
設計者の両君はすでに協同して静岡県の清水市庁舎を手掛けておられるし、またその内の一人の丹下健三君は東京都庁舎の設計者でもある。この倉吉市庁舎はそれらの経験の後に表われて来たものであり、それらとはかなり異つた見え掛りで表われている。それは環境との調和という事を考えに入れられて来たのであろう。「この建築の設計のとき意識にのぼつたこと」として「日本ほど都会と田舎の生活と環境のちがいがひどいところはない」と丹下氏は述べられている。また「もう一つのことは、いままでの日本の市庁舎ではあまり考慮されていなかつたパブリック・スペースを積極的に導入」するということであつた。この事はこの建物を今迄の町役場や市庁舎と著しく異つた姿に仕立てたようで、そのために極めて豊かな感じを与えている。鉄やコンクリート建築が日本に定着していくためには、いろいろとその可能性を発展してゆかなければならないと信ずる設計者の試みとして成功した一つと言えるであろう。特にコンクリート架構をそのままむきだしにしたような姿の中に日本的な好みを巧みに取り入れた仕方は、日本の都市といわず田舎といわず今後の建築様式の一つとして賞められるべき創作である。
よつてここに、昭和32年度日本建築学会賞を贈るものである。
——
受賞者の言葉
——
倉吉市庁舎について
岸田日出刀・丹下健三
わたくしの郷里は鳥取県下で、天神川が日本海に入る近くのEという村である。山陰線で鳥取から一時間あまりの上井《あげい》という駅の近くで、ラジウムで名のある三《み》朝《ささ》温泉も、ここからあまり遠くない。
若く国を出た両親の生まれ故郷が、この地だというだけのことで、わたくしは鳥取県人ということになつているが、家や田畑が別にあるわけでもなく、「クニ」と言われても、すぐにはその実感は出にくい。生れは福岡、小学校は山梨、そして中学以後は東京と、官吏を父にもつたわたくしの小年時代は転々としており、ここ二十年あまりは江戸川ひとつ距てただけのことではあるが、千葉県下の市川に住むわたくしである。だが、郷里はときかれると、この鳥取の山河をなつかしく想い出して、三朝温泉の近くですよと、誇らしげに答えることにしている。
湖中から湯の湧く東郷湖にも近く、藤原時代のめずらしい古建築の投入堂をもつ三徳山三仏寺もあまり遠く

倉吉市庁舎

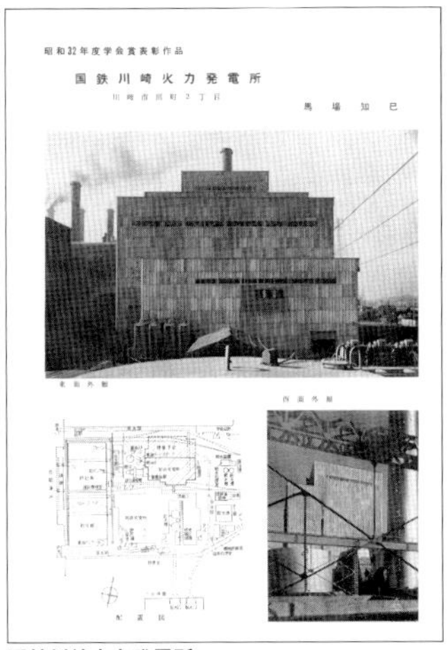

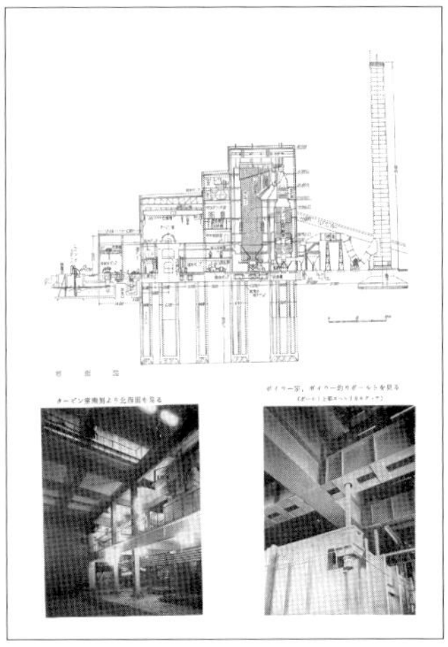

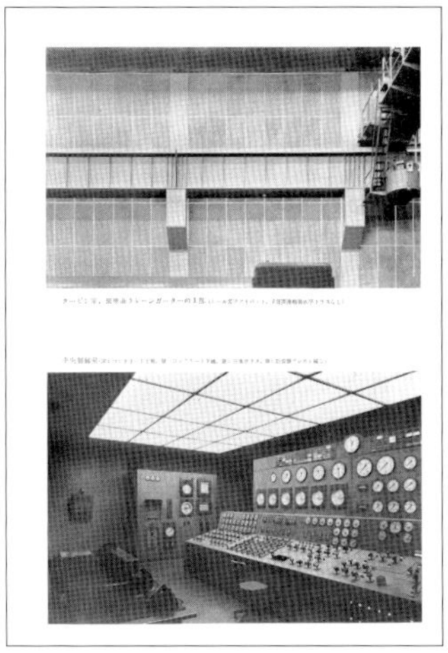

国鉄川崎火力発電所

ないこのあたり一帯の風光は、なかなかに味わい深く、山紫水明といつても決して誇張ではなさそうだ。近頃ウランで名の出た小鴨鉱山も近い。菩提寺があり、また親せきもすくなくないので、二年に一度ぐらいは何ということなしに帰郷して、故郷の山河に親しむのを楽しみにしている。
倉吉の町が、八ケ町村と二部落を合併して市政を布いたのは、去る昭和二十八年の秋だつた。人口は約五万二千、県下この地方での中心的な都市である。それまでの町役場では、急に規模を増した市政を満足にとうてい容れることはできないから、直ちに新しく市庁舎をつくることになり、昭和二十九年の正月にその敷地が決定された。郷土出身の建築家だというので、新市庁舎の設計者として、市会でわたくしが選ばれたことは、この上なく光栄なことだと思つた。愛する郷土のため、すこしでもよい市庁舎が新しくつくられることを希つて、わたくしも快よくお引受けすることにした。そして東大建築学科の丹下健三助教授と協同して、案を進めることにした。その年の秋に着工して、翌三十一年の暮近く、落成式が挙げられた。
敷地のうしろには、松の老樹がウッソウと茂つた打吹山が小高く立つている。その山裾に位置するその敷地は、市街地よりはちよつと高く、街のひなびた趣きのある赤い甍を美しく俯瞰することができる。
平面計画をまとめる上で、この敷地の諸条件をできるだけうまく取り入れ、市民との接触がスムースになされるようにと、市民ホールのスペースを積極的に大きく配するようにした。そしてこの案は大へんよかつたと思う。
主屋部分は地上四階で、三階と四階との上には、かなりの出の庇をとり、日照の調整と形の上の落ちつきを求めた。窓はつとめて大きくしたが、柱から外にガラス壁を大きくとる普通の手法によらないで、柱や梁等の構造体をそのまま素直に外に表わし、南と北の両面はグラス窓を柱列からすこし引つ込め、東と西の両面は柱のほぼ真に、グラス窓を配するようにした。このことは、建物全体の形を引きしめるのに役立つたように思う。
総じてこの市庁舎の建築は、倉吉という山陰の一地方都市の特殊な環境に、よく調和することができたのではあるまいか。　岸田日出刀記

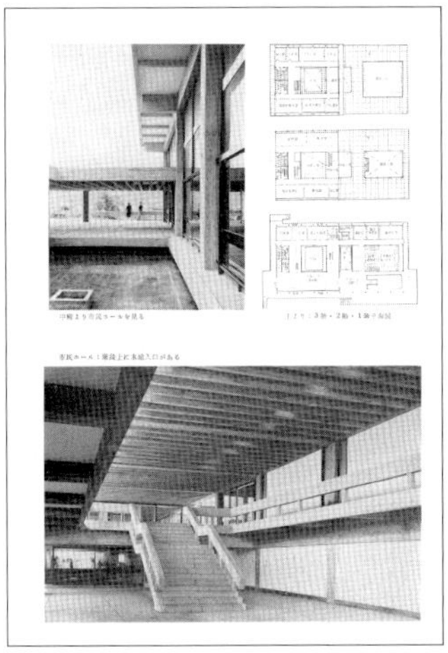

国鉄川崎火力発電所
馬場知巳

——
推薦理由
——

火力発電所は石炭・水の処理送還装置、汽缶・タービン発電機などの器機と、これらを最小作業員によりリモート・コントロールする操作とを収容する建築物であるし、特に近年はその大重量の汽缶を建築物に懸垂する方式を採用するために、新しい発電所はいずれも自ら一見相似たものとなつている。
しかしながら、国鉄川崎火力発電所においては、これらの器機と作業とを極めて巧妙に整理・配分し、最小容積内に収容して器機並びに作業の能率を高めつつ、同時に建築物の構成を簡明にし、風雨・振動・音響・照明・保守のために簡素適確な材料工法を採用し、これらが鉄骨の溶接と防蝕アルミ・サッシュ類と相まつて見事な美しさを生みだし、全体として優れた工場建築を完成せしめられたことは、一つに優秀な計画と設計とによるものであると信ずる。
この作品は日本国有鉄道東京工事局発電所課が設計および施工管理に当られたものではあるが、特に当初から主導の任にあつた馬場君に負うところ甚だ大なるものがあるので、ここに馬場君に対して昭和32年度日本建築学会賞を贈るものである。

——
受賞者の言葉
——

妥協限界点について——国鉄川崎火力発電所
馬場知巳
此のたび私どもの担当した作品に対して栄誉ある学会賞を戴いたことは誠に感激に堪えない次第です。当日学会の祝賀パーティーの際の挨拶でも申上げたことですが、我々の国有鉄道に於ては組織によつて仕事を致しており、私はたまたまその指導的立場にあつた故に代表して表彰されたに過ぎません。唯私として最も喜ばしいことは国鉄には建築士の資格を有する人が3,000人に及びそれぞれの職場にあつて各々研鑚しておられますので、私どもの今回の受賞が今後之等の人々の仕事に非常な励みを与えられるであろうと云うことです。
大きな組織の中での仕事は総て或る程度の妥協を必要とします。建築もその例に漏れず——いや私には建築と云うものそれ自身が依頼者、使用者側その他との妥協によつて成立つものであると云う感じがしてならないのです。と申しましても我々最初から理想を持たないかと云うと決してそうではなく、かえつて妥協を意識する故に妥協の結果が丁度我々のイメージに落ちつく様に最初の原案を作つておかなくてはならぬと云うことです。私も今年で大学を出て丁度20年になり何を教つたか殆ど覚えてはいないのですが、森田慶一先生の「建築家はFantasiaを持たなくてはならない」との御言葉だけは未だに忘れてはおりません。
次に我々の国鉄に於てはまず要求者(依頼者)との接渉に始まつて一つの建物を完成しますと、同じ我々の建築家集団によつて之を保守して行く制度になつておりますので、その後も引続いて使用者側との交渉は継続するわけです。ですから建築理論ではどうあろうと使用者側の苦情も聞きますし、現実にまごつかつたと云うことに直面致します。知識、経験の不足によるもののあることは勿論ですが、妥協の限界をあやまつた場合も尠なくありません。駅本屋、病院等国鉄部内に一つの建築物が出来て行く迄には凡そ部外の方からは想像もつかない程複雑な手順をふまなくてはなりません。その一つ一つについて或る場合には相手の顔を立てるとか、懇望によつて予算的な無理をするとか、多くの場合専門外の方々との交渉の間に起ることですが、あとであの件はゆづるのではなかつた。予算をもう少し取つておけば……。と云うことに気がつくことが屢々あります。経験を重ねるに従つて——と申しましても私の経験など未だ知れたものですが——此の妥協限界点と申しますか、計画上の最終目標と云うものが頭の中に出来ている様です。之がおぼろげ乍らもありますと接渉の頭初に切りだす程度をどの位にしたらよいかの見当がつきます。今回の仕事については未だ完全と迄はまいりませんがどうやら此の妥協限界点を甚しくオーバーしたものはなかつた様です。知識、経験の不足による失敗の跡をたたないのは勿論ですが……。それだけ私としても多少の進歩はしているのでしよう。
妥協限界点などと云う考え方はそもそも所謂「お抱え建築家」の哀れな寝言であると自由な立場の建築家諸君から云われそうな気もしますが、現実の設計に於ては如何に自由な立場の建築家と雖もある程度御経験なさることではないでしようか? 私は自己の強烈な意志を押し切つて失敗するよりも此の妥協限界点を越えない様に努力することの方が依頼者に対して遙かに親切であると考えております。
斯う書いて参りますと我々大組織の中にいる建築家は如何にも不自由であるかの如き印象を受けられるかも知れませんが、個人的スタンドプレーとか奇抜な設計を強行することがないだけで建築技術に関する限り左程不自由なものではありません。少なくとも現在の国鉄建築家集団内に於ては極めて自由な雰囲気にあるものと信じて居ります。集団外に対しても組織の中に入つていることが有利な場合もあります。例えば今回の例でも我々東京工事局と云う土木、建築関係の組織と東京電気工事局と云う電気、機械関係の組織とが対等に協力して進めて参りましたので此の間に何等の指揮関係はないのです。従つて前述の妥協限界点も強制によつて左右されることは全くないわけです。此の点電力会社に於けるより遙かにやりやすかつたと申せましよう。尤もボイラー室の架構と、配管、配線を含むボイラー主機との間の妥協限界の確保には全く往生致しましたが……。此の問題については東大武藤先生の御指導と強力な御援助によつてやつと目的を達することが出来ました。その概要については追つて東京工事局に於て学会に報告されるものと期待致します。尚此の外溶接について仲先生、構造設計について梅村先生の御指導を戴きました。茲に厚く御礼申上げます。亦東京電力川畑前建設部次長、富塚、秋元、瀬谷の各氏には火力発電所に全く知識のない我々を懇切にご教示下さいました。深く感謝致します。最後に国鉄東京工事局、松本前発電所長、福岡、高山両技師以下の諸君には此の仕事の頭初或いは途中から絶大な努力を尽され、国鉄として記録的工事を完遂されました。茲に建築学会の紙上を借り深尽の敬意を払います。

——
建築雑誌1958年7月号掲載。
——
候補作品|30題

10 1959年 1958(昭和33)年度

法政大学／中国電電ビルディング†／関東通信病院†

——
選考経過
——

33年度の候補の募集について、昨年12月、建築雑誌に会告して広く会員から自他薦願うとともに、各支部・学校研究機関・職場・関係団体などにも推薦または応募を求めました。一方、学会賞委員会としても独自に調査を進め、結局、選考の対象にのぼった候補は、論文関係33題、作品関係22題、その他の業績として14題、計69題でありました。これらの各候補は各部会毎の慎重な審査を行い、その間前後16回の会議を開いて審議いたしたのであります。
第1部会の論文においては、各委員それぞれ専門の立場から下審査を行いましたが、研究者の増加と共に、候補のほとんどが学位論文級ないしはそれ以上の優秀な論文で、甲乙判定には各委員が相当の苦心を払われました。また、第2部会の作品においては資料による検討のうえ推賞候補に価する作品について現地に委員を派遣し詳細調査を行われるなどして、審査に万全を期し、特に造形と機能の調和などにつき十分調査を行い、この採否を決定に運んだものであります。第3部会では、施工技術・技術指導・都市計画などその他、多方面にわたる各業績の中から選考に当って、時には、部会に推薦者の出席を願いくわしく説明を求めるなど、非常に苦心をされたそうであります。
その結果、ここに栄えある昭和33年度の日本建築学会賞をお贈り申上げるべき優れた業績として、建築学発展に寄与する論文6題・作品3題・その他の業績3題、計12題を選定できました。

——
委員
——

第2部会
(部会長)土浦亀城
(幹事)柴岡亥佐雄　吉村順三
(委員)伊藤滋　蔵田周忠　小坂秀雄　滝沢真弓
成田春人

法政大学
大江宏

——
推薦理由
——

この作品は戦後各大学の復興あるいは拡張はめざましいものがある、その中で東京都心の高台にいちはやく綜合的な計画の下に建てられた法政大学の建築で、一つのモデルケースとして、大きな意味と影響を持ってきた。1953年・55年・58年と、いまその計画の一つのピリオードを打ったとみられる。
大学当局の建築経営に対する抱負と理解もさることながら、その当初から一貫して、この綜合計画を立案し、実施してきた建築家の頭脳と精力は、推賞に値するものと考える。
大学の建築として、従来の形式に捉われない自由な着想、機能性と人間性への深い配慮、ことに新しい構造と材料を駆使して、しかも日本の伝統的な美しさに満ちていること。年次計画の経過で、新しいこころみと、その反省が積み重ねられて、結果として今日の綜合にいたった手際の巧みさ、環境に対する適確な構想など、あらゆる面で推薦に値するものである。
よってこの作品に対して日本建築学会賞を贈るものである。

——
受賞者の言葉
——

大江宏(法政大学教授)
法政大学が戦後はじめて本格的な校舎再建の決意を固めたのは1951年の春でした。それは丁度大内総長就任早々のことであり、法・文・経の三学部のほかに工学部を加えて、法政が新制大学として発足の後間もない頃でした。しかしこの再建計画実現の見通しは決して生易しいものではありませんでした。大学のキャンパスとして極端に狭い富士見町の敷地に、年々急増の一路を辿る学生数、それにも増して苛酷な現実は、当時私大が直面した最悪の財政条件にありました。先づこの再建計画は、将来を決定する基本的な全体の建築計画案を立てるところにそのスタートが切られたのですが、この案に基づいて大まかに計上された5ケ年計画、10億という予算額が、先づ最初に行き当った壁でした。今日の商業建築にとって、10億という数字は必らずしも大きな額ではないでしょうが、戦後まだ日の浅い当時、教育施設にとってのこの数字は、まさに天文学的なひゞきをもっていました。建築計画の

10

法政大学／中国電電ビルディング／関東逓信病院

全体構想を立てることは易いことですが、その実行を決定することは、この巨額の予算調達の覚悟をきめることであり、それは容易ならぬことでした。しかしこの容易ならぬことが、総長、及び大学当局によって決断せられて、この計画は実行にうつされることゝなり、この苦しいなかにも意義の深い建設の設計、監理に関する一切の責任を担うことを命ぜられました。特に感銘深かったことは、この職責がこの大学に所属する教授としてではなく、一設計者としての資格に於て課されたことです。従ってこれに関する一切の作業は大学の研究室とは完全に切り離され、そのスタフも純然たる設計事務所員によって行なわれることとなりました。今日ともすれば不明快になり勝ちな設計・監理の職責が、このような明快な形で、しかも大学自身の手によってその原則がうち立てられたことは、まことに意義深いことでありました。しかし乍ら、現に同じ学内に工学部をもち、専門の教授をもつ大学として、その大学建設の設計・監理がこのような形で進められることについては、学内、或は関係の諸団体のなかに必らずしも反論が全くなかったわけではありませんでしたが、この職責に関してはじめにたてられた原則は、総長、並に大学当局によって、最後まで貫ぬかれました。構造設計は、はじめ建築科の教授であった田中正義博士と、後に同科の助教授となった青木繁氏によって行われましたが、この場合も法政大学教授の身分をはなれて、設計責任者にコラボレートするストラクチュラル、エンヂニアという別人格で終始協働をいただきました。その他各科の専門家もまた全部同じように明確な立場から協働頂きました。
この建設工事は前後7年の歳月を費し、三工期に分けて断続的に進められたので、この間に戦後日本の世情は急速に進展し、建築界の思潮、建築の表現や技術の方法もまためざましい発展をとげてゆきました。従って最後まで一貫してとられた計画の基本的な線に対して、部分的な面では修正や補強が各段階に於て何回となく重ねられてゆきました。1952年の暮、計画着手後最初に実現した大学院に対しては、大学の内外からいろいろな面で、きびしい批判を受けました。そのとき総長は設計者に対して、受ける可き批判は進んで受け入れること、しかしまた同時に最初に立てられた基本の線についてはあくまでも自信を以って最後まで一貫することを指示されました。この最初の段階に於て、特にひろく建築の各分野の方々から極めて真摯な批判や、また勇気づけが与えられたことによって、その後の各段階に於ける具体的な表現や又技術的な面に、測り知れない恩恵を得たことは、法政大学として、又当面の責任者である設計者として、忘れ得ぬ感銘でありました。
今日完成した法政大学一連の建築計画は、7年の長い月日に亘って、建築各分野からの恩恵を受けつゝ、大学側の優れた企画性にもとづき、それを進める明快な指導精神と、それを実現する強力な実行力に立脚して、建築に関するあらゆる専門家の最大限の協働を存分に得ることの出来た結果、こゝにはじめて実現し得た綜合の成果であります。それら全部を総括した綜合の成果そのものに対して、今回日本建築学会賞を与えられたものと、私は信じております。

中国電電ビルディング
大沢秀行／三宅敏郎

——
推薦理由
——

中国電々ビルは、電話局・電報局・搬送局などの現業部門と、通信局・通信部・その他の事務部門との、この二つの主棟を共用部分でたくみに結び付けた建築群であって、それ等の総ては機能的にも、また造型的にも優れた統一体を構成している。官公庁建築を作る多くの建築家達が、この数年来あらゆる角度からその建築を検討し、探索し、実施しつつ積み上げてきた結果、おおむね到達し得た一つの建築の形式というものを、この中国電々ビルの建築は、その代表的な一つの作品として実現し得たものである。したがって、この作品はその独創性において他に類を見ないという種類のものではなく、むしろ普遍的形式を採用する客観性の強い建築であるといえる。少数の人々からだけ讃美される、独創的ではあっても、きわめて特異な作品とはむしろ対照的であってその合理性・経済性とともに、大多数の一般大衆から愛好されるような建築の中で、特に優れた作品と認められこの作品に対して日本建築学会賞を贈るものである。

——
受賞者の言葉
——

大沢秀行(東京電気通信局建築部長)
三宅敏郎(日本電々公社建築局設計課)
今回受賞の光栄を得ました私達の広島における仕事は、その推薦理由に「独創性に於て他に類を見ないと云う種類のものではなく、寧ろ普遍的な形式を採用する客観性の強い建築」とありますとおり、私達も積極的にそのような在り方で設計をしてきたものであります。こう云う作品が、学会賞に値するとは、私達の学会賞に対する誤った既成概念からか、自身いさゝか意外の感があった次第です。
しかし結果として斯く認められた事は、私達にとっても勿論大へんにうれしい事で、また一段と自分達の制作態度を進めてゆく上に、大いに元気づけられるものがあります。
地味な積み上げの仕事は建築制作の場合まことに際限なく感じられ、ともすればその展開の遅さと、マンネリズムに、安易な飛躍による解決を求め勝ちなものであり、私達官庁同様の機構の中にあっては、特にその危惧も大きく、その素因も数多く含まれて居るようです。例えば此の中国電々ビルの仕事の場合でも、設計中に次々と担当者の転動があり、計画・設計・実施と数人によって引続きをしなければならない事態が起きて居ります。建築家の多くの制作過程で、こんなことは極めて特異な事例であり、恐らく意図の確然としない、決してよい作品にはなり得ないのではないかと思いますが、私達の場合はこの様な設計過程の中でも、オーソライズされた設計方針により、設計会議等をもち乍ら仕事を纏めて居るわけで、従って個人的なチーフの設計態度の代りに、全体としてのグループ意志が必要となり、幸に長年にわたる多くの先輩より引続かれ、積上げられてきた基盤から、前記のような客観的な制作態度も発生し得たものと思います。勿論この中国電電ビルの場合でも、当初から強く意図した計画理念によって仕事は進められ、担当者の交替によっても変ることなく、多勢のスタフによって育てられて実現を見たものであります。
その基本的な設計の方針に次のようなものがありました。
1. 配置について──広島の都市環境を形づくる一構成要素として計画する。広島は戦後、あの白紙状態を機として樹てられた、わが国の代表的な再建都市であり多くの建築家が等しく、その建設の実現に協力を惜しまないものでしょうが、われわれも広島の都市計画に払われた尊い努力に対し、敬意をはらうと同時に、そこに打ち建てる公共建築群の重要さと我々の責任を強く感じたものです。敷地は市の官庁街計画中、相対する県庁と共に、最も中心部に近く、球場を含む中央公園の計画地をバックとした、バスターミナルや郵便局の計画とともに、通信交通のセンターとしての意義を持っています。そこで先づ、街の中心寄りで正面に既設のコンクリート造小建物は、改造して窓口棟に活用し、電報受付窓口や、電報電話の相談所等所謂サービスステーションとして、巨大なビルよりもむしろ親しみ易さを期待しました。電信電話の複雑な機器を設備する現業部分は、外来者も少く、この奥に配置し、機械からの定スパン・重荷重・空調条件・職員の服務態勢の相異等から、通信局・通信部等の入る事務部門とは分離して別棟とし、両棟を結ぶ渡廊下の中頃に、共通のパワープラントや厚生施設を収容するサービス棟を配しました。中央に緑地を抱く形となり、この部分(将来講堂の建設が予想される)は積極的に周囲の街区に開放するよう、つとめて柵なども作らず、予算の許す限り緑化することにしました。木々の緑の自然な成長に要する年月とその尊さは、焼土から再生の広島で特に感じられることでありましょう。
2.事務棟の建築について──積み上げられてきた資料と手法の素直な活用に加えてスペーススタディーの掘下げ。局舎建築利用の官庁的な前近代性より脱する為に、先ずスペーススタディーから新たに面積算定の一方法を講じ、今後の資ともし、此の棟に収容される通信局、有線・搬送及び無線各通信部等の管理機構の数多いセクションの変動にも応じ易く収容能率のよいプランを、所謂コアーシステムに纏めました。立面には郵政省をはじめ一般に行われてきた水平庇スラブの手法を、さらに推し進めて見ましたが、之は使用上とデザインの問題の他に、建設技術にも足場の省略を可能とする等の利点を生み、更にこの方向の検討を進める価値が見出されました。
建築は数多くの人達の協力によって出来上るものであることは、今さら申すまでもありませんが、特にこの「中国電電ビルデイング」の経過は、スタフの相続による処産であることを最後に繰り返えし強調致したいと思います。なお、現場を調査された審査委員の先生が、施工の抜群の優秀さをも表彰したい私見をもらされたと聞いて居りますが、組の良心的な施工技術に、計画の完全さを期し得たものであることを附記して、謝意と敬意を表するものであります。

中国電電ビルディング

関東逓信病院
国方秀男

——
推薦理由
——

関東逓信病院は、故吉田鉄郎氏の設計になる旧電気試験所の一棟を改装し、これをも含めて総合的に計画された病院であって、診療棟・病棟・看護婦宿舎・看護学院などの総てがその高低差のいちじるしい敷地にきわめて巧妙に配置され、病院としての機能を十分発揮しうるよう慎重に計画されてある。特にその細部の設計にあたり、きわめて親切・叮寧な配慮が行われ、病院建築のように、物理的にも心理的にも細かい点について特に綿密な注意を必要とする建築としては、まことに適切なものであると認められる。特にその建築意匠について全体計画からきわめて細微な偶々にいたるまで、作者の優れた造形的才能が十分に行きとどいており、そのためにまれに見る気品と、節度のある格調の高い建築として、特に推賞を値するものと考えられる。よってこの作品に対して日本建築学会賞を贈るものである。

——
受賞者の言葉
——

国方秀男(日本電々公社建築局調査役)
今回私が設計並に之が監理を担当致しました「関東逓信病院」に対し、昭和33年度学会賞が授与されました事は、誠に名誉なことと心から嬉しく存じて居ります。
然し乍らこの作品は、日本電信電話公社という一つの大きな組織の中でなされた仕事で、決して私個人のみの力で出来たものでなく、極めて理解のある上司と、

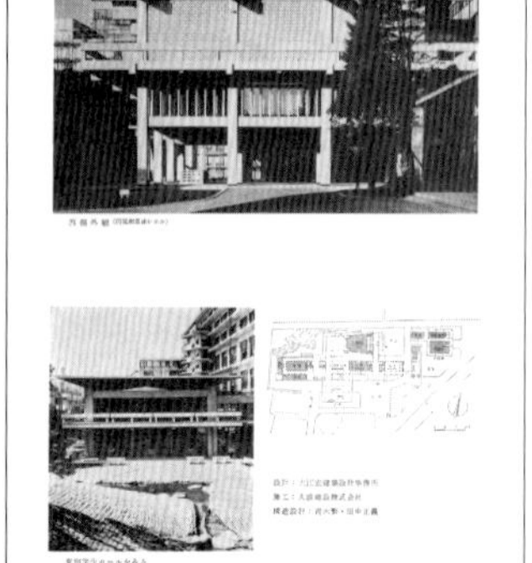
法政大学

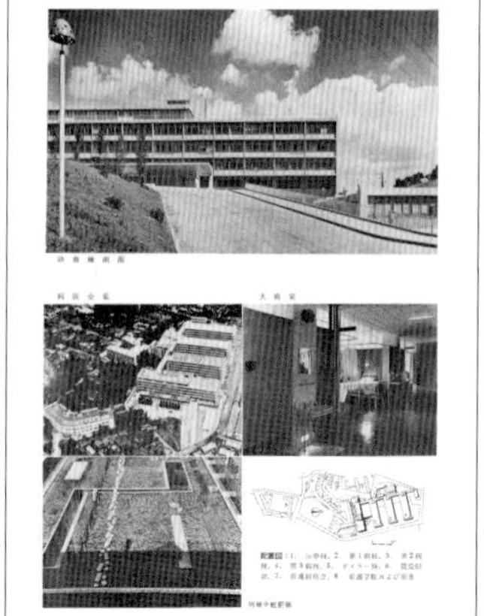
関東逓信病院

11 | 1960年
1959(昭和34)年度

11

中央公論ビル† ／大多喜町役場／旭川市庁舎／寿屋山崎工場

直接現場で7ケ年に渉り寝食を忘れて私に協力しつづけた人々、又社内外を問わずこの仕事に関係のあった方々の絶大なご支援によってはじめて出来上ったものであります。之等の方々に対しては衷心より感謝致しております。

且私は学窓を出て以来所謂逓信建築の流れの中に育ち輝やかしい生気あふれる活躍をされた山田守・故吉田鉄郎両先輩とその心を直接うけつがれた現在の電々公社建築局長中田亮吉氏、所寅雄、佐藤亮両氏や郵政省建築部長小坂秀雄氏、薬師寺厚氏等の優れた人格見識の方々に日常親しく接し乍ら生活することの出来たことがこの作品に結実して居る様に感じます。

「関東逓信病院」の建築は比較的長期に渉る計画の下に実施され丁度戦後我国の病院建築というものが急激な発達の時期に当っており之に歩調を合せ乍ら全体計画としての調和を絶えず考慮しつつ逐次設計をまとめて参りました。病院というものは或意味において病魔と人智との闘いの場であると考え、物心両面において人類に有利な場を作るべく努力致しましたが非才思うにまかせず振り返って之を見ると意に満たぬ点が多々ある次第であります。

私共は日常電々公社という一つの大きな組織の中で仕事を致しますのと設計の面においても経験と検討との積み上げの上に立って前進しようとする態度をとっておりますので出来上るものは新奇な独創に富んだものとして完成することは極めて稀れであります。

勿論独創に富み先端を切る作品をつくることに専心することも充分意義あることでありますが積み上げの上に立って必ずしも先端を切るのではないが良い仕事をしようと努力することもそれはそれで意義あることと考えます。ナイル河も揚子江の流れも結局はすべて一つの大きな世界の海に注ぎ込まれ世界の到るところの岸辺を洗っているのであります。

幸にして今回私共の努力が審査に当られた諸氏に認めて戴けたことは誠に光栄に存じ今後更に心を新たにして努力を続けたいと考えております。

——

建築雑誌1959年8月号掲載。

——

候補作品|22題

——

選考経過

——

34年度における学会賞制度の実施に当つては、まず昨年11月から、候補の募集を開始し、広く会員から自他薦願うとともに、各支部・学校研究機関・職場関係団体等にも推薦または応募を求めました。一方学会賞委員会としても独自に調査を進め、結局、選考の対象にのぼった候補は、後掲のごとく、論文関係32題、作品関係39題、その他の業績として10題、計81題でありました。これらの各候補は各部会毎の慎重な審査を行い、その間前後14回の会議を開いて審議致したのであります。

第1部会の論文においては、各委員夫々専門の立場から下審査を行い、更に総合審査を行いましたが、研究者の増加と共に、候補の殆んどが学位論文級乃至はそれ以上の優秀な論文で、甲乙判定には各委員が相当の苦心を致しました。

また、第2部会の作品においては資料によって検討のうえ受賞候補に価する作品について現地調査を建前としているので、第2部会委員の見学を数個所行い、或は地方にまで委員を派遣して実際に十分調査するなど、審査に万全を期し、特に造形と機能の調和を重視致しました。

第3部会では、施工技術・技術指導・都市計画等その他多方面に亘る各業績に対して学術技術の発達に貢献する業績に焦点を合せて、さまざまの角度から検討し、時には、部会に推薦者の出席を願い詳しく説明を求め、或は現地の見学を行うなど、選考に慎重を期しました。

殊に業績の内質が部会相互間にまたがる幾つかについては部会間の意見の調整をも行った結果として、ここに昭和34年度の日本建築学会賞を贈る論文5題・作品4題・その他の業績3題、計12題の優れた業績を選定致しました。

——

委員

——

第2部会
(部会長)蔵田周忠
(幹事)大江宏　山崎兌
(委員)滝沢真弓　成田春人　吉村順三　東久世秀禧
松田軍平

中央公論ビル

芦原義信

——

推薦理由

——

芦原君の作品は意匠、構造、設備にわたり、一貫して優れた近代性を持っているが、特に中央公論ビルはその中でも優れた作品と認められる。限られた都心の敷地の難しい条件の中で、その条件を最大限に活用しスペースの無駄を省くと同時に単調になり勝ちなoffice buildingに適当な変化と快適な雰囲気を創り出すことに成功している。殊に地階、1階廻りの床高のとり方や空調のダクトのとり方等はよく考えられている。Elevationも単純明快でこの中央公論ビルの内容をよく表現しており、detailにも色彩にも注意が行き届き又施工もよく出来ている。

最近数多く出来る都市の小規模のbuildingの中でも特に優れた作品の実例としてこの作品に対して日本建築学会賞を贈るものである。

——

受賞者の言葉

——

中央公論ビルについて

芦原義信(芦原義信建築設計研究所、法政大学教授)

今回はからずも私共の設計いたしました中央公論ビルに対し、栄誉ある学会賞を授与されましたことはこの上もない光栄と喜びであります。

ふりかえって考えてみますと、早いもので我々も学校を卒業し18年になんなんとしています。終戦後、あの焼野原に復員したとき、たまたま東京の復興計画の懸賞があり、応募した私の拙たない案が選外佳作となるというようなささやかなきっかけから、設計の道に入ることを決意いたしました。それからの悪戦苦闘の数年の設計生活は今思い出しても惨澹たるものがあります。その後幸いにも海外に留学する機会に恵まれ、1年間をハーバード大学の大学院ですごし、次の1年間をニューヨークのマルセル・ブロイヤーの設計事務所ですごし、欧洲の旅行を終えて帰国しました。海外で一体どんなことを習得しえたかについて知るためにも何にか設計してみたいと思っていました。そんな或る日、はからずも丸ビルで中央公論社の専務に何年ぶりかにおめにかかったところ、70周年の記念事業として新しいビルを計画中であるから、丁度よいから設計をやってみたらという話があり、好機到れりと喜びました。そこで早速昭和通りに面した小屋をかりて、我々数人が集まり設計をはじめました。中央公論社からは、70年の歴史にかんがみ、ピカピカした安っぽい建築にならないこと、次の時代に生きる最新式の建築であることという、お互に相矛盾するような条件を提示されました。前面と背面が道路に面するという敷地の関係から、一階を半階だけ地上にあげ、前面では半地下室の食堂の採光をとり、背面ではガレーヂにするという空間構成で、一階にある編集室が道路から浮びあがって静かな空間を確保することができましたし、半階ずらしたために階段室が同時に入口廊下となり極めて高率の有効面積をうむことができました。エレベーションに光と陰を与えるためにサッシュ面を少しひっこめ横に打放しコンクリートの幕板をとりました。これが我々の建築の特徴だという人もありますが、ファサードに変化とうるおいを与えることが出来たと思っています。さて、この小屋に布団を持ちこみ、同級生である構造の織本匠君と合宿しました。二人とも夜中になってアイデァが浮ぶとゴソゴソ布団をでて図面をかきました。そんなにして一応まとめた図面も、もう1階ふやしたいという中央公論社側の希望もあり、我々も不満足の点もあったので、全部を最初からやり直しました。今度はかなり早くまとまりましたが、合計二つのビルを設計したみたいでした。愈々工事が始まって、鉄骨が建ちあがってゆくのを見て一層深い感激を味いました。1年たらずの工期でこの工事も無事に完成いたしましたが、できあがってみると中央公論社から希望された前記の二つの条件も我々の能力の範囲ではどうやら最善をつくしたようにも思えるし、そうでないようにも思えるし心配いたしました。都会の沢山あるビル群の中にささやかに建った中級ビルなのでそれ程人目につくこともなく、今日まで3年近くになりますが、幸いにして学会賞をいただけたのは、我々のささやかな努力が認められたように思えて大変うれしく思います。竣工後、私共はこのビルの中の一室に移り、毎日毎日このビルを見ていますが、あまりきばったことをしなかっただけに、あきがこないで今になって何より有難いことであると思っています。

現在、狭いながらも冷煖房のある快適な設計室に居りますが、決して昔の苦労は忘れまいと心に誓っております。部屋が狭いので大きくなれないという悩みと、あまり大きくなると仕事が雑になるから小さい方がよいというなぐさめと二つの相反することが心を去来します。この学会賞をいただいたようなよい機会に設計事務所のあり方について反省し、将来の方向について更に検討いたしたいと思います。今後共皆様の温かい御指導を心より祈ります。この機会にこの設計にたづさわった所員や、工事にたづさわった諸賢に深甚の感謝をささげたいと思います。

大多喜町役場

今井兼次

——

推薦理由

——

近時工業的規格風を思わせるデザインが目立って来た今日、この大多喜町役場のような作家的個性の充溢した建築制作は、むしろ珍らしいというべきである。

形づけにしても、プラニングにしても、材料と色彩の効果にしても、設計者の作家的な心遣いが建築のすみずみまで行きわたっている点が、個性的であり、しかも現代建築としての感覚の点では、洗練を重ねた独自の解決を示され、効果をあげられたところ多く、小規模ではあるが、近来もっとも充実した作品である。

地形を利用して、講堂を地下にとり、そのために町役場としての一般事務室が1階にとられるなど、地面とのつながりにおいて、この種の建築の普通の解決とは反対に、土への親しみがよく示されている。

全体に水平線の安定した形成が、1階を基準として地形に合わされ、のびのびとしている。

殊にペントハウスの壁面二つと、その屋面との三面は設計者自身の施工監督による陶板モザイクの手工作的効果の現代的懐古が試みられ、制作の過程におけるエピソードとともに建築を名物にするに値している。

味わい深き、作家精神の充実した建築が環境の田園風趣とよくマツチして温かい作家の息吹きを感じ取らせる快い作品である。よつてこの作品に対して日本建築学会賞を贈るものである。

——

受賞者の言葉

——

受賞の印象に添えて——大多喜町役場——

今井兼次(早稲田大学教授)

このたび、日本建築学会賞(作品) の受賞者の1人として末席を汚がしましたことについて、私自身全く戸惑っていると言うのが只今の実感であります。

もともと大学づとめの傍らの研究制作でありますから、私の建築作品は殆ど僅かにすぎません。このように現役建築家でない私の一作品に、一体、受賞の価値と言ったものがあったのであろうかといろいろ推測して見ましたが思いあたるところがありませんでした。或は、大多喜町の建築設計に私自身の構想で、コンクリート彫刻、陶片モザイク、金具装飾など一切のもの

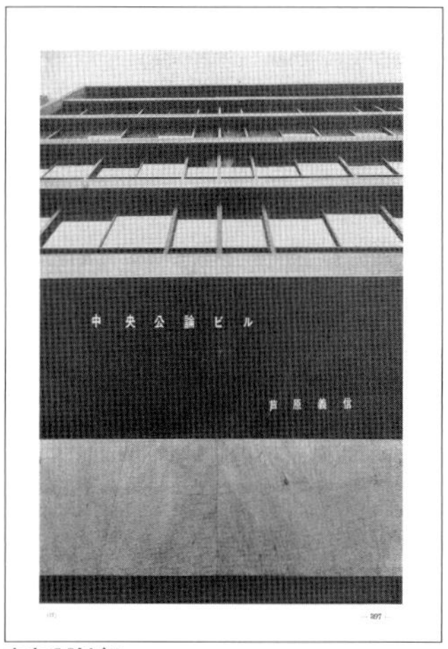

中央公論ビル

11

中央公論ビル／大多喜町役場／旭川市庁舎／寿屋山崎工場

をまかない、特定の芸術家たちに委ねずに成し遂げたと云う努力を買って下さったのかも知れません。

何れにしても、こんどの受賞で一番よろこんで貰えるのは、素朴な大多喜町の人々ではないかと思っております。

この役場の設計についての私の感想は、昨年の「新建築」と「建築文化」との誌上に記載しましたので、改めて再びここに述べないことにいたします。ほんの漫然とした随想のようなものでお茶を濁すことにいたしたいと思います。

都会育ちの私は、山の手の青山権田原と言う孤島のような寂れた町で生をうけて少年時代を過した関係か、子供の頃から田園や農村の生活と風景などに、小さい心を曳かれることが強かったようであります。そんなわけで、私は小型のスケッチ・ブックを手にして、当時田舎のような近くの武蔵野――その頃の千駄ケ谷、代々木方面は全くそのようなところでした。――をとめどなく歩き廻って遊んだものです。突然、千葉県下の山地、大多喜町役場から設計依頼をうけた時に、何か田園への郷愁と言った愛惜の情が私の体質内を流れたのも偶然ではなかったようでした。その後、建設地をはじめて訪問した私に「関東の大和」と云う言葉が口から飛び出すほど、大多喜町の純朴な環境性にすっかりほだされてしまいました。これも私にとって全然、縁なきものでなかったように思われます。

今ひとつ私の設計背後の力となってくれたものは、早稲田の生活でクラスを共にしていた建築家高島司郎の亡き俤を追いながら働くことが出来たことでありましょう。高島は大多喜町を郷土に持つ私の教え子中村茂君の義兄にあたり、その秀れた建築才能と人柄にはげまされて彼の身代りを私が買って出たようなものでした。そして私のこの仕事が彼のためにも甲斐あるものであったかどうかは解りませんが、何んだか高島は、地下から微笑を私に送っているようでもあり、また5年後には見られたものじゃないぞと苦笑しているようにも思われてなりません。

このような私に直接的なつながりを持つものの他に、間接的な恩恵を与えてくれた数々の先輩建築家たちの良い影響にも、併せて感謝せずにはおられません。

どんなに貧しい建築の設計に出遇っても誠実さが失われるならば、建築に生命感を与えることはむずかしいと私は信じております。よく若い人たちは、学園内での生活時の私を建築現場に臨んでいる場合の私と対比して、全く別人のような存在だと批評しますが、それが私の誠実さの故であるならばこの上ない幸せはありません。現場における設計上のきびしい誠実さこそ、実在する建築への精神的投入にいかなる躊躇も惜しまないと思うからであります。往復の電車内で構想をスケッチしているうちに、時々、駅を乗り越してしまう思い出も私には、珍らしいことではありませんでした。

顧みて私の作品中、代々木にある航空発祥の記念碑だけが前後を通じて私の建築家らしい唯一のものであると思っておりましたが、大多喜町役場の誕生によって、ひそかな私のよろこびを心に描くようになりました。これが、はからずも学会賞にとりあげられたことは、まことに私にとって印象深いものとなりました。

私は、日頃、好んで絵画彫刻などを制作するよう心がけておりますが、それも日曜画家ならぬ自称七月画家として、建築の中の生命感を求めようとする一手段にすぎません。そして、環境の中における人間という現象を大切にしておりますので、そのような感情を絵画、彫刻などの制作対決によって、少しでも育成させたいとの念願にほかならないのであります。大多喜町役場の彫刻・モザイック・金具などの意匠スケッチから現寸まで描き或はモデリングを試みたその意慾と言ったものは七月画家の賜だと思っております。

慎ましやかで目立たない、むしろ平凡な現代建築を愛する私のこの性格は、学園内に席を置くところから来ているのかも知れません。然し、学園内に籍を持つ私は、未だ現役建築家でないように思っておりますので、解放期の70才の年齢に達してはじめて現役となったならば、思う存分何のこだわりもなく建築への逞ましい前進と現代絵画・彫刻への活動を開始できることを今から愉しみにしております。丁度、学園を巣立つ大学生のように。

終りに、この度の受賞のかげに私の手足となって協力してくれた研究室の池原義郎講師をはじめ、若い人たちの労を謝すると共に、絶大な支援を惜しまなかった大多喜町町長並びに関係各位と町民の方々、なお、最後まで私のわがままを貫徹させて貰った大成建設の工事担当の人々のことが、私の胸中を永く往来することでありましょう。

旭川市庁舎

佐藤武夫

――

推薦理由

――

都市の市政を司る市庁舎の建築は公務を行うに必要な機能を満足すべきことは当然であるが、Public Serviceの場として市民に親しみを感ぜしむる建築であることが最も重要なことであろう。且つ又市民の血税を費して建設せらるるこの種の建築の設計態度としては意匠的製作意欲の過剰によって必要以上の工事費を費すことを謹しまれた点があらゆる面に出ている。

これらの観点から旭川市庁舎の建築を観察するとき、平面構成において市民と接触の多い事務部門、市議会々場、消防部門と内務的公務部門とを立体的構成の考慮のもとに機能的にcirculationもよく無駄なく組立てられている。

外観は2階建てと9階建の空間構成の変化と均衡がよく、経済的と同時に積雪を考慮して外壁の凹凸をさけ、地方産の赤煉瓦を使用して雪国の都民に暖味と親しみを感ぜしめている。

以上の諸点を綜合し、優秀作品として日本建築学会賞を贈るものである。

――

受賞者の言葉

――

佐藤武夫(佐藤武夫設計事務所・工博)

わたくしは少年時代の2年ほどを旭川で生活したことがあります。そのご縁故で、そして当時の友人のご推輓もあって、市庁舎の設計をお引受けすることになったのです。

最初、市長さんとよく相談をして、市の建築課の技術員数名を、わたくしの事務所に設計中お手伝いに寄越していただくことにしました。市側にそのご希望もあり、わたくしの方も北海道の寒地建築については未経験なので、これは大いに歓迎すべきことであったわけです。

基本設計の過程から、実施設計の終りまでの約2ケ月間を、このようにして協同して仕事を進めました。この意味から、この建築は旭川市建築課とわたくしの事務所との協同設計なのであります。

全体の構想や、レーアウト、そして色調などのデザインに関しては、何時ものようにわたくしの独裁であります。この独裁の故にしばしば若い気鋭の所員たちを手こずらせます。

旭川市庁舎の建築を最初心に描いたとき、それは40数年前の少年の日の追憶と重なるさまざまなイメージとなって去来するのでした。半年に近いあの長い冬の、雪の、そして灰色の世界が想い出されるのです。赤いレンガの色が心を温めてくれたことを忘れるわけに参りません。レンガを使ってみよう。こう決めたのであります。

旭川の市街は、上川平野のほぼ中央にあります。大雪山の英峰が晴れた日には眼をよろこばせます。曇った日や、冬の間は平坦な低い家並みの市街ではスカイラインの愉しさがありません。思いきり高い建築を水平に伸びた市街地の中央に聳立させることだ。そう決めました。

予定された敷地は住居地域となっておりました。これを商業地域に変更の手続きをとって戴いたのも高さの制限を楽にしたかったからであります。

市庁舎の建築は、その内部の機能から言えば、市民への直接のサービスである窓口業務部門と、直接関係のない一般業務部門とに大きく分けられます。この窓口業務部門は出来るだけ地表に近い低層であるべきです。これに対し、一般業務部門は高層化する方がむしろ能率的です。この他に、市の幹部の部門や、議会部門がありますが、これらも低層部の方が出入りが容易です。管理、厚生部門は地階に纏めました。

この庁舎には消防署が総合されています。これを建築的に癒着させました。

全体の構想やレーアウトはこんなところから決まりました。細かい点で気をつかったのは寒地建築特有の凍害、結露、融雪などの対策でした。これらの点で市から派遣を得た技術員の知見は大いに役にたちました。既に2年、2冬を経た今日でも、それらの問題点に異状が認められないのは、全く現地の技術を尊重した結果と喜んでいます。

心残りを一つ申上げます。原案にあった塔部の黄金色の飾格子と、正面の池泉とが予算の関係で後廻しになって未だ実現しておりません。雪空を突いて聳える塔に輝く黄金の冠はどうしても欲しいものなのです。仏つくって魂いれずのたぐいのような気がします。池も愉しい環境造成の一つの要素として植樹とともに造っていただきたい。これがこの機会におけるおねがいであります。

最後に、わたくしは職業建築家であります。設計をたのまれたら、たのんだ人達にあとあと喜んで貰える建築を作ることが本命だという立場をとっています。自由制作であってはならない、依頼制作なのだ。これが自らを戒めている態度なのであります。幸い、この旭川市庁舎も、市長さんはじめ、市の多くの方々から喜ばれ可愛がられているようです。これが何よりも嬉しいことなのです。(昭和35年5月27日受賞の日)

寿屋山崎工場

佐野正一

――

旭川市庁舎

推薦理由

――

この建物は、従来の「工場」という通念からみれば、極めて特異であり、その構成も一見複雑の如くであるが、仔細にみれば極めて合理的であり、且甚だ単純である。すなわち、醸造用の麦の処理という、ある意味で素朴・原始的な作業を、空間的によく整理して最も簡明な形態としたのである。恐らく機構のオートメーション化がこれを可能ならしめたであろうが、由来酒造りという仕事は人間の歴史と共に古く、科学的技術であると同時に人間味豊かな芸術である。そこには、いわばリアリズムとロマンチシズムとが共存する。そういう性格の表現として、たとえば頂上にそびえる二本の排気筒の如きは、よくその機能を果しつつ人間永遠の郷愁を画き出したというべきであろう。また現代の好ましからぬ商業主義の表現――端的にいえば俗悪な看板――の取扱についても、よくこれを調整し、建築的構成として美化することに成功した。要するに、この建物は、極めて特殊な例ではあるが、工場建築の一つの型を提示したものとして建築界に示唆するところ甚だ大なりというべきである。よってこの作品に対し日本建築学会賞を贈るものである。

――

受賞者の言葉

――

佐野正一(安井建築設計事務所)

製麦工場の受賞を大変光栄に存じています。

昭和30年、寿屋山崎工場では洋酒需要の増大に対して早急に工場拡張の必要に迫られました。大正12年この大阪京都の間にある古蹟天王山の山峡深いところに、日本最初のウィスキイ醸造が開始されて以来着実に生産を進めてきたのが、終戦と共に急激な洋酒需要増加の日を迎えたわけです。あたらしい生産合理化の方式の採用、PRを考えたあたらしい工場のあり方を中心に、長期の工場整備計画の樹立に参劃、その計画の通りにまづ第一期の醸造場と貯蔵庫が昭和33年完成、つゞいて第二期として今回受賞の製麦工場が昭和34年完成をみたのです。

「由来酒造りという仕事は人間の歴史と共に古く、科学的技術であると同時に人間味豊かな芸術である。そこには、いわばリアリズムとロマンチシズムが共存する…」(審査書)。ウィスキイの製造工程は1製麦原料の大麦を選別し発芽させる。2乾燥-peatの燻煙により乾燥、3醸造麦芽を糖化発酵しポットスチルにより

大多喜町役場

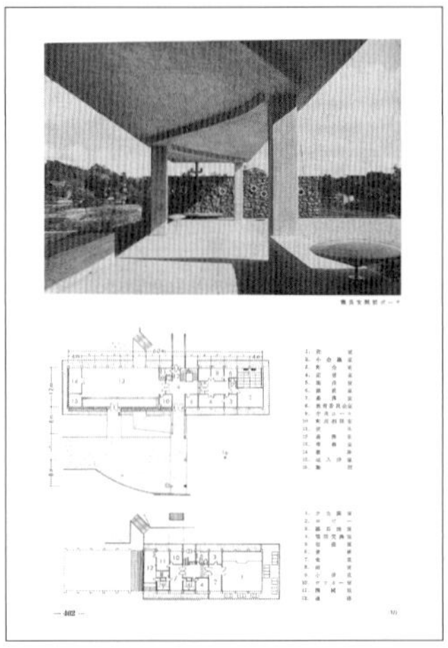

寿屋山崎工場

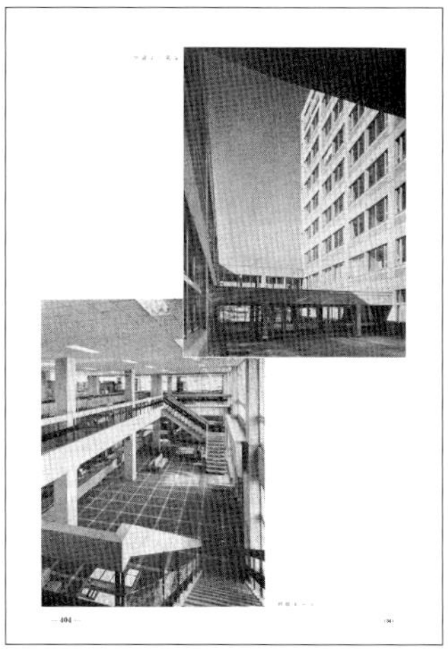

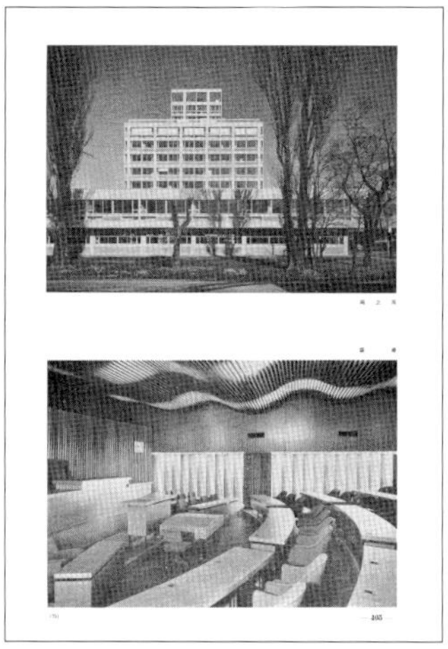

2回蒸溜しwhite oakの樽に詰める。4貯蔵—長期に亘るaging.5調合—blending—一定の品質にするために調合および熟成、6瓶詰出荷の順序でありますが、この工程はウィスキイ誕生以来幾世紀を通じて変っていませんし、長期の樽貯蔵による微妙な変化には科学的解明を超えた不明な点が今日でも残っている有様で、世の酒友だちがウィスキイの早期醸造をねらった試みも浜の真砂ほどあって、いづれも失敗に終っています。

ウィスキイの本場スコットランドのRothes峡との気候の近似をねらってこの山崎に工場立地されたことは、見事に成功しています。この附近で山は淀川の両岸にせまり、木津川、宇治川、桂川の三川の合流から四季を通じて多湿低温の気候を形成し、また清冽な水に恵まれた恰好の条件をもっているわけです。大阪、京都に遠からぬところで立地されていることは勿論経済的に有利ですし、今回のPR上からは無上の強みをもっていたといえるでしょう。

高価な眠りのうちに神秘な熟成をとげたウィスキイという製品。私はそういつた製品のもつ独特な性格を工場の建物にそのまゝ表現してみたいと思いました。新建物が山峡を抜け出るくらいに大きくもあり、あたらしいPR方策として顧客を工場に案内して信頼親近感をうえつけようとすることからも、工場の視覚的印象が背後の山をバックに一べつして強烈に、しかも好感をもって残るものでなければなりません。欧米の既設例を手をつくしてしらべてみましたが、参考になるほどのものはなく、(1958年版 Richards: The functional tradition は便利な本だつたことを竣工後に知りました。勿論今度の場合などに直接役立つというわけにはゆきませんが。) 仮に好例があったとしても、日本の山崎には山崎に相応した独自のデザインが用意されてしかるべきでありました。そこで基本になる技術的事項すなわちプラント、キルン、パイピング、設備、機器操作のすべてを充分に理解した上で、形態について、色調について、肌ざわりについてフリーな設計者の立場からあらたに考え出さなければならないと覚悟をきめたわけです。

新建物は上掲工程1のプラント部と工程2のキルン部に分れ、エキスパンションジョイントで大きく結合されています。前者には生産上劃期的な意味をもつドイツ製の撹拌発芽用のWander haufen装置があり、後者には巨大な乾燥空間があって、大規模で精度の高い生産の機械化、自動化が行われ、キルン部の屋上には従来の旧式なキルンから発想した特殊な姿の排気塔が2基並んでいます。側面には来場顧客の視察ルートが、生産ルート作業員ルートと切り離して設定され、前面にはサントリーウイスキイのマークがあって、共にPRの効果を考えながら一連の設計のなかに織込んだものです。

この建物は製品と設計がよく直結し、またPRと設計が直結していると云われます。私の意図した点を認めてもらっている意味で、この批判は有難いことと感じています。しかし、こういう工場設計の考え方そのものは特に新らしくもなく、奇抜なものではありませんし、今後の工場ではむしろ普通の考え方になるのではないでしょうか。たゞ今日の一般的な建築意匠の傾向から見る場合、および工場建築を担当する建築家と工場管理者側との一般的な関係を見る場合に、このような考え方が事実なかなか実行できないことは現実なのでありましょう。私の場合にそれがたまたま成功しているとすれば、それは寿屋の佐治敬三専務、本多久吉常務、松宮、山崎両取締役工務、宣伝部長、野口工場次長および鳴海技師長ら各氏の理解ある指導援助の賜ものでありますし、また施工の三和建設、須賀工業等の各社、ならびに神出、大西、野中、山野、渡辺、菊谷君らの事務所員協力の御蔭であろうと思います。

記して深い敬意と謝意を捧げたいと思います。

——

建築雑誌 1960年7月号掲載。

——

同号に、「昭和34年度日本学会賞候補一覧」として、候補作品37題(選考経過では39題とある) の作品名と設計担当者が掲載されている。以下、作品名のみ。

国立競技場、姫路民衆駅、国鉄岐阜駅本屋、横浜市庁舎、米子市庁舎、岩国市庁舎、旭川市庁舎、文京区役所(文教公会堂)、大多喜町役場、八幡公会堂、愛知県文化会館、名古屋地方貯金局、クラーク記念会館、島根県立博物館、歯科医師会館、長崎水族館、成増厚生病院、日本原子力研究所東海研究所建築施設、海星学園、香里住宅都市、霞ヶ丘団地、明神台団地、貝塚団地、小河内貯水池管理事務所、東京国際貿易センター、菊竹自邸(スカイハウス)、羽田日航メインテナンスセンター、寿屋山崎工場、新歌舞伎座(大阪)、新大阪ビル、新朝日ビル、丸物百貨店、日光ユースホステル、ホテル日航、小涌園本館、比叡山ホテル、中央公論ビル

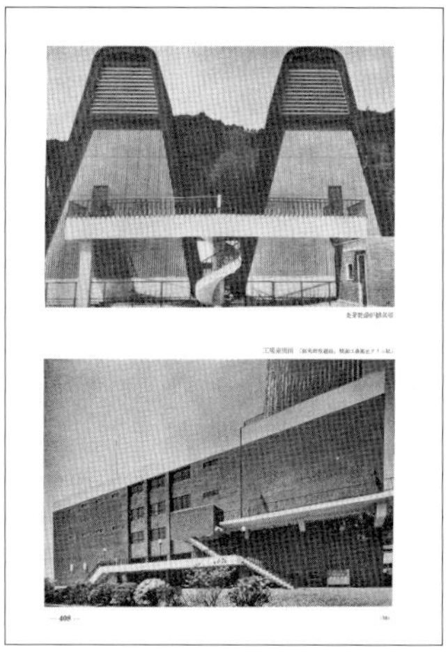

12 | 1961年 1960(昭和35)年度

羽島市庁舎／京都会館

——

選考経過

——

学会賞候補の募集については、今までどおり広く会員から自他薦願うとともに、各支部・学校研究機関・各職場・関係団体などにも推薦または応募を求めました。一方学会賞委員会としても独自に調査を進め、結局、選考の対象にのぼりました候補の数は、論文27題・作品50題・その他の業績が12題計89題でありました。これらの各候補は各部会毎の慎重な審査を行い、その間前後15回の会議を開いております。

第1部会の論文にあっては、各委員夫々専門の立場から下審査を行いましたが、研究者の増加とともに、候補のほとんどが学位論文でありました。そのため各委員にはその審査に当って相当の苦心を払われました。

第2部会の作品においては、資料による検討のうえ擬賞候補に価する作品についてそれぞれ現地に委員を派遣し、詳細な調査を行われるなど、又特に学会賞作品の社会的に及ぼす影響などを深く考慮致しまして、審査に当られました。

第3部会では、施工技術・技術指導・都市計画などその他多方面に亘る各業績の中から選考に当たったものですから、時には関係者の出席を願って詳しく説明を求めるとか、或は他部会委員の専門的な意見を聴いたり、更に現地調査を行うなど、非常に苦心をされたそうであります。

これら各部会の擬賞候補がまとまる途上に、意見調整のため全委員会を開催して、討議を重ねた結果、ここに栄えある昭和35年度日本建築学会賞をお贈り申上げるべき優れた業績として、論文7題・作品2題・その他の業績4題計13題を選定できました。

——

委員

——

第2部会
(部会長)松田軍平
(幹事)山崎兌 吉武泰水
(委員)大江宏 東久世秀禧 清田文永 田中誠
東畑謙三

羽島市庁舎

坂倉準三

——

推薦理由

——

むかし、聚落の中心は社であり寺であり庵であった。村の老幼が日毎に集うところは陽のあたる苑であり陽かげの軒端であった。これらはCommunityのなつかしいCoreである。ここに羽島市庁舎を推薦するのは、それが聚落の中心施設として、近時のCommunityに欠けがちな建築と住民とを心情的に結ぶ役割を果しているからである。古い蓮池をそのままに生かして浮ぶように立つ建物は、機能を満足した方形のplanと塔を含んだ柔かい建物Approachとの巧みな配合による造形である。一見無用かともとれる斜路をはじめとする建物周辺の空間は、悪童が鯉魚を追う広場であり、祖母たちが孫らと風車をもてあそぶ日向の屋上である。建物内にしろその階段や広間は、幼児が這い遊び、図書室を訪ねる少年が憩う座敷である。建物の解放感は、意企された造形計画と相俟って市民との感情的交流をつくりなす。むろん人口4万程度の小都市の中心施設であることがこうした親近感の醸成に幸いしていることも否めない。小都市としては過重な負担による建設事業かも知れないが、その建築が住民の高い賞讃を得ていることを聞き、建築家の意企が建物管理方法によってこのように生きているのを見ることは、その設計の価値を自ら物語るものとして、この作品に対し日本建築学会賞を贈る次第である。

——

受賞者の言葉

——

坂倉準三(坂倉準三建築研究所長)

われわれの研究所の作品羽島市庁舎が今回35年度日本建築学会賞を受けたことに対してわれわれは衷心難有度く、誠に名誉あることと感謝して居ります。

特に授賞の理由がこの市庁舎の都市計画的な役割を高く評価されたことにあると知ってまこと、われわれの秘かな願いが認められたものとして一しほの喜びを感ずる次第であります。

羽島市庁舎のある羽島市竹ケ鼻町は小生の生れ、育ったところであり、今日なおこの市庁舎から程遠からぬ実家では亡き長兄の長男以下4人の甥夫婦が力を合わせて祖先伝来の酒造業を守っている。小学校時代はもとより、東京に出てからもながい巴里留学を終えてからも生母の存命中は2ケ月に1度は実家を訪れていたので、小生とこの町のつながりは普通の生家の所在地以上に密接なものがあった。ここの市庁舎の設計を委嘱されてからは本当のここの市民の一人となって市長を始め小学校の昔の同窓生だった市会議員たちに膝を交えて市の将来の成長の展望、この中での市庁舎の役割、市庁舎を中心とした市民の憩いの広場、等々。都市計画の中での市庁舎のあり方について説き、率直な市民の願望をもきき乍ら設計を進めることが出来た。

今こそ市庁舎の場所は大羽島市のコアーに適はしいところとなったが、それまではどちらかといえば市の発展の中心からははずれたところであり、昔中学生の頃、夏休みには朝早く蓮の花の開く音を聞きにいった場所で辺り一面の蓮田であった。そんなところで土地代も当時の市庁舎予定地としてはむしろ安かったし、将来の幹線道路との関係を考えて(その当時は新東海線のことは何人にも夢想だに出来なかった)、市長の提案を支持したわけであつた。

将来の市庁舎の在り方を考えて正面人口を南北両面からのアプローチにしたことは、市長の提唱であり、出来上った今よかったと共々喜んでいる。現地の高低を考慮して2階を正面のアプローチ、1、2両階を市民との窓口にしたこと、公民館、議会傍聴席への道路を別に外部のスロープに求めたこともよかったと思っている。

羽島市は当時新都市としては納税成績が全国第一という事で総理大臣賞とかを得ていた。

新市庁舎建設費も決して贅沢なものではなく、切りつめたものではあった。鋼材その他最も安い時であった幸いにめぐまれ、完成した建物の内容に比べて安く出来上った。内部の什器備品も最初は一部を旧いものを一時転用する計画だった。予算の目度もついたので全部新しくすることになった。猶各部屋の内部に飾る美術品(油絵その他)は諸方面からの寄贈によるものであったが、予め予算を知って、作家作品の選択にはなるべく設計者たる小生が立ち合うか予め、こちらから提案したものを寄贈して貰うことにした。

当時人口4万の新市庁舎の壁面を新しい斎藤義重君の抽象画で飾ることが出来たのもそのためだった。かくの如く市当局と文字通り一体になって市庁舎をつくり上げることが出来たことが完成の暁、市民から自分たちの市庁舎として本当に心から喜ばれることになった所以だと思っている。市長始め市当局の人たちはまことに理解ある協力をおしまず今でも尊くうれしく思っている。

この新市庁舎は今本当に市民のものとなった。市庁舎の周辺は市民の憩いの広場となった。この市庁舎建設を出発点として羽島市は今や新しい工業都市として、われわれの時代にふさわしい理想的なモデルたらんとする意慾を持って、われわれと協力して新しい都市計画を実現せんとしている。私は今市民と共に新しい羽島市の成長を育て、また育った結果を心から喜べる楽しい期待を持って羽島市のための次の計画に協力している。

今回羽島市庁舎の建築が日本建築学会賞を得たことを以上のようないろいろな意味で何よりも羽島市民のために喜びたい。

京都会館

前川国男

——

推薦理由

——

数々の古い名建築が残り、千有余年にわたる古都としての雰囲気が今なおゆたかに漂っている京都東山地区に近代建築を建設するという課題は建築家にとってなかなかむづかしい問題である。このことは、過去において、無慚に失敗した幾つかの例があることによってもよく理解されるのであるが、京都会館はこの難問に見事に答えたものである。

二つのオーディトリゥムと一つの国際会議場をL字形のブロックプランに収めた簡潔な処理。打放しコンクリートを主調とし、鉄・硝子・石・木材等の生のままの素材を駆使して形成された空間が、禅寺のもつ素朴ではあるが力強い荘厳にも似通うものをいみじくも現出していること。オーディトリゥムの外側の壁面に試みられた陶板画が、強く重い調子の中に明るい華やかな和らぎを与えている効果、これは純粋芸術と建築との見事な融合を示すものとして高く評価されるもので

羽島市庁舎

あるが、これらの綜合として、京都会館は禅寺が昔の社会の精神的道場としての造形を持っていたのに対し、近代市民生活の共同の場としての造形を打出すのに成功している。即ち前記のような難問を乗り超えて、現代の荘厳を実現し得たものであり、これは世論も遍く認めるところであって、この故を以て、この作品に対し日本建築学会賞を贈るものである。

——

受賞者の言葉

——

前川国男（前川国男建築設計事務所長）

建築はひとりの仕事ではないという事、その事がこの30年建築に物心ついてこのかた私の脳裏をはなれなかった事のひとつであります。建築がひとつ誕生する、そしてそれが多くの人々によって賞讃され又拍手されるという事は、尠くとも建築家冥利につきる事であるには相違ないのですけれど、そのひとつの建築の生れるまでの企画からそして施工に到る長い時間にわたって、この建築に注がれた多数の人々の心労苦心を思いかえす時、ただ一人の建築家が拍手され喝采される事の何か腑におちない気持、そういったものを大方の建築家達は一体どう考えているのか、又どう考えたらいいのか私は常に満足のいく解答を得る事ができないままに今日に到ってしまいました。あの人がもしもあの時ああいってくれなかったら、そしてこの人があの時こうしてくれなかったなら恐らくこの建築は今日こうした姿で建てられなかったかもしれないといったいろいろな事柄が、企画から設計、施工に到る長い期間に必ず、それも夥しい数におよんでいる事を発見するのが普通の事でしょう。

われわれの周囲をとりまく無数の出来事が無数の所謂因縁の目も及ばぬきづなによって結び合わされている事は当然でありますが建築が出来るにも、それが生れるまでの無数の因子、あるいは運命といったものを思わずにはいられない。企画から設計からそして施工に到る長い過程に生起したあらゆる事柄、そしてそれが幸福な組合せにめぐりあった時のみによい建築が生れる。そしてそれが不幸な組合せであった場合にはどんな名建築家がおったとしてもロクな建築になり得ないという事をしみじみと感じている次第です。

できた建築について造形的にどうの技術的にどうのと議論される方は多い、然しどういう原因で或はチャンスでこうした好結果あるいは悪結果が生れたという建築の秘密について正しい考慮をされる事が余りにすくないのではないかと私はつねづね感じています。

一人二人の建築のスターをもてはやすことは比較的容易な事ではないでしょうか。然し大切な事は矢張り数多くのよい建築家によい建築をひとつでも多くつくってもらう事ではないかと思います。そして前にもいったようによい建築はそれを生み出す好い条件がその企画から設計から施工に到るまで備わっていないとどんなすぐれた建築家といえども手の施しようもないという事に思いをいたす時、大切な事はどうしたらそうした建築にとって好ましい環境が生み出せるかという点にもう少し熱心な論議がつくされてもいいような気がするのです。

そうした意味においてこの京都会館はひとつの貴重な経験であり又実例であった事を思わずにはいられない。私共がたづさわる仕事はいろいろな事由から公共建築が多いめぐりあわせになっているような気がします。公共建築はどうしても予算的に非常に切りつめられたものである事が通例であります。京都会館もその例にもれず予算は非常に窮屈なものでありました。しかも今回学会賞をいただく光栄をかち得たとすれば、先程申したこの建築を成功させる種々な条件がわれわれにとって非常に幸いしたという一事につきると思います。

いい音楽堂が欲しいという京都市民の熱望にこたえて、高山京都市長をはじめ市の理事者、当事者達の熱意、それは御世辞ではなく、実にこの建築の実現に大きな役割りを果していました。建築ができたあとも、この会館を京都市民のあるいは京都の青少年の、ひとつの「生活道場」として活用していくという市長をはじめ当局者の熱意には、正直のところ甚だ心をうたれた次第ですが更に設計から施工の実務に際しての、市の建築担当の小池氏をはじめとする建築課の諸氏の御協力は此の建築の成功に特筆大書して記さねばならない貢献をしておられる事をこの際特に明らかにしたいと思います。

役所のしきたりも規則もわきまえぬ私達が公共建築を担当します際に常々戸迷いする問題を、それが設計の、或は監理のさまたげにならぬよう、又は無益のエネルギーの損失にならない様に、細心の注意と親切をもってうまくかじをとっていただいたのは他ならぬ小池氏をはじめとする市の建築課の方々でありました。私達が貴重な市民の金を自信をもって無駄なく使い得たと公言し得る直接最大の功労者はこの方々であったといっても過言ではないと思います。私達の会館が日本建築学会賞に価するというなら、その光栄は市長をはめじ企画の当初より辛酸をなめられた当局者、そして苦労された施工者の方々は勿論のことでありますが、この縁の下の力持ちに甘んじて終始私達を助けていただいた此の方々にも是非ともわけて頂きたいと願わずにはいられない。

建築的評価についてはそれぞれの専門家、そして誰よりも京都の市民が時と共にその審判を与えて下さる事と思いますが、更にわれわれの立場から一言許して頂けるならば、もしも30年前あの不吉な日本の激動期に於いて今日の京都会館が建てられたとするならば、その当時所謂日本趣味建築で私達を苦しめられた諸氏はこの建物にどんな批判を与えられたであろうか。それを知りたい気持ちにかられる次第であります。

——

建築雑誌1961年7月号掲載。

——

同号に「昭和35年度日本建築学会賞候補一覧」として候補作品50題の作品名と設計担当者が掲載されている。以下、作品名のみ。

外務省庁舎、香川県庁舎、福山市庁舎、尾道市庁舎、羽島市庁舎、岩国市庁舎、静岡鉄道管理局庁舎、電電公社京都総合局、名古屋市外電話局、大阪第3市外電話局、名古屋地方貯金局、山梨県民会館、防府市公会堂、厚生年金新潟市体育館、ブリヂストン体育館（横浜）、名大豊田講堂、九州工大記念講堂、石川県立二水高等学校、日土小学校（愛媛県）、鉄道技術研究所、クラーク記念会館（札幌）、尾崎記念会館、日仏会館、愛知文化会館、京都会館、島根県立博物館、五島美術館、長崎水族館、成増厚生病院、住友病院（大阪）、銀座東急ホテル、ホテルニュージャパン、松井邸、住宅公団別府団地、三井ビル、天神ビル、金丸ビル、テレビ西日本放送会館、関西電力本社ビル、新花屋敷ゴルフクラブ、宝塚ゴルフクラブ、宇部カントリークラブハウス、宮崎ゴルフクラブ、大石寺大化城、妙経寺、鞍馬寺多宝塔、横浜精糖岡山工場、福岡米国領事館、ブリヂストン東京工場、小涌園

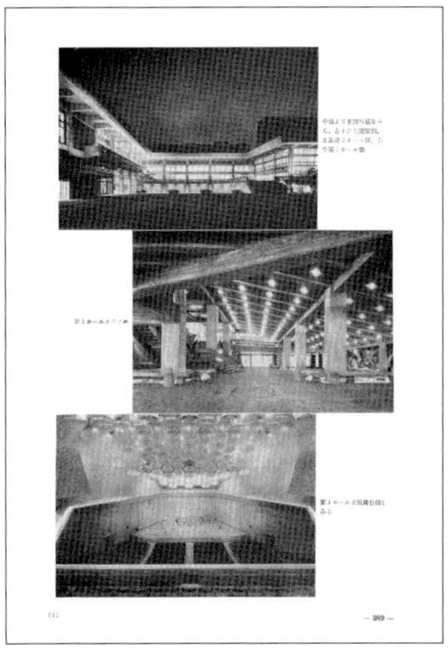

京都会館

13 1962年 1961（昭和36）年度

日比谷電電ビル／東京文化会館

——

選考経過

——

学会賞候補の募集については、例年のように建築雑誌および各職場・研究機関等を通じて推薦・応募を求めた。その結果選考の対象にのぼった候補は、論文44題、作品36題、その他の業績12題、計92題であった。これら各候補は各部会毎に、慎重な審査を重ね、その間前後12回の会議を開いている。

第1部の論文は、昨年度の約2倍にものぼる候補の全部が学位論文であり、厳選寡少の建前からその選考には相当の苦心が払われた。

第2部作品においては、夥しい新建築の中から拾いあげられた優れた候補作品について、選考を進めた中から幾つかの作品に対しては委員が現地調査を行うなどして慎重な討議を重ねた結果、2つの作品が選ばれた。

第3部その他の業績では、建築の各分野における諸業績の中から性格の異なった各候補の優劣を比較するにはあまりに困難をともなったが、関係者の説明を求めたり、映画、スライドなどによって業績の内容の究明あるいは、業績の建築界に与えた影響などを十分検討して、ここに昭和36年度日本建築学会賞として、論文7題、作品2題、その他の業績2題、計11題を選定した。

——

委員

——

第2部会

（部会長）市浦健

（幹事）吉武泰水　角田栄

（委員）清田文永　田中誠　東畑謙三　小坂秀雄

谷口吉郎

日比谷電電ビルディング

国方秀男

——

推薦理由

——

この建築は公社のために国方君の指導のもとに外部委員会の並々ならぬ協力によって建てられた事務所建築である。戦後、日本に建てられたこの種建築の形式の1つを代表し、かつ技術的にも大成したものとして推賞に価するものである。すなわち、部課コアーシステムを採用して、サービス部分を中心とし、その周囲に執務・収納の地帯を有機的に形成する平面計画を行い、規格化され現場組立された外壁および可動間仕切壁を採用し、各層に設けたバルコニーによる室内外の親近化と気候調節を計り、設備の系統を合理的に整備したなど、設計上多くの特徴をあげることができる。それのみならず都市計画的に配慮された配置計画と清純にして簡素な外観はよくその建物の機能に合致するとともに都心に好ましい景観をあたえている。よってこの作品に対し日本建築学会賞を贈る次第である。

——

受賞者の言葉

——

国方秀男（日本電電公社建築局調査役）

この度日比谷電電ビルに対し昭和36年度建築学会賞の栄誉が与えられましたことは、誠に感激に堪えません。私はこの栄誉が、私個人のものでなく、この建築をまとめ上げるのに協力された総ての方々が等しく分ち合うべき性質のものであることを、特に強調したいと思います。

この建物は電電公社の本社が使用するために計画されたものでありますが、公社の建築局が日常こなしている定常的な仕事とは稍々異った条件の下に行われましたので、之に関係した方々も内部・外部多方面に渉っております。而も之等の夫々に有能な方々の完全な協調がなかったならば、今日この栄誉を受けることは出来なかったでありましょう。

一つの仕事をまとめ上げるのには、秀れた判断に基いて、これにたずさわる人々の和というものがなければ決して良い結果にならぬということは従来私の信じて来たことでありますが、この度の仕事において益々その確信を深めた次第であります。

更にこの建物を建築としてまとめるに当って、考え方の根底とでもいうべきことは、与えられた色々な条件の下に、総べての点でバランスのとれたまとめ方をしたいということでありました。

時代の流れの中に立って、過去を繰返しふりかえり、現在を静視し、更に将来への道を予想し、然も現時限に於いてかくあるべしと確信のもてる仕事をすること

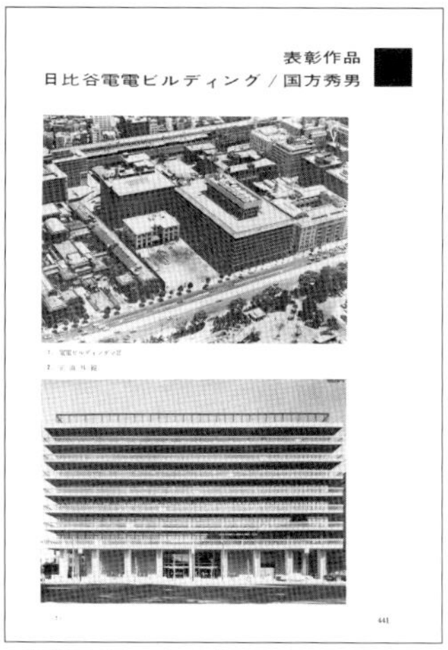

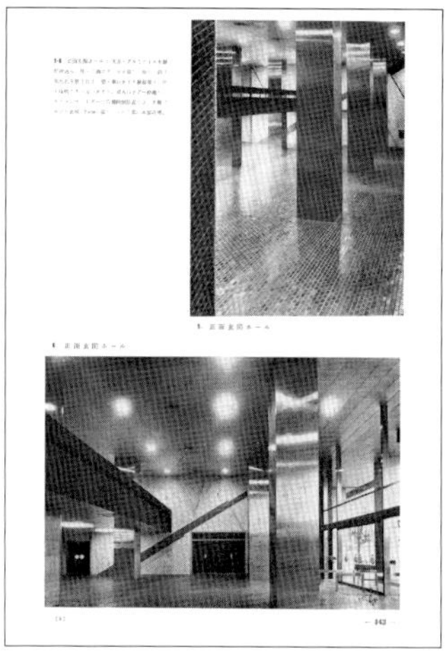

日比谷電電ビルディング

は、本当に難かしいことであります。
その様な意味ではこの作品は必ずしも成功したとは考えられませんが、この栄誉を期に更に深く真の意義ある建築を建築することに努力を続けたいと思っております。
私は丁度この栄誉の確定の報を、チューリッヒの旅窓で知りました。その日まで既に馳け足ではありましたが北欧から英、独、仏の落ち付いた根底の深い色々の建物を見て来た後でもあり、万感こもごも胸中を往来し、なかなか寝つかれない一夜でありました。

（1962年6月）

東京文化会館

前川国男

——

推薦理由

——

この建物は東京都500年記念施設の1つとして計画されたもので、主に音楽の演奏、歌劇の上演のための大ホールと主に演奏と国際会議を行うための小ホールの他に音楽関係の研究付属施設をもつ会館建築としての複雑な要求を巧みな平面計画と空間構成によって満足させているのみならず、構造学・音響工学などの関係技術の完全な協力によって、現代の日本に見られるオーディトリアム建築として、最も高い水準に達したものということができる。また造形的にも巧みに素材の美を生かし、雄大・素朴なる表現をもっており、彫刻・絵画など関連芸術の参加と相俟って、東京のみならず日本における記念的建築物を代表するものとして一般からも高く評価されている。よってこの作品に対し日本建築学会賞を贈るものである。

——

受賞者の言葉

——

前川国男（前川国男建築設計事務所長）
われわれが建築の責任を負うた東京文化会館に昭和36年度建築学会作品賞が与えられた事について学会賞関係の皆様の好意と労苦に対し心からなる感謝をささげるとともに、この建築の実現にあたってわれわれと多年の協力をいただいた多数の諸氏と共にこの光栄を頒ちたいと思う次第である。
ひとつの建築作品の完成した成果について批判なり評価なりが必要であり重要である事に微塵の疑をさしはさむものではないが、こうした成果を生み出した背景に対する検討なりが更に一層重要である事を痛感しているわれわれにしてみれば、一般論としてよい建築が生み出される客観的な条件、広くは建築界のあり方そのものについての深刻な検討が、今少し活発に行われていい時期ではないかと考えている。個々の作品とか建築家に対する評価検討も、その創作背景の理解なしには十分とは考えられない。
ここに私自身の恥をひとつさらけ出す事を許していただきたい。
近代建築に大きな関心をもちはじめて30年にもなった今日になって、今更のようにこうした建築をうみ出した精神的な背景、ひいては西欧文明一般の背後にひそむヨーロッパ精神といったものについての私自身の知識の浅薄さ、勉強の不足が殆んど救いがたい悔恨となって私自身の上に蔽いかぶさっている。私は建築歴史によって古典建築中世建築そして近世の建築を学んできた様に考えていた。然しそうした私が、これらの歴史の大時代にその技術を生み、その建築をつくり出した当時の人間の生活環境乃至は社会的背景について、一体どれだけの事を知っているだろうか？造形の背後にひそむこうした背景を知る事もなく、いかにしてそれがまことの創造の契機たり得るのか？
むごたらしい戦災都市の瓦礫の山を取り片づけるだけで恐らく20年の歳月を要するであろうという予測報告を、深い感慨をもって読んだのは、つい昨日のことの様に思われたけれど、終戦以来すでに17年、遙かな将来と思われた戦後20年もどうやら目前に迫っている。
幸なことに灰燼の裡から立ち上った日本の建築も世界的な評価を享受しているといわれる。義理にもお世辞にも甚だ上等とはいいかねる。粗末な教育施設にもかかわらず優秀な才能が続々と育っているという。然し事態は果してそれ程楽観に値するものかどうか。私自身にのしかかる悔恨とおかした誤謬から、後に続く世代がまもられているという保証は遺憾乍らどこにも見あたらない。
世界的評価を享受しているという日本の建築が確実な証拠をもって現代文化の担い手であると、あかしをたてるには未だ時期尚早の感を免かれない。つまり、日本の建築界の現状が新しい才能の育成と開花に適した風土であるかどうかという点に、私達は予想外に大きな根強い問題点をはらんでいると思われるからである。
建築家協会・建築士会・建築学会の鼎立に象徴される日本の建築界、よくいわれる日本人社会の竪割の人間関係がここでも又親分子分・学閥、そして労組までがいりみだれて、余りにも日本的な複雑なパターンを織り出している。こうした窮屈な日本の建築界にどうして真に孤独なそして強靱な建築家が育ち得るだろうか。私が現在の日本建築の世界的評価そのものに、時に奇異の感をもつ理由は実はこの点にあるといっていい。
大方の論者識者が最大の関心と最大の勇気をもって、こうした問題に立ちむかわねばならない時期が来ている。
ここにつらねた蕪辞はおそらく学会誌編集者の希望とは大分はずれたものになってしまった事を許していただきたい。しかしそうした非礼をおかしても、一言せずにおかれないさしせまった私の気持を理解していただけたら幸である。

——

建築雑誌 1962年7月号掲載。

——

同号に「昭和36年度日本建築学会賞候補一覧」として候補作品36題の作品名と設計者が掲載されている。以下、作品名のみ。
東京地方裁判所本庁舎、京都中央郵便局、国鉄勝田電車庫、国鉄東京用品庫、京都下水処理所ポンプ室、東京放送新館、**日比谷電電ビル**、大手町電電ビル、電力ビル、東京大林ビル、日本板硝子本社ビル、銀座ヤマトビル、東海銀行本店、セコニック大泉工場、日本オイルシール工業KK藤沢工場、古河電工千葉工場、塩野義研究所、日本大学理工学部津田沼校舎本館、目黒区立第10中学校、一橋体育館、厚生年金新潟市体育館、長野市民会館、**東京文化会館**、日立小平記念文化会館、大原美術館分館、天神橋分譲施設付住宅、松井邸、妙経寺、糸魚川善導寺、三井ビル、日本バイリーン滋賀工場、大和文華館、立教大学図書館、名大豊田講堂、朝鮮大学、陶芸会館

東京文化会館

14 1963年 1962（昭和37）年度

日本26聖人殉教地記念建築／名古屋大学豊田講堂／大分県庁舎／アテネフランセ校舎

——

選考経過

——

第14回目に当る37年度日本建築学会賞の選考の経過について御報告申上げます。
まず、候補の募集については、例年のように建築雑誌および各職場・研究機関などを通じて推薦・応募を求め、なおかつ、優れた業績がもれることのないよう学会賞委員が更に調査のうえ候補を追加するなど致しまして、その結果、選考の対象にのぼりました候補は、論文37題・作品46題・その他の業績8題・計91題でありました。これらの各候補は部会ごとに慎重な審査を重ね、その間前後15回の会議を開きました。
また、全委員会を3回開催して募集規定の改正・審査方針の連絡調整を行いました。
第1部の論文は、昨年に優るとも劣らぬ多くの優れた論文から選考に相当の苦心が払われました。
第2部の作品においては数多い新建築の中から選考をすすめ審査途中に幾つかの作品に対して、委員が現地調査を行なうなどして、慎重な討議を重ねました。
第3部その他の業績では、建築の各分野における諸業績の中から性格の異なった各候補の優劣を比較するにはあまりに困難をともないましたが、関係者の説明を求めるなどして、業績の建築界に及ぼす影響をも十分検討致しまして、ここに昭和37年度日本建築学会賞として、論文7題・作品4題・その他の業績2題、計13題を選定できましたことは建築学発展のために誠に御同慶に存ずる次第であります。

——

委員

——

第2部会
（部会長）谷口吉郎
（幹事）角田栄　吉阪隆正
（委員）市浦健　佐野正一　成田春人　小坂秀雄
土浦亀城

日本26聖人殉教地記念建築

今井兼次

——

推薦理由

——

いまから364年前（慶長元年旧12月19日）、キリシタン迫害によって長崎西坂で十字架上の断罪に処せられた日本26聖人を記念する宗教建築であるこの一群の造形は、聖母マリアと聖霊に奉献する双塔、それに抱かれた聖堂その横に神父館、通路を隔て、北から特別展示室、資料館、殉教の橋、殉教者の像を描いた記念碑と広場があり、その一隅にあるかがり火台とによって構成されている。
その主要壁面は作者発案のフェニクス・モザイクによって仕上げられていて、全体においても誠に特異な立派なものである。建築内容の持つ精神的な意義はもとより、それをこれだけ高い水準の造形的な表現に盛り上げたことは刮目に値する。よってこの作品に対し日本建築学会賞を贈るものである。

名古屋大学豊田講堂

槇文彦

——

推薦理由

——

この講堂は新しく発展した名古屋市の郊外に建設された名古屋大学の広い校内の中心に建てられたもので、総面積6270平方メートルの内部には、1600名を収容する講堂のほかに、大学総長室、会議室等を含み、更に入口の両翼に広い空間を設けて、学生の集会に便ずるなど、大学の中心建築としての多目的な機能をよく解決している。その外観は構造体と材料感を力強く表現し、その内部は音響効果と造形的空間をたくみに構成しているが、特に注目される点は学園としての環境計画である。120メートルに及ぶ広い前庭には80メートル角の広場を設けて学生のための野外集会に当て、更にその空間は建築内のピロッティーに接続して、建築内部を経て背面の岡にまで延長しているために、建築の内外に豊かな環境美が発揮されている。同時に建築の設計に示されている新鮮な意匠感覚は学生たちにいきいきとした共感を与えるであろう。この意味において、この講堂は建築の機能と共に学園の環境計画に効果ある設計を発揮したものといい得る。よって、この作品に対し日本建築学会賞を贈るもので

14

日本26聖人殉教地記念建築／名古屋大学豊田講堂／大分県庁舎／アテネフランセ校舎

ある。

大分県庁舎
九州地方建設局営繕部
代表者　安田臣／協力者　流政之

——
推薦理由
——

この建物は、近年数多く建てられた県庁々舎のなかで庁舎建築として、とくに優れたもののひとつである。平面は、高層の事務棟を東西軸に配し、それに直角に交叉する低層の厚生棟、議場棟とからなる十字形で、高層と低層の交叉する部分に上下交通を集中している。1階はピロティに相当の面積を割き県民室、遊歩廊などにあて、なお中庭を配して、きわめて開放的にあつかい、機能の分離と関連を明快に解決している。これらのピロティ、階段、内外の庭園などのたくみな配置は、県民に親しみ易く、みごとな建築空間を構成している。建築細部、建築設備においても、公共建築にふさわしく経済性と能率を追求するなど充分な考慮がはらわれている。外観は変化にとみ美しいが、とくに、主棟の巨大な妻面は型枠の反転使用により「恋矢車」と称する簡潔で力強い独自のパターンを構成し、この建物の最大の魅力と特徴となっている。この壁面意匠は、建築家と美術家の協力のみごとな結実の好例といえる。よって、この作品に対し日本建築学会賞を贈るものである。

アテネフランセ校舎
吉阪隆正

——
推薦理由
——

この建物アテネ・フランセはフランス語とフランス文学の楽しみを人々に伝えるための、あくまでも自由独立な機関にしたいという創立者ジョセフ・コット氏の遺志に従って建てられたものであって、使用目的に合致した設計上の配慮が、必要条件を充して隅々にまで行渡り、それとコンクリートの床・壁天井に施された色彩計画と全体の造型とが混然一体となり、外観にも建物内部にも楽しい雰囲気を醸し出している。この建物は工費が比較的少かったにもかかわらず、鉄筋コンクリート造建築のイメージに対決した作者の個性がよく表現され、今後の鉄筋コンクリート建築のあり方によき指針を与える優れた設計ということが出来る。よって、この作品に対し日本建築学会賞を贈る次第である。

——
建築雑誌1963年8月号掲載。受賞者の言葉は掲載されていない。
——
同号に「昭和37年度日本建築学会賞候補一覧」として候補作品46題の作品名と設計者が掲載されている。以下、作品名のみ。
大分県庁舎、呉市庁舎・公民館、東京都葛飾区総合庁舎、横須賀電報電話局、沼津電報電話局、天王寺民衆駅、新阪急ビル、新住友ビル(大阪市)、天理教館、日本橋西川ビル、関西電力ビル、日本石油KK本館、出光興産九州支店、東洋工業KK東京支社、関西電力共済会館、八代市厚生会館、小原流家元会館(並びに記念館)、日本26聖人記念施設、電気通信研究所茨城支所、八幡製鉄KK東京研究所、東洋レーヨンKK基礎研究所、大阪労災病院、積水化学体育館、倉敷レイヨン中条工場、京都市蹴上浄水場、パレスホテル、船橋カントリークラブハウス、芦屋カントリークラブハウス、望月邸、H氏邸、ホテルオークラ、銀座日軽ビル、資生堂会館、早大文学部校舎、アテネフランセ、NCRビル、メキシコ大使館、尼崎市庁舎、名大豊田講堂、日本板ガラス本社ビル、東海銀行、東洋経済ビル、長崎市公会堂、正面のない家、から傘の家、池辺氏の一連の作品

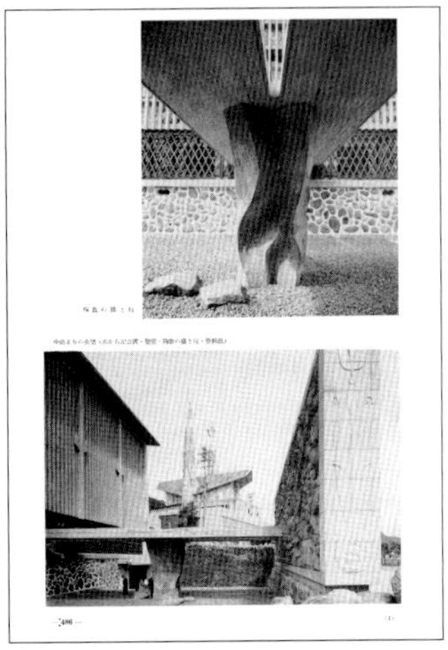

日本26聖人殉教地記念建築

名古屋大学豊田講堂

大分県庁舎

アテネフランセ校舎

出雲大社庁の舎／神戸ポートタワー／リッカー会館

15
出雲大社庁の舎／神戸ポートタワー／リッカー会館

——
選考経過
——

第15回目に当る、38年度日本建築学会賞の選考経過について報告いたします。まず、候補の募集については、例年のように会誌に会告し、広く会員各位からの推薦・応募を求めるとともに、各支部・職場・研究機関などを通じこれが周知をはかり、なおかつ優れた業績がもれることのないよう、学会賞委員がさらに調査のうえ候補を追加するなど致しまして、その結果、選考の対象にのぼりました候補は論文30題・作品29題・業績7題、計66題でありました。これらの候補は、まず全委員会で各部会間の調整ならびに審査方針を協議した後、各部会ごとに慎重な審査を重ね、その間前後14回の会議を開きました。
第1部の論文は最近とくに専門分化された優秀な論文が多く、したがって、特に委員外より数名の専門委員をお願いし、審査に慎重を期するなどその選考には相当の苦心が払われました。
第2部会の作品においては、提出された資料・写真により、数度の討議を行ないある程度しぼられてから、都内を初め、関西・中国地方まで委員を派遣して、これが実地に調査を行ない、さらに討議を重ねて選考致しました。
第3部の業績では、設備・施工法・図書など建築の各分野における諸業績の中から性格の異なった各候補の優劣を比較するには、あまりに困難をともないましたが、専門家の実地調査を行ないその説明を求めるなど、さらにそれらの業績が建築界に及ぼす影響をも十分検討を致しました。
そして、ここに昭和38年度日本建築学会賞として、論文6題・作品3題・業績3題計12題を選定できましたことは、建築学の発展のため誠にご同慶に存ずるしだいであります。

——
委員
——

第2部
(部会長)土浦亀城
(幹事)清家清　薬師寺厚
はじめ8名

出雲大社庁の舎
菊竹清訓

——
推薦理由
——

この庁の舎の建物は出雲大社の宝物殿と社務所に相当するものである。2本の棟柱にスパン40mのI型プレストレスト・コンクリートのI型梁を2本架け、これにプレキャストコンクリートの方立を寄せかけ、構桟を渡して構成されている。出雲地方にみられる稲架からヒントを得たとおもわれるこの構成は独創的であり、自然の環境、既存の社殿ともよくマッチして異質感を感じさせないすぐれたものである。壁パネルを始め細部にも注意がはらわれ、室内も桧材とコンクリートの調和がよくとれ、打放しコンクリート仕上にあり勝ちな荒々しさがなく、入口グリル・庭園など美術家との協力にも成功している。
伝統的な神社建築とコンクリート造の新しい造形の建物とを巧に調和せしめたのは作者のすぐれた手腕を示すものである。よってこの作品に対し日本建築学会賞を贈るものである。

——
受賞者の言葉
——

菊竹清訓
計らずも今年度日本建築学会賞の通知をいただきました。庁の舎につきましては、この完成を機会に一段と反省もし、また今後もう少しましな仕事をする様努力をしなければならないと考えておりましたし、稚拙未熟なところ、未完成なところのみ目につき、果たして賞に価するものかどうか危惧もありますが、喜んでお受けすることにいたしました次第です。
庁の舎は、もともと焼失した建物の復興でありますので、歴史的建造物として復元するという立場が、通常考えられる方法であろうかと思います。今度の場合、本殿と異なり、耐火的施設にしたいという要望がありまして、設計としては、新しい庁の舎を古い建築とどう対応させるかという問題に直面することになりました。その結果が、どうゆうことになりましたか、諸先輩の御批判を得、大方の御叱責をまつほかはありません。
庁の舎は、神社の儀式、事務、それに後から加わった宝物殿という特殊な機能の建物で、歴史的史蹟の一角に建てられる建築でありまして、こういう建築の設計を指名され、これに当たることができ得ましたことは、栄誉であり、幸運であったと思っております。
そして物価の高騰等、経済事情の変動の多い時期に、設計期間を5年近くも与えていただきました奉賛会の御理解は、私共には忘れがたい有難いことでした。
そして、私共はこの特殊な機能を要求される庁の舎の設計を通じて、はじめて設計の悩みというものを知ったように思います。建築とは一体何だろう。建築家は何をすればいいのか、どうやって建築を考えたらいいのか、こういうことを、この庁の舎ではじめて考えさせられました。こういうことから、後で「か」—「かた」—「かたち」ということを書くことになったわけでありますが、こういう点で、出雲の庁の舎は私共にとっては、新しい、建築への出発点だというような気持がいたしております。
ひるがえって考えてみますと、設計活動の当初、やりました数々の増築・改築・移築といった仕事のなかで建築において「何が中心であり、何がのこるのか」ということを知り、体験させられましたわけですが、これが端緒となって、メタボリズム(新陳代謝の方法)グループに加わり「とりかえの理論」を考えることになったわけでした。いまこの庁の舎で、建築の本質ともいうべき空間の問題について、改めて考える恵まれた機会を与えられたことになりましたが、これは私共にとって得難い時期であり、また忘れ難い仕事になったわけであります。
まだまだ問題の一角にやっと辿りついたばかりだと思います。さらに皆様の御教示と御批判により、これから一層現実の仕事を通じて、建築といわれるに価するような建築の設計に近づくよう努力し、私共の限界をわきまえ、与えられた仕事に最善を尽していきたいと念願しております。
最後に建築の設計は、建築家一人の手になるものではなく、構造計画では、早稲田大学教授松井源吾先生、星川明男氏、設備設計では豊橋の川合健二先生、屋根鉛板では早稲田大学雄谷重夫・本間梅夫両先生の御指導をうけ、また、ガラスの棟札の岩田藤七先生、スチールグリルデザインの粟津潔氏、庁の舎の文字を刻んでいただきました彫刻家向井良吉氏、正面の石材もニュマン、並びに裏庭のデザインの流政之氏、家具に協力していただきました大和勝太郎氏の皆様によって、はじめて実現しえたものであり、もし賞がいただけるとすれば、皆様と一緒にこれはいただいた賞だと思っております。
また設計活動をともに過してきた事務所のチーフ、内井・小川・遠藤・武者・土井の諸君とスタッフの皆さんの努力の結晶だと思います。とくに武藤英二君は、現場監理まで担当し、最後までともに微力を尽しあえたことは、嬉しいことでした。
また施工に当って、大成建設の南幸治常務、研究所の中川信行氏、現場所長三浦隆氏、主任の谷原裕氏等、新しい工法、新しい材料の実施にたいし、約2年間にわたって御尽力下さったこと、そして湊建材をはじめ各下請の諸氏の御協力によって、はじめてこれが実現しえたことを、この誌上を借りて、改めて御礼を申しあげたいと思います。
御指導をいただいた諸先生、ほか皆様に感謝し、事務所の諸君を代表して、心から厚く御礼を申しあげ、ともに喜びを分かちたいと思います。
(菊竹建築設計事務所長)

神戸ポートタワー
伊藤鉱一／仲威雄

——
推薦理由
——

神戸港の中心部である中突堤に建築された高さ103mの神戸ポートタワーは、港湾管理・水先案内、および別棟の港湾博物館と共に港湾PRを兼ねて市民や観光客の展望を目的とし、あわせて陸海空から遠望するときの市の象徴となるように企図したものである。
この塔の平面は円形をなし、鉄骨とコンクリートによる建物部分と、その外側を包む鉄骨トラスによる網状の骨組部分からなっている。内側建物部分の下部(出入口などの諸室)は截頭円錐形、頂部(展望室など)は少し小さいが、その逆さまにした形であり、中間部(エレベータ室など)はもっと直径の小さい円筒形である。外側の網はこの下部と頂部の外壁面に平行し、その直径が下から高さの2/3付近で最小になる皷形曲面(一葉双曲面)を形成している。
主として風力を受ける塔の力学上の合理的な形は、下から上に行くほど径が小さくなり、頂部で一番細くしてよいことになるが、ある広さを必要とする展望室のために再び拡げてこのような形としたのであろう。構造上の必然性と機能上の要請を破綻なく連続させて、単純明快な形を造り上げている点、非凡な造形計画といえる。
この塔の特色は、この網状立体トラスであって、上下方向に鋼管を(一葉双曲面の線素に相当し、直線材となっている)、水平方向にH鋼を使用したことは、その継手の手法の選択も含めて、構造上の有利性に加えて外観にも施工にも寄与するところが少なくない。そして内側建物部分との合成構造体として耐風耐震設計に綿密高度な理論的解析を行ない、更に実験を加えた慎重な構造設計には仲威雄君の指導のもとに、東大・東北大・建研等が協力され、前例のない構造法を開拓し可能にしたといえよう。
神戸ポートタワーは、その形から市のシンボルとして十分にその役目をはたし、構造上も新しい分野を開いたものである。よってこの作品に対し日本建築学会賞を贈るものである。

——
受賞者の言葉
——

伊藤鉱一
このたび当社において設計監理に当りました神戸ポートタワーに対し、栄えある日本建築学会賞の授賞に接し設計を業務とする者としてこの上ない光栄であります。
神戸ポートタワーは神戸市が開港90周年を迎え、この記念事業の一環として、港湾の整備計画を樹立され神戸港の中心部である中突堤に別棟の船客待合所、港湾博物館と共に一連の港湾業務に兼ねて、港湾の認識向上を目ざして市民や観光客の展望に供さんものと企図されたものであります。たまたま神戸市の姉妹都市シアトルにも同様の塔が建設されている時でもあり、東京タワー、横浜マリンタワーなど各都市の名所として好評を博している例に鑑み、神戸市のシンボルとなるように、斬新なデザインで、しかも他都市に負けない立派な塔を計画するようにとのご要求を受け、最初は鉄筋コンクリート案、PSコンクリート案、あるいは鉄骨案などによる案を作成致しましたが、数ヶ月に互る研究検討の結果現在完成を見た形、すなわち柱が総て直線材(パイプ)で構成されている円形篭状の塔の案が決定致しました。
この塔の機能上の最も大きな特徴は、純然たる展望塔である事であります。従ってタワーは上部展望階を支える構造物であり、それ自体の構成がタワーの形を形成する事になります。この構想が実施案に到着するに至ったのは関係各氏の熱意と、絶大なる御援助御鞭撻の結果であり、この形の生まれた事は決して偶然ではなかったと信ずるものであります。
このタワーの本体は外筒と内筒および外筒内筒を相互に連結する水平ブレースにより構成されています。外筒は上底の直径15m下底の直径25mで、上下の各底面をそれぞれ16等分し、上下の同一点を糸でつなぎ、下底を固定し、上底を135°回転したときの高さを95mとしたときにこの形が形成されます。従って各部材はそれぞれ直線材で構成され、これらの直線材によって、かもし出される外法線が優雅な二次曲線を形成しています。
内筒は直径5.7mの円筒形で、タワーの上部展望階と地上との連絡用の交通スペースとして、エレベーター2基と階段およびその他設備用の配管シャフトとして利用されています。この構想を実現に移す前に、このタワーの実現性について、これらを具体的に設計模型で表現して機能上からも構造上からも検討を重ねたのでありますが、特に構造的な面においては、慎重に基礎調査および設計データーのための各種実験を各方面の御協力を得て行い、充分安全である事を確認したわけであります。
部材は鋼管を使用する事により普通鉄骨構造に比較して、鋼材量も少く、美観上もより優美となるとの結論により大部分を鋼管で形成する事に決定致しました。
このタワーは上部展望階が5層より成っていて、最上

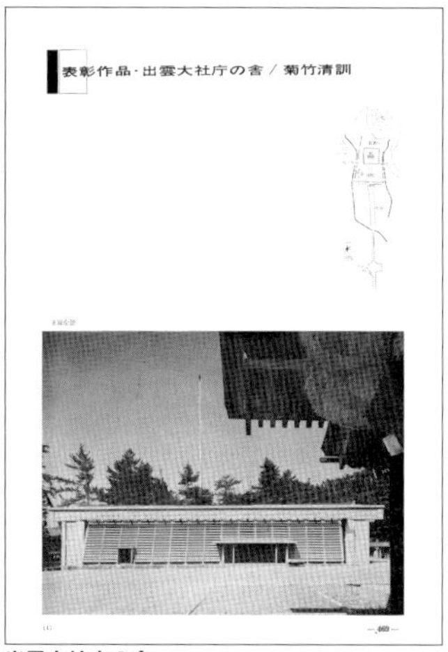

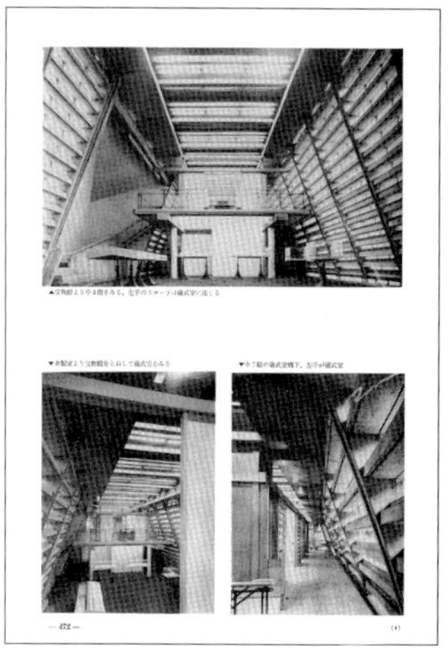

出雲大社庁の舎

15

出雲大社庁の舎／神戸ポートタワー／リッカー会館

階は金網張りで最大の広さの展望室で、その下の4層はサッシュ入りとなっています。上から3番目の展望階は回転床を装置した軽食堂で、食事をしながら、360°の景観をたのしむ事が出来る様になっています。
展望階のサッシュがタワー本体の外筒の内側に取付けた事は、タワーの外観上重要な要素となっています。それと関連して本体の鉄骨に平行にサッシュのタテ枠を取付け、視野のさまたげにならない様苦心致しました。
屋上のネオンの文字はシンボリックなこのタワーの形の構成の一部として考慮致しましたが、夜空に輝いているPORT OF KOBEは、ネオンに映えるタワーの形と共にある感慨をこめて望む事が出来る事でしょう。
色彩計画に関しては、航空法の関係もあり、外筒を赤色一色としその他は白に近いグレーとする事が出来たのは、我々の意を解していただいた航空局の英断と感謝しているものであります。
かくのごとくにして完成しましたこのポートタワーが、順調に竣工し私共の意図する効果を立派に果した上に、各方面の御好評を得、今また表彰の栄与に輝くことは設計者の本懐であります。なおこのポートタワーが市民、並びに港に出入する人達の間によき話題を提供し、非常な好評を博して予定以上の入場者を得て、その目的を充分に発揮致しておりますことは全く同慶の至りでありまして、長期間にわたってご援助をたまわりました原口市長をはじめ、神戸港振興協会、神戸市港湾局の方々並びに御指導をいただいた仲威雄東大教授をはじめ諸先生方、および工事に最高の技術を発揮されました工事関係者の方々のご努力に対し、この機会を拝借して厚くお礼を申しあげる次第でございます。
バリーエフェル塔75周年記念式典の日(6月11日)Gustave EIFFELの偉業をしのびつつこれを記す。

（日建設計工務KK取締役社長）

——

神戸ポートタワーの設計について

仲威雄

1. 序

この塔は高さ103mの鉄塔で力を支える構造物としての形態がそのまま意匠的な表現となっており構造的に言って余分なものはない。構造、意匠、製作担当者の緊密な協力で作られた。
写真に見る如く塔は一葉双曲面状をなしそのジェネレータをなす線素が骨格となっている。この形式の塔は殆ど前例がないので構造設計に必要な諸資料を得るために種々の調査、研究を行う必要があったが、これらの調査、研究が満足すべき状態で遂行され、その成果をすべて設計に採り入れた。実施設計は宮秋利厚、多田英之、鈴木健、現場計画は岡健二、石原清次郎が担当した。
設計：日建設計工務株式会社
調査、研究、構造計画：総括　東京大学　仲威雄、日建設計　多田英之
骨組の応力解析および実験　東京大学　加藤勉
接合部の設計および実験　日建設計　多田英之、桜田機械　吉本昌一
振動性状　建設省建築研究所　中川恭次
風圧力　東北大学　亀井勇
研究組織内の相互連絡および全体設計との調整はすべて多田英之が行った。

2. 設計の概要

2-1) 構造計画
構造計画として次の3つの方法が考えられた。(A) 中央エレベータシャフトを鉄筋コンクリート構造とし、外周一葉双曲面のジェネレータを高張力鋼棒で引張りバランスをとる構造。(B) 一葉双曲面を鉄骨立体架構とし、内部エレベータシャフトを立体構造に吊る構造。(C)一葉双曲面、エレベータシャフト共に鉄骨で組み、合成構造とする方法。
(A)、(B) 案はデザイン的には明確な表現をもつものとして望ましいものであった。(A) 案はシャフトが構造全体として強調され、外周鋼棒は極めて軽い表現とするものである。之に対し(B) 案では一葉双曲面を構成する立体架構が主で、内部エレベーターシャフトは殆ど透明に近くなるような設計を考えたのである。検討の結果この両案は、残念ながら構造材料、構法上の障害のために断念せざるを得なくなった。即ち(A) 案に対しては設計上の要求を充すような高張力、大断面の鋼棒が入手不可能なことが明らかとなって、(B) 案に対してはエレベータシャフトの振動、局部的な変形に関して地震時、エレベータ運転時に障害を与えないような構造とすることが難かしく、これらの点を検討してゆくとシャフトはデザインで意図するような透明なものにはなり難く実質的には(C) 案と殆ど変らないものになってしまった。このようなわけで結局(C) 案で設計を行うことになり合成構造の考え方で構造解析を行った。外気に露出する構造物であるため、耐腐蝕性、風に対する抵抗を考慮して鋼管構造(高張力鋼管STK50) とした。
2-2) 接合部
鉄骨構造では常に接合部の設計が重要であるが、この場合には特に次の諸点で接合部設計の重要性が強調された。
a)構造形態の性格上、極めて接合部の数が多い。従って個々の接合部の微かなゆるみも、之が累積して剛性、耐力に影響を与える。また組立てを困難にする。
b) 高所作業であるから溶接、リベット等高度の技術を要する接合法は望ましくない。
c) 意匠的には接合部はなるべく小さくスマートなものでありたい。
これらの点を考慮してボルト鋼材3種、11T (引張強さ110kg/mm^2) による高張力ボルト引張接合を採用した。図1は標準的な接合部詳細である。
2-3) 塔本体鋼材に関する設計仕様
a) 材質
鋼管:JIS G 3444(一般構造用炭素鋼鋼管)、第4種、STK50.
鋼板：鋼管相互の接合部に使用する鋼板はJIS G 3106(溶接構造用圧延鋼材)、第2種 SM50A、上記以外の鋼材はSS41.
ボルト：しめつけ長さ170mm以上のものはJIS G 4103-1959(ニッケル、クローム、モリブデン鋼) 第25種、しめつけ長さ170mm以下のものはJIS G 4103-1959.第25種または JIS G 3102-1959(機械構造用炭素鋼) 第15種. S55C.
ナットおよび座金：JIS G 3101(一般構造用圧延鋼材)、第3種. SS50、またはボルト用鋼材に準ずるもの、但し滲炭座金用鋼材の炭素およびマンガン含有量はそれぞれ0.25%以下および1.00%以下とする。
b) 部材寸法
外周ネット部：主材318ϕ-10.3 ～ 190.7ϕ-6.0、水平ブレース76.3ϕ-4.0、水平リング2[-250×90×9、H-250×250×9、H-200×200×8、高張力引張ボルト、9-25ϕ ～ 6-25ϕ、8-22ϕ ～ 6-22ϕ
エレベータシャフト部：主材190.7ϕ-8.0 ～ 130ϕ-5.5、鉛直ブレース130ϕ-5.5、水平リングH-250×250×9、H-200×200×8、高張力引張ボルト8-22ϕ ～ 6-22ϕ、8-19 ～ 6-19ϕ

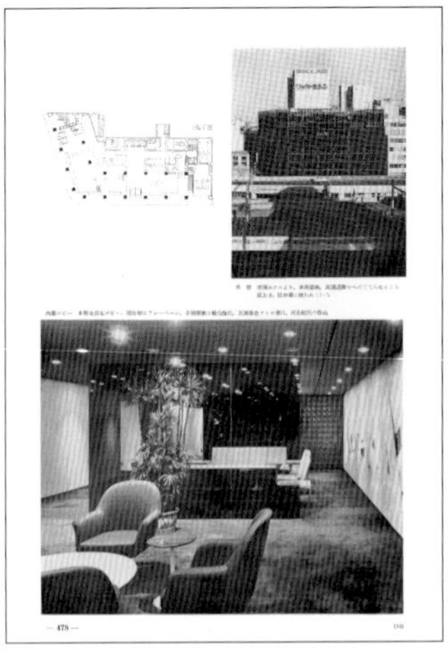

リッカー会館

3. 調査研究

3-1) 骨組の応力解析および実験
地震、耐風等水平荷重時に骨組に生ずる応力を知ることが重要であった。応力解析に際しては外周一葉双曲面状ネットと中央エレベータシャフトが一体として働き、塔の任意の断面は曲げをうけた後も平面を保つものと仮定した。この仮定によってネットおよびシャフトの分担する曲げモーメント、せん断力を定め、この曲げモーメント、せん断力に釣合うべき各部材の応力を求めた。別に実物の1/25の模型によって水平加力実験を行い上記の計算値と比較した。図2にその結果を示す。
3-2) 接合部の設計および実験
引張ボルト接合の特色は十分な初張力が導入されているときは外力が作用してもボルトには極めてわずかの付加張力しか生ぜず、従って接合部の剛性が極めて高い点にある。
この設計を行うためにはa) 外力とボルトに生ずる付加張力との関係、初張力解除の時期。b) ボルト締付時に加えるトルクの大きさと導入されるボルト張力との関係、を知る必要があるが、これらの関係を与える諸係数はすべて実験によって定められた。一例として引張外力Tとボルト張力和Pとの関係を示す実験結果を図3に掲げる。
3-3) 振動性状
3-1　使用と同じ別製の1/25模型に自由振動を起させて観測した結果、塔の1次振動形は倒立振子に近い曲げ振動で、模型で測定した1次固有振動数から実物の塔の固有周期を推算するとT=1.75secとなった。完成した塔についての大林組研究室、大阪大学鳥海教授の実測結果は曲げ振動固有周期T=1.62sec、捩り振動固有周期T=0.7secであった。模型実験からの概算と殆ど一致していると言える。
模型実験では基礎部に防振ゴムを入れて幾つかの実験を行ったが基礎回転の影響は極めて少なかった。要するにこのような長周期の構造物ではロッキングの影響は極めて小さい。
3-4) 風圧力
140IPエッフェル型風洞(東北大学付属建築実験所) により1/80模型および部分模型について実験した。
a) 風速変化の影響
レイノルズ数(風速) の風力係数に与える影響を調べたものであるが、実験の結果、この塔のエレベータシャフトのみをとりだすと臨界レイノルズ数付近にあるため杭力の変化が激しいが、外周ネット、展望台を組み合せた場合は、風速変化による抗力の変化は極めて少なく円筒形の場合の性質をもたなくなる。
b) 外周ネットとエレベータシャフトとの風圧力相互干渉による影響。
抵抗面積(CA=p/q) と受風面積との関係を調べたものである。次のような実験式を得ている。
$CA=(0.65 \sim 0.75)(C_1A_1+C_2A_2)$、$A_1+A_2=A$
CA=塔全体の抵抗面積、C_1A_1=外周ネットのみの抵抗面積、A_1=外周ネットの受風面積、C_2A_2=エレベータシャフトの抵抗面積、A_2=シャフトの受風面積。

［文献］
1) B.Kato:Stress Analysis and Tests on a One-Sheet-　Hyperboloidal Tower, Id3, Seventh Congress of I.A.B.S.E., Rio de Janeiro, 1964.
2) T.Naka, H. Tada:Experiment on Tensile Joints using High-Strength Bolts, IIb4, Seventh Congress of I.A.B.S.E., Rio de Janeiro, 1964.
3) カラム、神戸ポートタワーの構造について、カラム No.11, 1964.

（東大教授・工博）

リッカー会館

鹿島昭一／高瀬隼彦

——

推薦理由

——

あるシステムが発明されてから、ある時それのうまい使い方が示されて急に新しい広い世界が開けることがある。そのよい例がリオデジャネイロに建てられたブラジルの文部省の建築である。ルーバーという日光の調節のシステムが、建築の姿を決定する新しい要素として登場することになった。それからルーバーは一つの近代建築の姿をとるものとしていろいろに展開された。

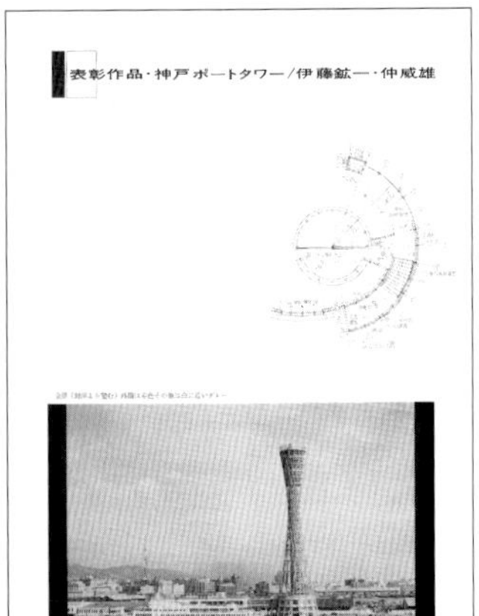

神戸ポートタワー

だが、このルーバーには一つの大きな欠陥があった。なるほど日光の室内へ入ることを調節するためには大変有効であるし、また建物に彫りを与える工作物として機能を超えて造形上の想像をたくましゅうするためのよい素材とはなり得たが、室内にいて何としても眺めを邪魔することであった。可動にして見たりいろいろの工夫がなされたが本格的にその欠点を取除くことはできなかった。

そこへ一つの新しい解決を与えたのはリッカー会館である。紫外線よけのガラスなどと材料的な進歩をこのルーバーの足りない所へ応用して、日光の調節と眺めの確保とを同時に満足させる手段を見出したのであった。それはかりでなく、とかく豆腐を切ったような単調さを抜け出す造形への解決の糸口をも示したものである。

これだけでも十分に学会賞に与いする創意といえよう。しかるに、更に加えて全体を白と黒という清潔感にあふれる色調で統一しつつまとめ上げてあって、全体的なまとまりを示すと共に、発明をこれはよいものだなと思わせるまでに洗錬させて使っている。

なお、軟弱地盤に深い地下室をとり隣地への影響を与えないための配慮が施工面のみならず平面計画・構造計画にもうまく生かされている。

これらの理由を総合して、リッカー会館は本年度の学会賞作品として十分の価値あるものと判断し、この作品に対し日本建築学会賞を贈るものである。

——

受賞者の言葉

——

鹿島昭一*

高瀬隼彦**

このたび、私達が担当致しましたリッカー会館の設計について、昭和38年度建築学会賞を受賞致しました。今回受賞の栄を得ましたことは、諸先輩、関係者の御指導と御協力によるもので、紙上をかりまして厚く御礼を申し上げます。

受賞の対称となりましたリッカー会館の最大の特色はその外装の取扱いにあります。この建物の外装をどうまとめるかということは設計の最初の段階でかなり重大な問題でした。

61年初夏、外装の設計にとりかかった当時、すでに欧米では金属とガラスの表現にいきずまって、プレキャストコンクリート採用にすすみつつあり、日本ではコンクリートの柱、梁を強調し、バルコニーをめぐらした重々しいデザインの建築が全盛時代でありました。そのときに我々が敢えて金属とガラスで外壁をまとめる方針にふみ切ったのは、日本でも可能な限り本格的なカーテンウォールを追求すべきときであろうと判断したからであります。

カーテンウォールは、戦後しばらくして二、三の先駆的建築に試みられましたが、当時はまだ建設工業水準がはなはだしく遅れていて、設計の意図を果し得ない試みに終ったといわざるを得ませんでした。しかし、その後日本における建築的環境は飛躍的に向上して、エヤコンディショニングは一般化し、建築を支える工業水準もかなり高くなって、一応カーテンウォールを無理なく採用できる基盤が整ったとみられるようになりました。

また特に高層ビルの場合、建物の軽量化が要請され、外装はカーテンウォールが主力となるであろうから、その設計と施工を多く経験し、データをそろえておくこと、特にカーテンウォールのバリエーションや可能性を試みておくことが何より必要であると考えました。

吸熱ガラスを建物の外側に吊って、日除けとして用いる場合、デザイン上次の二点を特に注意しなければならないことが知られています。

第一は内側の壁の取扱いであります。いわば二重の外壁の場合、内側の壁はできるだけシンプルに扱わないと外側の要素を混乱して、大変うるさいものとなり、全体として建物の印象を弱める結果となります。このためにこの建物では内部のアルミサッシュを黒のエレクトロカラー、腰は黒のカラーペーン(色焼付強化ガラス)と、すべて黒一色でまとめ、視覚的に極力目立たぬように取扱い、外側のステンレス方立を際立たせるようにしました。これは欲をいえば床から天井まで一枚ガラスにしたかったし、窓台の一本の水平線は矢張りかなり気になる存在になっています。

第二は外側の方立のディメンションです。これが全体のエレベーションに対して適当であるか否かによって、特にこのような大壁面の場合には、その建物のデザイン上で、死命を制するといっても過言でありません。模型によるスタディの結果、一応見付80mmとしましたが、コンクリートが打ち上がったときに、外壁の一部を実際に試作して見ました。これは一階分の高さであったので、大部分の関係者は、太すぎるという意見でした。しかしそれが全階分にのびた時のことを考えて、この寸法に決めました。結果は幸いにも期待した通りでした。

しかしこのタイプのカーテンウォールのデザインは、すでに一つの典型として、先人によってほぼ完成の域に達しており、ルーバーの一つの新しい可能性、熱線吸収ガラスによる日除けの開発という点を除いては、基本的には新しいものではありません。今回の受賞を機会に、さらにより創造的な仕事を続けていきたいと希っております。

(*鹿島建設副社長　**鹿島建設設計部)

——

建築雑誌1964年8月号掲載。

——

同号に「昭和37年度日本建築学会賞候補一覧」として29候補の作品名と設計者のリストが掲載されている。以下、作品名のみ。

簡易保険福祉施設の一連の作品(国営老人ホームおよびヘルスセンター)、岡山県児童会館、八代市厚生会館、福岡市民会館、栃木会館(新館)、香川県立図書館、帝人中央研究所、大阪労災病院、東北放送会館、小原流家元会館、宮崎空港ビル、小倉日活会館、日本生命「日比谷ビル」、朝日生命本社、N.C.Rビルディング、新阪急ビルディング、新住友ビル、新大ビル、三愛ビル、リッカー会館、土浦京成ホテル、広島グランドホテル、古河電工千葉通信ケーブル工場、神戸ポートタワー、出雲大社庁の舎、天王寺民衆駅、資生堂会館、長崎市公会堂、日航ゼットハンガー

16 | 1965年 1964(昭和39)年度

16

南山大学／倉敷国際ホテル／日本生命日比谷ビル／大石寺†／東海道新幹線旅客駅／特別賞：オリンピック代々木競技場および駒沢公園の企画設計ならびに監理

——

選考経過

——

このたびの第16回目の昭和39年度日本建築学会賞制定の実施について、その経過を報告すると次の通りである。

(候補の募集)例年のように会誌で会告して広く応募推薦願うこととしたほか、各支部、主な研究機関、職場等にも勧誘し優れた業績が候補にもれることのないよう周知に努めた。

(応募総数)各方面のご協力を得てそれぞれ立派な業績として論文30題、作品41題、その他の業績20題計90題というかつてない候補の数にのぼった。

39年度は、オリンピック大会が日本で開かれるなど建築活動の最も盛んな年でもあり、また建築の学術技術が著しく進歩を示したことによるものと思う。

(業績の選考)オリンピック関係の業績についてもそれぞれの部門における業績と同等に厳密に選考することとオリンピック業績のためその他の業績の数を圧迫しないという原則をたてて審査に臨むことにした。

第1部では、10名の専門委員を依嘱し、また第2部では委員中受賞候補がいられるので、中立性のある委員6名を追加して選考が公正に行えるよう考慮した。委員会は全委員会、部会共前後17回開き、慎重に選考を進めたものである。

(論文)この部門は、新進研究者に対する奨励賞的な意味をもつ伝統があり、30題の候補論文の中からよりすぐって、8題を選定した。

(作品)作品の候補には国際的な大事業でもあり、オリンピック東京大会の競技施設や東海道新幹線の建築施設などの登場によって、けんらんたるものであった。

それぞれの業績については後ほど部会長からどのような観点から推せんしたかの理由が述べられるが、特にここで触れたいと思うことは、オリンピック施設の代々木競技場と駒沢公園の施設とで、国際的にも名声を博しているこの2つには、単に作品のみでなく、それ以前の業績として計画があり、管理の問題もあるので、これらが渾然一体となった業績を表彰の対象にすることは、学会賞における作品賞の定義には入らないので、今回だけの臨時措置として、特別賞を設けて表彰することにした。

(その他の業績)この部門で今年の特異の現象としては受賞者に社名を用いたことである。現在の建築工事は個人の力では到底できない。組織をもたなければ、こなせない性質のものである。そのため、業績に関係された方々の中から特定の個人を抽き出すことはいろいろの困難があるので、社運をかけての努力に報ゆるにははっきり社名を現わす方が適当であると考えた。

以上の結果として、論文8題、作品5題、業績3題、その他に特別賞1題の計17題の優れた業績に賞を贈ることを決定した。

——

委員

——

第2部会(作品)

(部会長)斎藤寅郎

(幹事)国方秀男　薬師寺厚

(委員)芦原義信　生田勉　浦辺鎮太郎　神代雄一郎

清家清　丹下健三　浜口隆一　本城和彦　村田政真

山本学治　吉武泰水

南山大学

アントニン・レーモンド

——

推薦理由

——

南山大学は、ほぼ南北につづく一本の尾根筋とその両側のゆるやかな起伏をもって拡がる斜面とからなる変化に富んだ敷地に計画された。さまざまな機能をもつ校舎群はすべて、正門と裏門を結ぶ尾根筋を通る幹線道路をはさんで配置されており、それらは大学全体の動きと空間に明白な秩序を創りだすと同時に、管理棟・学生ホール・図書館・研究棟が囲む個人的な学究と団欒の空間と、大中小講義室が囲む集団的な学習の空間とが、地形の起伏を生かしながら、機能的に分節化されている。東と西に配置された野球場とトラックもそれ自体自然な平坦な谷間となりながら、校舎群のつくり出した空間と流れ合っている。

高価な仕上材の美しさや特異な構造体の奇抜さに頼ることなく、与えられた自然との調和と構能的な校舎群との結びつきのなかから、これまでに見られなかった大学校舎群の新しい空間的秩序を創造したことは、高く評価されなければならない。よってこの作品に対し日本建築学会賞を贈ることとなった。

——

受賞者の言葉

——

南山大学——自然と建築——

アントニン・レーモンド

新しい南山大学の設計をするため、シュライバー神父私の妻、そして私の3人がその敷地を見に行ったのは1961年(昭和36年)の7月か8月のある大変暑い日でした。私は敷地にある丘や、谷や、狭い道や、低いがよく繁った雑木林など、敷地内を隈なく歩き回りましたが、そのうち特に私の注意を惹いたのは、尾根に続いている細い道でした。その尾根は敷地の背骨のような形をしていました。そこは四方から微風を受け、東西両方面に素晴しい眺望を持っていましたので、私はその時その場で直ぐその尾根を敷地計画の基本とす

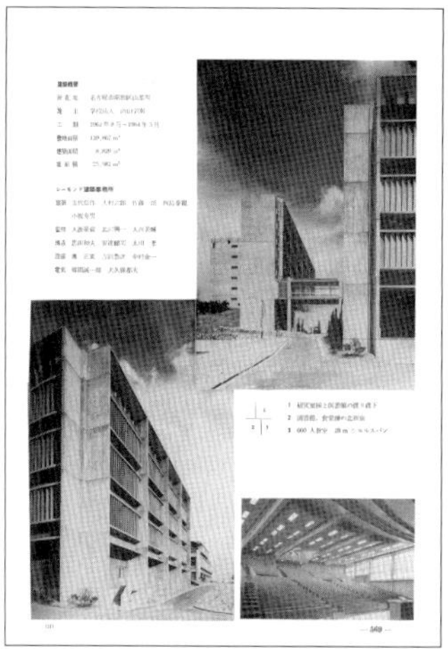

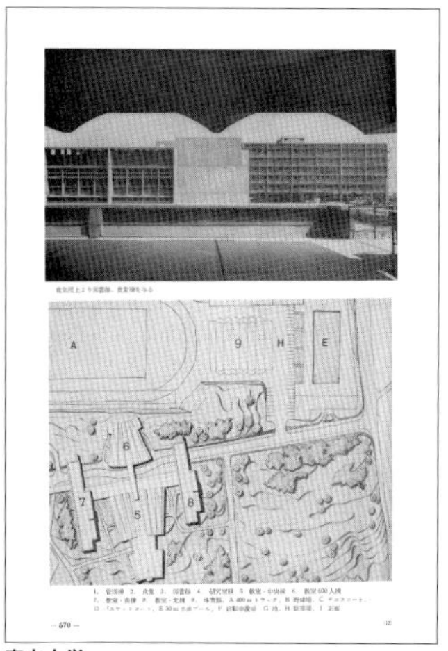

南山大学

16

南山大学／倉敷国際ホテル／日本生命日比谷ビル／大石寺／東海道新幹線旅客駅／特別賞：オリンピック代々木競技場および駒沢公園の企画設計ならびに監理

ることに決めました。私は建物によって区切られた空間を通じて眺めることのできるこの道路に跨って立つ数々の建物や、部分的にそれらの建物の中を一直線に突き抜けて北と南に眺望の開けた所へ通じるこの道路を目に浮かべることができました。私はその時たとえ予算が非常に限られていても、また多少の反対が起こり得るとしても、この中心となる考えを敢えて実現する決心をしました。

大変美しい景色と植物はできるだけそのまま保存しなければなりません。もし仮に現状を破壊して全部やりかえるとしたら、もちろん相当の年月を要しますし、また例えそうしたとしても絶対に過ちを犯すことのない「自然」という巨匠の手になる作品に敵うものではありません。この敷地の特徴は世界中の他のあらゆる大学に見られるような生気のない、月並みで単調な、何の意味もない、空しい記念碑的な広場や、柱廊や、幅の広い階段やその他すべての高価な虚飾的なものとは全然関係のない、水平的にも立体的にもダイナミック（動的）に設計すべきであるという考えを私に抱かせました。

もし私が本当に日本の伝統の中に「記念碑的」でない「人間的」な尺度を保つことができるとしたら、もし私が真に「機能的」なデザインを保つことができるとしたら、また、もし私がそのデザインをあらゆる意味において「単純な」「直接的」な、「経済的」なものに保つことができるとしたら、そのデザインは構造そのものを唯一の装飾とするものでなければならないでしょう。かくてこそ私は真に価値ある何物かを成就することができると思います。圧迫する様を「静的」デザイン即ち「軸を中心とした均整」にたよらずに、この敷地の特性は「不均整」と高低の変化に最も適していますので、私はこの特性を生かしてあたかも地下にしっかり根をおろした植物が枝を張るように、この敷地には地面から建物が自然に育ち拡っているような状態がふさわしいと思います。

不均整と動的なことはあらゆる日本の古代美術すなわち陶器、絵画、造園、建築その他すべての民芸の特徴であります。私は特に敷地計画においてこの伝統に忠実であったと信じています。しかしながら私は背骨すなわち尾根の両側にある一連の建物をあたかも1つの構造のように、全ての建物を統一した尺度と全体的に処理することによってある程度雄大な感じを現わすことにも成功しました。

個々の建物を設計するに当っての完全な自由、つまり内発的機能はいかなるばかげた誤った形式にも絶対に邪魔されないという事実は全ての建物に歴然として現わされています。このことは校舎、図書館、食堂などにおいて新しい形式および解決策として現わされており、これらの建物はあまり前例に捉らわれずに、近代的機能と必要性に重さをおいています。機械設備は全部生活を楽しくすることに向けられています。総ての建物は十分に暖房され図書館にはヒートポンプで完全に空気冷暖房が施されています。建物の方位については特に注意を払い、ほとんど全ての部屋は冬は太陽、夏は涼風を受けるよう南に面しています。電気の配線は日本ではめずらしいことですが全部地下ケーブルになっており、これは単に美観上の満足ばかりでなく、

日本生命日比谷ビル

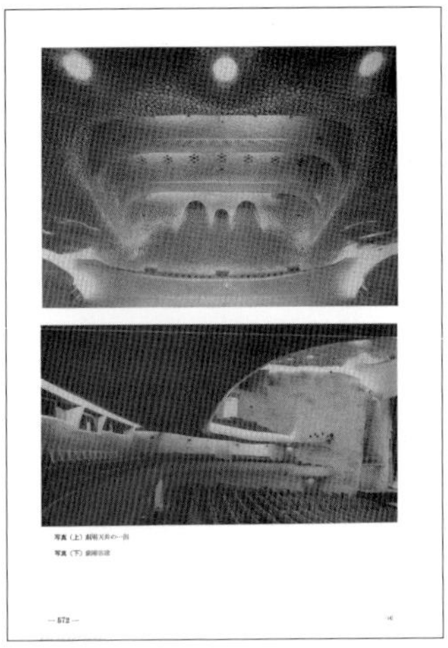

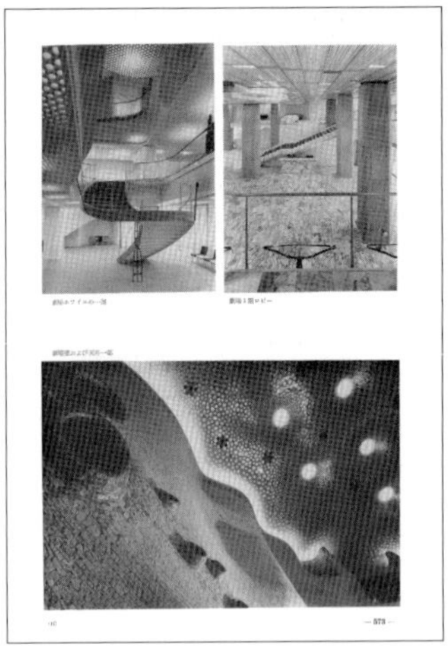

また台風の損害を防止するのに役立ちます。

この計画の成功の大部分は大学当局の忠実な協力と、建築家の仕事に対する並々ならない理解によるものであると私は感じております。成功に寄与した今1つの要因は工事を請負った清水建設株式会社の最も忠実な施工であり、私はこのことに対しても同様に感謝しております。　　　　（レーモンド建築設計事務所長）

倉敷国際ホテル

浦辺鎮太郎

——

推薦理由

——

世界建築界の最近の傾向は折衷主義の著しい抬頭であるが、倉敷国際ホテルは日本建築界のこの傾向を示す一つの優れた作品として学会賞候補にあげられた。

岡山県倉敷はこの地方に残る特異な伝統建築が最もよく保存されている美しい古都であるが、この特殊な雰囲気の真只中に建築されたこのホテルは、周囲の環境に引きくらべて少しも異質のものを感じさせないにも拘らず、現代建築としての美と機能的な使命とを見事に達成することに成功している。

地上5階建の建ものは、作者の言葉によると経営者の希望をただ忠実に建築に翻訳したものであるというが、ここに現われた建築的手法は並々ならぬものがあり、隅々にまで細かい神経が行きとどいている点で設計者の非凡な力量がうかがわれる。

また工費・ひいては構造・材料にかなりの制約をうけたと解されるこの建築物に於て、各種の調和を最良の均合いに置いたことも設計者の賢明な判断によるものであろう。よってこの作品に対し日本建築学会賞を贈ることとなった。

——

受賞者の言葉

——

倉敷国際ホテル——二賞三笑——

浦辺鎮太郎

人間は歩くことは完成した。これからは笑いを完成しなければならない。（岩田宙造）

“これは開銀申請用の図面で急ぐから、市の建築課でかいてもらった。もちろんこれにコダワル必要はないが、設計は君にやって、もらうことになった”と倉敷国際ホテルの翁社長。

チラッと拝見して“女子寄宿舎に温泉旅館の大座敷がついた様なホテルですなあ”と私、“どう直して貰ってもよいが直したいならすぐやってくれ”と翁さん。“人口いくらに対して客室はいくらと言うものですか？”と森田常務さん。“いや、それは私の方からお聞きしたいので……”と私。

素人ばかりの中に新任のベテラン有森支配人はホテル学のABCから奥儀まで伝授される。

客室35が70に、100席の宴会場——いや会議室が200席になる。ご予算は設備も家具も含めて1室500万円也。

“この金で国際ホテルが出来ますか？”と開銀の審査官氏。翁社長の並々ならぬ奔走で資金の目途がつけば今度は敷地問題と許可問題。

私はこの頃からKeep smile！をモットーにして来た苦虫を噛み潰した様な顔をして居るよりも笑って居る方がましだと教えられたからである。

いつの世も現実は最良の教師。

とも角、予定の時間に予定の金で、ホテルは出来た。

“出来たものは賞めなければいけませんよ”と有森支配人。“これは浦辺さんの設計だと言うが、大原さんの設計でしょ”と新大阪ホテルの山本為三郎社長。

一言“よくやった”と今は亡き三木岡山県知事。試運転の余裕もなにも、あったものではない。

初泊りの松下幸之助さんは、バスに赤い湯が出てさぞ驚かれたことであろう。

“まあ可愛いいホテル！　風呂敷につつんで東京に持って帰りたいワ。と丹下夫人。

私は初めて哄笑した。

“ねえ、フランスの田舎にある様なホテルにしようよ！。と言う私も、言われる松村慶三君も、その国は知らないのである。最近フランス貴族の老夫婦が投宿されて町もホテルも気に入ったと賞めて下さった由——私共の秘かな会心の笑い。

有森流の国際ホテルは、ドゴール大統領とジョンソン大統領と毛沢東主席が隣り同志に泊っても共に安心して満足の行くものでなければ、いけないことになって居る。

この三巨頭が、食堂かグリルでバッタリ会う、馴れないが心からのサービスとうまい料理に酒で、人間らしい笑いを取り戻して、お国自慢に花が咲く——こんなことになれば1965年の人類の笑いも完成されるのだが…。

岩田博士の笑いの哲学はごく最近、倉建の会長さん（大原総一郎氏）から聞かせていただいた。

未熟者の私では仕様がないが、三笑ということを日頃から心がけて来た。

施主と建築家と施工者——この三者が末長く喜こび、共に手を取って笑うことを目標に泥脚佩雲《でんきゃくはいうん》するのが建築家の職分だと先輩の方々は教えて下さった。

悲しい哉、現実は三笑どころか、三者の泣き合いで行かなければならない仕事が多すぎる。ある立場の者は泣き、他の立場の者は笑う。これもいけない。

倉敷国際ホテルは建築年鑑賞と今回の学会賞と二賞をいただき、また幸にして三笑することが出来て、未熟者の私には身に余る光栄である。

然しこれも蔭で泣いて下さった方々が大勢あったのではないか、その方々のお蔭ではなかったかと思えば、あまりタワ言《ごと》ばかりも申しては居られない。人間本当に笑いを完成したいものである。

（倉敷建築事務所長）

日本生命日比谷ビル

村野藤吾

——

推薦理由

——

F・L・ライトの帝国ホテルと道路を距てて対向する位置にある日本生命日比谷ビルは、本格的なオペラ劇場である部分と、事務所部分の他に小さい国際会議場或は地下レストランを含んだ複合ビルであり、1階は広大なるピロチとなって市民の一般交通に解放されている。このビルの外観的特徴は、窓と壁面が万成石の仕上に統一されて、複合ビルとしての機能が生《なま》の造型をもってそのまま表現されることなく、見事に調整されて格調の高い創造性に達している点であろう。

劇場部分は高揚した作家精神が激動し、奔流して、ドラマチックな空間を造っている。然しながら強い個性と巧みなる材料の駆使によって破綻を生じていない点は驚くべきことである。

半世紀におよびヒューマニズムの建築を求めてきた作家の修練と洞察とのすべてが結集され、作品の隅々にまでその分身を感じさせる代表作であろう。対向するF・L・ライト作品に、窓から階段・手摺の端々に至るまで、或は多種多様の空間の変化と統一ある扱い方などの配慮には真摯・謙虚なる人柄がにじみ出て間然するところがない。一言にして尽せば典雅・滋醇なる作風であるが、かかる作風は必ずしも時潮の好尚に合致せずとする世評も一部にあった。然しながら一歩立ち止まって時潮を観察した場合、これをリードする作品と共に、時潮に一定点を置く作品として日生日比谷ビルを高く評価し、ここに日本建築学会賞を贈ることとなった。

——

受賞者の言葉

——

日本生命日比谷ビル——地的環境と表現——

村野藤吾

地下5階地上8階延約1万2千坪、そのうち半分が日本生命で使いあとの半分が所謂日生劇場となって、構造的にも機能の上でも、全く異質のものが2分して同居している。ほかに、国際会議場や食堂などもあるが、それ等は、この建物には大した影響はない。構造は内藤先生が担当されたので、詳しいことはわからないが、御苦労の様子で、どんな面倒なことでも聞いていただいたことは感謝に耐えない。後日の振動実験でもよい結果が出たように聞いている。

扨て、1つの建物の内外では、全く異質の人が1日何千となく混交したり接触したり、また、建物のなかに吸込まれたりはき出されたりする。それだけの表現はい

倉敷国際ホテル

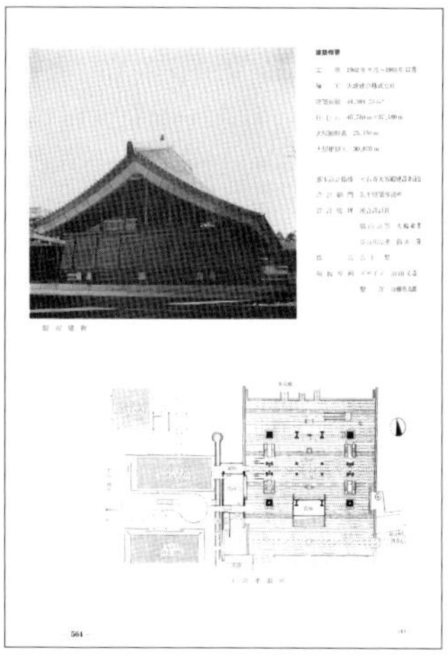

大石寺

やでも自然にあらわれるであろう。機能の上での内部的な複雑さは何とかなるとして、どうしても隠せないところがある。それは1階である。路面との接際である。これを内容のまま2分したとしたら建物は目茶苦茶となる。そこで、一体とし表現したい、そして、出来ることなら、日本生命の名において統一あるものにしたい。このことは外観の場合にもいえることである。更らに、生命保険会社という特殊な社会的考慮も表現のなかに盛り込まねばならぬだろう。つぎに、この建物は三井銀行に隣接し、道を隔てて、帝国ホテルのあの建物がある。日比谷公園という風致地区や少し行けば劇場街もあったりして、その上、市街地の建物として都市計画的なことも配慮のなかにはいる。このような、地的条件や建物の性格を織り込んだ上で一挙に解決するには、1階を解放する以外に方法はないと思った。しかし、これを決断するにはとても一建築家のよくするところではない。そこで弘世社長の発案は決定的であった。蓋し、1階を余すところなく利用するという経済的な配慮が、やがて、非常な障害となることに気付かれたからであろうと思う。

この建物は日本生命の東京総局である。いわば、会社の東京における代表的な性格と表現を持たねばならぬ建物である。貸ビルのような条件もなく、またそれに似たような経済的な配慮をあまり必要とはしないが、百年の寿命と表現に狂いのないことが望まれるのである。そこで、このような寿命に耐えてなお、足りるような表現手段といえば、これまでもそうだが、石以外にはないと思う。量およびその均一的な性質や、使いなれた点よりすれば、花崗石以外に需めることは出来ない。「万成石」を選んだことは良かったと思う。加工した後の温かい色調や感触、テッキスチュアーの好さはこの石をおいて外に需め難いと思ったからである。石には石の自然的な加工方法とこれを慮る愛情が必要であろう。表現に無理をしたり、そのためにエキストレームにならないことも必要であろう。更らに、劇場部分は無窓が望ましく事務的なところはその逆である。これに統一を与え、何がしかのムードも必要であろう。

そこで、窓の硝子を出来るだけ内側に引込めて、その代りに石張りの壁面を出来るだけ大きく前に出すことで、表現の統一と建物の重厚さを考慮したのである。それには一階の解放が役に立ったと思う。曰く、『レバイバルムード』曰く「ネオクラシック」等々、史観の相違もあって、見る人によりあるいはそう見えなくもないであろう。しかし、それはそれとして、これだけはいえるかと思う。自由主義的でどこかに浪漫的なといったところがある。現実的にいえば、建築は疑いもなく人間労働の結果である。労働条件の背後に密着する労働の内部的な本源的なものからのつながりで、建築の上に倫理的な観念を導入することはできないだろうか。事実、私はこれを意識して何の屈托もなく、期するがままに振舞ったまでである。

近代産業の生産的諸条件とそのしこくから自由になり、可能な限り手工的な表現を重んじて、それに相応しい材料と工法を工夫したり、意匠の細部までこの考えを徹底するように配慮したことは事実である。

「半世紀におよびヒューマニズムの建築を求めてきた作家の修練と洞察とのすべてが結集され、作品の隅々にまでその分身を感じさせる云々」これは拙作に対する学会の推薦文の一節である。びようたる私如きには過ぎたる言葉である。三省して後日を期したいと思う。

（村野森建築事務所）

大石寺

横山公男

——

推薦理由

——

大石寺は、富士の裾野にあって、もともとは日蓮宗の本山の一つであったが、創価学会の誕生以来、そのメッカとして今日の隆盛をみるに至った。

寺の建築は10年ほど前の宝蔵から、今年の六壷まで、信者の増大とともに着実に普請が続けられてきた。昨年の大客殿、今年の六壷など寺の主要な建物はほとんど出来上り、大石寺の総合建設計画は一応完了した。この10年間、これらの設計を担当してきたのは横山公男君である。今日のような工業主義、合理主義の時代にあって、宗教建築を手がけることには相当な困難があったはずであるが、横山君はこれに真正面からとりくみ、これらの一連の作品に精神性といったものを意欲的に表現している。一作ごとに真摯に宗教性を追求することで、これほど息の長い仕事をしてきたのは他にちょっと例をみない。ここに建築家としての横山君の力闘の跡をみることが出来るように思う。

10年もの長い間、一筋に歩んできた横山君の努力は貴重なものといわなくてはなるまい。よってこれら一連の作品に対し、日本建築学会賞を贈ることとなった。

——

受賞者の言葉

——

横山公男

建築はひとりの仕事ではない。ひとつの建築が誕生して、多くの人々によって賞讃されることは建築家冥利につきる事ではあるけれども、ただ一人の建築家が拍手され、喝采されるのは何か腑に落ちない。という意味のことを京都会館受賞の際に前川国男先生が書いておられました。今回私達の大石寺に学会賞が与えられて、一層実感を以ってこの言葉を深くかみしめた次第であります。

大石寺はこの10年間に全くその様相を一変しました。しかしこの意欲的な建設事業は、大石寺64世法主日昇上人、65世日淳上人、現法主66世日達上人、および創価学会前会長戸田先生、現会長池田先生の意志と深い洞察力とによるものであり、さらに全僧侶、全信徒の実行力によるものであります。

また、建築的な面にのみ限って考えましても、大客殿における永井賢城先生のご指導、10年前独立して合作社設計室というささやかな設計組織を作って以来の協同者である栗原忠氏始め、事務所の若い人達の協力、構造、設備関係の多くの協同者、特に大客殿が現在の姿で、六壷が現在の姿で完成し得たのは、青木繁氏との緊密な協同によるものでありまして、今回の栄誉は氏の協力があったればこそと考えます。また性格的にも、建築的にも大へん特殊なこれらの建築の実現に努力を惜しまなかった多くの工事関係者の方々の力も忘れることは出来ません。

大石寺は開山以来700年の歴史を持つ東海の名刹として、その宗教上の独自な立場とともに古くから識られておりました。

昭和27、28年ごろの大石寺は杉の老木にかこまれた深閑とした寺で、木立ではかっこうが鳴いておりました。このころから創価学会の急激な発展によって深閑としていた境内には人が溢れ、当時の大石寺の諸伽藍は規模の点からも、機能的な面からも、こうした新しい状勢に対応するためには不適当となって、新しい伽藍の建設計画が建てられるに至りました。従来、寺院の本堂というものは、ガランとしていて面積だけは広くとってありますが、使用者のための入口として向拝と呼ばれる正面の入口と庫裡からの通路がありますが、これらの入口は大量の使用者が常時使用するのにはまことに不適当だといわなければなりません。また広い本堂も多くの使用者にとって拝み易いように積極的に考慮されているとは考えられません。法事などの限られた目的のために、限られた人数が使用するのには支障はないとしても、現代の民衆の中に生きている宗教のための建築としては、使用者にとって使い易く、拝み易いということが積極的に解決されなければならないでしょう。もちろん寺院というものに対する意見や理解は様々だと思います。たとえば瞑想的な静寂な空間というものも寺院というもののイメージとしてあると思います。これは大へん魅力的なイメージです。とくに人間不在が問題化している都会生活者にとっては説得力のあるイメージです。しかし私達は、宗教というものの存在価値はそのように逃避的な意味においてあるのだとは考えません。

またいろいろな会合に解放するいわば公民館的な性格に重点を置く、いわゆる多目的寺院というものも、社会問題として一見正当性がある様に錯覚され勝ちですが、それは任務分担が違うのだといわざるを得ません。

宗教とは何か、ということは暫くおくとしても、現代の民衆の中に生きている宗教のための施設としてどこに重点をおくべきか、これは明白であります。この様な見解が大石寺計画における私達の基本的な立場でありました。とはいうものの10年前宝蔵の設計に着手するころは、寺院建築における新しい解決の実例もなく、私達なりの信念のようなものはあったにしろ、いわば誇らば誇れという大へんに悲愴な気持であったことも事実です。それだけに一層今回の受賞は私達にとって意義も深く、また私達をはげましてくれるものであったのです。心から感謝申し上げる次第であります。

（連合設計社合作社）

東海道新幹線旅客駅

国鉄設計グループ（福岡博次／小栗正満／熊谷泰／沢健一／十楽寺義彦／高木毅／竹内正光／春山一郎／松島勇雄）

設計事務所グループ（太田和夫／佐野正一／山崎兌）

——

推薦理由

——

東海道新幹線は、日本の交通輸送の大動脈である東海道線の輸送力を飛躍的に増強し、この地域の、さらに日本全体の経済的発展・文化交流をうながした。またその成果は、これまで斜陽化の一方とみられていた鉄道に新しい生命を吹きこむものとして、国際的にも注目されている。この建設にあたっては、土木・電気・機械の各技術部門とならんで、建築も不可欠な役割を果した。建築に投じられた工費だけでも、200億円にのぼっている。それだけに建築的な観点からみても、東海道新幹線建設事業は注目に価いするものである。建築作品としていうと当然駅舎建築が中心となるが、それには東京・大阪の両ターミナル駅、および京都・名古屋・静岡などの10中間駅、計12駅がある。まずその最大の特徴は、全駅を通じてデザイン・ポリシーが貫かれ、しかも個々の駅にあるていどのバラエティがみられることである。統一ポリシーは、プラット・ホーム上家の形式から構内機構、部材にまでおよび、とくにそれらのデテールについては、徹底的な設計標準化が行なわれている。

こうした設計にあたり、まず国鉄設計部が総合計画を練って基本的ポリシーを確立し、さらに実施設計の段階では、各地区工事局と民間の2つの建築事務所に、それぞれの担当駅を一任するという方法がとられた。新幹線の企画・土地買収などをふくめて5年という短期間に、他の技術部門と歩調をそろえて、突貫工事を完遂しなくてはならないというギリギリの条件に対し、これは、もっとも合理的なやり方だったといえよう。新幹線駅の成果は、このような組織づくりと、チーム・ワークの努力によるところが大きい。

その結果、建築作品としても見応えのあるものができた。とくに京都駅などは、機能的であるとともに、古都にふさわしいキメ細かな優雅さが漂よっている。

現代建築の基調である合理的な設計態度を貫きながら、個々の作品の水準を高く維持したという点、称賛に価いしよう。よって日本建築学会賞を贈ることとなった。

——

受賞者の言葉

——

国鉄設計グループ

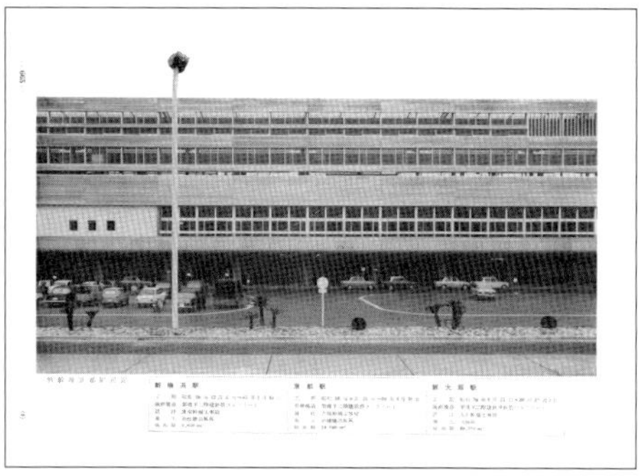

東海道新幹線旅客駅

16

南山大学／倉敷国際ホテル／日本生命日比谷ビル／大石寺／東海道新幹線旅客駅／特別賞：オリンピック代々木競技場および駒沢公園の企画設計ならびに監理

福岡博次（東京建築工事局）
小栗正満（名古屋鉄道管理局）
熊谷泰（中部支社建築課）
沢健一（大阪幹線工事局）
十楽寺義彦（東京幹線工事局）
高木毅（高崎鉄道管理局）
竹内正光（静岡幹線工事局）
春山一郎（東京工事局）
松島勇雄（岐阜工事局）

——

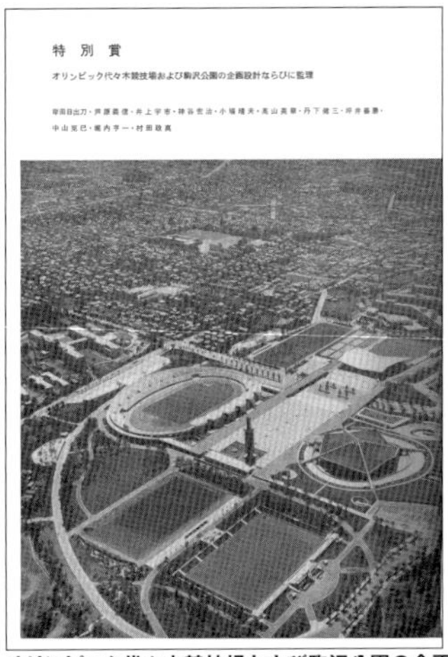

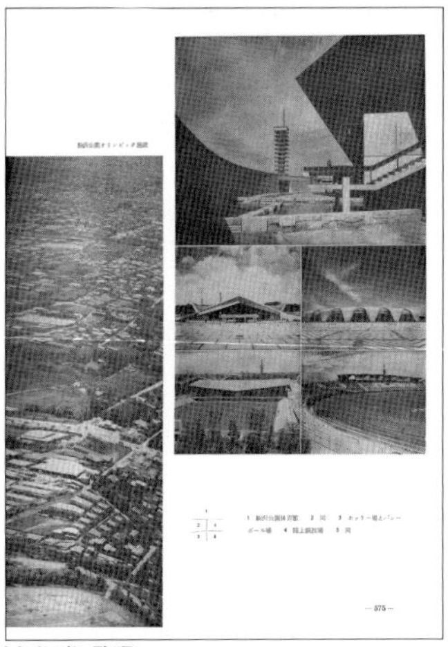

オリンピック代々木競技場および駒沢公園の企画設計ならびに監理

東海道新幹線の工事は5か年の短期日で完成を見たがそれなりにすべてについてよい面と、悪い面があらわれている。

今、その建築工事をかえり見て所感を述べ、官庁における仕事の一面を理解していただければ幸と思う。

「国鉄の組織と新幹線の仕事の進め方」

国鉄の様な大組織となると業務の運営は専門別に細分化されている。建物についても同様で、旅客駅について言えば今迄は営業側の設備要求に基づき、建物は建築家が設計を進める。照明・電気掲示・電気照明による広告、放送設備・通信設備などは電気技術者が、機械設備は機械技術者が直接要求者側と打合せ、また一般の掲示類、広告は営業が、すべてのものは独自の立場で建物と関連を考えないで設計を進め、工事が行なわれているのが現状である。

最近、照明については幾分相談が行なわれる様になりつつある状態である。すべて大組織の縦割制度による仕事のセクショナリズムが物の本質よりずれて行く傾向の一端をあらわしている。

また、今迄一つの計画を実行する場合でも、本社は内面指導は行っても現地の局で計画・立案をさせ、それを本社は承認する方法が採られている。この事は現地の実状に合わせるという利点はあるが、本社は直接の責任のがれの点と、当初のよい計画がまげられる可能性がある。

以上の様な理由とその中間で多くの人が勝手な意見を入れることによって官公庁の建築はよい作品が出来るわけがなくなりつつある。

新幹線の仕事は東京—大阪間に5か年で高速電車列車をいかに安全、快適に走らせることにある。これにともなう旅客駅・車両基地・保安設備などが計画され、それを受けて初めて建築計画がされた。

これらの施設は従来の国鉄の規格と違う広軌高速度列車に基づいているので鉄道技術研究所で研究され、本社で計画されたことを現場はその忠実な実行に当るという仕事の進め方が採られた。

建築工事も当然この考え方が実行された。駅・電車基地など現場の諸施設は申すに及ばず、予算の決定、標準設計など本社の力が強く押し出された。

このことにはよい結果と同時に悪い結果も生じ易い面がある。しかし、私はよいことを強力に押し進めるためにはある程度の「マイナス」はあっても本社権限強化は必要であると今でも考えている。

「サンエス主義」

新幹線工事の発足当時、工事担当局長であった宮沢吉弘氏の命により私も土木構造物の打合せに出たが、局長が新幹線の工事を短期日に最少の要員で最大の効果をあげるために標準設計をする必要がある。その標準設計はスマートであること、シンプルであることをモットーにしたスンタダード化したものとしたい。その3点の頭文字から3S主義と呼ぶといわれた。

この線にそって土木技術者と打合わせをし、構造物の透視図を画き、現在出来ている標準ラーメン構造、壁式高架橋構造、高架橋の高ラン、長大橋梁などの標準設計、橋梁の標準色がきめられた。また特殊な瀬田川橋梁、名神国道立体交叉などは、すべて現地の環境を見て透視図が画かれ、建築家の希望に基づいて打合わせ設計がなされた。

すべての点については経済性、ものの考え方などの相違でわれわれの希望どおりに実行はされていないが、幾分でも美的要素を考えてくれただけでも進歩であると思っている。

「デザイン・ポリシー」の発足

前述の様に土木構造物は標準化が進められた。さて建築としてはどうあるべきか考えた結果、以前よりデザイン・ポリシーについて議論がなされたことがあったし、これを実行するのによい機会であるので、当時、技師長室調査役をされていた藤島茂氏にご相談した所、賛成していただいたので実行する決心をした。

まず「ポリシー」とは字の意味の如くある意味の政治である。国鉄の様に細分化された大組織の中で一貫したデザインを実行するにはこのことに対する理解者であり、応援者となり、協力者となるべき方々を作ることに第一の重点を置いた。そこで要求側としての営業、実施側である電気、車両、機械の方々にPRをしたが新幹線の組織は本社内でも独立した組織となっている上に、すべてよいものを完成させ様と考えている人々の集まりであるので皆が協力して実行しようという事になり、意匠標準化委員会が新幹線について設けられ、ここですべて意匠が検討方向づけられることになった。

「デザイン・ポリシー」の方向づけ

デザイン・ポリシーは実行することに決定されたがその標準化の限界と個々の作品としての芸術性との関係をいかに方向づけるかが非常に大きな問題となる。そこで駅についていえば次に述べる部分のディテールとホーム上家の形式は標準化する。個々の作品についても本社としては出来るだけ耐久性のある、石・金属などの材料により、変色、老化をふせぎ、清掃し易いものにすること。全体として上品な渋い色調を基としたデザインで構成することに思想統一することのみとし、現地の設計者の意志で設計されたものはポリシーの点だけをチェックをなし、その他について一切変えない方針で進めた。

色調については最初に車両の外部の色が決定され、それにマッチするホーム上家の色、車両内部、駅という順に色調が方向づけられた。

また前述のごとく今迄の駅の設計においては掲示・広告・売店などが無統一に設けられてあったが、掲示については、今迄の大きさ、掲示の規定にとらわれないで見易く、わかり易いものに割り付け、掲示の組合せを考えてモデュールで大きさを決定した。掲示を設ける位置は必要最小限とし、後述する様に旅客としては出来るだけ掲示を必要としないで視覚の範囲を広げた空間構成とすることに重点を置いた。掲示の設ける位置は当初より建築壁面の構成として考えることに打合せの上決定した。

広告についても同様に業務掲示と明確に区別出来る様にすること。設ける数を減らすこと。上品な色調とすることで当初計画で業務掲示の邪魔にならない場所を壁面構成上考えて、すべて壁面に埋め込みを設け、指定の場所以外には一切設けない様に決定した。

ホーム上の売店についても標準設計を打合わせ決定し、各業者に実行してもらい、駅内部の売店などは駅のデザインにマッチしたものとなる様に指導をした。

「モデュール」の使用

標準設計を進める一つの手段として当初モデュールが考えられる。新幹線の計画としては、まず基本となる車両の長さ25mに基づきホーム上家の柱割はその1/2の12.5mに決定され、車庫なども25mを基本としてスパン割りがなされている。この決定によって立面計画もなされている。

その他にホームの駅事務室・出札窓口・改集札柵・掲示の大きさの決定がモデュールに基づいてなされている。

「新幹線の旅客駅のあり方」

従来旅客駅は一般的に列車駅と電車駅に区別されている。列車駅とは駅内で列車の待合わせを行ない、その時間に荷物の受付、引渡し、食事、郵便、電報の取扱などをなす。

電車駅とは運転時隔の短い、いつ駅に行っても乗れる状態の待合わせ時間の少ない駅で、旅客にとっては通路的の存在と考えられる。

新幹線は東京—大阪間の日本のメガボリスに列車とはいえ、10分〜15分間隔でフリークェント・サービスで列車を走らせる計画であるので、列車駅といえ電車駅的傾向が強くなりつつある。この様な考えから駅としての性格を次のように考え計画された。

全体として駅は列車に乗るための通路としての考え、二次的施設は出来るだけ簡略化する。

すべて構造物たる高架橋の内部に設けることを基本とする。この大きな2つの性格に次の考えを入れた。

平面および空間的構成を簡素化してなるべく視覚の範囲を広くする。この事は初めて駅に来た人にわかり易いものになる。

通路的の性格といえども将来旅客の増加した場合に、狭くならない様に充分のスペースを取って置くこと。

高架橋構造物を駅として使い易いスパン割りに合わせたこと。以上の点を考慮して大体の平面計画を本社で決定した。

上記の方針に基づき椅子・灰皿・くずもの入れに至る迄デザイン・ポリシーを実行したが、完成された駅としての作品価値は未だしの感が深い。

おわりに

われわれは作品価値から考え学会賞に値しないものであると判定しておりましたが、計らずも浜口隆一氏のご推せんによりまして日本建築学会授賞の通知をいただき、ただ稚拙未熟な点のみが目につき、賞に値するものかどうか危惧もありますが、未だかつて見ない多人数の建築家のみならず他の系統の人々の努力と組織を超えた協力に免じて、あえて喜んでお受けすることにいたしました。

今後一層の努力をし、与えられた仕事に最善を尽す様念願しております。（福岡博次記）

標準設計リスト

出札窓口廻り詳細
自動巻売機窓口詳細
改集札柵詳細及び設置方針
ホーム階段手摺、階段詳細
ホーム駅事務室および信号扱所全般
ホーム上家形式、色彩、柱詳細
旅客用便所設置方針
ホーム水呑
ホームベンチ
ホーム上家付及びスタンド式すいがら入れ
ホームくずもの入れ
ホームたんつぼ
客車順位案内標
柱用客車出入口標
車両用標示板
電気掲示類
電気時計
ホーム売店
エスカレーターなど

——

設計事務所グループ
太田和夫（鉄道会館専務取締役）
佐野正一（安井建築設計事務所長）
山崎兌（交通建築設計事務所長）

——

この度、はからずも東海道新幹線旅客駅が、学会の作品賞をいただくことになりましたことは、私共のこの上もない光栄のことと存じます。私共と申しますのは、かつて国鉄に勤めていた、また現在国鉄に働いている建築家達のことであるといってよいと思います。

新幹線は、国鉄関係のあらゆる部門の技術陣の総力を挙げて完成したもので、全世界の注目を集めたことは御承知の通りですが、そのなかで、建築の技術者の努力やその作ったものが、認められたりすることはなかなかすくないものです。

鉄道の発展の過程を見ても、列車速度を安全に向上させることによって、輸送力の増大をはかって来た歴史であって、鉄道技術の進歩・発達は、スピードアップに結集されてきたといってよい。軌道の構造・車両の性能・信号保安の設備などのようにスピードアップに直結する技術が高く評価されているなかで、私共建築に従事する技術者は、ただ黙々と努力を重ねているという状態でありました。

このことは、何も日本ばかりではないと思われるのは、今度の新幹線の建設が世界中の評判になって、先進国をはじめ、新興国などから、ぞくぞく視察に来たけれども、なかに建築の設備を見に来るような人や、興味を持つ人は絶無であったといってよいでしよう。こんな時に新幹線の旅客駅が建築学会の作品賞をいただくことになって、鉄道の部内でも大きな関心を呼んだことは、言い表わすことのできない喜びでありました。胸のなかのわだかまりが頭や足の先から抜けてしまったような気がしたのです。

新幹線の駅が、その全体を通じて、国鉄関係の建築家のチームワークとしての努力が讃められたことについて、私共は私共としての意義を感じています。これはひいては、過去から現在にわたって国鉄の建築家達が、長い間積み上げて来た仕事が認められたことにもなると考えられるからです。

完成した各駅を見ると、正直に言ってまだまだ物足りない多くのものを感じますけれども、全体を通してある筋の通っている点があるとすれば、それは新幹線の建築設備のデザインの基本的考え方をまとめるために設けられた意匠標準化委員会の力を忘れることはできません。当時国鉄本社の新幹線関係の建築の技師をしていた福岡博次氏が中心となって、委員会が色々の案を練りました。プラットフォームの上家、変電所などのように劃一性の強いものは全体を標準化し易いし、駅本屋などのように類形化し難いものは、建築物の部分例えば、出札窓口、改集札柵、案内所のカウンタ、階段の詳細、などから多くの業務用掲示、案内標の類その他時計や備品（机ベッド、椅子、ごみいれ、たんつぼ）に至るまで簡単で美しくあるように案が練られました。

しかし各駅の個々の設計にあたってそんなに劃一的にできるものではありません。東京—新大阪間の12の駅の設計は、国鉄の工事局で担当したものもあり、部外の設計事務所（山崎兌氏の交通建築設計事務所・佐野正一氏の安井建築設計事務所・私の所鉄道会館技術部の3つの事務所）で引受けたものもありますので、それぞれが独自の立場で設計を進めていたのです。その間相互の間で、設計上デザインなどのことで相談するような機会を持つようなことはありませんでした。しかし工事が出来上ってから新幹線に乗って、各駅を見ました時、はからずも、何となく一貫した方針に則って設計されたような、統一を発見することができました。このことは前述のデザイン委員会の効果もありましょうが、私共国鉄関係の建築家達の過去におけるチームワークが自然につくり上げたものと見てもよいのではないかと思います。

ここまで新幹線旅客駅が学会作品賞の御褒美をいただいた感想を書いてきて、まだ私の頭の中に残っているのは、建築という技術に携わる者の持つヴィジョンが一体どうあったらいいだろうかということであります。他の技術では、たとえば鉄道技術に従事する技術者達には、スピードアップというわかり易い大きな目標があって、それに向って色々のヴィジョンが生れて来ます。今回新幹線の建設という成果が挙げることができたけれども、既にも早やそれに必要とした多額の投資とバランスするような輸送効率が上げられているだろうかと反省がなされつつあります。そこに技術の進歩があり、また健全な鉄道経営の発展が約束されるのです。建築でももうすこし経営的見地から見なおされるようになって、建築家のヴィジョンも調和のとれた方向に向けられるようになった方がよいのではないかと考えています。（太田和夫記）

17 | 1966年 1965(昭和40)年度

山口銀行本店／蛇の目ビル†

——
特別賞
——

オリンピック代々木競技場および駒沢公園の企画設計ならびに監理
岸田日出刀　芦原義信　井上宇市　神谷宏治
小場晴夫　高山英華　丹下健三　坪井善昭
中山克巳　堀内亨一　村田政真

——
推薦理由
——

1964年東京オリンピック開催に当って、日本の建築界が示した熱意と努力は正に世界にも稀にみる異常なものであったが、その結果として生れた数々の優秀な建築作品のうち、特に優れたものとして代々木競技場の第1、第2体育館と、多数の競技場を総合して膨大な体育公園の形で完成された駒沢公園が取り上げられた。
代々木競技場はその構想と規模の雄大さに於て、既に内外で定評があり、設計者丹下健三君、坪井善勝君の思い切った前進的な態度が世界各国に喧伝されているが、今回の特殊事態に於て、この種の大建築を見事な調和の上に急速に推進した功績はこれらの建築の基本的な企画に参与した岸田日出刀君、中山克巳君、高山英華君に帰すべきであり、複雑な機能の総合的な完成に対しては、神谷宏治君、井上宇市君、小場晴夫君の業績が同列に置かるべきものであると思われる。
また駒沢公園の完成に対しては総合企画の高山英華君、個々の建築作品を統制ある総合案に基いて協力的にまとめ上げた村田政真君、堀内亨一君、芦原義信君の等しい功績に帰すべきであるとの見解から、これ等諸君をすべて同列に表彰することとなった。
木学会では、このオリンピッグいう特殊事態において多数の建築家が極めて緊密な協力のもとに、偉大な建築的業績を完遂されたことを永久に記念するため、ここに初めて学会特別賞を設けて、これら建築の企画・設計・監理に参与された11名の諸君にこれを贈ることとなった。

——
受賞者の言葉
——
なし
——
建築雑誌1965年8月号掲載。
——
同号に「昭和39年度日本建築学会賞候補一覧」として候補作品41題の作品名と設計者のリストが掲載されている。以下、作品名のみ。
愛知県庁西庁舎、渋谷区総合庁舎および公会堂、新大阪中央電報局、通信ビル、岩手放送会館、TBS会館、日本経済新聞本社ビルディング、日本生命日比谷ビル、三神ビル、鹿島建設赤坂別館、岸記念体育館、香川県立体育館、東京都駒沢体育館、都立駒沢オリンピック公園、国立屋内総合競技場・付属体育館、千葉大学記念講堂、南山大学総合計画、京大原子炉実験所、科学技術館、虎屋黒川東京店ビル、三越仙台支店、京王ビル、新宿駅東口本屋、博多駅本屋、花巻温泉国際観光旅館「佳松園」、新阪急ホテル、ホテル三愛、名古屋都ホテル、武田薬品工業湘南工場、タケダ理研工業本社工場、大石寺大客殿、倉敷国際ホテル、神戸オリエンタルホテル、宮崎空港ビル、学習院図書館、法政大学工学部校舎、甲南女子大学、東光園、紀伊國屋書店、東海道新幹線鉄道駅

——
選考経過
——

第17回目に当る、40年度日本建築学会賞選考の実施について、その経過を報告すると次のとおりである。
まず、候補の募集については、例年のように会誌に公募規定を会告し、広く会員各位から推薦・応募を求めるとともに、各支部・職場・研究機関などを通じて周知をはかり、なおかつ優れた業績がもれることのないよう、学会賞委員がさらに調査のうえ候補を追加するなどの業務を重ね、その結果選考の対象にのぼった候補は論文26題、作品37題、業績14題計77題であった。これらの候補は、まず第1回の全委員会において各部会間の調整ならびに審査方針などを協議した後、前後15回の審査会議を重ね、慎重な審査を行なった。
第1部の論文は、建築学の急速な発展とともに研究者の層の厚さは近年とくに増大し、候補論文は昨年に比しやや減少したが、その内容は昨年度に優るとも劣らぬ論文が多く、とくに委員外より数名の専門委員をお願いし、審査に慎重を期するなどその選考には相当の苦心がはらわれた。
第2部の作品においては、提出された資料・写真により数度の討議を重ね、ある程度しぼられてから、委員が現地に行かれ綿密な調査を行なった。本年はとくに東海・関西・中国各地方にも優れた作品が数多く見られた。また作品の本質論から、さらに造形の上に構造の必然的なあり方あるいは施工者の協力などについても相当の時間を費して討議を重ねるなど慎重を期した。
第3部の業績では、建設計画・施工技術・建築生産方法・図書出版など建築の各分野における多彩な諸業績の中から性格の異なった各候補の優劣を比較するには、いろいろ困難があるので、関係者からつぶさに業績の説明を求め、さらにそれらの業績が建築技術の発展に及ぼす影響をも十分考慮に入れて検討した。
また、出版社主として出版事業を通じ建築界に功績のある方々は本会創立80周年記念式典の事業としてその表彰をゆずりましたことを加えてご報告致します。
そして、最終的な全委員会において、部会で内定した表彰業績を学会賞制度の本旨とする厳選育賞の線をとおして割愛するなどして、ここに昭和40年度日本建築学会賞として論文6題、作品2題、業績3題計11題を選定したものである。

——
委員
——
第2部(作品)
(部会長)浜口隆一
(幹事)小場晴夫　山本学治
(委員)浦辺鎮太郎　大江宏　清田文永　国方秀男
小坂秀雄　神代雄一郎　斉藤寅郎　武基雄　増田友也
村田政真　吉村順三

山口銀行本店
圓堂政嘉

——
推薦理由
——

山口銀行本店は、山陽線下関駅前、背後に下関港をひかえた広場の一角に、地方都市にありながらも、現代の技術的先端をゆく銀行建築としてできた。外装は、黒のアルミ・パネルとグレーのガラスによるカーテン・ウォール。最近、日本にも増えてきた黒いカーテン・ウォールのビルの先駆ともいえるものであるが、化学処理(陽極酸化加工)による自然発色の黒い深い質感と、アルミ押出型材のパネル(Stud&Panel型)の造形的効果は独特である。このあたり、プレキャストおよびメタル・カーテンウォールについて、本格的な技術導入と開発を試みてきた圓堂君の蓄積の、一つの重量感ある結実をみることができよう。
このような外観とともに、銀行建築としての本質を追求したプランは、きわめて綿密で合理的。かつ設備面においても、地方都市のオフィス・ビルでは画期的といわれる四季を通じての完全なエア・コントロールを、最新技術の導入により実現するなど、一貫したシビアな設計態度は高く評価されよう。とくに注目されるのは、設計にあたり全面的にモデュラール・コーディネーションを実施し、部品ID化も積極的にすすめて、建築工業生産化の問題にみるべき成果をもたらしたことである。
建築生産のインターナショナル・ワイドな技術を駆使し、超高層時代の黎明期における、一つのケース・スタディとしても興味のあるオフィス・ビルを実現したこと、さらにそれが地方都市にたてられ、中央・地方の格差解消という日本今日の課題にこたえたこと……などで、この山口銀行本店は大きな意味をもつ。よってここに、日本建築学会賞を贈ることになった。

——
受賞者の言葉
——

山口銀行の設計にあたって
地方銀行本店の建築はその地域社会の経済発展のシンボルである。地方が徒に中央への従属に甘んじ、後進性に停滞するがごときは今日期待せられる社会像ではない。地域社会の経済的発展充実、ひいては文化的向上なくしては一国の興隆も繁栄もあり得るはずはない。
山口銀行の背後をなす山口県は、古く室町期における大内氏の殷賑、江戸期における雄藩毛利氏の治績、幕末および明治初期における人材の輩出を見ればその精神的伝統を察するに難くない。
一方銀行業務は経済隔通の場において資金の効率を高める事にある。ますますインターナショナルワイドのビジョンとナショナルワイドのビジネスを要請せられるものである。
上述の立脚点に立ち、われわれは下記の設計方針に基づきこの命題に立ち向った。
1) 銀行業務の積極的姿勢を昇華せしめ、それをそのまま形象化する事。
2)地域の後進性を排除し、東京に建てても、ニューヨークに建てても変りのない銀行建築の本質に対する建築技術の応答を試みる事。
3) 山口県民の意欲と矜持をそのバンキングホールの歴史壁画に集約して表現する他は、建築の機能的追跡の延長線上においてのみ、緊迫したビジネスマインドの表現を求める事。
この建物は下関駅前広場に接し、前、側、大巾の中心道路に囲まれ、都市交通上中核的位置を占有する。都市空間との結び付きに対する配慮は、バンキングホールを2階に持ち上げ、センターコア他の施設を除き主階をエントランスホール、コンコース、駐車場に解放し、なおその表現においても出来る限り公共空間に対するパブリックマインドの具象に努めた。
われわれのこの設計に対する最大の努力は、銀行建築特有のエレメントであるバンキングホールの大空間、コンコースからエントランスホールにいたるアプローチ、大会議室などを一体の構造システムの中に秩序の高い構成によっていかに定着せしめるかにあった。われわれはこの制作以降、この作業をクリスタリゼイションと呼んでいる。岩石の状態でなく、結晶にまでそれを高次に昇華せしめようというわけである。
建築の外観については、その内部に営まれる建築の内容自体が建築製作の結実の結果を通じて観貌せられる事を本旨とするが、同時にその建築個有の目的(この場合山口銀行本店の存在目的)の社会的姿勢を適正なマナーによって表現する配慮は付加さるべきものと考えた。
ディテールはトータルコンセプトをインテグリエートするパートである。ディテールにおいて追跡される構築諸要素のアーキテクチャライズ(建築化)なくしては、鉄やセメント、ガラスやアルミなどの命なきものに、人間社会に所属して建築精神を物語らしめる生命を付与する事はできない。永遠の命題の前に鋭意努力に努めた所存である。　(圓堂政嘉・記)

蛇の目ビル
前川国男

——
推薦理由
——

蛇の目ビルは、中央コアと外周のプレキャスト耐力壁だけによって支持される新らしい構法をとっている。それは、多層構造技術を近代化・工業化するための注目すべき技術的展開であるばかりでなく、柱のないフレキシビリテーに富んだ明白な平面計画や、コアと外壁間にかけられたプレストレストコンクリートばりの配置にもとづいた整然たる設備計画など、オフィス空間の新らしい機能的解決と緊密に結びつけられており、また十字形プレキャストユニットの組立てという新らしい構法を形態的に洗練することによって、オフィスビルの新らしい視覚的表現を創り出すことにも成功している。この建物の実現の過程において存在した様々

山口銀行本店
圓堂政嘉

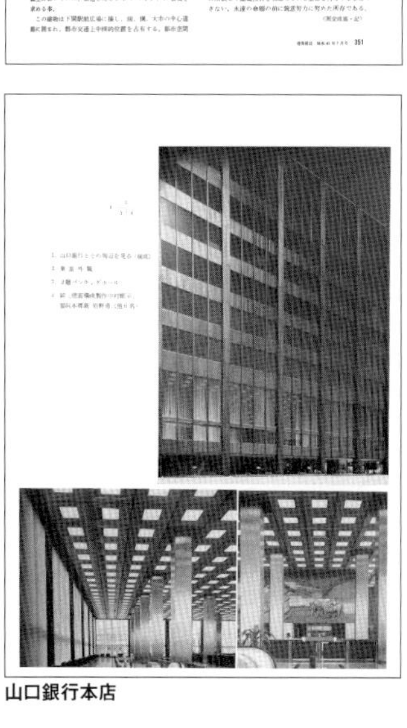

山口銀行本店

な施工技術的問題を克服したことも注目すべきである。
この建築にみられる、構造技術と空間機能と造形表現のゆるぎない緊密な総合は、前川建築事務所の長年に亘る一かんした合理的姿勢に裏づけられたものであり、そのもっとも充実した高さを示しており、今後のオフィスビル建築の一つの指標となるであろう。よってこの作品に対し、日本建築学会賞を贈るものである。

——
受賞者の言葉
——

蛇の目ビル　所感

科学技術と生産性の向上こそは、人間の生活水準を改善する切札であると経済学者は申します。事実近代社会は、この旗印のもとにその繁栄を築きあげて来ました。しかしその結果として、生産性の落し子である都市の混乱の中に、技術発展の代償としての公害の中に、人々が息もたえだえに打ちひしがれている事実は、私が今更ここに申しあげるまでもありません。
近代建築が誕生して半世紀、その草創の時代に「機械時代」の新しい可能性、新しい美学に胸をおどらした先駆者達の期待を裏切って、「建築」は倦怠のふちに沈んでいます。
人間の内実の「慾求」が一体何であるか、万人の人生が意義深いものとして自覚されるために、そして建築が、都市が、総じて環境が生気をとりもどすために、私達が何をなさねばならないのか、そして両刃の剣である科学技術の前に、私達がどのように対処しなければならないのか、私達は真摯に考えなければならない時に来ていると思います。
私共はこうした難問を未解決に背負いながら何かを得たいと努力して参りました。プレストレストコンクリートとプレファブ、という「技術」と「生産性」にとりくんだこの蛇の目ビルにおいて、果してそこに働らく人々、それをとりまく人々の真の「慾求」に対して、何を与え得るか、大方の御批判を仰げればこれに過ぐる幸はありません。（前川国男・記）

——
建築雑誌1966年7月号掲載。

——
同号に「昭和40年度日本建築学会賞候補一覧」として候補作品37題の作品名と設計者が掲載されている。以下、作品名のみ。
岩手県庁舎、奈良県庁舎、兵庫県庁舎、渋谷区総合庁舎・公会堂、イタリー大使館、新大阪中央電報局、東電話局新築局舎、広島民衆駅、名古屋学院大学、甲府女子大学、武庫川学院第2学舎、関西大学幼稚園、一連の小中学校作品、松下電器産業枚方体育館、津山文化センター（旧称美作産業文化会館）、福岡県文化会館、宮崎県婦人会館（併設県社会教育会館）、花泉町農協会館、目黒区福祉センター、愛知がんセンター、東京女子医大付属日本心臓血圧研究所、山形美術博物館、大阪明治生命館、三井信託銀行信託センター、山口銀行本店、簡易保険郵便年金加入者ホーム及び簡易保険保養センターの一連の作品、都立九段高校畫性園哲明寮、大阪ロイヤルホテル、ホテル東光園、建築モード研究所宿舎、坂倉準三建築研究所の一連の住宅作品、東京カトリック教会、天照皇大神宮教本部、日本板硝子千葉工場製品倉庫、蛇の目ミシン、鳥羽レストハウス、五色台山の家

18　1967年
1966（昭和41）年度

大分県立大分図書館／大阪府総合青少年野外活動センター

——
選考経過
——

第18回目を数える昭和41年度の学会賞制度の実施による事業の経過を報告すると次のとおりである。
まず今回は従来の「建築作品」を「建築設計」に改め、候補の募集は例年のように応募・推薦の2本建で会誌の会告を通じて広く全会員に呼びかけたほか、各支部・職場・研究機関などへも周知をはかった。
なおかつ優れた業績が洩れないよう期間を定めて学会賞委員に調査願い、いくつかの業績候補の追加が行なわれた。その結果、選考の対象にのぼった候補は論文32題、設計37題、その他の業績13題、計80題であった。これらの候補は第1部会3回、第2部会8回、第3部会5回、その他に全委員会を前後4回開催し、慎重な審査を行なった。
前期委員会は会員や委員の中から出ている意見を斟酌し、審査内規をつくり、表彰業績の内容の充実向上をはかるべく、3部門の性格を漸次接近させて新人の登場をしやすくすることを規定したが、しかし学会の本質に照らすと若干検討の余地があるとし、暫定内規にとどめて、本年度の審査に適用を試みることにした。
また本年度は初めて大賞問題が出て活発な論議が交されたが、制度運用の基盤が十分整っておらず、引きつづき慎重かつ根本的な検討をつづけている。
これは将来の指針となる重要な意義をもつもので、本年度は適用を見送ることになったが、大賞制度が実際問題として浮かびあがってきたことは誠に喜ばしいことであります。
本年度の学会賞の表彰業績は、この制度の本旨として厳選寡少の線を通して、他に優れた業績があったが、各部会とも慎重審査を重ねた結果余議なく割愛した次第である。
ここに昭和41年度日本建築学会賞として論文5題・設計2題・業績2題、計9題を選定したものである。

——
委員
——
第2部（設計）
（部会長）清水一
（幹事）菊竹清訓　佐野正一
（委員）大江宏　清田文永　小坂秀雄　小場晴夫
清家清　武基雄　前川国男　増田友也　吉村順三

大分県立大分図書館
磯崎新

——
推薦理由
——

大分市も地方都市としての変貌をとげつつある。かって県庁舎のあった濠にかこまれた城内にも新しい会館が建っており、その付近に多くの建築が建ってきた。その一つに大分県立大分図書館を見出すことができる。
この建築の外観は、大きい版と長大梁の線が強調されており、それらの梁の切口、垂直、水平の版の作りだす箱形の大小の穴がのぞき、コンクリート打ち放しの面と線の陰影の交錯する特異な差の印象をみせている。それは、建築内部空間の構成とそれを創り出す構造方式とが、この外観構成の主役を演じるものとして表出したものであり、内部と外部との一致と調和を示すものであろう。それはバットレスが強調されているゴシックの教会の内部と外部のように。
平面計画においては図書館の諸機能は、いわゆるオープン形式すなわち中央ラウンジを軸として巧みに展開されている。また、構造計画にあっては、その主調は大きな対壁、主ビームと柱あるいは枝ビームであり、簡明な力の流を導く解法を図っている。それらの構造体はただ単に力を流すものとしてばかりでなく、また空気を流しあるいは人を流すものとしても使われる妙を示している。
室内空間の取扱においては、形と大きさ、材料の質と色とは縦横に駆使されており、人々は導かれ、立ち止り、作業をし、座し、語らい、読み、視て図書館の機能の中に心よくとけこむであろう。色彩計画についてもあえていうなら、明るさと色との交響詩のような美しさがあり、空気が色で匂っているような空間が与え

蛇の目ビル
前川国男

大分県立大分図書館
磯崎新

蛇の目ビル

大分県立大分図書館

られている。とまれユニークな新鮮な取扱が密度高くされた建築の一つとして高く評価できるものであろう。よってこの作品に対し日本建築学会賞を贈るものである。

——

受賞者の言葉

——

学会賞受賞にあたって／磯崎新

建築は、だれかひとりだけの努力ではけっしてできあがらないのは自明の理です。企画にはじまり、最後にそれを使用する多数の人々の参加によって、はじめて生きいきとして、建築そのものになるのだ、と思われます。

その意味において、大分県立大分図書館は、たまたま設計者であるわたくしに学会賞が与えられることになりましたが、この際建設に参加された多くの方方にまず感謝せねばならないと感じます。

最初の基金をつくられた三浦義一氏母堂(前大分市長夫人)、建設を積極的に推進された大分県知事木下郁氏、さらに多くの市民の支援があって、はじめて企画は軌道にのりました。そして設計にあたっては、図書館の平面計画の検討をともにした栗原嘉一郎氏(大阪市立大学)、構造計画に柔軟な発想をもたれた大沢胖氏(東京大学)、空調に当初施設から維持にいたるまで細心の計画を練ってくれた尾島俊雄氏(早稲田大学)、こういう方々の努力の集積がはじめて結実したものだと思います。もし、わたくしの問題意識があったとすれば、まず図書館の平面計画をつうじて、現代建築の成長・変化の激しさを手がかりにしてひとつの方法をつくりだそうとしたこと、それをプロセス・プランニングと呼んだりしましたが、そんなイメージを具体化する過程で、構造・設備を一体化し、それを建築空間とかみあわせるような作業をしたことです。そして最後に内部空間をひたすら彩色された光の分布という発想を手がかりにして、人間の行動とからみあったた総合的環境が形成できるようデザインしたことです。

大分県立大分図書館、掲載誌。
建築文化1963·3「プロセス・プランニング論」
建築文化1965·1「媒体の発見」、計画案。
建築文化1966·10作品発表
新建築1966·10作品発表
S.D.1966·10作品発表
ジャパン・インテリア1966·11作品発表
建築1965·2計画案
建築1967·4作品発表

大阪府総合青少年野外活動センター

大阪府建築部営繕課(西沢文隆／山西喜雄／太田隆信／吉田好伸)

——

推薦理由

——

大きな自然の中に在って自然と対話することから感銘を受けない人はないだろう。ことに心得の成長期にあたる青少年にとっては大自然に触れて行なう集団行動や思索は忘れがたい体験となる。このセンターはそうした活動の場をつくる目的で大阪府が全国にさきがけて昭和38年以来進めてきた企画である。

大阪の北郊約50kmにある約60万坪の広い敷地は山にかこまれたなだらかなこう配をもつ高原で入口ゲートから奥のキャンプ場まで約2kmにわたって土地の起伏そのままにさまざまな大きさの数十の建物が緑の樹間にユニークな姿を点在させている。かなりの高さのある山々は敷地の周囲をめぐって一種きびしいたたずまいを見せ、高原には他から隔てられた屈託のない安静さと建物と自然との間に行き交う親近さが満ちあふれているようだ。

このセンターは各種施設の配置計画の確かさと自然環境と建物との巧みな結びつきが特色をなし、個々の施設の規模の適切さと相まって建築的に高いレベルのものとすることに成功した。さらに、本館ほか各建物とキャンプ場ほか各種の工作物の設計にあたって基調となるトーンを貫き、多彩な展開の上に統一を生むことを試み、ことに手造りの素朴さを現代の建築技術を通じて生かしてゆく方法を追求したことはきわめて示唆に富むものといえよう。

この仕事は大阪府青少年対策課、野外活動協会の企画により計画設計面を府営繕課と坂倉準三建築研究所が担当し、緊密な連絡のもとでそれぞれが非常な努力を重ね長年の技術的蓄積をこれに注いで今日の成果を得たもので、今後この種のセンター建設にとって貴重な先例を開いたことは高く評価される。よってここに、設計上とくに関与した人びとを対象に日本建築学会賞を贈ることとなった。

——

受賞者の言葉

——

学会賞受賞にあたって／西沢文隆

大阪府総合青少年野外活動センターは、伸びゆく青少年が都塵から隔絶した大自然の中で人間本来の姿にかえって､心身を鍛錬する自然の道場であります。『西部劇の舞台のようにしたい』という施主側の希望を、ローマンチシズムの翼をのびのびと広げる場所を造ることと翻訳しました。このセンターが位置する谷は、わが国には珍しい明澄な空気が充満しています。その自然に相呼応して人間の営みの美しさをはっきりと体現できるようにと念願しました。敷地周辺を取り巻く山頂から、中央を南北に走る谷へと流れる斜面にそって、建築を群構成にしたのは、細胞が生成するように、内部からのエネルギーで盛り上がってゆくような形こそ、本使用目的にふさわしいと考えたからであり、必要に応じて必要な大きさの部屋を増築してゆくことができるよう、各部屋ごとに屋根を架けるシステムを採っています。コンクリートリシン仕上げの白壁、壁に対角線上に架け渡した木造トラス、そして黄色の彩釉瓦を主要構成材としたのはきびしい予算の中で"建築"に仕上げるための一つの解法であります。

設計にあたって、府の方々の理解ある指導により、まったく両者が一体となって、仕事完遂に全勢力を捧げることができたことをしみじみありがたく思っています。

本計画において、なににも増して幸福であったのは、全山中央方式の給排水設備が完備できたことであります。きびしい予算の中からこの設備費をさくことは、われわれが関与する以前から決定されており、このことは府の青少年対策課と営繕課のみごとな英断であり、大いな努力の結果で、今後この種の施設が数多く計画されることを予想するとき高く評価されるべきでありましょう。

——

建築雑誌1967年8月号掲載。

——

同号に「昭和41年度日本建築学会賞候補一覧」として候補作品37題の作品名と設計者が掲載されている。以下、作品名のみ。

神奈川県庁舎、富士銀行本店、伊那信用金庫本店、百十四銀行本店、千代田生命本社ビル、住友商事ビルディング、小松ビルディング、アメリカーナビル、パレスサイド·ビルディング、共同通信会館、文芸春秋社、機械振興会館、大阪化学繊維会館、津山農協会館、朝日放送本社、都城市民会館、福山市民会館、古川市民会館、山梨文化会館、香川県文化会館、津山文化センター、国立京都国際会館、静岡県草薙体育館、国立劇場、桃華楽堂、大阪府総合青少年野外活動センター、桃山学院大学登美ヶ丘校舎、狛江第4小学校、愛知県がんセンター並びに衛生研究所、坂倉準三建築研究所の一連の住宅作品、宇宙科学研究のための建築群、川内カトリック教会会堂、埼玉会館、国際ビル(帝劇)、ソニービル、大分県立大分図書館、中部日本ビル

大阪府総合青少年野外活動センター

大阪府建築部営繕課

西沢文隆・山西喜雄・太田隆信・吉田好伸

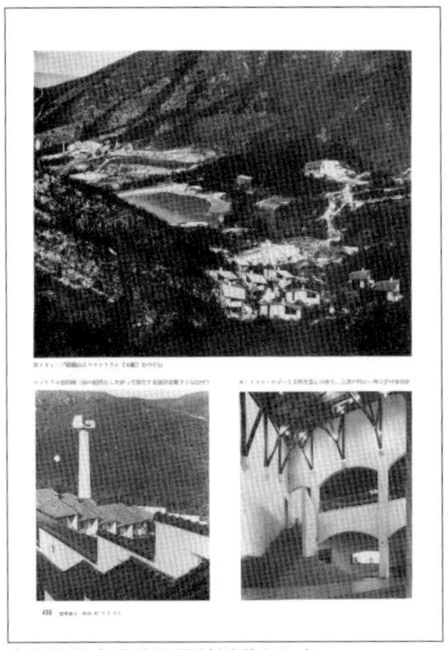

大阪府総合青少年野外活動センター

19 | 1968年 1967(昭和42)年度

早稲田大学理工学部校舎／千葉県文化会館

——

選考経過

——

第1回の日本建築学会大賞ならびに第19回目を数える昭和42年度の学会賞制度の実施による選考経過をご報告致します。

まず、大賞制度を設置してから10年経ちましたが、その具体化のためいろいろと懸案があり、昨年来種々な角度から検討を加えて募集体制を整え、今回初めて実施の運びとなった。

学会賞は業績を対象と致しているが、大賞は優れた業績の積み重ねによって、広い意味の学術の進歩向上に大きな貢献のあった人を対象とすることにしたのであります。従って、その候補は公募しないで、学会内の諸機関からの、推薦制度をとりました。それによって、7題の候補が選出されましたが、大賞部会では初めてなので慎重に選考を重ねた結果、近代建築の発展へ貢献した前川国男君を大賞部会全員一致で決定した。

学会賞に関しては、その候補の募集を例年のように応募・推薦の2本建てで会誌に会告、広く全会員に呼びかけたほか、各支部・職場・大学研究機関などへも周知に努め、さらに優れた業績が洩れることのないよう学会賞委員会委員に調査を願い、業績候補の追加を行なった結果、論文29題·作品23題·その他の業績11題、計63題の候補が提出され、各部会がこれの審査に当たった。部会は第1部会が3回、第2部会は6回、第3部会が7回、他に中間報告を含めて全委員会を前後3回開催し、各部会では審査内規に則って、それぞれの審査を慎重に進めた結果、大賞1名のほか、論文5題、作品2題、業績2題をいずれも学会賞の目的に適い学会賞制度の本旨が十分生かされたものとして表彰を決定した。

約半年の間、ご多忙中にもかかわらず委員ならびに専門委員各位には並々ならないご尽力を下さいましたことに対し、深甚な謝意を表します。

(日本建築学会副会長　太田博太郎)

——

学会賞第2部会(作品)

年を逐って、質的に向上し、量的にも増えてきた建築作品の中で、各機関より推薦あるいは応募された候補作品23点について、まず、前年度までに受賞された方の作品は審査内規によりこれを除外、新たな顔ぶれを選ぶ方針で数回の会合を開き討議を重ねた。審査途中、ある程度しぼられた時点において、委員の現地における視察を数回重ね最終的には4点にしぼり、さらに他の委員の現地調査を行ない、慎重に審査の結果2点に本年度の学会賞を贈ることになった。

(前川国男)

——

委員

——

第2部(作品)
(部会長)前川国男
(幹事)芦原義信　圓堂政嘉
(委員)菊竹清訓　佐野正一　清水一　清家清
横山正彦　吉阪隆正　吉武泰水

早稲田大学理工学部校舎

安東勝男／松井源吾

——

推薦理由

——

早稲田大学の理工学部の新設計画は、都市の中央に位置する大学施設として、周辺地域計画とキャンパス計画との組合せに適切な配慮と検討が加えられ、学校建築における1つのマイルストーンとして大きな成果をあげたものである。

新しい教室の形式として、とくに対角線型配置による2面採光、2面通風を60人～1,800人の教室のすべてに採用し、教師と学生の親近感を強めるコミュニケーションの場をつくり出していて、とくに180人～450人の教室でその扇状の空間が著しい有効性を発揮しえているといえよう。色採計画も配置・平面計画と同様、理智的な表現に対する設計者の意図が一貫したシステムとして貫かれており、白から黒にいたる色の階調できびしく統一されている。

また軸方向に対する打放しコンクリート、水平力に対するブレースの区分された表現とともに、視野をさまたげない◇字型ブレーシングという新しい解決を導き、これを素朴な研究室棟の性格表現に生かしている。

しかも、5年間連続の長期計画において、高層部分をふくめて坪当り単価13万円という低廉な工費をもってこの建築を実現し得たことは、ひとえに設計者の過去

における各種の学校建築設計の蓄積と経験のうえに、構造設計ならびに設備設計の緊密な協力、積算事務所の緻密なコストプラニング、さらには施工者の熱意ある研究協力などみごとな協同作業の成果というべきで、学校建築の一つの新生面を開拓したものとして、日本建築学会賞を贈るものである。

——

受賞者の言葉

——

学会賞受賞にあたって

この敷地36,300m^2に、7,000人の学生を入れなければならないという条件のもとで、教室以外の場所において、学生の1人、数人、または数十人が休息し語りあえる空間を、定められた金額の中で構成するとしたら、それは負の空間しかない。この負の空間中一庭を構成する4つの囲みは、60、120、180、240人教室を持つ田字平面の2、3、4号館、450人教室を入れる7号館、1,800人教室を主体とする5号館、およびこの負の空間を温存するための地上18地下2、計20層に積み上げた1号館なのである。しかしながら、学校から提示された総予算は、この構想を実現させるにはあまりにも少額であった。私は、それを、第一期工事教室群、第二期工事実験室群の建設費を出来るだけ温存して、この第三期工事につぎ込むことと、もう一つ実感的に持っている一つの目途で解決しようとした。それは子供の時に作った竹ヒゴの飛行機である。4本の竹ヒゴを芯に糸をXに張り囲らせて接点をニスで固める。強いゴムの力に抵抗して変形を起こさない。建築を噛るようになってから、この引張り部材としてのブレースの面白さにも気がついて、私のもつパタンとしてよくこれを使った。私は、これが予算内で出来る超高層建築の唯一つの方法であり、そして理工学部の建物としての性格づけを可能にする形であると確信して、そのスケッチを松井さんと設計室に提示した。4年前のことであった。

もし、どなたかが、このキャンパスをご覧になった時に、これが文学部でも法学部でもなくて、理工学部なのだなと感じとられたとしたら、それが最大の成功なのだと私は思っている。（安東勝男記）

千葉県文化会館

大高正人

——

推薦理由

——

千葉市猪鼻台は当市の中央官公衛街に程近い小高い丘で、この街の中心部に残された唯一の緑地である。県市共有のこの敷地は39,400m^2を算し、文化の森と呼ばれ、ここに市によって郷土資料館が、県によって文化会館および聖賢堂（婚礼式場）が建設せられ、なお引続いて中央図書館がもっか工事中である。この県営諸建物および敷地造成が表記作者の制作になる。

文化会館はその中枢をなす建築物で大オーディトリアム・中講堂・展示ホールおよびレストランなどを包含する。

作者は「建築はその周囲を含めて、広義の生活空間としてあるいは人間の環境として考え直さなければならない。建築を設計するのではなく、広場と室内、とそしてそれらの群を設計するのである」と言っている。この主張は文化会館その他の建築と群および敷地の造成を通じてよく貫かれ、大なる成果を克ち得たものと考える。敷地の南西隅から東側外周沿いに回り込んだ車路と、中央図書館脇から会館西側広場に続く、アンデュレーションを利用した心地よい数層の階段によって形成される歩行者専用のプロムナードとを二元的なアプローチとし、両アプローチを結ぶ東西軸を会館入口のコンコースとして中央に角錐状のエントランスロビーを配し、それと直交する南北軸を地形に沿うて下降しながら大架構の広大なホワイエおよび1,800人定席のオーディトリアムを配置した総合的構成力は賞讃に価するものである。

オーデイトリアムのプロセミアムアーチの大架構を支えとし、両側面を変形H・Pシエルにより、屋根をP・C・トラスによって形成したスペースデザインと、構造設計とのインテグレーションにも建築的創造意欲の結実を顕著に認める事ができる。

コンクリート打設の型わくおよび仕上工程における意匠的表現の過剰や、インテリアフィニッシュに見られる、やや多芸多彩への走り過ぎを感じないではないが全般にわたる造型的探求は末端の細部にまで追求され、成熟した建築美に到達しており、その建築設計制作の創造性に示された功績と、地域社会の文化向上に資した貢献を顕著なるものとして日本建築学会賞を贈るゆえんである。

——

受賞者の言葉

——

都市計画が決まり、道路が完成し、公園が出来上ったあとで建築するのが現代の常識になっている。私はその常識に常々大きな疑問をいだいてきた。というのは、道路や公園を決定する人々は建築を知らず、建築をいつも進歩のない在来の形のままに理解して都市の基本を決めてきているからである。そういうことから歩車道の分離があいまいになり、都市機能が交通量という単純な数量作業に置きかえられてしまう。きめの細かい建築的な配慮は、この荒っぽい都市設計のあとで勝手にやれというわけである。まるで基礎のない建築を造るようなものである。都市計画とは道路を引き用途地域を決めることであるという土木式都市計画の常識が見事に失敗している姿を眼の前にしながら、なおその習慣から逃れられない日本の都市は悲劇というよりほかはない。千葉の文化会館は、そのような常識への反撥が出発点になっている。つまり文化センターそのものが建築であり、道路もその部分にすぎない。今度完成した文化会館は狭義の建築として、より大きな文化センターという環境建築に従属している。道路も公園も施設も全体として一つの環境を構成し、都市的な機能は一体となって演出され、建築と土木と造園が一つの目標に向かって総合されている。このようなやり方を都市全体に押しひろめるのがこれからの方向だと信じているが、遅々として進まないのはどこに欠陥があるのだろうか。（大高正人）

——

建築雑誌1968年10月号掲載。

——

同号に「昭和42年度日本建築学会賞候補一覧」として候補作品23題の作品名と設計者が掲載されている。以下、作品名のみ。

熊本県庁舎、仙台市役所、寒河江市役所、新宿区役所、岐阜市民会館、千葉県文化会館、九州大学50周年記念講堂、早稲田大学理工学部新校舎、新潟鉄道学園、愛知県がんセンター・衛生研究所、東京女子医大付属日本心臓血圧研究所消化器病早期がんセンター、山梨県立北病院、日本不動産銀行本店、第一銀行本店新館、百十四銀行本店、パレスサイド・ビルディング、マツダビル新築および増改築、三井物産ビル、渋谷駐車場、伊豆レクリエーションセンター、厳島神社社務所、他二棟、山口県文化センター、麻布タワーズ

早稲田大学理工学部校舎

早稲田大学理工学部校舎

千葉県文化会館

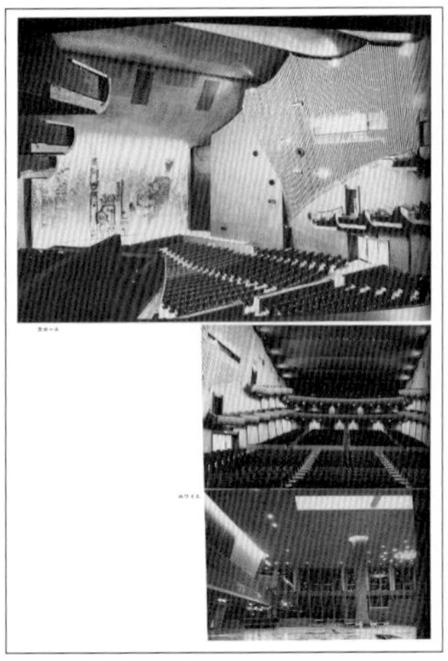

千葉県文化会館

20 | 1969年
1968(昭和43)年度

東京経済大学図書館・研究室／親和銀行本店

——
選考経過
——

ここに第20回目の学会賞贈呈式を挙行するに当り、総括的に選考経過をご報告する。

まず、候補の募集を例年のように応募推薦方会誌に会告、広く会員に呼びかけたほか、各支部・職場・大学研究機関などへも周知に努め、その結果、論文28題、作品21題、その他の業績7題計56題の候補が提出され、各部会がこの審査に当った。

各部会では、審査内規に則って、それぞれ慎重な審査を重ねて選考しました結果、論文6題、作品2題、業績3題をいずれも学会賞の目的に適い、この制度の本旨が十分生かされたものとして表彰した。

大賞については、その制度は10年ほど前からあったが、実施されたのは昨年からで、候補は一般から公募しないで、学会内の特定機関の推薦に限っており、学会賞は業績を対象としているが、学会大賞は優れた業績の積み重ねによって、広い意味の学術の進歩向上に大きな貢献のあった方を対象とすることにし、9名の候補の推薦があった。

学会賞の選考結果および個々の推選理由については、このあと、各部会長から報告があるが、大賞については学会内各機関から推薦された9候補の中に名誉会員が1名あったので、内規によって審査の対象から外し、部会委員全員賛成を条件にして慎重な検討を重ねた結果、創作と研究により建築的伝統発展へ貢献された堀口捨己博士を全員一致で大賞に決定した。その推薦理由は、堀口博士は分離派建築会の活動を通じて日本の近代建築の最初の道標を築かれ、約半世紀に亘る建築作品と歴史的研究によるたくましい情熱をもって、近代の合理的精神を日本の風土と建築的伝統への融合をみごとに結実され、わが国近代建築史の標石として確固たる地位を占められた先生の業績は高く評価されるべきである。

戦後、学会賞制度が復活された昭和24年には「利休の茶室」の研究により、また翌25年には建築作品「八勝館御幸の間」をもってそれぞれ論文と作品の学会賞を贈られ、さらに数多い建築作品と研究業績により、「北村透谷文学賞」、「毎日出版文化賞」、「芸術院賞」などを贈られており、わが国の近代建築の学術と芸術の発展に絶大な貢献をなされた功績に対して、学会大賞を贈るにふさわしいものであることを認めたものである。　　　（日本建築学会副会長　太田博太郎）

——
第2部会報告

年を逐って、質的に向上し、量的にも増えてきました建築作品の中で、各機関より推薦あるいは応募された候補作品21点について、まず、前年度までに受賞された方の作品は審査内規によりこれを除外、新なる顔ぶれを選ぶ方針で数回の会合を開き討議を重ねた。審査途中、ある程度しぼられた時点において、委員の現地における視察を数回重ね最終的には5点にしぼりさらに他の委員の現地調査を行ない、慎重に審査の結果2点に本年度の学会賞を贈ることになった。

——
委員
——

芦原義信　圓堂政嘉　横山正彦　吉阪隆正
吉武泰水　坂倉準三　宮川英二　森忠一　山崎兌
山中侠

東京経済大学図書館・研究室
鬼頭梓

——
推薦理由
——

図書館については、敷地の南傾斜面上部を積極的に利用し、アプローチを主階（最上階）の北側に取り、下方2層に閲覧室・書庫を主体に配置し、雄大な多摩丘陵の景観を十分に採りいれた綜合計画は良い。主階に一辺40Mの正方形プランの屋根にハニカム式鉄骨合成スラブを採用することによって内部の柱を徹去し、天井の高い自由な空間を創造している。コントロールデスクをその中心に置き、周辺にアプローチ広間、資料、開架書庫、閲覧席、スタッフルームを自由に配置した平面計画は、この大きな空間に適切に展開されていて、機能的にも、雰囲気構成の上からも成功している。

仕上材料と色彩、家具の選定も適切で、密度の高い設計であるということができる。

研究室棟については、正方形プランの中央に円形コアを置き、周辺に各研究室を配置した単純な構成は明快である。たゞし屋上手スリや各階庇の扱い方に疑問は残るが、すぐれた内容としては、一階部分の壁面線と床高の変化の構成や、基準階の5個単位の個室と廊下との相互関係配置の巧みさなどが注目され、総体としては設計密度の高い建築ということができる。

既設校舎の間を南へ進むと、正面に低い図書館の主階が主階が横に長く延びてみえ、さらに行くと右手に6階建ての研究室棟が現われる。両棟共通の前庭はクリンカータイル貼の床と通路、円形の池、ひかえ目な植樹のある芝生によつて単純に構成されており、このあたりの綜合計画も良い。

以上のように、この2棟の建築は大学施設の一部として綿密に計画され、適切な解決を得て、相互の関係においても、個々の建築としても、水準の高い作品である、その成果を高く評価して、ここに日本建築学会賞を贈ることになつた。

——
受賞者の言葉
——

学会賞受賞にあたって

この頃、建築は益々冗舌になりつつあるように見える。そして、冗舌になればなる程、あの、かつて一時期、僕等が胸をときめかしたみずみずしさは、失われてゆく。それは遂に一場の白昼夢でしかなかったとはいえ、確かにあの時、そこには生の喜びをうたいあげるみずみずしさがあった。夢が破れたとき、私たちはがんじがらめの機構の中にあって、一体建築は誰のものなのかさえ、改めて重く問いかえさなければならなくなっていた。いや、それはもう分らなくなってしまったと率直に言った方がよいのかも知れぬ。生ま生ましい人間の、生の営みへの深い共感が失われたとき、建築は語るべき言葉を失う。語るべき言葉を失って、人は一層冗舌にならざるを得ない。この回復は容易のことではあるまい。

この建物の空間に、何等か、見るべき点があるとすれば、それは決して私一人で創り出したものではない。大学と図書館とのすぐれた構想、日々の活発な活動、それにも増して、その強い意欲と情熱とに支えられ触発されて出来上ったものである。それは私にとって何よりも幸福なことであった。このような関係を建てる人と我々との間に、建築家と一人一人の人間との間に、つくり出してゆく方途を探すことの中に、私は、私なりの道を見出したいと願っている。

親和銀行本店
白井晟一

——
推薦理由
——

今日における建築の歴史的命題を背景として白井晟一君をとりあげる時、大いに問題のある作家である。社会的条件の下にこれを論ずる時も、敢て疑問なしとしない。

しかし、建築を人間との深い相関関係ににおいて見つめる時、殊に人の心や魂に語りかける何物かに建築を昇華せしめることをもって建築の究極の到達と認める時、白井君はわが国における数少ない出色の作家である。

親和銀行本店は施主の理解と同君の意欲が一体となって、行きつくところに行きついた稀有な作品である。

建築によって構成された空間は個有で独自であり、この建築に使用された石も金属も、白井君の情熱と執念ともいわるべき努力の傾倒によって人間界に生命を得て、歌を唱い、楽を奏でているようである。

この成果はひとり白井君の光栄であるばかりでなく、「建築の本質」が保有する最も輝かしい側面であって、

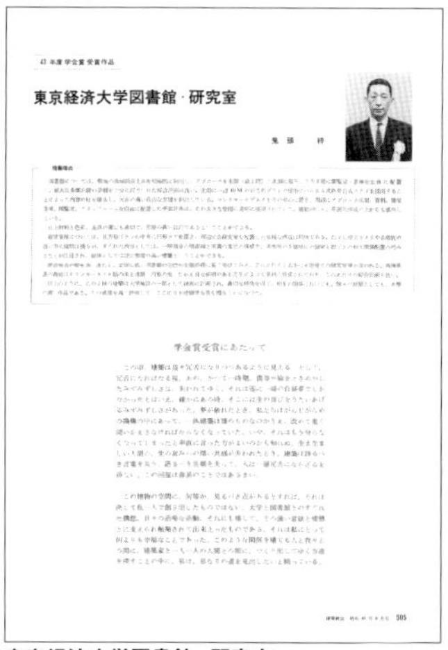

東京経済大学図書館・研究室

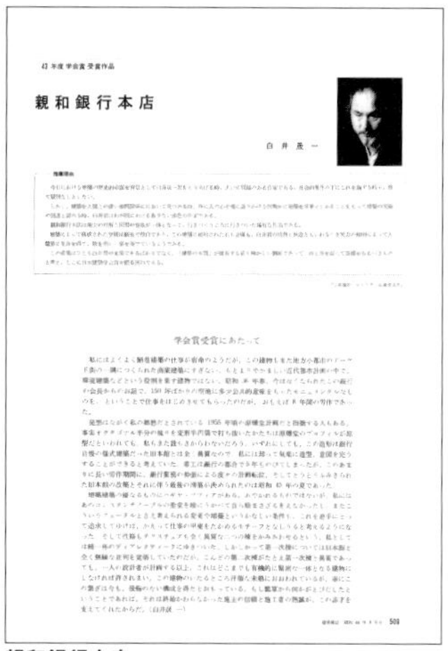

親和銀行本店

20

東京経済大学図書館・研究室／親和銀行本店

時と所を超えて賞揚せらるべきものと考え、ここに日本建築学会賞を贈る所以である。

受賞者の言葉

学会賞受賞にあたって

私にはよくよく陋巷建築の仕事が宿命のようだが、この建物もまた地方小都市のアーケド街の一隅につくられた商業建築にすぎない。もとよりやかましい近代都市計画の中で、環境建築などという役割を果す建物ではない。昭和36年春、今はなくなられたこの銀行の会長からのお話で、150坪ばかりの空地に多少公共的意味をもったモニュメンタルなものを、ということで仕事をはじめさせてもらったのだが、おもえば8年間の労作であった。

発想はながく私の郷愁だとされている1955年頃の原爆堂計画だと指摘する人もある。事実オクタゴナル半分の塊りを変形半円筒で打ち抜いたかたちは原爆堂のプロフィルが原型だといわれても、私もまた誰もさからわないだろう。いずれにしても、この造形は銀行自慢の様式建築だった旧本館とは全く異質なので、私には却って気楽に造型、意図を完うすることができると考えていた。着工は銀行の都合で5年ものびてしまったが、このあまりに長い労作期間に、銀行業務の伸張による度々の計画転位、そしてとうとうふみきられた旧本館の改築とそれに伴う最後の増築が決められたのは昭和43年の夏であった。

増築建築の優なるものにハギヤ・ソフィアがある。あやかれるものではないが、私にはあのコンスタンチノープルの聖堂を瞼にうかべて自ら励まさざるをえなかったし、またこういうフェータルとさえ考えられる変更や増築というかなしい条件も、これを逆手にとって追求してゆけば、かえって仕事の甲斐をたかめるモチーフとなしうると考えるようになった。そして性格もテクスチュアも全く異質な二つの棟をかみあわせるという、私としては精一杯のディアレクティークにゆきついた。しかしかって第一次棟については旧本館と全く無縁な並列を覚悟していたのだが、こんどの第二次棟がたとえ第一次棟と異質であっても、一人の設計者が計画する以上、これはどこまでも有機的に緊密な一体となる建物にしなければ許されまい。この建物のいたるところ汗顔な未熟におおわれているが、幸にこの緊ぎは今も、後悔のない構成を得たとおもっている。もし瓢箪から何かがとびだしたということであれば、それは終始かわらなかった施主の信頼と施工者の熱誠が、この非才を支えてくれたからだ。　（白井晟一）

建築雑誌1969年8月号掲載。

同号に「昭和43年度学会賞候補一覧」として受賞作品を除く候補作品17題（選考経過では21題とある）の作品名と設計者が掲載されている。以下、作品名のみ。北海道本庁庁舎、東京電信電話料金局、新潟県民会館、萩市民館、岩手県営体育館、蒲郡市民体育館、日本競輪学校および日本サイクルスポーツセンター、立正大学熊谷新校舎総合計画、西都原考古資料館・古代住居、超高層「霞が関ビル」、共済ビル、鹿島建設本社ビル、日本鋼管京浜製鉄所、CBSソニーレコード工場、長野県厚生連・佐久総合病院、葛尾衛生施設（ごみ処理場、火葬場を含む総合施設）、三井銀行山王寮

21 1970年 1969（昭和44）年度

大手町電電ビル別館／木更津農業協同組合

選考経過

学会賞贈呈式を挙行するにあたり、総括的に選考経過をご報告する。

まず、候補の募集については例年のように応募推薦方を昨年11月号会誌に会告、広く会員に呼びかけ各支部、職場、大学研究機関などへも周知に努め、その結果論文23題、作品28題、その他の業績11題計62題の候補が提出され、各部会がこの審査にあたった。

本年は日本万国博が大阪で開催され、その建物施設が話題になり、業績部門には候補として推薦されていたが、万博という期間が限られた特殊事情を考慮して、本委員会に特別部会を設け、作品および業績に限り、従来の学会賞とは別の日程によって審査を行なうことにしたので、今回は、万博関係は候補から外して表彰に該当する業績があれば改めて表彰することにした。

大賞については、一昨年から具体的に実施され、候補は一般から公募せず、学会内の特定機関の推薦に限っている。学会賞は業績を対象としているが、大賞は優れた業績の積み重ねによって、広い意味の学術の進歩向上に大きな貢献のあった方を対象とすることにしているが、とくに本年からは名誉会員の方でなおかつ活躍されている方をも含めて、対象とし、5名の候補が推薦された。

学会賞の選考結果および個々の推薦理由については各部会長から報告の通りである。

第2部会報告

年を逐って質的に向上し、量的にも増大してきた建築作品の中で、推薦あるいは応募された候補28点について、まず審査内規による、重賞をなるべく避けるという方針で候補作品を重点的に慎重に審査を重ねた。途中ある程度までしぼられた時点において、委員が現地調査を行ない、その報告をもとにさらに総合的に検討した結果、2点に本年度の学会賞を贈ることになった。

委員★1

記載なし

大手町電電ビル別館

大沢弘

推薦理由

都市を構成する個々の建築が、けばけばしく自己顕示をしていたのでは落着きのない喧燥な街をつくってしまう。街に建つ建築は環境に溶けあって、地域としての個性ある雰囲気を創りだすべきではなかろうか。

電話局の建築は、その用途上町の中に建つものが多いのだが、従来、ヴォリウームが大きく、窓の少ないこの種の建築は、重苦しい圧迫感をもって街の景観に異質な要素をつくる嫌いなしとしなかった。

新築された東京2・5タンデム市外電話局の外観意匠は、その竪桟を生かしたアルミパネルのセピアの電解発色が空の光に映えて、淡く、あるいは濃く、軽やかさと渋味をもって、官庁オフィス街に爽やかな雰囲気を創りだしている。とりわけ春から夏への季節には街路樹の新緑と照りはえて美しい。

この建築は、電話局としては初めての地上11階の高層建築で、構造としては純鉄骨構造を採用し、外装内装ともに大巾なプレファブ化をはかり、ローコストと生産性の近代化を目指している。モデュールにのっとった簡潔な平面計画のパーキングの取り方。収容する通信施設の強震時の挙動の確定と、それに対処する剛性上の考慮とその解決。施工上の特性をも充分にわきまえた適切な材料の選択と工費の配分。よく練られた手堅いディテール。等、とりわけ著しい創意は見られないにしても、設計者の誠実な意図と素直な解決は、良く成功している。

総体としてこの建築は、適切なデザインポリシーと、きわめて濃い設計密度をもち、水準の高い作品である。その成果を高く評価して、ここに日本建築学会賞を贈ることになった。

受賞者の言葉

情報化時代といわれ、情報産業が脚光をあびている昨今、その推進の一翼を担い裏方の役目を果している電話局の建築が認められ、このたび日本建築学賞を受賞しましたのは望外の喜びであります。

近年わが国経済の驚異的な発展とともに電話局の建設量は急激に増大しております。電々公社ではその膨大な工事量を消化し建築の質を維持向上させつつ、かつ組織的に建築設計をおこなうための種々の標準化に努めています。標準化は過去の蓄積を基盤に新技術も導入し、その検討、体系づけをおこない全国実施部門でこれを適用しその結果をフィードバックすることにより常に新しい方向に進めています。標準化はある技術レベルを確保した建築を組織的に多量に消化するという意味では多大の貢献をしています。

一方われわれ建築家は進展する現代社会に建築を対応させ、未来都市の展望に結びつけるため、つねに創造活動を継続しなければなりません。

標準化はあくまで組織としての技術レベルを高め建築生産の近代化にむすびつけていく手段であり我々はそれ等の基盤に立って更に創造活動を続けるべく努力しております。

大手町電々ビル別館は諸先輩より受けついだ伝統と技術の蓄積を基盤に設計したことは言をまちませんが、荷重が大きく、階高も高いため、構造面やコスト面などから実施にふみきれなかった純鉄骨高層電話局に取組みしかも新しい組織で新しい方法論にのっとって成果をあげ得たものと思います。

終りになりましたが学会賞を受賞したのは決して私個人ではなく大手町電々ビル別館の建築にたずさわった全員に対するものだと考え、皆様に感謝するとともに喜びを分ち合いたいと思います。

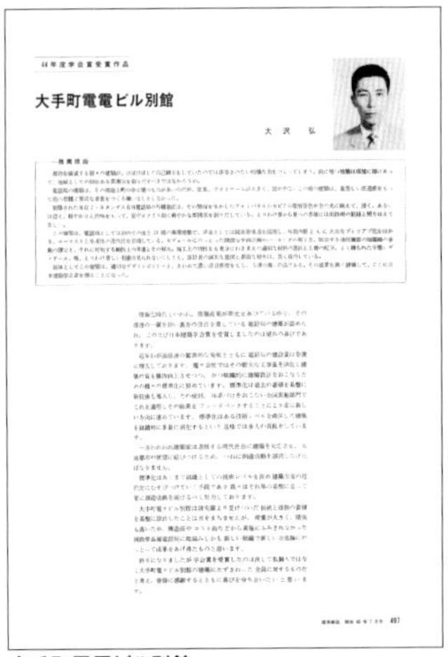

44年度学会賞受賞作品

大手町電電ビル別館

大沢　弘

大手町電電ビル別館

44年度学会賞受賞作品

木更津農業協同組合

木更津農業協同組合

木更津農業協同組合
岡田恭平

——
推薦理由
——

農業協同組合の建物は農家の生活や仕事の拠点でもあり、また農村におけるコミュニティ・センターとしての役割りをも果たしているが、近時農業の近代化や規模拡大に伴って、農協の合併がすみ、新築、改築が盛んに行なわれている。木更津市農業協同組合本店事務所の建物もこのような状況の下に生れた建築の一つであって、木更津市の市街地を少し離れた、国鉄木更津駅東北約2粁のところにある。農協の業務は信用共済事業、購売、販売事業、加工輸送事業というように多岐に亘り、また地区的な集会、会議、講習会、研習会、教養講座などの開催も頻繁であって、単なる事務所でなく、これらの機能を総合する、いわゆる複合建築の一タイプである。
岡田恭平君設計のこの建物はRC造2階建、一部3階、延1,900m^2弱で余り大きいものではないが、上記の複合的機能を平面計画として鮮かに処理し、かつその平面計画がプレストレスト・コンクリート・ビームを巧みに駆使した特異の構造計画と見事に噛合されており、更に建物の造形意匠もすぐれ、また内装におけるカラー・スキームも異常なほど多色であるが、多色の危険を乗越えて成功している。なお増築計画も配慮されており、庭園設計も建築家の手になったもので、総じて、建築家の非凡な設計手腕が存分に発揮されて、すぐれた建築となっており、近年数多く造られる農協建築中の秀逸な作品として価値高きものと思われるので、ここに日本建築学会賞をおくることになった。

——
受賞者の言葉
——

木更津市農協の建築について、栄えある学会賞を受けたことは、このうえない喜びであるが、この賞が、私個人の名前で与えられたことにいささか恐縮している。なぜなら、この建築は、1964年に組織された、私の所属している研究会の、組織的な、かつ、具体的な活動の結実の一つだからである。
これまで、農村はもっぱら生産手段において近代化がはかられてきたが、私達建築家は、そこに生産し、生活する農民自身の、全人間的環境として、あの豊かな自然に、おおらかに語りかける方途をもっていなかったといえよう。だが、建築が誰のもであるかを問うとき、私達は農村と断絶しているわけにはゆかないのは、もちろん、その豊かな自然の役割を、あらためて認識させることが、私達の急を要する責務ではないだろうか。
私達は農協建築研究会(NKK)という建築家集団を組織することにより、農協系統という全国チャンネルを通じて、農村の一人一人と話し合う術《すべ》をもつた。私達は、農村の人々と、生の営みとその環境との関わり合いについて語り合いつつ、そこに建築を産んできている。私達の研究会が農協を軸として出発したのは、農協のもつ役割から、その建築が新しい農村環境の基軸になるものと考えたからである。その建築の一つ一つは、都市の建築に比しては、規模も小さく、工費も安いものではあろうが、しかも、それはとてつもなく大きなスケールの空間えと展開する筈の起爆力を秘めているのである。
この木更津市農協は、都市化の厳しい条件をうけて、その機能は拡大し、複雑化してゆくなかで、そこに示された農協の姿勢は、誠に意慾に満ちて明快であった。木更津市農協と、それを支える一人一人の農民そのもののもつ純粋な建築的エネルギーの、情熱をもってくり返される対話のなかに、再結晶したものが、この建築である。もうここでは、建築を私(建築家個人)の作品と呼ぶことができない。この建築に、都市化農協の建築の原型が認められるとすれば、それは、とりもなおさず、当農協そのものの姿であり、私達は建築家の使命の一端をそこに果しえたことにのみ、誇りを感ずるのである。

——
建築雑誌1970年7月号掲載。
——

同号に「昭和44年度日本建築学会賞候補一覧」として候補作品28題の作品名と設計者が掲載されている。以下、作品名のみ。
大阪合同庁舎第2号館、栃木県庁舎議会、鎌倉市商工会議所、大手町電電ビル別館(東京2.5タンデム局)、近畿電電ビル、高知県立郷土文化会館、国鉄設計工事センター、大阪国際空港ターミナルビル、東北大学工学部青葉山計画、愛知県立芸術大学、日本歯科大学体育館、刈谷市体育館、ソニー稲沢工場、中央鉄道病院外来診療棟・中央診療棟、ホテルプラザ、京都グランドホテル、西鉄グランドホテル、サニーワールド長島熱帯植物園、木更津農業協同組合、神戸商工貿易センタービル、富士フイルム東京本社、福岡国際空港ターミナルビル、代官山綜合住居計画、文藝春秋社々屋、新興製作所本社工場、全電通労働学校「団結の家」、桜台ビレジ、大阪マーチャンダイズ・マートビル

——

★1｜第21回の本年より、第38回1987年／1986(昭和61)年度までの18回にわたり、委員の顔ぶれは記載されていない。

万国博特別賞：日本万国博覧会「カナダ館」†／日本万国博覧会「チェコスロバキヤ館」†／日本万国博覧会「スイス館」†

——
審査経過
——

日本建築学会賞委員会特別部会
部会長　斎藤寅郎

日本建築学会万国博特別賞贈呈式を挙行するにあたり、総括的に選考経過を報告いたします。
本会が昭和13年以来、建築の各部野において極めて優秀な業績に対し表彰制度を布いて、それに携った方々に、毎年「日本建築学会賞」を贈呈しておりますが、たまたま本年度の候補を審査中の去る1月に万国博関係の建築ならびに施設について問題になり、その取り扱いを検討いたしました。その結果、万国博という期間の限られた特殊事情を考慮して、建築作品ならびに業績関係については例年の学会賞制度とは別の日程により審査・表彰することにいたしました。
まず、本年4月、建築作品・業績に限って、会誌などを通じ広く会員および各職場団体よりその候補の推薦方を公募いたしましたところ、5月末日の締切をもって、作品関係24点(委員追加を含む)、業績関係14点の候補が推薦されました。
審査委員会は、44年度学会賞委員会第2部会(作品関係)、第3部会(業績関係)各委員全員および本会近畿支部より推薦の4委員をもって特別部会を構成し、各候補の審査に先立ち審査方針として将来建築技術面に寄与するものを含み、博覧会建築として未来の一示唆になるものを重点に、9月初旬には賞の贈呈式が挙行できるよう、8月中に審査を終えることを申し合せ選考をすすめました。
審査はまず、推薦母体より提出された候補推薦理由書および資料について討議を重ねたのち各候補それぞれについて、審査委員2名以上が下審査を担当することとし、ほとんど全委員が相前後して、現地会場に出張し、候補として推薦された作品以外のものを含めて、つぶさに視察いたしました。遠く国をはなれて気候風土の異なった大阪に建てられた各パビリオンはそれぞれお国の特色があり、また多くの技術的問題を克服された苦心の跡がうかがわれました。
委員会はさらに数回の会合をもち、下審査委員の現地視察による説明をもとに討議ののち、作品関係については持ち点配分の投票を行ない、上位得票の各館、施設などについて慎重な討議選考がすすめられ、一方これと併行して、業績関係についても審査が続けられました結査、審査委員全員一致をもって下表覧のとおり、作品3点・業績3点に万国博特別賞を贈呈し、それぞれ主として携った建築家の方々を表彰することになりました。

——
委員
——
記載なし

日本万国博覧会「カナダ館」
アーサー・エリクソン／ジョフレイ・マッセイ

——
推薦理由
——

限りなく広がる大空を写しだす……あの巨大な鏡の外観は、雄大で美しいカナダを無限に象徴するとともに、人の意表をついたそのシンプルなデザインは、隣りと肩をすり合わせるようなあの環境を最も上手に生かし、まさに進歩と調和そのものである。
鏡の門を通り抜けると、四方を集成材の大きな軒裏に固まれた中庭には、中央の池に浮ぶステージをめぐって若い人々が群がる。その上をカラフルなスピナーが回転する。広がり、質感、色彩、音楽、金魚、上に覗いた青い空……、喧噪から逃れてほっとする落ちついた豊かな空間である。
すべてを放散する単純な外の形と包まれた楽しい空間、荒々しい野性みと上品なインテリア——まさにパビリオンの建築として卓抜なデザインである。
また、構造物の上の方を聞いとして、下の方を連れて展示会場を広くとる……建築断面計画も優れている。
その功績を高く評価し、ここに日本建築学会万国博特別賞を贈ることとなった。

——
受賞者の言葉
——

アーサー・エリクソン
日本万国博覧会参加のチェコスロバキア、スイス、カナダの3つのパビリオン建築作品に対する日本建築学会特別賞授賞式に、はからずもわたくしが建築家として、ただひとり出席することになりましたので、受賞者一同を代表いたしまして、ひとこと抜拶をのべさせていただきます。
わたくしどもの作品が、日本建築学会に認められ、学会特別賞をうけることになりましたのは、非常な栄誉であると感激しております次第でございます。日本建築学会から賞をうけましたことは、わたくしどもにとりまして感激はいっそう深いのであります。と申しますのは、日本建築学会によって代表される日本の建築家が、世界の建築界にめざましい貢献をしていることに、わたくしどもは、かねがね最大の敬意をはらっているためであります。
事実、日本の建築家は狭い領域に留ることなく、建築における国際的活動を絶えず拡げ、発展させる努力を払ってきた——と申しても過言ではありません。日本の建築界は世界における近代的な傾向を適確に把握しているばかりでなく、いかなる国よりも、その傾向の指向、前進するところを認識していると等しく認められています。
日本建築家が占めるユニーグな位地、広範にわたる問題への関心、優れた能力、日本が抱えている都市問題の緊急性から推して、日本こそ世界の都市問題のリーダーシップをとる可能性が強いとわたくしは確信しています。
今日、世界を通じて、建築家に課せられた責任は、単に建物の設計をするということに留まることが許せなくなりました。個々の建物設計だけに終る時代はもはや過ぎ去りました。人間環境全体に対する認識が強く要請されるにいたったのであります。
現代は多くの危機、混乱する都市、環境汚染、幻滅、失望に満ちた青年層などを抱え、文化秩序の全体的な崩壊を招いています。技術至上の思想は薄れ、政治への不信は深まり、英知への道につながると信じられていた科学に対してさえも疑惑が持たれるにいたったのであります。
このような諸々の様相をただちに正しく期解するのは容易なことではありません。しかしながら、わたくしどもが、まずどのように正しく問題を質すべきかということがわかれば、問題そのものを理解することがで

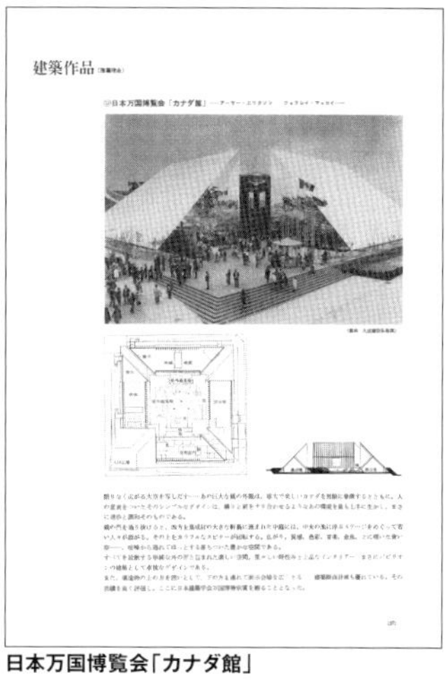

日本万国博覧会「カナダ館」

日本万国博覧会「チェコスロバキヤ館」

21

万国博特別賞：日本万国博覧会「カナダ館」[†]／日本万国博覧会「チェコスロバキヤ館」[†]／日本万国博覧会「スイス館」[†]

きるはずであります。今日、都市はその複雑性でわたくしどもを混乱させます。建築家は、あたかも鏡に映る人類のすなわち都市の映像をみつめて、さてそこにある実体——都市の姿をみきわめるのに苦んでいるというのが現状であります。
建築はそれ自体が単一の科学でもなければ、また技術・純粋芸術・哲学でもなく、これらのすべてを包含した深遠な人間の感応の具象であります。建築家はいまだかつて経験したことのない都市の挑戦に応えなければなりません。多くの部門に依存しながら、建築家の職業は広範な分野にわたっているため、われわれ建築家に課せられた文明に対する責任は、人類の歴史上、かつてみない重みが加えられたのであります。
本日、ここに出席し、日本建築学会特別賞を親しくうけることができませんでしたチェコスロバキア、スイスの建築家に代って、わたくしどもが、この栄誉ある賞をうけました感激と感謝とともに、遺書に仕事をいたしました日本側の関係者であります日本万博協会、同僚の日本建築家、工事担当者のみなさまに対し、深い理解、積極的な協力を惜しまずにわたくしどもの作品を完成させていただきましたことに対し、厚くお礼を申しのべさせていただきます。
終りにわたくし個人といたしましては、日本そのものが、わたくしにいろいろのものをあたえてくれましたことに対しまして、日本に感謝いたしたいのであります。と申しますのは実に1961年に日本に滞在いたしまし5か月間に得たものが結集されまして、カナダパビリオンに少なからず吸収されたのであります。
ほんとうにありがとうございました。

日本万国博覧会「チェコスロバキア館」
ウラジミール・パラ／ビクトール・ルデイシ／アレス・イエンチェク

——
推薦理由
——

博覧会場内の多くのパビリオンが夫々外界と隔絶した空間を造り、自己を主張している中で、チェコスロバキア館は極めて大らかに自由に場内のふんいきと融け合い乍ら秀れた展示形式と相まって人々の心に静かではあるが後々まで残る強い印象を与える。
鉄筋コンクリート造の円筒形映画館を中心とし、これをとりまいて展示棟と一般棟とが配置され、その屋根構造はラメラ梁を巧みに組合せ造形効果をも兼ね簡素な使用材料とひかえ目な色彩とがこれに美しく調和し、品格ある造形を歌いあげている。且又この建築の動線計画と空間処理は極めて伸びやかで平明且効果的である。
人々は透明なガラス越しに会場全般のふんいきを絶えず感じ乍ら、何らの抵抗感なしに展示棟の中を流れて行く。そして中心にあるささやかな中庭のレストスペースへと導かれる。この中庭は今までの展示棟内部の感じと異なり、チェコ産のガラスモザイクを貼った映画館外壁の曲面と事務棟レストラン等にかこまれた幾分閉鎖的な空間であり、人々の心を静かにひきしめる効果を持っている。ここで人々はあらためて展示のテーマである「歴史」「喜び」「苦悩」「希望」について思惟し、チェコスロバキアという国を一段と強く認識せしめられる。
数ある万博パビリオンの中で、このチェコスロバキア館は、博覧会建築をすべての点で一歩進んだ形でとらえ様と意図し、秀れた展示形式と相まって完全に成功している思想性高き作品の一つということが出来よう。
その功績を高く評価し、ここに日本建築学会万国博特別賞を贈るものである。

日本万国博覧会「スイス館」
ウイリー・ワルター

——
推薦理由
——

この館の特色は、32,000個の電球を緻密に立体化した構成そのものを、スイス国の表象として、独立し、戸外に展示したことにある。それは各パビリオンが展示物を内蔵した建築の表現に特色を競っている中にあって、きわめて卓抜なアイデアとして賞せられる。
全体計画は面積6,500m^{2}の平板の一隅に白壁の展示棟を配置し、その正面の中心に「光の木」を立てるという、徹底して単純化した構成である。それは色も形も明快であり、清潔感にあふれ、高い品格を保っている。
「光の木」は、一本の柱——幹からのびる最大長25mのカンティレバーによって組み立てられている。その大枝に当たる主体構造部分はマンジ型に構成されており、一見対称型ではなく、そこに小枝に当たる2次部材が、一見不整型でありながら秩序を持って各方面にのびている。複雑に見えて総体は単純化されたその形は、設計の秀逸さと同時に、極度に正確度を必要とする製作技術レベルの高さも賞せられるべきであろう。
さらに華麗な「光の木」に相対した展示棟が、奇を求めずに簡素な色と形の長方形に徹した設計態度も、高く評価されてよい。
よって日本建築学会万国博特別賞を贈ることになった。
——
建築雑誌1970年11月号掲載。

22 1971年 1970(昭和45)年度

桜台コートビレジ／佐賀県立博物館

——
選考経過
——

第22回目の学会賞贈呈式を挙行するにあたり、総括的に選考経過をご報告いたします。
まず、候補の募集を例年のように応募推薦方法を会誌に会告、広く会員に呼びかけましたほか、各支部、職場、大学研究機関などへも周知に努め、その結果、論文21題、作品25題、その他の業績7題計53題の候補が提出され、各部会がこれの審査にあたりました。
各部会では、審査内規に則って、それぞれ慎重な審査を重ねて選考しました結果、論文5題、作品2題、業績1題をいずれも学会賞の目的に適い、この制度の本旨が十分生かされたものとして表彰いたしました。
大賞については、3年前から制度を具体化し候補は一般から公募しないで、学会内の支部および常置研究委員会からの推薦にかぎっております。学会賞は業績を対象としておりますが、学会大賞は優れた業績の積み重ねによって、広い意味の学術の進歩向上に大きな貢献のあった方を対象とすることにいたしておりまして、6名の候補の推薦がありました。
学会賞の選考経過および個々の推薦理由につきましては、下記のように各部会長からご報告があります。
——
第2部会報告
年を逐って、質的に向上し、量的にも増大してきました建築作品の中で、各機関より推薦あるいは応募された候補作品25点について、審査途中、不幸にも急死された斉藤前部会長の審査方針を尊重し、数回の会合を開いて討議を重ねました。資料による審査である程度しぼられた時点において、遠く九州・関西など、委員の現地における視察を数回重ね、最終的には4点にしぼり、重賞などについてのかなりの討議の結果、後掲2作品に本年の学会賞を贈ることになりました。
——
委員
——
記載なし

桜台コートビレジ
内井昭蔵

——
推薦理由
——

高密な土地利用が可能であり、設備系の集約化に適応しうる中高層アパートが、その利点を保ちながらあわせて土地つき単独住居の長所をかね備えるような集合住居にはどのようなパターンがありうるのか。また住居群の集合が単なる機械的羅列でなく、そこに生活の共同的秩序を積極的に生み出すような住区配列や、内外空間の構成には、どのようなあり方が見出されるのか、これらはいずれも現代の混乱した住環境が提起する問題の焦点であろう。
桜台コートビレジは、このポイントに対する具体的な提案の1つとして注目すべき内容をもっている。
北に向って下る尾根の西斜面を生かして、南面に広いテラスをもつ40戸の住居が、壁を共有して隣接し、また2～3層に重なって、かなり高密度の建築群として配置されている。各住居には、通路からの独立したアクセスや各住居の巧みな組み合わせによって、土地つき住居に近い独立性が保たれている。広い階段をもつ中央アプローチや針面なりに配置された通路階段系は、住居群の間に、これまでの集合住居には見られない変化に富んだ人工の外部空間を新たに創りだしている。この通路系が同時に、中央の設備系中心と各住居を結ぶパイプスペースに利用されているのも秀れた処理である。
これらの積極的内容をもつ形態と外部空間に比べて、各住居内空間が中立的でありすぎること、またもちあげられた床の下にかなり未処理の空間が放置されているなどの点については批判もあり得る。けれども低層高密の住居群の新しいあり方を、傾斜地の利用という困難な条件に真正面から取り組み、しかも私企業による開発事業という制約のもとで、ここまで具体的に追求していった努力は、高く評価されるべきである。ここに日本建築学会賞を贈るものである。
——
受賞者の言葉
——

桜台コートビレジは、私企業による地域開発計画の一環として横浜市みどり区桜台に計画され、設計した集合住宅であります。
地域開発や住宅開発は、最近その量が拡大しつつありますが、その現状をみますに、今こそ総合的な生活環境調整と住宅の本質的な面の追求の必要性が痛感されます。私達は、さいわい、系統的な地域開発計画に一部タッチしていた関係上、建築と環境との相互関係で集合住宅のあり方について、常に考えることができました。
この桜台コートビレジは、未熟ながら、私達なりの追求のひとつの結果であるといえましょう。私達は、住宅を、環境を調整する装置という概念でとらえようとしてきました。つまり、個と全体との関係を連続的にとらえ、コミュニティ形成の原単位としての住宅という考え方であります。したがって、集合のさせ方は、あくまでも、住宅によって形成されるコミュニティの場、つまりオープンスペースを主体にと考えてきました。
また、集合の要素として、地形的特性である、地形、方位、日照、景観など自然環境と、都市機能である、コミュニケーション、トランスポーテーション、エネルギー、などのシステムを考え、これらの機能の結節点として住宅をとらえてきました。このようなとらえ方は、住宅をオープンな都市のシステムの中に組み入れることが可能でありますし、また、集合によるメリットを、地域環境に還元し得ると考えたからであります。しかしながら実現には多くの困難な問題に当面し、残念ながら、この意図が充分に満たされたとは思ってはおりません。しかし、放置しておけば危険な崖地を建築化することで保護し得たこと、日照条件の悪い敷地条件を、集合化により、住空間となし得たこと、宅地分譲としてしまえば、破壊されてしまう自然環境を、いくらかでも保存し得たこと、また、通路の形態をとったオープンスペースがわずかながら得られたことなど私達が意図したものの一部が実現できたとは、さいわいであったと思っております。
私達が、日頃、主要なテーマとして、追求してきた集合住宅で、このような名誉ある学会賞をいただけたことは、この上ない喜びであり、責任の大きさを感じております。この建築が受賞できたことは、設計に協力したチームのメンバーはもちろんのこと、私達の意図

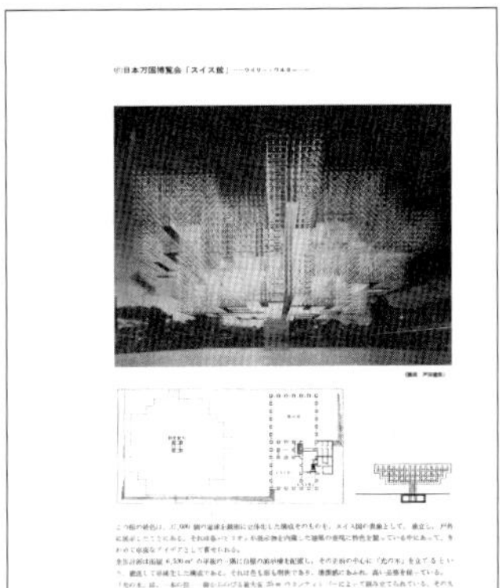

日本万国博覧会「スイス館」

桜台コートビレジ
内井昭蔵

桜台コートビレジ

佐賀県立博物館
内田祥哉・高橋靗一

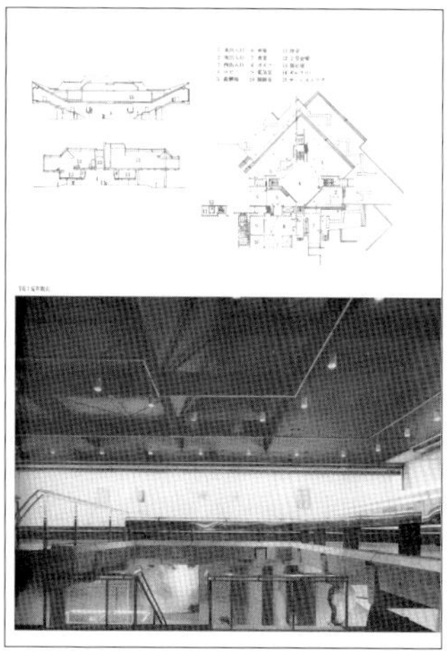

佐賀県立博物館

を充分に理解し、バックアップされた企画担当者、建設にたずさわった多くの人々の努力のたまものと考え感謝するとともに、なお一層の努力を重ね、皆様の御期待に添えるべく新たな決意をかためている次第であります。

佐賀県立博物館
内田祥哉／高橋靗一

——
推薦理由
——

この建築の特徴は、第1に、十字形放射状の階段配置にもとづく展示空間と管理空間との立体的な機能構成に見られ、それは博物館の入場者動線と管理動線の処理について、新しい計画手法を提示している。第2に、十字形階段部分の剛な現場打ちRC壁構造と、展示空間その他の自由でフレキシブルな格子状プレキャスト構造との組合せという、それぞれの空間の性質に適応した独自の構造計画が注目される。そして第3に、その立体的な機能構成と構造計画との論理的な総合を執ように追求することによって、新しい秩序にもとづいた独自の建築形態と空間を創りだしていることである。
都市化の進行とともに現代の大都市には、管理中枢機能とともに多くの文化教育施設が集中されており、そのこと自体は現代の都市生活にとって、それなりの意味を持っている。けれども同時にこのような生活諸機能の大都市偏重は、中央と地方の生活的・また文化的格差を増幅して、地方都市あるいは農村地域の過疎化を誘引し、大都市の過密化を助長する社会的アンバランスの一因をなしている。したがって、地方都市や農村地域の生活と結びついて、そこに新しい活力とみ力を醸成する秀れた文化教育施設を建設することは、新しい都市型の諸機能を追求すること以上に重要な問題であると言えよう。
佐賀県立博物館は、巧みにレイアウトされた周囲の公園と一体化した独自の建築形態によって、佐賀市の新しい文化的象徴としての役割を果していると同時に、人と展示品との自由で親密な対応を可能とする展示空間の働きによって、この地域の貴重の伝統を、活力と自信を持った地方文化の将来に結びつけようとする要素のひとつになりうるものと思われる。着想における基本原理が生硬に現われすぎている。また、中央吹抜け空間と展示空間とが空間的にややバランスを失しているという若干の難点も考えられるが、その設計の独自性と地方都市佐賀市における文化的意義は高く評価されるべきである。ここに日本建築学会賞を贈るものである。

——
受賞者の言葉
——

最近の県立博物館を見ると、博物館自身が所有している美術品、文化財は意外に少ないように思われる。それならば、博物館は意味がないかというと、そうではない。現在、各県がこれ程までに自県の文化財をたくわえていないのは、一つにはしっかりした博物館がなかったことに原因があるからである。特に佐賀県には未発掘の遺跡が多いから、今後の散逸を防ぎ、収集の核としての役割を果たすことは間違いないと考えられる。
さてそれならば、どんな内容の展示が考えられるだろうか？ もちろん、陶磁器展は重要なものの一つとなろう。だが、それ以外にも刀があり、佐賀館があり石造物がある。石造の構築物としては名護屋城もあるが、誰が築いたかわからないなぞの大遺跡といわれる神篭石(こうごいし) が二つある。その一つ、帯隈山(おぶくまやま) 神篭石の長さは、2.4kmと推定されている。
この帯隈山神篭石の南方で船型石棺が発見された。私はその石棺が佐賀市の城門の一部に、かろうじて雨をしのぐ姿で保存されているのを案内されて驚いた。その雄大な姿は、その道には素人の私にもただものでないと直感させられるものであった。それ以来、この石棺を新しい博物館の重要なポイントにすえたいと考えたのである。博物館の設計過程で、十文字のプランの骨子ができ上がったころ、この石棺をホールの正面に置くことにした。そして一角にトップライトがとれることがわかった時には、設計に関係した誰れもがあたかもそれが石棺の背景のためにできたと直感しここには装飾古墳の模様をモチーフにすることにしたのである。
博物館には、時に中央から、展示セットが持ち込まれることもあるうし、時には、この地方の団体や個人の作品が展示されることもあろう。中には近代的なものもあれば、古典的なものもあろう。またそれらが、4つの枝に分かれた展示室のそれぞれで開かれるのかもしれない。展示を見終わって、4つの階段のいずれからこのホールに降りて来た時に、人間の生活の源泉を、佐賀の歴史の中から思いうかべることができればと考えている。　　(佐賀の史蹟と博物館より) 内田祥哉

——

このたび、私どもの作品の一つである上記の建物が学会の作品賞を受けたことはたいへん光栄に思います。この作品については多くの雑誌に発表し、それぞれの角度から話してきましたので今更申し上げることもありませんが、受賞式の日のパーティーで、安東勝男さんから「施主が良すぎたのではありませんか」といわれて、ぎくりときました。私自身もそう思っていたからです。申すまでもなく、建築は、施主と、設計者と、施工者の共演みたいなものですからその間のバランスはやはり最終的に建物に強い影響を与えずにはいません。粘土と石の彫刻がどうしても違うように、施主の抵抗というか、重さというか、理解の程度というか、そんなものが一緒になってまとまった、ある一つの硬度と、設計者の力量とのバランスの上に一つの建築ができ上がると考えてよいでしょう。こういった意味あいからも、施主が良すぎましたね、という批評はまことに、さまざまなニュアンスを含んでおり、私自身、でき上がったこの建物に対して感じるさまざまな思いも、またおおいにこの事に関係があるからです。建築というものが成立つ条件の複雑さとむづかしさを今更のように感じております。
おわりに、この建物の建設に当たって示された池田知事はじめ関係各位の熱意とお理解に深く感謝致します。
なお、この建物に関しては、計画的な思考プロセス、設計者の若干の感想と鬼頭梓氏のすぐれた評論は新建築46-3に、またこの設計に関する設計者たち(構造デザイナーも含めて) のそれぞれの立場からの発言は、建築文化46-3にのっています。　　高橋靗一

——
建築雑誌1971年7月号掲載。
——

同号に「昭和45年度日本建築学会賞候補一覧」として候補作品25題の作品名と設計者のリストが掲載されている。以下、作品名のみ。
大阪港湾合同庁舎、日本学術会議庁舎、一ツ橋総合ビルディングの設計、唐津市文化会館、函館市民会館、芦屋市民会館ルナホール、静岡県文化センター、山形県立博物館、東海大学海洋科学博物館、有芳園西館、春日井市農業協同組合本所施設、大沢商会本社ビル、竹中技術研究所、日本大学医学部付属板橋病院、兵庫県立こども病院、第3スカイビル(ニュースカイビル) 鉄のマンション、桜台コートビレジ、和風建築の住い、鬼押出し計画と岩窟ホール、茨城県会議事堂、一連の住宅、島根県立図書館、代官山集合住宅、愛知県立芸術大学、佐賀県立博物館

23 1972年
1971(昭和46)年度

「未完の家」以後の一連の住宅／ポーラ五反田ビル

——
選考経過
——

第23回目の学会賞贈呈式を挙行するにあたり、総括的に選考経過をご報告いたします。

まず、候補の募集を例年のように応募推薦方を会誌に会告、広く会員に呼びかけましたほか、各支部、職場、大学研究機関などへも周知に努め、その結果、論文22題、作品47題、その他の業績10題計79題の候補が提出され、各部会がこれの審査にあたりました。

各部会では、審査内規にそって、それぞれ慎重な審査を重ねて選考しました結果、論文6題、作品2題、業績2題をいずれも学会賞の目的にかない、この制度の本旨が十分生かされたものとして表彰いたしました。

大賞については、4年前から制度を具体化し候補は一般から公募しないで、学会内の支部および常置研究委員会からの推薦に限っております。学会賞は業績を対象としておりますが、大賞は優れた業績の積み重ねによって、広い意味の学術の進歩向上に大きな貢献のあった方を対象とすることにしており、6名の候補の推薦がありました。学会大賞および学会賞の選考経過および個々の推薦理由については、下記の通りであります。

——
第2部会報告

年をおって、質的に向上し、量的にも増大してきました建築作品の中で、各機関より推薦あるいは応募された候補作品47点について、建築芸術的観点あるいは、人間社会に対する機能的な観点から数回の会合を開いて討議を重ねました。資料による審査である程度しぼられた時点において、ほとんど全員の委員により遠く北海道、関西をはじめ千葉、神奈川、都内などの現地調査を数回重ね、最終的には4点にしぼり、重賞などについてのかなりの討議の結果、次の2作品に本年度の学会賞を贈ることになりました。

以下2作品の概略推薦要旨は次の通りであります。

篠原一男君の一連の住宅作品は、現在までの同君の作品の中で後半に属するもので、豊かな人間性を含み、それぞれの平面計画は極めて奔放で住む人の生活様式も自由にまかせられた領域が広く、室内空間の延長として配慮された屋外の環境構成もすぐれ、その空間構成は将来の都市構成の要素として積極的意義があり評価されるべきものである。今回受賞の対象となったものは、同君の後半に属する作品としてその限界をあえてつけたのは前半が先輩の足跡の踏襲であるものに対し、後半には作者の独創が新たに加わっているからである。

林昌二、矢野克巳両君の作品は、都市のオフイスビルはそれらが単に能率的な事務空間の集積であるだけでなく、それぞれがその地域全体に開放的で人間的な環境を創りだす可能性を内蔵するものでありたいという問題をその解決の一つのあり方として示したものである。また、このビルは事務空間をはさんで両端に垂直軸をもつダブルコアシステムを採用し、事務空間を垂直循環系や構造系からまったく自由な単一大空間にととのえるという巧みな手法を用い設計者の独創力と造形力は高く評価されてよい。

——
委員
——
記載なし

「未完の家」以後の一連の住宅
篠原一男

——
推薦理由
——

これら篠原一男君の一連の住宅の大部分はすでに雑誌などによって紹介されているものであるが、その発表の方法が写真効果の強調に偏り過ぎた面から、果して住空間としての適性あるやを疑われる向きも少なくなかった。しかし実際の建築空間は発表写真を通じての印象とは自ら別物である。その空間構成には多くの独創的試みがあり、奔放であると同時に、住む方、使う方の側の自由に任された領域の広いことを一つの特長としている。「未完の家」以前と以後を画する基本的差異は主としてこのあたりに求められよう。またそれ以前が、素材の特質とその個有の材質感に支えられての空間構成であったのに対して、それ以後においては内塗の仕上げが枠材などに最少限「しおじ」を用いる以外は大方日無地に限定され、外壁もまた一見無作意なコンクリート打放しといった簡素な組成に変ってきている点も大きな変化である。これは材料技術的に古典的木造の手法から現在的R.C.の手法への転換であると同時に材質感への依存を離脱することによって、空間独自にかかわる住宅の居住性をより本質的に、より厳密につきつめようとする姿勢である。このような空間的追究は内部空間のみに止らず、屋外の環境構成が室内の延長として一体的に把えられる傾向は近作ほど強く、これらはいずれも建築の集合的構成のための基礎要素となりうる個性空間としての性格を強め、「未完の家」以前における孤独な独立住居と自ら一線を画している。

技術的ディテールの面にも万般にわたってきめの細かい配慮が積み重ねられており、施工担当の技術者との間に緊密な人間的かかわりあいがうかがわれ、終局的に工費はいずれも極めて低コストであるということと相まって、多年住宅一本に専念してきた作者の建築家的体験の厚みが物語られている。

この一連の住宅としては、ここに至って漸く新境地を開き、今や技能熟達の実りつつある時期にあり、その最終的成果に当然今後に期待すべきものとも思われるが、とくにその過程を重視し、この機会を把えて日本建築学会賞を贈る。

——
受賞者の言葉
——

受賞にあたって

〈未完の家〉以後の一連の住宅の固有の考えかたとその構成方法をのべる以外に、私の場合には特に〈未完の家〉以前の一連の住宅のそれらとの間にある文脈をお話ししなければならない。しかし、それはここではむずかしい。〈未完の家〉などを発表した際の私の論文(新建築'71-1 '72-2、建築文化'71-1)で詳細に記述してあるので省略したい。

私の現在の考えかたと方法は、外には表現されていなかったかもしれないが、以前の一連の住宅のなかにもその原型がほとんど存在していたと私は思っている。日本人の建築家として日本建築の伝統を考えていこうとした私の論理は、古い時代と現代社会との間の断層から生じるさまざまな矛盾にぶつかって、長い間の私の作業は苦しかった。私がつくってきた空間の外面に現われた非社会的な表情にもかかわらず、その内面にあった私の考えかたを読み取って下さった多くのかたがたの支援で私は作業を継続することができた。私はこの機会に、心からお礼のことばを申しあげたいと思う。

ポーラ五反田ビル
林昌二／矢野克巳

——
推薦理由
——

都心の商業センターを形成するオフィス・ビルの当面する課題は、それが単に能率的な事務空間の集積であることにあるのではなく、それぞれがその地域全体に開放的で人間的な環境を創りだす可能性を内蔵するものでなければならないということである。個々の企業が個々の敷地に立てこもって最大の効率をあげようとするビル建設の乱立から、このような地域像が生れる可能性はきわめて少ないからである。

ポーラ五反田ビルには、この可能性を内蔵する新しいオフィス・ビルのあり方のひとつを示している。

これまでの塔状および板状の高層オフィス・ビルは、プラン中央に垂直循環系をもつコア・システムかまたは垂直軸をいずれか一方の壁面によせて配置する形式であった。ポーラ五反田ビルでは、事務空間をはさんで両端に垂直軸があり、約38mはなれたふたつの構造コアを、2階外壁と屋上パラペットの高さをそれぞれの丈とする大梁によって結合するダブルコア・シ

「未完の家」以後の一連の住宅
篠原一男
受賞にあたって

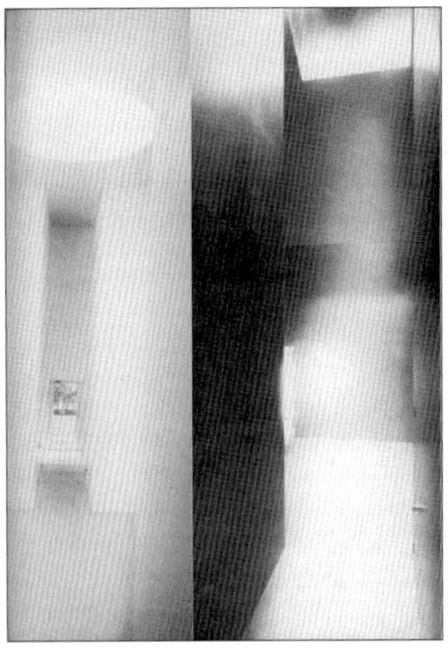

「未完の家」以後の一連の住宅

ポーラ五反田ビル
受賞にあたって

ポーラ五反田ビル

ステムが採用されている。中央の事務空間を、垂直循環系や構造系からまったく自由な単一空間にととのえるという点でこれはたしかに巧みな手法の1つであるけれども、ここで取り上げようとするのはその効用面ではない。とくにここで高く評価するのは、ダブルコア・システムの利点がこの建物の足下まわりの空間構成にきわめて理論的かつ魅力的に生かされている点についてである。すなわち両コア以外の1階フロアに柱が立たないという構造特性に、全面ガラスの1階ロビーをはさんで国鉄の土手や前庭や後の斜め庭などの内外空間が流動的に一体化するという新しい開放性に昇華させている。さらに植樹計画や内外装材の選択とディテールなどにおいて、この空間特性をさらに純化し洗練するための多様で細心な造形的および技術的追求も十分な成果をあげている。こうした空間構成は敷地を超えて周辺地帯に雰囲気として新たに地域的な核を創りだす結果となっている。
足下まわりの見事な空間構成に比べて、垂直コアの外壁面や中央事務空間のガラス壁面などの取扱いに関しては、まだまだその造型的配慮が不十分であるという難点も考えられる。けれどもダブルコア・システムという手法に内在する外部機能的特性を新しく展開し、それを視覚的に1つの造型として表現しえた設計者の独創性は、高く評価される。ここに日本建築学会賞を贈るものである。

——

受賞者の言葉

——

受賞にあたって

都市環境について論じられることの多い昨今ですが、だからといって建築単体の意味が小さくなるわけではもちろんなく、むしろ市中の平凡な建築の1つ1つが、それ自身としても、近隣との関係においても、より水準の高いものとなってゆくことを無視しては、環境向上への具体化の手段はありえないことです。大規模な公共建築がすぐれたものであることももちろん望ましいことですが、普通の大きさの民間ビルを建てているたくさんの人たちの日々の努力こそ、さらにたいせつだというのが一般の人々の実感であると思います。
私たちのように大ぜいの共同作業で建築を設計している場合、担当した個人がたまたま晴れの場に引き出されることは心苦しいことです。関係したみんなが自分の仕事だと考えて取り組み、どこからどこまでが自分の担当した部分だったのかわからないほど打ち込んだからこそ、一人前の仕事になったのです。もし、結果が他よりもすぐれた仕事になっているとすれば、発注者・施工者までを含んだ広い支持と協力に恵まれたことも大きな要素であるはずです。
それにもかかわらず、私たちが個人として賞をお受けする理由は、関係者が多ければ多いほど、誰でも集団の中に埋没しやすく、そのためになすべきことをあきらめる機会もまた多くなることが、街の平凡な建築をよくしてゆくことをはばみやすいのだと考え、あえて非凡な努力を捧げた関係者を代表させていただくことにしました。これが街の小さな建築を相手に苦心する多くの人たちを勇気づけることになれば幸いです。

林昌二・矢野克巳

——

建築雑誌1972年8月号掲載。

——

同号に「昭和46年度日本建築学会賞候補一覧」として候補作品47題の作品名と設計者のリストが掲載されている。以下、作品名のみ。
佐倉市庁舎、富士市庁舎、坂戸町庁舎、大磯町庁舎、一ツ橋総合ビル、九州電々ビル、北海道厚生年金会館、岡山衛生会館、青梅市福祉教育センター、摂津市総合福祉会館、山口市民会館、北海道開拓記念館、銚子市青少年文化会館、国立中央青年の家、希望が丘青年の城、竹中工務店千里山教育寮、大阪大学吹田地区総合計画、大阪芸術大学、九州芸術工科大学、北上市立黒沢尻東小学校(学級数22)、直島町立直島小学校(学級数18)、多摩リバーサイドハウス(高層マンション)、京王プラザホテル、ホテルエベレストビューNEPAL、横浜市金沢区総合庁舎、一連の住宅、茨城県議会議事堂、埼玉県立博物館、栃木県議会庁舎、梅田地下センター、ポーラ五反田ビル、竹平町ビル、東日ビル、福岡空港ビル、新熊本空港ターミナルビル、箱根樹木園休憩所、唐津市文化会館、愛知県立芸術大学、有芳園西館、続・私の家、芝浦工大大宮図書館、ヴィラ・セレーナ、パシフィック東京、一連の水族館、日本IBM本社、館山北条小学校、日本ルーテル神学大学
★本年度以降候補一覧は掲載されなくなた。

24 | 1973年 1972(昭和47)年度

該当なし

——

選考経過

——

昭和47年度日本建築学会大賞ならびに47年度日本建築学会賞を贈呈申し上げるに当たり、選考経過をご報告致します。
まず、日本建築学会大賞につきましては、その候補は一般から公募しないで本会各支部および常置専門委員会よりの推薦に限っております。大賞は優れた業績の積み重ねによって、広い意味の学術の進歩向上に多大の貢献のあった方を対象とすることに致しており、たまたま本年は関東震災50周年に当たり、その大半を都市防災一途にささげられた浜田稔先生に全員一致で本年度の日本建築学会大賞をお贈りすることになりました。
昭和47年度学会賞につきましては、候補の公募を昨年11月より、会誌に会告し、広く会員に呼びかけましたほか、各支部、職場、研究機関などへも周知に努め、その結果論文27題、作品46題、業績7 題計80題の候補が提出され各部会がこの審査に当たりました。
各部会では、審査内規にのっとり、それぞれ資料にもとづいて慎重な審査を重ね、ときには関係者をお呼びして詳細な説明を求め、また作品、業績部門では、ほとんど全委員の方がかなりの時間をかけて各方面の現地調査を実施し、選考に当たり、その結果、論文6題、業績2題をいずれも47年度学会賞として表彰申し上げることになりました。本年度は作品部門において学会賞をお贈りすることができませんでしたが、本年は優秀な作品が決してないことはなかったのですが、規程運営上の問題もあり、これについての詳細は後掲の第2 部会報告をお読み願いたいと存じます。
以下に学会大賞および学会賞の選考経過を述べ、個々の推薦理由について後掲いたしてあります。

——

第2部会報告

日本建築学会賞委員会規定第8条(賞)および内規(重賞)の趣旨から本年度の第2部会は受賞建築作品を選定しないことで全委員会の了承をいただく結果となった。以下、その経過および今後の処置について報告し、あわせてかかる結果となった事情と改革すべき提案を述べて第2部会の責を果たしたい。
昭和47年度の審査対象作品数は46点でありそのうち19点は、われわれ委員会の推薦になっている。恒例によって全作品について書類審査を行なった結果は、つぎの8作品にしぼられ、これらについては現地調査を行なった。ただ、この場合に学会賞が新人登用の主旨を貫き、重賞を避ける原則に急ないき方をすれば当然⑬⑫の2点となり、また厳選寡少の8条の方針をゆるめるならば⑬までは取れたかも知れない。委員会がかかる諸事情を知りながら上表の8作品を残したことは学会賞の制約を一応はずして公平、かつ、厳正な判断を行ない、学会賞の対社会的権威を保持したい意向にもとづくものであった。現地調査の結果を勘案して、審査会は全員協議して、つぎの処置を取ることとした。⑪および⑫は拡張を目前に控えており、その完成を待って評価するのが妥当である。
したがって、次年度送りとする。⑬は同種の⑮とあまりにも懸隔があり対象からはずした。⑤、⑨および㊶は重賞となるので今回は、はずした。
⑤は審査の公平を期するため自ら辞退したが、㊶は委員を辞退して作品を残すことにより次年度送りとなった。⑨も次年度送りとして残した。この場合に重賞制度の新しい規定が必要となるが、建築作品をレベル・アップあるいは昭和40年までの水準維持のためにも昭和41年に制定された内規を改める時期になったのではあるまいかというのが委員会の一致した意見であり、これにもとづいて全体委員会で提案を行なった。
この提案はもう一つの内容を含むもので⑮、㊷のような大賞受賞者の作品は「招待作品」(仮称)として公表することの意義および規約についてであった。
以上のとおり、第2部会としては昭和24年度以来まだその例を見なかったブランクとして新人登用の道をふさいだかの誤解を生む結果となったが、けっしてそのような意味ではないことを学会会員に訴えたい。本来、建築作品の贈賞は作品そのものに対して与えられるものであって、作家に対してではない。これと新人登用あるいは原則としての重賞制約との矛盾が遂に昭和47年度で表面化したものといえよう。さらに大賞受賞作家の驚くべき健在ぶりがこれに拍車をかけた。昭和47年度のブランクを今後の建築設計界にとってなんらかの意義あるものとしていただくことを次年度にお願いしたい。

——

審査番号／候補作品名／設計者／推薦者／学会賞受賞歴／備考

⑤ 倉敷市民会館／浦辺鎮太郎／中国支部／受賞1／毎日芸術賞
⑨ 国際マリヤ学院／槇文彦／委員会／受賞1
⑪ 日本歯科大学(新潟) ／岡田新一／委員会
⑫ 横須賀電気通信研究所／沖塩荘一郎／大沢秀行／アルミ賞(衛星研)
⑬ 栃木県立美術館／川崎清／近畿支部／芸術選奨
⑮ 埼玉県立博物館／前川国男／委員会／受賞6 大賞
㊶ 大石寺正本堂／横山公男／早大／受賞1
㊷ 如庵の移築／堀口捨己／委員会／受賞1 大賞

——

委員

——

記載なし

——

建築雑誌1973年8月号掲載。

——

候補作品|46題

25 | 1974年 1973(昭和48)年度

所沢聖地霊園の礼拝堂と納骨堂／北海道開拓記念館

——

選考経過

——

昭和48年日本建築学会大賞ならびに48年度日本建築学会賞を贈呈申上げるに当り、選考経過をご報告いたします。
まず、日本建築学会大賞につきましては、その候補は一般から公募しないで、本会各支部および常置調査研究関係委員会よりの推薦に限っております。
大賞は優れた業績の積み重ねによって、広い意味での学術の進歩向上に多大の貢献のあった方を対象とすることにいたしており、本年は50余年にわたって、古代ギリシャ・ローマ建築の研究を続けられ、わが国における建築理論研究の新分野を開拓された森田慶一先生に全員一致で本年度の日本建築学会大賞をお贈りすることになりました。
昭和48年度学会賞につきましては、公募規程を若干修正して、昨年7月より、会誌に会告し、広く会員に呼びかけたほか、各支部・職場・研究機関などへも周知に努め、その結果、第1部(論文)22題、第2部(作品)29題、第3部(業績)7題の計58題の候補が提出され、それぞれ各部会がこの審査に当りました。
各部会では、審査内規にのっとり、それぞれ資料に基づいて慎重な審査を重ね、時には関係者をお呼びして詳細な説明を求め、また作品、業績部門では委員の方々がかなりの時間をかけて各方面の現場調査を実施して選考に当り、その結果第1部(論文)6題、第2部(作品) 2題、第3部(業績) 2題をいずれも48年度日本建築学会賞として表彰申上げることになりました。
なお、この制度の実施にご協力をいただいた各方面ならびに約半年間ご多忙中にもかかわらず委員ならびに専門委員として並々ならぬご尽力下さいました皆様方に対し、この機会に深甚な謝意を表します。

——

第2部会報告

昨秋11月6日の全委員会に引き続き第1回部会を開催、審査方針同スケジュールにつき協議申し合わせを行ったうえ、同12月7日第2回部会開催、委員追加の13候補を含む29作品につき挙手方式により選別し17作品を残し、これらにつき現地調査を行うことにした。2月22日以降、4月13日に至る2か月足らずの間に、前後5回に亘り過半数の委員によって、6作品を悉く現地で検分したうえ、4月16日に最終部会を開催、委員各自の見解表明および相互間の討議を行ったうえ、各委員が第1推薦5点、第2推薦4点、第3推薦3点の持点を持って投票、取得点によって順位を定め最高取得点のあった北海道開拓記念館および次点の所沢聖地霊園の礼拝堂および納骨堂の2作品を推薦することにした。
上述の経過にあって、前年度異例の"推薦無し" となった経緯およびその決断の趣旨を尊重し、次の方針を継承して審査に当った。
1. 大賞受賞作家を除き、既往の重賞、非重賞に特にこだわらない。重賞となる作家の作品が前回受賞の作品に比し、同一類似の範疇に属する限度の成果と看做した場合は重賞しないが、明らかに新面目あり、前回受賞の域を越えて新しい境地の開拓があったと看做される時は重賞する。
2. 贈賞の枠(2ないし3作品) にとらわれず、候補作品中他に比して優れた作品であっても、学会賞作品の水準に該当すると看做し得ないものについては推薦しない。
以上は本邦において、建築学会賞が最も信頼し得る質の高い贈賞制度として築いてきた社会の信頼と権威を存続するために必要な措置と考えた。新人賞揚の途は聊かも閉ざすべきではないが、本賞は大賞と異り人に対してではなく作品に対して贈られるものである以上、作品の成果には作家の老幼の差は問われるべきではなく新旧の故に判断の基準を差別するべきではないという反省がなされ、かくてこそわが国の文化の向上に資する本賞存在の意義は大きいと看做されたからである。
今回推薦の2作品は、一つは重賞作家によるものであり、他は非重賞作家の制作によるものであるが、共に学会賞を飾るのにふさわしい業績と認め惜しみない推挙をなし得るものであった。

——

委員

——

記載なし

所沢聖地霊園の礼拝堂・納骨堂
池原義郎

所沢聖地霊園の礼拝堂・納骨堂

所沢聖地霊園の礼拝堂と納骨堂
池原義郎

——
推薦理由
——

この霊園は、所沢市の郊外、周囲を深い緑に囲まれた、中央に雑木林の丘を残す武蔵野の静かな環境の中にある分譲墓地である。礼拝堂と納骨堂は、その中心に位置し、雑木林に向かうなだらかな丘陵の斜面を巧みに利用し、自然との融合を意図して計画されている。のびのびとした明るく静かな景観の中に、墓地とその中心をなす、礼拝堂および納骨堂とを配置し、自然と建築を造成して、この種の施設に、ふさわしい環境を創り出した手腕と力量は高く評価されよう。

礼拝堂と納骨堂のコンクリート造りの壁面は正面や周囲からは、殆んど土塁によって覆われ緑に包まれている。正面からのアプローチが植込みにしつらえられた円形の噴泉によって反曲し、建物のヴェスティビュウルに到達すると、土塁がひらけ、白いコンクリート壁と暗褐色の屋根材で覆われた、変形ピラミッド状のシェルターに面前する。この架構は、鉄骨で補強された木構造で、独自の構成による折面のムードは頂点にランタン様のトップライトを開き、内側は美しい木目の木地仕上げで、礼拝堂にふさわしい、清潔で粛然とした雰囲気をかもし出している。竜骨の如き変形Y字型の集成木材による陵梁も調和的で美しい。

このトップライトを除く採光は、礼拝堂正面の簡素な祭壇の背後にのみ集約して採られ、ガラス越しに低い軒下から向かう上りの丘の一部が芝に覆われた斜面として望まれ、天空は伐り取られている。陽光の映える緑の斜丘を祭壇のバックホリゾンとして起用し、湿りのない明るさの中に、厳しい静寂を通じて粛々とした祈りの空間を創造した作者の造型能力は卓抜なものがある。

外廓を土塁によって覆われた納骨堂は弓状に湾曲したプランで、礼拝堂との間のオープンスペースを通じてそれぞれのアルコーブにアクセスする。天井は軽快でステンドグラス状の色ガラスが、部分的なトップライトとして仕組まれている。死の空間に林間の小鳥の囀りを聞くかの如く色ガラスからもれる華やかな彩りを与えたところは、作家のユニークな詩情によるところであろう。

全体計画の妙を得て卓抜した発想および構成と共に、トータルデザインを末端の細部にまで完遂するデテールに対する密度の高い追跡も十二分に熟成し、設計意欲の昂まりを感得せしむるに足るものがある。

当作品は建築成果の中で、いわばbonne etudeとも称さるべき小作品であり、前述の如き好個の手腕は、果たして、より巨大な大プロジェクトの正攻法的展開においても充全して発動し得るや否や、一抹の疑念を感じない訳ではないが、徒に空しい建築の形骸を追い求めて事足れりとし、機能の解明や、工学技術の駆使にのみ傾斜しがちな今日の建築活動中にあって、人間と自然との中に建築のあるべき正当な位置付けを踏まえた当作家の真摯な姿勢と努力に敬意を捧げ、今後の一層の発展を祈念して、日本建築学会賞を贈るゆえんである。

——
受賞者の言葉
——

池原義郎

明るい静けさ

所沢の市街からはずれたこの敷地を私がはじめて訪ねたとき、もともと住宅分譲地として造成されたものを、急遽墓地にすべく計画変更をし、霊園造成のためにブルドーザが入り、敷地は荒れはてた赤土をむき出しにしていた。しかし、四囲は深い静かな林で囲まれ、礼拝堂と納骨堂の予定されている位置は一段高い台地の雑木林を背面にもち、そこには静かな武蔵野の色を強く感じさせられた。私たちが日頃の生活の中に忘れさせられている静けさをそこに発見したとき、嘗てロンシャンの聖堂を訪ねた折、その入口に"私は静かな、平和な祈りの空間をつくりたかった"というコルビュジェの言葉が掲げられていたのを思い出しつつ、私はそこに明るさの中の静かな空間を確保しなければならないと思った。

そして若し初期の企画の通り住宅分譲地として計画が進められていたら、深い静けさは、所沢のこの近郊地からは失われてしまったにちがいない、とこの計画変更によろこびもした。

大地・林・天空・光と建築

設計にあたってほとんどなんの形式上の制約も与えられず、一定の宗教にとらわれない祈りの空間をつくるように要求された。春秋の合同供養と、時折の葬儀・供養のために使用されることが機能的条件であって、主目的はこの霊園の象徴的空間をつくることであった。私は一定の形式的象徴も、あらたまった尊厳からも離れて、この環境を支えている"大地・天空・光・林"と"建築"とを同化して"明るい静けさ"の空間をつくることによってここを訪ねる人の心への語りかけを得たいと願った。

つくる意志

ものをつくろうとする意志を、単に存在と意識との間を技術論的にあるいは設計方法論的に埋めようとする段階で終らせたくはなかった。また、つくる者の想像力によって素材を変形する表現主義的解釈のみによる造形からも離れたかった。つくる意志が環境と建築とを包括するものでありたいと考えた。

形と心

ここの環境を作りあげている"大地・天空・光・林"と"建築"とが同化して空間の言葉としての語りかけを得るため、形と空間・環境との間に心の流れをもちたいという欲望を強く感じないわけにはいかなかった。建築を取りかこむ外周空間から建築へ、また建築の内部から外への意向が環境と建築の共応となるのではないだろうか。

外部から囲みの中へ
囲みの中から中心へ
囲みから外部に
中心から周辺へ

この心の運動の中に建築とそれを取り囲む環境の包括があると思った。

"われわれの回りには、フォルムの心が存在しているがゆえに、われわれの回りにフォルムとなって注がれる心と一つになるために、またフォルムの心の背後には、運動の心が存在しているがゆえに運動となって現われる心と一つになるために、われわれは敬慕の念を抱いて心の中へと入ってゆく。これが新しい建築学の思想である。建築は、フォルムと心そのものとの内的な交りを表現していなければならないというシュタイナーの言葉が私の気持から離れない。

中庭の建築

周辺の土地の高低を利用して中庭をやわらかく土手で包まざるを得なかった。母なる大地が支度してくれる空間の中に生と死の想像を宿したかったからである。雑木林・斜面・礼拝堂・中庭・土手を抉った穴(洞窟)の空間、すなわち納骨堂という"中庭の建築"となった。

つくる心

建築が目に見えぬ心の発現たり得るためには、建築がつくられていく全過程の中で、建築にたずさわった者の気持の大きな傾注がなければならない。図面をひくときから、現場での作業まで、建築がつくられていく全過程の中で、つくるための気持をこめすぎてあまりあることはない。これは私の師、今井兼次先生の仕事の中からいただいた教訓の一つである。少しでも先生の足もとに近づきたいと願う次第である。

今回、計らずも励ましのしるしとして賞をうけることができたのは、施主の大きな理解と施工側の並々ならぬ誠意をいただいたことによるものであり、篤く謝意を記したい。　（筆者、早稲田大学教授、工博）

北海道開拓記念館
佐藤武夫

——
推薦理由
——

北海道開拓記念館は、昭和43年北海道開拓百年の記念事業の一つとして、これまたその事業の一つである道立野幌森林公園の一画に建設されたもので、開拓百年の労苦とその栄光を伝える事実上の歴史博文館である。

少年時代をこの地方で過した作者は、偶々当企画に先駆けて同一地区内に計画された"百年記念塔"の公開設計競技の審査に当ったところから町村北海道知事の知遇を得、この計画の委嘱を受けたという。

正面の広場から数段の石の階を登ると両側を花崗石の曲面に囲われた前庭がある。その中心には道鳥"鶴"の舞うブロンズの彫刻がある。この辺りで靴音は両壁面にこだましてエコーする。微苦笑あり、そこにかつてのわが国の建築音響学の開拓者であった科学者佐藤武夫がいた。そこにだけ。

早大教授を辞し設計業務に専念するようになった故人は稀にみる科学者・工場者としての才能と芸術家としての天分の双方を併せ兼ね持つ偉才で、それにもかかわらず、否それ故にこそ、その双方の相克の中でためらい続け、苦吟していたようである。"建築は不自由の芸術です"とは彼の洩らす繰り言であったらしい。その苦吟は終わった。彼の死によって、否彼が死に直面した、おそらくはそれを覚悟していたであろう時期の彼の最後の制作の過程において

野幌の原生林の樹の間がくれに望見するこの記念館の外容も、天井高13.5米におよぶグランドホールによって導入される館内空間もそこに用いられる素材、構成、手法等はおそろしく集約され純化されている。

この地方は北海道の開拓当初から、その後の北海道の建築の主要な素材の一つとなったあの赤煉瓦の過半の生産地であるところから、そのままこの建築の主要材料となった。素朴で根太く逞しく、しかも永遠への継承を詩情豊かに伝えるこの材料は北海道開拓の歴史を記念するにも、佐藤の建築行脚の終極を記念するにも共にふさわしい。一見単純に見えるレンガの積層は至るところ緻密に読みられた造型性豊かなブリックワークが駆使されており、その折目けじ目は、鍛冶、鋳造の素朴な手工芸的技法による濃いブロンズ色のメタルワークによって縁どられている。正面のポリテックス(列柱)は非構造柱であるが、工学に強い彼が敢えて行ったモニュメンタリティに対するロマンチシズムの表出であろう。

赤煉瓦の剛壁を幹とし厚くて重い深々とした梁丈の天井を頂く空内空間には、手摺やグリル、スクリーン、要所、要所の飾金物などが美しい枝葉となっている。巨大で逞しい立体構成をもつグランドホールや、高い格調と端正な優雅さをたたえる記念ホールなどに一段の情趣を添えるのは、素朴でガッチリとした重量感のあるそして同時に涙もろい程繊細でやさしい灯を点すシャンデリヤやブラケットである。

記念ホールの正面に向い合う大壁面には、木煉瓦下地の上に使い古された蹄鉄がすりへり歪んだまま壁面一杯に打ちつけられている。彼が第二の故郷と呼んだその地の百年の歴史に寄せる創作者佐藤を支配したものは最早文明と人間精神の相克ではない。少年に戻った彼の只々純粋な心情だけがその制作を支配し統御したに違いない。建築は工学的蓄積と修練を乗り超えて芸術に昇華したのである。

常設展示場内の構成表出などもできればこの作家をアートディレクターとして起用したいところであったが、所詮病苦に苛まれていた彼には無理な注文であったであろう。資料、収蔵、研究、事務などの背後関係の施設空間の処理が急にボルテイジが落ち散文的な事務処理に終わった処は如何に機能的部分とは言いながらこの種の建築のあり方からはいささか遺憾に思われるが、寧ろ関係当局や協力者諸氏の奮起を促すべきところであろう。

高い精神性と記念性への憧憬を以て有終の美をなした本作品に重賞を襲ねて贈り、この遺作を以て故人の鎮魂の碑たらしめんとするものである。

——
受賞者の言葉
——

なし

——
建築雑誌1974年8月号掲載。
——
候補作品｜29題

北海道開拓記念館

26 1975年 1974(昭和49)年度

倉敷アイビー・スクエア／最高裁判所／瀬戸内海歴史民俗資料館

――
選考経過
――

本日、昭和49年日本建築学会大賞ならびに昭和49年度日本建築学会賞を贈呈申上げるに当り、選考経過をご報告致します。

まず、日本建築学会大賞につきましては、その候補は一般から公募しないで、本会各支部および常置専門委員会よりの推薦に限っております。大賞は優れた業績の積み重ねによって、広い意味の学術の進歩向上に多大の貢献のあった方を対象とすることに致しておりますが、本年は建築環境工学における今日の水準を築かれた前田敏男先生に全員一致で本年の日本建築学会大賞をお贈りすることになりました。

昭和49年度学会賞につきましては、候補の公募を昨年7月より、会誌に会告し、広く会員に呼びかけましたほか、各支部、職場、研究機関などへも周知に努め、その結果、論文22題・作品33題・業績11題、計80題の候補が提出され、各部会がこれの審査に当りました。

各部会では、審査内規により、それぞれ資料に基づいて慎重な審査を重ね、時には関係者をお呼びして詳細な説明を求め、また作品部門では、殆んど全委員の方がかなりの時間をかけて各方面の現地調査を実施し、選考に当り、その結果、論文6題・作品3題をいずれも昭和49年度学会賞として表彰申上げることになりました。本年度は業績部門において学会賞をお贈りすることができませんでしたが、これについては後ほど各部会長からの推薦理由で述べられております。

終りに、この制度の実施にご協力をいただいた各方面、ならびに約半年間ご多忙中にもかかわらず委員ならびに専門委員として並々ならぬご尽力を下さいました皆様に対し、この機会に深甚な謝意を表します。

――
第2部会(作品)報告　第2部会長

昭和49年11月11日の全体委員会に引きつづき第1回部会を開催、応募28点を第1次審査(書類)するとともに、日を限って委員推せん作品5点を加え計33点の書類審査をほぼ49年内に完了した。昭和50年に入って1月中旬までに15点の作品を選び、さらにこれを11点にしぼって(同一作品、または一連の作品について別々に推せんされたものがあり、これを整理した結果)現地審査をすることになった。

現地審査は原則として委員全員によることとしたが止むを得ぬ事情もあって全員が揃わぬこともあった。3月15～16日の高松、倉敷方面の審査行をもって数次にわたる現地審査を完了し、3月29日最終審査会を行い候補11点について第1回合議、2～4回合議の上投票、最終第5回目合議という手続きを経て3案を得て、4月2日の全体委員会に報告、学会賞第2部会推薦候補作品として承認を得たのである。この最終審査会で重要な話題となったものは、重賞問題をいかに扱うかということであった。われわれの委員会の傾向としては、重賞問題はその制限を可能な限り緩めて行く方向に向いてはいたが、個々の作品の審査の過程で、やはり重賞の制限が強く意識され、最初満票だった作品が次回の投票では半数に激減するといった波瀾を繰り返すことになった。またとくに最後まで残ってついに惜しくも(3点以内という制約のため)去った作品に市原市民会館と大阪市身体障害者スポーツセンターがあった。とくに後者はその真摯な研究に基づく設計と使用側の見事な管理とをもって最後まで当落を決めかねたものであった。敢えて記して関係者に敬意を表する次第である。

――
委員
――
記載なし

倉敷アイビー・スクエア
浦辺鎮太郎

――
推薦理由
――
なし
――
受賞者の言葉
――

全く予期しない事が起る時勢である。その第一はオープン以来連日連夜の盛況、第二は一般ジャーナリズムの反応、第三は今回の受賞であった。第一と第二の相互関係は考えられるが、第三は別個の問題であって、審査委員会は可成りの勇断を要したのではあるまいか？

後から学会歴史部会の推薦作品であった事を承り異例のことで光栄のいたりと感じた。歴史部会と意匠部会との復縁(？)は、こんな事から行われるとすれば望ましい現象であろう。

私共は同時に日本インテリヤ・デザイナー協会賞を頂いた。この様なものが仮に流行と言うことでの受賞ならば受ける身はテレ気味であるが、学会賞は歴史部会のお目通しがあっただけに流行というよりも流行不易(芭蕉)見地があってのことだろうと安心した。

倉敷アイビィ・スクエアはそれなりの歴史を背景にして見なければ意味の大半を失うであろう。丁度、半世紀前から茂っているアイビイと新らしく植えたそれが倉敷中央病院附の老園芸家の手で育てられた様に、私共が改修の対象とした倉紡旧工場は大原家三代が手塩にかけて育てて来たものであった。明治中期に代官所跡地へ先進国型資本主義の紡績業を直輸入した初代(孝四郎)、その定着と発展の途上で大正デモクラシイの実践の場と化せしめた次代(孫三郎)、そして地方財閥解体に当面して休止工場としながら社会還元の方途を考えていた三代(総一郎)。ここの一角にある倉紡記念館は背景にある歴史と人物を物語っていて、私には発想の源泉であるが柄にもなく次のポール・ヴァレリイの名言を思い出すのも、この館内である(河上徹太郎・有愁日記)

"人間が歴史を作るのではない。歴史が人間を作るのだ。"

"人は作者を作品の原因と思っているが逆に彼は作品の結果である。"

良きオーナー、良きスタッフ、良き職人たちに恵まれて亡き大原総一郎氏の胸中を去来していたであろう社会還元の仕事はこんな形で終った。古い鋸屋根の部分を何か所も解体して、その解体材を組直して、余計なお金はかけない様に、そして多少の現代的演出――歴史を蘇生させる手段――それだけのことが歴史部会の諸先生の活眼にふれたことは、一地方建築家として幸運でもあり且つ大原さんも地下で喜んで下さっていることと思う。

（うらべしずたろう・浦辺建築事務所長）

最高裁判所

最高裁判所
岡田新一

――
推薦理由
――
なし
――
受賞者の言葉
――

最高裁判所新庁舎にはかなり豊かな公共部分――法廷、ホール、公衆控室、玄関およびそれらを連絡させる空間――がとられている。花崗岩の壁によって都市騒音から遮断されたこれら静寂な空間には、スカイライトからの陽光が差しこみ照明を必要としないほどの明るさに満ちている。

これらの空間のうちでとくに、大ホールを第三の空間と呼んだ。もちろん建物の内部に存在するホールであるからインテリヤなのだが、外壁の延長である石壁によって囲まれ、浮かされた天井の周囲から陽光を受け入れるという表現において外部空間の雰囲気をもっている。非内部・非外部の空間といってもよいであろうし、建物内部にとり込まれた都市空間ということもできよう。空間を構成する周囲の壁がスペースウォールである。スペースウォールは廊下、階段、エレベーター、ダクト、シャフトなど都市でいえば、"道"に相当する機能を内含した小建物である。第三の空間はこれら小建物によって囲まれた空間であるから、都市構造の中に類似を見出そうとすれば都市の広場ということになろう。

スペースウォールは機能に応じて分散配置された建物――法廷棟、裁判官棟、司法行政棟など――を結びつける役割を果している。それはたんなる動線的な連絡ということを越えて、都市の建物群が相互に連繋して景観をつくるという意味においてのことである。中庭や、いくつかの入口広場はこのような手法によってつくられたものである。大法廷棟、小法廷棟、図書館棟からなる中心部分は対称的な形態をもっているが、裁判官棟へ至るスペースウォールによって一部がその背後にかくされ正面の入口広場には二つの側面のみがあらわれてきている。入口広場をつくるために建物群の密接、連絡、隠蔽、斜軸による接触などの連繋の手法がとられたことはたんに新庁舎を構成するいくつかの棟群の統合のみではなく、周辺環境との連繋をもねらいとしている。

公共建築は都市の生活空間として基本的な核を形成し、それらが互に連繋うることによって「幹となる空間」をつくってゆくと考えている。それら幹空間の構成を明瞭にとらえデザインしてゆくことに、われわれ建築家の大きな使命があると考えるのだが、それはまた、新たな意味をもった都市生活空間のモニュメントともいえよう。とくにそれが生活と即して有効に使われるためには、使い方に関する厳しい教育と訓練が必要とされるように思うのである。

瀬戸内海歴史民俗資料館
香川県土木部建築課(代表　山本忠司)

――
推薦理由
――
なし
――
受賞者の言葉
――

瀬戸内海歴史民俗資料館は、五色台という瀬戸内海でも風景の殊の外美しいといわれる備讃瀬戸に面する岬の上に建っている。このような美しい環境の中で、そこにある自然の一部を占有して建築する場合考えられる方法としては、真向からそこの自然に対立して、むしろ異質なもののコントラストとして構成するか、または自然に歩調を合せて解け込んでいく方法をとるかのどちらかにあると思われる。この建築の場合は、その後者と考え方の基礎とした。

地形的には、高低差約7メートルの松の木が生い茂る丘の一部を占有してその地形にさからわず、高低差にそって8メートル×8メートルの一定単位を継げていき、一巡してくる方法をとっている。

収蔵品は多種多様であって、一応民俗資料・歴史資料・考古資料に分けられたが、舟、ろかい、あるいは農機具などの大型のものも予想されたため、8メートルの倍数の24メートル×24メートル、16メートル×16メートルなどの大部屋も計画の中に折り込んだ。それらの部屋は、全体の群型の中でのアクセントを与えるためにも必要なことであった。

倉敷アイビー・スクエア

瀬戸内海歴史民俗資料館

26

倉敷アイビー・スクエア／最高裁判所／瀬戸内海歴史民俗資料館

美術館・博物館についての型を新らしく環境の中で打ち出したという一つの狙いは、内の空間と、外の空間との融合にもあった。8メートル×8メートルのユニットは、外の空間にも採用して、内から外への棚として展示のためのスペースの厚みを与えると共に、建築が、風景から孤立することを防いだ。

一巡してくるという計画のために生れた中庭には、自然のままの松の植生を残し、下草もそのままにして置いたので、この中庭は狭いながらも、わらび取りや、茸狩りも出来るように、これからも保存していくし、石仏などの展示のためのスペースともなっている。

根伐りのために発掘された安山岩系の石材は、捨て去ることをせず、そのまま建築のための肌として使用する方法をとった。即ち、斜の軸線上にあるスケールの大きい三つのユニットの外壁として積みあげ、他のユニットの打放しコンクリートとの調和と構成とを計ることとしている。割り肌、地肌などそれぞれが、変化に富んでいて、意外な効果をあげることが出来た。

瀬戸内海一円を対象とするこの資料館を、瀬戸内海の一角の地域文明の中でどのようにとらえ、自然とも調和させていくかという課題は、どのように収蔵し展示するかという機能上の追求の外に極めて重要なもう一つの要素でもあった。

——

建築雑誌1975年9月号掲載。

——

候補作品｜33題

27 1976年 1975(昭和50)年度

新宿三井ビル／群馬県立近代美術館

——

選考経過

——

昭和51年日本建築学会大賞ならびに50年度日本建築学会賞を贈呈申し上げるに当たり、選考経過をご報告いたします。まず、日本建築学会大賞につきましては、その候補は一般から公募しないで本会各支部および常置専門委員会よりの推薦に限っております。大賞は優れた業績の積み重ねによって、広い意味の学術の進歩向上に多大の貢献のあった方を対象とすることにしておりますが、本年は構造設計の第一線で、きわめて幅広い精力的な活動をなされている坪井善勝先生に全員一致で本年度の日本建築学会大賞をお贈りすることになりました。

昭和50年度学会賞につきましては、候補の公募を昨年7月より、会誌に会告し、広く会員に呼びかけましたほか、各支部、職場、研究機関などへも周知に努め、その結果論文19題、作品22題、業績13題、計55題の候補が提出され、各部会がこれの審査に当たりました。

各部会では、審査内規に則り、それぞれ資料にもとづいて慎重な審査を重ね、時には関係者より詳細な説明を求め、また作品部門では、ほとんど全委員の方がかなりの時間をかけて各方面の現地調査を実施し、選考に当たり、その結果、論文6題、作品2題、業績2題をいずれも50年度学会賞として表彰申し上げることになりました。

終りに、この制度の実施にご協力をいただいた各方面、ならびに約半年間ご多忙中にもかかわらず委員ならびに専門委員として並々ならぬご尽力を下さいました皆様に対し、深甚な謝意を表して、報告を結ぶことにいたします。

——

第2部会報告　第2部会長

昭和50年10月28日、第1回部会を開催、応募作品15点の書類審査をし、第2回部会の際に委員推薦の作品7点を加え、合計22点について総合的に検討を加え、うち9点の問題作を選び出しました。

年が明けて51年1月にこれら第2次審査に残った作品について現地審査を行いました。現地審査は、九州地区、関西四国地区、東京周辺と3回に分けて行い、部会長以下ほとんどの委員が参加し、現地での関係者の補足説明を受け、3月30日の最終審査にのぞみました。

最終審査においては各作品について委員全員が意見を述べ、これを受けて消去法により候補作品を5点選び、さらに討議の末、2点を今回の授賞対象作品とすることを決めました。

今回も前回と同様、内規による重賞問題が話題となりましたが、前受賞作品よりも上まわる出来であれば受賞を認めるという基本的態度を本委員会では採ることに決めました。

また、賞を個人に与えるという建て前と、現実の設計組織のあり方に対する矛盾が議論され、今後ますます組織的な設計体制の増大されることが予想されるなかで、この点は十分議論する必要があるものと思われます。

今回、授賞対象となった新宿三井ビルの場合、設計者にはオーナーと大組織事務所の所長、構造設計者の列記となっていましたが、あえて設計者を個人としないで組織に与えることといたしましたのは、現地審査のときのヒアリングなどから、この建築の場合、特定の個人というより多くの人々の協力の成果が見事に結集されたものと委員会が判断し、設計者側に対して了解を求めて設計者をあえて組織名として賞を与えることにいたしました。当部会では今日の建築の設計のあり方として明白な個人の場合と、組織の場合があるという現実を認めたうえでこのような判断をいたしました。

——

委員

——

記載なし

新宿三井ビル

株式会社日本設計事務所

——

推薦理由

——

霞が関ビルに始まったわが国の超高層建築技術の発展は、その後オフィスビルに限らず、ホテル、集合住宅、そして病院などにまで及び、ようやく定着期に入ったといえよう。そしてこの新宿三井ビルは処女作霞が関ビルの設計者と全く同一であるだけに注目され期待された建築なのである。

都市の過密化と建築物の巨大化に対して、生活空間を人間の側に取り戻すこと、つまり高層化によってもたらされるオープンスペースを、公共的な空間として広場や公園、あるいは公共歩廊のような形で都市に還元し、質の高い環境の創造に寄与することが超高層建築の免罪符でもあったが、そのさきがけとしての霞が関ビルの場合は、残念ながら未熟な解決に終っていた。

日本設計を中心とする設計組織は、発足以来逐年実力を蓄えており、新宿三井ビルの場合、その足元に確保されたオープンスペース、つまり低層部空間の公共化への配慮は、きわめて意欲的であり十分評価される成果をもたらした。設計者がとくに配慮したという、多様で親しみやすく、人々が集い、憩い、語り合えるような広場空間の演出はかなり有効に機能しており、自然の回復と季節感をねらった植栽と水による装置も加えて成功している好例といえよう。

B1、F1、F2の三つのレベルを段状の構成にして各レベルに連続性をもたせること、商店やレストランが取り巻く中心に広場を沈み込ませ、プラザに集中性が与えられ、また各店舗は地下でありながら外気に接し、緑と太陽の恩恵に浴することが可能になっている。

高層部の外装材としての軽金属自然発色のスパンドレルと熱線反射ガラス(ハーフミラー）の組合わせによるクリーンなエレベーションは、すでにアメリカに先例があるとはいえ新宿副都心の5本の超高層ビルの中でとくに際立っている。

さらに平面計画の上では、コアスペースを、固定した部分(主としてエレベーター関係）と将来必要に迫られる機能変化に対応して、換えられる部分(設備の機器およびダクト類）とに分けてあり、両妻側に設備コアを配しているのは先見性のある提案であり、また外壁ハーフミラーガラスの完璧な垂直性を維持するサッシュディテールの技術的開発もまた貴重な成果といえよう。

8年前、意識的にスターシステムを排除してきた組織体としての日本設計事務所が、三井不動産株式会社ならびに武藤構造力学研究所の協力を得て霞が関ビルの経験をふまえ、超高層ビルの今後のあり方に有効な示唆を与えた建築として、ここに日本建築学会賞を贈るものである。

——

受賞者の言葉

——

株式会社日本設計事務所

1．一般に集団や組織、さらに広げて社会そのものの習性として、意識するしないに拘らず安穏な状況を維持しようとする作用が働く。そしてそこに所属する人々は、制約された秩序の範囲内で行動することを要求される。換言すれば創造性溢れる発想とか、それに伴う活動は集団や組織の中では育ち難いものである。

組織の成長に伴い作業の処理能力も広がる反面、各自の探求心や創造的活動は有形無形の力によって抑圧され、阻止力は徐々に強大なものになり勝ちである。いわゆる集団の圧力が個人の創造的発想を抑制する方向に作用することは、社会科学的にも極めて自然な現象である。

一方、現在の社会は、複雑な要因によって構成されている環境を、より良いものにするため、一個人の能力を遥かに超えた創造活動を要請している。すなわち、この環境創造につながる仕事には、多くの専門能力を持った人々の組織化された活動が望まれ、そこで初めて目的に向い得るのである。

従って環境づくりに直接関連をもつ設計行為は、システム化される必要性と同時に、組織自体が苦手とする創造能力の開発という二律背反の課題を克服することが必然的に要請される。そこにこの課題に挑戦する意義が存在する。あえて挑戦という言葉を用いたのは、この理念が生半可な姿勢では対峙でき得ないという実感からに他ならない。

私達は日本設計事務所創設以来、組織またはチームとして創造活動ができる体制を指向してきた。すなわち、チームを構成する各個人の内包する能力発揮を促進し、結集して、創造活動をなし得る組織体を目指した。そしてその在り方を追求し、そのような組織体をデザインすることに力を注いできた。これは私達の組織が存在する限り試行錯誤を繰り返しながら続けていかねばならない。同時に決してその目標には到達し得ぬものだ、と考えている。かりに目的が成就したと意識したならば、その途端に理念は創造性を消失するであろう。実際に気の遠くなるような果てしなく続く『組織づくりというデザイン活動』である。さらに不合理なのは、このような行為は組織を一企業体としての観点で捉えると、極めて採算性の低い経営につながる悪条件が重なることである。

前例になく、今回の作品賞は個人に対してではなしに、日本設計事務所という組織体を対象としている。これは第一に、私達の意図している理念が社会的に認められたのだ、と解釈できるし、第二には組織を構成する一人一人に、「挫けないで頑張りなさい」と激励されたのではないか、と理解し受け止めている。

2．新宿三井ビルの設計に際しては、我が国で初めての超高層霞が関ビルの場合と全く同じ施主で、設計する側、施工する側も主要メンバーの殆んどが、同じ顔ぶれでこのプロジェクトは進められた。従って新宿三井ビルの設計に着手した最初のテーマであり合言葉は「霞が関ビルを超える作品を創る」ということだった。もちろん、超えるとは高さとか規模が問題ではなく、

新宿三井ビル

株式会社日本設計事務所

新宿三井ビル

あくまでも設計の内容とビルの存在する社会的意義、創造性についてである。この合言葉は私達の創造意欲に具体性をもたらした。
私達は常に「これは確かに霞が関ビルを超えているものである、と言い切れるか?」との間断ない自問で設計内容を煮つめてきた。私達はこの新宿三井ビルの設計に先立ち、地上36階の霞が関ビル、47階の京王プラザホテルの設計に携わり、また完成後の実体を観察してきた。その結果、超高層建築の設計に関する諸々の技術的ノーハウについてはもちろんであるが、計画上の問題として次の二点に大きな関心を抱いた。
第一は、その高さと巨大さ故に及ぼす影響力についてである。超高層建築の社会的都市的スケールでの問題点は、私企業のビルといえども極めて公共性が高い。従って設計計画は、内在している公共性、市民生活との関連を踏まえて企画立案されねばならないことである。
第二はヒューマンなスケールを遙かに超えた、この巨大な建造物のもつ問題点を正視し、観念的ではなく批判と深い洞察力をもって計画を進めねばならない、ということである。
これらを設計に反映させることは、施主側にとっては、企業としての短期的利潤追求から離反した要素を、少なからず容認することにつながる。それだけに施主側の理解なしには実現不可能な事柄を多々含んでいる。幸い、私達はこの点でも非常に恵まれていた、と感謝している。
然し、今日の都市環境はあまりに複雑である。私達の意図している市民生活に直結した、公共的空間デザインが、広い意味でこのビルに関わりをもつ多くの人々によって如何に使用され、如何なる形体で社会に還元されるか? ということが今後に残された最大の課題である。そしてこのビルが存在する限り私達設計者は、今後の環境づくりのプロセスの中でこそ、鋭く評価される立場にあるべきだ、と考えている。
(筆者、日本設計事務所代表取締役・池田武邦)

群馬県立近代美術館
磯崎新

——
推薦理由
——
従来より磯崎　新君の作品はその奔放な独創的造型力をもって知られていたが、この群馬県立近代美術館をはじめ最近の作風は、正六面体・立方体あるいは正方形などのきわめて形式化された格子状の枠に、その卓抜した生来の造型力を嵌め込んで、そのエネルギーを制御する術を獲得されたかに見える。また鉄筋コンクリート構造に対する深い理解によって計画された構造設計に基づく正方形の枠を利用しながら、その枠を超克する芸術的な演出は見事である。
しいて難をいえば、和風室内のとってつけたような構成であるが、この部分についてはかえって度外視した。さらに全体計画においても自然環境と人工環境の調和を図り、文化施設としての美的水準を高めるなど、従来からの同君の作品にも増して優れた設計といえる。
また、常設美術館としての県側の積極的な協力、身障者に対する倫理的配慮、施工者の技術水準の高さなど、当然のこととはいえ、この美術館が本賞受賞に至る経緯に大きく寄与しているといえるであろう。
このように本作品は現代建築の原点であるセセッションやバウハウスの精神、あるいはエスプリ・ヌーボーを継承しながら、それに磯崎君の独創的エネルギーを、巧みに制御して展開したものである。
ところで、磯崎　新君はすでに昭和41年度「大分県立大分図書館」の建築が、形・大きさ・材質を縦横に駆使し、その色彩計画の美しさをもって日本建築学会賞(第2部・作品部門)を受けている。
しかし、この「群馬県立近代美術館」は、前述のように前作にも増して優れた設計といえるので、重賞ではあるが、同君の進歩に対して敢て日本建築学会賞に値いするとし、本賞を贈るものである。
——
受賞者の言葉
——
磯崎新
立方体という日本の伝統的建築のなかにみいだしにくい形式を敢えて採用し、それを日本の風土に適合させ得るか否かを検証してみることが、この建築を設計するうえでの主要なモチーフでありました。平面に正方形を用いることは和風の間取りの基本であり問題ありません。ところが立方体は常に三次元的に垂直方向の関係を自動的に発生させます。つまり平面を立面と同時に把握するという設計作業上の変換が強く要求されるものです。いわば建築の空間は西欧においては立方体や円筒や球体といった純粋といえる形態を介してつくりだされているといえます。
この基本的な方法を今日的な視点でとらえなおし、技術的な解決を捜しだすこと、同時に現代の美術館としての内容を充分に兼ねそなえること、さらには建築がひとつの地域、ひとつの時代の文化の核心に組みこまれるものであることなど、設計のときに抱いた夢は膨大なひろがりをもつものでした。
このような夢が実現されていくにあたって、群馬県立美術館は願ってもない程の幸運な条件にめぐり合いえたというべきでしょう。
地元、高崎市の井上房一郎氏は、かってブルーノ・タウトを世話し、群馬交響楽団をうみ、そのホールを建設し、過去10年以上にわたって新しい美術館をつくる運動を地道につづけてこられました。
県が企画を依頼したコミッティは土方定一氏と河北倫明氏に井上氏が加わるという、今日の日本で美術館の新しい概念を生みだすための深い経験をもったヴェテランたちでありました。
そして群馬県は、知事、副知事をはじめ関係者がすぐれた美術館をつくるために、あらゆる困難を排除する努力をかたむけてこられました。
とりわけ、この美術館の敷地となった"群馬の森" 公園は、すぐれたロケーションで、充分に公園として設計され、絶好の環境がつくられていました。
また、工事を担当した井上工業はじめ関係者たちは、まれにみる努力で、精度の高い施工をなしていただきました。
設計の当初、公園のマスタープランを、大高正人氏、槇文彦氏と共同ですすめ得たことも私の設計のイメージを決定づける大きい経験でありました。将来この美術館は、両氏が設計する諸施設とつなぎあって、ひとつのアンサンブルをかたちづくることが予定されています。
この建築の構造を設計していただいた川口衛氏は、単純な骨組の背後に純粋幾何学的な視覚的秩序がひそむことを直観的に了解し、かって歴史のうえで列柱がオーダーに昇華していったのと同じように、立方体のフレームを美的な構成へ変換する努力をつづけていただきました。
そして私のアトリエのスタッフ達も、みかけは単純だが、それだけにこれまでの建築の通念から、はづれ、超えていくような部分をさまざまなアイディアを検討することで良好な解決に導くため、献身的な努力をつづけました。
つまりこういう多数の人達の視線と好意とが一気に結実した、それも稀にみる高精度において完成したように想います。
最近、ヨーロッパ、アメリカを十数回にわたって講演する旅行にて、その地の最先端にいる建築家たちと話し合う機会をもちましたが、どこでもこの建築に大きな関心があつまりました。それは、70年代の中期にあって、ネオ・プラトニズムともいうべき純粋形態への建築家の志向は、ほとんど決定的とでもいうべき現象で、日本においていちはやく実現していたことへの驚きと羨望によるものでした。私にとっても世界的な動向との共時性を感じとってはいましたが、偶然ながら、もっともはやく実現するという光栄を得たわけです。そういう点においても、この建築の実現に手助けしていただいた多数の方々へ感謝せねばなりません。
この建築において特徴的に試行したのは、いわゆる機能主義的方法の閉ざされた枠を崩し、フォルマリスムと呼んでもいいような観点から、鋭く建築の全歴史を遡行して、その根底にある形式性を参照し、もっとも今日的な美意識にそれを接続するという作業でした。その点において現在外国において先端的な思考をつづけている建築家たちと参照すべき歴史的諸事実を共有していることから、同一の方向性をみいだすことができたのかも知れません。日本建築学会が、こういう世界的な視野のなかに置かれた問題意識を汲みとり、受賞の対象にされたことは、たんにこの作品ひとつに限らず、今後の日本建築界の動向に鋭い刺戟をあたえるものと思われます。
関係者一同を代表して、ここに厚く感謝を申しあげます。
(筆者、磯崎新アトリエ代表)
——
建築雑誌1976年8月号掲載。
——
候補作品|22題

群馬県立近代美術館
磯崎　新

群馬県立近代美術館

28 | 1977年 1976(昭和51)年度

田野畑中学校[†]および寄宿舎/善光寺別院願王寺/フロム・ファーストビル

——
選考経過
——
昭和52年日本建築学会大賞ならびに51年度日本建築学会賞を贈呈申し上げるに当たり、選考経過をご報告いたします。
まず、日本建築学会大賞につきましては、その候補は一般から公募しないで本会各支部および常置専門委員会よりの推薦に限っております。大賞は優れた業績の積み重ねによって、広い意味での学術の進歩向上に多大の貢献のあった方を対象とすることにいたしておりますが、本年は推薦された9名の大賞候補について学会賞委員会で厳選の結果、近代建築のヒューマンな発展に多大な貢献をされました今井兼次先生に全員一致で本年度の日本建築学会大賞をお贈りすることになりました。
昭和51年度日本建築学会賞につきましては、候補を昨年7月より、会誌に会告し、広く会員に呼びかけましたほか、各支部、職場、研究機関などへも周知につとめ、その結果、第1部(論文)22題、第2部(作品)25題、第3部(業績)10題の計57題の候補が提出され、各部会がこれの審査に当たりました。各部会では、審査内規に則り、それぞれ資料に基づいて慎重な審査を重ね、また作品部門では委員の方がかなりの時間をかけて候補作品の現地調査を実施のうえ選考に当たり、その結果、第1部6題、第2部3題、第3部1題をいずれも51年度学会賞として表彰申し上げることになりました。
終りに、この制度の実施にご協力いただいた各方面ならびに約半年にわたりご多忙中にもかかわらず委員ならびに専門委員として並々ならぬご尽力を下さいました皆様に対し、この機会に深甚な謝意を表して、報告を結ぶことにいたします。
——
第2部会報告　第2部会長
学会賞全体委員会の開かれた昭和51年10月28日、第1回の部会を開催し候補資料14点を一覧のうえ、11月12日第2回までに委員推薦の作品を追加することにしました。その結果11点が加えられ、第1次審査に25点から書類上の検討で5点だけをはずし、12月10日再審査し、一応10点を現地調査すること、また点については2人以上の委員踏査により推薦があれば審査対象とすることにしました。
現地調査はほとんど全員の参加するもの4回その他個別の見学調査が行われ、最終作品13点について、欠席委員からは文書等によって意見が提出されたものを含み3月14日討議に入りました。
まず全体論ののち、4点は全員一致で外し、次に住宅等の小作品については設計者の今後の作品を注目して再審査していただくよう次年度へ申し送ることとして4点を保留としました。残る5点について検討の結果、授賞対象作品3点が選ばれました。
今回の候補作品群の中には、規模の大小とともに、設計条件に大きなひらきのあるものが含まれ、比較のしにくいものが多く、音楽にたとえれば、大オーケストラの指揮振りから、楽器まで自作して自演したようなものまでがありました。
審査の中で残っていった作品を眺めると、施主側の寛容さに依存して羽をのばしたものと、施主の理解をとりつけて新天地を開拓したものとが目につきました。また一方に潤沢な投資額のものと、まるでなけなしの中での工夫のものとが対立しました。逆にはずされていったものを眺めると、一方に最少の摩擦、相互譲渡の結果平凡で単調に陥っていったものと、他方には建築構成の発想と建物のスケールとがちぐはぐのものが多かったように思います。
なお住宅等小建築については、新しいコンセプトでも一回限りのものに賞を与えてしかるべきかどうか、なお論議を必要とするので保留することにしました。
結果的に選ばれましたものは、円熟とはいえないが、作者が最後まで愛情を注いで努力し、それなりのまとまりまでに積み上げ、建築設計の分野から社会的に一つの光明をともしたものにしぼられていきました。
——
委員
——
記載なし

28

田野畑中学校†および寄宿舎／善光寺別院願王寺／フロム・ファーストビル

田野畑中学校および寄宿舎
穂積信夫

──
推薦理由
──

岩手県田野畑村は、北上山麓に$150km^2$という広大な面積をもちながら人口わずかに5,800人、$1km^2$に対して40人という低密度の地である。起伏のはげしい高原状の台地と、それを切り込むような多くの断岩状の谷からなる厳しい地形の中で、村の全地域に分散されながら散住する人々に連帯を与えることが村の大きな課題であった。
文部省のへき地校舎統合の方針の中で、規模を適正化するという物理的な問題処理に終らせることなく、むしろそれを契機として村民の連帯をそだてることを社会教育・全村教育の目標として統合中学校の建設をはじめようとした。通学問題の解決のためのみならず、さらに積極的な構想のうえに、将来の村民の連帯の芽となることを期待して全寮制にちかい形の中学校を計画したのである。
広大な大自然を有する村空間に、東京の"森の会"の大学生を毎夏迎え入れ、学生と村民が交流をもちながら、植林と環境造成を行い、やがてそれら学生を通じて、日本の全域に繋がってゆくことを期待している。この中学校は、この文教の中心核であり、地域コミュニティセンターとしての内容をあわせもつものとして期待された。
設計者は、決して豊かとはいえない村の財状の中で、村長をはじめとする村民の意向に対応した建築の計画に情熱とエネルギーを5年間にわたり捧げた。それはまさに"奉仕者の姿"としかいえないものであった。
公立の学校計画が、地域住民の社会的な理念を強い軸として完成の段階まで一貫して進められることは容易なことではない。しかも、それを具体的に"よい空間"としてまとめ上げたことは、設計者として、社会的に大きな意義をもつ仕事をなしとげたといえよう。特にきびしく限られた予算の枠を前提としながら、この学校のテーマである大きなロビー型の中心空間を実現にこぎつけたことに敬意を感ずる。
公立学校の形式化された企画が一般である中で、設計者が地域民と一体となって、高い意識と情熱に支えられて作りあげた秀れた資質の施設空間に対して、ここに日本建築学会賞を贈るものである。

──
受賞者の言葉
──

岩手県田野畑村は、$156km^2$に5,800人が散在し、山地のため交流が阻まれている。また、漁村と山村が合体しており、生活にも相違がみられる。このような状況の中で中学校統合の問題が起きた。従来5つの小学校に併設していた分校を本校に統合し、約400人の中規模校にする企画である。学校の統合には困難な問題を伴うことが多いが、ここでは統合の機会を活用することによって新しい状況を引出すことができれば、この計画の利点になると考えた。それは次の3点である。

1. ひとびとのふれあいの場としての中学校
これは結果的に1村1校、全村の子弟が3年間一堂に会するわけである。これが将来の村びとの意識構造にどんな変化をあたえるかに着目した村の構想は核心をついている。校舎の計画もこの期待にこたえるため、動線を集約した広場形の空間を中心において、休み時間などに全員が顔見知りになるようしむけた。特に冬期、屋根のある中庭として利用されることを望んでいる。在校生の大半を収容できる寄宿舎が計画されたのも、通学距離もさることながら、生活を共にすることによる人の和と、教育的効果が期待されたからである。

2. オープンスクール的な試み
公立中学校では全面的なオープンスクールはまだ難しいが、新しい教育の試みを可能にするよう、中央のホールが一部オープンスペースとしても活用できるようにした。じゅうたんを敷いた中庭レベルは約$200m^2$、学年単位でチームティーチングが行える。床に坐って授業が受けられるようパネルヒーティングとなっている。

3. コミュニティスクールとしての利用
村民に対して開かれた施設として、全村の祭り的行事や、成人教育に使われるとともに、都市の人々との交流の場として活用されるよう企画されている。

(早稲田大学教授)

善光寺別院願王寺
山崎泰孝

──
推薦理由
──

既存の善光寺別院願王寺は、いわゆる文化財に値すべき名建築ではなかったし、ごくふつうの昭和初期の寺院建築であった。しかも本堂の建築工事は、一部が未完のまま50年近くも放置されてきたため、雨洩りがひどく、強風が吹き荒れると危険な状態に陥り、あわや解体寸前という時点で、若い建築家の献身的な情熱によって崩壊を免がれ、あらたに本堂を覆うさや堂ともいうべき大屋根の架構と、新鮮なファサードによって見事に再生することができたものである。
この寺院は改築以前も20m近い大屋根を持ち、周辺の人々にとって、ひとつの風景のシンボルであり、長年慣れ親しんできた集落の中心的な存在でもあったろう。
改築にあたって設計者は、地域の文化的環境を形づくっている要素としての建築物を、いかに土着の人々の愛着から遊離せずに再生させうるかという課題に取組んだものである。
デザイン的なアプローチとしては、在来の木造の本堂を擁立するように、巧みに鉄骨骨組を駆使し、新しい寺院のファサードの創造に果敢に挑戦している。
ファサードを仔細に見ると、一部解体した部材をあらたに組み合わせたもので、いわばコラージュされた、新鮮で興味深い手法を用いている。本堂内部は将来計画として残されたまま、工事は一段落したものであるが、今後の整備は、やはり依然として一般の人々からの寄進に依存しながら、徐々に進められることになろう。
一応外形が再生したこの寺院が、今後ふたたび集落の中心的存在として、歴史を引き継ぎながら、住職や住民の愛情に支えられて近い将来、内部も完成の日を迎えることが期待されよう。
建築物が社会的存在として評価されるのは、単なる容

善光寺別院願王寺

器(イレモノ)としてのデザインや機能性、合理性だけでは解決できない要素があまりに多い。
建築がそこに在る土地に住む人、使う人々、あるいは風景の要素として見る人、さらに実際に管理運営に当たる人々など、多くの人々にとって、どのような影響を与え、愛され、その存在を認められるかが大きな問題である。
今、我々を取り巻く風景が画一的、没個性的な、いわゆる"スタイル"に押し流されてしまったのは、こういう個性の存在を無視し、中央集権的な文化構造に浸りきった建築家の責任なのであろう。
この意味から善光寺別院願王寺改築の設計者山崎君とそのグループの献身的な奉仕的行為とその成果は、今後の建築家のひとつの生き方を示唆するものとして、ここに日本建築学会賞を贈るものである。

──
受賞者の言葉
──

この度、学会作品賞をいただいたことを、心から感謝いたしております。そして、これを機会に決心を新たにし、さらに努力いたしたいと思っております。当然のことですが、建築は本来それ自体が「文化であり、同時に人間の生活や文化の「器」でもあります。だから中味のあり方によって建築のつくり方が左右されると同時に、ある建築をつくるということは、その中味の文化をもつくることになります。
善光寺別院願王寺の改修も、私なりにその一つのケーススタディとして、古い伝統を残しながら現代に生きる建築をつくること、今までのイメージを継承しながら新しいイメージのものを創る具体的な方法として試みたものなので、このような行為に評価をいただいたことは、この上なく嬉しく思っております。そして、この試みが少しでも今後の保存問題の具体的な踏み台になってもらえればと願っております。
都市再開発を行う場合にも、建築をつくる場合でも、「古さ」の中には残すべきいろいろな面があります。それは「物」にも、「人々の執着」や「風景」の中にも存在します。保存や地域文化振興の問題は、開発か保存かといった単純思考や画一的な解決の方法では、結局基本的に解決することにはならないと思います。むしろ、中国の土法的な思想のように、基本的にその地域文化振興や保存の方法、考え方はそれ自体がその場所、その時、その場合によって違わなければならないと思います。何を残し、何を創るのかの厳しい観察と創造力を養い、具体的な一つ一つの行為の積み重ねでしか解決できないことだと思っております。
私も、地域文化や保存については「風景論」として考えてまいりましたが、これを機会にさらに勉強し、地域文化振興に役立つ仕事をしたいと願っておりますので、今後共、皆様のよき御指導を賜わりますことを心からお願い申し上げます。

(A.Z. Institute 代表)

フロム・ファーストビル
山下和正

──
推薦理由
──

高度な密度の中で、急激な変貌の繰り返しを余儀なくされている現代都市の中では、一つ一つの建築が独立した個体として自立することと、環境の中で協調することを両立させることはかなり困難な問題である。また、生活空間そのものが、巨大な機構の中に巻き込まれて人間的スケールをはるかに超えたものの中に組み込まれてしまうことすらある。そして、周辺とは無関係に、巨大な施設が都市空間を分断し、既存する都市生活空間とは不連続にその自立性を主張する。
しかし都市の中では、それほどの大組織でない形で行われている生産活動がある。それらの活動の場は必ずしも大組織空間と同一の型をもつ必要はない。現在、都心のマンションの多くが、居住空間としてよりも、実は小規模な仕事場として利用されていることは周知のとおりである。画一的な大部屋型大建築よりも、あるいは効率一辺倒なものよりも、より自由な気分の、適当な大きさの独立した空間を求めている証拠であろう。
このようなオフィス空間の人間化への問題と、新しい個体建築と街並との連続感を求めながら、しかも個体建築としての自立性をテーマとして作りあげられたものとして、フロム・ファーストビルは注目に値する。
この建築は、東京・青山の商業と住居とが滲み合って接している地域に計画され、有能なプロデューサーによって企画され、ディベロッパーと建築家がそれぞれの側面からフォローして進められたものである。このような形で都市建築が具体的に実現した例は、わが国ではいまだ少ない。この建築は、その組織の流れの進展とフィードバックの経緯と結果がもたらした好

田野畑中学校および寄宿舎

フロム・ファーストビル

作品といえる。
比較的小さい店舗とオフィスの単位空間が複雑に組み合わされ、画一的な空間構成を嫌って、むしろ自然に出来上がった住居群を感じさせられる。その集合体は、内に豊かな隙間空間を“都市の洞密”のように内包し、街路に連続する密実なセミパブリック・スペースを形成している。そして一見、恣意的な統合をもちながら、地面に近い層から上方に向かって、店舗的な性格のものから、事務所的、さらには住居的な性格への段階化を与えている。
青山という特有な地域性格が、問題把握・条件設定に有利であったとはいえるが、現代都市の中で我々が直面している一つの問題に対し、よい作例を示した建築として、ここに日本建築学会賞を贈るものである。

——
受賞者の言葉
——

急速に変りゆく今日の日本の都市風景を眺めるにつけ、このままでよいのだろうかと感ずるのはひとり私だけではないと思われます。新しい数多くの建築ができあがっても、街並としては前よりも悪くなってゆく場合が多いのです。個々の建築と都市景観の関係は、現状ではさまざまな動かし難い枠組みの中に封じ込まれて、独り建築家のみの手によって改善することは至難と思われます。しかし、ある程度の規模の建築の場合、建築家はこの問題に関して何がしかの提案をし得る可能性があるのではないかと思われます。
フロムファーストビルは、我々にとってこのような提案をすることのできる願ってもない機会でした。秀れたプロデューサー浜野安宏氏とそのスタッフおよび古館六郎氏を中心とする意欲的なデベロッパー太平洋興発株式会社によって、さまざまなコンセプトが検討され、我々が設計を着手した時点ではすでに貸事務所と貸店舗からなるこのビルのユニークな方向づけがほぼできあ上っていました。我々はこのむつかしい条件を理論的に補強整理した上で、フィジカルな解決にほぼ専心できる状態であったのです。
都市の複合的建築の設計手法をさまざまな角度から探る作業をつづけるうち、我々は明確な単一の手法ではなく、多くの手法からなるいわば「混成的手法」が最もふさわしいという結論に達しました。この場合のその手法とは、ビル内部への街路的感覚の導入、スキップフロアや大小の吹抜け、自然光や緑の採用、オフィス空間へ住宅的感覚の導入、建築全般にわたる複合的形態の採用等々を指しています。採算性との兼ね合いも重要なポイントでした。
結果的にこの建築は複雑な構成となりましたが、構造設計の神崎星嗣、山内孝士の両氏、および設備設計の内山道明氏は困難な条件をよく克服し、ひとつの建築に結晶させるため献身的な協力をされました。私のスタッフや他の大勢の関係者も同様です。今回はからずも日本建築学会賞がこの作品に対して与えられましたことは、都市建築に対するこのような視点が評価されたものと、有難く受けとめています。関係者一同を代表して感謝いたしますと同時に、今後の励みにしたいと考えています。
（山下和正建築研究所所長、東京造形大学助教授）
——
建築雑誌1977年月8号掲載。
——
候補作品｜25題

29 | 1978年 1977(昭和52)年度

成城学園の建築／東京都立夢の島総合体育館／国立室戸少年自然の家

——
選考経過
——

昭和53年日本建築学会大賞ならびに52年度日本建築学会賞を贈呈申し上げるに当り、選考経過をご報告いたします。
まず、日本建築学会大賞につきましては、その候補は一般から公募しないで本会各支部および常置専門委員会よりの推薦に限っております。大賞は優れた業績の積み重ねによって、広い意味での学術の進歩向上に多大の貢献のあった方を対象とすることにいたしておりますが、本年は推薦された10名の大賞候補について学会賞委員会で厳選の結果、都市・農村計画の体系化と発展および建築・都市行政の推進に多大な寄与をされました高山英華先生に全員一致で53年の日本建築学会大賞をお贈りすることになりました。
昭和52年度日本建築学会賞につきましては、候補は昨年7月より、会誌に会告し、広く会員に呼びかけましたほか、各支部、職場、研究機関などへも周知につとめ、その結果、第1部(論文) 24題、第2部(作品) 25題、第3部(業績) 14題の計63題の候補が提出され、各部会がこれらの審査にあたりました。各部会では、審査内規に則り、それぞれ資料に基づいて慎重な審査を重ね、また作品部門では委員の方がかなりの時間をかけて候補作品の現地調査を実施のうえ選考に当たり、その結果、第1部5題、第2部3題、第3部4題をいずれも52年度学会賞として表彰申し上げることになりました。
この制度の実施にご協力いただいた各方面ならびに約半年にわたりご多忙中にもかかわらず委員ならびに専門委員として並々ならぬご尽力を下さいました皆様に対し、この機会に深甚な謝意を表して、報告をいたします。
——
〈第2部会報告〉　第2部会長
日本建築学会全体委員会の開催された昭和52年10月28日、全体会議につづいて第2部会を開き、以後の事務的打合せのあと、候補作品14点につき、幾分の討議を行いましたが、次回11月15日までに委員による追加推薦を加え、その全作品について第一次審査を行うことにした。
52年11月15日、第2回の部会を開き、委員推薦作品8点、前年度よりの申し送りの作品3点を加え、計25点につきすべて審査を行いましたが、できるだけ重賞を避ける意味で、当該作品を保留とし、残りの作品の中で賞に該当するもののない場合、改めて審査することに決定し、慎重に審議した結果、12点を残した。
52年12月5日、前記12点につき第二次の書類審査を行って、10点とし、12月20・21日、53年1月10・11日、同じく24・25日、2月6・7・8日、同じく14日、同じく21・22日にわたって、現場審査と討議を繰かえし、受賞作品3点を選び出した。
一つは雄大で大胆な構成と形を持ち、一つは清潔で厳しい姿勢を保ちながら優美な雰囲気を醸成し、他の一つはややもすれば形成化された企画により設計されがちなものを打破して美しく実らせた点、それぞれに特徴を持っていると思います。
なお、委員推薦の1作品が、第3部に提出されていて、第3部で審議される方がよりふさわしいと考えられましたので、第3部会にお願いすることにしたこと、また、最後まで残った2作品については、その一つは全体計画の中の一部が未完成であること、他の一つはよりよい作品が既に発表されているので、それらを来年度の審査対象にするべく全委員一致して決定したことを付記します。
——
委員
——
記載なし

成城学園の建築
増沢洵

——
推薦理由
——

成城学園の建築は増沢洵君の歴史を物語るものである。氏の成城学園の設計を年度を追って記せば、次のとおりである。
1956年　中央図書館、RCの打放しと硝子面との対比の見事さと清潔さ。
1957年　旧初等学校校舎の木造建築に見せた現代的感覚。
〃　第2体育館における構造と建築美との調和。
1958年　大学1号館(経済学部)におけるRC打放しとベニヤ板との調和の清潔さ、および大教室の折版構造の鋭さ。
1966年　体育館部屋(木造)の中二階と屋根との対比の面白さ。
1968年　大学図書館の明快なプラニングと構造。
1970年　大学3号館、特に大教室の室内空間構成の豊かさ。
1977年　大学5号館(法学部)における質実な構成と、全体への設計意欲の充実。
等々、学校建築が宿命的に持っている経済的な低さと闘いながら、むしろそれを武器として、質実に、厳しく、そして持前の品の良さおよび清潔さを加えて建築を造り上げてこられたこと。また、同じ理由の故に、構造材である柱・梁・壁等々を、そのままデザイン要素としての重要な部分を占めさせて、しかもその明快な解決が建築の美しさに直結するといった設計者の設計方法と態度に大きな敬意を感じている。
強いていうならば、中・高等学校校舎の極く一般的な取扱い方、1967年の創立50周年記念講堂(母の館)における、何か一つ押しの足りなさ、学校の方針と思うが古いRC打放しに仕上げを施して建築としての力を弱めてしまったことが惜しまれる。
また、学園全体に対する構想がないのでは、という意見と、丘と谷と川を森の中に点在させることがその構想なのだという意見があったことも付記したいと思う。
しかしながら、20年にわたって厳しい条件の下で、高い意識と理念によって、成城学園のもつ雰囲気を適切に具現し盛り上げた建築群に、心から賛意を表し、ここに日本建築学会賞を贈るものである。
——
受賞者の言葉
——
増沢洵
このたび、昭和52年度日本建築学会作品賞を受賞いたしましたことを大変光栄に存じます。とりわけ、「成城学園の建築」がその対象として評価されましたことを心からうれしく思っております。
私の「成城学園の建築」は、昭和31年から始まりました。
昭和19年に成城高等学校を卒業した私は、その後、大学、実社会を通じて建築の勉強に夢中でした。その間、成城学園と私の具体的な交流はありませんでしたが、学園は私の青春時代の思い出の場として、常に精神的な支えとなっていました。
卒業して10余年が過ぎた昭和31年、私は学園から書庫と閲覧室の設計を委嘱されました。それは私にとって全く突然であり、将来のことについても不明でしたが、私は建築を通じて母校に協力できるこの機会をできるだけ大切にしたいと考え、当時、心から師事していた建築家アントニン・レーモンドさんの事務所を辞して独立しました。
独立した私は、学園の仕事に専心しました。与えられた条件をいろいろな角度から検討し、いくつかの案をつくりました。しかし、私はどの案が学園にふさわしいか迷っていました。学園にとって、なにが大切なのかを見きわめなければなりませんでした。そのための指針が必要でした。
しばらくして、私はそれが「所求第一義」なのだと気付きました。「所求第一義」とは学園の創設者沢柳政太郎先生のお言葉で、その額が昔から講堂に掲げてありました。私にはその真意はわかりませんが、それは「今なにが大切であるかを真剣に考え、大切なものを大切に考えつづけなさい、そして、大切でないものを大切そうに考えるのはやめなさい」ということではないかと思いました。そして、学園にふさわしい建築の性格は私の思い出のなかからきっと見つかるような気がしました。
私は昭和13年に成城高等学校尋常科(今の中学校)に入学しました。それまで町なかに育ち、近くの小学校に通っていた私にとって学園の雰囲気は新鮮でした。丘や林や川や池など自然がすばらしいと思いました。そして自然のなかに点在する素朴な校舎が好きでした。自然と建築の調和が美しいと思いました。
先生がたもすばらしいと思いました。当時、ろ溝橋事件に端を発した支那事変は年ごとに拡大し、第2次大戦につながる軍国主義の世相のなかで、控えめながら自由と個性を重んじた英語の先生、毎時間自習とテストを繰り返した数学の先生、1年分を画いてしまえばあとは自由な美術の先生など、先生がたに強い信念を感じました。
友達もすばらしいと思いました。成績にこだわる人はいませんでした。長所・短所がそれぞれあって人間的な感じがしました。各自が特性に応じてクラブ活動に熱心でした。上級生・下級生の区別はなく誰とでも親しくできました。それでいて秩序は保たれていました。
私の成城時代、学園の雰囲気は恵まれた自然、簡潔な校舎、信念のある先生、個性的な友達などによって形成されていました。学園のいたるところに大地があり、人間がいました。その恩恵は誰でも享受することができ、それは学園の伝統として大切に受け継がれているように感じました。
さまざまな思い出が去ったのち、学園の建築の性格は自然との調和を計ることが第一義であるという考えにいたりました。そして恵まれた自然と豊かな人間に対応する建築は、より本質的なものであり、そのような対応こそ成城にふさわしいと思いました。
昭和31年頃の成城学園は武蔵野のおもかげを残して

作品・成城学園の建築
増沢洵

成城学園の建築

29

成城学園の建築／東京都立夢の島総合体育館／国立室戸少年自然の家

いました。一方、学園を基点として発展した成城の町は居住者によって自然が守られていました。昔、私が通学していた時と同じように、各戸は生垣で仕切られていました。そして、コンクリートの建物は数えるほどしかありませんでした。そのなかで、今井兼次先生が設計された成城カトリック教会聖堂の静かなたたずまいが印象的でした。緑のなかにコンクリートの壁が美しいと思いました。

私も書庫と閲覧室をコンクリートで考えていました。学園にふさわしい建築、自然との調和、より本質的なものなどについて、その表現を考えていました。そして、鉄筋コンクリートの特性を生かした明快な表現が、より本質的であり、対照的に自然と調和し、学園にふさわしいのではないかと考え、壁(書庫)と硝子(閲覧室)の対比をもち、床下換気を兼ねたキャンティ・レバーの床によって地上に浮いた感じの書庫と閲覧室をつくりました。

「成城学園の建築」は、この書庫と閲覧室を出発点として、創立40周年記念事業の大学1号館、創立50周年記念事業の学園講堂を含め、大学、高等学校、中学校、初等学校、幼稚園、校外施設を加え、昨年、創立60周年記念事業として大学法学部の新設に伴う大学5号館の建築にいたりました。

それは成城学園の20年の歩みであると共に私および増沢建築設計事務所の創立20年の歩みであるということができます。

私たちは、成城学園において、つねに自然と人間と建築の融合を目指しました。現実的な条件を基盤として、より本質的なものを求めました。自然に対しては、丘や林や川や池などをできるだけ昔のままに保ちました。人間に対しては、個人の場と公共の場の確保につとめ、独立性と連帯性を求めました。建築に対しては、恵まれた自然と豊かな人間に対応するものとして、より単純に、より素直に、より経済的に、その解決を計りました。そして20年が過ぎました。

昭和52年暮に、学会賞委員会の審査がありました。その日は特に寒い日でした。審査は、敷地が広く、建物が多く、それも点在しているため予定時間をはるかに越えておこなわれました。寒風が吹きすさぶなかを長時間にわたる審査で、委員のかたがたが大へんだろうと思いました。と同時に、日頃尊敬している先生がたに実物を見ていただけたことを心からありがたいと思いました。見ていただくだけで私は充分でした。

昭和53年春、新聞の日本建築学会賞の記事のなかに「成城学園の建築」の文字を見つけました。私はその新聞を持って成城学園に行きました。学園の先生がたが大へんよろこんで下さいました。帰りにレーモンド建築設計事務所に寄り、受賞を報告しました。レーモンドさんが生きていらっしゃったら、きっとよろこんで下さっただろうと思い残念でした。家に帰ると、先輩、友人からたくさんの電話、電報をいただいており、学会賞の重みをあらためて感じました。そして「成城学園の建築」に関する学会の推薦理由を新聞で読み、建物ひとつひとつに触れる詳細な審査内容と身にあまるお言葉をありがたいと思うと同時に、20年にわたる地味な仕事について、このようにご評価いただきましたことをなによりもうれしく思いました。

「成城学園の建築」は学園を愛する人々の暖かい心に支えられて、今日なおつづいています。私はその計りしれない幸運を心から感謝するとともに私が味わうことができた母校と卒業生という人間的な意味を大切にして、これからも、それを建築に表わしていきたいと思っております。

（筆者、KK増沢建築設計事務所　代表取締役）

東京都立夢の島総合体育館

阪田誠造

——

推薦理由

——

かつては遠浅の美しい海岸であった、この夢の島一帯の地域は、戦後の経済成長期に埋め立てられて工場地帯に変わり、現在は決して良好とはいえない環境となっている。この総合体育館は、東京都の海上公園の一環として、都民の誰もが利用でき、スポーツを楽しむ施設として計画、建設された。

都の清掃工場に隣接して与えられた敷地は、スポーツ施設の敷地としては、恵まれたものではなく、海岸地の工業地帯という条件から、塩害、煙害、強風、埋立地のための地盤の悪さなど、悪条件を背負っていた。しかし、この体育館は、将来にわたるウォーター・フロント回復の拠点となることが予想され、そのため単なるスポーツ施設としてだけでなく、公園からエントランス・プラザ、ラウンジ(ここには心地よい談話コーナーがある)、ペダストリアン・デッキと続く軸に沿って、各スポーツ空間を結びつけ、都市の公共空間の延長としてのスポーツ環境が強く意図されている。

南北に長目の敷地に、設計者は東西の2列に、断面半円の耐候性コルテン鋼ヴォールト屋根を頂く4棟の建物を計画し、外に一部テニス・コート、アーチェリー場などを設けた。西の2棟は共にスパン40m、高さ27m、東の2棟はスパン18m、高さ15mで、全く単純、明快な形で、膨大な気積をとりこみ、他に建物の少ない広々とした環境に十分なスケールを誇り、隣接する清掃工場の煙突をすら圧倒している。健康的で、力強い空間をここに創造した。

この大きなヴォールト形態の採用には、機能上からの問題もある。しかし、清掃工場からの豊富な余熱利用の可能な特殊事情の下では、与えられた条件を見事に生かしているというべきであろう。

外観の単純さにかかわらず、内部の空間は極めて豊かな表情を持ち、多様な機能空間が巧みに配され、代赭色の床や壁面とコルテン鋼などの対照も美しく、また身障者への配慮であるスロープも、変化に富んだ空間構成を生みだす要素にまで消化されている。変化と拡がりをもつアプローチも、人を誘いこむに十分である。

ともすれば造形の原点を忘れた作品の少なくない今日、環境に即し、十分の象徴性を明快な形に表現し、限られた予算の下で都市空間の一環としてのスポーツ・センターをまとめ上げた力作として、ここに日本建築学会賞を贈るものである。

——

受賞者の言葉

——

夢の島総合体育館の設計を通じて

阪田誠造

私たちが設計する建築は、殆どが都市の建築である。山中につくられる建築であっても、都市居住者のためのレクリエーション施設であるとすれば、それは都市の建築と考えられる。われわれが住んでいる空間、営んでいる生活が、如何に高密化してきているか、社会の高密化と建築の関係について、建築の設計を重ねる毎に感じさせられ、考えさせられる。建築の要求、企画がその反映である。整地の環境、期待される機能、実際の使用状況など、建築をめぐるすべてがそれを示し、総体としてのわれわれが属している文明が、歴史的にも、国際的にも、未踏の領域に踏みこんでいるという実感が強い。もともと、平地の少ない国土と、上下の格差の少ない社会構成が基盤としてあり、その上に大都市への人間集中、大衆化、常時移動型の生活、多様な生活空間の需要等々、空間時間的の高密化へのプレッシャーは一向に衰えをみせる様子がない。

高密な状況といっても、社会の細部は多様であり、緩急粗密の混在と分裂した指向が内蔵されている。こうした中でつくられる建築は、自体が高密化を促す要紙のひとつであるだけに、容易に一層新たな混乱と質の低下に都市を陥れる元凶と目されるところとなっている。諸法規や行政を含めて、設計者とその周辺に発想の転換が求められているということは、裏を返せば時代遅れの形骸化した固定観念や価値判断の中に生きつづけて、新鮮な対応を見出せないでいるということである。この形骸化の一例として、建築の効率に対する社会的評価が経済性だけに偏在している問題が挙げられよう。経済効果を最優位にみることによって合理主義が社会に根を張り、建築の近代化を進めた結果、今でも公共建築においてさえ、暗黙裡に工費に対する単純な評価が何よりも重視される。一般の商業建築であっても都市生活、都市景観の面から社会の共感を得ることに多くの努力が払われねばならない時代である。単に廉くつくって間に合わせようとする建築

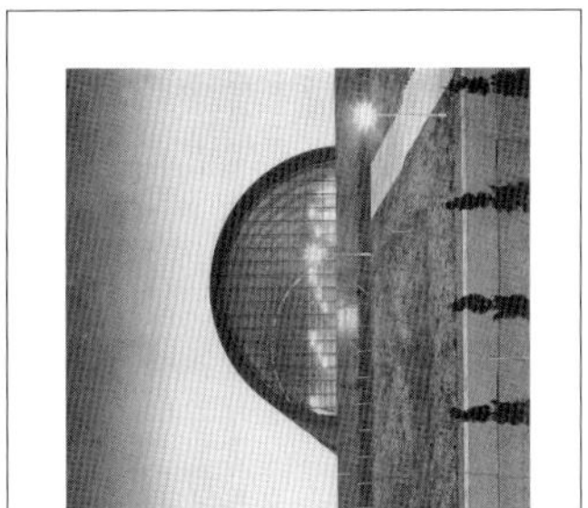

東京都立夢の島総合体育館

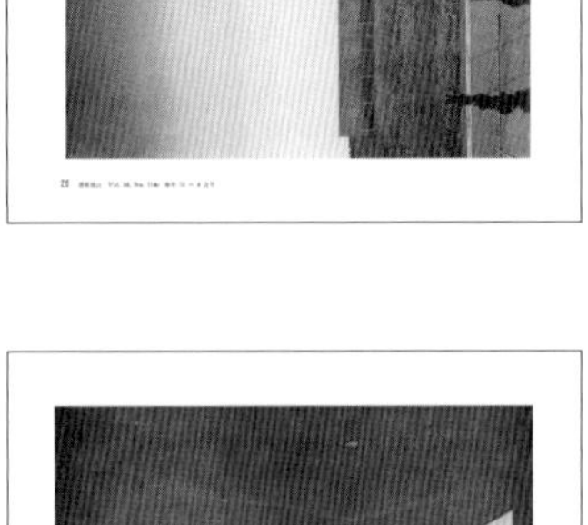

国立室戸少年自然の家

は、将来に禍根を残すだけでしかない。
建築に対する要求は、さまざまな期待、動機が、単に発注者のみでなく、幅広い利用者、社会一般から寄せられていると同時に、抵抗と抑止の力が同時にあらわれることが多くなっている。それだけに、設計者である私たちは、建築後の都市空間の質的変化を最重視して考えねばならない時点にある。人間性の尊重、安全性、景観の創造、住み心地、品格といった生活文化を形づくる要紙のすべてに対して厳しい評価が求められねばならない。それには、抽象的、観念的な対応のみで設計することが既に出来難くなっていると思われる。私は、建築の設計は、個々の限定された状況と環境にまず密着して手がかりを見出すことから始めようと考えている。
夢の島総合体育館は、いろいろ反省を残す部分も多いが、上述したような思考を基盤として、私たちの長い努力を重ねてつくり出された建築である。

<ゴミ戦争>といわれた首都の廃棄物処理をめぐる、地域と都市全体の困難な調整の副産物として、この体育館はゴミ埋立地につくられるところとなった。
始めて敷地に立ったとき、ビニールの特徴あるうす汚れた光りが土にまみれて一面に拡がり、黒いインクのような溜り水が点在する馴染めない地面と、建設中の清掃工場の建物や煙突の大きさに殺伐とした印象を強く感じさせられた。同時にまだ整地も完了していなかったが、公園計画地の広々とした広がりが忘れられていた地平線を想起させた。
清掃工場で発生するゴミ焼却の熱を、暖冷房や温水プールの熱源として利用することが、体育館企画の動機であった。メタンガスの湧出や、ゴミの層を含んだ軟弱地盤の年々の圧密沈下や、塩害、周辺工場からの空気汚染の問題など、建築を考える上での無条件は山ほどあった場所である。メタンガスの調査と、安全対策の実験は施工途中に行われ、それに関係したことにより私たちの知識も多くなったが、設計構想の段階で、私たちはメタンガスを建築形態の手がかりにすることは毛頭考えていなかったが、それもあり得たことが今ではわかっている。
ゴミの埋立深さは、約12メートルであるが、その下層に軟弱なシルト層であるため、鋼管杭を50メートルも打込まないと支持できない地盤である。最も経済的に建築をつくるには、積重ね得る空間を出来るだけ多層化して、効率的な杭の使用を考えることであろう。
敷地は充分な広さがあるが、要求された各種運動のためのスペースをワンフロアとして平面的に配置すると、増設予定の屋外プールスペースを残して、前面広場がとれるちょうどよい大きさであった。この施設は、市民の自ら運動をするためのスポーツセンターを目指してつくられるのであるから、出来るだけ入り易く、運動競技の姿に多く触れることが大切と考え、それには公園と一体となった接地型配置こそ最適と考えた。そのことにより、この敷地の広々とした魅力を惹き出せると思った。しかし、大半が単層の建物で必要最小限の高さのヴォリウムを画くと,公園側からの景観として、体育館は沈み、清掃工場のシルエットが目立つことになり、公園や体育館の利用者にとってレクリエーションのための、折角の広い都市空間領域が、雑然と混乱したものにならないですむ方法はないかと考えた。本来は、清掃工場の方で低くつくる工夫が欲しかったといいたいところだが、既につくられたものを前提として考えざるを得ない。フラットな平面計画と、高く大きい建物ヴォリウムの結合は、室内運動場スペースの屋根を、完全な半円筒形でおおうことにより、実現するところとなった。公園側低層部の屋上は、中庭での運動を眺めながら自由に歩ける遊歩道として園路に直結させ、公園利用者にもスポーツに触れさせる仕掛けをもつ開放的な施設とし、生活の中の運動をより浸透させる目的にそわせたいと願った。海からの強風と、異質な施設の視覚的な遮蔽をかねて、コンクリートの高い壁を囲らせ、将来は屋外での水泳も楽しめる場を保有した。又、この建築を特色づけることになった黒と赤錆色の組合せは、周辺環境条件から屋根葺材をコールテン鋼とした結果導き出されたものである。
設計当初、造成中であった公園も、福竜丸展示館も、老人憩いの家も、それぞれ工事が終了し、ゴミの発熱による成育の障害が懸念されていた樹木も、予想以上に伸びているようだ。公園のユーカリは、ゴミ棄場のイメージを払拭する勢いで繁ってきた。体育館の利用者も交通が不便であるにも拘らず増加していると聞いている。しかし、永年人が住んできた土地と異なり、人工的につくられて数年しか経っていないこの地は、ガスの管理や、地盤沈下の補修、土の補給など、弛まぬ維持の努力なしには、荒廃に戻って了うことも事実である。
夢の島体育館は、特殊な条件下につくられた建築であるが、このような場所をも生活空間の一部に組込まねばならない事情に示されている、社会の高密化と、私たち設計の対応をひとつの事例として報告させていただいた。
最後に、この設計に集中した多くの人たちの尽力の軌跡にふれておきたい。
坂倉建築研究所が、この建築を設計するきっかけをつくったのは,旧所員の西野善介君であった。昭和46年、県営大型プールの仕事を終え、東京都にも同類の計画があるのではなかろうかと、彼が単身都の体育部を訪ね、偶然清掃工場余熱利用のプール計画を知り、データーを提供しているうち、調査計画の委託をうけた。凝性の西野君が中心となり、厚い報告書をまとめた結果、昭和47年12月に、建築の設計が特命で委託された。
設計依頼を喜ぶと同時に、噂に違わぬ低い報酬は遂に改めて貰えず、不安に揺れたが、結局西沢所長の流水の如きこだわりのない決定でつくりたい意欲だけは満たされるところとなった。構造の<かおる建築研究所>、設備の<日本環境技研>、後に電気設備監視の<日本エアコンセンター>の各協力事務所には、私たちと同じ深傷を負わせる結果となったが、最後まで熱心に業務を全うしていただいたおかげで、何とか無事竣工成ったといわねばならない。
設計は順調に進んだが、基本設計終了後突然チーフの青木一夫君が夭逝し、以後若松滋君に大きな負担がかかることとなった。実施設計終了直前にオイルショックに見舞われ、発注の見通しはなく、設計の見直し検討に多くの日時を費した後、予算修正がなされ原設計通りに着工となった。工事中にガス調査などのため数か月の中断期間があり、メタンガス調査のお手伝いと、安全対策の設計、実験立会いなどに集中して、現場常駐監理は全く休む暇もなく期間だけが半年以上も延長された結果となったが、昭和51年11月に漸く竣工したのだった。基本設計以来竣工まで、まる4年間この仕事だけを担当した若松　滋君と川谷正兼君をはじめとする実に多くの人たちの濃密なエネルギーの結集によって夢の島総合体育館はつくり出された。
（筆者、坂倉建築研究所東京事務所長）

国立室戸少年自然の家
建設省中国地方建設局営繕部(代表　畑利一)

――
推薦理由
――
室戸岬の持っている海と山と緑の美しさと大きさ。特に夕陽が足摺岬に落ちる問際の夕映えに浮かび上がる室戸岬は美しい。
この景観の中に、建築を融合させ、適合させ、しかも建築自体を主張することは、大変な作業と思う。
国立室戸少年自然の家は、正確には室戸岬より約10km高知寄りの行当岬の背後にある崎山台地の第2・第3段丘約200m ～ 300mの高さにあり、56haの敷地を持っている。
設計者は、その自然の中に、少年達の“とりで”を造りたかったといっているが、そのとりでを構成する壁と建物と開放廊下との連結、それらに囲まれたつどいの広場、さらに野外劇場、大屋根と呼ばれる陰の部分など大体5角形を基調として構成され、非常に面白い内･外部空間を形造っているし、メインホールからの陸橋によって連絡する宿泊棟、反対側に点在する第1･第2ロッジも、少年達を、その順に、野外生活へと順応させていく手段として、成功していると考えられる。
ただ、全体的な形の総合の上で、幾分単調さを残し、また整備されすぎていて、いい意味での“荒さ”が少なくなってしまっているように感じられることが惜しまれる。
これまでに、79か所の公立少年自然の家があり、国立少年自然の家は、これらの中核的な存在として全国に5か所が建設中、6か所が調査中とのことであるが、そのすべてが、形式化、固定化することなく、少年の広域的交流、指導者の研修の場であると共に、それぞれの風土に適合させて,少年達に,自然への愛着,夢,やすらぎを与える場になって欲しい。
そういう希いをこめて、その第一号として、ここに日本建築学会賞を贈るものである。
――
受賞者の言葉
――
中国地方建設局営繕部　代表　畑利一

この度、学会賞をいただく事になり、関係者一同心から喜んでおります。
これは組織の全職員の努力を認めていただいたものとして今後の励みにしたいと考えています。
昨今、人口の過度の都市集中化とそれに伴う周辺の乱開発の結果、自然は急速に失われつつあります。このような環境に育った子供達を大自然の中に解放し、野外活動を通じて豊かな情操と創造性及び社会性を高めようという目的で国立少年自然の家の設置がきめられました。この施設はその第一号として室戸岬に建設されたものであります。
こうした施設は都会のホテルのような人工環境を自然の中に設けるのでなく、野外活動施設を含めて考えることが必要であり、自然の息づかいが感じられるものでなければなりません。従って野外活動施設の計画とそれに対応した建物の計画及びその有機的配置計画が重要であります。
この意味で施設の入口を一歩入って「つどいの広場」に出ると、野外活動の場が見渡せ、施設全体が自然に対して開かれた形に配置しています。
又つどいの広場を囲んで各ブロックを配置し、屋根付階段を介してメインホール、食堂等の生活空間を広場と結びつけることにより活気のあるコアを創り出しました。
一方、室戸は自然条件の厳しい所であり、強風や豪雨から子供達を守る「とりで」としての役割も必要で、こうした性格を形の上でも表現してみました。
第一、第二ロッジについては、より野外生活らしさを持つ施設としてメインセンターから分離し、形も子供達に夢を呼ぶ楽しいものにしています。
この度、残っていた屋外施設も完成し、一層充実いたしましたが、充分にその機能を発揮するためには、その運営に参加される方々の努力に負うところが大きいと思われます。
終りにあたり、本施設の設計において種々御指導いただいた天城　勲先生をはじめとする「国立少年自然の家設置準備協力者会議」の諸先生に対して、裏心より御礼を申し上げます。
当施設を使用した結果をよく調査し、今後次々に建設されてゆく「国立少年自然の家」の設計に活かされるよう努力してゆきたいと考えています。
（筆者、前中国地方建設局営繕部長　現建設大臣官房官庁営繕部建築課長）
――
建築雑誌1978年月8号掲載。
――
候補作品｜25題

30 | 1979年 1978(昭和53)年度

該当なし

――
選考経過
――
昭和54年日本建築学会大賞ならびに53年度日本建築学会賞を贈呈申し上げるに当たり、選考経過をご報告いたします。
まず、日本建築学会大賞につきましては、その候補は一般から公募しないで本会各支部および常置専門委員会からの推薦に限っております。
大賞は優れた業績の積み重ねによって、広い意味での学術の進歩向上に多大の貢献のあった方を対象とすることにいたしておりますが、本年は建築材料に関する一連の研究活動により建築界へ多大の貢献をされました狩野春一先生に全員一致で日本建築学会大賞をお贈りすることになりました。
昭和53年度日本建築学会賞につきましては、公募規程を昨年8月号より、会誌に会告し、広く会員に呼びかけましたほか、各支部、職場、研究機関などへも周知につとめ、その結果、論文18題、作品20題、業績7題の計45題の候補が提出され、各部会がこれらの審査に当たりました。各部会では、審査内規にのっとり、それぞれ資料にもとづいて慎重な審査を重ね、また作品部門では委員の方々が、かなりの時間をかけて候補作品の現地調査を実施のうえ選考に当たりました。
その結果、第1部論文6題、第3部業績2題をいずれも53年度学会賞として表彰申し上げることになりました。なお、第2部作品は誠に遺憾ながら、該当作品を選考することができませんでした。
この制度の実施にご協力いただいた各方面、ならびに約半年にわたりご多忙中にもかかわらず審査員ならびに専門委員として並々ならぬご尽力をくださいました皆様に対し、この機会に深甚な謝意を表して報告を結ぶことにいたします。
――
第2部会報告　　　　　第2部会長
誠に遺憾ながら、本年度学会賞第2部会は該当作品を選定することができなかつたことを、報告せざるをえない結果となりました。これは学会賞規定第8条のなかに定められた厳選寡賞の趣旨と、重賞を避けるという内規にもとづき、かつあくまでも作品そのものに即しての評価に徹しようとした今年度第2部会が論議をつくしたうえでの結果であります。
以下その経過の概要を述べて、この結果をご諒承願うための一助にしたいと思います。
今年度は当初の公募10点と、それに委員推薦の10点を加えた計20点の作品が審査対象となりました。まず、初段階、設計図書・写真資料等にもとづき、慎重な審議を重ねたうえその半数・10作品について現地審査を行うことを決め、53年12月8日、12月15日、54年2月2日2月16日、2月23日、3月1日、3月4日、3月9日、3月15日の9回にわたり、2部審査委員全員のほとんどが毎回参加して現地踏査ならびに作品調査をしました。
その結果を持ち寄って3月22日2部審査委員全員出席のもとに討議を重ね、その問議事進行の一助とする意味を確認のうえ第1回投票を行いました。その結果、1作品が除かれ、残りの9作品について各委員がそれぞれ見解を述べあいました。そのうえで第2次の投票を各委員3点に限って選出するよう申し合わせたうえこれを行った結果、展示・収蔵・研究を主題内容とする建築が2点、および中部圏の一地方における「一連の地域作品J、それに「一連の住宅作品」の4対象が選出されました。そこでこれら4対象に絞ってさらに討議を続行することとしました。
(なお、この段階で割愛された5点のなかには、現地調査当日、一部に作品として未完の部分があったため討議の対象から外さざるをえなかった1点を含むことを付記します。)
最終段階、上記4対象のそれぞれについて行われた討議内容の一端を記して参考に付します。
その対象の第1については、玄関ホール、常設、企画展示空間それぞれ相互間の流動性、管理部門諸室の適切なとり方、展示室内部における天井と壁面との対比手法、照明の扱い方など、共感しうる部分処理の随所に少なくなかったにもかかわらず、総体として強烈な外部スケルトンの枠内に組み込まれた形の度強さが、この建築の内包する主題内容の雰囲気を苦ししているのでは、といった異和感が多数表明され、その対象の第2に関しては、企画の初段階からの積極的な協働による展示計画の確かさ、予算の豊かさ、その広大な敷地に優に匹適しうるに足る重さ、プランニングにおける徹した明快さなど、それなりに有する価値の高さを重々認めながらも、その豊かさや、広大さや、

30
該当なし

重さが、一面建築作品そのものにとっては逆に負の要素としてはたらいているのでは、といった疑念として総括できるような諸見解が各委員から出されました。
つぎの中部圏の一地方における「一連の地域作品」については、地域社会における腰のすわった活動と貢献という、地道な努力の積み重ねについて、全委員がひとしく共感を覚え、さらにその中のある地方住宅、ある小美術館、ある村立総合小学校においては、作者の建築家としての能力と努力が見事に結実していると評価されながらも、もう一息作品そのものとしての迫力のもの足りなさが問題となり、最後の「一連の住宅作品」についても、建築家としての住宅建築に対する多年にわたる十分な理解と努力の積み上げと、個々それぞれの作品に対する対応の仕方の美事さについて全委員が肯定して、しかもなおかつ決定的な支持点が見出せないという、作品そのものとしての評価に何か今一つ踏み切れないものが残るのでは、との点で、ついに今回は賞対象の作品を選定することが最終的にできなく、また今年度はこれをしないことで全委員が納得できるという結果にいたりました。
公募作品の少なかったこともその一因かと思いますが、この結果は第2部会としてもたいへん残念なことと思っています。

——
委員
——
記載なし
——
建築雑誌1979年8月号掲載。
——
候補作品|20題

31 | 1980年
1979(昭和54)年度

住吉の長屋／資生堂アートハウス／松川ボックス

——
選考経過
——
昭和55年日本建築学会大賞ならびに54年度日本建築学会賞を贈呈申し上げるに当たり、選考経過をご報告致します。
まず、日本建築学会大賞につきましては、その候補は一般から公募しないで本会各支部および常置研究委員会からの推薦に限っております。
大賞は優れた業績の積み重ねによって、広い意味での学術の進歩向上に多大の貢献のあった方を対象とすることに致しておりますが、本年は日本建築史を中心に国史学、美術史、考古学の広い分野にわたり、優れた業績をあげられ、その体系化に多大の貢献をされました福山敏男先生に全員一致で日本建築学会大賞をお贈りすることになりました。
昭和54年度日本建築学会賞につきましては、公募規程を昨年9月号より、会誌に会告し、広く会員に呼びかけましたほか、各支部、職場、研究機関などへも周知につとめ、その結果、論文15題、作品15題、業績7題の計37題の候補が提出され、各部会がこれらの審査に当たりました。
各部会では、審査内規に則り、それぞれ資料にもとづいて慎重な審査を重ね、また作品部門では委員の方々が、かなりの時間をかけて候補作品の現地調査を実施のうえ選考に当たりました。
その結果お手許の表彰業績のとおり、第1部論文6題、第2部作品3題をいずれも54年度学会賞として表彰申し上げることになりました。
なお、第3部業績は誠に遺憾ながら該当業績を選定することができませんでした。
詳細につきましては、後ほど各部会長からの報告にゆずりたいと存じます。終りに、この制度の実施にご協力いただいた各方面ならびに約半年にわたりご多忙中にもかかわらず委員ならびに専門委員として並々ならぬご尽力を下さいました皆様に対し、この機会に深甚な謝意を表してご報告を結ぶことに致します。
——
第2部会報告　第2部会長
昭和54年10月23日開催された全体委員会にひき続いて、第1回第2部会を開き、推薦作品、応募作品について討議し、次いで委員追加推薦、審査日程について検討した。推薦作品と応募作品についてはわずか7点であったので、各委員が積極的に追加推薦することによって多数の作品を審査対象とすることとした。審査日程については審査内容とあわせて流動的に考えていくことを基本としながら一応の日程として、資料による審査は54年12月までに終え、現地審査を55年1月より行い、受賞候補作品決定は55年3月中旬と予定した。
なお、現地審査については原則として、設計者の案内を受けず、必要な場合は所員に出席を願うことを申し合わせた。
54年11月13日第2回第2部会を開き、推薦作品、応募作品7点に委員推薦作品8点を加え、合計15点について資料に基づいて慎重に審議し、9点を選出し、現地審査を行うこととした。
54年12月17日第3回第2部会を開き、現地審査の詳細について検討し、全委員が出席可能な日程を作成した。
現地審査については選出した9点について、55年1月は9日、13日、23日、27日、28日の5回、2月は6日、18日の2回、3月は2日と計8回行い、当日欠席の委員は各自自由審査を行った。
55年3月2日第4回第2部会を開き、現地審査の結果について各委員の意見交換を行い、討議を重ね、3点を選出した。
55年3月19日第5回第2部会を開き、現地審査を行った9点について再度慎重に討議し、先に選出した3点を昭和54年度日本建築学会賞受賞候補作品として推薦することを確認した。
——
委員
——
記載なし

住吉の長屋
安藤忠雄

——
推薦理由
——
住吉の長屋と呼ばれるこの住宅は、光庭を中心として1階に居間とダイニングキッチンとバスルーム、2階に寝室と子供室という構成である。この光庭は平面構成上の中心的な位置を占めていると同時に生活の中心ともなっている。特に両側を壁で閉ざし、開口部をとることができないこの住宅にとって適切な構成であり、日常生活において心身の均衡を求めた設計者の最も苦心したところであったと思う。全体については内外を打放しコンクリート、床を玄昌石、手造りの家具という数少ない材料と工法による住空間は明快な設計意図を反映して格調が高く安定感がある。反面、外壁のインシュレーションの問題や手摺のない階段、雨の日も光庭を通らなければならないという生活上の問題等々に対する一般的な不安感もある。しかし、都市で失われつつある自然と人間の対応について、このような極限に近い住環境においてもそれを目指して実現させ、完成後も周期的にアフターケアを実行しているという努力に支えられているこの住宅を都市住宅のひとつのあり方として評価し、ここに日本建築学会賞を贈るものである。
——
受賞者の言葉
——
安藤忠雄(安藤忠雄建築研究所主宰)
関西を中心とした地域に多く見られた長屋は、日本の町屋の一つの典型的な姿であった。一棟内に連続して展開する集合住宅ではあるが、街に棲みつく意識や、前庭・後庭など、自然との触れ合いの場の存在を通じて、生活が確実に展開される場であった。
現在の住居は、機能など、数値化される要素のみを、価値判断の基準として住居化され、表面的にはモダナイズされたように見えるが本来的な生活とは厳しく関わっていないように思える。また、都市生活者の意識も、一般的には仮住い志向が強く、街に棲みつく意志を持った人々も少ない。こうした状況の中でも、棲みつく意志を持つ人々のために、長く棲みつける場をつくる努力をしなければならない。生活とは、本来、厳しいものであり、生活者が空間と激突し、日常の中で非日常の体験をし、厳しい生活の場をつくりつつ、棲みついていくのが本来の住み家だと思われる。
この仕事は、日本の住宅の持つ様々な問題が集約されていた。老朽化した四軒長屋の真中の一軒を切りとり、コンクリート打放しの住空間を挿入したものである。道路側に、入口のみが唯一開口部として設けられている。平面は均等に三分割され、光庭を挟んで居室が相対峙する。1階は、居間とキッチン、浴室、2階は寝室と子供室である。光庭は、階段・デッキと共に、採光・換気・動線などを満たし、平面上も、生活展開上も求心性を持ち、この住居の中心となっている。囲うものとしての壁と天井を、コンクリート打放し、人間の生活に近い部分である床に自然石(玄昌石)を用い、手触りの部分としての家具やドアなどには自然のナラ材を使用している。それらの選定の基準は、経済性や技術的な問題をも含め、住まう人間にある。光庭は生活が住いと密着していく場である。浮薄な快適さを超えて、単なるモダンリビングではない本当の生活感のある快適さをつくりたかった。

資生堂アートハウス
谷口吉生／高宮真介

——
推薦理由
——
資生堂アートハウスは、絵画と彫刻、化粧品の資料というふたつの展示空間からなり、ふたつの展示空間は正方形と円形の組合せによって構成されている。絵画と彫刻の展示空間は正方形であり、化粧品関係の展示空間は円形である。また、前者は正方形の外壁にその中心部分の円形の光庭が対応し、後者は円形の外壁に正方形の屋外展示場が対峙するという巧みな構成である。そしてこのふたつの対照的な展示空間が観覧者の動線によってひとつに結ばれて全体の平面が構成されている。建築形態はすべての材料が同一平面上におさまる単純なディテールによって、平滑、無彩色、ヒューマンスケールの消去等々、抽象化の方向に収斂されている。明快な設計意図は全体に反映し、豊かな構成、美しい比例は設計者の並々ならぬ資質を感じさ

住吉の長屋

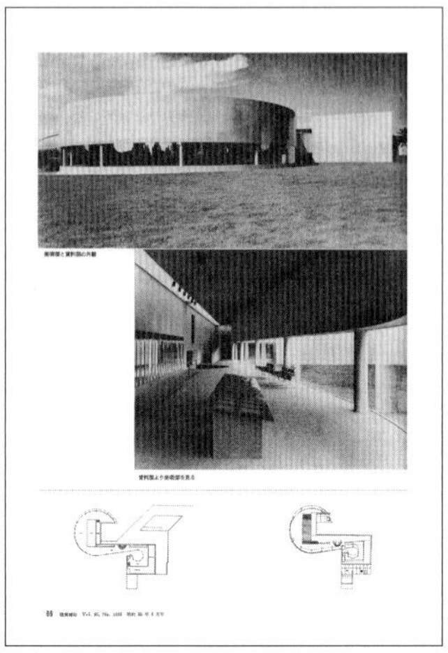
資生堂アートハウス

せる。私たちは一方で、その構造、材料、工法等々について、定着性に対する懸念からくる困惑を感じながらも、これからの建築の進む方向を探る新しい芽としてこの建築を評価し、ここに日本建築学会賞を贈るものである。

——
受賞者の言葉
——

谷口吉生(株式会社計画・設計工房代表取締役)
高宮眞介(株式会社計画・設計工房代表取締役)
この建築は、東海道線掛川駅近くにある、資生堂掛川工場内の敷地に建てられている。内部には、美術部・資料部・収蔵庫などがあり、資生堂ギャラリーが収集した絵画や彫刻、そして創業以来100年に亘り製作された、ポスターやパッケージなどの宣伝資料が、展示されている。美術館と、コマーシャル・デザインのための博物館との両方を合わせた、総合的な芸術展示場としての機能を持つことから、この建築がアートハウスと呼ばれている。美術部は正方形の外壁で囲まれた空間の中心に、円形の中庭があり、資料部においては、それとは逆に円形の外壁の中に、正方形の中庭がある。美術展示に対しては、円形の中庭から絵画などの鑑賞に適した外光が入り、資料部の展示は、外部の庭園に囲まれた環境の中で展開する。このような二つの対比する空間が、一つに結ばれることにより、二つの空間の接点で、内部空間と外部空間の逆転が起り、館内を一巡する観覧者の視線は、ある時は展示物に集中され、またある時は、庭園の風景から休息を得る。外壁の材料は銀色に輝くタイル、ミラーガラス、ステンレスの目地などで仕上げられている。このようにして、単純な図形の組合せから構成されている平面、無彩色の材料と平滑なディテイル、そして建築の構造的表現の省略などは、隣接する新幹線、工場、社員寮などの中にはさまれた特殊な環境とスケールの中に、このアートハウスの建築自体が、ひとつの彫刻として表現されるように意図したからである。

松川ボックス
宮脇檀

——
推薦理由
——

松川ボックスと呼ばれるこの住宅は、都心の2階建ての住宅が密集する中に、中庭を中心として、親の棟、子供の棟、付属建物用の3棟によって構成されている。ひとつの建物にしなかった理由は、周辺の建物と比べて大きすぎることとプライバシーを守りにくいという配慮からということであったが、たしかに周辺の建物と異和感がなく、この中庭を囲む構成は、中庭の空を広くするために外壁を斜めに切るという配慮とあいまって、周辺の住環境と異なったゆとりのある雰囲気が感じられ、設計者の創造力を感じさせる。また外部を打放しコンクリートで囲み、内部は木造という構成は設計者の蓄積された手法によって安定感がある。そして吹抜け、階段、トップライト、家具、適切な床暖房、適度な配色等々、住宅に対する設計者の細かい配慮を感じさせる。ただ木造部分の材質と工法についてやや緊張感を欠くところは今後の課題であろう。長年にわたって住宅に打ち込んできた設計者の積年の努力の結晶として、この住宅を評価し、ここに日本建築学会賞を贈るものである。

——
受賞者の言葉
——

宮脇檀(有限会社檀宮脇檀建築研究室代表取締役)
建築というものが発注者・施工者・設計者の協同作業であり、それぞれが自己を主張しあい・ぶつかりあい・その上で互いに認め合うというプロセスを経て生み出されねばならないことを誰もが知っていながら、現実には不可能に近いという実感を誰もが持っている。
今回受賞の松川ボックスはその中で三者がガッチリと組み得た珍しい例かも知れない。別荘を建ててから数えれば13年余、この家の第1期から第2期までだけでも9年という発注者との人間的な関係が形態化されたものであるともいえる。
もちろん混構造*という概念はまだ模索中のものであり、この住宅もその追求のプロセス上の産物としての未熟さも設計者としては知り抜いており、その意味で今回の受賞は作品そのものに対してで無く、僕達の設計への姿勢に与えられたものと、発注者と共に素直に感謝し喜んでいる。

*混構造　2つ以上の異種の構造を併列的に建物に使用し、それにより建築の持つ極性を処理、または表現しようとする手法。最近宮脇檀によって工法として展開されている。

——
建築雑誌1980年8月号掲載。
——
候補作品|15題

32 | 1981年 1980(昭和55)年度

生闘学舎/一連の住宅(林雅子)

——
選考経過
——

昭和56年日本建築学会大賞ならびに55年度日本建築学会賞を贈呈申し上げるに当たり、選考経過をご報告致します。
まず、日本建築学会大賞につきましては、その候補は一般から公募しないで、本会内の特定機関、すなわち、支部および常置研究委員会からの推薦に限っております。
大賞は優れた業績の積み重ねによって、広い意味での学術の進歩向上に多大の貢献のあった方を対象とすることに致しておりますが、本年は建築構造学ならびに建築構造学を通じて多年にわたって建築界の発展に貢献されて優れた業績をあげられ、建築学を通じて、広くわが国の学術の進歩発展に多大の貢献をされました二見秀雄先生に日本建築学会大賞をお贈りすることになりました。
昭和55年度日本建築学会賞については、公募規定を昨年7月号より会誌に会告し、広く会員に呼びかけたほか、各支部、職場、研究機関などへも周知につとめ、その結果、論文20題、作品20題、業績16題の計56題の候補が提出され、各部会がこれらの審査に当たりました。
各部会では、審査内規にのっとり、それぞれ資料にもとづき慎重な審査を重ね、また作品部門ではかなりの時間をかけて候補作品の現地調査を行いました。
その結果、第1部論文7題、第2部作品2題、第3部業績4題をいずれも昭和55年度日本建築学会賞として表彰申し上げることになりました。
詳細については、各部会長からの報告にゆずります。

——
第2部会報告　第2部会長
昭和55年10月22日、全体委員会に引き続いて、第1回第2部会を開き、推薦作品、応募作品の資料を各自検討した。審議は委員追加推薦を含めて次回以降に行うこととし、今回は資料を一覧するにとどめた。次いで委員追加推薦、審査日程について検討した。推薦、応募作品は計15点で例年に比べまずまずの作品数であったが、各委員よりも積極的に推薦することとしさらに多数の作品を審査対象とすることとした。審査日程については、資料による審査を55年12月中に終え、56年1月より現地調査を行い、3月上旬には同審査を終了し、3月中旬に受賞候補作品を決定する予定とした。
55年11月11日第2回第2部会を開き、推薦作品、応募作品15点に委員推薦5点を加えた計20点について資料に基づいて審査を行い、慎重な審議の結果8点を選出し、現地審査を行うこととした。
55年12月10日第3回第2部会を開き、現地審査について検討を行い日程を作成した。
なお、現地審査の際、原則として設計者の案内を受けず、必要な場合は所員に案内願うことを申し合せた。しかし、結果としては半数以上の5点について設計者本人の案内を受けることとなった。設計者の案内の是非についてはこの部会でも両論があった。
現地審査は56年1月13日、14日、17日、29日、2月4日、17日、21日、3月2日、14日の計9回行い、当日欠席の委員は各自自由審査を行った。
56年3月24日第4回第2部会を開き、現地審査の結果について各委員の意見を交換し討議を重ねた。現地審査を行った8点についてまず第1次討議を行い、さらに繰り返し第2次討議を重ね5点を選出した。この5点について第3次討議を行い、慎重な審議の結果、2点を昭和55年度日本建築学会賞受賞候補作品として推薦することに決定した。

——
委員
——
記載なし

生闘学舎
高須賀晋

——
推薦理由
——

生闘学舎は、住宅と、学校およびその宿舎としての機能とを併せもつ建築で、壁も柱も梁も床もすべて使い古されたまくら木を組み上げることによって造られている。
平面は2.1メートルというまくら木の長さを単位として明快に構成され、1階は玄関・食堂・台所・浴室・居住からなり、2階は宿泊室になっている。合掌造りを想わせる玄関側の立面は、はり出された壁によって深い影がつくられ、一見、内部の暗さが懸念されるが、ふんだんに配置されたトップライトと吹抜けの効果によって内部空間は驚くほど明るくさわやかである。
まくら木による建築への構想は、設計者が永年あたためてきたもので、したがって、この建築への設計者の傾倒ぶりは並々ならぬものがあり、計算しつくされたその構築法は見事といってよい。建築主の家族というわずか数名の全くの素人によって5年の歳月を費やして築き上げられたこの建築は、その手づくりによる施工といい、簡潔な構法といい、あるいは重厚な表現といい、見るものをして建築の原点に向かわせる、いわば始原の魅力に満ちている。
そしてこの建築をそうした魅力だけに終わらせずに、優れた現代建築にまで高めているものは、まくら木の使い方に示された設計者の構築力と造型力のたしかさであろう。
このきわめて特異ではあるが、独創的な建築を評価し、ここに日本建築学会賞を贈るものである。

——
受賞者の言葉
——

高須賀晋(たかすが　すすむ/高須賀晋一級建築士事務所)
15×20×210cmの鉄道枕木をいかに組み上げることができるか——。生闘学舎はこれだけを追い求めてでき上がった。だから生闘学舎にデザインはないともいえるし、またあるのは、枕木という素材の要求する必然のデザインのみ、ともいえよう。
6年前、知人の紹介で高野雅夫さんたちグループの人々に出会った。彼らは60年代後半から70年代前半にかけて全共闘の学生や反戦労働者だった人々であり、運動の敗北から立ち上がるために「コヤシの思想」を抱くに至っていた。すなわちそれまでの運動を、個を主張し、自らが花を咲かせ実を結ぶ「タネの思想」だったと反省し、野に入ってひとのためのコヤシになりきると

松川ボックス

生闘学舎

いう「コヤシの思想」に運動の再生を賭けた人々であった。
彼らとの話し合いの中で、鉄道枕木の使用そのものも必然になっていった。コヤシの思想、ローコスト、グループ員自らの手でつくること、――これらの条件は枕木を使うことを指示しているように、私には思えた。
枕木そのものは安価である。仕口を簡素化すればプロの年期が要らない。仕上げもない。そのうえ、数十年の歳月に耐え、風雨ばかりか糞尿も浴びたであろう枕木を再利用することは、グループの思想にふさわしいのではないか、と考え、枕木の家を提案した。
6年前の9月、測量を終えてからの以後の5年間、グループ員の枕木との格闘の明け暮れがつづいた。枕木は重く、硬く、ねじれていて、炎天下、材を動かすだけにも膨大な気力とエネルギーを要した。加えて犬釘や小石が噛みこみ、電動ノコギリの刃はかけ、ヒューズは飛んだ。グループ員が枕木を積みあげて家にするまでには、グループ員だからこそ払えた莫大な量の労苦と生活上の犠牲、それを、損得勘定を離れて助けた技術者たちの知恵と献身があった。この人たちにとっては生闘学舎をつくること自体が歴史とならざるを得なかった。
私たちも5年間、ならせば月に1度は三宅島に通うことになったが、枕木と取りくんだことによる歴史は私たちの上をも流れた。文字通りの「生闘」であり、その中でグループ員や関係者が思想的なものを離れても、忘れられない人々となっていった。
今、振りかえれば、私は必然に従ったのみという感想がある。

一連の住宅
林雅子

——
推薦理由
——
作者は、住宅の設計を始めた1951年以来、手がけた作品のほとんどを発表し、その数はおよそ70を上回る。しかも、その作品の質はいずれも高く、粒ぞろいで、年平均3作というペースで、住宅デザインの分野に絶えず刺激を与え続けてきている。そのほとんどは独立住宅で、1960年代まではもっぱら木造であったが、1960年代末より鉄筋コンクリート構造のものが増加し、次第に鉄筋コンクリート構造のものの比重が大きくなって、今日に及んでいる。
作品の特徴を一概に述べることはむずかしいが、切れ味のよい部材加工と単純明快な表現で豪快な空間構成を造り出している点で、多くの人に感銘を与えている。
鉄筋コンクリート構造の作品の中には、いろいろな意味で変曲点にある日本の社会と日本人の生活がもつ現代の苦悩が飲みこまれており、木造の作品に比べれば数も少なく、一連の手法としては、まだ安定した評価を定めにくいという見方もあった。しかし、木造住宅の一連の作品が、洗練され、完成された手法を持っている事実をふまえ、すべての作品を含めて一連の作品として評価することで、審査委員の意見は一致した。
作者の作品の中には、住宅以外にも土佐清水市立貝殻展示館のように、極めて質の高い作品もあるが、ここでは作者が住宅作品を通して、日本の建築界に与えた積年の努力を高く評価し、ここに日本建築学会賞を贈るものである。
——
受賞者の言葉
——
林雅子（はやし　まさこ／建築家）
住む人の生活像の明らかな建築
環境――時空の拡がりを含めて――とのかかわりの確かな建築
空間の骨格の明らかな無駄のない建築
こうした建築をつくりたいものとただ仕事に専心してきて、気がついてみると早くも30年が経ったことになる。
私の建築作法は変わらないけれど、この間に建築の生産・流通をめぐる事情は驚くほど変わったので、いきおい私の建築の姿は変わってきている。
一例をあげると、初期に好んだ杉丸太材がある。それは銘木の意識ではなく、自然材料としての木材の、最も合理的な、つまり歩留りが高く美しい用法だと考えたからであったが、この種の素朴な合理主義は、今日ではもはや通用しないものとなった。木材は国産材から輸入材へ、建具は木製から軽金属製へと大きく変わっている。また、都市環境の変化も著しく、初期の木造一戸建はもはや別荘地のものとなり、都市内ではコンクリート造が主なものとなった。このような激しい変化は、かつて経験したことのないものではなかったか。設計者にとっても、クライアントにとっても、とかく作法を見失いがちな時間であった。
幸いに、私の仕事を理解して下さるクライアントの方々があり、一方では、もうかりはしないが、たまには難しい仕事をやってみたいと協力してくれる施工者や職人たちがいて、私は今日まで仕事を続けてくることができた。私の仕事にお誉めをいただけるとすれば、多くは彼らのおかげである。彼らが喜び、勇気づけられることほど、私にとって嬉しいことはないのである。
——
建築雑誌1981年8月号掲載。
——
候補作品｜20題

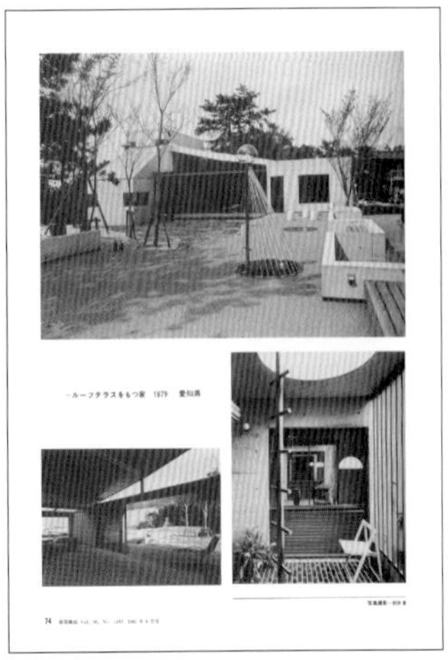

一連の住宅（林雅子）

33　1982年 1981（昭和56）年度

大阪芸術大学塚本英世記念館・芸術情報センター／長野市立博物館／神戸市立中央市民病院／名護市庁舎

——
選考経過
——
昭和57年日本建築学会大賞ならびに昭和56年度日本建築学会賞選考経過報告　副会長
本日、昭和57年日本建築学会大賞ならびに56年度日本建築学会賞を贈呈申し上げるに当たり、選考経過をご報告致します。
まず、日本建築学会大賞につきましては、その候補は一般から公募しないで本会各支部および常置専門委員会からの推薦に限っております。
大賞は優れた業績の積み重ねによって、広い意味での学術の進歩向上に多大の貢献のあった方を対象とすることに致しておりますが、本年は都市大火対策の理論体系確立と建築研究の促進に優れた業績をあげられ、広くわが国の学術の進歩発展に貢献されました藤田金一郎先生に全員一致で日本建築学会大賞をお贈りすることになりました。
昭和56年度日本建築学会賞につきましては、公募規程を昨年8月号より会誌に会告し、広く会員に呼びかけましたほか、各支部、職場、研究機関などへも周知につとめ、その結果、論文28題、作品23題、業績5題の計56題の候補が提出され、各部会がこれらの審査に当たりました。各部会では、審査内規に則り、それぞれ資料にもとづいて慎重な審査を重ね、また作品部門ならびに業績部門では委員の方々が、かなりの時間をかけて候補作品の現地調査を実施のうえ選考に当たりました。
その結果、第1部論文7題、第2部作品4題、第3部業績1題をいずれも56年度学会賞として表彰申し上げることになりました。
詳細につきましては、各部会長からの報告にゆずりたいと存じます。
終りに、この制度の実施にご協力いただいた各方面ならびに約半年にわたりご多忙中にもかかわらず委員ならびに専門委員として並々ならぬご尽力をくださいました皆様に対し、この機会に深甚な謝意を表して報告を結ぶことに致します。
——
第2部会選考経過　第2部会長
昭和56年10月26日、全体委員会に引き続いて、第1回第2部会を開き、推薦作品、応募作品の資料を各自検討した。審議は委員追加推薦を含めて次回以降に行うこととし、資料を一覧するにとどめた。次いで委員追加推薦、審査日程について検討した。推薦、応募作品は計16点で例年に比べまずまずの作品数であったが、各委員よりも積極的に推薦することとしさらに数点の作品を審査対象とすることとした。審査日程については、資料による審査を56年12月中に終え、57年1月より現地調査を行い、3月上旬には同審査を終了し、3月中旬に受賞候補作品を決定する予定とした。
56年11月30日第2回第2部会を開き、推薦作品、応募作品16点に委員推薦7点を加えた計23点の資料に基づいて審査を行い、慎重な審議の結果、12点を選出し、その中から現地審査を行うものを9点とした。
56年12月10日第3回第2部会を開き、現地審査について検討を行い日程を作成した。なお、現地審査の際、原則として受賞候補者の案内はさけ、必要な場合は受賞候補者以外の設計関係者に、案内願うことを申し合わせた。しかし設計者の案内の是非についてはこの部会でも両論があった。
現地審査は、57年1月26日、2月16日、22日、23日、27日、3月6日、7日の計9回行い当日欠席の委員は、各自別に審査した。3月6日には長野に1泊し、それまでの審査の結果について、つっこんだ討論を行った。その中で特に重賞について意見が交換され、他部会長の意見も聞いた上で慎重に考慮することとなった。
また、57年3月19日第4回第2部会を開き現地審査の結果について各委員の意見を交換し討議を重ねた。
現地審査を行った9点について討議し、重賞の1点については全員一致でこれを推すこととした。さらに慎重な審査の結果、それぞれ特徴を持つ3点を選び昭和56年度日本建築学会賞候補作品として推薦することに決定した。
——
委員
——
記載なし

大阪芸術大学塚本英世記念館・芸術情報センター
高橋靗一

——
推薦理由
——
この建物は昭和39年の浪速芸術大学学園建設総合計画のコンペ以来、作者の主宰する第一工房が12期・18年余にわたって設計・建設し続けてきた同大学の最新作である。
キャンパスという一連の計画、それを依頼し続けた学校側、長年にわたり共に建設に参加してきた施工者等々も評価の対象とはなり得ようが、今回はこの建物の設計のみが対象となった。
コンクリート打放しという素材とその手法による空間の創造を試み続けてきた作者の執念の結実として評価したかったからである。
近代化の必然の中で、コンクリート打放しを中心として他の技術の部分でも旧時代的ともいわれがちな職人的な納まりや精度、構成に断固として挑戦し続け、その成果を見事に挙げた正統的な建築の創り方に見る人は必ずや感嘆せざるを得ないだろう。
設計者の長年の間に培った技術の蓄積、その表現への厳しい監理、結果として安っぽい工業主義に流れることの無い現代建築としての成果、そしてそれらを貫いた設計者の執念に対して、ここに日本建築学会賞を贈るものである。
——
受賞者の言葉
——
高橋靗一（たかはし　ていいち／第一工房）
今回の大阪芸術大学・塚本英世記念館―芸術情報センターの建築に対して日本建築学会賞を授与されたことは、私たち、この仕事に自分なりの精魂を打ち込んで来たものたちにとって大きな喜びである。それが、昭和45年以来、2度目の受賞となると喜びもまたひとしおというべきかもしれない。
正直に言って私たちがこの建築に賭けた、幾つかの試みと、それへの執念がこうも早く、ある評価を得たことに対しては、喜びと同時にある種の不安があることも事実である。
その不安の最大なものは、それ自身、私たちがこの建築の中で果そうとした、最も大きな狙いでもある。
それはこの建物が果して今後100年200年の後に私たちの願い通り、これが20世紀末の社会的文化的ストックとして、その時代の人々に暖かく受けつがれてゆくことができるだろうか、という祈りにも似た願いなのである。残念ながら今、私たちは、そういう願いを確信として持つことはできない。確信として持つべく、世界は余りにも不安に満ちているし、また我々の技術もまたあまりにも未熟であるからである。
建築というものがある予算をもって建設される以上、その建築に投下されたコストに見合うだけの機能と構造をもつべきものであることは言うまでもないが、建築が地表に誕生し、そしてその地表を占めるある人々の生活に対して何らかの影響を与え続けることを考えるとき、建築は必ずしもこういったバランスシートの上にのみ成立するものではないことは自明である。
むしろそういったアンノンな部分の中にこそより重大な意味が有りそうだと考えるのは、過去の建築の歴史の中からも充分に読みとることのできるものであろう。
建築が、文化的なストックとして存在し得る、極めて大きな理由もまた、こうした歴史的考察の中に含まれると考えるべきであろう。
技術が人間の夢を可能にするという技術神話が、もはや過去のものとなりつつある現在、再びわれわれが追い求めるべきものは何か。この疑問と不安の影に対して、幾らかでも灯りを投げかけてくれるものがあるとしたら、それはやはり永い人間の歴史の中にそれを求めて行くよりないのではないかと、このごろしきりに思う。
人間の叡知が学問という体系をとり、それが情報として流れる過程の中で、その情報受授の場の1つとして考えられた教育施設というものが、どのようなものであるべきかという根本の問いを発し続けずにその施設をつくることは、歴史への背離であり自然に対する反逆だと思う。だから、建築というものはやはり、そこに用いられた材料がどのような形をとり、そしてその形が何を表現するかという問いの原点により根本的なその建物の存在の意味を尋ね続けることなしに、これを評価することはできまい。従ってその素材がコンクリートであり、その表現は、打放しコンクリートという手法に依っているという単にそのことのみは私に

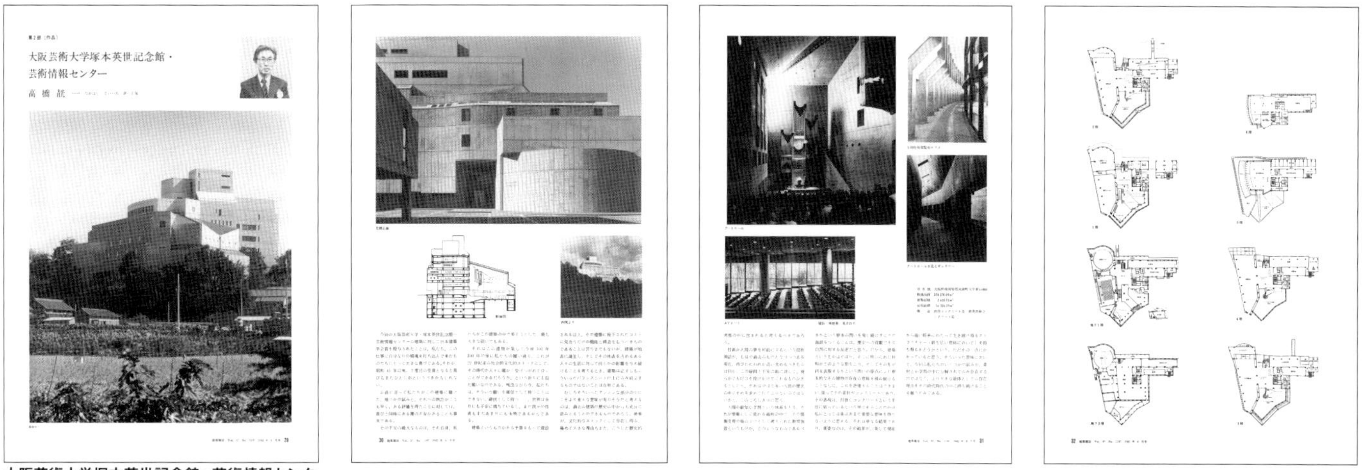

大阪芸術大学塚本英世記念館・芸術情報センター

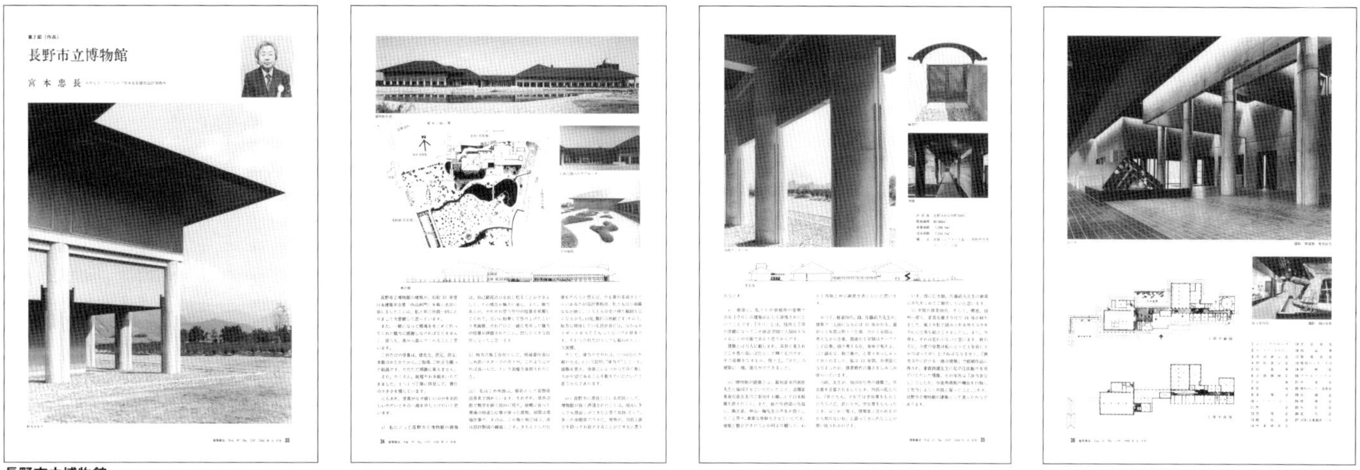

長野市立博物館

とっては実はあまり重要な意味を持たないように思える。それは単なる結果であり、重要なのは、その結果が、果して現在から遠い将来にわたって生き続け得るストラクチャー（最も広い意味において）を持ち得るかどうかという、ただその一点にかかっていると思う。そういった意味において、今回の私たちのいくつかの試みが、素材とか空間の中に分解されてのみ存在するのではなく、より大きな総体としての存在理由をその時代時代の中に持ち続けることを願うのみである。

長野市立博物館

宮本忠長

——
推薦理由
——

長野市立博物館は、長野市南郊の川中島古戦場を含む八幡原史跡公園の中にある。

この施設の企画は昭和53年の調査委員会の発足に始まり、翌54年の指名設計競技により宮本忠長君が推挙された。設計条件には、この施設を市民の文化創造の拠点施設とし、かつ新市街地形成の中心施設とする願いがこめられていたが、本作品は諸課題を良く理解し創造的にこたえている。

この建築は公園の北辺に、常設展示室を主とする一号館と企画展示室・プラネタリウムを含む二号館を東西に並べ、中央のロビーが左右を結んでいる。善光寺平をめぐる山なみ、近くを流れる信濃川と点在する民家という典型的な信濃の風景に応じて提示された本作品の外観造形は、屋根の形、壁の色、安定した量感のどれも周囲の景観によくなじみ高く評価できる。

また冬の厳しい信濃の風・雪・凍結などの気候風土条件に対し、長い北面を閉ざし南面を開放し、回廊や日だまりとなる軒下空間を設けるなどの平面計画、屋根の形、材料、ディテールなどの構法・施工計画で周到に対応配慮している。

しかし、企画段階で盛られた過大な要求と制約は、規模の大きさや設計競技にはなかった天体観測ドームの付設などに現れている。展示や行事企画なども含め、ここに盛られている内容の独自性についても疑問なしとしない。しかし、多くは企画運営の側より発している。かかる情況下にもかかわらず建築を市民になじませようと、柱・壁を手がかりに規模を少しでもヒューマンなスケールに落とそうと作者は努力しており、全般にわたる設計の質の高さは評価してよい。

地方性の重視とは、言うは易いが実現は難しい。風土に根ざした人間性の重視に徹することを第一義とする作者の姿勢は、職人との和親の中から優れた手仕事をひき出し、予想以上の来館者を招きよせている等の裏付けを持つだけに貴重である。

この作品は、その実現までの経緯と作品としての完成度をふまえ、地方公共建築のひとつのあり方を示すものと評価し、ここに日本建築学会賞を贈るものである。

——
受賞者の言葉
——

宮本忠長（みやもと　ただなが／宮本忠長建築設計事務所）

長野市立博物館の建築が、昭和56年度日本建築学会賞（作品部門）を戴く光栄に浴しましたことは、私と共に所員一同にとりまして大変嬉しく思っています。

また、一緒になって精魂をこめて作ってくれた職方に感謝しなければなりませんし、彼らも、真から喜んでくれることと思います。

このたびの受賞は、諸先生、畏兄、畏友、多数のかたがたから、ご指導、ご叱正を賜った結晶です。ただただ感謝に堪えません。

また、たくさん、祝電やお手紙をいただきました。1つ1つ丁寧に拝見して、責任の大きさを感じています。ともあれ、受賞がなぜ嬉しいのかをお許しいただいてその一端を申し上げたいと思います。

i）私にとって長野市立博物館の建築は、自己最高の力を出し切ることができました。その情念が職方に通じ、また、職方各人が、それぞれ思う存分の技量を発揮してくれて、互いに相乗して作り上げたという充満感。それだけに一緒に苦労した職方の技量が評価されたこと。恐しく大きな自信となったと思います。

ii）地方の施工会社として、現場責任者はじめ若いスタッフの方々が、このようにやれば良いんだ、という実像を体得されたこと。

iii）私はじめ所員は、原則として長野県出身者で固めています。それぞれ、県外の都で勉学を終え信州に戻り、故郷に在って普通の地道な仕事が実った喜悦。昼間は現場仕事で、あの山、この街と飛び回り、夜は設計製図の繰返しです。きちんとした仕事をやろうと思えば、やる事が多過ぎるぐらいあるのが設計事務所。私どもは小組織なるが故に、1人1人の受け持ち範囲も広くなりがち。日夜、難行の連続です。その上、地方に常住している設計者には、なかなかスポットを当ててもらえないのが現実です。それらの努力が少しでも報われたという実感。

そして、体当りでやれば、いつの日にか報われる、という証明。“体当り”してこそ、建築を覚え、身体ごとぶつかってゆく激しさが大切であることを教えていただいたと思うからであります。

iv）長野市に常住している市民として、博物館が高く評価されたことは、地元に少しでも恩返しができたと思う気持。そして、多くの来館者の方々に、建築が、自信と誇りを持ってお迎えすることができると思うからです。

v）最後に、私どもの事務所の姿勢である「守り」の建築が正しく評価されたということです。「守り」とは、技術と工学が基礎になってこそ創造空間に人間味を与えることが可能であると思うからです。

建築とは万人に親しまれ、末長く愛されてこそ香り高い文化として輝くものです。その基盤をなすもの、技と工、「守り」の建築に一層、張りがでてきました。

vi）博物館の建築では、彫刻家多田美波先生と協同させていただいたこと。造園家重森完途先生のご参加をお願いして日本庭園を拵えたこと。また、庇の片持梁の先端に、陶芸家、神山一陶先生の手をお借りしたこと等々、貴重な体験をさせていただき、建築と整合できたことが何より嬉しく、心から畏敬と共に謝意を表したいと思います。

かつて、修業時代、師、佐藤武夫先生が、建築で一人前になるには15年かかる。最初の5年間は黙々と仕事、次の5年間は、考えながら仕事、最後の5年間はチーフとして仕事。頭で考えるな、身体で覚えよ、口で語るな、指で画け、と常々おっしゃっておられました。私は13年間、お世話になりましたが、修業時代の尊さをしみじみ味わっています。

当時、先生が、旭川市庁舎の建築で、学会賞を受賞されましたとき、所員の私たちに、「君たちも、やがては学会賞をもらうだろうけど、君たちが、学会賞をもらったとき、はじめて僕は、建築家と言われるのかも知れないね」と語っておられたことが想い出されるのです。

いま、既に亡き師、佐藤武夫先生の御霊にお礼をこめてご報告したいと思います。

13年間の修業時代、そして、郷里、信州へ帰り、家業を継ぎ今日で18年が経ちました。風土を肌で読みとれる善光寺平を中心に仕事を続けてきましたし、また、今後も、それは変わらないと思います。終わりに、今度の受賞は私にとって3年前にさかのぼって申し上げねばなりません。「善光寺平に於ける一連の建築」で候補作品に推され、審査員諸先生に私の仕出振りを見ていただいた感激。その年次は「該当者なし」でしたが、今後再挑戦の機会を目指して努力しようと所員と誓ったこと。これが、長野市立博物館の建築として実ったからであります。

神戸市立中央市民病院

神戸市住宅局営繕部（代表　末岡利雄／伊藤喜三郎／青柳司）

——
推薦理由
——

神戸市立中央市民病院は、大正13年に発足して以来、地域医療の中心的役割を果してきた。

今回ポートアイランドに移転新築するにあたり、本病院は広地域医療システムの中で、重症かつ急性期の患者を主とする高度な医療を積極的に果す施設であるよう使命づけられた。

病院建築は含むべき医療設備の機能と構造の関連、診療体制そして経営効果面まで、極めて複雑多岐にわたる必要条件を検討し充足しなければならない。ここでは市当局、病院および関係者よりの多様な要請を、建築家が主体的に受け止め、それがこの作品の設計条件となった。

神戸の新しい人工島ポートアイランドに立地する本病院へのアプローチを、新交通システムと接続させ、また1階では歩車道を明確に分離し、ハンディキャップある人びとへの配慮を院内だけでなく都市レベルまで含めて処理したのは評価したい。

また看護単位や物品搬送などにつき周到な調査研究をなし、新システムを開発し、デザインと構造に巧みに盛りこんだのも、医療の機能性の追求の上ではそれなりの評価が与えられるであろう。

約20メートルの埋土層の上に建つ高層建築として、その構造計画は難条件を克服しつつ平面・立面・設備計画と巧みに融和し、かつ将来の変更に対応できるフレキシビリティを含んでいる。

病院の機能がますます高度に複雑化しつつある現状の中では、病院のあるべき姿については別の場での評価があるべきであり、また個々の内容に立ち入っては

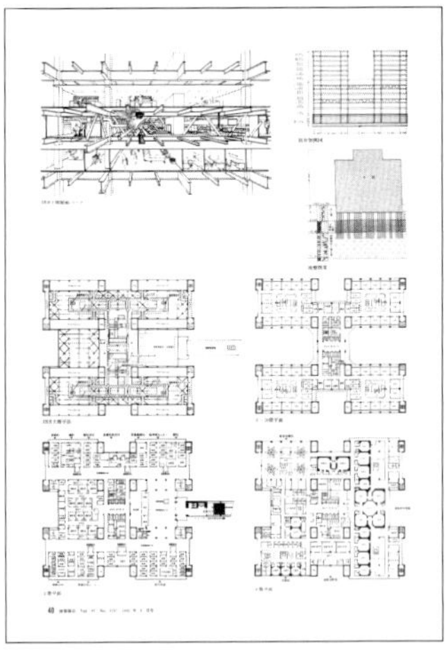

神戸市立中央市民病院

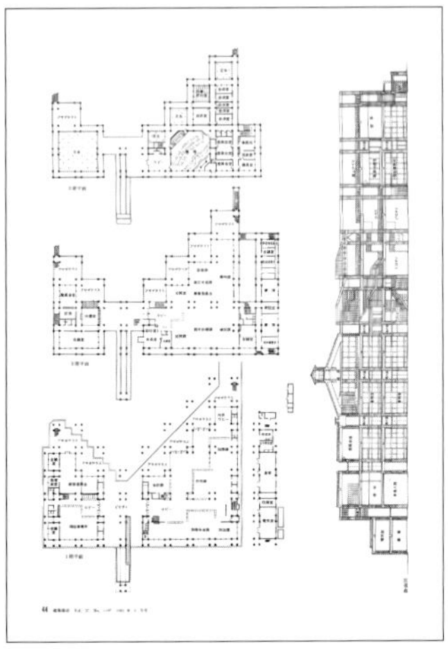

名護市庁舎

専門的意見と評価の分かれる点もあろう。しかし、作品としてこの建築を見るとき、日本において、さらに神戸という地域社会に都市施設として根をおろした基幹病院を実現したこと、関係者の研究努力、都市、構造、建築のどのレベルでの設計も質が高く、かつ作者の豊富な経験によりバランスのとれた作品を完成したことを高く評価し、ここに日本建築学会賞を贈るものである。

——

受賞者の言葉

——

末岡利雄(すえおか　としお／神戸市住宅局営繕部)
伊藤喜三郎(いとう　きさぶろう／伊藤喜三郎建築研究所)
青柳司(あおやなぎ　つかさ／日建設計大阪本社構造部長)

今日の日本における病院をとりまく社会的環境には極めて厳しいものがある。

医療それ自身の問題は言うに及ばず、医学教育、医療保険、社会保障などの制度上の問題、さらに採算面での病院経営上の問題、人事管理面での病院運営上の問題等多くの難問が山積している。

他方、現代の医療がこのように厳しい環境下にあるにもかかわらず、医療とその実施のための施設、設備の高度化にたいする要望は、医療を行う側からも受ける側からも、日増しに強まりつつある。

これらの極めて多種多様な条件の下で、今後も増々エスカレートしていくであろう患者ならびに医療関係者の要望を、現実を踏まえた上でいかに適切に充足するか、これが現代の病院設計にとっての最大の課題であろう。

神戸市立中央市民病院の設計はこの課題にたいする1つの解答である。

この病院においてわれわれは数多くの設計上の新しい提案を試みそのいくつかを実現させた。

半径50mの範囲内に1,000床の大規模病院の全施設を配置し徹底的動線短縮化を図るとともに建物を1ブロックとし機能の集約化をめざしたこと、合理的な平面計画がやりやすいよう、また将来の医療ニーズの変化による平面の変更がやりやすいよう柱の少ない大スパン構造としたこと、大スパン構造の特性を利用してInter Stitial Space (設備階)を設け大型物品搬送の自動化にも利用したこと、患者と看護婦の結びつきを強めるため病棟の基本型を互いに目視できる形式としたこと、全面的物品搬送の自動化を行ったこと、病院全体の床にカーペットを採用したこと、病床廻り設備のユニット化を図ったこと、病室出入口の引戸やICUユニットの開発を行ったことなどがそれである。

これらの新しい試みについて、ここでは詳しくふれる紙数がないが、いずれの提案も現在の日本における医療事情からすれば一般には実現困難と考えられる提案であったと思われる。にもかかわらず、病院関係者は極めて前向きの姿勢で取り組んでくれた。良き設計環境に恵まれたことに感謝せねばならない。

構造設計上は次の3点を特に配慮した。

1) 建設地盤が沖積粘土層(層厚約13m) 上に約20m埋め立てられた埋立て地であり、地盤沈下等の対策を考慮した設計をしなければならない。幸い我々が、この設計に着手する前から新中央市民病院地盤対策技術委員会(委員長：発天神戸大学教授・理学長) が組織されており、具体的な基礎地盤の検討がされ、地盤沈下促進のための載荷盛土の提案等、貴重な提言を同委員会より受け設計することができた。

2) 建物の用途、機能が複雑であり、かつ将来の医療システム等の変更に、フレキシブルに対応できることが必要であった。このため、地震時には、耐力はもとより、変形も非常に小さくなるような耐震設計をするとともに、平面計画を制約する柱、壁を極力少なくした大スパン構造を採用し、将来の変更に対処した。

3) 構造設計にあたって、新しい試み、問題等が多くあり、既応の資料のみでは対処できない面があった。例えば、地盤、杭、床梁振動等である。このため、調査、測定、実験等が必要であった。関係各方面の協力を得、実行することができ、現在までに貴重なデータが得られた。また現在、継続して測定されているものもあり、今後もデータの蓄積が行われる。これらの主なものは、載荷盛土と層別沈下測定、杭実験(打込み試験、鉛直・水平載荷実験、長期応力測定等)、床・梁振動実験、建物強制振動実験、地震計設置、長期各種沈下測定等である。

現代の病院設計における課題への解答として行われたこの病院の設計が果して正答であったかどうかについては色々な見方があろうし、またある程度の歳月にわたって使用してみた上でなければ分からない。しかし、われわれは可能な限り数多くの現状分析と将来予測の結果に基づき神戸市民が希求する近代病院にたいする最適解を求め解答づくりをしたつもりである。

名護市庁舎

株式会社象設計集団+株式会社アトリエ・モビル

——

推薦理由

——

名護市庁舎の建設は、1976年名護市庁舎建設委員会が市民各層の代表で組織され、庁舎の位置・規模等の検討の上、市庁舎建設の例としては珍しく、二段階の公開設計競技を行うべきことが答申された。

本案は、その答申を受けて行われた第一段階(1978年8月～1979年3月)の応募案308点の中から入選案5点の内の一つとして選ばれ、更に引き続き行われた第二段階の競技で実施案として選ばれたものである。また現実の建築は入選案がほとんどそのまま実現されているといってよい。

すなわち、長く沖縄で仕事を続けた象設計集団がこれを勝ち得て建設された建物である。

象設計集団の独特の発想と沖縄の風土への新しい目とがこの建物の主素材であるR・Cブロック、アサギテラス、風のみち等の採用によって今日定型化してしまっている地方市庁舎建築の新しい型を模索したことを評価したい。

もちろん風のみちの効用(これ以外に通風を処理する方法はいくらもあること)、建物のメンテナンス性、アサギテラスの魅力に比べて内部空間の貧弱であること、地域性への過剰な表現(シーサーなど) 等問題にすべき点は多々あり賛否は二つに分かれて今回もっとも議論された建物であった。

しかし、名護市当局の努力による理想的なコンペの実施というプロセスまで含めて若い世代が隅々にまで愛情を注ぎ込んだこの若々しい未完成さを評価することとして、一種の新人賞的ニュアンスをもって、ここに日本建築学会賞を贈るものである。

——

受賞者の言葉

——

象設計集団+アトリエ・モビル

10年ぶりの全国公開コンペという話題からはじまり、専門誌だけでなく広くジャーナリズムにとりあげられた建物になってしまいました。設計主旨等も少しずつ視点をかえて書きつくした感もあるので、文末に掲載紙のリストをあげたので特に興味のある方は、参考にしていただきたいと思います。ここでは名護市庁舎から話しをずらし、今後、10年間の公共建築の課題として我々がとりくんでいることを述べてみたいと思います。それも多くの建築家と共有できる課題にしぼってみました。

戦後の建築史をみると公共建築はその時代の建築文化をリードしてきたと、ひとまずいうことができる。いま地方の時代といわれる中で公共建築の建設も、企画段階から市民参加も盛んだし竣工後のお役所のPRも「住民のための」というキャッチフレーズになる。新しい時代にむかって公共建築も足なみそろえているようにみえる。けれども新しいブドー酒は新しい革袋にという視点でみなおすと本当の解決はなにも含まれていないといった方がよい。例えば庁舎建築をみても、待合ロビーが市民サロンと看板がかわり、固いベンチがフカフカのソファーになり、また大きな吹抜けなどをもつ豪華なインテリアになってきたというだけではないのだろうか。たしかにそれらは魅力的な空間づくりという点で建築家にとって腕のみせどころであるにちがいないが、ここで意味をすりかえて満足しているように思えてならない。これは建築家だけの責任ではないようである。地方の時代、市民参加の時代という言葉は設計に先だつ企画書にあげられる文章の段階で終わり、実質的なモノづくりがはじまる設計の段階ではあいかわらず固い管理重点主義の要求の壁の前にたたされてしまう。これは、おそらく全国の建築家が常に経験していることにちがいない。建築家はここで2つの道から選ぶしかない。企画書のうるわしい言葉を実現することをあきらめ豪華な空間づくりに逃げこむか、あるいは断固、闘うかである。我々は常に闘う姿勢をくずしたくないと思っている。しかし、この種の建築家の闘いは常にきびしい。即、クビになる運命をもつからである。勝ちとることは短期的には瞬発力であるが、長い目でみるならば闘う仲間が少しでもふえてゆくことしかない。

いま共通の課題はなにか。建築をマチに向かって開いてゆくことである。あらゆる公共建築の柵や門をとりさろう。広場や庭は道路の、マチの延長として考える。ほんの小さな前庭でも歩道のここちよいふくらみとなり、マチの領域をひろげてゆく大切な役割をはたす。ロビーや廊下や階段、斜路等はマチの広場であり遊歩路であり坂道であると考えたい。これはデザインの手法としては、それほどむずかしいことではない。しかし、マチは行きたい時はいつでもいけなければならない。

行動を枠にはめてはいけない。ハプニングも起きなければならない。ロビーや幾つかの室を時間外でもフリーにすることができなくてはマチとは言えない。しかし、全くフリーになっては建物の機能がはたせなくなってしまう。どこかでマチの領域をきめねばならない。このかねあいにこそ建築家の腕をみせるべきだ。プランニングの新しい工夫や装置のアイデアが必要となる。
1つ1つの公共建築がこのようなかたちでマチに開かれていったならば狭い日本もずっと楽しいひろがりをもつだろう。建築はマチであり、マチは建築である。このような建物を1つつくることでも管理者側にとって重大な決断と勇気が必要であり、また市民のまちづくりの意欲のもりあがりが不可欠である。設計という枠をこえた1つの運動の中で実現してゆくことなのだろう。しかし、建築家はその時、重要な役割をもつことを決意しなければならない。こんな闘いを通して獲得したどんな小さな成果でもよいから持ちより競い合いたいものだ。日本のあちこちでの小さな積みかさねが新しい建築と時代をきりひらいてゆくにちがいない。
いま自分たちの設計をふりかえってみると名護市庁舎はコンペという特殊ケースであり、要項に答えるというかたちで案が決定し、さらに実施設計段階で主催者側、設計者側ともに原案を保持するということでアイデアがそのまま建物になってしまったといえる。市民をまきこんでいけるか、本当のマチになってゆくのかは今後にかけられている。宮代町の進修館や笠原小学校(未発表)の場合は極めてユニークな管理者側の発想に助けられたことが大きい。我々の闘いはまだ出発点である。　　　　　　　(文責　大竹康市)
名護市庁舎掲載紙(略)
――
建築雑誌1982年8月号掲載。
――
候補作品|23題

34 | 1983年 1982(昭和57)年度

新宿NSビル／金沢工業大学キャンパス北校地／佐賀県立九州陶磁文化館

――
選考経過
――
昭和58年日本建築学会大賞ならびに昭和57年度日本建築学会賞選考経過報告　　　　　副会長
本日、昭和58年日本建築学会大賞ならびに57年度日本建築学会賞を贈呈申し上げるに当たり、選考経過をご報告致します。
まず、日本建築学会大賞につきましては、その候補は一般から公募しないで本会各支部および常置専門委員会からの推薦に限っております。
大賞は優れた業績の積み重ねによって、広い意味での学術の進歩向上に多大の貢献のあった方を対象とすることに致しておりますが、本年は建築計画原論・環境工学に関する研究・教育の両面にわたり、優れた業績をあげられ、広くわが国の学術の進歩発展に貢献されました平山嵩先生に全員一致で日本建築学会大賞をお贈りすることになりました。
昭和57年度日本建築学会賞につきましては、公募規程を昨年8月号より会誌に会告し、広く会員に呼びかけましたほか、各支部、職場、研究機関などへも周知につとめ、その結果、論文20題、作品16題、業績8題の計44題の候補が提出され、各部会がこれらの審査に当たりました。
各部会では、審査内規に則り、それぞれ資料にもとづいて慎重な審査を重ね、また作品部門ならびに業績部門では委員の方々が、かなりの時間をかけて候補作品の現地調査を実施のうえ選考に当たりました。
その結果は、第1部論文6題、第2部作品3題、第3部業績2題をいずれも57年度学会賞として表彰申し上げることになりました。
詳細につきましては、各部会長からの報告にゆずりたいと存じます。
終りに、この制度の実施にご協力いただいた各方面ならびに約半年にわたりご多忙中にもかかわらず委員ならびに専門委員として並々ならぬご尽力をくださいました皆様に対し、この機会に深甚な謝意を表して報告を結ぶことに致します。
――
第2部会選考経過　　　　　　　　　　第2部会長
昭和57年10月26日、全委員会に引き続いて第1回第2部会を開き、推薦作品・応募作品の資料を検討し審議は委員追加推薦を含めて次回以降に行うこととした。推薦、応募作品は計13点で例年に比べて幾分少ない数であったが、各委員よりの推薦を積極的に行うこととし、審査日程については、資料による審査を57年12月中に終え、58年1月より現地審査を行い3月中旬には同審査を終了、3月下旬に受賞候補作品を決定する予定とした。
57年11月17日第2回第2部会を開き推薦作品、応募作品13点に委員推薦3点を加えた計16点の資料に基づいて審査を行い、慎重な審議の結果、9点を選出しその中から現地審査を行うものは第3回第2部会で選出することとした。
57年12月13日第3回第2部会を開き、慎重審議を重ねた結果8点を選出し現地審査を行うことにした。なお、現地審査の際の案内については、受賞候補者の意志に任せることを申し合せた。
現地審査は、58年1月12日、2月2日、2月16日、2月23日、3月2日、3月3日、3月20日の計7回行った。
58年3月24日、第4回第2部会を開き、現地調査を行った8作品につき討議を重ね慎重に審議した結果、重賞の1作品を含めて3作品を選び、昭和57年度日本建築学会賞候補作品として推薦することに決定した。
――
委員
――
記載なし

新宿NSビル
小倉善明／浜田信義

――
推薦理由
――
新宿NSビルは、東京・新宿副都心の最南部、甲州街道寄りの最後の民有地に建つ超高層建築である。
新宿副都心は、超高層ビルのみによる大きな街区構成をとっているわが国で唯一の地区である。ここには特異な都市景観があり、人びとは他で得られぬ空間体験を味わっている。これまでの超高層建築でも、それぞれに形態と空間デザインの提案があり、副都心を魅力ある街区としてきた。
この建築の全天候型の吹抜け空間(中庭)は、広さ60×40m、高さ約130mの巨大な内部空間である。これは一般の内部空間のスケールを超えており、訪れる人びとに副都心にふさわしい新たな空間体験を与える意義は大きい。この透視空間は、中庭からの見上げ、各階廊下からの見下しや水平方向の眺めの中に、高さやスケールを明確に捉え得る新たな空間のヒエラルキイを創出している。
中庭に突出するエレベーターシャフトや高く架かるブリッジの扱い、中庭をおおう大屋根の都市スカイラインに与える効果などにつき、批判がないわけではない。しかし、この外部化された内部空間の導入という意欲ある提案と、多くの技術的困難と社会的制約を克服しこれを実現した努力は評価したい。
この建物には性別も年齢も多様な人びとがそれぞれの目的を持ってこの建築の広場、商業施設、事務室部分、レストラン街へと集まってくる。複合ビルであればテナントの変化もある。しかし新しい中庭を持つことで視覚的一体感を常に保ち、かつ内部の小変化に比較的容易に対応するであろう。
この作品は、日建設計が持つすぐれた設計経験の蓄積をふまえ、かつ新たな提案を実現した超高層ビルであり、副都心の活性化に寄与するものと評価し、ここに日本建築学会賞を贈るものである。
――
受賞者の言葉
――
小倉善明(おぐら　よしあき／日建設計東京本社設計部長)
浜田信義(はまだ　のぶよし／日建設計設計本部技術室長)
新宿NSビルが昭和57年度日本建築学会賞に選ばれ、設計を担当した日建設計の設計チームを代表して、私共2名が賞をいただいたことは身に余る光栄でありあらためて責任の重さを感じる。
この建物が建っている新宿副都心にはじめて超高層ビルが出現してから十余年が経過し、それまでわが国ではみられなかったスケールの大きい街並みも、ようやく完成に近づこうとしている。このような街において はすぐれた景観の創出のみならず、訪れる人々に対して魅力ある空間体験を与える試みが、都市計画上も必要であると考えられる。
この建物の中央にある全天候型の吹抜広場は、人々が自由に出入りできる内部空間であって、副都心の街並みにふさわしいスケールをもつ故に、各街区を結ぶ歩行者動線網にひとつの大きな変化を与えることができたのではないかと思っている。
この吹抜空間は、建物の内部にいわば透視空間ともいうべき空間をとり込み、これを囲む平面構成によって生まれる視覚的な効果が建物にわかり易い秩序を与え、空間に緊張感のあるスケールをもたらすことをねらいとして計画したものである。建物の内部にこのような空間をつくる試みは、日建設計がこれまでに手がけた超高層ビルのうち、新宿住友ビルと伊藤忠商事東京本社ビルにおいて試行経験を重ねてきた延長線上にあるといってよい。
新宿NSビルを訪れる人々が、外から建物の内に入り吹抜広場に立つと、そこには副都心の街並みと比較して遜色ない巨大なスケールの空間が待ちうける。人々はここでその吹抜空間を見上げることによりエレベーターシャフトを見出し、おおよその自分の目的とする階の高さを感覚として把握できる。それは、いわば都市空間における知覚体験に相当するものであろう。
目的階においては、吹抜空間に面するエレベーターホールや回遊性の強い廊下からの眺めによって、自分をこの大きな建築の中に明確に位置づけることができる。これらは、サインや窓から見た外の景色によって、ようやく自分の位置を推し量るほかなかったこれまでの多くの高層建築に比べて、自らの視覚によって自分の位置を確認できるという、ひとつの新しい空間体験の提案を具体化したものである。
新宿NSビルは貸事務所を主体としているが、1～3階に商業施設、最高部の29・30階にレストラン街をもつ複合建築であり、年齢・性別・目的の異なるさまざまな人々が訪れてくる。その人々が、視覚的には一体感を保ちつつ動線上の混乱が生じないよう、エレベーター・エスカレーターは吹抜空間を中心として配置している。このように、吹抜空間を中心においた均一な断面構成は、複合建築における将来のテナント構成の変化にも対応しやすい。
この大規模な吹抜空間は、防災計画の面からも最大のポイントであった。いわゆる吹抜の部分は、火や煙が伝わる経路となることから、高層建築では防災計画上の問題点として厳しくチェックされる。しかしこの建物の吹抜空間は、60m×40mの平面と130mの高さをもつ巨大な空間であるために、少々火や煙があろうともあたかも屋外の空間と同様に安全なものとなっている。
さらに各階では、吹抜をとりまく透明な廊下によって、非常時の避難に際して上下左右に視界のきく安全な避難路をビル内の人々に提供する。様子のわからない暗い廊下を、非常照明と誘導灯だけに頼って避難する不安感は、ここにはまったくない。万一火災が発生してもさまざまな設備が設けてあるから十分対処できるはず、というレベルの安全ではなく、一歩進んで日頃から安心して利用できる建築空間とすることが、ここでの防災計画のねらいであった。
防災計画は本来、建築計画と表裏一体をなすものであって、建築計画の不備を補なう対策が防災計画ではない。安全・防災という視点に立った建築計画こそ、防災計画のめざすべき目標であると思う。
ともあれこのような大規模な建築の設計は1人や2人の努力でできるものではなく、これまで幾多の超高層ビルを世に送り出してきた日建設計の、諸先輩をはじめ多くの設計者・技術者による、経験と技術の蓄積の上に成り立ったものであることはいうまでもない。
貴重な機会を与えて下さった施主の方々と、高い技術力でこの建物の実現に寄与された施工者の方々に深く感謝し、設計監理にたずさわったメンバーの全員と受賞の喜びを分かち合いたい。

金沢工業大学キャンパス北校地
大谷幸夫

――
推薦理由
――
金沢工業大学は、金沢市に隣接する野々市町の住宅街の中にある。その北校地は大学本部を含む中心施設であり、1966年本館を含む第1期工事に着手したのにはじまり、第2期工事を経て、今回第3期工事としてライブラリーセンターを竣工させて、完成をみた。
第1期工事はすでに10余年以前である。その後、学科の増設、大学院の設置、研究所の付設など、大学自体の成長と変貌があった。これを受けての第2期、第3期工事計画は、学校当局の教育理念を理解し具体化する柔軟な姿勢を保ちつつ、デザインに一貫性を与えるという困難な課題に答えねばならなかった。設計者は、この間、機能性と安全性という人びとの生存拠点としての建築の2大要件は堅持しながら、具体的設計条件には流動的に対応して設計を進めた。全体で3期16年にわたる工事であったゆえ、個々の造形には批判もあるが設計者の造形精神を細部まで貫き、かつ全体が高い整合性を得ている。
金沢工業大学は、まだ創生期であり独特の教育方針と機構を掲げて未来を目指している。設計者は、その方針や機構を充分理解しつつ、第3期工事を終えて北校地内の建築の量と密度が飛躍的に増大した中にあって、学園の秩序と構成上の原則を造形に明確に表現している。
この作品は、その完成までの永い経緯と作品としての整合性ある高い完成度をふまえ、大学キャンパス計画の一つのあり方を示すものと評価し、ここに日本建築学会賞を贈るものである。
――
受賞者の言葉
――
大谷幸夫　おおたに　さちお／東京大学教授・大谷研究室
私どもが金沢工業大学北校地についての検討を始めたのは、昭和42年のことでした。この校地は、それ以来15年の間、3期にわたって段階的に建設されてきましたが、昨年、ライブラリーセンターが完成されたことによって、キャンパスの構成や空間の形質なども ほぼ確定されました。
10数年を費やして、ようやく現わにされた北校地のこの全体像は、計画の当初に確定されイメージされていたわけではありません。つまり、建設に先だって、校地の確からしい全体計画あるいはマスタープランが定められ、それに従って各段階の設計と建設が進められた、ということではないのです。
昭和40年に大学としての第1歩を踏み出された金沢工業大学は、それに先行した高専の実績を踏まえ、社会状況の変化を洞察しながら、大学としての適切な拡充を漸進的に確実に実現することを意図されていました。北校地は、逐次展開されるであろうこうした拡充に答えることが求められており、当初の段階で、建設に先だって確からしい全体計画を固めることは、極めて困難であり不可能であったわけです。そこに求めら

34

新宿NSビル／金沢工業大学キャンパス北校地／佐賀県立九州陶磁文化館

れていたことは、各時点で大学が決断し、確かなことと判断された諸事項を、まず確実に実現することであり、さらに、それら個別の諸事項の集積をとおして、学園としてのまとまりや秩序を保障し、学園としての個性を身につける方法を発見することでした。
私どもが取り組んだこの課題は、結局、部分から全体を、個から総体をいかにして導くか、あるいは、固有性と秩序はいかなる文脈のもとで両立するか、といった設計方法論上の基本命題にほかなりません。そして、10数年をかけて少しずつ建設された金沢工大のこのキャンパス計画は、私どもに、この基本命題を考えるための最も優れた条件と機会を与えて下さったのであり、そのことを深く感謝しております。そして、これまで考え経験してきたことを、先の設計方法論の深化のために役立てたいと願っております。紙面の都合もありますので、この度の経験をとおして、個から総体を導くときの原則と考えている事項の1つを、以下に記します。
それぞれに固有で独立なものの集合は、しばしば混乱を結果としてもたらします。それゆえ、混乱を抑止し、豊かなまとまりを期待する方法論が求められています。この課題に対しては、互いの特殊性・固有性を越えて、建築としての普遍的な形質の確認、あるいは、それぞれの固有性と相互の連結を同時に保障する適切な媒体の発見、といったことが有効な方法として既に定着しています。
そこで、私が付け加えたい事項は「それぞれの時点の計画ならびに建設は、先行して在るものを補強し改善することを内容として含んでいなければならない」ということです。その理由は、それぞれの計画や建設が、こうした行為や内容を含んでいないとき、部分や個別の積み重ねは、すなわち、それぞれに含まれる弱点や不備を累積することをも意味し、状況によってはこうした欠陥の拡大・増幅をもたらすことになります。部分や個の集合によって、より確からしい全体や総体を形成するためには、こうした欠陥を克服していることが不可欠の要件になります。まして、集合によって欠陥が増幅されたり、集合によってお互いの対立が激化されるようなところで、確からしい総体など期待すべくもないわけです。こうした事態は、現代の市街地に多くの事例を見ることができます。私は、現代の建築が1つ1つは一定の水準に達しているにも拘らず、好ましいまちをつくることに成功しない理由がここに在ると考えています。そして、こうした視点の重要性を、この金沢工大の第2期の計画に際して確認することができたことは大変幸いでした。すなわち、第1期と連結させることで、それらを補強したことです。
ところで、学園など規模の大きいコンプレックスの計画を進める上で、特にそれが長期にわたり段階的に建設される場合には、それらの導き手として、優れたマスタープランが不可欠の要件と考えられています。しかし、あらゆる計画対象に向って、確からしい全体像をもった上で実施段階に移ることを要求できるでしょうか。多くの場合、私たちは、それぞれの時点で、小さな、しかし確かだと思うことをしっかりとつかみ、それを手がかりにして将来を予感し模索しています。私たちに求められていることは、それぞれの時点で、この確かだと思われた部分を確実に実現しながら、それを手がかりとして、より確からしい全体に接近する方法を確立することだと思います。こうした方法が未

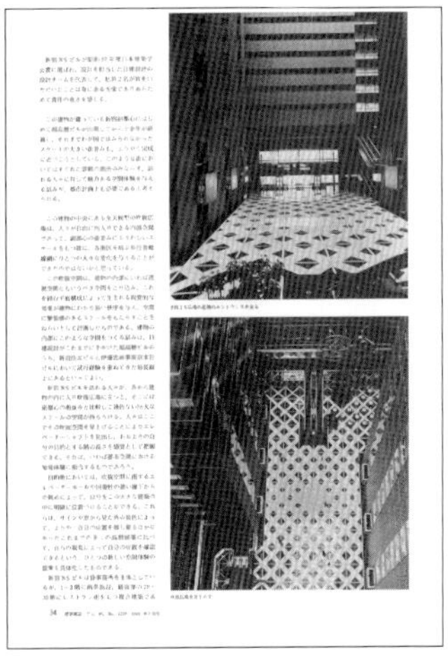

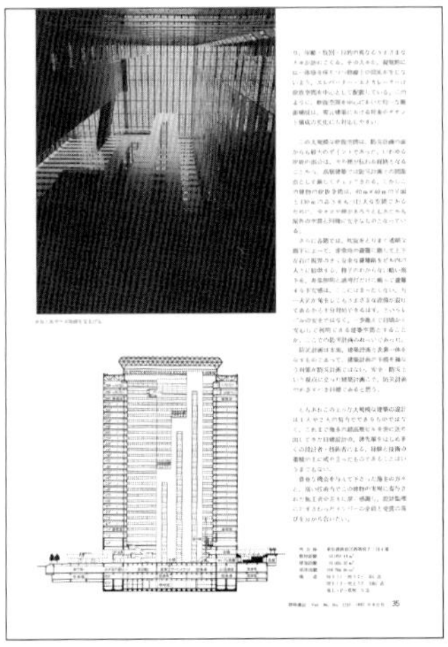

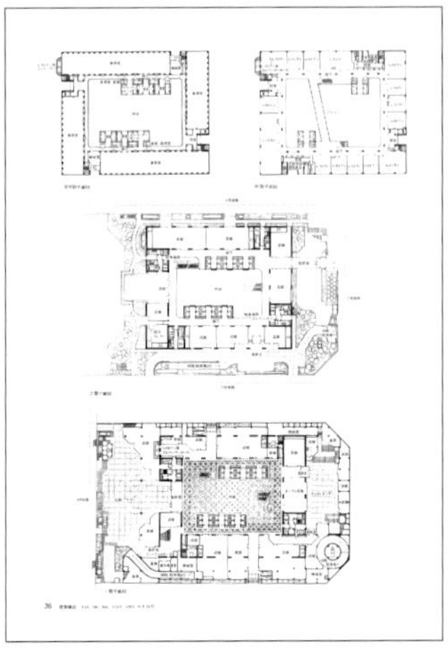

新宿NSビル

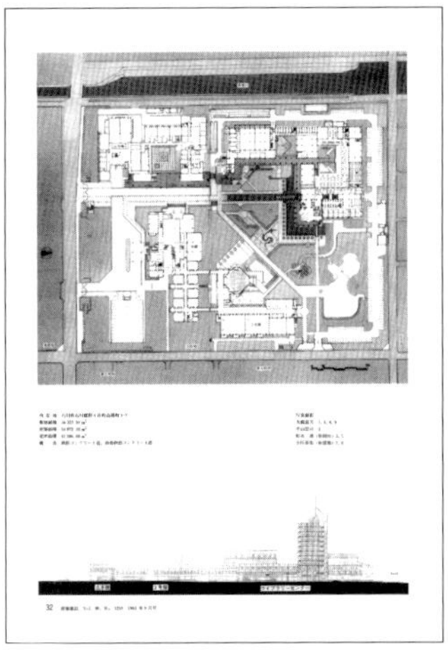

金沢工業大学キャンパス北校地

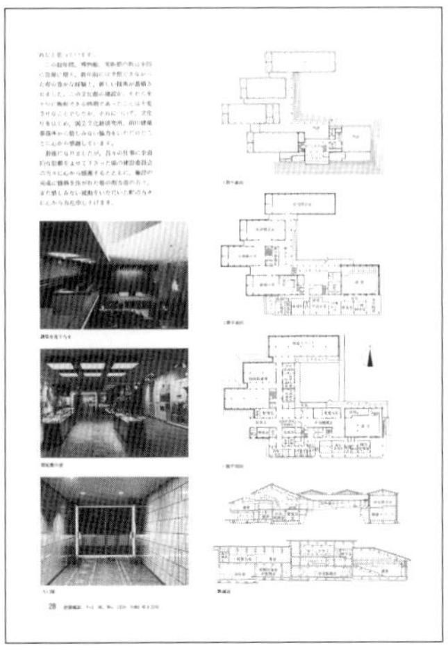

佐賀県立九州陶磁文化館

熟であるために、マスタープランに過大な期待が寄せられ、いま決めてはならないこと、いま決めることができないことまで、マスタープランの名で決めてしまうのです。いうまでもなく、それは未来の豊かな可能性を歪ませ抑圧することとして厳に慎しむべきことだと思います。金沢工業大学の設計が、こうした設計方法論上の基本命題に、何がしらの貢献できれば、とひそかに願っている次第です。

佐賀県立九州陶磁文化館

内田祥哉／三井所清典

——

推薦理由

——

佐賀県立九州陶磁文化館は、わが国の陶磁発祥の地、有田町戸杓の高台に町並みを見下して建っている。

この建築は、鍋島、古伊万理、柿右衛門の名品を生んだ350年の伝統と国際的名声を持つ九州陶芸文化の伝統保持と継承発展を願って建設された。したがって、館の内容は収蔵、展示、研修および普及の機能が複合した総合文化施設である。設計者は館の使命を思い、地域風土へのなじみと高い耐久性を願って、磁器タイル打込みPC版による外皮とオープンジョイント、開放型竪樋など館の随所に多くの創意をこらしている。また多様な機能を、エントランスホールを核としたゾーニング、展示室の回廊、クラスター型配置により明快にまとめている。さらに磁器による音響調整、白磁タイルによるサイン計画など細部設計に至るまでデザインの密度はきわめて高い。

有田は一地方都市に過ぎぬが、この建築には地域に根ざしつつ広い展望を求める県や地元住民の願いがこめられている。設計者が、国から地元までの熱い願いを汲み、風土と伝統を理解し、あらゆる設計条件に総合的な検討を加え、独善に陥ることなく設計をまとめ実現した力量は高く評価できる。

この作品は、その実現までの経緯と作品としての完成度をふまえ、わが国の伝統芸術の拠点施設の一つの代表例と評価し、ここに日本建築学会賞を贈るものである。

——

受賞者の言葉

——

内田祥哉(うちだ　よしちか／東京大学教授)

三井所清典(みいしょ　きよのり／アルセッド建築研究所所長・芝浦工業大学教授)

九州陶磁文化館は、佐賀県が、九州各県の協力を得て運営する広域文化施設で、国による特別な助成を得て有田町の提供した地に建設されたもので、文字通り地元と県と国の意志を縦に連ねた施設です。また更に江戸時代の200年間に240万点といわれる磁器をヨーロッパのために生産した原点として、国際的にも陶磁文化の拠点となることが期待されている施設です。

陶磁文化の核となる建物を、日本における磁器発祥の地に建てることは、広く陶磁器を愛する人々の、かねてからの願いでありましたが、それはまた、磁器発祥以来350年、磁器にかかわりを持つ人達の非願であったともいわれています。

このような期待に応える建物は、何としてもまず永い風雪に耐えて、その意志を後の世に伝えられるものでなければならないでしょう。

建物の構造は、耐火耐震という意味から、鉄筋コンクリート造以外には考えられないのですが、今日の情況では、普通の鉄筋コンクリートに、世紀を越えた耐久力を期待するのは無理のようです。でも、風雪に晒されなければ耐久力は格段に違うはずと思い、その可能性を頼りにして、主要な構造体をすべて被覆して雨と風と日射から護るようにしました。即ち、屋根には素屋根を置き、勾配をつけ、また庇を出して壁面と開口部を保護しています。

このような手法は改めて述べるまでもなく、日本の伝統的建築が、当然行ってきた手法なので、この建物の印象が、しばしば和風と言われるのはそのためでしょう。しかし、ここに用いた材料と技術はすべて現代のもので、伝統的技術や材料を使った所はなく、また伝統的形に頼った所もないつもりですし、現代の職人にとって訓れない仕事もできるだけ避けたつもりです。その意味でこの建物は、技術的にも表現的にも、現代の建築というにふさわしいものと考えています。

木造や煉瓦造には数百年の風雪に耐えているものがあるのは、素材の強さもさることながら、維持管理の意志と方法が組織を伴って地域に根ざしていることが大きいと考えています。この建物の場合、運営と管理に当る地元の意欲に申し分はありませんでしたから、設計のスタッフも地元に留ることを前提にして仕事を始めました。結果的に工事にも地元の建設会社が参加することになり、この建物の維持管理については、最善の条件が満たされたと思っています。

敷地は、有田の古い街並からはやや南に外れた所にある台地で、有田駅の正面に岬状に突き出した尾根の先端を、平らに造成したものでした。設計に当ってはこの台地の原形を探り建物を尾根の先端の山肌に沿わせた形で、岩盤に定着させました。

平面計画では、展示・収蔵・管理・研修という4つの部門と、小講堂との組み合せが、案内カウンターを中心に明快な構成となることに重点を置き、また展示室については、企画・一般・常設・固定の4つの要素が、個別にも、あるいは一連としても観覧できる、回遊型のクラスター配置を工夫しました。

仕上材料については、磁器の多角的利用を試み、大型の磁器タイルをはじめ、全音域の吸音用磁器ブロック、染付けによる館内のサイン計画、床のモザイク張りによる方向表示等、多様な磁器によるアンサンブルによって、来観者が楽しめる工夫をしたつもりです。

しかし、それと同時にこの建物が陶磁器を展示する場であることを考え、背景にあるべき建物に使われている磁器が、展示物と重複することのないよう十分な配慮が必要でした。

また、仕上げが磁器づくしになると硬さが目立ちすぎると思い、肌ざわりのよい材質感のある木材を積極的にとり入れました。

この仕事では、設計の始まるまでに多くの調査ができたのは幸いでした。また設計の段階でも、工事の段階でも、この仕事のためならば、という各方面からの協力を身にしみて感じました。それは、この建物の重要性を認める方々が多かったからで、館内の主要な扉の押手に県下の名門窯の作品が使えたのも、この建物ならではのことですし、照明器具や内装等についても予想以上に密度の高い協力が得られ、この建物にふさわしいよい仕事ができたと、感謝しています。特に茶室は現代最高のものが得られたと思っています。

この数年間、博物館、美術館の数は全国に急激に増え、数年前には予想できなかった程の豊かな経験と、新しい技術が蓄積されました。この文化館の建設が、それらを十分に吸収できる時期であったことは大変幸せなことでしたが、それについて、文化庁をはじめ、国立文化財研究所、前川建築事務所から惜しみない協力をいただけたことに心から感謝しています。

最後になりましたが、吾々の仕事に全面的な信頼をよせて下さった県の建設委員会の方々に心から感謝するとともに、施設の完成に情熱を注がれた県の担当者の方々、また惜しみない援助をいただいた町の方々に心からお礼申し上げます。

——

建築雑誌1983年8月号掲載。

——

候補作品|16題

35 | 1984年 1983(昭和58)年度

該当なし

——

選考経過

——

副会長

昭和59年日本建築学会大賞ならびに昭和58年度日本建築学会賞を贈呈申し上げるに当たり、選考経過をご報告致します。

まず、日本建築学会大賞につきましては、その候補は一般から公募しないで本会各支部および常置研究委員会からの推薦に限っております。

大賞は優れた業績の積み重ねによって、広い意味での学術の進歩向上に多大の貢献のあった方を対象とすることに致しておりますが、本年はわが国の耐震構造学界の先駆者として、また多数の優れた技術者・研究者を育成するなど研究・教育の両面にわたり、優れた業績をあげられ、広くわが国の学術の進歩発展に貢献された谷口忠先生に全員一致で日本建築学会大賞をお贈りすることになりました。

昭和58年度日本建築学会賞につきましては、公募規程を昨年8月号より会誌に会告し、広く会員に呼びかけたほか、各支部、職場、研究機関などへも周知につとめ、その結果、論文24題、作品15題、業績5題の計44題の候補が提出され、各部会がこれらの審査に当たりました。

各部会では、審査内規に則り、それぞれ資料にもとづいで慎重な審査を重ね、また作品部門ならびに業績部門では委員の方々が、かなりの時間をかけて候補作品の現地調査を実施のうえ選考に当たりました。

その結果は、第1部論文7題、第3部業績2題をいずれも58年度学会賞として表彰申し上げることになりました。なお、第2部作品は誠に遺憾ながら、該当作品を選考することができませんでした。

詳細につきましては、各部会長からの報告にゆずりたいと存じます。

——

第2部会　第2部会長

学会賞規定第8条のなかに定められた厳選寡賞の趣旨と重賞を避けるという内規を尊重したうえ、さらに今年度からは受注形式が設計入札であった場合は審査対象から除外するといった、きわめて厳正な姿勢で審査に当たる方針が打ち出された。

今年度は当初の公募作品11点(設計入札と判明した1点を除く)と委員推薦の4点を加え計15点の作品が審査対象となった。以下、審査経過の概要を簡単に述べるが、審査対象作品が例年よりもかなり少なかったのはまことに残念であり、さらに受賞該当作品を選定できなかったことを報告せざるを得ないことも誠に遺憾である。

恒例により審査対象となった15点の作品の中から、まず設計図書、写真資料による審議によって6点を候補作品として選定し5現地審査を行うことを決めた。

第一次の書類審査段階で注目されたのは前年度の応募作品を再度応募して、今回は現地審査の対象として残った作品と、すでに受賞した建築家が再度応募した作品、重賞を避け除外された作品がそれぞれ1点ずつあったことで、これに関して、最近、複数の記名者の場合に重賞が認められた事例が話題となり、今後の厳密な内規の運用について論議があった。

2月15日、2月22-23日、2月29日、3月7日の5日間にわたる現地審査には、ほとんどの審査員が参加し、受賞作品必選の姿勢で審査に臨んだ。

3月14日、現地審査を通して各審査員がまとめた6作品についてのコメントを披露するとともに、3段階の評価を行い、審議の結果一応2点を選定することができたが、いずれも審査員10名中の3-4票を集めたに過ぎず、遂に過半数には達することがなかった。

最終的に残された2点は、それぞれデザインと機能は一応のまとまりを示しながら構造的に不明確な処理が指摘されたり、社会的な建築の在り方について疑問が提示されるなど、いずれも受賞該当作品として決定的な支持点が見出せず、結果として、今年度は見送られることで合意に達した。

冒頭で記したように、厳選寡賞の趣旨に則したとはいえ、応募点数の少なかったことが最大の原因であり、不本意な結果に終わったことが心残りである。

——

委員

——

記載なし

——

建築雑誌1984年8月号掲載。

——

候補作品|15題

36 | 1985年 1984(昭和59)年度

佐野市郷土博物館／藤沢市秋葉台文化体育館／釧路市博物館・釧路市湿原展望資料館

——

選考経過

——

副会長

昭和60年日本建築学会大賞ならびに昭和59年度日本建築学会賞を贈呈申し上げるに当たり、選考経過をご報告致します。

まず、日本建築学会大賞につきましては、その候補は一般から公募しないで本会各支部および常置研究委員会からの推薦に限っております。

大賞は優れた業績の積み重ねによって、広い意味での学術の進歩向上に多大の貢献のあった方を対象とすることに致しておりますが、本年は建築遺構ならびに遺跡にたいし実証的な調査研究の方法を確立され、これにもとづく復原研究によって日本建築史上画期的な業績を重ね、文化財の保護、研究者の育成に力を注ぎ、学術の進歩発展に貢献なされました浅野清先生に全員一致で日本建築学会大賞をお贈り申し上げることになりました。

昭和59年度日本建築学会賞につきましては、公募規程を昨年8月号より会誌に会告し、広く会員に呼びかけたほか、各支部、職場、研究機関などへも周知につとめ、その結果、論文26題、作品21題、業績11題の計58題の候補が提出され、各部会がこれらの審査に当りました。

各部会では、審査内規に則り、それぞれ資料にもとづいて慎重な審査を重ね、また作品部門では委員の方々が、かなりの時間をかけて候補作品の現地調査を実施のうえ選考に当たりました。

その結果は、第1部論文8題、第2部作品3点、第3部業績3題をいずれも59年度学会賞として表彰申し上げることになりました。

——

第2部会　第2部会長

第2部会は、昭和59年10月25日の全委員会に引き続き第1回の会合をもち、審査日程および審査方針を決定した。次いで11月19日および12月17日の2回の部会を開催し、推薦・応募作品20点、委員推薦1点計21点の審査対象作品について資料審査を行った。

まず、審査に先だって、前年度に設定された設計入札に関わる取り決めを再確認した。また、今年度は作品の数が多く、話題性の高いものや、すでに受賞した個人あるいは組織による作品も含まれていたため、審議が難航することも予想され、とくに重賞に関する内規の運用については論議が重ねられた。そして、重賞が認められるためには以前の受賞作品の水準を超えたものであるべきこと、あるいは過去の作品とは傾向の異なるものであってかつ厳重に耐える作品であるべきこと、などの意見が出された。

次に、各作品ごとに資料審査を行い、第一次候補作品として11点が選定され、昭和60年1月11～12日、23日、2月1日、8日、15日、3月1日、6日の計8回にわたり現地審査を行った。その後、3月19日9名の委員が出席して部会が開催された。

2月8日に行われた中間検討の討議をふまえた慎重審議の結果、第二次候補として7点が選ばれ、さらに受賞候補は4点に絞られた。ひき続き最終審査を行い、受賞候補作品として「藤沢市秋葉台文化体育館」、「佐野市郷土博物館」、「釧路市博物館・釧路湿原展望資料館」の3点を選定した。なお、残る1点については補充審査が必要であることが指摘され、3月21日、23日の両日それを行い、昭和59年度の学会賞候補の推薦は前記3点であることが最終的に確定された。なお、この3点については、出席した委員の3分の2以上の委員の支持を得たものである。

——

委員

——

記載なし

佐野市郷土博物館

戸尾任宏

——

推薦理由

——

この博物館は、佐野の歴史と文化に関わる資料に加えて、郷土の闘士田中正造翁に関する記録を中心テーマにすえ、さらに、市民の新しい文化活動の重要な拠点として、現代に機能することが期待されている。作者は、こうした役割と期待をになった博物館活動を支えるため、機能性に十分留意しながら、市民のための博物館の実現に、極めて優れた建築的解答を提示した。

36

佐野市郷土博物館／藤沢市秋葉台文化体育館／釧路市博物館・釧路市湿原展望資料館

当館は、まず、全体を機能的・建築的特性を異にする5つの棟でとらえ、それらを極めて明快な理論で配列し連結させることで全体を組み立てている。すなわち、正面右手のブロックには収蔵庫や管理研究部門がコンパクトにまとめられ、そこで機能的要求に十分応え、他方、正面左手のブロックでは、中庭を介在させることで4つの展示棟を回遊式動線で連結し、内部空間の自由な流動をつくりだそうとしている。中庭の緑を含み、そこに見る変化に富んだ空間の遷移は魅力的であり、心なごむ風情がある。

なお、作者は、この対照的な左右のブロックの接点に、田中正造翁の特別展示棟を配置しているが、その方形の屋根やピラミッド型の内部空間の重厚なデザインが、多様な空間の集合に確かな中心性を賦与し、空間の流動化をひき締める働きを大いに助けている。

また、当館では、この地方の風除けを模したスクリーンで囲んだ前庭を建物前面に配しているが、これは、立地条件から将来に予想される市街地に配慮した措置である。しかし、中庭と併せて、この前庭の設定が、当館の重要な建築的形質を規定したように思われる。来訪者はスクリーンに囲まれた前庭に立ったとき、建物正面の柱列をとおして、中庭のほのかな明るさを抱いた内部空間を垣間見ることができる。それは、人を誘ううえで十分に魅力的であり、そこにこの博物館が身につけている爽やかで深みのある空間の質を感じとることができる。

この作品は、博物館建築として、このように豊かなそして爽やかな空間をつくりだしているが、それは、作者が永年にわたって博物館建築と取り組むことで身につけた豊かな経験と見識そして確かな技法が、全体に関わる空間の組み立てから、各部のディテールに至るまでのすべてを支えているからである。屋根や壁面など、各部の造型や材料の選定に、修錬を積んだ確かさを見ることができる。作者の修錬の成果が、この作品に結実している。私たちは、この博物館が決して大きな規模のものではなく、しかし、慎しさの中に豊かさをたたえ、端正な気品をもそなえていることを認める。そして、それぞれに固有な歴史と文化をもつ地方の小都市の誇りと尊厳が、この博物館建築に体現されていることを高く評価するものである。この建築が実現した空間の質と、それが身につけている品位は、これからの郷土博物館が範とするに値することを認め、日本建築学会賞を贈るものである。

——

受賞者の言葉

——

戸尾任宏（TOH, Tadahiro／建築研究所アーキヴィジョン代表取締役）

栃木県南部に位置する佐野は古くは天命《てんみょう》の鋳物を生んだ土地として、近世では日光への例弊使街道の宿場として、さらに日本最初の公害事件となった足尾鉱毒事件にあえぐ渡良瀬川流域の農民とともに闘った田中正造出生の地として、われわれの心に残る土地である。

佐野市郷土博物館は佐野の歴史と文化に関わる資料と田中正造関係記録資料の収集、研究、展示を中心テーマとしながら市民の新しい文化創造の拠点として、生涯学習の場として活用できる諸機能を備えたものとすることが求められた。

この博物館においては、与えられた敷地が市の中心から離れ、周辺には美しい自然も、古くからの集落もな

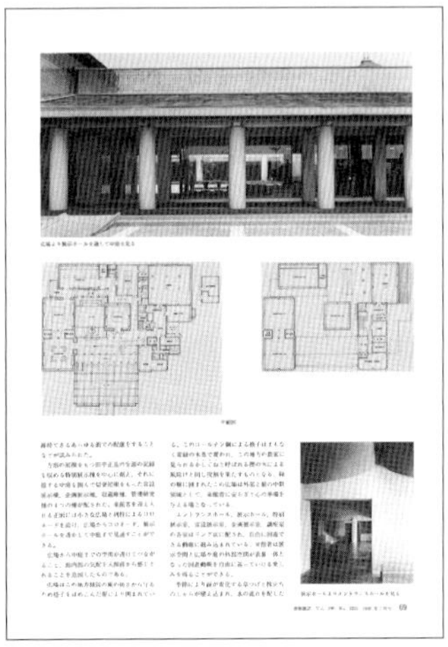

佐野市郷土博物館

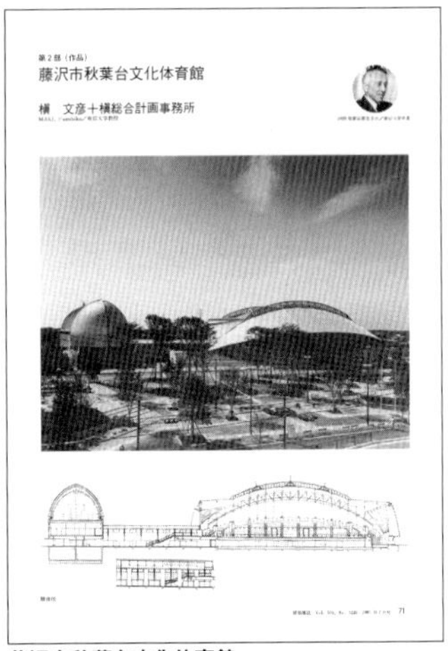

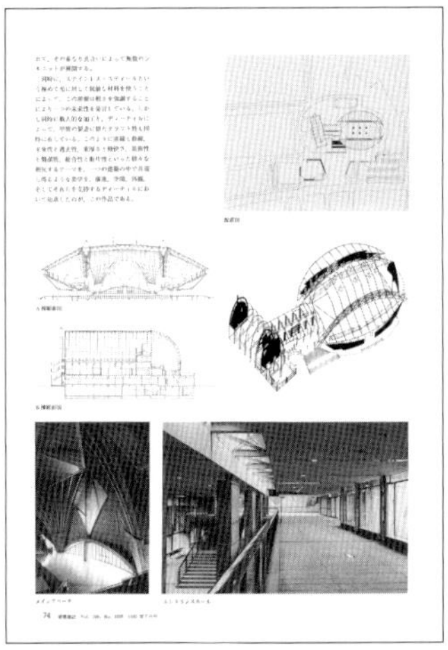

藤沢市秋葉台文化体育館

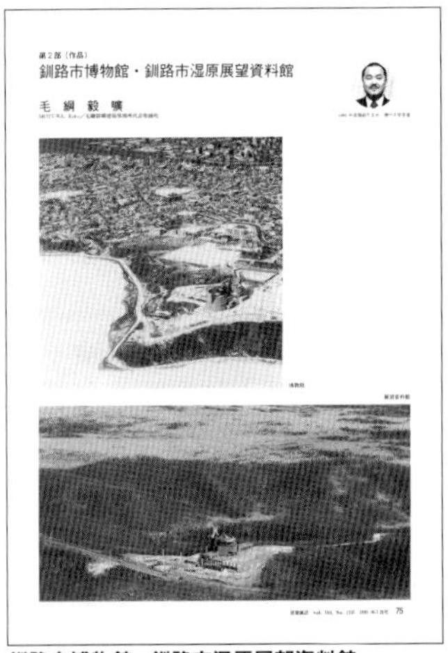

釧路市博物館・釧路市湿原展望資料館

く、上空を高圧線がかすめるという、無性格ないわば潤いのない場所であり、将来博物館と関連のない施設が隣接して建てられる恐れも充分あったため、博物館の建物の構成と敷地内の整備によって、郷土博物館にふさわしい雰囲気を創り出すことがまず必要であると考えた。
そのため、一つの大きなヴォリュームの建物をつくることを避け、日本の集落の美しさをもった、そのスケール感に共通する適度の大きさの建物の群として構成すること、来館者が入りやすい表情をもった、館内では疲れない居心地の良い博物館とすること、2,000m^{2}規模の博物館として使い良いバランスの取れた面積配分と、優れた保存環境を建築的に創りあげ、館を経済的に維持できるあらゆる面での配慮をすることなどが試みられた。
方形の屋根をもつ田中正造の生涯の記録を収める特別展示棟を中心に据え、それに接する中庭を囲んで切妻屋根をもった常設展示棟、企画展示棟、収蔵庫棟、管理研究棟の4つの棟が配された。来館者を迎え入れる正面には小さな広場と列柱によるコロネードを設け、広場からコロネード、展示ホールを透かして中庭まで見通すことができる。
広場から中庭までの空間が透けてつながること、館内部の気配を入館前から感じとれることを意図したものである。
広場はこの地方独得の風の強さから守るため格子をはめこんだ塀により囲まれている。このコールテン鋼による格子はまもなく常緑の木蔦で覆われ、この地方の農家に見られるかしぐねと呼ばれる樫の木による風除けと同じ役割を果たすものとなる。緑の塀に囲まれたこの広場は外部と館の中間領域として、来館者に安らぎと心の準備を与える場となっている。
エントランスホール、展示ホール、特別展示室、常設展示室、企画展示室、講座室の各室はリング状に配され、自由に回遊できる動線に組み込まれている。来館者は展示空間と広場や庭の外部空間が表裏一体となった回遊動線を自由に巡っていける楽しみを得ることができる。
季節により緑が変化する草つげと株立ちのしゃらが植え込まれ、水の流れを配した中庭は、展示ホールから見渡せるが、企画展示室の外側に設けられた回廊からは直接中庭の緑と外気に接することができ、この館の重要な要素となっている。
コンクリート打放しのピラミッド状の天井をいただいた特別展示室は、厳しい生涯を終えた郷土の偉人田中正造を偲ぶ室として、佐野の精神的土壌を表す空間として位置づけられた。
常設展示室は単調な大部屋とするのでなく、節目のある適度なスケールの空間の結合とした。古代から近世までと、近代という2つの展示空間が快くできたように思う。
節目の部分は展示倉庫と専用の空調機械室が設けられている。
収蔵、調査研究部門は南側にまとめられ、南側のほぼ中央に位置するサービスヤード、荷解室のまわりに補修工作室、燻蒸室、作業員室、収蔵庫が配され、エレベーターで結ばれる2階には収蔵庫、写場、学芸員室、資料閲覧室、会議室が配されている。
室の配置は資料の移動が円滑に行われるよう考慮され、同一階では床の段差はない。
館員の居住空間はすべて南面し、自然の日照通風が考慮されている。
資料の保存環境を良好に保つため、収蔵庫、展示室はすべて空気の流通する二重壁、二重屋根により覆われており、外気温の影響は全く受けない方式となっている。
さらに調湿性の高い内部仕上材を使用するなど、建築的に温湿度の安定した環境を得ることをまず第一に考え、機械空調に頼ることを最小限にとどめている。
その空調設備も各展示室、講座室、収蔵、管理研究部門と6系統に分け、必要な場所だけ運転可能なよう配慮されている。
来館者に心地よく、館員に使い良く、資料保存の容易な地方博物館を維持費のかからない形で実現することがこれまで追求し続けてきたことであり、佐野においてはそれがほぼ実現し得たと思っている。

藤沢市秋葉台文化体育館
槇文彦

——
推薦理由
——

この体育館は、田園の風景を残す市北部にあり、国のカルチャーパーク構想による公園計画の中心的施設として設計されている。
施設は、大空間の内包するメインアリーナと4層のサブアリーナの2棟から成るが、この建築の特徴の第1は、スケールと建築的特性に対応してそれぞれに形づくられた造形の魅力にあり、さらに、互いに固有な2つの造型のアンサンブルが、変化に富んだ豊かな表情を建築に賦与していることにある。特に、屋根材として選択された金属板の銀色の輝きが、建築の形の特徴や表情の変化を増幅し、スポーツの場にふさわしい軽快で律動的な表現をいっそう強調している。そして、田園の広がる周辺地域から、さまざまな角度で遠望されるこの建築は、明滅する輝きによって微妙に姿や表情を変えながら周辺の景観に応答し、市街化が徐々に進行しつつあるこの地域の新しいランドマークとして、景観をひき締める役割を果たしている。
この建築には、以上のように豊かな表現力が認められるが、この造型の基本は大屋根の架構にある。そこでは円弧を基調としながら、多様な線や曲面を組み合わせて高次の曲面をつくりだし、大空間にふさわしい力と華麗さを併せそなえた造型を導いている。しかし、このデザインのレベルは、力学的解析と造型感覚そして現場における構法の三者の相克を幾度も克服することで、ようやく到達できる境地である。また、この建築の歯切れの良い魅力を支えている各部のディテールにも、構法や施工の技術的限界との格闘を見るのであり、そこに設計密度の高さが表明されている。
総じてこの作品は、構造解析と施工技術上の高度な能力に支えられ、それらの緊密な協力がなければ到達することのできない水準のものである。しかし、協力者からこのような高度な能力をひきだし、密度の高い協力関係を成立させ持続させる力は、いうまでもなく作者の提示した造型的迫力であり、建築家としての豊かな資質がもつ包容力である。すなわち、この建築は、わが国が現在到達することのできる建築技術上の水準を示すとともに、そのことによって、わが国のデザインの水準と質ならびに力量を示した作品として高く評価されるものである。
また、この作品は1つの建築として優れているだけではなく、特に公共的建築に期待されている周辺環境との確かなかかわり、という課題に対して、景観上の側面で明快に解答したことは大いに評価されるべきである。
作者はすでに昭和37年度に学会賞を受賞している。しかし、このたびの作品は作風も大きく異なり、特に、わが国の建築における現代を体現する1つの代表と考えられ、この理由によって、ここに再び日本建築学会賞を贈るものである。

——
受賞者の言葉
——

槇文彦＋槇総合計画事務所(MAKI,Fumihiko ／東京大学教授)

配置計画について

藤沢市秋葉台文化体育館は藤沢市北部の秋葉台に計画されている総合スポーツセンター公園計画の第一期計画として、また将来とも公園計画の中心施設となるべく計画されたものである。現在敷地の南部に屋外グラウンド、主なるアプローチである東側に公園、および駐車場をもつ。体育館の西側には将来水泳場の建設が予定されている。また北部は将来スポーツ公園の一部として拡張が予定されているが、建設時期その他については未定である。
この体育館は観客席2000席を有するメインアリーナを中心とするA棟と、地下1階機械室、サウナ、トレーニングコート、事務室、会議室等、2階にレストラン、および柔剣道室、3階にサブ·アリーナをもつB棟と、A、B棟を繋ぐC棟によって構成されている。主なる寄り付きは東側公園側で、体育館利用者はここからC棟1階の玄関、および南側の事務室に近いところから入ることになる。一方観客はC棟の前面に設けられた幅広い階段から直接2階に達し、ここから競技場の両翼の観覧席に導かれる。
従って、その構成は極めて簡潔であり、多数の人々が利用する場合の混乱、渋滞を出来得る限り除去するように努めた。

構造、外装について

藤沢市立体育館の規模に相当する体育館の空間をつくり出すためには様々な可能性が存在するが、その中で視覚的に豊かな曲面体でありながら、なおかつ建築を設計する上で形態操作の自由度の大きい鉄骨造を選択した。スペース・フレーム、あるいは昨今注目を浴びている空気膜構造等も魅力的な構造方式であるが、これらは鉄骨造に比較して、システム自体から導き出される形態への依存度が高い。従ってあくまで、構造方式を形態形成において充分に考慮しながら、なおかつ建築独自の形態操作に対する建築家の主体性を設計過程の中で維持していくことが当初より意図された。しかしながらその過程の中で、実際の施工方式も含めて、今回この構造を担当された木村俊彦氏、およびその事務所の方々の並々ならぬ協力があって、始めて初期の目的を達成し得たことをここに銘記しておきたい。
メイン・アリーナの(約78m×75m)のほぼ卵形に近い空間を覆う構造は中央部分で約23mの高さをもつ2本の龍骨、観客席を支持するコンクリート造のスタンドとそれらを周縁で連結しながら屋根を構成する鉄骨系の梁群から成っている。この龍骨は逆3角形の断面を有し、同時に頂部23角形のガラスに覆われたスカイライトを戴き、強いスカイラインを形成している。またB棟最上階にあるサブ・アリーナおよび、その末端のレストランを包む曲面体は、A棟と同様に円弧状の鉄骨の梁群によって構成されている。
そしてA棟・B棟の屋根仕上げは、0.4mmのステインレス・スティールによるシート防水(RTI法・三晃金属工業施工)である。また外装はコンクリート打放し部分とシルバータイルがそれぞれ使用され、全体として銀色・グレイを基にした色調が強調されている。
この屋根仕上げは敷地が内陸部といいながら海岸に近いために塩分の多い周辺の空気層に対する耐銹性、構造上要求される重量軽減、それから後に述べる建築美学上の点を考慮に入れながら決定されたものである。しかしながら、こうした大規模のステインレス屋根仕上げを行った前例が少ないために、ステインレンスの特殊なカッターの製作、表面の凹凸を少なくするための表面加工上の処理、自走式溶接機の導入とその施工、特殊な部分の屋根加工等、実際に施工に参加された多くの職種の方々の努力と研究の結果に俟つところが極めて大であった。

建築美学上の考慮

この体育館は藤沢市における最も重要なパブリックの施設の一つであり、そのために豊かな空間と形態の展開が当初から意図された。そして円弧を構成要素としたA棟およびB棟はそれぞれ独自の形態を有しながら、なおかつ、互いに語り合うものとしてデザインされ、視点が移動するにつれて、その重なり具合いによって無数のシルエットが展開する。
同時に、ステインレス・スティールという極めて光に対して鋭敏な材料を使うことによって、この屋根は軽さを強調することにより一つの未来性を発言している。しかし同時に職人的な加工と、ディーティルによって、甲冑の製造に似たクラフト性も同時に有している。このように直線と曲線、未来性と過去性、重厚さと軽快さ、装飾性と簡潔性、総合性と断片性といった様々な相反するテーマを、一つの建築の中で具現し得るような美学を、構造、空間、外観、そしてそれらを支持するディーティルにおいて追求したのが、この作品である。

釧路市博物館・釧路市湿原展望資料館
毛綱毅曠

——
推薦理由
——

釧路は北の海と広漠とした湿原に抱かれ、独特の文化を育みながら、道東の社会的経済的諸活動の中心として独自の歩みを続けている。ここに提示された2つの建築は、釧路の独特の自然と歴史にかかわる市民のための博物館であり資料館である。作者はこの地に育ち、自らの内なる郷土を手掛かりとしながら、明確な意図と意味づけをもって、極めて個性的で強固な建築を組み立てている。
まず博物館は、都市の発祥にかかわる海を望む台地上に建ち、埋蔵文化財調査センターと合体して、ブロックプランをおおむね左右対称に整え幾重にも重なる段丘状の壁面のデザインが、この構成に力強い表現を与えている。
内部の展示空間では、天地人といった宇宙観を援用しながら、膨大で多岐にわたる展示内容を、明快な3層の立体的構成で秩序だて、他方で、二重の螺旋階段を架け渡し、3層の空間相互の自由な結合を可能とすることで、自然や歴史意識の再構築を期待している。
一方、茫洋とした湿原を縁どる台地の一角に建つ湿原展望資料館では、作者は、その展望台の基底部に、胎内空間をイメージに描いた資料室をつくりだし、湿原内部の自然の営みを再現しながら、人びとがそこに「母なる大地」を想起してくれることを願っている。
この2つの建築は以上のごとく、作者の強固な意図と意味づけによって組み立てられたものである。また、作者の宇宙観や体質ともいうべき造型感覚によって、新たな、そして極めて個性的で特異な形質を現代建築に賦与することにも成功しており、そこに、作者が建築をこれまで模索してきた一貫した姿勢と修錬の成果を読みとることができる。
なお、この2つの建築に見る上記のごとき設計姿勢や方法あるいは作法は、ともすれば設計者の独善や観念の独り歩きを招く。しかし、作者は作者固有の言語としての建築を探し求め、それを育み、この建築という言葉で作者は市民に語り掛け続けてきたのである。そしてこのたび、釧路の大地のイメージを建築の造型と空間に凝縮させたものとして、この2つの建築が市民の共感を広範に呼び起こすまでの境地に到達したことは高く評価される。
釧路を基本的に規定している自然の二大要素である海と湿原を望む2つの台地に建つことによって、この2つの建築は釧路の新しい2つの拠点となり、市民が郷土を考える新たな視座を形づくろうとしている。この2つの建築は、現代建築が、そして、それぞれの地域に根ざした建築が目指す重要な方向の1つを明確に示したものと認め、日本建築学会賞を贈るものである。

——
受賞者の言葉
——

毛綱毅曠
MOZUNA,Kiko ／毛綱毅曠建築事務所代表取締役

この二つの建築、釧路市立博物館と釧路市湿原展望資料館とは、それぞれがすでに独立した建物でありながらも、互いに干渉し、引き合い、対を成し釧路市のテーマである「近代と太古」いわば人工と自然の双つの焦点として都市の中に存在している。
このことは、都市に関わる様々な課題への一つの解答として、ミッシングリンクの如き、極めて重要な錠を握っていると考えられよう。
その双つの焦点のうち、釧路市立博物館は、市街地の中心にあたる湖畔の丘陵の上にあり、市街を眼下に、都市(人工)のシンボルとして聳え建っている。
この計画において根本となっているのは、地勢の潜在的構造(これは東洋古来の風水術という) によってイメージされた、「金鶏展翅形」という鳥(たまたま、この道東では丹頂鶴がシンボルである) が卵を抱きかかえるようなフォルムであり、これはそのままで、建築の形態や構造にも及んでいる。その形態のポイントとなるのは、左側に配置された二重螺旋(上昇と下降のシンボル)と右側に配置された巨大な吹抜(カオスのシンボル)である。これらの2つを核とし、象徴的なドーム(内部には超リアリスティックな絵が描かれている) を中央に頂いて、左側は展示系、右側は収蔵系と、対比的構成になっている。さらにそれは空間の対位法的構成を成すことによって、空間は楕円宇宙を創り出している。
ここで展示の空間系について言及してみよう。
それは天、人、地、の三層と大きく分類され、地の層は大地の記憶と銘うった考古学や海洋地質、人の層は、人間の記憶として、人間の歴史、都市、産業の歴史、天の層は先住民族の祖先や神々と順次重ねあわせている。いわば多義にわたる展示を、大きく時空間の系として構造的に把握しているわけである。そしてそれらを貫く二重螺旋を上下することで、時間空間を自在に結びつけている。
それ故展示の空間は立体パノラマ(立体曼荼羅) のごとく。二重螺旋にては全体を俯瞰し、その次にテーマ展示、その次に各論展示とヒエラルキーを成す。たとえていうなら細胞がある臓器へ、それがまた人体に属するかの「ホロンの構造」 そのままなのである。そしてまた、二重螺旋こそは、人類が太古の進化してきたその記憶を、遺伝子DNA (二重螺旋構造を持つ) と共鳴することで呼び醒ます装置でもある。
*
さてもう一つの焦点である釧路湿原展望台は、博物館と全く対極を成す自然の、世界有数の湿原(2万9千ヘクタール) のただ中にあり、湿原を見晴らしながら博物館を見返す、なだらかな山の裾に建つ。
この計画においても、形態については、やはり風水術を用いてイメージされており、湿原が海でもない陸でもないところから、カオス的形態として、天地の「八字交叉形」を採用している。
その形態はこの湿原の中に生まれた球形植物そのままの姿である。そこに、まるでクラゲのように標う野地坊主は、混沌(湿原) のなかから、芒洋とあらわれた！大地の遺伝子といえまいか。
湿原展望台には「湿原の種子」 と呼ばれる内部三層に

36

佐野市郷土博物館／藤沢市秋葉台文化体育館／釧路市博物館・釧路市湿原展望資料館

わたって種子型の吹抜空間が中心を貫いている。
また、この建築の垂直構成は、やはり、天人海の三層にわかれ、海の層は海の底のよう（ロビー）、人の層は、研究成果の展示、天の層は外界の湿原の展望といった具合いに分かれている。
また、この種子型空間には、外部に広大に広がる日本最大の湿原に対応して、日本最小の湿原が内蔵されている。ということは極大《マクロ》と極小《ミクロ》との反転、すなわち双曲線的関係を示していて「双曲線宇宙」（博物館の「楕円宇宙」に対して）とでも呼べるものである。それゆえ湿原の種子、つまりこの種子型の吹抜空間こそ、原自然の記憶に回帰する胎内潜りの場と考えられる。
この計画では全体の横軸を時間系と考えており、建物中央の左に展開するウイングが近代（モータリゼーション）、中央部が歴史的現在、そしてその右の湿原が太古といった按配である。
これら二つの建築計画は、本質的には記憶をモチーフとして生み出されたものであり、この記憶術の建物こそを「都市の種子」といい表すことが可能であり、人工と自然という矛盾する「二つのへそ」をもったものこそ、都市といえるのであるまいか。

——

建築雑誌1985年7月号掲載。

——

候補作品｜21題

37 ｜ 1986年 1985（昭和60）年度

球泉洞森林館／眉山ホール†／シルバーハット†

——

選考経過

——

昭和61年度日本建築学会大賞ならびに、昭和60年度日本建築学会賞をご贈呈申し上げるに当たり、選考経過をご報告いたします。
まず、日本建築学会大賞につきましては、その候補は一般から公募しないで、本会各支部および常置専門委員会からの推薦に限っております。
大賞は優れた業績の重みによって、広い意味での学術の進歩向上に多大の貢献のあった方を対象とすることにいたしております。
本年度につきましては、ご高承のとおり、創立100周年記念ということから複数の受賞ということを、学会賞委員会全体委員会にお諮りし、本年に限りということから特に10名の先生方に、全員一致で日本建築学会大賞をお贈りすることになり、その贈呈式は、去る4月9日本会創立100周年記念式典に皇太子殿下の行啓を仰ぎ、内外のご来賓のご臨席のもとに贈呈式を執り行いました。
昭和60年度日本建築学会賞につきましては、公募規程を昨年7月号より、会誌に会告し、広く会員に呼びかけましたほか、各支部職場、研究機関などへも周知につとめ、その結果、論文27題、作品14題、業績13題、の計54題の候補が提出され、各部会がこれらの審査に当たりました。
各部会では、審査内規にのっとり、それぞれ資料にもとづいて慎重な審査を重ね、また、作品部門、業績部門では委員の方々が、かなりの時間をかけて、候補作品の現地審査を実施のうえ選考に当たりました。
その結果第1部論文9題、第2部作品3題、第3部業績4題をいずれも、60年度学会賞として表彰申し上げることになりました。
この制度の実施にご協力いただいた各方面、ならびに約半年に亘りご多忙中にもかかわらず委員ならびに専門委員として並々ならぬご尽力をくださいました皆様に対し、この機会に深甚な謝意を表して、報告を結ぶことにいたします。

——

第2部会報告　　　第2部会長

昭和60年10月25日の全委員会に引き続き第1回の会合をもち、審査日程および審査方針を決定した。
11月18日に部会を開催し、推薦および応募作品14点、委員推薦4点、計18点の審査対象作品について、資料を主として審査を行い、第1次候補作品として7点を選出した。
この7作品について昭和60年12月17日、12月18・19日、昭和61年1月11日、1月21日の計4回の現地審査を行い2月15日全委員10名出席のもとに最終審査を行った。
審査の方法は討論と投票を繰り返して判断のあやまりがないよう慎重に進めた。
その結果3候補がえらばれたが、今回は全体として建築設計の新しい傾向を代表するような作品であった。

——

委員

——

記載なし

球泉洞森林館

木島安史

——

推薦理由

——

熊本県と鹿児島県の県境に近い球磨川中流沿いの山林に、鐘乳洞の球泉洞がある。球泉洞の駐車場から道路を横断した位置に建つ森林館は、地元球磨村の森林組合が山村林業構造改善事業として自ら企画運営している林業資料展示施設である。
敷地は、球磨川を見下ろす30°を超える切り立った山の急斜面に当たり、八代市から人吉市に向かう国道が等高線を縫って敷地上端を通っている。直径15mの7つの球体が高さと平面位置をずらせることにより相互貫入しながら塊状に連続する屋根の造形は、国道からは、空気をはらんで盛り上がる地面の泡塊を想わせ、周辺の山脈の風景の中で、風土との確かな繋りを感じさせるものがある。崖を下って川を渡った対岸から森林館を仰ぎ見るとき、岩と杉林の山肌に巧妙に嵌めこまれた建築が、地形や自然環境に対立しながら意外に落ち着き調和した景観をつくり出しているのを知る。
作者は、近年、いくつかのプロジェクトにおいて球体ドームを追求してきたが、この作品はその具体的成果を示すものである。有機体を想わせる新しい群造形の提案が、球磨川岸の急斜面の土地に結ばれ鮮やかな結実を見せていると認められる。
森林館は、国道から少し下ってアプローチがとられ、入口を入ると一番高い位置の2個の球体連続ドームの空間がロビーとして展開する。下降する動線に従い三つの展示のフロアがスキップ状に連続し、ロビーから半階下った位置にプラネタリウム風のロボット劇場兼用集会室がある。林業振興を命題とする施設であり、単なる仕上げとして木材を使用するだけでなく、耐火上の研究を導入した木製窓枠の採用、層ごとに材種の組合せを変えた床仕上げ、間伐材の積極的な採用などにより、建築材料としての木材の啓蒙や再認識が提示されている。自然採光、自然換気の活用や、各フロアから地形を利用して地面に直結させた避難計画など、周到な配慮もある。複雑な形体のデザイン上の処理にも工夫が凝らされ、この建物を管理運営する組合の人々に、有用性の十分な満足を与えると同時に訪れる人々に楽しく新鮮な空間体験の魅力を与えるものとなっている。
以上、型に嵌った考えを拒絶し、新しい造形に意欲を燃やす作者の、これまでの研鑽の成果があらわれたこの作品は、現代の技術による造形的試みと同時に、風土性、人間性などの空間的質の回復をもたらし得たものとして注目されるところであり、建築の創造性への新たな刺激をなすものと考えられる。
よって、ここに日本建築学会賞を贈るものである。

——

受賞者の言葉

——

昔からあったみたい——球泉洞森林館——

木島安史（KIJIMA,Yasufumi／建築家・熊本大学教授）

九州の中央、山険しく谷深いこの地に林業資料展示施設を私が設計する運びとなったのは、球磨村の人口減少を憂いあらゆる努力を重ねてきた大岩組合長をはじめとする地元の人々が、貪欲ともいえる姿勢でこの施設計画を練り上げたからにほかならない。森林組合は長年にわたって九州大学林学科に経営の助言を求めてきた。展示計画は林野庁に関係の深い森田女史に相談し、プロデューサーとして泉信也氏が紹介された。地元の私はそのまた紹介で初めて現場を訪ねたのである。なぜくどくどと書いたかといえば、こうした展開が情報化時代の日本の現状を典型的に示していると思うからである。
山村は人口が少ないだけではない。平地も少ない。組合が考えていた三カ所の候補地の中から今の場所を選んだのだが、他の二カ所は鐘乳洞前の狭い平地だったり、埋立地の駐車場であったからである。現在の敷地は平均斜度が30度を超えるところで、当然のことながら工費がかさむし、展示室の配列にも制約が予想された。しかしこの球磨村で平地を造成すると坪6万円ぐらいになるとのことだった。建築的に解決すれば、坪単価で経済的にいくと考えた。事実、基礎は通常より4万円ほどの増額で完成することができた。
私は切り立った崖、すくすくと伸びた杉林、いつも緑色に映える球磨川の水を見て、アルプス建築や赤坂プリンスホテルなど水晶の塊りのようにキラキラと輝くものを夢みた。そして、まず実現は無理と思いつつ提案したのが7つのドームの重なる案だった。これはその年の初めに阿蘇のゴルフクラブの設計競技にまとめた案である。クラブハウスでは寝室等があって、平面計画やとくにドームの見せ方がいま一つであったが、展示室の方が円形を重ねた平面になじみがよかった。
私は最近の博物館や美術館が、窓のない真暗な中で人工的照明による展示を多用しているのが好きではない。そんな中でさらに非常用照明や電源を設ける愚かさを私は避けたかった。展示を見る人は昼間にくる。自然の光の下で見せるのが最もよい。疲れた目は窓の外の山姿で癒すことができ、いざという時も人は自信のある避難行動がとれる。
コンクリートの打放しはいろいろと問題を投げているが、これに代わる材料は今のところない。つまるところ慎重な施工をするほかない。ドームは型枠なしの工法をとり入れた。単一のドームであればさほど難しくないが、7つのドームが互いに重なりあい、一つとして完全な半球状のものがない。こうした構造は連続した殻《シェル》としての取り扱い、すなわち鉄筋コンクリート版として解くのがよい。早稲田の田中彌壽雄先生が構造を担当してくださった。
現場の施工者との打合せの中で困難だったのはドームだけではない。ドームの接合部補強に加え三角形のグリッドによって生じる鉄骨と配筋の取り合い、外周の円形の梁と丸柱、これに梁貫通の配管の納まり等であった。
窓枠は木製、桧の建具は水平軸回転の大型のものとなった。二重三重に防水を考えたがそれでも完成時の漏水がさけられず、一つ一つつぶしていくほかなかった。床の縁甲板は上の階から欅、イスの木、桜と材質を変えた。赤身も白身も一緒に使った。品ぞろえは結局のところ高くつくからであった。集会場のベンチには組合自身が製材した桧の間伐材を用いている。材料の値段はたかが知れたもので、乾燥や加工それに運賃にほとんどの経費が食われてしまう。従って、山の人々にとってはできるだけ素材のままで多く使ってほしいところである。
山を紹介する展示には少なくとも1年間の取材が欠かせない。山には四季があるからである。工期は3年度にまたがった。国の補助金の関係からであったが、ある意味では建築をじっくり眺めながら作るよい機会でもあった。屋根の銅板は普通のアスファルトシングルに薄い銅板がついたものである。葺きあげ直後は光って組合の人も恥じてたが、今は黒くさび、落ちついている。やがて緑青がつくだろう。
完成してしまえば、途中での苦労は皆忘れてしまう。組合の人も、現場責任者の越智さんはじめ工事関係者も、そして設計者も。今回の受賞はこうした多くの人々にとって報いとなる記念だ。そして森林館の前を通る人がこの建築はもうずっと昔からそこに立っているみたいに思うといってくれるのを聞いて本当に心の底から嬉しくなるのである。

眉山ホール

長谷川逸子

——

推薦理由

——

この作品は静岡市の私立女子中学・高等学校である静岡精華学園研修センターとして計画されたものである。建物の用途は同学園の生徒や同窓生の自主的な研修に伴うさまざまな活動に場所を提供することであり、宿泊施設もそこには含まれる。
敷地は学校と道路を隔てた斜め向かいであり、周囲には人家が建て込んでいる。こうした敷地を考慮して、建物は2階建てに抑えられ、敷地に対してやや斜めに配置されて周囲に空地が作り出されている。
道路から建物までの入口通路には銀色の鉄骨造のガラス庇がかけられ、それを支える正八面体を基本構造とした鉄製ロボットと相まって、建物を印象づけている。建物が斜めに配置されたことによって、この庇とそれに続くエントランス・ロビーは梯形となる。それもまたこの建物に変化と個性を与えている。
内部の諸室の配置を見ると、建物1階には二方にギャラリーをもった大ホール、厨房、サービス関係の部屋が設けられ、和室が南に突出している。2階には、1階ホール上部を中庭として、それを囲む形で宿泊室を兼ねる中小の部屋、浴室等が配され、中庭中央にはホールへの採光のためのピラミッド型の天窓が現れる。エントランス・ロビーと2階の小室群の屋根にはランタンをもつピラミッド型の小屋根が並び、建物の外観の印象を決定的なものとしている。
以上の外観および構成には極めて整然たる方法意識が認められ、それがこの作品に魅力的な個性を与えているのである。しかも、作者は多様性に富む運用形態に対して建物が柔軟に対応し、その多様性をさらに広げてゆくようにとの配慮をこらしている。1階のホールはギャラリー部分の扉の開閉によって多目的に用いることができ、2階の小室群も、可変のベッドを設計することによって宿泊室にも小集会室等にも用いられるように計画されている。これらの部屋には、外観の特徴となっているピラミッド型のトップライトから昼光を注ぐ。ホール、廊下等では、鮮やかな色彩が諸処に用いられており、建物を利用する女性たちに、華やいだ背景を提供することであろう。
このように、本作品は多様性と個性とを建築表現のうえで両立させたものであり、しかも作者がこれまで行ってきた設計方法を発展させながら生み出したものと認められる。この作品は作者の精進の証であると同時に、現代建築に新たな魅力を加えたものと評価される。
よって、ここに日本建築学会賞を贈るものである。

——

受賞者の言葉

——

長谷川逸子（HASEGAWA,Itsuko／長谷川逸子・建築計画工房代表取締役）

日本建築学会賞を受賞して

学会創立100周年記念にあたって会長の芦原義信氏は

球泉洞森林館

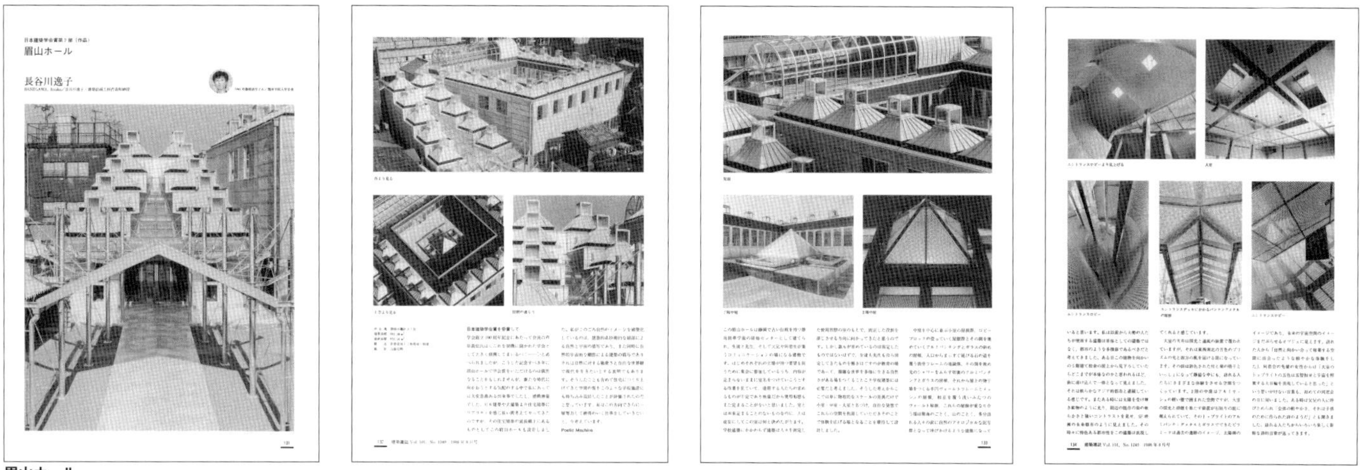

眉山ホール

シルバーハット

〈これを契機に開かれた学会として大きく飛翔してまいるべく……〉と述べられましたが、こうした記念すべき年に眉山ホールで学会賞をいただけるのは偶然なることかもしれませんが、新たな時代に向かおうとする気配のする中で私にあっては大変意義ある出来事でしたし、感概無量でした。ビル建築や大建築より住宅建築にリアリティを感じ長い間考えてやってきたのですが、その住宅建築の延長線上にあるものとしてこの眉山ホールも設計しました。私がこのごろ自然のイメージを建築化しているのは、建築的高技術的な細部による自然と宇宙の描写であり、また同時に自然的宇宙的な細部による建築の描写でありそれは自然に対する敬虔さと自由な世界観で現代を生きたいとする表明でもあります。そうしたことも含めて住宅につくり上げてきた空間の質をこのような学校施設にも持ち込み設計したことが評価されたのだと思っています。私はこの方向でさらに一層努力して納得のいく仕事をしていきたいと、今考えています。

Poetic Machine

この眉山ホールは静岡で古い伝統を持つ静岡精華学園の研修センターとして建てられ、生徒と先生、そして父兄や同窓生が集うコミュニケーションの場になる建物です。はじめそれぞれの立場が持つ要望を伺うために集会に参加しているうち、内容が定まらないままに室名をつけていこうとする作業を見ていて、使用する人たちの求めるものが不定であり無量だから使用形態もまた定まることがないと思いました。室とは本来定まることのないものなのに、人は虚妄にしてこの室は何と決めたがります。学校建築にかかわらず建築は人々を固定した使用形態の室のもとで、固定した役割を演じさせる方向に向かってきたと思うのです。しかし誰もが求めているのは固定したものではないはずで、生徒も先生も自ら固定してきたものを解きほぐすのが教育の場であって、複雑な世界を多様に生きる自然さがある場をつくることこそ学校建築には必要だと考えました。そうした考えからここでは単に物理的なスケールの差異だけで小室・中室・大室と名づけ、自由な発想でこれらの空間を利用していただきそのことで体験を広げる場となることを期待して設計しました。中庭を中心に並ぶ小室の屋根群、ロビーブロックの登っていく屋根群とその間を埋めていくアルミパンチングとガラスの斜めの屋根、入口からまっすぐ延びる石の道を覆う鉄骨フレームの連続体、その間を埋め光のシャワーをふらす切妻のアルミパンチングとガラスの屋根、それから屋上の物干場をつくる半円ヴォールトフレームとメッシュの屋根、和室を覆う浅いふたつのヴォールト屋根、これらの屋根が重なり合う様は樹海のごとく、山のごとく、多分訪れる人々の前に自然のアナロジカルな記号群となって呼びかけるような建築になっていると思います。私は以前から大勢の人たちが使用する建築は単体としての建築ではなく、都市のような多様体であるべきだと考えてきました。ある日この建物を向かいの5階建て校舎の屋上から見下ろしていたらどこまでが本体なのかと思われるほど、街に溶け込んで一体となって見えました。それは軟らかなアジア的都市と連続している感じです。またある時には太陽を受け輝き鉱物のように光り、周辺の既存の街の軟らかさと強いコントラストを見せ、SF映画の未来都市のように見えました。その時々に特色ある都市性をこの建築は表現してくれると感じています。

大室の天井は採光と通風の装置で覆われていますが、それは東西南北の五色のプリズムの光と四方の風を届ける筒になっています。その筒は彩色された柱と梁の格子といっしょになって静溢な中にも、訪れる人たちにさまざまな体験をさせる空間をつくっています。2階の中庭はアルミサッシュの軽い壁で囲まれた空間ですが、大室の採光と排煙を果たす装置が石貼りの庭に据えられていて、そのトップライトのアルミパンチングメタルとガラスでできたピラミッドは過去の遺跡のイメージ、太陽神のイメージであり、未来の宇宙空間のイメージをだぶらせるオブジェに見えます。訪れた人から「自然と向かい合って修業する空間に出会ったような軽やかな体験をした」、同窓会の先輩の女性からは「大室のトップライトの五色は五智如来と宇宙を照被する大日輪を表現していると思った」という思いがけない言葉も、初めての同窓会の日に伺いました。ある時は父兄の人に呼びとめられ「全体の軽やかさ、それは子供のために作られた詩のようだ」とも聞きました。訪れる人たちからいろいろ楽しく新鮮な詩的言葉が返ってきます。

37

球泉洞森林館／眉山ホール／シルバーハット

シルバーハット
伊東豊雄

―――
推薦理由
―――
この建築は作者の自邸である。立地は東京都中野区の比較的環境に恵まれた住宅地であり、敷地面積は400m²強である。
一般に建築家の自邸は、自己の建築観を実践に移す恰好のテーマであり、歴史を振り返っても多くの意義ある作品が見出される。しかしながら自邸は自邸であることによって、極めて特殊な建築作品となる恐れも同時に多分にはらむ。
この建築においては、自邸という条件がもたらす可能性と危険性とを十分に意識した作者が、自己の建築設計の方法的実験を果敢に試みていることがまず評価された。
建物は3.6mのグリッドを基本とする配置の鉄筋コンクリート柱の上に、大小7つの軽い鉄骨製のヴォールトを架することによって、空間を生み出したものである。最大径のヴォールトの下は大きな中庭となり、この中庭の北と西をL字型に囲んで居間、食堂、寝室などを含む母屋というべき棟が設けられ、和室と書斎がそれぞれ別棟として中庭の東側に設けられる。中庭には敷瓦が敷かれ、同じ仕上げによる床が居間からキッチンにまで同一レベルで連続している。こうして極めて軽快な構造が屋内屋外という区別を越えて広がり、そこに自然の微妙な変化に感応する生活空間が生まれていることは、この住宅の注目すべき特質であり、新しさであるといえよう。
都市内に営まれる生活のあり方に新しい可能性を示した建築としてこの作品には価値があるが、同時にその造型表現に軽やかでテクノロジカルな雰囲気を与えた点にも、作者の才能を窺うことができる。自然との交感を、ノスタルジックな表現あるいは伝統回帰的な技法によらず達成していることは、この作品が現代建築の可能性を拡張したことを意味しているからである。
現代の材料と工法を最大限に駆使して、しかも光と風のそよぎを受け入れ、雲の流れを映す住居が生み出されていることは、訪れる者に鮮烈な印象を与える。この作品に示された空間の可能性は、建築家の自邸という特殊条件を越えた、建築全般にわたる可能性というべきである。
現代建築の表現の可能性を広げ、新鮮な空間感覚を示したこの建築は、現代の建築家が汲みとるべき多くの刺激に満ちている。
よって、ここに日本建築学会賞を贈るものである。
―――
受賞者の言葉
―――
軽快な現代の小屋をめざして
伊東豊雄(ITO,Toyoo／伊東豊雄建築設計事務所代表取締役)
かつて人々は森や林を切り拓き、丸太や木の皮を拾い集めてプリミティブな小屋をつくった。それらは素朴で、必要最小限の機能に支えられた空間であったが、衣服のように柔らかく人々の身体を覆い、自然と交感し、人々に真の安らぎを与える小屋であった。
今日の我々は、高度な技術と多量の情報に囲まれて暮らしているにもかかわらず、その棲みかは虚飾に満ち、環境から固く殻を閉ざし、均質で人工的な無菌室のような空間ばかりをつくり出している。しかし今日の都市のなかでも、太陽の光は注ぐし、心地良い風も吹き、星や月を仰ぐこともできる。もう一度我々は、かつてのプリミティブな小屋での暮らしをこのけん騒の都市で考えてみても良いのではないだろうか。
シルバーハットは東京の都心に近い住宅地にあるが、このようなプリミティブな小屋への想いを込めてつくられた住宅である。シルバーハットという命名にも、銀色に光るメタリックな小屋、さらに言えば土地に縛られず軽く舞い上がってしまいそうな現代の小屋を、という願いが込められている。この住宅には自動車の部品を転用した窓や家具、スーパーマーケットで販売されている組立て家具、建て替えられる前の住宅で使われていた床柱、木製建具などが混然と持ち込まれ、その上部をスチールフレームを組み上げたヴォールト屋根が覆っているが、これらのエレメントは、いずれもかつての丸太や木の皮に代わる、今日の都市で容易に得られるパーツ類である。
この住宅は延床面積138.81m²(約42坪)のフラット(一部中2階)である。基本モデュールとなる3.6mのグリッド上に地中梁で連結された高さ2.1mのコンクリート独立柱が並び、その上部にスチールフレームで組み上げられた8つのヴォールト状の屋根が架けられている。中央のヴォールトは7.2mのスパンで、その下にこの家の中心となるコートが形成されている。その他のヴォールトは3.6m (5カ所)、5.1m (1カ所)、5.9m (1カ所)と小さなスパンのものばかりで、これらはダイニング、キッチン、ユーティリティ、ベッドルーム等の各室を形成しながら中央のコートを取り囲んでいる。
すべてのヴォールトは、工場加工によってひし形(周辺部のみ三角形)に溶接されたスチールのアングルのユニットを現場でボルト締めしながら組み上げられている。アングルは40×40×3 (一辺585)、60×60×4 (一辺585)、65×65×6(一辺1,050)の3種類でいずれも小さなメンバーの部材でつくられている。したがって、その上の断熱材、合板などを含めても約8cmの薄い皮膜のような屋根が形成されている。柱の上に架けられた幾つもの皮膜のようなこのヴォールトによって全体の軽快な印象はつくられている。ベッドルームの部分だけは2層となり、1階は地中にやや掘り込まれてコンクリートの壁とスラブに囲まれたキューブ状の空間、2階の子供室はその上部にヴォールトで覆われた屋根裏部屋のような空間をつくっている。この子供室にはベッドとワードローブを囲む布のテントが吊られているが、これはプライバシーの確保、断熱、遮光、柔らかなテクスチュアによる身体との接触等の意図から生まれたものである。
キッチンとユーティリティにまたがっては長さ4.5mの作業台がある。この台にはシンク、スライド可能の小テーブル、プラチェスト(引出し)、コンセント等が組み込まれ、上部にはハンガー用のパイプが天井から吊られ、多数の小さなスカイライトから落ちる自然光がこの作業台を照らしている。
ベッドルーム、和室以外のすべての床には敷瓦が貼られている。この素材は屋根のスチールや、壁および家具に多用されているアルミなどと対照を成しているが、これはこの住宅を伝統的な農家の土間と結びつけ、また冬期の太陽熱の保温効果を高めている。また、ファサードや間仕切に用いられているパンチングされたアルミのパネルは、かつてのすだれに相当する半透明のスクリーンとして機能している。このようにさまざまな新しい素材を用いながら、都市の自然と親しめる大らかな空間をつくりたい、というのがこの住宅の最も意図するところである。
―――
建築雑誌1986年8月号掲載。
―――
候補作品|18題(応募14、委員推薦4)

38 1987年 1986(昭和61)年度

目神山の一連の住宅／田崎美術館

―――
選考経過
―――
副会長
昭和62年度日本建築学会大賞、ならびに昭和61年度日本建築学会賞をご贈呈申し上げるに当たり、選考経過をご報告いたします。
まず、日本建築学会大賞につきましては、その候補は一般から公募しないで、本会各支部および常置専門委員会からの推薦に限っております。
大賞は優れた業績の重みによって、広い意味での学術の進歩向上に多大の貢献のあった方を対象とすることにいたしております。
本年度につきましては、昨年学会賞委員会において、大賞は2件以内を表彰することに決定し、理事会の承認を得ましたので、本年より2名の先生にご贈呈申し上げることになり、鶴田明先生、吉武泰水先生の両先生に会員一致で日本建築学会大賞をお贈り申し上げることになりました。
また、昭和61年度日本建築学会賞につきましては、公募規程を昨年7月号より本誌に会告し、広く会員に呼びかけたほか、各支部、職場、研究機関などへも周知につとめ、その結果、論文32題、作品19題、業績11題の計62題の候補が提出され、各部会がこれらの審査に当たりました。
各部会では、審査内規にのっとり、それぞれ資料にもとづいて慎重な審査を重ね、また作品部門、業績部門では委員の方々が、かなりの時間をかけて、候補作品の現地審査を実施のうえ選考に当たりました。
その結果第1部論文10題、第2部作品2題、第3部業績3題を、いずれも昭和61年度学会賞として表彰申し上げることになりました。
この制度の実施にご協力いただいた各方面、ならびに約半年にわたりご多忙中にもかかわらず委員ならびに専門委員として並々ならぬご尽力をくださいました皆様に対し、この機会に深甚な謝意を表して、報告を結ぶことにいたします。
―――
第2部会　第2部会長
昭和61年10月24日、全委員会に引き続き第1回の会合を行い審査方針および審査日程を決定した。
11月14日、部会を開催し、推薦および応募作品16点、委員推薦3点、計19点の審査対象作品について資料に基づいて審査を行った。このうち1点については、その性格上、むしろ第3部の対象にふさわしいとの判断からその審査を第3部会にお願いすることとした。残る18作品について審査の結果、第一次候補作品として8点を選出した。
この8作品について、昭和61年12月12日、12月16日・17日、昭和62年1月21日、2月19日の計4回、延5日の現地審査を行い、3月16日全委員出席のもとに最終審査を行った。
最終審査は投票と討論を重ねて判断のあやまりのないよう慎重に進めた。
その結果、2作品が高い支持を得て候補作品として選ばれたが、それに続く作品の評価が分かれ、いずれも過半数の支持を得るに至らなかった。
このためさらに討議を行い、全会一致に近い多数をもって、今回は候補を2作品とすることに決定した。
―――
委員
―――
記載なし

目神山の一連の住宅*1
石井修

―――
推薦理由
―――
西宮市目神山は六甲山系の東端、甲山森林公園に接し、眼下に阪神間の市街地と大阪湾を臨む高台にある。小さな山に道は曲がり、急な上り坂、下り坂となって、家々をつなぐ緑豊かな住宅地である。
この一角、400～500mほどの間に作者の自邸を含めて9作品が存在する。いずれも、作者の「本当の自然の中に住む以上は、そこに仮り宿を作らせてもらうんだというくらいの謙虚な気持ちがなければいけない」という意図通り、それぞれ自然の中に深く抱き込まれて全部を見通すことができない。
しかし、道を歩くと、それぞれに個性を持ちながら各家の軒先やアプローチが顔をのぞかせている。素材の上では、御影石の石垣、木、コンクリートの打ち放しと自然の緑で統一され、家並としての調和と連続感を持っている。
一方、各家はその計画によってけわしい自然の地形を十分に生かし、むしろその対応によって各々の個性ある空間を創出している。決して作家としての固定した一つのスタイルにこだわることなく、それぞれの設計条件に合わせて多様な手法が自在に使われている。自然の破壊を最小限にとどめ、建築を自然に同化させようとする作者の意図のみが貫かれている。
ある家では、いくつかの小さな木造空間に分けて自然の中に埋没させ、ある家はコンクリート造として土の中に埋め込み、またある家では中庭をとり入れ屋根の上に土と緑を配してプライバシーを守りながら隣家の眺めへの配慮が行われている。菜園を希望した家族のためには、勾配屋根の上を段々畑として立派に野菜を育てながら自然への同化をはかっている。
各家々の空間構成は、それぞれの敷地条件と地形の高低や景観によって、異なった個性ある空間の演出が見られる。特に道路からのアプローチと各内部空間を連ねる手法には、人間の移動に従って視覚的な変化を楽しむ日本の伝統的な空間演出が行われている。
共通していえることは、高価な素材や特別な工法を用いることなく、ごく一般的な素材や工法を用いながらも、自然とその場の地形や景観への深く繊細な配慮のみが、この一連の作品に強い個性を持たせている。かつ、家並としての調和と統一を成り立たせている。
これは同時に一般の住宅地開発にみられるような自然破壊をなくし、美しく緑豊かな自然と調和した住宅地の形成に成功している。作者の自然との共生の哲学が具体的な建築と自然との共生の「設計作法」ともいうべき方法を生み出したものとして評価される。
奇をてらったスタイルの流行を追いつづける現代建築界とは無縁なかたちで、一地方に根ざした地道な設計活動を通じて、これだけ質の高い一連の作品を生み出したことはさらに十分評価されよう。
よって、ここに日本建築学会賞を贈るものである。
―――
受賞者の言葉
―――
石井修(ISHII,Osamu／建築家・美建．設計事務所所長)
西宮市の山手にある目神山町は、西には北山自然公園、東と北には甲山森林公園に接し、南は阪神間の市街地と海を望む標高150m～220mの木々の生い茂る高台にある。
大昔は大樹が茂っていたが、古くから文化の発達した土地で、伐採や開発、すなわち自然破壊の歴史も古い。明治時代の初めの頃までには岩石と風化まさ土の荒地で緑も少ない砂山になっていたと言われている。そして自然破壊がもたらす災害もあって防災のためその頃植林され、100年近い歳月を経てようやく現在の森林になった。
土地区画整理法に基づき、それぞれの土地所有者が資金を拠出して組合をつくり、道路を付け、水道や電気を引き、家を建てて住めるようになったこの場所は、もともと保安林であった。全面的な敷地の造成はせず、自生樹木を最大限残し、敷地の40%前後の土地造成しか認めないという条件で保安林の解除となり、現在では土地区画整理事業もほぼ完了に近づきつつある。
敷地は1区画500m²以上で1戸建て、建ぺい率30%、容積率80%、高さ10m以下、風致地区、宅造規制区域で法に守られているようにみえるが、現実には敷地の全面造成、風致地区であるのに樹木はすべて伐採するような計画の開発許可申請が認可されているのもまったく不思議なことである。長い年月を経てつくられてきた自然の環境も、人間の破壊力をもってすれば、一瞬にしてはげ山にするのはしごく簡単なことである。開発という名で二度とかえらぬ美しいこの土地の自然が破壊されてゆくのを目の当たりにし、人間の横暴さを感ぜずにはいられない。
＊
私がこの場所に土地を買い求めた30数年前は、見渡せる範囲には一軒の家もなく、樹木の生い茂る谷あいであった。400坪の敷地を友人と共有し、11年前に家を建てて住み始めた。これが目神山の家1,2である。敷地は急斜面であるが、土地の形状変更を最小限にとどめ、建物は地形の高低に順応させて計画した。屋上には土を載せて、家庭菜園や芝生の庭とした。玄関は中階にあって、上階の子供室と下階の居間とを中庭をはさんで上下に繋いでいる。RC造の子供室棟以外は、木造の丸太造りで内外壁とも杉板貼りであるが、周囲の自然林に埋もれて、正面道路から建物の全容を見ることはできない。
目神山の家3は、わが家の工事のため、木林置場として土地を貸してくださったことが縁で建てた家である。

敷地背後には巨岩が露出した岩山(羅漢山)がそびえ、枝ぶりのよい松が岩の割れ目から枝を伸ばしている。一面にウラジロが群生していて、なにもしなくてももう立派な庭園になっていた。建物は地形にさからわず配置し、RC造の寝室棟と、木造の居間・食堂棟とを庭に面した廊下で連結した。屋上は敷地の傾斜に従って登っていく段々の家庭菜園である。家全体が庭園であり、自然の縮景として構成されている。建築を解体することで、自然と一体となったこれらの住宅を生み出すことができた。

4番目の家はさらに急斜面で岩が点在する敷地に建っている。また、隣接する5番目の家では、敷地への侵入を阻む深い谷の上にブリッヂをかけ渡すことによって自然の地形や樹木を残した。この2軒は、眺望抜群の敷地なので居ながらにして豊かな緑とその背後に広がる市街地と海を見渡すことができ、明るく日当たりのよい家である。

目神山の家6では、現地で採集された石を多く使用して、風景との一体化を図った。

日照条件のよくない東北向きの緩斜面に建つ7番目の家では、居間のある主棟の軸線を敷地の軸線から45度ずらし、なおかつ居間のコーナー部分で火打の丸太梁を設けることにより、柱を取りさって、眺望と日照を確保している。

目神山の家8は、間口70数m、奥行8m弱～1m強という細長い敷地に建っている。しかも壁面後退の規制があり、奥行がなく細長い潜水艦のような住宅である。しかし、この長い間口に面する隣接地は公有林で家が建つことがない。近くにはせせらぎがあり、大きな自然石が点在する天然の庭になっている。RC打放しの外壁もやがては夏ヅタにおおわれ、家全体が周辺の樹海に潜み自然と同化してくれると思っている。

そして9番目の家が最近完成した。道路から長い石段を登り、トンネルをくぐると、切妻型の建物が姿を現す。道路からは奥まったくぼ地に建つ家である。

道は曲がり、急な上り坂、下り坂が続く。これらの目神山の家々は、岩と木々と土と、自然のなかに深く抱きこまれている。

＊

経済を優先したこれまでの急速な都市化によって、快適な住環境の要素であるべき水、緑、土(地形)などの主役たちが疎外され、生活の便利さのみが重視された新しい住宅地がつくられてきた。しかし、この地域には、大都市の近くでありながら快適な住環境が生まれるための要素がすべてそろっている。自然の恩恵によるこれらの環境要素を最大限活用して、地形に順応した形で、緑の中に家を建てることで快適な住空間ができるのである。現在の美しい自然を残しながら、どのようにすれば自然と共棲できる家を建ててゆくことができるかが、これからもこの地域での住宅設計の大切な課題になることと思う。

田崎美術館

原広司

——
推薦理由
——

田崎美術館は、画家田崎広助の画業を記念して、画伯ゆかりの軽井沢に建てられている。軽井沢の町は1世紀に及ぶ先人たちの地道な努力に支えられた特色ある休養地として知られ、その自然環境、建築的伝統によってひとつの性格を形成している。また、田崎広助画伯の画風は浅間山などを主題とした大らかな自然描写によって名高い。

田崎美術館はこうした極めて特色ある立地および展示品を前提として設計された作品である。このような条件下における建築作品は、穏やかに、中性的に、いわば背景に徹するべく一歩しりぞいたかたちで設計されることがしばしばある。それは多大な力量を要する方法であり、またそうした努力に値する方法でもあるが、決して唯一の方法ではない。

田崎美術館の場合、設計者原広司君はそうした方法によるのではなく、立地環境、展示作品とともに、建築作品が新しい相互関係を形成すべく、努力を傾注した。これはやはり困難な方法ではあるが、同君はそこに自己の蓄積の上に立った独自の作品を結晶させた。中庭を囲む二棟の建物は、自然を建築にとり入れるとともに、自然から変換されたというモチーフによって満たされている。機能の分析、用途の表現の上に、いわば偶然性をとり入れる余地を開いた設計者の方法は、建築の表現に新しい可能性を示したものと評価でき、またその結果は心地よい刺激に満ちた空間となっている。

展示空間の性格が強すぎ、作品の鑑賞を妨げるのではないかとの意見がないわけではなかったが、本来芸術作品の鑑賞は無色透明の空間のなかで行われるものとは言えず、田崎美術館の空間は設計者の理念を込めたものでありこそすれ、決して展示作品を損なうものではないと考えられる。寒冷地における作品の展示、収蔵についてもこの建物は配慮を凝らしており、立地条件と展示作品に対しての真摯な取り組みが感ぜられる。

造型表現においてもこの建物は過去の建築モチーフに依存したり、既存のイメージを流用したりすることなく、あくまでも設計者の独自性を追究している。これは設計者のこれまでの幅広い建築研究の賜物と称してよく、本作品はわが国の建築史上に確固たる存在感を示している。

よって、ここに日本建築学会賞を贈るものである。

——
受賞者の言葉
——

原広司(HARA,Hiroshi／建築家・東京大学生産技術研究所教授)

田崎美術館は、設計期間中に故人となられた田崎広助画伯の作品を収蔵し、常設展示するための建物であり、敷地は、画伯の意志により制作拠点であった長野県軽井沢に設定されています。画伯の作品群は、山の風景を数多く描出しており、明るくおおらかな自然の解釈、特に光と空気に関する解釈を示しています。

美術館も自然に和合する建築、「親自然的な建築」でありたいということが構想の目標でありました。もしそうした建築が実現すれば、画伯の作品群と建築とは、関心が同じであることにより、必ずどこかで同調するであろう。この構想は、作品群と展示空間との内的な関係を良好にするばかりではなく、透明な光と空気によって象徴される軽井沢の自然環境と建築との外的な関係をも良好にするであろう。そして、こうした認識に基づいて軽井沢の自然に合わせて設計して行けば、建築それ自体がひとつの自然の解釈となり、画伯の作品群が示す自然解釈と重なり合う部分が生ずるであろうとする態度が構想の基本です。

このきわめて小規模な美術館は、通常の公共的な美術館とは異なった条件を持ちます。すなわち、

・常設展示で、主な作品は油絵に限られている。

・冬期(12月～3月)は閉館され、展示空間の冷暖房は閉館中不要である。

これらの条件によって、自然採光を中心とした、均質にする必要のない展示空間が可能となりました。展示室まわりは、外部と同じような状態に保つことを基本としており、自然換気が得られるような開口部を設けてあります。閉館する冬期には、絵を収蔵庫にしまい、この時も、展示室内は屋外の気候とほぼ同じ状態に保たれます。

絵画を見て歩く人々が、その都度異なった背景とその広がりを感じるように、視覚的な重ね合わせ(オーバーレイ)を考えており、これが空間構成上の原理です。自由に出入りできる中庭を囲んで、ふたつのL字型の棟を配置してあること。ガラス屋根の下に雲型屋根の棟と相似の形態を持つ小型の棟を内包してあること。展示空間の中央に建物外皮から切り離した収蔵庫を配してあること。そして、2.4mグリッド上の円柱群、小屋組、手すり、ガラス面、不定形模様、外の風景などがこのオーバーレイの要素となって空間性を表出していると考えます。単一材料で仕上げる部分は複雑な形態をもっており、単純な形態のものは数多くの材料をもってコラージュする手法も、このオーバーレイの効果を増幅させているようです。

寒冷地での積雪、凍結による凍害に対するディテール上の工夫が軽井沢では必要となりますが、この建物の場合、雨樋全般および雲型屋根とその谷樋などの納ま

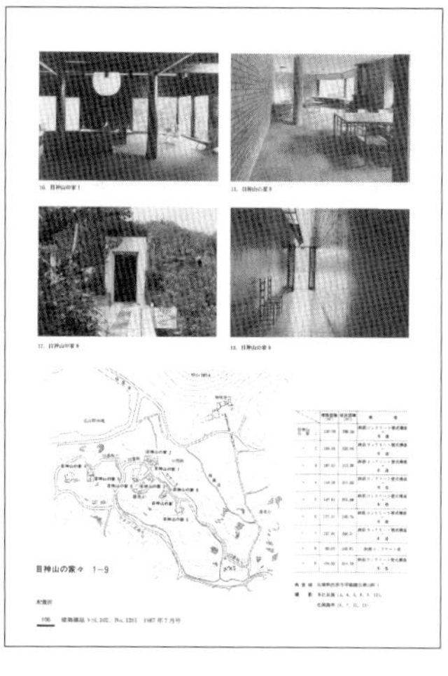

目神山の一連の住宅

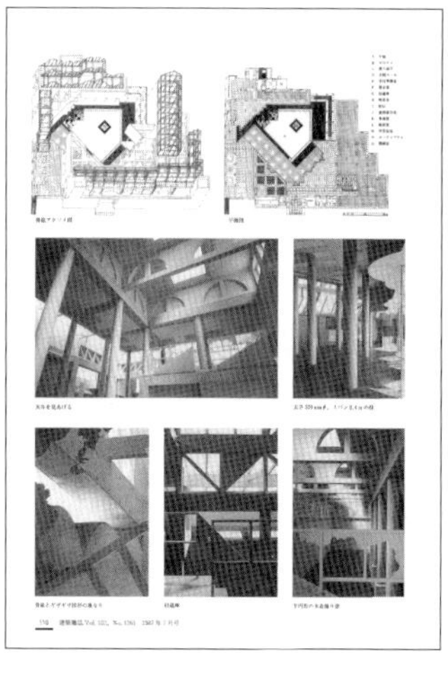

田崎美術館

りに関してはディテール上の工夫に加えて、棒状あるいは面状の融雪ヒーターを設置してあります。
総合的な造形上の意図として、自然の諸物がそうであり、日本の伝統的な自然観のひとつでもある、事物の「境界をあいまいにする」ことを考えています。この意図は、次のような諸点である程度実現できたのではないでしょうか。
(a) 様々なガラス面による室内の光の状態の微妙な時間的変化。
(b) 事物の多層的な重ね合わせによる室内景観の位置的変化。
(c) ジグザグ状のガラス面の「映り込み」効果による実在物と虚像の混成。
(d) 仕上げにおける異なった色彩やマチエールの混成。
(e) 不定形図形の装飾によるミリメートル単位寸法の意匠化。
多くの同時代の建築家により概ね共有されている意識は、現代建築がひとつの方向を持っているということです。その方向を示すひとつの概念は、「様相modality」ではないかと考えます。「境界をなくす」意匠は様々にありうる様相のひとつの在り方だと思われます。新しい様相は、新しい自然観、自然の解釈から生まれるのではないでしょうか。

——

建築雑誌1987年7月号掲載。

——

候補作品｜19題(応募16、委員推薦3)

——

★1｜作品紹介頁では「目神山の家々」と表記されている。

39｜1988年 1987(昭和62)年度

一連のコーポラティブ住宅／雑居ビルの上の住居／龍神村民体育館

——

選考経過[★1]

——

昭和62年度日本建築学会賞作品賞は、さきに報告された通り、「一連のコーポラティブ住宅」中筋修、安原秀、小島孜、「雑居ビルの上の住居」山本理顕、「龍神村民体育館」渡辺豊和の3作品に与えられることとなり、その推薦理由も公表されている。
昭和62年10月23日に行われた学会賞委員会全委員会において、高橋靗一第2部会部会長から、作品賞推薦にいたるまでの経緯を公表するべきではないかという提案がなされ、記述形式を第2部会において十分検討することを条件に、承認された。その後、第2部会において、経緯ないしは委員の見解の公表については初めての試みであること、また経緯の公表について会員にあらかじめ知らされていなかったこと等を配慮し、さまざまな検討がなされた。以下の報告は、受賞作品となった3作品が推薦されるにいたったまでの経緯の報告であるが、報告として必ずしも十全でない。その理由は、主として上記2項によっているが、経緯を公表することに意義があり、将来も慣例として続けられることが望ましいとする見地から、ここに「審査経緯」と第2部会全員の短文からなる「委員の見解」とを明らかにしたいと考える。

——

審査経緯

——

昭和62年10月23日、全委員会での審査の過程を明らかにすることについて、第2部会内で討論を行った。さまざまな見解があったが、それら意見はおおむね公表の記述形式に関するものであり、公表すること自体については全員賛成であった。候補となった23の作品についての推薦書および建築作品目録について、各委員が確認した。委員のなかで、候補作品として推薦するものがあれば、次の部会までに提出することにした(この「委員推薦」は内規による)。
昭和62年11月17日、第2回の部会が開かれた。「委員推薦」として、2作品が候補作品に加えられた。1作品が、推薦者の意向によって、第3部会の候補に移され、また他の1作品について候補を辞退したい旨要望があった。したがって、候補作品は23作品となった。
建築作品目録と推薦書を参考とし、委員が実際に建物を訪れる「現地審査」となる建物を選択する討論がなされた。
「現地審査」が行われる作品の選出は、いわば第1次審査に相当するので、選出は慎重に行われた。原則は、全委員が現地を訪れることにあるので、この選出過程は全員の合意がえられなくてはならない。1人でも「現地審査」の要請があれば選出するとして、第1回目に19作品が選出された。次に3人以上の要請によるとして、8作品が残った。第3回の検討で8作品とその他の作品を比較検討し、7作品を残した。第4回の検討で、再び全候補作品を検討し、1作品をあらたに選出した。最終的に、8作品にたいして「現地審査」を行うことに決定した。「現地審査」にあたっては、作品の説明ができる人に立合っていただくことにした。
8作品についての「現地審査」は、部会として、62年12月4日、63年1月21日、3月1日、2日、3日にわたって行った。日程に合せて行動することが不可能な場合は、個人的に現地を訪れた。
3月2日、部会長の発案により、討論の時間を十分にとることを趣旨として、それまでに現地を訪れた7作品について、自由討論を行った。ここでは、選出とは無関係に、建築論の視坐から、さまざまな見解が各委員から提起された。
3月16日、部会として推薦作品を決定するための第3回の部会が開かれた。
「現地審査」を行わなかった作品について、実際に建物を見ないで推薦作品を決定してよいかをあらためて作品ごとに確認し、その結果「現地審査」した作品のなかから、推薦作品を選出することにした。
決定方法について討論がなされ、できるだけ投票によらないで、論議によって決定することで意見の一致をみた。結果としてみると、以下に略述するように、当然ながら10人の委員の意見には差異があるので、意見分布を確認する過程で投票に類似した決定方法が採択されたとも解釈できる。
まず、8作品にたいして、それぞれ独立に、評価できる側面と、評価できない側面とを、各委員が意見交換した。この過程で、各委員の見解を細かく再確認する必要もなく、4作品にしぼられた。この決定については、全員異議がなかった。
次に4作品について、討論がなされた。この過程で、部会として推薦すべき作品の数があわせ検討された。規程や慣例では、「3作品以内」となっているので、4作品にしてはという意見は否定された。4作品をめぐって、さまざまな見解が交錯するため、各委員が4作品にたいしてどのような評価をしているかを明らかにしなくてはならなかった。そのため、各委員が支持する順位を、1から4までの番号で記入した一覧表を作成した。
その表においては、2作品が多くの委員によって評価されていることが明らかになった。このことは、表を作成してみる以前の検討過程においてもほぼ明らかでもあり、これら2作品を推薦することには、委員全員の一致をみた。なんとなれば、全委員が示した順位1の作品は、この2作品に限られていたからである。
次に、もう1作品を部会として推薦するべきかが討論された。ほぼ半数の委員が、2作品でよいとの意見ではあったが、学会賞の意味が豊かになるとの見地から、残りの2作品のうちから1作品をえらび、あわせて3作品を部会として推薦することに決定した。

——

委員

——

(部会長)
高橋靗一(大阪芸術大学教授)
(幹事)
谷口吉生(谷口建築設計研究所代表取締役)
原広司(東京大学生産技術研究所教授)
(委員)
青木繁(法政大学教授)
小倉善明(日建設計東京第一事務所長)
木島安史(熊本大学教授)
戸尾任郎(建築研究所アーキヴィジョン代表取締役)
長谷川堯(武蔵野美術大学教授)
林雅子(林・山田・中原設計同人主宰)
宮脇檀(宮脇檀建築研究室代表取締役)

——

委員の見解

——

今回の審査に当たっては、審査委員名および審査過程を公表することが学会賞委員会の全面的な了承も得て実現を見たこともあり、第2部会メンバー10名は初めての試みを成功させるべく最大限の努力をしたと考えている。部会長としては、提出資料の中から厳選された作品の現地審査は可能な限り全員がそろって見に行くことを申し合わせたが、結果としてこの申し合わせはほぼ完全に履行された。委員のなかには当日外国から成田に着き、その足で大阪まで飛行機を乗り継いで参加した人もあり、各委員ともほとんど全員が現地審査および討論に熱のこもった議論を展開してくれたことは、部会長として委員各位に対し深く敬意を表したいと思う。審査の結果については選考経過にゆずるが、この結果にたどりつくためには非公式のフリートーキングを審査旅行の中で夜半近くまで行ったこともある。
部会長個人としては山本氏の作品には明快なるコンセプトとともにひかれるものが多くあった。都住創の作品は外部形態や内部空間のつくり方にややイージーな定形のある点がひっかかったが、困難な条件を克服してここまでまとめあげたエネルギーを高く評価したい。渡辺作品は同氏の作としてはめずらしく各部を抑えた表現がかえって審査委員各位の好感を得たものと思う。この作と競り合った伊豆の作品は、既に他賞の受賞によって評価は得ており、建築のデザインとしてはその感性と表現にはすぐれたものがあり十分受賞に値するものと思ったが、推薦対象がその地の一連の作品であったため、もし賞を贈れば、その地域に対して、住民に2色のペンキを与えてこれを屋根に塗ることを推奨するという一連の行為までも含んで学会が賞を贈るということになり、これには相当数の反対があったので、惜しくも外されることになった。
いずれにしても各受賞者の今後の作品に注目したい。
(高橋靗一)

——

「雑居ビルの上の住居」は、新しい都市建築の方向を示す提案であると同時に、優れた造形による建築作品である。都市の中の建築環境は、道路の直接の影響を受ける基部と、より独立した環境が期待できる頂部に分けることができるが、この作品においてはそれらに対応した斬新な解決方法が提案されている。特に頂部の意匠は軽快で、街並みの中に現代的な詩情も漂わせた表現となっている。作品賞をおくるに相応しい建築として推挙した。「一連のコーポラティブ住宅」の建築は多くの制約条件を克服して、新しい集合住宅のあり方を示した作品である。この作品は独創的な造形によるというよりか、むしろ一般化した建築要素のコラージュとして、独自の優れた住環境を創造しているという他の多くの委員の意見に賛同した。「龍神村民体育館」は意欲的な作品ではあるが、その美学には不慣れであり、この作品を強く推す他の委員の判断に委ねた。
(谷口吉生)

——

おおむね妥当な結果であったが、個人的には、今回の選定では4作品がよかったのではないかと思う。受賞者の重複を避けるという原則からして、学会賞は必ずしもその年度の最高作品にあたえられるわけではない。となると、意欲的な作品が選ばれる傾向になるのは当然である。また、受賞する設計者の将来の活動の可能性も考慮される。設計にたずさわっているさまざまな分野から、多くの応募があってしかるべきだと思う。
(原広司)

——

「一連のコーポラティブハウス」には都市型住居を創出するための建築家の執念が滲み出ているようにみえる。
総じて、洗練されたデザインとはいい難いが、多数の人々の資金による共同住宅であるにもかかわらず、建物の外観、共有スペース、特に住む人それぞれに合わせた室内空間の構成には、執拗なまでの努力が払われている。
「雑居ビルの上の住居」のテントによる覆いを軽やかにあしらった爽やかな空間構成は、抜群の造形力を窺わせる。ただ、住居を載せている雑居ビルの扱いには、一抹の物足りなさが残る。
「龍神村民体育館」は素材として木を用いた大スパン構造であるが、構造の立場からみて現在注目を浴びている大規模木構造の代表作とは、率直にいって、到底いい難い。接合部にボールジョイントあり、剛接合あり、妻側のコンクリート壁体に柱より伸びた斜材が無造作に取り付いている等、構造合理性の追究とは程遠いといってよいだろう。
しかし、逆にこの素朴な無造作さが不思議な雰囲気を醸し出し、特異な形態と共に独特の空間を創り出している。
審査全般を通じて、構造合理性に忠実なだけでは、魅力ある建築、迫力ある空間は生まれないし、といって構造上の合理性を欠けば、それだけで建築にとっては、致命的になるとの感が深い。
(青木繁)

——

「一連のコーポラティブ住宅」は、誌上では知っていたものの、実際作品を目にして、改めてデザインの密度の濃さや都市住居としての質の高さが確認できた。とりわけ都住創が住居計画の仕掛けづくりだけに終わらず、インテリアデザインや維持管理に到るまで一貫して建築家としての姿勢をくずさず、社会的な役割を果たしたことは立派である。審査にあたった人の多くも同じ思いをしたに違いない。建築家の役割としての評価が非常に高かったために、途中のプロセスでは、この作品は業績賞なのではという声もあったが、最終的には作品賞がふさわしいことで意見の一致をみた。「龍神村民体育館」はややもすると没個性的な経済性や合理性を追求する現代の建築の傾向のなかで、独自の建築観をもとに木造架構を主体とした個性的な空間を創出している。この木造トラスの架構方法に見られるように、作者は普遍的な合理性よりも独自の建築観を強調する手法をとっており、それがこの建物のもつ強いシンボル性の源となっている。この2作品は、すがすがしく、都会的で洗練された「雑居ビルの上の住居」に比較して、ともに日本人の奥にひそむ独自の文化性を強く感じさせる。
(小倉善明)

——

学会賞作品の審査に応募する数はコンペ案と比較すると少ないし、一般の専門誌に掲載される作品数と較べても非常に少ない。とくに施工会社の設計したものは皆無といってよい。何年か前に「建築雑誌」で作品賞受賞作品を一覧していたが、その時の印象として、当然選ばれていると思われた名建築でも含まれてないことがあるということだった。その反面、今では話題にもならないし、忘れられたような建築が作品賞を受賞したりしていた。これは必ずしもその作品が悪いということを意味しない。むしろ、毎年選ばれる作品が、その時の視点を鮮やかに反映しているせいだと思われた。
本年選ばれたものについては推薦理由書も発表されているので、むしろ、選ばれなかったものについて触れておきたい。その中には審査にかかわらず前に見たものもあったが、実物は、雑誌等で予想していることとはかなり違う。最近では実物の方がよい。しかし、学会賞作品となると考えさせられる場合もある。あるものは、同じ作者の他の作品の方が優れているのでは

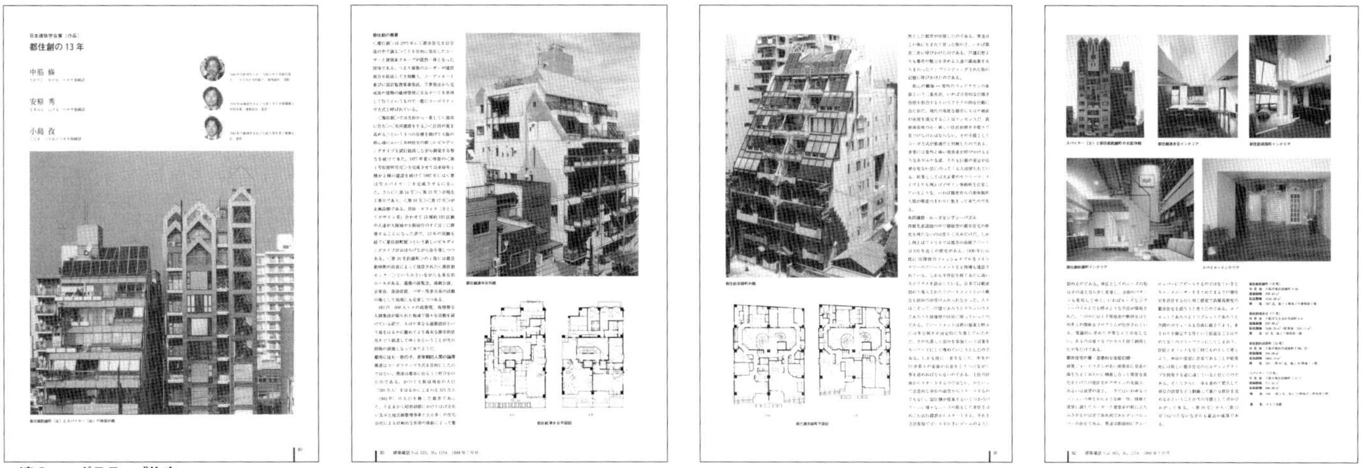

一連のコーポラティブ住宅

雑居ビルの上の住居

龍神村民体育館

ないかと思われたし、また、他の受賞を重ねて賞讃する理由が納得できなかったりである。私が関心を持ちながら、選にもれたものは三つとも、何期かにわたって作られたものだった。単品の方が易しいというわけではないが、一連のコーポラティブはその難しいハードルをよく乗り越えられたということだろう。

（木島安史）

——

「雑居ビルの上の住居」はビルの屋上に棟を分けて配した住まいの諸室に、のびやかに透けた膜状の屋根をかけ、プライバシイを保ちながらしかも町並みの景観と一体となった極めて爽やかな空間を創出している。個性的なスカイライン、細部にわたるさまざまな工夫と表現は新鮮で、魅力的な景観形成に大きく寄与していると言えよう。「一連のコーポラティブ住宅」は、都住創が自ら居住者を集め、時間をかけての対話を通じ、それぞれの個性に応じて計画された異なる住居の稠密な集合を試みている。その外観は都市景観に新しいものをプラスするには至っていないが、その内部空間のデザイン密度の高さと、各戸ごとの生活形態の違いを追究する飽くことのない姿勢は感動的ですらある。以上の2作品はいずれも、都市にいかに住むかを新しい視野から啓示する優れた作品であった。

「龍神村民体育館」は龍神村の中心施設として一種独特の雰囲気を持った力強い建築である。木造小屋組みと鉄筋コンクリート造の一種の混構造をとったこの建築は、その堂々とした風貌と木材の知的使用による新鮮な内部空間により、村民に村づくりの自信と生活の楽しさを与えている。軽薄な建築の多い今日、建築の持つ根源的エネルギーを感じさせる作品である。

（戸尾任宏）

——

ポスト・モダンと形容すべきものかどうかはわからないが、今年の応募作の多くは、モダニズムの建築理論を支えにしてきた審査員たちを大いに悩ませた。別な言い方をすれば、モダニズムを超える建築の価値や表現といったものを、否応無く納得させる建築が、ほとんどなかったということだ。そうしたなかでは、「都住創」の一連の仕事は、反モダンのフリを外部意匠に匂わせながらも、平面計画はちゃっかりモダニズムの手法を駆使して抜け目がなく、今年の応募作のなかで、私が唯一積極的に推したいと思う作品になっていた。山本理顕さんの受賞作は、着想の独創性と表現の軽快さで目を奪われたが、それ以上に何があるか、と考えると答えが見付からない。この注目すべき建築家は、もう一歩も二歩も奥行きのある仕事で、将来賞をとるチャンスがいくらでもあったはずなのに、と惜しい気がする。渡辺豊和さんの体育館は意外に明るく健康的（！）で、まとまっているのに驚いた。ところでこれまで彼が開陳してきた暗いというか黒くどろっとした独特の語り口や怪気炎は、この仕事の上ではすっかり陰を潜めているのはどうしたことか。古い知り合いの一人として、おめでとう、の言葉の陰で、なにか寂しい気がしないでもない。審査員の判断力を根底から揺すぶるような、こういう仕事で、この賞に臨んでもらいたかったと思うのは私だけか。選には漏れたが、最後まで残った伊豆の作品は、すくなくともそうした挑戦的機能を果たしたのは確かであり、私をふくめて審査員の価値観なり美意識を、考えさせ、悩ませた。もって瞑すべき、か。

（長谷川堯）

——

好みから言えば、残念ながら今年の受賞作は、その部類に入らないものが多い。しかし、建築界の数多い賞の中で、圧倒的な支持を受けている（日経アーキテクチュア'88-4-18）この賞の審査に、そうした個人的嗜好は差し控えて、"建築の技術・芸術の進歩発展に寄与した優れた業績"の選択を指標に、総合としての建築の質の高さ、設計密度の濃さを問うことにした。

その視点からは、まず都住創。ただし、洗練には少し遠げなその外観を除いて。山本作品は、下階の雑居ビルを切り離す評価方法にひっかかりは残るものの、都市の景観形成の手法としての独自性は新鮮。テントが単なる広告塔になり果てないで住居と有機的なつながりをもち、夾雑物なしの狙いがシャープな点では「ガセボ」を採る。

欲しい人だけのための学会賞にしないために、作品探索の努力の一方、みなさんもこぞって、自信作を気軽に寄せてくださるようここを借りてお願いしておきます。

（林雅子）

——

今年の審査における最大の問題点は受賞者数に関する"3作品以内……"という規定にあった。受賞作品ゼロという事態にしてはならない——という認識が全員にあったのは事実だし、良い作品があれば規定数を超え

39

一連のコーポラティブ住宅／雑居ビルの上の住居／龍神村民体育館

るのもやぶさかではない、という意識も私にはあった。けれど最終審査でほぼ2作品以外はあるまいという結論がでたあとで、数の問題が微妙に作用してきた。4がだめなら2で仕方がない、という判断と、折角3点までは枠があるのだから、という考え方が最後にぶつかりあって、結局渡辺作品が浮上してくることになったような気がする。
個人的には龍神村民体育館の混構造の非明瞭性に関してはいまだに賛成できないでいて、2作品に留めるべきであったという思いが残っている。　（宮脇檀）

一連のコーポラティブ住宅
中筋修／安原秀／小島孜

——
推薦理由
——
都市住宅を自分達の手で創る会（都住創）の一連のコーポラティブ住宅は、大阪市の市街地に分散的に建てられた集合住居棟群である。これまでに、約180戸を包含した13棟が実現され、市街地再開発の新しい景観をつくりだしている。
集合住居は、ともすれば画一的な住居単位と集合形態を呈しがちであるが、その原因のひとつは、建物の計画時点において居住予定者が特定されないところにある。しかるに、都住創の一連の集合住居は、設計者自らの手で居住予定者を募集することによって、居住者不在の計画過程をのりこえ、居住者との対話を通してそれぞれに異なった住居の集合の形態の誘導に成功し、建築として多様性に富んだ集合住居棟群となっている。
こうして新たな設計方法の地平をひらき、多様性を実現するとともに、設計者は意匠においても、特異な美学的秩序をつくりだした。その秩序は、古典的あるいはシステマティックな美学の系譜にみられる秩序と対極をなすアノニマスな建築にみられる美学的な秩序である。この種の秩序は、古くは町屋や集落の住居群にみられたものであり、都住創の一連の集合住居は、こうした伝統を継承し結実させた現代建築の数少ない事例のひとつであるといえる。
それぞれの住居は、細部にわたって綿密に設計されており、全体としてみると、設計密度の高さがこの建物群の特質となっている。すべての住居に対し、異なった空間構成と細部の意匠がほどこされている。それら諸部分の空間構成と意匠は、独創的な考案によるというよりむしろ現代建築において一般化された手法によっているが、限られた空間のなかで諸部分が稠密に集合するとき、極めて特異な建築となっており、人々の心を打つにたる建築作品としての資質を表出している。設計者は、建築を単純化して透明な空間の質を実現する方向とは逆に、事物をより複雑に組みあわせ渾然一体とした状態を生みだして、一種の混成系の空間の質をめざしており、これが建築作品としての資質を支えている。
都住創の住居群には、設計者のなすべき社会的役割の広さをあらためて想起させるだけの力がある。それは単に計画論として新しいからではなく、確固とした設計の美学が建築に現れているからである。困難な設計条件を克服して、新しい集合住居のあり方を示しえたこの建築は十分に評価できるし、またこのような建築が評価されることは多くの人々に希望を与えるだろう。
よって、ここに日本建築学会賞を贈るものである。
——
受賞者の言葉
——
都住創の13年
中筋修（なかすじ　おさむ／ヘキサ取締役）
安原秀（やすはら　しげる／ヘキサ取締役）
小島孜（こじま　つとむ／ヘキサ取締役）
都住創の概要
〈都住創〉は1975年に〈都市住宅を自分達の手で創る〉ことを目的に発足したユーザーと建築家グループが混然一体となった団体である。つまり複数のユーザーが建設組合を結成して土地購入、コーディネート並びに設計監理業務委託、工事発注から完成後の建物の維持管理に至るすべてを共同して行うというもので一般にコーポラティヴ方式と呼ばれている。
〈都住創〉では当初から一貫して〈都市に住む〉〈共同建設をする〉〈住居の質を高める〉という3つの目標を掲げて大阪の都心部において共同住宅の新しいビルディングタイプを試行錯誤しながら開発する努力を続けて来た。1977年夏に待望の〈第1号松屋町住宅〉を完成させて以来毎年1棟か2棟の建設を続けて1987年には〈第13号スパイヤー〉を完成させるに至った。さらに〈第14号〉〈第15号〉が現在工事中であり、〈第16号〉〈第17号〉が企画段階である。住居・オフィス（主としてデザイン系）合わせて13棟約190区画の人達が大阪城や大阪府庁のすぐ近くに群棲することになった訳で、13年の活動を経て〈都住創町屋〉という新しいビルディングタイプがおぼろげながら姿を現しつつある。〈第10号釣鐘町〉の1階には都住創仲間の出資によって建設された〈都住創センター〉という小さいながらも多目的ホールがある。建築の展覧会、演劇公演、音楽会、落語寄席、バザー等多方面の活動の場として地域にも定着しつつある。
180戸、600人＋αの高密度、高情報な人間集団が限られた地域で様々な活動を続けている訳で、もはや単なる建築設計という場をはるかに離れてより高次な都市的状況をどう創造してゆくかということが次の段階の課題となって来たようだ。
都市に住む——街の子、非体制的人間の論理
僕達はコーポラティヴ方式を目的にしたのではない。僕達は都市に住もうと呼びかけたのである。かつて大阪は現在の人口（260万人）をはるかに上まわる325万人（1942年）の人口を擁した都市であった。大正末から昭和初期にかけてほぼ全市に及ぶ土地区画整理事業と大小多くの住宅会社による計画的な長屋の供給によって整然とした都市が出現したのである。僕達はこの街に生まれて育った街の子、いわば都市二世に呼びかけたのである。戸建幻想よりも都市の魅力を求める人達の露地裏を走りまわったファッションインプリンティングされた街の記憶に呼びかけたのである。
都心の職場←→郊外のベッドタウンの家族という二重生活、いわば日常的な出稼ぎ形態を拒否するというアナクロ的な行動に出た訳だ。現代の高度な都市にもはや戦前の長屋を復元することはナンセンスだ。高層高密度の全く新しい住居形態を手探りで見つけなければならない。その手段としてコーポ方式が最適だと判断したのである。世事には意外と疎い建築家が呼びかけるようなあやふやな話、それも巨額の資金が必要な危ない話にのってくる人は限られている。結果としては大企業のサラリーマンタイプよりも例えばデザイン事務所を自営しているような、いわば都市育ちの非体制的人間が僕達のまわりに集まって来たのである。
共同建設——ルーズなジグソーパズル
西側先進諸国の中で積層型の都市住宅の歴史を持たないのは恐らく日本だけだ。しかし例えばアメリカでは都市の高層アパートは100年近くの歴史がある。1930年には既に30階建のファッショナブルなツインタワーのアパートメントさえ何棟も建設されている。しかも半世紀を経て未だに高いステイタスを誇示している。日本では戦後初めて導入されたアパートメントという概念も結局の所受け入れられなかった。人々はこぞって一戸建であろうとタウンハウスであろうと接地型の住居に移っていったのである。アパートメントは終の棲家と呼ぶには多分何かが決定的に欠落していたのだ。その欠落した部分を参加という言葉をキーワードにして埋めていこうとしたのである。しかも既に一家をなした、中年の15世帯もの家族の合意をとりつけながら事を進めねばならないのである。上位の計画からスタートするのではない、かといって恣意的な単位の欲望からスタートするのでもない。設計側が提案するいくつかのパターンに様々なニーズの形をした単位をはめこむ試行錯誤からスタートする。それを全員参加でビールを片手にゲームのように始めるのである。単位としてのニーズの形はその途上自ら少し変身し、全体のパターンも変形してゆく。いわばルーズなジグソーパズルとでも呼ぶような手法が開発された。この中には上下階格差の解消をはじめ多くの微妙なプログラムが包含されている。理論的に求めた平等なんて存在しない。あるのは様々なプロセスを経て納得した平等だけである。
都市住宅の質——恣意的な住居幻想——
建築ジャーナリズムが若い建築家に発表の場を与えてお互いに刺激し合って異常な進化をとげた戸建住宅のデザインの先鋭さ、あるいは欲望の深さ。一方ではいわゆるマンションの砂をかむような画一性。情報と欲望に満ちたユーザーと建築家の間に立ちふさがるのは官であれ民であれディベロッパーの存在である。僕達は間接的にディベロッパーにアピールするのではなくいきなりエンドユーザーをまとめてまるで戸建住宅を設計するのと同じ感覚で高層高密度の都市住宅を創ろうと考えたのである。メゾネットであろうとトリプレットであろうと空間のボリュームも自由に組立てよう。水まわりを限定する等という姑息なことはやめて全くのフリープランにしてしまおう。住居とオフィスも全く同じものとして考えよう。単位の欲望に忠実であることが結果的には新しい都市住宅のビルディングタイプを開発する途に通じていると信じたのである。そしてさらに一歩を進めて肥大した単位の欲望をどう制御して新たな秩序を求めるかということが次の目標として浮かびあがって来る。〈第10号〉から〈第13号〉はつたないながらも最近の成果である。

雑居ビルの上の住居
山本理顕

——
推薦理由
——
雑居ビルの上の住居は、横浜市の市街地の町並みのなかに、爽快に立っている。雑居ビルを基壇として、頂部に吹きさらしの軽い屋根を架けた住居を配したこの新しい形式の建物は、わずかばかりの距離をおいて現在2棟実現されている。
今日、町並みが崩れてしまっていることに対する反省がなされているが、町並みを再建するための具体的な方法はいまだ見出されてはいない。こうした現状に対して、この雑居ビルの上の住居によって示された建築的考案は、町並み形成の実践的な手法としてのひとつの有力な提案となっている。すなわち、ここで示された建築形式は、上部に住居を据えた建物に限らず、通常の建物に対して、その頂部を美しく造形する極めて一般的手法となりえているのである。建物の頂部の造形的な処理方法がないことが、町並み形成を困難にしている一因であることを考えれば、雑居ビルについて意匠の範例を示したことは極めて示唆的な成果であるといえる。
また、ふたつの建物は、単なる建築の概念的なモデルにとどまっていない。設計者は、このモデルを具体化するにあたって、形態、材料、力学的性格などにおいてそれぞれ異なった性格の屋根を架けており、さまざまなヴァリエーションがありうることを暗示している。しかも、細部の意匠にゆきとどいた配慮をもってした設計態度は、モデルとしての建築に強い説得力を与えている。
さらに、建物から住居自体をとり出してみた場合も、極めて特質ある住居が形成されているといえる。吹きさらし屋根の下の庭や屋上デッキを介して、小規模ながら分棟形式の住居がつくられている。住居を構成する諸室を、自由に架けられた吹きさらし屋根によって、分散的かつ統合的にまとめあげる方法は、必ずしも建物の上部に配された住居に限らず、独立住居の一般的な設計技法にもなっている。つまり、住居形態の観点からしても、このふたつの設計事例は、建築的なモデルたりうる。しかも住居の諸部分において、天窓、階段等々のさまざまな考案がみられ、住居全体にわたって創意があふれている。
以上のように、このふたつの雑居ビルの上の住居は、極くあたりまえの建物を、混乱した都市環境のなかできわだった美しさをもつ建物に仕立てあげると同時に、町並み形成のための建築モデル、住居モデルとしての原型たりうる概念を提起している。これは、発見的な態度に欠けている現在の建築意匠の傾向において、特筆できる快挙であるとみなせよう。
よって、ここに日本建築学会賞を贈るものである。
——
受賞者の言葉
——
雑居ビルの上の住居
山本理顕（やまもと　りけん／山本理顕設計工場代表）
〈GAZEBO〉も〈ROTUNDA〉も共に、国道1号という巨大な幹線道路に面して建つ雑居ビルおよびその上に乗せられた住居との組合せである。
ほとんど、隣接すると言っていいような距離に1年ほどの時間差で出来た2つの建築である。建物の構成だけをとり上げれば、特に新しさがある訳では無い。こうした巨大幹線道路、そこに住む人々のためではなく、ただ通過交通のためだけに整備されているような道路に沿って建てられる建物の多くがそうであるような、ごく一般的な雑居ビルである。
つまり、1階に駐車場と店舗があって、2階に貸事務所、3階が貸アパート、そして最上階をオーナーの住居にあてるという構成そのものが、こうした巨大幹線道路に面して建物を建てるときの、一般的な形式なのである。
こうした巨大幹線道路沿いの風景には共通点がある。ほぼ50坪から100坪ほどの敷地に、小さな店舗つきの一戸建て住宅からマンションあるいは雑居ビルが雑然と並んでいる。町並みと言うには、およそ統一感に欠けているのである。
多分、戦後の区画整理によって、もともとそこに住んでいた人々とは無関係に、幅広通過交通路を実現してきたつけがまわってきたに相違ないのだ。人々が住み、それを秩序だてていたに違いない道路が、突然に幅の広い長距離通過交通路に変身してしまったのである。〈住む〉という秩序を圧殺するように。
そして、多くの場合、その道路沿いの建物は民間のディベロッパーによって建てられる。等価交換と呼ばれる方法で、ディベロッパーが建物をつくる替わりに、その建物の一部を土地のもともとの所有者にあてがうのである。一般的に、その建物の最上階が所有者にあてがわれる。
住み方は経済原則によって支配され、もともと地上に住んでいた人々はディベロッパーによって建てられた建物の一室に閉じ込められる。ほとんど普通に〈住む〉ことをすら諦めて住む住み方のように私には思えるのである。
経済原則だけがあって、〈住む〉ことに対する原則が全く欠落しているからである。
こうした巨大幹線道路沿いの風景は日本中似たりよったりなのだと思う。この〈住む〉ことに対する原則の欠如が、無秩序な町並みを作り出しているはずなのである。これも都市のひとつの風景なのだ。排気ガス、騒音といったこと以前に、この凄まじいまでの風景こそが私たちの神経を逆撫でにしているのではないだろうか。
民間のディベロッパーによってつくられる類型化された雑居ビルの形式がこの風景を反映している。貸事務所から店舗、貸アパート、もともとそこに住んでいた人の住居まで相互の脈絡の全く無いままに詰め込まれているのである。
しかし、経済原則をではなく〈住む〉ことを視野の中心に置くとすれば、この場所に濃密な記憶と共に住んできた人々の住居と店舗や貸事務所や貸アパートとは本質的に異なる性格を持つはずのものだとも言えると思うのである。店舗も貸事務所も貸アパートも都市的な要請によって組み立てられた都市的なものの一部である。〈住む〉ための場所と都市的な要請によって準備された場所とは本質的に異なると思うのである。
〈住む〉ことの原則を回復することが、この都市的な組み立ての真っ只中で可能であるとすれば、ただこの一点にあるように思う。都市的な原則と〈住む〉ことの原則とを明瞭に分けることである。
流動し動き通過していく〈都市という概念〉とそこに留まって〈住むという概念〉とは相互に矛盾する概念ではないかと私には思えるのである。
巨大な通過交通路も店舗も貸事務所も貸アパートも、すべては、今、都市的と呼んだ、そっちの側に属するもののように見える。そうしたものの上に〈住む〉場所が乗っている。比喩的に言えば地形のようなものである。「都市という地形」の上に〈住む〉場所が乗っている。〈GAZEBO〉も〈ROTUNDA〉も、こうした都市的な組み立ての真っ只中に住む住み方のひとつの提案である。都市的なものを[人口の大地]に見立てる。都市的と呼んだ、その中にどっぷり溶け込んでしまうのではなく、その上に〈住む〉。
〈都市という概念〉と〈住むという概念〉とを明瞭に区別するべきなのだ。一線を画すべきなのだ。[人口の大地]はそのための一つの方法である。
もしこれが、都市居住の一般解になり得るとすれば、都市というものの上に、もう一つの層ができることになる。都市という関係の上にもう一つ別の〈住む〉という関係の層が実現することになるわけである。

龍神村民体育館
渡辺豊和

——
推薦理由
——
龍神村民体育館は、紀伊半島に連なる低い山並みにかこまれた散村の風景のなかに、堂々とした外観をもって立ち上がっている。龍神村は、いわゆる過疎山村の傾向を持つ集落であるが、村民体育館は、新しい中心的建築として、この村にふたたび活力をよみがえらせるきざしを生み出しているようである。というのも、この建物が、地域の経済の歴史を支えてきた林業を背景にして、木造大架構の空間をシンボリックに実現しているからに他ならない。
周知のとおり、今日、再びすぐれた木造建築にたいする希求が高まっている。これは、近代建築にあってともすれば見失われがちであった木構造の建物を、新たな技術展開のなかで、意欲的に再構築しようとする動きであって、懐古的な意味あいをこえた建築意匠の重要な課題となっている。このような時代の傾向に先がけ、設計者は、龍神村の企画をうけて、さまざまな困難をのりこえながら、木造小屋組み主体とする体育館を実現した。
その小屋組みは、現地産の木材を北海道で加工した集成材を部材とした大型トラス構造であり、接合部には既成金物と新たに考案された箱状金物とをあてている。この木造トラスを綿密な意匠のバットレス群で受け、さらにバットレスを鉄筋コンクリート造の壁面で支えた一種の混構造形態は、木造架構にたいする合理的な解決法を示した優れた設計事例となっている。
このような構法上の工夫のうえにつくられた体育館の内部空間には、一方では合理主義的かつ新鮮な雰囲気がただようと同時に、他方では、設計者がつとに関心を払ってきた日本文化の原風景的雰囲気、すなわち縄文文化やエゾ文化の残映が表現されており、この相矛盾するかにみえる異種のたたずまいの同時存在が、この建物を通常の木構造建築と一線を画す意匠上の特質となっている。まさに、この異種なる空間の同時存在が、木構造とコンクリート構造の混成状態にも符合し、全体としてひとつの多様性の表出に成功しているのである。
さらに、この建物は、今日全国的にさかんになった町づくり、村づくりの動きを鼓舞するであろう有力な範例となっている。町づくり、村づくりにおいては、今日の技術を援用しつつ、地域文化の新たな展開をはかるべきであることを、設計者は、この建物によって実践的に示しえた。木造建築の再興と村づくりとが、設計者の力量と努力によって、風格をもってここに結実したことは、町づくり、村づくりの将来に大きな示唆をあたえるにちがいない。
よって、ここに日本建築学会賞を贈るものである。

——

受賞者の言葉

——

日本文化の深層に沈潜して

渡辺豊和(わたなべ　とよかず／京都芸術短期大学教授・渡辺豊和建築工房主宰)

私の学生時代はちょうど60年安保のあの喧噪の真只中にあり、建築学徒の一人ではあったが将来必ずしも建築の道に進もうとは思っていなかった。出来うれば歴史学か文学に転出したいと思い巡らしていたのであった。それほど大学の建築教育は技術一辺倒であり本来技術嫌い芸術好きの私には「建築」はうっとうしい分野に感じられていた。また「新建築」等のデザイン誌を手にすればその誌面は伝統論とジャポニカの花盛りであったが、内容と来たらラーメン構造表現に日本の古来からの木造軸組構成の美を写映出来るといった至って単純素朴なものであった。学生の身にさえこの単純素朴は奇妙な印象を与えるのであり、はっきり言って知的レベルに深い疑問を抱いたことを今鮮明に思い出す。
とは言え学生時代以降現在に至るも「日本」は私にとっては強い関心の対象であり、近年に及んで「芸能としての建築」「神殿と神話」「縄文夢通信」等の著作を通して日本人の空間感覚の根源を探り世に問うことを得、建築設計の実例としては西脇市立古窯陶芸館や龍神村民体育館がその思索の結果として表現された。特に西脇市立古窯陶芸館は重要であり、これがなかったら今回の「龍神」も生み出されることはなかったのではないか。
日本とは何かと問うてみてもたいした意味をなさない。この余りに自明のことに沈み込む愚は勿論していないつもりではある。日本の何が重要なのか、これが問題なのである。「西脇」にあっては古墳の石室を作りなした当時の人々の空間感覚であり縄文の果てしない樹海の暗闇に直通する闇感覚でそれはある。日本は古来から森林文化を育んで来たことは間違いない歴史的事実ではある。しかし桂離宮に代表されるような極めて木工芸的な繊細優美な建築空間だけを日本的であるとするのは事の一方しか観ていないのではあって、やはり深い樹海の内部に抱え込まれた闇に対する恐怖や親和の感覚がもたらしたに違いない縄文美により強い関心を寄せてこそ「日本」が解けるのであり、また遣隋使の頃から我が国は外来文化を受容し、木に竹を繋ぐように異質な文化を接合して来たこの混成の奇妙さの基底にも縄文の闇感覚は常に潜在していたのである。
従って「西脇」の縄文の闇を通過して始めて「龍神」の混成が達成されたのであり、それはとりもなおさず「日本」の表現でもあった。たった一つの建築に果たして斯様な文化の深層が表現出来るのか、と問われれば出来るとしか言いようがない。建築ほど多様な表現の可能な造形分野はないのであってその理由は単に彫刻に比して巨大であるからといった単純素朴なことには勿論ならない。
しかし建築から発せられる情報量は彫刻や絵画とは比べものにならないことは少し考えてみれば誰の目にも明らかであろう。それは「用」を、しかも生活を内包することにまず帰着するはずである。
「龍神」においても体育施設であることがこの建物の構成を決定する最大の要因であることは言をまたない。しかしそれのみにて表現が可能となるとは誰しも思うまい。龍神村という和歌山県中部の近畿のチベットとも言われた秘境にあって、森をイメージする形姿を考え出すのは極めて素直な道筋であったと今にして思うのであるが、ことはまさにそれ以上でもなければそれ以下でもなかった。ちょうど中世ヨーロッパのゴシック会堂のポインテッドアーチが無数に交差する内部空間がヨーロッパのあの深い森の樹木の重なりを表象するようにこの「龍神」にあっても木造多方向立体トラスと円柱が織り成す樹木のイメージが同様の着想から得られていることは説明するまでもないのではないか。これは広い空洞の体育館だからこそ可能となった形であり、しかもこの下で繰り拡げる人々の縦横斜め自在に動き廻る群舞にも似た運動を連想して始めて鮮明に結像しえた形姿であったのである。外部の針ねずみのように張り出した片持梁上の木造バットレスもゴシックから借用したものではあるが、ただし私は森林から海に立ち表れたバイキングの船体から張り出す無数のオールに見立てたのでありこの建物は船であってもいいとも思い、また日本の神社でも農家にでも多様に見立可能なように木造とコンクリート造の接合という混成表現へと至っている。

——

建築雑誌1988年7月号掲載。

——

候補作品|23題

——

★1|本年以降は、学会賞委員会第2部会(作品)による選考経過を収録。本年のみ選考経過と選考経緯を分けている。

40 | 1989年(平成元年)★1

KIRIN PLAZA OSAKA(キリン・プラザ・大阪)†／東京都多摩動物公園昆虫生態園／小国町における一連の木造建築

——

選考経過

——

1989(ママ)年6月23日、学会賞委員会全委員会が開かれ、第2部会長には原委員、幹事には木島・毛綱両委員が選出された。同時に、建築雑誌7月号に掲載される候補業績の募集要領を検討した。
第1回の第2部会は10月25日、全委員会終了後に開いた。欠席者2名。出席委員全員で10月15日までに応募のあった15作品を確認した。同時に学会賞(作品)は3点以内の厳選寡少を原則とし、現地審査には委員全員が参加することを申し合わせた。
また、本年度は委員推薦を積極的に行い、幅広い対象から選考するようにこころがけることとした。委員推薦は狭義に考えず、まずできるだけ幅広く作品をリストアップしたのち、委員全員で検討することとした。リストアップするに際しては、連作は5年程度、単作は2年程度を対象とし、公表されていない作品についても委員が資料入手に努めることを確認した。
第2回の第2部会は11月17日に開いた。欠席者3名。委員推薦締切日の11月10日までに各委員から提出された作品は39作品にのぼり、応募のあった15作品と合わせて、2-1～2-54までの通し番号をつけた。
このリストの中には重賞にあたるものが含まれていたため、委員会運営規定に重賞はなるべく避けることが規定されていることを考え、重賞にあたる作者の作品は留保し、これについては審査の過程によって復活させることとした。
まず委員がリストアップした39作品から重賞に当たる9作品を除いた30作品について検討し、その結果11作品が一応の支持を得たので、応募のあった15作品に加えて26作品を審査対象とすることとした。
26作品について検討した結果、15作品が次の選考に残された。次にその15作品のうちから、現地審査をすべきであるとの観点から二人以上支持のある作品を選び、12作品が残った。この段階で、同一作者の異なった作品は一連の作品として一つの候補とし、また応募作品の一つは同一作者の作品で委員推薦のあった別の作品を候補とすることとした。さらに三人以上支持の得られるものを絞ったところ、10作品が残り、これを現地審査する対象とした。ここで、特に強い支持があった5作品と、その他の5作品が一応区分された(実際にはこのうちの一作品は移築のため解体されていたので現地審査はできなかった)。
12月16日に2-13、2-38、2-49、12月29日に2-3、2-52、2月3日に2-7、2月8日に2-1、2-23、2月9日に2-33の現地審査を行った。また3月15日には以上の9作品とは別に、重賞に当たるが本年度の重要な作品として、2-16を現地審査した。
各現地審査の機会に各委員は自由な意見交換を行ったが、とくに2月8日の夜は3時間かけて各候補作品の評価とともに審査のあり方についても討論した。現地審査により授賞作品に相当するものの傾向はうかがえるものの、重賞に相当する作者の作品も現地審査する必要性が認識され、3月15日の日程が決められた。このとき、重賞となる場合は、なんらかの特別の意味が欠かせないこと、しかしそれによって他の授賞作品が否定されるわけではないことが話し合われた。
3月17日、最後の第2部会を開いた。全委員出席。
討論は大きく三つに分けて行われた。第一は、一般論として学会賞のあり方、考え方、授賞候補作品の決定方法について、第二は、具体的に候補作品を絞り、決定、第三は、候補作品に決定したそれぞれの作品についての講評の準備、にあてた。
まず初めに重賞に当たる作者の作品について検討したが、重賞なら飛び抜けた評価に相当するものであるべきとの意見が多かった。ここで授賞数は3作品であることが確認された。その結果、重賞作品はあとであらためて比較検討することとなった。
否定的な作品から削除する方法も提案されたが、具体的な検討に入れず、逆に積極的に推すもの、まずは良いと考えられるものを各委員から推挙してもらったところ、2-33が多くの支持を得た。そこでこの作品についてさまざまな視点から論じられた。必ずしも良い面だけではなく、否定的な意見も数多くあった。個々の技術的な面で必ずしも作者のみのオリジナリティでないことなどもあげられていたが、総体としてまとめた建築家として代表に相当させる考えが多くの支持を得た。町づくりとしての評価で個人に学会賞をあげるのかとの疑問も出された。
次に各人の推すものがあげられたところで、2-1について各人が意見を述べた。これは単なる広告塔であり、建築として評価できないとする反対意見と、むしろこれを現代の建築の一つの典型とし、かつ作者の代表作として推す意見が相対立した。評価は明らかに二分した。
次に2-52の作品について各人の意見が述べられ、その部分については全委員が賞賛したが、他の部分との整合が欠けていることで否定された。
2-23は全員一致して候補としないこととなった。
2-13は一面の評価とともに同一作者の過去の作品との比較も出され、今後(現在進行中)に期待することとなった。
2-7は強く推す意見がなかったが、その努力は全員から認められた。2-3は既存の樹林の伐採と外部空間と建築空間の離反が指摘され否定された。2-38は一連の工事のなかでのある部分について強い否定意見が出され、候補とはならなかった。
2-49は強い支持は初めのうちなかったが、強い否定的意見は唯一で、結果的に残された。
以上をあらためて総括するのに相当の対立的意見が述べられたが、重賞相当の作品と以上の中から選ばれた三作品をあらためて比較した結果、三作品をすべて否定してまで重賞作品を推すことは考えられないこと、また他の表彰をうけたことから今回は授賞候補としないことが決められた。
次に多くの賛同を得たものもただ一つのみで推薦されるべきでないとの意見から、他の二作品と合わせて総合的に本年度の学会賞に相当すると考えられた。
授賞者の対象および名称について2-33はいろいろの意見が出されたが、建築家の重要性を認識するうえで個人とした。また2-49は組織名では重賞になるが、今回は個人であることを確認して決定した。

——

委員★1

——

原広司　小倉善明　川口衛　木島安史　阪田誠造
高宮真介　長谷川逸子　長谷川堯　林雅子　毛綱毅曠

——

委員の見解

——

本年度は応募数が少なかったので、委員がつとめて作品を探し、検討のテーブル上にのせることにした。その結果が、受賞作品の選出にもあらわれている。今後も、年間の作品を広く見渡す作業を、委員会が行うことにしたらよいのではないかと思う。
現地審査を行った10の作品のうち、葉氏の一連の作品と篠原氏の東京工大の建物がきわだっていた。篠原氏の作品は、選考の規程に「できるだけ重賞を避ける」といった意味あいの条文があるので、また他の賞をすでに獲得していることもあって、受賞作品にはならなかったが、もし、学会賞に年間の最良の作品という意味をもたせるなら、この作品がそれに該当すると考えられる。葉氏の一連の作品は、ガラスのディテール処理における多少の心配を除けば、見事なもので、まさに学会賞にふさわしい。建築作品は、その場にのぞんだとき、はればれとしたインパクトを与えるようなものでなくてはならない。そういった印象を与えるだけの力が、葉氏の作品にはある。
高松氏の作品は、建築的な構想力が素晴らしい。なんといっても、新しさの魅力がある。設計の密度も高く、他の作品と比較するとき、きわだった特性をもっており、あれこれの論議を超えている。
淺石氏らの作品は、設計活動の背景に見える社会的な意義が高く評価された。もちろん受賞作としてふさわしいが、他の魅力ある作品に比べてもうひとつ力が欠けていたことが残念でもある。　(原広司)

——

「小国町における一連の木造建築」は木造骨組を使って建物を構築していく手順に、作者のこれまでのガラスと光をテーマにして設計を進めてきた流儀が生かされている。これがこの一連の建築に新しい表情を与えている。今後も作者が自分自身の建築を創り続けていきうる力量を感じた。クライアントである小国町との関係においても、地方の建築を創っていくに不可欠な情熱をお互いに感じあったと見受ける。
「東京都多摩動物公園昆虫生態園」の良さは、この特殊な建築が従来の施設にみられない大胆なイメージをきわめて合理的な手法で創っている点である。建物から受ける印象が、語弊があるかも知れないが、組織事務所の作品らしくないところに、この建築の魅力が物語られているのではなかろうか。
「キリン・プラザ・大阪」は、情報化社会、特に道頓堀に建つ建築としては魅力に満ちたものである。その良さを理解することもできるが、建築が本来兼ね備えるべき、いくつかの要素が欠落していることも事実である。この作品が日本建築学会賞の対象であるがために気になる。　(小倉善明)

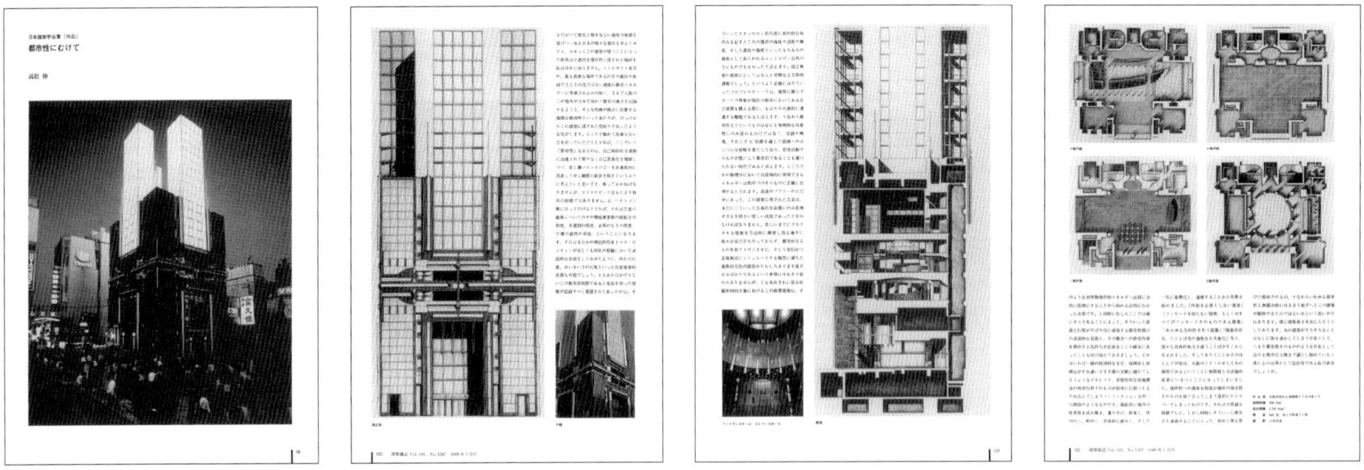

KIRIN PLAZA OSAKA

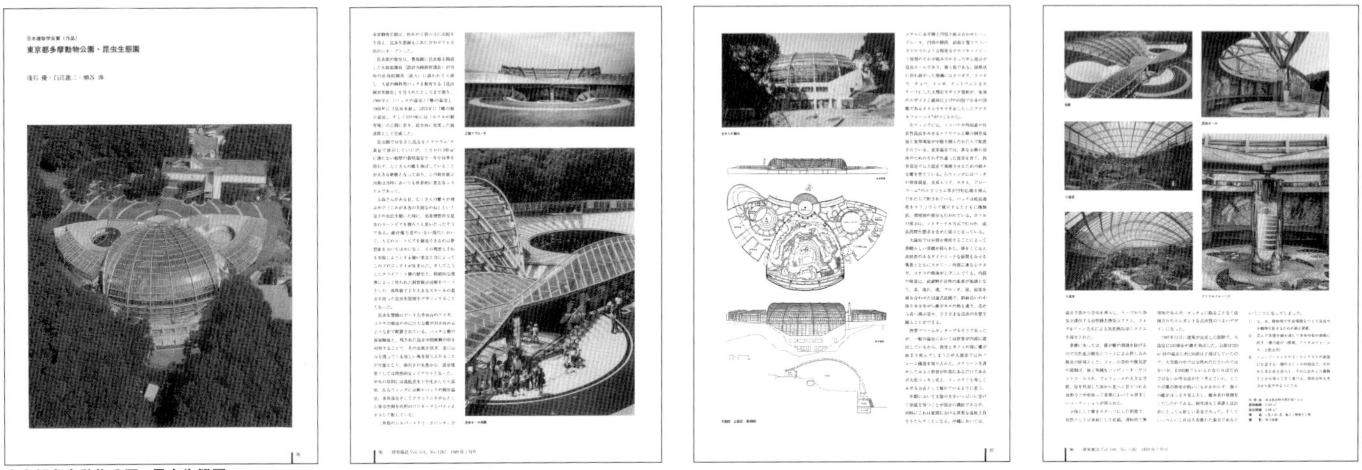

東京都多摩動物公園・昆虫生態園

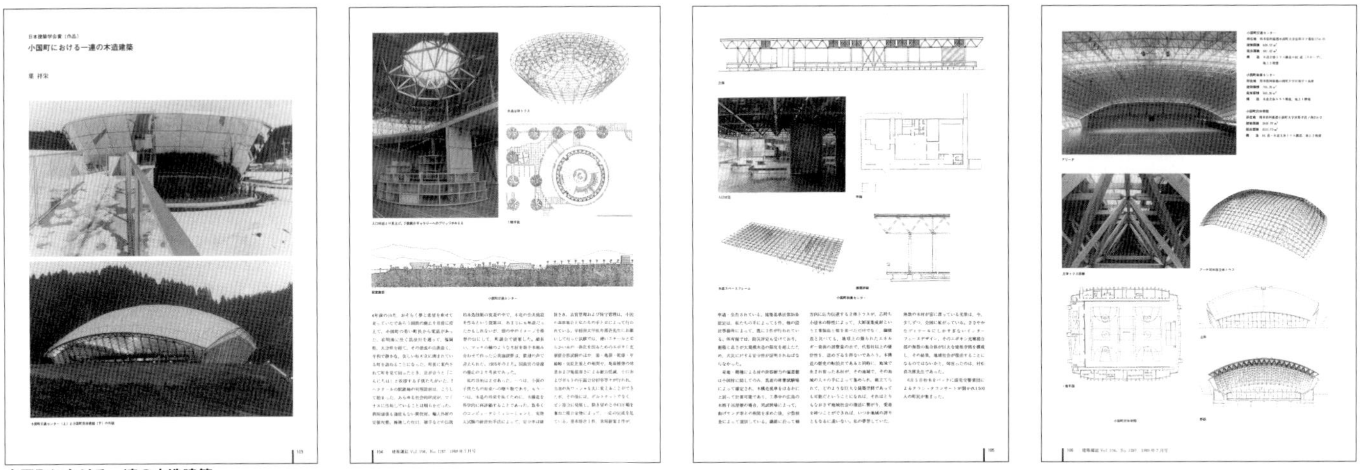

小国町における一連の木造建築

——

今回の受賞作品には構造的(あるいは構成的）な造形モチーフをもつものがふたつあった。そのひとつ、「昆虫生態園」は鉄骨とガラスによる軽快なシェルターである。造形上のモチーフは蝶(私にはむしろ虻か蠅に見えるのだが）が羽を休めた形だということであるが、必要な空間を単純に鉄骨でおおって、これを直截に表現したことが、好感の持てる造形につながったと思う。いまひとつは、熊本県小国町の「一連の木造建築」である。このうち、「交通センター」は骨組と人との距離が適当で、木のテクスチュアの持つ柔らかさが、心をなごませてくれる。「町民体育館」の規模になると、この効果は薄れ、折角の木材の有機的な持ち味が人の目に届かなくなる。とは言え、これら一連の建物では、設計者の優れた造形感覚が、町おこしにかける町民の悲願にも似た熱意に助けられて、うったえる力を持つに至ったと言えよう。

「キリン・プラザ・大阪」のような建物を評価しようとすると、私は自分が素人以上の考えを持ち得ないことにいらだちを感じる。素人としての私の眼には、生活力溢れる道頓堀の商店街に、あのピカピカの建物はいかにも似つかわしく見える。1階にパチンコ屋などが入ると、もっとぴったりするように思われる。しかし、実際にパチンコ屋が入って繁盛していたら、あの建物は候補にならなかったかも知れないとも思う。

（川口衛）

——

今回の審査を通じて、葉祥栄の建築は極くまともな建築であることを確認した。多くの審査員の賛同を得たことからもこれは裏づけられる。逆にいえば革新性が乏しく現実適応型といえる。しかし独自の建築として一連の建築がまとめられた陰には小国町の町長をはじめとする強い意志、森林組合の努力、それに加えて構造担当の森川氏が太陽工業の力と早稲田の松井研究室の知的探求心に支えられてバックアップしたことがあった。それらを固有の美しさに建築家が仕上げ、初めて世に問うことができたのである。

キリンプラザは昨年から私が高く評価していたものであった。しかし半分近くの審査員が疑問視していることに現代日本の建築状況が示されている。私はこの建築が現代都市にふさわしく最も象徴的と信じているし、ある意味で昭和30年代半ばの東京銀座に建てられた三愛ビルに匹敵するものと感じている。内容からいえば三愛以上によく組み合わせ、デザインされていると言えよう。

多摩動物園の昆虫園はその反対に私は否定的であった。あの武蔵野の丘陵にふさわしくないし、左右対称形をそのまま谷筋の林に強引にあてはめた構造計画に同意できない。

今年の学会賞に本当にふさわしいと考えたのは東工大百年記念館である。篠原一男の前回受賞した一連の住宅作品を否定する意味で、私はあえて重賞を差し上げたいと願った。（木島安史）

——

葉祥栄さんの、木材を使った小国町の一連の作品は、地元森林組合の人たちとの熱のこもった連携プレイでつくられた、清々しい建築である。間伐材を現代の建築材料として蘇らせ、とにかく山間の小さな町を生き生きとさせた創作活動が多くの人の心を捕えるものがある。

キリンプラザと多摩動物公園昆虫生態園は、審査員の評価が二分した。賞の積極的な意味合いを、私は前者に見出した一人である。

昆虫生態園は、内部の園路や造園、あるいは付属展示部分などと、屋根とか入口とかの楽しい部分との隔絶が大きい。それはたぶん、設計委託が100パーセントではないための結果ではないか、といった見方もあった。作品の受賞決定後、この建築の最も面白い部分、すなわち蝶の形の建物の発想が、発注側の担当者のものということから、受賞者は形式的にではなく、建築設計者と発注側担当者の連名となったが、交錯した評価と問題を結果的に消滅させるものとなってしまったように思われる。

賞を逸した作品のうち、石井和紘さんのジャイロルーフについて一言。写真からは全く想像できないが、この建築は不思議な安らぎを覚える魅力のある空間をつくり出しており、全体のアンバランスが指摘されて受賞に至らなかったのが残念であった。（阪田誠造）

——

「東京都多摩動物公園昆虫生態園」の建築は、わが国の公共団体によって運営されているこの種の建築、およびそれらを含む環境のデザインの低調さを思うとき、文字通り素晴らしい〈蝶〉が舞い降りた感じがして清々しい。細部にわたり建築の意匠の密度の濃さは特筆すべきものがある一方で、擬岩や植栽を含む展示において建築の意匠のレベルまで昇華されていない部分が多いのは残念に思われた。
「キリン・プラザ・大阪」の建築の圧倒的な記念性は、昨今の消費され捨てられていく意匠の氾濫のなかにあって、商業建築におけるファサードのもつ意味の再考を迫り、作者のいう〈都市を生産してしまうシンボル〉としての建築を見事に証明してみせる結果となり成功している。しかし、その表現の重さと表層の装飾性は、当然作者の意図したものであるとしても理解を越えるものがあった。
「小国町における一連の木造建築」においては、作者のそれまでの建築に見られるように、光、マチエール、プロポーション、ディテールなどの空間構成の要素の扱い方に卓越した力量を感じる。特に〈木〉との出会いが、これまでと違った新しい意匠の可能性を作者にもたらしたことは間違いなく、それが見事に結集した作品が町民体育館であると思う。 （高宮真介）
——
私は建築に対して単に技術的・構造的なことや装飾的なることを一義的なテーマにしている作品より、ものを作る情熱が共有できる上に多様なるものを内包した意欲的なものが作品賞に選ばれると良いと考えて審査に向かいました。
また結果を見て思うにこの受賞作品の中で、小国町の一連の木造建築はまちづくりに繋がるような共同作業のすばらしい成果であると考えられ、もっと大きな業績賞を受賞していただいたら良かったとも思いました。
たくさんの審査対象の作品を実際に見せていただくことを通して、建築に対する考え方が多様化していること、そして価値の複雑化が大変に進んできていることを改めて確認させられました。皆様との意見交換も繰り返されましたが、審査員自身がさまざまな考えを展開している建築の思考者であるので、当然のことながら受賞作品を決定することがどんなに大変なことかを知りました。 （長谷川逸子）
——
今年度の作品賞三件のなかで、最も刺激的な作品は、高松伸が設計した大阪道頓堀にある商業ビルであろう。審査委員会の討議の席でも、かなり真剣な、また深刻なやりとりがあり、賛否の立場がはっきり分かれた。反対論の側の強力な論拠の一つは、この建物が単に奇抜な「ファサード建築」もしくは「看板建築」であって、インテリアの空間や細部に独創性が見いだせない、というものだったように記憶している。私は、こうした意見のもつ説得力や指摘の正当性を理解しながらも、その立場に与せず、むしろ逆の立場から、この作品を積極的に支持した。同作品が建っている大阪のなかの場所的特殊性、商業性の高い機能上の性格などから判断して、たとえ内部空間の処理に目新しさが不足しているとしても、ファサード・デザインの完結性や独創性の強烈さだけからでも、十分に作品賞にふさわしい建築と判断した。都市空間における建築ファサードのもつ意味あるいは重要性について、現在世界的に再確認がなされようとしている時代的傾向とも、この作品への授賞が無関係ではなかったことが、近い将来、ごく自然に理解されるのではないだろうかと考える。
葉祥栄の小国町の作品については、私の個人的な都合で現地を訪れることができなかったので、他の多くの審査員の、同作品を支持する意見にしたがった。多摩動物園昆虫園は、建物を傾斜のある特殊な地形に巧みに配置して、変化のある内部空間を生み出し、また自然換気の方法などに配慮した点を十分評価できるが、例えばこの温室の構造が、19世紀にヨーロッパ各地でつくられた一連の鉄骨造・ガラス屋根の温室の、時代に先んじた大胆さに比較して、デザインにどのくらいの新しさを実現しているか、と考えると、ちょっとさみしい気もしないではない。 （長谷川堯）
——
話題となる建築ならたちまち十指に余るほど挙げることができても、学会の趣旨に沿う作品賞たるに相応しい作品、言い換えれば3万会員が納得されるような作品を探すとなると、意外に困難なことを実感する。賑やかなのは表層一マスコミの紙面だけだとしたら困ったことだ。
「小国町における一連の木造建築」は、中でも体育館が切れ味のよい作品である。近年木造の再評価が試みられているが、無理に木材を多用しようとした作品が多く見られる中で、この作品ではジョイント部に見られるように、既成の技術的成果の肯定の上に新たな展開を図ろうとする、まっとうな設計姿勢を見ることができて気持ちがよい。
「東京都多摩動物公園昆虫生態園」は昆虫という、少年少女の夢を育むに相応しいやさしさに溢れる作品で、誰にも分かりやすい建築である。それでいて建築の正道を外さず、温室の構法を導入して公共建築に相応しい経済設計を図るなど、その過不足ないバランス感覚は近ごろ貴重なものである。
「キリン・プラザ・大阪」は表層を広告塔としてデザインした特殊な建築なので、学会賞の対象としては異論のあるところであったが、「インテリア・造園など」を含めて扱うという規定があったため、その珍しい対象例となった。 （林雅子）
——
今回の学会賞はどれもみな腕はたつが、あまり知的とはいいがたい。審査委員長が、名に負う大理論家なのに何ちゅうことべと、いぶかしがる向もあるかもしらんが、そこはそれ、建築界そのものが多極分解してどれもがフリークスになっているというわけでいたしかたないこと。やっぱり審査員が多いとこんな結果になってしまうもんかね——。
そこでこれは学会で秘密になっていることだが、実はそうした状況に対処して学会賞の内訳にもいろいろな賞を設定しましたんや。
てな具合で、外観がやたらといかめしいがあまり内味と関係のない厚化粧の道頓堀のビルの飾り職人には、お化粧したで賞。九州の小国町の一連の作品、ガラス屋のオニイサンには、町おこしをしかけたで賞。どんじりの昆虫大ドーム設計の大事務所のチーフ氏には、単純なケイレン的アイデアがそのまま効を奏したわけで、これを思いつきで賞といった按配となったのであーる。 （毛綱毅曠）

KIRIN PLAZA OSAKA（キリン・プラザ・大阪）
高松伸

——
推薦理由
——
「キリン・プラザ・大阪」は、はなやかな浪速の街・道頓堀に、さながら宝石箱のようにきらびやかに立っている。古典的なプロポーション、そして硬い質感のファサード。夜半には、ふたつの立体格子状の塔が光芒を放ち、川面にその姿を浮かばせる。この建築は、訪れる人々をして感嘆せしめる不思議な魅力をそなえている。
設計者は、立地の背景、すなわちかつては芝居小屋や茶屋がならんでいた遊びの界隈への入口であった場所性にあわせて、密度高くデザインされた建物をランドマークとして出現させることを意図したかに思われる。その意図は見事に実現され、この建築には街の記憶を人々の心によびさます力がある。そうした記憶を喚起する力と、新しい都会の感性を誘起する力とが融合しているところに、この建築がはなやいだ場所の形成に成功している原因がうかがえる。
また、この建築は、従来の商業建築には見られなかった新しいタイプの商業建築であるといえる。それは主としてファサードの形成法にみられて、設計者がこれまでさまざまな建築において展開してきた独自の造形とマチエールの処理によって構成する手法が、この建築によって体系を整えているからである。この独自なファサードの形成法は、近代建築が理念としてきた「機械」の解体をめざしており、設計者の独創性の所産であると同時に、今日の建築のデザイン傾向の所産でもある。こうした新しい建築の地平において、「キリン・プラザ・大阪」は出現してきたといえる。
建築の内部も、ファサード同様にきらびやかである。設計者は、それぞれのフロアを、ときに協力者の力を借りつつ、多様な混成状態につくりあげている。室内のそれぞれの場所が密度高く設計されており、人々の目を楽しませてくれる。それらのデザインは、手づくりの意気につらぬかれていて、一般の商業建築の室内装飾とは明らかに一線を画すものであるといえる。
建築に対する考え方が多様化している現代においては、この建築に対しても多様な見解がありうると思われる。この建築に見られる広義の装飾性が、常に支配的であるとすれば疑問も生じよう。しかし、この建築を見るとき、設計者の卓抜な力によって、光と闇の新しい街の様相が演出されたことは疑問をはさむ余地はなく、建築のあるべきひとつの方向を暗示していることも明らかである。
よって、ここに日本建築学会賞を贈るものである。
——
受賞者の言葉
——
都市性にむけて
高松伸
未だかつて歴史上類を見ない過度の集積を遂げつつある日本の様々な都市を考えてみても、おそらくこの建築が建つことになった街角ほど過剰な都市性に浸された場所を私はほかに知りません。メトロポリス東京の、最も高密な場所である渋谷や銀座や新宿でさえその比ではない過度の都市エネルギーに煮沸されるかの如く、まるで大阪のこの場所が日本で初めて都市の沸点を記録するような、そんな灼熱の拠点に位置する孤独な観測所といったあたりが、のっけからこの建築に課された役回りであったような気がします。ところで極めて乱暴な言い方を許していただくとすれば、ここでいう「都市性」なるものは、自己相似的な運動に加速されて限りなく自己差異化を増殖しつつ、度し難いエントロピーを非連続的に昂進してゆく動態の総体を指すというふうに考えたいと思います。断っておかねばなりませんが、エントロピーとはもとより秩序の指標ではありません。G.ベイトソン風に言ってのけるとすれば、それは任意の総体についてのその構成要素間の雑駁さの程度、非選別の程度、差異のなさの程度、予測不能性の程度、ということになります。それはまたかの神話的作家トマス・ピンチョンが奇しくも同名の短編において逆説的な表現をしてみせたように、汚れの尺度、あいまいさの尺度といった自家撞着的表現も可能でしょう。ともあれほかでもないこの都市計測器であると見栄を切った建築が記録すべく要請されてあったのは、そういったオクシモロン的尺度に相対的分布のみを記すところの都市の温度や湿度や輝度、そして濃度や強度といったもろもろの様相としてあらわれるエントロピー以外のなにものでもなかったと言えます。孤立無援の建築にとってはなんと苛酷なる文明的課題でしょう。というより正確にはそういったプロブレマティークは、建築に限らずすべての事象が現代の都市において被る存立様態を構える際に、もはや不可避的に遭遇する難題であると言えます。すなわち都市性などというものはなにも物理的な具象性にのみ係わるわけではなく、言語や映像、それこそIC回路を通して認識へのぶしつけな侵略を果たしており、思考活動そのものが既にして都市的であることを避けられない時代であると言えます。ところでかの物理学においては計画的に利用できるエネルギーは秩序づけそのものに正確に比例するとされます。混迷のプラトーのただ中にあって、この建築に残された方途は、未だにこういった古典的な命題にのみ依拠せざるを得ない貧しい状況であったと言わなければなりません。美しいまでにフラクタルな建築を方法的に構想し得る地平に我々が未だ立ち至っておらず、都市的なるものを非アメロジカルに、そして変幻かつ正確無比にシミュレートする建築の方法的な開発からもしろますます遠ざかるばかりであるという事情は今もそう変わりありませんが、ともあれまれに見る好臨床例的立地におけるこの商業建築は、そのような初等物理学的エネルギー法則に全的に依拠にすることから始める以外になかった次第です。と同時にむしろここでは頑にそうであることによって、そういった律義な行程が半ば不当に誘発する都市的偶力の逆説的な発現と、その都市への浄化作用を期待する気持ちが正直なところ確実にあったことも付け加えておきましょう。それはいわば一種の経済的な文字、帰納法と演繹法がすれ違いざま不義の交歓に溺れてしまうようなピカレスク、非援用的な局地構造の折出行程そのものが唐突に幻想へとなだれ込んでしまうノンフィクション文学への期待のようなものです。徹底的に場所の特異性を読み解き、選り分け、捨象し、序列化し、配列し、恣意的に統合し、そして一気に象徴化し、適用することから作業を始めました。「内部を必要としない建築」「ファサードを持たない建築、もしくはすべてがファサードそのものである建築」「あらゆる方向性を失う建築」「抽象的存在、たとえば光の過度なる具象化」等々、様々な具体的処方を誘うことばがそこから生まれました。そしてあろうことかそのことばどが実は、大阪のミナミのそしてあの場所であるということに無関係な方法論的成果にいきつくことになってしまいました。場所性への過度な拘泥が場所の固有性そのものを捨て去ってしまう造形にたどりついてしまったわけです。それは不思議な経験でした。しかし同時にそういった喪失点を通過することによって、初めて熱を帯びた都市そのもの、すなわちいわゆる都市性と無媒介的に付き合う地平へとこの建築が離陸できたのではないかという思いが今はあります。既に建築後2年目に入ろうとしております。あの建築がそろそろなんとはなしに街を溶かしてしまう存在として、つまり都市性そのもののような存在として辺りを理不尽な輝きで満たし始めていると感じるのは果たして設計者である私の欲目でしょうか。

東京都多摩動物公園昆虫生態園
淺石優／白江龍三／瀬谷渉

——
推薦理由
——
東京都多摩動物公園の樹木豊かな坂道を登った丘陵の中腹に、クリスタルな巨大蝶々がとまっているような建築が「昆虫生態園」である。この建築は、蝶の生態にあわせた自然状態を室内空間としてつくりあげるために、温室のようなガラス貼りのシェルターを架けたもので、その平面型が蝶が羽をひろげた形をしたユニークな建築である。
蝶のような繊細な昆虫を育て、それらが舞う様子を人々の観覧に供するには相当な技術と配慮が必要である。この建築は、そうした飼育から生態的な展示までの機能を充足するために、細かな設計技術を示すと同時に、地形を生かしつつ大胆な発想をもすすめて建築として実現していることによって、他に類例が少ない事例となった。ガラスシェルターには、西欧における伝統があり、多くの名建築が見られるが、展示の主題をそのまま建築の形態をもって表象した例はめずらしい。この直喩的な建築形態の表現は、人々にわかりやすい楽しさをあたえる効果があり、動物公園のひとつの建物として全体的な雰囲気を活性化するうえで貢献している。ただし、こうした評価ができるのも、この建築が安易な建物ではなく、構法上の工夫をはじめとして、建築的な考案にあふれているからにほかならない。
この建築の広い意味でのテーマは、自然と建築の関係をめぐる新しい解釈の表現にある。ガラスシェルターによってかこまれた空間は、人工的な空間と自然との中間的な存在であり、このような空間はこれからの都市と建築が要請しているものであると考えられる。このテーマをめぐる新しい試みは、さまざまな建築でなされているが、「昆虫生態園」という使用目的の建物において、自然と建築の関係を追求したところに、設計者の的確な判断と見識があったといえる。
構法的にみれば、温室で使われるディテールをもってガラス面をつくったところに、シェルターの軽さが現れた。全般的にみて、建築形態を完成させるにあたって、技術主義的な態度が貫かれており、簡潔な構法処理がほどこされている。その反面、意匠のうえで端整さを欠く部分がないとはいえない。
設計内容とは別に、設計者は組織のなかで活動している人たちでありながら、独創的な建築の実現をめざして努力を重ねた経緯が、この建築を通してうかがうことができる。かような設計態度と協力態勢は、設計組織の在り方の再考、公共建築の新しい展開などにおいて、明日の建築活動に希望を与えるであろう。
よって、ここに日本建築学会賞を贈るものである。
——
受賞者の言葉
——
東京都多摩動物公園・昆虫生態園
淺石優・白江龍三・瀬谷渉
多摩動物公園は、昨年の子供の日に30周年を迎え、昆虫生態園もこれに合わせて4月26日にオープンした。
昆虫園の歴史は、豊島園に昆虫館を開設した矢島稔園長（設計当時飼育課長）が当時の林寿郎園長（故人）に請われて入園し、大量の飼料用バッタを飼育する「昆虫飼育実験室」を任されたところまで遡り、1966年に「バッタの温室」「蝶の温室」、1969年に「昆虫本館」、1972年に「蝶の展示温室」、そして1973年には「ホタルの飼育場」の公開に至り、総合的に充実した施設群として完成した。
昆虫園では生きた昆虫をテラリウム[1]や温室で展示していたが、とりわけ$200m^2$に満たない箱型の蝶温室で一年中四季を問わず、たくさんの蝶を飛ばしていることが大きな特徴となっており、この飼育展示技術は当時においても世界的に著名なシステムであった。
矢島さんがある日、たくさんの蝶々が飛ぶ中で「これが本当の天国なのね」という母子の会話を聞いた時に、是非理想的な昆虫のユートピアを創ろうと思いたったそうである。絶対権力者のいない現代において、人工のユートピアを創造できるのは夢想家をおいてほかになく、その理想とそれを実現しようとする強い意志と力によってこのプロジェクトが生まれた。そしてこ

40

KIRIN PLAZA OSAKA（キリン・プラザ・大阪）／東京都多摩動物公園昆虫生態園／小国町における一連の木造建築

うしたクライアント側の歴史と、持続的な情熱によって培われた飼育展示技術をベースとした、高性能でより大きなスケールの温室を持った昆虫生態園をデザインすることとなった。
昆虫生態園はゲート右手高台のクヌギ、コナラの樹海の中に巨大な蝶が羽を休めるような形で配置されている。バッタと蝶の温室跡地と、残された昆虫本館南側の谷を利用することで、冬の北風を防ぎ、夏には谷を渡ってくる涼しい風を採り入れることが可能となり、南向きの光豊かな、温室建築としては理想的なレイアウトとなった。中央の谷間には高低差を十分生かした大温室、左右ウィングには蝶やバッタの飼育温室、食草温室そしてテラリウムを中心とした展示空間を円形のコロネードとパティオを介して配している。
三角形のシルバーメタリックパンチングメタルに水平線と円弧を組み合わせたハンドレール、円形の階段、斜路を覆うウスバカゲロウのような軽快なグラスキャノピーと扇型のそれが組み合わさった中心部分が昆虫ホールであり、導入部である。屏風状に折れ曲がった壁面にはクワガタ、カマキリ、チョウ、トンボ、テントウムシをモチーフにした大理石モザイク壁画が、床面のモザイクと鏡面仕上げの円柱で日本の国蝶であるオオムラサキをあしらったアナモルフォーシス[2]がつくられた。
左ウィングには、ミツバチや外国産の社会性昆虫をみせるテラリウムと蝶の飼育温室と食草温室が中庭を囲んだかたちで配置されている。食草温室では、異なる蝶の幼虫のためのそれぞれ違った食草を育て、飼育温室では大温室で飛翔させるための様々な蝶を育てている。右ウィングにはバッタの飼育温室、食草エリア、ホタル、グローワーム[3]のテラリウム等が円形広場を囲んだかたちで配されている。バッタは成長過程をテラリウムで展示するとともに種類別、環境別の展示も行われている。ホタルの展示は、ノクターナル方式で行われ、成長段階生態系を含めた展示となっている。
大温室では谷間を利用することによって素晴らしい景観が得られた。扉をくぐると高低差のあるダイナミックな展開をみせる風景とともにスクリーン外部に連なるクヌギ、コナラの樹海がとびこんでくる。内部の修景は、武蔵野の自然の風景が基調となり、泉、流れ、滝、グロッタ、崖、池等を組み合わせた回遊式庭園で、斜面沿いの小路を歩きながら蝶が木々の梢を渡り、花から花へ飛ぶ姿や、さまざまな昆虫の生態を観ることができる。
熱帯ドリームセンターでもそうであったが、一般の温室においては鉄骨が内部に露出しているから、鉄骨とガラスの間に蝶が挟まり死んでしまうため大温室では外フレーム構造を採り入れた。スクリーンを透かしてみると鉄骨が外部にあるだけであるが大変スッキリ見え、インテリアを美しくみせる方法として優れているように思う。
冬期において太陽の光をいっぱいに受けて室温を保つことが温室の機能であるが、同時にこれは夏期における異常な温度上昇をもたらすことになる。沖縄においては、温室下部から空気を導入し、トップから空気を排出する自然動力換気システム、フォグ&ファン方式による気化熱冷却システムを採り入れた。
多摩にあっては、霧が蝶の飛翔を妨げるので自然重力換気とファンによる押し込み換気の併用とした。ファンの発停や換気窓の開閉は、極く単純なコンピューターでコントロールされ、ヴォリュームの大きな空間、谷を利用した南から北へと登りつめる地形などが相俟って夏期においても望ましいコンディションが得られた。
全体として蝶をモチーフにした形態で、発想としては単純にして直截、通俗的で無邪気であるが、キッチュに陥ることなく洗練されたエレガントな志向性のつよいデザインになった。
1987年12月に建築が完成した段階で、大温室に100頭余の蝶を飛ばした。以前は$200m^2$弱の温室に約150頭ほど飛ばしていたので、大空間の中では全然めだたないのではないか、2,000頭ぐらい入れなければだめではないか等全員がそう考えていた。ところが蝶の密度が低いにもかかわらず、個々の蝶がはっきり見えるし、蝶本来の飛翔をしだしたのである。飼育課も工事課も設計者にとっても新しい発見であった。そしていっぺんにこれは大変優れた温室であるということになってしまった。
1）土、水、植物等で生息環境をつくり昆虫や小動物を見せるための展示装置
2）歪んだ実像を鏡を通して本来の形の虚像に戻す一種の遊び（壁画、アナモルフォーシス：上哲夫作）
3）ニュージーランドやオーストラリアの洞窟に生息する一種のカトンボの幼虫で、天井から光る糸を垂らし、それにかかった獲物を上から降りてきて食べる。幼虫自体も光るから星空のようになる

小国町における一連の木造建築
葉祥栄

推薦理由

小国町に建つ木造骨組とガラス面からなる一連の建築は、その地域から伐り出された間伐材を活用して、町の経済・文化活動に寄与し、これら建築の実現を支えた人々の努力の集積の象徴となっている。と同時に、これら一連の建築は、地域産業の在り方、建築とテクノロジーの相関等について、新しい可能性を示唆しているがために、多くの人々の関心を集めている。
これら作品（交通センター、林業センター、町民体育館）は、木造部材をジョイント金物で組み合わせてトラス骨組をつくり、壁面にガラスを軽快に添えるという新しい感覚の手法によって特徴づけられる。この木とガラスのとり合わせ、手工芸の伝統と近代技術の融合は、設計者の優れた感性によって、従来にみないハイテックな建築的雰囲気を生みだしている。今日、多くの建築が表層の意匠によって、多様性とその原因である差異の探究に意を払っているのにたいし、設計者とこれら一連の建築の実現を支えた人々は、技術の開発によって新しい意匠を誘導するといった設計活動のあるべき姿を再提起している。
特に町民体育館は、交通センターの建築で初期の実現をみた木造トラス構造の大架構への展開であり、ガラスおよびコンクリート壁面、客席部分やステージ等各所において繊細にして洗練されたディテール処理をほどこし、総体として美しい建築となっている。これは、設計者が一貫して追求してきた意匠の手法の集積のうえに開花した建築であって、単なる技術的追求の結実にとどまっていない。通常の建築の納まりにあきたらず、他の工業製品などにみられる簡潔なものの納まりを建築の分野において実現しえた大胆にして慎重な設計態度の結果が、設計者の独自な建築を現象させている。木造部材をはじめとして、細部への配慮から出発し、見事な建築空間へと昇華させてゆく過程を生んだ力量は高く評価される。
とはいえ、この一連の建築は、小国町の町民、技術者、研究者などの多くの人々の長期にわたるひたむきな協同作業の成果であり、いま全国的な関心となっている地域性の確立、あるいは木構造建築の再考といったテーマにたいして、まさにひとつの解答の提示たりうることも高く評価され、設計者は協同した人々の代表者であるとも考えられる。こうした背景が見える建築であることから、人の心を打つ。
よって、ここに日本建築学会賞を贈るものである。

受賞者の言葉

小国町における一連の木造建築
葉祥栄
4年前の10月、おそらく夢と希望を乗せて走っていたであろう国鉄の廃止を目前に控えて、小国町の若い町長から電話があった。有明海に注ぐ筑後川を遡って、福岡県、大分県を経て、その源流の山奥深く、平和で静かな、美しい杉木立に囲まれている町を訪ねることになった。町長に案内されて町を見て回ったとき、目が合うと「こんにちは」と挨拶する子供たちがいた。2ヘクタールの駅跡地の利用計画は、こうして始まった。
あらゆる社会的状況が、マイナスに作用していることは明らかだった。利用価値も強度もない間伐材。輸入外材の安値攻勢。断絶した仕口、継手などの伝統的木造技術の衰退の中で、木造の公共施設を作るという提案は、あまりにも無謀だったかもしれないが、頭の中のイメージを模型の山にして、町議会で提案した。細長い、マッチの軸のような木材を数千本組み合わせて作った公共施設群は、歓迎の声で迎えられた。1985年の2月。国鉄宮の原線の廃止の2カ月後であった。
私の目的は2点あった。一つは、小国の子供たちの将来への贈り物であり、もう一つは、木造の将来を拓くために、木構造を科学的に再評価することであった。
数多くのコンピュータシミュレーションと、実物大試験の統計的手法によって、安全率は確保され、品質管理および保守管理は、小国の森林組合と私たちの手と目によって行われている。早稲田大学松井源吾先生にお願いして行った試験では、硬いスチールと柔らかい木の一体化を図るためのエポキシ充填接合部試験のほか、節・亀裂・乾燥・年輪幅・気乾比重との相関や、亀裂補修の効果および亀裂深さによる耐力低減、小口およびボルトの圧縮力分担率等々が行われ、当初の角ワッシャを丸に変えることができたが、その後には、ボルトナットでなく、ピン接合に発展し、開き留めと小口圧縮を兼ねた接合金物によって、一応の完成を見ている。基本特許1件、実用新案2件が、申請・公告されている。建築基準法第38条認定は、私たちの手によって5件。他の設計事務所によって、既に3件が行われている。体育館では、防災評定も受けており、面積と高さが大規模木造の限度を超えたため、火災に対する安全性が証明されねばならなかった。
産地・樹種による材の許容耐力の偏差値は小国材に関してのみ、筑波の林業試験場によって確定され、木構造規準をはるかに上回って計算可能であり、工事中の広島の木格子吊屋根の場合、同試験場によって、曲げヤング率との相関を求めた後、全数検査によって選別している。繊維に沿って軸方向に応力伝達する立体トラスが、芯持ち小径木の特性によって、大断面集成材という工業製品と肩を並べただけでなく、鋼構造と比べても、地球上の限られたエネルギー資源の消費量の点で、代替材以上の優位性を、認めざるを得ないであろう。木構造の歴史の転回点であると同時に、地域で生まれ育った木材が、その地域で、その地域の人々の手によって集められ、組立てられて、どのような巨大な建築空間であっても可能だということになれば、それはとりもなおさず地域社会の復活に繋がり、愛着を持つことができれば、いつか地域の誇りともなるに違いない。私の夢想していた、無数の木材が宙に漂っている光景は、今、少しずつ、全国に拡がっている。ささやかなディテールにしかすぎないインターフェースデザイン、そのエポキシ充填接合部の無数の集合体が巨大な建築空間を構成し、その結果、地域社会が復活することになるのではないかと、仰言ったのは、村松貞次郎先生であった。
6月5日杉木をバックに読売交響楽団によるクラシックコンサートが開かれ1,500人の町民が集まった。

建築雑誌1989年7月号掲載。

候補作品｜54題（応募15、委員推薦39）

★1｜本年より「年度」の表記がされなくなった。

41　1990年（平成2年）

数寄屋邑／House F／広島市現代美術館

選考経過

1989年6月20日、学会賞全委員会が開かれ、募集要項等に関する検討が行われた。第2部会の部会長には阪田誠造委員、幹事には長谷川逸子、伊東豊雄両委員が選出された。
第1回の第2部会は10月24日、全委員会終了後に開催された。出席委員全員で10月16日までに応募のあった12作品を確認した。現地審査には全委員が参加することを原則とすること、審査経緯をできるだけオープンにすること、委員推薦を一人10点以内で11月6日までに事務局に提出すること、単体の作品は2年以内、連作は5年以内をめどとすること等を申し合わせた。また学会賞受賞作品に取り付けるプレートを贈ること、施主や監督官庁などにも受賞を通知すること、関係者を受賞パーティに招くことなども検討された。
第2回の第2部会は11月9日に開催された。先の応募推薦12点に11月6日に締め切られた委員推薦31点を加え、合計43点のなかから現地審査の対象作品の絞り込みが行われた。この過程でまず重賞にあたる作品8点が復活もありうることを前提としながら一応審査対象から外された。さらに一作者による同系列の候補作品2点を一連の作品としてひとつに絞ることが決定された。かくして残った33点に対し出席委員が1人10票ずつとして投票した結果、1票も得なかった作品は対象から外された。続いて1票および2票を得た作品を1点ずつ検討し、特に強く推す意見のないものが対象から外された。残った14点からさらに検討が行われ、現地審査過程での復活もありうることを前提として、さらに3作品が現地審査の対象から外され、11作品が対象として残されることになった。
現地審査は1989年12月11日～1990年3月2日にかけて行われ、この間1月25日、2月1日の審査終了後中間討論がなされた。1月25日の討論において11月9日の14作品から11作品への絞り込みの過程で外されていた1作品の復活が提案され了承された。
3月14日、最終の第2部会が開催された。欠席者2名。この会合ではまず学会賞作品賞のあり方についての意見が交わされ、授賞方法の決定についての討論がなされた。そして現地審査の対象となった12作品のなかから3点を選ぶことが決定された。候補となった作品は次のとおりである。

- カトリック高輪教会（船越徹）
- 数寄屋邑（石井和紘）
- LINK BUG、dB-SOFT本社研究所（アーキテクト・ファイブ）
- 強羅花壇（竹山聖）
- 広島市現代美術館（黒川紀章）
- ノアの箱舟（ナイジェル・コーツ）
- METROCAほか（北川原温）
- TASCO JAPANほか（斎藤裕）
- MIZOE-1（藤井博巳）
- 物質試行26、小金井の住宅（鈴木了二）
- フラグメント・ビルディング（板屋リョク）
- House Fほか（坂本一成）

まずこれら各作品の各々について出席委員の意見交換がなされ、対象から外すべきか否かの討論が詳細に行われた。その結果、数寄屋邑、広島市現代美術館、METROCAほか、TASCO JAPANほか、House Fほかの5作品を残すことで意見の一致をみた。この結果は議論の出尽くしたところで紹介された、欠席委員1名の文書によるコメントとも全く符合するものであった。
絞られた5作品のなかで各委員の支持を共通して受けたのは数寄屋邑、House Fほかの2作品であり、他の3作品は意見が分かれた。数寄屋邑はクライアントや施工者等の条件に恵まれているものの、往々にしてこうした条件で陥りがちな伝統的和風建築にとどまることなく、石井氏が試行し続けてきたポップな建築理論が十分に生かされ、新しく楽しい和風建築になり得ている点が支持を得た。引用の安易さに問題があるのではないかとの意見もあったが、さまざまな形態の散逸的な群造形、特に柔らかい光に包まれる仏間や前作の成果を踏まえた応接間のドーム等にエネルギーと独創的な和風への工夫が見られるなど大方の委員の支持を得た。
House Fほかは坂本氏の長年の「家」という概念の追求の成果という点で評価を受けた。スペースフレームの屋根に覆われたオープンなリビングスペースの快適さが新鮮に感じられるという意見が多かったが、他のスペースに関しては密度の高さに対してスケールに無

理があるなどの意見も投げかけられた。一連の住宅として賞候補の対象とするか否かで議論がなされたが、前作との時間があきすぎている点、House Fの新鮮さ等を考慮して単独にHouse Fの作品を対象とすることが決定された。
広島市現代美術館は黒川氏の共生の理念が無理なく発揮されており、近年の氏の建築のピークを感じるという意見もあった。また企画と展示との一貫した努力は共通して評価されたが、他方で自動車によるアプローチと建築の関係、中央の円形広場、この広場を含む三つの空間の関係等に問題があるという否定的意見も出された。
北川原氏と斎藤氏の作品は賛否両論に意見が分かれた。前者に対しては都市的感性のシャープさ、素材の使い方の斬新さが評価される一方で、統一感のない分裂的傾向や単なるファッションに傾きがちな空間への危惧が述べられた。また後者に対しては建築の完成度の高さ、内向する空間を美しく技巧的に処理する能力への評価に対し、空間の自閉的性格に否定的意見が出された、学会賞の対象作品としては北川原、斎藤両氏は将来の作品を期待できるのではないかという意見が大勢を占めた。
議論の後、最終確認のための投票がなされた結果、数寄屋邑、House F、広島市現代美術館がほぼ全委員の票を得るところとなり、本年度の授賞作と決定した。

——

委員

——

阪田誠造　池原義郎　石井聖光　伊東豊雄　川口衞
桐敷真次郎　高宮真介　中筋修　長谷川逸子

——

委員の見解

——

今年の選考対象作品は、応募12件、委員推薦を加えてやっと43件となったが、応募件数が減少傾向であることに問題を感じている。委員推薦は幅広い対象を求める意味で、絞りこまずに一人10点をめどに集めてきた。しかしこの措置も委員自身が疑問を感じており、制度的な改善を要望することに意見がまとまり、全委員会に提議し検討されることとなった。また、学会賞作品の社会へのアピールの強化策として、プレートを建築につける提案と、授賞式に建築主たちを招く提案も全体委員会に提議し、同様に検討されることとなった。
選考経過を公表する、前々年度あたりからの方針を今年はさらに歩を進めた報告内容とした。選考の妥当性の正否にかかわらず、誰がどう考えて選んだかを明らかにすることは、委員の責任であり、それからオープンな論議がなされるべきだと考えるからにほかならない。
今年、考えさせられてきたことは、土地の狭少化など建築条件の一層の厳しさである。その中でも精一杯創意工夫に挑戦する設計者に敬意を覚えるとともに、しかし、都市および社会問題上このような傾向を肯定的に評価する、すなわち賞の対象となし得るかの苦悩があった。一方、困難な条件を通じてでも、発想、感性などの新しい台頭が見出され、機会さえ得れば期待される人たちが多いことも知らされた。（阪田誠造）

——

応募推薦および委員推薦の中から、現地審査になったものを見せてもらったが、その中から次の5作品が作品賞の対象となるのではないかと思った。
①広島市現代美術館は黒川さんの共生理念が自然さをもって実現している。設計の力量が高く、よくコントロールされ、建築と周辺、建築と展示作品、建築の各造形群の共存に強く注目させられた。また企画、設計、運営に一貫した精神がみごとである。
②数寄屋邑は、とかく常套手法の中で手練のよさのみを見せる数寄屋ではなく、先輩大家の作風と新しいものが寛容に並存し、石井さんの建築論がのどかな和風ムードの中に包摂され柔らかい数寄屋の世界をひろく拡大している。
③House Fは坂本さんの住宅の考え方が明確に読める独特な空間となっている。コンクリートの変化のある箱と鉄骨のシェルターが独自に行動しながら家としての共演をみごとに行っている。包摂と乖離の手法がみごとである。
④TASCO JAPANをはじめとする一連作では、独特なデザイン力の高さを評価したい。魅力のある作品である。
⑤METROCAは北川原さんの感性、感覚のよさを十分に見せつけられた。大変に興味をもった。
以上、芸術性という視点からは①④⑤が高いと思う。しかし学会賞は芸術性を含むより広い視野から評価すべきであり、①②③が受賞作として適切であると思った。④⑤は今後に大いに期待を残している。
その他、鈴木了二の一連作に興味をもつのだが、その中心作の麻布エッジが近年2年の枠から外れているのが残念である。　（池原義郎）

——

環境（音響）を専門とする私は、学会賞の第1部、第3部の委員を務めた経験はあるが、第2部ははじめてで、音響設計の立場から建築家との長いお付き合いはあるものの、作品の評価となるといささかの戸惑いがありました。まず作品の学会賞とはどういうものであるべきかを考えました。親しい建築家の友人から最近の学会賞は少し変わってきたのではないかという意見を聞きました。学会は学術、技術、芸術の進歩発達を目的としており、学会賞の作品もこの主旨にそったものであるべきだと思います。今回の学会賞候補になった作品の中にもいろいろなタイプのものがありました。ある立場から見れば大変すばらしい作品ですが別の立場から見ると問題の多いものもありました。すべての点で満点という作品はありえないことは理解できますが、ある立場からのみの評価では学会賞には値しないと思います。こうした特徴ある個性的な作品にはそれにふさわしい別の賞が与えられるべきだと思います。こうした私の立場から考えて今回の学会賞に決まった三つの作品は誠に当を得たものと思います。
今回の審査に参加して、最近の建築ブームにのって多数の建物が設計されていますが、建築家が本当にその力量を発揮できる条件に恵まれたものは大変少ないのではないかと思いました。　（石井聖光）

——

坂本一成氏の「House F」はきわめて密度の濃い住宅である。どこから眺めても際立つ表現がないように見受けられるが、すべてのスケールやプロポーション、素材、平面等に厳密な一分のスキもない思考の軌跡を感じとることができる。それは単にプラグマティックなレベルとしてではなく、象徴的な表現を極力抑え込んだ地平でなお、概念としての「家」が今日成立しうるのか、という問いへの徹底的、かつ真摯な追求の結果でもある。したがってこの作品は単独受賞であるが、氏の一連の住宅作品、論文等の総合的な成果と言うことができよう。
石井和紘氏の「数寄屋邑」はこれと対照的に表現の楽しさ、明るさ、感性の同時代性に支えられた作品である。和風とか数寄屋を主題にしながら現代建築の新しさを十分に呈示し得ている。石井氏が従来から過剰とも言えるほどに表現し続けてきたエネルギッシュな批評精神がこの高級で趣味的に走りがちな条件でも遺憾なく発揮されている。現代建築に対する批評性の強さ、という点で竹山聖氏の力作「強羅花壇」を圧倒している。北川原温氏の鋭敏な時代感覚を感じさせる作品との違いもひとえにこの点にある。
黒川紀章氏の「広島市現代美術館」は数々の公共建築を手がけた作者の実績に基づく安定した作品と言えようが、作品自体に込められたコンセプトの追求という点で、他の受賞二作ほどの執着を感じない。（伊東豊雄）

——

House F　この建築は、住宅に新しい空間構成をとり入れようとする、意欲的な作品である。構造的にも、この建物の主体をなすRC壁構造とは別に、屋根を支えるH形鋼柱とスペース・フレームの構造システムを設けているのは面白い試みであり、2階主室の内部空間を豊かにしている。ただ、この場合、市販のスペース・フレーム部材をそのまま用いているため、柱頭のジョイントがどうしても安直になり、（他の部分のディテールに熟慮のあとが見られるだけに）何とも惜しい感じがする。
近年、構造ディテールを安易に表現に用いる傾向があるように思われる。構造のディテールといえども、これを表現する場合には、アーキテクトがもっと主体的にディテール決定に参加する必要があると思う。
広島市現代美術館　広島市の中央にある比治山の尾根に建つこの美術館は、一貫性のある主張をもった、すぐれた作品である。美術館サイドの強力な牽引力と暖かい理解にも負うところが多いと思われる。また、樹木、景観の保存の観点から、建築延面積の60%を地下に埋め込んでいることも、この建物を控えめで、節度のあるものにしている一因と考えられよう。
数寄屋邑　良き施主と優れた施工者に恵まれた点もあろうが、作者はこの個性に富んだ建物群を、彼の言う「邑」として、実によくまとめあげており、立派な作品である。欲を言えば、この作者には、もっと構造を勉強してほしい。例えば座敷棟の説明の中で「壁面のブレースを避けるために水平ブレースを設けた」と彼は言っている（新建築1990年2月号）が、この記述は構造的に全く無意味である。数寄屋程度のスケールの建物では、構造的無知による破綻もあまりないと思うが、将来のために、最少限の構造の知識は身につけるよう、心掛けてほしいものだ。　（川口衞）

——

本年の作品賞は、すでに広くその力倆を認められている三建築家の安定した作品が選ばれた。いずれも施工の質が高く、まず順当な選定結果だと思う。最も注目を惹いたのは石井和紘「数寄屋邑」で、和風建築に新境地を開いたユーモラスな快作である。わが国のポスト・モダンには和風要素がきわめて貧困なのが気になっていたが、これは拍手をもって迎えたい。黒川紀章「広島市現代美術館」は、運営企画者の堅実なプログラムにも助けられて、氏独特のアクがだいぶ抜け、現代美術の展示にふさわしいものとなった。氏の代表作といえよう。坂本一成「House F」には、綿密な設計と新鮮な住宅理念に大きな感銘を受けた。惜しくも選に洩れた作品についても一言しておきたい。斎藤裕「TASCO JAPAN」は、猥雑な環境に閉鎖的・防衛的な別世界を寸分も緩みのない技巧で確立した秀作で、その驚くべき緊張感には最大級の敬意を表する。竹山聖「強羅花壇」の六十六間廊下も大らかで小気味のよい卓抜な発明であり、このテーマの今後の展開に大いに期待している。ナイジェル・コーツ「ノアの箱船」はフェロセメントの技巧を思う存分建物の内外に駆使したユニークな作品で、現代的な新しいスタッコ技法の復活の端緒として注目したい。北川原温「METROCA」は、建築というよりは、むしろ建築の大きさに膨張したオブジェであり、建築の「美術化」という近年の傾向の一端を最も尖鋭に示した作品である。この作者には一層の「建築化」を切に希望しておきたい。
（桐敷真次郎）

——

「数寄屋邑」の建築は、石井さんが、いい施主といい施工者に巡り合い、理想的なかたちで持論を展開した完成度の高い作品である。特異な造形群が個を主張しながら全体としてすぐれた集合体を構成している様は、「邑」の思想の正当性を証明するものである。なかでもフラー数寄屋の「仏間」と、やはり昨年の学会賞の審査で拝見したジャイロルーフに比肩しうる「邑庵」は傑作である。また他の巨匠たちの近代数寄屋の引用がキッチュに堕すことなく成功しているのも、氏の数寄屋に対する造詣の深さに負うところが大きいと思われる。
「広島市現代美術館」は、わが国ではややもすると特別扱いされる現代美術を、何の抵抗もなく、しかも楽しく鑑賞できる美術館として成功させた作品であり、高く評価される。黒川さんの共生の思想によって展開される豊かな空間が、現代美術と融合し、ときには対峙しながら見る人の感性に訴える。そこには四角いニュートラルな箱を是としてきた美術館の規範を超え、建築を現代美術と積極的に対話させようとする意図がうかがえ、それが功を奏した作品といえる。
「House F」の建築は、坂本さんが永年追求してこられた住宅の概念を発展させ、一挙に自由を獲得したような注目すべき作品である。特に2階の居間に見られるように、建築の部分が細分化され、それらが再編される空間は見事であり、そのスケールとプロポーションの的確さに氏の卓越した力量を感じる。（高宮真介）

——

小さな住宅作品から巨大なビルまでを同じテーブルにのっけてしまおうというわけだから、評価基準はしょせん論理的ではあり得ない。それでも何となく、約10名の委員にある種の共通した暗黙のルールめいたものが醸し出されてくるところが面白い。
本年はなかなかに興味深い結果となった。
まず第一に学会賞の歴史の中で秘かにささやかれてきた反黒川伝説がついに破られたことである。重賞をさけているから次第に新人賞的性格が強くなってきた学会賞にあって最後の大物についに白羽の矢が立った。黒川紀章さんに関しては広島市現代美術館の中味の吟味はもはや無意味である。
第二に、正統的な建築家や批評家を悩ませ続けた石井和紘さんが受賞したことである。数寄屋邑は発注者、ロケーション、施工者のこれ以上ない幸せな組合せの

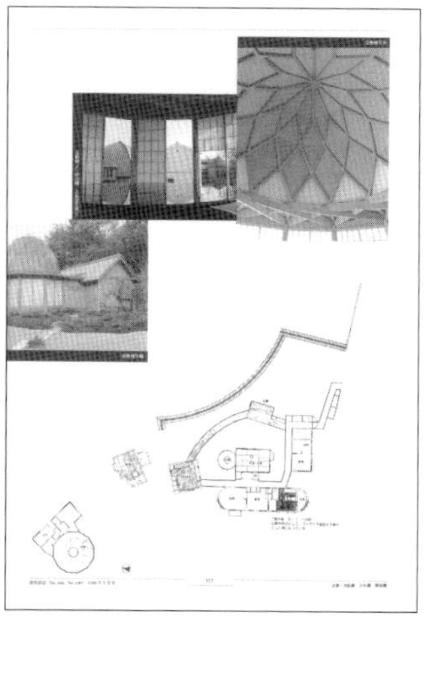

数寄屋邑

41

数寄屋邑／House F／広島市現代美術館

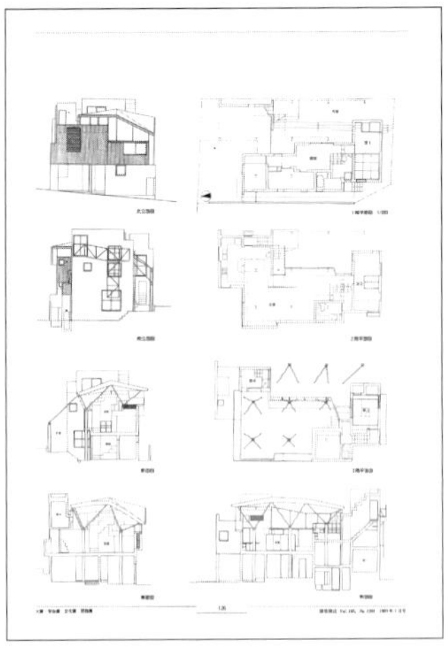

House F

中で、のびのびと展開した石井美学には誰もが脱帽させられた。特に仏間の奇想天外な空間は大伽藍のインパクトに匹敵するとさえ思った。

第三に、最も学会賞らしいふんいきを持つ坂本一成さんのHouse Fがついに昨年度の候補から再び浮上したことである。一昨年に雑誌に発表された時から際だった住宅作品として印象に残っていたものである。

第四に、最も洗練された現代的センスの持ち主である北川原温さんの作品が受賞し得なかったことである。僕はMETROCALしか見ていないが、何でもない構成の現代東京的建築から立ちのぼってくる不可思議なスキゾ的空間の魅力は余人ではなし得ない。

それにしても北は北海道から南は九州まで、数回にわたって全委員が移動する現地審査は実に厳しいものだが、楽しい経験をさせていただいて感謝している。

（中筋修）

——

〈数寄屋邑〉は、設計者が日本の伝統建築を長年研究しつづけることで獲得した建築の多様さと自由さを十分に展開させることで制作したことが読みとれる作品であると全員で評価した。さらに周辺の環境との関係や納まりからも、9棟からなる各棟の構造やディテールがよく考えられていることからも、設計者を中心に施工者とクライアントのすばらしい共同作業があっての建築が実現したと見ることができる。

〈広島市現代美術館〉も設計初期の段階から運営者が参加し、きめ細かに内容づくりをし、完成後も設計の意図をつらぬいて管理していることで特色ある美術館に完成している。そうした初期の企画に沿いながらも設計者は自らのテーマである〈共生の思想〉を導入させ実現させていることで好評を得た。

〈House F〉は、住宅設計を中心に設計活動してきた作者の集大成とも言える作品だけに、スケール感も良く質の高い建築に完成している。都市住宅としての環境のことまで含めたテーマを導入して積極的に取り組み提案していることが評価された。　（長谷川逸子）

数寄屋邑

石井和紘

——

推薦理由

——

岡山県西方、浅口郡ののどかな山ふところの風景の中に、この建築はつくられている。敷地全体は、新しい住宅地に当たるが、低い丘陵状地形を覆う竹林の繁みと木立に囲われ、柿、梅、桃の果樹畑が眺められるだけの静寂と自然の息吹が充満する環境の中にある。

高齢の夫人が建主であるが、自ら事業を興し育てられた方で、今は先端機械製品をつくる会社の会長である。子息の社長邸の地続きに、一人用の住居と接客用空間を、数寄屋でつくることを望まれてこの建築が生み出されてきた。

全体は、大小異形の八つの建物が散逸的に集合し、渡り廊下で結んだ母屋部分と二つの独立した離れから構成されている。八つの建物は、形態上も仕上材も、共通化と繰返しを意図的に斥け、近代数寄屋の巨匠建築家の代表的作品の引用を交えながら、個別性、多様性を強調した〈邑〉の概念とイメージのもとに、現代の数寄屋をめざしてつくり出されたものである。

歴史的にみる数寄屋は、エスタブリッシュな建築からの脱出をはかり、自由でしたたかな創造精神と方法によって、新しい建築文化の創出を果たしたものであった。設計者は、数寄屋のこの役割を現代に改めて求めようとしたと考えられる。設計者のこの挑戦は、建主および近代数寄屋に精通した腕の立つ施工陣の理解と協力に支えられ、十分成果を得るものとなった。

少々騒々しいかに見える外貌は、現代に稀少なのんびりとした敷地環境の中でひっそりと守られ、作風の異なる巨匠の作品の引用すら、全体を楽しませる重要な部分に消化せしめている。内部空間の中心をなす仏間の、鮮やかな空間的転換の効果、主要各室からの建築と外部の眺望の変化が眼を楽しませるなど、内部空間の心地よい刺激がある。全体を通じ、柔らかく楽しく、そのうえに時代の鼓動を聞ける空間体験は興味深い。

通常に理解されてきた数寄屋普請の木造工法の技術に加え、ドームやラメラ格子に見られる極めて高い精度を要求した工法を破綻なく実現させていることも、仕掛人である設計者と施工職人の息の合った協力がうかがえるものである。功をなした建主の余生を楽しく送る静かな住居としても、高い質を保有すると同時に、設計者が意図した、新しい時代の建築の創造に対する問いかけとしても、興味深い作品であると思われる。よって、ここに日本建築学会賞を贈るものである。

——

受賞者の言葉

——

数寄屋邑

石井和紘……石井和紘建築研究所代表取締役

敷地は岡山県の西、広島との県境に近く、瀬戸内海を見はるかす山ふところにある。竹林千数百坪の広がりは、南面によその地所ではあるが、見事に手入れされた柿畑と梅畑が眼下にあり、桃畑がその向こうに、そして街と瀬戸内海が遠望される。

施主は機械メーカーの会長を務められるご婦人で、居宅と接客の空間を数寄屋でつくりたいという計画であった。

建築面積100坪ほど、延床面積にして130坪ほどのこの数寄屋は、設計に2年半、工事に1年半を要した。その間、設計案の全面的な変更だけで10度を数え、またほとんど平家にしては工期も長く、それを成就へ導いてくださった施主の深い理解と忍耐に、まずは感謝申し上げる次第である。

工事は数寄屋の雄、水澤工務店にお願いした。名古屋以西の工事はしないという方針にもかかわらずお引き受けくださり、難しい納まりを沈着冷静に完璧にまっとうしてくださった。また、遠隔地での工事の徹底には鹿島建設の援助がぜひとも必要であった。

＊

この建築の計画は、「邑」として発展し、でき上がった。現代の数寄屋はどのようにして成立するであろうか、という問いが今回の中心的テーマであった。

数寄屋が5世紀になんなんとする歴史をもち得ている背景には、数寄屋が時代に合わせて常に変わり続けてきたという事実がある。その意味で数寄屋は古典として規矩であるとともに、私たちにも操作可能な無限の素材である。

支配者の村的秩序を示すものは書院であった。そして数寄屋はそれに対する邑的構成を示すテキストであった。それが近世末になり、農村主体の社会秩序の徹底化とともに活力を失ってしまっていた。その活性化は近代数寄屋の登場を待たねば果たされぬものであった。

中世末に数寄屋が登場したとき、数寄者たちは、婆沙羅茶などに現れた豪奢なる均質状態ともいうべき村的華美環境に、邑の構造を明快にすることで数寄の世界を確立した。また個人の好みの群生によって、好みを顕彰する数寄者の群生がさらに邑的イメージを社会に確認させた。

中世末のダイナミズムが終焉し、近世の村的秩序の強化統制の進行の中で、邑同士の異質さのすれ違いから行った利休への秀吉の処分を、千家が徳川によって回復してもらうときに、すでに数寄は村的支配の中に組み込まれざるを得なかったのである。

＊

近代数寄屋はふたつの意味をもっている。ひとつは西欧文明としての近代を経由したまなざしで、ふるさとの文化へ帰ってきた人たちの創造であることである。世界の様式の中で近代を経由し得て現存するのは数寄屋だけである。もうひとつは近代が内からの改革によらず、外からの学習として移植された特徴として、社会全体がそうであったように、近代が邑化への闘争としてではなく、新しい村的状況への移行として受け止められていたからである。

これからくる性格ゆえに、私たちは近代数寄屋を尊敬しつつ窮屈だと感じる。邑化の回復は近代の輸入の間接性によって果たし得なかった面も認めざるを得ないのだ。ふるさとの古典へ視点を置き、それを近代化によって更新するという方法では、邑化の活性化を目的としての効率は半減程度のものだったからである。

ここで私は、近代数寄屋の功績を保管しつつ、その窮屈さを抜き、邑化を果たすことが現代数寄屋の役割であろうと考える。ここで近代数寄屋の事実であり、この役割を考える鍵ともなることがある。それはその創造者の数の少なさと、その逆の、少なさにもかかわらずの影響の圧倒的大きさである。

今日の私たちにとって生ける数寄屋は近代数寄屋なのである。そして近代数寄屋は私たちにとって4人の建築家に収斂してしまう。吉田五十八、村野藤吾、堀口捨己、谷口吉郎である。

私は窮屈さの撤廃を私たちにとってのこの事実そのものの描出で行おうと考えた。つまりこの人たちの並列化であり、今それを眺めていることが現代なのだ、という表現である。

また、この建築自体の邑化助長にこの表現は役立つだろうとも考えた。邑化し、並列化されることで窮屈な緊張、外国文化への外への緊張、内への気取りは消えはしないが、それを眺めることに私たちは何の不自然もないのだ。

この4人に、もうひとりイサム・ノグチを加えることにした。ノグチは西欧近代建築を日本化することによって、逆に私たちには日本空間の欧化のモデルをつくったからである。

＊

「数寄屋邑」の中心は仏間である。仏間を起点として宇宙樹のフィボナッチ級数の渦を示す配置は母屋部分が廊下でつながれ、外に宿泊棟と座敷棟が独立している。

それぞれの存在を明らかにするため垂直性をモチーフとしたものが多い。数寄屋の多くが四角い平面の雁行という形式で規模を大きくしていくが、これは内容的には村をちょっとずらしただけのものだ。それで個別化と多様性を数寄屋に持ち込もうとした。それぞれが光景のうちに被視体となり、見る見られるの関係数が増幅されている。ひとつひとつの変形や成長は今後、比較的自由に保証されている。それが邑だと思う。

各建築が近代数寄屋の巨匠たちを引用しており、文章にもそう書いてあるので大層な批評を建築に持ち込んだかと思われるかも知れないが現実にはそういうことには見えず、快適さのためにつくられている。その理由は数寄屋がそもそもそういう邑的集合のためにつくられているので動じないということ、もうひとつは近代数寄屋以降の数寄屋の光景がまったくその通りになっているので異和感がないということではないかと考えている。

House F

坂本一成

——

推薦理由

——

東京西南部、洗足の住宅地の家並みの連続する中にこの住宅は建っている。

建主は、設計者が勤務する同じ大学の教職者であり、古い住宅の建替えとして、この住宅がつくられた。

この住宅の特色は、2階につくられている中心部分の空間に見いだされる。いくつもレベルを異にする床が、使う人と目的に対応して用意され、それらは視覚的に一体の空間の中に開放されている。この空間全体は、浮遊状のシェルターを構成するパイプ構造の屋根が覆っている。パイプ構造は外部テラスにも延伸し、そこではテントが張られている。このような造形法は、初めてのものでもないが、時代の感性があらわれたものと見られるものである。

この住宅において評価したいものは、都市住宅としての空間の質である。すなわち、空間の開放性と遮蔽性の適切なバランス感覚に注目をしたい。

昨今の大都市の住宅敷地は、狭少化の歩を速め、そのために住宅建築はどんどん閉鎖性を強めてきた。この極度に閉鎖された住居の集合する都市空間は、人の気配も全く感じられない景観を形成する結果をもたらすものとなる。一方、狭い敷地にかかわらず、何の配慮もされない無遠慮な開口部の露出は、決して心地よい景観を形成するものとはならない。

設計者がつくったこの住宅は、プライヴァシーを十分確立しながらも、中の人の気配が感じられるものであり、内部空間からの外景のとり入れは、巧妙に大きさと位置を検討された開口部が用意されている。これはこの敷地の場所性と生活空間との対応を実にきめ細かく検討を重ねた結果に違いない。

設計者は、今日の都市住宅にすでに一般化されつつある、閉じた空間のあり様に対して、極めて適切に、都市性は基本的に建築空間の開放性と遮蔽性のバランスの操作によって保持されることを示し、都市住宅の開放性の表現を、この屋根部分に求めたものと解される。あわせて、内部空間の抑制されたスケールのよさや、心地よいプロポーションをもった穏やかな居住空間、随所に見られるきめ細かい配慮などは、これまでの設計者の地道な制作活動の帰結とみられるものである。

よって、ここに日本建築学会賞を贈るものである。

——
受賞者の言葉
——

House F

坂本一成……東京工業大学助教授

この「HOUSE F」は、私のいわゆる家型の一連の住宅を経て、「祖師谷の家」をつくって以来、7年ぶりの実作の住宅作品である。基本設計は、「建築の図像性に関する研究」★1の論文をまとめ、またこの計画と同様な性格を持った「Project KO」★2の設計の後、1985年にはすでにできていたが、実施設計、施工に手間取り、1988年6月竣工した。

敷地は大正の末に開発された東京南西部の閑静で緑豊かな田園都市の住宅地の南北にやや長い54坪の土地で、東側の敷地が1.2mほど高く、周りはいくつかの建物が囲み、前面道路が約7m幅で東西に緩やかな傾斜をなして敷地の北側を走っている。

駐車スペースであるピロティと、以前からある椎の木がその道路に面し、それらの間が全体のエントランス部となっている。そこからピロティの端を抜け、外室(中庭)の外部階段を経て2階の主室に至り、この建物の内部に入る。

この主階の主室を中心に後部南側に3層でボックス化した居室群、そして南西側で階層化している補助諸室が互いに半階ずれ、それらは主室南部の階段で結ばれている。またこの主室北東部にはやはりボックス化した厨房等の補助室、そして外室に至る階段がある。さらに主室下部1階には、主室から階段で続いた間室を中心に納戸等の補助室と内玄関的エントランス等がある。またこれらのうち主室、間室、主要居室は外室(中庭)に向かって開いた構成となっており、その外室を通して前面道路等の外部に繋がっている。このようにこの住宅では、ボックス化した南部、および北東部の間に浮いた折板屋根を伴った主室廻りを挟んで、中庭を囲んだ構成として、全体が成り立っている。

こうした構成であるこの住宅では、建物のひとつの初源的形式である「覆とそれを支える架構」を、それぞれ積極的に機能上で分節し、それらを形象化し、また空間化することでこの建築のひとつの構成上での表現としている。以前の私の住宅では「家型」としてこの覆と架構は一体化して全体性を形成していたが、この建物では主の覆は複数の面に分割され、浮いた板の不定形な集合となっている。また架構はその覆としての板を高さを含めて位置的に自由に支持するものとして形成されていることから、その架構自身も機能的にそして形態的に分節されたものになっている。たとえば、柱材から延びる斜材は均一な立体トラスのような定尺的寸法の部材ではなく、覆の支持点が自由で任意な位置をとらせることから、すべて異なった長さとなっている。このことは、板状の立体トラスとその支持という構成というよりは、あるいは柱材と斜材との構成による樹木のアナロジーというよりは、支持点を前提としたサポートのシステムであることを意味すると思われる。

ところで、この「建物全体に対し自由で独立した状態である覆と架構」は完全に独立しているわけではなく、さまざまなレベルを伴って有機的に結ばれた平面に沿って設定されている。このように、ここでの要素、部位、各場といった部分が、今述べてきたような関係のなかで必ずしも一体化せず、全体に対して柔らかな限定をもたらす構造を形成している、と言えればと考える。

またこの住宅は、すでに一般化しつつある都市の閉じた住宅の存在形式に対し、開放性・関係性をもちうるものとして、住宅の都市における存在形式のひとつを提示しようとしたと見れるかもしれない。以前の私の家型の住宅が、その一体化した全体性のために、周りの環境に対して対立関係をもたらしやすかったことと比較しても、このことは理解できるであろう。もちろん建物は、今日それが専有する敷地内でしか計画されえないわけだが、その境界を越えて様々な関係を取り合うことを可能にする計画をここでは意図したと言える。それは周りの環境に対して静的で連続的な関係をとることを超えて、より積極的な都市環境との対応を取り合う形式をもたらすことを意味している。

以上のようにこの住宅は、建物の内的構成において、また現代都市環境に対して、建築の柔らかな構成をとりながら、そのあり方の積極的な形式をもたらすことを試みたものと言えればと考える。

★1——その中心は1982年にまとめ、建築文化1985年7月号～1986年3月号に連載した。その他は学会論文報告集で報告している。

★2——1984年設計、建築文化1986年6月号等で報告している。

広島市現代美術館

黒川紀章

——
推薦理由
——

広島市の新しいシンボルをつくる場所として、市の中心部に小高い盛り上がりを見せる比治山が選定され、そこに芸術公園構想がたてられているが、この建築はその中心をなすものである。設計者は、先に芸術公園のマスタープランを作成し、その中の第2番目の建設としてこの美術館がつくられた。

山と呼ぶほどの高さはない小高い丘陵地である比治山は、市の中心部に位置し、豊富な樹木が全体を覆っている。その尾根部分を建築の敷地としたことは、建築位置からは素晴らしい街の眺望が得られ、高さを抑えた建築計画によって、市街地からは豊かな緑の景観の保存となっている。

芸術公園の中の美術館という位置づけから、来訪者は歩行によるアプローチが基本とされており、その長い導入路には、歩行経路のビスタに、樹木と眺望景観が交錯し、彫刻作品がアクセントとなるように据えられている。円形広場からの眺望の軸線上には、巨大なムーアの彫刻がシンボリックに配されるなど、美術館に入る前の外部環境に、現代美術との触れ合いが用意され、建築はオブジェとしての視覚対象となっている。

建築の高さを抑えるため、常設および企画展示フロアのレベルは1階掘り下げられ、それに至る導入部の階段は、彫刻家との協同により建築と彫刻の一体化が試みられている。常設展示室は、半円形の天井の高い空間に、視覚の布石に配されている絵画や彫刻の間をブラウン運動的に歩き回れる楽しい場となっている。

この美術館を特色づけているものは、企画段階から美術館運営者と建築家が参画したことから発しており、企画、計画、設計、運営の全段階を通じて、同じ思想と精神の一貫があることである。設計者が長年テーマとしてきた(共生の思想)が、恵まれた敷地環境と、美術館運営者の協力のもとに、無理なくのびのびと展開したものとなった。

建築内外の各所にはめ込まれている数多くの美術作品、家具、サインなどと建築とが、共に生き生きとした関係にあることは注目される。

公共美術館が数多くつくられている中において、この建築は、現代美術館と銘打つ特色を具現するに当たって、企画から建設、運営への一貫した協力体制をつくり、設計者がその総合を果たすことにより、利用者に真の魅力ある美術館としたことは大いに評価される。よって、ここに日本建築学会賞を贈るものである。

——
受賞者の言葉
——

広島市現代美術館

黒川紀章……黒川紀章建築・都市設計事務所代表取締役社長

広島市現代美術館の計画は10年前から始まったといってよい。

広島市の中心部に位置する比治山を整備して、全体を芸術公園とし、そこに、青空図書館、現代美術館、博物館、郷土資料館、展望台、彫刻の森、彫刻の広場を配置する構想が、10年前からスタートしたからである。

芸術公園の中で最初に計画された施設は青空図書館であった。この小規模な図書館は、書庫(書架)のみを持ち、公園の樹木の下で読書をしてもらおうというユニークな発想で計画されたものである。

現代美術館は、この青空図書館のほぼ軸線上の尾根の上に、微妙に軸をずらしながら配置されている。青空図書館前の広場からは、井上武吉氏による水と石の彫刻のある階段をのぼると、企画展示室のライトコートの上部のテラスに出、柱廊を経て正面のロトンダ(アプローチプラザ)に出ることができる。正面のロトンダは、正面からアプローチする来館者が、ゆったりとした気分で公園を散策する気持ちのままで美術館に訪れることができるような仕掛けであると同時に、そこから、ヘンリー・ムーアのアーチを通して広島の市街地を望むことのできる展望台ともなっている。ロトンダの屋根が一部で切断されており、その柱のベースに被爆石が使われているのは、原爆の悲劇に対する祈りの気持ちを示している。

芸術公園の緑の丘の景観は、広島市内からの貴重な街の風景をつくりだしている。このことからも、芸術公園の中に配置される施設は最大限に緑を保存し生かすという自然と建築の共生がテーマとなっている。前述したように青空図書館の場合の、閲覧室が公園そのものというコンセプトも、人と自然、建築と自然の共生の一つの方法であった。現代美術館の場合には、その周囲の樹木の高さ以下に抑えて、建築をできるかぎり控えめに見せる方法をとっている。埼玉県立美術館や名古屋市美術館も市中心部の公園に建つという条件から、展示室の一部を地下に配置するという方法をとったが、現代美術館の場合には床面積の60%を地下に配置することによって、自然との共生の意図が実現できたものと思っている。建築の外壁の素材を下部から屋根へ変化させていく手法は、これまでにも他の作品で試みてきたものであるが、特にこの敷地の場合、自然石貼、磁器タイル、アルミニウムという組合せは、自然との連続感覚を表現するのに効果的だったと思っている。

日本の伝統と現代建築の共生、あるいは歴史と未来の共生というテーマも、私の一貫したテーマなのだが、いまだにこのテーマの実現は容易なことではないと感じている。

伝統の継承は、伝統的な形態、シンボル、サインといった目にみえるものによって継承する方法も重要だと思うが、日本文化は、生活様式、美意識、思想、宗教、習慣といった目に見えない伝統の継承もある。

ロトンダ(アプローチ・プラザ)の左右に配置された展示室は、常設展示室と企画展示室に分けられており、ロトンダはその気分転換の場ともなっている。私の心象風景の中には、村祭りの鎮守の森を中心に、微妙に軸がずれながら拡がる農村の家並みの風景があった。江戸時代の蔵をプレテキストとする屋根の形態の繰り返しは、部分の集積が全体を決定するという「部分と全体の共生」でもあり「歴史と未来の共生」でもある。

アルミニウムという現代的な材料の使用は、歴史的な形態を抽象化するためにも必要なことであった。

戦後芸術を中心とする現代芸術・デザイン・建築を含めた現代美術館はわが国ではじめてのものである。この美術館が広島市ばかりではなくわが国の現代美術、建築・デザインのメッカとして定着・発展することを願っている。

——
建築雑誌1990年7月号掲載。
——

候補作品｜43題(応募12、委員推薦31)

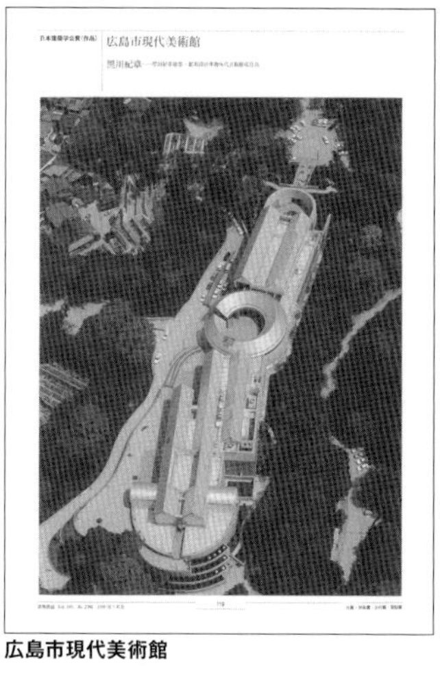

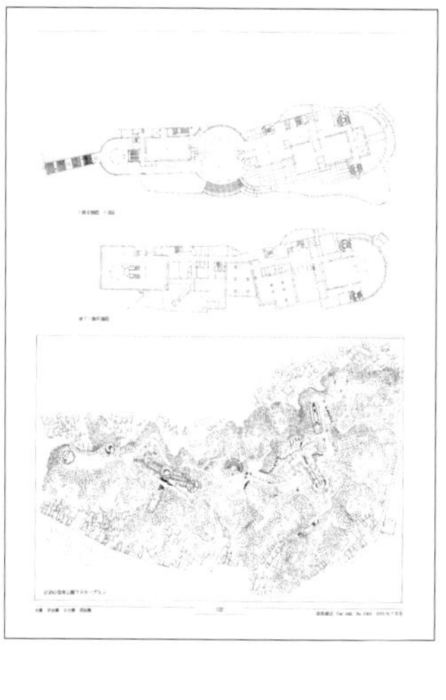

広島市現代美術館

42 | 1991年（平成3年）

沖縄キリスト教短期大学／東京武道館／浪合学校

——
選考経過
——

1990年6月21日、日本建築学会賞選考委員会が開催され、募集要項等に関する検討が行われた。その後、第2部会（作品）が別室で開かれ、部会長には池原義郎委員、幹事には中筋修、三井所清典委員が選出されて散会した。

第1回の第2部会は10月22日、全委員会終了後に開かれ、本年度の応募推薦作品が16点であることを確認した。本年度の選考方針として、授賞件数は厳選を旨とし、3件とすること、審査作品に遺漏のないように、一人10～15点の委員推薦を行うこととし、11月5日までに学会事務局まで提出すること、対象作品は2年以内、一連の作品については5年以内を目途とすること、外国人による設計も対象とすることなどを申し合わせた。

第2回の第2部会は11月16日に開催された。すでに応募推薦のあった16作品と11月5日に締め切られた委員推薦の48作品を加えた合計64作品のうちから現地審査の対象となるべき作品の絞り込みが行われた。

まず委員推薦の作品のなかから重複となる作品2点を選考対象から外すこととした。次いで応募作品と重複する作品2点と推薦者が取り下げた作品1点を選考対象から外した。こうして残った作品59点を対象に、出席委員全員で1点ずつ討議することとした。

慎重に討議した結果、応募作品の中から5点、委員推薦作品の中から13点、合計18作品が現地審査の対象となる第一次候補として絞り込まれた。

この18作品について改めて1点ずつ討議を重ね、11作品を最終的に現地審査の対象とすることを決定した。候補作品は以下のとおりである。

1. 東京武道館　六角鬼丈
2. 日本電気本社ビル　三栖邦博・寺本隆幸
6. 芝浦工業大学斎藤記念館　相田武文
7. 秋田日産コンプレックス（ラ・カージュ）早川邦彦
18. 川崎定徳本館・日本信託銀行本店　若松滋
19. 新高松空港旅客ターミナルビル　長島正充
20. 塩沢町立今泉博物館　香山壽夫
28. ホテル・イル・パラッツォ　アルド・ロッシ
34. 沖縄キリスト教短期大学　真喜志好一
43. 建部町国際交流館　石山修武
55. 浪合学校　湯澤正信・長澤悟

現地審査は1990年12月2日から1991年2月5日にかけて6回延べ7日間に分けて行われた。

2月5日、最終の第2部会が開催された。出席委員8名、欠席委員2名であった。

まず授賞の対象となりうるものを選出するため、第1回目の投票を行った。その結果、まず0票と1票の3作品について討議し、これらを審査対象から外すことに出席委員全員が合意した。続いて2票を得た3作品についても同様に討議した結果、〈7〉と〈20〉の2作品を対象から外すことに合意した。

残された6作品について1点ずつ慎重に討議を重ねたのち、念のためこれら6作品をいったん白紙に戻し、改めて持ち票3票とし第2回目の投票を行った。この段階で得票数1の〈6〉を候補から外すことに合意した。ついで満票を得た〈1〉について討議したが、全体構成の圧倒的迫力と隅々にまで設計者の目が行き届いた細やかなデザインを高く評価してこれを推薦作品とすることに決定した。

次いで5票を得た〈55〉についての討議に移ったが、年齢差のある空間構成、村のコミュニティ機能をも併せ持つ複雑な建築計画が優れていることのみならず、デザインボキャブラリーが豊富でありながらたいへん好感がもてる点を高く評価して、これも推薦作品とすることに決定した。

残り3作品、〈2〉〈34〉〈43〉についても討議を続けた。〈43〉についてはユニークかつ大胆な構想力を評価しつつも石山氏の次作に大いに期待することとして候補から外すことに合意した。〈2〉については数年前に受賞した同事務所による新宿NSビルよりもはるかに完成度が高いことは認められるものの、近隣に対する閉鎖性やより高度なデザインを求める声が多く、これも候補から外すことに合意した。

最後に〈34〉の沖縄キリスト教短期大学は図書室や礼拝堂等に若干の疑問が残るものの、沖縄独特の風土の中で地元の建築家が極端なローコストと闘いながら中庭開放型の独創的なキャンバスを創りあげたことを高く評価して授賞候補作品とすることに決定した。

こうして2回にわたる投票、慎重な討議を経て、〈1〉〈34〉〈55〉の3作品を出席委員全員の一致で授賞候補作品として推薦することとした。

なお、欠席委員の意見を後日事務局より確認した結果、異論がないということで、ここに第2部会として正式にこの3作品を本年度の授賞候補作品として決定した。

——
委員
——

池原義郎　石井聖光　内井昭蔵　桐敷真次郎
斎藤公男　中筋修　三井所清典　宮脇壇　渡辺豊和

——
委員の見解
——

応募推薦16点、それに対して近年の雑誌等を見直しての委員からの推薦48点。その結果、受賞作品となった東京武道館は応募推薦であり、浪合学校および沖縄キリスト教短大は委員が雑誌の中からピック・アップしたものであった。

設計者の東京武道館へのエネルギー、および思い入れの大きさは雑誌の誌面からも伝わって来て、当然、賞の対象となるものと当初から思っていた。それに対して、浪合学校は、1989年7月号の新建築からは、その価値を十分に受けることはなかった。私はつい見落していた次第である。現地審査に向かう車中で、今年の1月号、建築文化のコピーを見せていただき、希望が大いに拡大した。村の人たちに対する施設のあり方、教育面での新しい提案、教育と施設のコーディネート、具体的な建築の提案とデザインという一貫したプロセスと情熱を知り、久しぶりの学会賞らしいものではないかと期待した。現地を歩く間、その期待は静かに次第に確かなものとなり、深い感銘となっていた。

沖縄キリスト教短大も、雑誌上からは十分に納得することができなかった。一人の委員の発言により現地審査となった。沖縄の建築家の手になるものであり、信じられないローコストを学校側・設計者・施工者の熱意により乗り超えたものであり、この場所の大地と周辺と気候と建築が一体化し、学校空間を素直に演出し組み立てている。姿には全くのケレン味もなく、いまの過剰な建築状況に対して、新鮮な風を南方から送ってくれたように爽やかで健康さを感じさせられ、この作品が選ばれたことをよろこんでいる。

私はこの3作の外に、芝浦工業大学斎藤記念館に大きな関心を感じた。相田武文の作の中で最も完成度が高く、実物は写真で見るような過剰さはなく、よくコントロールされているものと思う。（池原義郎）

——

受賞した3つの作品はいずれもレベルの高いものであった。なかでも浪合学校は、地方の生徒数の少ない小中学校として、隣接する保育所を含めてきめの細かい配慮がなされ、もし子供にもどることができるなら、私もぜひ入学したい学校であった。

受賞にはいたらなかったが、現地視察を行った11作品のなかで環境問題に特に深い注意が払われていたのは日本電気本社ビルであった。地域環境との調和、超高層ビルにつきものの風公害への対策から建物内の環境工学的な配慮まで多くの検討がなされ、建築設備の面でも省エネルギー対策をはじめ、ハイテクを使ったいろいろな試みがなされていた。これらの点は大架構による建築構造計画とともに工学的にみて極めて高く評価すべきものと考える。（石井聖光）

——

本年度作品賞候補として現地調査を行った作品はいずれも特長があり、興味深い作品揃いであったと思う。中でも浪合学校は荒削りながら若々しさが感じられ長野県の山中といった背景の中にあって生活に密着したこの学校は今日の学校の在り方に対する漠然とした不満を解消するようなさわやかな印象を受けた。最近の学会賞がややもすれば特異な面に焦点が向けられているような気がしていたが、この浪合村の学校は、いかにも学会賞らしい作品であると思う。

沖縄のキリスト教短大も沖縄の歴史と風土の中で築かれてきた独特なコンクリートの造形で魅力あふれる作品である。沖縄は、最近まで私なども含め県外の建築家による作品が比較的多かったが、今回の受賞が多くの沖縄の建築家にとって自信につながることを祈っている。聞くところによれば、非常な低廉なコストのもとで設計されたとのこと、並々ならぬ努力の結果と思う。

東京武道館はいかにも六角らしく、その人間性が見事に形態化した作品と思う。彼の有能さはこれまでの作品に片鱗をうかがうことができたが、今回の作品は彼にとっても大きな転機となるものと思う。

候補の一つであった新高松空港は、従来の一律な空港のイメージを払拭する力作であると思う。全体にわたり緻密な設計に好感が持てた。アルドロッシ他のイル・パラッツオはさすがに洗練され、楽しい商業空間となっている。この種の作品にもっと光を当てることが必要と思うが、選考にもれて残念であった。

（内井昭蔵）

——

今年度はかなりの激戦かと思われたが、最終審査会で初めから出席委員全員の繰返し投票で結果を出したため、前例を見ない短時間ですらりと3作品が決まった。最も好評だったのは六角鬼丈氏の「東京武道館」で、綿密雄勁な力作であることには全員異論がなかった。真喜志好一氏の「沖縄キリスト教短期大学」は何よりもまず待望久しい地元の剛腕建築家の出現として歓迎され、湯澤正信氏・長澤悟氏の「浪合学校」は村民と建築家の心温まる合作として学校計画に新天地を開いた点が評価されていた。

上記3作の優れた点の詳細は推薦理由書に明らかなので、ここでは、惜しくも最終選には洩れたが、実見して筆者が感銘を受けた作品について一言ずつ触れておきたい。日建設計の三栖邦博氏・寺本隆幸氏の「日本電気本社ビル」は円熟した技術力を見事に示した秀作で、これまで蓄積された伝統的技術の集大成という感が深い。相田武文氏の「芝浦工業大学斎藤記念館」はまことに軽妙新鮮で、楽しく面白い建築であった。氏が独自の境地を開拓していることは明白で、次作を大いに期待したい。香山壽夫氏の「塩沢町立今泉博物館」は、雪への対策を細かく配慮し、気張らず穏やかに品よくまとめた好感のもてる作品である。坂倉建築研究所の若松滋氏の「川崎定徳本館・日本信託銀行」の品位あるファサードにも、都市建築の一模範として拍手を送りたい。アルド・ロッシ氏の「ホテル・イル・パラッツオ」は、イタリア風の暗い客室照明や見慣れぬ浴室設備や濃密異様をきわめたバー・飲食のインテリアが日本人客を戸惑わせることは間違いないが、実をいうと、そのコンセプトと実体で唯一ほんとうに「建築」らしい建築はこれだと思った。この建物に比べると、他の力作がまるでプラモデルかバラックのように心細く頼りなげに見えてくる。まことに不思議であり、少々無念でもある。（桐敷真次郎）

——

「東京武道館」は写真でみるより実物の方が、はるかに迫力を感じる建築である。装飾性の強い菱形パターンを空間の機能、構成、構造にまで徹底してはめこみ、拡張していく手法は巧みであり、投入されたエネルギーに圧倒される。大空間をつくる架構とデザイン、あるいは外観と内観との不一致を指摘するむきもあるが、私にはむしろ構造表現や全体秩序に対する強い主張が感じられた。様々な構造方式を使いわける中で、表層やディテールとの組合せによる緊張感の創出が随所にみられ、設計者のもつ遊び心のセンスに興味がひかれる。裏方に徹したという構造家の力量も高く評価されよう。

「浪合学校」と「沖縄キリスト教短期大学」には共通した設計理念——既製概念にとらわれない自由さと生活の場としての新鮮な息吹といったものを感じた。きめこまかな機能の分析・工夫もさることながら、独自の空間構成や造形を通して展開される各々のやさしさ・楽しさ、おおらかさ・たくましさといった印象は見る人に忘れ難い共感を呼ぶ。

これら3つの作品と比べると「日本電気本社ビル」は全く性格を異にしており、そのギャップの大きさが議論の高まりを呼ばなかった一つの要因とも思われる。周辺環境への配慮、特異な建築形態、構造や設備の革新的試み等を包含したトータルな設計は超高層建築の現代的頂点ともいうべき完成度を示している。着実で論理的な設計手法はまさに学術・技術・芸術の統合のひとつのあり方として評価されるべきものと考えられる。多様な建築のテーマあるいは異質な設計者の意図に対応し得る評価軸の設定がなされるべきであろう。とはいえ、この種のオーナービル建築のもつ宿命ともいうべき一般市民に対する閉鎖性やアトリウムを含めたオープンスペースの温もりの少ないデザインのあり方などは「作品賞」の枠内では今後も問題となりそうである。（斎藤公男）

——

本年度受賞作品だけではなく、現地審査作品や全候

沖縄キリスト教短期大学

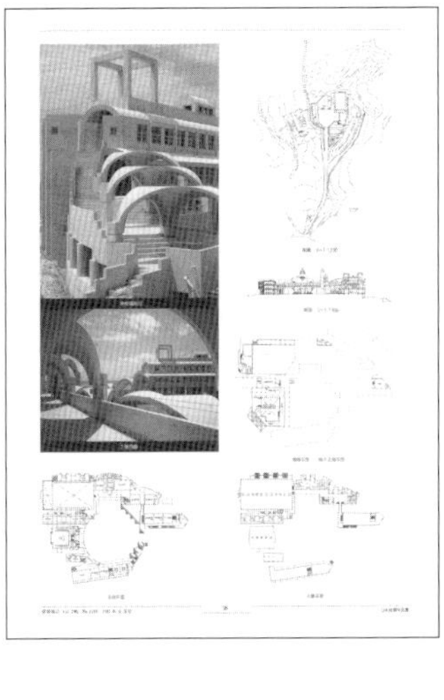

東京武道館

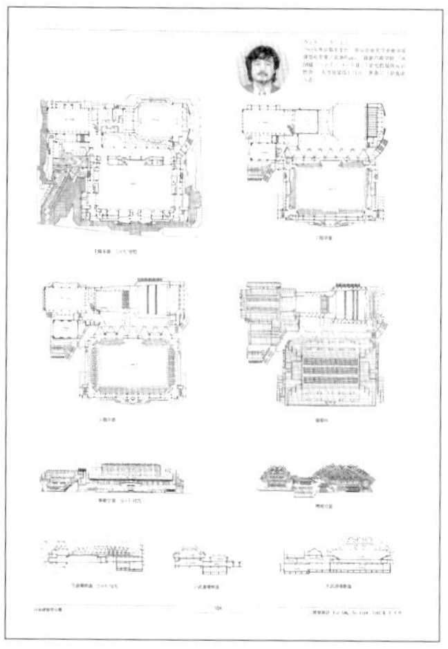

補作品のリストに眼を通しているといくつかの特徴が浮かび上がってくる。
まず、作品の用途に関して、本来建設件数が最も多い部類に入る集合住宅が異常に少ないこと、いくら情報化社会になったとはいえ工業大国日本で工場建築や流通施設が一件もないこと、高齢化社会をむかえてますます需要が高まっているはずの病院建築や養護施設も一件もないこと等に驚かされる。
委員推薦にしても主として建築雑誌から拾いあげてくるわけだから、ひょっとしてこれは建築ジャーナリズムのある種の偏向なのかも知れないし、地味でむくわれにくいジャンルを有能な建築家がさけて通っているのかも知れない。
大組織設計事務所や大手建設会社の設計施工作品が非常に少ないこと、それに反比例していわゆるアトリエ派の作品が圧倒的多数を占めていることにも驚かされる。
本年度受賞作3点ともが大規模な公共性の高い建築であるが、それらをいずれも小規模なアトリエ派が独占していることが印象的である。一昔前は大設計事務所とアトリエ派は建築規模の大小を巡ってある種の棲み分けを行って来たわけだが、最近はアトリエ派の大規模建築への関与が目立つようになって来た。
アトリエ派は当然、優れた組織的な技術力のバックアップに恵まれていないが、その悪条件を克服してのびやかに大きな仕事をこなしてゆく様は感動的である。
受賞3作品に心からの敬意を表したい。　（中筋修）
——
湯澤正信君と長澤悟君による浪合学校は、3歳から15歳までの村の子供たちが1日のほとんどを過ごす生活空間である。それぞれの生活行為を十分に分析し、計画し、空間として統合し、造形化した建築として、訪れる人を納得させるものがある。それは、設計者が村の人々との対話を大切にし、要求をひき出して、アイディアを定着させた長い設計過程なくしては生まれないものである。地域の人々がこぞって自らの施設に情熱を注ぎ、能力ある設計者がそれをまともに受けとめると、建築単価の制約を越えて感動的な施設となる証といえる建築である。
早川邦彦君の秋川日産コンプレックス（ラ・カージュ）は、この施設のもつ仮設性に強い興味を覚えた。未成熟な郊外の沿道で、通過者や広域居住者ばかりでなく、周辺住民も利用できる利便施設をプールを中心に複合させる提案は新鮮である。空間の提示から部材の選択と構成、配色にいたるまで洗練された世界が心地よい。私には、ここに集められた施設が、街の成熟とともに、やがて成長し、独立していくと思われ、生きている都市に組み込まれた建築の本質と数寄にも通じるものの仮設性とが見事に符合した秀作と思った。
六角鬼丈君の東京武道館は、大味で単調になりがちな体育施設の内部に、計画と意匠面に細やかな配慮があり、武道を文化と感じさせる空間が丁寧に創り出されている。
相田武文君の芝浦工業大学斎藤記念館は導入部の流れるような空間が印象的であった。
三栖邦博君と寺本隆幸君の日本電気本社ビルは、大都市の改造や環境づくりと高度な建築技術の統合という点で注目される作品である。
建築がそこに生きる人々といかに深く付き合うかという点で建築をみるとき、すべてのものを土に戻そうとするほどの強い日光と風を受け、なお踏みとどまろうとする精神の表出と初源的な建築の姿を沖縄キリスト教短期大学に見た。複雑な要素が絡み合う大都市問題を解く技術的課題から日本電気本社ビルで達成された業績は高く評価され、最後まで気になる作品であった。　（三井所清典）
——
"進む建築、導く学会"といういささか時代離れした標語がいまだ基盤にあるこの学会が、技術と創造性、社会性と個人の思想等々多様な世界の凝集である創造としての建築作品をどう評価するか、かなり難しい。そのことは、毎年の受賞作品の選択基準の揺れと、それに対する様々な意見とが証明している。
重賞を許さないという原則も、結果として次第に年功序列的に選ばれる結果を生みだしていて、その年度やその作家の代表的な作品や、技術の積み上げによる前受賞作よりすぐれた成果が受賞できなくなったりする結果を生んでいる。
技術の蓄積に対する賞とか、作品としては未熟だが新しい意欲を評価する奨励賞とか業績賞や大賞というジャンルとも違う選考の仕方が考えられないだろうか。小規模の都市と建築、IDと建築、商品化された建築等の中間領域的な成果をカバーする必要もそろそろ出始めていて、それなりの意見が起きている時期でもある。
今回推薦されて受賞にならなかった日建設計の日本電気本社ビルや、石山君の建部町国際交流館などが、今日の学会賞の対象になりにくいという状況を見ているとそんなことを考えてしまう。　（宮脇檀）
——
最後まで賞候補に残った建部町国際交流館が残念であった。しかし賞となった三作がこれよりも低レベルということは全くなかったから力作ぞろいということになるのかもしれない。
東京武道館はたぶん吉田五十八氏以来の現代数寄屋であり、吉田氏の高趣味の料亭数寄屋ならばこちらは仮設草庵風の系譜に連なると言うべきではないか。ツーバイフォーのペラペラのバラック調はこの設計者の本来の主張をそのまま表現しているのだからこの言行一致は貴重である。もちろん建築としての質も極めて高い。東京武道館は出席審査員全員の支持があったのは当然であろう。沖縄の人による沖縄の建築が選ばれたのは喜ばしい。浪合学校も正統派で文句なし。　（渡辺豊和）

沖縄キリスト教短期大学
真喜志好一

——
推薦理由
——
幾棟かの建物が5～60メートルはあろう中庭をぐるりと取り囲んでいてなお各棟は切れ切れにならず巧みに連続感をもたせながらも変化に富んだスカイラインを見せている。さらに大まかには中庭から段々に後退した断面構成をとり、開放的なものとすることに成功している。テラスや吹き放ちの廊下等がふんだんにとられていることもあり、伸びやかなものとなっている。全面積の半分近くはこのような共通スペースである。学生同士がごく自然に交流できるように隅々まで工夫されている。平面図を見る限りではまとまりに欠けている印象を受けるが、実際にはきわめて緊迫した部屋部屋の連なりとなっているのもこの設計者の南国人らしいおおらかさが平面形の美しさなどにこだわらず、ただひたすらこの建物を使用する人々が変化のあるシーンの展開を体験できるように考えたからに違いない。クロスヴォールトが連続するテラスや、屋上に高々と持ち上げられたクロスヴォールトそのものがこの建物形に変化を与え、また迫力ある造形を現出する有効な手立てとなっている。形も間取りも堂々としてケレン味がない。それが審査委員の多くの人たちの共感を得たところであった。
近年、沖縄は内地の建築家による建物が急速に増加しているが、そのほとんどは東京の風潮を輸出したようなものばかりで、成功しているものは数えるほどしかない。その点この設計者は沖縄生まれの沖縄育ち、純粋なウチナンチュウである。それが1万5千平方メートル近い大規模建築を設計し成功させたのだから、沖縄在住の建築家たちに大きな自信を与えることになるのではないだろうか。しかも獅子像とか赤沖縄瓦等の民俗調の要素を多用する安易な沖縄らしさの表現は一切見せてはおらず、威風堂々としたまさに「現代建築」である。この普遍性は大いに評価していいのではないか。しいて沖縄らしさを言うのならば、やはり全面積の半分近くを占める吹き放ち廊下、テラス、ホールの開放感だろう。これはこの南国だからこそ可能だったろうし、また実法規面積1平方メートル当たり10万円という信じられないローコストでこの建物は出来ているということにも注目させられた。確かに細部に至るまで打放しコンクリートで押し切っているのだから、それも可能だったに違いないと納得できることではあった。ともあれ種々様々な工夫や苦労を少しも感じさせないおおらかさは昨今の建築界に新鮮な力を与えるに違いない。
よって、ここに日本建築学会賞を贈るものである。
——
受賞者の言葉
——
沖縄の伝統風土からキリ短へ
「沖縄を国際的平和の島に」そして「キリストにあって平和をつくりだす人材の育成」を建学の精神として、沖縄キリスト教短期大学は沖縄キリスト教団によって1957年に創設された。敗戦日本兵が潜むらしい教会に銃口を向けるアメリカ兵の写真が残されているが、戦後修復されたその首里教会が創立の場である。その後首里城とひとつながりの丘に移転したがキャンパスが狭くなり今回が二度目の移転になる。
「グスク」という「城」の字を当てている場が沖縄にある。首里城や中城（ナカグスク）のように隆起石灰岩台地の基壇と石垣が共生した大きな城塞がある一方で、沖縄の始祖アマミキヨが作ったといわれる玉城（タマグスク）のように古代人が祭祀空間にしたとしか考えられない（現在も祭祀空間である）どう考えても戦闘のための篭城などは出来そうにない狭いグスクなど、広さや人の手のかかり具合はさまざまである。
苔むした石灰岩の石積が残っているだけのグスク、沖縄の島々を取り巻く珊瑚礁が現在の私たちに語りかけてくる世界は、採り尽くさず、必要なだけを採る縄文的な世界、人と人に上下関係がなく、人と自然の関係がゆるやかな円環状で、家と家の配置も円環状であった世界である。この円環状の世界は現在まで伝えられている沖縄の歴史遺産であり、伝統だと考えている。
そして沖縄の風土の「土」、隆起珊瑚礁を信頼できる強固な大地として寄り掛かり、熱い太陽に深い影で対処し、気だるい夏の「風」を吹き抜けさせることを自明の建築的造形原理として集団の遺伝子に組み込み、その原理をフィルターとして外来文化を受容し、変容し、ハイブリッドな文化を作り出してきたように思える。
このような歴史、伝統を学生、教職員の関係が親密な伝統を持つキリ短に反映させること、深い影をもち風が吹き抜けるキャンパスを作り出すことが課題であった。
設計以前に大学側は新キャンパス構想で大学の持つ役割を三つのセンターに整理し、それぞれ次のように建築空間に対応させていて、ゆとりのセンターとしての中庭をとりまく教室群という構成に行き着くのは必然であった。
心のセンター　チャペルなど
知のセンター　図書館、研究室など
ゆとりのセンター　学生会館、遊歩道など
その空間構成の形はサンピエトロや修道院にも見られる形であり、沖縄においても村むらの広場と集会所の関係や城（グスク）の空間構成に、そしてより典型的に首里城に見られるものである。中庭のサイズは、それぞれの顔が識別できる距離、声が届く距離を目安に、普段の学園生活、入学式、学園祭、卒業式の「にぎわい」を想定して決め、中央の広場と教室群の間にはそれぞれ小さな広場を計画した。仕上げは春、夏、秋、冬の休暇で芝も休息できるので全面芝張りとした。
チャペルはキャンパスのシンボルとしてアプローチの正面、かつエルサレムの方向に正対する位置に決め、中庭には朝日をそそがせ、沖縄の聖地とされる久高島と波動を送受出来るようにその方向を開放している。
知のセンターとしての図書館、心のセンターとしてのチャペルは複合して一棟になっており、そこの立面に限って対称性を持たせている。中庭を一巡する回廊からの眺めが変化するように各棟の立面を細工した。
それぞれの機能を最短距離で結べば団子の串刺し状の教室配置になったに違いないが、キリ短では平面を固定するまえに外部空間を先に決め、内部空間との間を次に決め、内部は外部に従わせる結果になっている。丘の上の町に見えるように教室群の積み上げを繰り返し、造成前の小高い丘のスカイラインの記憶と建築とが重なるようにプランをまとめ、チャペルの六角塔は、今は残ってない開学の塔のシルエットを引用した。

東京武道館
六角鬼丈

——
推薦理由
——
この建物は東京都の設計者選定委員会で設計者が選ばれている。この委員会による設計者選定は、旧建築家協会と東京都の長い努力によって作られたシステムで、それ自身や選ばれた後の都側の対応等について、それはそれなりにいろいろ意見があるようだけれど、最近の千駄ヶ谷の体育館や、葛西の水族館等優れた結果が生み出され、定着するようになっている。
この武道館の場合も、委員会が大型施設にアトリエ的な組織をあえて選び、東京都側も設計者の若い大胆な提案をよく前向きに対応して、結果としてこの選定システムの見事な結実としての建物になっている。
設計者が周囲を住宅等の中小の建物に取り囲まれた決して広くない敷地条件を逆手にとって、複合した諸施設を低い大屋根その他の下にまとめ上げ、中央部に敷地を横断する公開空地を作り出すなど、複雑な与条件をまとめあげたのは、才能というよりは設計に投入されたエネルギーの結果であろう。そしてそのエネルギーを生み出した源は「武道は芸術である」と断定した若い設計者の執拗なテーマ性の追求である。
武道という歴史性を、日本風という伝統の様式ではなく、武道というものの記憶を埋蔵した一つの表象形で表現しようというのが狙いであったという。その成果としての菱形のユニットの装飾的なパターンで外部から内部に至るまで建物の隅からすみまでを埋め尽くし、えてして競技専用の大型空間だけにとどまってしまうこの種の施設に武道館らしい緊張感を生み出している。
工費や敷地条件、周辺施設との関連等決して容易ではなかった種々の条件下で、敢然と難しいテーマに挑戦し、成功させた若い設計者の意欲を推薦したい。
よって、ここに日本建築学会賞を贈るものである。
——
受賞者の言葉
——

武道は芸術である

「武道とは運動競技（スポーツ）の中で唯一の芸術である」。この言葉は、東京都の設計者選定委員会の問いかけに答えたもので、今思えばずいぶん大上段に振りかぶったものだと思っている。この偏った提言が結果として受けとめられたのは意味性よりもその響きだったのかもしれない。この提言の理由として、武道の心身技の統合された修練、その目的の究極は、諸文化、芸術と同義・共通するものと考えたからで、型、技、動きの合理性、かつ美的な完成度は、その創意工夫の過程で同時代の代表的な求道世界を構築した茶道や書道とともに、精神文化を高めつつ、思想、宗教、学問とも深いつながりをもつ共存系として理解しようとした。したがって、武道館を単に武道の競技場としてではなく、武道形成の過程と呼応する諸芸術（建築、造園、絵画、造形物、工芸など）と意図的に同居する施設、言い換えれば芸術文化と同居可能な唯一のスポーツ施設として捉え直すことが新たな発想の起因となると思いたった。またそのような施設でこそ、武道の文化的側面とは何か、今後武道が担う文化性とは何かを改めて問い直せる場づくりに向かえるのではないか、と考えたからである。

幻想としての雲海山人

武道にふさわしい建築物として日本建築の伝統様式に頼るには、時は離れすぎているように思える。城郭建築、武家屋敷、さらには神社仏閣をも連想させる建築に、武道の精神が息づくとも思えない。それは、和風建築そのものを批判することではなく、つくり出された背景がイメージさせる権威性、宗教性の匂いに近いものへの抵抗ともいえる。とはいえ、武道が日本の伝統文化の一角をなすとすれば、意匠イメージとして簡単に避けて通れるはずでもない。そこでむしろ武道形成の地、その背景にある日本の自然観を見ようとした。いわゆる自然の風景という鑑賞目的の図象ではなく、大自然に対峙しつつ究明されつづけ、育まれた心象世界の対象としてイメージすることで、やがて雲海山人の幻影が浮かんできた。山並、雲海、波紋が、隆起・流動・無限に連続変化する躍動のリズムを自分の感性において受信し、創造の世界へ転化し、この武道館を構築していくことにした。

武道の菱形遺伝子

伝統文化の中で、形が伴って伝承されるものもあるが、物証がなく人そのものが伝承体になるしかないものもあり、武道はほとんどその領域にある。今日まで多くの武道家、武道愛好家に遺伝子ともいえる伝統文化の種子が受胎されていると思えば、その集積される様を建築として表現手段に転化してみたいという願望を抑えようもない。武道館のモチーフ、菱形のユニットは、武道の記憶を埋蔵した遺伝子、その表象系として抽出されたものだ。菱形、すなわち等辺を所持し正形ながら一方に潰れ一方に延びる、コンプレッションとテンションを併せ持つ原形単位と思える。その姿に日本の伝統文様、和風建築のシルエットを見、中腰から瞬発生を呼び起こす身体的イメージを封印することで、菱形という形態の選択に自己承諾をとりつけていけたと思っている。

環境芸術としての地水火風空

武道館には5人のアーチストによる造形作品を外部から内部にかけて設置している。それらは雲海山人とも協調する自然の五大（地水火風空）に基づいており、それぞれ単品ではなく、複数点在あるいは郡形をなし、植栽まわり、テラス、池、エントランスホールなどパブリックな空間に配置され、それぞれ建築と呼応する環境芸術として位置づけようとしている。この試みは地域に向けて、より開かれた公共施設、芸術性豊かな環境づくりを意図したものであり、武道と芸術を共存させようとした当初の試みの一環である。

この武道館への様々な思い入れは、私たちだけではない。むしろ、武道関係者、地域そして東京都の担当の方々の思い入れは想像以上のものがあった。それだけに一個の建築に、形態に、さらには環境への確固たるイメージの強さが必要だったと思っている。形態の複雑さによる施工難度、工期不足にもかかわらず無事完成できたのは、おしみない協力体制の賜物である。

浪合学校

湯澤正信／長澤悟

——

推薦理由

——

浪合学校は長野県伊那地方の、人口760人という小さな村の村立小学校と中学校および保育園が集合した施設の総称で、浪合村の3歳から15歳までの子供たちが日常生活のほとんどの時間をここで過ごす。さらに図書館、集会室、会議室、ホール、体育館、グラウンド、プールなどが村民に開放されて、結局ほとんど全員の村人たちが、ここで集い、学ぶ。事実上村の文化活動の中心施設となっている。施設の中に入ると、いたる所で利用者、生活物の息吹が生き生きと感じられ、村の人々と施設が融け合い、一体化しているようである。

この施設は、主として計画を長澤悟君が、主として設計を湯澤正信君が担当し、二人はそれぞれお互いの領域に入り込むことによって、より自由な計画、より自由な設計を行えたという。実際、計画にとっては形や空間が、形や空間にとっては計画が力を果たしており、二人の共同作業が見事に結実した作品である。

村では、この施設をつくるため「浪合村教育施設整備審議会」を設け、全体で二百数十世帯の中から30数名がこれに参加し、児童生徒数約80名、9学級という小・中学校と保育園の併設問題、寒冷多雨の気候、地域の文化センターとしての役割等について、両君をまじえて30数回もの検討を重ねたという。また、教育、施設、校具、運営方法について、両君が全員の先生方と話し合いを繰り返し、村の人々の期待を十分吸収して計画課題を組みあげ、設計を練り、具現化した行為は高く評価される。

この学校の特徴は、大人や子供たちの年齢に応じた様々の生活行為、学習行為を詳細に抽出し、その一つ一つを空間に対応させ、それぞれの空間を、行為する主体にふさわしく造形化していることにあり、さらにその行為をみつめる共同生活者の視線を位置づけ、空間を連続させ、多様に変化する施設全体に一体性を生みだしていることである。また、あちこちに見いだされる特異で魅力的な造形に設計者の創意と情熱と努力をうかがうことができる。学校中どこをとっても同じ平面、同じ断面がないほど、各所にアイディアと工夫があり、個性化されている。たとえばそれが子供たちには上級学年への成長の期待を誘う。全体に計画・設計の密度はきわめて高い。

この作品の、実現までの経緯と空間化・造形化は、わが国の新しい学校教育施設づくりのモデルとして評価できる。

よって、ここに日本建築学会賞を贈るものである。

——

受賞者の言葉

——

地域に根づく学校

人口750人の過疎の村の唯一の学校、1学年10名前後の小さな小・中併設校と隣接する保育園を複合化し、3歳から15歳までの村の子供全員が通う学校をつくる。小さな村にとって、費用や都市計画的スケール等において、この建築の意味は大きく、また、旧校舎が公民館と一体だったことなど、単なる学校改築で終わらせることはない。子供たちだけでなく地域の人々全員にとっての学習の場、活動の場を、そして、自分が自分であることを認識できる心の拠り所となるような学校を、地域の人々とともにつくっていく。

敷地を開く――風景としての学校

旧校舎配置の持つ閉鎖感を破り、敷地を開き、期待感とともに奥へと人々を誘うアプローチ構成とする。さらに、これを受けるものとして、裏山沿いに東西に広がる様々の屋根を持つ建物をパノラマ的に配す。視界が奥行と広がりを得ることによって、学校全体が空間的に認識可能となり、周囲に溶け込んだ一つの特色ある景観――村の中心としてのたたずまい――となる。景観は人々の心の中で時間の経過とともに、自然で忘れがたい風景として、さらに、自分たちが生きる風景として記憶され、身体化されていくであろう。

小さな街としての学校

学校には物的施設として多種多様なものが存在する。校舎・体育館・プール・グラウンドにはじまって、校門・フェンス・花壇・菜園・温室・鳥小屋・ウサギ小屋、さらには、アヒルの池、イワナ池、屋外円形劇場もある。学校は、雑多なものが集まった小さな街であり、子供たちは、この小さいながらも多様な街で、世界を学び、世界を遊び、そして時間を共有する。それぞれの建物は、子供たちの年齢に応じた独自の顔を持つ。そこには、人間の身体性と呼応した空間のリズムがある。人を奥へと引き込むアプローチのプロムナード。ゆったりとした外部階段脇の植栽に囲まれた木のベンチ。空中廊下で絞られた視界は、次に広い水平的ヴィスタを得、子供たちは円形劇場を、そしてグラウンドを見はるかす。さらに、透明な屋根がはるか上方に架かる棟にはさまれた垂直的空間。体育館の列柱廊の単純なリズムがつくりだす無限遠への誘い。プールサイドのパーゴラが続く小径。そして、風が抜ける東屋。

大きな家としての学校

学校は不特定多数ではなく、特定多数の、それも住宅と似た世代構成の人々（子供と教師）を対象とする。つまり、学校は住宅、それも大きな家であると考えられる。そこは学び舎である以前に子供と教師の生活の場であり、バシュラール的な意味において、子供を安全に守り、かつ、その想像力を刺激して止まない家なのである。今日の学校建築の課題の一つであるオープン化は、この生活という視点から見れば、人間の営為にとって根本的と思われる自由と多様さを受容するものであろう。静的で求心的な学習の場としての教室とは対比的に、オープンスペースは子供の動的で自由な活動を保証する。空間は子供の身体に感応したスケールとリズムを持ち、それゆえ、場への帰属感を生じさせる。敷地の高低差から、到る所で舞台空間的な「見る／見られる」関係が生じ、場のポテンシャルが高められる。廊下は単なる移動の場である以上に、視界を開き、学校全体を見渡せ、自分の位置を確認できる場となる。大きな家の中で、子供たちは大人への準備のための学習ではなく、子供としての独自の生を、そして時間を送る。

地域の小箱としての学校――記憶の継承

学校は、地域の人々の大切なものがしまわれているいわば小さな宝箱であろう。そこは一つの小宇宙であり、人々の希望が、過去が、未来が詰まっている。旧校舎以来の樹木・石碑・石垣等は積極的に保存され、さらに旧校舎の廃材は、様々な場所に転用される。過去と現在は対話し、親から子へと記憶は継承される。

（文責：湯澤正信）

——

建築雑誌1991年8月号掲載。

——

候補作品｜64題（応募16、委員推薦48）

浪合学校

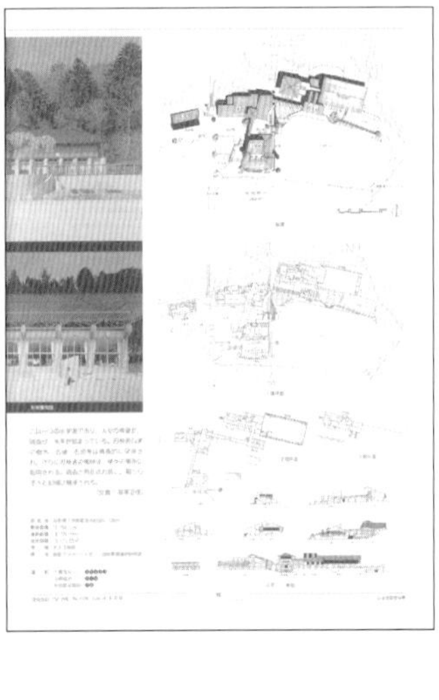

43 | 1992年（平成4年）

シャープ労働組合研修レクリエーションセンターI&Iランド／古河歴史博物館と周辺の修景／レム棟、クールハース棟

——
選考経過
——

第1回の第2部会は10月23日、全委員会終了後に開かれ、本年度の応募作品が32点であることを確認した。本年度の選考方針として、授賞作品は原則として3件とすること、昨年度に引き続き再応募の作品があるが特別な考慮はしないこと、審査作品に遺漏のないように一人5点程度の委員推薦を行うこととし、11月6日までに学会事務局まで提出すること、対象作品は2年以内、一連の作品については5年以内を目途とすること、外国人による設計も対象とすることなどを申し合わせた。
第2回の第2部会は11月30日に開催された。すでに応募推薦のあった32作品と11月6日に締め切られた委員推薦の11作品を加えた合計43作品のうちから、現地審査の対象となるべき作品の絞り込みを行った。
全作品の資料閲覧の後、一作品ごとに討議を繰り返し、投票により下記の9作品を現地審査の対象とすることとした。

1. 神長官守矢史料館　藤森照信・内田祥士
2. 出石町立弘道小学校　重村力＋いるか設計集団＋金谷弘構造チーム
9. 大阪府営吉田住宅　遠藤剛生
16. 晴海客船ターミナル　竹山実
18. シャープ労働組合研修レクリエーションセンターI&Iランド　瀧　光夫
19. ネクサスワールド　レム棟、クールハース棟　レム・クールハース
23. 大阪東京海上ビルディング　押野見邦英・播繁
33. 再春館製薬女子寮　妹島和世
43. 古河歴史博物館ほか　吉田桂二

現地審査はほぼ全委員により、1991年12月28日から1992年2月2日にかけて、5回延べ7日間に分けて行った。
2月21日、最終の第2部会を全委員出席のもと開催した。第1回目の討議と投票の結果、2、9、16、23を賞の候補から外すことにした。第2回目の討議と投票の結果、まず過半数を得た18を授賞候補作品とすることに決定した。引き続き残った各作品につき討議をしたあと、第3回目の投票で1、33を賞の候補から外すことにした。そこで2作品について投票した結果、同数となり、19、43両作品を授賞候補作品として推薦することに決定した。
こうして慎重な討議と投票の結果、18、19、43の3作品を、授賞候補作品として推薦することとした。
なお、授賞作品名について審議の結果、応募時の名称を授賞にふさわしい名称に一部変更することとした。

——
委員
——

石井和紘　内井昭蔵　川崎清　斎藤公男　友澤史紀
松尾陽　三井所清典　宮脇檀　山下和正　渡辺豊和

——
委員の見解
——

学会賞作品賞が新人賞的な趣きを持っていることを前提にしているので、今年はひとつの大きな波が去って次の波が来る間の、平らな海面を見る思いがした。
そして遠い想い出のような波が、切ないような味わいをともなって水面下に見えていた。学会賞というものも、もらう側にとっては建築青春の中心的課題のようであり、喜怒哀楽の中心的課題であったが、いざ審査をするという立場になってみると、予想外に淡々として熱くならないので驚いたが、それは多分に今年の作品全体から来る印象のなせるわざであったろう。受賞者には申しわけないが。
遠い波から2作が選ばれ、アントニン・レーモンド、ミノル・ヤマサキ以来3人目の外人ということでクールハースが選ばれた。
来年以降、3つの波が輻湊するのではないか、と思われる。ひとつは私たちの世代かその上の人である。この場合、熟した社会がやや醒めて来ている中にあって、その狂おしさがどう評価されるか、ということである。もうひとつは35歳を中心とする人たちの中で、成熟度において満票を得るものが出るかどうか、である。もうひとつは55歳以上の人である。この場合、世間で長く頑張って来られた方に期待があるように思われる。いずれにせよ腹を割って本音を語り、しかもそれが満票を得る作品の出現を切に期待します。
（石井和紘）

——

応募推薦32点、それに委員会推薦11点を加えて43点の候補作品の中から、今回の学会賞は決められた。委員会は作品を提出された資料により9点に絞り、ほぼ審査員全員の参加を得て現地審査を行った。
予想通り票が割れ、選考は極めて難行したが、瀧光夫氏のシャープ労働組合研修レクリエーションセンターI&Iランドがまず過半の票で決まり、討議の末、クールハースの集合住宅と吉田桂二氏の古河歴史博物館と周辺の修景が賞として推薦することが決定した。
3案については全員一致ではなかったが、今考えれば、順当なところに落ち着いたようだ。話題の藤森照信氏の神長官守矢史料館、押野見邦英氏の大阪東京海上ビルディング、妹島和世氏の再春館製薬女子寮は賛否が分かれ、残念なことをした。とりわけ妹島和世氏の作品は、際どいところが気になるが、新しい感性に魅力を強く感じた。本当に残念だった。次の機会を狙ってもらいたい。重村力氏の出石町弘道小学校は力作だが、昨年の湯澤正信氏の浪合学校があり、これに対してあえて今回推すだけの力が不足したようだ。
私は、押野見氏の大阪東京海上ビルディング、竹山実氏の晴海客船ターミナルはそれぞれに新しい境地をきりひらいたものと思ったが、反対が多く残念だった。
なお、最初の段階で落ちてしまったが、木村誠之助氏の住宅は小品ながらまともに住宅に取り組んだもので、良い作品と思った。このような地味だが、進境著しい作品が学会賞に入れないのは考えものだ。
（内井昭蔵）

——

今年の現地審査を行った作品は全体に甲乙つけ難い内容で、突出したものがなく優劣を議論するのが困難であった。しかしその中で、瀧光夫君の作品は成熟度が高く、丁寧なきめ細かいデザインの姿勢と完成度の高い水準は学会賞に値するものとして評価したい。
他の受賞2作品については、若干の問題が感じられた。吉田桂二君の作品は町並修景の主要建物である博物館のデザインの設計意図について理解し難いものがあったが、町並全体の修景によって救われた感じがある。
ネクサスワールドのレム棟、クールハース棟については、全体計画と切り離して単独に賞を与えることには疑問があり、この点の疑問は必ずしも解消されたわけではない。また、在外建築家に対する賞としては久しぶりであるが、それにふさわしいものであったかどうかも一考を要する。その他候補にあげられた中で、重村力君の弘道小学校、竹山実君の晴海客船ターミナル、押野見君の大阪東京海上ビルディングは、若干の問題はあるにせよ最終選考で賞を逸したのは惜しまれる。
（川崎清）

——

瀧光夫氏と吉田桂二氏の2つの作品からは、共に両氏が長年にわたって追求し続けたテーマ性が強くにじんでおり、一個の作品のもつインパクトというより、一連の業績的色合いが感じられた。「歴史」と「自然」という日本建築の中心的課題とひたむきに取り組んできた姿勢には敬意を表したい。昨年の「浪合学校」と「沖縄キリスト教短期大学」とが心温まる共通の世界をつくりあげていたのと対称的に、熟達ともいえる両者の細やかな作風は本年の作品賞を特徴づけていよう。
一方、クールハース氏の集合住宅は意欲的かつ新鮮な「都市の住空間」の提案として評価されたが、海外建築家として、私には昨年のアルド・ロッシ氏の「イル・パラッツォ」の強烈な印象が忘れ難い。
やはりというべきか、未だというべきか、本年も構造技術的にユニークな作品への関心が得られなかった。昨年は新高松空港、日本電気本社ビルが選に洩れたが、本年は長岡市市民体育館、センチュリータワー、天城ドーム等は候補にも洩れ、オリジナリティが高いと考えていた大阪東京海上ビルディングが最終的にはほとんど票を集め得なかったのは意外であり残念であった。作品賞が対象としてうたっている「技術・芸術の総合的発展に寄与する優れた業績」が文字通り評価されるような視点の芽も必要ではなかろうか。おそらくこうした意見は構造技術のみならず、多くの分野でも話題になっていると思われる。多様化する建築の領域に対する作品賞の評価そのものが議論されるべき時に来ていよう。
（斎藤公男）

——

応募推薦32件、委員会で雑誌などから候補として挙げたものが11件、計43候補から第一次審査をパスしたものが9件となった。昨年に比べると応募作品が多かったようであるが、受賞作品が委員会でピックアップしたものから出た（昨年は2作品がそうであった）ということは、まず最初の候補の出し方を再考する必要があると思われた。今年も、最初に候補作品はこれだけしかないのか、という感じがした。応募資料にあまり凝る必要はない。もっと自選で出せる自信作はないものなのか。
初めて作品賞の審査をすることになり、どのような観点から評価をすればよいか、とまどいがあったことは事実である。私自身はデザインの専門家ではないのでそれはその道の専門家に任せることとし、その建築の果たすべき目的と設計意図との整合性および広い意味での耐久性、つまり建物とその使われ方や周辺環境との関係の永続性（ソフトな永続性）、建物自体の永続性（ハードな永続性）がその建築にいかに作り込まれているかということに、私なりの評価の基準を置くことにした。学会賞作品は20年、30年後にも輝いていて欲しいからである。
その意味では、最終選考結果は妥当なものであったと思える。弘道小学校は荒削りだが、それが子供たちに活気を与える雰囲気があり、すばらしいと思った。大阪府営吉田住宅は、今後のメンテナンスに問題を感じた。ネクサスワールド、晴海客船ターミナルもこの点はどうであろうか。時間が答えを出してくれるだろう。大阪東京海上ビルディングは構造とデザインの調和の主張がすばらしいが、北立面が惜しい。構造技術がポイントになるものが一つは受賞してほしいと思ったが、残念であった。
（友澤史紀）

——

候補作品があるからには万難を排して全員が現地に赴く、というのが審査委員会の構えであると見えた。あたりまえのことかもしれないがなかなかの迫力である。私としては環境・設備の専門の立場から見ることを期待されていると、勝手に解釈してそれなりに努めてみたが、その点では徒労感が強かった。妹島和世氏の作品は暖房、照明、水まわり設備などがきっちりと建築計画に組み込まれていて好感が持てた。そのほかでは、大阪東京海上ビルディングの空調システム、レム・クールハース棟の光の扱い方などが印象に残っている。反面まるで無頓着としか思えないものもあった。
最終の選考会で票が完全に分散してしまったのにまた一驚した。成り行きとして審議は難渋し、一方で強い支持のある作品には他方から反論が湧いて出て次々と沈没し、結局あげつらう余地の少ない作品が残ったというのが私が受けた印象である。レム・クールハース作品には民営集合住宅の先き行きを垣間見たと思った。吉田桂二作品については歴史的景観の保存への取組みにおいて、瀧光夫作品については自然・緑と響き合う建築の有りようという点で感銘を受けた。どちらも強烈な印象を刻みつけるものではないが、至極着実な仕事ぶりであり、こういった作品が受賞することにはそれなりの意味があるだろうと思った。（松尾陽）

——

吉田桂二君の古河歴史博物館をはじめとする古河の仕事は、これまで建築家が一般になしてきた一点による建築の提示とは異なり、付近一帯のまとまり、あるいは道筋に沿ったまちづくりを意図しており、デザインの質とともにその仕事の仕方が高く評価される。瀧光夫君の作品は、自然との丁寧なかかわりと空間の細部を配慮したデザインがさわやかであった。ただ外部の仕様について耐久性が心配される気がかりな点もあった。レム・クールハース君の姓と名がついた集合住宅は、コートハウス形式による住宅の集合化と見た。個としての住戸内部の構成に新鮮さを感じるが、外部にあれほど閉鎖的な集合住宅が街中にあることに基本的に疑問である。現実には孤立化した都市人の私生活のための「理想的なすまい」なのかもしれないが。藤森照信君と内田祥士君の作品は小品なだけに、隅々まで気持ちと手がいきとどいており、異形にもかかわらず、自然な材料の扱いで建築の土着化に成功していた。西洋的なモダンデザインによらない建築のありかたの一つの足掛りとなる建築と見て評価した。重村力君の弘道小学校は山裾の敷地を巧みに生かし、小学校の新しいありかたを示す力作であったが、出石という静かで小さな城下町の洗練された雰囲気がもう少し木造の架構に表現できていればと惜しまれる。妹島和世君の大胆な空間構成と繊細なディテールには魅せられるものがあったが、生活者のあまりに私性の失われそうなすまいのありかたに疑問を感じた。

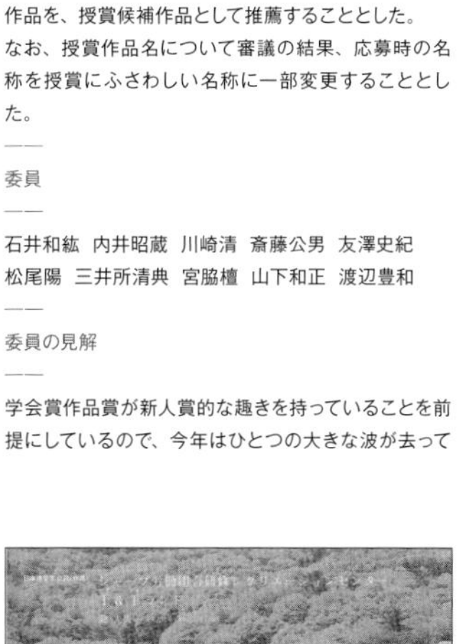
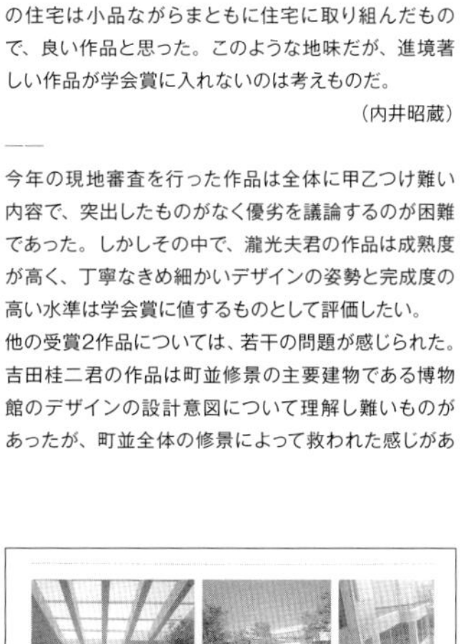
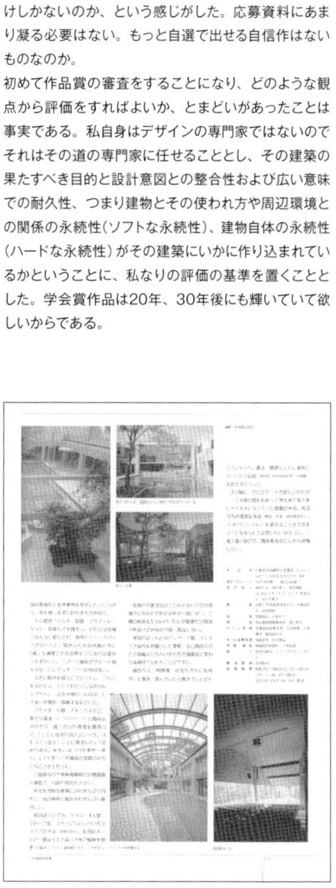
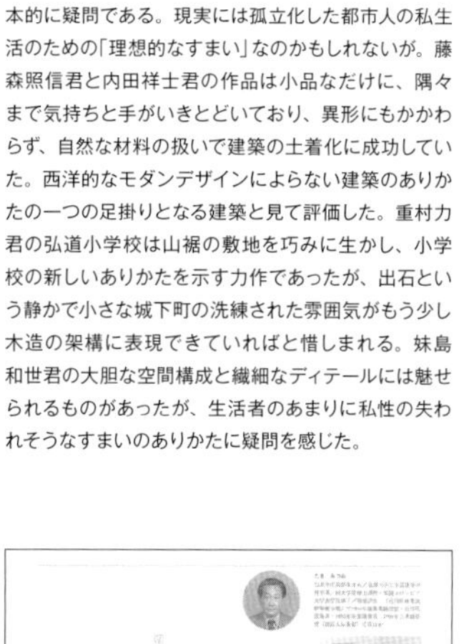

シャープ労働組合研修レクリエーションセンターI&Iランド

シャープ労働組合研修レクリエーションセンターI&Iランド／古河歴史博物館と周辺の修景／レム棟、クールハース棟

今回は一次の選に惜しくももれた秀作が少なくなかった。例えば曽根幸一君の長岡市市民体育館、新鮮な住戸プランをもつ早川邦彦君の熊本市新営団地、長島孝一君、栗生明君の作品などである。押野見邦英君や三栖邦博君の超高層作品も評価のしかたが問題であり、学会賞作品部門の賞の数や種類など、多様な作品賞のありかたを再検討すべき時のようである。

（三井所清典）

――

毎度のことながら、他人の作品を選別し、見て歩き評価を下すのは難しい。

『新建築』月評程度なら、個人的な感覚だけを頼りに選抜すれば良いのだが、学会賞ということになると、その影響力の重さや社会的な趨勢に対する意味などを含めて、そうした個人的な思いこみを超えての判断が要求される。もちろん、そのために審査委員会は立場の違う委員で構成され、バランスが取られるようになっているのだが、それがまたそれぞれ哲学の違う個性豊かな人々なのだから、意見の調整などは不可能に近いのが毎回。

それに加えて、今年は例年以上に作品に優劣がつけにくかった。飛び抜けてという作品がなかったといってよい。写真などでこれはという候補を最初いくつか絞ってはいたのだが、実物を見てそうではないことを発見したりして最終過程では混沌としてしまった。最終的には投票で機械的に決めざるを得なかったのがそれを物語っているように思う。

余言ながら、審査員が公表されるようになってから、審査員への本人等によるアプローチや働きかけが年々強くなり、今年は異常であった。慎むべきことのように思うのだが。

（宮脇檀）

――

瀧光夫氏の「I&Iランド」は、建物の様態を自然環境になじませながら緑や光を重視し、快適性の追求という点ではなかなか筋の通った作品である。写真で見ると高級な仕様を思っていたが、意外にローコストで工夫を凝らしている部分も多く、むしろ仮設的ですらある。吉田桂二氏の古河市の一連の作品は、和風スタイルをベースとして丁寧な仕事ぶりで好感がもてた。ただ、瀧光夫氏の場合も共通して言えることであるが、若干デザインの巧みさが部分ごとの対応に終始して、作品全体の大きなモチーフがあまり感じられない点がはがゆく思われた。しかし、このように地域に密着した仕事ぶりは、単に設計の技だけではない、全人的な力が必要で、この点に敬意を表したい。

レム・クールハース氏の「レム棟・クールハース棟」についてはやや疑問である。端的にいえば、社会が評価せずたくさん売れ残っている集合住宅を、どのような観点から学会が評価し、結果として社会に推薦するのであろうか。よほどの説得性が必要である。珍しい集合形式だというだけであれば、同様な形式の好例がロンドンの公営集合住宅にいくらも見られる。バブル時代でこそ許された実験であろう。同じ住宅でも、残念ながら候補作品どまりとなった遠藤剛生氏の大阪府営吉田住宅は、大型集合のあり方をローコストながら見事にひとつのスタイルとして提示され、よほどの力作ではないだろうか。

受賞とはならなかった押野見・播氏の「大阪東京海上ビルディング」と、妹島和世氏の「再春館製薬女子寮」については、完成度も高く両氏の次作を大いに期待したい。また、三栖邦博氏の日本電気本社ビルは、昨年にも応募されたということで、見学すら決定されなかったのも残念であった。

今回はやや無理に3点の受賞としたきらいがあるが、数を気にするより審査員の過半が十分納得できるものがなければ、受賞作は1点でも2点でも、かまわないと思うが如何だろうか。

（山下和正）

――

クールハースのネクサスは、私も何度も市街地高密低層住宅として計画したが結局挫折してしまった典型例であり、高く評価されて然るべき。事実私は初めから強く推したのは言うまでもない。しかし他の2作は無難が評価されたものであり、応募作や候補作にはバブル最盛期の無意味な過剰表現か、フワフワヒラヒラが多くこれが忌避された代償のようなものであり、バブル後遺症とでも言うしかない。藤森照信の神長館守矢史料館は問題作であり、これは十分に賞に値すると私は強く推したが、どうも説得力不足か今年の選考委員の傾向が穏健派が多かったせいか、議論の対象にされ難かった。宗教と民俗の狭間を見事に表現しているのに使用材料の適否にこだわる論議が多く、依然として建築における民俗学的視点がデザインの議論の俎上に乗らない。建築内知性の危機的欠陥ではないのか。神長館はその意味で極めて批評性の高い作品であり、作者が評論家であることがその真実性をさらに高めていた。

妹島和世の再春館製薬女子寮は透明感溢れる佳品であり、作者のみずみずしい感性が随所にきらめきを見せていた。ただしクールハースとよく似たデザインメソードを駆使していて、二つの同時受賞にはやはり問題がある気はしないでもなかった。その点ではクールハースに一日の長があった。今回の受賞は1作か2作でよかったかもしれない。全体的に低調なのは否めなかった。

（渡辺豊和）

シャープ労働組合研修レクリエーションセンター I&Iランド

瀧光夫

――

推薦理由

――

このレクリエーションセンターは、大阪の東、生駒山系国定公園の中に位置しており、大阪に近い割には人里離れた緑深い雰囲気のところに建てられた。隣地が採土場で荒れていたのを大阪府がスポーツ公園として整理するに当たり、比較的公共性が高い施設として誘致されて立地した。組合員のための施設であり、宿泊、集会、レクリエーションの複合施設であるが、公園利用施設の一貫として一般にも開放されている。

設計者の瀧光夫君のこれまでの作品は多彩な分野にまたがっているが、特に植物園温室、緑化センター、花博展示館など緑を主題にした建築の作品が多く、それら一連の作品に対して昭和63年度造園学会賞（設計作品）を受けている。

今回の作品はこうした経験を十分に生かし、緑の環境、建築、そしてそこに集う人々の関わりを深く読み込んで、全体の空間構成からディテールに至るまできめ細かい隙のないデザインを行っている。起伏の富んだ環境に対して無理な造園を避け、自然の緑を生かした伸びやかな空間構成を行い、その中にパティオ、中庭、アトリウムなどの空間を巧みに切り込んで人工的な水、緑の庭園を演出している。どの空間でも、どのアングルからも緑のヴィスタが効くように設計され、正に建築と緑の渾然一体となった空間をつくりだしている。

このような建築は伝統的な日本的空間の考え方からすれば、当然、実現すべき一つの帰結であるが、近代建築の発展過程の中では必ずしも十分にこなされてきたとは言えない。この作品はあまりにも当然なことに真正面から取り組んだもので、その巧まざる素直な表現に対して審査員の評価は様々に揺れた。インパクトがない、欠点なくまとまっている、というネガティブな評価もあったが、むしろ現代建築の発散する方向に対し、日本建築の忘れられようとしている中心的主題を繰り返し追究してきた結果、到達し得た水準ではないかという評価でまとまった。近代技術主義に対して風土感覚を主題にする建築が最近評価されつつあるが、土着的感覚を表に出す言わば野性的縄文的感覚の建築と、洗練された弥生的な感覚を表出したものがある。本作品は後者を代表する建築の表現に到達し得たものと考えられる。緑と建築の融合を試みたプロトタイプを提案するもので、瀧光夫君の完成度の高いデザイン力を評価するものである。

よってここに日本建築学会賞を贈るものである。

――

受賞者の言葉

――

家電メーカーSHARP（シャープ：会社創業者早川氏はシャープペンシルの発明者でもある）の労働組合の施設である。

国内外の3万人近くの組合員が、なにかにつけて会合・交流をする。そのつど会場を探し宿舎を手配するのは大変である。なんとかして自前の施設を持ちたい、とみんなが費用を積み立ててつくりあげた。

大阪の東、生駒山系の室池《むろいけ》という由緒ある自然地で、一帯は自然公園法の国定公園。こういう施設はつくりにくいのだが、隣地が採土場で荒れていたのを、府がスポーツ園として整備することになり、非営利団体の運営だから、と誘致されたかたちで立地した。

公園利用のための施設として、誰でもが気軽に利用できる。

組合員の費用でつくるのだから建設・運営ともに質素・低廉・安価を旨としたい、というのが組合の基本方針。が、内容はホテル・旅館・会館・会議場を合わせたようなもので、いずれの要素も日々豪華になりつつある。会員のアンケートではプール・サウナ・ジャグジー・アスレチック・露天風呂、それにクラフトハウスやテニスコートなどもほしい、と夢はふくらんでいる。

敷地は広いから何とでもなるが利用者であり出資者でもある3万人近くの全組合員に納得してもらえるようなものをローコストでつくり上げるのは相当の難事である。

多くの方々に応援を求め、建設委諸氏と参考事例を見学したりしながら、労を惜しまずに打合せをかさねた。その都度スケッチ、図面・イラストレーション・試算などを提示し、それらは会報でみんなに知らされ、意見のフィードバックが行われた。緑あふれる自然地の中に「緑」を満喫できる空間をつくるのは意外とむずかしい。リゾート施設がリゾート地を台なしにしてしまっている例は多い。

大きい樹木を図上にプロットし、これらをよけたり、とり入れたりしながらレイアウトし、止むを得ないものは、しかるべき場所へ移植するなどした。

パティオ・中庭・アトリウムなど、新たな緑地（オープンスペース）も組み込みながら、盛り沢山の要素を関係づけ、「人工と自然のほどよいバランスをつくり出す」ことに専念した。「立体回遊式」あるいは「内外渾然一体式」とでも言うべき構成の空間があちこちにでき上がった。

2階建なので特殊建築物だが簡易耐火構造で、内装の制約も少ない。

木材を法的な規準に合わせながら内外に、他の素材と組み合わせながら使用した。

宿泊はシングル・ツイン・4人室・グループ室・コテージなどいろいろなタイプがある（定員100名）。多目的ホールの一部はガラス張りで外の樹林を借景（可動ホリゾント・遮光幕でクローズできる）。

各部の平面寸法はとても小さいのだが視線がとおるので狭さはあまり感じない。2層の階高も3.3m＋3.15mが基準だが段差や吹抜けがあるので低い気はしない。

家具のほとんどはデンマーク製。インテリア協力をお願いした菅家・谷口両氏の尽力で直輸入にちかいかたちで国産品と変わらぬ値段で入れることができた。

組合の人・利用者・近在の方々にも好評、と聞き、喜んでいたら賞までいただくことになった。賞状・賞碑とともに建物にとりつける銘板（彫刻家　向井良吉氏作、白銅製）をおあずかりした。

入口脇に、なにかアートがほしいのだが……と予算の都合もあって考えあぐねた末にそのままになっていた壁面がある。高名な方の重厚な作品（賞名・年度・設計者名が入っているので2つとはない）を据えることができるようになるなどとは思いもしなかった。二重三重の喜びで、関係者各位に心から感謝したい。

古河歴史博物館と周辺の修景

吉田桂二

――

推薦理由

――

古河の中心部に創造された歴史的景観には、新鮮さとなつかしさ、格調と親しみ、強さとやさしさといった雰囲気が巧みに調和して漂っている。この辺りを訪れる人は、そういうデザインで一体的に整備された環境に清々しさを覚えるに違いない。しかもその辺一帯が古河の歴史を成立させた源泉であったことを確信するに違いない。それは創造的に再生された堀割および堀割を挟んで向かい合う古河歴史博物館と鷹見泉石記念館、さらにそこに至る幾筋かの道路の舗装と沿道の垣などが、それぞれにデザインされ、結果として総合的に生み出された都市空間なのである。これらは吉田桂二君（以下敬称略）の自ら設計したものと、吉田を慕う同志たちが吉田の細やかな指導を受けて設計したもので、生みだされた空間は古河のうずもれていた歴史的特質を明らかにするとともに町づくりの核となることに成功している。

吉田はこの20年各地の古い町を訪ね、自然と人々の営みが堆積する地域の文化を民家や町並を通して観察し、絵や文にして発表し、一方町並保存の運動と実践をする行動家の一人である。その吉田が個人住宅の設計で古河の町にかかわるようになって10年余、古河の風土を知り尽くして取り組んだ仕事が古河歴史博物館と周辺の整備計画である。

古河歴史博物館と周辺の修景

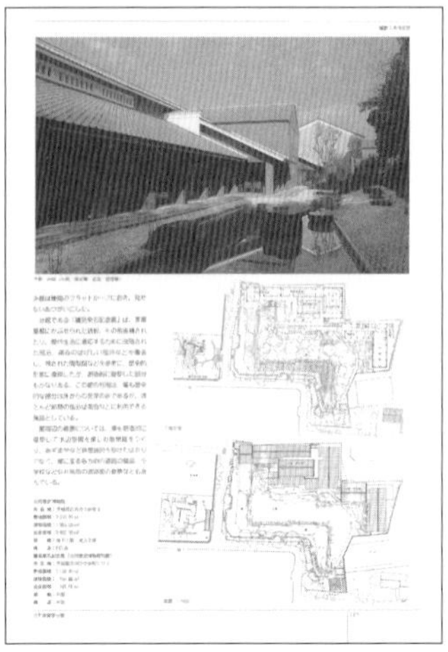

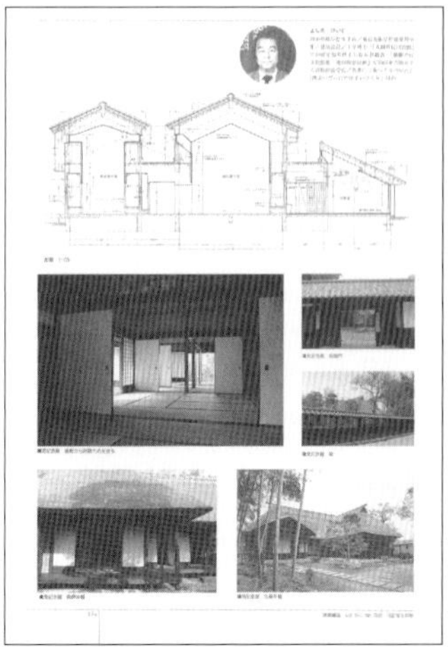

古河は少し前から東部の工業団地がよく知られるようになり、最近は鉄道の利便も増し、東京の通勤圏となりつつある。吉田は、歴史性豊かな古河がベッドタウンと化し、地域の個性が失われていくのをどうして防ぐかをテーマにし、同志と共に設計をしたという。
古河歴史博物館の敷地は、出城跡で、土塁と堀割で隔てられていた。最近は堀割は打ち捨てられたようになり、土塁には木が繁茂していたらしい。吉田の構想による堀割の整備によって二つの施設は結びつき、一般の人が自由に堀割を巡って、歴史的空間の散策を楽しめるようになった。博物館の外観は、蔵や大店が群をなしている風情にまとめられ、泉石記念館とともに強く歴史性が表現され、周辺へ連なっていく景観となっている。内部は肩を張らずに建築を楽しむ吉田の職人的遊びがあちこちに見られ、その中には甘さが指摘されるところもある。しかし吉田の作風には、建築設計を孤立した個人の仕事とせず、地域にひろがる多数の人のかかわる仕事と考え、人づくりまで図る構えをうかがわせる。このような吉田の地域の形と心にこだわる姿勢は作品の質とともに町づくりのモデルとして高く評価される。
よって、ここに日本建築学会賞を贈るものである。
——
受賞者の言葉
——
建築は風土の一要素として存在してきたし、存在すべきものである。この場合、風土とは、自然とその中で営み続けられてきた人間生活の歴史的堆積の総体を指す。したがって具体的に風土をとらえるなら地域性であり、それはその地域のアイデンティティ（存在証明）といってよいであろう。
古河市は茨城県といっても関東平野のほぼ中心に位置する人口5万7千の小都市であるが、その沿革は室町時代の「古河公方」の在所として知られ、江戸時代にはその多くの期間を土井家8万石の城下町、日光道の宿駅として推移してきた。明治には蚕糸業が興り、近在の産業経済の中心都市として生き続けてきたが、近年になると、首都圏のベッドタウンの様相を見せはじめ、町に堆積していた地域性は急速に失われつつある。
古河市の町づくりにかかわりはじめてから10数年経つ。この間、町づくりに対するさまざまな提言や協力をする中で、かなりの設計活動を行ってきたが、「古河歴史博物館」は、自治省のリーディングプロジェクト事業として市が導入した、町づくり事業の中心に位置づけられ、建設した施設である。
「歴博」建設が意図された経緯は、江戸時代、藩の家老職までをつとめた開明家で蘭学者、「鷹見泉石」の1万点におよぶ遺構を、ご子孫から市が譲り受けたことによる。古河城の大半の部分は渡瀬川の河川敷の中にあってすでになく、面影を残す部分は市の中心部ながら緑豊かなゾーンである出城跡周辺の土塁とわずかに残る濠、それに向かいあった鷹見屋敷、ここを用地として「歴博」を建て、鷹見屋敷を復原保存して分館とし、周辺を歴史公園とでも呼べるゾーンに修景整備すれば、古河市の顔といえるまでの地域にすることができる。これが町づくりのうえでの「歴博」建設の意味である。ベッドタウン化で地域性を失いつつある町にとって、町に堆積している歴史を顕彰することは、町のアイデンティティを止揚するうえで重要といわねばならない。
「歴博」本館は出城内に位置し、土塁の内側を庭としているが、用地面積は狭く、かつ中程でくびれており、建てやすい地形ではない。しかしくびれから前面に展示棟、後面に管理棟・収蔵棟を配置すればよく、後面には管理部入口に至る道路があって好都合でもあった。来館者の利便を考えれば展示棟は平屋がよいが、そうすると用地面積が狭いので庭が小さくなりすぎる嫌いがある。しかしこれも土塁を内側から眺める庭としては小さい方がよいということも言いうる。こうしたことに加えて、大きな1個の建物にするのではなく、小規模建物が集合してつくる町並にも似た印象を与えたいことから、群体の建築物として計画した。
本館はすべて日本瓦葺、平屋だが2階分の高さを持ち、高窓として排煙用の虫籠窓を配した塗屋造りの形をねらったが、すべての棟が同じでは単調すぎるので、古河の町に多く見られる煉瓦蔵の形にした2棟を中に加えている。したがって棟や軒先、けらばなどの形にも2種類あり、塗屋棟の妻側には、これも古河の町で見られる卯建を新しく造型化して配している。建物は外断熱、空調電気等の屋外機は棟間のフラットルーフにおき、見せないあつかいにした。
分館である「鷹見泉石記念館」は、茅葺屋根にかぶせられた鉄板、その他後補されたり、現代生活に適応するために改造された部分、痛みのはげしい部分などを撤去し、残された間取図などを参考に、歴史的形態に復原したが、創造的に復原した部分もかなりある。この館の利用は、最も歴史的な部分は外からの見学のみであるが、ほとんど新築の部分は茶会などに利用できる施設としている。
館周辺の修景については、濠を創造的に復原して水辺空間を楽しむ散策路をつくり、あずまやなど休憩施設を設けたばかりでなく、館に至る各方向の道路の舗装、小学校など公共施設の道路面の修景なども含んでいる。

レム棟、クールハース棟
レム・クールハース

——
推薦理由
——
民間デベロッパーの開発する住居地域の中に、日本人2人を含む主として外国人建築を集めて設計されたエリアの中の2棟の建物である。国際的な催しとしてベルリンのIBAに似たこの試みは、意図的に全体コードや、日本的な共同住宅の計画手法などを放棄したとれているのだが、必ずしも成功したとは言いがたい。企画者が自ら持つべき哲学と、それぞれの建築家にゆだねてしまう設計側のコンセプトとの力の関係がこうした場合の緊張感を生むのだが、ネクサスの場合外国人であるということだけで設計者側に自由であり過ぎ、それが全体の環境を作り出さない結果となっている（意識的にそうしたのだという主催者側の申し立てはあるのだが）といわなくてはならないだろう。
その6人の海外建築家の中で、レム・クールハースの担当した2つの棟は出色の作品であった。最初、周辺の既存の、言ってみれば世界のどこにでも見られる中高層住宅に対して、同じような棟の配置で展開されていた案が、超高層がすぐ裏に近接するということがわかった時点で、現在の敷の低い半地下を持つ3層の構想に決まったというのだが、その時この作品のオリジナリティが発生し始める。
二つのブロック3層分を壁で囲って持ち上げ、内部を1階が玄関と庭、2階に寝室、3階に空に向かって開かれたリビングやダイニング、キッチンというトリプレックスのコートハウスに分割するというその手法が斬新であった。日本でも似たようなプロジェクトがなかったわけではないし、ヨーロッパの高密度住居としてこれに近い実践はなかったとは言えないだろう。けれども、3層を貫く中庭と裏のサービス用の吹抜け空間による通風の確保、2階、3階の完全なプライバシーと共存する開放性、波打つ屋根によって得られた豊かな居室空間等、日本という地域における居住性を確保しながら、これだけ新しい住居タイプを提案してみせたことに関して高い評価を下したい。
都市の居住が必須になっていながら、依然として住棟は住居ユニット積上げ型の矩形構造物で、配棟は公団的基準によるものしか見られない日本の中高層住居に対して、この作品は実践によって新しい都市型住居の可能性を示唆している。その示唆の新鮮さ、重要性は十分評価できるものである。
よってここに日本建築学会賞を贈るものである。
——
受賞者の言葉
——
初めにまず、日本建築学会に対し、作品賞をいただいたことを感謝するとともに、贈呈式に参加できなかったことをおわびします。また、今日自らお越しいただいた三人の選考委員の方々……渡辺氏、石井氏、三井所氏……に感謝します。
もし、夢の中でどの賞を取るか選べるとしたら、私は今回いただいた、日本で最高の建物に贈られる賞を選んだかもしれません。それはなぜか？　理由はいろいろあります。まず、オランダは小さい国ですが、私は大きな野望をもっているからです。そして、日本で最高の建物というと、まるで夢のように信じがたく聞こえるからです。
しかし、私がこの賞を手に入れた3人目の外国人であることを、私はよく承知し、とても名誉に思います。このことは、皆さんにとっても私にとっても何かを意味します。皆さんにとっては、外国人と言えどももはやエキゾチックな輸入品ではなく、内輪の人間として認められ、判断され、消費され、すぐに手の届く存在になったということを意味するのだと私は思います。つまり、外人（よそ者）は、もはや外人（よそ者）ではないのです。私にとっては、何が可能であるかという定義がほかのどことも異なります力強い文化圏に接近し、巻き込まれることを意味します。そういう意味では、わたしはこの冒険に参加できたことを特権的に思いました。
今日本には、膨大な可能性の蓄えがありますが、逆にこれがあまりに大きいためにどう対処するかを定義づけ、その日程表を明確にすることを外部の人間に手伝ってもらう必要があるのかもしれません。全世界が密接に関与しあうようになったという事実を考えると、果てしないハイブリッド化が進行する中で、異なる建築文化の遺伝子を継ぎ、合成するという巨大な実験の出発点に私たちは立っているのだとわかります。小さい規模でこのことが福岡で起こりました。つまり、コートハウスという古代ローマの類型が、オランダ人の手により日本で実現したのです。ほかのどこでも考えられないことです。石山修武氏の怒りは、私が日本の魂に触れたという、最初の最高のしるしでした。
私たちは日本で多くのことを学びましたが、その最たるものが、一見非効率に見える効率性です。全員を集めた果てしない打ち合わせの中で、浴室のタイルのグレーを選ぶことと根本的な基礎の構造の問題を議論することが均等に扱われることを私は発見して、初めは驚きましたが、じきにこれは、建築においてはすべてが等しく重要であるという教訓であることに気づきました。そのお返しに私たちから何か教えられるとすれば、それはより大きな不確実性の中で生き抜くことかもしれません。
建築を作るという過程は、共同作業です。
まず、磯崎新氏に対し、我々の名を出し抜けに推薦してくれたこと、および我々に最も興味深い敷地を選ばせてくれたことを感謝します。
四島司氏に対し、初めて模型が宙を浮いた瞬間からプロジェクトの価値を信じてくれたことを感謝します。
榎本一彦氏および藤賢一氏に対し、このとても珍しい実験的なプロジェクトのために彼らがつぎ込んだ、絶え間ない配慮と支援に感謝します。
前田建設の方々に対し、彼らの辛抱強さに感謝します（一方で我々も彼らに対し辛抱強かったことも確かですが）。
福岡の建築家として我々を助け、すべてを理解してくれた河村嘉和氏に対し感謝します。
最後に、ある日突然私の事務所に訪れ、以来彼抜きではいかなる日本のプロジェクトも不可能であったであろう星野文則氏に対し感謝します。
（福岡での受賞パーティースピーチより　訳：星野文則）
——
建築雑誌1992年8月号掲載。
——
候補作品｜43題（応募32、委員推薦11）

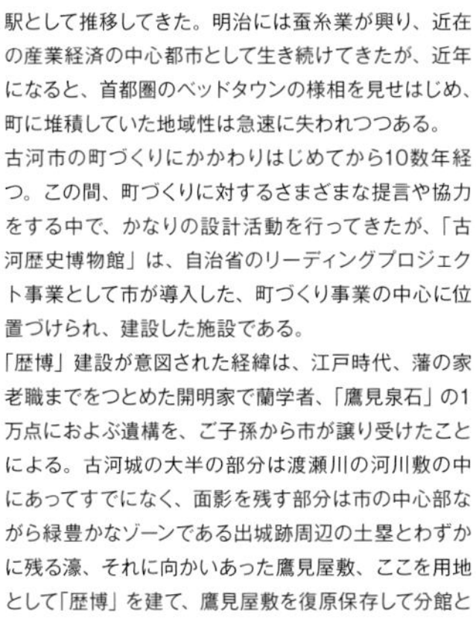
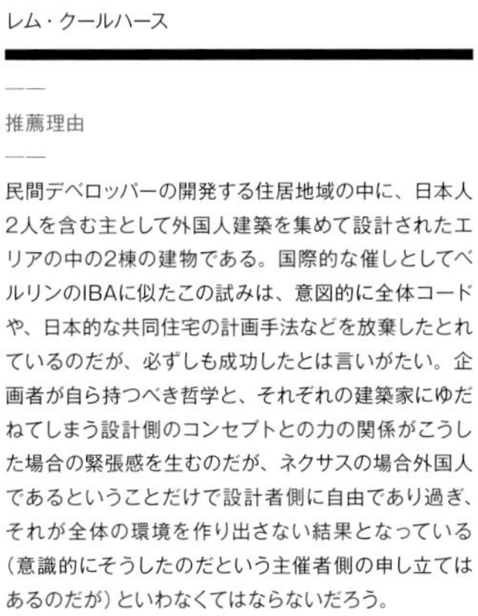
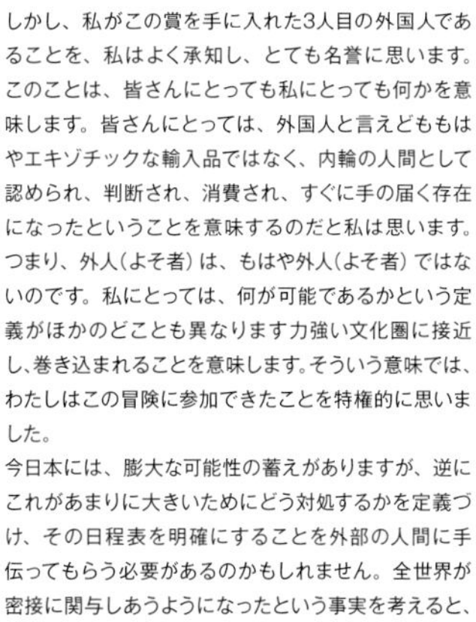

レム棟、クールハース棟

44 1993年(平成5年)

都立東大和療育センターおよび北多摩看護専門学校／NTSシステム総合研究所／ダイキン オー・ド・シエル蓼科／海の博物館

——
選考経過
——

選考部会は第1回9月22日に開かれ、応募作品36点が確認され、第2回10月14日に委員推薦等を含めて48作品の書類選考に入った。これらの作品について各審査員は応募図書の縦覧を行ったところ、応募作品のうち2点は業績的な扱いとしてはどうかという意見があり、第3部会(業績賞)の意見を求めたが、業績賞に該当しないということで、48作品をすべて第2部の審査対象とすることを確認した。各審査員は応募図書の精査を行った後、現地審査の対象となる作品について討議を行い、投票によって次の作品を選考した。

1. 都立府中養護学校・府中朝日養護学校　藤本昌也
2. 三春町立中郷学校　鈴木恂
3. 三春町立桜中学校　香山壽夫
4. 都立東大和療育センターおよび北多摩看護専門学校　船越徹
5. 海の博物館　内藤廣
6. 熊本県農業公園　遠藤剛生
7. NTSシステム総合研究所　水谷碩之・梅崎正彦・澤柳伸
8. ダイキン　オー・ド・シエル蓼科　室伏次郎
9. 高知県立坂本龍馬記念館　高橋晶子・高橋寛

現地審査は全委員により、1992年11月15日から12月14日にかけて5回延べ8日間にわけて行われ、それぞれの作品についての知見を得た。
1月26日最終選考の部会を全委員出席のもとで開催した。現地審査を行った9作品について全委員で1点ずつその利害特質を討議したあと選考に入った。選考の方法は、慎重を期するため、投票によって支持がないか少ないものの中から第一段階に除外するものを討議によって決め、さらに残りについて、同様に投票と討議を繰り返しながら、段々数を減らして最後に過半数を得た作品1点をまず残すこととした。次にその1点を除いた他の作品についてもう一度同じことを繰り返しながら、1点ずつ残していく方法をとった。こうしてまず(5) が選ばれ、ついで(7) が選ばれた。3番目の作品は過半数を得るに至らず、(4)と(8)が同数となって票を分け合った。
この2作品について授賞候補作品として残すか残さないかを図ったところ、賛成多数で2作品とも残すこととした。この結果、本年は(4)、(5)、(7)、(8) の4作品を学会賞候補作品として推薦することとした。
今年度、現地審査に選ばれた作品はいずれも力作であったがそれぞれ得失があって群を抜く作品がなく、わずかな差で明暗を分けたものと思われる。中でも(5)海の博物館は分棟形式の博物館で、それらの結びつきに計画上の若干の問題を残したが、風土的な特徴をよく考え、技巧に走らないおおらかさをもった好ましい作品として審査員の評価を集めた。(7) NTSシステム総合研究所は、外部の風景の建築への取り込み方に若干の疑問を持たれたが、建築的構成とディテールの確かさが評価された。(4) 都立東大和療育センターおよび北多摩看護専門学校は外観デザインに疑問を持たれながらも、病院建築の構成の確かさを感じさせる作品であり、(8) ダイキン　オー・ド・シエル蓼科はオーナーと建築家の間の調整の困難さを感じさせるものはあったが、地形にこだわって筋を通した構成が評価されたものと思われる。
その他惜しくも賞の候補に残らなかった作品も、作品としての水準にそれほど大きな差はなく、票決の困難さを感じさせられる審査であった。

——
委員
——

石井和紘　太田邦夫　川崎清　友沢史紀　久徳敏治
松尾陽　守屋秀夫　山崎泰孝　山下和正　山本理顕

——
委員の見解
——

はじめの段階で、いくつかの建物を自分としては見ておきたかったが、残念ながら叶わなかったものがいくつかあった。次の時代傾向の一端を担うものであるに違いなく、その萌芽であり結実であるものであった。ただ今年人気のJリーグのサッカーにたとえれば、ゴールを外したシュートとして考えられてしまったと考えられたようであり、私としてはバーに当たってからの処理如何で、蹴り込みも可能とも思えて惜しかった。
またオフサイドをとられて、シュートと認定されなかったものもあったが、この辺りは判定の問題でもあり、オフサイドぎりぎりに突くのがカンドコロなのだから仕方がない。
学校建築で2点、とても秀でたものがあり、それぞれに新しい可能性を展開していて注目されたが、惜しくも票がまとまらなかった。
受賞作品4点のうち、海の博物館、NTSシステム総合研究所、ダイキン　オー・ド・シエル蓼科は、調和されたバランスのある適解であったが、それ以上の疾走感がその快適性の中に吸収されている感も多少否めなかった。内藤氏にはソツをも有してほしく、水谷・梅崎・澤柳氏には広大な中央駐車場を分解してほしく、室伏氏にはガラス建築も見事だが、やはりいつものコンクリート建築の冴えを期待したかった。
船越氏の都立東大和療育センターおよび北多摩看護専門学校は、むしろその対とも言うべき大変な試行を行っている建築であった。研究と計画の一致が実践されていたのである。その一致性の追究は、むしろこちらがタジタジとなるほどで、これをどう評価するかは病院建築を耳学問でかじっただけの私にも大変なことだと分かった。まず病院は成長し全体性はないということだけでもこのように明示してくれた病院はなかった。私も船越氏に比べればこれでも随分ソツのなさを身につけてしまったなあと反省した。　（石井和紘）

——

候補作品を一巡してみてまず思ったことは、一つを除いてみな横一線、どれもが頑張っている印象を与えながら、どこかに共通の欠点を隠している建築ばかり、ということだ。結果的に4作品になってしまったが、基準が厳しかった1970年代なら「海の博物館」だけで終わっていただろう。当時と比べれば今年の作品は総じて仕上げが奇麗で金が掛かっている。設備は良くてしかもスペースは豊かときている。なにが物足らないのだろう。
学会賞として頑張る場所がみな違うのではないだろうか。医療や看護の厳しい現場に対して、設計行為がどこまで有効だったかが問われるのだろうが、周囲の住民や来訪者へのデザイン的な配慮に全力投球したり、施設の設備を完備させたのが建築家の功績というのでは悲しい。冷暖房完備のガラス越しに眺める自然ではたして心が満たされるのか。いつも現代人の生活感覚を逆撫でするこの設問に、どれだけ今回の新しいオフィス空間やレジャーの空間が答えているのか。どこかで力を100パーセント発揮していない。
設計理論と実際とが一致していれば理想的であろうが、少なくとも設計者にしか発案の可能性がない建築への行為に対して、言行一致か否かで受賞の是非を問うのが学会賞らしくていい。創作への参加者を多元化したり敢闘賞的な評価を含めると、これらの設計意図の一貫性は望めそうにない。BCS賞的なセンスの選考に傾くことが最も心配である。そういった意味で、控えめな設計主旨から力強くて魅力的な架構を造ってしまった内藤氏の筋書きだけが、まともな評価の対象になっても不思議はないのである。　（太田邦夫）

——

今年度の現地審査作品はいずれも力作が揃っていて、甲乙つけがたいものがあった。受賞作品として残された4作品は順当なものと思われる。しかし、三春町立桜中学校、熊本県農業公園なども同じ水準の作品と思うが、残念なことに票が集まらなかった。選考の議論の中で、オリジナリティ重視の考え方がかなり強く主張されたが、何がオリジナリティなのか、総合性とオリジナリティとをどう評価すべきなのか明確な結論が得られず、いつもながら作品評価の難しさを感じる選考であった。　（川崎清）

——

今年は昨年に比べて応募作品がやや多くなったが、結局第一次審査をパスしたのは、昨年と同じ9件となった。一次審査に漏れた中にも、ぜひ実際に見てみたいと思われるものがさらに数点あったが、二次審査の時間的制約からどうしてもこの程度になってしまうのは残念である。これらには富山県こどもみらい館、多摩ニュータウンの住宅(2件)、幕張海浜公園日本庭園(松籟亭)などがあった。
海の博物館は、外観の質素なたたずまいにかかわらず、プレストレストコンクリートや大断面集成材を用いた構造、瓦屋根、杉板の内装、土間床など、自由自在に材料を駆使して海の文化を表現するのにふさわしい空間を作ることに成功している。都立東大和療育センター他は一見この種の建築にあい入れない雰囲気の外観デザイン、内部空間のあっけらかんとした明るさであるが、この力強さがむしろこの施設を使う入所者たち（入院者ではない）の精神の健康のためには好ましいものであると感じた。同じ府中の養護学校はきめ細かくデザインされ、機能的にも大変優れているのであるが、利用者への思い入れがかえって重荷に感じられるような雰囲気がある。
惜しくも授賞は逸したが、熊本県農業公園は自然と建築がよく融合し、親しみやすい優れた計画であった。必ずしもデザインの斬新さや贅を尽くしたものがいいわけではない。計画の目的によく合致した建築が実現され、正直に機能に合った素材を用いて、計画の目的と機能をよく果たしている建築も大いに評価されるべきではなかろうか。この意味で、三春町立桜中学校も端正な中に生徒を包み込む優しさのようなものが感じられ、大変好ましい建築であった。
建築の最も基本的な要求条件として、使用時の安全や快適性、あるいはメンテナンス性や耐久性があると考えられるが、時にこれらの基本的要求に疑問が感じられるような建築に出会うことがある。ちょうど頭をぶっつけそうなところに鉄骨部材が露出していたり、ちょっとしたディテールの配慮で取り除ける不必要な床の段差があるなど、細かいことのようであるが、いくら内部空間や外観のデザインが優れていても躊躇を覚える。画竜点睛を欠くこのような例に今回も出会った。　（友沢史紀）

——

応募48作品の一次選考は設計コンセプト、図面ならびに建物写真でもって行われ、9作品が候補として残ることとなった。二次選考はこれらの作品の現地審査を行ったのであるが、当然ながら現物と写真の印象がかなり異なることには戸惑いを感じている。選に漏れた他の作品の中にも実物のよいものが含まれていたのではとの疑義が残る。また、現地審査にしても、審査の季節、時間、人のあるなしによって、随分印象が異なることも実感し、選考の難しさをしみじみ味わっている。今年は飛び抜けた作品が見受けられなかったようだし、例年以上に優劣がつけがたかったようであるが、価値観や切り口の異なる複数の審査員の慎重な討議に意を尽くしたことは、選考という多分に恣意的な要素を除き得たと考えている。しかし、最終的には公平な投票で決めざるを得なかったことはよしとしたい。
選には漏れたが、2、3の作品についての私見を述べれば、専門的な立場から高橋晶子君他の高知県立坂本龍馬記念館の吊り構造システムは緊張感を識者に与え、その大胆さと力強さという面で評価に値するものと考えている。しかし、どちらかといえば象徴性を高く問われる作品賞という性格から今一つ説得力に不足した。また、一次選考でうきめを見た永田祐三君のホテル川久は建築計画上多少問題を持つという意見も散見されたが、彼の作品に対する思い入れやその制作態度は高く評価に値するものと考えている。　（久徳敏治）

——

海の博物館は外観の直線的な構成と内部の集成材を使った優美な木組みがいずれも美しいと思った。収蔵物のための環境管理の対策も行き届いている。そして何よりも、全体が施主側の強固な目的意識によって支えられている。これは幸せな建築である。その点で、熊本県農業公園は余り幸せでないようだ。これもまた大変緻密で完成度の高い作品であったが、皮肉なことに、それがかえって施設の性格のあいまいさを浮き出させてしまった。
都立東大和療育センター他には、作者の計画学者としての方法論、高度身障者医療への社会的アピール、そして造形性への志向の三者が混然として、その苦闘のさまにいわく言い難い迫力を感じた。
NTSシステム総合研究所は郊外型オフィスの模範回答である。浜名湖畔の風光明美な敷地と潤沢な予算の下に、アトリエ作家とゼネコン設計部の協力がそれなりの結実を生んでいる。これを見ながら、低予算と格闘して敗れた三春町の2つの学校のことを思って、ため息が出た。
ダイキン　オー・ド・シエル蓼科については、地形に対する作者の思い入れの強さが異様に感じられた。他に検討するべきことがあるのではないかという意味を含めて、私は感心しなかった。坂本龍馬記念館は、基本計画は野心的であり、魅力的であるのだが、肉付け段階での破綻が大きすぎた。府中養護学校は非常に入念な設計で出来栄えも間然とするところがないと思

都立東大和療育センターおよび北多摩看護専門学校

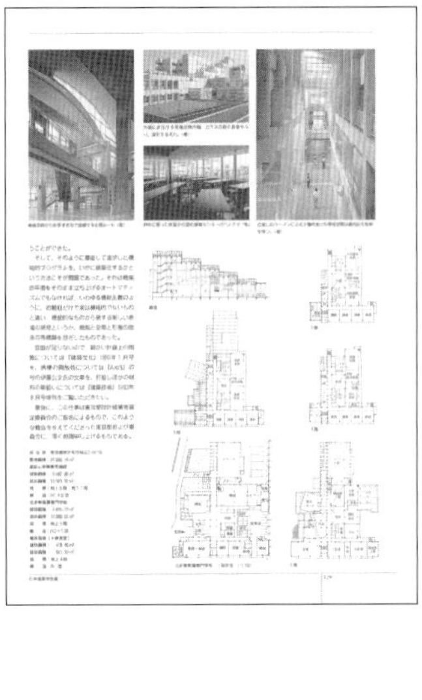

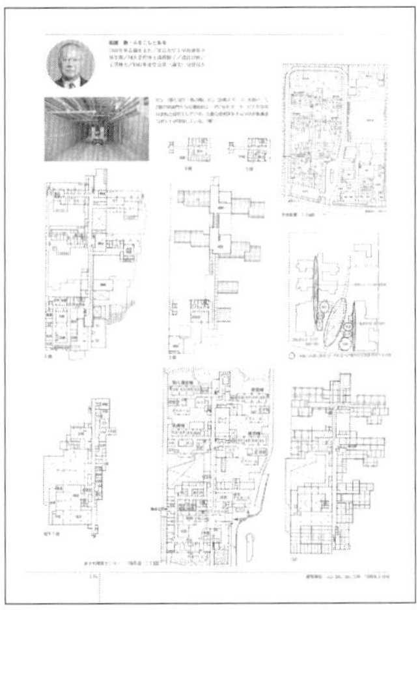

うのだが、推したいという気分が盛り上がらなかったのはなぜであろうか。
最後に、審査委員として2年間に接した20人あまりの関係者の、いずれ劣らぬ真摯で熱意に満ちた制作態度に敬意を表します。（松尾陽）

——

病院や学校のように、機能上の要求が複雑であったり、要求が明確でなくても計画を通してはっきりさせなければならない建築物と、博物館や公園施設のように、機能上の要求が単純であったり、要求があいまいのまま建築をつくってしまえる建築物に対して、作品としての評価をどのようにして比較するのかは、大変むずかしい問題であり、選考委員の間でもこの点に議論が集中した。
都立東大和療育センター他は、医療・保育の面でもどうしたらよいのか十分に解明されていない問題に正面から取り組んでいるが、建築表現の点ではやや気負い過ぎた感がある。都立府中養護学校他も、特殊な学校に対して丁寧な計画をしているが、もう少し明るい雰囲気をもたせるべきであったように思う。三春町の中郷学校と桜中学校は、ともに教室の運営方式に提案を試みているが、やはり感動させるものが足りない。
一方、学会賞に博物館が多いのは計画学の未熟さを示すものであると、かねて論じたことがある（本誌1985年2月号）が、今回もこの種のものがいくつか候補に残った。海の博物館は、その中では機能上の要求が比較的シビアでないために、無難にまとめられたにすぎない。ダイキン　オー・ド・シエル蓼科は社員のための別荘で、自然を相手に細かな工夫が見られるが、この施設の使い方では建築主と多少の意見の食い違いがあったように見受けられる。結局、NTSシステム総合研究所が、二つのカテゴリーの中間に位置する施設であったために、堅実な技法で手堅くまとめられた、好感のもてる作品であった。郊外型の事務所で従業員同士の触れ合いをどのようにして確保するのかの問題に十分対応できているか、若干の危惧はあるけれども。（守屋秀夫）

——

当初集まった全作品は、実に多様で現代の建築界をそのまま反映していた。
近年さまざまなコンペの場面では、これ以上に多様で現代都市の混乱そのままである、などといっていてよいのだろうかと考えさせられる。近代主義の時代が過ぎて、これだけさまざまな考えが受け入れられる「自由」は、現代日本の活力を生み、我々にとっても有り難いことであるが、片方で規制の力が働かないと、その自由は強いものにならないし、作品の創造性も本物にはならない。すなわち、この多様性の自由が生んだ真の創造性のない作品が、大量生産されているのが現代日本の社会である。
本年は、片方では学会賞のあり方が議論されているが、少しは保守的になっても、日本の建築界の指針となるべき、明快な視点を提示すべきだと思う。社会が多様で自由であるからこそ、私は学会に、その役割を望む。
さて、今年の学会賞の4作品は、2点が計画的・工学的に優れており、他の2点はいわゆる意匠的な面で評価されたと思う。最初に海の博物館が決まったが、これは私も推して素直に過半数の支持を得たが、その後は票が分かれ、決定に手間取った。そちらを入れるなら、こちらをといった意見と投票で結局バランスをとって、上述のように、2点、2点で4点を選ぶ結果となった。いかにもこれが現在の学会の見識そのものを表しているのではなかろうか。（山崎泰孝）

——

現地審査の対象となった9作品はいずれも一長一短で、私にはそんなに大きな差はなかったように思われた。結果的にも、そのうち4点入賞したことがそれを物語っている。
「海の博物館」は配置計画や建築構成の単純さがかえって効果を生み評価につながった。手づくりの展示や木造建築の柔らかさが、都市型の建築にはない暖かさをつくり出している。
「NTSシステム総合研究所」は、恵まれた敷地環境と控えめできめ細かい感覚の建築との対比が奏功しているように思われた。ただ、緑もない空疎な中庭や広大な駐車場など、やや人工性が強すぎて気になった部分もあった。
「都立東大和療育センター・北多摩看護専門学校」は、この種の建築が落ち入りがちな計画論優先主義に対し、建築表現主義が果敢に立ち向かった壮大な戦いの跡を見る思いであった。ある部分では成功し、他の部分では破綻をきたしているとしても、この意味において過激な外装の市松パターンや看護専門学校の大吹抜けといった建築表現らしさを理解することができる。
「ダイキン　オー・ド・シエル蓼科」は、保養施設の新しいイメージや型を示しているように思われるが、個々の建物の完成度という点ではいまひとつと思われた。また、個々の建物のモチーフや表現も特に統一的には考えられてはおらず、一つのあり方と思われるが、全体としてのインパクトにはやや欠けるように思われた。（山下和正）

——

学会賞の評価は何よりも新しさにあるのだと思う。新しさというのは別になんでもいい。設備に対する考え方、あるいは構造に対する考え方、あるいは素材、あるいは環境について、都市について、独自の解釈が実現していることなのだと思う。
「海の博物館」は古い倉庫群のようなたたずまいと、その内部の架構との関係が見事に実を結んでいる。ほとんどの審査員の一致した評価を得た唯一の作品だった。その他の作品は、審査員の評価が最後まで一致しなかった。学会賞の審査ははじめての体験だったけれども、それぞれの審査員の建築に対する考え方の差の大きさに正直なところびっくりしてしまった。
個人的には、「海の博物館」のほかに「ダイキン　オー・ド・シエル蓼科」の建築と環境との新しい解釈、あるいは「都立東大和療育センター・北多摩看護専門学校」の、表現自体は特に新しくはないけれども、それでも困難なプログラムを建築にまとめようとする意気込み、そして「坂本龍馬記念館」の架構の大胆さとシンプルな空間構成に共感する。（山本理顕）

都立東大和療育センターおよび北多摩看護専門学校

船越徹

——

推薦理由

——

病院というものは、アメーバのように動的に変化し、巨大化し、死滅する。それは社会の人間生存コストについての許容度の変化によって変わり、患者を含めた病院内の人間組織の変化と成長によって変わり、また病原の新登場によって変わり、社会の病みによって変わる。
病院のこうした動態に対する研究は、厚生省病院管理研究所をはじめ各大学研究室の研究によって長時間を経て解明されつつある。しかし、こうした研究はなかなか一般人には理解されにくく、それがために、病院の設計というものは特殊なものとみられ、特に大型病院は一般設計者が手掛けるものではなくなってきている。
こうした事情の中にあって、本病院は、病院の研究と設計という分解してしまったものにつなぐ橋を掛けようとした貴重な例として評価される。
東京都の設計者選定制度によって選ばれた設計者が、この二極を一体化することを期待されていたことは明白である。
分節が強まる各要素をそれぞれ分節させつつ、各々の成長を保証しているのが、この病院の大きな特徴で、その全体性を与えるために、吹抜けや縞柄の外装を使用している。
さらに、この病院が重度心身障害者のための施設であり、通常のアプローチでは難しい施設であるが、設計者は長くこのジャンルの病院を手掛けてきており、その姿勢は特に現在評価されるものであると考えた。
以上の経緯は、この建築をひとつの高みに引き上げたまとまりとして評価されるべきであろうと考えられたし、これを否決して次例を待つという考え方は本設計業務の難度を考えると採用することははばかられた。
しかし、吹抜けとストライプという全体化手法が、いささか荒技に過ぎ、過剰であることが指摘され、それが全体性をかえって不安にしていることも挙げられた。
また不治の病にいる絶望的に不幸な患者に、「家」でなく「病院」を与えたことにも疑問は投げかけられた。
しかし、精神的に不安定に見えるところにまで設計者の精神状態があることは、現代という社会的病を体現していることであり、肯定否定を問わず真面目さとして評価されるべきであろうということになった。
よって、ここに日本建築学会賞を贈るものである。

——

受賞者の言葉

——

この敷地全体には，建物名称で分かるとおり二つの全く無関係な施設が共存している。ともに東京都衛生局の管轄下にあるが，担当部局が違っていて，内容的にも関連はない。
療育センターは，重症心身障害者——つまりもっとも重い精神障害と身体障害の合併症の人たちのための入院施設が中心であるが，そのほかに，ショートステイ，デイケア，外来，在宅援護部門，ヴォランティア施設などの諸部門を含む複合施設である。なおこれは医療法上の病院であるが，当然福祉施設でもある。
看護専門学校の方は，三つのコースを持っていて，将来短大への昇格が計画されている。
さて，建築の設計とは，「問題を立てること」だと思う。建築の質を決定するのは，解答よりもむしろ立てられた問題の質である。
この建物の場合，立てた問題は多岐にわたっていて，それを明快に箇条書きにして提示できるものではない。しかも設計の途中でこだわっていたことが，後で「問題」として整理されることもあるからである。
多くの立てた問題のうち主なものについて述べると，まず第一は，機能的には全く関係のない二つの施設に、いかなる建築的関係を与えるべきかということだった。
これは言い換えると，「二つの建物間の空間的・デザイン的関係をどう考えたらよいか」ということである。
これに対する解答は，「街のようにつくる」ということであった。もっともこれは半分は答えであるが，半分は新しく立てる問題でもあるわけである。
さらにそれに対する解答は，それぞれの建物に雰囲気の異なるモール的な吹抜けをつくり，外部・内部両空間体験において，対立性と統一性の両方を持たせるようにすることであった。
このモール的空間は，それぞれの建物の背骨にあたる骨格空間であり，寮育センターでは2階建てで長さ120mに及び，看護学校では5階建てで長さ65mある。ずいぶん雰囲気は違うが，その幅，打放しの構造体の扱い，色彩等共通もしている。
外部については，敷地の境界線のあり方や，一団地申請とすることが街のようにつくることの障害にもなったが，並行して対峙する骨格空間が，ともに打放しであることや，それに付属するヴォールト屋根を持った各部分や，タイルのパターンによる統一性を意図した。これによって，フラクタルな輪郭をもったある種日本的な街のような空間ができたと患う。
なおそれぞれの建物の吹抜けは，各部門や単位空間との間で街のような関係をつくっていることも重要な設計意図である。
第二には「ほとんど前例のない療育センターの，機能的解析とそれの建築化の方法」という問題である。
機能的解析という言葉を使ったが，あまりにも未知の施設であり，むしろ機能的プログラムを自らつくる，という作業であった。当然各関係者からのご指導は頂いたが，一方敷地の国からの払い下げのために，基本計画作成後2年間の空白が生じたときに，類似施設の調査・分析を十分に行うことができた。
そして，そのように徹底して追求した機能的プログラムを，いかに建築化するかという方法こそが問題であった。それは機能的平面をそのまま立ち上げるオートマティズムでもなければ，いわゆる機能主義のように，お題目だけで実は機能的でないものと違い，機能的なものから発する新しい表現の発見というか，機能と空間と形態の関係の再構築を目ざしたものであった。
誌面が足りないので，細かい計画上の問題については『建築文化』1993年1月号を，病棟の開放性については『AXIS』47号の伊藤公文氏の文章を，打放しほかの材料の取扱いについては『建築技術』1993年8月号増刊をご覧いただきたい。
最後に，この仕事は東京都設計候補者選定委員会のご指名によるもので、このような機会を与えてくださった東京都および委員会に，深く感謝申し上げるものである。

NTSシステム総合研究所

水谷碩之／梅崎正彦／澤柳伸

——

推薦理由

——

この研究所はコンピューターソフトの研究・開発を目的とする施設である。「人間と自然と科学の融和」を

NTSシステム総合研究所

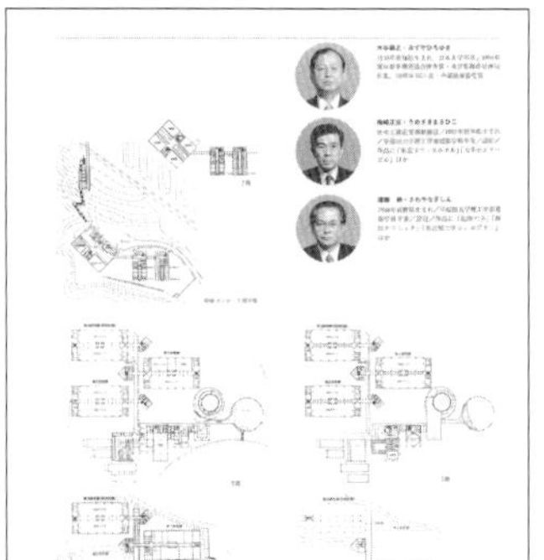

44

都立東大和療育センターおよび北多摩看護専門学校／NTSシステム総合研究所／ダイキン オー・ド・シエル蓼科／海の博物館

基本テーマに掲げ、広々とした敷地に豊かな緑と水辺に恵まれた自然環境を生かした「21世紀に向けての本格的な郊外型研究所の一典型」を目指してスタディは進められている。敷地は浜名湖を見下ろす自然公園の指定区域内の丘陵に選定され、事前の綿密な計画と行政との折衝による建築制限解除をとりつけ、施設群は水面に望む温和な自然の景観に融け入るがごとくに佇んでいる。
施設は研究棟をメインに管理棟·食堂棟を含む研究所、研修センター、社員寮の3つのブロックに分かれているが、研究所と研修センターのスカイブリッジは、単なる動線としてではなく、回廊・道空間の役割をもち、人と人の触れ合いの場として、またリフレッシュコーナーとしての役割もになった経路で結ばれ、一つの群をなしている。建物は周囲の景観との柔らかい調和を旨として、大建築とせず低層のいくつかの棟に分散配置されている。この配置計画は、日本人の自然に対する感性を、自然と建物の関係において見直された結果として、目的別·用途別の空間を経路で結び、「ずれ」「透かし」「雁行」などの日本的な空間構成を巧みに採り入れ、外部空間と内部空間を一体にした空間構成を見事に成功させている。
全体的に見れば決して豪華な建物でもないし、造形的な奇抜さは見られないが、全体構成からディテールの隅々まで明快な構成で貫かれ高い設計密度が伺われる。とくに円形の車寄せ、円筒形のイベントホール、池を抱く正面中庭など、一部には強い構成と造形的表現も垣間みられる。
内部仕上げの大部分は、吸音板の白い天井、プラスターボードにペイント塗の壁、床はOAフロアーにタイルカーペット、一部木目の板張り仕上げと不必要な装飾もなく簡素を旨とし、全体に若い人たちが出入りする研究所らしい軽快で嫌味のないインテリアである。しかし、両側にコアを設けた大部屋式の研究オフィス、地上部に貫通車路と配管・ダクトスペースを沿わせた渡り廊下のシステム化など、研究所の将来の発展、変化への合理的対応もよく考えられており、新しい日本的な研究所の類型をつくり出している。
この研究所では、アトリエ建築事務所と建設会社設計部が良い協力体制をつくりだし、バランスのとれた環境づくりに成功していることも特記にあたいする。
よって、ここに日本建築学会賞を贈るものである。

——
受賞者の言葉
——

この総合研究所は、コンピューターソフトの研究・開発を目的とする施設である。その知的作業に対し、21世紀に向けて理想の環境創出をめざし計画した郊外型オフィスである。
計画地の条件として、広々とした敷地で豊かな緑と水辺に恵まれた自然環境が必要とされ、用地が選定された。浜名湖岸地帯はいまだ良好な自然が残っており、近年、情報産業の研究施設の立地として脚光を浴びている。敷地は奥浜名湖に面し、緑豊かで起伏のある25haの丘陵地であった。もとよりこの地域は市街化調整区域であり、さらに自然公園の指定を受けていた。
この建設の基本テーマは「人間と自然と科学の融和」である。これを受け、計画に当たっては、欧米の事例の模倣にならないことに留意し、日本における郊外型オフィスを目標とした。それは日本的な伝統と日本人の自然に対する感性に基づく空間構成であり、自然と建物との関わり方にあると考えた。
まずこの25haに及ぶ大規模な開発行為に対しては、自然と人間との共生する環境をめざし、地形の原型を極力生かした造成とし、緑を特に大切に扱い、周囲の景観との調和をはかった。配置する各建物は、自然に対立するような、高く、大きく、マッシブなものではなく、日本の集落や桂離宮にみられるように、自然と建物とが緊密でやわらかい関係をもつように配置した。
建物は、研究棟をメインに、管理棟・食堂棟を含む研究所、社員研修を主とする研修センター、男女の単身者用社員寮からなっている。さらに将来の予定として、研究棟の増設、体育館の建設等がある。これら用途別の空間を構成するにあたっては、相互にボリュームの調和をはかり、低層で分散配置し、経路でつなぐものとした。日本建築の"雁行"配列、廊下·縁側などの"ずれ""透かし"の扱いを取り入れた。この配置によって、建物間に自然を組み入れ、ガラス面を透かして内部・外部の一体化をはかった。また、用途機能の異なった各建物の空間構成については、いくつかの共通する構成手法を考え、これらを組み合わせ適用することによって、形態・外観において、それぞれの個性を表現しながらも、群としての統一感が形成されるよう留意した。
研究・開発施設のメインである研究所は、オフィス環境としての効率性・快適性・対応性・安全性を確保し、特に「感性の刺激」「人間性の回復」と「創造力の発揮」をキーワードとし設計した。とりわけ、研究オフィスは中央にトップライトをもつ吹抜部を設け、2フロア4ブロックのオフィス構成で、それぞれの空間の独立性と立体的連続感を創り出した。外部に面する窓も床面から天井までの大型ガラス面とし、中央のトップライトと併せ豊かな自然光を採り入れるとともに、外の緑が十分視界に入るよう考慮した。また、高い天井高、変化をつけたその形状、工夫された照明方式、加えて独自開発のワークステーションによって、画一的になりがちなオフィス空間を快適にし、差別化をはかった。
一方、各建物を結ぶ経路空間は、この研究所の特徴的空間である。単なる動線としてではなく、回廊・道空間の役割をもち、人と人とのふれ合いの場、リフレッシュコーナー、さらにひらめきの空間と考え、その広さ·長さ・天井高・ずれ・半外部的開放感・ガラス張りの透明感等を組み合わせ、視界を変化させ、心理的な効果をねらっている。また、施設間のエネルギー・情報の中枢機能ルートであり、特に情報系に関しては、人体の神経のごとく、有機的ネットワークを形成し、信頼性と対応性の高いシステムとなっている。さらに増築・変更・更新の作業にも対応しやすくなっている。
このようにこの研究所においては、広々とした自然そのものに接することに加え、建築の空間構成による四季の移り変わり、光と陰の変化、遠い緑と近い緑、風音と静けさ、そしてハイタッチ感のあるインテリア·アートワークを体感することにより、感性が刺激され、人間性が回復し、創造力が発揮されることを期待している。

（文責：澤柳伸）

ダイキン オー・ド・シエル蓼科
室伏次郎

——
推薦理由
——

起伏の大きい変化に富んだ敷地に、まるでおもちゃ箱をひっくりかえしたような多様な形が点在している。変化に富んだ敷地というより、ほとんど普通ならここに建築をちりばめようとは、決して考えないような、むしろ建築をつくるにはマイナス要因になるような敷地である。その敷地の性格を設計者は細部にわたって確認していった。敷地の中の細部がそれぞれにもっている性格を、一つ一つ確認して、その細部の性格に適合する機能と形をそれぞれ綿密に検証していったのである。
敷地面積は約1.7ha、南北に約60m、東西に約250mで、長軸方向に約40mの標高差のある敷地である。設計者はこの敷地を綿密に読み込んで、様々な機能と形をこの敷地の中に配置していった。敷地のほぼ中心にセンターハウスがある。この保養施設全体の中心施設で、エントランスホール、ラウンジ、食堂などのレセプション施設である。木造と鉄骨造との混構造の上部をフッ素コーティングされたテント膜が被っている。森の中にガラスの箱を置いて、その上にテントの屋根が乗っているというような、自然の中に直接身を置くような建築である。インシュレーションのために3重の層になったテント膜から柔らかい光が落ちている。
このセンターハウスを中心にして、様々な施設が敷地全体にちりばめられている。敷地の最上部には、ゲストコテージと宿泊キャビン、その横にバードウォッチングのための塔、センターハウスの隣にはオーディオルームや小さなオーディトリウム、その少し下には茶室、そして最下部には宿泊キャビンと天体観測のための塔といったように、様々な機能がその敷地の特性から誘導されたように、様々な形を与えられている。正に環境が建築になっているのである。
設計者は、これまで、個人住宅を中心に自らのスタイルを築き上げてきた実績を持っている。その実績が、この建築を一企業の保養所であることにとどまらず、むしろ大きな住宅のような、あるいは小さな村のようななやさしさに満ちたたたずまいに結実している。そのたたずまいは、自然の中で生活するということがどのようなものであるかという、一種のモデルに成り得ていると思われる。
この、建築と環境についての新しい考え方、あるいは自然についての設計者独自の解釈は、従来の建築に対する考え方の枠組みを大胆に超えて、建築の可能性の幅を限りなく広げてくれた。その独自性およびその力量は高く評価されるものである。
よって、ここに日本建築学会賞を贈るものである。

——
受賞者の言葉
——

企業保養所の新しい形式をめざす

この施設は、信州蓼科に、空調・化学部門を主体とする企業、ダイキン工業が企画した、従来の企業用保養所を越えた、次世代の企業用リゾートとも呼ぶべき、創造と参加が意識された社員のための保養と、VIP接待用を兼ね備えた総合施設を計画するという要請に基づいたものである。
ここではリゾートの意義を、自分自身にかえる時間をもつことととらえ、自由な個の感覚の覚醒を促すような空間を目指している。そのような基本理念を建築として組み立てるキーワードに"自然要素と空間の関係性"と"透明性"を取り上げた。前者については、計画地が以下のような際立って特徴的な4つの地勢をもっていることに基づいている。東西に約250m、南北に約60mの奥行きをもち、長軸に標高差約40mの規模があり、東の山と森、中央部の苔むした岩の谷、西端部の明るい空とパノラマを望む丘、と3種類の地勢に分かれ、全体は、西に向かって下降する谷によって一方向にのみ開かれている。また、長軸に沿って中央部に湧水・伏流水が常に流れ、南側境界に沿っても水量豊かな渓流があり、対岸は緑地帯である。敷地全体が西の明るい丘を除いて苔むした岩によって覆われた湧水の流れるガレ場である。この各々の場に4つの自然の要素、つまり山には吹き上げる風、ガレ場には地、谷には水、そして明るい丘に天を、という文脈を与え、それぞれの場にふさわしい空間を設定した。これは自然要素のイメージを空間に形象化することではなく、その場の自然をより感覚的に顕在化する空間を設定しようとすることである。そしてこれらは長軸に沿った視覚的軸線と、湧水の流れに絡めて敷地全体にさまざまな空間的エレメントを配して、景観とともにそれらを回遊する建築庭園として構成されている。"透明性"については、そのイメージを深度、奥行感、純粋感ととらえ、透視性による自然との一体感を、また、明晰感は意識を自己の内面に向かわせ、個感覚の覚醒を促すものととらえている。一方、平面と空間ボリュームの関係が操作されて、空間構造の明晰感という抽象的な透明感が意図された。茶室棟を除くすべての施設は、平面的な広さに対して、通常のバランス感覚から意識的にいささか逸脱して、高さを拡大した空間ボリュームの設定をしている。特にこの種の牧歌的快適さを望む施設では、身体性に基づく快適なボリュームが設定されるが、ここではそれを離れて、より高い空間と、結果としてのより大きな開口を設け、外部空間の自然を意識的に大きく取り込んでいる。それは施設の目的から適切なことのようにも見えるが、ある意味で、建築空間を感じるよりも、自然が拡大されて暴力的に空間に関与するといえるかもしれない。しかし、そのことにより、ひとたび切り離された空間意識は、次の瞬間に、より強調され、身体性を離れて、より純粋に空間そのものを意識することでもある。またそのような空間の意識のされ方とは、さまざまな要請によってなされた空間のしつらいにまつわるスタイリッシュで趣味的な様相を越えた向こう側に空間の構造を見ることでもある。またこの計画のように親自然的な目的をもった施設の常として、その表現は牧歌的あるいは田園的なるものとして表されることが多いが、ここでは、自然と一体となりつつも、同時に対比的であることが目論まれている。それは、この施設が一企業用施設ではあるが、それを構成するさまざまな個によって利用され、その空間への対処の仕方もまた多様な個であることを想定するからである。
私の今までの仕事は、都市的なものの中で、壁の空間がもたらす意味を探ることであったが、ここではその一切を離れて、非都市的なるものの中で、壁のない空間のテーマを探る作業であった。

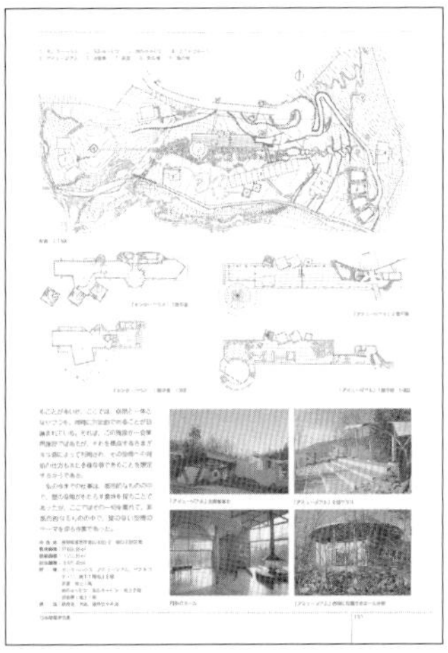

ダイキン オー・ド・シエル蓼科

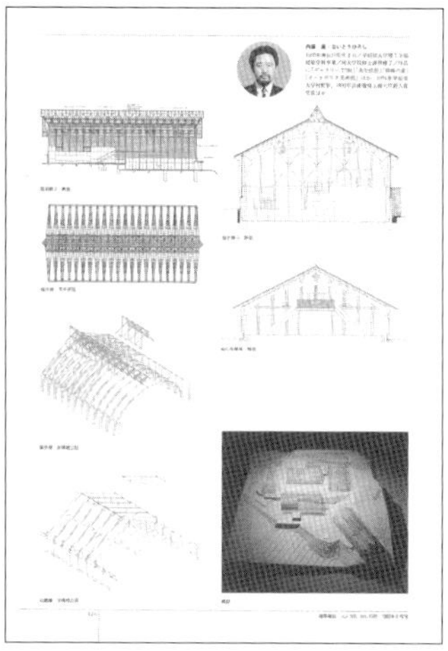

海の博物館

海の博物館
内藤廣

——
推薦理由
——

この作品は、日本全国の漁労道具を集めて保存し展示するため、私設の財団法人によって鳥羽市に設置された生活博物館である。漁具や魚網、木造船、生活用具等にわたって収集された収蔵物は数万点に達し、そのうち約6800点はすでに重要有形民俗文化財に指定されていたため、温湿度の条件が異なる鉄筋コンクリート造の収蔵庫3棟をまず建設し、それに研究管理棟と2棟の木造大架構の展示棟を加えて、分棟配置型の博物館として完成させたものである。
この作品の第一の特徴は、伊勢志摩地方に伝統的な屋根と石垣のかたちを生かしたその外観のデザインである。博物館自体があたかもひとつの集落と思えるほど、施設全体は地方色豊かな素材によって巧みに統合され、棟々の形態が単純でその仕上げは質素であるにもかかわらず、外部表現は豊かでしかも個性的である。建物どうしを結ぶ通路を予算その他の理由で建築化しなかったことは、かえって外部空間に緊張感をもたらし、室内側展示壁面の足元を開放的にしたことも、これら外構の密度の濃いデザインを展示の一端に加えることになって、内外の空間の連続感を深める効果を生んでいる。
第二の特徴で一層この作品の価値を高めているのは、建物全体に共通な大空間シェルターのデザインであろう。木造船の収蔵庫を覆うPCコンクリートの架構原理は、そのまま集成材を用いた展示棟の木造大架構に引き継がれ、逆さにした船の肋材を思わせるその架構部材の形状は、海の施設にふさわしい構造の美しさを見事に示している。経済的に厳しい条件のもとで、もっとも現代的な手法を効果的に用いつつ、展示空間に特有な歴史性や、漁業といった自然との親和を象徴する建築の架構をあらたに創出した意義はすこぶる大きい。展示物ともその色調、質感で最もうまく適合した構造的選択の一例といえよう。
このほか、収蔵品の保存環境への配慮や利用者への対応でも優れた点が多い。だが、こうした設計技術上の長所にもましてこの作品で特筆されることは、素直な建築への作者の意欲とそれを支えるデザイン的な感性である。豪快な架構と繊細なディテールの組合せには、部分的に小さな欠陥が認められるにしても、建物全体に爽やかな思考のリズムと清新な空間の表現を生む力があり、それがこの建物が多くの人をひきつける要因になっている。
よって、ここに日本建築学会賞を贈るものである。

——
受賞者の言葉
——

海の博物館は、三重県地方を中心とした漁労用具を展示収蔵する博物館です。
設計は1985年に始まりました。旧博物館は20年前に建てられ、鳥羽市内にありましたが、その老朽化とおびただしい収蔵物の急増で、移転を考えていました。収蔵物のうち6,800点が重要有形民族文化財に指定され、その保存の問題から移転計画が具体化していました。当時、西洋環境開発が、芸術村構想をこの開発地に持っており、地元と一体になった開発という考えかたから博物館にも声がかかりました。芸術村敷地の一角を購入し、博物館建設が始まりました。

収蔵庫

収蔵物の保存を急ぐことから、建設はまず重要文化財収蔵庫から始まりました。設計は困難をきわめました。収蔵物があまりにも多いので、従来の収蔵マニュアルをそのまま踏襲していくと、とてつもない規模になってしまいます。厳しい予算の制約もありました。6,800点のひとつひとつのレイアウトを考えながら配置し、合理化をはかり、ようやく現在の収蔵庫の大きさにまとまりました。したがって収蔵庫の建物にも、徹底した構法の合理化がなされています。塩害の強いこの地の環境から、耐久性に関しても細心の注意を払いました。今になってみると、こうした厳しい条件が、結果として建物に独特の緊張感をもたらすことになったのだと思います。
構造は、桑名の工場でコンクリートのピースを作り、それをトレーラーで運び、現場で組み立てる方法をとりました。この方法をとると、通常のコンクリート強度の3倍の高品質のコンクリートで建物を構成することができます。コンクリートに含まれる残余水分も少なく、通常建設後1年は大気中に放出される、収蔵物にとっては大敵のアルカリイオンもこの建物ではまったく観測されませんでした。収蔵倉庫は規模が大きいので、いわゆる空調設備などの機械による温湿度調整をしていません。収蔵物は、材料によってそれぞれ適性湿度が違うので、湿度が多いほうが良い場合は床を土間、乾燥が好ましい場合は内壁・床ともに板張にして、それぞれが対応しています。3年を経過しましたが、性能的には良好な結果が得られているようです。

展示棟

博物館建設の最終段階である展示棟の設計は、1989年に始まりました。かねて博物館から館全体を木造でできないか、という要望があったのですが、収蔵庫は火災や保存の問題もあり、コンクリートにせざるを得ませんでした。そういうわけで、展示棟では収蔵庫でできなかった大架構の木造に挑戦することになりました。
展示棟の展示は、分散化された独立型の展示台が中心です。壁面展示があまりないということから、通常の博物館では考えにくい、外部空間とつながった、広がりのあるスペースを作りました。また、木造の利点を生かして、建物の足元をできるだけ開放的にしました。壁面展示が少ないので、そこに見えてくる建物の構造全体が、空間にとってとても重要な要素になっています。ちょうど蛇の骨のように、屋根の頂部に背骨のような応力が集中する部分があって、そこから徐々に分散されて地面に伝わっていくという方法を考えました。その力の流れが有機的で、なおかつ目に見えるようにしました。屋根面の部材とアーチ状の部材が相互に助け合って力を伝え、構造が成り立っています。曲線の部材が作れる岐阜の集成材工場で柱梁を作って、それを現場で組み立てるという収蔵庫に似た方法をとりました。その方が高い品質と性能が確保できるからです。
この建物は、構法、構造、コスト等の制約に対して、性能、耐久性などをどう折り合わせるかを中心に成り立っています。言い換えれば、人間の営みと自然条件との激しいせめぎあいのなかで、ディテールから全体までが構成されています。ほとんど身動きがとれないそうした中でも、建築という固有の価値が立ち現れるものなのか、その検証の場であったような気がしています。

——
建築雑誌1993年8月号掲載。
——
候補作品｜48題（応募36、委員推薦12）

45 | 1994年(平成6年)

用賀Aフラットをはじめとする一連の集合住宅／熊本県草地畜産研究所／阿品の家をはじめとする一連の住宅

——
選考経過
——

本年の日本建築学会賞作品部門には、会員からの推薦、自薦の申込みが34件あった。今年は、さらに昨年までの作品選集の作品を検討したうえ、それに委員推薦の5点を含めた39点を第一次審査の対象とすることにした。そのうち、作品選集に掲載された作品は7点である。

第一次審査では、1点ずつ書類審査を行い、これまでの受賞作品の水準と比べて遜色のないと思われる建築で、かつその作品を通じて個人ないしグループとして作者の設計の姿勢が特定できるものを、委員の投票数を基準にして選出し、以下の13点を現地審査の対象とすることにした。

1. 育英学園サレジオ小学・中学校：藤木隆男
2. 郡山市立美術館：柳澤孝彦
3. 熊本県草地畜産研究所：トム・ヘネガンほか
4. 中禅寺金谷ホテル：ジェレミー・スタージェス
5. 用賀Aフラット：早川邦彦
6. 一連の都市近郊住宅(保谷のクリニック)：ワークショップ
7. 陣内アトリエ：黒川哲郎
8. 瀬戸内に建つ一連の住宅(阿品の家ほか)：村上徹
9. 熊本市営新地団地A：早川邦彦
10. 熊本県営新渡鹿団地：小宮山昭
11. 成城山耕雲寺：鈴木了二
12. 東京辰巳国際水泳場：仙田　満
13. 秋田スカイドーム：佐野幸夫ほか

審査は、委員全員による現地審査の後、その結果をもとにして部会全体で合評を行い、各委員が3点(一連の作品は1点とみなす)を推挙する方法で投票したところ、「熊本県草地畜産研究所」「用賀Aフラットほか」「阿品の家ほか」の3点が他作品を引き離して上位を占めた。これらが学会賞にふさわしい内容かどうか慎重に検討した結果、審査部会としてこの3点を作品賞として推挙することに決定した。

「熊本県草地畜産研究所」は、畜舎らしい計画の意図が、優れた造形性と架構技術によってよく表現された建物であり、建築を自然と巧みに調和させる設計の姿勢も高く評価された。

「用賀Aフラット」は、永年にわたる作者の都市型共同住宅への取組み方が、その空間構成とディテールのデザインによく生かされており、作者の構想を公営住宅で初めて具体化した「熊本市営新地団地A」の評価も高いことから、これらと併せ、一連の共同住宅として授賞の対象とした。

「阿品の家」は、「福富の家」などとともに時代を表徴する完成度の高い作品であり、現地審査でそのデザインの一貫性や地域性が確認された。その先鋭的な構造や断熱処理の考え方が、学会等の従来の建築理論からみて誤解されやすいという危惧もあったが、住み手と建築家の相互理解のうえで成立する建築としての評価がそれを上回った。

「郡山市立美術館」は、建物や庭園配置の巧みさと洗練されたディテールで、授賞作に次いで票を集めたが、美術館としての展示空間の構成にいま一つ説得力が欠けていた。「育英学園サレジオ小学・中学校」も力作である。だが、小学校での意欲的な設計手法に比べて中学校がやや劣るという理由で、「中禅寺金谷ホテル」の個性的な木造架構のデザインと同様、惜しくも選に入らなかった。「秋田スカイドーム」の大架構と除雪の試みは、野心的な技術開発として高い評価を得たが、広域に普及できるものだけにその業績賞的な色彩も濃く、地域性やそこに個性的なデザインを考慮する作品賞の対象にはなりにくかった。一連の技術系列の作品をどう扱うか、問題を残した例ともいえよう。

——
委員
——

石福昭　太田邦夫　瀧光夫　戸尾任宏　久徳敏治
藤森照信　守屋秀夫　山崎泰孝　山本理顕
六角鬼丈

——
委員の見解
——

この審査は、私にとって、改めて建築の本質と技術の意味について問いなおすよい機会であった。

環境・設備という技術を専門領域とする私にとって、作品の評価には専門領域からの視点が期待される。しかし、期待される視点から、その作品の技術水準の高さや、その技術の周到さをほめたたえるほど、相対的にその作品の建築としての本質的な価値が低下してゆく空しさを味わった。建築にとって技術とは何か。その本質的な価値にとって、技術とはエイリアンなのかもしれない。

その意味で、本年選ばれた三つの受賞作品は、エイリアンの存在を許さない、より本質的な、より純粋な建築であった。

「熊本県草地畜産研究所」は、設備なしに成立した自然建築である。阿蘇の自然に自生したようなその素朴な造形に心をうたれた。「用賀Aフラット」「瀬戸内に建つ一連の住宅」などにとって、環境・設備は、その建築の本質に完全に同化され、もはや技術はエイリアンとしては存在しない。その洗練しつくされた造形に魅了された。

この三つの作品は、その建築的純粋さにおいて高く評価される。建築が、より純粋に建築であるためには、エイリアンとしての技術は、同化あるいは排除されなければならないのだろう。　　　　　　　　　（石福昭）

——

今年は候補作品に地方のものが多く、しかも住宅や共同住宅がその大半を占めていたため、現地審査の比重が大きくなったことが特徴だろう。早川邦彦の受賞は、熊本の作品を実際に見て確信した。「アトリウム」以降の作者の内庭への思いが、予算の極めて乏しい団地で骨太に実現していたからだ。用賀の作品は、繊細な仕事もこなす作者の技量の広さとこれからの可能性を示す良い例だとしても、熊本などで公営住宅と格闘している建築家たちの仕事を、もう少し正当に評価する基準を学会は率先して持つべきであろう。

日本の公共建築にそうした重苦しさがあるために、トム・ヘネガンのデザインは、候補作品の中で格好の清涼剤になっている。トレンチ・コートをまとったハンフリー・ボガードの渋さに負けたわけではないが、この英国育ちの木造のデザインが阿蘇の高原にすんなり上陸できた背景には、これは規格どおりに切妻の棟を重ねれば通用する日本の役所仕事に対しての痛烈な批判、と受け止め歓迎する声がある。次の作品に期待したい。

村上徹の受賞は遅すぎもせず、早すぎることもないと思っている。それは、彼の作品に成長のピークを云々することより、ある時代に優越したデザインの風潮が特定の地域文化圏に定着し、しかも本家筋を越えたレベルの住宅で花を咲かせた貴重な例がある、という事実のほうが重要と思うからである。あれがピークといわれないために、作家は自作も含めて常に受賞作のコピーと戦わねばならない。彼も、住宅作品で様々な刺激を広島から発信することだろう。今年の学会賞は、まさに「地方の時代」の到来を告げるものであった。
（太田邦夫）

——

出来るだけ多くの作品を全員で見る、議論・評価はそれから、との申し合せで、0℃以下の阿蘇高原から、雪の秋田まで、休日返上で多くの作品を視察させていただいた。

ひとわたり見たうえで、一同感想・意見を述べあって、以後の進め方もあるので、とりあえず傾向をつかむために記名で投票してみよう、ということになったら、歴然と3作に票が集まり決まってしまった。こういうことは珍しいのではなかろうか。

柳澤孝彦の「郡山市立美術館」は、すべてに神経が行きとどいていて完璧に近いのだが、では美術館としてどこが良いのか、と問われると答えにくい。アクセス道路からはアーチ屋根は体育館に見えた。労作であるだけに、お気の毒としか言いようのない結果であった。

村上徹の「福富の家」は、床も中庭床もコンクリートで、その冷たさにはおどろかされた。私などにはとても住めない。同意見の委員もおられたが、当の建築主は何も加えたくない、と大満足されていた。「阿品の家」の方が少しマイルドだったが、ともにマスコミ向けのショールームづくりに力点がおかれている気がした(これは他の人の住宅にも感じたことだが)。センスの良い人には間違いないのだが、JIA新人賞も受けておられるので、もう少し成熟を待ってはと思ったが票が集まった。これは対照的にラッキーと言えるであろう。

トム・ヘネガン他の牧舎群は美しかった。H委員の「この場合、住み手というても牛や馬ですわなぁ、そのココロというか、はどうやって……」の問い、「牛はひどい近眼です。大樹の下に牛が集まっているのは故国でよく見かけますが、天井の小さな天窓が、昼は木もれ陽、夜は星窓に、ぼんやりとblur《ブラー》に見えはしないかと……、なんともstupid《スチューピッド》な解釈かもしれませんが……云々」とヘネガン氏。なごやかな雰囲気のやりとりが忘れがたい。なぜか他ではお互いがコチコチになって気づかれした。やはり良い作品に出会った安堵感が座にみなぎっていたからではないかと思う。　　（瀧光夫）

——

今年度の入賞作品の中では、トム・ヘネガンの「熊本県草地畜産研究所」が群を抜いて良かったと思う。建物の機能を一つ一つ検討し、その建築的解答を美しい形態に昇華させるまで追求する氏の設計姿勢と、その結果生まれた建築と自然景観の美しい関係は秀逸であった。

早川邦彦の「用賀Aフラット」はファサードに難点があるものの緊張感のある、快適な空間が随所に見いだされ、長年、都市型住宅に取り組んできた成果が結集していると思われた。

村上徹の「瀬戸内に建つ一連の住宅」は感性とディテールを研ぎ澄ました作品である。しかし、形態の美しさのためには住宅本来の機能の犠牲も辞さない設計手法は、たとえそこに住む人が現在満足していたとしても、生活の基盤としての住宅という視点から見た時、果たして学会が指針として指し示すべき好例であろうか。私には決してそうは思えないのだが……。

惜しくも賞を逸した作品に柳澤孝彦の「郡山市立美術館」がある。環境に対する適切な対応と、練度の高い美術館の計画に高い評価が与えられたが、今一歩票が集まらず残念であった。同じく藤木隆男の「育英学園サレジオ小学・中学校」も隅々まで質の高い作品である。恵まれた環境と特殊なケースに対する解答に対し票が割れた。氏の今後の成果に期待している。
（戸尾任宏）

——

応募作品約40点の中から設計コンセプト、図面ならびに建物写真で検討し、13作品が現地審査対象として残る。いずれも力作が揃っていて、甲乙つけがたいものであった。受賞作品として選ばれた3作品のうち、早川邦彦の「用賀Aフラット他」、村上徹「阿品の家他」などの一連の住居関連作品はいずれも進取性が高く評価されたものと思われる。しかし、建築家好みの作品であろうが、人の住まいの建築として筆者は多少疑問をもつ。またトム・ヘネガン他の「熊本県草地畜産研究所」は形態が新鮮で、機能面はよく配慮されている。そのうえ阿蘇山系という雄大な自然を味方につけたところは高く評価されよう。

選にはもれたが、心に残る作品としては柳澤孝彦の「郡山市立美術館」、背後の山並み、美術館建物、前面アプローチの約100mにおよぶ石の波の調和の取れた演出の力量は高く評価に値するものと確信する。が、価値観や切り口の異なる複数の審査員の慎重な討議に意を尽くしたことを考えると、受賞点数の制限からも止むなしとの判断に立つ。　　　　　　（久徳敏治）

——

今回は学会賞を逃がした作品の中にも、教えられるところが多かった。スタージェスの「中禅寺金谷ホテル」の丸太組の迫力、佐野幸夫他による「秋田スカイドーム」の工夫、柳澤孝彦の「郡山市立美術館」の白セメント打ち放し仕上げの試み。とりわけ、白セメントによる打ち放しは、灰色の仕上げが当然と思っていた私には新鮮だった。コンクリートの表現の可能性を一つ広げたものとして評価すべきであろう。

受賞した3作についてみると、ヘネガン他の牛舎は、設計者がアイルランドで牛の行動を子供の時分から観察してきた成果が取り込まれ、牛たちもとても満足そうに鳴いていた。早川邦彦の集合住宅は長年の蓄積が利いていた。そして村上徹の住宅は腕の良さに魅せられた。

今回の応募作、受賞作が一つの傾向を持っていることに気がついたので記しておきたい。村上の作品に代表されるように、モダニズム系の作品がいずれも高度な洗練をみせ、ポストモダンの風などどこ吹く風と、ていた細部の充実とプロポーションに、つまり微妙な差異の操作に力を注いでいた。そしてその鉄とガラスとコンクリートの空間を、満喫する住み手がいた。こうした状況を見て、日本のモダニズムは、技巧上も社会的にも、数奇屋と同じ状態に立ち至っている、と思わずにはいられなかった。

今後どんな新しいデザイン傾向が生起しようと、鉄とガラスとコンクリートの数奇屋としてのモダニズム建築は、この国では生き続けるにちがいない。私としては、そうした洗練よりは荒々しくても新しい原理を目撃するのを楽しみに、近・現代の建築史に携わっているのである。　　　　　　　　　　（藤森照信）

——

「熊本県草地畜産研究所」は、たんなる小屋にしてしまいがちな畜舎を高原の風景に溶け込んだ点景に造り上げている点が見事である。しかし、昨年度の「海の博物館」と同様に機能上の制約が少なく、建築表現だけが主な評価対象となるので、マイナス要素が少ないために大方の審査員から好評を受けたともいえる。受賞した住宅と共同住宅は、普通の人が住みこなせるような住宅ではないが、若い人たちが住んでみたいとひそかにえがく願望をそのまま実現した点に評価が与えられた。この点、私個人としては積極的に推したものではない。

選に漏れたいくつかの作品についていうと、例えば病院として優れた設計であっても、それだけでは優れた建築作品とは必ずしもいえない。病院のもつ問題点を見事に解決したり、普通には叶えられない理想を実現したりしても、優れた建築であるためにはその建築の存在が見る人に感動を与えるものをもたねばならない、というのが多くの審査員の意見であった。このような理由から、「聖路加国際病院」や「愛知芸術文化センター」は話題作ではあったが、受賞候補とはならなかった。「秋田スカイドーム」も、多雪地帯における全天候型体育館を技術的に可能にしたばかりでなく、造形的にもある程度のレベルに造り上げたが、周辺部との関係などで十分な評価を得るにいたらなかった。逆に、「郡山市立美術館」は、見た目での評価は高かったが、肝心の展示室の計画に納得できない点があった。2年間作品賞の審査委員をつとめ、数多くの作品を実地に見ながら多くの委員との討論を通じて、建築作品の評価の難しさを知り、評価の議論をもっと活発化したいものだと感じている。　　　　　　　　（守屋秀夫）

——

いつもそうなのだが、最初応募作品がずらりと並べられると、どれも良い作品ばかりで、この中から数点を選ぶことの難しさと選考委員の責任を痛感します。しかし、一作一作選出された資料を詳細に見ながら、まず現地審査の作品を選ぶ段階になると、それぞれの作品の良い点・まずい点が見えてきて迷いが生じる。選考委員の多くが同様なのか、この段階になるとそれぞれ具体的な意見や議論が始まる。今年は片方で新表彰制度が議論されているせいか、建築の作品性(作家である建築家の問題も)、大規模作品で計画学的に優れた作品および大組織の組織力による作品の評価

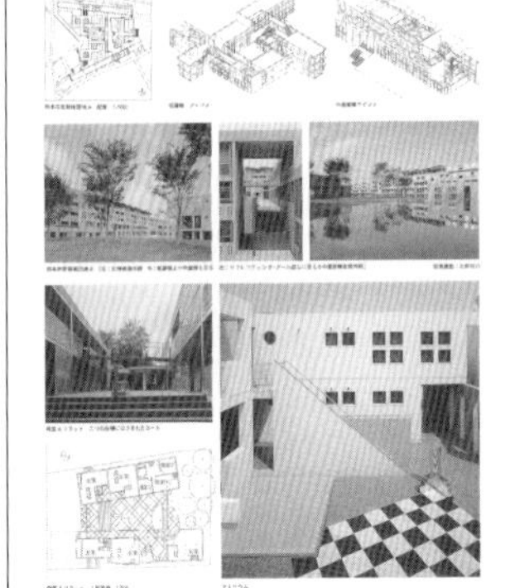

用賀Aフラットをはじめとする一連の集合住宅

熊本県草地畜産研究所

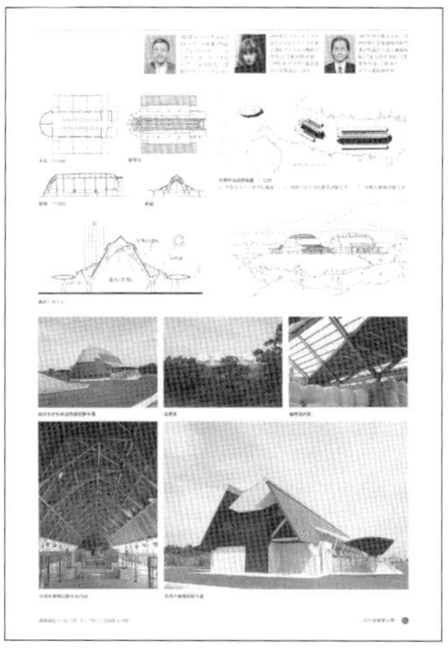

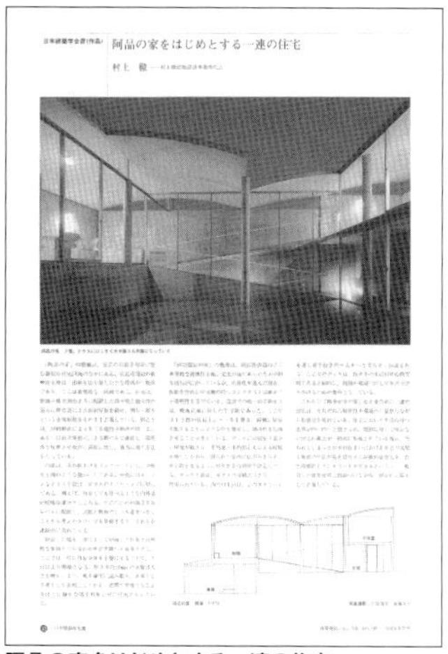
阿品の家をはじめとする一連の住宅

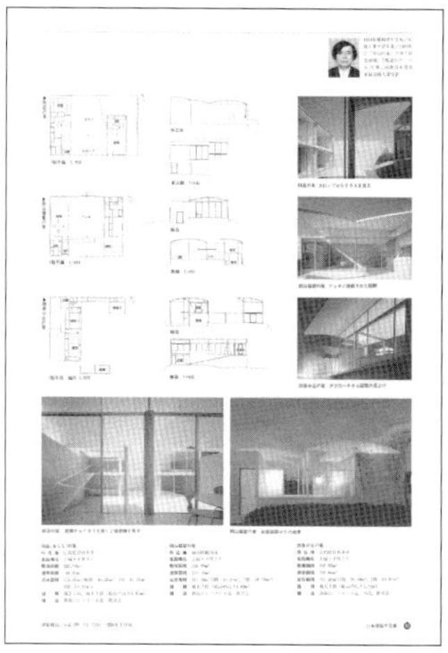

等について特に議論された。もちろん現代は多様な時代だから、委員の意見が一つになるわけはなく、むしろ、それぞれの考えとその違いを認識しあったと言ってよい。そしていよいよ現地審査を繰り返しているうちに、それぞれの評価が定まり、今年は最終審査は不思議なほどスムーズに決まった。したがって、受賞作品と受賞タイトル（早川・村上両氏とも一連の作品となったこと）とも私は大変満足した。受賞しなかった作家・作品の中に、応募のタイミングや方法によって、もっと評価されたのではないかと私なりに残念に思ったものもいくつかあった。中でも佐野幸夫他の「秋田スカイドーム」は、二方向にコンクリートによるアーチで思い切った大きな開口をとり、それと垂直方向には逆に雪落しを考えて、かすかにそり上がった屋根で閉鎖され、単なるドーム空間とはいえ建築作品としての造形性を感じた。開口部は建具もすべて引き込まれて、全面開放されるようだが、それに対応した外部空間の造形が十分でなかったのが残念であった。（山崎泰孝）

——

「阿品の家」「福富の家」には、生活というものに対する視点が決定的に欠落している、という指摘があった。そう見える。ショールームのようなのである。舞台のようだと言ってもいい。家族という生活の単位がまずあって、その生活の単位に準じて、住宅という器ができあがっているという視点で見る限り、この住宅には、準拠すべき生活などないということが確かにできるのかもしれない。

だから、ショールームのように見える。ここには生活などというものが予めあるわけではない。それはこのショールームという舞台の上で演じられるものなのである。極めて図式的、あるいは幾何学的といっていい空間の構成にしても、その幾何学的な空間の構成をさらに確実にするために採用された緻密なディテールにしても、すべては生活という概念を、無化するために考案されているように見える。その生活と空間との関係を作者がどこまで自覚的に操作しているのかは、正直、ちょっと計りかねるところもあるけれども、でも、このショールームのような構成は、結果的には、今の私たちの生活に対する気分と見事に釣り合っていることだけは確かなことだと思う。

「用賀Aフラット」をはじめとする早川の作品も、今の時代の気分を確実にすくい上げているように思う。特に集合住宅という困難な仕事の中で、こうした一種の先端性を確保することは、大変なエネルギーを必要とする。それだけで十分受賞に値する。

トム・ヘネガンの作品は、全く逆に「現在の日本」という、地域性や時代性を外側から批判する鏡になり得ている。それは、すっかり閉塞した気分になっている私たちの時代に吹く爽やかな風のようである。

（山本理顕）

——

今年の審査は建築家が作品を通して、自己と対象との様々な関係を表現の可能性として追求するアトリエ派の作品と、社会的ニーズに応答しつつ、既成概念の甘味な部分を打破、再整理、再構築が思考され新鮮な仕組みが表現された大型および群的建築物、さらには技術、材料、機能、経済性を主眼として追求表現された作品等と3から4群に判断の視点がずれたり、集約する困難に直面しつつ、優劣が選択されていった。最終的には、建築家の独創力が生み出し発信する表現力と累積・昇華された作品が他を制していったと思っている。

トム・ヘネガンの「熊本県草地畜産研究所」は、広々とした阿蘇の高原を画面に、実に気持ち良く描きこまれていた。フィールドの保有する力の読み取りと共振する筆さばきのセンスに感嘆し、また、相手が牛や干草であったり、ローコストな仕事とは思えない手腕が、木と鉄の架構の華麗さと自然採光通風と独創的な造形の合わせ技をみせてくれる。

早川邦彦の集合住宅は、共用の中庭がいかなる方法、形式で確保されるかが注目される。さらには、住戸の多様な組立てと各部のディテールの緻密な作家的要求が高質の作品を生み出している。今回対象となった「用賀Aフラット」は、逆に華麗さと細部への傾倒が若干気にかかるが、本来のダイナミックな空間の構成が息づいている。

村上徹の「阿品の家」を軸とした一連の住宅では、いつも厳正な空間や構成材の選択、削除、置換といった手法が、住まうという行為の原点に問題を提起している。強引とも思える独特の手腕が、既成概念としての日常の上に実は非日常感を強く焼きつけているように見える。受けとり方は議論を呼んだが、他者の住宅作品と比して繊細な工夫が小細工とならない悠揚で端正な作風を見せてくれる。

（六角鬼丈）

用賀Aフラットをはじめとする一連の集合住宅

早川邦彦

——

推薦理由

——

集合住宅の計画が困難なのは、その集合の契機が常に外側から与えられるというところにある。戸数も規模も、集合住宅という形式のその内側に根拠があるわけではなく、根拠は常に外側から与えられる。敷地の大きさ、経済的な制約、周辺環境との関係などによって、一住戸の規模やその戸数があらかじめ決定されてしまう。集合の理念が先にあって、その理念に基づいて一住戸の面積や平面構成あるいは戸数やその集合の形式が決定されるという構図にはなりにくいのである。民間、公共に限らず、集合住宅の困難さの最大の要因はここにある。

設計者早川邦彦君は、集合住宅のその集合の契機を直接的に問うのではなく、集合することによって生み出される余白の部分に注目する。余白の部分を魅力的に創ることによって、その集合に意味を与えようとするのである。

例えば、「アトリウム」と名づけられた集合住宅のまるで舞台セットのような小広場、「ラビリンス」という名前の集合住宅のエッシャーの絵のような錯綜する階段、「熊本市営新地団地A」の美しいファサードによって囲まれた広場の静かなたたずまい。集合住宅の住戸と住戸の間の余白の部分をこうして魅力のある空間に仕立て上げることによって、集合の契機は外側から与えられても、その与えられた集合に新たな意味を付加しようとする試みである。こうした試みは、設計者に固有のスタイルとして、すでに高い評価を得ているように思われる。

そして、「用賀Aフラット」によって、設計者の試みはさらに豊かなものに結実した。主として、アーティストを対象とした8戸の住宅が中庭を囲んでいる。中庭の地下には最大50人収容の多目的ホールを設け、入居者のためのスタジオ、コンサートルームとして利用される。地下の多目的ホールだけでなく、道路と中庭の間をガラスのスクリーンが遮って、中庭もまた入居者のための専用の中庭として使用されることが前提となっているのである。ここでは、住戸以外の部分が単なる余白として留まっているのではなくて、明瞭な機能が与えられている。つまり、住み手のキャラクターを限定することによって、集合の契機に内的な根拠を与え、その内的な根拠が住戸の平面構成を決定し、あるいは各住戸の空間的な配列を決定し、これらに共有する領域の機能を決定するという構図になっており、その試みは極めて意欲的である。

集合住宅の計画を、一つの理念によって貫徹するということは極めて困難である。その困難な作業を、設計者は粘り強く、時間をかけて一つ一つ克服していった。その過程とそこから生まれた一連の作品を高く評価する。

よって、ここに日本建築学会賞を贈るものである。

——

受賞者の言葉

——

1985年の「アトリウム」から始まり、2年間隔で「ステップス」「ラビリンス」「熊本市営新地団地A」、そして「用賀Aフラット」と集合住宅を手掛けてきた。規模や、民間か公共かという違いはあるものの、それらに共通することは、"集まって住む"という形式を成立させる場となる共有領域への関心という点がまず挙げられる。共有領域が充実することにより、そこに住む人々の間でコミュニティ意識が発生するだろう、などという楽観的な思いがあるわけではない。豊かな空間の質を伴った共有領域が存在するという事実が、たとえその場が特定の機能を所有していなくとも、集まって住む人々にとって、自分たちの住戸へのみ視線が向かうのではなく、集住体全体へ空間意識を拡張するものとなり、それがある種の帰属感を育むものとなるのでは、と考えるからである。つまり、魅力的な共有領域を所有している、という認識が住み手の人々に共有されたとき、その共有意識は自分たちの集住体への帰属感を発生させるものとなる、という仮説に基づいて設計されたのが一連の集合住宅といえよう。そして、それらの共有領域が、住み手の人々にのみ閉じるのではなく、強弱の差はあるものの、パブリック性をいずれにも付加しようとした点に第二の共通点がある。「ラビリンス」における、一般の人々も通り抜けることができるコートや、高低差をもってネットワーク化された「熊本市営新地団地A」のオープン・スペースなどは、上述した側面を強く反映したものとなっている。また、ビルディング・タイプの一つとしての類型化した集合住宅という狭い枠組みから距離をとろうとしてきた点も、一連の集合住宅に共通する。

法の規制内に生まれた容積のなかでのパズル・ゲームから生まれるマンションや、収容、または供給というイメージが先行する公営住宅や企業の社宅などが持つ既成の集合体のイメージを突き破るということ、そのためには、集合住宅の表現は、"現在"と積極的な回路を持たなくてはならないと思っている。抽象的な都市風景をその中心に内蔵させようとした「アトリウム」や、装置群が散在する「用賀Aフラット」は、そのような側面からの試みであった。

熊本県草地畜産研究所

トム・ヘネガン／インガ・ダグフィンスドッター／古川裕久

——

推薦理由

——

「熊本県草地畜産研究所」は、標高900mを超える阿蘇北外輪山上に位置し、この賞の対象となった建築群は、阿蘇国立公園内の広大な放牧草地の中に散在している。

周辺の山並みを背景に、自然の木立や起伏の中に見え隠れする個々の建物は、その姿がそれぞれ魅力的であるだけでなく、その存在によって風景を引き締め、自然の美しさを引き立て、懐かしささえ覚えさせる景観を創りだしている。

これらは、仔牛舎、雄牛舎、乳牛舎などの主要な畜舎と、それらの運営・研究活動を連携させるための乾草庫、堆肥舎、研究作業棟など、サービス施設を含む11の建物から構成され、3つのグループに分かれて散在している。すべての建物は、それぞれに要求される機能、気候風土への対応により導き出された形態に従い、使用する材料を単純化することによって共通する表情が与えられ、黒を基調としてまとめられている。

牛舎についていえば、阿蘇山からの火山灰の堆積を防ぐ急勾配の屋根は、美しい木組みにより構成され、牛房が配される大きな内部空間は、棟部にある換気スリットにより空気の対流をつくりだし、舎内の極端な蓄熱を抑えている。このスリットのための屋根の重なりの変化と稜線の微妙な動きとにより、屋根に豊かな表情が与えられている。左右に並行して配されたパドックの屋根は主舎から切り離され、翼型の断面が軒裏での輻射熱の対流を防いでいる。この二つの屋根の間に透明のポリカーボネートの庇が掛けられ、柔らかな光を内部深くまで導いている。庇の両端は、二つの屋根との納まりに隙間を残すことによって、風の吹上げや雨水の自然な流れを導き、パドックの換気を助けている。主舎の屋根にはいくつかの小さな丸窓が開けられ、直射光が射し込む。夏の日、木陰に集まる牛が感じとる木漏れ日をイメージしたものと設計者は語っている。

この例では、建物機能を綿密に追求することによって個性ある形態を見いだし、細部を検討してそれをディテールの美しさに結晶させ、人間の環境にも動物にも優しい建築を生みだした設計手法は高く評価される。他の施設についても同様の優れた建築的解答が随所に見いだされた。日本に定住して日本の風土を見つめ、国の違いを超えて伝統の知恵に回帰し、すべてのことに温かい目を向ける設計者の深い洞察力と高い感性に裏づけられた美しい建築が、阿蘇の自然景観の中に実現したことは誠に喜ばしい。

よって、ここに日本建築学会賞を贈るものである。

——

受賞者の言葉

——

このプロジェクトは、日本国内で最も美しい景観の一つを残す阿蘇国立公園の中に、100haを越えて散在する11の建物で構成されている。敷地は、北側に立ち上がる尾の岳を含む外輪にあり、現在も噴煙を上げる阿蘇中岳を遠景に望む場所である。景観の素晴らしさとは対照的に、標高900mを越える立地環境は建物に敵意を見せることがある。気候の変化が著しく、澄んだ空気は夏の日中、気温を上昇させて虫の厳しさ以上に牛たちを悩ませることになる。加えて空気中には亜硫酸濃度の高いガスと火山灰が含まれ、それが建物の構造に物理的なダメージを与えてしまうこともしばしば起こる。このような状況下であっても建築物は形態的に、環境的に、その周囲と調和した状態にあるべき責任を逃れ得ないのである。

農業研究機関として建物の「機能」は「人為的目的」にあり、ここは普通の農場とも明らかに異なる場所である。研究所の作業は、最先端にある科学技術を駆使して行われ、農業技術として一般的な農場へ還元可能な方法の探求がその仕事となる。これに対し、建物のデザインは、「この場所」にとって独自なものでありながら、どの国においても景観を壊してしまいがちな農業施設建築に見られる、「一般的無意識」の中へ帰されるべきプロトタイプをめぐる「建築的探求」であったと言うことも出来るだろう。

伝統的な農場施設の構造の在り方に従って、ここに新設した建築の形態も、用途や気候的特性による必要性から生まれてはいるが、この「機能的」必要性は、建物を慎重にその周囲へ関係づけてゆく方法の中で解釈されている。私たちはこの方法を日本の農業史、特に農村での「民家」に参照している。堂々とした建築の中に「慎しい」日常を納める「民家」の伝統的形態にではなく、それらが持つ「抽象的形態」が明らかに日本の気候風土に、あるいは建物の実用性に、呼応するものとして結果的に導かれる過程に強く引かれるのである。
肉用牛施設群では三つの建物──乾草貯蔵庫、仔牛舎、雄牛舎──を自然の木立に挟まれた「長い指」のようになった丘を利用して「連鎖状」に相互を関係づけて、南北に大きく開放された仔牛舎と雄牛舎を、冬の強風から守る環境を得ている。巨大な畜舎は、ランドスケープの中での視覚的なスケールを軽減するために、また各部の機能を明確に表出するために、形態的に分節されている。グレーの金属板で葺かれた棟は、建物の輪郭を和らげるため小さく変化し、丸みを帯びた端部では徐々に屋根面に沿って降りて、巨大な建物が接地する際の緩衝部を作り出している。主舎の深い屋根勾配は、火山灰の堆積を防止すると同時に、棟部で自然換気される高く大きな空間を派生させ、緩やかに内部空気を対流させて舎内の極端な蓄熱を抑制している。パドックの屋根は、主舎から切り離され並行しており、翼型の断面が架構の大きさに対してデリケートな外形を保ち、軒裏の蓄熱を防止している。このパドックの屋根と主舎との間にポリカーボネイトの庇が架けられ、光は木造の小屋組を通して内部へ浸透する。主舎の黒い屋根面には、任意にあけられた丸窓があり、切り取られた光を畜舎の内部深くへ導いている。
すべて建物は、形態と材質の類似により「家族的」な認識が与えられ、モノクロームに色を統一して、常に変化する周囲の自然環境の色彩を際立たせている。
（トム・ヘネガン＋安藤和浩）

阿品の家をはじめとする一連の住宅
村上徹

──
推薦理由
──

審査の対象となったのは、近年設計者が瀬戸内地方で手掛けた一群の作品のうち、広島市の「阿品の家」と岡山市の「福富の家」の二作である。
二作とも、中庭を囲む平面計画に共通性があり、各室は中庭に向かって開くように作られ、外に対してはどちらかというと閉じ、とりわけ、「阿品の家」はこの感が強い。平面計画だけでなく、表現上も外に対しては無口といってよいが、こうした内向的性格は、近年の若い世代による都市住宅の一つの顕著な特徴と言わなければならない。
外に対して閉じた箱と化するわけだが、その結果、ともすればもたらされやすい室内の閉息感については、設計者は極めて巧みに回避する。中庭に向かってガラスの開口部を全面的にとるのはむろん、天井方面への閉塞感を防ぐため、壁と天井の接合部にスリットを開けて光を導き、屋根をあたかも浮いているかのように見せている。このフッと宙に浮くようなヴォールト屋根は、室内に軽さと開放感をもたらすだけでなく、外観においても、ともすれば固い箱と化しやすい表情に軽快さを与え、安藤忠雄の“箱”とは違う設計の方向が実現している。
こうした設計者の方向をよく表現するのは「阿品の家」で、中庭の使い方、中庭に向かっての諸室の開き方、フッと浮くヴォールト屋根の掛け方、いずれも見事に決まっている。寸分の隙もなく決まった印象を見る者に与えるのは、設計者が極めてシャープな比例感覚と複雑な空間を処理する空間構成能力を持っているからであろう。
これだけ隙もなく完成した鉄とガラスとコンクリートの無機的な箱の中で、はたして人間の日常生活が営めるのかという疑問が湧くが、この点については「設計者のそういう空間にあこがれて発注したのであり、そういう空間が生きるよう暮らすのが日々の喜びになっている」との住み手の返事であり、事実、二つの家の各所を観察しても、この言葉を裏切るような生活反応はどこにも発見できなかった。
デザインのボキャブラリーについては、すべて1920年代以降の世界と日本のモダニズム建築家たちが発明し開拓してきたものであり、設計者の創造になるものが特にあるわけではない。しかし、既存のボキャブラリーを巧みに組み合わせ、高度に洗練したことを高く評価する。
よって、ここに日本建築学会賞を贈るものである。

──
受賞者の言葉
──

「阿品の家」の敷地は、安芸の宮島を対岸に望む静寂な住宅団地のなかにある。広島市周辺の新興住宅地は、山林を切り崩したひな段状が一般的であり、ここは典型的な一区画である。住宅は、敷地全体を囲むように配置した自立壁と独立柱の頂点に鉄骨造による曲面屋根を載せ、囲む・覆うという意味形態をそのまま表現している。周辺とは、屋根形状により生じる幾何学形状の間(ま)、あるいは自立壁相互による間のみで連続し、場所性を反映させながら適度に閉じ、適当に開く方法をとっている。
内部は、床の仕上げをコンクリートにし、全体を土間のような扱いにしてある。中央にはオープンなテラスを設け、ガラスのスクリーンで区切ってある。例えば、外室とでも呼べるような内外部が曖昧な部分としてある。生活のための諸室を各レベルに配置し、道路と敷地のレベル差をつなぐことから考えたスロープを移動すると、それらが連続的に表れてくる。
限定した場を、間によって切断した外景と自然的な要因とで日常的な生活空間へと昇華させる。ここでは、時に外室全体を水盤にすることで、それはより明瞭となる。厚さ平均15mmの水盤は天空を映す。また、風を確実に読み取り、表面をさざ波として表現してくれる。透明で空虚とも思えるほどに静かな場を現象させた住宅となっている。
「岡山福富の家」の敷地は、岡山市南部のごく典型的な新興住宅地。元来が海であったため平坦な地形が広がっているが、宅地化が進んだ現在、敷地を含めた住宅地の持つコンテクストは極めて不透明性を帯びている。設計での唯一の手掛かりは、敷地正面に接したT字路であった。ここではT字路の延長上にデッキを置き、両側に居室を配することにより全体を構成し、場所性を反映させることを考えている。デッキは居室上部から屋根が被さり、半外部・半内部とも言える曖昧な場としながら、限られた室内に広がりを与え、求心的となるように切り欠きの形状を決定している。デッキと道は、ガラスの可動式スクリーンで仕切られている。内での生活は、このスクリーンを通し道を行き交う人々へと柔らかく伝達される。ここでのデッキは、住み手の生活の中心的空間であると同時に、周囲の環境に対して生活を語りかけるための舞台となっている。
これらに「四季が丘の家」などを含めた一連の住宅は、それぞれの場所性や環境から発想しながら形態化を進めている。住宅において生活の持つ表情が内へ内へと閉ざされ、周囲に対して味気ない住宅の風景が一般的に形成されている現在、失われてしまった日本の住まいにおける生活の気配や家族の生活が見え隠れする装置的な住宅を、自然的要因とコンクリートやガラスというごく一般化した建築材料と関係づけながら、開かれた箱として表現している。

──
建築雑誌1994年8月号掲載。
──
候補作品｜39題（応募34、委員推薦5）

46｜1995年（平成7年）

関西国際空港旅客ターミナルビル／塔の家から阿佐谷の家に至る一連の都市型住宅／リアスアーク美術館／熊本県営竜蛇平団地

──
選考経過
──

日本建築学会賞選考委員会作品部会は、1994年6月3日、学会賞全体委員会に引き続きその第1回部会を開催し、次の事項を確認した。
・今年度より応募規程に変更があり、これまでの審査対象に加えて「作品選集1994・1995」掲載作品も審査対象となったこと。
・表彰件数は厳選寡少を旨とし5点を上限とすること。
・例年どおり委員推薦を行い、審査対象に落ちのないことを期すること。
・現地審査は原則として委員全員が同時に行うこと。
・重賞についてはなるべく避けるが、授賞に値する作品がある場合は十分討議すること。
第2回部会は9月30日に開かれ、応募作品28点、作品選集掲載作品58点を確認し、作品選集掲載作品のうち2点が瀧選考委員の作品であるため、同委員の申し出により選考の対象から外した。委員推薦4点を含めて計88点の書類選考に入った。
各委員は応募図書の精査を行った後、現地審査の対象となるべき作品を投票し、十分に討議を行ったうえ、次の作品を選考した。

・川里村ふるさと館　相田武文
・R-90竹中技術研究所　赤坂喜顕
・塔の家から阿佐谷の家に至る一連の都市型住宅
　東孝光
・リアスアーク美術館　石山修武
・北方みずき団地　延藤安弘ほか
・熊本市営新地団地C　富永譲
・吉川油脂寄宿舎　野田俊太郎
・熊本県営竜蛇平団地　元倉眞琴
・関西国際空港旅客ターミナルビル
　レンゾ・ピアノ、岡部憲明

現地審査は全委員により10月23日より12月17日にかけて5回にわけて行われた。1995年1月19日、第3回部会を開き、現地審査の結果を踏まえ推薦作品の選考を行った。
推薦作品は現地審査を経た9作品の中から選ぶことを確認し、投票に移る前に各作品につき自由に意見を述べあった。その結果、「北方みずき団地」と「吉川油脂寄宿舎」の2作品については、その社会的意義は大いに認められるものの作品賞の対象としては難があり対象から外すこととした。さらに「R-90竹中技術研究所」については全委員より研究所の内部環境のあり方、周辺環境との関わり方に強い疑問が呈され対象から外された。
以上の経過を経て、残り6作品を対象に投票を行うこととし、各自推薦する3～5作品を選び、一人持ち票10を選んだ作品に評価の度合いに応じ配分する方式で投票を行った。
この方式は昨年より採用されたものであるが、全委員の作品の評価の度合いの総量が明確に表れ、適切な投票方式であると認められる。
投票の結果は、「リアスアーク美術館」は最も得票が高く、かつ全委員の投票を得た。「熊本県営竜蛇平団地」「関西国際空港旅客ターミナルビル」「塔の家から阿佐谷の家に至る一連の都市型住宅」も投票委員数が9、8、7人と多く、得票もほぼ同程度であった。「川里村ふるさと館」「熊本市営新地団地C」は投票委員数が少数であり、得票も少なく、上位4作品と大きな差があった。
この結果により、過半数の委員の支持と高い得票を得て上位を占めた4作品について学会賞にふさわしい作品かどうかを慎重に検討し、異議のないことを全委員が確認し、作品部会として以下に記す4作品を作品賞として推挙することに決定した。
・塔の家から阿佐谷の家に至る一連の都市型住宅
　東孝光
・リアスアーク美術館　石山修武
・熊本県営竜蛇平団地　元倉眞琴
・関西国際空港旅客ターミナルビル
　レンゾ・ピアノ、岡部憲明

──
委員
──

石福昭　栗原嘉一郎　瀧光夫　戸尾任宏　富田玲子
藤森照信　古田敏雄　室伏次郎　矢野克巳
六角鬼丈

──
委員の見解
──

昨年に引き続き2度目の審査だった。私にとって、昨年同様に辛い仕事だった。作品に対し、技術的な評価を加えることは容易である。しかし、いかに子細に評価を加えても、それは所詮、鑑定にすぎず、それは骨董の目利きと変わらない。建築学会賞としての作品審査では、その作品に対しての新たな価値の発見が審査員に求められている。まさに、審査員がその資質を問われていることになる。そして、この価値の発見が公平であることが要求される。思いは度々に乱れ、これが私にとって審査の辛さの所以となる。
とはいえ、多くの優れた作品に接する審査の旅は楽しいものである。予期せざる発見に興奮したり、期待を裏切られたり、建築とはかくも魅惑に満ちたものであったかと改めて痛感した。
審査員は、この価値の発見と同時に、その作品が果たすべき社会的役割についても重大な責任を負っている。したがって、建築も人と同じに、その生涯を通して評価されるべきだろう。審査に当たっては、その作品の10年後、20年後、30年後に思いをいたした。しかし、所詮、神ならぬ身の、明日のことすら定かではない。
選ばれた作品が、よき選択であることを祈るばかりである。　（石福昭）
──
とかく批判の声を聞くことのある学会賞だけに、委員を仰せつかって少々緊張した。作品選集掲載予定の58作品を含めて計88作品から現地審査作品を選定する過程が資料の閲覧による投票という形になるのはやむを得ないとして、まずその結果がかなりの散票になったことに当惑を覚えた。選ばれた作品に偏りがあるのではないかとの批判に応えて、学会は審査員の構成の偏りをなくす方法で軌道修正を行ってきたように思うが、その結果がこの散票現象なのであろう。
それでも、相対的に高い評価を得た作品について現地審査に入った後は、結果は拡散ではなく収斂する方向に向かった。書類選考で高い得点を得ていたのに落選となった作品が出たことを含めて、実物を見ることの重みを改めて感じさせられた。
入賞作品について、「熊本県営竜蛇平団地」は、街と団地、団地と住棟、住棟と住戸、道と庭と家の関係が意欲的に、しかもきめ細かく自然な感じで追求されている点で、派手さはないが、集合住宅設計の正道を行く作品と思った。「関西国際空港旅客ターミナルビル」は、飛翔を感じさせる流れるような大屋根で機能空間を覆うというダイナミックでスケールの大きい発想を先端的技術を駆使して見事に結実させており、わが国の空港ビルに新たな地平を拓いたものと考える。「リアスアーク美術館」は、冷たいようで暖かい、とぼけたようでまともな、豪放なようで抑制のきいた、何とも不思議な魅力を持つ建築だ。ここまで造り上げる執念に敬服するほかない。「塔の家から阿佐谷の家に至る一連の都市型住宅」は、最後の到達点という位置づけで、ただ一つ現地審査の対象となった住宅が私には中途半端なものに思えて推すことができなかった。
もう1点、「川里村ふるさと館」の構成的、環境造形的な手法が田園風景の真ん中に建つという立地性をうまくとらえて成功していると見て推したが、人工的に走りすぎているとの見解などが多く、支持を集めなかったのは残念であった。　（栗原嘉一郎）
──
「吉川油脂寄宿舎」と「北方みずき団地」は、用途も構成も全く違うが、建築家が地道な努力を重ねておられるのに感動した。ただ、ともに「作品」として賞されるまでに昇華されていないのが残念だった。
「R-90竹中技術研究所」は、アプローチあたりは息をのむほど美しかった。が、内外をくまなく案内されるうちに気分が悪くなった。とりすましたモノトーンの空間をこうも重ねられると息苦しくなってしまう。恵まれすぎるほどの条件下なのに、“ものを考えるための空間”が考究されているとは思えなかった。
「川里村ふるさと館」にも同様の虚しさをおぼえた。おびただしい形骸の列柱やコンクリート壁の林立が土地・風景と関連づけられていない。あたりの稲株の列の方が暖かい人間的営為に見えた。
「熊本県営竜蛇平団地」は、スケールもカラーリングもほどよく、国中の公営住宅がこの水準を持てば“兎小屋”（広さではなく質についての言葉と理解している）などと蔑称されまいに、と好感をおぼえた。
「関西国際空港旅客ターミナルビル」はコンペ案からの後退多く失望しかけたが、“キャニオン”あたりに佇むと、他の誰がこれ以上のものをつくり得たとは思えないダイナミックな空間が現出しているのを実感した。
「リアスアーク美術館」のARKは（ノアの）箱船の意とのことで、館のパンフに「……船か飛行機のような、今までに見たことのない物体にしようと考えました」と作者は記している。立地への据え方からディテールに至るまで、写真では分からなかった創意と作家としてのこだわりに満ちあふれているのに感服した。
東氏の「作品群」はとっくの昔に賞されている気がしていた。推薦理由に記されているとおりなので迷うことなく賛意を表した。　（瀧光夫）

——

まず、現地審査の対象となりながら入賞しなかった作品の中で気になった作品について少しふれたい。
「吉川油脂寄宿舎」は難しい課題に継続的に真剣に取り組んでいる建築家の姿勢に、心打たれるものがあった。いろいろな制約の中で、福祉施設としての新しいあり方を追求する努力が十分認められたが、作品としての完成度に不満が残った。
「R-90竹中技術研究所」は、事前に模型や資料・写真を見て最も期待された作品の一つであった。実際の建物の内外を巡り、隅々に至るまで検討された空間・ディテール、材料の選択に、建築家の執念ともいえるものが感じられたが、どこまでも続く内部空間、外界と隔絶された緑の乏しい中庭など、建築に関わる研究所として、果たしてこれで良いのかという大きな疑問を持たざるを得なかった。
「川里村ふるさと館」も同様の疑問を感じる作品であった。現在はどこまでも広がる田園風景の中で、将来の変貌も含めて考慮する時、全体を覆う列柱とコンクリート壁の構成が、村の公共施設として相応しいとはどうしても思えなかった。「東京都戦没者霊苑」の造形には文句なく感銘を受けたのだが。
入賞した作品はそれぞれ意義のある作品であった。その中でも「リアスアーク美術館」は地域との結びつき、航空機や造船の技術を駆使した構造表現、自然の中に埋め込まれた独創的な建築形態、空間の愉しさを備えた美術館機能、それらがごく自然に我々の心をとらえ、満たすものがあった。
「塔の家から阿佐谷の家に至る一連の都市型住宅」の受賞は遅きに失した感がある。今後の更なる展開を期待するものである。　（戸尾任宏）

——

厳正な経過を経て、4つの作品が選ばれた。住宅、公共集合住宅、美術館、空港といういろいろな領域のものが受賞されたのは喜ばしいことであるが、もう一つのジャンル“民間福祉施設”に属する「吉川油脂寄宿舎」が選にもれたのは非常に残念であった。
個人的には私はこの作品にとても共感した。この場に流れるすがすがしい雰囲気、いくつかの棟からなり外部空間と内部空間が連続するさわやかな生活空間。
ここに暮らし働く人々に建築家が深く長く交わり一緒に考えて作り上げた場所であることが、ありありと表れている。宿泊棟では、個人の世界を尊重しながら、障害を負った人は独得の問題点をカバーするために、どんな集住空間が適しているかということを追求された結果、非常に独創的な空間が生まれている。鉄骨造の大部屋の中に、木、布、紙などでできた明るいやさしい個人のブース。それは、住人たちが助け合いながら組み立てたもの。
ここで暮らす人々の表情は美しく他の福祉施設には見られないすばらしい明るい空間がある。コンクリート、ブロック、鉄、木、ベニヤ、布、紙、プラスチックなど、多様な素材をたくみに用い、コストの制限の中で豊かな環境を作り出している。
にもかかわらず、外構が完成していないこと、問題点が目立つ棟もあったことがマイナス点として取り上げられ、選からもれてしまった。これは学会賞の性格上やむをえないことなのであろうか。マイナス面を含みながらも、プラス面が非常に大きい場合、どう考えるか、今後議論されるべき点であろう。　（富田玲子）

——

石山の「リアスアーク美術館」とピアノ・岡部の「関西国際空港旅客ターミナルビル」は、今回の審査の中でとても面白い対比をなしていた。両作品とも技術がテーマとなっており、技術を表現に持ってこようとしている点は似ているが、その扱い方が全く反対で、石山は自ら、ヤセこけた体をモロハダ脱ぎ、金槌を振り上げ、赤く焼けた鉄板をたたき延ばして使っているふうなのに、ピアノ・岡部は工作ロボットを数値制御して、部材を組み立てているふうに見えた。
時代の大きな流れは、数値制御の方に向かっているのは明らかだし、このところの世間の関空人気というのもその反映だろうが、しかし、“モロハダ脱ぎ”を目の当たりにすると、心の底の方の暗雲な部分を揺さぶられてしまうのだ。
現代技術の先端はエレクトロニクスだが、そのエレクトロニクスをちょっと横に除けたうえでの先端構造技術である航空と造船の技術を駆使して、われわれの心の古層の原始的造形感覚を励起してくれるのは、世界広しといえども石山一人かもしれない。
元倉の「熊本県営竜蛇平団地」は、新築の集合住宅というのにもう何世代にもわたって住み続けられた長屋のような落ちつきと人間性が感じられ、日本の集合住宅はこの方向で成熟してゆくのも一つの道であると思った。
東の「塔の家から阿佐谷の家に至る一連の都市型住宅」は、日本の前衛的住宅作家の宿命を実物で見せていただいた気がして、頭が下がった。　（藤森照信）

——

一次・二次と提出された88作品のファイルによる審査員の議論を経てしぼられた現地審査の作品は、個人住宅・集合住宅・研究所・関西国際ターミナル等の9作品である。その用途・規模・建築設計の手法なども、大変バラエティーに富んだものである。
建設地は、南は九州・熊本から雪の舞う東北・気仙沼までということで、現地審査の日程は大変厳しいものであった。いずれの審査日も休日であったが、現地での説明・案内をいただいた設計者・施主側関係者にはお礼を申し上げたい。
応募の写真・図面では把握できなかった施主の意図、地形との関わり、近隣との連続感、材質、ディテールなど、それぞれの作品における建築家の解決方法の特色・工夫・創造性を窺いしることができた。
いくつかの作品には、これからの長い年月・社会的資産として快適に活用され続けるために必要とされる基本的な技術処理や、ディテールにやや不満足な点が見受けられ、あと一歩というところで受賞に至らなかったのは残念であった。
審査については、最近の大規模な複合建築や特殊な用途の建築物における、長期間の総合力の結集によって設計された作品の場合の設計者や共同者をどう評価するか。対象作品と設計者をどのような基準で審査するのか等々。あらかじめ応募者側に明確に判断できる枠組みを設定する必要があるのではないかと思われた。　（古田敏雄）

——

学会賞作品部門の審査選考の対象となる作品は、その応募作品および作品選集収録作品とすることに本年よりなったが、その方式に初めて関わった者として感じたこと、また個人的意見として一つ問題提起をしたい。
それは、作品選集収録作をすべて学会賞作品部門候補作とすることは、運用上無理があるのではないかと感じたことである。
まず、本年の作品部門選考対象作品は88点であり、そのうち応募作品28点、作品選集収録作品58点である。これは例年の選考対象作品数の約2倍の数字である。一方、作品選集収録作（以後、収録作）には選奨という別のカテゴリーの賞があり、それと重賞することは全く問題ではないが、作品中には当然ながらすでに学会賞作品部門受賞者の作品も多く見受けられる。これは一応重賞を避けるという現行規程と矛盾が生ずる。また収録作をすべて学会賞候補作とすることは、受賞とならぬ場合、経過上落選作となり、おそらく意図と反する設計者もあると考える。つまり作品選集とは、その年の建築的総合評価として一定のレベルをクリアーした作品の記録性を重視したグループであり、その記録性によって収録を希望する応募も多いと考えられる。したがって、収録作は自動的に候補作とするのではなく、設計者本人の作品部門応募の意志を確認されたもののみを候補作として選考対象にするべきものと考える。仮に筆者の記すような混成の選考対象作品状況があるとすると、短い貴重な初期選考時間の中で、真の応募作の内容を見る時間は著しく制約を受けることとなり、望ましくない。少なくとも作品部門に応募する意志と記録性を望むことと、ないまぜにして事が運用されるべきでないと考える。（室伏次郎）

——

マスメディア向けの作品が多い中で、実地に見て良いものが選に残ったと言える。
「熊本県営竜蛇平団地」は、落ちついて自然な生活が営める団地であり、住居であった。構造上は大きいスパンの梁に亀裂が見られるのは惜しいが、全体としての構造設計は上手く無理なくとけ込んでいた。
「関西国際空港旅客ターミナルビル」は、コンペで提案された構想の素晴らしさが何よりも光っている。これを諸々の厳しい条件の下で実現させた関係者の努力と技術力は褒めたたえたい。
「リアスアーク美術館」は、気仙沼湾を見おろす山の上にあって、美しい景観をつくり出している。建物内部も表情に富んだ空間で密度の高い設計である。構造設計上も上手く、緊張感のあるものとなっている。しかし、建物本体は安定感のあるもので構成されているので問題はない。
「塔の家から阿佐谷の家に至る一連の都市型住宅」は、狭小な敷地に建てざるをえない日本の都市住宅事情への建築家が出した解決策の優れた一つのスタイルであると言えよう。
現在の建築設計は、多数の人々がそれぞれ対等の立場で協力し合って作り上げられていく。この中で受賞者を少数選び出すのは難しいところである。建物は客観的に直接見られるが、設計中の実態を判断することは容易でない。委員会としては、より一層この面の調査に力を入れる必要があることを改めて考えさせられた。　（矢野克巳）

——

建築作品を見てまわると規模の大小にかかわらず、建築家の葛藤と放出したであろうエネルギーが突き刺さるように感じとれる。そのあまり膨大な消失が必ずしも結実せず、あちこちに喪失している。また、折角の機会を得ながら、自己の信念の過剰さや手法に陶酔し、場や建築の総体が生むはずの新奇性や魅力に欠けていると共感がもてない。さらに計画性、仕掛け方がすぐれ興味深いものでも、肝心の造形力、諸々のデザイン性に欠け予測された効果が半減してしまったものも少なくない。
一方、建築家の知恵と技量がセンス、手法に表出し、独自性に富んだ質の高い作品に出会うと、建築家がまだまだ十分に独創的で先見的に次なる建築を構築していけることを鼓舞できる。ビッグプロジェクトにおいては、総合力もあるが、現在の日本ではリーダーとしての建築家のセンスや技量がどこまで生かされているかが、焦点の一つでもある。部分的な調和が欠けても、総体のイメージや主要部に建築家の構想、力量が明確に発揮されていれば今後の可能性に対して力強い。また、過密、混成する都市状況の中で、計画する敷地と周辺環境を建築設計と合わせていかに扱うかは、建築家を問う重要な問題であり、創出する建築と環境の新鮮なハーモニーは一律的で制度優先の都市計画の手法を十分に批評することができる。また、住宅作品は小建築だが、常に時代性や都市の形成に対する脱空間、批評空間の提示として役割は大きい。単品もあるが、長期にわたって創造、模索、研究し、頑強に実験、提案を創出する建築家は賞賛に値すると思っている。
今回の審査は多様な視点で評価が行われたが、建築が抱える問題の広さ、深さを思えば当然であろう。それが適切に判断できたかどうかがこれからも自分自身に問うべき問題と思っている。　（六角鬼丈）

関西国際空港旅客ターミナルビル
レンゾ・ピアノ／岡部憲明

——
推薦理由
——

設計者は、この空港の設計に当たり、人工島の地盤に対する技術的側面への配慮をも背景としながら、日本の伝統的建築の一つの要素として、“軽快さ”を持った空間をつくることを発想のスタートとしたという。結果として、現代の国際空港として必要とされる複雑な機能を内包させながら、卓越した技術で、飛翔を感じさせる軽やかなイメージを見事に具現化させている。イメージの主体は流れるようなカーブを持った軽快な大屋根の造形であるが、これは機能面における旅客の“移動”性と呼応している一方、技術的にはラチス・シェル構造、オープンダクトとジェットノズルによる空調方式、間接照明方式等との技術的側面と整合性を見せており、建築的統一性を高いレベルで獲得している。このとき、1.7kmという前例のない長さを持つウイングと中心部を構成するMTB（メインターミナルビル）を連続したカーブの屋根面に包みこむに当たって、一つの断面形状を幾何学的に変移させる“ジオメトリー”の原理を用いてダイナミックで明快な造形を創り出している。すなわち、被膜から構造へという発想を貫くことによって、威圧感を感じさせることのない柔らかな雰囲気のシェルターの下で、一つの“共同体”を創り

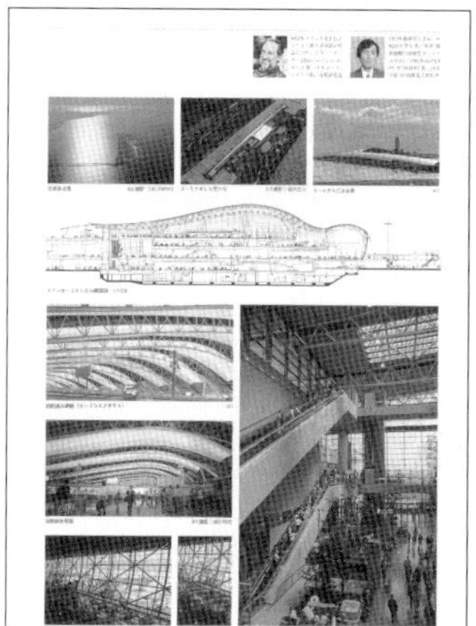

関西国際空港旅客ターミナルビル

塔の家から阿佐谷の家に至る一連の都市型住宅

リアスアーク美術館

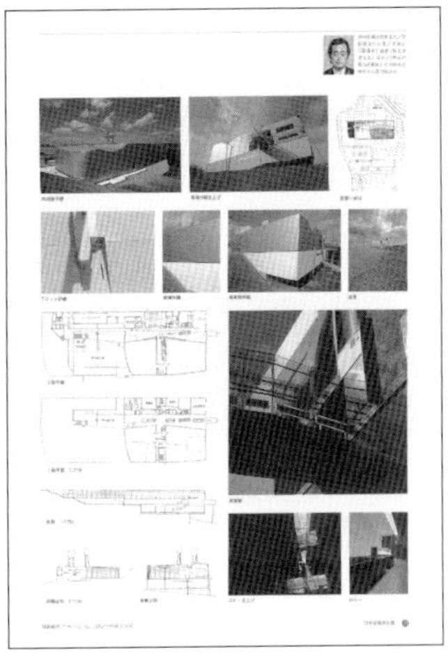

熊本県営竜蛇平団地

出している。また、被膜としての屋根面の82,000枚に及ぶステンレス・パネルは、その目地ラインによって近目にも遠目にも優美な美しさを見せている。
他方、出発の旅客を最初に迎えるキャニオンも高さ28mの吹抜けによって自然光の注ぐ開放的な空間としているが、これは国内線を国際線の出発階と到着階の間に挟み込んでいる階層構成を認知させるうえで効果を挙げている。加えて豊富な樹木や日本的な色彩、さらにシースルーのエレベーターやブリッジなどの使用によって、この空間に暖かな楽しさをただよわせている。
難を言えば、滑走路側の屋根曲面のかぶりが深くて、上階からは事実上航空機が見えず、基本的な意図である"透明感"を損なっていること(コストの関係で、やむなくガラス・サッシ面を減らしたためという)、4層にわたるMTB部分のデザインには大屋根のデザインに見られる質が感じられないこと、せっかくの雄大なスケールの全貌を目にできるスポットが用意されていないこと、などが挙げられるが、全体としてこれまでのわが国の空港にはなかったスケールの大きな発想を先端技術を使いこなしながら結実させている点、すなわち、技術と芸術の統合を見事に成し遂げている点において、極めて高く評価できる。
よって、ここに日本建築学会賞を贈るものである。

——
受賞者の言葉
——

関西空港旅客ターミナルビル——飛翔の形象

コンペの時期に、はじめて空港島を訪れたとき、島は海原に沈む「約束された土地」であった。「陸地のない島」が、ターミナルビルの台座となる。デザイン思考は、まさに形成されつつあったこの見えない大地との対話から始まった。
海から大空へと隆起してゆく形態、それは徐々に飛翔する流れる形態へと結晶してゆく。
ターミナルビルは、510haの平坦な人工島の上にある1.7kmの母船として航空機群に対峙する。
航空機という凝縮された現代の技術の集積に拮抗しうる巨大なグライダーのような流れる母体である必然性をターミナルビルデザインの本質に感じた。つかいなれた扱いやすい建築のスケールへと分節化しクラスター化する方法を採らず、巨大さを一挙に小さなスケールの要素の連続として組み上げ、有機的ともいえるフォルムへと導く、ある意味でフラクタル的思考が試みられた。多くの機能が集中し、階高のある建物中央部から端部に向かってゆっくりと上下降していく形態は、16.4kmの地底に焦点をおき、一つの断面を回転させて作り上げられるトロイド面として成立している。
このジオメトリーと名づけられた単純な幾何学的方法は、構造よりも小さな建築の要素である屋根パネルやガラスパネルの分割に論理を与える。いわば「被覆から構造へ」といった反転の思考にうらづけられている。
9万m^2の屋根は、同一サイズの約8万2,000枚のステンレスパネルで覆われ、微細で精巧な表現を建築に与えている。1.7kmにのびるウイングの内部空間もまた、繰り返す構造材のリズミカルな風景の中に流れるように連なっていく。
中央部メインターミナルビルの上部の大空間では建築内部の空気の流れが、その断面の形を決定している。20mにせまる天井高の空間の空調は極めて難しい。そこで、天井面に沿って流れる空気層を形成し、大きなヴォリュームでの空気の流れに秩序を与えるマクロ・クリマ制御の方法が考えられた。80mスパンに到達する空気の軌道に沿ってデザインされた非対称アーチの空間の断面形は、加速度を意識させる方向性のあるものとなり、旅客に知覚しやすい空間構造となっている。天井面のオープンエアダクトと呼ばれる19本の膜は、空気の流れを導くとともに間接照明のための反射板となり、柔らかく拡散する光を床面に投げかけている。
9万m^2の屋根の下、メインターミナルビルからウイングへと間仕切のない透明性豊かな長大連続空間は、ミニマムサイズにおさえられた連続、反復する構造体のリズムとそのソフトなディテール、精密に割り付けられた仕上材のテクスチャーと一体となり、有機的で開放された新たな空間の体験を人々に与えることになる。
流れる形態と空間、巨大さの中で人間の知覚を意識した、要素のデザインによって、複雑な空港ターミナルビルを親しみやすい第二の自然である建築として生み出すことが試みられた。
(岡部憲明)

塔の家から阿佐谷の家に至る一連の都市型住宅
東孝光

——
推薦理由
——

設計者の最近作「阿佐谷の家」は、寄棟屋根をかけた立方体の中心に円筒形の吹抜けを貫通させた、極めて単純な構成を基本としている。打放しの壁や鉄骨をそのままに、あるいはペイントなどで仕上げた平易な建物である。
この単純な構成から、可能な限り多様で変化のある内部空間や家の表情、さらには構造・設備・管理面にわたる合理性を引き出すのが、設計者の住宅における建築的手法である。最小限といってもよい屋内で、垂直水平の方向性、空間ボリューム、光と影がひと足ごとに劇的に変化し、また落ちついた場所をつくりだす。さらには、構成要素の機能が幾重にも重ねられている。この求心的な吹抜けは、程よく調整されたリズミカルな外壁の開口部にも影響し、その外壁は家の形を見せていると同時に、町並に連続する壁として道になじんでいる。都市型住宅の典型を示すこうした手法は、設計者の処女作「塔の家」においてもすでに確立されている。
6坪の敷地に6層の住宅を建てる。一見奇矯に思われるこの解決に、設計者の都市型住宅への考え方が最も明快に表れている。すなわち、住宅の歴史的スタイルに拘泥することなく、また住宅の構成要素の機能を固定することなく、そこに人が関わるシーンを新たに発見し、できる限り住み手の創意と努力で住み続けていける手掛かりが組み込まれている。
これら二つの住宅にはさまれた設計活動の期間に、設計者は100余の住宅を日本の各地域に実現してきた。そこには処女作や最近作に見られると同様の絶えざる発見的手法の展開のプロセスがある。
日本の住宅建築は、風土、家族、社会の固有性を守り通した家の形を生み出すことに努めてきたが、その固有の家の形は、例えばポンピドーセンターで「塔の家」の5分の1モデルが展示されたように、今、世界にアピールしはじめている。このように設計者の一連の都市型住宅は、等身大の生活の有り様に、建築家としては一見無防備に見えるまでに率直に開くことで、日本の住宅の形をスタイルに依存することなく確立してきた。それは空間表現のみならず、住宅設計の思想に関わる新しい可能性を開いたことであり、都市型住宅の今、を作っている基幹ともいえるものを創出した。その功績は極めて大きく高く評価できる。
よって、ここに日本建築学会賞を贈るものである。

——
受賞者の言葉
——

ポリフォニックな世界へ

1966年の「塔の家」以来、日本の各都市に多くの住居を設計してきた。私の初心は、なによりも建築の利用者と設計者の距離を近づけ一体化させたいという願いにあり、そのために建築家としての出発に際してまず住居の設計からと決意し、自己と家族のための住まい、「塔の家」から始めたのである。そのとき、極端に狭い都心の土地という、その広さと場所を最初に選んだこと、そして1960年代の終わりから1970年代にかけてという時期が、都市住居という困難な環境条件をもつ対象に、その後の私の制作と思考を深くかかわらせることになった。
建築は、一面では実際に使われる生活の容器であるから、要求される条件は現実的なものであり、それに誠実に応えることが厳しく求められる。しかし、私は住み手の現実的な条件に直接応えることだけに満足しない。その背後にある住み手の生活の哲学や、生きる姿勢をくみ取り、それを自己の生きる哲学、つくる姿勢に照らして、両者の葛藤を通じてそれを空間表現に一体化させ、昇華させる創造的な方法を志した。
それは利用者の世界を建築にひき入れることで得られる創造のエネルギーの量や深さに打たれるからであり、また完成後の建築の生命力や持続力にも深くかかわっていると考えるからでもある。そして、与えられる機会にはより公共的な建築の設計にもその方法を連続させ、拡大することを求め続けてきた。
1970年代から1980年代にかけては、建築から都市環境への広がりに私の興味も拡大し、それらを複合させながら夢中で過ごしてきたが、住み手の姿勢の反映が、生まれる個々の作品に多様性をもたらし、逆にそれがスリットや重層化、ずらし、要素の断片化と統合、といった建築家としての手法を意識して使う方法につながった。やがてそれらが重なって、ポリフォニックな建築という大きなとらえ方になっていった。
Polyphony：ポリフォニィは多声音楽と訳され、世界中に存在する音楽形式であるが、複数のグループによる、異なるメロディと歌詞による合唱が、同時に平行して歌われる。私は、聴く人の聴き方に無限の選択が許されることで成立するこの音楽のもたらす奥行きの深さに深い共感を覚え、単純な手法の組合せによって、多様な形式の住宅作品を生み出させようとする私の建築に重ねて考えるようになったのである。
ようやく世紀末に近づいた1990年代の今日、私の塔の家1966年から阿佐谷の家1994年に至る一連の都市型住宅が評価されることになった。そこには種々の居住形式が含まれているが、今後も、私の目指すポリフォニックな建築の世界を、より広い都市という空間と、歴史という時間とのかかわりのなかで、さらに展開させていきたいと考えている。

リアスアーク美術館
石山修武

——
推薦理由
——

この美術館の最初の魅力は、アプローチにある。太平洋をはるかに見晴らす気仙沼の小高い山に、裏の尾根道からアプローチして頂部に立つと、足元に建物が展開し、その先には低い尾根が重なり、さらに平地が続いて海がのぞく。見学者は、のっけから敷地の一番高いところに立たされ、四方を見晴らし、建物の屋上に高く突き出す二つの塔(給水塔)に目をうばわれる。ダリの象やスターウォーズの象形戦車をしのばせるこの建築離れした塔の印象により、あたりの光景がわかにシュールリアルな様相を呈しはじめ、どこか月世界とか未来の光景をのぞいているような感にうたれる。
階段を下りながら、建物の入口に向かうと、右手には大きく湾曲した床面を持つ舞台状の場が広がり、また入口の壁の左上部には鉄板の楕円の窪みが見え、中に入るとホールの側壁には漆喰が盛り上がって走り、ホールの突き当たりには総ガラス張りの展望台が床をうねらせながら中空に突き出す。いずれのデザインも見た目にはきわめて強い癖を持つが、実際に接してみると実用性をよく満たしているのがわかる。そうした癖の強い個々のデザインは、下手をすると全体のバランスを崩す危険があるが、設計者は個々の暴れを強力無類のデザイン力でよくコントロールし、にぎやかでありながら統一と落ちつきのある空間を生み出している。
技術上もきわめて珍しい試みが二つなされている。鉄骨構造の一部には現代の進んだ造船技術が使われ、広くて分厚い無垢の鉄板をそのまま床としたり、壁状の梁として使い、一部に不定形の窓をくり抜いたりする。展示室の屋根も厚板によるきわめて斬新な形となっている。厚板を自由に加工することのできる造船技術が見事にデザインに生かされている。また、外壁と屋上の仕上げには航空機の技術が使われ、アルミ合金を航空機用の鋲で止める。こうした航空機技術により、ゆるやかにカーブする金属板で包まれた外観が可能となった。
設計者はデビュー以来、技術と表現がぶつかり合って発する火花の中から、「幻庵」「伊豆長八美術館」といった独創的建築を生み出してきたが、今回の「リアスアーク美術館」はそうした流れの集大成といってよいであろう。
よって、ここに日本建築学会賞を贈るものである。

——
受賞者の言葉
——

海からの視点をリアスアーク美術館は示した。
市民・県民のためのギャラリーを建設しようというのは県の考えだった。それに対して、当初私が提案したのは「押入レ美術館」の考え方であった。この地域のそれぞれの家々に仕舞い込まれているさまざまな海の文化の歴史を、皆に見てもらおうというモノ。押入レの闇に眠っている、古い大漁旗や、遠洋漁業の船員たちが遠い国から持ち帰ったオミヤゲの数々、その他諸々。この地域の普通の人々の普通のイエ家に眠っている歴史を公共のギャラリーという白日に持ち出すこと。普段の生活をギャラリーの空間に展示したらどうか、コレは今でも良い考えであったと信じている。結果は、実現できたのは50%くらいか。自分の力不足だった。
美術館が山の上に建てられたことは、建築を一個の作品として眺めれば幸いであったかもしれないが、実は、私にとってはアクシデントだった。現代の市民のギャラリーは、町の真ん中に在って、気軽にいつでもブラリと訪ねられるようでなければならぬからだ。
山の上に建てねばならぬコトになって、海との関係を考えた。美術館を海の文化を中心に学習できるように考えたかったからだ。
そこで出会ったのが「山ばかり」という漁師たちの技術。これは昔、船で海に出た漁師たちが、遠くの陸地の山の姿などから自分の船の海上での位置を計測する技術だ。ディテールを述べる紙幅がないが、この建築の配置計画・平面計画の基本的な構造は、遠くの海や、山の姿。つまりこの地域の風景との関係で決められた。何年かの遠洋漁業から、あるいはハワイ沖などの近海漁業から気仙沼港へ帰った船は気仙沼港の入口で、山の上に二つのピンクの目印を見ることになる。それもまた、屋上の造形物の意味だった。それだけが、海からの視点の意味ではないが、陸の上での思考だけからは計れない考え方が、いくつか、この建築には仕込まれている。このベースには宇宙船地球号のB.フラーの考え方がある。
佐渡の宿根木集落から学んだモノも大きかった。宿根木の建築は、それが在る土地の形状と、実に自由で複雑な関係を持っていた。ゆるい曲線を描く土地にはそれなりの曲面を持った壁が、鋭角な角度を持った土地には鋭角な角度を持つ平面が、宿根木には成立していた。そこには、近代建築の四角四面にはない自由さが在った。しかも、奮囲気だけのバナキュラー建築にはない、知的な構造も見ることができた。その構造もまた、明らかに海から来たものであった。つまり、宿根木集落の興味ある建築は船大工の手によって作られていた。船大工の技術と陸の家を作る木工大工の技術とは異なる。家は動かない。それゆえ、木工大工の技術は作りやすい直角を規準にしている。それに対して、船大工の作る船は水の上を動かねばならない。動きのベースは曲線であり、曲面である。船大工が持つ数学は木工大工の数学とは異なる性格のモノだった。陸の上に上がった船大工は宿根木で、陸の大工とは異なる複雑さを持つ建築を建てた。なぜなら、宿根木はかつて北前船の造船地として栄えたからだ。そこは船大工の故郷でもあったのだ。
気仙沼も海からの視点が横溢した場所だ。それゆえに、この建築も、造船技術を駆使した。さらに飛行機の製造技術も使い抜いた。
この建築に何かの新しさが在るとすれば、それは海からの視点への関心から生み出されたものだ。

熊本県営竜蛇平団地
元倉眞琴

——
推薦理由
——

竜蛇平団地の中庭に立つ時、人はまず、身も心も満たされる心地よい世界、集まって住む楽しさ、そのような建築の可能性を実感することができる。
建物群の美しさ、中庭のスケールのほどよさ、自然な感じの樹木や草地、徐々にセットバックする各戸の庭を彩る思い思いの草花の飾り、そのすべてがこの住宅団地の緑あふれる生活空間を穏やかに形成している。やさしいスケールのピロティが中庭と街をつなぎ、道行く人にも団地の気配を感じさせ、周辺と溶け合って、この団地が別世界でなく街並の一員となっていることを印象づけている。
各階をずらすことで生み出されている奥行きの深い明るい小さな庭(テラス)は、階段室から直接入ることができ、隣どうしの訪ね合い、上下とのふれ合いも自然に起きそうである。一般の集合住宅に見られるバルコニーとは質の異なるやさしい空間である。庭から家の中に入ると、小さな土間という半屋外的空間があり、その奥に居間がつながる。内と外の連続感の曖昧さが、人々の生活を豊かにしているのが感じとれる。街-中庭-道(階段室、外廊下)-庭(テラス)-土間-部屋という流れが見事に空間化され、それによって、団地全体がまとまりのある生き生きとした環境、あるいは場所として存在している。
一見、多様で複雑に見える全体像は、人々の生活を見据え、深く検討した結果の明快な単位空間を平面的にも断面的にもずらした群造形がもたらすものである。そのずらしの手法が魅力的なテラス群、広場の囲み、場の一体感を生み出している。かつて、ここに建っていた36世帯の県営住宅群の有り様を尊重し、それを再び88戸の集住体の中に持ち込もうとする意図が、確かな手法によって形となっているのを感じとれる。
愛にあふれそして理性的なプランニングに加え、確かなディテールを用い、余計な装飾を廃し、巧みな色彩計画によって、魅力ある解答をこの集住空間に示した設計者の力量は並々ならぬものがある。
よって、ここに日本建築学会賞を贈るものである。

——
受賞者の言葉
——

この団地は、「くまもとアートポリス」の一環として計画された公営の集合住宅である。敷地は熊本の中心から3.5kmほど離れたところで、市街地の周縁に位置している。周囲は戸建住宅、マンションや社宅が建ち、表通りには商店も多い。何かあいまいな地域であるが、その分まだ静かに住むことができる環境を残している。
このプロジェクトは建替え事業である。約40年前に建てられ老朽化した木造平屋の住宅を壊して、88戸の団地をつくるプロジェクトである。
テーマの一つは、この団地が生活の場として独自のまとまりをもちながら、周辺の街とも良い関係をもつにはどうしたらよいのかということであった。敷地は大小の三角形を横に並べたような不整形な土地で、その一番長い一辺が道路に面している。この敷地の特性を生かしながら、まとまりをもった一つの領域をつくるような配置を考えた。具体的には、二つの異なる住棟タイプ——広いテラスを積み重ねた「段状タイプ」の住棟と、直接街路に接して設けた「街区タイプ」の住棟によって、中庭を形成するように配置した。さらに「街区タイプ」の連続したピロティによるコリドー状の空間が、くびれて分断されそうな二つのエリアを結びつける役割を果たしている。このピロティは、団地内から見たときは、中庭に面する庇のような半戸外の生活空間である。そして街の通り側から見たときは、雨や日差しをよける、アーケードとして機能している。団地と街が一つの空間を共有することによって、そして中からも外からもお互いの様子を知ることができることによって、団地の閉鎖性を取り払い、周辺の街との良い関係をつくろうとした。
テーマのもう一つは、集まって住むことによってつくり出される生活のあり方である。建替え前の住宅は、各家の前に庭があり、それが道に面しているので、他の家の生活を常に身近に感じながら生活する環境であった。「段状タイプ」の住棟は、これと同じ状態を高密度に立体化しようとしたものである。廊下と階段は三次元の道としてつくられ、セットバックして積み重ねられたテラスは庭の代わりとしてつくられたものである。さまざまなシーンで他の住人の生活が感じ取れるような仕組みになっている。各住戸はすべてテラスから入ることができる構成になっていて、階段、廊下からテラス、土間、食事室に至る流れは、壁によって遮られることがない。中の住まい手は、自分でプライバシーをコントロールしながら、外とのつながりをつくっていくことができる。
このように、集まって住んでいることを意識していくことは煩わしいことかもしれない。しかし、集まって住むということは、意識的、あるいは無意識的な他人とのコミュニケーションの中に身を置くということであろう。「ともに住む」ということを、もう一度私たちの生活の共通の基盤として、都市の中に再構築させたいと思う。

——
建築雑誌1995年8月号掲載。
——
候補作品｜88題(応募28、作品選集掲載58、委員推薦4)
※ 本年より「作品選集」掲載作品も審査対象となった。

47｜1996年(平成8年)

日本橋の家／植村直己冒険館／彩の国さいたま芸術劇場／黒部市国際文化センター（COLARE）

——
選考経過
——

日本建築学会賞選考委員会作品部会は1995年6月6日、学会賞全体委員会に引き続き第1回部会を開催し、表彰件数は5点を上限とすること等の基本事項の確認を行い、併せて9月26日に行う書類選考に先立ち各委員は時間をかけて提出資料の自由閲覧を行うべきことを申し合わせた。
第2回部会は、前日の自由審査を経て9月26日に委員10名全員出席のもとで開かれ、まず『作品選集』掲載作品52点、応募作品35点、委員推薦2点、合計89点を確認した。次いで第一次選考としての現地審査対象作品として、規程の「5作品以内」の2倍程度にまで絞り込むことを決め、各人10(±1)作品を選んで投票を行った。この結果、6票を得たもの1作品、5票を得たもの2作品、4票を得たもの2作品、以下3票10作品、2票10作品、1票25作品、0票39作品となり、討議のうえ、4票以上を得た5作品をまず通過作品とした。次いで1票以上3票以下の45作品を対象として改めて各人5作品を選んで投票を行い、5票を得た2作品を追加した後、4票以下2票以上を得た作品について順次討議し、5名の賛同を得た1作品を加え、都合8作品を現地審査対象作品とすることとした。
第3回部会は、現地審査終了後の1996年1月9日に行われた。ここでは、8作品に対して順次、評価に関わる討議をていねいに行った結果、この全作品のすべてを投票の対象とすることとした。次いで、投票のルールとして各人の持ち点を10点として5作品以内を選び、選んだ作品に対して評価の度合いに応じた点を配分する方式(ただし、1作品につき最高5点とする)を定めた。この方式によって投票を実施したところ、上位4作品は支持する委員5名以上、得点にして10点以上を得たのに対し、他の作品は支持委員が4名以下、得点も7点以下にとどまった。この結果をふまえてさらに確認の討議を行った後、上位4作品を作品賞候補として推挙することを決定した。4作品は以下のとおりである(氏名五十音順)。
·黒部市国際文化センター（COLARE）　新居千秋
·日本橋の家　岸和郎
·植村直己冒険館　栗生明+プレイスメディア
·彩の国さいたま芸術劇場　香山壽夫
なお、作品賞のあり方に関わる問題として、いくつもの作品群をまとめて“一連の作品”という形で応募する例が散見されることに関して、当部会は特に討議を行った。その結果、作品自体が同時に地域的な広がりを持つような場合にはあり得るが、作品賞の顕彰対象は人ではなく作品自体であるとする見地から、時系列的な過去への遡及は不適当である、との結論に達した。この見解に沿って今回の候補作品の一部に関しても、本人の同意を得たうえで対象作品を1点に絞っている。

——
委員
——

伊藤直明　加藤邦男　栗原嘉一郎　高松伸
谷口吉生　富田玲子　内藤廣　古田敏雄　室伏次郎
矢野克巳

——
委員の見解
——

学会賞作品部門の審査に初めて参加した。審査を振り返り、反省を含めて、若干感想を述べておきたい。
私は個人的には、段々畑のように、緑のステップ状の壁面をもつ「アクロス福岡」を評価していた。ビルの林立によって、都会の空がだんだん狭くなっていく中で、隣接する公園の緑を建物の壁面まで連続させ、空を広げて見せてくれる景観は、どんな建築壁面のデザインよりも、ホッとした、爽快な気分を与えてくれる。無機質な垂直壁面で囲まれてしまったら、市民共有の貴重な緑地空間がますます貧弱なものになってしまったであろうことを考えれば、いくらかでも広がりと潤いを与える外部空間をつくることは、今後の都市建築として重要なことと思う。この意味で高く評価したい。
さて、今回の審査対象は、応募作品35点、『作品選集』掲載作品52点、委員推薦2点、計89点であった。書類選考を経て、8作品が現地審査の対象として選ばれた。『作品選集』掲載作品から現地審査に残ったものは1点のみであった。審査員が違えば審査基準が違うのであろう。また、現地審査に選ばれた作品は一つを除き、公共建築あるいは公共機関がからんだものであった。自治体が街おこし、村おこしのために建築に期待するところがいかに大きいかが感じられる。
ところで、現在建築界には、建築作品に対するさまざまな表彰が行われている。それぞれに特色をもった賞として審査基準があると思う。それらと学会賞作品賞はどう違うのか。芸術性か、技術性か、あるいは総合性か、選考の基準は特に定められていない。審査員の胸三寸である。
作品を絞り込むにあたって審査の過程では、実に激しい議論があった。こんなにまで厳しいことを言われた作品は、とても学会賞には無理だろうと思われるものもあった。しかし最終的には投票により得点数で選ばれることになる。
選ばれた結果は、建築界に与える影響が極めて大きい。学会として、やはり将来に対して何らかの示唆を与えるものであるべきだろう。学会賞作品を会員はどう見ているであろうか。　　(伊藤直明)

——

審査対象作品89点を一挙に8点の現地審査対象作品に絞り込む作業には、多少戸惑いを覚えた。しかし現地審査対象には、いずれもレベルの高い立派な作品が選ばれたと思っている。これらを現地に訪ねることは、建築作品のローカリティとアイデンティティを体をもって知ることであり、その風土的生成を実感することであった。情緒性が優越するきらいがあるものの、力作で完成度の高い「彩の国さいたま芸術劇場」以外の作品について、若干の私見を以下に記す。
意匠の巧みさと設計者の「もの作り」への入れ込みようを見せたのが「かわらミュージアム」であった。全体的な空間構成に成果を見せつつも細部の処理の荒さが結局マイナスとなったのが「千葉市立打瀬小学校」であったが、設計者の計画への意志の強さには好感が持てた。「アクロス福岡」はユニークな基本計画が結果的には常套的な市街地建築物の趣を随所に滲ませてしまったのが惜しまれる。「関川村歴史資料館」はローカルな建築ディテールを採用した佳品であるが、隣接する民家群に比べて勁さが少ない。「黒部市国際文化センター」はローカリティを越えた現代風の造形モティーフによるものの、伸びやかな空間構成が風景となり、内部の細部の巧みな構成は、並々ならぬ設計者の構成力と成熟度を感じさせる。「植村直己冒険館」は、一本の主軸の単純な構成が、細部の繊細な造形と造園を生かして全体を構成する機知的作品である。「日本橋の家」は設計者の美意識と住空間への一つの逆説的な提案を示す、すがすがしい作品であった。
(加藤邦男)

——

昨年に引き続き2度目のお役である。選考のプロセス·方法は昨年とあまり変わらないのに結果の出方は大きく違った。昨年の受賞4作品は10名の委員による最終投票で満票の支持を得たものを頂点として、それぞれ9名、8名、7名の支持を得たのだが、今年は最高の支持を得た作品でも7名の支持にとどまり、以下6名の支持1作品、5名の支持2作品という結果である。5名による支持ということは、いうまでもなく支持しない委員が同数の5名いたということである。もとより作品の質が昨年より下がっているということでは全くない。審査方法に問題があったとも思われない。書類選考に当てた時間は昨年よりぐっと長いし、現地審査後の最終委員会で行った討論も昨年よりていねいに掘り下げている。個々の作品の意味性·問題性も十分あらわにしたうえで投票にかけている。それがあらわにされれば評価もおのずと定まるというものでは決してないことを、投票結果は示している。むしろあらわになった意味性·問題性のゆえに、それに対する評価は割れているのであろう。この段階において個々の委員はまさしく建築に対する己の基本姿勢を問われることになる。ここにおいて、どんな姿勢どんな哲学を持った委員で審査会を構成するのかによって結果は動くという、冷厳にして自明の理に帰着するのである。きわめて当たり前のこの事実を、まとめ役の立場において、改めて一身に感じた本年の経験ではあった。
(栗原嘉一郎)

——

初心者である。気軽にお引き受けしたものの、これがなんとも度を越して辛い役目であると知った時には、時すでに遅し。不覚である。とはいえ、とてつもない重責である。他の審査員諸兄に胸を借りるつもりで、あらためて腹を括った次第である。自分のことを棚に上げて、他人様の仕事に難癖をつけるのは、本来嫌いなタチではない。というよりその実、これが結構楽しかったりもする。しかし今回はれっきとした学会賞。かかる軽佻の類、おいそれと口に出せるものではない。とはいえ、候補建築家諸氏には誠に失礼ながら、心根の部分では、そんな野次馬根性を断じて持ち続けながら拝見することと意を定めた。寒風が吹きすさぶ実地見学(事実、ほとんど雨とみぞれと雪であった)も、

47

日本橋の家／植村直己冒険館／彩の国さいたま芸術劇場／黒部市国際文化センター（COLARE）

ぐっと呑み込む悪口雑言の炎で多少なりとも身体が暖まろうというものだ。ともあれ、実に刺激的な経験であった。作品のひとつひとつに込められた、並々ならぬエネルギーに心底震撼したり、その不撓不屈の建築家魂に悲哀感さえ抱いたりもした。優劣などとんでもない話である。それぞれに思想があり、そしてそれぞれに美しい。私の密かなる狼藉、野卑なる根性も、早々にして色を失うこととあいなった。受賞4作品は、やはりとびきり素敵である。素っ気ない言い方ではあるが、私たち建築学徒に、希望と勇気を抱かせて余りある。そういう意味では、まさしく学会賞である。図らずも審査に寄与することになった絶品の4作に、今、私は大いに学んでいる。私は最後まで初心者であった。

（高松伸）

——

建築学会作品賞の選考対象となった「作品選集」掲載予定の建築や、その他、推薦があった建築に目を通して驚かされたことは、その造形や意匠の多様さである。現代の都市空間の不調和さの原因を見る思いである一方、建築が求められている多様さを考慮すると、必然のことでもあると考えた。現地審査にあたっては、このような造形上の差異に偏見を持つことなく、極力、建築の本質的な問題を基準として選考にあたった。

今回の受賞の対象となった4作品は、それぞれ十分な実力を有する建築家によるものであり、その代表作として卓越した建築であることに疑う余地はない。これらの作品を高く評価すると同時に、私にとって次のような考えさせられる点もあった。

例えば、雑然とした既存の街の中にさわやかに立つ孤高の住居が、単なる異端として終わらずに、街並みの将来像に影響を及ぼすことができるであろうか。特定な様式を示唆する空間は、ユニバーサルな空間と比較して、思考や行動を拘束するものにならないであろうか。建築から周辺の環境まで美しく整えられた展示施設の設計において、展示内容まで影響を及ぼす一貫性を、建築家は発揮することはできないであろうか。都市や田園風景の中に忽然と現れる最新の公共建築の佇まいは、将来、地域社会の中で時代を越えて普遍性を獲得できるであろうか。

これらのことはすべて、日常、設計において自分自身に問いかけられている問題と共通するものである。

（谷口吉生）

——

2年にわたって新しい建築作品を見て回りながら、大いに楽しみ、教えられた。作者の熱い想い、傾けられた膨大なエネルギーをひしと感じながら、自分を棚に上げつつ、採点しなければならない辛い仕事でもあった。

そこで私はとりあえず普通の人になって、その作品の内と外にいて、「心地よいか」「いつまでもいたいか」を判断基準にすることになる。なかには、拒絶反応が起きて5分と持たないものもある。その時、なぜ息苦しいのだろう、なぜ悲しくなるのだろうかと考えてみる。すると、ガラスの膜が全部はめ殺しで風が通らない、壁や床が固くて、人々の声や気配がもやもや音になっている、至る所真白でまぶしい、古いゆったりした街並の中にあってスケールが細かすぎる、樹木がほとんど植えられていない、ひさしが全然ないなどと気がつく。

結局のところ、建築は普通の人が暮らし、使い、感じるものであり、建築家の深遠な思想も優れた手法も、人々の五感を通して感じ取られるしかない。

「日本橋の家」は一人で行ったらお留守だったが、表の通りからも、裏がのぞける近くのビルの6階からも、作者の「屋上庭園の夢」が伝わってきて嬉しくなり、東アジア的熱気のこもるこの界隈を長いことうろついていた。

植村直己のための建築と庭のトータルランドスケープも心地よく、ゆったりした時間を過ごすことができた。欲を言えば、展示空間に地下ならではの不思議な魅力が欲しいと思う。

「彩の国さいたま芸術劇場」のホール群は、現代の定型化されたスタイルをとりながら、その内部空間はおおらかで居心地よいものであった。

心地よいことは、建築に求められる最小限の条件でありながら、何とそれは難しいことなのだろうか。

（富田玲子）

——

建築の作品の優劣を判断するのは難しい、というのが今回審査に参加させていただいた素直な気持ちです。個々の作品の評価は他の先生方にお任せしたいと思います。

応募者は、いかなる作品を作ったかが俎上に載せられるわけですが、一方審査員はいかなる選び方をしたか、ということが問われるに違いありません。言うまでもなく、現代には大方の人が納得し得るような思想はありません。少なくとも、建築を作品という側面から見た場合、そこにはかつての近代建築のような、是非を論ずるに足る価値や絶対的な指針はないといってよいでしょう。したがって、評価は審査員の良識と見識という、得体の知れないものに付託されることになります。良識と見識を、人格に基づく感性と直観と言い換えてもよいでしょう。いきおい、選ぶ基準は感覚的な評価になります。

しかし、10人の審査員の集合的人格や感性というのは、外から見ればいかにもわかりにくいものです。感覚的な合意のみならず、外から見てもわかりやすい議論がより一層必要なのではないかと思います。審査は、公平に民主的に行われました。誰もその進められ方に異論はないでしょう。しかし、作品そのものの価値をどう判断するかについては、個々の審査員の良識に仮託された分わかりにくく、もっと論議があったほうがよかったかもしれない、という思いが残っています。学会賞は、時代の流れ、時代のモチベーションを作り出していくたいへん重みを持った賞だと思います。混迷する現代の状況にどういう道標を示そうとするのか。何を審査し、何を評価したのか。学会賞は何を顕彰したいのか。これでよいのか、という議論は今後継続的になされるべきではないでしょうか。どのように選ぶかを論ずることは、建築そのものの価値を論ずることと同義だと思うからです。

（内藤廣）

——

一次審査を通過した8作品の現地審査では、いずれの建築作品もその具現化のために施主側のスタッフと設計者の大変なエネルギーが注ぎ込まれたことを実感させられた。

「彩の国さいたま芸術劇場」は、県サイドが長年かけて作製された基本構想の大小のホール、音楽、映像小ホールを有機的に組み合わせるという内容を明快なコンセプトで整然と分析、配置し、それぞれに最新の建築設計技術が的確に組み込まれている。

共有空間であるロトンダを中心としたホール配置の平明さや、主要施設の裏と表を連結する明るいガレリアなど、建築空間の連続の変化の楽しさが十二分に発揮されている。新しい劇場建築として完成度の高い作品であった。

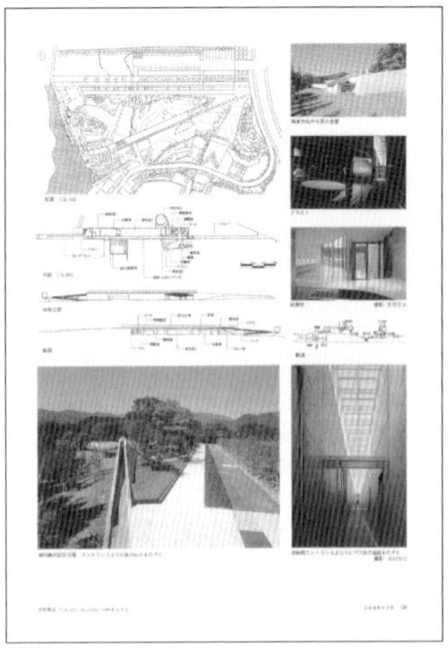

植村直己冒険館

他の入賞3作品について、「黒部市国際文化センター」は住民との対話、ハードとソフト両面からのプログラムの見直しなど、公共建築に対して建築家の新しい取組み方が高く評価された。また、「日本橋の家」のように超過密な地域の市街地住宅として大胆にして精緻な提案。「植村直己冒険館」は、建築というよりは記念碑ともいうべき直截で清涼感あふれる明快なコンセプトをランドスケープデザインと融合させ、強い存在感のある作品であった。

出江寛氏の「かわらミュージアム」は、その周辺の伝統的なかわら民家群の中にあって、現代的な建築素材と伝統的な瓦という素材を縦横無尽に使い分け細部の細部にまで才気のほとばしる珠玉の作品であったが、最終段階で入賞を逸したのは残念であった。

よい建築とは長い年月に耐え、磨かれて大切な社会的資産として定着されなければならない。竣工後間もない作品の審査による評価には限界があるのは当然であるが、それぞれの受賞作品が長い歳月の風雪に耐え、風格を増しながら周辺の人々に愛され続けることを祈りたい。

（古田敏雄）

——

想像力が拡大する極小の場それに相応しい住環境の条件とは程遠い、喧騒と猥雑さ、そして活気に満ちた日常性そのものの中にあって、なお住むための場の根幹となる、場所性から引き出された、感動に根差す生活の場の発見がそこにはある。しかもそれは、そのような場所にあって、切り取られ密封された小宇宙として成立するのではなく、あくまでも街の空間と結びついた場としてある。つまり住宅というこれに勝る日常性の強いプログラム要請はないというべき題材にあって、枠組みを疑い、読み直し、組み替えて、なおその当たり前すぎる日常性を構成するすべてをクリアしながら、かつそれを超えて理念を具現化する作業がここにはある。そしてそれは、そのような場に生きる人々に新しい場の発見を促す目と力を与えている。住居という極小の題材から引き出される限りない想像力の拡大の視点がここにはある。

恵まれた敷地条件と、現下にあっては豊かにというべき工費条件の下に、プロフェッショナルに破綻のない洗練されたディテールと美しいプロポーション、変化に富んだ表層を作り出すリッチな素材による、十分に研究され、しかし、結局は官のプログラムが要請するプランタイプを一歩も踏み出すことのない空間、そして前面に踊る形態。結果的にとはいえ、作品賞の大方を占めることとなる公共施設のあまりに保守的な空間と、拡大する住居の場との想像力の対比には、鮮やかなというだけでない重苦しいものを感じる。

（室伏次郎）

——

作品賞は、「社会的、文化的見地からも極めて高い水準が認められ、技術・芸術の総合的発展に寄与する優れた業績を対象とする」とある。

このとおりの建物ならば、その建物は長く人々に愛されるであろう。受賞して間もなく取り壊されることがもしあるとすれば、よほどの悪条件が重なったものであろう。しかし、芸術的に優れているが、それを利用する人々に無理を押し付けている点があれば問題であろう。優れた業績を選ぶといっても、所詮その人各々の人生観の問題であろうが。

最近は、建築賞も各会で出されている。その中で建築学会の賞としては、バランスのとれたものであってほしいと願っている。その点で本年の結果には、私として一抹の不安を感じている。

書類選考の段階で「出雲ドーム」が現地審査の対象にならなかったのは惜しかった。冷たい大空間建築の多い昨今、人間味の感じられる空間を作り上げた成果を賞したかった。

現地審査では、選りすぐられた建物を観ることは嬉しい。しかし、さらに選ばねばならないと思うと気が重い。入賞作品は各々に優れた設計であるが、上手く生かして使っておられる運営者との協力関係をみることができた作品は心ひかれた。名建築は優れた建て主に恵まれた時に生まれることを改めて感じた。昨年も同じ思いをしたが入賞しなかったものも含め、建て主に賞を差し上げたいと思う建物が多かった。

（矢野克巳）

日本橋の家

岸和郎

——

推薦理由

——

大阪下町の典型的な街並の狭間に、この間口わずか2.5mの住居は、辺りの煮詰まった空気の中で、まるでそこにだけひんやりと微風がそよいでいるかの如く、逆巻く喧騒の中で、そこにだけ密かに静寂が訪れているかの如く建つ。印象は唐突である。しかしながら、その唐突さは、それを囲むすべての自明なるものが、その実、故無く唐突なることを知らしめる類のものである。およそあらゆる優れた芸術作品には、このような唐突さの能力が備わっている。

ともあれこの作品ほど、あらゆる批評批判に寛容なる建築も昨今では珍しい。まさしく都市のただ中における住居という建築的夢想の種子でありながら、原広司氏による、かつての反射性住居の連作のように、都市生活者のための想像力の砦の如き強度の高い夢を紡ぎ出しているわけではない。かといって安藤忠雄氏による孤高の都市住居「住吉の長屋」や、東孝光氏の「塔の家」の如く、矮小化と風化に晒された都市そのものを丸ごと背負いつつ、その侵食力に敢然と拮抗する建築的原理を受胎しているわけでもない。例えばかくの如く、およそ思いつく限りの都市論的住居論的断罪がここでは十分に可能でありながら、この建築は、そういった既往症的な査問や角質化したクライテリアとは、見事なほど軽やかに無縁である。あまりにもたおやかで、かつあまりにも美しい。（建築的）言説の潜勢力に柔らかく身を委ね、その力学圏に介入しつつすっくりと立ち上がる、謹厳なまでに自律的な、かくの如き存在とは何か。言うまでもなくそれは「詩」である。この作品は建築という名の一遍の「詩」以外のなにものでもない。その構造的諧調、削ぎ落とされた素材とその扱いによる絶妙なまでに両義的な調べ、テクノロジカルなメタファーに満ちたディテールによる旋律、ピエール・シャローの「ガラスの家」にも通じるかの如き数学的空間のバロック的な転調、それらのすべては詩の処方である。建築表現の混迷と拡散の時代にあって、徹底して建築の戒律に身を沈めながら、建築が詩の

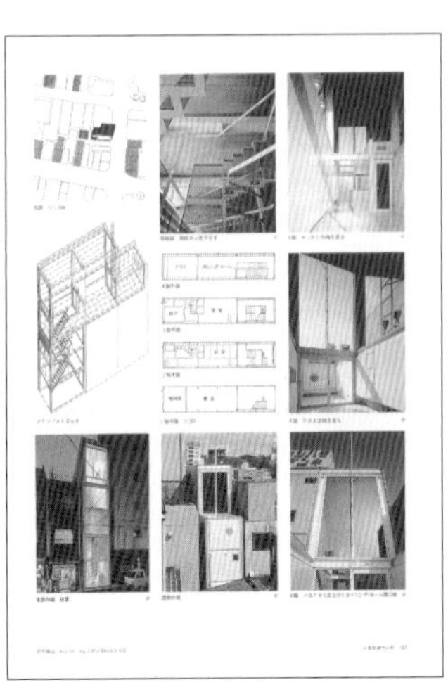

日本橋の家

能力を有することを極限のかたちで証明してみせた、この極小の作品の持つ現代的意義はあまりにも大きく、かつまた詩を語る建築家の存在という永遠に新しい希望を、あらためて我々に知らしめたこの作家の、果敢なる意志とたおやかな知性に対して、大いなる畏敬の念を禁じ得ない。
よって、ここに日本建築学会賞を贈るものである。

——
受賞者の言葉
——

屋上庭園の夢

プロトタイプということをいつも考えている。もちろん時代背景、文化的状況、環境や地勢といった限定された条件下での個別の特殊解が、建築であることは十分承知している。それらすべてのものから離れて自由に存在する建築など存在するはずもないのだが、そのたった一つの個別解としての建築が、同時にどこかに普遍性を持っていてほしいと思っている。
日本橋の家は大阪の下町、それも極小の敷地に建つ住宅である。この場所と敷地が、一つの都市住宅のプロトタイプを導き出した。それが屋上庭園という夢——最上階に楽園を持つ家を構想してみよう、ということだった。つまりペントハウスの住まいという形式を現代の都市住宅のプロトタイプとしてとらえ直すという試みであったのだ。
敷地いっぱいの間口2.5m、奥行13mの建物の1階から3階までの階高は可能な限りおさえる代わりに、逆に最上階は全体の約2/3を天井高6mのダイニング・ルーム、残りの奥1/3をテラスとし、間口の狭い敷地の奥行方向と垂直方向の二方向に伸びてゆく空間としている。都市での生活を垂直方向に展開すること、そして結果としてたった数m^2しかないテラス、あるいはダイニング・ルームを含めてもせいぜい30m^2しかない空間にすぎないが、最上階に地上の喧騒から隔絶されて浮遊する生活空間を持ち、しかもそれが自然に接していること、というのがこの住宅の主題だった。
屋上庭園について、定義してみたい。すぐに思い起こされるのはコルビュジエのベイステギ邸である。この住宅の屋上に立つとテラスの彼方に凱旋門が見え、それがほとんどこちらの建物と同レベルにあるかのような錯覚をおこす。それはまさに、卑俗な空間と特権的な眼差しがフラット・ルーフという近代のテクノロジーによって出会ったということに思えた。フラット・ルーフという形態は屋上庭園という形で利用されることで、初めて意味を持つ。フラット・ルーフは字義どおりの「平らな屋根」ということではなく、屋根がないこと、——あるいは積極的に屋根を排除しようという意志を意味しているのだ。本来あるべき不可分の要素をも可能な限り排除する、という意志から導き出される屋上庭園という概念は、したがって極めて近代的な形式であるということになる。
しかし一方で、その浮遊感そのものが屋上庭園に伝統的な庭園の系譜へと連なる位置づけをも与えている。18世紀の英国庭園がそうだったように、庭園とは本来楽園《パラダイス》を指向する空間なのではないか。もしそうだとすれば、屋上庭園は楽園としての必要条件を既に満たしている。地上から階段を上りつめるとそこには青空が広がる外部空間がある。その空中に浮遊する形式そのものが楽園としての条件にほかならない。
都市の真っただ中に暮らしながら、楽園を持つこと、それは都市の喧騒から垂直方向にのがれ、自然に近い生活空間を持つことによって可能になるのではないか、と考えた結果がこの住宅なのである。

植村直己冒険館
栗生明／有限会社プレイスメディア

——
推薦理由
——

冒険者・植村直己。五大陸の最高峰征服、酷寒の北極圏12,000km犬ぞりによる単独行やその他数多くの冒険を重ね、最後は厳冬のマッキンレーでの消息不明ということで我々の前から去っていった彼の行動の軌跡は、人間が持ち得る意志の強さと孤高の厳しさを日常の生活に追われ続ける私たちに鮮烈に印象づけたものであった。
彼の業績を顕彰する拠点施設として建設された「植村直己冒険館」は、故郷の穏やかで伸びやかな低い山並みに囲まれた盆地の一部を占める段丘状の敷地に、真直線に全長200mの2枚の分厚い打放しコンクリートの壁を平行に走らせる形で大地にはまり込ませて建っている。その壁のわずかな隙間に正面入口が設けられ、緩やかな下りスロープで地中に進入することになる。トップライトで照らし出される打放しコンクリート壁は、わずかに青味を帯び底冷えのするクレバスの氷壁の一部を想像させる。200m先の小さく見える出口の扉、頭部のわずかな光、無音、前進だけの通路。外部のやさしい情愛の豊かな自然とこの作品の強烈な対比は、冒険家・植村直己が示した強靭な意志力とわずかに光って見える目的地に向かって歩き続ける孤独の姿を浮き彫りにしているようだ。まさに植村直己にふさわしい空間であり建築表現である。
さらにこの作品を印象深いものにしているのは、絶妙な地形の高低差によって周辺の環境との調和と建物のコンセプトの明確化を実現したランドスケープデザインの見事さである。すなわち、敷地境界の見切りに使用された黒御影石のディテールに至るまで、建築の剛直さを見事に受けとめて建物の内外を貫いて周辺の自然と一体感のある優れた作品としていることである。
植村直己の遺品を並べた展示室がデパートのスポーツ用具店のようにも見受けられる平凡な並べ方で、この建物のもつ張りつめた密度の高さが感じられなかった点に不満が残るものの、この建築を訪れる者に与える純粋で心地よい興奮を殺ぐものではない。
記念館に対する明確な基本コンセプト、ならびに自然との融合と対峙とを清冽な感性によって貫き通したこの作家の強靭な意志に対して深く敬意を表したい。
よって、ここに日本建築学会賞を贈るものである。

——
受賞者の言葉
——

植村直己冒険館は、植村直己の生誕地、兵庫県日高町に建てられた。
世界的に著名なこの冒険家の故郷は、実に穏やかで静かな盆地である。樹木の繁茂する老年期の山々がなだらかな稜線で地域を取り囲み、微地形に沿って棚田が丁寧に築かれ、円山川のゆったりとした流れが落ち着いた時間を刻んでいる。そしてそれは、植村直己に会った誰もが指摘する、彼の人なつっこい笑顔、謙虚な態度そのものの風景でもあった。
植村直己は、冒険に際し、近代的装備で自然に対時し自然を征服するといった方法より、あくまで自然に順応し、馴化する方法をとった。北極圏12,000km犬ゾリ単独行の準備のためにエスキモーの部落に入り、長期にわたって一緒に生活をしたのもこうした方法のひとつであった。エスキモーと同じものを食べ、同じものを着て、同じことをする。そして自らをエスキモーと化していく方法である。いうなればアクティブ（能動的）に環境に関わるというより、パッシブ（受動的）に環境に対応するといえよう。そこには、本来の意味での自然との共生が実践されていることを発見できる。
「植村直己冒険館」の計画も、この自然との対話から始まった。そこでとられた方法は、可能な限り植村直己の原風景を保存すること。さらに、建築を建てることで自然環境の美しさを際立たせること。自然にたいする畏敬の念をもちながらも、人間の存在、意志の力、尊厳を表現するものであることであった。自然、建築、展示を一体化させた環境のトータリティ（全体性）こそ、植村直己のスピリット（精神）を表現するにふさわしいと考えた。
無限に続くかのような一本の通路は、植村直己の距離への挑戦をシンボライズするとともに、大地を切り裂くクレバスをイメージしている。スロープダウンするアプローチに始まるこの通路を軸に、展示室、ライブラリー、映像ホールなどが接続される。さらに、通路は建築を突き抜け、池の上に張り出す眺望テラスまでのびていく。氷壁をイメージしたガラスのトップライトは、地上に現れ、地下通路への自然採光の機能を持つと同時に、植村直己の生涯と行動を刻印するメモリアルウォールとして機能させている。来訪者は、彼が生まれ育った豊かな自然風景のなかで、冒険家の偉業を確認し、記憶する。そして、彼の生涯に思いを馳せる。夜、闇の中に一条の光の帯としてメモリアルウォールが浮かび上がり、強靭な意志が消えることなく自然と向き合っていることを象徴している。

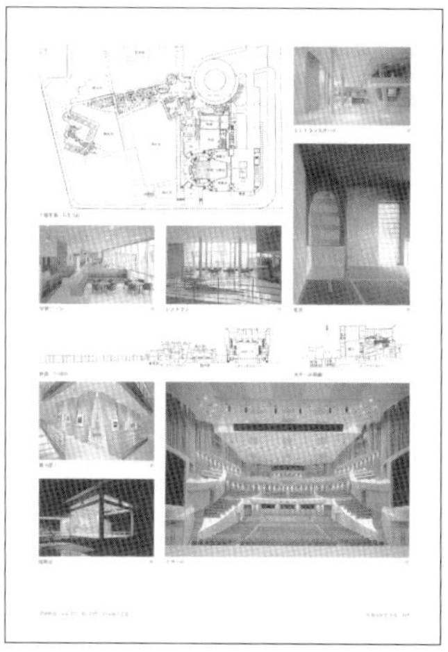
黒部市国際文化センター（COLARE）

彩の国さいたま芸術劇場
香山壽夫

——
推薦理由
——

JR駅から祝祭的雰囲気を漂わせる遊歩道を進むとやがて特有のシルエットを見せる塔が遠目にも認められる。これを目指して近づくと芸術劇場が姿を現しはじめ、敷地を北から西に向かって走る前面道路の線形の運動そのもののように、前面広場が大階段となって隆起しながらロトンダと名づけられた円形広場に誘い込まれる。都市の空間を形態に固定して理解しようとするのではなく、流動する空間の祝祭性のうちに体験する素朴な態度からは、この建築的複合体は流動し渦巻く都市生活の出来事として、あるときには人を芸術的創造と鑑賞に誘い、あるときにはその空間的な仕組みの観察と享受を促す。その意味で、この劇場は単なる巨大な建築複合物ではない。それは期待と出会いの場の連鎖的複合の建築的な場として成立している。ここにこそまずこの作品の優れた点を認めたい。
設計者は、機能的に特化した4つの専門劇場群（演劇大ホール、小劇場、音楽ホール、映像ホール）およびけいこ場、練習室などを、空虚な原初的祝祭広場として発想したロトンダをヒンジとしてその回りに取り集めている。専門劇場のそれぞれには最適な規模と構造を付与し、奇抜さを狙わず現実的に説得力のある形態と性能を実現していて、好感が持てる。さらにこのように集積された形態相互の間に媒介する「透き」としての空間を生成させることに配慮し、機能的に必ずしも特化されない「透き」がまた逆に全体の建築的な主題ともなっていることに気づかされる。
ここにおける建築的空間の現象は、すぐれたプログラムとプランニングと豊かな造形力が相まって、建築的に明確な目的意識を持った設計者を中心とする、希有な協調のもとに実現している。設計者の建築造形に関する理知的な直観力と繊細で豊かな感性と技巧が、この作品では遺憾なく発揮され、さしたる破綻もなくこのような大プロジェクトを大きなスケールでまとめていることは、その秀でた力量の充実を示すものと言わねばならない。空間構成、素材の選択やディテール、装飾の工夫においても、劇場建築に相応しく多種多様な引用が行われているが、それらは機知に溢れしかも抑制が利いている。ともすれば華やいだ「あだ花」的な作品が芸術としてもてはやされるなかで、「花」を支える建築の組立の「格」の大切さに目を向けさせるものであって、高く評価すべき作品である。
よって、ここに日本建築学会賞を贈るものである。

——
受賞者の言葉
——

この劇場構想の最も大きな特徴は、4つの専門化された中小規模の劇場と、大小12の練習場、それに展示空間、図書室、食堂等から成る複合施設である点にある。そして、それらは、世界最高の芸術家の公演が可能な施設であると同時に、一般市民の幅広い活動の拠点ともなることが求められた。
こうした構想を、建築として具体化するために、私たちは次のふたつのことを基本の考えとした。すなわち第一は、個々の劇場空間の個性を十分に生かし、そしてそれが外からもはっきり目に見えるようにすることである。ひとつの大きな箱の中につめ込まれた空間は、その働きが歪められるだけでなく、観る人にも、演ずる人にも、心をかきたてるものがない。第二の点は、多くの劇場や練習場が集まることによって、ばらばらに存在している場合にはあり得ないような、新しい空間を生み出すということである。そのことによって空間は、単に4つの劇場をつなぐだけでなく、公演の間や前後、あるいは公演のないときでも、さまざまな人の集いと動きを誘い出すものとなるであろう。この考え方は、言い換えれば、劇場の集合体をひとつの小さな町として作る、ということにほかならない。昔から、優れた町は、それ自体でひとつの劇場空間であったとも言える。
そのような建築的複合を可能にするための空間として私たちが特に力点を置いて設計したのは、ロトンダとガレリアである。ロトンダは、ガラス・ブロックの壁で囲まれているだけの屋根のない円形の広場で、施設全体の中心となる入口広場であり、4つの劇場の共通ロビーとも言える。夕方の公演の始まる時刻には、この空間は夕陽を受けて赤く輝き、公演が終わるころは、照明に照らされて光のかたまりとなる。ロトンダの下は、情報プラザと呼ばれる多目的な集会・展示空間で、ここに上方から斜傾した多角形のガラスの筒を通して光が注ぎ込む。
ガレリアは、練習場群をつなぎ、さらに劇場の楽屋に

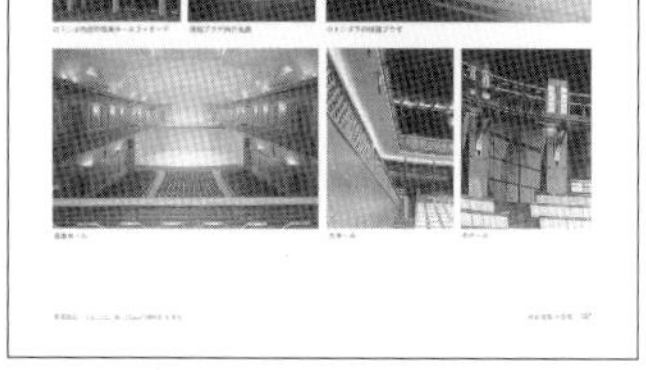
彩の国さいたま芸術劇場

47

日本橋の家／植村直己冒険館／彩の国さいたま芸術劇場／黒部市国際文化センター（COLARE）

つらなる長さ100mの空間である。全体はガラスの切妻屋根で覆われ、柔らかい光で満たされる。練習場も楽屋も、決して裏まわりではなく、ここも創作の場として公演の場と並んで主役なのだ、という考えがここで示される。これは建物の中の道、パサージュとして、日常的にも、また展示や催し物の際にも、広く用いられている。

大ホールは、わが国ではじめての理想的な舞台空間、客席空間をもつ。ここは、演劇や、室内オペラのための劇場であるが、その演目によって、西洋古典劇場とも、日本の伝統的芝居小屋とも、また現代劇場にも読み替えられるような室内意匠を意図した。コンサート・ホールは典型的なシューボックス型であるが、自然光を導入している点に特色がある。小ホールは現代劇用の可変型のブラックボックスであるが、その中に、列柱で囲まれた円型劇場が封じ込まれている。

劇場がオープンして1年半が経過し、私たちが予想した以上に、人々に愛され、活用されている様子を見ることは何より嬉しい。

黒部市国際文化センター（COLARE）

新居千秋

――

推薦理由

――

後立山を近景に控えた富山平野は、豊かな田畑のなかに屋敷森が散在する美しい景観を持っている。しかし、中小都市部は特色のない緩慢な市街地しか持たず、その周辺では散漫なスプロールが始まっている。建物は、この拡散するスプロールのエッジに位置している。

劇場、多目的スペース、ギャラリーなど、それぞれの機能にはシンボリックな形態が与えられており、このエッジに明快な輪郭を作り出している。それぞれのボリュームには、個性的な空間が内包されている。また、それらの隙間をつなぐパブリックなスペースからは、どこからも大きな池を介して後立山の雄大な眺望を望むことができる。

この建物の主旨は、その特徴あるマッスの隙間に、人が集まりやすい都市的な雑踏空間を生み出すことにあったと考えられる。従来の建築設計手法のなかで機能を形態に移し替えるだけでは、ともすれば建築は堅く威圧的なものになってしまう。この軛を、ハードウェアとしての建築、運営までを含めたソフトウェアとしての建築、その両面から乗り越えようとしたことが推察できる。

この建物では、ホールやギャラリーなどには十分な機能と個性とを持たせながらも、その隙間に多様で変化のある空間を生み出している。そのことがさまざまなアクティビティを誘発しているようにみえる。異なる要素を組み合わせ、繋げていくという困難な手法をとりながらも、それぞれの空間のデザイン的な処理の仕方も鮮やかになされており、全体としてバランスの良い建物になっている。

これから地方都市に作られる公共建築物は、何よりも住民によって使用され、活気に満ちたものとならねばならないだろう。建物を管理する側の理屈だけではなく、エンドユーザーたる地域住民の期待に真に応えるものでなくてはならない。企画運営に至るまで、設計者が地域と深く関わるなかで生み出されたこの建物は、建物の個性的な全体像とともに、地方都市における公共建築のこれからのあり方を指し示す好例といえる。

よって、ここに日本建築学会賞を贈るものである。

――

受賞者の言葉

――

黒部市は、市民が世界の人々との交流や文化を通じて国際理解を深めるためには“交流の機会や情報の提供、文化活動への参加を促す環境づくり”が必要であるとし、これらの活動を支援し、助長する活気ある施設づくりを目的として「黒部市国際文化センター」を計画した。設計者の選定はプロポーザルコンペで行われた。私たちはプログラムの重要性を提案し、設計候補者として(財) 日本建築センターの推薦を受けることとなった。

設計作業は、調査研究から始まり、蓑原敬氏を座長とする委員会がつくられ、プログラムの見直し、管理運営計画の策定など、常に中身づくりとの並行作業で行い、ハードとソフトを表裏一体のものと考えて進めた。特に市民の文化活動等の実体を踏まえて、施設運営プログラムやマネジメントを計画するということを重視した。基本設計、実施設計、工事監理の各段階で文化センターとしての活動の輪が広がり、初年度活動プログラムの作成やプレイベントの実施、ワークショップ等がスタートした。建築が形となる前から、地域住民あるいは文化人の参加を得て具体的な活動が行われ、プログラムづくりや設計のプロセス自体が一つの文化運動となっていった。

文化センターの愛称はこうした活動の一環として、一般公募により募集、選考された。応募案の「来られ」（富山の方言）と地域文化の創造発信の場「Collaboration Of Local Art Resources」の頭文字からとった“コラーレ(COLARE)”という、これまでのプロセス、今後の活動に相応しい名称に決まり、センターはスタートした。

私たちは1980年から、5年間単位であるテーマを決めて取り組むという姿勢で、設計活動を続けてきた。ポストモダンとクラシシズムを学び、近代初頭の建築のつくり方、プログラムで建築をつくっていくやり方から、自分たちの建築の形態は何かと模索してきた。

これらの4年半の活動を通じて、建築に対する考え方において建築の〈形〉か、プログラムによる〈型〉か、ということが私にとって重要な課題となった。建築の〈形〉は時代によって、あるいは地域によってさまざまにその姿を変えると考えられる。一方、プログラム(この場合、ある種のインスティテューション＝空間を構成する制度)は、フォーム＝〈型〉を考えることによって無限のシェイプ＝〈形〉に対応できると考えられる。

私たちのスタディの過程やイベントへの参加、また現在崩壊しつつある近代のプログラムの見直しが、縦割りの公共施設設計のやり方に対して、何らかの新しいアプローチになると思う。街の人たちとのプログラムづくりを通して、もしかしたら、地方の新しいライフスタイルを提案できるのではないかと思った。

――

建築雑誌1996年8月号掲載。

――

候補作品｜89題(応募35、作品選集掲載52、委員推薦2)

48 ｜1997年(平成9年)

愛知県児童総合センター／千葉市立打瀬小学校／登米町伝統芸能伝承館／佐木島プロジェクト

――

選考経過

――

日本建築学会賞選考委員会作品部会は、1996年6月10日、学会賞全体委員会に引き続き第1回部会を開催し、すでに募集要項に盛り込まれた一連の作品の応募と、現地審査での設計者の立ち会いの制限など、前年度からの申し送り事項の確認を行った。

第2回部会は、前日からの自由審査を経て、10月1日に委員8名および1名の書類参加による出席のもとで開かれた。このほか1名の委員は学会賞(作品)に応募したので、選考委員会運営規程により本年の委員の職務を停止し、欠員の補充はしないこととした。審査の対象となる業績は、『作品選集1997』掲載作品53点、応募作品18点、委員推薦作品1点、合計72点であることを確認した。昨年の審査対象合計89点に比べて17点減であり、とくに応募作品の減少が目立った。作品の設計者のなかには過去に受賞歴のある者があったが、このことはとくべつに問題とはしないこととした。選考には、委員間で評価の議論を尽くすことを原則とした。第一次選考では、現地審査の対象となる作品を、表彰規程の「5件」以内の2倍程度を目標に絞り込むことにして、まず各委員が10(±1) 作品を選んで投票を行った。この結果、7票を得たもの1作品、5票を得たもの2作品、4票を得たもの3作品、以下3票8作品、2票9作品、1票18作品、0票31作品となった。2票以下の全作品について討議を重ね、2票を得た1作品以外を審査対象から外し、15点を残した。さらにこれら15点について出席の各委員が8作品を選んで投票を行い、一作品ごとに自由に評価を述べあった結果、2および3票を得た6作品から2作品、4票以上を得た9作品を残し、これら11作品を現地審査することにした。11作品は以下のとおりである(受付番号順)。

- 彩の国ふれあいの森森林科学館・宿泊棟　片山和俊君
- 西宮名塩ニュータウンの集住体　住宅・都市整備公団関西支社都市開発事業部／同震災復興事業本部・住宅整備部／遠藤剛生君
- 伝統美―トタンの茶室“芞々庵”　出江寛君
- 愛媛県歴史文化博物館　寺本敏則君
- 佐木島プロジェクト　鈴木了二君
- 愛知県児童総合センター　仙田満君／藤川壽男君
- 連歌としての三建築作品による場の形成　1. 新島グラスアートセンター 2. 新島セミナーハウス 3. FIN／新島ガラスミュージアム　團紀彦君／橋元勝久君
- 登米町伝統芸能伝承館　隈研吾君
- 千葉市立打瀬小学校　小嶋一浩君／工藤和美君／小泉雅生君／堀場弘君
- 那須野が原ハーモニーホール　早草睦惠君／仲條順一君
- 出石町ひぼこホール　重村力君

11月2日から12月17日の間にわたって現地審査を実施し、1997年1月14日に全委員の出席のもとに第3回部会が開かれた。審査対象となる11作品のなかから各委員が5作品を推薦する投票を行った結果、全作品に票が入ったが、1票の3作品について審議し、これを審査対象から外すことにした。残った8作品から3作品を各委員が選ぶ投票を行い、1票以下の3作品の評価について討議ののち、それらを審査対象外とした。こうして絞られた5作品について、各委員の評価や推薦理由を述べあい、各委員が5点の票を持ち点として評価の度合いに応じて配分する方式で投票を行い、作品賞の性格に関する議論を交えながら、厳選寡少を旨とする表彰規程の趣旨にも応じるかたちで、最終的には4作品を作品賞候補として推挙することで全委員の意見が一致した。4作品は以下のとおりである(氏名五十音順)。

- 登米町伝統芸能伝承館　隈研吾君
- 千葉市立打瀬小学校　小嶋一浩君／工藤和美君／小泉雅生君／堀場弘君
- 佐木島プロジェクト　鈴木了二君
- 愛知県児童総合センター　仙田満君／藤川壽男君

なお、選考過程のなかで、共同設計者の役割分担に関する議論があり、審査対象作品のなかでこれについて問い合わせの確認を行ったものがあった。また作品に関わる契約者、著作権などが、建築作品がおかれている社会的側面から問われる事態があることが話題になり、今後検討していくべき問題であるとの認識が確認された。さらに、最終段階まで議論の対象となった作品の中には、その建築課題の複合性や設計者の構成から評価の観点が広がり、むしろ技術的業績として評価すべきと判断されたものがあった。

――

委員

――

東孝光　伊藤直明　岡田光正　加藤邦男　高松伸
谷口吉生　内藤廣　半谷裕彦　村松映一

――

委員の見解

――

賞の審査とは、各個人が持つ動かぬ審査基準に照らして、作品をふるいにかけていく機械的な作業なのか。必ずしもそうではないように思える。それはいくつもの作品に触れながら辿る長い旅の果てに、やっとその旅の目標がほのかに見えてくるというようなもので、しかも、辿り着いた先で何人の同行者が見つかることやら……。

旅の途中では、例えば複数の設計者が、ひとつの敷地のなかで連歌のように呼応する建築群の構成を狙ったものや、既存のビルの店舗の裏庭に意表をつく現代的な材料で茶室を創作したものなどが、他の幾つかと共に私にも気にかかる作品であった。

議論と投票のなかで残るには、それぞれに建築の完成度というか全体的なレベルの高さがもちろん必要だが、それだけのものもまた次第に消えて、最後に残ったのは、何らかのかたちでこれからの建築のあり方に向けて、一歩踏み出している、あるいは踏み出そうとしている未来性を含んでいることが、根底にあったからではないかと、私なりに解釈し、納得している。

「愛知県児童総合センター」の傾いた巨大な円筒空間や空中を斜めに走るチューブを歩かせるという非日常的な空間体験、「森舞台」の能舞台の伝統様式と見所の軽い木造の現代デザインの対峙する緊張空間、迷路一歩手前で町に開かれた小学校というコンセプトを成立させた「千葉市立打瀬小学校」、幅、高さ、傾き、光、色、テクスチャーと、人間の五感をこえて訴えかけてくる空間感覚の饗宴の場の「佐木島プロジェクト」、いずれも私なりに納得のいく旅の到達点であった。

(東孝光)

――

昨年に引き続き、2年目の審査に加わった。現地審査では、このような機会でないとめったに訪れることのないような場所にも出向き、作者のそこに傾注した多大なエネルギー、熱い思いを感じる。

建築作品を評価することは、大変むずかしいものであるとしばしば痛感するが、何と言っても現物を見ることが不可欠であると思う。地形との関係、周辺環境との調和、それを使う人々の感じ方等々を、やはり実際に見ることによって初めて理解できる。

選考対象の候補作品は、昨年89点、今年72点であったが、そのうち書面審査の結果、実際に現地審査に出かけたのは、昨年が8点、今年は11点で、候補作品の85～90%は、現物を見ることなく落選したわけである。書面で厳選して現地に出かけても期待はずれのものもある。書面では拾えなかったものの中にも、現物を見ればこれ以上の高いレベルのものがあったかもしれないという思いが残る。時間や労力や経費の制約もあろうが、現地審査をできるだけ増やすことが、やはり公平、厳正な審査の第一条件と感じられる。

学会賞とは何か。学会賞の作品を選ぶ絶対的基準はない。しかし、建築としての基本性能は具備してもらいたいと感じるものもある。また、投票による決定は審査員の構成によって変わることにも疑問が残る。ともあれ、完成度の高いこと、将来に対し何かを示唆するものであることが望まれる。　(伊藤直明)

――

審査は重労働であった。応募の締切は9月だから、現地審査は10月末からで、しかも年内には現地審査を終わっていなければならない。年が明けると、入試や卒業にかかわる行事が始まるので、スケジュールの調整が難しくなり雪の影響なども出てくるからだ。だが、全国に散らばる候補作品を委員の全員が見るためには、かなりの日数を要する。

忙しい仕事を持つ委員の都合が揃うのは休日しかないから、今回も12月までの週末はほとんどすべて出張ということになった。終わりの頃は寒風吹きすさぶ中での審査である。せめて1か月、応募の締切を繰り上げることができないだろうか。

ところで、学会賞の対象となる作品は、たんに美しくまとめたという優等生型の作品ではない。また、一点豪華主義で多少のインパクトがあったとしても、それだけでは人を感動させることはできない。

コンセプトが感動を与えるのである。「千葉市立打瀬小学校」と「愛知県児童総合センター」のコンセプトは、それぞれに明快であった。

感動を呼び起こすもう一つの要因は「情念」である。誰が、どのような思いを込めてこれを作ったか、そこに血がにじむような思いが込められているかどうかである。
一方「森舞台」には地域の人々の長年にわたる切なる願いが込められている。その願いが設計者と施工者を感動させ、その結果、生まれた作品が見る人の心を打つのであろう。（岡田光正）

——

審査に当たって各委員から応募作品の評価を巡るいろいろな立場からの異なった意見が出された。そもそも作品賞の評価についての選考基準は明記されていない。それに対する外部からの批判も聞こえてくる。学会の表彰規定では、「作品そのもの」の評価によると記されている。作品選奨の選考基準としては、要素的な評価基準が示され公表されている。蓄積のある大設計組織を背景に実現された作品は当然技術的な完成度が高い。村おこし、町おこしとして社会的な意味で注目される作品もある。技術性、社会性、計画性に優れ、総合的な業績として立派なものもある。しかし、それぞれの見方の異なる評価によって、いくつかの優秀作品を選ぶこととすれば、そこに統一的な評価を求めることは困難であるし、それぞれの立場から優れた作品を並列的に選ぶとすれば、賞の性格が曖昧にならざるを得ない。今回の審査では、こうして、作品を評価する側の姿勢が厳しく問われることそのことが選考委員の間で議論されたことは有意義であったと思う。表彰規程に記されている「作品そのもの」の評価とは如何なることであろうか。作品の特質を技術・芸術性に求めても、その技術、芸術がまた問われなければならない。それは結局、作品の評価の根拠を問うことにつながる。作品に期待される価値をあらかじめいくつかの評価要素に分けてそれによって評価し、その積み上げで作品の評価だということでは勿論ない。未曾有の新しい意味を孕んだ創作が、あらかじめ定められた枠で評価しうる筈はない。しかしまた、委員個人の感覚的な「直感」に頼るのでは、評価に一般的な客観性と説得力を持たせることが困難であろう。作品そのものの評価は「全体的な直観」の評価であり、作られたものとしての「作品」の、その作ることの根拠を、評価においても設計におけると同様に創造的に探求することであろう。それは提示されて「在る」作品の可視的なるものとの「反問」の過程において露わにされるべき不可視の「存在の深さ」と言うべき尺度によって測られるのではなかろうか。審査に加わる機会を得て、作品の評価もしくは批評が創造的であり、作品を「場」として作者、批評者と呼ばれるものの、いわば、問いかけであることを私自身の探求として経験しえたことを有り難く思うと同時に、学会賞がつねに本来の意味で建築的創造の指標であり続けることを願う。
（加藤邦男）

——

なかなか思うようにスケジュールの調整がはかどらず、今回はすべての作品を単独で視察させていただくことになってしまいました。従って、同行の際の有益なディスカッションにも参加叶わず、他の委員の方々に随分とご迷惑をおかけしてしまったようです。まずはこの誌面をお借りしてご容赦のほどを。それにしても、今回は最終選考候補作品が11作。それも時代の風潮を反映してか、乗り継ぎままならぬ遠隔地に思いきり散在の状況とあって、方向感覚にからっきし自信のない小生としては、正直実にしんどい行脚となってしまいました。そのかいあってか(？)遠く訪れた地の作品は、すべてが慄然と気高く、優劣など論外の風情。とはいえその中でも鈴木了二氏による離島佐木島の作品には、旅の疲れなどどこ吹く風の強く深い衝撃を受けました。その自律的でドラマティックな力作に、口当たりの良い論理や流行についつい流されてしまいがちな建築家根性を叩き直されるかの如き感がありました。久方ぶりに見る隈研吾氏の涼やかな労作もまたそうであるように、独自の論理を厳然と体現した、時に周辺との対峙さえ辞さぬ建築存在こそが、逆説的に環境をも包摂する能力を有するかもしれぬことを深く学ばされた次第です。ともあれ、綿々と繭を紡ぐかの如き建築家の営為に、未だなお厳然と希望が存在することを教えられるとともに、その勇気に打たれ続けた2年間であったように思います。最後に、このような機会を与えていただいたことを心から感謝する次第であります。（高松伸）

——

建築学会賞の審査に各委員は多くの時間を費やす。討論を重ね、日本中の各地に分散する作品の現地審査に出向く。雪片が舞い、寒風が吹きすさぶ季節となることも多い。かつて拙作に評価を与えていただいた賞でもあることから、審査の重責の一端をお引き受けして、これまで過去に2年間と、昨年と本年を加え合計4年間になる。
日常、建築を作り学びつつある身にとって、他人の作品を客観的に評価することは難しい。極力偏見や独断を避けようと思うが、結局は自分の信ずる建築のあり方や美学に頼るしかなく、選考に当たっては己の基本姿勢が同時に問われることとなる。
私は建築は個人の創造力によるものとして、作者自身の直接の手の跡を重点に評価し、大きな複合的な作品においては、個人による総合力を評価基準とする。様式や方法論にあまり影響されることなく、空間構成、採光、素材、支えとなる技術力と、実体としての建築から作品を評価することを心がける。表現の美学や造形のプロポーションについては、敷地との対比から考える。これらはすべて作品を評価する基準であると同時に、私自身の設計のための基準でもある。
本年も多くの候補作品の中から厳正な審査を経て、最終的には各委員の投票による選考によって卓越した4作品が選ばれた。受賞された作品とその他多くの優れた候補作品の設計者に敬意を表したい。（谷口吉生）

——

若手審査員ということで2年間審査に加わりました。この歳で若手、というこの世界も異様だと思う一方、審査の重責をひしひしと感じもしました。審査員をやっていると、学会賞が新人賞的になってきた、という意見をよく聞かされます。時代を画するような重みを持った受賞作が少なくなったことへの批判でしょう。裾野を広げる意味で作られた作品選奨が賞として育って来つつあり、学会賞自体もその在り方をめぐって問い直しが必要ではないか、というのが実感です。
今回の選考では、意識化された選考の基軸というのはなかったものの、受賞作品には共通のはっきりした傾向があった、と考えています。このことは、近年、ともすれば結果が総花的で曖昧になりがちな学会賞にとっては、良い結果だったのではないかと思います。共通の傾向とは、「視線の移動」が作品の根幹を成り立たせている、という点です。それぞれ方法はまったく異なりますが、どの作品も建物の全体構成を固定的に見せるのではなく、空間を人が移動することによって生み出される体験や記憶の在り方が、建物の本質的な価値を生み出しているということです。「物質としての建築」より「空間としての建築」へのこだわりが、結果として、作品の密度と質の高さを獲得することに成功していた、と言えそうです。
是非はともかく、形より空間、情報より身体、という構図があるような気がします。情報技術の革新や経済の変動は、現代社会を根底から変えようとしています。時代の価値観の映し鏡として現れる建築作品の分野においては、そういう時代だからこそ、生身の身体から出発してどう建築を作り上げていくか、が基調としてあるのでしょう。基本に帰る、ということだと思います。（内藤廣）

——

現地審査対象作品11点の現地審査が終了した時点における私の5作品は、
(1)「愛知県児童総合センター」
(2)「登米町伝統芸能伝承館」
(3)「愛媛県歴史文化博物館」
(4)「千葉市立打瀬小学校」
(5)「茫々庵」
であった。
学会賞候補作品はすべてが高水準の作品であり、現時点における建築界の現状を具現化しているという意味において普遍的価値を持っている。さらに、学会賞作品には独創的価値が重要であろう。ここでいう独創的価値とは個性的な空間創造、技術の発展をうながす新技術、長年にわたる経験(ソフト)の具現化(ハード)などであり、その作品の存在が何らかの意味で建築界に影響を与えるものであろう。論文の分野でたとえるなら、将来引用され、参考にされる論文ということができる(筆者は建築設計の分野において、参考建築が表明されないのを不思議に思っている)。
上記の5作品に対し、私の持った独創的価値は次のようであった。
(1)長年にわたる研究成果の具体的表現
(2)少量の素材による極めて高質な空間創造
(3)設計の高いレベルの総合化
(4)学校建築(ハード)の教育活動への貢献
(5)工業製品への限りない愛着による新しい空間の創造
筆者の分野である構造では、新しい技術への挑戦を感じる作品はなかった。前述の(1)、(3)と「那須野が原ハーモニーホール」は構造技術の高度なレベルの適用例として好感の持てる作品であった。
以上の見解を持って明日の選考委員会に臨もうと思う。（半谷裕彦）

——

審査対象72作品から11作品が現地審査の対象となったが、いずれの作品もクライアントと設計者のひとかたならぬエネルギーとものづくりへの情熱が迸る力作である。作品との出会いによって発見や創造のよろこびにつらなる好奇心を煽り、触発されるという貴重な機会に巡り会えたことに、まず感謝と敬意を表さなければならない。また、特記すべきことは、1996年作品選奨を受賞した「彩の国ふれあいの森　森林科学館・宿泊棟」、1997年の作品選奨に選ばれた「出石町ひぼこホール」「千葉市立打瀬小学校」「那須野が原ハーモニーホール」の4作品が現地審査の対象となったことである。今後の作品選集への関心を高め、掲載される作品のさらなる質の向上に寄与する契機になるものと思われる。
審査に当たっては、つくり手の声が聞こえる作品であること、新鮮な感動を喚起する創造性の高い、プログラミングの質の高さを示唆する作品、単体としての建築にとどまることなくシティスケープ・ランドスケープとしての環境への展開が配慮されている作品、表現のみにとどまらない新しい技術の積極的な導入が図られている作品、時代を超えて長く生き続けることのできる作品等の自己指針を拠り所に評価を行った。この度選ばれた受賞作品はこれらの指針のいずれかに極めて説得力のある志をもって応え、優れた建築作品へと昇華させている。残念ながら選外となった「西宮名塩ニュータウンの集住体」には作家の意図する時空を超えて生き続けてきた集落とその建築のあり様やそこに内在する秩序とメカニズムの長年に渡る追求の成果として、空中廊下・ピロティ・屋上庭園・階段・斜路・エレベーター等の手法を駆使して、居住性の高い住戸を多様な形で組み込み、変化に富んだ密度の高い魅力的な集住空間を傾斜地につくりだしている。しかしながら、この街のランドマークとなっている斜行エレベーターのあまりにも直截的な存在が有機的な街の風景を疎外する要因になっていることも否定できない。大変惜しまれる作品のひとつと言える。（村松映一）

愛知県児童総合センター

仙田満／藤川壽男

——

推薦理由

——

この作品は、設計者の仙田満君の長年にわたる「こどもの遊び」についての研究の蓄積の上に立ち、これまでの数多くの「遊具」「児童施設」に関する同君の優れた研究と設計作品の集大成として、藤川壽男君の協同のもとにつくられた総合的な児童施設である。しかしそればかりでなく、ひとつの建築群としても力強い創造性と優れた構想力のもとにまとめられた完成度の高い作品として、高く評価できるものである。
この建築は、ゆるい丘陵地の斜面を生かし、やや高い部分から、水の広場の上をブリッジで渡る魅惑的なアプローチから始まる。そして2階のレベルに入ると、やや斜めに傾いた、二重螺旋のスロープを壁に内包した大円筒の斜塔のまわりに吹抜け空間が見渡せる。周囲にはこどものための発見・体験ゾーン、サウンド・造形スタジオ、幼児コーナー、レストラン、ホール、運営諸室、機械室などの壁に囲まれた空間が見えている。いずれも中央に求心的に内部に開いており、それらをつなぐリング状のトラス構造体と斜塔の頂部とを結んでテント構造の屋根がかけられ、その下は柔らかい自然光の差し込むアトリウムで、こどものためのフリーゾーンになっているという構成である。さらに、アトリウムから周囲の各コーナーにかけて、あるいは斜塔の頂部からも、四方にブリッジが延び、トンネルが走っているなど、大小の空間の隅々にまで、こどもだけでなく大人の心も惹きつけるような遊びへの誘いがこだましている。また、斜塔の内部に入ると喧騒な外とはまったく場面が変わり、そこは高さ21mの斜め垂直に伸びる秘密の異質な空間で、この場面転換による対比も巧みである。

愛知県児童総合センター
仙田 満
藤川壽男

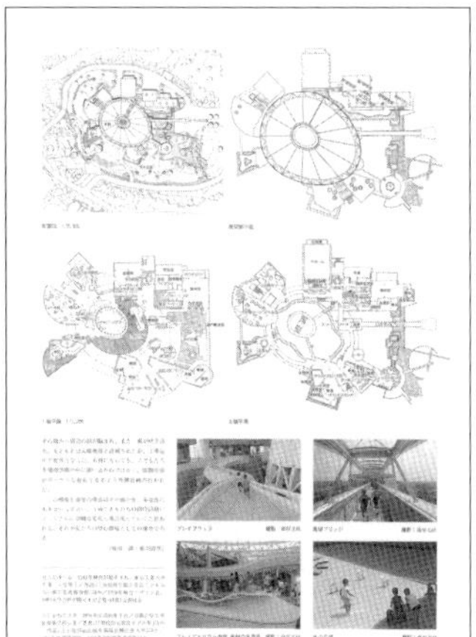

千葉市立打瀬小学校

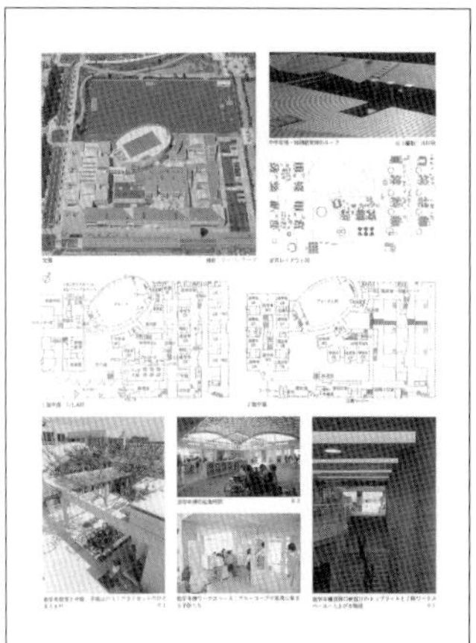

愛知県児童総合センター

千葉市立打瀬小学校

48

愛知県児童総合センター／千葉市立打瀬小学校／登米町伝統芸能伝承館／佐木島プロジェクト

登米町伝統芸能伝承館

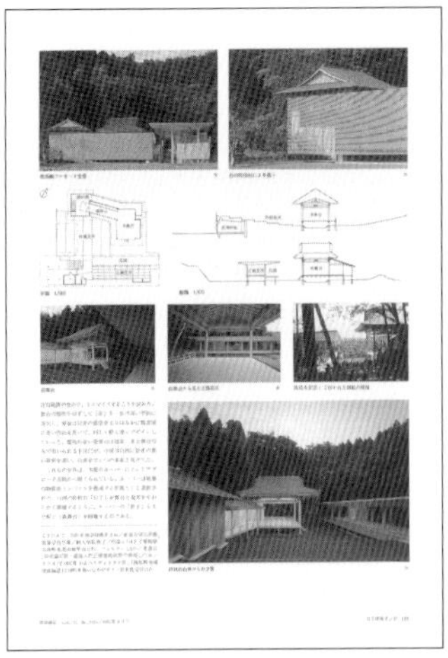

佐木島プロジェクト

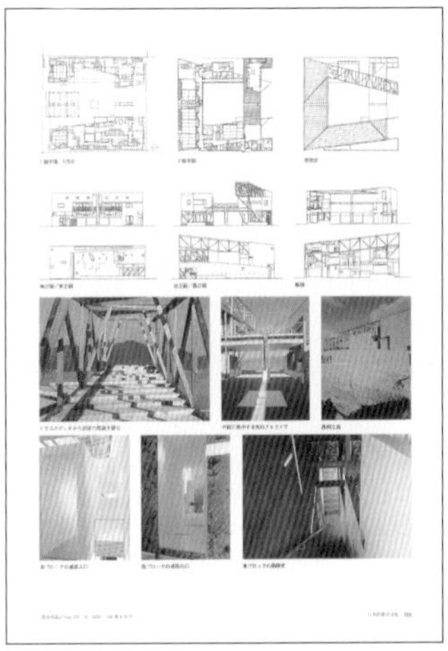

この作品のもう一つの特長は、このようなダイナミックな遊びの場の連続ばかりでなく、室内からアトリウムへ、さらにそこから各コーナーへ、あるいは屋外へと、こどもの領域が室内屋外の区別を感じさせることなく連続的・融合的に注意深く配置され計画されて、環境デザインとしても高く評価できる点にあり、全体に均整のとれた静的な建築美とは対極にある、ダイナミックで人の行動を誘い、心を引き込む親しみやすい環境建築ともいうべき複合空間の創出に成功している。

よって、ここに日本建築学会賞を贈るものである。

——

受賞者の言葉

——

変化し複合化する環境と建築——愛知県児童総合センターの構想

愛知県は1970年、愛知青少年公園を長久手に建設し、その西地域は児童ゾーンとして位置づけられ整備された。1990年にこのゾーンを再開発し、こどもの城の建設が構想された。従来の大型児童館すなわち地域児童館のセンター施設としての機能ばかりでなく、アメリカのチルドレンズミュージアム(こども博物館)的な機能を併せもったものである。

その中心的な機能は大きく二つあり、一つは体験機能、二つはセンター機能である。体験機能とは、こどもたちのさまざまな創造的遊び活動の体験の場で、かつ研究・養成・企画などの実践検証の場としての機能である。センター機能としては、県下の児童施設ネットワークのセンターとしての拠点機能のほか、遊びの研究開発・情報収集などの研究機能と児童健全育成関係者への研修などの養成機能を併せ持つものである。

敷地は、緑豊かに残る愛知青少年公園の一部のなだらかな丘陵地である。遊びを屋内に閉塞することなく、芝生の屋外遊具や水の広場、さらに国際児童記念館との連続一体化すること、内から遊びが外に滲み出、外から内に遊びが誘引される。遊びの場ではどこでも日の翳りを感じ、緑を臨み、風の囁きや水のせせらぎを聞く、そんな施設でありたいと構想した。

景観的にも自然の中になじませたい。そのためには巨大な構築物の印象は避けねばならないが、幹線道路からのランドマークになることも求められた。

こどもの遊びの中でいわゆる集団遊びと呼ぶものの基本は、鬼ごっこというものである。あるこどもが逃げ、あるこどもが追いかける。そのような遊びが自然にこどもたちに発生する空間の構造を遊環構造という原則としてまとめた。この愛知県児童総合センターもその原則によって計画され、設計された。ここでは建物それ自体が遊具で、中でもチャレンジタワーと呼ぶ卵形の平面を持つ斜塔は、その周りに建築的な回廊と遊具的な回廊が取り巻き、さらにそれらをさまざまなレベルでプレイブリッジによって連結している。さらにこどもエレベーターと称する垂直型の遊具ネットワークが取り付いている。遊環構造の特長のひとつは、こどもがそのプレイストラクチャーにどこからも乗れ、どこからも降りられるという多様性をもっていることである。建築は分節化され、その間から周辺の緑が臨まれ、また、風が吹き込む。もともとは入場無料と計画されたが、工事途中で有料となった。有料になっても、こどもたちを建築空間の中に囲い込むのではなく、建物全体がポーラスな存在となるよう外構計画が行われた。

この環境と建築の特長はその複合性、多様性にあるといってよい。今後こどもたちの創作活動によってさらに空間は変化し複合化していくと思われる。それが私たちの望む環境としての建築である。

（仙田　満・藤川壽男）

千葉市立打瀬小学校

小嶋一浩／工藤和美／小泉雅生／堀場弘

——

推薦理由

——

この建物は、広大な埋立地のなかに作られつつある幕張新街区の中心部に建っている。街区全体が完成するまでには、数十年の年月が必要であり、その意味からすれば、生徒の人数にしても、この建物の状態としても、これからかなりの期間、常に変動を余儀なくされていくことが予想される。

しかし、流動的な条件を受け止め、変わることのないベーシックな建築空間をいかに作り上げるかは、古今東西、建築の普遍的なテーマであり、特殊なことではない。何を中心に空間に生命を与えたか、建物の存在理由そのものであり、その空間の強度こそが建築が時代を越えて生き延びるための必須の条件だろう。

まだ十分に周囲の環境が整っていない中で、この建物は、設計者が意図した目的を徐々に果たしつつある。それは無味乾燥で荒野のような埋立地のなかに、子供たちが自由に動き回れるような砦を作り上げることではないかと思われる。この建物のなかでの楽しげな子供たちの立ち居振る舞いを見れば、設計者の意図は十分に達成されたことが分かる。

建物は、全体として明快な骨格を持っているにもかかわらず、部分のデザインエレメントはそれを排除しようという意志に貫かれている。この全体と部分の緊張関係が、錯綜しつつ豊かな、それでいて連続した空間を生み出している。何の物語も生み出し得ないような砂漠のような周囲の環境から守られて、子供たちはこの空間のなかでさまざまな物語を生み出すだろう。ここで生活する生徒から見た、学校建築における新しい空間の在り方が提示されている。

楕円形の体育館の配置が、運動場側に大きな壁面を作り出している点、体育館の屋根の構造がやや強引なこと、教室のトップサイドライトの在り方など、審査員からいくつかの疑問点が提示されたが、それらを総じても、この建物全体が作り出している自由な空間の価値はいささかも減ずるものではない。厳しく設定されたこの街区の規制ガイドラインを守りながらもこうした場を作り上げる力量は、高く評価し得るものと思われる。

よって、ここに日本建築学会賞を贈るものである。

——

受賞者の言葉

——

「教える学校」から「学ぶ環境」へという教育のプログラムの転換を空間化することで、子供たちが一日の中で、学校／学年／クラス／グループ／個人の単位を横断しながら多様な活動を自発的・連鎖的に行うバックグラウンドとなる小学校を設計した。この計画では、一斉画一型の標準化された人間の行為の総量をマス・アクティビティととらえるのではなく、子供たちの自発的でパーソナルな多様な行為の集合として1,000人のアクティビティを考えた。

教室・中庭・アルコーブ・バス・ワークスペースをひとまとめにした単位である「クラスセット」が校舎敷地に繰り返すなかに、さまざまなコーナーが散りばめられている。昇降口は離散的に配置され、小さな外部が繰り返し現れるひだの多い配置となる。「外の教室」など、分節され、家具が配置された多くの外部空間は特徴のひとつである。内部・外部を通していかに「使われる環境」を創り出すか、に注意を払った。

空間から人への働きかけの程度のコントロールは重要だ。誰にでもいつでも伝わるような働きかけは、指図や命令として作用し押しつけがましく感じることになるので注意深く回避し、ささやきかけに近い、ある状況、ある天候や時間にしか気づかないような仕掛けを空間に散りばめていく。それが行為のきっかけとなる。

また校舎敷地に視線の軸を多く通してある。その奥に自然光で明るく浮かぶ壁面を配して知覚を引きつける。だからどこにいても遠近を同時に知覚でき、外ー内ー外と連なっていく間に異なるアクティビティが入り込んでくる。移動中は、建築空間はシークエンスとして体験されるが、いったん止まるとアクティビティがそこここに見え隠れし始める。このように空間が透過性と流動性に満ちていることで、子供たちの活動は自由で連続的なものとなる。

この小学校は、埋立地である幕張新都心住宅地区のオープンに伴って新設された。周囲には街区型の住棟配置で「街」が形成されつつある。その建築配置に沿ってアーバンファブリックの形成に参加する「街に開かれた」この学校には、校門もフェンスもない。校区内のすべての児童は中層以上の住宅に住むことから、低層で教室ごとに中庭を持つ親自然的な計画とした。教室は近傍に庭や道を伴った住居であり、学校は小さな街である。グラウンドは、街全体のオープンスペースが集約されたかたちで公園・緑地と一体となっている。

学校が積極的に街としての周辺環境を誘導することが期待されたが、現在新しいコミュニティスクールの姿をここに見ることができる。学校の活動の中でも、授業時間を区切るチャイムをやめたり、給食をどこで食べてもいいといったことや、日常的に地域の人がバスや教室内にさえ入り込み交じりあっていることなど、新しい活動の事例に事欠かない。

登米町伝統芸能伝承館

隈研吾

——

推薦理由

——

登米町伝統芸能伝承館「森舞台」は、この地に藩制時代から230年間にわたり伝わる「登米能」をはじめ「岡谷地南部神楽」や「とよま囃子」などの伝統芸能を演じるための舞台である。藩祖伊達政宗公は能楽史上に大きな影響を与えるほど能を愛し、仙台藩では金春流に創意を加えた特異な流派である金春大蔵流、後の大倉流が盛んに演じられた。伊達一門の登米伊達家でも大倉流が取り入れられ、現在の「登米能」の原形となっている。武士階級の式学として大成した「登米能」は、明治維新の廃藩により帰農した武士により普及され、日常の儀式が「謡」によって執り行われるほどまでに生活に深く根付くようになったが、度重なる水害で装束や能面が失われるという存亡の危機を乗り越えて、明治41年「登米謡曲会」が設立された。この会の活動は伝承と保存が主であり、演能する機会はほとんどなかったが、昭和45年に地元八幡神社への奉納で復活し、約60名の謡曲会の人々に支えられ現在に至っている。

素朴で幽寂な自然を背景に、町と森舞台を隔離する木製の格子、樹木と厳粛に対峙する入母屋、のびやかで軽快な陸屋根のシルエットが人々を迎え入れる。奥行き感を助長する列柱と大庇に導かれ階段を登りきると視界は一転する。伝統的形態ではあるが従来の重厚なイメージから開放された舞台棟と水平線を強調した緊張感と浮遊感のある見所、その間に介在する砂利を敷きつめた帯状の白州が織りなす空間は、四季折々の季節感を演出する豊かな森と一体となって幽玄なハーモニーを奏でている。時間を超越したこの空間構成は、主役である森に対してあくまでもその表現は敬虔であり、人間の喜び・怒り・勇躍などの情念の結晶となる空間演出の脇役として存在している。建築家が志した自然の尊厳、入母屋と陸屋根の対比、透明感、直截的で単純な表現が従来の能舞台では体験したことのない神秘で幻想的な詩情を覚える環境をつくりだしている。

この森舞台の計画策定に当たっては、学識経験者、町内の有識者などによって町づくり委員会が組織され、2年間にわたり献身的な活動がなされたと言われている。また、地元産の登米玄昌石、地元業者が在庫していた青森ヒバの活用、登米森林組合の協力などによって2億円弱の総工事費で完成することが出来たことも注目すべきことである。このように、この施設は登米町と建築家の夢と心意気がつくりだした地域文化活動の拠点である。また、作品としての社会性・芸術性・機能性・経済性の評価のみならず、自然・文化との共生を視野に、地方都市の町づくりに新しい価値観を提起することとなるであろう。

よって、ここに日本建築学会賞を贈るものである。

——

受賞者の言葉

——

宮城県登米町は、伊達政宗公の時代より伝わる登米能の町として知られている。約60名の登米謡曲会の人々がこの能を今日に伝えているが、彼らは専用の能楽堂を持たず、能楽堂の建設は謡曲会のみならず、町全体の悲願でもあった。「登米町伝統芸能伝承館（森舞台）」は登米能の上演の稽古、および登米能の資料館として建設された。

ミニマムな物質的装置を用いて、能のための場を提供すること。それが「森舞台」の建築のテーマであった。このテーマは、もちろんミニマムな予算規模（1億9,000万円）とも関連しているが、能舞台とはそもそもそのようなミニマムな建築的装置として生まれ、そして受け継がれてきた。当然、能の空間の背後には能の思想があった。能の思想の真髄とは物質的なるものの否定である。その思想のもとに肉体＝「物質」を否定する独特の舞踊があみだされ、能舞台という建築形式が確定していった。この思想は仏教、殊に観阿弥、世阿弥親子の信仰した時宗（浄土宗の一派）の基底でもある。

自然の中に、橋掛と舞台という二つのエレメントのみを配置して、あの世とこの世と、さらにその二つの間に挟み込まれた時間とをつくり出すことが、本来、能舞台の目的であった。その装置と観客席の全体を能楽堂という大仰な建築=「物質」で覆うというのは明治の発明である。幸いにして「森舞台」のためには登米町の美しい森が用意されていた。上屋をはずし、建築物を再びミニマイズして、森の中に溶かし込んでいくというプランニングが採用された。建築をミニマイズしていくとき、最後に残るのは「床=地面」という平面である。舞台を囲む「白洲」と呼ばれる砂利敷きの「床=地面」が、段状に立ち上げられて「見所」(観客席)を構成するという手法を初めて試み、その段の下に生成される空間は、昼は能の資料館、夜間は謡曲会の稽古場として用いられる。通常、能楽堂や文化ホールは上演日以外は公開されず、人々はアクセスすることができない。この閉鎖性は公共建築として大きな問題であると我々は考えた。今回は町との協議により常時公開する運営方式が採用され、段状の白洲や資料館は運営的にも開かれている。「能楽堂」ではなく、むしろ「能公園」として広く人々に開放される施設をめざしたのである。
舞台とその屋根の物質的インパクトも様式的な許容範囲のなかで、ミニマイズすることを試みた。舞台の腰板をはずして「床」を一枚の薄い平面に還元し、屋根は従来の能楽堂よりはるかに数寄屋に近い作法を用いて、同じく軽く薄くデザインしていった。腰板のない能舞台は通常、水上舞台のみで用いられる手法だが、今回は白洲に登米の黒い砂利を用い、白洲をひとつの水面と見立てた。
これらの全体は、木製のルーバーによってアプローチ道路から隔てられている。ルーバーは建築の物質的インパクトを軽減する装置として選択された。白洲の砂利の「粒子」が舞台と現実をやわらかく隔離するように、ルーバーの「粒子」もまた町と「森舞台」を隔離するのである。

佐木島プロジェクト

鈴木了二

——

推薦理由

——

この作品は瀬戸内海の群島の一つに建っている。砂ほうき引きの広場を中心に、それを両腕で抱えるようにして、海に、本土の山に、向かって開いている。左右対称形のこの建物は、その両翼で喫茶店舗や宿泊施設のような異なる機能内容を含み、施工時期も施主も異なっている。しかし、全体は一体的に計画され、グリッド計画は完全に整齊で、木造軸組は正確にグリッドに従って配置されている。大きく北側に開いた開口部は対岸の本土やその間の交通往来の光景を内部に取り込み、随所に工夫されたスリット、横長窓、小窓、天窓などの絞られた開口部や隙間は外部の景観を切り取る透けの「切れ」であり、また光を滲ませる仕掛けである。そこにはこうした建築表現上のさまざまな手法がふんだんにかつ巧みに集大成されている。素材的にも機能的にもいかにも質素なこの建物は、こうして海の向こうの本土と空に向かって堂々とした建築的構成を顕わしている。しかしひとたび現地に赴いて直に作品に接すれば、これらすべての建築の技術上の定石が拒否される。斜めグリッドの導入、木軸と大壁の相互隠蔽、外部景観の断片化など、数え上げればきりのない空間構成上の数々の工夫が常識を拒否するのである。この拒否は否定されるべきものと対立する立場の否定ではなく、何ものかであることへの根元的な拒否に通じている。それがこの作品の効果、つまりある種の「めまい」にも似た体験を結果させている。すなわち、空間的な仕掛けによって、内部からは青空を切りすて、海を隠し、環境の日常性から隠蔽されているものの、周囲の景観から遮断されているわけでもない。いたるところに自ら発光するように光が浸潤し、開口からはたとえば本土の山を背景に船舶が音もなく映像のように行き交う。この不思議な空間感覚の世界は、つねに過渡的で、始まりも終わりもない。この感覚がわれわれを魅惑するのである。人間と建築を一つの固定観念に定着することにたいする絶えざる拒否によって、純粋に物のはじまり、つまり存在論的な物そのものへの問いを、この佐木島におけるプロジェクトという建築作品の制作において、現代的な優れた感性と強い知性とによって先鋭に提示しようとして、成功している。
よって、ここに日本建築学会賞を贈るものである。

——

受賞者の言葉

——

瀬戸内海に点在する群島の中でも小さな島のひとつ、それが佐木島である。
構想は現在いくつかの場所で、クライアントがこれまで蓄積してきた実績と特質を生かせるような施設が何種類か考えられているが、今度竣工した「佐木島プロジェクト」はその中核として位置づけられている。
この建物用途は、長期滞在型と短期滞在型とのタイプの異なる宿泊施設と、「プラージュ」と名づけられたレストランである。
設計当初は、両企業のプライベートなゲストハウスあるいは複合の別荘のようなものであったが、構想が厚みを増すに従ってよりパブリックな色合いをもつに至った。しかし、いまのところは採算を主眼とするのではなく、むしろ構想全体の成長とともにその性格が確かなものとなって姿を現すような、いわばしかるべき弾き方を待つ楽器のように考えているようである。
建物はふたつの所有権を反映して東と西に真っ二つに分割されているが、依頼条件である使用上のプログラムはあくまでもひとつであった。とはいえ、厳密にはふたつに断ち切られていることも確かで、機能的にはそれぞれ単独でも成り立つ必要もあり、そこにこの建築の特質があるかもしれない。ひとつがひとつでないこと。複数がひとつでもあること。分裂していながら一体であり、全体でありながら部分でもあること。というよりもむしろ、常に全体化を拒む全体ということだろうか。
したがって、この建築を設計することは「全体」を「全体」として考えるのと同時に「コントラスト」としても考えるような、二重の思考プロセスの中に置かれることでもあった。
まず「全体」に対しては、ほぼ正方形であるこの敷地形状から自動的に取り出される矩形の「マッス」を想定している。そして「古典性」、というよりは「原初性」といってみたいこの枠組みの中央部分に、これもだいたい正方形の「ヴォイド」つまり「穴」を空ける。
また「コントラスト」に対しては、各ブロック内でのプログラムの違いは当然のこととして、そればかりではなく東と西での、光、風、視線、景観等々の違いからもそれぞれ対比的に考える必要がある。その結果として東側ブロックは、壁と屋根で覆われたひとつの大きな「空洞」の内部にさらなる内部としていくつかの小さな「空洞」があり、他方、西側ブロックは東とは対照的に、大きな「空洞」を規定していた皮膜が骨組みだけを残して随所で破れ、内部にあったはずの小さな「空洞」がそのまま外部に露出しているような対比感が生じた。
この二重の思考プロセスが単にブロックの考え方に留まらず、壁や柱の構成、開口部、明かり取り、建物の細部、素材、ディテール等々にまで徹底的に及んだことは確かなようである。

——

建築雑誌1997年8月号掲載。

——

候補作品|72題(応募18、作品選集掲載53、委員推薦1)

49 | 1998年(平成10年)

49

川上村林業総合センター 森の交流館/国際情報科学芸術アカデミー マルチメディア工房/新国立劇場/ふれあいセンターいずみ

——

選考経過

——

日本建築学会賞選考委員会作品部会は、1997年6月2日、学会賞全体委員会に引き続き第1回部会を開催した。部会長、幹事選出、学会賞と作品選奨の相互関係とそれぞれの賞の性格の明確化について、表彰制度検討小委員会より検討結果の報告を受け、各項目について審議した。7月7日、第2回作品部会では前回に引き続き表彰制度検討小委員会からの報告事項について検討・審議した。
次いで、第3回部会を9月30日に開催し、前日からの自由審査をふまえて第一次選考を行った。審査対象は『作品選集1998』のうち設計者が部会委員である作品、および所在地が海外の作品各1点を除いた50作品、応募作品25作品、委員推薦6作品の合計81作品であることを確認した。この中から、各委員8作品以内の条件で第1回の投票を行い、まず5票以上を得た4作品について現地審査を行うことに決定した。さらに4票以下の全作品について審議し、5作品を選び、現地審査を行う9作品を決定した。この9作品は以下のとおりである(受付順)。

・新国立劇場　柳澤孝彦君
・川上村林業総合センター 森の交流館　飯田善彦君
・早島町コミュニティーセンター「いかしの舎」
　古民家再生工房/矢吹昭良君・佐藤隆君・
　萩原嘉郎君・楢村徹君・大角雄三君・神家昭雄君
・二期倶楽部Part Ⅰ、Ⅱ　渡辺明君
・国際情報科学芸術アカデミー　マルチメディア工房
　妹島和世君/西沢立衛君
・ふれあいセンターいずみ　武田光史君
・東京国際フォーラム　ラファエル・ヴィニオリ君
・S(エス)　青木淳君
・M-House　妹島和世君/西沢立衛君

現地審査は、11月2日から翌1998年1月10日まで9回、9作品について行われた。1月26日に全委員が出席して第4回部会を開催し、最終選考を行った。まず、現地審査した9作品候補から賞の候補を選考することを確認した。続いて、全候補作品について各委員の評価結果を報告し討議した後、各委員5件以内を推薦する投票を行った。その結果、票数の少なかった3作品を賞の対象から外すこととした。
残った6作品を対象に4件以内を推薦する投票を行った結果、過半数以上の票を得た1作品を賞の候補に決定した。また票の少なかった1作品を対象から外すこととした。さらに残った4作品の中から各自2件を選ぶ投票を行い、その結果、過半数以上の票を得た2作品を賞の候補に決定した。
ここで、3作品のみ推薦するか、残った2作品からさらに候補を推薦するかの議論を行い、3作品のみ4名、4作品6名となったので、1作品を投票で選び、賞の候補として推薦することにした。
以上の結果をもとに、選ばれた4作品について候補作品名・候補者氏名の確認を行い、委員全員一致で下記作品を1998年作品賞候補として推薦することを決定した。
・新国立劇場　柳澤孝彦君
・川上村林業総合センター 森の交流館　飯田善彦君
・国際情報科学芸術アカデミー　マルチメディア工房
　妹島和世君/西沢立衛君
・ふれあいセンターいずみ　武田光史君

——

委員

——

東孝光　伊東豊雄　岡田光正　栗生明　香山壽夫
坂本一成　半谷裕彦　村上周三　村上徹　村松映一

——

委員の見解

——

今年度、山深い自然のふところに抱かれた地域の建築が二つ選ばれたことを、まず第一の収穫としたい。「ふれあいセンターいずみ」には、木の広場やゆったりとした屋根のヴォリュームの造形に新鮮な魅力があったし、「川上村林業総合センター 森の交流館」には、素材と造形の扱いに伝統からふっきれた手法に爽やかさを感じた。いずれも地域の建築でありながら、伝統手法や素材によりかからず未来を切り開く手法の開拓に取り組んで、しかもある完成度に達している。このことは「マルチメディア工房」にも同様に感じられるが、特にこの作品では空間構成にこれまでの建築計画のあり方に再考を促すようなインパクトがあり、軽やかでしかも強いデザイン性で全体をまとめきっている。これも大きな収穫であった。評価したい。そして「新国立劇場」では、コンペ以来の長年月にわたる設計者のエネルギーが、重く厚い成果を生んでいることは言うまでもない。惜しまれる作品もいくつかあったが、特に「東京国際フォーラム」については、その内外にまたがった広場やロビーの新しい都市的スペースの獲得、船底を見上げるような遠望の都市景観への寄与など、私はこれも大きな成果と評価していたのだが、票が十分でなく選にもれたのが一委員としては残念であった。
(東孝光)

——

久々に作品賞の審査委員として、我が国でつくられた最も質の高いと思われる現代建築を見て歩きました。それらは最も若い世代の建築家による住宅から、国家や自治体を象徴する超大規模な公共施設にまでわたり、同一枠内で評価するのはきわめて困難な作業でした。現地審査に立ち会った作品は、いずれもある特定の視野から眺めれば、それぞれに優れた質を備えていたように思われました。構成の新鮮さ、成熟した完成度、ピュアで端正な美しさ、目を見張るような構造の大胆な表現など、さまざまな言葉をもってそれらを評価することが可能でした。
そうした作品群のなかで、妹島和世、西沢立衛両氏による「マルチメディア工房」だけは他の作品と全く異なる質を備えているように感じました。その質とは、端的に言えば、現代という時代のなかで、建築とは何か、という問いに正面から向かい合って応えようとしている気迫でした。
この建築は、慣習的な建築の意味からすれば、使いやすさ、耐久性、居心地の良さなどいずれの点からも指摘される問題は多いように見受けられます。しかしそれにもかかわらず、コンピューターのテクノロジーによって一体どのような新しい未知の芸術が可能なのかを探る場として、これ以上の空間はないでしょう。現代というテクノロジーの時代の切り裂かれるような感受性を、この空間は利用者に、クライアントに、そして社会に突きつけています。多くの良質な建築のなかで時代に対する切迫した批評性を問うていたのはこの建築だけでした。
(伊東豊雄)

——

このところ、村おこしや町おこしのための施設が受賞することが多くなった。このたびは「森の交流館」と「ふれあいセンターいずみ」の二つである。いずれも木造で、展示も手作りというのが好ましい。“村おこし”の情念がすぐれた作品を生み出すのであろうが、これは結果として作品の社会的意義に対する学会の態度を表すことにもなっている。
今回の受賞作品のすぐ近くに、いわゆるハコモノ行政による新しい文化ホールがあった。大手の建築事務所によるもので、工費は受賞作品の約10倍もかかったというが、大きすぎてものものしく、環境に対しても違和感が強い。
また、構造的なアクロバットには驚くが、結局は壮大な無駄遣いではないかと思うような作品もあった。
総じて大規模建築は評価されにくい時代になっているが、その中で「新国立劇場」は例外であった。コンペ以来、10年かけてすべての分野の専門家と協議を重ね、それぞれの意見を取り入れながら、コンペの原案におけるコンセプトと空間構成は、しっかりと残されている。
なお、岡山県の古民家再生グループによる「コミュニティーセンター」も立派な労作だと思うが、このグループは数多くの民家再生を手がけているので、作品というよりも“一連の業績”として第3部に応募するのが適当ではないだろうか。
(岡田光正)

——

建築もひとつのコミュニケーションのメディアである。言うまでもないことだが、オーナーや利用者とのコラボレーション、環境への対応、時代との応答の結果が建築として表現される。与えられた問題に答えるだけでなく、様々な問題を自ら設定し、解答することに、建築家の知性・感性・技術の総力が傾けられる。
優れた建築は、人々の想像を越えた“問題の発見”と、その“見事な解答”として現れる。そしてそのことによって、その建築は気高く、美しい。
既存の建築にない新鮮で創意あふれる空間の輝きは、その場での人々の新たな立ち居振る舞いを誘起する。こうして、“問題”は建築のオーナーや利用者にも投げかけられる。建築の利用者側の見事な“解答”も期待したい。
結果として完成された建築空間の質とは別に、途中段階での“建築行為”そのものが“社会的行為”として時代や社会に多大な影響を与えている例もある。建築行為が地域の歴史への理解を深めたり、子どもの教育の現場になったり、住民の参加意識を高め、コミュニケーションの場づくりに貢献したりする。こうしたことは、建築誌などでは読みとりにくく、実際に現場に立ち、利用者、オーナー、運営者などに会って初めて見えてくるものである。

ひとつの建築の実現に企画の初期からかかわり、オーケストラの指揮者のように、様々なパートを受け持つ関係者を巻き込み、感動を呼ぶ建築にまとめあげる建築家のプロデュース能力を高く評価したい。

（栗生明）

——

建築を、雑誌にのった写真で見るのではなく実際に見るのは常に心躍る経験である。建築は、風に吹かれ、日を浴びながら立っているのだから、自分も同じ状況に身を置かねばならない、というあたり前のことなのだが。

しかし、賞の判定をすることはつらい。自分自身も設計者のはしくれのひとりとして、建築設計という行為が、それぞれどんなに違う条件のもとで成立しているのか、そしてその条件の多くが、どんな気まぐれのような他愛もないものであり、それでいながら設計者は、それといかに全力で格闘し、苦しみ、そして同時に喜びを見出しているかを知っているからである。

設計者はオリンピックにたとえれば、皆それぞれ別個な自分自身の種目を、孤独に戦っているようなものだ。どうしてそれらを並べて比較し、優劣などつけられよう。この思いがいつも胸のうちにある。そして学会賞のような、とりわけ大きい賞の場合には、それが胸の底から吹き上げてくる。

破綻はあっても、未知のものへの挑戦に対して拍手を送りたい。しかしまた一方で、困難な条件にひとつひとつ誠実に対応している姿勢にも深く共感する。そこでもう一度考えてみれば、私たちの行っていることは、あえて設計に限らずとも、すべてこうした矛盾対立の上にあるのではないか。それを設計者がひき受けている以上、審査もそれを引き受けなければいけないということなのか。そう思っても、いつも最後には満足よりも罪をおかした人間の悔恨のような苦さだけが残る。

（香山壽夫）

——

日本建築学会賞の建築作品として私が評価したかったのは、新たな建築的構成や空間を見せてくれる建築です。それらの建築は、これまでの社会的あるいは建築的な制度を相対化する批評性を伴った構成や空間を提示します。それは言い換えれば、新たな認識を私たちに構成として、空間として提供する建築と言えます。選考候補作品のうち、現地審査の対象となった9作品はどれも十分見るに値する密度の高い建築でしたが、その中で、特に以上のような評価を与えることが出来ただのは、入賞の4作品と「M-House」「S（エス）」でした。

「新国立劇場」では小劇場などに見られた個別な空間に、また巨大で複雑な建物全体を綿密に組織するシステム的な構成に、「森の交流館」では全体の明確な対比的構成に、また、ディテールの厳密な建築的対応によってできる空間に、「S（エス）」では、住宅各部の小気味良い分節の空間に、また周りの環境と高次に関わった中庭を中心とした空間配列による構成に、「ふれあいセンターいずみ」では、緩い傾斜の広々とした中庭の空間に、また中庭によって統合された大らかな全体構成に、それぞれ評価できる新しい構成、新しい空間が見られました。そして「M-House」「マルチメディア工房」では、各室と光庭とによる平行配列の等価な構成が、透光性・透明性を持つ壁などの部位の構成材と、また隅のない簡潔なディールなどと相俟って、序列のない均質的な美しい空間を形成していました。この両作品ほど新たな空間を獲得し、挑発力をもった建築は近年なかったと思われます。

（坂本一成）

——

私の手元に、昨年パリのポンピドゥー・センターで開催された「エンジニアのアート展」のカタログがある。このカタログと学会賞候補作品のリストを眺めながら、構造技術のことを考えている。

構造技術は、多くの研究者やエンジニアが長い月日をかけて作り上げてきたもので、設計資料や理論などとして誰にでも利用できる。デザインが個性的であるのに比し、構造技術は力学的条件などを満足し、再現可能(誰が行っても同じ結果となる)で、普遍的である。このような構造技術は、個性的で独創的なデザインを建築作品として具現化するためのベースとして位置付けられるであろう。

私は、構造技術には普遍的構造技術(前述の再現可能構造技術)と個性的構造技術があると考えている。多数の人によってステップ・バイ・ステップにまとめられてきた技術は、普遍的構造技術であろう。一方、新しく創造的な技術には個人の特殊な経験とアイデアが込められており、個性的構造技術と言うことができる。一般に、個性的構造技術を理解することは困難な場合が多い。そのため、個性的構造技術を記憶しておくためには、技術の映像化、つまり目に見える形態で残しておくことが必要であろう。このような意味で、デザインの個性と個性的構造技術のかみあった作品を作品賞のなかに記憶しておくことが重要であろう。

（半谷裕彦）

——

現地視察のため、休日ごとに全国の建物を見て回ると聞いたときは、出不精の私にとってかなり重荷の仕事のように思われた。しかし実際に体験してみると、審査対象はいずれも力作で、遠くまで足を運んで見学するに値する内容であったので、結果としては大変充実した楽しい仕事であった。審査結果を含め、以下に感想を述べる。

約80の候補の中から、書類選考で9点の現地審査の対象が選ばれた。選ばれた9点はいずれも力作であったが、このほかにも隠れた力作があるのを見逃しているのではないかという不安は今も持っている。審査の経過で、ほかを引き離して良い点を獲得したのはごく少数で、残りは僅差の争いであった。したがって、この9作品と似たレベルの作品はほかにもたくさんあったのではないかと今でも思っている。

次に、候補作品は当然のことながら実験的試みに挑戦したものがほとんどであるが、筆者の専門の環境工学の立場からこれらの作品を眺めるとき、実験的挑戦に関連して種々の疑問点や欠陥が見られた。大半は新しいものに挑戦するという姿勢を評価すれば容認できるものであったが、いくつかは容認しがたい欠陥であった。この地球環境時代において環境との共生は至上命題であり、デザイン至上主義に対して環境の側面から今までよりも制約が加わるのは避けられないことであると考える。

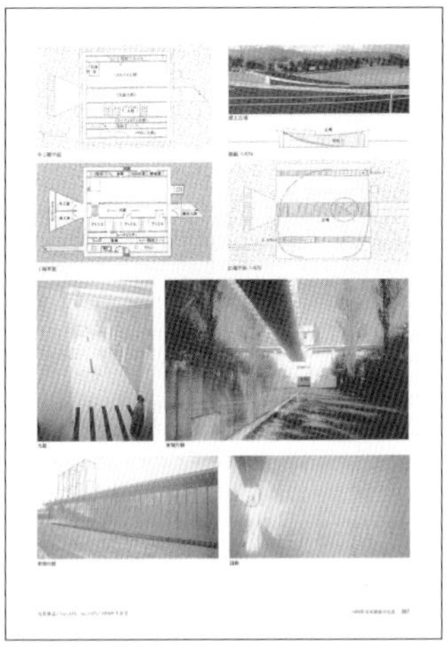

国際情報科学芸術アカデミー マルチメディア工房

最後に選ばれたものは、結果的にアトリエ型建築事務所の作品が多く、組織型建築事務所の作品は少なかったが、これは今年だけの傾向ではないようである。この傾向がそれぞれの系統の事務所の建物デザインのレベルと対応しているのか、あるいは建築学会の作品賞を選ぶに際して選ぶ側の視点が影響しているのかなどの点について筆者には不明である。選考結果は基本的にその年の審査員の責任に属することであるが、片方で建築作品評価の視点に関して、建築学会全体としてのガイドラインのようなものについて議論する機会があっていいのではないかと思う。

（村上周三）

——

広島から出発の現地審査は、かなり大変でした。しかし、候補作品の内側まで拝見できる滅多にないチャンス。重責を感じながらも、楽しい旅となりました。書面で厳選して現地に出かけたそのほとんどが、やはり多大なエネルギーを投入した期待を裏切らない出来栄えでした。後から思えば、もう数件でも多くの作品を実際に訪れるべきだったというのが本音です。総工費が一千数百億円の大規模な公共建築から、数千万円の個人住宅までが同じ土俵に上り比較検討するのですから、非常に難しいことなのですが、建築には設計者の意気込みやこだわりが映し込まれ、それが現地において体で直接に感じられ、空気が伝わります。建築の本質的な問題を基準にして選考にあたりました。受賞作品は将来に対して何らかの示唆を与え、しかも必然性があり、完成度が高いものであるべきでしょう。

今回、ほかの作品で受賞が決まった妹島和世＋西沢立衛両氏の「M-House」には、都市型住宅の新しい方向が垣間見え、白い光に満ちた住空間がかなりのレベルで完成していました。私自身は、この作品での受賞も十分にあり得たと考えています。ほかに、作品賞というよりは業績賞に近いと感じられる作品がありました。古い民家を再生し、コミュニティーセンターに構成し成功していますが、新設された茶室の棟が八窓庵の写しではなく、独自の手法であればと残念に思います。

最終的には、投票によって4作品が選ばれました。受賞された作品や多くの候補作品の設計者に敬意を表します。

（村上徹）

——

今年の審査は時間的には極めて制約された条件のもとで行われたが、昨年とは異なり、設計者の立会いを認めたことにより、現地審査の深度を高めることができたことは有意義であった。現地審査対象作品は「東京国際フォーラム」「新国立劇場」の国際設計競技で選ばれた作品と、「S（エス）」「M-House」の住宅作品、「ふれあいセンターいずみ」「森の交流館」「いかしの舎」の村・町のコミュニティとしての役割を担う木造を主要材とした作品、教育と研修の場となる「マルチメディア工房」「二期倶楽部PartⅠ、Ⅱ」に大別することができる。いずれの作品もつくり手の声が聞こえる労作であり、これらの作品との出会いは新鮮で感銘深いものがあった。「S（エス）」は、海岸と敷地の間を横断する高速道路という相容れない立地環境に対し、隣地の樹木を取り込み、半地下的な静的な雰囲気の共有空間として、高速道路沿いに1階から立ち上げられた3階に海に開かれた個室・浴室を設け、その間に介在する屋上空間を通して海へと連なる空間構成で応えている。若い家族のリゾートハウスとして使われているのではないかと思われるが、家族団欒の気配がする清々しい作品である。主要な空間が地下に納められた「M-House」とともに記憶に残る作品であった。「二期倶楽部PartⅠ、Ⅱ」は手造り思考の表現とディテール、素材とスケール感が醸し出す安定感のある作品であり、受賞に至らなかったことは惜しまれる。今年は『作品選集』から現地審査の対象となった作品が選ばれなかったが、『作品選集』の一層の充実のためにも優れた作品が応募されることを期待したい。2年間にわたり多くの作品と出会い、審査員の方々と貴重な時間を共有することが出来たことは私にとって何よりの収穫であり、このような機会を与えられたことに感謝と敬意を表したい。

（村松映一）

川上村林業総合センター 森の交流館

飯田善彦

——

推薦理由

——

「川上村林業総合センター 森の交流館」は、長野県の山あいに建っている。川上村は現在、高原野菜の生産によって経済的基盤を得ているが、古くからカラ松を中心にした林業の歴史をもっている。この施設は、村人や村を訪ねてきた人に、川上村の歴史と森林との深い関わりや、これからの森林の役割を知らせ、それを通して森林の大切さを共に考えることを主目的にしている。

透明で開放的な正方形平面からなる展示棟と、壁で囲まれ、閉じた細長い長方形平面からなる事務棟といった対比的構成がとられている。展示棟は、あたかもカラ松林に迷い込んだように感じさせる林立する柱の空間であり、三つのレベルから、周辺の自然環境を望むことができる。同時に、常に村民に視覚的にも空間的にも開かれ自由に集まることができる村民の居間のような利用を促している。清涼でおおらかな空間構成と、密度の高い細部の処理により、品格のある空間性を獲得している。一方、事務棟は対照的に、胎内的空間で木の温かさや肌触りを感じさせる空間として機能している。現在、大型木造建築は、民家のような素朴さを指向するといった図式に陥りがちである。この作品は、伝統をふまえながらも、新しい木造技術の導入と現代的感性によって、木造公共建築の新しい可能性を切り開いている。

さらに、建築材としては嫌われるカラ松を見直すため、様々な構造・工法・仕口などを考案し、14種にものぼる内外装の利用法を追求している。そうした意味で、建築そのものが、建築材としてのカラ松使用の具体的展示の場であり、耐候性などの性能の実験場であり、学習の場にもなっている。

館内の展示も作者の考案によるもので、村民が自ら持ち寄る情報や展示物が、展示内容を刻々と変化させていく立体模型による。住民参加の仕組みなど、面白いものが多い。また、建設過程そのものも住民交流のイベントととらえ、カラ松の伐採に子どもたちを立ち合わせたり、建設の節目には『森林のたより』という広報紙を発刊し情報の提供をこころがけるなど、村民への伝達方法にも工夫がみられる。

この作品は、建築学会が標榜する学術・技術・芸術それぞれの面で優れた成果を上げていると同時に、こうした施設の運営にまで踏み込み、住民の参加を計り、コミュニケーションを促進するなど、多くの社会性が

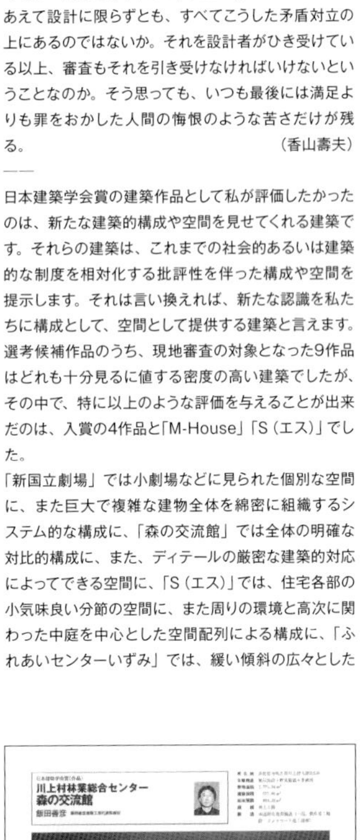

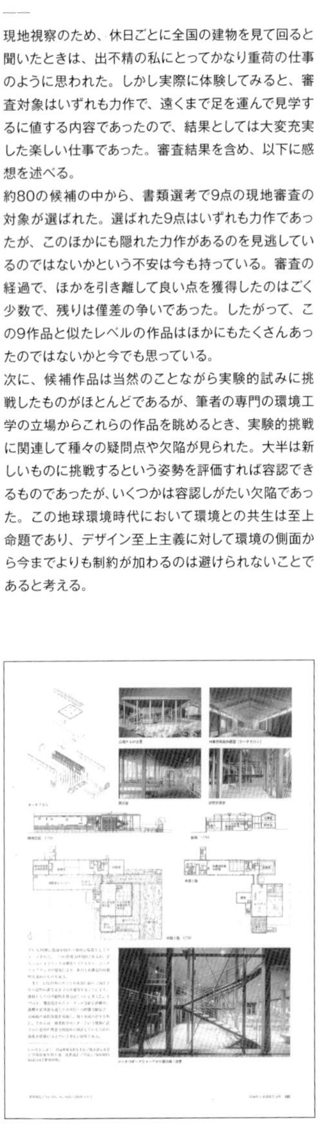

川上村林業総合センター 森の交流館

獲得されている。
よって、ここに日本建築学会賞を贈るものである。

——
受賞者の言葉
——

南佐久郡川上村は、長野県の南東端に位置し、村域の86%が山林で占められている。この村は、少し前までは、林業、カラ松育苗などの産業のみならず、日々の生活を山林に大きく依存する村であったが、現在は、高原野菜農業が主産業となり、山林との関係が薄れつつある。そのような中で、この施設は、林業従事者の拠点整備を主な目的とする林業構造改善事業の枠組みを拡大し、森林を林業という生産的視点からのみ捉えるのではなく、人間が生存するうえで不可欠な環境と考えたうえで、伐採期を迎えたカラ松の人工林の維持活用、千曲川源流の保守、農業との連携等々、極めて現実的かつ身近な問題に対し、村内にとどまらず川上村という地域を越えて解答を模索していくためのセンターとして位置づけられている。

与えられた敷地は、役場前広場に面する一角と、奥に細長く続くカラ松林を背景としたL字型の地形であった。この敷地の変則的な与件と、様々な検討を経てつくられたプログラムの分析から、センター全体を、誰もが出入りすることができる開放的な部分と、特定の人が使用する独立的な部分に分け、それぞれ旧役場のシルエットと背景のヴォリュームに対応させ、両者をデッキ上のエントランスで連結する構成とした。これは役場エリアの将来像を視野に入れ、かつてこの敷地にあった旧役場の記憶を新しい建築に引き継ぐ意図を持っている。

開放的な部分は、頭上から光が注ぐ森林をメタファーとする多柱空間である。階段、サッシュ、手摺、床板等は、すべて独立した異種素材の要素として扱われ、垂直に延びる柱と、カラ松が貼られた水平に拡がる天井を強調するように固定されている。内部には、展示室とレストランがあり、人々は自由に出入りし、森林の未来について考え、森の恵みを味わい、ときには情報を置いていく、広場のような場所である。

一方、独立した部分は、この地方に特有の、壁の上に天井が浮く、せいろ倉と呼ばれる校倉を参照している。切妻の長いヴォリュームは、村内の森から伐り出したカラ松柱と、LVL+スチール材の張弦梁が連続する骨組でつくられ、全体を断熱パネルで包み込むことで、高気密・高断熱の内部環境が獲得されている。内部には、森林組合の事務所、会議室、林業従事者のサロン等が並び、いずれも内側に意識が向かう静的な環境としてイメージされた。二つの空間は対照的であるが、どちらもハイブリッドな構造システムやエンジニアリングウッドの採用により、新たな木構造の可能性を求めたものである。

また、LVL以外のすべての木部に様々に加工された素性の異なるカラ松を使用することにより、建材としての可能性を極力示したいと考えた。その他、建築化されたローテックな展示計画や、新聞や見学会を通じての村民への情報公開など、完成後の住民参加を見越し、様々な試みがなされた。それらは、林業総合センターという建築に託された意図や熱意を持続的に保証していくための強度を建築に与えたいと考えた結果である。

国際情報科学芸術アカデミー マルチメディア工房

妹島和世／西沢立衛

——
推薦理由
——

この建築は、岐阜県立の専門学校の付属の建物として、この学校の高圧線下の広い校庭にメディア・アートのためのアトリエとスタジオを中心とした施設として建てられたものである。メディア・アートのための空間という新しいプログラムと敷地条件が、この建築の構成を大きく性格づけている。

この建築の構成の特徴は、約半層分地下に埋まったボリュームと平行並列の室の配列にある。前者は、エントランスとしての屋上広場の形成を可能にし、さらにその屋上面が曲面化されることによって緩やかにキャンパスに連続しており、このことから単に自然の丘や野原の模倣・比喩、あるいは自然に包含されることを超えた、建築であり地形であるという抽象度の高い地形化した建築を成立させている。後者は、メディア・アートのための工房という未だ曖昧で不確定な、類型化されていないプログラムに対して、スタジオ、アトリエ、サロン、主動線である階段室といった諸室と光庭を序列のない対等な関係に置くことにより、等価な空間を成立させている。この室の平行配列は、屋上からのアプローチを中心とする動線、そして透光性・透明性を持つ壁、床、天井屋根といった建築部位の構成材、またたとえば隅部を持たない簡潔で潔いディテールと相俟って、均質的で拡散的な空間を形成している。

この爽快で美しい建築は、見慣れた建築的ボキャブラリーを消した構成によって、今までの建築が持っていた空間の中心と周辺、表裏、主従といった二項対立的、また纏まり、確かさ、安定性といった確固たる階層的な秩序を根底から揺さぶる空間として成立しており、ヒエラルキーのない等価な世界をもたらしている。またこのことで、制度的に硬直化した既成の建築空間を相対化して、建築空間の新しい可能性を示している。近年、新たな建築の空間が様々模索されるが、その多くは必ずしも成功していない。そうしたなかで、この建築ほど新たな建築の空間を獲得し、また建築の空間としての挑発力をもったものはなかったのではないかと思われる。

よって、ここに日本建築学会賞を贈るものである。

——
受賞者の言葉
——

この建物は、東京から電車で3時間ほどの地方都市に建つ、県立学校の付属施設として計画された。メディア・アートなどを手がけるアーティストが一定期間滞在し、作品だけでなくその創作活動も含めて、学生や一般の人々に公開するような、アトリエとスタジオ、ギャラリーなどの機能を併せ持った建物である。

敷地は本校舎の前の、一面芝生におおわれた広大なキャンパス内にあり、キャンパスの上空を通る高圧線を避けるようにその位置が決められた。この計画で私たちが最初に重視したのは、この建物が、コンピューター・アートなどをはじめとする、新しいアートにかかわる施設であるということと、広大な緑のキャンパスの中でどんな建物のあり方が可能かということであった。約5mほどの高い天井高が必要なスタジオやアトリエなどを含むこの建物は、広大な緑のキャンパスの中ではボリュームとして非常に大きく、周辺のフラットな緑に対してバランスをとるのが難しい。私たちは要求された室構成に対して、エントランスとしての屋上広場を提案し、建物の平面全体を1.8mほど掘り下げることで、屋上広場を緩やかにカーブさせつつキャンパスに連続させている。

この建物を訪れる人は、まずこの屋上広場に入り、ここからアプローチ階段を通って半階下がった室内に導かれてゆく。この屋上広場は、エントランス広場であると同時に、屋外展示やお祭りなどのさまざまなイベントのための広場でもある。スタジオやアトリエ、サロンなどの諸室は、回廊に囲まれた中を平行に並列されている。回廊は各ゾーンを結ぶ動線であると同時に、半階下がった諸室を湿度などから保護するスペースでもあるが、これによって囲まれた各ゾーンは、光庭やエントランス階段などの外部ゾーンに面することで、採光や通風を確保している。

私たちは、全体の構成の考え方として、周辺の緑のキャンパスや屋上広場も含めた各スペースが、なるべく対等な関係を持つことができるような平面や断面をめざした。周辺のキャンパスに対して建物は大きな構築物というよりは、低く浮かぶステージのようなボリュームであり、回廊によって囲まれた各スペースと屋上広場とは、いわゆる屋上と室内という上下関係を持つというよりも、光庭やアプローチ階段などを介して密接に連続できるような関係が考えられている。また、スタジオやアトリエなどの回廊によって囲まれた各スペースは、おのおのの使用上の性格の違いを保ちつつも同じくらいの頻度で使用することができるように、対等に並列されている。

ここに滞在するアーティストの考え方によっては、屋上広場やキャンパス、回廊なども含めてさまざまな場所がさまざまな展示や創作のスペースになるような状態を、私たちは望んでいる。

新国立劇場

柳澤孝彦

——
推薦理由
——

新国立劇場は、国会における決議より30年、そして国際競技設計による設計者選定より11年という長い年月を経てついに完成に至った国家的プロジェクトである。各方面から寄せられた期待の大きさとともに、錯綜する要求や規制の複雑さは、他に類をみないものだったといえる。そのうえ、長期に及ぶ設計期間中に敷地周辺の都市的条件は変化を重ね、設計者はさらに困難な条件が課せられることとなった。こうした長く苦しい歩みの中で、設計者は設計競技当選案で示した端正でかつ華麗な品格を失うことなく、決然として保ち続け、ついに歴史に残る国家的建築を完成させた。

新国立劇場の特色の基本は、理想的な劇場を実現するために、その専用性を明確に打ち出した点にある。この姿勢は、続いて構想された日本各地の劇場建築に決定的な影響を与え、全国にいくつものすぐれた専門劇場を生み出す端緒となった。新国立劇場は、オペラ専用の大劇場、演劇専用の中劇場、そして前衛的な試みのための小劇場の3つより構成されている。オペラ劇場は、伝統的な劇場において繰り返し用いられてきた二つの平面型、すなわち長方形劇場と扇型劇場を重ね合わせるという独創的な考えで生み出されている。このことによって、劇場空間は、理想的な音響を確保するとともに、観客の視線の交錯する親密にして華やかな、オペラ劇場特有の空間を作り出すことに成功した。そして木理を基調とする磨き抜かれた細部の意匠が、その雰囲気をさらに高揚させている。中劇場は、現代演劇の多様な演出に対応できるよう、舞台設備に最新の方法が選択されたうえ、客席もプロセニアム形式とオープンステージ形式の両方に対応できるよう工夫され、臨場感あふれる空間がつくりあげられている。小劇場は、上下に動く可動床で分割され観客と演者が共にひとつの空間に包まれる刺激的な非日常性を実現した。

個々の劇場の特徴に加えて、さらに特筆すべきは、それぞれの劇場の内部のみならず、それらを結ぶ様々な公共空間、外部空間が、劇的な空間として作りあげられたことにある。それらの空間は、演劇を見に来る人々の心を躍らせるだけでなく、都市に生きるすべての人々にむかって芸術の与える豊かさを広げていく都市空間の新しい方向を生み出したものと言える。

よって、ここに日本建築学会賞を贈るものである。

——
受賞者の言葉
——

新国立劇場は、オペラ・バレエ・演劇および新しいタイプの舞台芸術等の上演を主軸に、現代舞台芸術の多彩な公演事業をはじめ、実演家および舞台技術者の研修、舞台芸術に関する内外の資料の情報収集および保存・公開、そして諸外国との交流や地域文化振興の諸事業を行うことを目的とした、日本に初めて実現する国立劇場である。

多目的劇場が主流だったわが国において本格的な専用劇場を目指すもので、日本の劇場史に専用劇場指向への大きな影響を与えつつ、一方では国際的なネットワークに劇場を位置づけるものとして注目を集めてきた。

開かれた劇場

四面舞台を持つオペラ劇場および中劇場と、新しい試みの舞台芸術公演用の小劇場を併せ持ち、また多数の稽古場、研修施設等を配した69,000m²に及ぶ新国立劇場は、あらゆるジャンルの現代舞台芸術に対応できる一大劇場コンプレックスとして、世界に稀有の規模と内容を備えたものと言えよう。したがって新国立劇場の設計に当たっては、本格的な専用劇場の建設と、あらゆるジャンルの舞台芸術の拠点づくりが主要テーマであった。

しかし、高度に情報化が進展する現代において、生身の人間が演ずる真に人間の力に出逢うことの出来る場こそが「劇場」であるという意味が、設計の心であったと言えよう。したがって、触覚的とも言える全感覚的な世界を発展させる空間づくりに意が向いたのも当然と言えよう。そこではあらゆる場所に居合わせる人々が、その情景の構成者であるもので、あらゆる場所が舞台となる空間の構成として、多様なイリュージョナルな展開を備えた空間を随所につくり出すネットワークを構成の骨子とした。それらは、大きなディメンションによるダイナミックな空間構成や、「坂の街」のごとく刻々と視点を変える高さの変化を持つ空間性が、上下する身体運動を伴って情景の常なる変化を呼び起こし、日常を超えた世界がそこに準備されることを期待した。

そしてそのネットワークには、都市をも引き込みたいと考え、劇場を取り巻くように配置したパブリックな空間を周辺に向けて開くことで、都市を引き入れダイナミックな空間性を備えることとした。すなわち新国立劇場で繰り広げられる人々の交感の場が、向き合う都市を客席とする舞台となることで、開かれた劇場がその構えとなった。

配置構成

配置計画は劇場性を備えた空間のネットワークを構図としてデザインされた。劇場の配置が全体構成を決める要であったが、甲州街道および地下鉄京王新線を主とする車騒音・車両振動から十分に隔離された音環境の確保を最優先して、国道から最遠の敷地対角線の北側半分にオペラ・中・小劇場を集約配置し、その舞台裏をL字型に背中合わせに結合させた。それによって舞台裏の動線が集約・合理化される一方、パブリックな空間は最も広く確保されるとともに、敷地に接する二つの道路（甲州街道および渋谷区道）に向けて、適切な関係がデザインできる可能性を獲得できた。すなわち、二つの道路をはじめ敷地周辺に向けて極力オープンな空間をめぐらせることを意図して、周辺との都市的関係を密接にデザインした、開かれた劇場としての構えをつくることができた。

ソフトを交流させた劇場技術の展開

ホール空間の設計では、舞台と観客との親密な関係をつくりだすための最良の鑑賞条件を求めた。視線・音響・照明・椅子・素材構成などのホール空間のデザインは、舞台と観客の芸術的な交感と観客相互の意識の結合が、劇場の興奮を掻き立てるものだとの考えに基づいて行われた。

一方本格的な専用劇場への技術的展開は、舞台技術の設計に傾注された。四面舞台のための重装備な舞台設備の追求が設計に反映される一方、多様な舞台展開への可能性を高める舞台技術の応用設計が多面的な分析をもとに、新技術の開発を伴って進められた。なかでも新しいニーズと技術対応については、専門家による技術検討会で細を極めた。とりわけ、舞台設備の機能の固有化と新しいニーズ予測に対応するフレキシビリティとの調整は、極力客観性を保つよう努力がはらわれた。

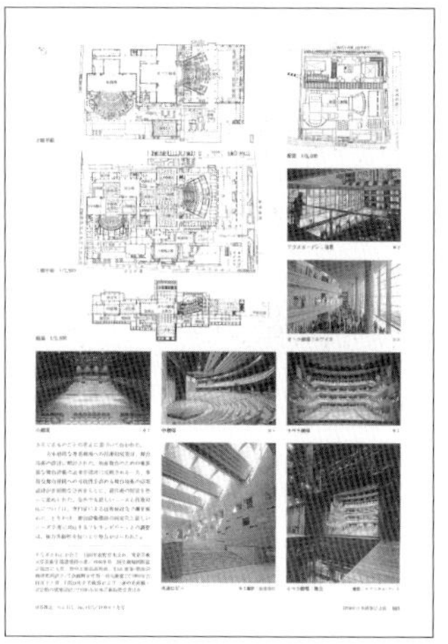

新国立劇場

49

川上村林業総合センター 森の交流館／国際情報科学芸術アカデミー マルチメディア工房／新国立劇場／ふれあいセンターいずみ

ふれあいセンターいずみ
武田光史

——
推薦理由
——

この作品は、熊本県山間部の集落泉村の観光情報センターである。村の94％は山林と言われるだけに、村内には平坦な土地がなく、本施設も山を削って得られた台地上に建てられている。建築は、数段の石垣の上に水平線を強く意識させた佇まいを示している。
地場産業の活性化を目指して、建築は主として木構造（一部鉄筋コンクリート造）となっており、外壁には地元産の杉材が多用されている。施設はL型に折れた物産レストラン棟と、ゆるやかな曲面を持つ会議室棟に分かれ、それらに囲まれて板張りの広場が形成されている。
小さな地方自治体がその地域の中心となる施設をつくろうとすると、住民のさまざまな想いや要求がすべてひとつの施設に折り重なって求められる。要求の間に脈絡はなく、複雑多岐にわたる機能が設計者に求められることになる。本施設にもそうした与条件の複雑さがうかがえるが、この建築にはそのような部分主義に陥らない統一感がある。一つの施設としての統合性を呈示することによって、山あいの集落の住民たちにとって十分シンボルとなり得ている。
とりわけそうした印象を強く与えるのは、2棟に囲まれたアプローチ広場である。低く抑えられたL型棟の屋根のラインと、曲面を描く会議室棟の板張りの壁の組み合わせ、そしてアプローチの方向から奥へ緩やかに傾いた簀子状の板張りによって形成された広場は明るく、きわめて心地良い空間を構成している。
この建築は主として木構造であるが、大屋根を抱く民家のような伝統的な形式とは全く異なる形成で成立している。しかし他方で、若い世代の建築家に多く見られるピュアなフラットルーフを持つミニマリズム的な形態でもない。片流れの断面と曲面を巧みに組み合わせて、決して完結せず、閉塞感のない空間を生み出すことに成功している。
このような独自の木造形式にもかかわらず、地域住民の評価を得ているのは、おそらく作者自身の細部にこだわらない大らかな性格が、この建築の統一感や明るい開放性の根底を形成しているに違いない。そのような特性は、現代建築に欠落しがちな重要な質とも言えよう。
よって、ここに日本建築学会賞を贈るものである。

——
受賞者の言葉
——

平家落人伝説で有名な五家荘のある泉村は、宮崎の椎葉村に隣接した、熊本県で二番目に広い村である。面積の94％は険しい山地で、村の中心を分水嶺が走っている。歴史的、文化的、生態系的に性格の異なる二つの地域に、山岳集落の散在する特異な形態の村である。
くまもとアートポリス参加事業として計画されたこのセンターの役割は、村の産業の発信基地となることである。重要なことは村の未来の産業のテーマを提起し、新しい物語を創造することだ。計画の当初から「建築だけあって中身がない」そんな事態だけは、何としても避けたいと願った。
幸い泉村には村の基幹産業になれそうな氷川水系の「茶」と、球磨川水系の「観光」がある。茶と自然を中心にして「健康産業」を育成する。結果としてそれが観光の発展に結びつけば、二つの水系域を統合する、理想的な村のイメージができるかもしれない。さらに「茶」をテーマとすることで、地域を超えてアジアや世界に開かれた、21世紀の泉村になるという夢もある。
切り立った山並み深く抱かれた泉村で、最も印象的な景観は、幾重にも積み上げられた石積みの棚田である。何世代にもわたる長い時間をかけて、農民が素手で急斜面に、水平なラインと歴史を刻んだ。それは「人の意志」と「水」が作り出した、アジア特有の風景ともいえる。敷地を造成するにあたり、外周の擁壁を石積みの棚田の形に分節し、周りの風景と連続することを意図したが、それは棚田に対するオマージュでもある。
建築の形態は、機能別に二つの特徴的な形態を与えた。村への来訪客のためのL字型の「物産レストラン棟」は、ピロティ状の鉄筋コンクリートラーメン構造と、木造大屋根のハイブリッド構造である。外周側を頂点とした大屋根は、広場側に屈折しながら下りてくる。外部に対しては建物の存在と空間の気配を杉板張りのスクリーンが示す。広場側ではヴォリュームを消した屋根や、開放的な足元をすり抜けて、視線は周りの風景へとのびていく。
「会議室棟」は村の福利厚生施設としての機能がある。この建物は広場と敷地全体を力強く受ける要として、木を削り出したかのようなソリッドな形態の木造建築である。迫り出した曲面は一種の斜円柱面で、直線面素をなぞる形で杉板が張ってある。
広場は1.5mの高低差を5％勾配で結んだ、ゆるやかな板張りの斜面になっている。このスロープは車椅子で自力で移動できる勾配でもあるが、広場全体に動きをあたえ、イヴェントのさいの観客席としても利用できる。さらには会議室や半屋外スペースなどと連続させることで、多様な空間を作り出すことが意図されている。板張りの広場はその上にじかに座ることもでき、九州の強烈な夏の照り返しを和らげる。
ここでは木の空間の表現の可能性と、風景との距離のとり方という意味で、アジアの現代建築の一つのあり方を提案したい。

——
建築雑誌1998年8月号掲載。
——
候補作品｜81題（応募25、作品選集掲載50、委員推薦6）

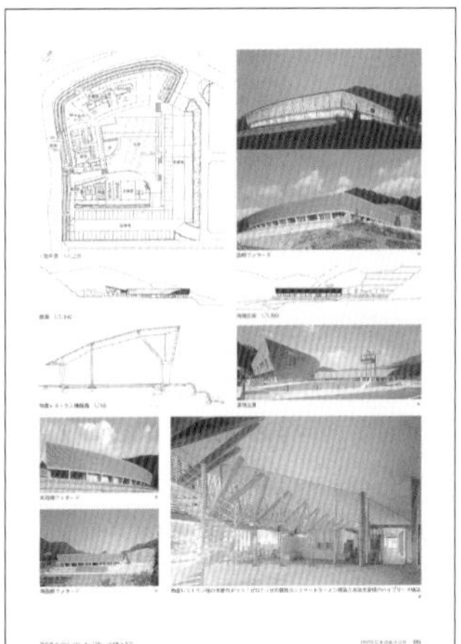

ふれあいセンターいずみ

50 | 1999年（平成11年）

潟博物館／高知県立中芸高校格技場／グラスハウス

——
選考経過
——

第1回の選考部会は、1998年9月30日、日本建築学会賞の全体委員会に引き続いて、建築学会において開催された。まず、今年度の応募作品数は、直接応募によるもの32点、『作品選集1999』からのものが56点あり、そのうち5作品が重複しているので、総計83点であることが確認された。また今年度より、委員推薦による追加応募は新しい規程によりできなくなり、従ってこの83作品が今年度の選考対象作品とされた。また選考委員が関与した作品も、本年度は応募作品の中にないことも確認された。
続いて、1998年4月の理事会において表彰規程の改定が決定され、表彰件数が5点から3点になったことが報告された。この問題は当作品部会においても、前年度より行われていた審議にもとづくものであり、異議なく了解された。
また現地審査については、可能な限り委員全員が参加するものとし、またその際、当該作品の設計者が説明を行うことは可とすることが確認された。
第2回の部会は、10月12日に開催された。これに先立ち、各委員はあらかじめ学会会議室において準備されていた応募資料の審査を個別に行った。はじめに、現地審査する作品数は昨年同様7～8点程度にすることとし、各委員が8作品を選んで投票し、その結果過半数を得た6作品をまず選定した。次に、次点の得票数を得た3作品について討議し、その結果その中から2点が選定され、計8作品を現地審査の対象とすることとされた。その作品と設計者は、以下のとおりである（受付順）。

・和洋女子大学佐倉セミナーハウス
　ナンシー・フィンレイ君／千葉学君
・潟博物館　青木淳君
・グラスハウス　横河健君
・天竜市立秋野不矩美術館　藤森照信君／内田祥士君
・細見美術館　大江匡君
・葬居　齋藤裕君
・常盤台の住まい　平倉直子君
・高知県立中芸高校格技場　山本長水君

現地審査は、11月7日から12月20日まで9回に分けて実施された。これをふまえて、最終選考のための第3回部会は1999年1月27日に行われた。まず現地審査を行ったすべての作品について、ひとつずつ各委員がそれぞれの判断を述べ、それにもとづいての討議が交わされた。そのうえで、各委員が3点を選出し投票した。その結果、過半数以上を得た2作品をまず賞の候補として選出した。また、1票しか投票を得られなかった3作品を除外し、残りの3作品について再度討議し、投票した結果、過半数以上を得た1作品を選出した。
このようにして、最終的に1999年の作品賞候補として下記3作品を推薦することを決定した。
・潟博物館　青木淳君
・高知県立中芸高校格技場　山本長水君
・グラスハウス　横河健君

——
委員
——
伊東豊雄　岸和郎　栗生明　香山壽夫　佐藤親英
細田雅春　早川邦彦　村上周三　村上徹　和田章

——
委員の見解
——

本年度の審査に関し、私はスケジュールの都合がつかず、現地審査に他の審査委員の方々と同行できないケースが多く、また最終審査に出席できませんでした。審査委員の方々や学会の皆様方に多大なご迷惑をおかけしたことを深くお詫び申し上げます。
そのうえで見解を述べるのは僭越ですが、現地審査に残った8作品のうち、私にとって圧倒的に印象深い建築は、「天竜市立秋野不矩美術館」でした。この作品が現在の建築界に占める位置は実に不思議なものです。
今日の建築が衰弱したモダニズムの延長上か、さもなければ追いつめられたリージョナリズムの反撃か、という単純な対立の構図しか描けないのは退屈きわまりないものです。しかし、藤森氏の建築は、どちらからも離れた独自の存在様式を示しています。
この美術館もそうですが、氏の作品はいずれも一見したかぎりでは、日本の伝統的な建築のヴォキャブラリーを組み合わせて出来ています。しかし、それらは場所に密着したヴァーナルな力に根ざしたリアルな建築ではありません。むしろ、舞台の書き割りのように断片的であり、それは風景のなかに突然舞いおりた夢の世界のようにひたすら美しく佇んでいます。具体的なエレメントの集積でつくられていながら、遠い記憶の世界に連れ戻されたような不思議なリアリティのなさ、このような建築のあり方はきわめて今日的であり、建築が人々の内に浸透していく新鮮かつ有効な方法として、私にはきわめて魅力的に感じられました。
（伊東豊雄）

——

賞の審査委員というのは、どうにも気の重い仕事です。自分ではない、別の建築家の作品に順番をつけなければならないということ、そんなことが自分にできるのか、あるいは本当にそんな能力が自分にあるのか、など考え始めると不安でいっぱいになってしまいます。しかし、受けてしまった以上とにかく誠実に建築を見よう、せっかく現代の建築作品の最上のもののいくつかを体験できるのだから、それらを体験すれば自ずから建築が自分に語りかけてくれるだろうと考え直し、審査にあたりました。
京都から参加する自分にとっては少々体力的・時間的に苦しい思いもしましたが、そんな思いを忘れさせてくれる建築と出会えたことは幸せでした。もちろん、審査期間中ずっと、特に作品を見ている時には自分だったらどうするだろうか、という設問が頭を離れたことはありません。その時に常に考えていたのは、何か挑戦的であろうとしている建築と出会いたい、ということでした。確かに、それほど恵まれた使われ方をしているとは思えない建築もあったことは事実です。しかし、その建築がこれまでにはない地平へと踏み出そうとしているものならば、そのことに共感していることを表明したい、そんなふうに考えながら審査にあたっている自分に気づくことになりました。
建築作品を選ぶということは、逆にそれを選んだ人間、すなわち審査委員の考え方を問われているということでもあろうかと思います。私自身そんなふうに、遅ればせながら審査という過程の中で自分の判断に依って立つ場所に出会えた、そんな気分を味わっています。
（岸和郎）

——

集中的に、優れた建築を見て回る機会を与えられました。
建築に正解はありません。しかし、その現場に立ったときに初めて理解できるリアリティ、つまりその建築の説得力に我々は感動します。建築家の深い思考と、研ぎ澄まされた表現が建築の気品を生み出し、見るものを揺り動かします。
「潟博物館」は、荒涼とした風景の中で屹立する姿に打たれました。環境問題が問われ、経済の減衰の時代、建築存在そのものが疎まれ、建築存在そのものを消し去ることが指向される傾向にある中、建築の存在の確かさを、さらに建築が存在することによって風景が際立つことを理屈抜きで感じさせてくれます。展示や使われ方などのプログラムと形態の不整合が議論されましたが、意欲的で若々しい建築的創意に溢れた作品になっています。
「グラスハウス」は、柔らかくうねる地形の変化そのものを楽しむ建築として構想されています。日本の建築界では低く扱われがちなアミューズメント施設ですが、地元の人々とのワークショップを通して、健常者のみならず、身障者までが十分に楽しめる施設として練り上げられています。構造、設備、プログラムにいたるまで手を抜かず細部までデザインされ、気品のある建築作品にまとめあげた力量は特筆されます。
「高知県立中芸高校格技場」は、間伐材の集成木軸を実にていねいに組み上げて作られた内部空間の深閑としたたたずまいに感銘をうけました。リサイクルを念頭に入れ、限界までのローコストをはかるなど、地方において多くの人々の理解を得るための普遍性へのこだわりと、ぎりぎりの選択が緊張感のある美しさを生み出しています。
（栗生明）

——

本年度の現地審査に選ばれた8作品は、いずれも個性溢れる力作で、設計者の説明を受けながらていねいに見る機会が与えられたことは、誠にありがたいことであった。
また審査の過程においても、委員それぞれの専門家としての主張にもとづいた意見から、私自身も学ぶところが多かった。最終審査会においては、とりわけ各審査委員がそれぞれの立場からの多様な意見を率直に述べられ、それらが建設的に交錯し、そのうえで最終判断は皆が納得する形で収斂した。これまで審査にいろいろ関わってみて、常にこうであるとは限らない。

本年度の作品賞候補となった設計者、そして審査員各位に感謝したい。
今回の学会賞のうち、最大の成果は、山本長水氏の「高知県立中芸高校格技場」だと私は言いたい。目立たない、地味な作品である。条件も恵まれていない。しかし、素材と風土についての深い愛情と長い誠実な努力がこの感動的な建築を生み出した。正直なところ、私も実際にこの建物を見るまでは、これが最終審査に残ったこと自体を不思議に思うほどだった。派手なジャーナリズムが無視するこうした作品をこぞって評価した審査委員諸氏を、私は嬉しくまた誇りに思う。
青木淳氏の「潟博物館」は、早くより期待されていたものであった。そして実際に見に行って、そこには期待以上のものがあった。形態は独創的であり、かつあの独自の場所において自然であり、同時に刺激的である。
横河健氏の「グラスハウス」は、極めてメカニックな造形であり、それでいながら同時に極めてオーガニックであり、自然の一部のように軽く地表をただよいながらそこに鮮烈な主張がある。
それぞれ異なる三つの個性が選ばれたことは素晴らしい。他のすぐれた作品を除外せざるを得なかったことに胸が痛むが、数が3つと定められている以上、仕方のないことだ。それらの設計者には必ず次の機会があると信じている。　（香山壽夫）

——

私にとって、日本建築学会が表彰する作品を選ぶという体験は、思ったより厄介で知的刺激の強いものでした。終わった今も、分からないことが二つあります。一つは建築の領域の問題、もう一つは私は何を代表するのかという問題です。学会の主な専門分野を代表する委員が、それぞれの建築観にもとづき自己責任のもとに民主的に選べば、学会賞にふさわしい作品が選考されると考えることには異論がありません。一方、民主主義がうまく機能するためには、ベースとなる価値観の共有が必要だと思います。和を貴しとする日本人には不向きですが、もう少し突っ込んだ本音の議論があれば良かったと思います。
「倫理綱領・行動規範」（『建築雑誌』1999年1月号p.14）に示されているような学会が、社会的・文化的見地からも極めて高い水準の優れた業績とするためには、設計作業のうちの形にする部分が優れているだけでは何かさびしい気がします。建築家がステージデザイナーなのか、プリマドンナなのか、プロデューサーなのかはプロジェクトによって異なって良いと思います。建築プログラムのもつ社会性・時代性をパトロンの側に押しやり、ひたすら建築家の自己完結した世界の中で作り上げられた作品の中にも、建築的にすばらしいものもあります。しかし、私にとって日本建築学会が優秀だと考える建築は、その用途の公私にかかわらず、そのプログラムも含め社会資本として優れた共有財産であるべきだと思います。　（佐藤親英）

——

学会賞というフレームをどのように考えるかを自問自答しながらの建築との対面であったが、実際に体験すると、その気構えはそれほど意味をもたないことが判明してきた。実物が語りかける迫力は、私自身の建築的フレームを揺り動かされるものだったからである。
それぞれの作品の個性(作家性)、建築のもつべき普遍性が常に並列的等価にあるのではなく、むしろ二律背反の関係にあって、その評価の軸の取り方については、かなりの振幅を示すことになるからである。しかし一方、多数の審査委員で評価することが、結局は審査委員の多数の平均値が優位に立つという構造的宿命を実感したことも否定出来ないという結果も見え隠れしていた。
今年度の受賞は、3点それぞれが評価の軸を異にしていることが際立つ結果になったように思う。青木淳氏の「潟博物館」は、何よりも建築の機能を過去のビルディングタイプにとらわれない、全体が螺旋を描くチューブ状の動線そのものを建築化して新しい建築の構成を力づよく提示していた。横河健氏の「グラスハウス」は、巨大な空間を現代技術でしなやかに表現して、緩やかに起伏する自然環境にソフトランディングさせている感性は美しい。そして山本長水氏の「高知県立中芸高校格技場」は他のどの建築とも異なる、地方の建築家のひとつの在り方を示す作品として評価されるべき迫力があった。　（細田雅春）

——

初めて作品賞の審査委員として、近年中に完成した優れた現代建築群を実際に見て回りました。対象作品は、住宅が2作品、美術館・博物館が3作品、教育関係施設が2作品、そして健康医療施設の合計8つの作品でした。
つまり、全くプライベートな住宅から、不特定多数の人々が利用する公共施設にまでわたり、ひとつの視点から評価するのは非常にむずかしいことを実感しました。実物を見て、そして設計者の説明を聞き、それぞれの作品にこめられたエネルギーの大きさ、さまざまな工夫など、優れた質と密度の高さを感じました。そのような作品群のなかで、水平に広がる潟の風景に溶けこみながら呼応し、従来までの博物館とは異なる新たな「型」を、そして動線空間を発展させて新しい建築の構成を提示しようとした青木淳氏による「潟博物館」は、強く印象に残るものでした。また、地場の素材であるヒノキ材を、地場の職人の技術（小径木の重ね梁）で創り上げた山本長水氏の「高知県立中芸高校格技場」も、前者とは違った意味で深く印象に残る作品でした。ここには、これまでの社会的な制度を相対化しようとする批評性を発見することはできません。しかし、何の奇を衒うこともなく、厳しいコストのなかで解体後の再使用まで考慮された周到さを備え、武道場に求められる引き締まった端正な空間をもつこの作品を見て、建築への誠実さを見ることができました。　（早川邦彦）

——

11月、12月の週末を利用しての現地視察の全国行脚は、質の高い候補作品に恵まれて、実り豊かで楽しいものであった。ご説明いただいた設計担当者の方々や、諸事万端御準備いただいた事務局の方々に深く御礼申し上げる次第である。
審査対象となった建物が、それぞれ固有の制約条件のもとで設計・施工され、完成に至るまでにさまざまの履歴を経たものであることは改めて述べるまでもない。毎年の審査委員が誰しも思っていることであろうが、前提条件の違いすぎる建物を並べて、それぞれ明確な判定条件もなしにこれらの間に優劣をつけるのは困難の極みである。自動車にたとえていえば、乗用車、トラック、スポーツカー、ミニカーを集めて、車種の区別なしに、カーオブザイヤーを選ぶのと同様かそれ以上に難しい試みである。
このように困難な審査・選考条件の中で、今年の候補作品のいくつかは審査委員の間で高い評価を得て、極めてスムースに受賞作品に決定した。その中の一つが、山本長水氏による「高知県立中芸高校格技場」である。地場の建築界で長く活躍してきた建築家が、高知県地方特有の地方性を取り込んで丹念に仕上げた木造体育館である。現地で視察した対象作品には、設計、施工等のさまざまな面で、木造建築に関わる地場の条件を有効に生かすための細かい優れた工夫が数多くみられ、これらが審査委員の間に深い共感を呼び起こすに至った。これらの細かい配慮は事前の書類審査の段階ではほとんど分からなかった点であり、現地審査の重要性を改めて認識した。また建築において、それがよって立つ風土に配慮し、協調することがいかに重要であるかということも再認識した次第である。
上記のような選考経過の後に出てくる感想は、日本建築学会における作品賞の性格づけに関する問題である。伝統的な意味におけるアーキテクトによる前衛的作品に高い評価が与えられるのは当然として、これとは異なるタイプの作品をどのように評価するかという点である。上記の高知県の木造体育館はいわゆるアーキテクトの前衛的作品から遠い所に位置する、見方によっては平凡とも言える建物である。作品賞の選定は毎年の審査委員の責任に属することであるが、作品賞が社会からより高い共感を得るためには、選ばれるべき作品の内容の大枠に関して、学会、設計・施工者、一般社会等の間で、最低限の合意を得ておくことが望ましいと考えられ、そのための論議が学会のどこかでなされることが望ましいと考える。　（村上周三）

——

『作品選集』への掲載が予定されている建築や、作品賞への自薦他薦の建築は実に多様でした。これらの群が、まさに今日の日本の都市の姿を表しているのだと感じられました。今回は住宅が多く、また、比較的小規模な作品が目にとまりました。その中から書面で現地審査の作品を厳選しましたが、今年度から、応募要項により選考委員会委員の推薦がなくなり、一部の候補に上がるべき建築が、この時点で漏れた感もありました。
現地を訪れたすべては偶然にも、いわゆるアトリエ派の作品で、やはり多大なエネルギーを投入した期待を裏切らない出来栄えでした。傾斜のある自然の風景の中に力強く自立し輝いている建築、どこまでも続くような広い水平地形に建築が加わることで、新しい風景を誕生させたシンボリックな計画、また、空虚とも思われたであろう場所をランドスケープも含めて見事に場を空間化している建築などには必然性が感じ取れ、どれもが完成度の高いものでした。また、今回の唯一の木造による建築には、地域の風土というものを改めて考えさせられました。伝統の技に、未知なる技術の追求心と新しい感性を加えることで、将来への建築手法の可能性を示唆し、それが現地では新鮮で確実な空間として体で直接に感じ取れました。
広島から出発の現地審査は大変でしたが、今回も多くの優れた作品と出会い、体感できたことは私にとって何よりの収穫でした。　（村上徹）

——

建築の美しさと材料力学
日本建築学会は百年以上の伝統と歴史を持ち、学会から授与される作品賞は、他にある多くの建築に関する賞の中でも建築家にとって最も大きな意味を持つと思う。初めて審査委員として参加し、8点の現地審査作品の選考から3点の最終決定に至るまで、すべての審議が非常に公平に行われたことが素晴らしい。建築家だけでなく、選ばれた3作品に関係して構造設計、設備設計を行った技術者、施工に関係された方々、建物の持ち主などすべての方々に、心よりお祝い申し上げます。
芸術には直接見ることができる絵画、写真、触ることもできる工芸品、家具、彫刻、建築などから、音楽、歌劇、映画のように見聞きすることはできても、触ることのできないものまでいろいろの種類がある。これらの中で、三次元空間に実在する工芸品、家具、建築などは、力学を無視してはこの世に存在できない。特に建築の場合は規模が大きいため、力学の要素が強くなる。同じ材料を用い相似で規模のことなる構造があるとき、構造物の重量は規模の3乗で増え、断面の強度は規模の2乗でしか増えないから、大きな構造物ほど規模に応じて弱くなる。これを補うために、鋼などの強度の高い材料、または木などの比重の小さな材料が必要になる。同じ材料を使う場合には、大きな構造物ほど大きな部材断面が必要になる。
このたびの3作品は、構造の面から見ても素晴らしい建築が選ばれたように思う。「高知県立中芸高校格技場」は、細い木材を日本伝統の継ぎ手を用いて長さ方向に繋いだあと、3本を重ねて円弧状に曲げ、すべり止めを設けて接着して作った浅いライズの並列アーチ構造である。木だけでできる軽快な構造に感銘を受けた。岡山の「グラスハウス」は、前者に比べ規模が大きく鉄骨アーチを用いて作られた透明建築である。曲面の面内剛性を確保するためにPC鋼棒を用いた筋違が組み込まれているが、審査委員から意匠的に目立ちすぎるという意見があった。鉛直荷重の流れに関係のない部材を美しく見せるのは難しいのであろう。新潟の「潟博物館」は、数学に則って決められた形の鋼構造建築である。これも建築家と構造家の高いレベルの協力があって成り立ったものと思う。
これらの建築の設計・施工に携わった人々のこれからの更なる御活躍を期待します。　（和田章）

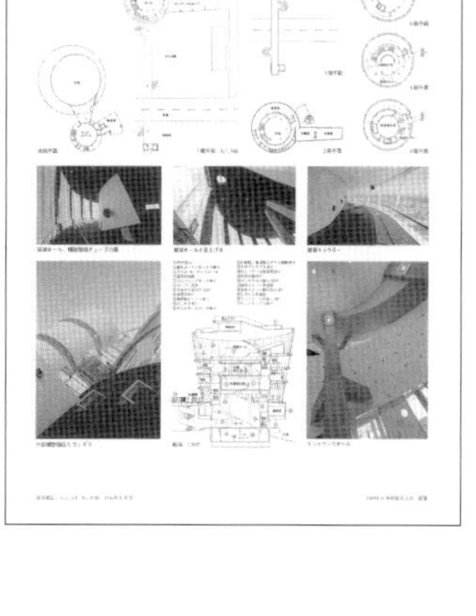

潟博物館

潟博物館
青木淳

——
推薦理由
——

「潟博物館」は、新潟に残された最大の潟を前にして、水平に広がる風景のなかに建っている。目の前に展開する潟そのものを展示品とする博物館的機能、潟の景色を背景とする一種の公民館的機能、そして潟を題材とした教育機能が融合したプログラムと特異な敷地条件が、この建築の構成を大きく性格づけている。
この建築の構成の特徴は、螺旋状の動線空間と、それを内蔵する逆円錐状の形態にある。前者は、螺旋チューブ階段と螺旋ギャラリーである。エントランスに入ってから、人々はそれらの動線空間をゆっくりと回転しながら、連続的に姿を変えてゆく潟の風景をはじめとし、展示ギャラリー、映像展示スペース、企画展示スペース、最上階の展望ホール、さらに屋上のテラスへと導かれる。つまり、動きを感じながら、さまざまな風景・シーンに出会うような仕掛けとなっている。一方後者は、将来植樹される水辺林の高さに合わせて杉のコバ葺きで外装された基壇部分の上に、透明なガラスに包まれた逆円錐状の塔が立ち上がっている。
この建築が成功している点は、これらふたつの建築構成上の特徴が、分かち難く一体化している点にある。また同時に、従来までの建築が、動線空間は目的空間を相互に結びつける手段として考えられていたが、ここでは、動線空間こそが目的空間であるという、反転したユニークな発想から構成された点にある。それが類型化された博物館建築の型を打ち破り、そして安易な地域主義に陥ることなく、広大な大気と呼応するかのような抽象的な塔へと結実したものと思われる。素材を含めて、さまざまな細部への配慮が、この建築の密度の高さを示すものともなっている。しかし、最も評価すべきことは、動線空間の組み合わせで構成しようという設計者の強い意志から生まれたこの建築が、既成の建築空間とは異なる新しい可能性を獲得することに成功しているという点である。
よって、ここに日本建築学会賞を贈るものである。

——
受賞者の言葉
——

新潟は、地名からもわかるように、かつて潟の多かった地域である。潟は長い時間をかけて干拓され、水田に変えられていった。そういうなかで、豊栄市は、新潟に残された最後の大きな潟「福島潟」をまちのいちばん大切な財産だと考えていた。潟のほとりに公共性を持たせようと思っていた。
ぼくたちが提案したのは四つである。潟を背景にして人が集まれること、水辺林の一部を屋内化して北風から守られるようにすること、将来的にはかなりの交通量になる県道を跨いで潟辺に渡れるようにすること、潟をさまざまな角度と高度から眺められるようにすることである。
現在の潟は敷地の北側にあるが、もともとはまわり一帯が潟であった。遠く環状に松林と集落が敷地を取り巻いている。そこが昔の潟のエッジである。しかし、それはふだんの視点からはつかむことはできない。潟は、人の背丈より高いヨシやマコモなどの草木で覆われている。舟で潟を進んでいく限り、ほとんど迷路のような環境だからである。それが、視点を上げるにつれ、まず遠くの山脈が見えだし、ついで水面の広がっている領域が目に入ってくる。15メートルを超えたあたりから、潟の全貌がつかめるようになる。
それで地上高さ10メートルから20メートルまでの間、緩やかな螺旋を描いて登る人の動きを導入しようと考えた。螺旋にすれば、潟の姿は連続的に変わっていくからである。20メートルの高さでは、潟を眺めながら

高知県立中芸高校格技場

100人程度の人が集まれるようにし、さらにその上に屋外空間として四周が見える場所を設けた。これがこの環境のなかでいちばんの骨格である。

その骨格の下には自動的に高さ10メートルの空間ができる。駐車場に車を停めた人が、自然に歩道橋に登って潟に向かえるようにする。それで、地面の高さでは水辺林と連続的な空間をとり、そこと歩道橋の高さの空間を一体的に扱う。歩道橋の高さは地上7.3メートル。それだけあれば、地面との間にまだ別の空間を挿入することができる。そこはここを訪れる一般の人からすれば空間的な意味で「死角」である。それでそこを管理者などのバックアップ側の世界として使うことにした。登っていけば、降りてくる動きが必要である。それで螺旋を描くチューブ状の動線を最後に挿入する。

こうして、潟辺に立体的な人の動きが生まれる。動きが絡み合い交差する。そこで生まれる状況は、おそらくはぼくたちがふつう「博物館」と呼び慣わしているものに近いだろう。もっとも、そのいちばんの「展示品」は建物の外に広がっている潟であるのだけれど。

高知県立中芸高校格技場

山本長水

——

推薦理由

——

この作品は、高知県安芸郡に建つ高知県立中芸高校の格技場である。太平洋にそった国道から少しだけ山間に入った場所に高校はある。この格技場は県の政策的な意図もあり、地域の風土をもとに考え、地元産の天然資源を有効に活用する試みから始まっている。すなわち、武道場に求められる引き締まった空気を土佐ヒノキや土佐漆喰を用いた木構造で実現させている。求められたスパン15mを木造で架けるという課題を、アーチ状の梁形状を用い、また、方杖を付加することによりできるだけスパンを縮めた架構とすることで解決している。このアーチ梁には新しいアイデアが盛り込まれている。土佐ヒノキの小径木90mm角を利用し、接合部に堅木のシャチ栓を使って3層に重ね、一体化し、ピッチを細かくして用い、ジョイスト風の梁としてある。また、小径材の強度のバラツキを逆用して、応用図に応じた分配とし、資源をすべて利用することを考慮に入れてある。完成した天井面の様相は、素朴でありながら野性味が残り圧倒的である。大空間の室内環境は自然採光、自然通風としてある。本来の荒々しい武道場を超えて、好ましい音響が評価されて音楽場に使われたり、広い畳床を利用した赤ちゃん会や行儀作法の講習会場にと、やさしい空間としての評価もあるのがうなずける。

手仕事的なこの建築は、建築金物をほとんど用いないなどのディティールが徹底されている。それは建築全体をそのまま移築できるほどに洗練されている。このような作品は、思いつきのデザインだけから実現させることは不可能であろう。地場の伝統的な職人たちの技術を知りつくし、未知なる技術の純粋な追求に新しい感性が加わることで初めて生まれたものと思われる。また、土着の手法に生き延びる道を与えたことも特筆に値する。この建築家は、高知に生まれ、長くこの地で設計活動を続けてきた。作品のほとんどは土着のものによる独特の住宅で「土佐派の家」と命名されるに至っている。この格技場の建築は、これらの小作品を通して生み出してきた設計技の集積体と考えられる。

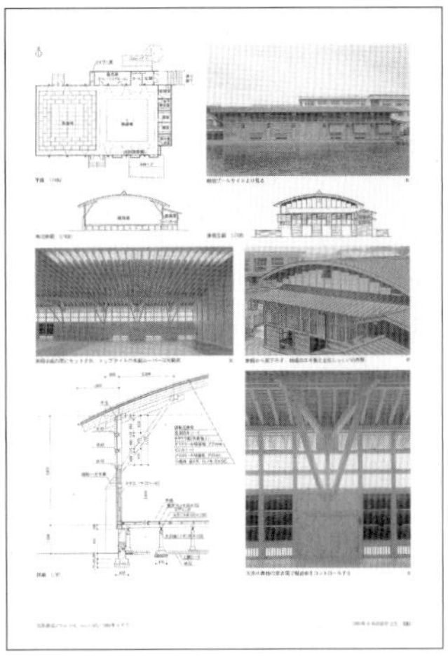

爽快で美しいこの建築は、木造によるさらなる可能性を示した。近年、木構造を用いた空間がいろいろ模索されているが、それら多くの試みは必ずしも成功したとはいいがたい。そうした中で、この建築ほど新たな空間を獲得したものはなかったのではないかと思われる。

よって、ここに日本建築学会賞を贈るものである。

——

受賞者の言葉

——

引き締まった空気

武道場に求められる引き締まった空気を、土佐のヒノキを使って実現できると考えた。土佐のヒノキは木曾のヒノキの白さに比べると桜色であり、台湾ヒノキほど黄色くない。香りも上品でそれなりの評価を得ている。求められたスパン15mを木造で架ける課題に対して木造のトラスは大袈裟すぎるので、単純な梁を架けて、大きな方杖でできるだけスパンを縮めようと考えた。そこでかねてからの持論、地場の材料を地場の職人の技術で使いこなすことにこだわろうと考えた。スギ材なら大断面のものが安価に得られるが、これに比べてヒノキ材はたとえ節のある並材であっても大きな断面になると急に高価になる。そこで小径木の利用手法として、長年使い慣れている重ね梁を採用すること(『住宅特集』1987年2月号)、今回はゆるくカーブさせながら重ね梁にすることを思いついた。接着剤はクリープ対策としての評価にとどめ、JIS指定工場でなくても地場の大工の刻屋でもこなせるよう、接合面に車知栓を使って重ね梁をつくっている。ヒノキ材は柱(105m角)以上の断面になると高価であるが、それ以下のバタ角用材ではスギ材なみに安価になるので、90mm角(仕上げで85mm角)を3層重ねてジョイスト風の梁として架けている。長さが、軒先まで入れると18mにも及ぶので、運搬の都合で一ヵ所現場継手を設けている。仕口には金物を見出しにせず、できるところは伝統の仕口を使っている。その気になれば骨組を解体して移築することもできるよう、現場での接着剤の使用は控えている。

木を編む

木造で大空間をつくるとき、どうしても柱や梁の主要な部分に大きな応力の集中が予想される。一般に木構造の接合部は、互いに切欠きを組み合わせることになり、ここに弱点が集中する。大きな力に対して小径の間伐木で構築する場合には、この接点をできるだけ増やして分散し、ちょうどザルや籠のように編み上げるような使い方も考えられる。ここでは、四周の壁面は1mピッチで並んだ柱に500mmピッチで貫を通し、大きな水平力に対して最終の生存空間を確保することを意図している。

木造の音空間

天井は小舞桟を目透しで張り、その内側にグラスウールの吸音材を入れたパネル(約1,000×4,000)を使っている。空隙率を変えて2種類の吸音率のものをつくり、畳床のゾーン(柔道場)と板床のゾーン(剣道場)とを使い分けている。

今では木造の大空間は珍しいものになっているからか、好ましい音響環境が評価されて音楽会場に使われたり、広い畳の床を利用した赤ちゃん会や行儀作法の講習の会場に使われるなど、荒々しい武道場を越えて、人にやさしい空間としての評価をもいただいている。

グラスハウス

横河健

——

推薦理由

——

この作品は、岡山県北部、中国山脈を間近にひかえた津山市に計画されたものであり、住民の健康管理のための施設である。もともとは、酪農試験場であった敷地には緩やかな起伏があり、穏やかな姿を見せる山並みを背景に緑のあふれる自然が拡がっている。

そんな伸びやかな風景の中にさながらうずくまるかのように配置されたこの建築は、その配置計画のおかげで約31m×100mというサイズを感じさせないほどにランドスケープと一体化している。意識的にであろう、遠くに計画された駐車場からのアプローチは建物に近づくにつれ徐々にそのスケールが体感できるようデザインされており、建物に近づく時の心の高まりの演出が魅力的である。そうしたランドスケープに呼応するかのような巧みな配置計画と自然を感じさせながらのスケール感の演出からこの作品の醍醐味は始まっている。

大きなワン・ルームのグラス・ハウスとして計画された建物の中に入るとまず目に付くのが全体を包む比較的細い部材で構成された繭状の構造体であり、未来的であるというよりはどこか古くから見慣れている温室を思わせ、ノスタルジックな連想をも引き出してくる。また若者や子供からお年寄りまでがあふれ、さらに車椅子でも対応できるように計画されたクアハウス部分は様々な素材や形態が積極的に使われており、曲面屋根とは対比的にデザインされている。さながら外部空間であるかのようにデザインされたそのクアハウス部分は、繭状のガラスの構造体を破り外部へと繋がっており、むしろクアハウス全体を人工のランドスケープと考え、その一部にガラス屋根がかかる構成であるともいえる。結果として、ここを訪れる人たちの大部分は建物の外部へとプールやテラスで導かれ、外部空間の心地よさを知ったり、あるいはこの建物の周りに拡がる自然やランドスケープ、遠くに連なる山並みといった、毎日自分たちが生活している環境にあらためて気づくことになる。この建物の二番目の魅力はその点、建築が自分たちの環境をあらためて知るための触媒として機能している点にあるといえるだろう。

大きな建物であるにもかかわらず、そうした空間の演出に関わるデザインのディテールにまで細やかな心遣いが感じられること、高い密度で設計されていることにも最後に触れておかなければならない。

よって、ここに日本建築学会賞を贈るものである。

——

受賞者の言葉

——

「グラスハウス」は岡山県北部に位置する津山市の酪農試験場跡地整備計画として、跡地全体を公園化する構想のもとに作られた施設で、温泉水を用いた多種類のプールを有する「クア・ウォーターパーク」です。しかし、一過性のレジャー施設ではなく、「健康医療」構想の自己健康管理の拠点施設として平成5年より岡山県CTO（クリエイティブTOWN岡山）参加事業として本格的に計画が始まったものです。主にドイツのクアミッテルハウスの調査研究から始まり、医学と理学療法が一緒になった技術やプログラムを導入し、あらゆる年齢、健康状態、境遇(例えば車椅子利用者など)の人々が日常的に水に親しみながら、健康回復、健康増進を図ることができる日本で唯一の本格的「テルメ(Therme)」施設と言えます。つまり、競泳プールのような季節性や若者だけが楽しむレジャー施設ではなく、春夏秋冬一年を通して若者からお年寄りまで、また、障害者を特別扱いすることなく健常者とが一緒に、同じように利用できる施設として計画しました。

地形を建築化する

私はこの計画を進めるにあたり、酪農試験場跡地の雄大な景色と、やわらかくうねる地形のアンジュレーションがそのまま建築形態となるべくやわらかく曲線を描くことを構想しました。建築が地形に勝るのではなく、また溶け込まれるのでもなく、その建築があることによって自然そのものが認識されることです。地形の建築化は内部にまで及び、基壇上に積み上がったRC打放しの諸施設と共に、プールゾーンに組み込まれた数々の水施設を30m×100mの透明なガラスドームで覆っています。雄大な自然の中に佇むやわらかな形態は、地形のアンジュレーションそのままに建築として生かされることとなりました。建築内部では構造と設備が一体化したガラスの結露防止装置など、グラスハウスの名にふさわしいガラスの透明度を高めるさまざまな建築的工夫がなされ、この施設の性格上素肌で建築とふれ合うことから、より身体に近いディテールを大切にするよう心がけました。この建築が成立するに当たっては構造計画、設備計画、機能構成を担うソフトプログラムが一体に計画されているので、今後この施設が有効に活用されるかどうかの運営方法等、プログラム面の充実を見守っていきたいと考えています。

——

建築雑誌1999年8月号掲載。

——

候補作品｜83題（応募32、作品選集掲載55、重複5）

※本年より委員推薦による追加応募は新しい規程によりできなくなった。

※表彰件数が5点から3点になった。

グラスハウス

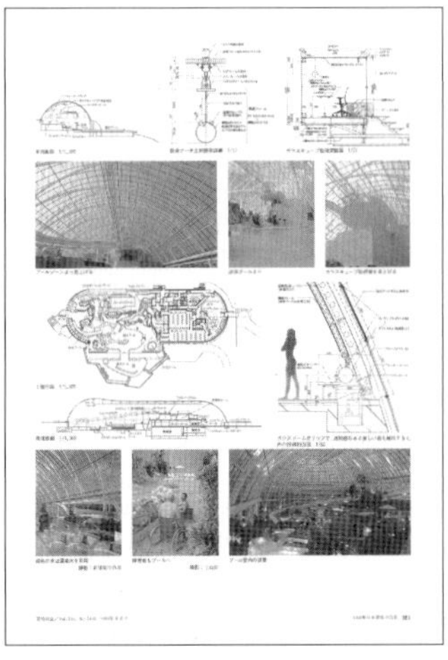

51 | 2000年(平成12年)

ビッグパレットふくしま(福島県産業交流館)／曼月居

——
選考経過
——

日本建築学会賞はその時代において最も建築文化に寄与し、優れた業績をあげた作品を表彰するものである。したがって、時代によってその評価基準的なものが異なる。従来の建築空間の新鮮さや造形性だけでなく、地球環境的な視点や都市景観的な視点がその評価として重要視されるようになってきたといえよう。
本年は、自薦、他薦および作品選集より精選されたものをあわせ、合計82点の候補作品を審査対象とした。
第1回部会は、1999年10月14日に開催され、候補作品について慎重に資料審査をした結果、次の8作品について現地審査を行うこととした。

① 「ビッグパレットふくしま(福島県産業交流館)」 北川原温君
② 「曼月居」 齋藤裕君
③ 「茨城県営長町アパート」 富永讓君
④ 「香北町立やなせたかし記念館」 古谷誠章君／八木佐千子君
⑤ 「SME(ソニー・ミュージックエンタテインメント)白金台オフィス」 城戸崎博孝君／堀越英嗣君／松岡拓公雄君／川村純一君
⑥ 「T2 Bldg.」 石田敏明君
⑦ 「SANKYO」 大江匡君
⑧ 「世田谷の住宅」 渡辺明君

現地審査は、12月初旬から1月中旬にかけ、審査委員全員によって行われた。それぞれが力のこもった優れた作品でありながら問題もあったため、現地審査では多くの委員が優劣をつけにくいとの意見であった。
第2回部会は、2000年2月8日に開催し、総合的な審査を行った。まず、1作品ごとに各委員がそれぞれ評価を述べ、いくつかの問題点が指摘された。各候補作品の主な問題点は次の3つにまとめることができる。
A.構造と建築形態：①、⑦
B.都市景観と建築造形：③、④、⑤、⑥、⑧
C.人々の活動と建築計画：③、⑧
各候補作品について慎重に議論を重ね、審査委員全員(10名)が、学会賞として推すべき3作品を投票した結果、過半数を獲得したのは「ビッグパレットふくしま」であった。
その後、上位得票を得た②、④、⑥、⑧を対象に再度投票を行った結果、「曼月居」が過半数を得た。
さらに半数(5票)を得た④、⑧について議論を行い再度投票をすることとした。投票に先立ち確認事項として、「表彰の件数：厳選寡少を旨とし、3件」を鑑み、再度2作品が半数(5票)の場合には先に決定した2作品と共に学会賞作品候補とするかどうかをはかったところ、多数の意見で候補としない方針とした。
そのうえで、再度投票を行ったところ2作品とも過半数を得ることができなかった。
その結果、本年は北川原温氏の「ビッグパレットふくしま」と齋藤裕氏の「曼月居」の2作品を推薦することとした。
2作品とも問題は指摘されながらも強い造形性によって評価されたが、他の作品との差はきわめて少なかったといえる。惜しくも選に漏れた建築家のご努力を大とし、ますますのご活躍を祈りたい。

——
委員
——

岸和郎　久野覚　佐藤親英　妹島和世　仙田満
早川邦彦　船越徹　細田雅春　柳澤孝彦　和田章

——
委員の見解
——

本年度の現地審査に選ばれた8作品は、大規模なものとしては展示場、小さな作品としては住宅までという、ビルディング・タイプの違いはいうに及ばず、面積、空間のヴォリューム、そして構造・構法や環境に対する対応まで全く異なる作品が並ぶということになり、どういう切り口で建築を評価するのかという疑問を常に心の中に抱えながら、それぞれの作品を見せていただくために現地におもむくということになりました。しかし結果としては実際に建築の空間の中に身を置くことの意味をいやおうなく知らされることになりました。そうした事前の不安は現実の建築の持つ力が吹きとばしてくれたということです。
「ビッグパレットふくしま」は、大規模で、しかも大架構を必要とする建築でありながらも、全体の構想からはじまり技術的なディテールにいたるまで、すべての局面に建築家の存在を感じさせてくれる、そんな建築であるように思います。建築家の力量を十二分に見せつけるような、密度のある建築となっていることに敬意を表したく思いました。
「曼月居」は、寒冷地の建築としての技術的なハードルをクリアしながらも、作者の一連の住宅作品に見られるのと同様な、濃密な空間が実現されています。空間全体のスケールから部材の寸法まで、あるいは工法から素材の選択にいたるまで、すべてが建築家の手により絶妙にコントロールされており、そこに心地良い空間が実現されていることを特記したく思います。
いずれの作品もビルディング・タイプや規模の差をこえて、建築家が存在することの意味を実感させてくれるような作品であり、そういう作品が選ばれたことをとてもうれしく感じている次第です。　(岸和郎)

——

今回、学会賞(作品)の選考に当たって、ライフサイクルマネジメントについても考慮してほしいという要望が外部委員会から出された。ライフサイクルマネジメントと言うと、なかなか意味が複雑になって分かりづらくなるのであるが、とりあえず、地球環境問題を意識しているか、と考えていいのではないかと思う。学会賞(作品)自体は、意匠・計画面での評価が重視されて決められるべきものかと思う。しかしながら、今後21世紀を考えるならば、省資源・省エネルギーの観点が欠落していると致命的になると思われる。ここで考えるべき点が二つほどあろう。一つは、設計側として省資源・省エネルギーを考慮するという社会責任、もう一つは、結果としてできた建築を使用者が受け入れるかどうかである。評価するのは建築家ではない。寒いからエネルギーをどんどん投入するというのは不可であるし、結果として寒い空間になったとしても使用者がこれで良いというのであれば文句を言う必要はない。
こうした観点から、審査に当たって候補作品に対して意見を述べた。「ビッグパレットふくしま」は、はっきり言ってホワイエが寒い。欧州型アトリウムの環境計画であるから、必然的にこうなるのであるが、ならば建築計画的にもう少し工夫ができたのではないかと思う。ただ、出入りしている人たちはさして不満に思っていないようであったので、前述二つの観点は満たしていると考えた。「曼月居」は、北海道の住宅らしく、温熱環境・エネルギー的には特に問題がない。欲を言えば、断熱等のベースがしっかりしているので、温熱環境的に強弱をつけるなど、さらなる楽しい工夫が可能かなとも感じた。　(久野覚)

——

建築は、それが広大な私有地の中に立つ個人用の住宅であっても、社会資産であることには変わりないと思います。なぜなら、その建設と維持と撤去には必ず大きな社会資産の搾取が伴うからです。程度の差はありますが、大きな社会資産の破壊によって成り立っている建物が私有物ではありえないと思います。2年間の審査を通して私の頭の中でずっともやもやしていたことが、最近やっとしっかりとした形を取ってきました。建築の「私」(わたくし)の部分と「公」(おおやけ)の部分のバランスを取ることが設計者に求められています。社団法人日本建築学会が優れた建築として表彰するかぎり、「私」の部分をいかに美しく膨らませても、「公」の部分にそのつけをまわした建物は表彰対象から外すべきだと思います。もちろん、学会賞(作品)は景観賞ではないので、「私」の部分が大事なことはよくわかります。しかし、候補作品を見に行くときに、現場に着くまで下を向いて行かなくてはならない街の現状を考えると、日本の建築界が「公」について考えるときが来ていると思います。
公権に踏みにじられた苦い経験を持つ日本人は、あつものに懲りてなますを吹くように、社会資産である建築物を極端に私物化する傾向があると思います。建築のアートの部分が「私」の領域に入り、学会賞(作品)の資格の必要条件であることには異論がありませんが、それが存在することによって公共空間が豊かになるような建築の中から、人間を元気にする空間を学会賞(作品)として選びたいものです。空間は「公」「私」を問わず人間の知性の一部だと思います。私小説的な建築をふるいにかけるためには、プロジェクトのコンテクストの見えにくい今までの一次審査の方法を見直す必要があるのではないかと思います。　(佐藤親英)

——

はじめて学会賞(作品)の審査をさせていただきました。短い期間に、実際に現地を訪れ、設計者のご説明をうけながら多くの建築を見せていただいたことは、貴重な体験であり、大変勉強になりました。どの候補作品にも建築や社会に対する独自の視点があり、おなじく設計をするものとして、それぞれの作品から感銘を受けるものでした。
現地審査の対象になった作品は、書類選考で絞られた結果であり、各審査員の審査票の平均をとっていくなかで、強い個性や視点を持った作品が惜しくも候補から洩れてしまうことは残念でもありました。
候補作品は、小さなプライベートな住宅から不特定多数の人が利用する大きな公共建築までさまざまなスケールのものがあり、それらの間に優劣をつけるのは大変難しいものでした。
そのなかで、北川原温氏、齋藤裕氏によるふたつの受賞作品は、規模的には大きな差がありますが、どちらも、さまざまな社会的な視点のうえに、さらにお二人の個性がすみずみまで満たされたすばらしい作品であったと思います。　(妹島和世)

——

学会賞(作品)は、日本における建築作品の最高級の賞であり、多くの建築家にとって目標とされる賞である。今回、学会賞の審査を初めて部会長として参加させていただき、その重みをいまさらながら実感した。
学会賞(作品)は、その先端性からその時代の社会的問題とも関係せざるを得ない。今日的な状況においては、町並み景観や地球環境的な問題が強く意識されているといっても言い過ぎではない。今年の2つの受賞作品においても、これらの議論についても深められた。しかしながら、この学会賞(作品)は作品を通じて人に与えられるものであり、最終的には都市景観との連続性や、地球環境的な配慮、建築と構造・設備・外構との整合性等の議論以上に、建築家としてのその作品における情熱や思いがきわめて大きな要素であることは否定できない。
賞とは、そもそも作家の一つの断面を見て決定されるものであり(そこには運もきわめて重要なファクターなのだが)、その作品に凝縮されたさまざまな思いや考えを、多くの評者たちがそれぞれのものさしで測ろうとするものであるが、一番大きな要素であるのは、作家の建築と環境に対する真摯な意匠心であろうと思われる。
しかしながら、受賞に至らなかった優れた作品とそれを作り上げた建築家の意匠心にどれほどの差を見つけることができようか。評者にとっては本当に紙一重でしかない。
応募された多くの作品と、それを作り上げた建築家の努力に敬意を表したい。　(仙田満)

——

今年も、約1カ月半という短い期間に、北は北海道から南は高知まで、優れた建築群を見て回りました。いずれも設計密度の高い作品でした。設計者の説明を聞き、図面や写真などの資料からわからない新たな発見があったり、またその逆にこちら側の一方的な思い込みであったりして、建築はやはり周辺環境との関係を含めて、実物を見ないとわからないとつくづく感じました。今年の対象作品は、住居系が4件、オフィスビル2件、美術館と展示関係施設がそれぞれ1件の8作品でした。
「ビッグパレットふくしま」は、審査員のなかには、構造の複雑さと、分節化された各空間との関連に疑問視する声もありましたが、過剰なまでのさまざまな試みを破綻なく設計者独自の扱い方でまとめ上げた力量と、この建築に込められたエネルギーには十分納得するものがありました。また「曼月居」は、昨年の候補作であった「舞居」があまりにも作家個人の表現に閉じられていたのに比べ、北海道の風土や周辺の環境に対する配慮が十分うかがわれ、その完成度の高さとともに高い評価を受けました。また「世田谷の住宅」と「香北町立やなせたかし記念館＋詩とメルヘン絵本館」は、印象深い作品でしたが、前者に対してはもう少し発見的なプランであってほしかったという点が、そして後者に対しては隣接するホテルとの関係がもう少し考えられなかったのかという疑問の声が審査員のなかからあがり、残念ながら、今年は2作の受賞ということになりました。　(早川邦彦)

——

今年の学会賞(作品)は2点にとどまった。その経緯は別稿に書かれることと思うが、3点目になるべき審査員の過半数の支持を得るだけの作品がなかったことによるものである。もちろんこの3点目の選定は、候補作品の相対的な評価割れによるものであるが、しかし賞の対象として4作品とするか2作品とするかの投票の結果として、圧倒的に2作品でよいという意見が強かった。
言うまでもなく作品の評価軸は多様であり、今後は環境問題をはじめとしてそれは一層広がることだろう。評価軸ごとの評価は、審査委員の間で少なくとも定性的にはおおよそ合意されることが多い。しかし総合評価となると、人によってウェイトづけも全く異なって、相対的な評価においてさえも一致することが難しくなる。
ある作品の場合には、その建築家の責任外の敷地環境の劣悪さゆえに、その作品を賞の対象とすることを逡巡する意見が強かった。この問題などは「作品」の意味にまで関わるものであろう。
そういった観点から見ると、周辺の状況・コンテクスト──街・道・山・緑のあり方をよく読み込んで、環境と作品の空間とが相呼応して価値を高め合うものから、単体の建築としては美点を備えていながら、アプローチのとり方のような基本において問題ありと思われるものまでがあった。
齋藤裕氏の「曼月居」は、氏の近作が閉鎖的で内部空間も圧倒的すぎるほど住む人に働きかけるところがあったのに対して、周辺の素晴らしい環境に呼応した適切に開かれた空間を持っていてその点が評価されたのだと思う。もしかしたら御本人はこの作品での受賞に苦笑されているかもしれないが……。　(船越徹)

——

今年度の審査は、「多数の審査員」(10名)で審査することの難しさを強く感じさせられた。それはさまざまな作品に対するさまざまな意見の存在が、「審査という手続き」によって次第に強制されてひとつの結論が導き出されるという仕組みにも気づかされたからである。審査の初期段階では、確信にも似た自分の考えが次第に手続きのルールの枠の中で自己修正を余儀なくされるということが明らかにされたからである。
しかしながら、そのことが作品の評価を傷つけることにはならないことは言うまでもない。審査のルールという枠の中とはいえ、多数の共通した意見の集約がひとつの評価を方向づけたという意味では学会賞(作品)としての評価は維持されたと思う。しかしながら、建築の作品賞という作品の個性を特出させるという行為が、多数の審査という目から何を見ようとしているのかの明示性が問われたことも事実である。改めて、多数決という審査の構造が逆説的に学会賞そのものの意味を今一度問い直すという課題を浮き上がらせたように思った。
こうした審査のプロセスから、学会賞(作品)の数と審査員の数の問題は不可分の関係にあることが見え隠れしたことを付記しておきたいと思う。　(細田雅春)

——

今回の作品賞は、ある意味でそれぞれに異なる極にあって、価値観を代表する互いの作品が賞を得たことが特徴で、興味深い結果となった。
「曼月居」は、建築に整然たる秩序を与え、作家の好みに徹した匠の技とでもいい得る独自の世界の中に、普遍的な美を獲得している。とりわけ抑制の効いたデザインが、空間を支配する精妙な光の存在を貴重なものに仕立てている。厳選された素材の構成もまた、空間を一層濃密なものにして、静謐で思惟的とでもいえる空間が安らぎをたたえている。現代にあって、住まいを精神性に添わせて立ち上げようとする作家の意図は、結実しているといえる。
一方「ビッグパレットふくしま」は、ヒエラルキーを秩序とするものとは異なる価値観を持つもので、前者とは対比的な存在を示している。すなわち、全体と部分のヒエラルキカルな関係をことごとく絶ち切った構成が特異である。全体に従属しない部分のデザインは、従ってそれぞれに多様であり、全体はそれらが集合の結果として存在する。
奇しくも、ジェイコブスが言った「都市にストーリーはない」ノンヒエラルキーがこの建築の力だといえようか。建築をノイジーな都市の縮図と見れば、この建築がよりどころのない立地に立ち向かうべき構築法として、きわめて有効な解答といえよう。この建築に示されたデザインは、大規模公共建築に見られる、ある種の閉鎖性や重さからの脱却が、軽快性、開放性を際立てて、既成の価値観に新しい意味を見つけ出している。　(柳澤孝彦)

——

建築の形と構造技術の進歩
慎重な審議の結果、現在の建築として素晴らしい2つの作品が選ばれた。
西暦2000年にバチカンにお参りすると、天国に行けると言われローマに来た。どうがんばっても、サンピエトロ寺院の壮大さに今の建築はかなわない。内部は、建物の中にいることを忘れさせるほど大きい。ドームを支える柱はかつての2DKの平面がいくつも入るほど太いが建築の美しさを損なうことはなく、荘厳さを高めるだけである。キリスト教の大きな力を集中して作

51

ビッグパレットふくしま(福島県産業交流館)　曼月居

られた建築と、限られた予算と短い設計期間・施工期間で作られる今の建築を比較することに無理がある。その代わり、我々は宗教にも国王にも将軍にも支配されない民主主義を満喫している。
経済原則を守り、すべてに効率を求める現在において、構造材料の強度化と構造解析技術の進歩がもたらしたものは、細くて薄い構造である。雨風を防ぎ、地震に壊れず耐火性も持ち、振動・遮音などの問題がなく、建築の機能を満たすことが重要と言うのであれば、ローマの建築ほどの重厚さは必要ない。必要な強度をもたせるための材料を越える量の材料を用いることは無駄と思われやすい。
科学技術の発達が建築そのものを良くしてきたかどうか、疑問が残る。2つの進歩に支えられ、今では建築家の望む形は、優秀な構造設計者によってほとんどの場合実現できる。しかし、自由にできることが、建築の形と構造の関係をおかしくしているように思う。建築家が構造を考えなくても、建築ができ得ることに問題がある。心残りなのは、これらを真剣に考えて設計されたと思うもう一つの作品があったが、選ばれなかったことである。　（和田章）

ビッグパレットふくしま(福島県産業交流館)
北川原温

――
推薦理由
――

「ビッグパレットふくしま」は、JRの操車場跡地に福島県の産業振興のために企画されたものである。敷地はその東側をJRの線路敷き、西側を幹線道路に挟まれたスケール感のない無性格な一画にあり、建築家にとっては孤独な戦いを迫られる敷地である、と同時にいいわけの利かない敷地でもある。
この建築は、一般公募の建築競技設計によってその最優秀案が実現されたものである。
今回の審査の過程で、マザールーフがなぜ分節されているのか、なぜこれほど複雑な構造形式をとる必然性があるのか、構造のむずかしさが空間の価値に置き換わっていない、等の疑問が提示されたが、その議論を超越したところでこの建築はその価値観を主張している。近代建築における全体の整合性とディテールの階層的な関係に替わって、この建築では部分組織が全体組織のありように自己主張をしている。部分が全体であり全体が部分である。部分最適が全体最適と軋轢を起こすのではなく、あたかも民主主義政治社会のように、部分組織の最適化集合体が全体組織の最適化を目指している。その具体的な手法には独裁者的なところも見受けられるが、近代建築のリニアな発想に対する挑戦が感じられる建築である。未来への方向性と新しい感性を感じさせる建築である。
スチュアート・カウフマンは「創造は秩序とカオスの境界領域で起こる」といっている。カオスの縁にとどまりながら、大規模建築にありがちな力技を表に出さずに、透明性を確保し、巨大建築を光と建築空間のことばにまとめ上げた手腕は高く評価される。
拠り所のない無機質なサイトコンテクストの中で、モニュメンタルは重さのない、ひらかれた建築をめざした設計者が、部分を全体に参加させることにより、既成の建築の価値観に新しい意味を付け加えた。
よって、ここに日本建築学会賞を贈るものである。

――
受賞者の言葉
――

この建物は、福島県の産業の振興を目的としている。設計者の選定は、一般公募のコンペによって行われた。そのときに、私たちが示したデザインは、建物が立地する郡山市の歴史的・地勢的な鍵である「水」のイメージから出発した巨大なインキュベーターのようなものだった。
郡山市の歴史や文化を形成し、経済を発展させてきた都市の因子をフローの概念のなかにとらえ、水の流れが小さな渦を作り、生命を育むインキュベーターとなるように、様々な流れをここに係留し、新しい文化の渦を生み出しながら、産業の発展に貢献する場・空間を構想した。そして、その場・空間となる巨大な舞台を演出する空間的な装置を組み立てようと考えた。
この空間装置は、都市を動かす強力な駆動輪のようなものかもしれない。そして、それは、おそらく全体を一つのものとして、一義的に規定出来ない現代都市に呼応した混成的でカオティックな様相を持つように思われた。この建物の全周をなす各部分の空間は、様々な機能を分担し、外に向かい、そして都市に向かっている。それによって、建物をタイトに集約化しながら、求心的ではない開放系のイメージをもたらそうとした。
それらの上部には、必要に応じて、雨や日射を避けるキャノピーが浮かんでいる。このキャノピーが、連続的に組み合わされて、全体としては変形した楕円の大屋根(マザールーフ)を形成している。
スキマティックなドローイングの段階から、各部分を実際的なレベルに落とし込んでいくなかで、機能や意味あるいはスケールの違いによって、各部分の空間のサイズも形状も多種多様なものとなっていった。次に、細分化した、たくさんの部分を集約し、統合して一つの「系」につなぎとめていく作業において、構造設計のコンセプト作りの試行錯誤がくり返された。私たちは、あくまで、異なる空間には異なる構造が与えられるべきであるが、しかし全体としては、単純なコンシステンシーが必要と考えた。そして、構造エキスパンションジョイントを一切持たない構成とした。
また、建物のスケールが持つ強さと、建物のディテールが持つ細かさのコントラストによって、都市景観に与える力強いインパクトと、人が建物に接近し、空間を体験したときの快適さの両方を満足させる一つのモデルとして「森」の形態に習った。森は、その細部に目をやると、実に微細なディテールを持ち繊細でやさしく脆い。しかし森の総体は強く大きく、ときに畏敬の念を抱かせる。もともと、私たちが設計を始めたときに郡山市をとり巻く豊かな森林の自然を、都市の中につくる建物や環境にどのように読みかえて反映させるべきかという課題を設定していたが、今回試みた方法が一つの応答となればと考えている。

曼月居
齋藤裕

――
推薦理由
――

札幌市の北の郊外住宅地の東斜面を登って住宅が尽き、雑木林の斜面に変わるその際にこの住宅がある。眺望や環境に非常に恵まれた敷地であるが、その持っている特性をよく解読して、内部空間や外部との関係のつくり方に反映させている。その意味ではF. L. ライトの方法論を思い起こさせるものである。
東側(街側)に連なる住宅地は、劣悪な環境というものではないが、作者はこれに背を向けることにした。南側にはちょっと距離を置いて、同じく新しい住宅が数多く見えるので、開口を低く抑えて視線的にそれを切っている。西側は、建物の建つおそれのない雑木林の美しい斜面で、明るく大きな開口が用意されている。北側には2階寝室の窓が開いており、ここに登ってくる道路を通して街や海への眺望が開けていて、街との空間的関係を保っている。こういった環境のあり方に対応した内部空間の構成があり、全体としてこの建築の形・姿勢・構え方が決められている。
平面は、この作者独特の幾何学的形態の組み合わせによっているが、非常によく空間的吟味がなされていて、形のぶつかり合いによる軋みのようなものはほとんど感じられない。階段が平面中央にあり、各階とも動線が循環しているのだが、その平面構成を知らないで入った人は、その単純さとは逆に複雑な変化にとんだ空間のシークエンスを感じるだろう。空間とその変化は非常に濃密なものであり、作者の想いがそこに凝縮している。
しかし一方で、全体を覆う屋根は帽子のように形を整え、内部の変化のある空間を包みこんで一体の空間としてまとめている。そして東側の長さ20mに及ぶ内側に湾曲した壁は、その全面に造り付けられた戸棚が春慶塗の際立った仕上げによって強調され、全体の連続性と一体性の、さらに居間の吹抜けも一体性の演出に寄与している。
材料や構法の選択にも、古材とか地域性のあるものの創意や工夫などがあって、コストの割には質が高く、検討の密度は高い。強いて言えば、アプローチ側への表情には、もう一つ開かれた感じが欲しいという意見があった。ともあれ作者の個性と、すまいとしての快適さが高いレベルでバランスしているすぐれた作品である。
よって、ここに日本建築学会賞を贈るものである。

――
受賞者の言葉
――

曼月居は、札幌市郊外の住宅街と山林との境界に立つ。敷地は、よくある新興住宅地の一画であるが、西側に隣接する山は今後も開発されない調整区域という地の利がある。ここでは、住宅の立ち並ぶ東と南側は壁で閉じ、西側の山に向けて空間をいっぱいに開くことで、山を借景として、正午を過ぎてから日が沈むまで、すべての部屋に強い西日が奥深くまで入り込むようにした。少しでも長く、存分に夕日を楽しめる家にしたかったのである。
まず第一に、寒冷地では大雪から住まいを守る屋根と、優れた断熱効果のある外壁を必要とする。さらに、暖かさを逃さずに換気が行なわれ、湿気と匂いのこもらない空間にするための素材と設備選びである。そのうえで、いかに開放的で、美しい光や景観を取り込んだ空間を作れるかが課題となる。ここでは、雪の重圧を感じさせる陸屋根ではなく、なだらかな曲面屋根を葺き、雪を少しずつ軒縁から落としている。さらに、屋根と壁との縁を切って、ガラスのスリットをめぐらし、そこから全方位に細い光が入射する。そのスリットから射し込む光で、この家の夜は明けていく。
外壁は、下地をスレート板で閉じた上に、厚み25mmのエゾ松を張った二重壁で、目地には亜鉛メッキのフラットバーを用いた。また、そのエゾ松を上下2段に重ね違いで張り、その間に換気扇を仕込んでいる。最も安い物同士の組み合わせであるが、使い方次第で新建材を使わずとも高い断熱性能は得られるし、雪国によく見られるたくさんの換気扇の露出を避けつつ、新鮮な空気を循環させる方法はある。
内部は柱、床、家具まで、徹底して北海道のタモをすべて無垢で使った。また、そのうちの半分は寺などからの古材を再製材したものである。暖房設備は、暖炉に加え床暖房と、さらに壁暖房を取り入れている。また、壁と天井は、珪藻土を混ぜた塗り壁で仕上げている。これは、道内北部で採掘したもので、やわらかなベージュ色のテクスチャーに加えて、脱臭効果があって生活臭を消してくれるし、輻射熱を出し、吸音効果に優れた優良な自然素材である。
リビング・ルームは、2層分、天井高7mの吹抜けになっている。また、南側の曲面壁に沿って上階に20mの細い廊下を巡らし、吹抜けの空中を歩き回れるようにした。その曲面に沿ってクローゼットを取り、タモや壁のナチュラルなテクスチャーと対照をなす春慶塗り仕上げとした。その南東角、ちょうど満月の軌道にあたる位置に高窓をつけ、毎月この窓から満月を愛でることが出来るようにしている。
住まいが、単に生活する場であるだけにとどまらず、自然や光の変化、美しさを日々身近に感じられるようにすることが設計の主旨である。

――
建築雑誌2000年8月号掲載。
――
候補作品｜82題(自薦＋他薦＋作品選集掲載)

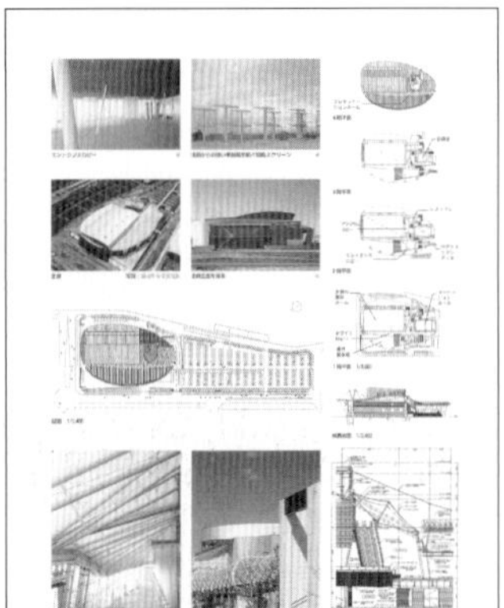

ビッグパレットふくしま(福島県産業交流館)

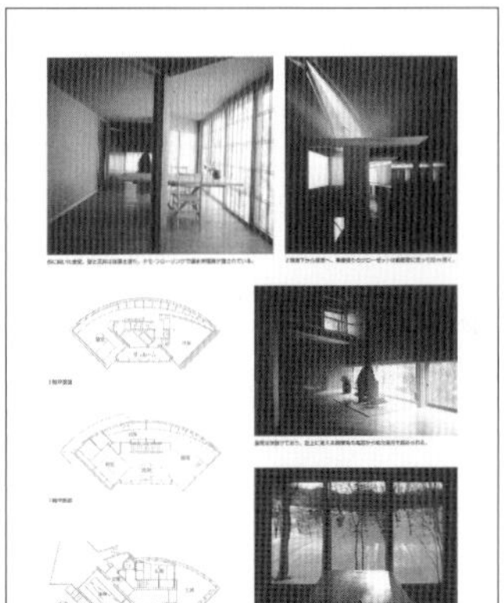

曼月居

52 | 2001年（平成13年）

東京国立博物館法隆寺宝物館／熊本県立農業大学校学生寮／中島ガーデン

——
選考経過
——

本年の作品賞の審査は、ここしばらく行われてきた方法を踏襲したものであったと言える。
第1回作品部会（2000年9月28日）において、募集要領・諸規程や、慣例的に守るべき点などを含めて審査方針を以下のように確認した。
1. 表彰件数は厳選寡少を旨とし3点を基準とする。
2. 委員推薦は行わない。
3. 現地審査は原則として委員全員が行う。
4. 重賞についてはなるべく避けるが、授賞に値する作品がある場合は十分討議する。
5. 過去に審査対象となった作品でも特別な考慮はしない。
6. 最近「一連の作品」という業績名での応募が多いが、顕彰対象は作品自体であるとする見地から、原則として単体を対象とする。
7. 現地審査時の設計者立ち会いを認める。
8. 委員の作品が「作品選集」から学会賞の審査対象として挙がってきた場合は、当該委員は次のいずれかを選択する。
①学会賞作品部会委員の年間の職務を停止し、当該作品は学会賞の審査対象として審査を受ける。
（選考委員会運営規定第9条4項）
②当該作品を学会賞の審査対象から取り下げ、学会賞作品部会委員の職務を継続する。
9. 本会を含む建築関係5団体が「地球環境・建築憲章」を宣言しているので、審査の際これに配慮する。
10. 例年の慣例として8作品程度を現地審査しているので、資料審査によって各審査員が現地審査対象候補を8作品に絞って持ち寄り、第2回作品部会において現地審査対象を投票によって決める。
11. 賞を受ける者の選定にあたっては、組織の名目に捉われず、その業績をあげるために実際に中心となったもののうちから少数を選ぶ。
（選考委員会運営規定第10条3項）
なお、候補業績のなかで業績部門と重複する作品が1件あったが、業績部会と協議の結果、評価基準が異なるため、それぞれの部門で独立して審査することとした。
その結果、候補業績は、学会賞応募作品が22、『作品選集2001』掲載作品49の合計71作品となった。これらの資料審査を委員各自が行い、第2回作品部会（10月12日）で討論と投票を重ね、現地審査対象として次の8点を選出した。

① 「熊本県立農業大学校学生寮」藤森照信君／入江雅昭君／柴田真秀君／西山英夫君
② 「東村保健福祉センター」渡部和生君／山田邦彦君
③ 「上林暁文学記念館（大方あかつき館）」團紀彦君
④ 「三方町縄文博物館」横内敏人君
⑤ 「茨城県営長町アパート」富永讓君
⑥ 「中島ガーデン」松永安光君
⑦ 「神戸税関本関」島崎昭彦君／川島克也君／小谷陽次郎君
⑧ 「東京国立博物館法隆寺宝物館」谷口吉生君

なお、⑧は先の(4) での重賞に相当するが、この問題については、現地審査後に検討することとした。
現地審査は、作品の所在地が全国に散在していたため、12月初めから2月初めにかけて7回に分けて行った。
最終審査は、2月8日に開かれた第3回作品部会で行った。まず、⑧の作品の重賞問題を討議した。「優れた作品であるので重賞でもよい」という意見と、「現在の曖昧な重賞規定のもとで授賞すると種々の混乱が生じかねないので、＜特別賞＞や＜グランプリ＞といったより高度の賞制度を設定してから表彰を検討したらどうか」という意見があったが、それらの意見を各自考慮しながら審査を進めることとした。
各候補業績について、全委員が意見を述べて慎重に討論を行ったうえで投票を行い、第1回の投票ではっきりした差をもって①、⑥、⑧が残り、第2回の投票で①、⑥、⑧の3作品が授賞候補作品として選ばれた。最後に審査方針(11) に従い、授賞候補者を確認した。
結果として傾向の異なる優れた3作品が選ばれたわけであるが、惜しくも選に漏れた作品も、票数の差ほど差があったわけではなく、いずれも優れた作品であった。
なお審査において、先の審査方針の(8) に該当する件と、最終審査当日に欠席した委員がいたが、いずれも規程に従って適切に処置し得たと考えている。

——
委員
——

岡本宏　久野覚　陣内秀信　妹島和世　仙田満
船越徹　布野修司　柳澤孝彦　六鹿正治　渡辺邦夫

——
委員の見解
——

“社会的、文化的見地からも極めて高い水準が認められ、技術・芸術の総合的発展に寄与する優れた業績”を標榜する学会賞（作品）の理想は極めて高い。この目的に向かって精神を凝縮する孤独な判断と、社会が納得する結果へ向けての第一歩、審査会での白熱した議論は自ずと緊張感を伴う。個人と社会を両立させるためのプロセスは、いわば各設計者がたどった道をなぞることでもあり、設計者と審査員との見えざる関係もなかなか辛いものがあり、審査者が設計者に評価されているようなものでもある。
モダニズムの行き着く先を表現の極地までに凝縮した東京国立博物館法隆寺宝物館、モダニズムによって失われた、非合理的・非論理的な価値観を独特のプログラムと表現で見事に実現している熊本県立農業大学学生寮、“集まって住む”ことの意味を真摯に追い求め、その建築的解決に普遍性が認められ、今後の展開が大いに期待される中島ガーデン、いずれも設計の力量もさることながら、規制の秩序や常識を超えてもの作りに取り組む設計者の努力や情熱が、淡々とした説明の裏に滲み出ている。また、そうした姿勢を受け止めた発注者の度量にも頭が下がる想いである。現在という時代性の中で、価値観、表現は異なるものの、3作品とも“人々の動作に注視し、建築的な解決と見事に整合”している点で一致している。
バブル経済がはじけ、行政も民間も建築の投資に余裕が無い。建築がより本質的な表現に傾倒する中で、ごまかしの効かない表現力や技術力が要求され、誤れば建築の基本性能に影響しかねない“きわどい建築”も多い、というのがもう一方の印象である。（岡本宏）
——
昨年6月に、「地球環境・建築憲章」ができたせいもあってか、今年度は環境に配慮した工夫が応募書類の図面や説明書に随分表現されるようになってきたと思う。一般的傾向として、ペアガラスなど断熱に関してはかなり考慮されるようになってきている。あるいは、書類でも表現されるようになってきている。一方、日射遮蔽については、まだ理解が少ないのかなとも感じた。北海道とか沖縄を除けば、「暑さ寒さも彼岸まで」とよく言われる。太陽の動きだけで言えば、お盆の頃と5月の連休の頃は、同じように太陽は動いている。デザイン上の問題とか敷地の問題とかあるのだろうが、庇が短い場合が多い。せっかく、大きなガラス面をとっても、ブラインドやカーテンを使わなければならないとなると、ビスタが損なわれるし、またそれでも暑いであろう。欧州のデザインが日本でそのまま使えるというわけではないと思う。
「東京国立博物館法隆寺宝物館」は、貴重な収蔵物をしっかりと外界から守り、エントランスホール、階段吹き抜けのトップライト、2階休憩スペースに外界との接点を設け見事である。「中島ガーデン」は、外部空間に水を配し、落ち着いた雰囲気ながら楽しさのある心地よい空間を作っている。「熊本県立農業大学校学生寮」は、自然素材を生かし肌触りのいい空間を作っていると感じた。（久野覚）
——
今年度、現地審査に選ばれた8作品は、自然あるいは田園の中に建つものと、都市の中に建つものがちょうど半々の数でした。どの作品も、それらが置かれたまわりの環境を十分に考え、独自の立場からランドスケープを意識した意欲的な設計となっていることが、時代の表現として、強く印象に残りました。
自然派としては、「熊本県立農業大学校学生寮」が創り出した空間、そして場の魅力に圧倒されました。徹底して自然素材を用い、計画学の常識を無視した自由な平面で、現代建築の潮流に真っ向から挑戦する作品ですが、建築の故郷あるいは原点に回帰させてくれるような、不思議な懐の深さをもっているのに驚きました。
一方都市派としては、「中島ガーデン」と「茨城県営長町アパート」という、二つの集合住宅が候補作品に選ばれたのが先ずは収穫でした。いずれも現実の都市空間を改善するための意欲的な提案で、特に「中島ガーデン」は、伝統的な路地の手法を現代に活かし、低層の居心地のいい居住空間を実現しており、一種のプロトタイプになりうる価値を持っています。「東京国立博物館法隆寺宝物館」は、宝物館という特殊な機能に的確に形を与えつつ、緑に包まれた博物館の敷地内の環境と見事に対話しており、感銘を受けました。歴史的建造物の保存を事業として実現させた「神戸税関　本関」も、その考え方・手法に関しては問題も残りましたが、大きな成果でした。（陣内秀信）
——
今年も短時間のうちに、優れた建築群を見せて頂きました。敷地の状況や建物をとりまく環境、プログラムや規模など、実に様々なものが対象作品として選ばれており、実際に使われている状態を現地で見せて頂くたびに、色々なことを考えさせられ、また勉強になりました。それぞれに大変な力作でした。
そんな中から最終的に作品賞に決定された東京国立博物館法隆寺宝物館、熊本県立農業大学校学生寮、中島ガーデンの3作品も、環境、プログラム、デザイン、それぞれに大きく異なるものでした。それぞれの建築家の考え方が、先鋭化され、非常に完成度高く作られていました。通常は色々な点で異なる建物を比較するのは難しいものだと思われますが、この3作品の大きな違いは、その建築に望まれたことが実際の風景の中に見事に建っている様においてはどれも同等で、大変感銘を受けました。
今年で審査員の任期は終わりですが、大変良い経験をさせていただき感謝しております。（妹島和世）
——
私としては昨年に引き続き、次のような評価の視点をもって審査させていただいた。
①周辺環境と建築景観との関係　②構造・設備と建築計画の整合性　③建築計画と人間の利用行動、管理運営との整合性　④新しい建築意匠的な提案　これらの点において本年の受賞作3点はおおむね高く評価される。なかでも谷口氏の法隆寺宝物館はその作品の完成度、周辺環境との関係、技術的レベル、現代的な意匠的提案、ドラマティックでありながら高い精神性をもった美術博物館計画等、極めて抜きんでた作品ということができよう。建築学会賞が日本の建築の最高レベルの賞であるからには、重賞といえども優れた作品を生みだした建築家を評価して良いと思われる。
藤森氏の農業学校は氏の建築手法が割合大規模に展開しているが、十分にフジモリワールドと呼べるような作品性の高さを示している点で評価できる。
松永氏の作品は小規模かつローコストで、しかも賃貸、地方という従来あまり日の当たらない領域であるが、丁寧にしかも快い空間環境づくりに成功している。派手さはないがこのような地道な設計態度に関心がはらわれるべきであろう。
授賞にはいたらなかったが横内氏の縄文遺跡博物館は新しい形態を提案した点で好ましかった。コンセプトも構造も骨太で今後に期待したい。渡部氏の郡山の老健施設は明るく、快適な環境を実現していた。
老人施設だからといって暗い必要はない。ただディテール的にあまりにシャープになりすぎていないだろうか。團氏の作品は造形的なおもしろさは高く評価できる。しかし計画的な配慮、周辺環境との関係性という点では疑問が残った。日建設計の神戸税関は建築の長寿命と再生というテーマに対する解として良かったが、運営と設計の整合性に欠けていた。富永氏の茨城県営住宅は周辺環境との関係、抑制の効いたディテールが好ましい。とりわけ中庭型のプランはとてもヒューマンな解決であるのだが、熊本で坂本氏、松永氏が先に試みている点が惜しまれる。応募しご説明頂いた建築家の方々の多大な努力に感謝したい。
（仙田満）
——
今年は全く傾向の異なる3点の優れた作品を選ぶことができた。これらについては別項に譲り、部会長として感じた二、三の問題について記しておきたい。
(1) 今回の受賞者の中では、谷口氏が再度の受賞すなわち重賞ということになった。規程では「重賞はなるべく避ける」ことになっていて、今回は16年ぶりということになるので大変に困惑したのだった。
しかしこの重賞規程は論文賞・業績賞と共通であり、具体的なガイドラインもなく再検討を要するものと私は考えている。まず業績賞については重賞はまったく問題はないはずであり、論文賞は現在は研究業績賞的性格であるが、本来ならば優秀な研究には単発的な論文でも賞を出す方が望ましく、それならば新しいテーマの優れた論文に対しての重賞は一向に構わないのではなかろうか。
さて作品賞については微妙で、一つの作品のみを対象とする慣行は、重賞も許すということになるが、候補作品が目白押しの現況ではいろいろな混乱が予想される。そこで私は、非常に優れた作品で重賞になるものに対して〈特別賞〉を設けることを提案しているのである。これは委員推薦とし3～5年に一作品程度が適当だと思うが、今回はそれも間に合わないので、結局重賞という形となった。
(2) 審査は前年と同じように、全委員が現地審査対象の全作品を視察し、さらに審査委員会の席上でも、全作品について意見を述べた。その結果、各作品の意味・長短などの認識をかなり共有でき、自ずから評価が定まっていったと思う。そして決定を明確にするために投票（無記名）を行い、問題なく3点が確定した。
しかし後日私は、投票は記名投票にし結果を公開するべきだったと思ったのである。今回はそれが票決結果に差違をもたらしたとは思わないし、微妙な票決においてはマイナス効果も考え得るが、しかし大きくは、個人の考え方の内容と責任を明らかにすることこそ大切ではなかったかと思ったのである。
(3) 審査員の顔ぶれは表彰委員会で決定されるが、今回は毎年の半数交替の巡り合わせか、建築家（作品賞受賞者）は4名にとどまった。これは過半数の6名は必要と考えるがいかがだろうか。（船越徹）
——
最終判断には委員会全体のある種のバランス感覚が働いていると思う。そういう意味では妥当な選考であった。
ただ個人的評価は異なる。第一次選考で残った8作品の中で最後まで押したのは「上林暁文学記念館」「三方町縄文博物館」「中島ガーデン」の3作品である。前2作品は第一次選考で最も多い票を集めたが、現地調査で支持を失ったのが残念である。細かい収まりより大きな構想、新しい空間の予感、薄くてぺらぺらの建築ではなく存在感のある建築を評価基準としたけれど、眼につく欠陥の指摘を圧倒し返す言葉を持ち得なかった。
「熊本県立農業大学校学生寮」は、豪快で、さすが当代の目利きの作品と、好感が持てた。特に食堂の空間が不思議な魅力がある。ただ、平面計画にしろ構造計画にしろ素人そのものなのは買えなかった。特に木造の扱いはこれで時間に耐え得るかと思う。また、旧態たる奇妙な設計施工の体制も気になった。「東京国立博物館法隆寺宝物館」は完成度において文句はないが、この作品によって「重賞」問題を突破するのをやはり躊躇（ためら）った。「中島ガーデン」は、日本型都市型住宅のプロトタイプ提出の試みとして「茨城県営長町アパート」とともに評価した。
以上の評を提出した後で「熊本県立農業大学校学生寮」の顕彰者を一名とする決定がなされた。応募者全体が顕彰されるべきだと最後まで主張したけれど、おそらく多数決の判断があったのだと思う。「奇妙な設計施工の体制」というのは顕彰者に対する批判を含んでいることを明記しておきたい。共同作業を行った設計者諸氏には敬意を表したい。（布野修司）
——
今回選出された3作品はいずれも他の候補作品に比して、一段と強いメッセージを内在させている。とりわけ「東京国立博物館法隆寺宝物館」と「熊本県立農業大学校学生寮」は、ある種対極的であるがしかし、それぞれに21世紀の空間デザインを少なからず示唆するものとして、それらの存在は顕著である。
前者は、モダニズムの美意識の行く先を、洗練の極みとも言えるほどに、空間の構成と現代の技術の統合に踏み込もうとしている。そしてそれは、極まる洗練そのものによって、日本的な空間の普遍性を見事に現代に獲得している。
後者の興味は洗練とは対極にあって、手作りなどの工程にも強く依拠する粗野な成り立ちを、現代の整い尽くされた空間へのアンチテーゼとしているところにある。空間や素材の構成に、ある種奇想とも見える構成をめぐらせて、人と空間の関係に緊張を解きほぐした親和性を獲得しようとしている。
もう一つは、ヒューマンな路地空間と住空間を調和させた低層の集住体で、この種のプロトタイプを、居心地のよい豊かな空間体として見事に実証して見せている。この確かな手法には、高層化が進む住空間への強い問いかけの力を潜めている。（柳澤孝彦）
——
今回の委員会で選ばれた三つの作品は、結果ではあるが、一つの組み合わせとして見た時の妙を感じている。
一つは、大量生産・少量注文生産を問わず、現代の主流となっている20世紀的工業製品の精度や材質感・テクスチュアを基盤とした美意識にたって、現代技術と空間構成の究極的洗練の度合いを試すがごとき作品であり、もう一つは、それとはほとんど対極とも言え

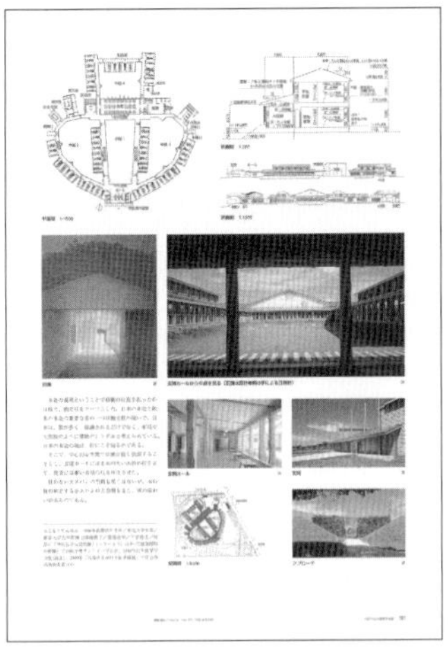

熊本県立農業大学校学生寮

るほどかけ離れた建築観と美意識に基づいて、野太い伝承的技術と原理的空間構成の結合をことさらに前面に押し出した作品である。
前者はガラスとアルミとコンクリートの建築であり、均質と精度を追求するものであり、後者はそれに対するアンチテーゼとしての土と木の建築であり、手触りとばらつきが提示される。それはいわば洗練と粗野の対比であり、ツルツルと毛深さのコントラストである。
三つ目の作品は、それらのいずれとも異なる地平で、ひっそりと地方の片隅で静やかで心地よく充実した居住空間を控えめに展開するものであり、基本的なプランニングと技術の確かさの上に、あざといまでに控えめと自然を装った内外の小空間の快適性を開示する。
三つに共通するのは、コンセプトの強さとそれに拠ったデザインの明快さである。
惜しくも受賞に至らなかった作品も含めて、案内いただいた各作者の皆様の熱意と力作に敬意を表したい。
（六鹿正治）

——

建築はその時代とその社会の状況を反映するもので、特に技術の世界ではその関係が密接だ。応募作品を見ていてそれを痛感した。
経済活動が活発な時代では、新素材や新技術が次々と生まれそれが直接的に建築そのものに反映する。
経済活動が停滞している現在では、すでに開発された技術をじっくりと反芻しながら建築化する、技術を醸成する時代とも言える。僕は、こういった時代の方が好きだ。技術革新の真っ直中でお祭り騒ぎをするよりも、一見、停滞してるかのように見えるけど、実は、多くの技術を再統合して新たな価値を発見することの方が重要だと思うからである。
審査の最初は応募作品を一見して、斬新な構造はないし刺激的な空間構成もないとの印象が強かったが、多くの図面や写真をよくよく見ていくと醸成した技術を駆使していることに気がついた。その後は、個々の作品の内実を理解するための精神的、肉体的重労働を強いられることになる。個々の作品に集約された広義の構造技術の深さを読み込むためには、多様な価値観があるだけに大変な精力を必要とするものだ。もう二度とこんな役目はご免だと実感した。
僕は評論家ではなく、モノ造りに励む職人的設計者の一人だから、評価が自己中心にならざるを得ない。
その点で多くの応募作品に共鳴し、たくさんの問題を抱えてはいるが現在の建築創造の環境も捨てたものではないな、とも思った。　（渡辺邦夫）

東京国立博物館法隆寺宝物館
谷口吉生

——
推薦理由
——

法隆寺宝物館は法隆寺の国宝を展示する建築である。昭和30年代に建てられた宝物館の改築であり、延床面積は4,030m²と、美術博物館としては中規模なものである。周辺の環境、建築群に配慮して建物の高さを3階におさえ、前面に水盤を配したアプローチは美しい。縦格子を現代的に翻訳し、先端技術に裏づけされたエレベーション、そして前面の大きな庇は軽やかである。この建築は、日本建築の伝統である母屋と庇の構成を継承している。母屋は、コンクリート構造でマッシブかつ横力等耐震的にも十分に対応した蔵的な部分であり、その周囲にとりつく鉄骨造の軽やかな庇部分は、この建築に優雅さを与えている。この庇こそ日本の屋敷建築の構成を引き継ぐものであるが、ここで庇の二重屋根の構成はやわらかな外光を採り入れながら温熱環境にも十分に配慮し、快適な明るさ、広がり、景観をつくることに寄与している。日本建築の凛とした美しさを見事なまでに創り出していると言えよう。特に、庇のエレベーションを構成する縦格子のアルミの美しいプロポーションは圧倒的である。動線計画においても、その場面転換においても、切り返しも十分に計算し尽くされている。展示設計も建築家によって行われているが、免震ガラスケースはその装置が目立たないように工夫されて美しく、小さな仏像の照明まで神経をつかって宝物を際立たせている。2階への階段室にかかる宝物レプリカも適切である。展示点数は数多くないが、展示物そのものはもちろん、それを支える展示デザイン、空間デザイン、演出が鑑賞者へ十分な満足を与えるものとなっている。展示室に続く情報室、そして軽食レストランへの流れも自然で、周囲の景観を十分に取り入れ、展示室での緊張をときほぐしてくれる。研究室、事務室、収蔵庫等のバックヤードの計画も無理がない。総合して、本建築は2001年という時を代表し、かつ近年の日本の現代建築のなかでもぬきんでた芸術性、技術性をもった作品と言えよう。法隆寺宝物館は日本の建築の宝とも言えるものとなっている。
審査会においては、より高度の賞制度を設定してから授賞し、現制度での重賞を避けるべきだという意見も出されたが、近年の日本現代建築として極めて高い評価を与えるべきとの意見が多く出され、重賞であっても賞を出すべきだという結論でまとまった。
よって、ここに日本建築学会賞を贈るものである。

——
受賞者の言葉
——

法隆寺宝物館の内部に展示・収蔵される作品は、国が保存する日本の貴重な歴史資料であると同時に、一つひとつが極めて質の高い芸術作品でもある。そして、宝物館外部の敷地周辺は豊かな自然に覆われており、隣接して表慶館や黒門など貴重な文化遺産も多く存在する。
新しい宝物館の設計に際しては、このような崇高な収蔵物に対する畏敬の念と周辺の自然を十分に尊重する方針によって、現在の東京には貴重な存在となってしまった静寂や、秩序や、品格のある環境を、この場所に実現することをめざした。
かつてこの場所にあった旧宝物館の建築が、主に収蔵物の保存を目的として建てられたものであったのに対して、新宝物館の建築には、さらに保存機能を高めながら、収蔵物を広く一般公開するということが求められた。この二律背反する「永久保存」と「公開展示」という条件を同時に達成させるために、石の壁によって囲われた内側の部分と、ガラスによって覆われた外側の部分の、二つの対照的な空間によって建築を構成した。厚いコンクリートと石の壁によって、外光が完全に遮断された展示室と収蔵庫の中で、貴重な作品は永久に保存される。一方、外に向かって開く明るいロビーやラウンジの中で、人びとは周辺の自然を眺め作品鑑賞の余韻に浸る。また、このガラスで覆われた空間は、外気やその他の外乱要因が、収蔵・展示のための空間に直接入り込むのを防ぐ緩衝空間の役目も果たしている。外側を囲う金属板による門構えの構造体は、遮光のためと、建築の周辺に外部と内部の中間領域を形成する目的のためのものである。
来館者は、博物館正門を入って左に曲がり進むと、木々の間から次第に姿を現す建築の一部分を見る。さらに進んで池越しに全景を望み、右に曲がり左に曲がって橋を渡り宝物館の入口に達する。
このような見え隠れする動線の変化や、正面外観の構成がずれて配置されていることによる非対称性、そして縦格子による線の意匠などは、抽象形を保ちながらも、ある種の日本的空間に接近するための試みであった。
展示室は、人と展示作品の関係を特別な存在にする空間を意図して設計を行った。透明感が極端に高められた展示ケースと、微妙な光の効果によって周辺は消され、人と展示作品のみが空間に浮かび上がる。
研究室や学芸関係の諸室は、快適な居住性を求めて最上階に配した。ここには、空に向かって開く中庭から自然光が入り、周辺に向かって開く窓からは上野の森が一望できる。
構造設計においては、高度の耐震性を有する鉄骨・鉄筋コンクリート造の部分を中心に配置し、それに水平力を負担させることにより、外側に軽快な鉄骨造の部分を作ることを可能にした。ガラスで覆われた部分の構造は、溶接した無垢材による鉄骨造で透明性を確保し、また、縦格子部分には、吊り構造によるサッシュを採用して、極力繊細さを追求した。
設備設計においては、効率的な空調設備に加えて、地震時に作品を守る免震装置、特殊な展示用照明、信頼性が高い防犯・防災設備など、様々な新しい技術的対応を行った。また、これらの設備機能のライフサイクルは、建築耐用年限に大きな影響を与えるため、設備機器や配管類は極力、建築構造本体と分離して設置し、容易な維持・管理や更新が可能な設計とした。

熊本県立農業大学校学生寮
藤森照信

——
推薦理由
——

建築史家として、また路上観察家として名を知られる藤森照信君の建築作品は、発表されるたびに話題になり、そして物議をかもす。それは大量生産・少量注文生産を問わず、現代の主流となっている20世紀的工業製品の精度や材質感・テクスチュアを基盤とした美意識とは、ほとんど対極とも言えるほどかけ離れた建築観が具体的に提示されるからである。ガラスとアルミの建築に対するアンチテーゼとして、土と木の建築が提示される。均質と精度に対して、手触りとばらつきが提示される。ツルツルに対して、毛深さが提示される。
この熊本県立農業大学校学生寮においても、木の柱・梁、土の壁、そしてそれらの手の跡をことさらに強調したテクスチュアや自然の色彩は、建築空間そのものの性格を規定する大きな特徴である。さらに、平面的に巨大で同様の単位の繰り返しででき上がるこの建築に、心地よい変化を与えて間延びしないものにしているのは、材料やパターンやディテールの組合せを部分に応じて少しずつ変化させるきめの細かい心遣いや、日時計、手水鉢、雨樋、照明の笠、バットレスなど空間にアクセントを与え、人の記憶に焼きつく様々な仕掛けである。
敷地と建築の関係の作り方のドラマ性も藤森デザインの特徴である。樹木で組んだ敷地への門構え、ランドスケープの盛り上がり、アプローチ路と気を引く園灯、異常に高く立てた突き抜け柱と玄関の構え、玄関の踏み込み、すべてが自然を装いながら、時にあざとく効果が計算されている。
印象に残るのは、なかで出会う学生や職員達が例外なくにこやかでふんわりした雰囲気で、丁寧な応対をしてくれることである。建築の与える環境心理学的影響の大きさを想像する。
これ以前に発表されたものは、タンポポハウスやニラハウスにせよ、また神長官守矢資料館や秋野不矩美術館にせよ、すべて私的なものか小規模な文化的施設などであり、たとえそれが建築の主流的美意識に棹差すものであっても、その私性や非日常性によって、深刻な問題になり得ない枠組みのものであったと言える。
今回の建物はそれらと違って、大学校の学生寮という、価値観も思いも異なる多数の若者や関係者が四六時中生活をする「日常的」施設である。ごく一部の好事家を満足させればすむ類の建築ではない。また、短時間の面白体験をめざせばすむものでもない。これまでの例とは大いに違う、いわば日常的大規模構築物において、動線計画など計画面での難点の指摘はあったものの、藤森イズムの空間やデザインが豊かな建築を作り得る可能性があることを証明し得たことの意義はまことに大きいと言わざるを得ない。
よって、ここに日本建築学会賞を贈るものである。
なお、当作品は熊本アートポリスの精神に基づき、藤森照信君を中心にして、地元の建築家、入江雅昭君、柴田真秀君、西山英夫君の協同のもとにつくられたものであることを特記しておきたい。

——
受賞者の言葉
——

平面計画上のテーマは、学生達の共同性をどう深めるかであった。ヨーロッパの修道院に範をとり、中庭をはさんでの回廊の平面形式をとることにした。回廊式は、学生達が食堂に行くとき、トイレに行くとき、などなど長い回廊を歩くことになるが、そのとき、お互いに顔を合わせる頻度が増し、ほかの部屋の前を通りがかる頻度も増し、ほかの寮生の存在を意識する率が高くなるという利点を持つ。なにかにつけ、長い回廊をぐるぐる回るうちに、さりげなくお互いの視線が接触し、そうした小さな接触の積み重ねが、結局、共同性の深化につながるのである。
回廊式の平面は、現代建築では極めてまれだが、さりげない接触の重要性を考えれば、復活に値する。
平面計画において、共同性の深化と裏腹の関係で重視したのは、寮室のプライバシーの確保であった。既存の寮が、中廊下の両側にのぞき穴付きのドアーがずらりと並ぶという、極めて監視性の強い平面をとっており、そのことがバンダリズム的行動に学生達を走らせている可能性があり、新寮においては寮室のプライバシーの確保は不可欠となる。
具体的な工夫としては、まず、二階部分については階段室型にして廊下をなくした。廊下に面さないから、被監視感はなくなる。一階は廊下に面さないわけには

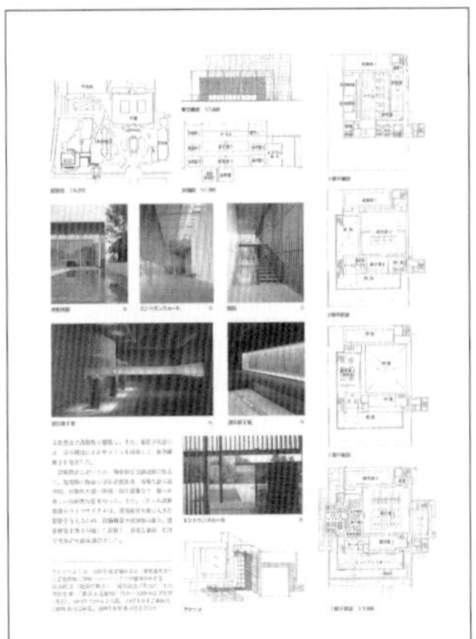

東京国立博物館法隆寺宝物館

いかないが、できるだけ廊下に直面することは避け、踏み込み部分をとり、廊下とドアーの間に緩衝地帯を設ける。
こうすると、廊下を見渡しても、どこにもドアーが見えず、被監視感は著しく減ずるのである。
共同性の深化のための回廊式と、その回廊(廊下)から距離をおくことでの寮室のプライバシー確保、これが平面計画の根本である。
構造は、農業県熊本の林業の振興のため、木造というのが発注の条件であったが、まことに同感であり、杉、桧、赤松、栗の四つの県産木材をフルに使っている。
木材のみならず、材料は地元の自然素材をもっぱら使うよう心がけ、例えば、室内の壁の仕上げに大量に用いた漆喰は、有明海産の貝灰を採用した。貝灰は、かつて日本の海岸で広く焼かれていたが、今は、有明海に一、二あるのみである。
また、漆喰と混ぜて使う土も、漆喰の上に塗る土も、現場の地下から掘った土と近所から得た土を使っている。
熊本は阿蘇山の火山にちなみ、古来、火(肥)の国と呼ばれているが、その阿蘇山の火山灰と有明の貝を材料として使ったのである。
そうした漆喰や土や木材といった地元の自然素材にどのような表情をもたらすかについては、すでにこれまでの仕事で設計者の方針は固まっており、自然素材本来の不均質さをできるだけ強調するようにしている。
そのため、主要な赤松の柱については、設計者側が曲面カンナを振るって表面を仕上げ、凹凸を強調した。大工はどうしても上手に美しく整えて削ってしまうからである。
木造の表現ということで格別の注意を払ったのは柱で、独立柱をテーマとした。日本の木造と欧米の木造の重要な差の一つは独立柱の扱いで、日本は、数が多く、強調されるだけでなく、床柱や大黒柱のように建物のシンボルと考えられている。日本の木造の魂は、柱にこそ宿るのである。
そこで、中心的な空間では独立柱を強調することとし、玄関ホールには6本の太い赤松の柱を立て、食堂には細い赤松の柱を林立させた。
柱のない大スパンの空間も悪くはないが、木の柱の林立する小スパンの大空間もまた、別の味わいがあるのである。

中島ガーデン

松永安光

――

推薦理由

――

「中島ガーデン」は、美しい富士山の姿を間近に望む、富士市の近郊住宅地に立地している。路地型集合住宅と名づけられたこの作品は、戸建て住宅の乱立による日本の都市の居住環境の悪化に対し、低層高密度住宅の可能性を追求し、その一種のプロトタイプとして提案されたものである。周囲の環境と断絶し、コミュニティを分断しがちだった従来の中層型集合住宅とは大きく異なる発想に立って、日本の伝統でもある路地を現代的に生かし、都市居住のあり方を根本から問い直す意欲的な作品と言える。
北側と東側で接道する約1,000m^{2}の敷地に、採光と通風を考慮して南向きの住棟を3列平行に配置して、12の住戸を入れている。ここでは、2層に抑えられた住棟と路地的な外部空間との関係が絶妙で、低層の集合住宅ならではのほどよいスケールをもつ、実に居心地のよい共有空間が生まれている。その空間の親密感がまずは印象に残る。
周辺環境のなかに巧みに挿入され、敷地内部へのアプローチも魅力的である。敷地を南北に貫く空間軸は、住棟の向きに対して少し振れた形になり、また、その上に2階の住戸へアプローチするためのブリッジが架かることで、視覚的に楽しい変化を生んでいる。しかも、ブリッジを北に歩くと前方には富士山がくっきり見え、このロケーションを最大限生かした演出となっている。敷地のなかに配された路地、小さな広場には、せせらぎと植物がうまく取り込まれ、快適で居心地のよいミクロ気象が生まれているのが、身体全体で感じられる。こうして高密な空間のなかに、ランドスケープの要素が丁寧に挿入され、効果をあげているのに驚かされる。
住宅内部の構成には、東側のフラット住戸、西側のメゾネット住戸ともに、専用の庭の取り方も含め、豊かなバリエーションが追求されている。圧巻なのは、2階のすべての住戸から、高い位置にとられた横長の窓

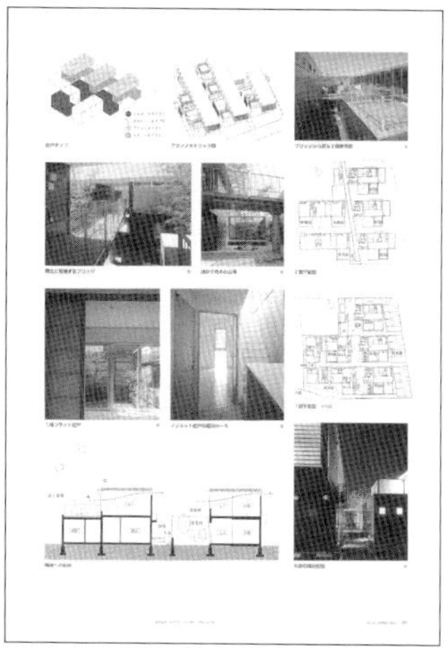

中島ガーデン

を通して富士の姿が眺められることである。
この作品には技術的には新たな提案性が見られない、集合住宅としてこぢんまりしすぎて地味な感じが否めない、といった意見も一部にあったが、作者のこれまでの経験の蓄積が随所に発揮され、むしろ小さめの規模を逆に適切に生かして完成度の高い優れた作品となっていることが大きく評価された。
よって、ここに日本建築学会賞を贈るものである。

――

受賞者の言葉

――

20世紀後半、我が国で建てられた集合住宅の多くは隣棟間隔を広く取った、いわゆる中層型が主流であったが、それらは周囲の環境と隔絶した景観をもたらし、既存のコミュニティーを分断し、特に高齢化の進んだ地方都市などでは十全の機能を果たし得なくなってきている。そこで、従来の集落のスケール感を取り戻した低層高密度住宅を見直しても良いのではないかという問題意識から本計画をスタートさせた。事業を成立させるために、特定優良賃貸住宅(特優賃)制度を利用したが、これにより入居者は民間賃貸住宅であるにもかかわらず公営住宅に準じた家賃で居住可能になる。
敷地は東海道線富士駅から徒歩圏内の、周辺に田畑の広がる典型的な地方都市近郊住宅地に位置している。近隣の環境に配慮して2階建てを越えないこととし、約1,000m^{2}の敷地に100%の駐車場を確保しつつ、特優賃制度により要求されている最小限60m^{2}の住戸を配置すると12戸入る。これは、ほぼヘクタール当たり100戸に当たり、典型的な郊外中層団地の密度と等しい。
敷地は北側と東側で道路と接しているが、北側道路は交通量が多いため、東側道路に接して駐車場を取り、採光と通風を考慮して南向きの2階建て住棟を3列配置した。各住棟の東側にはフラット住戸を2戸ずつ重ねて配置し、西側にはメゾネット住戸を3個ずつ並べて配置した。その間に2階フラット住戸へアプローチするためのブリッジを走らせた。住棟間のスペースには居室と板塀に囲まれた坪庭が交互に配置され、その南側にアクセス路として幅2mの路地が走っている。突出した居室の屋上は2階フラット住戸やメゾネット住戸の専用庭となっており、全戸が庭を持つ。
住戸はすべて2寝室型であり、フラット住戸ではそのうちのひとつが和室となっている。メゾネット住戸では主室がすべて2階に配されている。1階のフラット住戸の水周りには手摺がつけられ、将来の高齢者対応を見込んでいる。構造は耐火構造を求められているので主体を鉄筋コンクリート造としたが、屋根は折板構造とし、極力、二重床を避け直床仕上げとするなど、コストの削減に努めた。外部仕上げはコンクリート打ち放しとし、内部も打ち放しを多用し、メンテナンスの容易化を図った。木部は常温液体ガラス系塗料により耐火性と耐久性を高めた。色彩はすべてモノトーンとし、水への映り込みも配慮して従来の集落景観との親和性を意識した。
敷地の南北には富士山の雪解け水の流れる水路が走っているが、敷地内の路地脇にも井水を利用したメダカの泳ぐせせらぎを配し、突き当たりにはスイレン池を設けた。敷地内各所には、モウソウチク、ヤマモミジ、ベニカナメ等の色彩豊かな植物を配し、下草にはシャガ、ヤブラン、フッキソウ、ユキノシタ、コグマザサ等を多彩に植えた。

――

建築雑誌2001年8月号掲載。

――

候補作品|71題(応募22、作品選集掲載49)

53 | 2002年(平成14年)

公立はこだて未来大学/W・HOUSE/地下鉄大江戸線飯田橋駅

――

選考経過

――

第1回の作品部会は、2001年10月2日に、学会賞全体委員会に引き続いて開催された。審査方針に関しては、ここ数年来行われてきた方法をもとに検討し、以下のことを確認した。
1. 表彰件数は厳選寡少を旨とし3点を基準とする。
2. 重賞についてはなるべく避ける、という学会賞選考委員会運営規程を念頭に置くが、授賞に値する作品がある場合は十分討議する。
3. 現地審査は原則として委員全員が行い、その際の設計者の立ち会いを認めることとする。
4. 例年、8作品程度を現地審査しているので、資料審査によって各委員が候補作品を8つに絞って持ち寄り、第2回作品部会において投票で現地審査対象を決める。
そのうえで、本年度の審査対象は、学会賞応募作品の15作品、『作品選集2002』掲載業績のうち、部会委員の業績である作品1点を除いた77作品、の合計92作品であることを確認した。
これらの資料審査を各委員が個別に行った後に、第2回の作品部会が10月11日に開催された。
討論と数度の投票の結果、次の8作品が現地審査対象として選出された。

① 札幌ドーム　原広司君
② 栃木県屋なかがわ水遊園おもしろ魚館　古市徹雄君
③ スプリングスひよし　團紀彦君
④ W・HOUSE　渡辺明君
⑤ 八代の保育園　加茂紀和子君/熊倉洋介君/曽我部昌史君/竹内昌義君/マニュエル・タルディッツ君
⑥ 地下鉄大江戸線飯田橋駅　渡辺誠君
⑦ 清凉山霊源皇寺　透静庵　山口隆君
⑧ 公立はこだて未来大学　山本理顕君/木村俊彦君

なお、①と⑧が重賞に相当する候補であったため、上記の審査方針2)に基づき慎重に議論を行い、際立って優れた作品であれば重賞もありうることを確認した。
現地審査は、北は北海道から南は九州まで全国に分布する8作品を対象に、11月上旬から1月中旬にかけて5回に分けて行われた。
最終選考のための第3回作品部会は、2月7日に全委員の出席のもとで開催された。前2回の部会で討議された審査方針を再度確認したうえで、まず、各委員3作品以内を推薦する投票を行った。その結果を参考にしながら、作品ごとに各委員が現地審査をふまえた講評を述べ、その議論を考慮したうえで選考を進めた。
まず最初の投票で票の少なかった③⑤⑦の3作品を対象から外すこととした。次に残った5作品を対象に投票を行い、その結果、圧倒的支持を得た⑧をまず賞の候補に決定した。また、票の少なかった②を対象から外すこととした。次に同票を得た①④⑥の3作品について意見交換をした後、選考を行い、④⑥の2作品を候補に決定した。
以上の結果をもとに、2002年の授賞候補作品として下記3作品を推薦することを決定した。
・公立はこだて未来大学　山本理顕君/木村俊彦君
・W・HOUSE　渡辺明君
・地下鉄大江戸線飯田橋駅　渡辺誠君
昨年に続き、本年も重賞にあたる作品が一つ選ばれた。作品賞の期待される水準の維持、賞の活性化のためにも、重賞についてはより積極的に考えるべきとの意見が作品部会の大勢を占めた。なお、近年の問題点として、「学会賞(作品)」と「作品選奨」の選考基準の違いが明確でないことが指摘されている。また、作品部会では昨年から重賞の在り方についても積極的に議論されている。こうした点を鑑み、学会賞の性格を見直す必要があるということが、本年の部会で確認された。

――

委員

――

飯田善彦　石野久彌　岡部憲明　岡本宏　小嶋一浩
坂本一成　陣内秀信　六鹿正治　布野修司
渡辺邦夫

――

委員の見解

――

最終現地審査に残った8点の建築を、設計者の解説を聞きながら集中して経験できたのは大変刺激的であっ

公立はこだて未来大学／W·HOUSE／地下鉄大江戸線飯田橋駅

た。それらは、プログラムや規模、コスト等全く異なる条件を背負いながらも、それぞれ与えられた環境の中に一見何事もなく見事にたち現れている。しかしながらその風景は、いずれも設計者を始めとする関係者の悪戦苦闘の結果であることは普段同じように仕事をしている身にとって痛いほどよくわかり、連帯感を覚えこそすれ優劣をつけることはとても難しいものであった。最終的に選ばれた三点は、自らの置かれた特殊な状況をより意識的に徹底しながら建築という成果に結びつけることに若干長けていたように思う。
一方で、今回審査をしながら学会賞の位置付けについてどうもしっくりとこない感じもついて回った。本来その年の最も優れた(と判断された) 建築に与えられる賞であると考えるのが一般的であるが、重賞に対するためらいや新人発掘的な側面等さまざまに議論がなされるなかで、いまだその立脚点が固定されないように思う。特に作品選奨との両立がことさら混乱の原因になっている。せめて選集ではなく、選奨作品を学会賞候補とするなど、学会自らがその整理をしないといつまでもあいまいさが付いて回る。現に今回は直接の応募が極端に少なく、一方で選集の数が増えたため全体の質がそれほど高くないと感じた。このままでは本当に優れた作品が候補にならない恐れが十分に考えられる。委員推薦の復活などを含め何らかの抜本的取り組みが必要と思う。　（飯田善彦）

——

建物を見て回ることはとても楽しい行為である。しかし選考委員として見るというと別物である。仕事になってしまう。でもついつい楽しく見てしまう何かが今回の作品にはあった。
それでは、最終選考まで残った8作品についての感想を述べたい。
「八代の保育園」は設計を楽しんでいるところと無理矢理まとめようとするものが交錯している。環境的には夏も冬もマイルドな環境を創出しているように見えたが、私たち選考委員への説明者の理解が乏しいのが残念であった。「清凉山霊源皇寺　透静庵」はすべて白い空間構成だが、実際に使われている様子が想像し難い。また夏の日射熱の処理、夜の光の配り方も興味というか心配が残る。「スプリングスひよし」は、土木とのコラボレーションが評価でき、配置計画、橋梁等は素晴らしいが、個々の建物の面白味に欠ける。「栃木県なかがわ水遊園おもしろ魚館」は、自然光をふんだんに取り入れた実験的な水族館であり地元市民への文化的効果も大きいが、私としては通風ガラス屋根の環境的原理がうまくいくのかどうか気になる。「札幌ドーム」は、動く建築の代表であり最も好きな建物である。寒冷地に年間いつでも野球・サッカーが楽しめる場を与えたことは大きいことだ。動かす経費、安全性が気にかかる。環境的にはグラウンドの使用者から見た温熱感の問題、グレア、明瞭度の問題が気になるし、雪対策の不足も難点である。それでも好きな建物である。「W·HOUSE」は、質の高い手仕事の高価そうに見える住宅である。一度は住んでみたい建物である。光のとりかた、通風計画などはいいが、暖房の性能に難点がありそうだ。「地下鉄大江戸線飯田橋駅」は、駅がこんなに変われるものかと驚かされる。緑のチューブも何かが生まれそうな雰囲気があるし、プラットフォームもすべてが新鮮である。一駅で終わらせてはいけない作品である。「公立はこだて未来大学」は、まさにガラス建築である。大講義室からもガラスを二重に通して函館山や海が見えるほど、透視性の高い建物である。南のガラスの大空間には今の大学に不足している一体感というものを作りだしてくれそうな何かがある。構造とのコラボレーションは理解できるが、環境設備とのコラボレーションも欲しかった。
近年、環境という用語が流行語のように多用されるが、本当の環境を考えた建物は少ない。たとえ設備関係者によって仕組まれていても、それが建築設計者やクライアントに通じていないのが情けない。意匠デザイン的な、光を中心とした種々の環境要因の導入に対して、それを環境解析するとかなりの価値が生じることをわかってほしいものだ。環境が語る建物の出現を待ちたい。　（石野久彌）

——

審査の評価基準が重賞をめぐって審査期間中揺れ動いた。昨年度から引き継いだ課題でこれからも続くように思う。取りも直さず作品賞自体のもつ価値の重要さに対する論議だったといえる。突出した質の作品のレベルをどこにおき、新たな挑戦や新たな才能の抽出、表出をどう導くか。しかも多様な分野にわたる作品群を前にして。
条件が一定のコンペの審査や多くの作品をつくりあげてきた作家への賞賛に比べると実に両義的であり、選出の難しさがある。それゆえ個々の作品に対する評価内容は広く公表される必然があると思う。
メディアを通しての評価が流行性に追われやすく、視覚に訴えることが前提となりやすいなかで、学会賞選考はより建築の質を深く問う責任があるという思いに終始かられた。今回の選考の結果はこうした今日的状況のなかで選考委員の間での厳しい議論の末に辿り着いたものと見てもらいたい。
『作品選集』からの応募に比べて推薦(自薦、他薦) が少なく、より多くの作品応募があってほしいという気持ちを抱いた。私のみだけでなく選考委員の多くからも出た見解だったと思う。組織的見解やメディアを通して見えてくるもの以外に優れた作品が見出せる可能性もぜひ拡大したい今後の課題だと考える。誰もがインターネットを通して自己価値の表現をできうる時代の自由な可能性と、メディアにおけるより確かな批判力が必要とされる時代において、作品賞がおかれている意味を問いかけながら審査することの意味を強く感じた。　（岡部憲明）

——

環境・情報・政治・金融・流通は言うに及ばず、日常の買い物などの身近な生活、基準・規格・性能に関わる物作りの世界に至るまで、あらゆる領域でボーダレス化が進んでいる状況を今年の審査から垣間見た想いである。「札幌ドーム」の可変装置を駆使して空間や機能そのものが変化するアリーナは、“建築が動かないもの”として捉えられていた建築の概念を超越しているし、土木建築物との関係で建築を捉えている「スプリングスひよし」や「地下鉄大江戸線飯田橋駅」は、空間に建築・土木の枠がないことを示している。上階に行くにつれて水族館が熱帯植物園へと変化する「栃木県なかがわ水遊園おもしろ魚館」は、施設を単一の名前で呼べない広がりを、設計者の職能を事業企画から入居者募集・施設の運営まで広げた「W·HOUSE」は従来の設計者の職能の限界を問うている。縦割り社会のなかで、国と県、官と民の境界の撤廃に向けての挑戦も将来への大きな布石ともいえる。
また、設計のプロセスに多くの専門家とのコラボレーションが求められているのも今年の特徴といえる。さらに、“物としての建築”から“人々の生活の場”としての建築のあり様を問うている作品も多い。
本年の受賞作はこうした視点から建築に取り組み、建築に新たな領域を創造して、学会賞にふさわしいと評価されたものである。一方で、こうした目覚ましい成果が一般社会に受け入れられるためには、学会員のみならず建築界全体の一層の奮起が望まれていることも認識しておきたい。　（岡本宏）

——

最終審査に残った作品はどれも力作であり、審査する側としての立場をはっきりさせないととても評価などできるものではない。私自身は作品賞にふさわしいものとなるためのプライオリティを、「〈建築のちから〉を専門家のなかではなくもっとひろい世界(社会あるいは世間) に向けてわかりやすくプレゼンスできているか?」「建築家がその作品にエネルギーを注いだことで、今まであたりまえだと思われていた価値観が揺さぶられて新しいものへと可能性を開いているか?」において審査に望んだ。独創性は重要だが、一方で主題が自己完結していないことも必要だと考えた。そうした視点から、厳しい条件を逆手にとってクロープンドームやホバリング技術で新しいドームの可能性を示して見せたうえでエンターテイメントと現代建築を高いレベルで接続している「札幌ドーム」、大学という場所の持ち得べき新しい可能性をユーザーとのコミュニケーションのなかから抽出しえた「公立はこだて未来大学」、土木の世界の持つ論理とのストラグルを空間の質へと昇華した「地下鉄大江戸線飯田橋駅」を押した。最終的な結果は異なるものになったが、このときに「重賞」をどう扱うかが微妙に影響していると思われた。この賞が、審査対象となっている作品そのものへの評価にプライオリティを置くのか、新人賞的な面を保持するのかということに関して、この2年の(それ自体は偶然かもしれない) 結果から暗黙の了解で来年以降前者が1作品／後者が2作品などとなってしまわないように、もう少しクリアにすべきだろう。　（小嶋一浩）

——

新しい可能性を示す建築、あるいは高い完成度をもつ建築を評価し、選びたいと考えました。
そうした評価できる作品は候補作品の範囲だけでなく、それ以外にもあり、審査員推薦が出来ない現在の制度では、それを推せないのが大変残念に思われました。また、候補作品のうちでも推したい作品が一次選考で外れ残れず、現地審査に至らなかったこと、さらに、現在の建築の新しい可能性を示し、完成度も高い「札幌ドーム」を授賞候補作品として選定できなかったことも残念でした。
しかしそれでも3つの授賞候補作品を選べたことは幸運でした。選出された3作品はそれぞれ今日的な方向を示すものして評価できました。「公立はこだて未来大学」は、最も現代的な建築のあり方の表現として特に評価できました。「W·HOUSE」は、感性に共振する穏やかな建築のあり方の最良の例として、また、「地下鉄大江戸線飯田橋駅」は、土木構築物の建築化の良い例として評価されると思いました。　（坂本一成）

——

今年は社会のなかでの建築作品のつくられ方に関し、二つの面で新しい動きが強く感じられた。ひとつは、発注者、ユーザー側の考え、要求に真摯に耳を傾け、同じテーブルについて、あるいは共に格闘しながら、つくり上げるというもの。受賞作の山本理顕氏／木村俊彦氏の作品も、最初の提案段階から設計者としての鮮明なビジョンを示す一方、大学関係者との対話を通じて柔軟に最終的な形を模索し、未来的なキャンバスを見事に実現させた。みかんぐみ他による「八代の保育園」は、園長、関係者とのまさに熱い共同作業を通してつくり上げられた興味深い作品で、やや粗削りではあったが、その徹底した試みは高く評価できる。
もうひとつ、従来は考えにくかった土木の世界に建築家の仕事の領域を広げる試みが見られた。特に、がんじがらめの規則、制約のなかで、粘り強く質の高い公共空間を創り上げた渡辺誠氏の仕事は、建築の殻を打ち破る快挙と言えよう。團紀彦氏の作品も、土木の専門家と共同し、ダム周辺の大スケールでの美しいランドスケープを生む建築を実現した点で評価したい。
こうした時代を切り開く新たな試みが目を引いた一方、本物の建築を正攻法でつくり続ける渡辺明氏の集合住宅も、価値ある輝きを見せた。
今年は、最終的には性格の異なる3作品が学会賞に選ばれたが、重賞問題で揺れる年でもあった。重賞候補が2つ現地審査の対象となり、その一つ、原広司氏の作品も高く評価されたが、結局は、委員全体の間で圧倒的な得票を得た山本理顕氏／木村俊彦氏の作品が授賞の対象となった。重賞の扱いを含む作品賞の在り方については、継続的な議論により明確な方向性が示されることを、今年の部会長をつとめた立場から要望したい。　（陣内秀信）

——

2年間、作品賞の審査委員を務めさせていただいた。この2年間は重賞問題がつねに議論の争点で、かつ重賞ありうべしというのが審査員大方の意見であったし、私もその立場を取ってきた。しかし重賞があるなら、すでに学会賞受賞済みの大家の「時の話題作」の応募が多数あってもよいはずだが、昔はともかく最近は「なるべく重賞を避ける」のが基調のため、直接応募は極めて少ない。それでもいくつかが候補に上がってくるのは『作品選集』掲載作が自動的に作品賞候補に上がってくるというシステムがあるためでもある。だが、大家が『作品選集』に応募することもそう多くないのが実情で、大家の話題作の多数が候補に揃って競い合うという状況にはなっていない。
作品賞が、「人ではなく作品に与えられる」のであれば、受賞は理論的に何度あっても間違いではないが、高いレベルの作品であれば、より多様な人に機会を与えるということが賞の社会的役割という考えもある。日本建築家協会新人賞が建築家の登竜門とするならば、学会賞は実力建築家の証明書という面もあり、同じ人に何枚も発行し続けることはないという主張にも耳を傾ける必要がある。「なるべく重賞はさける」という一文が学会賞選考委員会運営規程に入れられた由縁である。
また『作品選集』掲載作から選ばれる「選奨」との違いも曖昧だ。選集のなかから選奨を選んでいるのに、一方でまた作品賞の候補に全部いれるという矛盾はつねに指摘されている。
いろいろの「はてな」がありながらも、作品賞の審査で特筆できる点は、伝統的に審査員10人全員が最終の8作品すべてを実査し議論する方法を取っていることである。少人数審査に潜む片寄りの危険性からは少なくとも免れている。そのなかで激戦を勝ち残り、また審査員会の激論を勝ち抜かれた今年の受賞者、山本理顕氏、木村俊彦氏、そして渡辺誠氏、渡辺明氏に心からお祝い申し上げたい。　（六鹿正治）

——

今回の選考は、正直言って、あまり乗らなかった。現地視察を行う8作品にこれぞと思う作品のいくつかが残らなかったことと、残った作品のうちに重賞がらみの作品が3作品もあったことが大きい。
重賞は絶対認めないというのではないが、余程の作品でなければ投票しない、というのが基本姿勢である。要するに、学会賞は「新人賞」的でいい、と思う。荒削りであれ、将来の日本の建築界をリードするような力のある若い作家に可能性をみたいと思う。学会賞のレヴェルが問題になるのは、若手の作品に勢いがなく、それなりのキャリアを積んだそつがない作品の受賞が続いているからであろう。これも時代の流れである。
受賞作のうちでは、「公立はこだて未来大学」は文句ないと思った。実に単純なビルディング・システムがかくも多様な空間を産むということにいささか感動を覚えた。山本理顕さんのプランニングの力量とともに、木村俊彦先生の到達点を見る思いであった。テクニカル・アプローチの、大袈裟に言えば日本の近代建築の目指したのはこのような作品であったのかもしれない、と思った。
「地下鉄大江戸線飯田橋駅」は、土木分野への建築家の果敢な試みとして評価したい。余計な仕上げを剥ぎ取るだけで地下空間の豊かな展開を示唆し得ている。しかし、それ以上を期待したい気がある。排気塔や天井を這う照明器具のインスタレーションはそれ以上の方向を指し示しているようには思えなかった。
「W·HOUSE」は、版築の壁に好感をもった。しかし、都市型住宅のプロトタイプとしては、街に対しても、市場としても、いささか閉じすぎているように思った。若い力に期待するという意味では「八代の保育園」に大いに期待があったが、勢いが感じられなかった。徹底するところがない、という印象である。「透静庵」は極めて水準の高い作品であるが、公開性に欠ける点がひっかかった。8作品に惜しいところで残らなかった竹山聖、宇野求の作品にしても、住宅スケールの作品には、「一連の作品」というのを、授賞対象から外した学会賞規定のハードルはいささか高い。（布野修司）

——

現地審査に残った8作品は、いずれも時間をかけて建設技術を醸成した、という面では高く評価できる。しかも、各々の作品が目標とし、達成した技術内容がまったく異なる分野のものであり、その意味では優劣が付けられない。だから、構造技術および建設技術という

公立はこだて未来大学

W・HOUSE

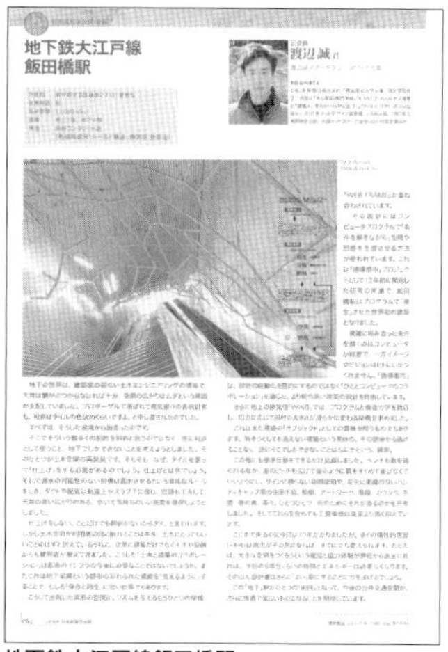

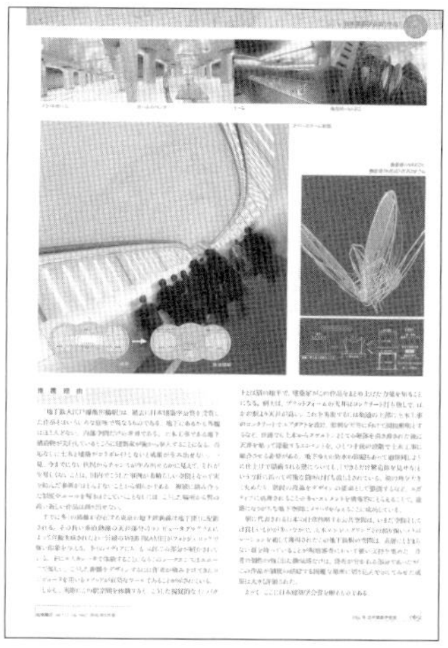

地下鉄大江戸線飯田橋駅

側面では、全部が受賞に値する。
ということは、僕は最終選考には参加していなかったことになる。優劣を見出せなかったからである。他の9人の審査委員が8作品を技術工学とは異なる他の価値観から選考した、といえるだろう。
現在の構造技術は、かつての耐震工学一辺倒から離れて、より広い視野での建築を構成する全体のシステムからディテールまでの統合に重点が置かれている。それが、安全性とか経済性、耐久性、機能性などの必要条件を満たすだけでなく、その統合の論理の斬新性、可能性、充実性、広義の合理性などの十分条件へ接近する時代になってきた。
僕は、応募作品を選考していて、建築界全体がようやくポストモダニズムを払拭して、戦後の建築界の巨大なうねり、モダニズムに回帰してきたことを実感した。それは回帰というより、ニューモダニズムとも呼ぶべき新しい建築思潮の入口に現在があるのだと思う。
だから、「構造デザイン」は設計要素として不可欠な分野になってきたのだ。（渡辺邦夫）

公立はこだて未来大学
山本理顕／木村俊彦

——
推薦理由
——

公立はこだて未来大学は、ひとつの大空間の中に大学のキャンパス全体を包み込む環境的建築空間をあらたなる質を持って実現している。
緩やかな丘陵の上の敷地からは函館山と函館湾の海原を広大なパノラマとして望むことができる。ひとつの大きなシェルターに覆われた大学の諸施設すべてがこの豊かな眺望へとつながり、いっぱいに開かれた南面ファサードを媒介として教育活動の場と自然環境が一体となっている。
未来大学の名に象徴される新たな教育理念と合体する透明性と、自然光が一面に浸透する簡潔な開放的空間が作り出されている。
12.6mグリッドに配置された高さ20mのきわめて細いPC柱が連なり生み出される空間は、側面の開口に加えトップライトからの光により、圧迫感も空虚感も一切感じさせないきわめてヒューマンな大空間として、学生たちの自由で躍動的活動の舞台をかたちづくっている。PCラーメン構造を用いながら、これほど豊かな空間が実現されたことは、今後に大いなる可能性を開いてくれた確かな成果と言えるだろう。
このきわめて革新的な教育の場が実現した背景には開学計画策定委員会に代表される発注者側の未来型教育への創造的な理念、理想が大きく支えとなったことは確かだが、同時に、建築家・山本理顕氏がすでに先行して実現した埼玉県立大学での経験と成果を踏まえ新たな展開へ推し進めた点を高く評価したい。埼玉県立大学において外部空間、半外部空間、内部空間を等価において組み上げ、均質性を持ちながら、かつ多様な空間のリンクを可能とした方法は、公立はこだて未来大学においてはPCによる質の高い大空間によってひとつのシェルターの中にすべてを内包する環境的建築へとみごとに転換されている。
この新たな環境的建築の実現には共同設計者である構造家・木村俊彦氏の果たした役割はきわめて重要であったことはいうまでもない。千葉県立中央図書館など四半世紀以上にわたる木村氏の合理的かつ美しい構成を可能とするPC建築追求の成果の凝縮がここにある。
未来への確かな展望を切り開く大学教育の革新的プログラム、PC大空間の技術的、建築デザイン的達成、構造からサイン、家具に至るまで巧みに総合化した環境的建築表現が結晶している。
よって、ここに日本建築学会賞を贈るものである。

——
受賞者の言葉
——

「公立はこだて未来大学」は、函館の中心市街から車で約20分ほどの距離にある、雄大な眺望を持った尾根の上に位置している。「複雑系学科」と「情報アーキテクチュア学科」の2学科からなる情報系の大学である。
「情報のネットワークとは人のネットワークである」が私たちが考えた設計コンセプトである。社会の情報化が進めば進むほど、人と人が直接出会い、その表情や雰囲気を直に知るということが重要になるのではないか。この大学の中心的な空間である「スタジオ」は、そういった人と人とのネットワークを作り出す空間である。スタジオは個人の研究活動だけでなく、グループ学習やゼミ、授業にも利用され、生徒と教員が共有するフレキシブルな空間である。南向きに緩やかに傾斜した敷地を生かし、雛壇状に作られた大空間である。初めて敷地に訪れたとき、敷地から見下ろす雄大な風景のイメージと、PCのドライな架構がぴったりなのではないかと思われた。そしてPCならば木村俊彦さんに相談に乗ってもらいたいとすぐに考えたのである。木村俊彦さんからはさまざまな提案をいただいた。プレストレスをかけたPC圧着工法を採用することにより、12.6mというロングスパンが可能となった。この建築のPC化率は全躯体の80%以上であり、寒冷地の工期短縮にもきわめて有効であった。床板として提案されたダブルTスラブは、12.6mのスパンを小梁なしでとばすことができ、また屋根のトップライトもダブルTのステム（リブ）を残してフランジに大きな開口を開けることができるので、明るく開放的な「スタジオ」空間が実現した。
つまり、「はこだて未来大学」は空間のイメージ、架構システム、教育プログラムそれぞれの側面が相互に浸透し、互いに補完し合うような建築である。

W・HOUSE
渡辺明

——
推薦理由
——

W・HOUSEは6戸の集合住宅である。比較的良好な環境が残る都心部の住宅地に建つ。通常の企画であると建蔽率（60%）、容積率（150%）を最大限に使い、残った土地もたいていは駐車場にあてるため、例えばまとまった緑地が無残な変容を遂げることになる。この敷地の周辺にもそのような例はいくらでも見てとることができる。
W-HOUSEは、しかしそのような容積至上の功利主義に対して、まったく異なるアプローチを試みている。周到なマーケティングの結果として、短期滞在外国人を賃貸の対象として選び、建蔽率、容積率を共にセーブしたことで敷地内に緑地を確保して環境を整え、さらに住居構成からインテリアデザインに至るまで住居としての高い質を一貫して提供することで価値基準を上げるという「作り手の戦略」で対応している。コートハウスのように緑地を囲い込むのではなく、外周部を緑化し、それが周辺すなわち都市につながる可能性を残す配置にその戦略に託す作者の意図が現れている。住戸は長手方向に設けた厚い壁に挟まれ南北3層に積層されている。この厚い壁の外側に版築という手法により施工された堆積する柔らかな土の表情がこの建築を第一に印象づけ、周囲の緑と相まって快適な都市生活の内包を予感させる。厚い壁に平行してアプローチとなる階段が直列に配され、各階の踊り場から続く半屋外テラスが住戸前庭のように設けられている。壁が大きく切り取られ、緑地に接続するこのテラスは、心地よく風が抜け住戸間に適当な距離を生む。階段とテラスが作り出す立体路地とも言える屋外の動線の設定がこの集合住宅全体に魅力と快適性を与え、都市集合住宅の可能性を示している。
また、この建築で特筆すべきは、素材に対するこだわりとよく考えられたディテールである。版築をはじめとして、さまざまな木材や石、塗壁などエコロジカルな視点から選ばれた素材群、あるいはそれらの接合部やサッシ廻りに見られる内外にわたるさまざまな試みは、一見軽々となされているように見えて、細部に至るまでおろそかにしない作者の確固とした価値観や十分な経験に基づく、周到かつ綿密な検討の結果である。その徹底が分離発注によって実にリーズナブルに得られていることにも驚かされる。さまざまな課題に挑戦し、それらを克服しつつこのような質の高い隙のない建築に結実させる作者の力量は十分評価に値する。
よって、ここに日本建築学会賞を贈るものである。

——
受賞者の言葉
——

あらためて今日の都市を眺めたとき、敷地の内部で完結している建築物の多さに驚かされた。自然やコミュニケーション等の環境はその敷地内、あるいは建築物内でよりよい状態となるべく計画されるいっぽうで、都市環境の向上という点から見れば疑問を抱かずにはいられないものとなっているのを簡単に目にすることができる。一例として敷地めいっぱいに建っている集合住宅は、その内部に魅力的な中庭を有していても、その場の居住者でないわれわれにとっては、単なるそびえ立つボリュームでしかないのである。
敷地内で完結することなく、都市と居住者、その両者にとって良好な環境をつくり出す集合住宅ができないだろうか？　W・HOUSEでは、これが最初の命題となった。しかしながら、今日の集合住宅は、「容積率を上げる＝収支がとれる」という価値観が根付いており、良好な環境づくりとは相反する感も否めない。私の意図した空間は、周囲を囲む緑の帯と風を含む光を内部へと引き込み、自然や居住者同士の緩やかな関係性をもたらす共有スペースをもつ居住空間であり、都市においては街角の緑や風のたまりとなることを期待する場であったが、一方の容積率という観点から見れば、満たさないという方向でしか成立し得ないものであった。では収支が満たせる新たな評価基準を、建築家自身がディベロップする手法がないだろうか？
この第二の命題のもと、今回の計画では、容積率を上げるという手法ではなく、建築物のクオリティを向上させ、よりよい環境をつくり出すことにより、評価基準の向上を計ることにチャレンジすることができた。具体的には、建築家として一方的にゼネコンに頼ることをやめ、建築家自身の設計製品監理とCMをはじめとしたCPによる正当な建設費の算出の徹底、および竣工後のプログラムづくりへの参加により、収益の向上と支出の抑制に努めたものである。
試行錯誤を繰り返し、さまざまな世代とのディスカッションを経てつくり出されたW・HOUSEは、私にとってひとつのプロトタイプである。今後さらにさまざまな場で展開されていくことで、都市環境の向上につながっていくことを期待する。

地下鉄大江戸線飯田橋駅
渡辺誠

——
推薦理由
——

「地下鉄大江戸線飯田橋駅」は、過去に日本建築学会賞を受賞した作品とはいろいろな意味で異なるものである。地下にあるから外観はほとんどない。内部空間だけの世界である。土木工事である地下構造物が先行しているところに建築家が後から参入することになる。否応なしに土木と建築がコラボレイトしないと成果が生み出せない。一見、今までにない状況からチャンスが生み出せるかに見えて、それが生易しくないことは、国内でこうした事例が素晴らしい空間となって実を結んだ事例がほとんどないことから明らかである。複雑に絡み合った制度やルールを解きほぐしていくことなしには、こうした場所から質の高い新しい作品は創り出せない。
すでに多くの路線が存在する東京の地下鉄新線は地下深くに配置される。その長い垂直動線の天井部分のコンピュータプログラムによって自動生成されたという「緑のWEB FRAME」がフォトジェニックで強い印象を与える。多くのメディアにも、もっぱらこの部分が紹介されている。主にエスカレータで体験することになるこのシークエンスはユニークで楽しい。こうした距離をデザインするには作者が積み上げてきたコンピュータを用いるメソッドが有効なツールであることが示されている。
しかし、実際にこの駅空間を体験すると、こうした視覚的なインパクトとは別の地平で、建築家がこの作品をまとめ上げた力量を知ることになる。例えば、プラットフォームの天井はコンクリート打ち放しで、ほかの駅より天井が高い。これを実現するには軌道の上部に土木工事のコンクリートでエアダクトを設け、照明を天井に向けて間接照明とするなど、普通なら土木からスケルトンとしての躯体を引き渡された後に天井を貼って隠蔽するエレメントを、ひとつ手前の段階で土木工事に融合させる必要がある。地下ゆえの防水の問題もあって通常同じように仕上げで隠蔽される壁についても、「できるだけ構造体を見せる」という方針に沿って可能な箇所は打ち放しとされている。壁の角を大きく丸めたり、階段の段鼻をデザインの要素として強調するなど、ネガティブに処理されることの多いエレメントを積極的にとらえることで、迷路になりがちな地下空間にメリハリを与えることに成功している。
駅に代表される日本の日常利用する公共空間は、いまだ空間としては貧しいものが多いなかで、土木エンジニアリングとの粘り強いコラボレーションを通して獲得されたこの地下鉄駅の空間は、表層にとどまらない質を持っていることが現地審査において強い支持を集めた。作者の個性の強く出た換気塔だけは、賛否が分かれる部分であったが、この作品が制度の錯綜する困難な場所に切り込んで示してみせた成果は大きく評価された。
よって、ここに日本建築学会賞を贈るものである。

——
受賞者の言葉
——

地下の世界は、建築家の居ない土木エンジニアリングの領域で、天井は頭がぶつからなければ十分、空間の広がりはムダという常識が支配していました。プロポーザルで選ばれて意気揚々の各設計者も、役割はタイルの色決めくらいですよ、と申し渡されたのでした。
すべては、そうした逆境から始まったのです。
そこでそういう数多くの制約を制約と思うのではなく、

逆に利点として使うこと、地下でしかできないことを考えようとしました。そのひとつが土木空間の再発見です。そもそも、なぜ、タイルを張って「仕上げ」をする必要があるのでしょう。仕上げとは何でしょう。それで漏水の可能性のない架構は露出させるという単純なルールをしき、ダクトや配管は軌道上やスラブ下に移し、空調も工夫して、天井の高い広がりのある、歩いて気持ちのいい空間を確保しようとしました。
仕上げをしない、ことだけでも前例がないからダメ、と言われます。しかし土木空間が利用者の目に触れることは本来、土木にとってもいいことのはずと訴えているうちに、次第に建築だけでなく土木や設備からも賛同者が増えてきました。こうした「土木と建築のコラボレーション」は都市のインフラの今後に必要なことではないでしょうか。またこれは地下架構という都市の忘れられた資産を「見えるように」することで、むしろ「保存と再生」に近い仕事でもあります。
こうして出現した素形の空間に、リズムを与えるもうひとつの架構、「WEB FRAME」が重ね合わされています。
その設計にはコンピュータプログラムで「条件を解きながら」空間や形態を生成させる方法が使われています。これは「誘導都市」プロジェクトとして12年前に開始した研究の実施で、飯田橋駅はプログラムで「発生」させた世界初の建築となりました。
複雑に絡み合った条件を解くのはコンピュータが得意で、一方イメージやビジョンはヒトにしかつくれません。「誘導都市」は、設計の自動化を目的にするのではなく「ひととコンピュータのコラボレーション」を通じた、より質の高い建築の設計を目指しています。
さらに地上の換気塔「WING」では、プログラムと構造力学を統合し、応力に応じて部材の大きさが滑らかに変わる架構を求めました。
これはまた建築の「オブジェクト」としての意味を問うものでもあります。消そうとしても消えない建築という実体の、その宿命から逃げることなく、逆にそこでしかできないことはなにかという、探索。
この他にも標準仕様をできるだけ見直しました。ベンチも数を縛られるなか、座のピッチを広げて雀のように肩をすくめて並ばなくていいようにし、サインに頼らない空間認知や、足元に邪魔のないハンディキャップ用の洗面手摺、照明、アートワーク、階段、カウンタ、手摺、壁の角、等々、ひとつひとつ、何のためにそれがあるのかを再考しました。そしてこれらを含めても工費単価は従来より低く抑えています。
ここまで来るのに今回は10年かかりましたが、多くの惰性的慣習(＝制度)は施主がその気になれば、すぐにでも変えられます。たとえば、大きな空間をつくろうという意図と協力体制が最初から施主にあれば、今回の6年分くらいの時間とエネルギーは必要なくなります。そのぶん設計者はさらに「よい」駅にすることに力を注げるでしょう。
この「地下」駅がひとつの「前例」となって、今後の公共交通空間が、さらに快適で楽しいものになることを期待しています。
――
建築雑誌2002年8月号掲載。
――
候補作品｜92題(応募15、作品選集掲載77)

54｜2003年(平成15年)

せんだいメディアテーク／ひらたタウンセンター／苓北町民ホール

――
選考経過
――
第1回作品部会は2002年9月30日に開催された。審査方針は、ここ数年来行われてきた方針をもとに検討し、以下のことを確認した。
1. 表彰件数は厳選寡少を旨とし3点を基準とする。
2. 委員推薦は行わない。
3. 現地審査は原則として委員全員が行う。
4. 重賞についてはなるべく避けるが、授賞に値する作品がある場合は十分討議する。
5. 過去に審査対象となった作品でも特別な考慮はしない。
6.「一連の作品」という業績名での応募に対しては、顕彰対象は作品自体であるとする見地から、原則として単体を対象とする。
7. 現地審査時は原則として設計者に立会ってもらうこととする。
以上の審査方針ならびに運営規程等に照らして、佐々木委員の業績が候補となったことから委員の年間の職務の停止を確認し、専門委員として渡辺邦夫、和田章の両氏に委嘱することを求めた。
また、本年度の審査対象は、学会賞推薦・応募業績の20作品、「作品選集2003」掲載業績85作品であり、1作品が重複していることから合計104作品であるが、そのうちの1作品は候補業績募集要領「1. 賞の対象：複数の作品をまとめ、一連の業績としたものは避ける」および審査方針(6)に抵触する可能性があることから、資料審査に基づいて第2回部会で再検討することとした。
各委員が個別に資料審査を行ったうえで、第2回作品部会を10月11日に開催した。
まず、審査対象の104作品のうちの1作品は候補業績募集要領および審査方針(6)に抵触するとの結論に至り、審査対象の候補業績は103作品であることを確認した。
討論と投票を重ねた結果、次の7作品を現地審査対象として選出した。

・せんだいメディアテーク　伊東豊雄君／佐々木睦朗君
・ひらたタウンセンター　富永讓君
・新潟みなとトンネル立坑「入船みなとタワー」「山の下みなとタワー」　小林克弘君
・ポーラ美術館　安田幸一君
・苓北町民ホール　阿部仁史君／小野田泰明君
・箱の家―22「T邸」　難波和彦君
・八女市多世代公流館「共生の森」　青木茂君

なお、「せんだいメディアテーク」は重賞に相当する候補であったため、上記の審査方針(4)に基づき慎重に議論を行い、際立って優れた作品であれば重賞もありうることを確認した。
現地審査は、全国に点在する7作品を対象に、11月中旬から1月中旬にかけて4回に分けて行われた。
最終審査のための第3回作品部会は、全委員の出席のもとに2月7日に開催された。
まず、運営規程ならびに審査方針を確認したうえで、各委員が3作品以内を推薦する投票を行った。その結果を参考にしながら、作品ごとに各委員が現地審査をふまえた講評を述べ、議論を重ねて選考を進めた。最初の投票で票の少なかった「箱の家―22「T邸」」、「八女市多世代公流館「共生の森」」の2作品を対象から外すこととした。次に5作品を対象に投票を行い、その結果、満票で圧倒的支持を得た「せんだいメディアテーク」を賞の候補に決定した。次に「ひらたタウンセンター」、「新潟みなとトンネル立坑「入船みなとタワー」「山の下みなとタワー」」、「ポーラ美術館」、「苓北町民ホール」の4作品について意見交換をした後、再投票して選考を行い、「ひらたタウンセンター」、「苓北町民ホール」の2作品を候補に決定した。
以上の結果をもとに、2003年の授賞候補作品として下記の3作品を推薦することを決定した。
・せんだいメディアテーク　伊東豊雄君／佐々木睦朗君
・ひらたタウンセンター　富永讓君
・苓北町民ホール　阿部仁史君／小野田泰明君
本年も重賞にあたる作品が選ばれた。作品賞の期待される水準の維持、活性化のためにも、重賞に値する作品は積極的に評価すべきとの意見に委員全員の一致をみた。
また今年の部会でも、「学会賞(作品)」と「作品選奨」および「作品選集掲載業績」との関係が明確でないため、検討の必要があるとの問題提起があった。
――
委員
――
飯田善彦　石野久彌　岡部憲明　小嶋一浩
坂本一成　瀧川公策　服部紀和　三宅理一
元倉眞琴
――
委員の見解
――
去年のこの欄にも書いたが、作品選集、選奨と学会賞の関係はやはりおかしい。今年も直接応募の作品に較べ、作品選集からの応募作が圧倒的に多い状況であったが、それが作品の質を上げる結果に結びついていない。また、学会という主催者が、共通する母数から、二つの賞を選定していることがどうしても理解できない。いっそうのこと、作品賞を切り離し、ゴールドメダルのように一本化した方がすっきりするのではないか。
今年も結果的に重賞1件、初受賞2件となった。重賞の「せんだいメディアテーク」はやはり頭抜けていたと思う。現地審査であらためて感じたのは〈強度〉であった。竣工直後に訪れたときは、コンペ案の印象から、〈軽さ〉、あるいは〈透明感〉が先入観としてあり、しかしながら館内を巡りながら身体が受けた重さのような感覚とのギャップがとても気になっていたが、今回さまざまな場所でさまざまな市民活動が盛り上がっているのを見て、多様さを楽々と受け入れる容器としての強さが圧倒的であった。また、二つの市民施設は、それぞれ問題点を指摘されながらも、立ち現れた建築の魅力が勝っていたように思う。
去年に続いて候補作を集中して巡ってみて、建築がいわば問題解決の方法としてあらためて期待されていること、そして審査を通じ、地域性、固有性、経済性、エコ、技術、等々ありとあらゆる切り口で、構想力を試されていることを自分自身の問題として実感させられた。　(飯田善彦)
――
今回が2年目の審査となる。昨年同様、楽しく審査しながら勉強させていただいたが、今年は一層充実した作品が多かった。他人様のものを評価することは、どんなに慎重を期していても慎重すぎることはないと思っているが、今年はとくに審査の難しさを痛感した次第である。その難しさを以下に述べる。
・重賞の問題。昨年は重賞候補が複数あった。今年の伊東豊雄・佐々木睦朗作「せんだいメディアテーク」は、昨年から応募権利はあったのだが、もし昨年応募されていたら昨年の結果はどうなっていただろうか。そして、今年に与える影響は……と考えると複雑な思いである。規程では、原則として重賞は避けることになっている。
・一連の作品について。例えば、ローコスト住宅にいろいろな工夫をこらしてたくさん作ってきたとする。一連のシステム、メソッドであり、一作品で評価できない深みがある。規程では一作品のみを対象としている。
・総合設計事務所の作品。アトリエ建築家ならコラボレーションとして評価されるのに、総合設計事務所だと裏に組織の力が見え隠れするとか、技術的部分が勝ちすぎている、完成度が高すぎるとか、とんでもないことが意見になってしまう。規程では、組織の名目にとらわれず中心的な人少数を選ぶことを原則としている。
・地球環境・建築憲章について。建築環境的視点での意見である。学会賞に応募され、最後まで残ってきた作品のなかに大きな問題をもっているものがいくつかある。例えば、ある建物は、寒冷地でありながら雪に対する構造的、環境的配慮がほとんどなく低温に対する配慮もない。建築は肉体的、感情的、知性的欲求を満たす体験でなければならないし、瞬間的でなく永続的なものであることを忘れてはならない。建築家一人でわからないときは、是非環境設計者とのコラボレーションを勧める。限られた建築家が選ぶ学会賞でいいのか。規則では地球環境負荷削減も審査基準のひとつになっている。
・作品選奨との関係。業績賞との差もわかりづらいが、それよりも作品選奨とはどういうところが異なるのか不明である。学会賞は若手の登竜門視するのか、その時代を代表する作品に与えるのか、そのとき環境的視点はどう扱われるのか。
最後の現地審査まで残った「ひらたタウンセンター」「新潟みなとトンネル立坑「入船みなとタワー」「山の下みなとタワー」」「箱の家―22「T邸」」「せんだいメディアテーク」「八女市多世代交流館「共生の森」」「苓北町民ホール」「ポーラ美術館」には、それぞれの良さを満喫させていただいた。設計者に敬意と感謝を。
(石野久彌)
――
本年は前年に比してより多くの質の高い作品が応募されていたと考える。
最終審査7点のうちでは「せんだいメディアテーク」「ひらたタウンセンター」「ポーラ美術館」「苓北町民ホール」の4点の作品を高く評価したい。
3点の公共文化施設はいずれも異なった方法と思想から、今日の公共施設のあり方に対する新しい提案のなかに、たしかな価値を生み出している。
プロセス、規模、設計条件、地域ともにことなった三つの作品が開いてくれた方向は、今後の日本の公共建築のあり方にとって、きわめて貴重な財産となってくれたと考える。三つの公共建築作品に共通している点は、建築プログラムを成立させていくプロセスについてのかかわりが、より利用者や地域、時代の潜在的社会性を取り込んでいった点にあり、それゆえ新たな公共建築の形を提示し得たことだろう。
建築家のみならず市民、行政、利用者のすべてに対し、示唆に富んだ3作品となっている。
ポーラ美術館は高度な技術的まとまりと、自然のなかに透明感溢れる空間を作り上げた点に加え、周辺環境とのあり方、美術館プログラムの条件など多くの複雑性のなかで、デザインを集約した建築家と技術陣の努力と実力を評価したいと考える。
気になった点をあえて挙げれば、豊かなヴォリュームをもつエントランスホールや外部の自然環境と展示空間の間に連続性が感じられにくかったことだろう。
(岡部憲明)
――
大勢の審査員の議論を経たいろいろな建築を実際に体験するのは貴重な機会です。私自身は、昨年と同様に、「〈建築のちから〉を専門家のなかではなくもっと広い世界に向けてわかりやすくプレゼンスできているか?」「その作品が生まれたことで、今まであたりまえだと思われていた価値観が揺さぶられて新しいものの見方へと可能性を切り開いているか?」ということにプライオリティを置いて審査に加わりました。「せんだいメディアテーク」は建築の質は言うに及ばず、開館後の活動がまた素晴らしい。日本の、前例主義に陥りがちな公共建築の枠組みのなかでもこれだけのことが実現する、ということを示してくれているから、何度訪れても、その都度建築家として力を分けてもらった気分になります。「ひらたタウンセンター」は一見しただけだとヒロイックでもフォトジェニックでもない建築です。緻密にこの地域に必要な空間をプログラムを再解釈しながら過不足ない流動的な空間を作り出していて、ヒートロスの問題は私も気になりましたが、それを超えてこうした日常のアクティビティに正面から向かい合った建築は素敵だと思います。「苓北町民ホール」もまた、市民の日常の活動の場所です。「ひらたタウンセンター」とは異なり特異なかたちを持っているが、市民とのワークショップがお題目になっていないことが使われ方から読み取れました。建物のなかで空間全体が素直に連続感を持っていて、同時にホールそのもののクオリティも獲得していることなど、建築家の力量が感じられます。「箱の家」は、かつての「一連の作品」という枠を超えていて「一作品だけで評価せよ」という学会賞の制度の限界を問いかけているのだと思います。　(小嶋一浩)
――
学会賞に限らず賞や競技設計の審査において楽しく嬉しいのは、十分評価できる作品が候補のなかに少なくとも一つあること、まして多くある場合はその楽しさ、嬉しさは倍増する。しかし、そうした機会に恵まれることは滅多にない。本年の審査はその滅多にない機会に巡り会えた。
受賞作品となった「せんだいメディアテーク」「ひらたタウンセンター」「苓北町民ホール」の3点は問題なく学会賞に相応しい充実した作品であることは言うまでもないが、高度な技術性と洗練さによって完成度をもった「ポーラ美術館」、土木構築物との関係のなかで新しい可能性を見せた「新潟みなとトンネル立坑『入船みなとタワー』『山の下みなとタワー』」の2作品は、最後まで最終候補を競い、入賞2作品と入れ替えすらありうる充実した作品であった。入賞規定数を満たすことに困難を感じることが多いこうした審査で、規定数を越えて選べないことを残念に思えた珍しい審査であった。
また「箱の家―22「T邸」」を応募規定との関連から「一連の作品」として扱うことができなかったことも残念であった。さらに、「八女市多世代交流館「共生の森」」も建築の再生の可能性を示すものとして評価されながらも、選ぶことができなかった。
現代の最高水準の建築として評価ある「せんだいメ

ディアテーク」は、審査委員推薦がなくなったなかで、どなたかの推薦を頂きたい作品であったもので、今回の学会賞として位置づけられたことは幸いであった。
以上、本年は新しい可能性と高い完成度の建築が見られた充実した審査であった。　（坂本一成）

——

毎年問題になるようだが、作品選奨、作品選集掲載と学会賞の意味の相違、あるいは関係性が明確にされていない現状で、正規のルール（選奨、選集の無かった時代のルール）で推薦された候補作品と合わせ、作品選集に選ばれた作品のほとんどが自動的に候補作品となるというところに無理があるように思われる。選集作品もいずれも力作であることはたしかだが、学会賞に期待されるもの（と私が思っているもの）とはいささか異なるものも含まれており、自薦・他薦を問わず正規のルールのみの場合には多分立候補されなかったであろうものが多数含まれている感じが見受けられた。
一次審査に残った7点は結果的には、いずれも程度の差こそあれ、作品自体にあるいは作品を生み出すプロセスにおいて、現代の社会が抱えている問題点あるいはテーマといったことがらに真剣に取り組んでいることである。それが評価の優先基準になったわけではまったくないが、今やそういった事柄を抜きにして建築は語れないということであろうかと思われる。しかし一方で、ある作品がある場所で生み出される動機にまで立ち入ることができず、そこで発生する問題に対しては技術的な解決によって最大限の対応をするという職能的な限界を、それがデザイン的・技術的に非常に良くできているだけに、強く感じたように思われる。
最終的に受賞作として残った3点は、結果的には、大きな共通点を持った作品である。中心となる機能は多少異なるとしても、いずれも住民のためのコミュニケーションの場、情報交換の場であり、計画に際し住民との対話、ワークショップなどを通じて住民の思いをくみ上げ、さらには運営のソフトにまで足を踏み入れ、完成後も深くかかわることによって施設を生命あるものにしていこうという設計者の姿勢は高く評価されるべきものと思われる。　（瀧川公策）

——

建築作品の価値を決定づける要素のうち最も大きなものはその作品の持つ"生命力"にあると常々考えています。完成時の美しさや新規性はもちろん魅力ではありますが、3年後に訪れたら汚れてがっかりといった建物もいくつも見受けられるなかにあって、その年度の頂点といってよい「学会賞（作品）」は、真に永く輝き続けるものでなければならないと思います。そのためには、建築家（および建設関係者）と、発注者、利用者、管理者、大きくは"社会"との、末永い「価値」の共有が不可欠でありましょう。
本年、現地審査まで選考された7作品は、いずれも計画の段階から、建築主や地域を巻き込んでの精力的な「設計プロセス」を彷彿させるに十分なものばかりでした。
とくに「せんだいメディアテーク」を筆頭とする三つの受賞作は、時間や社会変化を読み取り、融通性、可変性、曖昧性が良くプログラミングされていて、これが大きな魅力となっていると思われました。今後、永きにわたり機能し続け、愛され続けることを念願するところです。
さらに個人的な印象を述べれば、「ポーラ美術館」「新潟みなとトンネル立抗『入船みなとタワー』『山の下みなとタワー』」については少なからぬインパクトを感じました。箱根と日本海……まったく異なる環境下ですが、建築と自然との共生と対峙という点で、この2作ともに最近にないスケールの大きな、力強さを感じさせる建築であることを付記しておきます。（服部紀和）

——

本年の作品賞は優秀作が多く、選考に際して大いに迷わされるところがあった。字数が限られているので、ここでは受賞作についてのみ記す。「せんだいメディアテーク」は、コンペ時点からその意表をついたデザインで話題を呼んだ作品であり、行政、住民、建築家の間でさまざまな軋轢があったことは記憶に新しい。デザインの斬新性や技術開発とは別に、この建築が仙台という町のなかでいかに新しい公共空間を獲得し市民性を得ているかは重要な指標であるが、その運営方式を含めて仙台の新しい文化の発信地として十二分に機能していることに好感をもった。ただ、軽く透明な空間を追求した結果が、超高層にも匹敵する鉄骨を胚胎した重量級の建築となった点（見た目にはその部分が消されてはいるが）は、いまなお疑問として残っている。他方、「ひらたタウンセンター」は、素っ気ないたたずまいゆえ、地元民に「倉庫のような建築」とまで言われているようだが、一期二期と増築を行うことが前提となって軸に沿って主要空間を展開させていく構成が成功している。寒冷地にもかかわらずシングルグラスの開口としている点に議論が集中したが、人口7,300人で年間予算が42億円の町が総工費24億円という高い買い物をしたのであれば、設計にあたってそのあたりの配慮は必要だったのではないだろうか。逆に、さりげない建築ながら強い共感を呼んだのが、天草の「苓北町民ホール」である。この建築の魅力は、その計画プロセスと建築デザインとが緻密かつ用意周到に組み上げられ、パブリック・インボルブメント（PI）の先駆けとしての計画論を提示し得た点にある。さらに、地元からの計画、地域振興といった課題に対して、材料（県産材）や構法（LVL材によるシェル）を駆使して巧みなデザインにまとめあげ、建築の側からのソリューションを提示した建築家の腕力を高く評価したい。結果的に東北勢ががんばった印象の受賞作品であった。
（三宅理一）

——

最終的に選ばれた3作品はいずれも私の推薦する作品であったので満足している。
ただ、現地審査を決める第一次審査会に参加できなかったことが少し残念であった。もちろん前もって推薦する作品とコメントは提出してあったし、結果に関して十分納得している。しかし、なかなか取り上げられにくい集合住宅を残しておきたかったし、難波和彦さんの「箱の家シリーズで1作品として扱える」という考え方に共感していたので、やや未練が残った。とくに「一連の作品」を受賞対象から外すという規準であるが、たしかに同一の作者の複数の作品という曖昧な扱いには反対だが、今回のような意図的な一連（シリーズ）は建築作品として積極的に評価すべきだと考える。
もうひとつ議のある重賞の問題であるが、ことの良否ではなく、重賞の対象となった作品に対して、単に作品の総合的な完成度の高さというところに評価を置かずに、その時代にどのような新しい価値観の与えたかについて、評価の規準を置くべきだと考えていた。その意味で「せんだいメディアテーク」はまったく適したものであった。
現地審査の7作品は、どれも今日的な問題に積極的に挑んだ作品として興味深いものであった。「新潟みなとトンネル立抗『入船みなとタワー』『山の下みなとタワー』」の土木と建築の境界での試みと景観に対する提案、「ポーラ美術館」の建築と自然環境保全の提案、「八女市多世代交流館『共生の森』」の再生建築の提案など、挑戦的な態度を高く評価するが、いずれももうひとつ先に進めることができたのではとの思いが残った。
受賞作品の「ひらたタウンセンター」と「苓北町民ホール」は期せずして小さな町のコミュニティ施設であった。解法はそれぞれ違うが、いずれも新しい「役に立つ」公共施設のあり方を、建築空間の発見とともに提案していることを積極的に評価した。　（元倉眞琴）

せんだいメディアテーク
伊東豊雄／佐々木睦朗

——
推薦理由
——

Ubiquitous Environmentが建築になった、そんな印象である。せんだいメディアテークは近未来のユビキタス環境をわかりやすく具現化している。時代の先取り建築である。主役が建物から人へ完全に移っている。
そもそも、せんだいメディアテークは、市民図書館、市民ギャラリー、映像センター、視聴覚障害者の情報施設という4つの異種業種の集まりであった。それを融合させて再配置したのである。メディアテークの語源的意味は、媒体・手段の入れ物ということである。ユビキタスな情報化新時代の空間の提供であり、これは東北仙台の中心部、定禅寺通りに面して建っている。
1階は定禅寺通りに開き外部性の高い公開空地であり、多目的イベントスペース、カフェ、ショップがある。
2階はせんだいメディアテークを活用するためのアクセスインフォメーションがあり、受付相談カウンター、インターネット検索や新着雑誌を自由に手にすることができる。3階と付属する4階は、仙台市民図書館であるが、個人的作業もできるスペースもある。5、6階は共にギャラリーであるが、天井高がそれぞれ3,300、4,200と異なっている。7階はスタジオという名称で、スタジオシアター、映像音響、美術文化ライブラリー、会議室がある。地下1階は駐車場、地下2階は機械室と閉架書庫がある。
建築要素としては、チューブといわれるラチス柱とプレートといわれる鋼鉄製のサンドイッチ構造フラットスラブとスキンといわれる透明度の高い外周、特に南方位のダブルスキンの3つの概念で構成されている。
チューブは50m四方のフロアを平面的にランダムに貫いているように見える13本のスチールパイプを組み合わせて作った空洞をもつ柱であり、構造的な柱であると同時に光、空気、水、電気、人の動線、物の動線などを内包している。ランダム配置の樹木のようなチューブがユビキタスな浮遊する建築体験を可能にしているといっても過言ではない。ランダム配置そのものは、自然界のフラクタクル次元として数学的に証明してみてはどうだろうか。人が自在に動き、自在に場を作る、そして水平的な仕切り、垂直的な仕切りを無くしている。また外皮も無くしている。あるのは生命を運ぶチューブといわれる柱、人が足を置く床、風雨を遮るガラスのみである。そういう意味では、床はもっと薄く軽量化してもいいし、床本体の中を空調チャンバーとしてもよかった。ガラスはもっと透明でもいいし、そのためにはダブルスキンを南方位だけでなく東、北へと連続させてもよかった。構造的には、造船技術を応用した鉄鋼フラットスラブの採用、細径の鋼管によるラチスシェルで作られたチューブ柱、積層ゴムを用いないで地震エネルギーを吸収する貫梁方式の採用などの新提案がなされ、せんだいメディアテークが実現可能となった。熟成した設計コラボレーションである。せんだいメディアテークは今現在多くの利用者に愛されているが、これからのユビキタス時代において公共建築の規範となる潤いのある建物として存続し続けることを確信させられる。
よって、ここに日本建築学会賞を贈るものである。

——
受賞者の言葉
——

せんだいメディアテークは、仙台市によって企画された新しいタイプの複合公共施設である。区立図書館、市民ギャラリー、オーディオ・ビジュアルのセンター、視聴覚障害者への情報提供などの機能を再編し、「メディアテーク」という名のもとに融合したもので、文化のコンビニエンス・ストアとも言うべき気軽に利用しやすい公共施設が目指された。
建築は1995年のオープン・コンペティションに始まり、6年の歳月を経て2001年初めにオープンしたが、その間プログラムをめぐって限りない議論が繰り返された。
この施設は以下のような特徴を持つ。
(1) 地上7層の床（≒50m四方）は13本のチューブと呼ばれる空洞のある鋼管柱によって支持され、構造壁は全くない。床スラブも2枚のスチールプレート間にリブを溶接したハニカムスラブでつくられ、薄くフラットな床が実現されている。
(2) チューブはすべて樹状の有機的形状を持ち、その内部は垂直交通、空調ダクト、排煙、自然光の採光等、多様な機能を備えている。
(3) 各フロアは、天井高の異なる変化に富んだ空間が用意され、いずれのフロアも壁のきわめて少ない連続する流動的な空間が確保されている。また上下のフロア間もチューブを介して視覚的連続性が得られている。
(4) その結果利用者は館内のスペースを自由に歩行し、好みのアクティヴィティの場所を確認し選択できる。小さな子どもや高齢者にも親しみやすい空間が提供されている。
(5) 南面ファサードはダブルスキン・ガラスとし、中央2本のチューブでは太陽光を常時下層階まで送るコンピューターコントロールされたミラーを設置する等、省エネルギーのためのテクノロジーが利用されている。
オープン後2年間を経過し、連日図書館を中心に多くの利用者に親しまれ、活況を呈している。

ひらたタウンセンター
富永讓

——
推薦理由
——

ひらたタウンセンターは人口のさほど多くない田園的な町の中心となるべき複合公共施設の新しい型を提案したものである。
低く水平に広がる姿は、一般にイメージされる公共建築の類型から外れている。しかしその伸びやかで親しみやすいスケールは、庄内平野の風景とよく合っている。
このような施設はシンボル性を求め、威容を誇るものになりがちである。しかしここでは施設を構えたものとしてとらずに、気軽に人が出会えるコミュニケーションの場としてとらえている。
敷地を縦断する120mの長さのパッサージュホールの空間がこの施設を強く特徴づけている。この空間は、様々な施設の寄せ集まりであるものに、積極的な秩序を与える役割を果たしている。さらにそれぞれの機能空間から表出されてくるアクティビティを、意図的に交錯させ、活動を関係づけることで積極的なコミュニケーションの空間をつくろうとしている。
そのことはパッサージュホールを歩いてみると理解できる。会議室やボランティア室との視覚的な交錯、パッサージュホールにはみ出すように置かれた調理実習室のオープンな扱いとカフェとの関係、図書館の空間との融合など様々な体験が得られる。つまりこの施設では、部屋に閉じこもるということがないので、それぞれ違う目的をもって訪れた人同士でも出会うことができる。その考え方はシアターと名づけられたホールとの関係にも徹底されている。
このシークエンスに応じて様々に展開していく空間は、3.3mピッチで繰り返される薄い柱のリズムによって、効果的なオーダーが与えられている。さらに住宅的とも言うべき抑えられたスケールの操作や、繊細に組み立てられたシンプルで美しい空間は、緊張感をもちながら同時に親しみのあるものになっている。そのデザインのクオリティは家具からサインのデザインまで一貫している。
この建築のもう一つの魅力は内部と外部の一体性である。これは水平に広がる田園の風景の中での建築空間の積極的なあり方を示している。つまり、中から体験する風景を通して、改めて自分たちの場所の意味や価値を再認識させる装置となっている。
このようにひらたタウンセンターは新しい公共複合施設のあり方に緻密にかつ果敢に取り組んだものとして十分評価できるものである。
よって、ここに日本建築学会賞を贈るものである。

——

せんだいメディアテーク

54

せんだいメディアテーク／ひらたタウンセンター／苓北町民ホール

ひらたタウンセンター

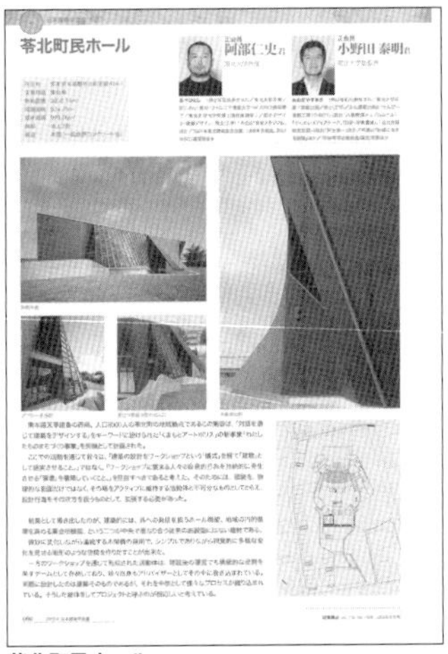

苓北町民ホール

受賞者の言葉

——

この計画は7年前、オープンコンペに応募するところから始まりました。コンペの要項も、応接も、手作り感ある熱意が感じられ、参加しました。283点もの応募があり、幸いヒヤリングの7点に選ばれ、シンプルすぎる案の考え方を雪の日に皆の前で説明する機会が与えられました。それから完成まで、100回以上現地に通うことになりましたが、すべては町の宝となる施設をつくることに賭けた、町の方々の若々しい意気に動かされたからでした。

要求された機能を満足させることと同時に、用務の間に、美しい風景へと心を解放できる、町の人々のリビングスペースを設計したいと考えました。ポツン、ポツンと建つ周りの役場や中央公民館、小学校などをつなぎ止め、120m×130mの広い敷地全体を使って、この場所が町の公共ゾーンの憩いの庭とロビーとなるような創りかたを考えた訳です。

それぞれの町のタウンセンターは画一的なものであるはずがなく、風景の中にあるべきものであり、完成までの6年間は長かったとも言えますが、鳥海山を仰ぎ、時には厳しい地吹雪に出会い、自然の移り変わりに触れ、利用する町の方々と夜まで話しこんだ経験は、このタウンセンターに固有の姿を与える、成熟の期間だったとも思えます。

<パッサージュホール＋機能的ウィング>という構成そのものは、こうした複合した公共施設の創りかたのひとつの型であると考えますが、それぞれの土地に応じて場所の魅力を最大限に抽き出すような唯一の構想が求められていると思います。

愛着が生まれ、集まってきて利用する気持ちの底に、今まで見慣れた何気ない場が一変することへの驚きが潜んでいるように感じます。そうした広い空間への働きかけのなかにこそ、建築のもつ力、固有の役割があると思います。

苓北町民ホール

阿部仁史／小野田泰明

——

推薦理由

——

この施設は、九州天草諸島の西端を占める人口8,000人の小自治体、苓北町の一画につくられた町民ホールである。2000年に計画が始まり、4か月間の設計期間と10か月の施工期間を経て、2002年3月に竣工した。この建築作品が学会賞の授賞候補となった理由としては、その企画段階における住民との密度の高いワークショップが計画プログラムに明確に反映されていること、建築デザイン面において町のスケールにあった親しみのある空間を達成し得たことが挙げられる。設計者の主張という一方からの見方ではなく、住民、行政、設計者を繋ぐ計画のプロセスそのものが高い評価の対象となったということである。

今日の公共施設の課題は、いわゆる「箱物が先にありき」型の施設計画の発想を捨て、地域の生活や活動を助け新たなアクティビティの創出をめざすことが重要であり、その意味で設計者を含む当事者間で目標を共有し、将来の施設利用や維持管理を含めたロングスパンのプログラムが必要である。このホールの計画と設計にあたって、阿部仁史、小野田泰明両氏が巧みなチームプレーで役割分担を行い、住民との対話を続けながら敷地選定、施設タイプの決定、プログラムの策定に到り、しかる上で、適度な規模での建築空間の構想に達したことは、高い賞賛に値する。建築デザインも集成材やLVL材(単層積層材)を用いた木質構造を波状にうねらせて柔らかな空間を生み出し、木のテクスチャーがそのまま表現媒体となり、さらに架構のかたちがそのまま内部の空間となることによって密度の高いホール空間が得られている。ホールという場を介して町民のさまざまな活動を引き出し、人々のコミュニケーションの中心に位置すべき拠点という目標も十分に達成されている。

審査委員の間で議論となったのは、上記のプラスの側面だけではなく、その外構のデザインが建築の完成度に対してまとまりを欠いている点、ホールへのアクセス(動線)の妥当性など、問題点も多く提出された。しかし、まだ若手に属するこの設計者が、企画からデザインまでの一貫したプロセスに深く関わり、地域のポテンシャルを前面に押し出し、苓北町のアイデンティティを高めたことが、何よりも高い評価の対象となり、今回の学会賞授賞の理由となった。

よって、ここに日本建築学会賞を贈るものである。

——

受賞者の言葉

——

熊本県天草諸島の西端、人口8000人の苓北町の地域拠点であるこの施設は、「対話を通じて建築をデザインする」をキーワードに設けられた「くまもとアートポリス」の新事業「わたしたちのまちづくり事業」を契機として計画された。

ここでの活動を通じて我々は、「建築の設計をワークショップという「儀式」を経て「建物」として結実させること。」ではなく、「ワークショップに集まる人々の自発的行為を持続的に発生させる「環境」を構築していくこと。」を目指すべきであると考えた。そのためには、環境を、物理的な側面だけではなく、その場をアクティブに維持する活動体と不可分なものとしてとらえ、設計行為をその双方を扱うものとして、拡張する必要があった。

結果として導き出したのが、建築的には、外への発信を担うホール機能、地域の内的循環を高める集会所機能、という二つが中央で重なり合う従来の施設型にはない建物である。

微妙に変化しながら連続する木架構の採用で、シンプルでありながら視覚的に多様な変化を見せる地形のような空間を作りだすことが出来た。

一方のワークショップを通じて形成された活動体は、建設後の運営でも積極的な役割を果すチームとして存続しており、我々自身もアドバイザーとしてその中に巻き込まれている。実際に設計したのは建築そのものであるが、それを中核として様々なプロセスが織り込まれている。そうした総体をしてプロジェクトと呼ぶのが相応しいと考えている。

——

建築雑誌2003年8月号掲載。

——

候補作品｜104題(推薦・応募20、作品選集掲載85、重複1)

55 | 2004年(平成16年)

国立国会図書館関西館／ポーラ美術館／福島県立郡山養護学校

——

選考経過

——

第1回作品部会は2003年9月24日に開催された。審査方針は、ここ数年来行われてきた方針をもとに検討し、以下のことを確認した。

1. 表彰件数は厳選寡少を旨とし3点を基準とする。
2. 委員推薦は行わない。
3. 現地審査は原則として委員全員が行う。
4. 重賞についてはなるべく避けるが、授賞に値する作品がある場合は十分討議する。
5. 過去に審査対象となった作品でも特別な考慮はしない。
6. 「一連の作品」という業績名での応募に対しては、顕彰対象は作品自体であるとする見地から、原則として単体を対象とする。
7. 現地審査時は原則として設計者に立会ってもらうこととする。

本年度の審査対象は、学会賞推薦・応募業績の21作品、『作品選集2004』掲載業績91作品であり、4作品が重複していることから108作品とすることを確認した。なお、そのうちの1作品は候補業績募集要領「賞の対象：複数の作品をまとめ、一連の業績としたものは原則として対象としない」に抵触する可能性があることから、部会で資料をもとに検討した結果、審査対象とすることとした。

また、委員の業績が候補になっていないか、また、関係の深い者の業績が候補になっていないかを確認し、特に該当するものが無いことを確認した。

各委員が個別に資料審査を行ったうえで、第2回作品部会が10月10日に開催された。討論と投票を重ねた結果、次の8作品を現地審査対象として選出した。

- 横浜港大さん橋国際客船ターミナル(アレハンドロ・ザエラ・ポロ君／ファシッド・ムサヴィ君)
- 国立国会図書館関西館(陶器二三雄君)
- 新潟みなとトンネル立坑「入船みなとタワー」「山の下みなとタワー」(小林克弘君)
- 福島県立郡山養護学校(渡部和生君／山田邦彦君)
- 筑紫の丘斎場(遠藤秀平君)
- 越後松之山「森の学校」キョロロ(手塚貴晴君／手塚由比君／池田昌弘君)
- ポーラ美術館(安田幸一君／神成健君)
- 兵庫県西播磨総合庁舎(渡辺真理君／木下庸子君／栄真樹君／梅沢良三君／川口衛君／長谷川浩己君)

現地審査は、全国に点在する8作品を対象に、12月中旬から1月下旬にかけて4回に分けて行われた。

最終審査のための第3回作品部会は2月3日に委員10名(委任状1名を含む)の出席のもとで開催された。

最初に運営規程ならびに審査方針を確認したうえで、各委員が3作品以内を推薦する投票を行った。その結果を参考にしながら、作品ごとに各委員が現地審査をふまえた講評を述べ、議論を重ねて選考を進めた。

最初の投票で満票を得た「福島県立郡山養護学校」は賞の候補とし、票の少なかった「筑紫の丘斎場」「兵庫県西播磨総合庁舎」の2作品を対象から外すこととした。

次に5作品を対象に投票を行い、その結果、満票に近い支持を得た「国立国会図書館関西館」を賞の候補とした。票の少なかった「新潟みなとトンネル立坑『入船みなとタワー』『山の下みなとタワー』」、「越後松之山『森の学校』キョロロ」の2作品を対象から外した。「横浜港大さん橋国際客船ターミナル」「ポーラ美術館」の2作品について意見交換をした後、投票を行い、票の多かった「ポーラ美術館」を賞の候補とした。

なお、賞の候補とした3作品のうち、「福島県立郡山養護学校」については、意匠設計の面では高い評価が得られたものの、構造設計については特記すべき点が認められなかったため、授賞者を渡部和生君のみとした。また、「ポーラ美術館」については、設計体制を応募者に確認し、実態に基づいて授賞者を安田幸一君のみとした。

以上の結果をもとに、2004年の授賞候補作品として下記の3作品を推薦することを決定した。

- 国立国会図書館関西館(陶器二三雄君)
- 福島県立郡山養護学校(渡部和生君)
- ポーラ美術館(安田幸一君)

本年の授賞候補は結果的に図書館、学校、美術館と、ある意味では古典的な施設におさまったが、設計者の丹念な努力が評価されたためである。逆に、建築と他の領域の間に展開する「あいまい」で「先鋭的」な建築はそこからこぼれ落ちる結果となった。作品のオリジナリティ、構想から実現へのプロセスの詰め、技術的な押さえ、といった点での未熟さが問われている。

——

委員

——

三宅理一　服部紀和　横河健　宇田川光弘　齋藤裕
佐々木睦朗　瀧川公策　武田光史　松永安光
元倉眞琴

——

委員の見解

——

学会賞(作品)は、過去の例に遡ってみればよくわかるように、その時代の問題がどこにあるかを如実に示している。作品賞の選考にあたって頭のなかをよぎるのは、その作品が個人の範疇にとどまらず、どこまで問題を社会(世界)と共有し、ソリューションを与えているかということである。その点からみると、2004年の学会賞選考のプロセスは、時代を構築するという点からはやや醍醐味にかけたところもあったが、逆に作者の身辺から問題が徐々に醗酵して10年のタームで物事の全貌が見えていくという息の長い取り組みに触れた感があった。
「郡山養護学校」は、まさにそのような意味で納得に値する作品であった。メディア露出で勝負することの多い建築界で、その逆のアプローチを試み、身体障害児童のための学校、既存の施設を利用しながらの増築という難しい課題に時間をかけて取り組み、ワークショップの積み重ね、空間の領域性に対する着実な方法論、徹底したディテールの管理などの面で確実な成果をあげている。「箱根ポーラ美術館」は、逆に勇壮な箱根の自然景観のなかに、大型の美術館ボリュームをどうはめ込むかという点で苦労がよくわかる作品であり、クライアントに恵まれている点、新技術の徹底した開発などは、大型組織でなければできなかったと察せられるが、これまた時間をかけて取り組んできた姿勢が評価された。「国立国会図書館関西館」は、関西の学園と市内に姿を現したナショナル・プロジェクトの建築で、ある意味では学会賞をとっても当然というプレッシャーのなかで設計を進めなければならなかった作者の苦悩が伺えるが、自然景観と調和した空間デザイン、ディテールの洗練度という点で、前者と評価を分かちあった。
2003年度に関して言えば、社会に対して挑戦的な作品が多い近年の風潮の中で、さわやかさが勝った貴重な時期と言えるだろうか。　(三宅理一)

——

本年の受賞作はいずれも、10,000m²を超えるかなり大きな建築である。それだけに克服すべき条件や課題は実に大量で複雑であったことは想像に難くない。これを完成させ、訪れる人をして感動せしめるには、よほどの強い、一貫したデザイン・ポリシーが求められようが、3点に共通するのはその上に、建築主や利用者を十分意識したプログラムが目的にあって、これを高度なデザインと技術の統合を極めることによって、学会賞に相応しい作品にまで昇華させた力量と情熱にあるといってよいだろう。
特に「福島県立郡山養護学校」については、既存施設の増改築という困難さを乗り越えるにとどまらず、多年にわたる利用者(障害をもつ子どもたちや先生等)とのワークショップを通して、美しく快適な、そして思いやりのある施設を創り上げていることに感銘を受けた。
また、他の2作―「国立国会図書館関西館」と「ポーラ美術館」は、共に目的機能を深く追求した結果の、高度な技術の集積と細部まで行き届いた意匠が相まって、随所に見所のある建築であった。これは建築家の力もさることながら、同じベクトルに向かって協働した、さまざまな分野の"技術屋集団"の役割も大きかったであろうということを実感させられた。(「作家」と「指揮者」、両面で評価される、……学会作品賞の新しい流れの2作品とも言えようか)
追記すればコンペ以来の話題作、「横浜港大さん橋客船ターミナル」については、期待の大きさとの落差もまた大きかった、というのが率直な感想であった。
(服部紀和)

——

建築の審査というものはとても楽しいとともに苦しみを伴う。優れた建築を見落としてはいないか?審査対象を鋭く読み解くことができているのか自問とともにあるからである。
私にとっては形態的な新鮮さや時代性、技術的な卓越さや確実性を問うことより、むしろ実際の場における社会的結びつきであるとか、自然観、建築の持つ力がそこに相応しいか？　その建築に遇えて良かったと感じられるかどうかということに定量的に判断されにくいことをむしろ基準としてきた。
その意味では選定された三作品はいずれも秀作といえるが、陶器二三雄、渡部和生両氏の公共に対する建築観は「こんな素敵な公共建築ができるなんて……」という言葉がとても相応しい。具体的には学会賞選考の推薦理由にも書かれているのでここでは繰り返さないが、逆に言えば、今までなぜこのようなものができ得なかったか？　それは必ずしも建築家の技量が今まで至らなかったということではない。設計から工事中、また竣工からその後の稼働状態を含め、一連の流れのすべてに建築家としてかかわることができたからである。つまり、一方で通常の公共建築が造られる過程においては、なぜ可能でなかったかを問わねばならなだろう。いま、設計者と監理者を分ける、いわゆる第三者監理の方策が公共建築にとられようとしているが、とんでもない話である。設計監理は建築家の一貫した思想と一貫した手によることによって初めて優れた良質な建築が生まれるということを今回の学会賞が証明している。　(横河健)

——

優れた建築作品では、室内環境、屋外環境、エネルギー、資源、持続可能性など居住環境の地球環境に対する影響への意識を建築設計に反映させることが求められている。今回の応募作品の多くから建築の環境・エネルギーに対する視点を重視する姿勢が感じられた。しかしながら、建築の環境には、見えるもの、体感できるものもあり、見えないものもある。室温、採光、空気質、音など室内環境は気象条件や日照の季節変化に大きく影響されるが、現地審査は短時間に行わなければならない。また、現地審査は冬に行われるため暖房期の室内環境は体験できても、夏期や中間期の室内環境は体験できない。室内環境が年間、長期間にわたり快適、健康な状態であるか、設備は省エネルギー性能に優れているかなどの環境性能については採用された環境制御の方式、設備システムから推測、判断することになるが、「見えないときの環境」の性能を理解するには設計時のシミュレーション予測や竣工後の運転状況に基づく資料によることになる。今日の学会賞の応募では環境性能に関する資料は必ずしも十分ではないものが多かったが、今後の応募では一層の充実が望まれる。
さて、受賞作品3点のうち「福島県立郡山養護学校」は、中庭を巧みに配置し、自然採光を重視した明るい養護学校であり、教室の大きな窓は複層ガラスとし、床暖房であり定石的であるが暖かさが感じられる。国立国会図書館関西館は地中建築とガラス建築の組合せで、閲覧室の採光、二重ガラス壁の構成に特徴が見られた。ポーラ美術館は、立地の環境条件を生かした寒冷地のガラス建築であり、ホワイエ内部のガラス壁は設備的デザインとして評価できるが、入口の屋根、ホワイエなど大面積のガラス窓が単層なのはやはり気になる。候補作品に留まった5作品に関しては以下のとおりである。
「兵庫県西播磨総合庁舎」は、太陽電池屋根、外周部のルーバーが特長であるがルーバーの環境的意図が明確でなかった。「筑紫の丘斎場」は、さまざまなスペースで自然採光に工夫が見られたが、建築機能との関係がより深く感じられるとよかった。「横浜港大さん橋国際客船ターミナル」は、設備を隠す方式と理解したが室内空間としての環境的な工夫は感じられなかった。「越後松之山「森の学校」キョロロ」は、雪をテーマに計画を行っているが立地条件からして夏の涼しさに対する設計が感じられないのは残念である。「新潟みなとトンネル立抗「入船みなとタワー」「山の下みなとタワー」」は河口道路トンネル換気用の排気塔であり、土木規模設備施設の建築化の試みを評価したが受賞には至らなかった。　(宇田川光弘)

——

写真(書類選考)と実物の落差について考えさせられる機会だった。今回の選考は、108作品の応募書類から現地審査する8作品をまず絞りこんだ。10人の審査委員は十人十色といえども、上位の作品は大半の意見が一致する。評価にあたり、図面や文章はむろん目を通すが、やはり写真のウェイトが高くなる。そこに落とし穴があった。現地審査では、8作品のうちの半数が0票～2票という結果だった。小さな何気ない写真でも、多くの情報を読み取れる。しかし、「もしかしたら、実物は……」という期待をもったのは私だけではなかったろう。現地で写真以上の何かがあれば、こんなにうれしいことはないからだ。だが、現地に着いた瞬間にその希望が消えると、あとの時間がいたたまれない。
そんななか、「福島県立郡山養護学校」は、写真よりも実物のほうがよかった作品。写真の印象は、既視感のある建築ボキャブラリーの組合せで出色ではなかったが、車から降りたとたんに審査員が皆、顔を見合わせた。まるで空気が違うのだ。こんな学校が全国に普及してほしいとつくづく思う。
逆に、醒めた気分になったのは「国立国会図書館関西館」である。建築がつまらないといっているのではない。あまりにも写真と同じで、それ以上でもそれ以下でもなかったからだ。おそらく、だれが写真を撮っても同じような写真が撮れる建築……というほどに、そつなく手を入れてある。しかし、このそつのなさというのも、力量ある者しか達成できないレベル。それにしても、コンペ案での透明感が消えてしまったのは、やはり納得がいかない。
写真うつりという点からいちばん期待していたのは、ポーラ美術館。「鳥瞰写真がよく撮れればよい建築」という話を昔聞いたことがあるが、この建築の鍵は、まさにこのワンカットに集約される、内部に踏みこむほど思慮の浅さが目につき、技術不足の山積みという意見は出るものの、一枚の写真の重みを考えさせられた作品である。　(齋藤裕)

——

今年度の建築学会賞(作品)の選考結果は、総じて書類選考の段階から高い評価を得ていた作品であり、また三作品とも最終審査で評者が強く推薦していたことからも、評者にとっても概ね納得のいくものであった。しかし、一方では今回の選考過程を通して大いに考えさせられたことが二点ほどある。
ひとつは現地審査の重要性である。「国立国会図書館関西館」「ポーラ美術館」については評者が当初から関心を抱いていた作品で現地審査を経て一層その評価を固めた感があるが、「福島県立郡山養護学校」については現地審査によって初めて建築としての質の高さを正当に評価することができたように思う。目から鱗が落ちる思いとはこのことをいうのであろう、実に清々しく新鮮な建築体験であった。逆に、現地審査で当初の評価を落とすものも見られ、書類選考段階での評価の難しさを痛感させられた。
もうひとつは、作品選奨から直接上がってくるものもあってか、受賞候補者として共同受賞スタイルの申請が多かったことである。現代建築が多くの人たちのコラボレーションによって創られることは確かな事実であるが、学会賞(作品)の本来の意義から判断して、どう見ても首を傾げざるを得ないような安直な申請が多かったように思う。申請者側の良識が問われるところである。少なくとも、その建築創造において主候補者と同等の貢献度をもつ人物であると、客観的に評価のできる共同候補者に限るべきであろう。(佐々木睦朗)

——

今年は、第一次選考で残った8作品のうち2作品が昨年に引き続き2次審査の対象にノミネートされた。2度にわたってノミネートされたという重みと審査委員の顔ぶれの半数が入れ替わったこともあり、前年とは異なった視点の発見がありはしないかという期待感もあって、結構細かいところまで気にしながら審査することになった。結果は、このうちの1点が今年の学会賞作品のひとつに選ばれた。私に関して言えば、作品賞の審査委員を2年間つとめさせて頂いたわけであるが、その年の審査委員の顔ぶれ、それに基づく評価視点の相違、対抗馬の顔ぶれなどが選考の結果に無関係ではありえないように思われる。
とはいえ、やはり最後に残った3作品は、その構成、デザイン、ディテールや技術力において他の追随を許さない優れたものを持っているだけでなく、建築家が発想したその建築のコンセプトの、より良い実現に向けたひたすらな情熱の熱さが感じられるものであった。
なかでも、「福島県立郡山養護学校」は、明るく、のびのびとした作り方で、この種の施設にありがちな、何となく陰鬱な感じや特殊な世界といった雰囲気を見事に吹き払って、実に快適な空間を作り出しており、そのような発想の広がりを見せてくれた設計者に敬意を表したい。
いろいろと話題になった「横浜大桟橋国際客船ターミナル」は話題性という意味では成功しているかもしれないが、なぜあそこにあの風景なのかという点がいまひとつ説得性がなかったように思われる。
ともあれ、3作品が決定してみると、実にオーソドックスな選考結果になってしまったような気がしてならない。　(瀧川公策)

——

本年の作品賞の最終選考では、設計コンペやプロポーザルによるものが5作品、計画から完成まで6年以上を要したものが5作品あったことが特徴的でした。コンペの重要性が高まるなか、さまざまな困難を克服して実現された建築が候補に上がったことは、当時の審査員の見識の高さの証でもあり意義あることでした。また、時代の変化のスピードや膨大な情報に流されることなく、粘り強く完成へと導いて行った建築家には、モチベーションの持続力だけでなく、疑問や不安を乗り越える強い意志と勇気のいることであったろうと想像されます。
作品賞に選ばれた3作は期せずして長い年月をかけたものになりました。「福島県立郡山養護学校」はプロポーザルを経てから約8年をかけて三期にわたり、解体と増築を繰り返しながらも実に丁寧に完成されたもので、ひとつひとつの空間にリアリティを感じました。自分が同じ境遇の少年だったら、ここに入学したいと思ったでしょう。「国立国会図書館関西館」は抑制の効いた空間のなかに、魅力的なトップライト採光の静謐な閲覧室と中庭の関係が印象的でした。「ポーラ美術館」は国立公園内の建築規制などの制約のためかいくかの空間的弱点は抱えていますが、それを補って十分な導入空間のドラマ性、建築を支える構造や照明など洗練された技術力の高い作品でした。そのほか「越後松之山「森の学校」キョロロ」は若い建築家たちが短期間に力技で作り上げた建築ですが、雪のなかで見たた佇まいは彼らのコンセプトを見事に表していて共感しました。今回「横浜港大さん橋国際客船ターミナル」が受賞できなかったのは残念でした。建築と土木やランドスケープの融合が今日ほど求められている時代はありません。これまでにない空間構成と、新しい風景を創出したターミナルは高く評価されるべきであったと考えます。　(武田光史)

——

このところ毎年、建築学会賞のあり方について議論がなされている。重賞の可否、一連作品の可否、クレジットの問題、作品選奨との関係など毎年指摘されているが、いまだに明快な答えは出ていない。要は是々非々で行けばよいという意見が大勢を占めているからだろうが、その間に、この賞の重要性が薄れつつあるような印象を持つのは私だけであろうか。しかし、それは作品賞だけの罪ではない。
まず、建築作品というものの定義づけが複雑になってきている。したがって設計者というものの定義づけも困難になりつつある。今や希少なものとなりつつあるモニュメンタルなものを顕彰する制度ではカバーしきれないものが、現代人にとって重要性を増してきていることに対応しなければ、今後一層この賞は身内だけの意義を持つもので対外的に価値を持たないものになってしまう恐れがある。
そのことは別にして、今後一層重賞作品が受賞することになると、これまで新人賞のような性格を強めてきたこの賞が、むしろアカデミー賞のような性格を持ってくることが考えられる。そうしたら、監督賞、主演賞のように部門別の賞があっても良いような気がする。あるプロジェクトにかかわったさまざまな分野の人が顕彰されることは有意義なことだと思われる。　(松永安光)

——

今年に限ったことではないのだが、学会賞の対象作品の多くのものが、コンペを勝ち抜いてきたものであることに気がつく。今回受賞した「国立国会図書館関西館」は国のオープンコンペであったし、「福島県立郡山養護学校」は県の指名コンペである。また、最後まで入賞を競った「横浜港大さん橋国際客船ターミナル」も話題の国際コンペが実現したものである。
まだ形式的なコンペが多いと言われてはいるが、このように優れた作品が数多くそろったということは、やっと公共建築におけるこの仕組みが一定の成果を上げつつあると考えてもいいだろう。建築家にとってコンペは、新しいコンセプトをもった建築を提案する貴重な機会である。もちろん勝つことが最重要なのだが、その新しい提案をどのように具現化させるかが正念場である。その意味で「国立国会図書館関西館」の原案をきっちり仕上げた上質の仕事は高く評価したい。そしてそれ以上に、「福島県立郡山養護学校」のワークショップも含めた実現へのプロセスと、良質で丁寧なデザインの対応は、群を抜いて多くの共感を得るものであった。
一方、公共施設のコンペでないとデザインの勝負ができないのか、という問題も残る。特に住宅、集合住宅がいいところに残らなかったのが気になる。また「箱の家シリーズ」を押したのだが、今年もまた「一連の」問題を突破できなかったのが残念である。2年間委員をして住宅系の作品が学会賞から遠ざかっていくような印象を受けた。　(元倉眞琴)

55

国立国会図書館関西館／ポーラ美術館／福島県立郡山養護学校

国立国会図書館関西館

ポーラ美術館

福島県立郡山養護学校

国立国会図書館関西館
陶器二三雄

——
推薦理由
——

国立国会図書館関西館は1996年国際設計競技の最優秀作品として選ばれていたことはすでに周知の事実であり、審査発表当時からその完成が待たれていた建築である。敷地は京都と奈良の県境にあり、元は風光明媚な土地であるのにもかかわらず、関西文化学術研究都市と銘打って丘陵地をわざわざ造成して大地を切り開いたというものである。当然ながらこのことは設計者の責任ではないが、逆に設計者はこういった周りの自然に対峙する人工台地にとってふさわしい建築の立ち方を第一義的に考えたように思える。また、建築の配置、断面計画とともにアプローチからこの建築を見ると「水」「緑」「静寂」ということをテーマとして中庭、アトリウム、ロビー、閲覧室、研究室へと一連の流れの中に全体構成を組み立てていることが分かる。

この建築はきわめてシンプル単純に見えるが実は単純ではない。この建築には設計者である陶器二三雄による単純に見せるための多くの知恵が隠されている。それは先の諸施設とともに延べ面積6万平方メートルのなか、600万冊におよぶ収蔵のみならず、資料請求に対する活用、文献提供など新しい図書館機能の幅広い対応が、地下収蔵庫と電子コントロールされた搬送システムによって可能ならしめ、躯体、ダブルスキンの外装や構造、下地、仕上げにいたるまで、施工計画などとともに建築全体が周到に構成されている。端的には、閲覧室の屋根・天井を含む断面である。自然光と人工照明のコントロールや雨水処理、空調計画はもちろん、防災計画も通常の目では気が付かないように処理され、閲覧のためのデスクなどの家具・備品、色彩計画やサインに至るまで気を配るとともに、それらが一連の流れを持ってデザインされていることがとても清々しく、爽やかさをもたらしている。

このように華やかに造るデザインではなく、むしろ控え目なデザインの一つ一つの積み重ねが、はやりごとの建築に無い完成度をもたらし、充実した空間を生み出すこととなっていることは公共建築として望むべき姿である。

よって、ここに日本建築学会賞を贈るものである。

——
受賞者の言葉
——

国立国会図書館関西館は、歴史と文化そして豊かな自然に恵まれた関西文化学術研究都市の、雑木林が茂る一画に位置する。構成は全体の3／5以上を占める書庫を地下に、中庭に面した閲覧室を半地下に、そして地上に管理部門を配置した。

全体の構成は極めて解り易く簡明にできている。それは機能の変化に柔軟に応じるユニバーサルな空間構成と、緊急時避難における安全な施設構成の2点をめざした結果である。中心に位置する中庭は、各室へ自然を供給するとともに避難上の一時避難として重要な役割を担っている。

景観計画の目標は、日常性から非日常性への変換のための静けさの演出である。それは250m幅の斜面を滑り落ちる滝の音、滝から芝生、そしてエントランスにいたる儀式化されたアプローチ、どこまでも平らな芝生の大地である。京都の隠喩としての流水と水音は、清涼感とともに周囲の日常的喧噪を消し去る非日常性への結界である。

関西館は最先端情報技術を活用した図書館であるが、閲覧室、研究室を始め各諸室は、テクノロジー的硬さのない自然感の溢れる明るい開放的空間である。また外観も端正なダブルスキンカーテンウォールデザインである。

外観はシンプルな直方体ではあるが、決して凡庸で無機的な建物ではない。カーテンウォールの硝子面に施した模様に写る木々のうつろいや光の揺らぎ、スタッコ(しっくい)の奥行きのある素材感、アルミむく材の温かい硬質感、精緻なディテールによる緊張感、ナチュラルな色彩による光のたわむれなど、内外ともさまざまな場面においてクラフトマンシップによる豊かで静謐な空間を創出している。閲覧室と研究室は、集中性と疲れを癒す開放性との両面性をめざした設えである。

ポーラ美術館
安田幸一

——
推薦理由
——

神奈川県・箱根は東京からほぼ100km、その風光明媚な景観とアクセスの良さで、首都圏随一の人気観光地である。四季を通じて訪れる観光客を対象に、さまざまなタイプの「美術館」や「展示館」がすでに点在しているが、今回、化粧品企業を母体とする財団による、大規模な民間のミュージアムが完成、オープンして1年余が過ぎた。ポーラグループのオーナーであった故鈴木常司氏の膨大なコレクション、とりわけ19世紀印象派絵画が話題を呼び、盛況が続いている。

ブナとヒメシャラの原生林の中に、文字通り"埋没"させた正円・正八角形の建築体は、「建築」の原型をイメージさせると同時に、未来的・宇宙的な印象も受ける。ここでは、空からの外観―「屋根伏」と、地中に展開する「断面」が主役であり、言わば"ファサードのない建築"である。地形、地下水脈、植物生態系といった自然に対して、直径74mの円形壕(フットプリントを最小にする)や完全免震構造の採択は、この環境の中に"美の館(やかた)"を置きたいという"意志"と、これを支える高度な技術力によるものであろう。

敷地の最も高いレベルからのアプローチ、館内に入ってすぐ一望できるアトリウムロビー、さらに大きなガラス面を通して見る奥庭、小塚山の景観は素晴らしく、このシーンの実現が作者の最大の狙いであったであろうと思われる。訪問者にとっても館内の構成がわかりやすく、下りエスカレーターによって自然に導かれる快適さと期待感に対する演出は秀逸である。目的空間である展示室も、「展示」と「保存」の最適な光環境・空気環境を満足すべくデザインがなされ、印象派の名画を最良の状態で見せるという、幾つかの技術が導入されている。この美術館の最大の魅力は、豊かな自然と一体となった快適な環境の中で(ミュージアムショップやレストランの果たしている役割も大きい)、心ゆくまで「名画」を楽しめるということだろう。審査委員の間で、展示室の天井高さや、可動展示壁のシステム等について議論もあったが、従来の美術館建築の枠を越えたところに本プロジェクトの意味がある、との一致を得た。

一個人のコレクションをこのような形で一般に公開されることは誠に幸せなことであるが、これは永年にわたるクライアントと建築家との間の厚い信頼関係の産物であると敬意を表し、当美術館がいつまでも人々に愛されつづけることを願うものである。

よって、ここに日本建築学会賞を贈るものである。

——
受賞者の言葉
——

ポーラ故鈴木会長が40数年に渡り収集した印象派絵画、日本近代絵画、東洋陶磁器、ガラス工芸、化粧道具などの膨大なコレクションを展示収蔵する美術館である。

敷地は富士箱根伊豆国立公園内仙石原の小塚山のふもとに位置し、ブナの巨木やヒメシャラ群生に特徴付けられる深い森の中に埋没するように建てられた。豊かな自然を背景とし、本来この場所が保有していた動植物の生態系を極力損なうことなく、建物が環境と対峙しながら存在することを意図した。

広大な敷地内の動植物や地形、地質、水流の調査を詳細に行い、沢や谷を避けたもっとも影響の少ない位置に美術館を配置し、直径76m、地下3層分のすり鉢型構造体を掘削、その形状に合わせ上階ほど張出しの大きくなる断面形状の全館免震構造建物を載せている。緩やかな傾斜面に沿い、自然公園法の基準により規制された高さ(8m)に抑えた美術館は、周囲への圧迫感を最小に留めており、屋上の透明なガラスエントランスホールが美術館の入口であることを示している。

来館者は森に架け渡されたアプローチブリッジを通りエントランスへと導かれ、エントランスホールからは地下2階まで吹抜けたアトリウムロビーを一望することができる。

平面は十字形とし、トップライトからの自然光がふりそそぐロビーを中心に展示室や諸室が取り囲む明快な動線とした。外部四隅の三角形のデッキは、各階で諸室から直接の外部避難を可能とし、さらに空調や排煙の設備スペースとして有効に利用されている。

ロビー先端部に設けられたカフェからは、自然林の豊かな緑の風景を切り取る巨大なピクチャーウインドーを通して、美術館自身が箱根の深い豊かな森に囲まれていることを改めて実感できる仕組みになっている。自然と光という印象派のテーマにも沿いながら、新しい美術館建築のあり方を提案した。

福島県立郡山養護学校
渡部和生

——
推薦理由
——

この学校は1962年に開校されて以来増築を重ねてきたが、老朽化のため1996年に改築のためのプロポーザルコンペが実施され設計者が選定され、以後3期にわたって順次改築工事が行われた末2002年に完成したものである。児童・生徒は小・中・高等部あわせて60クラス180名の肢体不自由者であり、送迎による通学者以外に併設の寄宿舎および隣接する心身障害児教育センターからの通学者もいる。その障害や、年齢の多様さは画一的な建築計画学的アプローチを極めて困難にしている。そのため、設計者たちは既存の施設に宿泊しながらユーザーである児童・生徒とワークショップを行い各部の検討を行った。このようなアプローチが今後不可欠であることが各所で確認された。また、この学校ではそのユーザーの安全上、接地性が強く求められていたが、設計者らは敷地の高低差をうまく利用して、2層の建物ながら各層から地上への避難を容易にした。

応募資料に付された外観写真はメタリックでとげとげしく、このような施設の性格にそぐわない印象を持っていたのであるが、実際に訪れてみると、そのような印象は薄く、むしろ明るく現代的な、都市空間を思わせるような雰囲気が、外出も自由にできない子どもたちが、ほかの子どもたちと同じような生活を享受できることを喜んでいる様子が見て取れて感動的ですらあった。生徒たちはこの学校を「光の学校」と呼び卒業生もその明るさを懐かしんでいるという。
既存施設を使用しながら建設していく困難な設計プロセスに設計者たちは誠実に対応し、このきわめて巨大な施設の持つ威圧感が子どもたちにとってやさしいものになるよう、さまざまな工夫を凝らしていることに審査員一同は賞賛の意を表明したのである。また、中央部のスパイラルホール周りに見られるように、この施設の建築デザイン面でのきめ細かさも、他の同種の施設の追随を許さぬものがあり、今後の範となりうるものと考えられる。
以上のような理由から本作品は日本建築学会賞の本来の趣旨に最もかなったものとして審査員全員一致で受賞作品として認められた。
よって、ここに日本建築学会賞を贈るものである。

——
受賞者の言葉
——

福島県立郡山養護学校は、肢体不自由養護学校であり、小中高合わせて60クラス、180名ほどの児童・生徒の学校施設である。外部からの送迎の他、内部廊下で連結されている、小児医療を専門とする福島県心身障害児総合療育センターの病棟からと、併設している寄宿舎からも通学している。
その結果、学校建築の計画を核としながら、隣接する医療施設との連携や福祉施設としての寄宿舎の設計など、分かち難い複合的な機能をどう整合させるかが大きな課題であった。
敷地周辺は、典型的な住宅地を形成している。老朽化した、こうした建物の全面改築は、多くの場合、郊外で大規模造成し、移転新築するのだが、ここでは隣地医療施設との連携を重視し、現有敷地で既存建物を使いながら、少しずつ建て替え、最終的に街中で全面改築するものである。
既存校舎を利用している子どもたちや先生方とワークショップを続けながら、設計および施工監理を行ってきた。利用者とのワークショップに関しては、空間構成やディテールで、いくつかの成果が得られたが、もっと早い段階で利用者とのワークショップができればさらに実りあるものになったと思うし、時期や手法の問題などの他に、私たちが不慣れなこともあり、反省点も多い。
建物としては、小さなヴォリュームの建物が、街のように集合・積層する手法を基本とした。安定した場所としての1～8名／クラスの普通教室、中規模なグループ化を図るワークスペース、変化に富んだ大きなグループ化が図られる体育館、プレイルーム、ランチルームなど段階的なグループ化が図られている。
外部空間も小さなスペースから大きなスペースへ徐々に展開でき、上下動を含めて、そうした「移動」そのものが手足の不自由な子どもたちにとっても、楽しく感じられるような、多様なアクティビティの展開が期待されている。

——
建築雑誌2004年8月号掲載。
——
候補作品｜108題（推薦・応募21、作品選集掲載91、重複4）

56｜2005年（平成17年）

積層の家／プラダ ブティック青山店

——
選考経過
——

第1回作品部会は2004年9月29日に開催された。審査方針は、ここ数年来行われてきた方針をもとに検討し、以下のことを確認した。
1. 表彰件数は厳選寡少を旨とし3点を基準とする。
2. 委員推薦は行わない。
3. 現地審査は原則として委員全員が行う。
4. 重賞についてはなるべく避けるが、授賞に値する作品がある場合は十分討議する。
5. 過去に審査対象となった作品でも特別な考慮はしない。
6.「一連の作品」という業績名での応募に対しては、顕彰対象は作品自体であるとする見地から、原則として単体を対象とする。
7. 現地審査時は原則として設計者に立ち会ってもらうこととする。
8. 現地審査に決まった作品のうち候補者が複数のものは、受賞対象者としての妥当性を必ず確認する。
本年度の審査対象は、学会賞推薦・応募業績の23作品、『作品選集2005』掲載業績85作品であり、うち2作品が重複していることから106作品とすることを確認した。なお、そのうち5作品が重賞候補業績であった。
また、委員の業績が候補になっていないか、また関係の深い者の業績が候補になっていないかを精査し、特に該当するものがないことを確認した。
各委員が個別に資料審査を行ったうえで、第2回作品部会が10月7日に開催された。討論と投票を重ねた結果、次の8作品を現地審査対象として選出した。

・積層の家（大谷弘明君／陶器浩一君）
・泉ガーデン（櫻井潔君／慶伊道夫君／野原文男君／村田修君）
・プラダ　ブティック青山店（ジャック・ヘルツォーク君／ピエール・ド・ムーロン君／地主道夫君／中井政義君／吉田克之君）
・ナチュラル　エリップス（遠藤政樹君／池田昌弘君）
・安曇野髙橋節郎記念美術館（宮崎浩君）
・和歌の浦アート・キューブ（下吹越武人君）
・上下町歴史文化資料館（齊藤正君）
・慈愛会奄美病院（川島克也君／田中公康君／松葉瀬忠夫君）

現地審査は、全国に点在する8作品を対象に、11月下旬から1月中旬にかけて4回に分けて行われた。
最終審査のための第3回作品部会は2月2日に委員10名全員の出席のもとで開催された。
最初に運営規程ならびに審査方針を確認したうえで、各委員が各候補作品について現地審査を踏まえたコメントを発表した。そのうえで、各委員が3点以内で推薦する投票を行った。その結果、投票のなかった「ナチュラル　エリップス」「上下町歴史文化資料館」「慈愛会奄美病院」の3作品を対象から外すことにした。
次に5作品を対象に議論を行い、各委員が3点以内で投票を行った。その結果8票を得た「積層の家」を賞の候補とすることと1票であった「和歌の浦アートキューブ」を候補から外すことを決めた。
最後に残った3作品について議論したうえで委員各自2点以内の投票を行い、6人の委員の賛同を受けた「プラダ　ブティック青山店」を賞の候補とすることにしたが、残る「泉ガーデン」「安曇野髙橋節郎記念美術館」の2作品は過半数の委員の賛同を得るに至らなかったために候補から外すことになった。
さらに、賞の候補とした2作品について、「審査方針」に基づき現地審査で応募者に確認した設計体制も踏まえたうえ、授賞候補者に関する議論を行った。
「積層の家」については、造形と構造システムとの一体として高い評価が得られたが、設計過程における意匠設計者の役割をより重視すべきであると判断し、受賞者を大谷弘明君のみとした。
「プラダ　ブティック青山店」については、アソシエートアーキテクトをどう顕彰するかを議論した。その結果、2名のデザインアーキテクトのアイデアを組織がもつ高度な技術をもって実現させたその貢献を積極的に評価したいと考え、受賞者をジャック・ヘルツォーク君とピエール・ド・ムーロン君および株式会社竹中工務店設計部殿とした。
以上の結果をもとに、2005年の授賞候補作品として下記の2点を推薦することを決定した。
・積層の家（大谷弘明君）
・プラダ　ブティック青山店（ジャック・ヘルツォーク君／ピエール・ド・ムーロン君／株式会社竹中工務店設計部殿）
本年の授賞候補作品は、結果的に小住宅と商業建築という社会的にごくありふれた建築物が選ばれたが、それぞれに独創的な工夫がなされ、周辺環境に対しても積極的に働きかける姿勢がみられる点が高く評価された。プログラムやプロセスにさまざまな苦労があった他の作品は、その結果生まれたものにいまひとつ説得力がなかったといえる。

——
委員
——

淺石優　宇田川光弘　金箱温春　齋藤裕　武田光史
富永譲　松永安光　松村秀一　山本敏夫　横河健

——
委員の見解
——

今年の受賞作品である「積層の家」と「プラダブティック青山店」は、昨年とは対照的な、二つとも小さな作品であり、ともにボリュームを形成する外皮と構造が一体化した空間のストラクチュアをもつ建築であった。
「積層の家」は、狭小の敷地にPC版を文字どおり積み上げていくというきわめてシンプルな工法でつくられている。ここでは相貫積みで発生する50ミリの隙間が脇役としての重要な役割を果たしている。それは光や風を導入する部分であり、階段の段板や造作家具をセッティングするためのディテール上の空きであるのだが、最も重要なことは、隙間が闇を内包し、この空間に独特の奥行き感を与えているところである。そして、コンクリートのインテリアとは思えないような雰囲気を漂わせているのである。これは、写真やビデオでは、決して感じ得ないことであった。
「プラダブティック青山店」は、推薦理由で述べられているので、ここでは省略するが、「泉ガーデン」について少々述べておきたい。日本においてこれだけの規模で先進的なガラスの皮膜で覆われたオフィスタワーは、今後現れないのではないかと思わせるような完成度の高い作品であった。地下に位置する六本木一丁目駅の朝日の一杯入るコンコースの空間のあり方、そして既存樹木を生かしたオープンスペースのあり方などにも好感がもてた。一方このプロジェクトは、そのほかに集合住宅、ホテル、美術館などを含んだ再開発計画であり、それらが全体評価に影響を及ぼす結果となったことが残念であった。（淺石優）

——

現地審査対象となった建築作品8点は、住宅2点、店舗、美術館、病院、大規模複合建築、市民文化活動施設、歴史文化資料館各1点であった。建築用途、建築規模、設計者とも多様なものであったにもかかわらず、いずれにおいても「環境」は共通のキーワードであり、なかでも自然エネルギー利用、サステイナブル、省エネルギーなどは主要なテーマとなっている。住宅2点のうち、受賞作「積層の家」は街中の狭小住宅である。PC版の巧みな構造による吹抜空間は、採光、通風に効果的で、一体的な室内環境を創出している。調理、洗面、トイレ、浴槽などの設備機器も狭さのなかに機能的に組み込まれているが、同時にこの住宅にふさわしい住まい方も要求される。設計者の自邸ゆえに可能なことであり、万人にできることではないようだ。
もう1点の受賞作「プラダブティック青山店」はショウルーム的な店舗建築であり斬新なデザインが要求された建築といえる。菱形フレームのガラス建築で、曲面の複層ガラスや大空間の防火・排煙対策など技術面での評価も高かった。建築家の発想をゼネコンの技術によって実現した協同設計の成功例である。受賞作とはならなかったが、「安曇野髙橋節郎記念美術館」では設備一体化の二重壁、断熱サッシなどに環境・設備的な工夫がみられ、「慈愛会奄美病院」では中庭、深い庇など採光、通風、日射遮蔽、太陽熱利用などの自然エネルギー利用、大規模複合建築「泉ガーデン」では超高層ガラス建築の事務所棟でのペリメータ空調、設備ボイドコア、シャトルエレベータなどが「環境」からみて印象に残った。（宇田川光弘）

——

条件や規模の異なる建物を並べて議論し、学会賞（作品）を選ぶのは容易ではなく、選考基準をどこに置くかということが委員会でもずいぶん議論となった。建物としての基礎的な事項（法規・技術・生産性・環境性）に配慮されたものであることは当然として、学会賞（作品）としてはデザイン性が重要であり、また今日という時代を代表する建物を選ぶということが重要であると考えた。受賞した2作品はいずれも構造技術としても特殊なものであり、受賞者に構造設計者を含めるかどうかということも議論された。
「積層の家」は、厚さ5センチのプレキャストコンクリート版を積み上げ、プレストレスによって一体化した住宅である。いわゆる組積造的なシステムであるが、厚さ5センチへのこだわりと、交互にずらして隙間を設けるということがこの建物の価値を決定的なものとした。一般解となりうる建築ではないが、コンクリートの新しい可能性を発見し、造形と構造技術が見事な一致をみた建物である。「プラダブティック青山店」は、先行するデザインイメージがあり、それに対してどこまで技術で対応できるかということを試み、デザインと技術の融合を実現した建物である。商業建築の宿命としてデザイン重視となることは必然であるが、その実現のために構造技術が的確に使われているかどうかが重要であり、経済的な構造合理性とは異なる価値観で評価すべきと考える。（金箱温春）

——

たくさんの書類から現地審査をする8作品を選ぶのですが、資料を読み、写真で見た印象より実物のほうがずっとよかったり、意外な発見があったりすると大変うれしいものです。けれども残念なことに、資料以上の「何か」がある作品は皆無に近く、徒労に終わることが多いのが現実でした。そんななかで、静かな喜びを与えてくれたのが、神戸の「積層の家」です。
この住宅がよかったのは、二つの観点からです。ひとつ目は、たくさんの制約条件があるなかで、建築家として積み重ねてきた経験と知恵を結集させて自邸を建てる——これが建築家の原点だと思いますが、それを感じさせる仕事ぶりであったこと。また、設計者のこれまでの仕事の蓄積のみならず、自分と家族が求める生活の質、快適さは何かをとことん考えぬいたうえで、その生活ポリシーを設計に反映させていることです。
二つ目は、制約こそを逆手にとって何ができるかを考えるのが、建築の醍醐味のひとつだと思いますが、この住宅は、工法、光の採り方、素材の選択、プロポーション等々、シンプルでありながらも鮮やかな答えの出し方をしていると感じられたこと。そういう意味で、久しぶりに骨のある建築家の自邸を見た思いがしました。（齋藤裕）

——

2005年の応募作品は、住宅など比較的小さな規模の建築が多かった。公共建築が最終選考の対象に、わずか3作しか残らなかったことも特徴的であった。建築の大小で、その価値が変わるわけがないことは当然だが、小さなことが力点となることも、弱点となることもある。ひとつのアイデアをセンスや力技でまとめ上げることや、デザインを洗練することだけでは、納得はしても感動を生まないように思えた。
狭小住宅と商業建築の2作が、受賞作品となる結果になった。どちらも一般的な意味では特殊解としての建築ともいえるものである。しかしながら2作品とも、十二分に魅力的で新しい提案と、普遍化しうる空間の意味を獲得していると判断した。
「積層の家」は、商業地域の間口2間×奥行き5間の敷地にある。わずか10坪の建築面積しかもたないこの住宅は、大胆かつ、ていねいで、親しみ深い空間を内包している。小さなPC板のピースを積層したひだのある壁面は、PC打放しにありがちな量塊として迫ってくるのではなく、奥行きさえ感じさせながら優しく空間を包んでいる。狭い間口の半分を惜しげもなく使った、クロス階段が秀逸で、3層の空間の一体化と、のびやかで多様なシークエンスを作り出し、隅々まですべての場所が、ひだのあるPCの構造体と共振している。建築家の自邸だからこそ、空間構成や工法などの特殊解が可能との考えは、コストの高低で建築の善し悪しが決まるわけではないのと同じく、的を射ていないと思う。
「プラダブティック青山店」は、青山に新しい風景とオープンスペースを提供している。ヴォリュームは、街区のコーナーの意味を再定義するように置かれている。法規の制限を逆手にとった複雑な形態を、十分に建築足らしめたデザインの力量と、建ぺい率を度外視して設けられたプラザは、既視感のない場所を創出している。特異な外皮の構造とガラスが目を引くが、内部の空間構成とシークエンスも魅力的で、建築家とインテリアデザイナーが分業で商業空間を作ることが一般化した今日、什器に至るまで一貫したポリシーが空間を貫いていることも意義あることだと考える。それにしても、恐るべき施工精度と品質の高さで、防災計画をはじめ、施工会社の技術力の高さと、担当者の情熱と志を十分に証している。（武田光史）

——

建築が体験されるためにつくられるというのは自明のことだが、そんな当たり前のことが、そうとは言えないのが、現今の大方の建築への評価である。写真で

56
積層の家／プラダ ブティック青山店

積層の家
大谷弘明

積層の家

判断してしまう。現地に赴いて審査をするということは、この賞の貴重な意味であり、伝統だと思う。場所に立つこと、それが人間にとって深い経験になること、そこに一体いかなる秘密があるのか。建築に愛着をもつというようなことについて。よく建築の〈新しさ〉をいうが、もうひとつ、建築の〈深さ〉という次元がある。〈新しさ〉の次元は図面や写真でおおよそ見当がつくけれど、〈深さ〉の次元は実際に経験することを通じてのみ、心のなかに立ちのぼってくるものであろう。

ある日建物を訪れる。例えば、翌日、時間が空いて別に用事があるわけではないが、もう一度そこに立ち寄りたい気になるか、もしくはもういいや、ということになるのか。友達に大っぴらに勧めたくなる楽しさを持っているのか。

建築のたたずまいのなかに魅きつけるものがあったり、謎があったり、つまり、人間の思考が見え隠れして尽きないとき、それを〈深さ〉の次元と呼ぼう。そうした建築に払われた思考の容量が、メディアが流布する〈新しさ〉とは別に、問われてくるのがこの賞の審査であった。（富永讓）

——

学会賞（作品）のあり方については、これまで長い間議論が続けられてきたが、その論点のひとつが作品選奨との審査対象の重複問題であった。これについては、来年から、作品選集の応募と学会賞（作品）の応募が明確に分離されることによって解決した。次に問題となっているのは、重賞を原則として禁じる規程で、この結果長期的に作品賞のレベルを保てるのかという疑問が生じる。

このような状況のもとで本年の審査は行われたが、結果的に作品選集応募作品ではなく、学会賞（作品）応募作品のなかから授賞作品が選ばれた。惜しくも選を漏れた作品は、長年の努力の結果実現した再開発、開放的な精神病院、小さなまちの建築再生、住民を巻き込んだ企画の芸術文化センター、民家と一体となった精緻な美術館、狭小敷地に小宇宙をつくった住宅などそれぞれに優れた業績であり、なかなか甲乙がつけがたい感があったが、学会賞（作品）として本会が顕彰する対象として考えた場合、授賞作品を選定するのに非常な困難が伴った。

また、審査員の多様性から意見を集約するのが難しく、全員一致を得ることがなかったのは残念であるがやむを得ないことであったろう。本年も授賞作品のクレジットの問題があったが、担当者すべてを顕彰するのは不可能なので、特に技術担当者には技術賞の応募をお勧めする。（松永安光）

——

本年の学会賞（作品）は、建築設計者の自邸とブランド・ショップである。過去20年の受賞作のリストが手元にあるが、いわゆる公共施設が受賞していない年はない。作品部会としては建築としての出来の良し悪しを主たる評価対象にしており、公共施設が選に漏れたことの背景になんらかの統一的な意図があったわけではないが、私は時代の転換を象徴する結果になったと思うし、それは学会賞にふさわしい結果だと思っている。

日本の建築の多くは、長らく土地を担保にした資金調達によって成立してきた。公共サービス、公共投資と結び付く施設だけは超然としていられたようだが、建物の交換価値をはるかに上回る地価があり、しかも常時値上がりが期待できたのだから、使い捨て型の凡庸なプロジェクトが至る所で起こり得た。ところが、地価の値上がりが期待できなくなると、土地担保主義に基づく投機的行為の肩棒担ぎとしての建築は成立しにくくなる。私たちの社会がここ数年経験しつつあることだが、人口減少の局面を迎えるとより顕著になるだろう。そうなると人々を引き付ける空間や形態、人々の利用を継続的に活性化させるプログラム等々、土地ではなく建築の価値こそが勝負所になってくる。しかも、そのことは当面、民間建築の分野においてより先鋭的な形で現れるはずだ。

層間が画然と区画された固定的な多層建築の姿から自由であろうとしたブランド・ショップと、一体の生活空間を独特の質感で包み込むことに成功した自邸。受賞作がこの二つであったことは、そうした時代の転換を象徴している。（松村秀一）

——

学会賞（作品）は、作品の幅も広く、応募方法および作品選奨との関係、重賞問題も含め、選考基準などに課題をもちつつ、芸術・技術の発展性に寄与する今日的な作品に主眼がある。

書類審査に残った8作品は大規模建築から住宅まで、決定的なものがないという印象であった。

「積層の家」は、書類審査と現地審査の差をあらためて認識させられた作品である。大事務所勤務の作者が神戸の密集市街地の間口2間、奥行5間の極小敷地に、限られた予算で生活を見直し、技量を駆使し建築された自邸。施工法ゆえに、5センチのPCを校倉風に組み上げられた外壁躯体と、壁スリットに5センチ厚のガラスと木材を組込んだディテールから構成された空間は、繊細で豊かな感性を感じさせ、想像以上に明るく暖かい空間に仕上がり、家族3人の楽しい上質な生活空間が印象的であった。

「プラダブティック青山店」は、表参道に、外人デザイナーによるシンボリックなイメージを日本の基準に合わせるべく、大組織の設計および施工の高度な技術を駆使し実現された、今日的な時代を反映する商業施設である。

「泉ガーデン」のオフィス部分は、デザイン、技術とも受賞に値する水準と思われるが、全体敷地の他施設との統一性が問題とされた、約20年の歳月を掛け複雑な条件を克服し実現に至る大規模複合建築は、単体建築に比べ賞の性格上、不利は否めない結果となった。

結果として、昨年の大型建築に比べ、個人住宅とブランド商業施設という対照的な結果で、また今年に限ってみれば一個人による作品と、海外デザイナーと大組織のコラボレーションという対照的な2作品となった。（山本敏夫）

——

本年の受賞作品もやはり8作品の現地審査を経て選ばれたのだが、書類選考の時点で残るべき作品がほかにあったのではないか？　また、見に行く必要のないものも残された気がするのは私だけであろうか？　その結果が選出されたのが2作品となって現れているのかもしれない。否、結果的に残らなかったものの、私としては「泉ガーデン」「安曇野高橋節郎記念美術館」ほか惜しまれるものもあったので、いやいや複数の人たちの議論による選考という仕事は一筋縄ではいかないものである。

そういった経緯での選考ではあるが、「積層の家」に対する評価は高く、ほぼ満票に近い票を得ていて秀作であることは間違いがない。しかし、建築作品とはその建築家の過去・現在・未来をつなぐ個人の歴史における流れの一断面であるとすれば、どこにその流れがあったのかを見たいと思う。あるいは将来発見されるべき鉱脈をわれわれが今発見したのだと思いたい。なぜなら、建築家の「思想と仕事（作品）と生活」は決して切り離されるべきものではないからである。

「プラダブティック青山店」についても一言触れる必要がある。竣工当時ある種の衝撃が走ったのは事実だ。しかし、その衝撃とは美しさゆえの衝撃というより、やはりできてしまうのかといった感に近かったように思う。なぜなら、現在の技術力による世界的規模のコラボレートではほとんど不可能なことがない。通常神経ではコスト的に合わないだけである。しかし、それを可能足らしめる者がいればよいわけで、時代的にいえば昔の王族から一商業ブランドに変わっただけのことかもしれない。惜しむらくは、建築の概念を変えるという基本設計者の自信とか確執を今ひとつ感じとることができなかったことである。とはいえ、この建物は美しくないわけではないし、貧しいわけではない。構造と開口部の一致という一点においてすべての苦労が始まった建築といってよいだろう。むしろ内部空間は普通である。ただ、プロにとってその苦労がわかるというその意味でよくできている建物である。それは技術であって、竹中工務店の組織力といってよいだろう。もちろん、そこには地主道夫氏はじめ、個人としての資質があってのことであることはいうまでもない。（横河健）

積層の家

大谷弘明

——

推薦理由

——

久しぶりにコンクリートの新しい使い方が出たといってよい。しかも極小の都市住宅である。この住宅の魅力は、なんといっても「光」。いうなれば、「光を透かす校倉造りの町屋」である。

敷地面積はわずか10坪（33平方メートル）で、神戸の下町に立つ。5cm厚×18cm幅のプレキャストコンクリートの板を互い違いに組む構造で、敷地の狭さから捻出された工法である。井桁の隙間にはガラスを嵌めこみ、光を透かす壁面となって空間全体を構成する。この発想が効を奏した。空間を律するのは、徹底した5cmモジュールで、構造体のみならず、木の階段や本棚、洗面台、机にいたるまでモジュールを統一している。モジュールを細身の5cmとしたところが、この家のもつ町屋的スケールにしっくりとくる。また、眼前に現れる、ナマの工業素材であるPC版を、視覚的にも触覚的にも仕上材としての質感まで高めているのも、徹底したモジュールづかいの効用であろう。

この住宅が10坪という狭さを超えた空間の広がりを実現しているのは、第一に、光を透かす壁が空間の膨らみをつくりだしていること、第二に、空間の澱みをなくしたことにある。ドアらしいドアは1枚もなく、家全体を1室空間として扱う発想であり、そのなかを人間が回遊する。2本立て階段は二つの上下移動の動線と、キッチンや収納スペースを回り込む動線をつくりだしている。階段の上がり下りの際には外へと視線が抜けていき、真上のトップライトからは光が降り注ぐ。このトップライトによって、空気が澱みなく下から上へ、空へ向かって抜けていくような開放感がつくりだされている。道路面しか開くことのできない狭隘な敷地のなか、人の動き・視界・採光を最大限に活用して掛けあわせることで、空間の広がりとともに、身体的な心地よさをつくりだすのに成功しているといえる。

さらに感心したのは、生活をデザインすることが非常によくできている点で、例えばキッチンである。皿も鍋も必要最小限に抑え、小物類はすべて籠に収める。冷蔵庫の大きさにしろ、収納の大きさにしろ、すべての面で3人家族が「足るを知る」、つまり、満ち足りる域がどこなのかを考え抜いたうえでの生活の規模であり質である。設計者は40代前半、物の恩恵や煩雑さを知ってから行き着いた、揺るぎない、独自の快適さを求めた住居である。

よって、ここに日本建築学会賞を贈るものである。

——

受賞者の言葉

——

10坪のこの敷地、どこまで室内寸法を確保できるかが課題だった。敷地ぎりぎりまで壁を近づけるため、PC延棒材を人力で積むことができないかと思った。互い違いにPCを積層していくという一見単純な方法も、構造家の陶器浩一さんの存在なくしては実現しなかった。

透き間のある構造であるから、壁の厚み部分も室内の気積に取り込める。内法幅2.88m×奥行7.2mの室内は、意外にも拡がりを感じる。吸音性能は良い。壁の隙間裏に空気が流通しているためだ。

とはいえ、PCを使うことは手段であって目的でない。この家では、ほかにも一般に「非常識」な幾つかの解決策を採った。まず、道路側を大きくガラスで開放した。次に土地は狭くても前面を後退し株立ちの樹を植えた。内部では、少ない床面積を工面して2本の階段を設け、動線を家全体に立体的に循環させた。また、収納はわざと少なくして整理整頓したり、棚を必ず壁から持ち出しとし隅々まで床面を見せる、などして日々静かに気持ちよく暮らせる、独自の路線を模索した。

住宅の設計と大型建築の設計は、本当は何も違わないはずだと日々思っている。この自宅では、何事も建築的に解くことに徹した。

プラダ ブティック青山店

ジャック・ヘルツォーク／ピエール・ド・ムーロン／株式会社竹中工務店設計部

——

推薦理由

——

ヘルツォーク&ド・ムーロンは、「プラダ　ブティック青山店」のデザインを始めるにあたって、21世紀の店舗はどのようなものがありうるのか、どのように再開発されるべきかを話し合い、年月、照明条件によって絶えず変化する何か有機体のようなものに入り込むような、ひとが物理的にかかわることができる新しい世界を創出するよう努力する考えに至ったという。彼らは、青山は異質な物が混在するエリアであり、周囲との調和という制約がないということ、そして低層の建築物に周囲を囲まれたロケーションで、オープンスペースがまったくないという点に着目し、「建物を街並みのなかで目立たせ、ヨーロッパ風の広場をつくる」という計画方針を出している。

プラダ ブティック青山店
ジャック・ヘルツォーク
ピエール・ド・ムーロン
株式会社竹中工務店設計部

プラダ ブティック青山店

表参道から根津美術館方向に進むと右手前方に水晶体のようなガラスのオブジェが忽然と現れる。必要最大限の床面積を垂直方向に収めることによって、水晶体の原型となるボリュームをつくると同時に、抽象的な緑の壁で囲まれた広場をつくりだすことに成功している。この広場は、連続する街並みにボイドを挿入することによって、異質な物が混在する街のなかで建築を際立たせる役割を果たしている。外観のイメージを決める菱目格子に、平面、曲面加工、耐火の各種ガラスの合わせ複層ガラスが枠なしで取り付けられ、クリスタルなイメージを強調すると同時に、格子が外殻としての構造の役割も果たしている。ガラスの水晶体は外部と内部の関係が親密で、空間が一体となって連続する浮遊感の強い建築空間になっている。コア、チューブ、床、格子などのすべてのエレメントが空間の境界を示すと同時にそれら自体が構造体でもある。このように「プラダ　ブティック青山店」は、一般の商業施設の対極に位置する、空間のあり方に新しい地平を開いた作品である。

プロジェクトは、デザインアーキテクトであるヘルツォーク&ド・ムーロンそしてアソシエートアーキテクトとしての竹中工務店設計部で構成されたデザインチームによる共同設計で進行し、ヨーロッパ各地のデザイナー、エンジニア、職人を含めた国際的なコラボレーションにより実現したものである。海外のヘルツォーク&ド・ムーロンの作品と比較しても完成度は群を抜いていて、このようなチームプレーなしには実現し得なかった作品である。

よって、ここに日本建築学会賞を贈るものである。

——

受賞者の言葉

——

デザインコンセプトは、建物を街並みのなかで特徴あるものにすると同時に、ヨーロッパの街にみられるプラザのような公共空間をつくりだすことであった。敷地内に人々が立ち寄り、佇み、憩うことのできるオープン・スペースを残す環境づくりを第一に考え、最大限の店舗床面積を、塔状に独自の形態に集約した。建物を一種のアトラクションととらえ、建物自身が目立つというだけでなく、プラザが待ち合わせ場所ともなることをイメージした。曲面ガラスと菱形ブレースによる水晶体のようなオブジェを意図し、垂直コア、水平チューブ、床スラブ、斜め格子ファサードの構成により、空間・構造・ファサードが一体化した建物を目指した。地下1階床下に免震構造を採用することにより、外殻格子材の細いディメンジョン、外殻に面した床吹き抜け、ガラスサッシのコンパクトなディテールの実現を可能にした。店舗内を人が自由に行き来でき、視覚的にも連続した空間を実現させるため、各種の火災条件を想定したシミュレーション解析、加圧防排煙システムの採用等を行っている。

デザインアーキテクトとして、ヘルツォーク&ド・ムーロンが基本設計を、アソシエートアーキテクトとして、竹中工務店設計部が建築実施設計・構造・設備・防災設計を担当した。プロジェクトのそれぞれの段階で、このデザインチームによる連携、共同設計作業が続けられた。さらにヨーロッパ各国の多くのデザイナー、コンサルタント、エンジニア、職人をも含めた国際的なコラボレーションにより実現したプロジェクトでもある。

（竹中工務店設計部：地主道夫・中井政義・吉田克之）

——

建築雑誌2005年8月号掲載。

——

候補作品｜106題（推薦・応募23、作品選集掲載85、重複2）

57｜2006年（平成18年）

金沢21世紀美術館／北上市文化交流センター さくらホール／富弘美術館

——

選考経過

——

第1回作品部会は2005年10月3日に開催された。これまで『作品選集』掲載作品のうち候補者が希望する場合は学会賞（作品）の候補業績となっていたものを、本年より『作品選集』掲載作品でも学会賞（作品）に応募する場合はあらためて応募するシステムに変更したことも踏まえ、以下のことを確認した。

1. 表彰件数は厳選寡少を旨とし3件を基準とする。
2. 委員推薦は行わない。
3. 現地審査は原則として委員全員が行う。
4. 重賞についてはなるべく避けるが、授賞に値する作品がある場合は十分討議する。
5. 過去に審査対象となった作品でも特別な考慮はしない。
6. 「一連の作品」という業績名での応募に対しては、顕彰対象は作品自体であるとする見地から、原則として単体を対象とする。
7. 現地審査時は原則として設計者に立会ってもらうこととする。
8. 現地審査に決まった作品のうち候補者が複数のものは、授賞対象者としての妥当性を必ず確認する。

本年度の審査対象は32作品であり、そのうち2作品が重賞候補作品であった。また委員と関係の深い者の業績が候補になっていないかを精査し、特に該当するものがないことを確認した。なお候補業績の中には、同一の応募者が複数の作品を応募した事例が3件見受けられたが、学会賞の趣旨に鑑みてふさわしい応募のされ方ではないとの指摘が、作品部会の議論であったことを付記しておきたい。

各委員が個別に資料審査を行ったうえで、第2回作品部会が10月5日に開催された。討議と投票を重ねた結果、次の8作品を現地審査対象として選出した。

①富弘美術館（ヨコミゾマコト）
②中国木材名古屋事業所（福島加津也・冨永祥子）
③清里アートギャラリー（岡田哲史・陶器浩一）
④京都迎賓館（中村光男・佐藤義信）
⑤金沢21世紀美術館（妹島和世・西沢立衛）
⑥モエレ沼公園ガラスのピラミッド（川村純一・堀越英嗣・松岡拓公雄）
⑦砥用町林業総合センター（西沢大良）
⑧北上市文化交流センターさくらホール（野口秀世・兒玉謙一郎・佐々木龍一）

なお「金沢21世紀美術館」は重賞に相当する候補であったため、上記の審査方針4に基づき議論を行い、際だって優れた作品であれば重賞もありうることを確認した。

現地審査は、日本各地に点在する8作品を対象に、11月中旬より1月中旬にかけて6回に分けて行われた。最終審査のための第3回作品部会は2月2日に委員10名全員出席のもとで開催された。

最初に運営規程ならびに審査方針を確認したうえで、各委員が各候補作品について、順次現地審査を経て抱いた感想、考えを述べた。そこでは、それぞれの作品がかかえている多面性を踏まえ、各委員が特に評価する点、問題点などを挙げた。またそこで重賞の問題、作品賞と業績賞の区別などが討議され④、⑥については候補業績として作品賞より業績賞がよりふさわしいのではないかという意見も委員の間から出された。

次に各委員が3作品以内を推薦する投票を行った。その結果、はっきりした差を持って、①、⑤、⑧が過半の委員の賛同を得た。また無得票であった②、③、⑥の3作品を対象から外すこととした。次に5作品を対象に活発な議論が交わされた。

⑤は重賞ではあるが市民に開かれた美術館の新しいタイプを提出し、それが高い完成度を持っていることが評価され、また①と⑧も別方向ではあるが、新たな建築の可能性を示唆するものであると評価された。以上の結果をもとに、2006年の授賞候補作品として下記の3作品を推薦することを決定した。さらに賞の候補とした⑧の授賞候補者について「原則として賞を受けるものはその設計に主となって関与した個人を少数選ぶ」との方針（募集要領）、ならびに上記の「審査方針8」に基づき現地審査にて応募者に確認した設計体制と対象者の限定を踏まえ、授賞候補者を野口秀世君のみとした。

①富弘美術館（ヨコミゾマコト）
⑤金沢21世紀美術館（妹島和世・西沢立衛）
⑧北上市文化交流センターさくらホール（野口秀世）

本年は3作品とも結果的に公共建築であり、美術館、ホールであるが、設計者のプログラムへの新たな取組み、新しいビルディング・タイプを生成するための忍耐強い探求、その社会的、文化的な達成を積極的に評価すべきとの意見に委員全員の一致をみた。

——

委員

——

淺石優　新居千秋　金箱温春　北川原温　冨永譲
長澤悟　松村秀一　安田幸一　山本敏夫　吉田治典

——

委員の見解

——

今年の受賞三作品はすべて箱物公共建築であるが、どの施設も多くの来館者でにぎわっていた。特に「金沢21世紀美術館」と「北上市文化交流センターさくらホール」の一般市民のいきいきとした様子が印象に残った。「21世紀美術館」は、さまざまな大きさとプロポーションの四角いボリュームを円形のフレームの中に点在させることによって街路状の空間をつくり、外周部に交流機能を配した独創的な建築である。美術館というよりも街であり、気楽にギャラリーに立ち寄り現代美術を鑑賞し、食事や買い物を楽しむ場所である。建築とキュレーターの幸せな結婚、一般市民が広くアートに親しみ、楽しむことを可能にした新しいタイプの美術館であり、彼らの過去の作品に比べ格段の完成度の作品である。

「富弘美術館」のさまざまな大きさの円を集合させ、正方形のフレームで切りとってできた平面は明快で独創的である。円だけの平面からはいささか強引な印象をうけるが、実際に体験してみるとそのようなことはなく、コーナーの無い小さな展示室が多方向に連続した、星野富弘作品にふさわしいスケールの優しい空間にまとまっている。外観に関しては、チャーミングな屋根を雑誌の写真でしか見ることができないのは残念なことであった。作者は新人とはいえ、メディアテークの担当者であり、完成度に関しては不満が残った。

さくらホールは、ホール機能と創造支援機能を大きなボックスに内包した施設である。ホール建築は、公演回数も使用時間も少なく、施設も閑散としがちであるが、この施設中央にはアートファクトリーと称する立体的な共用空間があり、ガラス張りの練習創作室が点在し、舞台芸術に関わるさまざまな創作活動ができるようになっている。建築のプログラム、空間構成、管理運営のあり方などの関係がうまくいっていて、このまちの人たちのライフスタイルを大きく変える動機付けにもなっている。ほどほどの完成度に抑えた大架構や各部のディテールワークが、この施設の性格にピタリと合っていた。

（淺石優／日本設計プリンシパルデザイナー）

——

作品賞を、建築の空間、感動、素材、新しい空間の提案など、建築が持つ作品性に近づけて選ぶべきか、そのプログラムや、地域との関わり合い、使われ方によって選ぶかが論議されたと思う。結果として、作品性、プログラムもうまくバランスしている「金沢21世紀美術館」を真ん中に、プログラム、地域との関わり合いなどに優れている「北上市文化交流センターさくらホール」と反対側にある、先鋭的な「富弘美術館」に決まった。「金沢21世紀美術館」については、重賞ということとも論議されたが、この建物は作品は重賞ということを鑑みても、美術館の新しいあり方、プランタイプ、地域の人達の愛着度、建築においても優れていると思った。

「北上市文化交流センターさくらホール」は建築的には工場のようであり、もう少し緊張感があったほうが良いと感じた。ホールやホワイエなどの部分に対して、もう一歩提案があっても良かったと思ったが、同じプログラムを与えられても、このように"楽しい場" を作れるかということは建築家の力量なくしては出来ないと思った。

「富弘美術館」は色々と物議をかもしている作品だが、新しい空間の体験やあり方を示している。材料の使い方、ディテールなどこの作家がもっと勉強していくと、もっとすごいものを見せてくれそうな気がした。

惜しくも賞を逃した「モエレ公園ガラスのピラミッド」「京都迎賓館」のように長い時間をかけて、色々な人々の努力によって成り立った作品などがあった。また木の構造に真摯に取り組んだ「砥用町林業総合センター」からは、構造の新しいあり方について学んだ。また「中国木材名古屋事務所」の若い建築家が、拳を握りしめて、「遠くから拳を見ても、写真で見ても、この緊張感は伝わらない。コストから考えると、鉄骨の上に木材を貼った方が更に安いかもしれないが、この構造の緊張感が伝えられることが重要だと考えました」と言った言葉に、張りぼて建築が多い中で、若い世代がローコストの中でもガンバッテいるという実感があり、まだまだ建築に期待が持てると思った。

（新居千秋／新居千秋都市建築設計代表取締役）

——

現地審査の8作品の内、6作品は不特定多数の人が集まる施設であり、特に文化施設が多いことが本年の特徴であった。選ばれた3作品は従来から多く作られてきている文化施設であるが、空間の組み立てや施設の使われ方に新しい提案を行ったことが評価された。

「富弘美術館」は円を組み合わせた平面により、自由に動き回ることができ、展示室のつながりの不思議さを感じさせる美術館となった。特に展示屋の境界の開口部の薄さが印象的である。円筒形の鉄板壁を組み立てるという技術が用いられたが、出来上がってしまうと鉄板を使用した意義が見えにくかった。

「金沢21世紀美術館」は美術館の中に街並みを内包したような空間で、閉鎖した箱状空間を構造的に固め、通路や建物外周の開放性を高めるという無理のない構造システムである。

「北上市文化交流センターさくらホール」はアートファクトリーという共用空間が特徴で、屋根面の鉄骨むき出しの構造はこの種の施設としては飾り気が無く工場か空港のようでもあるが、気さくな雰囲気の空間を作り出しており、それによるローコスト化にも共感できた。

構造形態を建築デザインとして積極的に利用したものに「モエレ沼公園ガラスのピラミッド」と木造建築の3作品があり、いずれも力作であったが作品賞とはならなかった、特に、「砥用町林業総合センター」は不整形な木造架構を鉄骨との組み合わせにより実現したものであり、最近のデザインの潮流を象徴する建物であった。（金箱温春／金箱構造設計事務所代表取締役）

——

国家の表現という重い課題を背負った京都和風迎賓館は、これ以上望めない創意工夫と完成度に感嘆。この仕事に取り組んだ建築家の誠実さ、老練な手腕と技量は非の打ちどころがなく敬意を表したい。しかし、この稀有な仕事を貫徹した建築家や関係者のお叱りを受けることを覚悟して、正直に言えば感嘆と同時に空しさが押し寄せてくるのを禁じえなかった。未来を感じることが出来ないのである。いったいこの建築は何に向けてつくられたのだろうか。この作品には現代日本の相が深刻に映し出されているようにも感じた。

ガラスのピラミッドはイサム・ノグチのスケッチに描かれている。イサム・ノグチはどんな空間を想い描いたのだろうか。このデザインはイサム・ノグチの官能的な世界とどのようなコンテクストをもつのだろうか。ただ、ともかく、設計者がモエレの仕事にかけた情熱には深く感銘を受けた。また、邸用の林業総合センターには新しい感性と可能性を感じた。今後の活躍を期待したい。

「富広美術館」は構造体が見えていたときの迫力が竣工してからは大分弱まり、また完成度の点でも疑問が残るが独特の空間形は評価できる。「金沢21世紀美術館」はその革新的な空間構成に目を奪われる。コンセプトのダイレクトな空間化を大胆に試みたこの作品は新しい美術館の空間形式を未来に向けて切り開いた。

「北上市文化交流センターさくらホール」は美しい建築とは言えないが、美に優る圧倒的な愉しさを示した。

（北川原温／東京芸術大学教授）

——

珍しいことだが、本年度の現地審査に選ばれた作品が、いずれも東京の近場でなく、それこそ北から南まで日本各地に均等にばらまかれていたから、寒い時期、委員一行は忙しい日帰りの団体ツアーを繰り返した。場所に立会って、説明を受けながら、個性的な力作に触れることは贅沢な経験であるが、見たあとでの各審査委員間の建築に対する感想の多彩にも私自身目を見張ることが多かった。「建築とは何か？」「死にゆくべき人間の生をそれはどのように支えあげているのか？」とりわけ最終審査会では建築をめぐる多角的な意見が率直に述べられ、そこに各人の建築論が露呈し、交錯しあい、収斂してゆくというスリリングなものであった。建築のジャーナリズムのなかにも、口当たりのよい広告的批評ばかりではなく、評者、自らの責任における的確な技術批評や各自の建築論が透けて見えるような意見のオープンな表明が求められているのだと思う。

「富弘美術館」「京都迎賓館」「金沢21世紀美術館」「北上市文化交流センターさくらホール」の4作品を推した。私自身それぞれに学ぶところが多かった。

「富弘美術館」は、架構の斬新、明快を曇らすような表層の過剰、時間の経過を読み込んだディテールへの不

57

金沢21世紀美術館／北上市文化交流センター さくらホール／富弘美術館

安感などを越えて、作品内部に一貫した人間の精神(スピリット)が漲っている。
「京都迎賓館」、緊張する一貫した意匠の精神によって貫かれているという訳ではないが、困難な課題を受け、完成度高く、こうした豊かな作品へと結びつくそれぞれの部分の努力の集結には驚くべきものがある。「金沢21世紀美術館」、美術館が街であるという考えが素直に納得できる。方向感覚がなくなったり、何かしら落着かないところがあるけれど、ディテールは堅牢で心地よく、ふんわりとした感動がある。
「北上市文化交流センターさくらホール」、ホールをめぐるプログラムはオリジナルで、実際訪れてみると建築が生きて使われている。室内が工場的で荒く、外観を含めて、デザインは今ひとつといった声もあったが、建築の正直さは人切であって、部分を厳密に追求するデザインがこの作品の場合良いとも考えなかった。
(富永讓／法政大学教授)

――

選考委員を委嘱されてから作品賞の重たさがずっと頭を離れなかった。歴代の受賞作品、また受賞者の賞を語る言葉に、その権威を高め、社会的に生かしていく責任を思い続けた。表彰規程を折々に見返しながら、候補作品が今、切り拓いたもの、見せてくれた価値を考え、専門分野がまたがる委員構成による議論のなかで確かめた。同時に、理を超えて建築としての存在感、その姿を目にする喜び、そこに身を置くことの感動や新鮮さを大切にしたいと考えた。
今回、現地審査の対象となった多くは地方の公共建築である。ビルディングタイプを超え、市民の側から発想されたプログラムや動線の新しい概念の提案、その上に初めて可能となる新しい空間構成や空間体験、地域への開き方、木の構造の可能性等、実現するアイデアや執念とともにそれぞれに見どころがあり、発信力を持つものだった。
各授賞作品については、「富広美術館」は、達者な人がやりたいと思ったことを全部披瀝したという感じで、もう少し抑制を効かせてもよかったのではないかとも思ったが、創意の卓抜さと新鮮な空間体験は他にないものである。「北上市文化交流センターさくらホール」は、従来のホールの概念を超えて、年齢を超えた市民の集まり場、居場所を生きた姿で建築化しており、公共空間の新しい可能性を開いた。なお、企画・運営を通じた伊東正司氏(シアターワークショップ）の果たした役割の大きさにも付言しておきたい。「金沢21世紀美術館」は、同じく公共建築におけるまちに開かれた空間と美術館のプログラムがあいまって、新しい場所を生み出している。歴史ある町に建築が新しいイメージ拠点をつくり出せることを示す力を持つ作品である。
最後に、作品賞の性格に照らした議論のなかで選に漏れたが、「京都迎賓館」は長期間にわたって技術・工芸の粋をコーディネートした成果が、日本の建築文化·技術の厚みを実感させてくれるものであり、素直に嬉しく喜びを感じた。(長澤悟／東洋大学教授)

――

昨年のこの頁では、学会賞受賞作がともに公共建築でなかった点に言及したが、今年は受賞作品のすべてが公共建築という結果になった。
当たり前のことかもしれないが、今日の公共建築を考えるうえでの最重要課題は「公共性」の捉え方にあり、建築設計に当ってはその空間化が勝負所となる。容易なことではない。しかし、「金沢21世紀美術館」と「北上市文化交流センターさくらホール」は、ともにこの課題にすっきりと呑み込める答えを出しており、この点が何より高く評価できると思う。前者は、県庁機能の移転等に伴う中心部の衰退が懸念されるなか、北国街道の重要な交差点のそばに、町のスケールに誠に似つかわしい開放性を持った「場」を形成することで、地方都市の生活に違和感なく融け込む新しい形の文化都市戦略拠点を実現できている点に先駆的な意義を認めたい。また、後者は劇場機能よりもむしろその周辺に、住民自らの自然なパフォーマンスが、見る・見られる関係の重なり合いのなかで展開される場を形作ることに公共性を見出し、それを実に楽し気に空間化して見せたところに大きな価値がある。一方、「富弘美術館」は山間部に位置し、地方都市中心部に位置する前二者のような公共性へのアプローチを見出すことはできないが、徹底的に住民に開かれたプロセスを経てなお、斬新な空間構成のコンセプトにかくも忠実な建築をものにした点、そしてそのことで、この町の誇る美術作品を多くの人に見にきてもらいたいという町民の思いを適える場を実現し得た点を評価したいと思う。(松村秀一／東京大学助教授)

――

書類審査および現地審査を通して、公共建築やビルディングタイプという概念の変革が近年ますます加速していることを強く感じた。発注者が誰であろうか、建物用途が何であろうかにかかわらず、建築が一般市民に対してどのように開いていくかの建築で問われていた。建築が本来あるべき姿が既成概念を超えて真っ直ぐに追い求められたものが数多くみられたのである。
近年の候補作品群の特徴を表しているのであろうか、本来の建築を豊かにするとされていた断面方向の展開は陰に潜み、特に水平方向すなわち平面計画での新しい展開に意欲的なものが多く、その特徴を前面に押し出したものが結果的に受賞に至った。受賞作3作品の「金沢21世紀美術館」「北上市文化交流センターさくらホール」「富弘美術館」には、一般市民への開放による境界線引きの曖昧さは全くなく芯の強い姿勢がみられた。最終審査過程においては「学会賞は時代を画するもの」という定義に何度も戻りながら長時間にわたる議論がなされた。審査を終了してみれば、受賞作品の3作品は共にコンペやプロポーザルで選ばれたものであり、建築の問題の前の要綱つくりやプロジェクトを実現するためのプロセス、現在の運営状況などや、それぞれの過程と建築家の対応の様子なども垣間見ることができ感慨深いものがあった。(安田幸一／東京工業大学助教授)

――

本年度の現地審査はすべて地方の作品となり、受賞作3点は、昨年の個人住宅、ブランドショップと対照的に、多くの人で賑わう、地元に支えられた公共的な作品で、最終選考では審査は一回目の投票で3作品に票が集中した。「金沢21世紀美術館」は古都金沢の中心エリアあり、大きな円いガラスの外形に、各々独立した展示室と中庭を配置した、大胆で抽象的な平面で構成され、シンプルなディテールと仕上げだが、公共スペース、通り抜けの通路、周辺の外部空間とあわせ、明るく心地良く、古都に舞い降りたUFOのような建物は、多くの人々を集め、歴史ある街と新しい世代、国際文化をつなぎ、街と人々を元気づけ、新たな可能性を与える、建築の枠を超えた都市の文化空間として大いに評価される。
「北上市文化交流センターさくらホール」はある意味で前者と似た作品である、雪一面の中の現地審査の印象は書類とは大きく異なった、ワンボックス空間に大中小のホールとガラス張りの練習室が独立配置され、アートファクトリーと名付けられた立体的空間が相乗し、新たな可能性と、活気に充ちた広場を提供している。
「富弘美術館」は、個人の小さな水彩画を展示するため角を無くした大小の円筒展示室を矩形の外周の中に配置したユニークな作品、展示室は他の部屋を意識させつつ落ち着いて絵に集中できる空間となっており、仕上げ、ディテール等気になる点はあるが、新しい強いコンセプトを持つ作品。
(山本敏夫／鹿島建設建築設計本部常務執行役員本部長)

――

「北上市文化交流センターさくらホール」は総合設計事務所の長所を活かした作品である。ともすれば、こうした作品は総花的に技術を駆使し、難点はないものの魅力に欠けるものとなりやすい。しかし、この作品では、パーフォーマンスを人に見せて互いに楽しむためのアートファクトリーやホールを作るために、必然性をもって技術が組み入れられている。建築計画のコンセプトに成功の根本があろう。技術者には判りやすい作品であった。
「金沢21世紀美術館」と「富弘美術館」は、設計思想は異なるものの、どちらも平屋で形態的に類似し、双方とも展示室に床吹出し空調方式を採用している。これは適切な解であろう。訪問時にも快適な環境が生み出されていた。明るい環境下で現代美術を見せる全体に華やかな「金沢21世紀美術館」と、明るさを抑えて絵を見せるしっとりとした「富弘美術館」の光環境は好対照であるが、それぞれの展示品に似つかわしい環境の作り込みが魅力となっている。
三つの作品とも来館者人数が予想を大きく上回ったそうである。予想がいい方に外れたことは建物としては喜ばしいことであろうが、こうなると、例えば冷房時の環境維持が難しいなどの不具合が生じることがある。しかし、これに十分応えればオーバースペックとなり省エネルギー性能が悪くなる危険性をはらむ。建築は生き物であって、ある瞬間で性能を固定化することには限界がある。地球環境の時代には、関係者が共になって建築を変え生かし続けることが求められる。いい作品を協働で発展させてほしいものである。
受賞の3作品はすべて環境・設備的にも優れている。それだけではない。審査対象になった8作品すべてが、自然換気、雪の冷熱利用、熱源としての井水利用、床吹出し空調、自然採光、端材の有効利用など、それぞれに環境・設備のテーマを有している。しかし、先鋭的に環境や設備をデザインテーマとした作品は少なかった。今後に期待したい。
(吉田治典／京都大学教授)

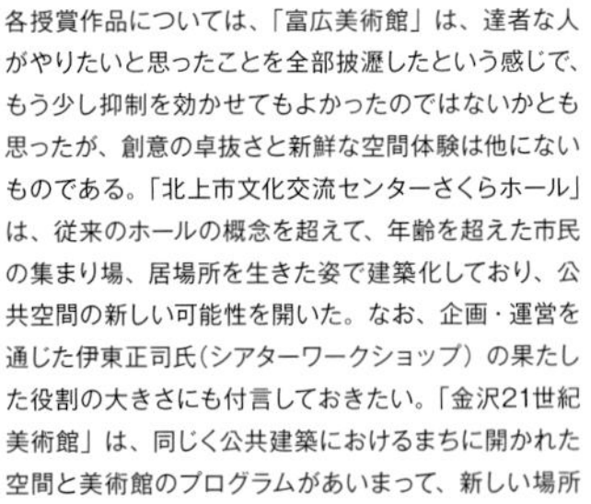
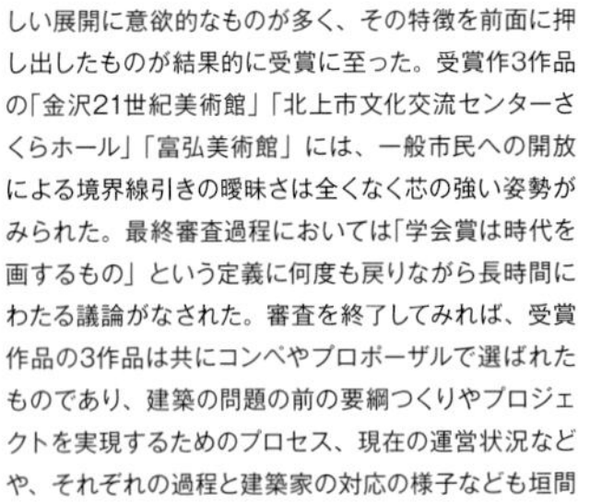

金沢21世紀美術館

北上市文化交流センター さくらホール

金沢21世紀美術館

妹島和世／西沢立衛

――

推薦理由

――

この美術館を訪れたとき、おそらく多くの人が静かな波のように音もなく押しよせてくる感動を覚えるだろう。あたかも漂白され模糊とした街の中を彷徨うような不思議な感覚にとらわれるが、美術館としてはこれまでにない革新的な空間構成に目を奪われる。展示室をはじめ諸室や中庭は白いホリゾンタルなサイト上に遊離しながら浮かび、その間隙が街路のように変化に富んだグリッドを形成している。それは金沢の歴史的な街区と時空を越えて観念的な呼応関係を獲得しているように見える。入館者が街を散策するかのように自由に往来する光景が白い空間の中にくっきりと浮かび上がり、美術館建築の果たす新しい社会的役割を予感させる。かの遊歩の哲学者W.ベンヤミンがここを訪れたとすればこの白いパッサージュを、目に見えるすべてのものをその概念に還元してゆく幻惑の道空間と記述するだろう。
常設の展示作品がその白い街の空間に唯一の表情を与えているが、建築が白一色に統一され色も形も極限まで抽象化されることによって展示作品は純粋に鑑賞者の感覚に訴えかけてくる。歩を進めてゆくと白い壁と透明なガラスのスクリーンの効果によって往来する人々が重層し、さらに時折視界に入ってくる展示作品にスーパーインポーズされ超現実的な様相が展開する。街路のような通路空間はガラスの大扉でゾーンコントロールを行い、展示ゾーンとロビーゾーンのフレキシブルな使い分けを実現している。その卓越した空間演出に加えて、この見事な展示計画は館企画運営者の手腕にも依っているが設計者との高度な議論が結実したものであろう。ただ、地下に展示室の一部が配置され、そのために少し暗い地下ロビーや、オーソドックスな階段スペース、大掛かりなエレベーターが設けられていることはアイロニーかもしれないがやや不可解である。
これまで設計者が追求してきたコンセプトのダイレクトな空間化が、当作品においても大胆に試みられ、徹底した表現の抑制と抽象化、純化の努力は賞賛に値する。その冷徹な思考は骨格である平面計画から構造、設備、仕上げ、ディテールまで貫徹し、表情と意味を排して空間構成の概念だけを残そうとしている。それは畏ろしく非情なまでに周到で死のイメージを想起させるほどである。各部の納まりは瞠目すべき完成度の高さを示し、その点においては施工者のデリケートなセンスと高度な技術力も高く評価される。
この作品は新しい美術館の空間形式を未来に向けて切り開いた。期を画する斬新な平面計画、街のように開かれた空間構成の実現による市民文化への貢献、実体としての完成度の高さにとどまらず、この作品の評価は今後ますます高まるであろう。
よって、ここに日本建築学会賞を贈るものである。

――

受賞者の言葉

――

金沢市内の中心部に建つ美術館である。交流ゾーンと美術館ゾーンの二つの部門からなる。人々に開かれた美術館を、という市の要望と、どこからでも人々がアクセスしてくるという全方位的な敷地条件を考慮して、私たちはどの方向も正面であるような、裏表のない円形の建物を提案した。
まず円形平面の中心部に美術館ゾーンを配し、円形の外周部に無料ゾーンである交流ゾーンを配置して、誰でもチケットを買うことなく気軽に建物に出入りできるような開放的な建物とした。円形中心部の美術館ゾーンでは、さまざまな大きさとプロポーションの展示室を、連結せずに離して独立配置した。それにより展示室と展示室の間に隙間空間ができた。そこを通して建物の奥深くからも外の庭が見えたり、または交流ゾーンから美術館ゾーンの活動や雰囲気が感じられたりと、より開放的で積極的な交流関係が生まれた。また、この隙間空間を使うことで人々は自由に展示室を巡ることが可能となり、展示計画上のフレキシビリティも生まれた。複数の小さな展覧会を同時並行して行うこともでき、または小さな展覧会時に美術館ゾーンが小さくなって、代わりに無料の交流ゾーンが大きくなったり、逆に大きな展覧会時は美術館ゾーン全体が展覧会場になったりといった可変性が生まれた。展覧会や企画の大小に応じて美術館の大きさも変わっていくような、フレキシブルな平面計画となった。
建物全体は大きくゆっくりとカーブする透明なガラスによって囲まれている。このガラスは周りのまちの風景を映し出しながらも、建物内部の活動を外にも表す透明性をつくり出している。私たちはここで、開放的で透明な建物によって、美術館の活動が広く都市とまちの活動に連続し、展開していくことを目指した。

北上市文化交流センター さくらホール
野口秀世

——
推薦理由
——
新雪に深く埋まったガラスの箱に一歩足を踏み入れると、中は人で溢れていた。そしてこれが日常的な状態であるのだということは、年間の利用者数や諸室・ホールの稼働率のデータからうなずける。子ども・若者・大人が、団体・グループ・カップル・一人で、室・ホールの内と外で、思い思いの活動、過ごし方、楽しみ方をしている様子が、雛段状の立体的な空間配置と透明な間仕切、階段やブリッジ等の仕掛けを通して目に飛び込んでくる。そこがアートファクトリーと呼ばれる、大小のホールにはさまれ、22の小室―大小アトリエ・練習室・音楽室・会議室・トレーニング室・防音室・スタジオ等が階段状に配置されたガラス張りのワンボックス空間である。各室での活動風景だけでなく、待つ間にもその回りで練習を始めたり、語り合ったりする様子がストリート・パフォーマンスのようにお互いに見え、大中ホールの客席までも視覚的につながる。多様なビジュアル・コミュニケーションからは、文化活動の連鎖を生む期待と同じ地域に住んでいるという一体感や喜びが実感できることだろう。
見る場からする場へ、特定の利用者や一部の専門家・愛好家だけの場から年代を越えて幅広い市民の場へ。他のあらゆる公共施設と同様に、劇場・ホールにも地域に開かれた場としてのあり方が追求されてきた。ここには専門家と市民が一緒に回数を重ねてまとめた課題や要望に、新鮮な空間提案をもって応えた新しい劇場・ホール像が、運営組織と一体になって実現している。地方都市では車社会が進み、歩いて人と出会うことが少なくなり、世代や人が分断されている。しかしここでは人々は自由に歩き回り、活動や人のいる景を存分に楽しみ、さまざまな居方ができるのだ。
同時に目的的な施設としても、専門家・愛好家との出会いにより刺激を受ける仕掛けが周到に用意され、ホール自体もバックステージの共用化や可動・移動式の家具や装置により高機能化・多機能化され、活動の成長や多様性に応えられる。またコンペの条件に想定されていなかった大空間を予算内で実現し、維持していくために省エネルギーの工夫が重ねられ、空間の覆いは建築的な洗練度が高いとは言わないが、むしろ施設のフォーマリティを消して、気軽に足を運びやすい雰囲気を作っていると言える。ここにはプログラムが建築に新しい可能性を与える力を持つことが見事に示されている。
よって、ここに日本建築学会賞を贈るものである。
——

受賞者の言葉
——
「北上市文化交流センターさくらホール」は旧市民会館の老朽化と区画整理のため、現敷地に移転、新たに計画された。
高度経済成長が終わり成熟社会を向える今日、生きがいや充実感といった生活の質が再び強く求められるようになってきた。地域の日常的な芸術文化活動は、この欲求に応えるための重大な役割を担いつつある。
このような認識のもと、当プロジェクトは日常的な活動の場となる練習創作空間を最重要視しつつ施設の中心的存在にまで高めることで、地域の中に文化活動を浸透させ、この新たな社会的ニーズに応えようとした。
まず建築全体を、緑化した外部環境と連続するワンボックス空間として計画。管理用の仕切りを外せば、大・中ホールのホワイエも共用部分と一体化し、公園のように誰でも自由に歩ける場とした。その中央に「アートファクトリー」と名づけた、ガラス張りの練習創作室群が散在する場をつくり、舞台芸術にかかわるさまざまな活動が等価に展開する開放的な場をつくった。諸室やテラス、吹き抜けをランダムに配した、多孔質な空間構成とすることで、練習、創作、交流、飲食等のさまざまな行為が発生する、都市的な賑わいのある地域の生活空間を創出した。また、大・中ホールホワイエをアートファクトリーと一体化させ、客席空間もガラススクリーンでファクトリーと視覚的につなげることで、ホールの観客が期せずして練習風景に感化されたり、練習者同士が意気投合して新たなグループを結成するといった、活動の連鎖が地域に広がっていく場を意図した。
このようにして日々の暮らしのなかに、さまざまなジャンルの練習風景が隣り合う光景をつくり出し、訪れた人々の意識を解放することで、ジャンルを超えた共感と、芸術を核とするゆるやかなコミュニティが生まれることを目指した。

富弘美術館
ヨコミゾマコト

——
推薦理由
——
この建物は、生まれる前も生まれ落ちてからもいろいろな話題を集めている。また星野富弘自身がコンペの時に、「この作品は使いづらそうだから落ちると思っていた」と語っている。しかし彼は、マイナスに考えるのではなくて、なんとかしてあの建物の良さを見つけようとする。「そうしたら一杯出てくるんですね。……最初は円で出来ているというところに非常に違和感を感じていましたが、円というのは非常に私たちの生活に結びついている。……私はこれまで自分の考えに固まっていたものが解き放たれ、非常に自由になった気がします。最初からいいものが選ばれて良かったと思ったら、それで終わりだったと思いますね。自分の考えているものと全然違うものが出来て、その中に踏み込んだところ、また新しい自分では考えられなかったすばらしい世界があった。そんな感じですね」と語っている。
この美術館は、大小の円を連ねただけの平面で作られている。あまりに恣意的に見える構成が富弘の絵を鑑賞するのに合わないのではないか、円は中心に向かうものだから、壁面に沿ってゾロゾロ動くような考え方は、小さな絵を見るには不向きではないか、また同じような部屋が続くことや、円の同一性が方向を見失わせるのではないかなど、審査の最中ですら論議された。いろいろな意見もあるが、実はこの建物ほど富弘のために作られた美術館はない。富弘の絵は遠くから眺めるものではなく、ひとつひとつ近くによって読んでいく絵であること、また一人一人がそこに描かれている絵や文字から自分の人生に示唆を見出し、ある種の宗教を感じさせるものだ。この作家の詩画がもつ具象性と空間の抽象性や形そのものが、ひとつの美術館のプロトタイプを示しているとも言える。また日本中どこにでもあるA作家の美術館のように、名前を変えても何でも成り立つ「何でも美術館」と違う方向を明確に示している。構造に鉄を選んだことにより円と円の間の繋ぎの部分の壁の薄さが、鏡の中を通り抜けるような不思議な感覚、連続しているものを破って次へ進むというような領域の分け方など新しい空間を作り出していると考える。
ただ、期待して見に行った割には、材料の見本市的なフィニッシュ、外部やいろいろなところに見える配管など、ディテールに関する不満は最後まで残った。しかしながら、それらのことは設計者が今後の仕事の中で解決できるであろう。施主との関係、材料の使い方、ディテール、完成度、寿命などを経験の中で詰めていくことを期待したい。それよりも、彼が逆にその若さで突破し、見せてくれた新しい空間は私的美術館のプロトタイプとしても、新しい空間としても、日本建築学会賞選考委員会運営規程の「……社会的、文化的見地からも極めて高い水準が認められる独創的なもの、あるいは新たな建築の可能性を示唆するもので、時代を画すると目される優れた作品を対象とする……」ということに照らしても、十分賞に値すると判断した。
よって、ここに日本建築学会賞を贈るものである。
——
受賞者の言葉
——
「同時存在する多様性」が主たるコンセプトである。星野富弘氏の作品の具象性と建築空間の抽象性を重ね合わせ、単純さと複雑さ、柔軟さと強靭さが同時存在する空間を目指した。ホワイトキューブによる均質な空間は、この美術館には不向きだと思えた。なぜなら、事象を平均化し抽象化し、画一的にとらえることの無意味さに気づかせてくれたのは星野氏の作品そのものだったからである。33個の円形の小部屋(サークル)は、使われ方や機能に応じた環境を備えている。ここでいう環境とは、照度や色温度、音響特性、温湿度、酸アルカリやVOCの濃度などから、開放感や閉鎖感、静けさや居心地など数値化しがたい指標までを含む。さらに直径の違いによる構造的剛性のばらつきまでも加えることができる。大小さまざまなサークルの集積は座屈補剛効果を発現する。部分の集積は単なる足し算以上のものとなる。この「相互補完性」は二つ目のコンセプトである。計画の実現にあたっては、早稲田大学中川武研究室、県職員ボランティアチーム、美術館ボランティアグループ等による徹底したプロセスの公開性と住民参加の実践的方法論が支えとなった。関心を持つすべての人に情報は正しく伝えられ、参加の機会は等しく与えられるべきである。そのことは公共建築にとって不可欠であることを再認識した。
——
建築雑誌2006年8月号掲載。
——
候補作品｜32題
※本年より『作品選集』掲載作品でも学会賞(作品)に応募する場合はあらためて応募するシステムとなった。

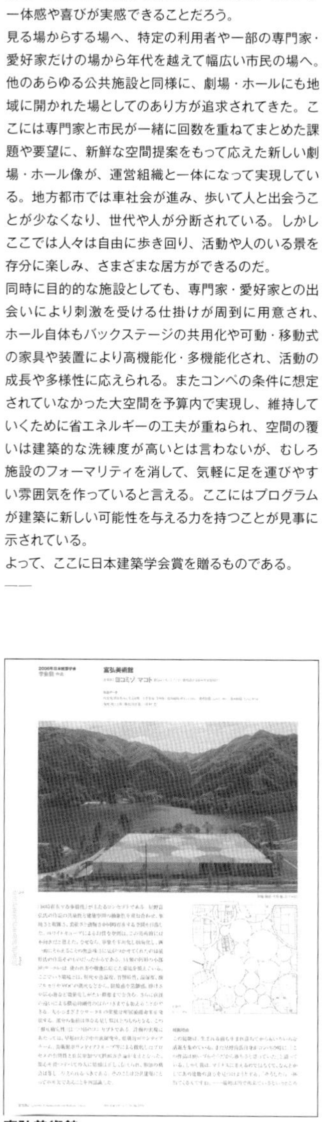
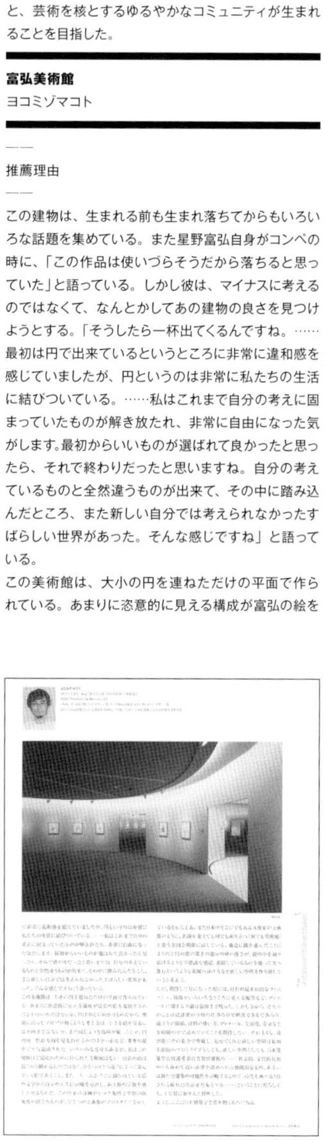
富弘美術館

58 2007年(平成19年)

茅野市民館

——
選考経過
——
第1回作品部会は2006年9月29日に開催された。はじめに前年までの方針を検討し、以下を審査方針とすることを確認した。
1. 表彰件数は厳選寡少を旨とし3件を基準とする。
2. 委員推薦は行わない。
3. 現地審査は原則として委員全員が行う。
4. 重賞についてはなるべく避けるが、授賞に値する作品がある場合は十分討議する。
5. 過去に審査対象となった作品でも特別な考慮はしない。
6. 「一連の作品」という業績名での応募に対しては、顕彰対象は作品自体であるとする見地から、原則として単体を対象とする。
7. 現地審査時は原則として設計者に立会ってもらうこととする。
8. 現地審査に決まった作品のうち候補者が複数のものは、受賞対象者としての妥当性を必ず確認する。
2007年作品部門の審査対象は34作品であり、そのうち4作品が重賞となるものであった。委員と関係の深い者の業績の有無を確認、精査した結果、委員が協力事務所として関与した作品が3点あり、運営規程等に照らしてその委員は職務停止には至らないが、審査には一切関与しないこととした。
第2回作品部会は各委員が個別に応募資料に基づく審査を事前に行ったうえで、10月4日に開催された。はじめに、この間、業績部会より候補業績2件について作品部会で審議するのが妥当ではないかと打診があったことに対して検討した。応募者本人が学会賞(業績)がふさわしいと判断してきたものであり、また募集要領の「賞の対象」で単独の作品と明記されており、2件とも上記審査方針(6)に抵触することから作品部会で審査するのは適当でないと判断した。次に、討議と投票を重ねた結果、次の8作品を現地審査対象として選出した。

①竹中工務店東京本店新社屋(菅順二君)
②星のや　軽井沢(東利恵君・長谷川浩己君)
③阿佐谷南の家(小川広次君)
④公立刈田綜合病院(芦原太郎君・北山恒君・堀池秀人君)
⑤島根県芸術文化センター(内藤廣君)
⑥京都迎賓館の設計(中村光男君・佐藤義信君)
⑦大東文化大学板橋キャンパス(中村勉君・山本圭介君・堀啓二君)
⑧茅野市民館(古谷誠章君)

なお⑤は重賞に該当する候補作品であったため、上記の審査方針(4)に基づき議論を行い、際立って優れた作品と認められれば重賞もありうることを確認した。また③については、設計に協力した委員は現地審査も含め選考に関与しないこととした。現地審査は12月初旬から1月中旬にかけて5日に分けて行われた。
最終選考のための第3回作品部会は2007年2月2日に委員10名全員出席のもとで開催された。運営規程ならびに審査方針を再確認した後、各委員が現地審査を通した総評を述べ、賞のとらえ方について意見が交わされた。次に各候補業績について評価する点、問題点等が各委員から挙げられ、その中で重賞、授賞対象者の妥当性等があわせて議論された。
その後各委員が3作品以内を推薦する投票を行った結果、9票を得た⑧を賞の候補として残し、無得票であった2作品を対象から外すこととした。残った5作品について順次検討し、1票の④と⑤の2作品は強く推す意見がなかったため審査対象から外した。2票を得た①と⑦の2作品は投票者から評価すべき点について意見が述べられ議論を重ねた結果、候補から外すことで合意された。最後に4票を得た⑥については業績としての評価に異論はなかったが、作品賞として運営規程に示されている「新たな建築の可能性を示唆するもので、時代を画すると目される」という観点を軸に和の意匠のとらえ方等、長時間にわたり激しい議論が交わされた。議論を尽くしたと全員が判断した時点で投票を行い、その結果過半に達しなかったため授賞候補としないことで最終的に合意に至った。最後にあらためて⑧について授賞に値するか検討を行った。
以上の結果、2007年の授賞候補作品として下記の1作品を推薦することを決定した。
茅野市民館(古谷誠章君)
授賞候補作品は、地方都市の駅に接する公共複合施設を駅と直接結び、レベル差を生かした一体感と変化のある空間の中に、新しい市民の居場所、活動の広が

58

茅野市民館

り、人の景を創り出したこと、それを精力的な市民参加のプロセスを重ねることにより実現した点が高く評価された。
表彰件数として3件を基準とする審査方針に対して、本年は1作品にとどまった。選に外れた作品は建築計画的な新しい空間配置、環境性能の向上や自然環境の活用技術、水をモチーフとした外部空間、要求に対する高い質の空間、地域の建築文化の提示等、それぞれ見所をもつものであったが、独創性をもって建築の新しい可能性を示しているか、時代を画する作品と言えるかという点での今回の厳しい議論を乗り越えるまでに至らなかった。なお昨年も指摘されたことであるが、複数の作品を同時に応募した者が複数おり、自薦でやや安易に感じられる応募も見受けられた。日本建築学会賞（作品）は受賞者にとどまらず歴代の建築家が心血を注いだ作品を世に問う姿勢をもって権威を確立し、それによって建築の可能性を社会に発信する力をつくり上げてきた。それを高い水準で保つ責任はひとり建築学会、審査委員のみでなく、応募者もその一翼を担うものであろう。また、重賞の議論は学会賞の意義を選考委員会に迫る点で意義があると感じられたことを一言添えておきたい。

——

委員

——

新居千秋　青木淳　可児才介　金田勝徳　北川原温
長澤悟　平倉章二　深尾精一　安田幸一　吉田治典

——

委員の見解

——

「作品賞とは何か」とこの2年間考えさせられた。全然違うジャンルのそれも大小さまざまな建築を見て、評価しなければならない。結論としては、空間に入ったとき、何か感動させてくれるもの、そして新しいプログラムや挑戦があるものとした。少し残念だったのは、何回も同じ人やグループが同じ建物で応募することだ。ある年、自分が時代を問えると思ったものを1回だけ出す潔さが欲しいと思う。重賞に関してはその人が時代を問えると感じたら応募しても良いと思う。それを止めてしまうと時代にインパクトを与える作品が出なくなり、単なる新人賞になってしまう。
「茅野市民館」は古谷誠章の代表作となり得る作品だ。しいて言えば、駅からの80mの斜路＋図書コーナーのような空間をもっと中まで入れ込んで活性化させることで従来型の組み合わせを超えて欲しかった。
「京都迎賓館」は昨年も応募があり、いろいろな論議を呼んだ。現代を代表する美術、工芸作家、職人を集めて高い精度で建築化したこと、その記録、かけられた時間、難しい要求を解かれた努力やある種の技術力は並々ならない物があるということは、ほぼ全員の認めるところだった。日本建築といった場合、“精神”と“様式”があり、応募者の日本の空間には、西洋、和風を超え、「日本の建築」の在りようが求められた。屋根材の金属には雪が積もらない。雪などに代表される自然との関わり合いを断つこと、経年変化に対応しないプラスチックな建築が日本の建築の方向性なのか？橋の上の渡り廊下を支える鉄骨の柱などに、桂離宮に代表される日本空間の佇まいがあると良かった。ガラス等さまざまな攻撃に対応できるようになっているとしたら、そのガラスが持つ特殊性を生かし、現代の技術と使い方などを考えた、新しい日本の表現が欲しかった。それらを和風の中に閉じ込めたために、“精神”の部分が、あるいは新しい日本の建築の方向性が示されていないと感じた。
この論議はある種の「帝冠様式論争」にも似ているといった他の委員の言葉が耳に残った。
（新居千秋／新居千秋都市建築設計代表取締役）

——

「茅野市民館」のマルチホールは、とてもいいと思った。そもそもホールというものはハレの空間だ。人々は、特別な体験を期待して、そこにやってくる。
いや、それでは話が逆で、まずは人間には、ときに日常生活から離れて、見知らぬ世界に行ってみたいという欲望があるのだ。演劇や祝祭や音楽は、人間のそういう欲望から生れる。そして、それらが行われている場を指して、それをぼくたちはホールと呼ぶのだ。だから、ホールは、放っておいても人々が、そこで何かをやってみたい、そこに行けば何かがやられている、と思えるような、強い空間の質をもってなければならない。でもその質は、あらかじめ、そこでのアクティビティを決めつけてしまってはいけない。個性はあるけれど、それが人々を一方向に導くというのではなく、人々がその人なりの方向を見つけ、そちらに向かって歩いていくことができるというような自由がなければならない。いいホールには、互いに矛盾するこうした課題への素敵な回答がある。
「茅野市民館」のマルチホールは、そこに大きな可変性を与えながらも、それにぴったりとつりあう空間の個性を見出しえた希有な空間だ。そして「茅野市民館」のおもしろいところは、こうした「可変性のなかの個性」とでも言える空間の質を、マルチホールだけにとどまらず、その他の場所にまで展開していることだ。駅に直結する「図書室」の通路性は、そのひとつの成果だと思う。ぼくは、いわば「劇場的な公共空間」という新たな建築の可能性を、この「茅野市民館」に感じる。
（青木淳／青木淳建築計画事務所代表取締役）

——

本年度の現地審査に残った8件の作品は、昨年とは違って、その用途やビルディングタイプ、立地等に共通点が少なく、バラけているのが特徴であった。それだけに、委員全員で本州の北から西まで忙しい旅をしながら作品の確認をしていくという作業が重要なことであることをあらためて感じた。唯一の受賞作となった「茅野市民館」は公共の複合施設であるが、最大の特徴は駅との関係である。現地に立って、市民の日常の動きをなぞってみると図面から読み取ったよりも、はるかに暖かく濃い両者の関係を肌で感じることができた。この計画では設計者を決めるプロポーザルに2年も先立って市民による議論が行われてきたという。文化や芸術について自らつくりだそうとする理念や、複合する施設群を相乗させ市民が集える場所をつくる構想がそのときすでに練られていた。設計者が選ばれた後はこの熱い市民達と建築家の二人三脚が竣工まで続いたのである。このプロセスが一体感のある人のふれあいの場づくりを可能にさせたのであろう。建物の最も大きな特徴は、なんといっても駅とホールや美術館をつなぐスロープ状の図書館である。電車の動きを目で感じながら本と親しむ空間が不思議な親近感をつくっている。もうひとつの特徴は外から中、中から外が「見える」ことである。市民の手で創られた空間にふさわしいあり方と言えよう。久しぶりに味わうさわやかな作品である。
他の作品については、ここまで考え方が異なるのかと思うほど各委員の評価が収斂せず、いずれも過半の支持は得られなかった。惜しくも選ばれなかった作品のなかで「京都迎賓館」は従来の公共施設とは趣を異にするもので、特殊なビルディングタイプとして、その創られ方は注目に値する。
「島根県芸術文化センター」は、過疎が進む地方の文化の拠点として元気に利用されている姿を目のあたりにして、建築の強さを感じさせた。「竹中工務店東京本店新社屋」は、管理志向が強すぎるのではという意見もあったが、デザイン上のさまざまな試みが行われていて、これからのオフィスの方向性を示したと思う。
（可児才介／大成建設取締役専務役員）

——

一回目の審査委員会のときから「今年の審査は難しい」という感じがした。この場合の「難しい」の意味には二通りある。推すべき作品が多すぎるのか、その逆なのかのいずれかである。ここでは残念ながら後者であった。そうしたなかで多少無理もあったが、例年どおりの数として選定された8作品を現地審査として見学させていただいた。しかし現地審査の後も最初に抱いた「難しい」の感は変わらなかった。
一方で学会賞の運営規定には、通常毎年3作品に賞を授けるとある。この3作品という数にこだわって、賞のレベル低下を招いてはいけないという意見が委員会のなかの多数を占めた。今年度の受賞対象作品が一作品となったのは、その結果である。
とはいえ現地審査対象として残った作品は、それぞれに印象深かった。「公立刈田綜合病院」は、病院建築としてこれまでにない挑戦的とも見られる空間構成に、免震構造とCFT構造とを組み合わせた構造で対応している。全体的によく調和のとれた明快さは、ある種のいさぎよさと爽快さを感じることができる。
徹底的な工芸技術へのこだわりを集結した「京都迎賓館」は、なるほどこれが国家的プロジェクトなのかと圧倒させられるものがある。耐震要素にユーティリティ諸室部分のRC壁をあて、反対側の中庭に面した部分を全面開放した構造もうなずける。「伝統的な」ではなく「平成の」和風建築として、名建築のひとつに数えられるのではないか。
「竹中工務店東京本店新社屋」は本社ビルとしての機能を満足させながら、徹底してコストパーフォーマンスの良さを図った点が評価できる。自社ビルだからこその意欲を感じさせる技術とともに、他の部門との兼ね合いから仕方がなかったのか？と思わせる自社ビルの限界も見て取れる作品である。
個人的には作品賞として、もう2作品を加えても良いのではと思わなくも無い。しかし賞の意義を守り高めるのも審査委員会の役割であることを考えれば、今年の一作品のみの受賞は当然の選択であると考える。
（金田勝徳／構造計画プラス・ワン代表取締役）

——

昨年の三つの受賞作品はいずれも期を画すると言える独創的なものであった。それに比べて今年は強く明確な決め手をもつ候補作品は少なかったように思う。作家の作品として、また技術的あるいは機能的に高い完成度を獲得しているが、期を画するような建築であるかとなると今年は判断が難しかった。
以下に感想を述べさせていただきたい。「竹中工務店東京本店新社屋」は、まちづくりを行う企業の姿勢として、もっと都市に開かれたプランを実現するべきだったのではないかと思う。設計部のフロアはひとりの作業スペースがアトリエ事務所より狭いことに驚いた。また、役員フロアのドラスティックなレイアウトに閉口した。「星のや軽井沢」は審査日とは別の日に訪問したが配置計画や空間の質に東民の持ち味が十分に生かされているようには感じられなかった。「阿佐谷南の家」は実によくできているが、大通りに面した住宅のあり方としてもっと劇的な解があるのではないかと感じた。「公立刈田綜合病院」は空港のようなロビーがのびやかで病院の息苦しさを払拭している。リハビリガーデンのデザインも美しい。「島根県芸術文化センター」はいつもの内藤さん独特の小屋組みはないが、山のようなコンクリートの圧倒的な量塊感に感動。「京都迎賓館」については昨年の評に述べた。「大東文化大学板橋キャンパス」は環境共生の工夫が建築計画、設備設計、ディテールまでトータルに施され高い次元でまとめられていた。「芽野市民館」は古谷氏の作家としてのこだわりがきちんと表れていて完成度も高い。ただホール、ロビー、コートが渾然一体になるという空間構成はもっと強く明確であるべきと感じた。
（北川原温／東京芸術大学教授）

——

独創的で、建築の可能性を示唆し、時代を画するものという賞の規程に対し、どのようなプログラム、技術、想像性をもって新しい建築空間、形態を見せてくれるか。その点で現地審査の8作品はどれも見どころがあった。「竹中工務店東京本店新社屋」はCASBEEのSクラスが総合的な技術力をもって、洗練されたデザインの下に実現されている。創造的な仕事のためのワークプレイスの提案に物足りなさを感じた。「大東文化大学板橋キャンパス」はエコ的技術を総結集し、地球環境に対する建築家の責任感と創意がうかがわれる。都心大学の高層化が進むなか、人・知の出合いを重視した中層のキャンパス計画として評価できる。「星のや軽井沢」は新しい日本型高級リゾート像をという施主の想いに、エコライフをコンセプトのひとつとして応答し、外部空間が新鮮だった。意匠面で統一性を欠く点が残念。「公立刈田綜合病院」は300床の病棟を3階の同一平面にまとめて見せ意表を突かれる。患者が一緒に病気と闘う場としてこれまでにない病院建築像を生み出したが、このプログラムには行く先が見えない。「島根県芸術文化センター」は、折面を連続させたマッシブなコンクリートのホールが不思議な力で迫り、それを覆う石州瓦の外壁が時間と共にうつろう様が、地域文化を再認識させる。今の時代の複合建築として、重賞作品に期待したい何かが見つからなかった。「阿佐谷南の家」は、明確なライフスタイルを持つ住み手に真摯で熟度の高い応答をしている。住宅にどのような可能性を開いたことになるのか。「京都迎賓館」は、難しい条件を前に、和の建築を参照しながら伝統工芸の精髄を堪能できる空間を、高い技術力で実現している。今を画する和の建築意匠としては採れないという意見が、新たな和を生み出したとする意見を抑えた。本年度唯一の授賞作となった「茅野市民館」は、地方都市の公共複合施設を駅と結び、レベル差を生かした一体感と期待感を併せ持つ空間の中に、新しい市民の居場所、活動の広がりを精力的な市民参加のプロセスを経て生み出した。建築学会作品賞とは、受賞者が満を持して世に問う建築に授賞されるのだということを確認できた思いがした。
（長澤悟／東洋大学教授）

——

本年度の学会賞受賞作になった「茅野市民館」は、現代の社会が抱える公共の「場」のあり方をさまざまの角度から解きほぐして示していると思える。市民生活に緩やかに、いわばルーズにフィットできる豊かな多様な「交流の場」が形づくられ、そして建築が孤立せずに、駅と一体となって新たな街の中心を形成する契機となっている。街と共に在続すべき公共建築のあり方の、新たな計画として評価したい。
さらに、その実現のための優れたプロセスマネジメントや、関係する多くの人々の凄まじいエネルギーを集約して、専門家としてすべてを一挙にまとめあげる建築家の力量を強く感じ取ることができる。われわれが日々必要とする公共の場は、必ずしも共有する価値観、規範等が明確ではなく、雑多でとりとめも無い混沌のなかにある。優れた建築が創り出す「場」は、時としてその混沌を丸ごとすくいあげて、多くの人々が共有することができないくつかの価値観を同時に具体的に描き出すことが可能なのだとあらためて思えた。
現地審査の対象となった他の7件もまた、用途も背景も異なる各プロジェクトに対して、それぞれ固有の課題を設定して、オリジナリティを持つ、優れた解決を見出したうえで、これまでにない新たな「場」を実現していることにたいへん興味を抱き拝見させていただいた。その優れた感性や高い質、密度のある計画に敬意を表したい。
しかし一方で、それぞれの作品について、その「場」の計画的新規性や革新性を感じながらも、そのことについて利用者や運営者等がどのように捉え、またそれが現実の日々の行為に対してどのような優れた影響、変革を及ぼしているのか、さらにはその建築の可能性がどこに向かうのかが、必ずしも明確に浮かび上がってこないと思える事例もあったことは誠に残念であった。
（平倉章二／久米設計副社長）

——

作品部会の委員を務めて、建築を評価することの難しさをあらためて感じた。現地審査の対象となったものは、いずれも力作であり、「表彰」を行うということの趣旨からすれば、いかに優れているかを競っていただくべきであるが、合議審査の過程では、減点対象を述べ合うこととなる。この「委員の見解」でも、個人として評価できた点を述べるべきであろうが、選定されたのが一作品であり、さまざまな勉強をさせていただいた立場で見解を述べることは難しい。
「茅野市民館」は、ワクワクさせる建築である。意匠に限らず、計画面でも構造・構法面でもさまざまなチャ

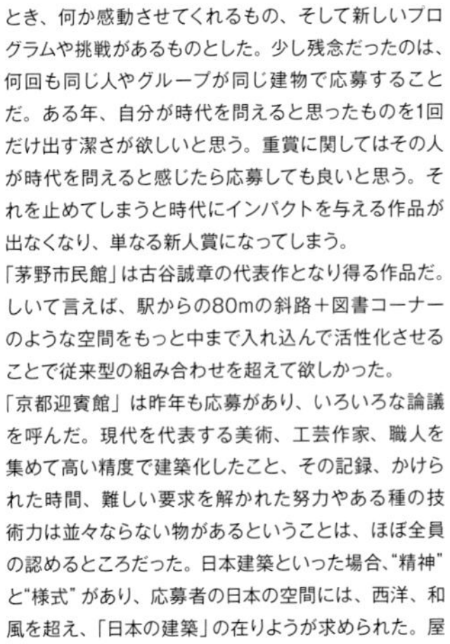
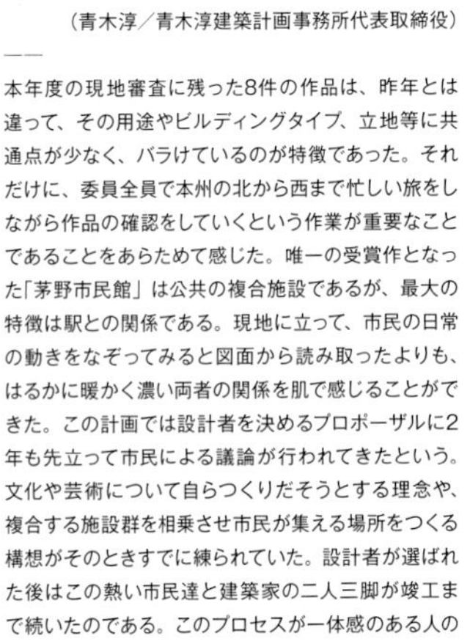

茅野市民館

レンジがなされており、新たな考え方の便所が休憩時間にうまく機能するのか、西面の広大なガラス面は環境負荷としてよいのかなどの、細かな懸念を問題とさせないくらいに意欲的で優れた作品である。
「京都迎賓館」は、選考経過にあるように、議論が白熱した作品である。和風のあり方に否定的な意見が多かったが、そもそも、和風なるものは時代を超えて定まっているものではない。賓客を迎える施設という、極めて厳しい条件の下で、現在に引き継がれている技術を組み込み高度な建築にまとめていることは評価されるべきであろう。ただ、季節を感じさせない建築であることが残念であった。「島根県芸術文化センター」も、レベルの高い建築であった。
学会賞作品部門の審査のあり方は、永遠に結論の出ない課題であろう。どのような視点で選ばれるかは、その年の審査委員会の判断とならざるを得ない。私は建築を設計する機会の少ない委員であるが、「茅野市民館」を訪れて、自分も設計をしたいという気持ちが沸々と湧き出てきた。その視点で見ることが許されるとすれば、群を抜いた作品であり、一作品に絞られたという本年度の結果も妥当なものであったと納得できる。（深尾精一／首都大学東京教授）

——

今年の応募作品は、昨年より全般的に見劣りするものが多いというのがまず書類審査での正直な感想であった。実物が書類を超えて訴えかけてくるものであってほしいと期待して現地審査に臨んだ。しかしながら、建築自身は美しい環境をつくり出してはいるが、課せられたプログラムが敷地条件や敷地を取り巻く都市環境、自然環境に対して過剰な要求でありバランスを崩してしまったものがたまたま多かったように思う。これらの問題は実は建築家にはいかにも動かせない条件でもあり、建築家のコントロールできる限界も垣間見え、発注者がもう少し考えてくれれば……という勝手ながら悔しい思いも何度か味わった。建築がすべて恵まれた条件に満たされないと作品賞に値しないのではもちろんないと思う。また、大胆な建築の構成のみを求めるものでもない。やはりどうしても「新たな建築の可能性」を持ち「時代を画する」作品であるかという命題に立ち返って、その命題に作品がどのように答えているかが今年も審査ポイントとなった。「茅野市民館」は、公共建築が駅と直結される大胆な構成とスロープ状の細長い回廊空間にまず新鮮さを感じた。駅との境界が消え、駅との複合施設とも見えた。アルプスの眺望の扱い、駐車場配置、熱環境の処理などは気になるところはあったが、高質な空間に全体がまとめられ学会賞に値する作品であることが現地で確認された。この大胆な構成を建築化するにあたり、市民との対話を重要視しながら市民でつくりあげたことにも意義があるのは間違いがないのだが、根底には発注者代表の茅野市長や設計をまとめ上げた古谷氏の「個人の熱い思い」が存在してはじめてここまで建築を昇華させたのだとあらためて感じた。
（安田幸一／東京工業大学准教授）

——

「茅野市民館」を来訪したあと、列車を待ちながら再び市民ホールと図書館を散策した。開放的なガラス貼りの空間には初冬の日光が溢れいて、休日に読書をする人もどこかを目指し駅に向かう人も楽しそうであった。受賞のポイントとなったこの静かに賑わう明るい空間は確かにアトラクティブである。しかし、単板の大きな西向きガラスで囲われたアトリウム、上部に溜まる熱気やエネルギー損失が相当気にはなる。もう一押しが欲しかった。実は、昨年秋に茅野に遊びで訪れたとき、奇を衒う建物でないからか、この建物を知らずに通り過ぎた。勉強不足を恥じながら、受賞を祝したい。
「京都迎賓館」は二度目の訪問である。建築的にも環境・設備的にも上質な建築であることを再確認した。どうあっても日本の建築界にフットプリントを残す、宿命を背負った建物であることは疑いなかろう。選外とする断もわからないではないが、作品賞とは何かという命題は消化不良のまま心に残ることとなった。けだし、作品賞の審査にはスリリングな議論があった。学会賞の気高さはこうして保たれてきたのだろう。
今年も昨年に続いて環境配慮や省エネルギーを前面に主張した意欲的な作品がたくさんあり、環境・設備を専門とする私は勇気づけられた。「大東文化大学板橋キャンパス」「竹中工務店東京本店新社屋」「星のや軽井沢」「公立刈田綜合病院」、それぞれに明快な主張がある。しかし残念ながら選外である。設計者の方々の説明がともすれば作品賞的でなく技術賞的になり、エンジニアの私でさえ、嬉しくはあるものの、大丈夫なのだろうかと気掛かりになる場面もあった。ただ、こうした流れが着実に将来に引き継がれるであろうことは、形態だけを強引に主張する作品が第一次審査で見事にはじき飛ばされたことからもわかる。エンジニアリング的建築作品にとって、今はまさに作品賞の夜明け前なのであろう。そう信じたい。
（吉田治典／京都大学教授）

茅野市民館
古谷誠章

——
推薦理由
——

駅の改札口と直結したアクセスの気易さ、さりげない入り口の奥に豊かに展開する世界に思わず感動する。公共施設のたたずまいやアプローチの仕方にはさまざまあるが、これほど何気なく、先入観を抱かせずに訪れることのできる計画は革新的である。
線路・プラットフォームと平行に延びる光溢れるスロープは都市の歩廊である。その片側に連続したアルコーブ状の図書スペースは、おおらかで多彩な表情を持つ。図書館という形式を超えて、目的の有無にかかわらずに気楽に立ち寄り、遠くの山並、プラットフォームや目の前のスロープを行き交う人々の様子を眺めながら、本に目を落とし、待ち合わせや、時間調整をするなどさまざまな自由な行為を支える、変化に富んだオープンスペースとなっている。ガラス張りの空間は熱負荷への配慮が不足していることが気になるが、貫通性を持つ「都市の歩廊」はさらに大小ホールや展示空間等の多様な場と絡みながら全体を構成し、有機的で豊かな「場」をつくり出している。800名のメインホールは「超」多目的ホールとして平土間形式で計画され、高いレベルの技術により周到にサポートされている。プログラムの自由度を確保することはもとより、ロビーや中庭にも開放されて一体化できることは魅力的だ。創造的な活動が大いに期待される。美術館やレストラン、2階の小ホールを結ぶ動線、視線を互いに交錯させ、それぞれの領域を重ねながら融合し、複合化のメリットを十分に活かすように意図されている。さらに時間の経過とともに新たな「場」が見出され、あるいは生み出される可能性を有する計画である。
現在、公共投資の削減の流れのなかで公共施設のあり方が問われ、建築というハードに対する批判は強い。だからこそ私たちは公共の場、公共のあり方について、あるいは共有すべき価値観の形成について積極的に考え、かかわらなければならないはずである。それぞれの個人が抱く多様な価値観をお互いに許容しながらも、共有できる快適な、優れた生活環境を構想し、実現させる責務があろう。地域に根ざした多くの人々が自己啓発され、活動を重ねていける、豊かな質を有する「場」が生活の身近に必要とされている。本計画はその課題に対して正面から的確に応えている。また、事業化のプロセスも注目に値する。設計者選定後に基本計画を策定する仕組みや、初期段階から情熱のある優れた建築家と、積極的な市民の参加による50回にも及ぶワークショップを通して、高い密度で計画を推進し、実現したことも評価に値する。
よって、ここに日本建築学会賞を贈るものである。

——
受賞者の言葉
——

茅野市民館はJR中央本線の茅野駅に直結した、800席の客席可変型のマルチホール、300席のコンサートホール、美術館、図書室などからなる複合文化施設である。
マルチホールはエアキャスターワゴンにより客席を移動することで、段床式から完全な平土間まで全14パターンの客席構成が可能であり、さらに客席後方の壁を開放することでロビー空間とも一体化できる。一方、コンサートホールは小規模ながら室内楽専門のホールとして、遮音性能に配慮して線路から最も離れた場所に置いた。
大小のホールに加えて、常設展示室・市民ギャラリーなどの美術館施設、単独に貸し出し可能なリハーサル室や練習室、さらにレストランや市立図書館の駅前ブランチなどがひとつながりのロビー空間を介して連接する。ロビーは時にホールのホワイエとなり、時に美術館の拡張部分となり、さらにはそれ自体が第三のホールにもなるようソフト／ハードの両面から綿密に構想し、実現されている。
また、このロビーはさらにガラス張りの緩やかなスロープ棟によって、茅野駅の東西通路に直結し、利用者は駅からまったく外へ出ずに市民館へアクセスできる。冬にはかなり寒い土地柄であるが、高校生たちは電車の来る1分前までスロープ棟の図書室で過ごすことができ、あるいは列車の乗客はプラットフォームや電車の中から、ガラス越しに市民館でのさまざまな活動を垣間見ることができるなど、いわば茅野の新しい地域文化創造のショーケースとなるよう計画されている。

——
建築雑誌2007年8月号掲載。
——
候補作品｜34題

59｜2008年（平成20年）

武蔵工業大学新建築学科棟#4／ふじようちえん

——
選考経過
——

第1回作品部会は2007年10月5日に開催した。はじめに前年までの審査方針を検討し、運営規程ならびに募集要領との整合をはかるため、“(6)「一連の作品」という業績名での応募に対しては、顕彰対象は作品自体であるとする見地から、原則として単体を対象とする。”の「原則として」という文言を削除することとし、以下を本年の審査方針とすることを確認した。
1. 表彰件数は厳選寡少を旨とし3件を基準とする。
2. 委員推薦は行わない。
3. 現地審査は原則として委員全員が行う。
4. 重賞についてはなるべく避けるが、授賞に値する作品がある場合は十分討議する。
5. 過去に審査対象となった作品でも特別な考慮はしない。
6.「一連の作品」という業績名での応募に対しては、顕彰対象は作品自体であるとする見地から、単体を対象とする。
7. 現地審査時は原則として設計者に立会ってもらうこととする。
8. 現地審査に決まった作品のうち候補者が複数のものは、受賞対象者としての妥当性を必ず確認する。
2008年作品部門の応募業績は20作品であり、そのうち1件が重賞に相当するものであった。なお、運営規程第9条第2項(2) と募集要領によって、審査の対象は「単独の作品」と規定されているため、複数の作品をシリーズとして応募している候補業績1件を審査対象から外し、19作品を2008年日本建築学会賞(作品)の審査対象とすることを確認した。
なお、審査対象から外した業績については業績部会での審査が妥当と判断し、業績部会へ審査の検討依頼をすることとした。
また、委員の業績が候補になっていないこと、および委員と関係の深い者の業績がないことを確認した。
第2回作品部会は、各委員が個別に応募資料に基づく審査を事前に行ったうえで、10月19日に開催した。はじめに、業績部会へ審査依頼した候補業績1件について、業績部会より今回は作品部門に応募されているので作品部会として評価してほしい、との回答があったことを確認し、第1回作品部会で決定したとおり、運営規程に従いこの候補業績1件を審査対象から外すこととした。
次に、討議と投票を重ねた結果、次の6作品を現地審査対象として選出した。

①三重県立熊野古道センター（戸尾任宏・梅沢良三）
②竹中工務店東京本店新社屋(菅順二)
③宗次ホール(團紀彦)
④日本盲導犬総合センター（千葉学)
⑤武蔵工業大学新建築学科棟#4(岩崎堅一)
⑥ふじようちえん(手塚貴晴・手塚由比)

なお①は重賞に該当する候補業績であったため、前述の審査方針(4) に基づき議論を行い、際立って優れた作品と認められれば重賞もありうることを確認した。
また、現地審査は12月初旬から下旬にかけて4日に分けて実施した。
最終選考のための第3回作品部会は、2008年1月31日に委員10名全員出席（委任状1名を含む）のもとで開催した。運営規程ならびに審査方針を再確認した後、各委員が現地審査を行った上での評価を述べ、学会賞選出の考え方について意見を交わした。次に各候補業績について、各委員が評価する点や問題点等を述べ、その過程で、重賞の是非、授賞対象者の妥当性等をあわせて議論した。
その後、各委員が3作品以内を推薦する投票を行った結果、8票を得た⑤⑥を賞の候補として残し、0票の③を対象から外した。⑤⑥について、再度議論を行い、両作品を候補とすることを決定した。次に、残る①②④の3作品について順次検討し、2および1票を得た①②の2作品は、強く推す意見がなかったため対象から外した。最後に、一回目の投票で5票を得た④について、十分な議論を交わした後に投票を行ったが、委員数の過半にはならなかった。さらに意見交換を行い、再度投票を行った結果、4票となり、授賞候補としないことで最終合意に至った。
以上の結果、2008年の授賞候補作品として下記の2作品を推薦することを決定した。
・武蔵工業大学新建築学科棟#4(岩崎堅一)
・ふじようちえん(手塚貴晴・手塚由比)
本年選出された2作品は、ともに学びの場であり、教育の「はじめの場」をおおらかに用意する意欲的な作品

59

武蔵工業大学新建築学科棟#4／ふじようちえん

と、「最終段階の場」を理想的な形で用意しようとする周到な作品が選ばれる結果となった。
なお、本年は昨年に引き続き、基準数である3件を選出しないこととなった。20作品の応募は、2001年～2005年の応募数とほぼ同程度であるが、現地審査対象として選出されたものは、例年の8作品に比べ、6作品に留まった。このことは、学会賞の審査対象となりうるもので応募されていないものがあるのではないかと感じさせるものであった。

——

委員

——

青木淳　可児才介　金田勝徳　工藤和美　隈研吾
平倉章二　深尾精一　梅干野晁　湯澤正信　渡部和生

——

委員の見解

——

建築に求められる質は、現在、かなり画一化している。とっかかりのない、ツルンとした空間の質、である。それは、斑を嫌い、最小限のメンテナンスによって「新品同様」を保ちたいという欲求から生まれてきたのだと思われる。実際には、素材と素材の接合の仕方に経年変化が現れるのだから、その細工に心を砕くべきだろうけれど、労多くアピール力の少ないそうした努力は等閑視され、素材自体を「フリーメンテナンス」にすることばかりが際立っている。その結果、素材はおおむね、光沢があり硬質なものになり、接合の仕方はとりあえず欠陥の少ない標準仕様ばかりになる。
「ふじようちえん」が優れているのは、こうした風潮に対して、真っ向から立ち向かっていることだ。使われている素材には、とりたてて特記するべきものはない。むしろ、安価に手に入れられる素材ばかりだ。しかし、その一方で、接合部や細部に、一貫とした強い意志が働いている。それはあらかじめ皆に共有されている「美しさ」をディテールによって演出するのではなく、その用途や機能（たとえば、手摺りならその強度を保つこと）から直接的に導かれることで、それをそのまま表現にしようとする意志である。それゆえ、ディテールのそこここに「荒っぽさ」が現れるのであるけれど、それも意志の徹底の結果の「荒っぽさ」であって、だからこそ、ここで生活し体験する人に、その「荒っぽさ」も「美しさ」として見る審美眼を持つことを促すような力を持つに至っている。
（青木淳／青木淳建築計画事務所代表取締役）

——

「ふじようちえん」を訪れたのは12月の寒風の吹きすさぶ日だった。門を抜けて、中庭に入ると低い気温に反して妙に暖かいエネルギーを感じる。そこここに動き回る子どもたちの明るいパワーがあふれていた。かつての幼稚園の概念を吹き飛ばす空間がある。仕切りのない「風通しのよい部屋」がすきま風とともに連続する。部屋の中に昔からある大木の幹がどんと構えている。園児たちは、この建築を完全に「わが物」にしている。中庭、屋根、ネットが張られた穴、壁のない部屋、部屋と一体になった明るいトイレ。すべてを園児たちは、当たり前に「わが物」にしている。建築を遊具に仕立て上げ、子どもたちの心を確実につかむキッカケは園長が長年の経験から温めてきたアイデアの集積である。それをビジョンとして組み立てたのがアートディレクターの立場の佐藤可士和氏。そして見事なまでに形に仕上げたのがこの二人の建築家である。屋根は屋根ではなく、部屋は部屋ではない、そんな新しい建築の方向を示す力作だと感じた。
「武蔵工業大学新建築学科棟＃4」も新鮮な建築である。建築を学ぶ若者が初めて出会うこの空間そのものが、当たり前の教師よりもはるかに建築に対する感覚を体感させてくれるのではないかと思った。「ふじようちえん」と一脈通じる「壁のない部屋」づくりにも共感を覚える。部門間、研究室間の壁を取り払い、より可変性、互換性を持つ空間の中で自由な発想を醸成するというコンセプトがはっきり見える。デザインスタジアムという概念の上につくられた「グランドギャラリー」の大空間がそれを象徴している。その場面を見てはいないが、この大空間で建築家の講師と学生たちが交じり合って行われているデザインレビューの写真は、ここでも参加する一人ひとりがこの空間を「わが物」にしているように感じさせる。今までにも多くの有能な建築家を輩出したこの建築学科からさらに多くの人が育っていくことを期待させてくれる秀作である。
学会賞（作品）は建築家にとって最も欲しい大きな賞であると認識しているが、近年応募作品の数が極端に少なくなっているのが大変気になる。また少ない応募作品の中に、この賞の意義に合わないのではと思われるものも見受けられた。この作品賞の候補作品の抽出の方法については、作品選集からの推薦の復活等再び広く議論をする必要がある。
（可児才介／大成建設取締役専務役員）

——

この種の審査ではいつも受賞に至らなかった作品が気にかかる。
「三重県立熊野古道センター」の木質構造に対する考え方に共感を覚える。同一断面の小口径木材を束ねた「集積材」で柱、梁、耐震壁を構成して、構造全体を構築する構想力は感動的ですらある。それだけにディテールの詰めに、わずかではあるが甘さを感じることが惜しまれる。
「竹中工務店東京本店新社屋」は組織力を生かした玄人好みの味わいが随所に見られ、いわば「大人の建築」の趣を感じることができる。残念なことは創造空間であるはずの設計室に、人をうなずかせるだけの新しい提案を見ることができないことにある。
「宗次ホール」はホールとしての器の大きさに対しては、狭小ともいえる敷地のハンディを克服しきれなかった感が残る。音楽ホールとして設計条件に恵まれない市街地のホールが持つ、いわば共通の難問に対するなんらかの解答を期待して現地に赴いたが、やはり難しいという印象が残った。
「日本盲導犬総合センター」は、小割に分けた棟をS字に巡回する動線で連絡した配置がとてもおもしろい。外部に対して閉鎖的になりがちなこの種の建築を開放的にして、明るい施設にしようとする設計者の意図が十分伝わってくる。これは建築にもいえることではあるが、特に素っ気なく感じるランドスケープは、素晴らしい富士山を眺望できる立地条件だけで良しとしたのかもしれないが、もうひと工夫がほしかった。
（金田勝徳／構造計画プラス・ワン／芝浦工業大学）

——

今年の作品賞は、最終的には教育施設の二つが選ばれる結果となりましたが、時代の流れを反映しているかもしれません。最期まで議論し、残念ながら選外となった「日本盲導犬総合センター」も、犬の教育施設です。時代を画するというのが作品賞の重要なポイントであることから、時代の変化が最もクリアに現れている建築が、今年の授賞につながったと感じています。
「武蔵工業大学新建築学科棟＃4」は、学ぶ意欲と教える側のパフォーマンスを引き出す、まるで劇場のような空間だと感じました。建築は常に社会の中でさらされながら強く存在しなくてはならないので、それに打ち勝つ元気な大学生が育つことを期待しました。「ふじようちえん」は、常識を打ち破る高密度な幼稚園で、戦前の日本や高度成長期のマンモス校舎を思い出させる空気がそこにはありました。しかし、混乱した状態を建築が開放的につくりあげることで、さまざまな問題を独自性として変換し、それにユーザーがうまくついてきた稀な例と感じます。単に、特殊解とならず、そこに実現したさわやかな空気が、多くの幼児施設に伝播してほしいと願います。
それにしても、作品賞の敷居を大変高く感じて控えている方と、誰でも応募できるからと気軽に出されている方とのギャップに驚きました。さらに、応募作品数が少ないため、現地審査を選ぶのに苦労するといった状況もあり、もっと、学会員の作品賞への意識を鼓舞する必要を感じました。
（工藤和美／シーラカンスK&H代表取締役／東洋大学教授）

——

教育とは何かについて考えた。そして、人に何かを伝え、残すということは、どのようにしたら可能なのかと考えた。
「武蔵工業大学新建築学科棟＃4」には、設計者が、何十年かの年月をかけて獲得したものが、ぎっしりとつまっているという、歯ごたえ、重みを感じて、思わずこちらの歩き方までゆっくりとなった。
人は、長い年月をかけて積み上げ獲得したものを、若い人にどう伝えていったらいいだろうか。それほどたやすいことではない。応々にして、説教というかたちで、人は何かを伝えようとする。しかし、説教によって伝わるものは少ない。ほとんどは拒絶と反感と軽蔑を招くだけで、年寄りにはさびしく去っていく。岩崎さんは、説教するかわりに、具体的な物質の中に、経験のすべてを折りたたんで、若い人達への贈り物とした。建築にはそんなかたちで媒体として、手紙としての機能が残っているのだと思い知らされた。学校の建築とは、本来このようなものであるべきだと思った。学生集めのためのファッショナブルなハコはすぐにあきられるだろう。オフィスビルのように、さらりと流したデザインの校舎で学んだ学生は同じように社会をナメてかかり、社会をわかったつもりになって、賢くたちまわった気になって、結局、社会に見事にナメられて終わるだろう。
「ふじようちえん」で学んだ子ども達はどんな風に育っていくのだろうか。子ども達が、屋上を異常な勢いで回転していた。こんな力が子どもの身体にはひそんでいるのだと知って、驚かされた。建築の力が身体の力を発掘したのだ。この力が幼稚園を出た後も持続していくのか、それとも子どもが普通の建築に戻ってしまったら、失われてしまうのか。とても興味を抱いた。
（隈研吾／慶應義塾大学教授）

——

「ふじようちえん」はドーナツ状の円盤が空中に浮かび、その磁場の基に多くの子ども達が引き寄せられ、走り回っている。まさに「園舎が巨大な遊具」（佐藤可士和氏）。
デッキ下階では隣接する田畑、民家や樹木が見えがくれする。透明なファサードを成立させているのは、力みのない構造システムとサッシュディテールの巧みさ。多くの課題を加算的ではなく、たったひとつの大きな場を見出すことで、すべてを統合的に解決している。
一方、中庭は、自由な場であると同時に、閉鎖感と均質性も醸し出す。それに対して、季節、一日の陽光の移ろいと樹々の影の移動や風の流れ等により、また園児が必要とするもう少し小さなスケールの場は、桐材の家具を臨機応変に組み立てることにより、それぞれの場に固有性を与えていると理解した。園長とスタッフの情熱に支えられ、園児の育成のためのさまざまなアイデアを新たに発見できる、可能性に満ちた場であることを評価した。
「武蔵工業大学新建築学科棟＃4」はさまざまな性格の場を複合化し、オープン化させて、学生や教師のランダムな行為が共存し、干渉することの重要性を提案している。
教育の現場にとどまらずに、現代のさまざまな分野のワークスペースのあり方にも波及するテーマである。人々が出会うこと、コラボレーションを生み出すきっかけをつくること。
専門分野の深化が孤立を招くのではなく、他分野、他の価値観の影響を受けとめながら、それぞれが質を高められるような、透明性と柔軟性を持つ、自由闊達な棚田のような復層の場。
厳選した素材の質を際立たせた、端正で質の高い計画であることに興味がつきない。
（平倉章二／久米設計取締役副社長）

——

「ふじようちえん」は、大胆な建築的提案をしているにもかかわらず、幼稚園の運営方針と見事に一体化している建築である。さまざまな意味で、とても幸せな建築であると言えよう。
暮れに行われた審査の際とは別に、真夏にもこの作品を見学する機会があったが、そのときは、欅の大木が、この建築の特徴である屋根の上に気持ちの良い日陰を生み出していた。張り出した庇も好印象であった。今回の審査の際は、紅葉した落葉がデッキの上に散りばめられており、また異なった雰囲気である。晩秋から冬にかけての一度の現地審査で建築を判断することの難しさを、再び感じる機会となった。
「武蔵工業大学新建築学科棟＃4」は、教える立場が教わる立場のあり方を深く考えてつくり上げた空間であることが生き生きと伝わってくる。この空間で建築を学ぶことのできる学生は幸せである。ただ、現時点における理想的な建築設計教育の場を提供することを狙いとしているため、この建築が、20年後、30年後にどのように使われるのだろうかと考えると、あまりに現代建築的なつくり方に不安も感じた。それも、キャンパスの歴史となるのであろうか。
「三重県立熊野古道センター」は、正角材の檜の製材を多量に用いた建築で、その設計主旨には強い賛意を表したい。近年増加してきた木造の意欲的な作品の中でも、もっとも木造らしい試みと言ってよいであろう。ただ、その意欲的な構造設計が、木材の材料としてもつさまざまな特性を生かしきっているかというと、疑問も感じざるを得なかった。
「日本盲導犬総合センター」はすがすがしい建築であり、設計者の力量を感じさせるものであった。ただ、学会賞の「時代を画する作品」という主旨からすると、そのプログラムが見慣れた建築のそれとは異なるものであったため、判断が難しい建築であった。
（深尾精一／首都大学東京教授）

——

私は、環境系の分野から選出された委員として審査に加わらせていただいた。学会賞（作品）の審査にあたっては、表彰規程や学会賞選考委員会運営規定にあるように、総合的に評価することが大前提であるが、作品選集規程第4条（選考基準）の項目(5)（地球環境保全に対する配慮および建築物のライフサイクルに対する取り組み）を中心に書類選考と現地審査に臨んだ。
ここに「学会賞（作品）と作品選奨の二つの賞の違いの明確化検討報告書」（2004年12月）のなかで、「学会賞（作品）の審査における、地球環境・LCMの視点の必要性について」興味深い部分があるので、『建築雑誌』Vol.120、No.1528、2005年2月号をお読みいただきたい。
はめ殺しガラス窓、それも大面積のものがあまりに多いこと等、今回の審査で気づいたことがいくつかあるが、この件に関連しては、環境配慮を主張された応募作品がかなり目についた。いち早く建築学会が主導して「地球建築憲章」を制定したことが具体の形として現れてきたとも考えられる。しかし、残念なことにこれらのほとんどは、現地審査の対象として選ばれることはなかった。このことは次期の審査でさらに注意を払ってみてみたい。
もうひとつは、完成後最低1年は使用され、通常使用されている状態で審査ができることが好ましいと思う。特に前述の項目(5)に関する種々の設備やそのシステムについては、計画時における予測評価だけではなく、その運用状況や実績データについても現地でヒアリングできれば、より総合的な評価に近づくのではなかろうか。　　（梅干野晁／東京工業大学教授）

——

審査を終えて、この賞の時代を画するという大いなる規定は暗黙でしか語れないと実感した。これほど審査員自身が問われているものはないのではなかろうか。現地で考え、他の委員と議論するというプロセスの中で、私としては設計者の判断を想像・追体験することに集中した。その中で、私の判断を遙かに超え豊かな空間や新たなシステムが実現されているものを良しとした。以下、現地審査での印象を記す。
「三重県立熊野古道センター」では、檜材の繰り返しがなせる業か、建物に沿って大きな庇の下を歩き入口に入るところに不思議な魅力を、そして、三つの建物の配置が醸しだす象徴性に現代では稀な神話性を感じた。
「日本盲導犬総合センター」は、従来デザインがされてなかったといえる建築タイプに挑戦し、動物と人間との新しい共生を提示している。単純でさわやかな空間がジグザグの動線に沿って並び、休日の公園のような浮遊感のある光景が現出していた。
「武蔵工業大学新建築学科棟＃4」は、建築学科の教員なら多分誰もが実現したいと思っていながらも、いまだ構想できなかった空間を見事に、それも、日常の一つひとつの場面に具体的に対応する空間として実現していた。
「ふじようちえん」では、楕円ドーナツ形の2枚のスラブに還元されたシンプルな構成が速度感のあるダイナミックな空間を生み出していた。ここでは、いわゆる大人の配慮はやすやすと廃棄されており、すがすがしさすら感じた。
（湯澤正信／関東学院大学教授／湯澤建築設計研究所代表）

——

作品賞は、原則として審査員全員が現地審査を行うことが特徴で、そこでの建築家の説明や審査員の質問、結果としての見解の相違など、実に学ぶことが多かった。
「武蔵工業大学新建築学科棟＃4」は、今日では失われがちな寸法のバランス、無駄のない空間構成、既存棟との丁寧な接続など、目に見えないところにも大きなエネルギーが注がれ、結果として高い成果を上げている。
「ふじようちえん」は、子どものための各プログラムを各室または部分領域として解くのではなく、開放感のある屋根構面で大きな全体性を獲得しながら、魅力ある空間を創出している。その結果、子どもたちの活動領域の境界性は弱まり、実際のスケール以上の広がりが感じられる。
一方「日本盲導犬総合センター」は、離散的に見える各プログラムや領域を、意図して引き延ばされた動線によって、繊細に全体をまとめている。「ふじようちえん」とこの作品は対極的な手法を取りつつ、「部分と全体」という現代建築の課題に果敢に取り組んでいる。
「三重県立熊野古道センター」は、大断面ではない木材を束ね、透過性のある木構造の道標になると思われた。「宗次ホール」では、経済優先の市街地開発とは異なる建築家の取組みを垣間見ることができた。
「竹中工務店東京本店新社屋」は、外壁パターンや空調処理など、一見容易に見えるが高いデザインと技術力に支えられている。

応募作品の総数は少なく、今後は選出の可能性を広げることも課題として残されている。
（渡部和生／惟建築計画代表取締役）

武蔵工業大学新建築学科棟#4
岩崎堅一

——
推薦理由
——

武蔵工業大学のキャンパスは比較的緑が多く、多摩川沿いののどかな風景と連続する。新建築学科棟はキャンパス内の中心軸脇を南北に走る並木道に沿って立ち、丸いガラスブロックが埋め込まれたコンクリート面とガラス面の二つの水平の帯が交互に積層する特徴的な立面を持つ。1階の大きなガラス面から内部は約1m下がったところにあり、そこでさまざまな活動が行われているのがうかがわれる。グランドラインは建物際で急に下がるが、道路と同じ高さに1枚のバルコニーが突き出され、道路にいるわれわれは内部と水平的に連続する。
脇の天井の低い入口から中に入り、階段を数段下りると吹き抜けたグランドギャラリーに出る。ここに学生が三々五々集まり、可動パネルにより設計製図、講評、シンポジウム、展示、あるいはイベントの場として可変的に使われる。平面図からこの大空間は、道路に層状に平行する棟の間に架け渡された吹き抜けと予想していた。しかし実際は、2階の段状のデザインステージから1階のグランドギャラリーへと断面的に斜めに流れる空間のダイナミックさが強く感じられた。すべてのフロアが〈見る／見られる〉関係となっているこの立体的な構成は、建築学科で起こるすべてのことを劇場的臨場感の中に包み込む。巧みに編集された良質のドキュメンタリー映画を見ているように、現実のさまざまな状況がこの空間というスクリーンに刻々と投影される。作者の言う「教育環境の社会化」は、日常性と祝祭性とが互いに余韻のように重なり合うことであり、いわば、この二重性がここに集う人々の記憶の中に建築学科というものを強く刻印することとなる。
さらに本建物は過去の遺産を継承しながら更新していく大学キャンパスのあり方をも示している。デザインステージの奥に、既存の旧図書館棟が減築・構造補強され組み込まれていることはこの計画に現実性を与え好感が持てる。
分野ごとの仕切りを無くした研究室やそれに伴う空調システム、廊下との境をガラスで仕切った教員居室等の、建築学科のことを知り抜いた内部の人間だからこその多くの提案は魅力的である。作者が年来追求している構造形式であるシャープな水平線を構成するフラットプレート工法とともに、家具、設備、ディテールとすべてが吟味され、抑制されたデザインの中に統合され、信念にまで高められた空間がつくりあげられている。
よって、ここに日本建築学会賞を贈るものである。
——
受賞者の言葉
——
歴史と共存しながらの更新
2004年に創立75周年を迎えた武蔵工業大学は、サクラセンター#14（体育館・食堂棟）、新図書館#9といった中核施設の再生を記念事業として段階的に進めてきた。新建築学科棟#4の計画は、その記念事業を含む長期的なキャンパス全体構想のひとつに位置づけられる。解体した旧図書館の一部を再利用して学科棟の機能に加え、敷地周囲の樹木も可能な限り残し、潜在する歴史の価値と共存を図り、新旧一体化した空間を計画した。
可変するグランドギャラリー
細分化された分野を横断するような交流をつくり出し、創作活動を積極的にキャンパスに開いて見せることを意図した。その中心となるのがグランドギャラリーであり、可動パネルにより空間の構成を変化させ、製図授業はもちろんのこと、プレゼンテーション、講演会等、機能を限定せずにさまざまなイベントに対応する。創作活動を喚起するための対話を重視したオープンスペースを形成した。
境界壁のない研究スペース
フラットプレート構造を採用して耐震壁をコア部分に集約し、研究室フロアは柱のみで壁のない計画とした。従来の研究室単位の境界壁を取払うことで、分野を超えて教員、学生、学内外のエキスパートが互いを刺激しあいながら専門性を磨く場としての一体感が生まれている。
教育環境を社会化する

武蔵工業大学新建築学科棟 ＃4

大学教育において「教える自由」や「学ぶ自由」が今なお重要であることは言うまでもないが、新しい時代にはその「社会化」がいっそう重要であると考えている。さまざまな活動を受容するボリュームの創出により、講演会や展覧会等で積極的に学外の人々を招き、受け入れ、枠組みを超えた交流の場を整えることで、教育環境の社会化を目指した。

ふじようちえん
手塚貴晴／手塚由比

——
推薦理由
——
ふじようちえんは、東京の郊外に広がるのどかな環境のなかにあって、忽然と楕円の姿を現す建築である。しかし、足を踏み入れると、建築そのものの存在が消えるほど、エネルギッシュな600人の園児と彼らを育んでいる集団が出迎えてくれる。窓ともドアとも壁とも言えない建具が、屋根と地面の間をおおらかに仕切っている。どこがどうなっているのかを考える暇もなく、お祭りの群集に紛れ込んだような熱気に包まれ圧倒される。めまいがするほどの躍動感である。それがゆえに、屋根全体を第二の園庭としたウッドデッキの上に立ったときの、伸びやかな広がりはすがすがしい。この建築が持つ際立った二面性を、高々2mほどのレベル差で感じることができるのである。同時に、全体を単純なエレメントに凝縮した、建築作品としての力強さを感じさせている。
そもそも、建築は自然の驚異から人を守って、人が集まる場の広がりを生み出すものである。特に、幼い子ども達が多く集まる幼稚園や保育園や学校といった施設は、集うものの過半が、弱者として必要以上に過敏に扱われがちである。さらに、少子化の時代に突入した現在、親達のわが子への関心はエスカレートし続け、怪我や汚れを成長の証として喜ぶ余裕もない。預かる側も危険回避にエネルギーを燃やし、どこか本末転倒な議論が繰り返されている。そんな社会に対して、建築に何ができるのかと問われるかもしれないが、この幼稚園はそのひとつの解を与えてくれているようである。寒ければ走り回って体を温め、日向ぼっこすればよい。暑ければ、木陰で涼んで水を飲み、風にふかれていればよい。それを可能にする手立てとして建築は存在していればよい。ふじようちえんは、そんな空間を用意している。
機械を使って環境を制御するのではなく、「人が動いて心地よい居場所を見つけたらいいじゃないか」とでも言っているような単純な建築が、今の時代にこそ評価されるべきである。高気密高断熱だけが地球環境への配慮ではないことを、そして忘れかけていた人間の感覚を思い出させる建築である。なんといっても、屋根の上を無我夢中に走り回る園児の姿は、幼い子ども達の本能を呼び覚ましている。そのような感性を伸ばす幼稚園の存在は、園を運営する関係者の熱意と実践の上にあることは言うまでもないが、人と建物の両輪がそろった園舎であるからこそ、優れた建築なのである。
よって、ここに日本建築学会賞を贈るものである。
——
受賞者の言葉
——

外周約183m、内周約108mの大きな楕円の建築物。既存樹木けやき3本（2本25m、1本15m）が建築を貫いている。560人の子ども達のための幼稚園である。
建築空間すべてが子どものスケールになっている。平屋建で中庭側の天井高を2.1mに抑えている。そのため、下階と屋根上が非常に近い関係になっている。屋根は中庭に向かって傾いているので、屋根の奥に人が行っても足まで全身が見える。
保育室同士は子どもが持ち運べる大きさ・重さの桐ブロックの家具を積み、緩やかに仕切られている。その家具は教具をしまう棚として、ときには大きな積み木にもなる。この園舎では隠れるところがなく、どこにいても園全体を見渡すことができる。仲間外れのない空間が広がっている。楕円形の屋根の上では行き止まりがない永遠のおいかけっこが繰り広げられる。屋根を貫く3本の大ケヤキの周りにはネットを張り巡らせているため園児たちの絶好の木登りポイントとなっている。
この園舎は1年の3分の2の季節、全開放のまま使う。窓が開いている状態が基本である。建具はゆがんだ楕円の形のまま回りこんでスライドする。地面と室内はほとんどフラットで、どこまで外でどこまで中なのかの区別がない。寒い真冬でも、建物全体にオンドル式空調を入れているため、裸足でも冷たくない。
私達が画策したのは「時代の最後尾」である。そこはわれわれが現在置き忘れた「喜び」の宝庫である。現在の便利さは子ども達の感覚を奪う。この建築を通して伝えたいことは「あたりまえ」であることである。時代を超えても変わらない人間社会共通の価値観である。
ここで育つ子ども達には、この園舎のように仲間外れをつくらない人に育って欲しい。何十年経ってもこの幼稚園には元気に走り回る子ども達の笑顔が溢れている。いまと同じであってほしい。
——
建築雑誌2008年8月号掲載。
——
候補作品｜19題

ふじようちえん

60 | 2009年(平成21年)

神奈川工科大学KAIT工房／日本盲導犬総合センター／ニコラス・G・ハイエック センター

——

選考経過

——

第1回作品部会は2008年9月30日に委員10名(委任状1名) の出席のもと行われた。はじめに運営規程や申し合わせ事項を確認し、次に2008年の審査方針を検討し、昨年と同様の以下の8項目を2009年の審査方針とすることを確認した。

1. 表彰件数は厳選寡少を旨とし3件を基準とする。
2. 委員推薦は行わない。
3. 現地審査は原則として委員全員が行う。
4. 重賞についてはなるべく避けるが、受賞に値する作品がある場合は十分討議する。
5. 過去に審査対象になった作品でも特別な考慮はしない。
6.「一連の作品」という業績名での応募に対しては、顕彰対象は作品自体であるとする見地から、単体を対象とする。
7. 現地審査は原則として設計者に立会ってもらうこととする。
8. 現地審査に決まった作品のうち候補者が複数のものは、受賞対象者としての妥当性を必ず確認する。

2009年作品部門の応募業績は43作品と、ここ数年の数を上回るものであった。すべての作品の内容を精査し、いくつかの確認・検討が行われた。まず、1件が重賞に相当することを確認した。また、海外作品の応募については、運営規程および募集要領に従い候補作品とした。ただ、実際審査が履行可能かどうか等の課題が予想され、第3回部会での審議事項とした。また、同一設計者による複数作品の応募が見られ、過去に選考経過で相応しくない旨指摘していた事項であり、この件についても第3回部会での審議事項とした。さらに、申し合わせ事項に従い、まず、委員の業績がないことを確認した。次に、委員と関係の深い者の業績が候補となっているか確認し、3名の委員が関係することが明らかにされ、当該業績の審査に一切関与しないこととした。以上の結果、43作品すべてを2009年日本建築学会賞(作品) の審査対象とすることを確認した。

第2回部会は各委員が個別に応募資料に基づく審査を事前に行ったうえで、10月3日に委員10名(委任状1名)の出席のもと開催された。活発な討議と記名投票を重ねた結果、43作品の中から次の8作品を現地審査対象として選出した。

①ニコラス・G・ハイエック センター
②佐川美術館　樂吉左衛門館
③日本工業大学百年記念館／ライブラリー&コミュニケーションセンター
④日本盲導犬総合センター
⑤犬島アートプロジェクト「精錬所」
⑥神奈川工科大学KAIT工房
⑦アパートメントI
⑧成城タウンハウス(ガーデンコート成城UNITED CUBES)

なお、⑧は重賞に該当する候補業績であったため、前述の審査方針(4) に基づき議論を行い、際立って優れた作品と認められれば重賞もありえることを確認した。また、この⑧はある委員と関係の深いものの業績であり、当該委員は当該業績の審査に一切関与しないことを再確認した。

現地審査は11月初旬から1月初旬まで4日に分けて実施した。

最終選考のための第3回作品部会は、2009年2月5日に委員9名(委任状1名) の出席のもとで開催した。なお、⑧にかかわる委員は病気欠席であった。運営規程ならびに審査方針を再確認した後、各委員が現地審査を行ったうえでの評価を述べ、委員間の意見交換や作品に関する討論に入った。そのなかで、学会賞選出の考え方や各委員の評価軸や評価する点・問題点等を述べ、また、重賞の是非や受賞対象者の妥当性を合わせて議論した。

まず、各委員の評価の一致する点を確認し、重賞を含む3点を対象から外すこととし、①③④⑤⑥の5作品を候補として残すこととした。さらに、その後の議論により候補として残す意見のなかった③を外し、①④⑤⑥の4作品に絞った。休憩の後、再度討議に入り、一定の評価はあるものの強く押す意見のなかった⑤を対象から外した。再度休憩をはさみ、残った①④⑥の3作品について改めて全委員が再度評価を述べ意見交換をし、まず④が、次いで①が合意され、最後に議論の末、⑥が候補とされ、最終合意に至った。

以上の結果、2009年の受賞候補作品として下記の3作品を推薦することを決定した。

・ニコラス・G・ハイエック センター
・日本盲導犬総合センター
・神奈川工科大学KAIT工房

本年は、投票により候補を絞り込んでいくことでなく、あくまでも議論による委員全員の合議となった。議論は何度にもわたり、ほぼ尽くされたといえ、最終的には多角的な見方を開陳した各委員の専門性を超えての最終合意となり、5時間にわたる審査を終えた。本年選出されたものは、学会賞が求める2つの基準に相応しいもので、社会性等において極めて高い水準を持つもの2作品と、新たな建築の可能性を示唆する1作品であった。

——

委員

——

新谷眞人　尾崎勝　小野田泰明　工藤和美　隈研吾
野口秀世　梅干野晁　湯澤正信　渡部和生

——

委員の見解

——

独創な構造によって成り立っている2点の作品が、図らずも選出されることになった。『ニコラス·G·ハイエック センター』は、構造分野で数少ない賞の一つJSCA賞を昨年受賞している。床を免震化しながら架構全体の地震エネルギーを吸収する制振構造とし、狭小な間口を持つ銀座特有の敷地に一階に大きな公共空間を開放することに成功している。『神奈川工科大学KAIT工房』の柱は鉛直荷重のみを支持するものとこれに加え水平力に抵抗するものの二種類を使い分けている。構造形式は地面から立ち上がる片持ち柱である。仮設時の付加荷重によりプレストレスを導入し、完成後の圧縮座屈を緩和する手法は新しいものではない。むしろ柱の働きを明確にし、部材寸法に表現することによって、林立する柱をルーバーのように見せる着想がユニークである。

選外であった『犬島アートプロジェクト「精錬所」』の構造は、アーチあるいは波板による形を用い、工学的な合理性によって地下空間構成している。興味深い解決であると感じた。『アパートメントI』は狭小な敷地に計画された建築に最適な構造の提示がされている。しかし、構造システムは薄肉壁ラーメンを変形したものであり、独自な構造形式とは言えない。建築計画のあまりに特殊な条件に見事な解で答えた点は評価されるが、その解が普遍性をもち得ないと感じた。

(新谷眞人／オーク構造設計代表取締役／早稲田大学教授)

——

『日本盲導犬総合センター』は、富士山麓という立地にもかかわらず、沢山の人と犬で活気に満ちていることにまず驚かされた。物言わぬ犬達、視覚を閉ざされた人々、催事に集う地域の人々が、陽だまりの前庭、風囲いの中庭、そして九十九折の回廊で出会い、コミュニケーションを誘発される分棟型空間が爽やかである。

『ニコラス・G・ハイエック センター』は、銀座の一等地で足元から上階全体に及ぶ大胆な空間的開放を実現し、従来の商業ビルの概念を一変させていることに驚かされた。開閉する外壁、ショールームエレベーター等、装置類との対比で見せる人工地盤状の軽やかなフレーム表現が、都市に発信するビジョンとして鮮やかである。

『神奈川工科大学KAIT工房』は、キャンパス中央広場に面する不思議な透明感を持つ実習工房で、林立する細い柱の粗密で、緩やかに領域を構成しているその手法に驚かされた。鉄とガラスという最小限の工業製品で、唯一身体性を頼りに、物作りの魅力に学生を引き寄せる磁力場のような場作りの試みが新鮮である。

審査を通して、難しい役目を仰せつかった、というのが正直な実感である。特に現地審査において、発注意図を含むプログラムの全体像を設計者がどのように組み込んでいるかを短時間に読み取ることは、大変困難な作業であることを改めて思い知らされた。同時に、建築の豊かさ、多様性、可能性を再認識した次第である。

(尾崎勝／鹿島建設執行役員／建築設計本部長)

——

建築空間は社会活動を反映すると同時に、社会の在りようを規定している。つまり、空間は社会の表象であるとともに社会は空間を表象するという二重性がそこには存在する。その意味では、建築型や事業型といった社会に流通する既存の型の中に隠蔽されていた可能性を開こうとしている二つの作品。『日本盲導犬総合センター』と『ニコラス・G・ハイエック センター』が目についた。建築家が創出した新しい空間形式によって、盲導犬協会のポテンシャルが社会に見事に再結合されている前者は、困難な現代社会に求められる要素を具備しており、計画者としても強く推した。後者は、空間の魅力についての食い足りなさは残ったが、建築を装置化するというルートを取る事で、資本の論理がその使い方が著しく限定している銀座の空間構造に変化を与えているといった社会性と、それと表裏だが、建築でかつて競われた銘材とその目利きが、まるで装置の取り込みとその差配に取り代わっているかに見える時代性には、語る価値があると感じた。『神奈川工科大学KAIT工房』の偏向的なまでの空間認知至上主義的アプローチには正直違和感があるが、スコープをキャンパスマスタープランのレベルに拡張すると機能的な整合性は取れており、逆説的ではあるが、日本の建築家の得意芸である新しいユニバーサルスペースを極限まで突き詰めようとする姿勢には共感出来た。建築家の情熱がそのまま具現化されたかのような『日本工業大学百年記念館／ライブラリー&コミュニケーションセンター』の立ち姿には心を引かれたが、その意義を論理的に確認・共有するには至らなかった。

(小野田泰明／東北大学教授)

——

賞にはそれぞれの嗜好があって、選ばれる作品に特色が現れると思っています。建築学会賞には、建築文化を高め、公共の福祉に寄与し、独創的な作品がその対象となっています。本年は、応募作品の増加や多様な作品選定もあって、現地審査を終えても自分自身まだ定まらぬ思いでした。つまり、価値観の持ちようで評価が揺らぐからです。その価値観と評価を短時間に話し合って選ぶのはなかなか大変だなと感じました。単純な票数だけではない、議論の結果としての選考は大変でした。『神奈川工科大学KAIT工房』は、細やかな場の違いの連続を鮮やかに生み出した空間です。外の自然と内の自然的空間が一枚のガラスで反転する、実と虚の連続性に新たな輝きを感じました。

『ニコラス・G・ハイエックセンター』は、まさに風穴を開けた建築です。銀座という特別な場所で、商業建築に求められる与条件をクリアしながら、ショールームエレベータや通り抜け空間が目を引きます。『日本盲導犬総合センター』は、しっかりと大地に根ざした建築だと感じました。盲導犬とその生涯を離散的な家の群として、非連続の連続としてまとめている。また、小さなヴォリュームの配置が周辺の景観に馴染み、穏やかさを感じました。授賞三作品はそれぞれに強さ・弱さといった個性を持った、大変すぐれた作品であると思います。

(工藤和美／シーラカンスK&H代表取締役／東洋大学教授)

——

建築は骨太でありたいといつも考えているが、厳しい時代には、特に骨太なものへの指向が強まり、骨太なものが輝いてみえる。

『神奈川工科大学KAIT工房』は、具体的な構造体の骨は細いが、逆に建築は何によって支えられ、重力や地震に抗し、さらに支えるものが、どう空間や生活と機能を規正するかについて、骨太い思考と実験のあとが感動的であった。

『日本盲導犬総合センター』では、建築とは人間のための計画を超えて人間外(例えば動物、自然) との関係性の提示であり得るかもしれないという可能性を感じた。個人、家族、社会といった近代的なヒエラルキーと20世紀的人間中心主義(ヒューマニズム) を超えた新しい形式を予感させた。

『ニコラス・G・ハイエック センター』は、商業建築という困難な条件下にもかかわらず、垂直的建築の基本シェーマ——水平スラブの積層、それらをつなぐ階段とエレベーター——今日われわれが何の違和感もなく受け入れているシェーマ、実は20世紀の便宜的発明にすぎない——を根底から批判し、乗りこえていこうする力強い意思を感じた。

建築は骨太であってはじめて困難な時代に打ち克てることを実証する3例は、建築に勇気を与えるだろう。

(隈研吾／東京大学教授)

——

今年は特殊な背景を持った比較の困難な作品が多く、判断に苦しんだが、さまざまな点で好対照を成す『日本盲導犬総合センター』と『神奈川工科大学KAIT工房』の2作品を推した。前者は急速に高齢化するこの国で、これからの盲導犬センターのあり方を示唆する建築である。計画上秀逸なのは、どこにでもある街の構造がそのまま建築の骨格になっている点で、曲がり角の多い路地を歩いていたら突然大通りに出るという構成は、犬に対して実地訓練に極めて近い教育を可能にする。と同時に、強い場所性の中で今までになかった開放系の建築的秩序を開く力量、多様な利用を可能にする工夫、増築可能なシステムの導入等、建築に対する総合的で見事な見識の高さを随所に発見できた。一方、後者は学生のための自主的なもの作りの場だが、設計者は環境的配慮や居住性を欠いてでも、自己の求める新たな空間性を実体化しようとしている。その執拗な追求の結果、今までの建築的思考の枠組を超出し、なにか別の次元に接近しているような感覚を覚えた。従来の建築概念に揺さぶりをかけ、新たな領域の広がりを予感させるところに、この作品の最大の強さがある。

『ニコラス・G・ハイエック センター』は銀座という超高額地価都市の直中で、緑化された半屋外空間を奇跡的なほど大きく確保し、環境共生の思想を表明し得た、稀有な建築である。なぜか設計者の個性、痕跡を感じられず、腑に落ちなかったが、5階の大きなアトリウムでは銀座通りと直結しつつ、都市の上空に自然が同居する、不可思議で気持ちの良い半屋外空間を作り出している。　(野口秀世／久米設計設計部長)

——

今年は2年目である。昨年と同様、環境の分野から選出された委員として審査に加わらせていただいた。今年も、書類審査の時点で、環境を前面に主張された作品が現地審査に残らなかったのは残念である。そして、現地審査に残った作品については、提出された書類の中には、ほとんど環境、設備を評価できる、または最低必要限度のチェックをできる情報が含まれていなかった。現地審査で評価できるものの、地球環境建築を学会が標榜するのだから、応募書類に何らかの工夫が必要のように思う。

昨年度に比べて、一次審査に残り現地審査の対象となった作品は、いずれも非常に個性的であったことも加わり、地球環境建築として、光・熱・空気・音などの環境工学の観点から、その特性を見抜くことは、至難の業であった。

昨年の審査感想でも触れたが再度一言。「何でもガラス」の時代は終わっていると言われる中で、ガラス張り、それも全面はめ殺しの窓が目に付く作品が余りに多い。施主や管理者の求める管理の容易さ、安全性、建築家のすっきりしたデザインの追求、さらに両者にとって好ましい経済性、どれをとってもこれに異を唱えるものはいないということなのか。しかし、そこで生活するものにとって音も空気もそれで良いのだろうか。本当に24時間換気で代替できるのだろうか。銀座という特殊な場にあって、『ニコラス・G・ハイエック センター』の、社会的にもそして環境的にも外に開放されたショールームは大変新鮮であった。

(梅干野晁／東京工業大学教授)

——

現地審査の対象に選ばれた8作品は、従来の安定的で構築的な建築の概念が影を潜め、人と空間の関係における新たな日常的地平が感じられ、興味深いものであった。例えば、建築が広く環境と捉えられた瞬間、アートとの境界が不明確となって来る。あるいは、人の日常的な行為と空間との関係を徹底的に追及すると社会性から離れる場合がでてくる。建築という社会空間を現代においてどう創出するのか、論点はそこにあるような気がした。

『ニコラス·G·ハイエック センター』は、ショールーム·エレベーターや大きなガラスシャッター等の巨大装置や無人称的形態が前面に出ているが、1階の通り抜けのヒューマンな扱いや、上の3層吹き抜けの明るいアトリウムと銀座通りの一体性に、社会への積極的な関係の持ち方や新しい都市建築への大いなるビジョンが提出されていた。『日本盲導犬総合センター』は、そつなくまとめられ、一見普通の建築に見えながら、一つの都市のようにさまざまなことを吸収しながら成長してゆく有機体となっている点に確かな現代性を感じた。『神奈川工科大学KAIT工房』には、人の活動の誘発から発想し、誰も今まで作ったことの無い粗密のある新しい普遍空間を実現した点に驚きを感じるとともに、作者の持続する強い意志を感じた。選に漏れたが、光や空気を可視化し、建築への根源的なアプローチに迫った『犬島アートプロジェクト「精錬所」』は興味深いものであったが、周りの産業遺構との関係に疑問を感じた。　(湯澤正信／関東学院大学教授)

——

現地審査に進んだ建物は、いずれも力作であり、建築の価値観が多様化するなかで、審査委員会の活発な議論がなされたが、私の選考理由を下記に述べたい。

『ニコラス・G・ハイエック センター』は、大きな舞台装置のように、街の空気や賑わいに直接触れることに力点が置かれている。1階廻りの壁面緑化に導かれるモール空間は、スケール感が良く、美しいエレベーターが適切な位置で昇降し、爽やかである。上部階もガラスシャッターがせり上がると舞台の幕が上がったように劇的に銀座の華やかさと建築が共鳴し、独創的で、建築と街が互いに刺激し合っている。
『日本盲導犬総合センター』は、敷地と建築との関係や各棟の「間」が優れている。今日の建築界が質・量とも減速する社会状況の中で、混乱することのない、適格なプランニング力とバランス感覚を持つ建築家像が期待できた。
『神奈川工科大学KAIT工房』は、大きな一つの空間に、微妙に場所をつくる細い鉄骨柱のスクリーンが印象的な建築である。この建築手法に留まらず、将来の発展の可能性を視野に入れて、今後この建築家がどのように変化し、さらなる成果を上げるか見守りたいと思う。
『犬島アートプロジェクト「精錬所」』は、今回受賞には至らなかったものの、いずれこの建築家は、環境装置としての建築表現に留まることなく、本来の持ち味である爽やかな空間デザインも両輪として達成できることを期待している。

（渡部和生／惟建築計画代表取締役）

神奈川工科大学KAIT工房
石上純也

——
推薦理由
——

大学キャンパスのほぼ中央に建つKAIT工房は、広場を内包したショーケースのような建築だ。トップライトからの陽光で内部の柱群が白く輝き、建築が周囲から明るく浮かび上がる様は鮮烈で、未知の異空間が突然そこに出現したかのような錯覚を覚える。用途としては、学生達に物づくりのためのきっかけを与え、創作意欲を育むとともに、地域開放も視野に入れている。プログラム的に見れば、初歩的な加工機器類と作業スペースが用意される以外にはトイレすらなく、他は特化された機能をほとんど持たぬフリースペースだといえる。
学生のいない休日ではあったが、45m四方の空間内は、無数の柱群によって不思議な関係性が張られ、微かに活気づいており、今まで体験したことのない場だと気付かされる。単なる機能主義からこのような場が生まれるべくもなく、設計者の意図が、均質な空間を、柱群による物体性や視覚的透過性のバラツキによって、不均質な密度感の場に変質させることだったとわかる。また柱群の粗密によって移動に伴う身体的抵抗感が変化することで距離感が収縮したり、柱の分布のムラがさまざまな溜まりの場をつくることで、それに見合った活動を誘発したりもしそうだ。総数305本に及ぶ柱はさまざまな断面の鋼製フラットバーからなり、鉛直、水平応力をおのおの受け持つ柱に分担されているが、その細さは構造柱のイメージを完全に逸脱しているため、無重力感すら漂う。
2年の設計期間の大半は柱の配置や断面太さ、向き等のスタディに費やされた。設計者は家具、加工機器類の大きさ、数、位置、搬出入路等を設定しつつ、人間の多様な活動をイメージしながら柱を立てていった。また移動時の視覚的透過性の変化を把握するため新たなソフトが開発され、視点の移動に応じて刻々と変わる、全方向の柱群の重なり具合が数値化された。そして最終的に1/20、1/3、原寸大の模型により確認、決定していったという。こうした過剰ともいえる執拗な検証を通して、柱の多さに対する関係者の懸念を解消しつつ、自己の追求する空間を徹底的に実現しようとした努力と執念には感嘆させられる。
その反面、森をイメージしたという外界と内部とが環境的に隔絶していること。FIXガラスやトップライトの熱負荷対策が皆無に近く、加工作業に伴う粉塵や臭気に対する空調換気設備が万全と思えないこと。計画として機能を省きすぎたため、建築よりも環境アートに近づいていること等、建築としてのトータリティを欠き過ぎていないかという懸念が最後まで残った。また設計者が狙った"霧のように濃度の変化する場"は、"柱が無数にある"という支配的知覚に回収され、顕在化していなかった。しかしながら、ここには空間の根本的性格と架構体のあり方を全く同一化しつつ、建築空間を初めて"密度"のみによって思考、実現するという驚くべき試みがある。この試みは今後の建築空間の新たなあり方へ多大な貢献を果たすに違いない。
よって、ここに日本建築学会賞を贈るものである。

——
受賞者の言葉
——

この建物は、神奈川工科大学に建設された工房である。学生が好きな時に来て、自主的に創作活動ができる開かれた施設である。イメージとして、林間学校のように木漏れ日の中でのびのびとものづくりできる空間がよいと考えていた。大学からの条件は、さまざまな場所で、さまざまな広がり方で、さまざまな作業をある程度フレキシブルにできるようにするということと、すべての空間を使うようなひとつの大きな作業は想定しなくてよいとのことであった。また、それぞれの空間には、それぞれある程度の専門性が備わっているので、使い方によって、大々的にプランが変わる可能性はない。建築全体のプランが大きく変わるフレキシビリティよりも、隣同士の場所の関係性や、各領域の大きさ、さまざまな空間同士のつながれ方がフレキシブルになっているほうが、あるスピード感をもって空間を自由に変えていけるのではないかと考えた。柱をランダムに見えるように(並べ方の法則を見せないように)立てていくことで柔らかくあいまいな境界をつくり出すことはできないか。つまり、プランはあるが、はっきりした境界がないという空間を目指した。
建物の構成は、約2,000m²のワンルームの平屋でファサードは全面ガラス貼りである。耐震壁やブレースは一切ない。華奢な柱だけで、建築を成り立たせている。ほとんどが異なるプロポーションの断面と角度を持った、305本の柱によって構造を成立させ、同時に、その柱が場所ごとに空間の緩やかな個性を生み出している。

日本盲導犬総合センター
千葉学

——
推薦理由
——

右手に富士を眺めながら山麓の疎林をしばらく進む。道沿いの小さな建物の前で右にハンドルを切り、建物をかすめて敷地に侵入すると、西日を受けた巨大な富士山が正面に飛び込んでくる。車路を50メートルほど奥に進んだ所で車を降り、富士を背に振り返るとなだらかな斜面上に小さな集落のように配された「日本盲導犬総合センター」の全景が見える。こうしたパースペクティブな感覚は建物の中に入っても質を変えて反復されているが、それは拘束された一筆書きではない、自由な散策が可能でありながらある文法で秩序だてられた、心地よいものである。また、つづら折りの構成とクサビのように入っているプロムナードによって確保された空間の冗長性は、千人規模の大イベントから犬を育てる日常のデリケートな運用まで、この建物に要請されている使い方の過酷な多様性を的確に受け止めている。機能的面でも裏動線と表動線そして犬動線がうまく整理されているほか、切り返しの部分に引退犬の空間を配するなど気の利いた演出もある。建築条件の特性を引き出しうるその場所独自の配置形式を地道に研究してきたこの設計者の力量を十分に実感できる仕上がりである。
寒冷なこの地の気候にあわせてフィックスの開口部が中心となってはいるが、風を避けられるプロムナード側には積極的に出られるなど抑制が効いた計画であり、当たり前の技術のアセンブルではあるが環境配慮やそのメンテナビリティにもさりげない配慮がなされている。
二極化が進む現代社会、その処方のひとつとして、非政府系組織の力を社会に還流させることが強く求められているのだが、敷地の使い方、空間構成、機能配置、素材の調整など、空間の力を総動員してそうした状況をつくり上げている様は見事で、これまでこの施設型が閉じていたことが俄に信じ難いほどである。管理の名の下に自閉した現代施設がもたらす公共空間の貧困化、モータリゼーションがつくり出した道路際の駐車場とその奥の平板な建築という貧弱な地域の景、大仰な素振りがないために見逃しがちだが、この建築が射程に入れているのは、現代社会が抱える問題の根源でもある。空間の発明が、社会を変えることの可能性を信じさせてくれる建築であり、こうした小さな公共性の発露こそ、困難な状況に直面しているわれわれが今必要としているものに違いない。
よって、ここに日本建築学会賞を贈るものである。

——
受賞者の言葉
——

何か新しいプロジェクトに関わるたびに、いつも新しい空間をつくりたいと考えてきました。ただ、ここで言う新しさとは、それまでどこにも存在しなかったような新奇さという意味での新しさではなく、例えばこれまで当たり前だと思っていた風景が、ほんの少しだけ違って見えてくる、といった意味での新しさです。見たこともない光景に出くわすことの驚きではなく、むしろ誰もが見てみたいと潜在的に望んでいた風景が現実に立ち現れることの興奮と言ってもいいかもしれません。それは、当たり前の日常があって初めて非日常性が享受できるということと近いでしょうか。
この日本盲導犬総合センターの設計についても、似たようなことが言えます。日本でまだまだ不足している盲導犬を育成するための良好な環境をつくるという目的は、ともすると、そこを極めて特異な場所にしてしまいます。だからこそこの場所が、日常的にごく自然に地域に対して開かれた場所になることは意味のあることだと思いました。また、牧畜の盛んな富士の裾野という地域には、牛舎や鶏舎など、簡素な小屋が点在しています。このありふれた小屋がほんの少しだけ密度高く集まるだけで、この土地の潜在的な魅力を顕在化するまったく新しい空間が生み出せたら、それも素晴らしいことではないかと考えました。
点在する小屋とそれらをつなぎ止める回廊という形式は、このような特異さと日常性、ありふれた風景と非日常性への思考の延長上で生まれました。複雑な与件も柔軟に吸収するこのしなやかな形式は、あたかも一つの有機体のように成長を繰り返し、まるで太古の昔からそこにあったような、それでいて、訓練の様子や富士の裾野の風景に溢れた全く新しい小さな町のような場所を生み出すことになりました。
ごく当たり前にそこにある時間や場所をほんの少しだけ違った目で見てみること、それは建築を、再び歴史や場所の中に定位させていくことにもつながると思っています。
このような作品を建築学会賞として評価していただけたことは、とても嬉しく、また今後の励みにもなることです。この場を借りて、審査員の方々、関係者の方々に改めて感謝の意を表したいと思います。

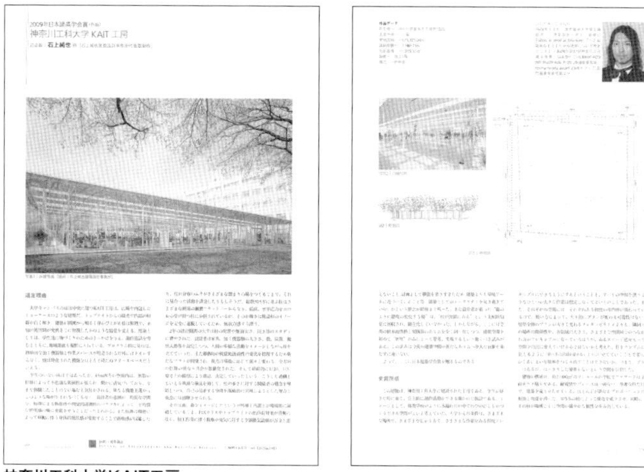
神奈川工科大学KAIT工房

日本盲導犬総合センター

ニコラス・G・ハイエック センター

60

神奈川工科大学KAIT工房／日本盲導犬総合センター／ニコラス・G・ハイエック センター

ニコラス・G・ハイエック センター
坂茂／平賀信孝

——
推薦理由
——

銀座・中央通りに面するニコラス・G・ハイエック センターは、時計ブランドグループの店舗を兼ねた本社ビルである。地上14階の搭状建物で、近づいていくと白いフレームの巨大な開口越しに3層1組の深い奥行きのアトリウムが見て取れ、それが3段に積み上がった光景がまず目に飛び込んでくる。一方足元は、昇降するショールームや、装置ごと地面に消える機械駐車を装備することで、1階に集中してしまう要素群の分散と裏通りへの通り抜けとを両立させ、緑や滝の演出と相まって、魅力的な散策路を街に提供している。
上階に上ると、アトリウムの外側には3層分を昇降するガラスシャッター、内側テラスには女性でも簡単に引き出せるガラス障子があり、それぞれを気候や時刻に応じて開閉することで、中間のボイドは内外部の二面性を持つ縁側空間として環境がコントロールされている。アトリウムの天井は西向きの大きな開口に庇状に深く迫り出し、陽光が差し込む南向きの緑化壁は垂直の庭となって天井に昇っていく。風のそよぎや地上の喧騒が微かに感じられ、銀座の空を見上げ街を見下ろす来客は、不思議な浮遊感の空中庭園を体感する。
銀座特有の間口の狭さ、両隣との近接などの制約下で、足元から上階全体に及ぶ大胆な空間的開放をシンプルな薄い躯体で実現しえたのは、床の自重を重りとして利用するマスダンパー制震装置の組み込みなど、構造的構成と建築的構成の統合によるところが大きい。
路線価の高い銀座では道路際での専有面積の最大化が定型的命題となるが、ここではむしろ希少価値としてのボイドとセットバックをあえて多用し、外気に開放した四つのポケットパークを縦積みにした立体街路に見立てることで、路面にない上階の接地性の解決としている。
さまざまな装置類はそれ自体が街に動きのある表情を発信しているが、同時にそれは動と静の対比を際立たせ壁面の存在感を自在に操ることで、人工地盤状の大きな構成を軽やかなフレーム表現で街並みに挿入することに成功している。空中のアトリウムというコンセプトは、銀座ならではの特殊解とも言えるが、従来の商業ビルの概念を一変させたその手法は、街とのコンテクストの中で建築と都市を緩衝装置でつなぎ、単体と街並みの魅力を共に生かしあうひとつの典型例を実現しているという意味で、新たな建築の可能性を示唆するとともに、都市に対する社会的、文化的なビジョンを提示していると言えよう。
よって、ここに日本建築学会賞を贈るものである。

——
受賞者の言葉
——

スウォッチ・グループが銀座七丁目に建設した、ショールームを兼ねた本社ビルである。
普段私は、"Problem-Solving" つまり、設計条件、予算などそのプロジェクトの「問題」をデザインによって解決することを、有効な説得手法と考えている。しかし今回のプログラムにおいては、クライアント自身は特に「問題」と考えていない条件を、あえて「問題」と考えることにより、解決を導き出す、いわば "Problem-Making" を試みた。
銀座通りと裏通りに面する幅員14m、奥行き34mの敷地の、1階から4階に計7ブランドの独立したショールームを配置することがプログラム上要求された。しかし間口が狭いので7店のうち1店しか銀座通りに面することができない。まして3、4階にあるショールームになど、顧客は足を運ばない。これは商業ビルとして、致命的な問題ではないか。そこで、与えられたプログラムを無視し、しかも世界一高価な商業地の1階に店舗の代わりにパブリックな道を通して銀座通りと裏通りを結ぶ案を考えた。銀座の街の特色、楽しさとなっているのは、多くの裏通りにさまざまな小さな店がひしめいているところであるが、土地が高価な故にパブリックな場所、特に緑や水のある憩いの場所がまったくない。そこで、そのようなコンテクストをビルの内につくり出すことにより、銀座らしくもあり、また異質でもあるアイデンティティをつくり出すことにした。
さらに、建物の前面と裏のファサードを4層分のガラスのスタッキングシャッターで構成し、営業時間中はそれをすべて開け、3層吹抜けの壁がすべて緑と滝で覆われた散歩道をつくり出した。その道に沿って七つの丸や四角のキオスクのようなガラス張りのショールームを散らばした。そのショールームの中には、各ブランドの目玉商品が並べられ、もっと商品を見たい場合は、ボタンを押すと、ガラスのショールームは顧客を各ブティックに導く専用エレベーターとなる。
こんな大胆な冒険を、スウォッチという画期的な時計を生み出した社長、ニコラス・G・ハイエック氏ならきっと受け入れてくれるのではないかという期待が、見事に実った。

——
建築雑誌2009年8月号掲載。
——
候補作品｜43題

61 2010年（平成22年）

洗足の連結住棟／岩見沢複合駅舎

——
選考経過
——

第1回作品部会は2009年9月18日に委員9名（委任状1名）のもとに開催された。審査方針は、ここ数年来行われてきた方針のもとに検討し、以下の項目を確認した。
1. 表彰件数は厳選寡少を旨とし3件を基準とする。
2. 委員推薦は行わない。
3. 現地審査は原則として委員全員が行う。
4. 重賞についてはなるべく避けるが、授賞に値する作品がある場合は十分討議する。
5. 過去に審査対象となった作品でも特別な考慮はしない。
6.「一連の作品」という業績名での応募に対しては、顕彰対象は作品自体であるとする見地から、単体を対象とする。
7. 現地審査時は原則として設計者に立ち会ってもらうこととする。
8. 現地審査に決まった作品のうち候補者が複数のものは、受賞対象者としての妥当性を必ず確認する。
2010年作品部門の候補業績は36作品であり、候補業績の内容を精査し、1件が、推薦者欄に「なし」と記載されており、要項に照らした結果、審査対象から外した。その結果35作品を候補業績として審査することとした。
各委員が個別に資料審査を行ったうえで、第2回作品部会を10月7日に開催した。まず審査対象の35作品のうち委員が関与する業績があるかどうかの確認をしたが、該当者はいなかった。
討議と投票を重ねた結果、次の7作品を現地審査対象として選出した。

①糸魚小学校
②岩見沢複合駅舎（JR岩見沢駅・岩見沢市有明交流プラザ・岩見沢市有明連絡歩道）
③七沢希望の丘初等学校
④洗足の連結住棟
⑤駿府教会
⑥代々木ゼミナール本部校 代ゼミタワー オベリスク
⑦長岡市子育ての駅千秋「てくてく」

現地審査は、11月下旬から1月中旬にかけて、全国に点在する7作品を対象に4回に分けて行われた。
最終審査のための第3回作品部会は、全委員出席のもとに2月5日に開催された。まず運営規程ならびに審査方針を再確認し、各委員が現地審査を行ったうえでのそれぞれの評価を述べ、委員間での意見交換、討論、ならびにそれぞれの作品自体に絞って、評価する点、問題点等を述べ、議論を重ねた。議論が出尽くしたところで、2010年の作品賞に各委員がふさわしいと思われる作品を、3作品以内の範囲で推薦する投票を行った。
その結果、委員の過半の票を集めたのは、②「岩見沢複合駅舎」（JR岩見沢駅・岩見沢市有明交流プラザ・岩見沢市有明連絡歩道）と④「洗足の連結住棟」の2作品だけであった。2作品について、再び、学会賞が求める基準、社会的・文化的見地からも極めて高い水準が認められる独創的なものであるか、新たな建築の可能性を示唆するものであるかが議論され、2作品とも候補作品として合意し決定した。さらに、規程の厳選寡少を旨とし表彰件数3件という基準に照らして、2票を得た⑤、⑥、1票の③について再度議論したが、いずれも候補作品とするにはいたらなかった。
以上の結果をもとに、2010年の授賞候補作品として審査委員全員一致で下記の2作品を推薦することに決定した。
・岩見沢複合駅舎（JR岩見沢駅・岩見沢市有明交流プラザ・岩見沢市有明連絡歩道）　西村浩
・洗足の連結住棟　北山恒／金田勝徳
前者は、実用施設となった旧弊な駅空間に一石を投じ、疲弊した地方都市の中心部に高い質の空間を据えつけた若い建築家の、長期にわたる努力の蓄積が結晶しており、後者は、東京という都市の既成環境を評価し、木造密集市街地に実験的な戸建住宅や小型の集合住宅を埋め込む試行錯誤の作業を継続してきた建築家の経験の蓄積、その到達が作品のなかに結晶している。
いずれも、社会における「建築の力」—「現実の世界」のなかに「もうひとつの建築の世界」を明らかに見せてくれる作品であった。

——
委員
——

新谷眞人　伊香賀俊治　岩崎堅一　上野淳　尾崎勝
小野田泰明　陶器二三雄　富永譲　野口秀世
古谷誠章

——
委員の見解
——

「岩見沢複合駅舎」：板型枠を用いて表面を打ち放されたあるいは紅ガラ色のレンガに包まれたRCの壁がこの建物の主たる構造である。短冊形をした屋根のPC床板がこの壁から大きく跳ねだして、外壁のガラス面に達する。線路のレールがマリオンとして再生利用されている。PC床板は雪荷重によって下にたわみ、雪が溶ければ元に戻る。マリオンもまた熱射と熱放射によって上下に伸縮し、この二つは息をするかのように絶えず動く。マリオンは屋根先端から吊り下げられ座屈を防ぎ、ガラスの壁のディテールは上下の変化にクリアランスをさりげなく設けて対応している。大きく跳ねだすPC床板は、プレストレスによってコンクリートの亀裂・クリープが抑制されている。小さなコンサートや催しが行われる2階のホールは大きな吹き抜け空間となっている。屋根は宙に浮くように何ものにも支えられていない。建物短辺方向に並列するPC床板ユニットはこれに直交するプレストレスによって一体となり、ホール両側にあるRC壁に屋根の荷重のすべてが伝達される。丁寧な構造の作りこみによって、厳しい自然に対峙しながら、爽やかなファサードそして心地よい吹き抜けを実現している。
「洗足の連結住棟」：正方形プランを持つ棟が、直列して接続されている。各棟平面の中央の一枚のRC壁は、隣接する棟ごとに直交して配置されている。交互に方向を変えてXY方向に働く水平力に抵抗する。同時にこの壁はほとんどの鉛直荷重を支えているので、各棟の外周を構造から自由にした巧みな構造システムと評価される。一方、逆説的にこの壁はとても強い存在として建築計画を規定している。
（新谷眞人／オーク構造設計代表取締役／早稲田大学教授）

——

学会賞候補を拝見できる栄誉に胸を躍らせ審査に臨んだ。現地審査に残った候補作は、いずれも応募者の並々ならぬ意気込みと努力の結晶であると感じた。しかしながら、環境工学的な視点から審査させていただいて、まず書類審査で落胆し、現地審査においても淡い期待を裏切られた。数年前に担当させていただいた作品選奨審査よりも物足りなさを感じざるを得なかったのは、学会賞に完璧さを求め過ぎた故であろうか。そうではなく、建築家と一緒に著名な構造デザイナーが活躍する一方で、残念ながら環境・設備デザイナーの影が薄いことが原因かもしれない。環境・設備デザイナーが現地審査に立ち会ったのが惜しくも学会賞に選ばれなかった2作品（「糸魚小学校」と「七沢希望の丘初等学校」）だけだったことがそれを物語っている。来年度の学会賞応募作に期待したい。
（伊香賀俊治／慶應義塾大学教授）

——

「洗足の連結住棟」は、全体の中でX・Y軸相互に振られた構造壁、バルコニーで連結するスラブ構成、透明性の高い外皮、ディテールが、密度の濃い丁寧な設計手法により統合され、開放的で爽やかな住環境を実現している。各住戸は、都市生活者のプライバシー・熱環境を調整する外周部のバッファーゾーンと室内の可動間仕切・家具により、現代の住まい手の作法を喚起する空間が表出している。
北山さんの長い年月にわたる大学教育・実験的な戸建住宅や集合住宅への取り組みは一貫している。今日の都市環境を積極的に評価し、構造・生産技術・環境系を一体的に捉えた住空間づくりへの情熱と継続した姿勢が高いレベルで実を結んだ大変秀逸な作品である。
「岩見沢複合駅舎」は、JR駅舎として初の一般公募型コンペで選出され、注目を集める画期的なプロジェクトであった。「まちの未来に向かって何が出来るか」と、岩見沢市・JR・市民との協働の中で5年間にわたり問い続けた活動は厳しいプロセスであったと想像するが、完成した建物は、レンガ壁や古レールを再利用したマリオンなど素材の持つ力を十分に活用し、まちの記憶をつなぐ存在となっている。雪景色の中に真っ赤なレンガ壁が映える端正な様相は、長い冬景色に彩りを与え、選択した素材が歴史を継承する記号的役割だけでなく、市民の活力を生み出す'まちの顔'として佇んでいる。鉄道施設と街の再生という命題に対して、大きな可能性を示す完成度の高い作品である。
（岩崎堅一／岩崎建築研究室代表取締役／東京都市大学名誉教授）

——

年末から年始にかけての厳寒の中の建築行脚は、想像以上に愉しい経験であった。実際に現地審査の場に立ってみて、期待以上の感動を覚えるものと、意外に共感を感じにくいもの、の二つに明暗が別れたとの印象を持った。

「岩見沢複合駅舎」は「健康な建築」である。街との対峙の仕方や心地よい空間構成、丹念で暖かいディテールなど、強い共感を覚えた。作家の高い精神性に敬意を表したい。

「洗足の連結住棟」は、「洗練の建築」である。高密度市街地に新しい集住の形を見出そうとする深い思考と蓄積がしっかり結実していると感じた。街の中での佇まいが美しく、心地よいコミュニティが息づいている。この集住の形は普遍を感じさせないが、都市の中のひとつの可能性を示唆したものと受け止めた。

選には至らなかったが、次の2作品にも感銘を覚えた。「代々木ゼミナール本部校　代ゼミタワー　オベリスク」は「鋭い建築」である。強い構造表現、シャープなフォルム、高い技術は評価されてよいと感じた。

「駿府教会」は「温かい建築」である。木質構造の暖かさと差し込んでくる光の周到なデザインはそこに立つ人を温かく包んでくれる穏やかさがあると感じた。アアルトの空間に居るような感慨をもった。

（上野淳／首都大学東京教授）

——

「洗足の連結住棟」は、街のスケールに分節したガラスの箱を、戸境壁と床板の配列と連結のシステムだけで構成し、可動家具やパネルで視線や気配の交錯を制御し、小庇や清掃用フックでガラス面のメンテナンスを軽減して、最少要素で生活の多様性の受容と建築の質の維持を計っている。一方、カーテン、ブラインド、玄関の小物等が住まい手の個性、感性に委ねられてシステムの間から溢れ出るように表現されている様は、住まい手の意志と往きかう人々との交感を思わせて、街に住まう新しいライフスタイルを予感させている。

「岩見沢複合駅舎」は、鉄道の街のかつての活気を引き継いでいく、街おこし、駅おこしの事業である。単なる駅舎の枠を超えて、都市軸を受け止め周辺の歴史的建造物に手を差し伸べ、古レールの再利用や刻印レンガの採用で地域の記憶をつなぎ止めようとする、心の拠り所としての新しい駅の姿を提起している。線路敷の近傍・上空や積雪寒冷地ならではの過酷な制約下で、シンプルながら生活感を持つ丁寧なディテールを作り込むことで、街の人々の側からも新しい賑わいが提案され、建築も活用も新たな可能性に開かれている。

受賞を逃した他の作品においても、新たな発見と発展の可能性に驚かされるものが多かった。審査を通じて、計画・デザイン・技術の関係や、建築と街との相互作用について、そしてそれらの全体像について、改めて考えなおす機会を与えていただいたことに感謝したい。

（尾崎勝／鹿島建設常務執行役員建築設計本部長）

——

現地審査半ばで、本当に今年は選べるのだろうかという徒労感に包まれた今年の難しい審査の中にあって、「洗足の連結住棟」は設計者の一貫したメッセージが丁寧に空間化されており、訪れたわれわれに安堵と確信を与えた作品であった。厳しい収支判断がからむ民間物件であるためアクロバティックな空間演出はないが、建築空間の新たな可能性が確かに実現されており、選出にあたって大きな異論は出なかった。「駿府教会」も明解な空間構成を巧みな素材の活用で実現している点で強く惹かれた作品ではあったが、耐久性などの点で懸念が出され最終的には選ばれることはなかった。こうした彫琢された空間の質という点においては、「森山邸」も強く推した作品であったが、設計者がSANNA名義ですでに二回受賞していることが議論となり、現地審査作品として選ばれることはなかった。日本建築学会賞という賞の重みを考えると重賞規定の必要性は言うまでもないが、建築家同士がさまざまなコラボレーションを通じて、作品を作り上げることが多い昨今の状況を考えると、その運用はさらに困難なものとなるように思われる。

このように苦労した審査の過程にあって、土木との境界領域で高い密度の設計を実現した「岩見沢複合駅舎」のすがすがしさは心に残った。小さなアイデアの積み重ねで骨太な空間の提案はないにせよ、専門性の名のもとにこれまで遠ざけられていたこの領域における良質なデザインを唱導する意味でも意義ある試みである。これからの展開に期待したい。

（小野田泰明／東北大学教授）

——

「洗足の連結住棟」

事業用プロジェクトは、その時の市場性に翻弄され、長期的展望に立った計画の実現は難しい。残念ながら「最良の個別解」が大半である。この現実にあって、標記のプロジェクトは、設計者が長年の試行錯誤の結果、普遍性のある手法として適用した連作のひとつである。周辺は低層戸建て住宅が占める閑静な環境である。住棟の分節による陰影の襞、低いピロティによるスケールダウン、中庭によるプライバシーのコントロール、住居内の可動什器やパーテションなど。理念に走りすぎず幾十もの現実的手法により、多様な居住者の嗜好に応えようとしている。中庭を介した住棟のスケールが戸建住宅のような親和感をもつ、集合住宅の秀作である。

「岩見沢複合駅舎」

駅舎センターホールから逍遥すると、その空間の佇まいには、コンペで選ばれて以来5年の長きにわたり、真摯に取り組んだ渾身の成果が歴然と現れていた。駅舎に求められる永続性を地域の文脈に求め、鉄道の町岩見沢の継承をめざしたファサードは、レンガ造の遺構と見まがうばかりのてらいのない中庸な建築である。地場の素材、建築技術、工法などを慎重に取捨し練りあげたディテールは精緻で見事である。また、この仕事を契機に、西村氏が今後の岩見沢駅周辺の「まち再生」プロジェクトにも関わりを広げていることは、市民からの高い信頼と評価を勝ち得た結果であり、その地道な努力は建築家として見習うべき規範である。（陶器二三雄／陶器二三雄建築研究所代表）

——

現地審査は大変であるが、いつも心躍る経験だ。交通機関を乗り継ぎ、訪ね、説明を受けていると、「建築の領域」が日本の片隅みの場所でそこにしかないものとして独自に繰り拡げられている。周りの大地の空気の様相や生活世界や技術的なものとの応答が、場所に光彩や固有性を与えるのである。コンピューターを操っていると建築は設計者の脳内空間の出来事だと考えがちだが、そうした外側の事物との具体的な応答の積重ねが、住まい手やそれを経験するものにとって意味の豊かさや、場所の手ざわりの重さをもたらすのだろう。そこにこそ「建築の領域」が拓かれており、それが決してグローバルな、視覚情報のようなものとして取り扱われてはならないということを語りかけてくる。

今回現地審査に残った7作品を詳細に見せてもらったとき感じたのもそのことだ。感銘を受けるのは日本各地のそれぞれの生活の場所の生成をめぐって、現実にはさまざまな側面からの困難が待ち受けていて、それを乗り越えてまとまりを創り出そうとする設計者の意志、作品に注がれた莫大な思考の量である。

結果は2作品が選定されたが、以下の作品に動かされた。「代々木ゼミナール本部校　代ゼミタワー　オベリスク」の明晰なプロポーションの新しい高層建築のタイプを生み出そうとする意志。美しく構造的にも印象深いものであった。「駿府教会」では街中で親しみやすく、隅々まで愛情が伝わってくるような暖かい礼拝空間に共感した。人目を驚かすものではないが、建築にしか成し得ないような領域がそこに生成している。「七沢希望の丘初等学校」は企画から現実化まで、多くの思考が盛り込まれ、練り上げられた建築である。小学校の新しいあり方に場を与えるという努力のさまざまが感じられた。

（富永讓／法政大学教授／富永讓・フォルムシステム設計研究所所長）

——

建築は社会の価値観や制度を映し出し、それらを正当化したりもするが、こうした枠組が急速に崩れつつある今、建築も一から組立て直すべきときだと考えている。今回選ばれた二つの作品はどちらも変貌する社会の枠組に対し、建築や建築家の新たな在り方をもって応えようとした、したたかで力強い例であると感じた。

「洗足の連結住棟」では、建築家が意図した「集合して生きることの意味」を生む建築的仕掛けを居住者が楽しそうに受け止め、生活空間全体を各自の個性や生活観によってさまざまな色に染めている様子が印象的だった。住棟は全面ガラス張りだが、的確な隣棟間隔や緑化された外部環境によってプライバシーが程よく保たれており、居住者もその程よい透明感を楽しみながら、自作の絵画や刺繍、お気に入りの靴や雑誌などを店舗のように飾って共用空間を演出していた。

民間デベロッパーによる資産運用目当ての厳しい状況下で、このような試みが果敢に行われたのは初めてではないか。高齢化社会を迎える今、孤独死や無縁死がなくなるような集合性をいかにして形成するかは大きな課題であり、これはその先駆けとなろう。

「岩見沢複合駅舎」では、建築家は駅舎の設計にとどまらず、市民がそこに集まり、さまざまな活動を通して街が元気になっていくためのきっかけ作りの場を仕掛けている。市民の名前入りレンガが外壁となって建築化していったり、建築家の呼びかけで発足した市民事務局が建設前後のさまざまなイベントを企画したりする等、駅舎再建への願いをいつの間にか街づくりへと展開していくプロセス作りには、地域再生の協働者としての新たな建築家像が浮かび上がってくる思いがした。

どちらの作品にも、社会への建築家の願いやスタンスが建築を通して、確実に都市居住者や市民に伝わり、受け入れられ、住まい方や活用状況の中に双方のキャッチボールが展開されていることに、一種の感動を覚えるとともに、社会への建築の影響力を改めて思い知った。（野口秀世／久米設計統括部長）

——

学会賞の審査は初体験であったが、審査員全員がうち揃って現地審査に赴くというのはなかなか大変なものであるが、他の賞にはない総合的評価のために資するのだろう。とても興味深いものであった。全7作品のうち、北海道の2件はいかにも冬の北海道らしい雪の中を訪れたし、他の作品も年末年始を挟んだ、審査される側に立てばどちらかといえばいろいろ厳しい時期なのだが、「敷地を見るなら雨降りに行け」という教えもあるように、審査の時期が建築の百難を隠すような爽やかな季節でないところがいいのかもしれない。かつて私自身も受審の当日、それまで見たこともない所のガラスが大勢の利用者の熱気で曇っていたりして冷や汗をかいたのを思い出した。

そんな受審者の心配をお構いなく、文字どおり多彩な審査員が目を皿のようにして審査するのだから、完全無欠な建築でない限り、かならず何かしら指摘される点があるのも言わば当然なことだ。それだけに大方の審査員が賞に推したいと判断した作品にはそれなりの重みがあった。今年はそれに該当したのが2点で、あえて3点目を選出しなかったのにもそれなりな訳がある。受賞した2点には、規模も機能も立地も全く共通するものがないが、それぞれの種の建築に新境地を切り拓くべく建築家として深く関わろうとする姿勢、難問を見事に解くだけでなく、新たな難問を自ら提起しようとする強い意志を私は感じた。

（古谷誠章／早稲田大学教授）

洗足の連結住棟

北山恒／金田勝徳

——

推薦理由

——

周辺の密度感を受け止めたヴォリュームの連なりにより、対比的素材でありながら閑静な住宅街に溶け込んだ佇まいを見せる集合住宅である。街路から、住棟間のピロティに設けられたゲートをくぐると、孟宗竹が植えられた心地よいスケールの中庭に至る。この中庭には、各住戸へのアプローチがとられており、縦動線は中庭に開放された昇降部と住棟の隙間に挿入された玄関周りの対照が示すように、開かれながらも守られた場所となっている。過半の住戸は住棟をまたいで設定されており、視覚的な分節と実際の居住単位の分節がわざとずらされているが、これは、自らの住戸を客体視するとともに他者の住まいも同等に視野に入るといった、コモンに対する無意識を醸成する通奏低音とも読み取れる。もちろん、視線は明快にコントロールされるなど一般的対応はなされているのだが、単なる閉鎖を越えた高次のレベルで、プライバシーを担保しようとする設計者の思慮の射程には驚かされる。

こうした空間の分節と統合は、各ブロックの構造壁を相互に90°の角度で振り、これを剛な床スラブで連結して、各方向の水平力に抵抗しつつ全体のバランスをとる巧妙な構造によって実現されている。一見アクロバティックに見えるが、常識的スラブ厚と壁厚の範囲内で納められるなど、解法には無理がない。複層ガラスが採用されてはいるものの住戸外周が全面サッシであるなど、温熱環境に対する配慮では気になるところもあるが、縁側のように周囲に設えられたバッファーゾーン、丁寧に考えられた可動間仕切り、内部的にも活用可能な連結バルコニーなど、何層もの対応がそれなりになされている。

資産運用の一環として建てられた民間建築で、純粋に経済原理のなかで産み落とされたものでありながら、大胆なスキーマと丹念な構造そして丁寧なディテールによって、都市空間を切り売りする感のある昨今の住宅ビジネスに対する、知性あふれた異議申し立てとなっている。

現代日本の都市問題は、土地の高度利用、空間としての魅力、災害に対する堅牢性、経済原理への適合性といった相互に並立困難な四つの課題に対応するスキーマを、わが国の集合住宅の空間構成がいまだに持ち得てないこととも関係しているのだが、ひとつだけでも成立させることが困難で、かつ互いに相反することもあるこれらを、思慮深く統合しようとした本作は、建築の未来に希望を抱かせるに十分な出来映えとなっている。通常破綻しがちなこうした大きな問題提起が、ある完成度を持って成立しているのは、この課題に長年取り組んできたこの設計者の努力によるものであり、本作品はそれら一連の思念が具体的に結実したものとして高く評価できる。

よって、ここに日本建築学会賞を贈るものである。

——

受賞者の言葉

——

この集合住宅は、プライバシーを構成原理とする近代の集合形式を批評する建築として構想しました。そして、日本の都市構造、とりわけ木造密集市街地において建物と建物の間にある小さな外部空間を積極的に評価しようと考えています。木造密集市街地では庭とは言えないすき間を介しながら、ぎっしりと建物が詰め込まれています。そのすき間にも庭木が植えられ、そこが光や風を室内に運ぶ装置となっています。そして、この空気のクッションのようなすき間を介して、人々は互いの生活の気配を感じ、互いを気遣うという関係性が存在します。このような人々の関係性を生成する建築をつくろうとしました。そのために外部と内部のインターフェイスとなる外壁を構造から開放する構造形式を金田勝徳氏と共に開発し、この構造形式によって外部バルコニーを介して連結する住戸ができています。外壁を透明なガラス壁として、その内側の建具は住まい手が自由に設定できるようにしています。この透明な住棟が竹林のクッションを介しながら10棟連結する建築です。当初はオフィスで使われる部屋

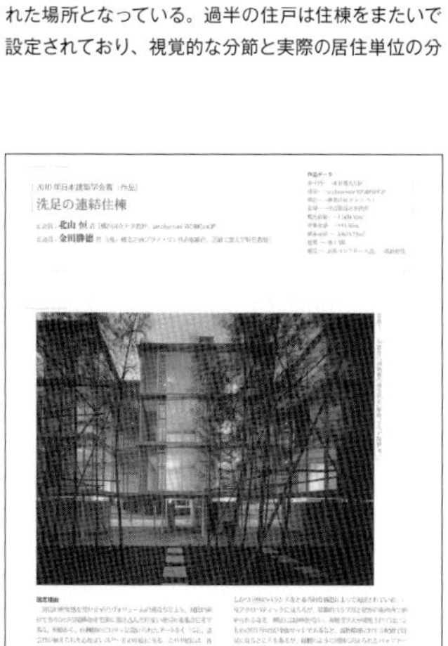

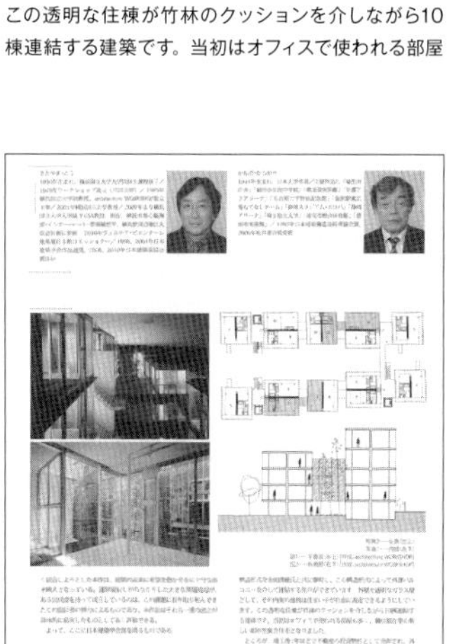

洗足の連結住棟

61
洗足の連結仕様／岩見沢複合駅舎

2010年日本建築学会賞（作品）
岩見沢複合駅舎
〔JR岩見沢駅・岩見沢市有明交流プラザ・岩見沢市有明連絡歩道〕

岩見沢複合駅舎

も多く、職住混在型の新しい都市型集合住宅となりました。
ところが、竣工後1年ほどで不動産の投資物件として売却され、外資系ファンドの所有物になりました。当面の利回りを確保するためかメンテナンスがほとんどされないまま4年が経過していました。所有者が特定できなかったため、管理会社にメンテナンスや使用者へのアドバイスなどを書いた手紙を送っていましたが、これまではまったく反応がありませんでした。しかしこの学会賞の審査を契機に連絡を取れるようになりました。これを機会にこの建物のメンテナンスに関係していこうと考えています。また、金融庁の指導でオフィスは退去させられたようですが、SOHO的な使い方を誘導したいと考えています。
いずれにせよ、公共建築ではない経済の波にもまれる市井の建物を日本建築学会賞に選定していただけたこと、私自身驚きました。本選定委員のかたがたの心意気に感謝いたします。

岩見沢複合駅舎（JR岩見沢駅・岩見沢市有明交流プラザ・岩見沢市有明連絡歩道）
西村浩

——
推薦理由
——
この岩見沢複合駅舎が実現したのは、従来建築家に対し門戸が閉じられていた専門的分野である駅舎の設計を、建築家の英知を集め、JR駅舎として初めての公募型コンペ「岩見沢駅舎建築デザインコンペ」として、岩見沢市、JR北海道の英断により実施されたことにある。その背景には、70年にわたり市民に親しまれてきたマンサード駅舎が焼失し、岩見沢の顔となる旧駅舎を越える新駅舎の実現を希求する、市民の熱意の高まりがあった。最優秀案として選ばれた設計者の西村浩君は、5年間にわたり粘り強く真摯に取り組み、JRの命題と市民の期待に十全に応え、社会の資産として末永く愛される駅舎に仕上げた。
この作品が特筆に値するのは、デザイン、素材、ディテール、工法そして創出された空間などすべてにわたり、地域の風土、歴史を丹念に掘り起こし、地域の将来を見据え、市民との協働という広がりのなかで生み出された成果を、丹念に積み重ね構築していることである。施設の性格上、多くの解決すべき難題が山積したと想像するが、その表現は、設計者の恣意的専断による作為はなく、葛藤の痕跡を微塵も残さない、破綻のない簡潔な形態であった。
鉄分を多く含む北海道の土でできた赤レンガと、古レールを再利用したカーテンウォールの、穏やかな既視感を伴ったファサードの印象は、岩見沢に暮らす人々にとって、駅周辺のレンガ造建築を彷彿させる見慣れた風景のひとつであろう。それは、主催者であるJR北海道が駅舎に求めた要件として「これからの駅には100年の時間の評価に耐える息の長いデザインが求められる。変わらない価値をデザインし、激しく気まぐれな時代の流れをしっかりと受け止め、確かな存在を示さなければならない」とあり、それに対する設計者の応答である。内部は、エントランス正面2階にセンターホール広場、そして回廊・ギャラリーがある。プラットホームを見下ろす回廊・ギャラリーは、旅立ちや帰郷に立ち会うドラマの舞台である。コンペ以降に実現できた空間であり、より奥行きのある駅舎になった。
駅内自由通路、改札口そして待ち合いは、中心市街地からその情景が見える2階にある。一日9,500人ほどの乗降客にふさわしいヒューマンなスケールとして、親密なにぎわいを演出している。
岩見沢複合駅舎建設の意義は、全国の鉄道駅周辺の空洞化に対し、街の核となる駅の復権とその周辺の整備をめざしている点にあり、この作品はその実績として今後の大きな規範になるであろう。
よって、ここに日本建築学会賞を贈るものである。
——
受賞者の言葉
——
建築は完成して初めてその使命が始まり、時の経過と共にその本当の価値が問われるものだと思います。そこで建築にとって大切なことは、未来に向かってしっかりと"バトン"を渡すことであり、建築という行為によって生まれた新しい価値を、持続的に地域に浸透させるための仕掛けづくりにあると考えています。
2005年の岩見沢駅舎建築デザインコンペの要項には、「街にとって『変わらない価値』を持つ駅舎とは何か？」というお題目がありました。考えてみれば、現在の疲弊した街の様相は、政治や経済、社会情勢といった「変わり続ける価値」に翻弄されてきた結末なのです。昨今吹き荒れる"グローバリゼーションの風"が地方特有の風土や文化を急速に風化させつつある今、地方都市が一様に疲弊しもがき苦しんでいる風景を目の当たりにするたびに、今こそ地域の記憶に根ざした"閉じた"文化圏、個性ある誇るべき地方を再生すべきと強く感じます。
だからこそ、岩見沢複合駅舎では、まずは岩見沢の原点「鉄道のまち」の記憶を、もう一度地域の誇りとして、市民の心に取り戻したいと思いました。古レールやレンガというノスタルジックな素材を多用し、駅舎の至る所で「鉄路の風景」を見渡せる場所をつくったのはそのためです。岩見沢の原風景をこの現代に再生したいと考えていました。
そしてもうひとつは、これからのまち再生に向かう機運を高めることです。駅建設の過程で幾つかの市民協働プロジェクトを連続的に実施してきましたが、ここで大切なことは、個々のプロジェクトの成功云々よりも、参加してくれる市民の数が雪だるま式に増えていったことです。ここで生まれた「人と人とのつながり」は、未来のまちを支える大きな原動力となることでしょう。
岩見沢のプロジェクトは、建築という枠を越えて、これからのまち再生に向けて、"時の揺らぎ"に左右されない基軸を再編する試みです。言い換えれば、新しく生まれた現代建築を介して、過去とのゆるやかな連続性を回復し、未来へとつなぐ"時のデザイン"なのです。今回の思いがけない受賞は、岩見沢の市民にとっても大きな喜びとなり今後の励みにもなりました。この場を借りて、審査員および関係者の皆様に心より感謝申し上げます。
——
建築雑誌2010年8月号掲載。
——
候補作品｜35題

62 | 2011年（平成23年）
東京大学数物連携宇宙研究機構棟／犬島アートプロジェクト「精錬所」／IRONHOUSE

——
選考経過
——
第1回作品部会を2010年9月27日に委員10名の出席（うち委任状による出席2名）を得て開催し、例年にならい以下の審査方針を確認した。
1. 表彰件数は厳選寡少を旨とし3件を基準とする。
2. 委員推薦は行わない。
3. 現地審査は原則として委員全員が行う。
4. 重賞についてはなるべく避けるが、授賞に値する作品がある場合は十分討議する。
5. 過去に審査対象となった作品でも特別な考慮はしない。
6.「一連の作品」という業績名での応募に対しては、顕彰対象は作品自体であるとする見地から、単体を対象とする。
7. 現地審査時は原則として設計者に立ち会ってもらうこととする。
8. 現地審査に決まった作品のうち候補者が複数のものは、受賞対象者としての妥当性を必ず確認する。
2011年作品部門の候補業績は33作品であり、候補業績の内容を精査し、そのすべてを審査対象とすることとした。
各委員が個別に資料審査を行ったうえで、第2回作品部会を10月4日に委員10名全員の出席を得て開催した。審査対象としたもののうち共同者が重賞の対象となるもの1件について、現地審査に決まった際にはその作品への関わりを含めて議論することとした。また、選考委員が構造設計を担当した2件について検討した結果、当該作品に「関係の深い者」に該当すると判断し、委員の職務停止には至らないが、その業績に対する審査には一切加わらないことを確認した。
全審査委員による1回目の投票で過半数を得たもの3件をまず討論によって確認し、さらにその他のなかから討論と再投票などを経て選出されたもの5件を加えて、以下の計8作品を現地審査対象として決定した。

①アトリエ・ビスクドール
②根津美術館
③お産の森　いのちのもり　産科婦人科篠崎医院
④犬島アートプロジェクト「精錬所」
⑤横河電機株式会社金沢事業所
⑥東京大学数物連携宇宙研究機構棟
⑦武蔵野美術大学　美術館・図書館
⑧IRONHOUSE

現地審査は12月中旬から1月下旬にかけて、全国の8作品を5日間に分けて行った。全委員10名が揃わなかった日程については、当日欠席の委員が別日程で個別に現地審査を行った。
最終選考のための第3回作品部会を、2月4日に全委員の出席を得て開催した。運営規程ならびに審査方針を再確認したうえで、委員全員が現地審査を行ったうえでの各作品の評価や感想などを述べ、委員相互の意見交換、討論を行った。さらに各委員が日本建築学会賞としてふさわしいと思う作品を挙げて、その評価すべき点、あるいは評価できない点などについて詳細な議論を重ねたうえで、最終的に各委員が推薦する3件以内の作品の投票を行った。
その結果、過半数の委員の得票を得た以下の3作品について、再度日本建築学会が求める基準、社会的・文化的見地からも極めて高い水準が認められ、独創的または新しい可能性を示唆するものであるか等を検討したうえで、そのすべてを2011年の授賞候補作品として推薦することとした。
・犬島アートプロジェクト「精錬所」
候補者　三分一博志君
・東京大学数物連携宇宙研究機構棟
候補者　大野秀敏君
・IRONHOUSE
候補者　椎名英三君　梅沢良三君
ただし、IRONHOUSEについては候補者名の表記の順序について確認を行い、上記の順序をもって、2011年の授賞候補作品として推薦することとした。
3作品はいずれも建築に対するクライアントの望みに、建築設計者として真摯にかつ並々ならぬ情熱を注いで応えたものであり、設計者としての今後のさらなる成長や活躍を大いに期待させる業績として、日本建築学会賞（作品）を授与するにふさわしいものと考える。
——
委員
——
伊香賀俊治　岩﨑堅一　上野淳　大谷弘明
川瀬俊二　陶器浩一　陶器二三雄
Tom Heneghan　古谷誠章　前田忠直
——
委員の見解
——
受賞した3作品は、いずれも発注者との良好な関係のもとに設計者の並々ならぬ情熱が注ぎ込まれた力作であった。
「犬島アートプロジェクト「精錬所」」では、この建築家がこれまで優れた環境性能が発揮される建築作品を直観的にデザインしてきたことを、有能な環境・設備デザイナーとのコラボレーションによって、環境シミュレーションを繰り返しながらデザインに反映した点を評価した。このようなデザインプロセスは、当然踏まれるべきことでありながら、過去の受賞作品でも少数派であったように思う。
「東京大学数物連携宇宙研究機構棟」では、研究者相互のコミュニケーションを促すための吹き抜け空間「ピアッツア」という発注者が最も重視した知識創造空間が見事に実現されている点を評価した。この空間が研究者の知識創造を誘発し世界をリードする研究成果が生まれるメカニズムの検証が今後なされることを期待したい。
「IRONHOUSE」では、時代を画する作品として赤錆びた鉄の住宅であることを評価すべきなのであろうが、違和感を拭いされない。その代わり地下1階まで掘り込まれた中庭を囲む居間が心地良く、パッシブな環境調整がなされている点を評価した。
最後に、現地審査対象作品のなかには、寒さ、暑さ、結露、雨漏りなど、建物の基本的性能に対する施主の不満が露呈した作品も複数あった。学会賞候補作品が、基本的性能の不具合で減点になるのはなんとも残念である。　（伊香賀俊治／慶應義塾大学教授）
——
「IRONHOUSE」は、文字どおり鋼をテーマにした作品であり、耐候性鋼の持つ重厚な素材感とは対照的に柔らかな空間が内部に展開しているのが印象的である。椎名さんのこれまで一貫した住空間への思いと、梅沢さんのt=4.5耐候性鋼全溶接への探求心により構法からディテールまで綿密に検討された作品に建築のもつ力を感じた。建築家の「美学」と構造家の「情熱」の融合により生まれた秀作である。
「東京大学数物連携宇宙研究機構棟」は、柏新キャンパスの広場北側に位置し、多くの要素が統合された研究施設である。「都市広場（ピアッツア）」を中心に螺旋状に囲む階段により研究室群と一体となる大空間、ヒューマンスケールの家具、上位計画であるマスタープランを尊重した端正な構成は、大野さんのこれまでの都市と建築に対する深い思考と経験の集大成であり、新しいモデルの実現となっている。これからの研究施設のあり方に対する多角的な視点からの建築的解法に知性ある完成度の高い作品である。
「犬島アートプロジェクト「精錬所」」は、発注者・作家・アーティスト・建築家の長期間にわたるコラボレーションにより生まれた画期的なプロジェクトである。「在るものを活かし、無いものを作る」という発注者の理念を、三分一さんの一連の環境建築によって顕在化している。20世紀初頭に建設された精錬所を再生し、自然エネルギーを活用したシンプルな解法により持続可能性を追究している。21世紀循環型社会の建築のあり方に大きな可能性を示す夢のある作品である。
（岩﨑堅一／岩﨑建築研究室代表取締役／東京都市大学名誉教授）
——
学会賞（（作品）は芥川賞か、直木賞か？ best of yearなのか、一流建築家への登竜門なのか？ 人に与える賞なのか、作品に与える賞なのか？ そんなことが気になって、自問自答する年末年始の建築行脚であった。今年もまた、実際に現地審査の場に立ってみて、期待以上の感動を覚えるものと、共感を覚えにくいもの、の二つに明暗が分かれたとの印象を持った。
「東京大学数物連携宇宙研究機構棟」は、この建築家らしい'理知的な建築'と感じた。中央のピアッツアを中心に研究個室が帯状・螺旋状に取り巻くというパズルを正確に解いたという印象ではあるが、このピアッツアは意外に心地よい空間であった。
「犬島アートプロジェクト「精錬所」」は、光と風と熱の環境を操る'マジックの建築'と感じた。精錬所跡地の荒涼たる風景のなかで、この建築は暖かい肌触りで迎えてくれる。本当の意味での環境建築であると感銘を受けた。
「IRONHOUSE」は'船の建築'と感じた。居間に座らせていただき中庭を眺めていると、安全なカプセルに抱かれながらどこかへ航海を続けているような、不思議な印象に浸った。

賞には至らなかったが、「お産の森　いのちのもり産科婦人科篠崎医院」はこの建築家らしい誠実で暖かい建築と感じた。　（上野淳／首都大学東京教授）

——

毎年厳しい冬の季節に現地審査が行われる。年末年始のあわただしいとき、十人の審査員一行がお邪魔する。建築主にも建築家にも出迎えるのに良い季節ではない。だが写真では伺い知れない建築の本当の立ち姿が待っている。多くの審査員は実際に物を創っているから、最良でないこの姿を意地悪くあげつらったりしない。むしろ綺麗なことは評価されないと言ってよい。十人にはさまざまな見方があるが、自分は、①今の時代にその建物はふさわしいか、②その考えは時代を超えて建築界に寄与するか、③当たり前のことだがその建物は実際に長持ちするか、という点から見るよう心がけた。

なかには耐久性に著しく問題のある建物があった。外装ガラスと書架との間の密閉空間に全面的な結露が起こり、そのびしょ濡れ状態を放置するしかない惨状で、綺麗な写真と実物の落差に驚いた。

審査は「3.11」の前ではあったが、図らずもこの年にふさわしい三点が選ばれた。三分一さんの「環境を題材にした真の意匠」、椎名さんと梅沢さんの「真の高耐久性住宅」、大野さんの「真の創造的協働空間」。方向は違うがそれぞれ主題を絞って、いずれも苦闘の末に突出した解答が提出されていた。

（大谷弘明／日建設計設計部門副代表・設計室長）

——

冬の寒い時期に「高いレベルに到達した建築」を10人の選考委員の一員として現地に臨むことは、緊張感や期待を伴うが書類審査の裏付けも含め、その検分は予測以上に興味深いものであった。「住宅」「大学の研究機関」「ランドスケープも含めたアートプロジェクト」というスケール・カテゴリー・立地条件などの異なる3作品が選出されたが、いずれも、設計者が発注者の期待に「用・強・美」を全うして応えているものであった。「犬島」ではバルセロナ郊外のリカルド・ボフィルの工房「LA FABLICA」を訪ねた場面を想起した。父親の所有するコンクリート工場をリノベーションしたFABLICAは既存の長い地下廊下やシリンダーを手際よく再利用し、見事に図面庫や設計室に蘇らせていた。「犬島アートプロジェクト「精錬所」」においても、設計者は父のような存在である発注者の構想・夢を確かなデザイン・技術で実現したのではないだろうか。そして、建築にサイエンス・環境手法を多彩に投入し、新たな建築の方向性を探り、島の活性化に大きな役割を果たした建築家の姿勢に強く惹かれた。「IRONHOUSE」では、構造家の自邸における、そのマニアックと思える造りが、CAD時代の建築に滑落しがちなハンドクラフトのテイストを至るところに感じさせ、建築家と構造家の密接なコラボレーションの結実をみた。このほか、現地審査したなかでは、「根津美術館」の都心において自然と一体となった近代的な美術館を創出・再生した高い技術に感銘を覚えた。また、「武蔵野美術大学　美術館・図書館」では、新たな図書館創りへの構成・プランニングなど、チャレンジ精神が強く伝わってきた。今後のさらなる発展を期待したい。

（川瀬俊二／大林組建築本部副本部長）

——

作品選奨などいくつかの作品賞の審査を経験したが、学会賞（作品）は審査側も心の負担が重いなぁ、というのが今の心境である。現地審査に残った作品は、近年建築界を賑わせた名作力作ばかり。良い空間に出会えるのは幸せである。素直に気持ちがいい。ほかの審査員からも微笑みがこぼれている。が、いざ選考の段になると「学会賞にふさわしいものか？」という重圧が圧し掛かってくる。いずれも魅力ある作品であることは間違いない。議論はいきおい批判的なことが中心となる。その批判を越える社会性なり独創性を持ったものが選出されるわけである。

「犬島アートプロジェクト「精錬所」」は、パビリオン的要素が強い点や建築としての完成度に疑問が呈され、むしろオーナーの業績賞ではないかという意見もあったが、環境という問題に真摯に取り組み続ける設計者の姿勢、そしてオーナーの想いに応え、完成した作品がもたらす社会的意義が評価された。

「東京大学数物連携宇宙研究機構棟」は、ディテールの詰めの甘さやコンテクストへの解答法に疑問も呈されたが、キャンパスのマスタープランを堅持しつつ、研究者の創造力を喚起するヒューマンな内部空間を創り出したことへの評価が先の問題を上回った。

「IRONHOUSE」は、学会賞として住宅をどう捉えればいいかという議論もあったが、鉄という素材にこだわり続けその可能性を引き出したオーナー兼構造設計者の独創性とそれをより豊かな空間に仕立て上げた建築家、そして彼らの想いに応えた施工者の見事なコラボレーションに皆惹きつけられるものがあった。

いずれの作品にも共通しているのは、オーナーの建築に対する強い想いと、それに見事に応えた設計者のチームワーク、「よりよき空間を創るという意志」であり、これが建築の原点なのだと再認識した。

（陶器浩一／滋賀県立大学教授）

——

2年間にわたる16作品の現地査審を振り返り感想を述べる。

学会賞（作品）は「社会的、文化的見地からみても極めて高い水準が認められる独創的なもの、あるいは新たな建築の可能性を示唆するもので、時代を画すると目される優れた作品を対象とする」として審査対象を規定されている。その規定を前提として審査したいのだが、それ以前に多くの問題を抱えた作品を審査することになってしまった。その結果、審査に対し私が定めた最低限の判断基準は次の2点である。ひとつは社会の資産として長い歳月に耐え、社会の資産として使い続けられるか。もうひとつは、設計者が誠実にその職務を全うしたか。この当たり前で極めて容易なこと2点である。まず前者の社会的資産としてではあるが、現地審査で最も驚いたのは、応募資料の美しい写真で構成された審査用ポートフォリオと現地で直に見た作品との落差である。特に建築が具備すべき固有の性能を意図的に切り捨て、流行のデザインで恣意的表現に偏りすぎた、これはインスタレーションではないのかと思うような危うい作品が少なからずあった。瑕疵担保責任をはじめ、設計に対し厳しい責任を問われる今日、今後クライアントとの係争にまで発展しかねない建築に、あらためて設計者として自問したこともあった。もうひとつは、遠くから眺めると出来栄えはすばらしいのだが、近づき仔細に眺めると、設計者の意図がどこまで行きわたっているのかと疑問に思えるほど雑で、さまざまな部分で納まっていない安直な建築も多々見受けられたことである。施主の委託に対し誠実に職務を全うし、要求に十全に応えることが設計者としての本分と私は心懸けているのだが、訪ねた先の施主の不満に驚いたこともあった。ただこの2年間、多くのすばらしい建築に出会え、真摯に取り組む設計者に出会えたことも事実だが、今なおなぜ建築家が社会的支持を得られないのかを改めて痛感させられた2年であった。

（陶器二三雄／陶器二三雄建築研究所代表）

——

私は学会賞（作品）に深い敬意を抱いており、他のすべての受賞者と同様に、私自身の過去の受賞について光栄に、（また幸運だったと）感じている。本賞は、日本の建築文化および建築的議論への貢献に対する、特別な業績を表彰するものだと言えよう。本年の受賞3作品については、その形態、機能、発想において大きく異なっているが、強靭な意欲、優れた知性、並々ならぬこだわり、さらには利用者の心を刺激し、高揚させるという建築の可能性を把握しているという点は共通している。他の候補作品にも、非常に素晴らしい作品、非常に美しい作品、非常によく計画された作品、非常に優れたディテールを有する作品等があった。しかしながら、受賞3作品は完成度および卓越性において群を抜いていた。

私の作品評価基準における「核」は次のとおりである。

・「素晴らしい建物か？」ではなく「並外れて素晴らしい建物か？」

・「独自の条件に基づいて、成功した試みであったか。また、それはそもそも実施に値する試みであったか？」

・「建物から去った後でも、そこから学んだことが強く印象に残る建物か？」

・「将来、再び訪ねたいと思うだろうか？」

現地審査対象作品以外の候補作品の多くは、残念ながら期待外れであったと言わざるを得ない。弱々しいデザインで学会賞受賞のチャンスがあるかもしれないと考えている建築家がいることに、私は何度も驚かされた。個人的見解を述べれば、これは建築家が自身の作品の質を判断する能力に欠けていることであろうし、また、学会賞の軽視でもあろう！かなり自意識過剰に「アヴァンギャルド」な作品を生み出している応募者が多かったが、こうした参加者は、明らかに建築の利用者の生活ではなく建築家自身の評判を高めようとしている。受賞作品、さらには現地審査対象作品の多くは、建築利用者の生活と建築家自身の名声の両方を向上させるものであった。日本で活動する建築家の一員として、今年度の受賞作品は誇るべきものであり、優れた建築の存在意義を示す実例と言える。

（Tom Heneghan／東京藝術大学教授）

——

今年は作品部会部会長を仰せつかった。選考の経過や受賞作に対する意見はそちらに書いたので、ここでは学会賞のために私見だけを述べたい。

というものの、私自身も学会賞（作品）をいただいたのはたった4年前で、今年受賞された3人のうち、お二人は敬愛する建築家の先輩でもあるから、そんなおこがましいことを述べるのは気の引ける面もある。だが、せっかくこの学会賞が権威ある賞として広く社会に定着し、さらに発展してほしいとの願いから、以下を私の見解とする。

まず、個々の建築作品は、規模、予算、敷地の制約、建て主の希望など、さまざまな与条件のもとで、いわば設計者が知恵と手間を掛けて育て上げた果実である。学会賞（作品）がもっぱらその中心となった設計者に与えられるのはそのためだ。そこで問われるのは、設計者がいかにその作品の価値を高めたかにあるのだが、小さいけれど充実しているとか、ローコストなのに頑張ったとか、あるいは逆に壮大な計画なのによく作品性を貫いたとか、そういう個々別々なことではなく、いかに設計者として真摯にかつ情熱的に、その作品の誕生に渾身の力を振り絞ったかにこそ与えられるべきものだと思う。その力がその設計者の人生で無上のものだと感じられたときに的確に評価されるのが最も嬉しい。もちろんそれは必ずやその設計者にさらなる向上心を生むものだ。

そのためには、実はこれがもっと重要なことだが、選考委員の選任はもっとオープンにした方がよい。賞の価値がその審査員次第なのは周知のことであるが、しからばどこで誰が何を根拠にこの審査員を選ぶのかを審らかにすることが、その賞の権威を一層確かなものにするだろう。実は、私が学会賞（作品）に応募したときも、さらには選考委員を任ぜられたときも、自分自身にもそれがよくわからなかった。学会はもちろん会員相互の啓発が基軸にある。だから互選でも構わない。しかし賞の選考は、それ自体よりもしばしば選考委員の選任の仕方の方が重要であることを銘記したいと思うのである（もちろんご一緒した審査員が不満でこれを述べているのではありません。くれぐれも誤解されませんように）。（古谷誠章／早稲田大学教授）

——

「犬島アートプロジェクト「精錬所」」は、立地条件に潜在する計画のモチベーションに素晴らしいものがありながら、建築の「作品性」への問いかけがやや弱い。「廃墟」そのものを主題化する設計の「方法」について、考えさせられる作品である。

「東京大学数物連携宇宙研究機構棟」は、研究施設としてのフォーム力、デザイン力、そして家具を含む細部の力をあわせもち、また、建築家がこの「設計」（projections）に込めた「空間力」が、さまざまな制約条件のなかで現前化されており、その企ては評価できる。フォーム分析、ピアッツア（中央の吹き抜け空間）の構成手法の分析については、「選定理由」を参照。

「IRONHOUSE」は、構造家と建築家との共同制作によるユニークな（時代を超えた）住宅である。建築家の非凡なセンスが、平面計画にも細部にも読み取れる佳作である。

「武蔵野美術大学美術館・図書館」は、興味深い実験的作品であり、一言、触れておきたい。「図書館とは何か」、つまりフォームへの問いの徹底が不十分とみる。落ち着きのある読書空間の欠如、書庫や事務空間などのサーヴァント・スペースの位置付けの問題を指摘したい。そして吹き抜け大空間における上部書棚や屋根の扱いなど、細部の問題が残る。

（前田忠直／京都大学名誉教授）

東京大学数物連携宇宙研究機構棟

大野秀敏

——

推薦理由

——

「東京大学数物連携宇宙研究機構棟」は、東大柏新キャンパスの帯状広場北側に林立する研究棟のひとつである。作品は、構成要素の「2つの対化（A、B）」の重なり合いのうちに統合され、フォームが具体化されている。

A：上階（3、4、5階）と下階（1、2階）との対化。上階に研究者の活動空間、下階に研究支援のための諸室（図書室、セミナー室、大講義室、実験室、事務室など）が配される。下階は、上階の活動を支える基盤とみなせる。

B：包囲されるものと包囲するものとの対化。上階中央に、3層吹き抜けの大空間が開かれる。そこは、研究者たちが自由に討議する空間である。設計者が「都市広場（ピアッツア）」を想い描く空間であり、「作品世界」を具現化する「可能的な場所」である。そして、「僧院の僧坊」を想起させる個室群（3層、77室）がピアッツアを包囲する。

ピアッツアの「空間構成の手法」は多面的である。設計者の企てを列記すれば、以下のとおりである。①ピアッツアの西側に「階段状坂道」の設置。3層構造の個室群がピアッツアの周囲に螺旋状に配され、ピアッツアと個室群との一体化が目論まれている。②ピアッツアのフロアーに、開放的なセミナー室の設置。③バルコニーと名づけられた2つのラウンジ（4階、5階）の設置。④ピアッツアの南側にロッジアの設置。⑤黒板、空調機が組み込まれたヒューマンスケールの家具の設置（3カ所）。上記の諸要素の統合により、ピアッツアにおける空間的な活性化が実現され、「居心地のいい内部」が具体化されている。

立面構成は、市松状のコンクリート開口部が基本。端正な古典的表現である。正面には2層分のコロネードが付設。これはキャンパスの共通おさまり。西壁面では螺旋状の個室配置の表現。屋上には、ランドマークとしての巨大なパーゴラ（野外劇場の舞台プロセニアム）が設置されている。

本作品は、研究施設としてのフォーム力、デザイン力、そして家具を含む細部の力をあわせもち、また、建築家がこの「設計」（projections）に込めた「空間力」という建築作品における「第一のもの（初源力）」が、さまざまな制約条件のなかで現前化されており、その企ては高く評価できる。

よって、ここに日本建築学会賞を贈るものである。

——

受賞者の言葉

——

螺旋的なアカデミア

政府は熾烈で国際的な研究競争を勝ち抜くために、「世界トップレベル研究拠点プログラム」を立ち上げ、公募により選んだ提案のひとつが、2008年の暮に東大柏新キャンパスに竣工した東京大学数物連携宇宙

東京大学数物連携宇宙研究機構棟

研究機構(IPMU)である。設計にあたって考慮したことは、①地区アーバンデザイン、②キャンパスアーバンデザイン、③アカデミアの空間原型、④居心地よさ、⑤構造と表現の一致、⑥ダイナミックな外観の6項目である。
東京大学柏キャンパスは原広司氏を中心にまとめられたマスタープランに従っている。キャンパスの中心となる帯状広場に面した研究棟は、壁面を揃え、30mの高さ、柱廊、コンンクリーと打ち放しの外壁などが不文律となっている。これに加え、IPMUの敷地は、キャンパスのある柏の葉地区のケヤキ並木の目抜き通りの軸線上の焦点に位置する。外形はこれらのアーバンデザイン的な要請に十分な考慮を払って、広場側に柱廊のついたキュービックな形状となった。屋上のアンフィシアターの舞台を覆う巨大なパーゴラは目抜き通りの軸線を受け止めている。ただし、建物高さについては他の要件との関係で30mには達していない。
IPMUの研究者たちの施設に対する要望は、「研究室に囲まれた中心に広間があり、そこに研究者が集い、いつでも学問的な意見の交換ができる場所」であった。このイメージは、大学は対話を基礎とするアカデミアであるべきだということを極めて明確に主張している。これを受けて、建物の空間構成は1、2階に研究支援機能を納め、3階に「都市広場」ともいうべき大広間を中心に据え、そのまわりに77室の研究個室を3層に積み重ね、四辺のうち一辺だけを一階分傾斜させることで、螺旋構造にすることにした。ここでの研究活動を支えるのは議論である。どこにいても議論の気配が感じられ、自由に参加できるような関係が、この螺旋構造で可能になる。
各研究個室の快適性を高めるために日射、通風などを注記深く扱い、さらに居住者が取り込み量を調整できるようにしている。中心広間では、床下空調によって居住域空調を実施し消費エネルギー減と快適性を追求している。構造はRC造である。正方形が入れ子状に重なる平面の特性を生かして、外壁および研究室と廊下の隔壁を立面で見たとき耐震壁を千鳥状に配置することで、耐震壁を主要耐震要素とした強度型の建物とした。

犬島アートプロジェクト「精錬所」

三分一博志

——
推薦理由
——

宝伝から小さな定期船で犬島に到着すると、黒い板張りのチケットセンターが訪問客を迎える。ここから主題の精錬所に向かって南に200m歩を進めると、黒いカラミ煉瓦の固まりが目に入ってくる。このレンガ壁跡は施設へのアプローチとして強いインパクトを感じるが、よく見ると赤みや茶が混じった味わい深い色合いである。犬島アートプロジェクトのベースは、大阪城の築城にも貢献した良質な薄いベージュ色の花崗岩と現しの木構造、ガラスなどで構成され、主張しすぎずに環境と一体となった佇まいが印象的である。カラミ煉瓦とこの花崗岩のコントラストも心地よく、地産の材料を丹念に選定・使用したこの作品は、時間経過のなかでさらに魅力を増していくことであろう。花崗岩が自然の力で汚れてくればさらに調和のとれた美しさを得ると期待できる。
施設全体を見渡すと、犬島の壮大な自然のなかで建築家の仕事は控え目にも見えるが、発注者の「在るものを活かし、無いものを創る」というメッセージを軸に、伸びやかで明快なT字型プランで、その構想・夢を体現している。すなわち、メインのエナジーホール、地中熱を利用した冷却ギャラリー、太陽エネルギーを利用した採暖ギャラリー、太陽と煙突を利用した動力ホールなどを地形に合わせて巧みに配し、さらに、バイオ・ジオ・フィルター(水質浄化システム)の循環システム／ディテールを綿密に建築化し、高い技術力をもって、クライアントの要望に見事に応えている。自然光の溢れる明るいホール、鉄板と鏡の暗闇坂、そして計算された暖気・冷気の流れなど、自然／建築／ランドスケープを通じて、訪れた多くの人々に循環型社会形成の摂理と必要性を体感させることだろう。瀬戸内の大自然のなかで高齢化した過疎の典型であった犬島を、発注者とともにここまで再生させた建築家の力量を高く評価したい。自己完結型の「アートプロジェクト」も多く見られるなかで、居住者にプロジェクトへの参加を促し活力を与え、訪問者にアートの楽しさと建築的科学的刺激を与えている。設計者の一連の環境建築が結実した本作品は、今後の発展も大いに期待され、21世紀の建築の一つの方向性を示唆するものである。
よって、ここに日本建築学会賞を贈るものである。

——
受賞者の言葉
——

犬島は古くは石の産業で栄え、1909年には銅の犬島製錬所が設けられたが10年で閉鎖された。
その後100年あまり放置され廃墟として遺されていた。廃墟とはなったが、構造物、地形、廃棄物なども、すべて再生可能な資源である。特にかつての煉瓦造の犬島製錬所煙突群は、有効なエネルギーになると考えた。この煙突を利用した、まったくエネルギーを使用しない世界初の美術館構想に取りかかった。
新たに持ち込む素材による島への干渉や変更は、歴史／文化／地理／気候的条件を配慮したうえで最小限であることと、その耐候性のバランスが重要と考えた。敷地一帯を覆うカラミやスラグの廃棄物の組成の約50%が酸化鉄からなるため、地中に埋まる建築の主構造を化学的外部皮膜等を行わない鉄造とし、酸化を受け入れることとした。地上に露出する屋根等の構造は熱伝導率、熱容量の低い木材を使用し、その皮膜は耐候性と集熱性を考慮しガラスで覆った。
まず空気を引き上げる動力をつくる必要があったため、既存の煙突の足下にガラスの空間を設けた。太陽のエネルギーを利用し、空気の「密度」を低くするためである。外気より軽くなった空気は煙突の引き上げる「速度」をさらに加速させている。
空気の入口は犬島の風向きにならい東を向き、太陽と煙突が引き上げる。空気と共に入館し、光に導かれながら順路を巡る地中の通路を計画した。「空気」から熱を奪うために、壁の素材は鉄を選択している。通路が曲がったり、鉄板がウェーブしているのは「空気」から熱を奪うために必要な長さを得るためである。屈曲した80mの地中の道は暗闇のため、コーナーに鏡を置き光に向かって進むようにした。
私は、光の波長を変えるために石や木などを選択する。犬島では、短い波を長い波にする素材として「カラミレンガ」を選択した。カラミレンガとその砂状のスラグは、銅の製錬のときにできる副産物であり、海やその周辺一帯へ廃棄されていたものを17,000個採集した。同時に、ガラスを併用する。なぜならばガラスは太陽からの短い波を取り入れ、長い波を閉じ込める性質を持つからである。すなわち、空気の密度を変え空間を暖めることができるからである。
来訪者の排泄物は、敷地内の植物の栄養分へと変換される。排水は植物を用いて浄化され、さらに建物を被う植物に与えられる。また歳月を経て収穫された果実は、施設を訪れた人々に水分や養分を与えてくれると考えている。重要なのは、そこに建築が存在することで、人類が植物や太陽・土・水・空気等と共に、地球本来の循環の一部となっていることである。

IRONHOUSE

椎名英三／梅沢良三

——
推薦理由
——

耐候性鋼の全溶接技術を駆使した住宅である。構造家の追い求める夢がまずあり、建築家は確かな設計と綿密な細部によって構造家の想像以上の空間を実現した。2枚の4.5ミリ厚の鋼板で折板と断熱材を挟んだ壁パネルを工場製作し現場で立て込む構法は、数年前、構造家が自らの事務所において実現させた。この体験を礎に再びその可能性に挑戦するため、最良の建築家を協働者に選んだ。
この小さな建築は良好な住宅地の奥にひっそり建つ。外部からはコンパクトな二階建てに見えるが、構造家自身の子や孫と住む三世代住宅である。屋根には段々畑状の植栽帯が載っている。これは二階室内の天井の特徴ある造形となる。居住空間としてもっとも魅力にあふれるのは、地下階のほぼ10m角の空間である。敷地の大きさにほぼ相当する面積の、その四分の三を室内に、四分の一を中庭に割り当てる。鉄製細框の大型引戸により、容易にワンルーム化する。これは建築家が長年にわたり割り出してきたアウタールームの最上の例となろう。地下階は近隣の音を遮断し、夏には地面の大きな蓄熱量によって冷気がたまり、周囲から覗かれず、しかも空に向かって明るく抜けている。
鉄の弱点となる熱橋を簡素かつ巧みな詳細によって回避したことは大きな前進である。外壁の最大寸法は1.6×6.0m、これらの総数130枚を現場で全溶接によって継ぎ合わせる。目地がない。逃げがない。防水も必要ない。ガラス建具の枠納まりも極めて簡潔に蝶番まで外壁と一体化して、継ぎ目なしの美学を徹底する。高精度の工場製作パネルの全周溶接跡にはすべてグラインダー掛けという手作業が待っている。階段は削ぎ落とされた限界断面の稲妻形で、これも鉄だけでつくられる。モノコック構造は内部の可変性と柔軟さをも保証する。
この溶接への尋常ならざるこだわりと信頼は、手入れ不要の長期耐久性を目指すからにほかならない。仕上げを施さず、鉄錆そのものを意匠として、緩やかな「経年美化」を図る。今日的な持続可能性の問題にも真摯に応えている。高性能部品のアッセンブルという工業化手法はプレファブ化住宅と同じなのに、結果はまったく異なる次元にある。その凄みは実物から直に伝わる。建築家と構造家との真剣勝負によって生まれた精華が、この住宅にはある。
よって、ここに日本建築学会賞を贈るものである。

——
受賞者の言葉
——

IRONHOUSEは、建主・共同設計者・構造家である梅沢氏の夢を現実化すべく建てられた住宅です。私は物そして空間のあり方の真実性を考えることを出発点とし、物質と物質がどのように関係しながら素晴らしい空間をつくってゆくことができるのか、私が常に問題としている「自然の感覚」というデザインの根源的な原則、そこにそれがあって然るべき感覚に則って建築をつくることを目指しました。この建築を律するものとして、アウタールームをこの建築のコアに据えました。アウタールームは、天井高137億光年を有する屋外の部屋として、単なる庭ではなく建築として考えられています。このアウタールームを巡って地階から2階まで3層に渡る各部屋は、大きな開口を通して採光・通風・換気・眺望を得ています。地階では屋内外が一体空間となり、大きなテーブルとベンチがセットされ、植栽が施され、食事や読書・語らい・昼寝等屋内でできるほとんどすべてのことが可能ですので、梅沢氏ご家族の方々が、これからも日常的にそこを生活の場として利用されることを願っています。最後になりますが、この建築を高く評価してくださった審査員の方々に深く感謝しております。(椎名英三)
このたび椎名英三氏との共同設計によるIRONHOUSEが作品賞を受賞しました。この建物は、耐候性鋼板を用いた工場製作パネルを、現場防水溶接により一体化した、完全なモノコック構造となっており、メンテナンスフリーで100年以上の継続使用を見込んでおります。このような実験住宅を建てた理由は、日本の住宅の平均築後年数がわずか30年で、欧米の半分以下と短く、資源、環境、エネルギーの問題を引き起こしているためです。そこで、21世紀の日本の住宅の有るべき姿を私なりに描いてみました。それが住宅シェルター論ですが、これによると、住宅の外殻は100年以上メンテナンスフリーで存続させること。内部の間仕切りは仮設的に行い、ほぼ10年ごとに変わる住宅の機能に対応させること。建物は周辺の環境に貢献する造形を持ち、無駄のない敷地利用が図られていることなどがうたわれております。IRONHOUSEは住宅シェルター論の実践住宅です。廉価で耐久性が高く、メンテ費用がかからない住宅をどのようにつくるか、受賞を励みに、ライフワークとして研究を続け、少しでもお役にたてれば幸いと考えております。(梅沢良三)

——
建築雑誌2011年8月号掲載。
——
候補作品｜33題

犬島アートプロジェクト「精錬所」

IRONHOUSE

63
豊島美術館／真壁伝承館

63 | 2012年(平成24年)

豊島美術館／真壁伝承館

——
選考経過
——

第1回作品部会は2011年10月4日に委員10名の出席(委任状1名を含む)を得て開催し、例年にならい運営規程と申し合わせ事項を確認し、さらに審査方針を以下の8項目とすることを確認した。
(1)表彰件数は厳選寡少を旨とし3件を基準とする。
(2)委員推薦は行わない。
(3)現地調査は原則として委員全員が行う。
(4)重賞についてはなるべく避けるが、授賞に値する作品がある場合は十分討議する。
(5)過去に審査対象となった作品でも特別な考慮はしない。
(6)「一連の作品」という業績名での応募に対しては、顕彰対象は作品自体であるとする見地から、単体を対象とする。
(7)現地審査時は原則として設計者に立ち会ってもらうこととする。
(8)現地審査に決まった作品のうち候補者が複数のものは、授賞対象者としての妥当性を必ず確認する。
2012年の作品部門の応募業績数は37作品であり、候補業績の内容を精査し、そのすべてを審査対象とすることとした。
各委員が個別に資料審査を行ったうえで、第2回作品部会が10月12日に委員10名(委任状1名を含む)の出席を得て開催された。まず審査対象37作品のうち3作品が重賞対象となるため、現地審査対象となった際にはその作品への関わりも含めて議論を行い、際立って優れた作品と認められれば重賞もありうることを確認した。さらに「審査に当たっての申し合わせ事項」に従い、委員と関係の深い者の業績が候補となっていないかの確認がなされ、いずれも命令・従属または協力等の関係は認められないので、審査に問題のないことが確認された。
討論と投票を重ねた結果、37作品の中から以下の8作品を現地審査対象として選出した。
①真壁伝承館
②えんぱーく(塩尻市市民交流センター)
③金沢海みらい図書館
④駿府教会
⑤豊島美術館
⑥熊本駅西口駅前広場
⑦東北大学 青葉山東キャンパス センタースクエア
⑧木材会館
現地審査は11月下旬から1月上旬にかけて、8作品を7日に分けて実施された。
最終選考のための第3回作品部会が、2012年1月31日に委員10名の出席を得て開催された。まず運営規程ならびに審査方針を再確認した後、各委員が現地審査を通じた評価を述べ、委員相互の意見交換と作品に関する討論に入った。そのなかで、学会賞選出の考え方、各委員の評価軸、評価する点および問題点を述べ議論がなされた後、各委員が推薦する作品を、3作品以内で、投票を行った。
さらに上位3作品について日本建築学会が求める基準、社会的・文化的見地からも極めて高い水準が認められ、独創的または新しい可能性を開くものであるかについて、再度議論がなされた結果、2012年の授賞候補作品として下記の2作品を推薦することを決定した。
・豊島美術館
候補者：西沢立衛君
・真壁伝承館
候補者：渡邉眞理君　木下庸子君　新谷眞人君
なお豊島美術館の設計者は、すでに2度の日本建築学会賞(作品)を連名で受賞しているが、作品において具現化されている「原初的空間」は新しい作品世界を示すものであり、十分議論をつくした結果、授賞候補作品として推薦された。
豊島美術館は瀬戸内海東部に位置し、棚田と清水の湧水で知られる豊島に建設され、真壁伝承館は、筑波山の北山麓の重要伝統的建造物群保存地区の中央に位置し、江戸期の真壁陣屋跡に建設されている。作品の建てられた場所の、歴史的および景観的背景は異なるが、2作品には、「場所」を問う方法的ラディカリズムに基礎づけられた「空間力」に際立つものがあり、高く評価できる。建築家としての今後の可能性を期待させる業績であり、日本建築学会賞(作品)を授与するにふさわしいものと考える。

——
委員
——

大谷弘明　川瀬俊二　北山恒　小泉雅生　田辺新一　陶器浩一　トム・ヘネガン　前田忠直　門内輝行
ヨコミゾマコト

——
委員の見解
——

「豊島美術館」は、建築界に落ちてきた「隕石」である。何もかもが異例づくめであり、建築と風景の境界、室内外の境界、諸機能や設備や納まりなどの建築にかかわるあらゆることがすっぱりとない。建築がついにここまで来てしまった、と感じずにはいられない。建築という閉じた狭い世界に対する大いなる挑戦であり、この先に何が待ち受けるのか、大いに恐れるところでもある。日本が世界に誇れる数少ない偉業となったのだけは確かだ。日本に居ながらにして最も過激で先端的な実体験のできること、そして、やや大げさだが同時代に生きたこと、を幸運に感じた。ここを巡礼した私たちが、つぎに何を想い描くことができるのだろう。
「真壁伝承館」は、豊島と正反対の建築である。英雄的な現代建築が捨象してきた地道さ、ひたむきさ、控えめさがここにはある。都市の倍々ゲームとなった建築に慣れた者には、つい見過ごしてしまうささやかな日常を大切にする心によって、誠実な仕事がなされている。土着的な要素を巧妙に避けながら、過去と現在、未来をうまくつないでいる建築である。
この正反対の二件を両端に置いた広野が、今私たちに与えられている「版図」である。そのあまりの茫漠さに嘆息しつつも、設計という営為が、これからも人の価値観を少しずつ広げていけること、を確認できたのはうれしいかぎりだ。自分の設計方法もますます揺さ振られている。
(大谷弘明／日建設計設計部門副代表兼設計部長)

——

「豊島美術館」の遠景は緩やかな白い大理石の丘のように美しい。近づいて内部に入ると神秘的な空間に遭遇する。チケットセンター、カフェと異なり主要な美術館は建具や空調が無く、その構成が議論を呼んだが、私は、これこそ新しい領域を示唆するものだと感じた。ここまで建築でどこまでがアートなのか。単純な建築家と彫刻家のコラボレーションとは呼べない、もっと厚みのある創作行為のオーバーラップの上に、作品は誕生したのだろう。内藤礼が西沢の建築的資質を触発したのか、あるいは建築家の才がアーティストの感性を刺激し、新しい世界を生み出したのか、時間を掛けて見ているほどに謎解きがしたくなってくる。微妙な勾配の床の上を、あたかも生きているように、走る水、止まる水、溜まる水……おたまじゃくしのような変化のある動きは見ていて飽きない。出入口や天井の開口も絶妙のバランスで、空、風、雲、雨などの自然要素がダイレクトに参加し、ひとつ突き抜けた「何か」を感じた。
「真壁伝承館」は、サンプリングとアッセンブリの計画手法により、街並みと呼応した配置、施設構成、勾配屋根、黒と白の対比的な配色などシステマティックに設計され、理知的で秀逸な作品に仕上がっている。インテリアのヒューマンなスケール感とプロポーション、主張しすぎない穏やかな表現など、伝承館にふさわしい建築であり、訪問時に市民が各所を積極的に活用し、エンジョイしているのが印象的だった。「金沢海みらい図書館」は、構造計画とリンクした外観のユニークさ、無数の丸窓が醸し出す不思議なマイルドなブラウジング空間に心を惹かれた。「東北大学 青葉山東キャンパス センタースクエア」は明快なプランとダイナミックな空間創りで確かな存在感を示し、新しい大学の快適なコモンになっていると感じた。この他にも多数の優れた作品を見る機会に恵まれたが、さて、これからの建築は、どのような方向に向かっていくのだろうか。
(川瀬俊二／大林組建築本部副本部長)

——

私たちは3.11を経験して、建築を見る眼に大きな変更がかけられていることを知っている。
応募された建築は3.11前に構想され現実の社会のなかで存在しているのだが、3.11の切断面によってそれを審査する眼が変わってしまった。という、歪んだ思考空間のなかで今年の審査は進行したように思えた。
人間の価値観は相対的なものなので、絶対的な美がないのと同様、評価の絶対的な建築空間は存在しない。2011年の日本という時間・空間の座標のなかで評価すべきクライテリアを明らかにして審査をしようと考えていた。これまでの写真メディアに対応して生み出されてきた造形は、資本主義社会に服従し、さらに建築家自らの功名心にも接続していた。が、今は、誰のための造形であるのかが問われているのだ。
学会賞(作品)は、新奇な造形作品ではなく、さらに眼前にいるクライアントを満足させた建築家を称える賞でもない。時にはクライアントを説得するという困難な経路を通して、私たちの社会に向けて大げさかもしれないが希望を与え、生きている感動を気付かせてくれる建築に与えられる賞であってほしい。これは私の老婆心で、優れた建築家はなすべきことをあらかじめ了解しているか、またはそのような意思を持つ建築家が幸運にもよい環境を得てすばらしい作品をものにしている。「豊島美術館」「真壁伝承館」は、その空間を体験することによってすべてを理解できる。幸福な気持ちにさせてくれる。そんな建築であった。
(北山恒／横浜国立大学教授／architecture WORKSHOP主宰)

——

本年度から日本建築学会賞(作品)の審査にあたることとなった。現地審査の対象となった八つの作品は、いずれも密度が高く、設計者の重い思いが伝わってくるものばかりであった。一方で、さまざまな条件や事情があったにせよ、審査という第三者的な視点で見ると、どの作品にも疑問に感じられる部分が少なからずあった。そのような状況下で、また規模も機能もクライアントも異なるなかで、どの作品の何を評価し、何がクリティカルと位置付けるのか、評価軸を自問しながらの審査であった。当然、他の審査員とは、視点・評価軸が異なる部分が出てくる。そこで、徹底的に議論をすることになるわけだが、それは単に個別の作品を評価するにとどまらず、現代社会における建築のあり方を問い直す建築批評でもある。そのような観点からできるだけ多角的な議論を行ったつもりである。はたして作品賞審査の場がそのような建築評論の場となりえたのか、今後の評価を待たねばなるまい。作品の評価とともに、審査員の姿勢が問われることを銘記した次第である。
個別には、「豊島美術館」には圧倒的な空間の説得力があった。「真壁伝承館」の緻密な設計プロセスは印象的であった。いずれも、これからの建築の可能性を示唆する作品と言えよう。「木材会館」は最後まで授賞の議論に残った。テナントビルという厳しい条件下での木材利用という難易度の高い取組みに敬意を表したい。(小泉雅生／首都大学東京教授／小泉アトリエ)

——

「豊島美術館」は、建築の枠を超えた作品であると感じた。建築家、施主、施工者、彫刻家などとの幸運な巡り合わせがあったから実現した作品だろう。水滴が表出し、流れて、消えていくメカニズムはすばらしい。しかし、設計者も施工者もその仕組みをまったく明らかにしていない。資料でも床面には直線で描かれた二重スラブがあるのみである。手品のタネを知っては興ざめするが、学生の皆様は描かれていないから何もないと思わないでほしい。背後には考え尽くされた設備があるのである。
「真壁伝承館」は、伝統的町並みから取り出された言語が形をつくっている美しい建築である。鉄板構造の環境的側面には当初理解できない部分もあったが、言語を抽象化するためにあえて、土や木ではなく鉄板を用いたと解釈してこの違和感は解けた。
大変残念であったのは、「木材会館」が選出されなかったことだ。都市で木造大規模建築を立てることは容易ではない。まして、テナントビルでそれを実現することは至難の業であろう。そのような意味で都市における木材利用のメルクマールとなる建物ではないかと確信していた。吸放湿性のある木材を使用した奥行きのある西側ファサードはもう少し高く評価されてもよかった。ビル用マルチ型空調機も、屋外機を安易に屋上に設置するのではなく、ファサード内にコンパクトに納め、配管長さを最短にするなど優秀なエンジニアリングが一緒にある。今でも作品賞に選出される価値のある建物であると思っている。
(田辺新一／早稲田大学教授)

——

学会賞の審査というのはどうしても肩に力が入ってしまう。
社会的に意義のあるものなのか？ 時代を画する新規性があるのか？ 機能的に問題はないか？ などの問いかけが頭をよぎる。
しかし、建築とは理屈を超えた超越性を持っているのも事実である。個々の理由では説明しきれない、空間の出来事としての神秘な力。そのような空間に出会うことは何にも勝る喜びである。
コンテクストはまったく異なるが、今回学会賞に選ばれた2作品には強い「空間力」が感じられた。
特に「豊島美術館」は小雨が降る日に訪れたのだが、全身に迫る空気の中で延々と続く水滴の運動を眺めているうちに、生命の喜びを感じるような純粋な気持ちになり、時間が経つのを忘れてしまった。
「豊島美術館」のシェルは重力に対していわば“無理をしたカタチ”をしている。無理のある空間はどことなくひずみを感じるのだが、ここではまったく逆である。なぜなんだろう……。通常のシェルは、重力に抗いながら内部を“護る”ための形をしており、だから、その内部では胎内のような落ち着きを感じるのだと思う。それに対して、水滴の形は表面張力によってできている。弾けて自由に振る舞おうとする水の内力と張力のバランスで成り立っているので、やさしく包まれながらも「生きる力」のようなものを感じるのではないか。
建築とは、「今日よりよく生きることを目指して飛翔する“人間の意思”」だと山本学治は言う。
生きるエネルギーの源泉のような場所。建築の力は素晴らしい。あらためてそう感じた瞬間であった。
(陶器浩一／滋賀県立大学教授)

——

私たちは、日常生活のなかで平凡な建築ばかり目にしているせいか、本年の学会賞最終選考に選ばれた8作品のような活力のある作品を、建築家がつくり出すことが可能であるということを、忘れがちである。
これらの秀でた作品は、すばらしい建築とは何かを示してくれたが、しかし同時に、各作品が持つささやかな不完全さは、完璧に解決された建築をつくることが、いかに困難であるかをも示してもいた。
詩人や画家、彫刻家がつくり出す「純粋」芸術と違い、建築家は、施主、大工、規制、環境、気候などの要求に対して、多かれ少なかれ妥協や譲歩を余儀なくされる。
今回のように質の高い建築家がデザインした建物を訪れて魅了されることのひとつに、こういった要求事柄を、彼らがいかに独創的に、効果的に、彼らの創造性のなかに組み込んだかを見ることにある。
受賞2作品は、先例が少ない実験作であり、故に、その独創性は高いデザイン・リスクを負っていた。両作品の成功は、建物が、都市あるいは田舎の周辺環境とつながりを保てるか試みると同時に、特定の目的を持つ空間を、強く意識できる点にある。
審査員が意図したわけでないが、最終選考に残ったすべての作品は、さまざまな用途の公共建築あるいは半公共的な施設で、文化施設、教育施設、輸送ハブ、オフィス、宗教施設だった。各施設は、利用する人たちのコミュニティのみでなく、その町における「公共的な活動」へも多大に貢献していた。
応募作品は、これらのような公共建築を含み、その他は個人住宅だった。唯一の気がかりは、建築家に設計の機会が限られているのであろうか、集合住宅の応募作品が少なかったことである。それは初期モダニズムから現在の建築家に至るまで、腕の振るいどころがあるもので、重要で意義のあるビルディング・タイプなのだけれど。(トム・ヘネガン／東京藝術大学教授)

——

建築空間の実相は、敷地周辺を含めた作品の空間体験なしには、読み切れないであろう。今年の受賞2作品のように、「場所」そのものへの問いが主題化されている作品においては特にそうである。
「豊島美術館」は、瀬戸内海の小島に舞い降りた宇宙船のごとくに横たわっている。主空間の出入口と天井の開口部(2カ所)には建具がなく、内部には展示のための壁も家具もない。コンクリートのみから成る裸形のシェル構造の空間(アートスペース)には静寂さ(silence)が満ちている。その威力は強く、荒々しい「原初的空間」が具体化されている。ここでは、外なる自然(日光、風、雨、音、樹木)とコンクリートの床を走る水滴(湧水)、そして、訪れる人が「作品形成」にかかわることが目論まれている。可能的な場所空間の誕生である。
真壁陣屋跡地に建つ「真壁伝承館」は、歴史的町並み群の中央部に位置し、構成要素は〈展示室・子ども図書館〉と〈集会ホール・会議室群〉とに二分され、〈中央ひろば〉を介して結ばれる。4要素は、独立性を保ちつつ回遊できるように統合され、周縁の「みちひろば群」を包含し、作品の「フォーム」が具現化されている。内部では、大小の吹抜空間と家具を含む細部力が居心地のいい空間をもたらし、外部では、壁面(黒褐色の杉木板貼りと白い塗装仕上)に穿たれた大小の正方形窓群が独自の雰囲気を作りだしている。その穏やかな佇まいは、建築家の企てた「空間力」であり、作品の「第一のもの(初源力)」であろう。
(前田忠直／京都大学名誉教授)

——

学会賞(作品)の審査では、授賞作品の選考を通して審査員の評価が問われているのだと思う。実際、書面審査、現地審査を経て、賞の選考に至る約4カ月に及ぶ審査は、現代建築の地平を問い直す過程でもあった。優れた作品であっても、社会的、文化的見地から極めて高い水準にあるか、時代を画すると目される作品であるか、という賞の基準との照合が求められるからである。

私自身は21世紀を迎えて、設計の概念が大きく転換していると考えている。今日の設計の課題は、単体としての建築を設計するだけでなく、建築を要素として含む複雑なシステム(都市・環境、場所・景観、社会・文化など)を設計することにある。例えば、自然と分断された建築が地球環境の破壊をもたらし、都市との関係に配慮しない建築が景観を乱すのは、関係性の設計が欠如しているためである。

「豊島美術館」は建築(人工)と環境(自然)の関係、建築とアートの関係を、「真壁伝承館」は建築と都市の関係、設計者と使用者の関係を問い直す作品で、いずれも21世紀を先導する新たな設計の世界を開示する作品として高く評価できるものである。

ほかに、現代都市における木材・木質構造の価値を問い直す意欲的な作品である「木材会館」、機能的で美しく繊細な空間を創出した「東北大学 青葉山東キャンパス センタースクエア」、本と人が共存する魅力的な大空間を実現した「金沢海みらい図書館」など気になる作品はあったが、上位のシステムとの関係性に対する提案が少し不足していたように思う。

いずれにしても、創造的な建築作品は、設計者・クライアント・施工者・使用者等の主体、技術・芸術、敷地の場所性・歴史性、社会的・経済的状況などの多岐にわたる関係性がひとつの時空に結晶する瞬間に生まれるものである。それゆえ、そのような出会いに立ち会えたことに感謝すべきであると実感した審査であった。

(門内輝行／京都大学教授)

——

どれもよい建築だった。よい勉強をさせてもらえた。応募作品ごとに、そのよさの中身がまったく異なるから、審査も難しくなる。しかも、圧倒的なよさがあると、そうではない部分は、その背後に隠れてしまう。現地審査した8作品を見直すと、皮肉なことに設計者が必死に問題解決を計った部分がそれほどではなく、反って意図していなかったであろう部分によさを感じるもの。または、小さなよさがたくさんあるにもかかわらず、全体としては何を狙ったのか解りにくいもの。あるいは、残念なことに、よさを凌駕してしまうほどのそうではない部分が見えてきてしまうもの。そして、伝えにくく、人に共有されにくい類いのよさを持っているもの。さまざまである。議論を重ねるうちに、審査委員の肯定的意見の対象が3作品に絞られてきた。その3作品は共通して、大きな課題に果敢に挑戦し、その成果を正しく現している。個人的には、そのなかでも「豊島美術館」は次元が異なる存在に思えた。この作品に関し、そうではない部分を指摘することはたやすい。しかしながら、この作品を超えることはそうたやすくない。なぜなら此岸ぎりぎりに立つ建築だからである。その向こう側には、どこまでも広がる白い宇宙しかない。いや、「豊島美術館」の立つ位置は、すでに向こう側かもしれない。設計者は、此岸を彼岸まで押し広げたと思えてならない。

(ヨコミゾマコト／aat+ヨコミゾマコト建築設計事務所主宰)

豊島美術館

西沢立衛

——

推薦理由

——

「新しい建築」の出現を祝福したい。

建築とは自然環境のなかから人工環境を切り取るものであるが、切り取られた人工環境が新しい自然環境をつくるような不思議な循環を感じさせる建築である。圧倒的な空間だ。ぽかりと口を開けた開口部から大量の大気が流れ込み、内部空間にいながら意識は外部空間に誘われる。しばらくこの内部空間にいると、無造作に切り抜かれたようにみえる開口部から入る光の量や眼の移動によって変化する外部の情報などが適切にコントロールされていることがわかる。薄いシェル構造の大きなワンルームの空間であるが、そのライズが押さえられているので適度にこの薄い躯体からの圧力を感じる。流れるような自由曲面によって構成されるこの空間は、変化していく形の瞬間を固定したように感じられるのだが、この自然現象のような空間はこれまで私たちが経験してきた建築とはあきらかに異なる。これまで不定形の建築は必ず幾何学に置換され、解析され、施工されてきた。それは、建築における幾何学というものが人間の意志を表象していたから、建築が幾何学から切り離されることはなかったのだ。この建築はそのようなこれまでの建築とは成り立ちがまったく異なっている。

構想されてから実現されるまで7年間という時間から、この建築が世界に出現するまでの困難が推測できる。作者は大きな不安の中で計画を進めたに違いない。出現した建築は人工的な躯体面を環境に露出させている。それはこの建築が人間の意志が構築した新しい自然であるという主張であるのかも知れない。この豊島美術館を訪れると、土に埋めた小さな〈チケットセンター〉に迎えられる。その先に〈カフェ&ショップ〉が見える。このふたつの建物は破調でヒューマンだ。〈アートスペース〉にはそこから直接アプローチすることは禁じられ、ぐるりと小山を廻って周辺の棚田や瀬戸内海の水面という周囲の環境を吸い込んだ後、この道行のような作法で導かれる。サイトスペシフィックなアートを企画したクライアント、その空間を構想する建築家、その空間に呼応する作家、その空間を実在させる技術、時空間の中でそれらが交差する幸運な一点がこの建築を出現させたように思える。

設計者はこれまで2度の日本建築学会賞(作品)を共同者として受賞しているが、この豊島美術館ではその前2作品とは異なる新しい建築概念が提示されている。まさに時代を画する建築がここに登場している。

よって、ここに日本建築学会賞を贈るものである。

——

受賞者の言葉

——

豊島美術館は、瀬戸内海の豊島に建つ美術館である。敷地は、海を近くに望む小高い丘の中腹にある。棚田と自然が混ざり合う美しい環境である。豊島の環境とよく調和しながら、内藤礼さんの作品と共存する建築空間のあり方を考えた。私たちが提案したのは、水滴のような形の、自由曲線による建築である。水滴のように自由な曲線を持つ形状が、周辺の起伏する地形と調和しながらも、ひとつの強い建築空間をつくり出せるのではないかと考えた。コンクリートの薄いシェル版が最大で60m飛び、それによって、内部に大きく有機的なワンルームの空間が生まれる。また、天井高を通常のシェル構造物よりも低く抑えることで、建物というよりはむしろ丘や坂道に近いような、ランドスケープ的な存在感がつくられ、室内では空間が低く伸びてゆくような、水平方向の広がりが得られる。シェルには非常に大きな穴がいくつか開けられて、そこから光や雨、美しい自然の気配が取り込まれる。作品や環境のために建築が閉じ、しかし同時に開く、というダイナミックな状態を作り出そうとしている。環境と美術と建築の融合、それらすべてでひとつの単位となるような存在を、私たちは目指している。

真壁伝承館

渡邉眞理／木下庸子／新谷眞人

——

推薦理由

——

この建物は、図書館、歴史資料館、集会施設、ホールが入る多目的複合施設であるが、設計上の大きな課題は、東から南に連なる筑波山系を背に、戦国期の真壁城に付属した集落を起源とし、江戸時代に陣屋が置かれた在郷町として発展した桜川市真壁の重要伝統的建造物群保存地区の中にあるという場所性・歴史性への応答であった。

設計者はこの課題に対して、「サンプリングとアセンブリー」という斬新な設計方法を提案する。すなわち、街並みを構成する建物のプロファイルを複数採寸し、施設の計画的な要請に応じて組み上げるという方法がそれである。これはA・ロッシの〈タイポロジー〉の考えとも響き合うが、実は近代以前の一般的な方法であった。伝統的建築は長い時間をかけて多くの人々に使用され、少しずつ進化したもので、それらが互いに他を活かすことによって、美しい街並みを形成してきたのである。設計者は抽出された類型を組み合わせて、都市や歴史との連続性を継承しつつ、現代の機能や意味を充足し、未来を拓く建築空間を市民とともに創造する設計プロセスを展開したのである。

こうしたプロセスを経て、スケール感、プロポーションともに素晴らしく、全体として美しく落ち着いた佇まいを感じさせてくれる見事な建築空間が出現した。内外に反復して現れる家型の基本形状は懐かしい集合記憶を喚起し、中庭に用いられた真壁石や外構の素材の違いによる陣屋跡遺構表示は地域や歴史とのつながりを想起させ、黒茶色に塗られたスギ木板のすかし貼りと白い遮熱塗料仕上げのコントラストは、伝統的でありながらモダンな雰囲気を醸し出している。分散配置された施設のコンポジションが、通り抜け、広場、道空間などの豊かな媒介空間を創出している点も見応えがある。

外壁面を構成する鋼板パネルとパッシブソーラー設備という先端技術の導入は、未来の創造へのチャレンジの表現でもある。特に鉄板構造は自由度の高い開口部の設置を可能にしている。外壁に点在する大小の窓、内壁の窓を通して、遠くの山々や街並み、広場や内部空間、行き交う人々の眺めを楽しむことができる。窓の大きさや位置に呼応して寸法を決め配置した家具などにも細やかな気遣いが認められる。

以上のように本作品は、建築と都市、建築と歴史、作り手と使い手の間に連続性を構築する新たな設計方法を提示するとともに、その実践を通して極めて質の高い建築空間を創造することに成功している。

よって、ここに日本建築学会賞を贈るものである。

——

受賞者の言葉

——

コーリン・ロウは『コラージュ・シティ』(鹿島出版会)のなかで、「予言の劇場」としての建築と「記憶の劇場」としての建築について述べている。20世紀の建築は「予言の劇場」であることには大きく貢献したかもしれないが、「記憶の劇場」としての建築の可能性はその分軽んじられてきた。「記憶」と「予言」、この相補的な関係性を併せ持つ建築、予言の劇場であると同時に記憶の劇場としても成立する建築はいったい不可能なのだろうか……。

この命題は都市景観や街並み保全が大きな関心事になった今日のわが国の都市全般に該当するものだが、とりわけ伝統的建造物が数多く残り、重要伝統的建造物群保存地区に選定された桜川市真壁の中心部に建設されたこの施設では計画当初から不可避的な課題だった。

このまちには『真壁の街並み―伝統的建造物群保存対策調査報告書』(河東義之、藤川昌樹編、桜川市教育委員会)という優れた報告書が刊行されていたので、この報告書を参照しながら都市を訪れるなかで、この都市の伝統的建造物が、近世から昭和期まで市内に分散的に配置されていること、建物の種別も多岐にわたること伝統的な門や板塀も都市景観の重要な要素であることが理解できた。そこから、そういった建造物のプロファイルを複数採寸し(サンプリング)、この施設の計画的な要請に応じて組み上げる(アセンブリー)ことで、この都市の建築に潜在するなんらかの空間的連続性がすくい上げられる可能性があるのではないかという希望を持つに至った。

しかし、以上はこのプロジェクトのほんの端緒にすぎない。希望が現実となるまでにはさまざまな紆余曲折があった。例えば、市民ワークショップはこのまちでは初めての試みだったが、ワークショップでの議論も結果的には大きな力となった。以下に示したダニエル・リベスキンドの言葉は紆余曲折を乗り切るには大きな支えとなった。

「歴史を真似することではなく、明確に表現することである。またそれは歴史を消すことではなく、取り組むことである」

(文責：渡邉眞理)

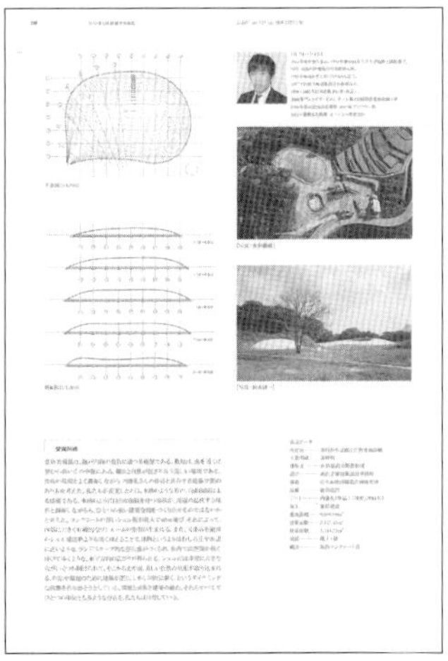

豊島美術館

真壁伝承館

64 2013年（平成25年）

該当なし

——
選考経過
——

第1回作品部会は2012年10月1日に委員8名（委任状2名）のもとに開催された。審査方針は、ここ数年来行われてきた方針のもとに検討し、以下の項目を確認した。
1) 表彰件数は厳選寡少を旨とし3件を基準とする。
2) 委員推薦は行わない。
3) 現地審査は原則として委員全員が行う。
4) 重賞についてはなるべく避けるが、授賞に値する作品がある場合は十分討議する。
5) 過去に審査対象となった作品でも特別な考慮はしない。
6)「一連の作品」という業績名での応募に対しては、顕彰対象は作品自体であるとする見地から、単体を対象とする。
7) 現地審査時は原則として設計者に立ち会ってもらうこととする。
8) 現地審査に決まった作品のうち候補者が複数のものは、受賞対象者としての妥当性を必ず確認する。
2013年作品部門の候補業績は29作品であり、候補業績の内容を精査し、そのすべてを審査対象とすることとした。さらに、審査対象の29作品のうち委員が関与する業績および委員と関係の深い者の業績が候補となっているか確認し、1名の委員が構造設計を担当、もう1名が同一組織であることが明らかにされ、この2名の委員は当該業績の審査に一切関与しないこととした。
各委員が個別に資料審査を行ったうえで、第2回作品部会を10月10日に委員10名の出席のもとに開催した。討論と投票を重ねた結果、次の8作品を現地審査対象として選出した。
①澄心寺庫裏
②芦北町地域資源活用総合交流促進施設
③宇土市立網津小学校
④アオーレ長岡
⑤宇土市立宇土小学校
⑥コマツナギテラス
⑦正願寺
⑧ホキ美術館
現地審査は、12月中旬から1月中旬にかけて行われ、全委員が全作品の現地審査を行った。最終審査のための第3回作品部会は、全委員10名出席のもとに1月29日に開催された。まず運営規程ならびに審査方針を再確認し、全委員が現地審査を行ったうえでのそれぞれの評価、意見を詳しく述べ、まず8作品の中から授賞候補作品として議論するにふさわしい作品として、3作品以内で投票を行った。
その結果、票が入ったものは5作品あったが、1票入った作品について票を入れた委員から強く支持するものではない表明があり、0票と1票の作品を審査対象から外すことにした。
④「アオーレ長岡」と⑤「宇土市立宇土小学校」と⑥「コマツナギテラス」と⑧「ホキ美術館」の4作品を候補作品として議論を行うことにした。
候補の4作品について個別に関与者以外の委員の評価が開示され、それについて議論を重ねるという審議を行った。④「アオーレ長岡」は市役所庁舎として画期的なビルディングタイプの開発が行われており、今後の地方都市の市庁舎建築の規範になるものであるとして高く評価された。同時にいくつかの問題点も指摘された。共同応募者の森民夫氏が長岡市の市長であり本作品の発注者であることから、通常の意味での建築設計者とは言えないことが確認され、この場合隈氏が受賞経験者であり単独の重賞案件となること、評価する部分への森氏の貢献が大きいのではないかということも議論された。⑤「宇土市立宇土小学校」は、広場のような開放性の高い空間のなかに原初的教育の場を発生させるという理念とともに、その空間を支える高度な建築的技術が高く評価された。同時にいくつかの問題点も指摘された。共同応募者の小嶋氏が受賞経験者であり、前作が今回と同じ小学校であるが、それを大きく超えるとは必ずしも言えないことが問題とされ議論された。⑥「コマツナギテラス」は、評価と問題点が膠着し議論を重ねても大きく支持を得ることはなかった。⑧「ホキ美術館」は現在の日本の社会で獲得できる高度の設計施工技術によって実現された建築であり、その建築としての完成度の高さが評価された。しかし、住宅地の中に周辺環境とは無関係に置かれたフリースタンディングオブジェとしての建築のありかたが問題とされ議論が重ねられた。
重賞案件に関する考え方、また「ホキ美術館」に関する今日的な建築評価の認識が各委員から出され、長時間にわたる審議は結論を得ることができず、委員全員の合意のもとに議論を尽くすために改めて継続審議を行う部会を開催することとした。
継続審議を行う第4回作品部会は、全委員10名出席のもとに2月11日に開催された。再度、運営規程ならびに審査方針を再確認し、特に過去に重賞が議論された作品部会議事録を確認し、本部会ではさらに「過去の受賞作品より格段に跳躍した作品」とすること、応募組織が異なっても同一人が所属する場合も重賞の条件を考慮することとした。重賞に関してはさらに厳しく見る方針となった。また、日本建築学会賞選考委員会運営規程第10条（賞）により、賞は厳選寡少を旨とし、毎年の表彰業績の数は3件を基準とするが、表彰に値する業績のないときは授与しないこともあることを確認した。
その後、第3回作品部会の議論を継続し、各作品を個別に取り上げ十分な議論の時間を取り、多面的に評価する慎重な審議を行った。その審議をふまえ、最終的に投票で決することとし、前回審議対象作品とした4作品のうち、まず重賞が問題となる④と⑤について投票を行い、いずれも授賞候補としないことを決定し、次いで⑥と⑧を対象に投票を行った結果、2作品とも過半を超えなかったため、2013年は授賞候補を無しとする結論を得た。
以上、誠に遺憾ながら、2013年学会賞作品部会では該当作品を選定できなかったことを、報告せざるを得ない結果となった。これは運営規程第10条のなかに定められた厳選寡少の趣旨と重賞を避けるという規定にもとづき、委員全員が真摯に作品評価に向かい、議論を尽くして得た結論である。2013年の結果を乗り越え、次年以降の活発な応募を期待したい。

——
委員
——

北山恒　櫻井潔　門内輝行　梅沢良三　大野秀敏
小泉雅生　後藤春彦　芝山哲也　田辺新一
ヨコミゾマコト

——

http://www.aij.or.jp/jpn/design/2013/pdf/300_2013award_note.pdf

日本建築学会賞作品の60年—古谷誠章

日本建築学会賞作品部門の1950～2013年の全167作品を振り返ると、それだけで日本戦後近代の様々な世相が浮かび上がってくる。全体を概観するだけでも、慶應義塾大学校舎＋藤村記念堂に始まる戦後社会の草創期、東京オリンピックや新幹線などの国家的事業の時代、フロムファーストやキリンプラザ大阪などにいたる経済成長期、今世紀になってからの市民社会へのパラダイム変換期など、今日に至る大きな時代の移り変わりが感じられよう。

その一方で、学会賞には、各年度の選考がそれぞれの年の選考委員会に委ねられ、審査の方針そのものが毎回議論されるという、毎年毎年がいわば新しい賞だとも言える特質があり、受賞作品そのものばかりではなく、選考委員の構成、同時に受賞した作品の選評、選考経過などを丹念に読み合わせることによって、初めてその背景にあるものを浮き彫りにすることができる。今日まで編まれることがなかった、それらの膨大な受賞作品を巡る資料が、一覧可能なアーカイブとして網羅された意義は、小さくないと考える。

編集に当たっては、単に時間軸による羅列に終わらぬよう、作品群を縦横に俯瞰するために、それぞれに独特の視座を持つ6人の執筆者にお願いして、各6つの作品を取り上げながら、固有の切り口で全作品を読み解いていただいた。すなわち、日本近代史、住宅史、建築論史、公共観、建築家像、時代を画した建築などを基軸とした考察である。さらに、建築学会賞そのものを議論する終章を加えて、全7章の構成としている。

終戦後間もない第1回の1950年は、谷口吉郎の『慶應義塾大学校舎「四号館及び学生ホール」』及び『藤村記念堂』が受賞、谷口はその後1957年（第8回）に『秩父セメント第2工場』で重賞を果たす。一人の建築家のこの3作を見ただけでも、戦後の日本が歩んだ道程の幅広さが伺える。

前川国男は1953年（第4回）に『日本相互銀行本店』で初受賞以来、1955年（第6回）『神奈川県立図書館並びに音楽堂』、1956年（第7回）『国際文化会館』、1961年（第12回）『京都会館』、1962年（第13回）『東京文化会館』、1966年（第17回）『蛇の目ビル』と全6回の受賞をし、産業経済の復興、文化の普及に資する功績を残す。

丹下健三も同じく、1954年（第5回）『愛媛県民館』に始まり、1955年（第6回）『図書印刷株式会社原町工場』、1958年（第9回）『倉吉市庁舎』、特別賞ではあるが1965年（第16回）『オリンピック代々木競技場（他略）』などにより、時代を画す公的な施設を、一方の村野藤吾が、1954年（第5回）『丸栄百貨店』、1956年（第7回）『世界平和記念聖堂』、1965年（第16回）『日本生命日比谷ビル』などで賞を重ね、こうした世代が官および民の施設を共々に、時代を牽引した様子が印象的だ。

草創期のグループとしては、今井兼次が1960年（第11回）に受賞した『大多喜町役場』が、学会賞作品であったが故に近年になって改めて保存再生されたことも、心に留めるべき事柄である。今井も1963年（第14回）に『日本26聖人殉教地記念建築』で二度目の受賞を果たしている。

住宅としては、初期の1955年（第6回）に『一連の住宅』をもって登場した清家清が受賞作品の一角を占めて以来、しばらくは住宅の不在が続き、ようやく内井昭蔵が1971年（第22回）の『桜台コートビレジ』、1972年（第23回）篠原一男が『「未完の家」以後の一連の住宅』で選ばれた。それから再び1980年（第31回）に安藤忠雄『住吉の長屋』、宮脇壇『松川ボックス』、1981年（第32回）林雅子『一連の住宅』まで空白が続いている。その後、現在に至るまで比較的コンスタントに住宅も受賞しているところを見ると、1970年代になってようやく、戦後社会全体の構築から、より個々人の資産形成や文化的価値観の確立へと移行した世相が伺えて興味深い。1970年は言わずと知れず大阪万博の開催された年である。ちなみに『日本万国博覧会「カナダ館」、「チェコスロバキヤ館」、「スイス館」』も1970年（第21回）日本建築学会万国博特別賞を受賞した。

その後2000年までの約30年間は、基本的に重賞せず、ほぼ一人一作品、その都度新たな設計者が選出されている。その中には磯崎新、黒川紀章、安藤忠雄、原広司らの他、この頃に例外的に再受賞をしている槇文彦や、槇が「野武士たち」と呼んだ早川邦彦、石山修武、伊東豊雄、長谷川逸子らを始め、日本を代表する多彩な顔ぶれが出そろっている。内容にも住宅あり、公共施設あり、商業施設あり、事務所ビルあり、空港ありと、まさにバリエーションに富んでいる。時代としても高度成長から、オイルショック、バブル景気からその崩壊まで波乱に満ちたものだ。

2000年代になると2001年（第52回）『東京国立博物館法隆寺宝物館』の谷口吉生、2002年（第53回）『公立はこだて未来大学』の山本理顕、2003年（第54回）『せんだいメディアテーク』の伊東豊雄など、毎年のように二度目の受賞者が顔を並べている。学会賞は果たして芥川賞のような新人賞でよいのかが問われた。

このところの10年間は、より若い世代を含めて力量のある初受賞者が並んでいる。内容も商業、公共を問わず選ばれているが、独立住宅がやや少ない傾向が感じられる。世相としては、地球全体の環境を考える持続可能な発展を追求する時代となり、大がかりなものよりは中小規模の、また施設デザインや運営に市民が直接参加するようなものが増えてきた。リノベーションにも関心が高まっている。

以上がとても大雑把なものではあるが、この60年余の概観である。6人＋監修者1人の見方からもできるだけ自由に通覧できるように、選評などのデータにはできるだけ手を加えずに、細大漏らさず収録してある。読み取り方は個々の読者に委ねよう。

最後に、建築学会賞作品部門の今後のために、一言だけ付け加えたいことがある。すべからく賞と呼ばれるものは、選ばれる候補大賞のみならず、選ぶ側の眼力、見識、能力など、審査員そのものが審査されるものだ。その意味で各回の作品賞審査を真摯に務められた方々に敬意を表するものであるが、作品賞の選考委員や部会長が、いったいどのような経過を経て、どのような判断基準を持って選ばれるのかについては、今もって尚、必ずしも社会に十分説明されているとは言いがたい。受賞作品の選考経過を審らかにするのと同様に、選考委員の選任の経過や基準も、これからはもっと明瞭にするべきだろう。
建築学会賞が単に内輪の顕彰ではなく、市民社会一般に意味を持ち、広く市民の生活空間の改善や発展に資するものとなるためには、今後避けては通れないことだと考える。

*

本作品集の発刊に尽力され、惜しみない協力をいただいた尾崎勝元副会長、各章を担当頂いた鈴木博之、植田実、倉方俊輔、五十嵐太郎、小林克弘、中谷礼仁の各氏、また編集に多大な力を貸してくださった大森晃彦氏、技報堂出版の石井洋平氏、建築学会で本件を担当された今井浩氏、米澤香織氏に、監修者として深甚の感謝の意を表します。
植田実氏には、担当の枠を超えた編集方針に関わる重要な示唆と、直接の作業をいただきました。重ねてお礼申し上げます。
また、鈴木博之氏には終始貴重な示唆をいただいたにも関わらず、残念ながら本書の刊行を見届けて頂けなかったことが悔やまれます。最後の校正をいただくことができませんでした。お詫びするとともに、心からご冥福をお祈りします。

2014年3月吉日

謝辞

本書発刊にあたり、貴重な図面・写真・データ類を下記の方々よりご提供いただきました。ここに記して深く感謝申し上げます。写真家撮影による写真は個々の写真にクレジットを記載しております。

［敬称略・順不同］
レーモンド設計事務所／エンドウ・アソシエイツ／山下和正建築研究所／金沢工業大学 建築アーカイブス研究所／竹中工務店／三分一博志建築設計事務所／デザインシステム／東京工業大学篠原研究室／安藤忠雄建築研究所／美建設計事務所／山本理顕設計工場／東 環境・建築研究所／丹下都市建築設計／ T.A.S綜合建築事務所／岡田新一設計事務所／高松伸建築設計事務所／岡部憲明アーキテクチャーネットワーク／ NASCA ／大分県土木建築部施設整備課企画調査班／日本設計／象設計集団／安原秀／今井兼介／多摩美術大学今井兼次共同研究会／多摩美術大学美術館／白井晟一建築研究所／磯崎新アトリエ／ Misa Shin & Co. ／原広司+アトリエ・ファイ建築研究所／工学院大学建築学部 藤森研究室／ IGA建築計画／石上純也建築設計事務所／谷口建築設計研究所／村野美千子／村野朋子／村野永／ MURANO design ／京都工芸繊維大学美術工芸資料館／前川建築設計事務所／ U研究室／OMA ／ SANAA ／ケイ・アソシエイツ／タイラ・ホート 多比良誠／平山治郎／ GA photographers

監修者・担当者・執筆者

——

刊行委員会

——

委員長　柳澤要
幹事　伊香賀俊治
委員　（省略）

——

日本建築学会賞受賞建築作品集刊行委員会

——

委員長　古谷誠章
委員　五十嵐太郎
　植田実
　大森晃彦
　倉方俊輔
　小林克弘
　鈴木博之
　中谷礼仁
副会長　尾﨑勝

——

監修者・担当者・執筆者

——

監修　古谷誠章

——

article I+works I「時代と建築とわたくしと」
担当　鈴木博之

——

article II+works II「時代の中の住宅」
担当　植田実

——

article III+works III「公共性をめぐる言説の変遷」
担当　五十嵐太郎

——

article IV+works IV「うつろう建築家像と作品像」
担当　倉方俊輔

——

article V+works V「建築論・建築意匠論の視点から——作品・理論・批評」
担当　小林克弘

——

article VI+works VI「名建築誕生の背景・証言で綴る」
担当　中谷礼仁
執筆　石丸紀興
　松隈洋
　齊藤祐子
　日埜直彦
　鶯田めるろ

——

article VII「未来へのメッセージとしての学会賞」（座談会）
司会　古谷誠章
　鈴木博之
　植田実
　五十嵐太郎
　大森晃彦

——

timeline
担当　大森晃彦

——